言葉に関する問答集

総集編

文化庁

指導・助言（敬称略）

岩淵悦太郎　元国立国語研究所長（第一集・第二集）

編集委員（五十音順、敬称略）

天沼　寧　元大妻女子大学教授
加藤彰彦　実践女子大学名誉教授
斎賀秀夫　大妻女子大学名誉教授
武部良明　元早稲田大学教授
野村雅昭　早稲田大学教授
林　大　元国立国語研究所長

本書は、文化庁編「言葉に関する問答集 総集編」（平成七年）の新装版第五刷（平成十七年 独立行政法人国立印刷局刊）を復刻し刊行するものです。なお、復刻に当たっては、文化庁国語課で、誤植の訂正等の軽微な修正を一部行いました。

平成二十七年十二月
文化庁文化部国語課

前書き

文化庁では、昭和四十七年六月の国語審議会建議「国語の教育の振興について」の趣旨に基づき、「ことば」シリーズを刊行し、これを広く配布してきました。昭和四十八年度は「解説編」のみ、翌、四十九年度以降は毎年「解説編」「問答編」の二冊ずつを刊行してきましたが、平成五年度「言葉に関する問答集20」をもって、「問答編」は合計二十冊に達しました。この間、天沼　寧、加藤　彰彦、斎賀　秀夫、武部　良明、林　大の五氏に継続して編集委員をお願いし、「言葉に関する問答集15」からは野村　雅昭氏にも加わっていただきました。各問答集とも、その題目、内容、構成等について文化庁国語課の担当官との協議を経た上で、編集委員各氏による共同執筆としてまとめられたものであります。また、第1集・第2集については、その全体を岩淵悦太郎氏に御覧いただいて、有益な示唆を賜りました。

日常生活における具体的な言葉の使い方、書き方、読み方等の問題を取り上げて、一問一答の形式で分かりやすく的確な解説を施した問答集は、幸いに刊行の都度各方面から好評を得、これらを一冊にまとめてほしいという要望も多く寄せられております。これらの要望におこたえするため、このたび『言葉に関する問答集　総集編』を作成することといたしました。

なお、現行の国語施策として示されている「常用漢字表」「送り仮名の付け方」「現代仮名遣い」等は、当然のことながら、国民の言語生活全般を拘束するものではなく、また、それ以外のものが日本語としてすべて間違いであるとしているものでもありません。しかし、社会生活を円滑に進めていくためには、法令・公用文書・新聞・雑誌・放送等の公共性の高い分野では、標準的な表記のための目安やよりどころを定めておく必要があるというのが、国語審議会の答申及びそれに基づく国語施策の趣旨であります。

したがって、本書に掲げられている問答の答えも、国語施策の示すところに従って文章を書くとすれば、こうなるであろうというものを中心としており、本書の趣旨も国民の言語生活について規範を示そうとするよりも、むしろ人々が日本語について考えたり話し合ったりするきっかけとなり、参考となるものであることをねらいとしております。

本書がこのような意味で、各方面にわたって広く活用されることを願うものであります。

平成七年三月

文化庁文化部長
福島忠彦

凡例

本書は、文化庁編『言葉に関する問答集』（全二十集、以下「原本」と称する。）を集大成してまとめたものである。

1　本書に収録した項目

原本に採録された問答の項目は、二十集全体で八百二十四項目にも上るが、本書に収録したのは、そのうちの六百四十五項目である。全体のページ数の制約もあったが、主として現在の国語施策や社会状況にそぐわないと思われる項目を除外した。

また、原本で第二部として収めたもののうち、①　文章の整え方（原本の第5集に収録）、②　用語の選び方（原本の第7集に収録）、③　適切な表記の仕方（原本の第8集に収録）の三編を本書の四として採録した。さらに、巻末には参考資料として、「くぎり符号の使ひ方」「くりかへし符号の使ひ方」等も収めてあるので、十分に御活用いただきたい。

2　本書の内容及び表記の基準

(1)　過去二十年にわたって発行された原本の発行期間中に、次のような国語施策の改定が行われた。

「常用漢字表（昭和56年・内閣告示）」「現代仮名遣い（昭和61年・内閣告示）」「外来語の表記（平成3年・内閣告示）」

右の改定以前に発行されたものは、当然ながら旧施策をよりどころとして解説されている。しかし、その解説中に現れる「当用漢字表」と「当用漢字字体表」は「常用漢字表」に、「当用漢字音訓表」は「常用漢字表の音訓欄」に、また「現代かなづかい」は「現代仮名遣い」にと、それぞれ現行の施策に読み替えていただければ、内容的には、現在でもそのまま適
できるものである。

(2)　本書への収録に際しては、誤植等、若干の手直しをした部分があるが、内容に関しては原本そのま
た、参考までに各問答の文末に、原本での収録集とその問いの番号を示した。例えば、（1―2）
れた解説であることを示したものである。なお、各章、各節の問の配列は、原本の第

(3)　原文における表記の基準は、漢字の字種・音訓・字体については、「当用
（昭和56年以降）、仮名遣いについては、「現代かなづかい」（昭和60年
用字用語は「文部省用字用語例」、送り仮名は「文部省公用
改定の前後で、若干表記の仕方の異なる部分がある

(4)　本書の答の解説文中に引用した用例は、

のものに改めたが、仮名遣い、送り仮名は原則として原文どおりにしてある。

(5) 書籍名・雑誌名などは『　』で囲むが、新聞名にはカギカッコは付けないことにした。

3 総索引の利用の仕方

本書を利用するに当たっては、まず、巻末に用意した「総索引」を活用していただきたい。この「総索引」には、次のような工夫が施されている。

(1) 本書の問に立項されたすべての語句が、片仮名表記で五十音順に配列されている。

(2) 問で二とおり以上の読み・仮名遣い・言い回し等が示されている場合は、その適否に関係なく、どちらからでも検索できるようになっている。

例えば、「初孫」の読み方について知りたいときは、「ハツマゴ」「ウイマゴ」のどちらからでも検索できる。また、漢語の類義語として「随行」と「同行」の意味の違いを知りたいときも、「ズイコウ」「ドウコウ」のどちらからでも引ける。

(3) 問で示された文言での検索のほかに、解説中で問題となるべき事項・語句・表記からの検索も可能にした。その場合は、一字下げで掲げてある。

例えば、「服地」の仮名遣いについて知りたいときは、「フクジ・フクヂ」のほかに、「ジ・ヂ（仮名遣い）」又は「ヂ・ジ（仮名遣い）」という項目でも検索できるようになっている。また、「お求めやすい」や「お求めできる」という敬語の使い方が適切かどうかについて知りたいときは、それぞれ「オモトメヤスイ（敬語）」や「オモトメデキル（敬語）」という見出しで掲げるほかに、「オ……ヤスイ（敬語）」や「オ（ゴ）……デキル（敬語）」の形でも探せるようになっている。

(4) 問で示された語句以外に、答の解説の中で類例等として挙げられた語句についても、この総索引の中に掲げてある。その場合は、頭に※印が付けてある。

例えば、「波紋を投ずる」という表現が正しいか否かという問に関連しては、「ハモンヲトウズルという表現は正しいか」という見出しのほかに、「※イッセキヲトウズル（一石を投ずる）」や「トウズル（波紋を～）」という項目見出しとして掲げてある。また、「測る」と「量る」の書き分けについても、「ハカル（測・量〈※計・図・謀・諮〉）」という見出しによって「測・量」以外の漢字の用法についても解説があることを示してある。

以上のように、本書の「総索引」は、原本各集の巻末に掲げた「問答編総索引」よりもいくらか使いやすい形に工夫されているので、これを十分に活用して、本書を利用していただければ幸いである。

目　次

第三　漢語、漢字の読み方

二　仮名遣い、送り仮名、その他の表記に関連する問題

第一　仮名遣い

三　敬語、その他の問題

第一　敬語

第二　その他

一　漢語、漢字に関連する問題

第一　漢語、漢字の使い分けと書き表し方

問 **「最小限」か「最少限」か**

答 「さいしょうげん」とは、「ある条件の下、範囲の中で、最も小さいこと、あるいは、少ないこと。」というほどの意である。「損害をさいしょうげんに食い止める。」とか、「さいしょうげんの費用。」などという場合は、「小さい」よりも、むしろ、「少ない」という意味の方に比重がかかっているように感じて、ともすれば、「最少限」と書きたくなり、事実、このような表記も間々見掛けるのであるが、「さいしょうげん」の反対語は「最大限」であって、「大」と「小」とは、一般に、対比して使われる語であるから、現今の表記法としては「最小限」を採るべきであろう。「最小限度」も同様である。

なお、「最少」を使う方が適切だと思われる例としては、「最少の人数、最少額、最少得点者」などが考えられる。

また、ついでながら「縮小」と「縮少」もよく迷う例として挙げられるが、「しゅくしょう」の反対語は「拡大」であって、「大」と「小」とは対比して使われる語であるから、「縮小」と書くのが正しい。（1―1）

問 **「不気味」か「無気味」か**

答 もとの「当用漢字音訓表（昭和23、内閣告示第2号）」（以下、「旧音訓表」という。）では、「不」には「フ」の音だけしか掲げてなく、「無」には「ム・ブ」と掲げてあった。また、「ぶきみ」という語は、従来、辞典の類では、「不気味・無気味」両様の表記があったが、「不気味」を用いている方がやや優勢であった。そこで、旧音訓表によれば、「無気味」とするか、「ぶ気味」と書くことになり、この両者が行われていた。

「当用漢字音訓表（昭和48、内閣告示第1号）」（以下、「新音訓表」という。）では、「不」に「フ・ブ」と掲げてあるので、「不気味」と書き表せることになった。そこで、「ぶきみ」という語を書く場合、従前から一般的であった「不気味」にもどるか、従来もあり、国語施策の実施後、更に、ある程度の普及・定着を見た「無気味」を今後とも標準的な用字法とするかということが問題になってくるわけである。

これについて、新聞関係では「不気味」を採り、新音訓表の告示後、編集・刊行された国語辞典・用字用語辞典の類では、いろいろのものがあるが、全般的に言えば、「不気味」を優先させている傾向が見られる。

ただし、かなり古くから、「不気味」「無気味」両種の書き方があったのであるから、直ちに「無気味」を不適当だとか誤りだとかしたり、否定したりするわけにはいかない。

ついでながら、「ぶ」と発音する「不・無」を接頭語として持つ幾つかの語について、従前の用字法を見ると、「ぶ細工・ぶ祝儀・ぶ調法・ぶ用心」などは、ほとんど「不」が用いられており、「ぶ愛想・ぶ遠慮・ぶ作法」などは、「無」が優勢であった。なお、「ぶざま・ぶしょう・ぶすい」などは、「無」が多少優勢であったと見られるが、「不様・不精・不粋」という表記もかなり広く行われていたようである。（1―2）

問「附属」か「付属」か

答　一般には「付属」がかなり広く使われているが、本来の表記である「附属」を使う人も多く、また、法令・公用文では「附属学校」などと書くことにしている。

この問題の沿革などについて説明すれば、次のとおりである。

戦前には、「附」と「付」とは、漢語では一般に使い分けていた。すなわち、「つく・つける」の意を含む語には、例えば、「附属」「附表」のように「附」を用い、また、「わたす・あたえる・さずける」などの意を含む語には、例えば、「交付」「給付」などのように「付」を用いていた。

しかし、古くから「つく・つける」の意を表す場合に相通じて使われていたこともあり、特に戦後の国語施策の実施以降は、漸次「附」と「付」を使い分けず、「附」を用いる場合にも「付」を用いる方向に向かっていった。すなわち、「当用漢字表」では、「附」と「付」の両者ともに採用されてはいるが、これは、当時国語審議会で審議中に、日本国憲法に「附」が用いられていることが分かったため、漢字の選定方針にかかわらず、いわゆる憲法用の他の漢字とともに無条件に表に採用することになったものである。また、旧音訓表でも「付」には「フ・つける」という音訓を採用し、「附」には「フ」という音だけを採用した。更に「当用漢字補正資料」（昭和29、国語審議会）（注）では、「附」を当用漢字表から削除する二十八字の中に入れた。以上のようなわけで、公用文を含めて社会一般でも、特に支障のある場合のほかは、「付」を用いるようになってきた。

その後、国語審議会から答申された新音訓表でも、「付」には「フ・つく・つける」という音訓を掲げ、「附」には「フ」という音だけを採用した。そして、「附」の語例として「附属」「寄附」を示しているが、他方、答申の中には「付表」という語も用いられており、全体の趣旨としては、なるべく「付」を用い、特にこの語例に見られるように、「附」を用いる慣用が強いと思われるものについては、「附」を用いることとしたものと考えられる。

このような経緯によって、法令及び公用文での取り扱いとしては、従来の用字法を尊重することが適当と考えられる「附属・寄附・附則・附帯・附置」については「附」を用い、これ以外のものは原則として「付」を用いることとした。

したがって、国立や公立の「ふぞく〇〇学校」などの場合には、公式には「附属」を用いることとなるわけである。しかし、新聞関係などでは、前記の「当用漢字補正資料」によって「附」を削除することとしているので、一般に「付」を用いている。

（注）国語審議会の漢字部会から、総会（昭和29・3・15）に報告されたものである。しかし、これによって、直ちに当用漢字表の内容や教育上での取扱いは変更されるものではないとし、総会は、これは「将来当用漢字表の補正を決定するさいの基本的な資料となるものである。」という趣旨の前文を添えて発表したものである。その後、新聞方面では、これによって当用漢字表を補正して使用している。また、内閣法制局でも、法令ではこれを試験的に使用してきたものである。

（1―3）

問「始」か「初」か

答　新音訓表では、「初」には、訓として「はじめ・はじめて・はつ・うい・そめる」と、「始」には、訓として「はじめる・はじまる」と掲げてある。そして、新音訓表の「前書き」及び「例」欄によれば、「始」は「はじめ・はじまり」といういわゆる転成名詞にも使うが、「初」は、「はじめる」という意味の動詞には使わないのが普通であると思われる。すなわち、名詞的な用法の場合には、漢字の熟語や従来の書記習慣によって、「初・始」をある程度書き分け、動詞的な用法の場合は、「始」を用いるか、場合によっては、仮名書きをするのが適当だということになる。

「はじめて」という副詞的な用法の場合、漢字を用いるとすれば、「初めて」と書くのが習慣的に多いようである。（1―4）

問「聞く」か「聴く」か

答　漢字の意味としては、「聞」は、「音声を耳に感じとる（こと）。受け入れる（こと）」であり、「聴」は、「自らきく気になって、念を入れて詳しくきく（こと）」である。したがって、「（自然に、あるいは、きく気になっていないのに）耳にきこえてくる、きこえる」の意の場合には、「聞」を用い、「聴」は用いないのが普通である。また、「聞」は、「きく」として、一般的に広く用いられ、漢字の熟語としては、「見聞、風聞、新聞、仄《そく》聞、伝聞」などがある。「聴」は、従来、「音楽を聴く」、「相手の話などを心して聴く」などの場合に用いられ、漢字の熟語としては、「事情聴取、公聴会、聴診器、聴音機」など、いずれも、耳を傾け、注意を集中してきき取る意の場合に用いられている。

しかしながら、「きき耳を立てる」、「盗みぎき」、「ききほれる」などという場合は、決していい加減にきいていたり、自然にきこえてくるのではなく、注意を集中してきく意であるにもかかわらず、「聞」を用いることが普通である。

旧音訓表では「きく」の訓は「聞」にだけ掲げて、「聴」には「きく」の訓が掲げてなかったので、「きく」を「聴く」とは書けなかった。新音訓表では「聴」にも「きく」という訓を新しく加えたので、「音楽をきく」のような場合には「聴く」を用いることができるようになった。（1―5）

問「率直」か「卒直」か

答　伝統的、規範的な用字法は、「率直」である。

しかし、戦前の国語辞典の中にも「そっちょく」の項に「卒直」とだけ掲げてあるものがあるくらい、この書き表し方も、かなり以前から行われている。

近ごろ編集・刊行される国語辞典・漢和辞典、また、いわゆる用字用語辞典の類には、「率直」だけを掲げてあるもの、「率直・卒直」の両方を掲げてあるもの、ないし、注記として「卒直」をも掲げてあるものなど様々である。

これは、「率」の字画が複雑なので、同音で字画の簡単な「卒」で間に合わせるのであるが、音訓表で率に「ソツ」という音を認めているからには、改まった文章の表記としては、従来どおり「率直」を標準とするのがよかろう。（1―6）

問「歳」か「才」か

答　○歳・満○歳のように年齢を表す場合、○才・満○才と「才」の字を用いることはかなり広く行われている。漢和辞典の類にも「才」の項に、年齢を表す「歳」と通じ用いる、という意味のことが記載されているものがあるほどである。

年齢を表す場合に「歳」の代わりに「才」を用いることは、その普及度・慣用度から見て、少なくとも便宜的には一応認められるものであろう。ただし、正式には「歳」を用いるべきものであり、また、「才」を用いるとしても年齢を表す場合に限り、歳入・歳出・歳月などの語にまでは及ぼすべきではないと思われる。（1―7）

問「年齢」か「年令」か

答 結論から先に言えば、伝統的、規範的な見地からは、当然のことながら「年齢」を採るべきであろう。

法令・公用文でも「齢」を用いている。これは、「○歳」という場合に、「才」を用いないで「歳」を用いているのと同様である。

現在、改まった場合や用字にやかましい場合などを除いては「年令」がかなり広く行われている。けれども、これは「年齢」以外の「齢」を使った熟語にまで及ぼすことができるということではない。（1―8）

問「回復」か「快復」か

答「かいふく」という漢語は「①元へもどすこと、元の姿に返ること」、また転じて「②元気に返ること、病気の治ること」の意味に用いられている。しかし、これらの意味で『大言海』（昭和7―12、大槻文彦編）や『大日本国語辞典』（大正4―8、松井簡治編）に載っている表記は「回復」と「恢復」の二つである。「快復」という表記はこれらの辞書には載っていないのである。

このうち「恢復」の「恢」は、当用漢字表に掲げられていない文字である。しかし、一方に「回復」という表記があり、「回」の方は当用漢字表に掲げられているから、「かいふく」という語を漢字で書く場合には、「回復」の方を用いることになる。「同音の漢字による書きかえ」（昭和31・7、国語審議会報告）に「恢復→回復」と示されているのがこれである。したがって、一般には「実力を回復する」「病気が回復する」などと用いて差し支えないのである。

ところが、病気の治る場合には、もう一つ「快復」という表記があり、特に手紙文などでは「御快復を祈ります」のように用いられている。この方は、「全快」「快癒《ゆ》」「快気祝い」などに「快」という文字が用いられることとの関連で、「回」よりも連想のよい「快」を用いたものとされている。しかし、この「快復」というのは、当用漢字表の施行以前から、誤りと言えないほど広く行われていた表記である。そのことは、例えば『辞苑』（昭和10、新村出編）の場合に、「回復」「恢復」「快復」を別見出しとし、「回復」に前記①の意味、「恢復」に前記①②の意味、「快復」に前記②の意味と分けてあるのを見ても分かるのである。したがって、一般には「回復」でよいが、特に病気の場合には「快復」を用いる方が、実情に合っていると言えるのである。

なお、「恢復」の「恢」は、失われたものを再び手に入れる意味を持っていて「回」に通じるとされている。しかし、本来は「天網恢恢疎にして漏らさず」などと用いられる文字であり、「大きい」「さかんにする」という意味を持っている。そのため同じカイフクでも「恢復」にはよい連想があり、病気の場合にも用いられていたわけである。したがって、「恢復→回復」の趣旨に従えば、病気の場合にも「回復」を用いてよいのであるが、「回」には「恢」のようなよい連想の伴わない点が問題である。そんなところから、病気の場合には、「回復」とは別に慣用の表記「快復」を用いることが多くなったと考えられるのである。（2―16）

問「重体」か「重態」か

答 病気が重くなって死ぬかもしれないと思われるとき、「じゅうたい」という語が使われている。そうして、この語は「重態」とも「重体」とも書かれ、いずれの表記も誤りではないのである。辞書の扱いを見ても、『大言海』（昭和7―12、大槻文彦編）では「重体・重態」と「重体」の方を上に掲げ、『大日本国語辞典』（大正4―8、松井簡治編）では「重態・重体」と「重態」の方を上に掲げているというのが実情である。

　この場合、漢字の意味から言えば、「態」は「ありさま・ようす・すがた」の意味を持っている。また、「体」の方は「からだ」であるが、転じて「かたち・ありさま・ようす」の意味にも用いられている。したがって、「重態」も「重体」も「（病気の）重いありさま」を表す語として、同じ意味を持っていると考えてよいのである。しかも、「重態」と「重体」とは、共に「じゅうたい」と読まれるため、その発音の方も同じである。つまり、「重態」と「重体」については、発音も意味も同じ語であるところから、表記の「ゆれ」という考え方が適用できるのである。

　ところで、このような表記の「ゆれ」の扱いであるが、いずれを書いても誤りでないことは、前に述べたとおりである。しかし、新聞社のように大勢の人が分担で仕事を行う場合に、ある人は「重態」と書き、ある人は「重体」と書いたのでは、全体として統一のある表記に仕上げることができない。そこで、このような表記の「ゆれ」の場合には、いずれかに統一して用いることが行われている。例えば、日本新聞協会の新聞用語懇談会で編集した『新聞用語集』に「（重態）→重体」と示されているのがこれである。

　ところで、この「重態」「重体」のように表記の「ゆれ」と考えられる語については、国語審議会でも取り上げられ、「語形の「ゆれ」について」として、その審議を担当した第二部会から第四十二回総会（昭和36・3・17）に報告されている。その中で、「重体（重態）」と示されているのは、新聞方面の用い方を認めたものである。その理由については、「字画が少ない、あるいはなるべくなら教育漢字であることが一つのよりどころとなりうる」と述べられている。そうして、同じような理由で決められた例の中には、次のようなものも見られるのである。

　植民（殖民）　年配（年輩）　配列（排列）　反復（反覆）
　容体（容態）

　そうして、新聞関係が「重体」を用いていることに加え、国語審議会もこのように発表したことから、表記辞典などでも、「じゅうたい」については「重体」の方が好ましいという示し方をするものが多くなったわけである。

　なお、同じことは、表記の「ゆれ」として「体」と「態」とを持つ「容体・容態」についても言えるのであり、これも「容体」の方が多く用いられるに至ったのである。ただし、このことは、「体」と「態」との両様の表記を持つ場合のすべてに及ぶわけではないのである。例えば、「実体」と「実態」、「変体」と「変態」であるが、これらについては、「実体がない」と「実態調査」、「変体仮名」と「変態心理」などと使い分けること、従前のとおりである。

（2—19）

問　「素性」か「素姓」か

答　家柄や育ちの意味に用いる「すじょう」は、仏教語gotra（家族・家族の姓・血統家柄・氏族）の漢語訳「種姓」「種性」からきた語だとされている（昭和50、中村元編『仏教語大辞典』による）。『大言海』（昭和7—12、大槻文彦編）や『大日本国語辞典』（大正4—8、松井簡治編）などで「すじやう」という見出しの下に、最初に「種姓」という表記を掲げているのも、これが本来の表記だという見方を示したものと言える。

　この場合、「種」の意味は「たね」であり、「部族」「やから」の意味である。また、「姓」の方は「かばね」であり、同じ祖先から生まれたことを他と区別する称号である。つまり「種姓」が「家柄」の意味に用いられたのである。また、この「種姓」は、呉音で読めば「しゆしやう」であるが、この「しゆ」が、「宿世」が「しゆくせ」から「すくせ」に転じた場合と同じく「しゆ」が直音化して「す」となり、また、連濁で「しやう」が「じやう」となり、「すじやう」（現代仮名遣い「すじょう」）の形が生まれたのである。

しかしながら、『大言海』には「種姓」のほかに「素姓」という表記も掲げられており、用例の中には「素姓」も用いられている。また、『大日本国語辞典』には「種姓」のほかに「素姓」「素生」という表記も掲げられている。すなわち、「種姓」「種性」というのが本来の表記であったのに対し、後には「素姓」「素生」「素性」などの表記も用いられるに至ったわけである。そうして、このことについては、次のように考えることができるのである。

まず、「種」という文字が「す」と読まれていたことであるが、一般には「種」の音が「しゅ」だということである。そのため、「すじょう」という語の表記としては、この「種（す）」が「素浪人」「素面」などと用いられる「素（す）」と混同され、「素姓」「素性」とも書かれるようになったのである。また、「姓」「性」の方も「誕生」「往生」などと用いられる「生（しょう）」と混同されて「素生」という表記も生まれたのである。こうして、「すじょう」については、「種姓」「種性」のほかに「素姓」「素性」「素生」という三種類の表記が用いられるに至ったわけである。

ところで、「種」「素」「姓」「性」「生」は、いずれも当用漢字表に掲げられている漢字である。また、「素」の字音「ス」、「姓」「性」「生」の字音「ショウ」については、いずれも当用漢字音訓表に掲げられている。しかし、「種」の場合は「ス」という字音が当用漢字音訓表に掲げられていないから、「種姓」を「すじょう」と読むのは、当用漢字音訓表に外れた形である。そこで、当用漢字表・同音訓表に従った表記を用いる場合として考えると、「素姓」「素性」「素生」の範囲ならば、いずれを使用してもよいことになるのである。

しかし、この場合、『文部省刊行物表記の基準』（昭和25、文部省国語課編）には、「素性」の形が示されていた。また、日本新聞協会の新聞用語懇談会で編集した『新聞用語集』にも「素性」の形が採用されていた。それらを参考に表記の「ゆれ」について審議した国語審議会も、部会報告「語形の「ゆれ」について」（昭和36・3）の中で次のように報告している。

「素性・素姓」は、もとは「素姓」が一般的で、「素性」は「根性」などとの混同かとも考えられるが、今日では「素性」の方が一般に行なわれている。

この点については、「栄養（営養）」「機転（気転）」「親切（深切）」「先頭（先登）」などと同じく、必ずしも起源にさかのぼらず、「素性」の方が「一般的である」ということが、解決のよりどころとして示されているわけである。したがって、「すじょう」については「素性」と書くのが好ましいということになるのである。（2―20）

問「管弦楽」か「管絃楽」か

答 当用漢字表施行以前には、「かんげんがく」の場合に「管絃楽」と「絃」の字を用いるのが一般であった。これに対し「弦」の方は「円の弦」「上弦の月」など、「弓のつるの形」や「半月」の意味に用いていた。ところが、当用漢字表制定以後は「絃」を当用漢字の「弦」に書き換えて、「管弦楽」という表記が用いられるようになった。「管弦楽」だけでなく、「絃」という文字そのものをすべて「弦」に書き換えて用いるようになった。「同音の漢字による書きかえ」（昭和31・7、国語審議会報告）に「絃→弦」と示されているのがこれである。また、そこには語例として「管絃楽→管弦楽」のほかに「絃歌→弦歌」「三絃→三弦」も示されているが、「絃楽器」「絃管」「断絃」なども「弦楽器」「弦管」「断弦」と書き換えてよいのである。ところで、「弦楽器」というのは、本来は弓の弦をかき鳴らしたところから生まれたものとされている。中国の古い書物を見ると、『博雅』には「凡そ弓弩《ど》・琴瑟《しつ》の弦は皆弓に従う」と書かれている。また『楽記』には「五弦之琴」と「弦」が用いられ、『淮南子《えなんじ》』にも「管弦」と「弦」が用いられている。「弦」という字の意味が細いつるを一方から他方に張ったものすべてに当てはまる以上、「五弦」「管弦」という表記で差し支えなかったのである。それが後に、特に楽器の場合には「弓」よりも「糸」ということが強調され、「ゆみへん」を「いとへん」に改めた「絃」という異体字が用いられるようになった。しかし、このことに対し例えば『五経文字』には「琴瑟の弦も亦弦の字を用う。絃に作るは非なり。」とも注されていたくらいである。

したがって、当用漢字表に「絃」を省き「弦」を採用したのは、両者を通用するものと認め、用法の広い「弦」を採用したものと考えてよいのである。そうして、これにより「絃」を「弦」に改め、「管絃楽」を「管弦楽」に改めたのは、むしろ古い表記にもどしたものとも言えるのである。（2—24）

問　「改定」と「改訂」の使い分け

答　文字の意味として見ると、「定」は「測定」「確定」などと用いる「定」と同じで、「さだめる」意味である。また、「訂」の方は「訂正」「修訂」などと用いる「訂」で、「ただす」意味である。したがって、文字の意味から考えると、「改定」は「旧来のものを改めて新しいものを定める」意味になるのに対し、「改訂」の方は、「正当でなくなったものを改めて正当な形にただす」意味になるわけである。

実際の用例として見ても、前記それぞれの意味によって、次のように用いられている。すなわち、「改定」は「定価の改定」「運賃改定」「改定計画」など、既に定めた金額その他を改めて新しいものを定める場合に用いられている。これに対し、「改訂」の方は、「給与準則の改訂」「掛金の率の改訂」「改訂版」など、既に定めた金額その他が、事情の変更によって正当でなくなった場合に、これを新たな事情の下で正当になるように改めただす場合に用いられている。

しかしながら、このように説明しても、「改定」と「改訂」の意味の違いは微妙であり、ただそれぞれの力点の置きどころが異なるにすぎないとも言えるのである。そこで、このように意味の似た紛らわしい用語のうち必ずしも使い分けを要しないものについては、いずれか一方に統一することが行われるようになった。「法令用語改正要領」（昭和29・11、内閣法制局）において、「統一して用いる」という中に「改定・改訂→改定」が示されているのもこのためである。こうして、その後に作られた法令においては「改訂」の場合にも、「改定」を用いるというのが実情である。また、法令でこのような用い方になったため、一般にも「改定」を用いることが多くなったのである。

しかし、実際問題としては、「直す」意味の強い場合には「改訂」を用いることも行われているのである。その点で、例えば「誤りを改訂する」「改訂版」などは「改定」とせず、従来どおり「改訂」を用いて差し支えない。

なお、「改定」「改訂」と紛らわしい用語に「改締」というのがある。この方は「約定の改締」「条約の改締」などと用いられる語である。それは、約定・条約などを取り結ぶことを「締結」ということから来た用語である。すなわち、約定・条約などを改めて取り結ぶ場合には、「改定」「改訂」でなく、「改締」という語が用いられるのである。（2―25）

問「観賞」と「鑑賞」の使い分け

答「観」という文字は、「観測」「観光」などと用いるときの「観」で、「目でよくながめる」という意味を持っている。これに対し「鑑」の方は、「鑑定」「鑑別」などと用いる「鑑」で、単に見るだけでなく、「よく考えてよい悪いを見分ける」という意味の文字である。

そこで、それぞれが「賞」と結び付いた場合であるが、「観賞」は「ながめて楽しむ」という意味になるのである。また、「鑑賞」の方は、「よく味わって楽しむ」という意味になるのである。したがって、その用例も、「観賞」の方は「草花を観賞する」「山水を観賞する」など、自然をながめて楽しむ場合に用いる。また、「鑑賞」の方は「絵画を鑑賞する」「彫刻を鑑賞する」「演劇を鑑賞する」など、人為の加わった芸術的なものに用いる。こういう点から考えると、「観賞」「鑑賞」は「かんしょうする」対象の種類によって使い分けているとも言えるのである。

しかしながら、いろいろの例について考えると、必ずしも対象の種類によって使い分けるとは言い切れない場合も見られる。例えば、菊花であるが、これは草花と同じく「観賞」を用い、「菊花観賞会」などとするのが一般である。しかし、「菊花を鑑賞する」という表記が成り立たないわけでもないのである。その場合には、丹精し、苦労し、工夫を凝らしてそのように見事な花を咲かせたという点を重視し、その出来上がりのよしあしを見分けるという意味になるのである。また、庭園については人工が加わっているため、「庭園を鑑賞する」と用いて差し支えない。しかし、単に自然の景色と同じようにながめるならば、「観賞」を用いてもよいのである。

これを要するに、「観賞」と「鑑賞」とは、「かんしょうする」対象の種類によって使い分けるというよりも、そういう対象に対する「かんしょう者」の態度によって使い分けると考えた方がよい。（2―26）

問「精算」と「清算」の使い分け

答「精算」の「精」は、「精細」などと用いる場合の「精」と同じく、「くわしい」という意味である。したがって、「精算」というのは、「くわしく計算する」ということである。つまり、「概算」という形で大まかに計算したものに対し、後で細かく計算して過不足を明らかにし、それを受け渡しする場合に用いる。例えば、「費用を精算する」「運賃を精算する」などとするのがその用例である。

これに対し、「清算」の「清」は、本来「清掃」などと用いる「清」と同じで、「きよめる」という意味である。

そうして「清算」の場合には、その「きよめる」から転じて、「整理する」意味に用いられているのである。したがって、「清算」の方は、財産関係を整理し、後始末を付ける場合に用いられる。例えば、解散によって本来の活動を停止した法人が後始末のために財産関係を整理するというのが「清算」である。「清算法人」「清算会社」「清算人」という用い方もこれである。

また、「清算」の方は、相互間の貸借関係を差し引きしてその貸借関係の始末を付ける場合にも用いる。例えば、土地の交換分合において同等の土地と交換することができないとき、金銭によって後始末をするのも「金銭による清算」である。更に、商品市場において証拠金だけで取引を行い、あとで反対売買をしたときに差金の決済をする方法が行われているが、これを「清算取引」と言うのも、同じ意味での用い方である。

なお、「清算」の方は、後始末を付けるということから、比喩《ひゆ》的に用いる場合も見られるわけである。例えば、今までの好ましくない関係などに後始末を付ける意味で、「過去を清算する」「お互いの関係を清算する」などと用いるのがこれである。しかし、「精算」の方には、このような比喩的な用い方は行われていないようである。（2―27）

問「**拡声機**」か「**拡声器**」か

答　文字の意味から見ると、「器」の方は容器や道具の意味があって、「電熱器」や「消火器」のように単純な原理で変化を起こすものに用いられる。これに対して、「機」の方は細かい細工を施して動くようにしたものの意味であって、「洗たく機」や「テレビ受像機」のように何段階かの手順を組み合わせたものに使われる。したがって、「拡声器」というのは、メガホンのように単純な構造で声や音を大きくするもの、「拡声機」の方は、マイク、アンプ、スピーカーを備えた複雑な構造で声や音を大きくするもの、というように区別することが可能である。

しかしながら、実際問題として、現在はメガホンのようなものに対し「かくせいき」という名称を用いることは少ない。これにトランジスタ・アンプを付けたものも「トランジスタ・メガホン」などと呼ばれている。『学術用語集・電気工学編』（昭和32・11、学術審議会学術用語分科会）では部品名としてラウドスピーカーに「拡声器」という名称が与えられ、国語辞書の多くはこれを載せている。しかし、一般に「かくせいき」と称するのは、マイク、アンプ、スピーカーを備えた複雑な構造の放送装置の方である。そうして、これについては、メーカー側も「拡声機」という表記を用いている。

なお、「かくせいき」と同じように「器」「機」を使い分けるものには、他に「けいさんき」や「ふんむき」がある。「計算器」というのは、そろばんや計算尺のように単純な構造のもの、「計算機」の方は、歯車式、リレー式、電子式などの複雑な構造のものである。また、「ふんむき」も、園芸用の小型のものが「噴霧器」、農業用の農薬散布機械が「噴霧機」である。なお、「でんわき」というのが「電話機」と書かれるのに対し、その一部としての「そうわき」「じゅわき」が「送話器」「受話器」と書かれるなども、「器」と「機」の使い分けとして、よくその特色を示した例になるわけである。

ところで、身近なもので「器」を用いるものを挙げると、次のようになる。

あわ立て器　温水器　ガス点火器　計量器　検温器　受話器　消火器　送話器　測定器　聴診器　治療器　抵抗器　電熱器　変圧器　歩行器　補聴器

また、「機」を用いるものには、次のようなものがある。

編み機　印刷機　映写機　拡声機　火災報知機　起重機　金銭登録機　工作機　耕運機　削岩機　撮影機　自動販売機　写真機　受信機　信号機　洗たく機　扇風機　掃除機　送信機　送風機　脱穀機　探知機　通信機　テレビ受像機　電算機　電話機　発電機　冷凍機　冷房機　録音機

このような用例から見ると、「器」と「機」の使い分けの傾向も、大体分かると言えるのである。（2―28）

問「**越える**」と「**超える**」の使い分け

答　文字の意味として見ると、「越」は音読で「越境」などと用いるように、「ものの上を過ぎて向こうへ行く」ことを表す。したがって、「山を越える」「峠を越える」「川を越す」「跳び越す」などと用いるのが本来の用い方である。そうして、比喩《ひゆ》的に「年を越える」「冬を越す」「難関を越す」「見越す」などとも用いる。更に転じて、「来る・行く・優る」などの意味にも用いる。「どうぞお越しください」「引っ越す」「申し越す」「それに越したことはない」などがその例である。

これに対し、「超」の方は、音読で「超過」などと用いるように、「一定の分量を過ぎてその先へ行く」ことを表す。したがって、「限度を超える」「百万円を超える金額」「一千万人を超す人口」などと用いるのが本来の用い方である。そうして、比喩的に「現代を超える」「人間の能力を超す」などとも用いるわけである。

なお、「百万円を超える」という場合には、百万円という基準点の数量を含まない意味である。もしも百万円という基準点を含む言い方をすれば、「百万円以上」というように「以上」を用いる。また、これらに対応するのが、「未満」と「以下」である。「百万円未満」は百万円を含まず、「百万円以下」は百万円を含むという意味である。

すなわち、「超える」「以上」「未満」「以下」は、数量的限定をする場合に一定の約束を持つ語なのである。したがって、そのような数量的限定の場合と、それの比喩的な用い方の場合に「超」を用いると考えればよいのである。そうして、その他の場合には、すべて「越」を用いるというのが、「越」と「超」の使い分けである。

ところで、当用漢字の旧音訓表（昭和23、内閣告示第2号）では、「越」の方に「エツ」という字音と「こえる・こす」という字訓が掲げられていたが、「超」には「チョウ」という字音だけが掲げられていた。そのため、法令では、「百万円をこえる金額」のように、仮名書きが用いられていた。また昭和二十八年十一月の「文部省用字用語例」では「越」に書き換えるように示されていた。そのため、表記辞典などの扱いにも、両様の行き方が見られたのである。

これに対し、当用漢字の新音訓表（昭和48、内閣告示第1号）では、漢字の使い分けのできる異字同訓が積極的に取り上げられた。そうして、「越」だけでなく「超」にも「こえる・こす」という字訓が掲げられるようになった。そこで、旧来の慣用を復活し、「百万円を超える金額」のように、「一定の分量を過ぎてその先へ行く」意味の場合には、「超」が使われることになったのである。

しかし、一時期ではあったが、「超」の代わりに「越」を用いることが行われていたわけである。そのため、「超」の代わりに「越」を用いる書き方を全く誤りとするのは行き過ぎだとも考えられた。国語審議会の漢字部会が作成した参考資料「「異字同訓」の漢字の用法」（昭和47・6）に「百万円を超（越）える額」のように「越」も用いるという示し方をしたのは、このような事情を考慮したものである。しかし、当用漢字音訓表に従うならば、旧来の用い方によって「越」と「超」を書き分けるようになるのである。（2―30）

問「意志」と「意思」の使い分け

答　何かしようという気持ちを表す語に「いし」というのがある。これを漢字で書き表す場合、「意志」と書かれたり、「意思」と書かれたりするが、一応の使い分けがある。

まず、「意志」の方であるが、これは心理学の用語で、精神作用を「知・情・意」と三つに分けた場合の「意」のことである。つまり、知識・感情と対する精神作用が「意志」である。それは、物事を行おう、又は行うまいとする積極的な気持ちであって、「意志の強い人」「意志の弱い人」、あるいは「意志強固」「意志薄弱」などと用いる。

また、国文法で「行こう」「見よう」「帰るまい」などの「う」

「よう」「まい」が「意志の助動詞」と呼ばれるのも、物事を行う、又は行わないことについての積極的な気持ちを表すからである。英文法で I will go. Shall I go? の will, shall が意志未来を表すというのも、同じ用い方である。

　これに対し、「意思」は法令の用語である。それは、物事を行う場合、又は行わない場合に、その元になるはずの気持ちを法律的に見た立場での名付け方である。それは、法律上の効果を発生させよう、又は発生させまいとする積極的な気持ちのことである。「承諾の意思がある」「意思を表示する」、あるいは「意思の有無を問う」「意思がない」などと用いる。「本人の意思を尊重する」「当事者の意思に任せる」なども「意思」である。

　したがって、「意志」と「意思」の使い分けは、使用する専門分野の違いに基づくものと言えるのである。つまり、心理学用語が「意志」、法令用語が「意思」である。文法用語の「意志」は心理学的な用い方であり、教育方面で「意志」が用いられるのも、教育学が心理学に基づくからである。これに対し、経済や政治の面では、法律的な考え方が用いられるから「意思」である。

　しかし、実際問題として「いし」という語は、それぞれの専門的な分野を離れ、日常生活の中でも用いられる。その場合に、心理学的な観点が重視されるか、法律的な観点が重視されるかというと、必ずしも明らかでない。その点で、一般用語の「いし」については、「意志」と「意思」とが区別しにくいかもしれないが、書き分けようとすれば、それぞれの語の本来の意味に基づくことになる。この場合、日本新聞協会の新聞用語懇談会で編集した『新聞用語集』が、「意志」を「成し遂げようとする心（心理学用語に多い）」、「意思」を「考え、思い（法律用語に多い）」としていることなども、心得ておくと便利である。　（3―1）

問　「成長」と「生長」の使い分け

答　物が大きくなることについて「せいちょう」という語が用いられている。これについて、本来は学術用語 “growth” の訳語であるが、動物学は「成長」、植物学は「生長」を用いている。(注)

　この場合、それぞれの語の意味としては、「成長」が「育って大きくなること」であり、「生長」が「生えて大きくなること」である。したがって、動物学が「成長」を採用し、植物学が「生長」を採用したことについては、それぞれに理由が認められるわけである。そうして、このことを踏まえるから、動物学の「成長線（貝がらが大きくなるときに現れる線）」は「成長」を用い、植物学の「生長点（細胞が分裂して伸びていく部分）」は「生長」を用いる。大きくなる速度を表した「せいちょう曲線」も、動物学は「成長曲線」、植物学は「生長曲線」である。

　しかし、文字の意味として見た場合、「生」には「はえる」のほかに「うまれる」もある。したがって、「生長」の方には、「生えて大きくなる」意味のほかに、「生まれて大きくなる」意味もある。『大言海』（昭和7―12、大槻文彦編）が「生長」の意味を二つに分け、「㈠ウマレ、ソダツコト。㈡草木ナドノ、生ヒソダツコト。」としているのも、このような立場での解説である。それに対し、「成長」の方には「生ヒ立ツコト。育チアガルコト。」とだけ書かれている。その点では、「生長」の方が、「成長」より広い意味を持つわけである。

　それにもかかわらず、動物学が「生長」を用いず「成長」を用いるのはなぜかということである。これについては、「生まれて大きくなること」よりも「成育」「成熟」などと用いる「成」との関連が重視されている。その点では、「成体」を目指して大きくなる動物学的「せいちょう」と、「生えた」あとどこまでも伸びていく植物学的「せいちょう」とに、考え方の違いが見られても当然である。そうして、そういう考え方の違いが、学術用語としての「成長」と「生長」の使い分けにも現れるのである。

しかし、「せいちょう」という語そのものは、動物学、植物学を離れ、一般語としても用いられている。例えば、「経済の成長」「事業の成長」「成長産業」「成長株」などと用いられる。その場合には、「成長」を用いても「生長」を用いてもよいわけであるが、一般には連想のよい「成長」の方が好まれている。したがって、二つの「せいちょう」については、一般に「成長」を用い、植物学に関しては「生長」となっているのである。その点では、日本新聞協会の新聞用語懇談会が編集した『新聞用語集』において、一般には「(生長)→成長」としながらも特に「植物学上の用語は別」と注記しているなどが、使い分けの実情であろう。

(注) 植物学でも平成2年から「成長」を用いている。（3—2）

問「異常」と「異状」の使い分け

答 特別な状態について「いじょう」という語が用いられるが、これには「異常」という書き方と「異状」という書き方がある。この二つの「いじょう」については、それぞれ意味も文法的性質も異なっている。

まず、「異常」であるが、これは「正常」に対する語である。したがって、正常な状態に対して、正常でない状態、普通と異なる状態が見られる場合に「異常」という語が用いられる。「異常乾燥」「異常渇水」などがこれである。つまり、「正常」がノーマルであるのに対し、アブノーマルの方が「異常」である。「異常な努力を傾ける」「異常に緊張する」などの用い方も、その状態が正常と異なる点を強調するからである。

これに対して「異状」の方は、「異常な状態」の意味で用いられる。つまり、正常な状態と異なる何か特別な状態そのものが「異状」である。それも、特に安心できないような状態に「異状」が用いられる。「異状を呈する」「異状を発見する」など、このような意味での「異状」である。警戒の目的で巡回するのは「異状の有無」を確かめるため、「異状を見付ける」ためである。そこに別に変わったことがなければ「異状なし」である。

ところで、このような用例からも明らかなように、「異常」と「異状」は、文法的な性質も異なっている。つまり、「異常」の方は、「異常な状態」「異常に緊張する」という用い方のできる語であって、形容動詞の語幹である。これに対し、「異状」の方は、そのような用い方をしないから、普通の名詞である。

また、実際に使用される度数も、意味用法の広い「異常」が圧倒的に多い。それは、複合語において「異常感」「異常分析」「屈折異常」など、形容動詞的になるからである。単独の名詞としての「いじょう」も「異常と思われる服装」「異常といってよいほどの執念」など、意味的に「異常だ」と言い換えられる場合は「異常」でよいことになる。問題は「異常を認めず」「飛行中異常が起こったとき」「体の異常を訴える」など「異状」の使える場合にも「異常」が多いということであるが、これも「異常なることを認めず」等の意味とすれば、「異常」でもよいことになる。一部の新聞で「異状」を用いずすべて「異常」に統一する行き方が見られるのも、このような実情に基づいたものである。ただし、そうだからといって、「異常な状態」を表す「異状」という名詞が、全く不要になったとは言い切れないであろう。（3—3）

問「**製作」と「制作」の使い分け**

答　物品をこしらえる場合に「製作」という語が用いられる。「機械の製作」「道具の製作」「製作品」「製作物」など、いずれも「製作」である。工場などの名称に「○○製作所」とあるのも、物品をこしらえる場所という名付け方である。

これに対し、美術作品の場合には「制作」という語が用いられる。「絵画の制作」「彫刻の制作」などがこれである。工芸・写真なども、美術作品としては「制作」である。「卒業制作」「記念制作」なども、美術作品の場合は「制作」の方である。

このことに関連して著作権法を見ると、映画（テレビ用映画はもちろんのこと、テレビドラマその他のビデオに録画されたものも含む。）について、プロデューサーの行う職務を「制作」と表現している（第16条）。これに対し、映画のメーカーとしての映画会社等を「映画製作者」と表現している（第2条第1項第10号）。これは、精神的創作物としての映画の創作活動としてのプロデュース行為については「制作」を、物としての映画の製造行為については「製作」を用いたものである。

テレビ番組の編成について、「番組の制作」「制作スタッフ」「制作費」というふうに用いられ、それを作るプロダクションの名が「制作」として字幕に出るのも、これに基づくものである。しかし、映画の方では、経済的責任を持って企画し、スタッフの編成から完成に至るまでの一切を統轄するプロデューサーについて、以前から「製作担当」という語が用いられている。そのため、字幕にも監督とは別に「製作だれだれ」と名が示され、時には映画会社の社長名や会社名が用いられることもある。この場合には、「制作」「製作」を含めて「製作」という語が用いられるわけである。

それでは、「製作」と「制作」について、なぜこのような使い分けが行われるかということであるが、これには「製」と「制」との文字としての意味の違いが関係している。まず、「製」であるが、「製ハ造ナリ」とされ、「こしらえる」意味である。それは、「製鉄」「製薬」などの音読語にも現れているとおりである。それに「作（こしらえる）」を組み合わせた「製作」も、同じような意味の文字から成る語であって、「物をこしらえる」意味にほかならない。

これに対し、「制」の方は、「制ハ正ナリ」とされるように、「ととのえる」意味を持っている。音読で「制定」「制御」などと用いるのもこの意味であり、「制度」「法制」などもそこから生まれている。したがって、それに「作」を組み合わせた「制作」は、「新たに定める」「自分の思うとおり作り上げる」意味を持っている。中国の古典の用例に「政令ヲ制作ス」「礼楽ヲ制作ス」などとあるのも、この意味である。特に精神的、独創的な意味を重視する美術関係が「製作」でなく「制作」を用いるのも、「制作」の持つこのような意味に基づくのである。

したがって、二つの「せいさく」については、「製作…主として実用的な物品の場合」「制作…主として美術的な作品の場合」と、一応は分けてよいのである。しかし、それぞれの分野に慣習的な用い方もあるため、簡単には割り切れないのが実情である。（3―4）

問「**起源」か「起原」か**

答　物事の起こりという意味の「きげん」については、「起源」とも「起原」とも書かれている。国語辞典の扱いを見ても、「きげん」という見出しの下に、「起源・起原」または「起原・起源」のように、二つの表記を併記しているのが一般である。

文字の意味について見ると、「源」は「水泉ノ本ナリ」と注されるように、水源を意味している。字訓として「みなもと」が当てられるのも、この意味である。音読で「資源」「財源」などの用い方も同じである。これに対し、「原」の方は「広平ヲ原トイフ」というように、広く平らな土地を指すのが普通である。字訓も「はら」であり、音読で「原野・平原」などと用いる。しかし、文字の成り立ちから言えば「厂（がけ）」と「泉（いずみ）」とを合わせた「がけ下の泉」で、本来は「もとになるもの」の意味である。そのため「原ハ通ジテ源ニ作ル」とされるように、「源」と同じ意味にも用いられている。音読で「原因」「原料」などと用いる方の「原」がこの意味である。

したがって、物事の起こりを表す語として、「起源」と「起原」とが行われていても、それは同じ意味の語と考えてよいのである。しかも「起源」と「起原」とは、共に「きげん」と読まれるため、その発音も同じである。つまり、「起源」と「起原」については、意味も発音も同じ語というところから、「表記のゆれ」という考え方が適用できるのである。その点では、「起源・起原」だけでなく、「語源・語原」「根源・根原」もゆれており、「源泉・原泉」「源流・原流」もゆれている。

ところで、このような表記のゆれの扱いについては、国語審議会でも取り上げたことがある。その際にこれを担当した部会から第四十二回総会（昭和36・3）に提出された報告書「語形の「ゆれ」について」を見ると、「語源・語原」につき、次のように説明されている。

「原」「源」は同字である。教育漢字であり、字画も少ない点からは、「原」のほうがよいのであるが、現在では、「原」は「はらっぱ」、「源」は「みなもと」というふうに意味が分化して使われる傾向にあるから、これからは、しぜん、「語源」と書くようになっていくであろう。

その理由として、比較的新しく造られた「給源」「財源」「資源」「震源」「熱源」などに「源」のみを用いることが挙げられている。当用漢字音訓表でも「源」に「みなもと」、「原」に「はら」を掲げているとおり、「もと」の意味では「源」を用いて使い分けるのが一般的と思われる。

しかし、このことは、「語源・語原」「起源・起原」のように、「源」と「原」でゆれている語の場合についてだけであって、これを「原因」「原料」など、「源」を用いる慣用のないものにまで及ぼすのは行き過ぎである。また、「病原菌」のように、「原因」との関連から「原」を用いる例も見られるのである。（3—5）

問 「基準」か「規準」か

答 「基準」と「規準」とでは、「規準」の方が中国の古典に見られる形であり、本来は「てほん」という意味である。

文字としての意味も、「規」は「ぶんまわし」、「準」は「みずもり（水準器）」である。また、この種の道具としては他に「矩《く》（さしがね）」と「縄《じょう》（すみなわ）」があり、「規矩準縄」という語もある。「規準」も「規矩準縄」も、物事を整えるために用いる道具の名を組み合わせた語であり、そこから「てほん」という意味に用いられたのである。法令用語として、例えば土地の価格を求める際に「公示価格を規準として」（「地価公示法」第8条—第10条）のように用いるのも、「手本となる標準」の意味である。

これに対し、「基準」というのは、「基礎となる標準」という意味で用いられている。特に法令用語として見ると、「許可の基準」「認可の基準」「免許の基準」「設置基準」などと広く用いられる。それは、行政機関が許可、認可、免許を与える場合の「基礎となる標準」であり、その点で「基準」の方は、「具体的な条件」を示す場合が多いのである。

したがって、「基準」と「規準」とは、本来は異なる意味の語である。そのため、辞書などでも別見出しの語として扱うことが多い。そうして、「基準」については「基礎となる標準」、「規準」については「手本となる標準」という点での解説を加えるのが一般である。「基」と「規」とがそれぞれ別の意味を持っていることを考えれば、それぞれに応じて「基準」と「規準」とが異なる意味を持っていても、それは当然のことである。

しかし、実際問題として、「基礎となる標準」と「手本となる標準」とがどのように異なるかというと、必ずしも明らかでない。しかも、「基準」も「規準」も共に「きじゅん」と読まれるため、その発音も同じである。そうなると、新聞社のように大勢の人が分担で仕事を行う場合、ある人は「基準」と書き、ある人は「規準」と書くことも起こり、全体として統一ある表記に仕上げることができない。そこで「基準・規準」のような場合に、いずれかに統一して用いることが行われている。例えば、日本新聞協会の新聞用語懇談会で編集した『新聞用語集』には「(規準)→基準」のように示されている。このような統一の基礎には、一般に「基準」を用いる場合が多いということも、考慮されたわけである。

ところで、国語審議会の第四十二回総会(昭和36・3)に提出された部会報告「語形の「ゆれ」について」であるが、その中でも「基準(規準)」のように示されている。それは、「特に必要のある場合のほかはかっこの外のものを使うようにしたらよい」という例の一つになっている。その点で「きじゅん」の扱いは、次のような語の場合と同じである。

委嘱(依嘱)　機運(気運)　強豪(強剛)
自習(自修)　探検(探険)　(3—6)

問「的確」か「適確」か

答「的確」という漢語は、「的確に処理する」「的確な判断を下す」などと用いる語である。それは、取り上げた事柄が事実と一致していて間違いがない場合に用いられている。そうして、こういう意味の語について『大言海』(昭和7—12、大槻文彦編)や『大日本国語辞典』(大正4—8、松井簡治編)に載っている表記は、「的確」だけである。「適確」という形は、これらの辞書には載っていないのである。

また、「的確」という語は中国の古典にも見られる語であって、「的ハ白也、的確ハ明カツ確ナリ」などと注されている。これに対し、「適確」の方は中国の古典に見られないから、一般の漢和辞典にも掲げられていない。その点では、「的確」のみが正しい書き方であって、「適確」は誤りとも言えるのである。

しかし、例えば地方自治法の第二百二十二条に「適確」という語が用いられている。それは「必要な予算上の措置が適確に講ぜられる」という前後関係での用例である。そうして、この場合の「適確」については、予算上の措置が具体的明確に取られるということであって、必要にして十分な予算措置が講ぜられて初めて適確に講ぜられたのだというふうに解釈されている。その点でこの場合の「適確」は、一般語としての「的確」とは、多少意味が異なるのである。

また、「適確」という書き方は、一般にも用いられている。その場合、「適確に遂行する」「適確な措置を講じる」などと用いるのは、法令用語としての「適確」と同じである。つまり、このような場合に「的確」でなく「適確」を用いるのは、単に事実に合っているだけでなく、それが良い方法で行われるという意味を持っている。その点では「的確」を誤って「適確」としたのではなく、「適正確実」「適切確実」を略した形として、新しく「適確」という語が生まれたと言えるのである。

ところで、このようにして「適確」という語が使われるに至った段階で考えると、そこに「的確」と「適確」との使い分けが問題になる。それは、漢字というのがそれぞれ意味を持っているために、それぞれの意味を生かす方向に進むからである。しかし、実際問題として、漢字の意味のこのような違いを重視することが望ましいかどうかは、検討を要することである。

この点については、国語審議会においても取り上げたことがあり、その審議を担当した部会から第四十二回総会（昭和36・3）に「語形の「ゆれ」について」として報告されている。その中の結論の一つとして、「漢字の意味のわずかな相違にあまりこだわることは、社会一般としては限度があるであろう。」とも指摘され、その例の中にこの「的確（適確）」が取り上げられている。それも、「特に必要のある場合のほかは、かっこの外のものを使うようにしたらよい」という趣旨である。つまり、法令用語としての「適確」を無視するわけではないが、一般用語としては、「的確」だけでよいというのが、その扱いである。特に「適確」の意味で用いる必要があれば、むしろ「適正確実」「適切確実」と書く方がよいのではないか。（3—8）

問 **「受賞」と「受章」の使い分け**

答 賞品を受ける場合には、「賞を受ける」という意味で「受賞」という言葉が用いられている。それは、通信を受ける「受信」、命令を受ける「受命」などと同じ組み合わせである。したがって、その受けるものが「勲章」であれば、そこに「受章」という形が用いられるのも当然である。

この場合、「受賞」と「受章」とは、共に「じゅしょう」と発音されている。その上、いずれも意味が表彰に関連しているため、その使い分けが紛らわしくなる。しかし、文字本来の意味を考えれば、「受賞」と「受章」との間に、それぞれ使い分けが行われて当然である。つまり、「受賞」は、賞状、賞金、賞杯、賞牌《はい》、賞詞などを受ける場合の用語である。芥川《あくたがわ》賞やレコード大賞などを受けるのも受賞である。

これに対し、「受章」の方は、勲章、褒《ほう》章の場合に用いる。文化勲章や菊花、宝冠、旭日《きょくじつ》、瑞宝《ずいほう》などの勲章を受ける場合、紅綬《じゅ》、緑綬、藍《らん》綬、紺綬、黄綬、紫綬などの褒章を受ける場合がこれである。

また、「受賞」と「受章」についてこのような使い分けがある以上、「受賞する・受章する」「受賞者・受章者」「受賞資格・受章資格」なども書き分けることになる。

しかし、発音は同じ「じゅしょう」でも、その際に行われる式典の方は「授賞式・授章式」のように「授」を用いる。つまり、「じゅしょう」については、「受賞」「受章」「授賞」「授章」の四語を書き分けなければならないのである。

なお、関連して「受」と「授」の使い分けに及ぶと、これは「うける」と「さずける」との違いであり、そのこと自体は明らかである。それに基づいて「受注・受像機」「授乳・授産所」の「受・授」が書き分けられるが、中には紛らわしいものもある。講習を受けるのが「受講」で、学業を授けるのが「授業」となるため、それぞれの場合に払うのが「受講料」と「授業料」になる。仏教用語に戒律を受ける「受戒」とこれを授ける「授戒」がある。生物学用語に「受精・受粉」があり「人工受精・人工受粉」とも用いるが、家畜改良増殖法には「人工授精師」というのがある。その他、「受益者」「年金の受給条件」や「授権資本」「銀行の授信業務（信用を与える）」など、専門用語については、特に「受」と「授」の使い分けに注意することが肝要である。

最後に、二つの「じゅ」を組み合わせた「じゅじゅ」であるが、一般の辞書には「授受」と「受授」と両様の書き方が掲げられている。しかし、これについては、「売買」「貸借」などの組み合わせに準じ、「授受」を用いるのが一般である。（3—9）

問「夏期」と「夏季」の使い分け

答　夏を表す「夏期」と「夏季」とは、同じような意味に用いられている。しかし、「期」と「季」とは、それぞれ異なる意味の文字である。

まず、「期」であるが、これは「学期」「任期」などと用いる「期」で、一定の尺度の下に定めた月日のまとまりを表す。それは、学校や会社で「前期・後期」「上期・下期」と用いる場合のターム（期間）としての「期」である。つまり、そういう立場で特に夏の部分を取り出したのが、「夏期」である。「夏期講習会」「夏期実習」「夏期休暇」などに「夏期」が用いられるのも、このような立場でのタームだからである。

これに対し、「季」の方は、「季節」「四季」などと用いる「季」で、特色のある月日のまとまりを表す。それも、一年を春夏秋冬に区分けした場合のそれぞれのシーズン（季節）である。したがって、「夏季」の方は、そのようなシーズンの立場で夏の部分を取り出した際の表し方になる。「夏季水泳大会」「夏季出張販売」「夏季休業」などと用いるのがこれである。

つまり、同じ夏を表すにしても、「夏期」と「夏季」とは、そのとらえ方が異なるのである。したがって、同じ考え方を「冬期・冬季」に当てはめれば、「冬期講習会」と「冬季オリンピック」の書き分けになる。ただし、日本新聞協会の新聞用語懇談会が編集した『新聞用語集』には「（夏期）→夏季」「（冬期）→冬季」とあって「季」に統一して用いるように示されており、これも一つの行き方である。

ところで、さらに広く「期」と「季」の使い分けに触れると、農業関係に「農繁期」と「農閑期」があり、電力関係に「豊水期」と「渇水期」がある。また、現在の「春分の日」「秋分の日」が以前は「春季皇霊祭」「秋季皇霊祭」と呼ばれていたが、この場合の「春季・秋季」は、シーズンを主とした名付け方である。

したがって、同じ「うき」についても、「雨期」と「雨季」では、内容が異なるのである。例えば、『新聞用語集』では、「（雨季）→雨期」のように示されている。これに対し、『学術用語集』の気象学編では「雨季」となっている。この場合、新聞などで扱う「うき」は梅雨のことであり、我が国では、春夏秋冬とは別に雨の降るタームだけをまとめて「雨期」と呼ぶことが多い。しかし、熱帯地方などでは、春夏秋冬の区別がなく、雨の多いシーズンとそうでないシーズンを分けることがあり、これが「雨季」である。

気象学用語としての「雨季」がこういうシーズンとしての「うき」を表していることは、それに対応する英語がrainy seasonとなっていることからも明らかである。しかし、気象学用語としても、雨の降り続くタームとしてのrainy spellの方は、「雨の期間」「降水継続期間」となっている。我が国の日常生活に関係が深いのはこの方であり、「雨の期間」を簡略に「雨期」と書くことは、その内容から見て、決して不適当ではないのである。（3—10）

問「形」と「型」の使い分け

答「形」と「型」とは、意味が似ているうえに、字音が同じ「ケイ」であるから、相互に紛らわしい。しかも、いずれも同じ「かた」という字訓を持っているから、音読の場合も訓読の場合も、その使い分けが問題になる。

ところで、当用漢字音訓表の扱いであるが、「形」の字訓には「かた」と「かたち」が掲げられている。それに対し、「型」の字訓は「かた」だけである。したがって、「かたち」と読む場合は「形」に限られてくる。「色と形」「様形」「形作る（形造る）」「ほんの形ばかり」など、いずれも「形」である。また、「形」を「かた」と読むのは、「袋形・山形・波形」のように、複合語の場合に多い。これに対し、「型」の方は、「自動車の型」「時計の型」「舞踊の型」「型にはまる」「型のごとく」など、単独で用いる場合もある。したがって、単独で「かた」と用いるのは「型」の方だということが一応の目安になる。

しかし、実際には、「形」を単独で「かた」と読む場合も起こる。女の人の髪形を「髪の形が崩れる」と言い、水泳の自由形に関連し「形は自由だ」とも言う。柔道の方で順序と方法を定めて行うのを「柔道の形」と言う。そこには、「形」と「型」との文字としての意味の違いがあり、書き分けもそれに基づいていると考えるべきである。

そこで、こういう場合の漢字の使い分けであるが、漢字は原則として、音読しても訓読しても、その意味に変わりはないのが一般である。したがって、「形」と「型」の使い分けについても、それぞれの意味の違いを理解することが基本である。

まず、「形」であるが、これは目に見える物の姿としてのフォームを表している。音読で「円形・正方形・三角形」と用い、「外形・地形・定形郵便物」と用いるのがこれである。訓読で「袋形・山形・波形」と用いるのも、目に見えるフォームが「袋・山・波」だからである。「跡形もなく」「形見分け」などが「形」になるのも、同じ扱いである。

これに対して「型」の方は、物のフォームを作り上げる元としてのタイプを表している。「原型・母型・類型」などと用いるのがこれである。「典型・模型・紙型」などに「型」を用いるのも、一つのタイプだからである。訓読で「大型車・血液型」と用いるのも、それが元になるタイプに基づくからである。「紋切り型」や「うるさ型の課長」も、「型」の方である。

したがって、同じ「造けい」でも、美術の方はフォームを造るから「造形美術」となる。これに対しプラスチックの「造型機」は、タイプを造るという名付け方である。「形式にとらわれる」という場合の「形式」は、内容よりも外形にとらわれるということであり、「形」が用いられる。これに対し、自動車や航空機について「型式」というのは、元になる設計が問題になるからである。ただし、この方は前記「形式（けいしき）」と区別し、俗に職場用語として特に「かたしき」と読まれている。

また、「形」と「型」とがこのような意味の違いに基づくとすれば、同じ「おおがた」で「大形」と「大型」とが書き分けられても、それは当然のことである。つまり、「大形」の方はフォームであって、「大形の模様・大形の花・大形の箱」などと用いる。それに対し、「大型」の方はタイプとして大きい方で、「大型の車・大型のテレビ・大型の台風」などとなる。「小形・小型」「中形・中型」、あるいは「新形・新型」「旧形・旧型」なども、同じ使い分けである。

（3―11）

問「測る」と「量る」の使い分け

答　長さや重さを明らかにする意味の「はかる」という語は、口で言えば一つの語である。しかし、漢字で書く場合には「測る」と「量る」を書き分ける習慣があり、音読の熟語との関連からも、それを区別した方が便利である。

　まず「測」の方であるが、これは「測距儀・測深器」など一定の尺度によって長さを明らかにする場合に用いる。「距離を測る」「面積を測る」などがこれに当たり、関連して「水深・標高・速度」なども「測る」になる。その他、一定の尺度で測定する場合もすべて「測る」で、「性能を測る」「能力を測る」などとなる。

　これに対し、「量」は、「量器・量水計」など重さの方を明らかにする場合に用いる。「目方を量る」「体重を量る」などがこれであり、目方だけでなく、「かさ」の場合にも用いる。「容積を量る」「分量を量る」も「量る」になり、升目の場合も「升で量る」になる。

　ただし、「測る」も「量る」も、音読で「推測・憶測」「推量・思量」なども用いる。つまり、長さや重さを明らかにすることから転じて、多分こうだろうと考えるときにも、「測」や「量」を用いる。こうなると、「測る」と「量る」についてその意味の違いを考えることが困難であり、統一を必要とする場合にはいずれか一方に統合しても差し支えはない。

　ところで、当用漢字音訓表では、「はかる」という字訓が「測・量」のほか「計・図・謀・諮」にも掲げられている。したがって、異字同訓としての「はかる」については、「測・量」と併せ、計六字の書き分けが問題である。

　このうち、まず「計」であるが、これは、音読で「計時・計数」となるように、まとめて数える場合に用いる。「時間を計る」「数量を計る」「計り知れない恩恵」などの用い方がこれである。また、「計画・計略」のようにまとめて考える場合にも用いる。「国の将来を計る」「まんまと計られる」などがこの意味の用い方である。

　次に「図」であるが、これは「企図・意図」など、物事を行おうとしていろいろ考える場合に用いる。「解決を図る」「便宜を図る」「合理化を図る」などがこれである。また、「謀」も「諮」も一緒に考えることであるが、「謀」の方は、「謀議・謀略」など何かを行おうとする場合に用い、「悪事を謀る」「暗殺を謀る」となる。これに対し、「諮」の方は、「諮問・諮議」など互いに思っていることを相談し合って考える場合に用いる。「会議に諮る」がこれであり、会議用語としての「お諮りいたします」も、この立場での用例である。

（3―12）

問「断つ」と「絶つ」の使い分け

答　文字の意味としては、「断」も「絶」も同じようなものを持っている。音読で「交際をやめる」意味の語に「断交」と「絶交」があり、また、「断絶」と組み合わせても用いる。しかし、そこに細かい意味の違いが見られないわけではない。

　まず、「断」の方であるが、これは音読で「断髪・断線」などと用いる。つまり、続いているものを途中で切るのが「断」である。したがって、「快刀乱麻を断つ」などは、正にこの「断つ」である。「補給路を断つ」「退路を断つ」も、補給路・退路というのが続いているものであり、それを途中で切って補給や退却ができないようにするから「断つ」である。また、「断」は、「遮《しゃ》断・中断」とも用いるように、続いている事柄を一時的にやめる場合にも用いる。「食を断つ」「思いを断つ」などの用い方も、毎日続けている食事や、続けて思っている思いを一時的に切ってしまうから「断つ」である。

神仏に願を掛けてある期間だけ塩を食べなかったり茶を飲まなかったりするのも、「塩断ち」「茶断ち」である。

これに対し、「絶」の方であるが、音読で「絶縁・絶命」などと用いられている。つまり、続いているものをそれ以上は続けない、続くはずのものをそこで終わりにする、というのが「絶」である。したがって、「縁を絶つ」「命を絶つ」などが「絶つ」になる。「連絡を絶つ」「消息を絶つ」も、今まで続いていた連絡や消息がそれ以上続かなくなるから「絶つ」である。打ち消しを伴って「密航者が後を絶たない」というのも、後を絶てばそこで終わりになる事柄が続いているから「絶たない」である。

問題は、音読で「断交」と言い「絶交」とも言うように、同じ事柄に「断」も「絶」も用いる場合である。これは、「交わりを断つ」か「交わりを絶つ」かということである。しかし、ここにも「断」と「絶」との本来の意味の違いが認められる。つまり、続いている交わりを一時的に切ることに重点を置けば「断交」であり「交わりを断つ」である。それに対し、ここで終わりにするということに重点を置けば「絶交」であり「交わりを絶つ」である。

しかし、「断」と「絶」との一般的な傾向として見ると、「断」は「たつ」、「絶」は「たえる」に用いる場合が多い。当用漢字の旧音訓表（昭和23・内閣告示第2号）で「断」に「たつ」、「絶」に「たえる」という字訓が掲げられていたのも、このような傾向に基づいたものである。その点では「交わり」についても、「たつ」の場合には「断つ」を用いることが多いようである。しかし、こういう場合に「絶つ」を用いても、誤りとすることはできないのである。

（3—13）

問「飛ぶ」と「跳ぶ」の使い分け

答「とぶ」という語を漢字で書く場合には、「飛ぶ」という書き方と「跳ぶ」という書き方がある。当用漢字音訓表では「飛」にも「跳」にも、同じ「とぶ」という字訓が掲げられている。しかし、文字の意味として見ると、「飛」と「跳」とは、別の「とびかた」を表している。

まず、「飛」の方であるが、これは音読で「飛行・飛来」と用いるように、空中を動く意味を表している。したがって、「空を飛ぶ」「すいすい飛ぶ」などと用いる場合が「飛」である。これに対し、「跳」の方は、音読で「跳躍・跳舞」と用いるように、足を使って高く上がる意味を表している。「みぞを跳ぶ」「ぴょんぴょん跳ぶ」と用いるのが「跳」である。

それならば、「海にとび込む」「家をとび出す」などの「とぶ」に「飛」を用いるか、「跳」を用いるかということになる。こういう場合には、足を使って高く上がるとも考えられるが、実際には「飛ぶ」が用いられている。それは、「空を飛ぶ」方に引き付けて考えるからである。「うわさが飛ぶ」「思いが故郷に飛ぶ」なども、たちまち遠くへ行くという点で「飛」になる。転じて、間を抜かして先へ移るのも「飛」で、「一つ飛んで先の項目」「順番が飛んで分からない」となる。「飛び石」「飛び離れて高い品」なども、やはり「飛」である。

これに対し、競技の「走り幅跳び」「走り高跳び」「棒高跳び」「三段跳び」など、いずれも「跳」である。

ところで、当用漢字音訓表との関係であるが、旧音訓表（昭和23・内閣告示第2号）では、「飛」にのみ「とぶ」という字訓を掲げ、「跳」にはこれを掲げなかった。その趣旨は異字同訓をなるべく整理するということであり、一時は「三段飛び」などの書き方も行われた。

しかし、この書き方は「飛」という文字の本来の意味からはおかしく感じられるため、音訓表を重んじる立場では、「三段とび」と「跳」の部分を仮名書きにする形が用いられるようになった。したがって、その段階では、「飛ぶ」と「跳ぶ」の使い分けではなく、「飛ぶ」と「とぶ」の使い分けが行われたわけである。

これに対し、当用漢字の新音訓表（昭和48・内閣告示第1号）では、必要な字訓を積極的に取り上げようとした。そうして、「飛」だけでなく「跳」にも「とぶ」という字訓が掲げられた。そのため、使い分けをしようとすれば、「足を使って高く上がる」方を、漢字の本来の意味に従って「跳ぶ」とし、「飛ぶ」と「跳ぶ」とを書き分けることができるようになったのである。　（3―14）

問　「捜す」と「探す」の使い分け

答　日本語としての「さがす」という語は、「見つけ出そうとしてあちこち見回しながら動く」という意味である。しかし、これに漢字を当てる場合、「犯人を捜す」「空き家を探す」というふうに「捜す」と「探す」が書き分けられている。それは、それぞれの漢字の持つ意味が異なるからである。しかし、その意味の違いは、「さがす」という動作そのものの違いではなく、どういうものを「さがす」かという、その目的物の違いによるものである。

まず、「犯人を捜す」のように「捜す」を用いる場合であるが、この方は、見えなくなったものを「さがす」場合である。犯人というのは確かにいたはずである。それが逃げて見えなくなったということで「さがす」から「捜す」である。「うちの中を捜す」「財布を捜す」など、いずれも見えなくなった場合が「捜す」である。それは、音読で「捜査・捜索」と用いる場合の「捜」と同じ意味である。

これに対し、「空き家を探す」のように、「探す」を用いる場合であるが、この方は、欲しいものを「さがす」わけである。空き家が欲しい、どこかに空き家がないかということで「さがす」から「探す」である。「職を探す」「あらを探す」など、手に入れたいもの、あれば見付けたいものなど、いずれも「探す」になる。それは、音読で「探訪・探勝」と用いる場合の「探」と同じ意味である。

しかし、こういう場合に目的物の違いによるといっても、それは目的物の持つ性質の違いによるわけである。したがって、例えば「財布を捜す」は自分の使っている財布が見えなくなった場合であるが、何か手ごろな財布を買い求めようとする場合は「財布を探す」となる。同じことは、名詞としての「人さがし」「家《や》さがし」についても言える。行方不明の特定の人の場合は「人捜し」になり、こういう人が欲しいという求人の場合は「人探し」になる。家の中にあるはずのものを「さがす」のが「家捜し」であり、住む家を「さがす」のが「家探し」である。

もっとも、「捜す」と「探す」にこのような使い分けを行おうとしても、実際問題としてはいろいろ紛らわしい場合が少なくない、その点では、日本新聞協会の新聞用語懇談会が編集した『新聞用語集』において、「捜す」を「捜索」の意味だけに用いる特殊用語とし、「探す」の方を一般用語としていることも参考になる。「捜す」と「探す」を使い分けようとして紛らわしい場合には、「捜す」よりも「探す」を書いた方が無難だとも言えそうである。ところが、国語審議会の漢字部会が作成した参考資料「「異字同訓」の漢字の用法」（昭和47・6）には、逆に「空き家を探(捜)す。」のように示されている。すなわち、「探す」の代わりに「捜す」も用いるという示し方であるが、これは、当用漢字の旧音訓表（昭和23・内閣告示第2号）の扱いを考慮したものである。旧音訓表では「捜」にのみ「さがす」という字訓が掲げられ、「探」にはこれが掲げられていなかったため、新聞などでは「探す」を用いる場合にも「捜す」と書くことが行われていたからである。

これに対し、当用漢字の新音訓表（昭和48・内閣告示第1号）では、使い分けのできる異字同訓が積極的に取り上げられ、「探」にも「さがす」という字訓が掲げられた。そこで、旧来の慣用を復活し、「捜す」と「探す」を使い分けることになった。しかし、一時的ではあるが「探す」の代わりに「捜す」が用いられていたのであり、これを全く誤りとするのは行き過ぎだと考えられたのである。ただし、当用漢字の新音訓表に従うならば、旧来の用い方によって、「捜す」と「探す」を使い分けることができるようになったのである。（3―15）

問「望む」と「臨む」の使い分け

答「望む」と「臨む」とは、本来は「のぞむ」という一つの語であるが、当てるべき漢字によって、意味の分化が生じている。しかし、どちらかと言えば、使い分けに迷うことの少ない同音異義語である。「望む」の主な意味は、(1) 遠くの方を見る・ながめる、(2) 願う、欲する、などであり、「臨む」は、(1) ある場所・物事に面する、対する、出あう、(2) ある場所・場面に出る、行く、などである。もちろん、これだけで、「望む」・「臨む」の持つ意味のすべてを尽くしているわけではなく、それぞれに、なお派生的な意味がある。

「望む」は「……を望む」「……を○○に望む」のように用いられる他動詞であり、(1)の意味としては「はるかに富士山を望む。」(2)の意味としては「学生諸君に望む。」「待遇改善を望む。」などのように用いられ、名詞としての「望み」（ただ一つの望み、望みがかなう、など。）や、これを含んで、「お望み次第」とか、「望みどおり」とかの、いわゆる連語としても使われ、また、文語調ではあるが、「望むらくは」「望むべくんば」などの連語もある。

「臨む」は、自動詞であり、(1)の意味としては「海に臨む景勝の地」「湖に臨む旅館」「厳格な態度で部下に臨む。」などのように使われる。この場合、面したり、対したりする対象物は、下方にあるもの、目下の者であることが多い。(2)の意味としては「開会式に臨む。」「別れに臨む気持ち。」「危機に臨んでも落ち着いていた。」などのように、出掛けて行く場所、出あう場面は、改まった大切な事が行われる場所、心が緊張するような場面のことが多い。

そして、「臨む」は、動詞として使われるだけで、名詞になったり、連語を形づくったりはしない。

また、「望む」は「はるかに富士山を望む。」という例からも分かるように、対象物からの距離が非常に遠くても成り立つが、「臨む」の場合は、距離が比較的近い場合に使われるのが普通である。（4―1）

問「規定」と「規程」の使い分け

答「規定」と「規程」とは、一般用語としては、特にはっきりと区別せずに、ほぼ、同義語ないし類義語として用いられているようである。少なくとも、意味から言っても、使い方から言っても、かなり重なり合ったところがあるようである。

国語辞典に当たってみると、一応は、異なった表現で解説・説明をしてあるものの、そのあとの方に、同義語（同意語）として、「規定」の項に「規程」を、「規程」の項に「規定」を掲げているものが多いし、また、「規程」の項に「規定と同じ。」という意味のこ

とを、まず記してあるものもある。例えば、『日本国語大辞典』には、

規定 ①物事のやり方をきまった形にきめ定めること。また、そのきまり。規制。規程。（用例省略。以下、同じ。） ②法令、規則などの中に個々の条文として定めること。また、その条文。条項。規程。（③〜⑤は省略する。）

規程 ①「きてい（規定）」①②に同じ。 ②官公署などで、内部組織や事務の取扱いを定めたもの。

とあり、『岩波国語辞典 第二版』では、

規定 物事をあるきまった形に定めること。またその定め。きまり。

規程 「規定」に同じ。特に、官公庁の内部での事務・手続きについて決めたもの。

としている。

次に、民間の団体・会社などの約束事・取り決めなどの標題を見ると、「規則・規定・規程・清規・会則・内規・取り決め・決まり」など思い思いの語を用いている。

ところで、官庁方面では、「規定」と「規程」とを、はっきりと区別して用いている。このことは、先に引用した『日本国語大辞典』や『岩波国語辞典』の「規程」の項に見えるのであるが、実際には、もう少しはっきりと区別して用いているものと思われる。例えば、

(1) 内閣は、文部省設置法（昭和二十四年 法律第百四十六号）第二十七条第二項の規定に基き、この政令を制定する。（昭和27、政令第338号。なお、傍点は筆者が施したものである。以下同じ。）

(2) 文部大臣は、ローマ字調査審議会令附則第二項に規定する委員及び臨時委員を推薦させるため、……。（昭和24、文部省告示第193号の第1条）

(3) 国語審議会令（昭和二十五年 政令第八十五号）第三条第一項の規定に基き、国語審議会の委員及び臨時委員の推薦方法に関する規程を次のように定める。（昭和26、文部省令第16号）

などと「規定」を使っている。

(3)はこのあとに年月日と文部大臣名があり、次いで、

国語審議会の委員及び臨時委員の推薦に関する規程

とあり、以下に第一条から第三条まで、及び、附則が続いているが、その第三条には、

文部大臣は、緊急を要する場合その他特別の事情ある場合には、委員及び臨時委員三人以内を限り、前二条の規定にかかわらず、国語審議会の会長の推薦をもって協議会の推薦にかえることができる。

とある。（なお、この「規程」は昭和三十七年に廃止されている。）

以上のとおりで、「規定」は、政令・省令・告示などの中で、ある事項について、一つの条項として定めること、及び、定めた内容を指し、「規程」は、法令の一種として、幾つかの条項から成り立っている決まり、すなわち、一まとまりの文章形式を一括して指す言葉として使っている。つまり、一つの「規程」の中には、通常、幾つ（何箇条）かの「規定」が含まれており、何かに関して幾つかの事項を規定する何箇条かが集まって、一つの「規程」が形づくられている。

なお、これまで見てきたところからも分かるように、「規程」は、名詞としてだけしか使えないが、「規定」は名詞としても使え、「する」を添えて、動詞としても使える。

「規定」と「規程」とは、官庁方面では、前述のように、かなり

はっきりした使い分けをしているのであるが、この二語は、同音語であり、同義ないし類義語であって紛らわしい点があることは否めない。そこで、法制局は、昭和二十九年に、「法令用語改正要領」を発し、その中で、

　双方ともよく用いられてまぎれやすい次のものは、そのうちの一方または、双方を一定の形に言いかえて用いる。

とし、その一つに、

規定
規程　→　規則

と掲げてある。つまり、これによれば、「規定」は今後とも用いるが、「規程」は用いず、代わりに「規則」を用いることによって、意味の紛らわしい同音異義語の使用を避けたわけである。

　けれども、実際には、その後に制定されたものにも従来どおりの使い方で、「……規程」というのがある。例えば、

　文化庁職制規程（昭和43、文化庁訓令第1号）
　文部省文書処理規程（昭和43、文部省・文化庁訓令第1号）
　国立国語研究所組織規程（昭和49、所長裁定）

等である。（4—2）

問「振動」と「震動」の使い分け

答　この二語は、いわゆる類義語であるが、現在では、ある程度の使い分けが行われているようである。

　「振動」は、「ゆれ動くこと」「ふり動かすこと」の意であり、「震動」は、「ふるえ動くこと」「ふるえ動かすこと」という意味で、天然現象・自然現象について言うのであり、物体の揺れ動くこと・往復運動という点で非常によく似ている。「ゆれる」と「ふるえる」とを比較すれば、「ゆれる」の方が、運動がある程度大きく、ゆるやかであり、動きが遅いように感じられ、「ふるえる」は、小刻みであり、急激であるようにも感じられるが、「振動」は、必ずしも、運動量が大きく、緩慢であるとは限らない。

　現在の国語辞典では、ほとんどのものが、別の見出し語として立て、それぞれ、右のような解説・説明をしているが、中には、同一見出し語の下に、まとめているものもある。そしてその大部分の辞典では、「振動」の項に、第二義として、物理学用語としての説明をしている。「震動」の項の説明に直接「地震……」としてある辞典は少ないが、用例としては、「家鳴り震動」などとしており、今日、社会一般における使い方は、地震及び火山の噴火などに伴うものの場合には「震動」を、それ以外の場合は「振動」を用いるのが普通である。

　例えば、次の新聞記事などは、今日の社会一般における「振動」と「震動」との使い分けがよく現れていると思われる。

・電柱上の変圧機／振動には強い設計（見出し）

　電柱にのせてある変圧器などの電力設備は、地震や台風、また自動車による電柱衝突などの振動に対し、十分耐えられるように設計されております。（中略）大型自動車を電柱に衝突させるという実験においても、変圧器は異状なく、地震などの震動に対し十分な強さが立証されております。（記事）

　しかし、学術用語では、物理学は言うまでもなく、地震学でも、「震動」を用いず「振動」を用いている。（文部省編『学術用語集　地震学編』を参照のこと。）

　「振動」は、「震動」よりも、あとから用いられるようになった語であるらしく、ヘボンの『和英語林集成（第一版・第二版・第三版とも。）・言海・日本大辞書・日本大辞林・ことばの泉（大増訂版）』などには、「震動」は採録してあるが、「振動」は見当たらな

い。そして、『ことばの泉（補遺）』（明治41刊）には、「振動」が採録してある。それ以後刊行の国語辞典では、前述のように、ほとんどのものが、両者とも採録している。（4—3）

問「同志」と「同士」の使い分け

答「同志」は、「こころざしをおなじくすること、また、その仲間。」というほどの意であり、「同士」は、古語の「どち」から転じた「どし」の延言（もともと一音のものを二音に延ばして言うこと。）と言われており、「つれ、仲間。」を意味する接尾語として多く使われる。

「同志」と「同士」とは、現在、報道関係では、次の例のように、同音異義語として使い分けをしている。

・犯人たちはさらに「仏警察当局に捕えられている七人の同志が即時釈放されなければ、…」（新聞）

・（八丈島に流人となった佐原の喜三郎は、）時が来て、一八三七年七月二日、同志六名と共に、三根浜から抜け舟したのです。（新聞）

・のびやかな学校生活を取り戻す施策を推進していく前提として、生徒、児童同士、学校とPTAが手を携えて…（新聞）

・バス同士正面衝突（新聞）

・そして、あちこちで似たもの同士がせり合っているうちに、（新聞）

・銀行同士のヨコの連絡も…（新聞）

・遺伝的にはまったく同じで、男同士か女同士の組み合わせしかない。（新聞）

のように、志《こころざし》を同じくする者、すなわち、自分と同じ気持ち・意見・目的・理想・主義・主張などを持っている人々という意味の場合には、「同志」を使っている。これに対して、「つれ・仲間」を表し、また、「…どうし」のように、接尾語として用いる場合には、「同士」を使っている。

ところが、世間一般では、必ずしも、上記のような使い分けをしていない。そして、どちらかと言えば、接尾語的に用いる場合でも、次のように、「同志」が好んで用いられる傾向が見られる。

・お互い丈夫に／赤ちゃん同志（週刊誌広告）

・分子が並進していると、常に分子同志の衝突がおこり…（竹内龍一『音　その形態と物理』）

・おとこ同志　おんな同志（劇の題名）

「同志・同士」の、報道関係での使い分けは、一応、うなずけるのであるが、国語辞典に当たってみると、必ずしもそのようにはっきりとした使い分けはしていないようである。すなわち、大槻文彦の『言海』（明治24刊）、山田美妙斎の『日本大辞書』（明治26刊）では、「どうし」の見出し語は一つだけで、そこに「同士・同志」と、二様の漢字表記を当て、意味は、「つれ・なかま」などであり、「志を同じくする者」の意味は掲げてない。その後、明治三十一年に出た『ことばの泉』では、「どうし」の見出し語に「同士」と当て、「つれ。なかま。同志。」と説明しており、明治四十一年に出た「補遺」では、「どうし」に「同志」を当て、「㈠志を同じうすること。㈡どうしや（同志者）の略。」とある。

これ以後、今日に至るまでの辞典では、大体において、二つの「どうし」の見出し語を立て、前記、報道関係での使い分けと同趣旨の説明をしているが、「つれ、仲間」の意味の項には、「同志」の表記をも併せ掲げているものも多く、また、「同志」の項の第二義に、「つれ・仲間」の意味を掲げ、同義語として「同士」の形を掲げているものも、相当にある。また、少数ではあるが、「どうし」

の見出し語を一つにまとめているものもある。

かつて、文部省編『文部省刊行物　表記の基準』（昭和25刊）では、志を同じくする者の場合は「同志」と書き表し、接尾語的用法の場合には、漢字書きをしても、「当用漢字表」「当用漢字音訓表」に外れてはいないが、当て字と考えたのか、「どうし」と仮名書きをすることとし、「友だちどうし」という用例が掲げてあった。それ以後、「男どうし」「バスどうし」「銀行どうし」などのように仮名書きをすることが、ある程度一般的になっていたのであるが、昭和四十八年に告示された「当用漢字音訓表」の趣旨にそって、近ごろは「同士」と漢字書きすることが多いように思われる。

なお、「どうしうち」の場合は、まず、「同志」が使われることはなく、「同士討ち・同士打ち」などと書かれている。　（4—4）

問「……代」と「……台」の使い分け

答「代」・「台」ともに、字義としては、幾つかあるが、これが問題となるのは、数詞に伴って接尾語的に用いる場合の使い分けであろう。まず、それぞれについて、新聞から二、三の例を挙げれば次のとおりである。

〔代〕・それだけ再就職の場も広がっており、全体では再就職できたものが十代で半数、二十代では……

・昭和四十八年度に全マンション購入者の一三・五％に過ぎなかった二十歳代の若者たちが、……

・京大創設以来初の「三十代所長」と話題になっている。

・一方、大型脱税を重点的にねらい打ちするやり方は（中略）国税庁では二十年代、三十年代を細かく数をこなす方式で進めてきたが、……

・毎年生活水準が上昇していた四十年代には、……

〔台〕・首都圏での分譲マンションの平均価格は四十九年以降ずっと千六百万円台の横バイが続き、……

・ＬＭＥ銅相場が再び五五〇ポンド台に乗せたことから……

・三市場の買い残りが再び一兆円の大台に迫っており、……

・この百メートルあたりのラップをもうひとかきずつ短縮出来れば八百メートルでの七分台も可能……

・出産千件当たりの死産件数五二・一はこれまでの最低、終戦直後まではこれが七〇台だった。

以上の例からもある程度察することができるように、「代」は、

(1) 年齢について、主として、乳幼児の場合は、一か月又は一歳ごとの刻みによる各区分（の範囲）、また、主として、学齢児以上の者については、一歳又は十歳ごとの刻みによる各区分（の範囲）、

(2) 年月の、主として、一か月、一か年、又は十か年ごとの刻みとか、更に長い、百年ごと、千年ごとなどの期間、又は歴史的な刻みによる各区分（の範囲）とかを表す場合などに用いる。これに対して、「台」は、金額・時刻・時間・個数・件数など、主として、数に助数詞を添えて表す物事の数量・数値の区切りのよい各区分（の範囲）、すなわち、一応の目安としての数量・数値を表す場合に用いる。この場合、やはり、切りのよい数量・数値で表すのが普通であり、その中でも、ある大きな区切りを「大台」と言い、「大台にのる。」とか、「大台にのせた。」などという言い方がある。

このほか、代・台は、「初代所長・第十六代将軍・二代目」などのように、また、「自動車三台・顕微鏡五台・輪転機八台」などのように、それぞれ助数詞としても用いられる。　（4—5）

問「辞典」と「字典」と「事典」の使い分け

答　いずれも「ジテン」と発音するこの三語は、同音異義語である

と見てよいのか、同音類義語と見た方がよいのか、この判断は必ずしも容易ではない。

　ところで、この三語は、字義の面から言えばそれぞれ異なっていると見てよい。すなわち、辞典・字典・事典の「典」は、「本」とか、「書物」とかの意であるから、「辞典」は、多くの言葉を集め、ある順序に並べ、その語形や意味などについて解説・説明等を施した書物、「字典」は、多くの漢字を集め、ある順序に並べ、その字形・字義や読み方などについて解説・説明等を施した書物、「事典」は、多くの事柄・現象について、その名称を集め、ある順序に並べ、その内容の解説・説明等を施した書物、というように言うことができよう。「じてん」関係者・業界では、この三つを区別するのに、それぞれ、「ことば典・もじ典・こと典」と言って、同音衝突を避けている。

　こういう、おおよその区別があって、『大字典』（大正6初版、上田万年ほか4名編）は、漢字関係の「じてん」であり、『大辞典』（昭和10初版、平凡社刊）は、言葉関係の「じてん」であることが分かるのである。

　なお、古くは、単に、「字典」と言えば、『康熙《こうき》字典』のことを指して言うことがあった。例えば、漢字の字体について「字典体」と言えば、それは『康熙字典』に掲げてある字体を指して言ったのである。この『康熙字典』は、正に、「字典（もじ典）」であって、その内容は、語の解説には及んでいない。

　ところが、かつて刊行されたもの、及び現在刊行されている数多くの「じてん」の書名について見ると、例えば、次のように、同様な内容、同様な名の「じてん」に、刊行年、編者、出版社によって、異なった表記のものが相当あり、書名の表記によって、その内容を推定することが必ずしも容易でないのである。

国民百科事典
国民百科大辞典

こけし事典
こけし辞典

源氏物語事典
源氏物語辞典

漢和辞典
漢和大字典

書道辞典
書道大字典

建築用語事典
建築用語辞典

　三つの「じてん」の中で、「事典」は、比較的新しいもののようである。というのは、明治から昭和の初めにかけて編集・刊行された「国語じてん」では、見出し語に掲げているのは、「字典」だけ、あるいは「字典」と「辞典」だけで、「事典」を採録しているものは極めて少ない。『新訂　大言海』は、昭和三十一年に初版を出しているが、なお、「事典」を採録していない。ところが、戦後のものには、いわゆる小型の「じてん」でも、ほとんど全部と言ってもよいほど、この三語を載せている。

　このことは、また、明治から昭和の初期にかけて刊行された、今日で言えば「百科事典」であるものが、次のように、内容は正に「百科」でありながら、「辞典」という書名のものが多かったことからもうかがうことができる。

　大日本百科辞書（同文館　明治38〜大正5）
　国民百科辞典（冨山房　明治41）
　日本百科大辞典（三省堂　明治41〜大正8）
　国民百科辞典（冨山房　昭和9〜昭和12）

けれども、一方において、我が国最初の本格的な「百科事典」と言えるものには、田口卯吉の『日本社会事彙《い》』（明治23・24刊）、及び、冨山房の『日本家庭百科事彙』（明治39刊）があり、これらは、「事」を使用していた。

もっとも、用字による使い分けは、もとより絶対的なことではなく、戦後の刊行にかかわるものにも、例えば、百科大辞典、児童百科大辞典などがあり、また、国語といわゆる百科とを兼ねたというより、総合的に編集して一冊にまとめたものではあるが、学習　国語百科辞典など、「辞典」を使っているものもある。

「じてん」と同義語に、「じしょ」・「じびき」という語がある。「じしょ」には、「辞書」と「字書」とがあるが、「事書」はなく、「じびき」は「字引（き）」であって、「辞引（き）・事引（き）」は、まずない。戦前の「じてん」で、「じてん」を引くと、「じしょを見よ。」とか、「じしょに同じ。」などとあって、解説・説明は、「じしょ」の項に施してあった。このことから考えると、「じてん」よりも「じしょ」の方が先行する語であったようである。今日では、国語辞典・和英辞典などの場合は「じてん」を多く用い、「じしょ」は、「辞書に当たる。」とか、「辞書で調べる。」「辞書を引く。」という場合に用いる傾向がある。そして「じびき」は古い言葉ではあるが、今日でも、なお、話し言葉としては、盛んに使われている。

「じてん」の書名に「……じてん」と名付けることは、比較的新しいことであって、かつては、「辞典・字典」には、「言苑・言海・言泉・言林・語林・字彙・辞苑・辞海・辞林・字林」などの書名が親しみをもって用いられていた。もちろん、今日でもこれらの呼び名を書名としているものも相当数に上っている。そして、「字典」は、例えば、「書体字典」とか、「かな字典」などのように、文字だけを内容としているものに限って用いられる傾向にあり、これに対して、「事典」は、いわゆる百科関係のものだけでなく、各方面の事柄のものにも増えていく傾向にあると思われる。（4—6）

問　「侵入」と「浸入」と「進入」の使い分け

答　「侵・浸・進」の字義をごく簡単に言えば、「侵」は、「おかす、攻めこむ」、「浸」は「ひたす、しみこむ」、「進」は「すすむ、前方に出る」ということである。したがって、

○「侵入」は、「あるものが、あるところへおかし入る。」というほどの意を表しているが、「もともと、そこへ入るべきではないもの、入られては困るものが、強引に入（ってく）る」ような場合、例えば、「不法侵入」「建造物侵入未遂の現行犯で捕まった。」「新方針に踏み切った理由として防衛庁は、「最近の航空機は性能が向上し、高速、低空での侵入が可能になった。このため侵入を発見してから離陸するのでは遅すぎ、……」といっている。」（新聞）などと使う。

○「浸入」は、「ひたし入る。」であり、「液体（普通は雨水・海水など）が、入っては都合の悪いところへ、かなり大量に入（ってく）る」という場合、例えば、「堤防が切れ、どっとあふれた水は、たちまち人家に浸入した。」「……分厚くなり、すき間のあいた内膜に、血液の液体成分である血しょうがしみ込んでいく。このときも、高血圧であるほど浸入が盛ん。」（新聞）などと使う。

「浸入」も「侵入」も、共に入っては困るもの、入るべきではないものが入ることを表すのであるが、「侵入」は、人間・動物・植物などが、他の領分をおかして入るのに対して、「浸入」の「浸」は、「浸水」とも使われるように、入（ってく）るものが水など液体の場合に使われる。

なお、「浸入」によく似た意味の同音語に「滲入《しん》」がある。多くの辞典は、「浸入」の説明として、「ひたし入ること。」、「滲入」に

は、「しみ入ること。」などとしてあるが、戦後の辞書では、「浸入」にも、「水などがしみこむこと。」などの意を併せ掲げるもの、あるいは、「ひたし入ること。」の方を省略してあるものもある。「滲入」は、どちらかと言えば、「液体が次第次第ににじむようにして、あるものの中に入り込む。」というほどの意を表している語であるが、「浸」にも、「肺浸潤」などの語に見られるように、「しみこむ」という意もあるし、「滲」は、当用漢字表外の漢字で、「浸入」は、「滲入」の書き換えと見ることもできるであろう。もっとも、「同音の漢字による書きかえ」（昭和31・7　国語審議会報告）には、「しんにゅう」は掲げてないが、「滲透→浸透」とある。

○「進入」は、「すすみ入る。」のであり、「あるものが前方に移動して、あるところへ入る。」のであるが、どちらかと言えば、それが入（ってく）ることが、相手を特に困らせたり、被害を与えたりするわけではない場合に使うのが普通で、ある場合には、天然・自然の現象として、あるいは、当然のこととして入（ってく）る場合などに使われる。例えば、「列車の進入」「低気圧の進入に伴って……」「日本航空はマレーシアのクアラルンプール空港に北側から着陸する場合の計器進入方式を一部改正、……」（新聞）などのようである。　（4—7）

問　「対照」と「対象」と「対称」の使い分け

答　この三語は同音異義語である。現代仮名遣いで書けば、いずれも「たいしょう」であるが、歴史的仮名遣い（字音仮名遣い）は、「対照」は「たいせう」、「対象」は「たいしやう」、「対称」は「たいしよう」と、それぞれ書き分けることになっている。それぞれの語の使い分けを新聞の用例、その他によって示せば次のとおりである。

○対照

・北の湖、輪島の両横綱が快進撃。二人そろって初日からの六連勝は初めてで、ちょっとやそっとではくずれそうにない雲行き。だが、二人は対照的で、北の湖は「踏み込みがいいだろう。負けられない気持だ」といい切ったのに対し、輪島の方は「上位の皆さん、みんな元気だネ」とサラリ。相撲の取り口同様、力の北の湖、技の輪島といった感じだ。

・日本海側の大雪とは対照的にこのところ太平洋側は空気がカラカラに乾き切っていて……

・パワー・ジャンプの差とともに勝負に対しての執着心の違いも好対照。

このように、同種の二つのものを比べ合わせてみたときに、その違いがはっきりしている様子・取り合わせの面白さを問題とする場合に使うほか、「AとBとを対照する。」などのように、動詞として、「比べ合わせる。」とか、「てらし合わせる。」などの意を表す場合にも使われ、「比較対照する。」などとも使われる。

○対象

・七十歳以上の老夫婦だけの世帯でどちらかに三百二十八万円を超える所得があった時は、無料化の対象にならない。

・大学側は緊急会議を開いて、検討した結果、採点の対象としないことに決めた。

・高校生の学力の開きが深刻になっているので、実態調査と対策に乗り出した。手始めに一年生を対象に行った数学Ⅰの調査では、……

このように、ある事柄・活動などの向けられる目標・相手・目当てなどの意味があるほか、哲学用語として、「認識や意志などの意識作用が向けられる当のもの。」（広辞苑第二版補訂版）の意味でも使われる。なお、「……を対象とする。」というようには使うが、「対象」には、直接「する」は続かない。

○対称

・人称を分けて、第一人称・第二人称・第三人称とする。……第二人称は、話し手が対象とする聞き手を指していう代名詞であって、これはまた、対称ともいう。

・口語の対称には「あなた」「君《きみ》」「おまえ」などがある。

このように、文法用語として、自称・他称・不定称に対するものとして用いる。また、例えば、

・「点A、点Bを結ぶ線分AB上の一点Pが、線分ABの中点であるとき、点A、点Bは対称中心であるPに対して点対称である。」

とか、「対称軸」「面対称」というように、ある点・線・面を境にして、点・線・図形などが、それぞれ完全に向き合っている位置にあることを表す場合にも用いる。　（4―8）

問「体制」と「態勢」と「体勢」の使い分け

答　この三語は、それぞれ別の意味の語であり、体制と態勢とは、意味が一部重なり合っているが、体勢は、はっきりと別の意味で使われているのが普通である。新聞の記事から、用例を挙げる。

「体制」は、

1　体制のボス
2　社内体制の弱点を改め、……
3　自由主義体制
4　いつでも無料点検を受けられる体制を、……
5　大地震に有効に対処するためにも今の体制では不十分だとして……
6　サービス体制をもっと強化する必要があろう。

のように使われている。すなわち、「体制」は、国家・社会・組織などの長期にわたる仕組み・様式というほどの意味であり、制度化・組織化ができている状態を言う。また、「体制」は、「体制側」とか、「反体制運動」というように、政権・支配権を握っている側のことを、それと対立する勢力の側から、指して言う場合にも使われる。

「態勢」は、

7　業種別には弱電が「カラーテレビ、ステレオなど輸出、内需ともに好調で増産態勢を続けている」……
8　米国の大学と協力して〝海を越えるじん臓移植手術〟を計画、三月一日からその実施態勢に入る。
9　日本代表候補―全関西候補の強化試合は二十二日大阪・花園ラグビー場で激しい雨をついて行われた。代表候補は、立ち上がりにトライを許したが、FWのすばやい集散で態勢を立て直し、……

などのように、そのとき、そのときの、一時的・臨時的な状態・(身)構えというほどの意に使われている。しかし、「受け入れたいせい」の場合は、新聞では、「体制」・「態勢」の双方とも使っており、この間に、長期と短期とをはっきり区別しているかどうかは、明らかでない。たとえ、書き手の立場としては使い分けていたとしても、少なくとも、読み手にとっては、区別して使っているとは受け取り難い。さきに引用した例の中でも、4、6は、「態勢」でもよさそうにも思えるし、8は、「体制」でも差し支えなさそうにも思える。そして、5は、すこぶる微妙なところである。

これに対して、「体勢」は、

10　高見山はクルリと半回転、すでに体勢を立て直していた。

11 両差《もろ》しを許し、全く不利な体勢の若三杉が……

12 《かかとの深い流行のスキーぐつである》ハイバックブーツをはくと、ひざに強い負担がかかる。また無理な体勢で滑らざるを得ないため、……

などとして使われており、その意味は、（通常は、精神を緊張・集中させて、）力仕事・運動・競技などをする場合の、からだ（全体）の構え・姿勢、というほどのことである。「体勢」は、また、「飛行機が着陸体勢にはいったとき、……」などのように、人間のからだ以外に比喩《ひゆ》的にも用いる。（4―9）

問「追求」と「追究」と「追及」の使い分け

答「追求」は、「おいもとめる。」であって、「利潤の追求」「ソ連が向こう五年間に追求すべき内政・外交の基本路線を打ち出す第二十五回共産党大会が、二十四日から開かれる。」（新聞）などのように使われ、「目的のものを手に入れようとして、どこまでもおいかけていくこと。」というほどの意である。「追究」は、「おいきわめる。」であり、「追求」と似ているところもあるが、こちらは、「真理の追究」「本質の追究」などのように、「主として、まだ、その実体・事実などが、よく分かっていない事柄について、学問的に明らかにしようとして、どこまでも、おしきわめていく。」というほどの意である。

一応は、このように言えるものの、結局のところは、両者とも、何かを目指して、それを自分のものにするため、あるいは、解明・解決するために、一所懸命に努力・研究すること、なのである。もとめるものが「利益」とか「快楽」とかの場合は「追求」を、「真実」とか「本質」とかの場合は「追究」を、言わば、慣用的に使い分けているようであるが、この両者の使い分けは、必ずしも明確ではない。

「追究」は、また、「追窮」と書く人もある。辞典では、この両者を同一見出しとしているものと、別の見出しとして立て、別の説明をしているものとがあるが、その意味の区別は、ほとんど漢字の原義の区別にとどまっており、語としての意味の区別や使い分けははっきりしていない。

「追及」は、「本隊に追及する。」とか、「あと一メートルに迫った○○選手の追及をうまくかわして一着の栄冠をかち得た。」などのように、「あとからおいつく。」の意に使う場合と、「責任を追及する。」、「更に追及したところ、ついに白状した。」などのように、「くいさがり、おいつめる。」という意に使う場合があるが、近ごろは、後者の意味で使うことの方が多いようで、新しく出た小型の辞典の中には、前者の意味の説明を省略しているものもある。（4―10）

問「車両」か「車輛」か

答 現在では、法令・公用文をはじめ、教科書・新聞・雑誌・放送、更に一般社会でもかなり広い範囲にわたって、「車両」という書き表し方が行われている。しかし、戦前の日本では、「輛」と「両」とは書き分けられていた。戦前の国語辞典の類には「車輛」が示してあるだけで「車両」は見られない。学校教育をはじめ、実際の社会でも「車輛」が使われ、「車両」と書く習慣はほとんどなかったと思われる。つまり、かつては、「両」は「ふたつ」又は「千両箱」の「リョウ」として用いられ、「くるま」の場合の「リョウ」には「輛」が用いられるというふうに、完全に書き分けられていた。「車両」という書き方は、戦後、当用漢字表の実施によって生じた書き換えの結果、一般に広がった表記である。

そのことは、例えば「公用文作成の要領」(昭和26・10、国語審議会建議の別冊)の中に「当用漢字表・同音訓表で書き表わせないものは、次の標準によって書きかえ・言いかえをする」として、次のような一項が掲げられていることによって、知られる。

当用漢字表中の、音が同じで、意味の似た漢字で書きかえる。

たとえば

車輛→車両　煽動→扇動　碇泊→停泊　編輯→編集　哺育→保育　抛棄→放棄　傭人→用人　聯合→連合　煉乳→練乳

このほか、「同音の漢字による書きかえ」(昭和31・7　国語審議会報告)、『新聞用語集』(日本新聞協会刊)、『放送用語集』(日本放送協会編)などでも、すべて車輛→車両のような掲げ方をしている。

しかし、「車両」は、まんざら典拠のない書き方ではなく、「車輛」の単なる代用字でもないのである。「両」の旧字体「兩」は、天秤《てんびん》(はかり)の皿《さら》が両側に等しくぶら下がった様子を表すもので、およそ左右が二つの対をなすものの意味を持つ、「ふたつ」の意味のほか、左右に平均して重さを量る意から、重さの単位にも使われ(「百両」「千両」など)、また、左右相対する車輪を備えた二輪車ということから、車を数える単位にも使われた。「輛」は、むしろ後からくるまへんを付けてこの意味を明確にしたものと思われる。したがって、中国では、「車両」という書き方が古くから行われていた。戦前の漢和辞典には、国語辞典と違って、「車両」「車輛」の両方の表記が並んで掲げられていることが、その間の事情を物語っている。

つまり、「車両」という書き方は、単なる代用字ではなく、「両」の古義を復活させたものと見ることができる。その点では、「註文→注文　管絃楽→管弦楽」などと同性格のものと言ってよい。

(「管弦楽」については6ページ参照)　(4—17)

問「探検」か「探険」か

答「探検」と「探険」は、どちらを書いても誤りではない。これまで両様の表記が用いられてきたのは、「検」と「険」の字義の違いが語の意味に反映したものと考えられる。「検」には「しらべる」という意味があるのに対し、「険」は、本来「切り立った山」を表すところから「けわしい」「あぶない」という意味を持っている。したがって、字義からすれば、「探検」が「さぐりしらべる」のに対し、「探険」は「けわしいところ、あぶないところをさぐる」という意味である。つまり、「タンケン」に特に危険が伴うかどうかによって、両者を書き分けることになる。

しかし、実際の社会での使用状況を見ると、「探検」と「探険」とは、特に意味上の差別をしないで、単なる同語異表記として用いられているようである。全国の新聞社や放送局では、紙面や画面の表記上の統一を図るために、「探検」の方を採用し、「探険」は用いないことに定めている。(日本新聞協会『新聞用語集』・『NHK放送用語ハンドブック』など)また、一般社会でも、「探検」の方をより多く用いる傾向が認められる。

国立国語研究所が行った語彙《い》調査の結果を見ると、次のようになっている。昭和二十七年から二十八年にかけて十三種の総合雑誌一年分について行った調査の結果では、「探検」が十一回現れたのに対し、「探険」はゼロ。また、昭和三十一年の現代雑誌九十種の語彙調査では、「探検」が八回現れたのに対し、「探険」は一回という結果になっている。

近年になって、「探検」の方が多く用いられるのは、現在の「タンケン」には〝調査〟という意味合いが強くなっているためであろうか、国語審議会報告「語形の「ゆれ」について」(昭和36・3)においても、「特に必要のある場合のほかは、〈探検〉を使うようにしたらよいと考えられる」と述べている。

以上は「タンケン」の場合であるが、「冒険」や「保険」などの語の場合は、常に「険」を用いるのが正しく、「検」を書くのが誤りであることは、言うまでもない。（4―18）

問「一所懸命」か「一生懸命」か

答　この語は、本来「一所懸命」であった。室町時代に成立した古辞書の類には、「一所懸命の地」という語が出ている。中世、主として武士の間で用いられた語で、「一所《ひとところ》の領地で、死活にかかわるほど重視した土地」の意であった。元来は、自分の名字の由来する土地（本拠地）を指したが、後には恩給地をも含め、自分の所領地全部を指して言うこともあったようである。したがって、「一所懸命」の原義は、「一か所の所領を、命にかけて生活の頼みとすること」であった。それが後に「生死をかけるような、さし迫った事態」の意から、現在の「命がけで事を行うこと。必死にすること。」という意味に変わっていったものと思われる。そして、その意義の転化とともに、いつのころからか「いっしょ」を「いっしょう」と延ばし、「一生懸命」と書くようになった。江戸時代の浄瑠璃等には、「一生懸命」の例が多く現れている。金田一京助博士は、「一所懸命」を命がけと思うところから、「一生懸命」と字を変えるに至ったもの、つまり語源俗解が表記の変化の要因であったと見ている。したがって、現行の国語辞典・漢和辞典の取り扱いぶりも、決して一様ではない。「一生懸命は一所懸命の誤り」と明記したものもある一方、「一生懸命は一所懸命の転」として認めたものもあるといった状況である。

しかし、実際の社会では、現在、むしろ「一生懸命」の方が優勢であると思われる。新聞界では「統一用語」（『新聞用語集』所収）によって「一生懸命」に統一することにしているし、放送でも「一生懸命」の方を採用している。（『NHK用語ハンドブック』）また、学校の教科書でも、ほとんどが「一生懸命」と書いている。

国立国語研究所がこれまでに実施した雑誌の語彙調査の結果を見ると、次のようになっている。十三種類の総合雑誌（昭和27～28）を調査した結果では、

一生懸命　五例　一所懸命　二例

九十種類の現代雑誌の調査では

一生懸命（仮名書きも含む）　十九例　一所懸命　なし

という結果が出ている。つまり、語源的には「一所懸命」であるが、現在においては、「一生懸命」も広く通用しているので、この形も認めるべきであると思われる。（4―20）

問「速い」と「早い」の使い分け

答「速い」の「速」というのは、音読で「速度・時速」と用いる文字であるから、「車の速さ」などは「速」である。しかし、本来は「一定の距離を動くのに掛かる時間が少ない」意味の文字である。音読で「速球・快速」と用いるのがこれであり、「走るのが速い」「投手の球が速い」などとなる。「流れが速い」「テンポが速い」なども「速」である。

これに対し、「早い」の「早」というのは、音読で「早退・早春」と用いるように、「物事を始めたり終わったりする時刻や時期が前だ」という意味である。したがって、「早く起きる」「時期が早い」などと用いる。副詞の「はやばや」も「早々」である。「早い電車」というのは朝早く出る電車のことであって、特急を「速い電車」という場合とは異なることになる。「気が早い」というのも、

気の進み方が「速い」のではなく、普通の人がする時刻よりも先にするという意味だから「早い」である。

　しかし、「早い」の方は、こういう意味から転じて「物事を急いで行う」意味にも用いられている。「早変わり」「矢継ぎ早」などの例がこれである。こういう場合は、行う速さよりも急いで行う点を問題にした「早い」である。「早口」「足早」「手早く」なども「手っ取り早い」「言うより早く」なども「早い」の方である。

　なお、「はやい」という語は、動詞として「はやめる」にも用いる。そうして、「はやい」としての「速い・早い」の使い分けは、そのまま「速める・早める」の使い分けにも当てはまる。例えば、「速度を速める」「テンポを速める」などは「速」の方である。「時期を早める」「出発を早める」などは「早」の方である。

　また、「はやめる」という他動詞に対し、「はやまる」という自動詞も用いられている。そうして、「はやめる」の使い分けは、そのまま「はやまる」にも当てはまることになる。すなわち、「速度が速まる」「テンポが速まる」、あるいは、「時期が早まる」「出発が早まる」のような使い分けがこれである。

　ところで、現行の当用漢字音訓表を見ると、「早」に「はやい・はやめる・はやまる」という字訓が掲げられているのに対し、「速」には「はやい・はやめる」だけが掲げられ、「はやまる」が掲げられていない。しかし、「表の見方・使い方」の五には、次のように述べられている。


　　語根を同じくし、何らかの派生・対応の関係のあるものは、同じ漢字を使用する習慣のあるものに限り、適宜、音訓欄又は例欄に主なものを示した。

　ここに「主なものを示した」とあるのは、必ずしもすべてを示してはいないからである。したがって、「速める」と対応関係にある「速まる」について「速度が速まる」と用いても、これを現行の音訓表に従った用い方と考えてよいのである。

（5—1）

問　「遅れる」と「後れる」の使い分け

答　文字の意味として考えると、「遅れる」の「遅」は、音読で「遅刻・遅延」と用いるように、「一定の時刻・時期に間に合わない」「一定の時刻・時期より後になる」意味を持っている。したがって、「車の渋滞で会合に遅れる」「事故があって列車が遅れる」などと用いる。「会合に遅れる」というのは二時に始まる会合に対して二時過ぎに行くことであり、「列車が遅れる」というのも、二時に到着すべき列車が二時過ぎに着くということである。

　このような形は、時刻の場合だけでなく、時期の場合にも言える。例えば、「施設の完成が遅れる」「今年は春の来るのが遅れる」などという用い方がこれである。十一月に完成する予定の施設がその時期になっても完成しなければ「完成が遅れる」である。普通ならば三月になると春らしくなるのに対し、三月になっても雪が降るなどして冬が残っていれば、「春の来るのが遅れる」である。

　これに対し、「後れる」の「後」の方は、音読で「後発・後進国」と用いるように、「他のものより後になる」「他のものの後から行く」という意味を持っている。したがって、「一時間後れて出発する」「油が切れて時計が後れる」などと用いる。「後れて出発する」というのは、本隊が九時に出たのに対し、十時に出るという場合である。また、「時計が後れる」というのは、一日に二十四時間進むべき時計がそれだけ進まない場合を言うのである。

　したがって、「後れる」の方は、「先だつ」の反対で比喩《ひゆ》的に「流行に後れる」「知能が後れる」などとも用いられている。前者は、世間の流行が一定の速度で進んでいるのに対し、それより少し後から進んでいくということである。後者は、知能の進み方が順調でなく、六歳になっても、六歳で普通の子が持っている知能にまで達しない場合である。

同じことは、「人に後れを取る」「後れを取り戻《もど》す」などの場合にも言える。これを「後れ」と書くのは、他の人よりも後から進むことだからである。「気後れがする」というのも、何かしようとするときに心がひるむところから、本来進むべき位置よりも後になると考えるためである。女の人の頭の横のところに下がった毛を「後れ毛」というのも、これを後から生えた毛と考えるためである。「後ればせながら」の「後ればせ」に「後」を用いるのも、一定の時刻に間に合わないのではなく、後になって駆けつけるというのが本来の意味である。

ところで、当用漢字の旧音訓表（昭和23　内閣告示）では、「遅」の方にだけ「おくれる」という字訓が掲げられていて、「後」にはこれが掲げられていなかった。そのため、「後」を用いる「おくれる」については、「遅れる」に書き換えたり、仮名書きにしたりすることが行われた。例えば、日本放送協会の『NHK用字用語辞典』（昭和43・3発行）には「遅ればせ」「おくれ毛」のように掲げられていた。これに対し、当用漢字の新音訓表（昭和48　内閣告示）では、漢字の使い分けのできる異字同訓が積極的に取り上げられた。そうして、「遅」だけでなく「後」の方にも「おくれる」という字訓が掲げられるようになった。したがって、現行の当用漢字音訓表に従うならば、旧来の用い方に従って「遅れる」と「後れる」を書き分ける方がよいのである。（5―2）

問「沿う」と「添う」の使い分け

答「そう」というのは「近い距離を保って離れない」意味の語である。そうして、これを漢字で書く場合には、どのような状態で離れないかという点から、「沿う」と「添う」とを使い分けるのが一般である。

まず「沿う」の方であるが、この「沿」は、音読で「沿岸・沿道」と用いるように、「長いものから離れない」意味を持つ。したがって、「川に沿う」「道に沿う」「線路に沿って歩く」「海岸線に沿って進む」などと用いる。「川沿いの家」というのも、川が長く流れているのに対し、その川から離れない位置に建ち並んでいる家のことである。

これに対し「添う」であるが、この「添」は、音読で「添付・添乗」と用いるように、「まとまったものから離れない」意味を持つ。したがって「夫に添う」「そばに添う」などと用いる。「影の形に添うように」というのも、影が常に形のそばを離れないことである。「連れ添う」「付き添い」も、その人から離れないようについていくから「添う」である。

ところで、「そう」という語は、「趣旨にそう」「意見にそう」「提案にそう」「期待にそう」などとも用いられている。この場合は「望まれることから離れない」意味であって、旧表記では「副う」を用いた「そう」である。「副」というのは、音読で「副作用・副産物」と用いるように、関連して出てくる意味を持っているが、ちょうどそのような形で「趣旨・意見・提案・期待」に「そう」わけである。しかし、当用漢字音訓表では「副」に「そう」という字訓が掲げられていない。こういう場合には、「沿う」か「添う」に書き換えるか、あるいは仮名書きにするかということが問題になるわけである。

この場合、文部省が公用文作成のために省内に配布した『文部省用字用語例』には、「意見に沿う」の例が掲げられている。その他では、日本新聞協会の新聞用語懇談会が編集した『新聞用語集』（注）

には「期待に添う」の例が掲げられている。これに対し、衆議院と参議院の記録部が共同で編集した『国会会議録用字例』には「趣旨・期待—に沿う」の例が掲げられている。こういう場合には類推適用することになるが、更に「提案」は「意見」に近いか「期待」に近いかということにもなる。そうして、「意見」「期待」「趣旨」「提案」などの間に違いを認めることが困難であるとすれば、「副う」については「沿う」「添う」二種類の書き換えが行われているわけである。

ただし、「提案の線にそって計画を進める」というような用い方になれば、「線」という語に引かれるから、「沿う」を用いる方がよいとも言えるのである。

（注）昭和56年発行のものでは「——沿う」に書き換えられている。

（5—3）

問「変える」「代える」「替える」「換える」の使い分け

答「状態を別のものにする」という意味の語に「かえる」というのがある。そうして、現行の当用漢字音訓表によれば、「変・代・替・換」の四字に、この意味での「かえる」という字訓が掲げられている。したがって、「かえる」という語については、この四字の書き分けが問題になるわけである。

この四字のうち、最も広く用いられるのは「変」の場合である。「変」というのは、音読で「変化・変更」などと用いるように、「前の状態と異なる状態にする」意味の文字である。したがって、「形を変える」「位置を変える」「予定を変える」「観点を変える」などと用いる。「かえる」という意味で普通に用いられるのはこの意味であり、これらはいずれも「変える」でよい。

これに対し、「代」「替」「換」の場合は、いずれもその「かえかた」が異なるわけである。まず「代」であるが、これは音読で「代用・代理」と用いるように、「別のものや人がその役をする」意味である。「書面をもってあいさつに代える」というのは、書面であいさつの役をさせることである。「命には代えられない」というのも、他のもので命の役をさせることができない意味である。

次に「替」であるが、これは音読で「交替・廃替」と用いるように、「前の物事をやめて別の新しい物事を行う」意味である。「商売を替える」というのは、今までしていた商売をやめて、別の商売をするということ、「池の水を替える」というのは、前から入っていた水を全部出して別の水を入れるということである。「切り替える」「振り替える」「替え地」「替え玉」などと用いるのも、要するにそういう意味である。

最後に「換」であるが、これは音読で「換金・換気」と用いるように、「ある物を渡して別の種類のものを受け取る」意味である。「物を金に換える」というのは、物を渡して金を受け取ることであり、「名義を書き換える」というのも、前の名義の代わりに別の名義を受け取る意味である。「電車を乗り換える」「言い換えれば」なども、「かえる」をこのような意味でとらえるから「換える」である。

以上は他動詞の「かえる」について見たのであるが、同じことは自動詞の「かわる」についても言える。「形が変わる」「位置が変わる」「心変わり」「変わり種」などに「変」を用いること、「かえる」の場合と同じである。これに対し、「父に代わって言う」「石炭に代わる燃料」「代わりの品」「身代わり」などは「代」である。「社長が替わる」「入れ替わる」「年度替わり」「二の替わり」などは「替」である。「物が金に換わる」などは「換」である。

しかし、実際問題として、これらの場合の「かえる」「かわる」の使い分けは、「何をかえる」ではなく、「どのようにかえる」ということが問題である。したがって、「池の水を替える」について前記のような用い方があるとしても、「変える」という形が成り立たないわけではない。池に入っている水の性質を別の状態にする意味ならば、「池の水を変える」である。また、「書きかえる」というのは「書き換える」を用いることが多いが、前の形をやめて別の形にするという点から「書き替える」も用いられている。更に、そこに書かれている数字について特別の意図をもって別の数字に改める場合は、前の状態と異なる状態にする点が問題であるから、当然「書き変える」である。（5—4）

問「元」「本」「基」「下」の使い分け

答「もと」という字訓は、現行の当用漢字音訓表において、「元・本・基・下」の四か所に掲げられている。そうして、これらのうち最も多く用いられるのが「元」の場合である。

「元」というのは、音読で「元祖・元日」と用いるように、「物事の始め」という意味の文字である。したがって、「元はと言えば」「生じる元となるもの」「電気の元を切る」などが「元」である。「火元」「家元」「地元」「出版元」などの「元」も、「物事の始め」という意味である。仮名で書くことの多い「もともと」という副詞も、本来の書き方は「元々」である。

「元」というのは、このような意味から転じて、「資本・資金・元金・原価」の意味にも用いる。「元が掛かる」「元も子もない」「元が取れない」「元を切って売る」などの例がこれがある。また、アクセントが変わって「も」が高くなると、「順序がある場合の前の方、前のところ」の意味にも用いる。「元の住所」「元の形」「元の社長」「元大臣」などがこれである。「元のさやに納まる」「元のもくあみ」なども、前のところ、前の形であるからやはり「元」である。

しかし、「もと」という語は、本来は木や茎の根の意味であり、この意味では「本」を使う。それは、音読で「本末・大本」と用いるように「末」の対である。したがって、「本と末」という用い方は当然であり、転じて、「物事の成り立つ大切なところ」の意味にも用いる。「本を正す」「本に返って考える」「農は国の本」「正直をもって本となす」などは、いずれも「本」である。なお、「本」には「木の幹や草の茎を数える助数詞」として、「庭に一《ひと》本《もと》なつめの木」などの用い方もある。

また、「基」というのは、音読で「基礎・基盤」と用いるように、「成り立つ下の部分」であり、「基肥」「基づく」などと用いる。そこから転じて「助けとして用いる物事」の意味にも用いるが、例えば「資料を基にして研究する」「外国の技術を基にして製造する」などがこれである。

これらに対し「下」というのは、音読で「樹下・門下」と用いるように、「上に広がるものに隠れる範囲」の意味である。「木の下に集まる」「ろうそくの火の下で書く」「燈台下暗し」などがこの意味になる。そこから転じて「影響を受ける範囲」も「下」になる。「教授の指導の下に研究する」「正義の名の下に戦う」「法の下に平等」なども「下」である。更に「一言の下にはねつける」「一撃の下に倒す」なども「下」である。

以上は、当用漢字音訓表に掲げられた「元・本・基・下」の使い分けであるが、「もと」という語にはいろいろの意味があり、旧表記では「許・因・素」なども用いられていた。「親の許から通う」「過労が因で死ぬ」「ケーキの素」などの用い方があった。これらのうち、「許（そのもののある場所に近いところ）」については、「元」や「下」に書き換えることも行われている。しかし、「因（物事が起こる原因となるもの）」や「素（物をこしらえる原料となるもの)」については、「元・本・基・下」の意味から考えて、そのいずれにも書き換えることが困難である。

ところで、このような場合の書き方であるが、これについては、国語審議会の漢字部会が作成した参考資料「「異字同訓」の漢字の用法」(昭和47・6)に、次のように書かれている。

その意味を表すのに、適切な漢字のない場合、又は漢字で書くことが適切でない場合がある。このときは、当然仮名で書くことになる。

したがって、当用漢字音訓表に従って異字同訓を使い分ける場合には、「もと」について仮名書きになる場合も起こるのである。つまり、「親のもとから通う」「過労がもとで死ぬ」「ケーキのもと」のような形も、やむを得ないのである。(5―5)

問　「周知」と「衆知」の使い分け

答　「周」の原義は、「こまかに手がゆきとどく」ことで、そこから「あまねく」「広く一般に行き渡る」などの意味が生じるので、「周知」は、「あまねく知る」「一般に知れ渡っている」「皆が知っている」「広く知らせる」などの意味となる。

周知の事実　周知徹底を図る　全員に周知させる
周知のとおり

のような用例がある。

「周知」は『周礼』という漢籍に典拠のある語で、現代の話し言葉としては難しくもあり、かつ、同音語の「衆知」と区別するため、NHKでは言い換えるときの参考として「一般に知れ渡っている」「皆知っている」「知れ渡った」「知れきった」のような例を掲げている(『NHK放送用語ハンドブック』)。

大仏次郎の「帰郷」に、「しかし、衆知通俗のことだから」とあり、また『日本国語大辞典』には、【周知・衆知】と並べて漢字表記が掲げてあるが、普通は、「衆知」と区別して用いる。

「周知」と区別される「衆知」は、もと「衆智」と書いたが、昭和三十一年七月五日国語審議会報告「同音の漢字による書きかえ」によって、当用漢字表外字である「智」は「知」に書き換えることとなったので、今では「衆知」が一般的である。

「衆」は、「多くの人」の意であり、「衆知」は、やはり漢籍に出典があり、「多くの人の知恵・知識」の意である。

衆知を集める

のように用いられる。(5―6)

問　「所用」と「所要」の使い分け

答　「所用」が文字どおり、「用いるところ」「用いるもの」の意から、「用件」「用事」「用向き」の意で用いられた例は、室町時代の狂言にも見られる。また、「必要なこと、またそのもの。入り用」の意味のときにも「所用」を使った例もあるようである。

これに対し、「所要」は「必要とすること、必要とするもの」の意味で、現行の国語辞書では、ほとんど「所用」と区別して用いるようになっている。

「所用」の例としては、

所用があって外出する　所用のため欠勤する
所用で他出する　所用を帯びる

などがあり、

「所要」の例としては、

所要時間　所要経費　所要の条件
所要の手続をとる

などがある。

「用」と「要」が使い分けられている例としては、このほかに

（用件　（用談　（用務　（用員
要件　　要談　　要務　　要員

などがあり、「要」は「必要な、必要とする」の意味である。

（5―7）

問「**決裁**」と「**決済**」の使い分け

答「決裁」は、権限を持っている者が、部下の出した案の可否を決めることである。

大臣の決裁を仰ぐ　　部長が決裁する
書類を決裁する　　未決裁の案件

などの用例がある。

「決済」は、金銭上の債権、債務を清算すること。証券又は代金の受け渡しによって売買取引を終わらせること。

勘定を決済する　　取引の決済　　現金決済　　手形の決済

などの用例がある。

「済」は「すんだ水」の原義から、「わたる」「すくう」「すむ、なる、できあがる」の意味となり、「決済」「未済（まだすまない）」「返済（返しおわる）」のように用いられる。

「裁」は「布を切って衣服をしたてる」という原義から、「善悪を判断して処置する」意味となり、「決裁」や「裁判」のように用いられる。

「決裁」の漢字を逆にして「裁決」とすると、行政処分の一となり、訴願又は行政訴訟に対して正否の判断を与えるものとなる。

なお、「採決」は、議長が議案の採否を会議構成員の賛否によって決めることである。

（5―8）

問「**要綱**」と「**要項**」の使い分け

答「要綱」の「綱」は「糸をより合わせてつくったつな」の意から、「規則・法則」「物事を分類するときの大きな単位」などに用いられ、ここでは、「たいせつな事柄、基本方針」の意味である。「要綱」は「要約した大綱（＝大きなあらすじ）」のことで、「重要な事柄をまとめたもの」の意味であり、主として本の題名や公用文の分野で多く用いられる。

論理学要綱　　心理学要綱
（「〇〇学綱要」というのもある。）
市職員採用試験実施要綱
「国選弁護人推薦に関する具体的方策」の要綱

また、「綱目」というときの「目」は、「物事を分類するときの小さな単位」を指すので、内容の重要さに応じて「大綱」（「税制改正大綱」などの例）「要綱」「要目」（「授業要目」などの例）の順序で用いられる。

「要項」は、一般的に用いられ、「必要な事項」「大切な項目」の意味で、

募集要項　　要項を抜粋する　　話の要項をまとめる

などと用いられる。

（5―9）

問「**受検**」と「**受験**」の使い分け

答「検」は「しらべる」の意で、「検査・検討・点検」などの例があり、「験」は「ためす・こころみる・しらべる」の意で、「試験・実験・経験」などの例がある。この意味からすると、「検査」を受けるのが「受検」で、「試験」を受けるのが「受験」というような使い分けがなされるようである。

検査……身体検査を受検する
　学力検査の受検者
試験……入学試験の受験資格
　受験要項
　受験手続
　検定試験を受験する

計算が正しかったかどうかをためす「けんざん」は「検算」「験算」の両様の書き方があるが、今では、字画の少ない「検算」を用いるのが一般的である。

なお、明治以後の古い辞書には、「受験者」だけ見出し語として掲げてあって、「受験」「受検」ともにないもの、「受験」があって「受検」がないにもかかわらず、「受検者」「受験者」の両方があるものなど、様々である。（5―10）

問 **「修行」と「修業」の使い分け**

答「修行」の「修（しゅ）」も「行（ぎょう）」も呉音で、「修すること、行ずること、規範に従って向上の道を実践すること」という意味であり、仏教では「仏の教えに従って、実践すること」の意となる。類義語には、「巡礼」「行脚（あんぎゃ）」「遊行（ゆぎょう）」「久修（くしゅ）」「苦修（くしゅ）」「練行（れんぎょう）」などがある。

また、学問・技芸・武道を身に付けるように努力することにも用いられ、

武者修行　諸国を修行して歩く　剣道を修行する

などの用例がある。

「しゅぎょう」を「修業」と書くのは、「修行」の俗用と言ってよいであろう。本来は学問・技芸・職業などを習い、身に付けることであるところから、「しゅうぎょう」と読むのが習わしである。

しかし、現在では、「しゅぎょう」と読んで、

師について修業する　親方のもとで修業する
花嫁修業

などと用いられる。

現在、「修業」を「しゅうぎょう」と読む場合は、学問・技芸を習い終える意味であり、「修業証書」の例がある。（5―11）

問 **「開放」と「解放」の使い分け**

答「開放」は「ひらきはなつ」で、戸や窓などをあけたままにしておく意味で、

窓を開放して、外の空気を入れる。

などと用いる。

もう一つの意味は、制限を設けないで、出入りを自由にすることで、

門戸の開放　校庭開放　開放的な性格

などの例がある。

これに対し、「解放」は「ときはなつ」であり、束縛していたものの制限を解いて自由にすることで、

奴隷の解放　農地解放　責任から解放される

などの例がある。（5―12）

問 **「異動」と「移動」と「異同」の使い分け**

答「異動」「移動」「異同」も、「いどう」という同じ音でありながら意味が異なるので、同音異義語と呼ばれ、それぞれの意味に応じて区別して用いられる。

「異動」と「移動」は、ともに共通する意味としては、「一つの所から他の所へ動くこと」である。「移動」は「―する」を付け、「移

動する」のように動詞にも用いられるが、「異動」と「異同」は名詞だけに用いられ、特に「異同」は意味の上から、他の二語とは異なって用いられる。

「異動」は、ある人の地位・勤務・住所などが変わることで、新任や退任などの人事の動きを指す。

　人事異動　納税地に異動を生じた場合

などの例がある。

「移動」は、ある位置・場所から動いて別の位置・場所に変わること、また、動かして位置・場所を変えること。

　車を移動させる　部隊が移動する　移動撮影
　移動図書館　移動警察　民族の大移動
　移動性高気圧　人口移動

などの例がある。

「異同」の「同」は、対比して添えられたもので、主となる意味は「異」にあり、「異なっていること、違っている点、二つ又はそれ以上の事物を比較したときの相違」の意味である。

　異同一覧表　異同を調べる

などの例がある。

なお、「異動を生じる」は「変化が出てくる」意味になるのに対して、「異同を生じる」は「相違が出てくる」という意味になる。

（5—13）

問 **「履修」か「履習」か**

答 「学習・学修」「独習・独修」「習得・修得」のように、「しゅう」には「習」と「修」の両様の書き方があり、「習」は「ならう」、「修」は「おさめる」という字義によって、使い分けられている。

しかし、「履修（りしゅう）」の場合には、明治の古い辞書から現行の辞書に至るまで、「履習」という漢字表記はなく、「履修」の項で、「習い修めること。規定の学科や課程を修得すること」と解説している。

　医学又は歯学を履修する課程
　各教科・科目の履修
　すべての生徒に履修させるものとする

など、学校教育法をはじめ、学習指導要領などに見られる。

なお、「語形の「ゆれ」について」（昭和36・3、国語審議会部会報告）には、「次に掲げる語は、別の意味に使われることもあるが、同じような意味に使う場合もあるものである。特に必要のある場合のほかは、かっこの外のものを使うようにしたらよいと考えられる」とある。次に関係のある語を引用する。

　学習（学修）　自習（自修）
　修得（習得）　独習（独修）

（5—14）

問 **「古希」か「古稀」か**

答 唐の詩人杜甫《とほ》（七一二—七七〇）の曲江詩「人生七十古来稀《まれナリ》」を出典とする語で、七十歳の称。この「稀」が当用漢字表外の漢字であるため、このような語を処理する一つの方法として、表内の同音の漢字に書き換えることが考えられ、国語審議会は、第三十二回総会（昭和31・7）において、「同音の漢字による書きかえ」を報告した。その中で、「稀→希」が示され、「稀」の代わりには「希」を用いればよいということにしている。

もともと「希」は「ねがう」、「稀」は「まれ」という意味であって、それぞれ「希望」「稀少価値」のように使い分けられていたのである。しかし、中国では、「希」は「稀」に通じて、「まれ」の意味にも用いられていて、日本でも字書には「まれ」の訓がある。国

語審議会の処置は、これによったもので、従来普通の「希」の意味を広げたものと言える。これによって、

稀元素→希元素　稀釈→希釈
稀少→希少　稀代→希代
稀薄→希薄　稀硫酸→希硫酸
古稀→古希

の例が挙げられ、→の下のように書き換えられることになった。

この「同音の漢字による書きかえ」は、訓令告示ではなく、文部大臣あての報告にとどまったものであるが、公用文、報道関係の文、教科書の文など今日的性格の文には、適用されて、次第に普及し慣用化してきている。

全部で三百十一例ある書き換えのうち、比較的書き換えの成功した例と、書き換えようとする漢字と比べて、もとの漢字の持つ印象の強い世代では、使うのにためらわれるような例とが見受けられるようである。

書き換えがほとんど意識されない例としては、

企劃→企画　広汎→広範
蒐集→収集　書翰→書簡
銓衡→選考　智慧→知恵
註文→注文　叛乱→反乱
編輯→編集　哺育→保育
聯合→連合

がある。この中には、本来、希のように同音同義の文字と考えてよいもののほかに、後世の（又は日本における）同音字でたまたま意味で関係の付けられるものを用いたものもある。これは、一種の当て字である。

次のような例には、下に書いた理由によって、批判する向きもあるようである。

臆説→憶説　臆測→憶測……臆は気おくれ、憶はおぼえるという印象が強い。
馭者→御者……御には、敬意の接頭語の印象が強い。
燻製→薫製……薫には、よいかおりの印象が強い。
抒情→叙情……叙は「叙事」のときに使うという印象が強い。
熔接→溶接……熔接は火を使うという印象が強い。
彎入→湾入……湾は入り江の印象が強い。

「慰藉料→慰謝料」のように、法令用語として定められた場合（「法令用語改正要領」昭和29）には、これによることとなるが、古典や歴史上の用語である「古稀」や「下剋上」などは、なかなか「古希」「下克上」に書き換えられないもののようである。（5—15）

問「機械」と「器械」の使い分け

答　一定の働きをする複雑な道具に「きかい」という語が用いられている。これを漢字で書き表す場合、一般には「機械」が用いられているが、「器械」を用いることもある。そこで、「機械」と「器械」の使い分けが問題になるわけである。

これを漢字の意味の方から考えると、「機」は「からくり」であり、複雑な働きをする装置である。これに対し、「器」は「うつわ」であり、一定の用途に用いる道具である。また、「械」の方は、本来は罪人をいましめる「かせ」の意味であり、罪人の手足や首にはめて自由を奪う刑具である。それが「技巧を凝らして作ったもの」の意味に用いられるようになり、「機械」又は「器械」の語が生まれたわけである。

したがって、「機械」が「動力を加えることにより、一定の運動をして一定の作業を行う装置」に用いられるのは、その文字の意味

にかなった用い方である。「工作機械」「包装機械」などの用い方も同じである。これに対し、「器械」の方は、「形を持っていて一定の働きをする装置」に用いられている。「測定器械」「光学器械」などの用い方がこれである。一定の用具を用いる体操が「器械体操」と書かれるのも、その用いる装置が「機械」でなく「器械」の方だからである。

　このように見てくると、「機械」の方には、動力が続く限り一定の運動・作業を続ける特性のあることに気付く。その場合に人間は、ただ必要な制御を行えばよいのである。これに対し、「器械」の方は、一定の働きはするが、それを活用するのは人間であるということになる。一般に「機械」について「操作する」という語が用いられ、「器械」について「運用する」という語が用いられるのも、このような「機械」「器械」の特性の違いによるわけである。

　なお、比喩《ひゆ》的に用いる「きかい的」は「機械的」と書かれている。その理由は、「機械」の行う運動・作業の特性を反映しているからである。すなわち、個々の場合について一つ一つ考慮を払うことなく、型にはまった形で行うのが「機械的」である。「機械的に処理する」「機械的な考え方」などは、正にそのような点で「機械」と同じなのである。（「機」と「器」の使い分けについては、9ページ〈「拡声機」か「拡声器」か〉を参照。）　（6―1）

問　「既成」と「既製」の使い分け

答　既にできているものについて「きせい」という語が用いられている。この場合、日常生活では、「既製品・既製服」などの書き表し方が目に付く。したがって、一般には「既製」と書かれていると考えてよいのである。

　しかし、もう一つ、「既成」という書き表し方の語も存在しているのである。そうして、この方は、「既成事実・既成条件」などと用いる場合が見られるのである。

　これを漢字の意味から考えると、「製」というのは、「製造・特製」などと用いるように、「品物をこしらえる」意味を持っている。したがって、それに「既（すでに）」を組み合わせた「既製」は、「商品として出来上がっているもの」について用いる。「既製品・既製服」というのは、この意味である。

　これに対し、「成」の方は、「成功・完成」などと用いるように、「物事を成し遂げる」意味を持っている。したがって、それに「既（すでに）」を組み合わせた「既成」は、「事柄として出来上がっているもの」について用いる。「既成事実・既成条件」などという用い方が見られるのは、そのためである。

　つまり、「既製」の方は、特別にあつらえる意味の「注文」に対して用いる語である。「注文品・注文服」に対するのが、「既製品・既製服」である。「オーダー・メード」に対する「レディー・メード」が「既製」である。「既製」という語が商業関係で用いられるのも、「既製」がこのような意味を持っているからである。「既製窓わく」「既製コンクリート」などの用い方も同じである。

　これに対し、「既成」の方は、まだそうなっていない意味の「未成」に対して用いることになる。すなわち、「鉄道の既成線」は既に営業を開始している路線であり、これに対するのが「未成線」である。これに準じ、既に出来上がっている道徳や宗教について、「既成道徳・既成宗教」のようにも用いる。「既成政党」というのは、既に特定の政治思想を持って活動している政党のことである。「既成作家」というのは、既に文壇で地位を確立して活躍している作家のことである。　（6―2）

問 「共同」と「協同」の使い分け

答 一緒に行う物事に関して「きょうどう」という語を用いる場合、一般には「共同生活・共同墓地」のように書かれている。しかし、「きょうどう組合」の場合は「協同組合」である。そこで、「共同」と「協同」の使い分けが問題になるわけである。

これを漢字の意味から考えると、「共」の方は字訓が「とも」で、「一緒」の意味である。これに対し、「協」の方は字訓が「あわせる」で「力を合わせて一緒に行う」意味になる。したがって、これに「同（おなじ）」を組み合わせた「共同」の方は、「共同の生活・共同の墓地」というように名詞で用いられるが、そこに動詞の意味は出てこないのである。これに対し、「協同」の方は「協同する組合」のように動詞の意味を持つところに特徴が見られるのである。

つまり、「共同」の方は、「二人以上の者の同一の資格による結合」である。「共同行為・共同謀議・共同戦線・共同防衛」のように用いる場合、すべて「共同」である。その点でこういう「共同」は「共演・共学・共有・共用」などと用いる「共」と同じである。法令用語としての「共同正犯・共同海損」なども、基本的には「同一の資格による結合」の「共同」である。

これに対し、「協同組合」が「協同」を用いるのは、単に一緒になるだけでなく、相互扶助を原則として生産・分配・消費その他利益増進のために結合するからである。すなわち、「多くの人が心を合わせて行う」意味を強調したものである。したがって、「協同組合」と同じような「協同組織」は他にも見られるわけである。また、「隣保協同・産学協同・協同一貫輸送・生産協同体」などと用いられるのも「協同」の方である。

ただし、「きょうどう一致」のような一般語については、「共同一致」も「協同一致」も見られるようである。これも本来は「協同して一致する」意味で「協同」のはずである。それが「共同」と書かれるようになったのは国語審議会が漢字表記のゆれを取り上げた際に、「協同」と「共同」について「共同」に統一する扱いをしたことによるものである。

これを審議してまとめたのが「語形の「ゆれ」について」という部会報告（昭和36・3）であるが、その際に用いた資料によると、「協同」と「共同」について、「共同」の方が好ましいとする扱いが見られ、次のように掲げられている。

共同　㊓　協同　固有名詞は別

ここに㊓と示されているのは、日本新聞協会の新聞用語懇談会で編集した『新聞用語集』に、このような扱いが見られるということである。

そこで、このときに参考とした『新聞用語集』の扱いを見ると、次のようになっている。

きょうどう（協同）→㊕共同〔固有名詞の「○○協同組合」等の場合は別〕

したがって、国語審議会審議資料の「固有名詞は別」という注記も、具体的には「○○協同組合」等を指すことが分かるのであり、こういう場合にだけ「協同」を用いるということである。そのため、「共同する」「共同一致」などの書き方も正しいと見られるに至ったのである。

しかし、その『新聞用語集』の方も、その後の改定に当たって次のように改め、現在に及んでいる。

きょうどう（協同）→共同〔「協同一致、協同組合、産学協同」などは別〕

こうなると、本来の「共同」「協同」の使い分けにもどしたと考えられるのである。したがって、「共同」「協同」を使い分けるに当たっては、「二人以上の者の同一の資格による結合」の場合に「共同」を用い、「多くの人が心を合わせて行う」場合に「協同」を用いるのが好ましいわけである。

なお、この場合に、「きょうどうする」という動詞の形になるのは、「協同」の方だけである。数多くの用例の中には「共同して計画を立てる」「共同して声明を発表する」なども見られるが、こういう場合の「共同して」は「共同で」の意味で用いたにすぎないのである。（6―3）

問「採決」と「裁決」の使い分け

答　最後の決定を行う場合、「さいけつ」という語が用いられている。ところが、これを漢字で書き表す場合、「採決」と「裁決」の二つがあり、分野によって使い分けられるのが実情である。

まず、「採決」の方であるが、これは会議を行う場合に用いられる語である。会議というのは、それを構成する議員又は委員によって審議が進められるものである。その場合、最後にその会議体としての決断を下すことになるが、これについては、議長が各構成員に賛成か反対かの最後的決断を求めることになる。これが「採決」である。

ただし、一般の会議の規範となっている「衆議院規則」（昭和22・6、衆議院議決）を見ると、これについて「表決」という語が用いられ、次のように書かれている。

第百四十八条　表決の際議場にいない議員は、表決に加わることができない。

第百五十条　議長が表決を採ろうとするときは、表決に付する問題を宣告しなければならない。

ここに用いられている「表決」というのが、各構成員が最終的決断を行うことである。そうして、議長として各構成員にそのような決断を行わせることについて、「表決を採る」あるいは「決を採る」という言い方が用いられている。これが「採決」である。したがって、「表決」は各構成員を主体とした用語であり、「採決」は議長又は委員長を主体とした用語である。「討論採決」などの語が用いられるのも、この立場からの言い表し方である。

これに対し、「裁決」という語の方は、審査請求などの場合に用いられるのである。一般に法律の上で別の意見がある場合には、担当の行政庁にその審理を請求することになるが、これが「裁決の申請」である。これに対して行政庁の行う処分が「裁決」である。例えば「土地収用法」の場合であるが、条文に「裁決の申請」「却下の裁決」「収用又は使用の裁決」「明渡裁決」などの語が見られるのも、すべてこの種の「裁決」に関するものである。

つまり、「採決」の方は、「決を採る」という意味の語であり、賛成者の多少による多数決原理を適用して決めるのが一般的な方法である。これに対して、「裁決」の方は、「裁き決する」という意味の語であり、適用法令に基づいて裁くのが一般的な方法である。

したがって、「採決」と「裁決」とは、全く別の意味の語であり、相互に紛らわしいことはないのである。

ところで、決を採ったり、裁き決めたりすることは、一般社会でも広く行われていることである。その場合にも、会議形式で物事を審議するときに「採決」という語が用いられるのは当然である。また、意見の対立に対して上級者が決定を下す場合には、「裁決」という語が用いられるわけである。このような使い分けは、それぞれの語の漢字の意味から考えても、無理のない用い方である。（6―4）

問「実体」と「実態」の使い分け

答 物事の実際を表す場合に「じったい」という語が用いられている。これを漢字で書き表す場合、「実体」と書かれる場合と「実態」と書かれる場合とがあり、細かい点ではそれぞれ意味が異なるのである。

まず、「実体」の方であるが、「体」というのは「からだ」の意味で、「かたち・すがた」「物事の基本になるもの」を表している。したがって、それに「実（ほんとう）」を組み合わせた「実体」は、「…とはどういうものであるか」という意味を持つ語である。「生命の実体」「コンピュータの実体」などという用い方の場合が、そういう意味である。「教育の実体は何か」「法律の実体は何か」などという問いが設けられるのも、「…とはどういうものであるか」を明らかにしたいからなのである。

次に、「実態」の方であるが、「態」というのは「ありのまま」の意味で、「おこなわれかた」「物事への対応の様子」を表している。したがって、それに「実（ほんとう）」を組み合わせた「実態」は、「…はどういうありさまであるか」という意味を持っている。「経営の実態」「コンピュータ使用の実態」などを調べるのも、「…はどういうありさまであるか」ということを明らかにしたいからである。そうして、そのような調査が「実態調査」である。

つまり、「実体」と「実態」とは、そのとらえ方が異なるのである。したがって、「じったいが分からない」というときにどちらの「じったい」を用いるかということは、何が分からないのかということによるのである。例えば、団体の名称はあってもそれがどういう団体であるか分からない場合は、「実体が分からない」である。どういう活動状況にあるか分からない場合は、「実態が分からない」である。

その他、「じったいを備えている」「じったいのないもの」と言えば、「実体を備えている」「実体のないもの」である。これに対して、「列車運行のじったい」「大学進学のじったい」といえば、「列車運行の実態」「大学進学の実態」である。

このような使い分けについて、日本新聞協会の新聞用語懇談会で編集した『新聞用語集』には、次のように掲げられている。

実体 〔本質・本体を意味する場合〕 生命の実体、実体がない
実態 〔状態・情勢を意味する場合〕 経営の実態、実態調査

一般に「実体」と「実態」を使い分けるに当たっては、このようなとらえ方で用いるのが好ましいと言えるわけである。（6―5）

問「進路」と「針路」の使い分け

答 「すすむ方向」という意味を表す場合に「しんろ」という語が用いられている。ところが、これを漢字で書き表す場合、「進路」と「針路」とがあり、その使い分けが紛らわしいのである。

この場合、漢字の意味から言えば、「進路」は「すすむ方向」であり、「針路」は「（ら針盤の）針によって決める方向」である。したがって、「進路」の方は車などの交通機関について「進んでいく方向」に用いることができるが、「針路」の方は磁石を頼りに進む船舶や航空機の場合に限られるのである。「進路を開く」「進路を妨げる」に対し、「針路を北に取る」「針路を左に修正する」などと用いるわけである。

以上は基本的な用い方の違いであるが、「進路」も「針路」も、比喩《ひゆ》的に用いることがあり、その場合の使い分けも問題になる。この場合、「進路」の方は必ずしも直線的でなくてもよいが、「針路」の方は、磁石の針の指す方向の意味が強く残っていて直線的な意味

合いが強いことになる。したがって、将来進む具体的な方向という意味では、「卒業生の進路」「日本の進路」のように用いるのが普通である。「進路を誤って性格に合わない職に就く」などの用い方も、「進路」の方である。

つまり、「しんろ」という語について見ると、「進路」の方が広い意味に用いられている。そうして、「針路」は「進路」の一部になっていると考えることも可能である。その点で、「進路」と「針路」については、「進路」の方に統一して用いてもよいわけである。しかし、実際には、特に「磁石の針の指す方向」という事実を踏まえている場合には、「針路」の方が用いられているわけである。

こういう点について、日本新聞協会の新聞用語懇談会で編集した『新聞用語集』には、次のように掲げられている。

進路〔進んで行く道をいい、「退路」の反対〕進路に立ちふさがる

針路〔ら針盤などで決める進路で、船や航空機に使う〕針路を修正

つまり、「進路」の特殊な場合が「針路」である。その点では、一般的には「進路」、船舶・航空機の場合は「針路」と考えることも可能である。ただし、ここでも触れているとおり、「進路」というのは、本来は「退路」の対語である。したがって、船舶・航空機の場合にも、「しんろを妨げられる」などの場合は「進路」である。

なお、「針路」の方は古く「鍼路」とも書かれていたが、これは「針」が「鍼」の俗字であるとの説によるものである。（6―6）

問　「配布」と「配付」の使い分け

答　「くばる」意味の語に「はいふ」というのがあり、漢字で書き表すとき、「配布」と「配付」が使い分けられている。

これを漢字の意味から考えると、「布」は字訓が「しく」で、「広く行き渡らせる」意味を持っている。「布教・公布」などと用いるのがこれである。したがって、それに「配（くばる）」を組み合わせた「配布」は、「広く一般に配り渡す」意味の語である。「選挙公報を配布する」「配布刊行物」「配布網」などは、この意味の用例である。

これに対し、「付」の方は字訓が「つく・つける」で、「そこまで持っていく」意味を持っている。「付託・送付」などと用いるのがこれである。したがって、それに「配（くばる）」を組み合わせた「配付」は、「特定の人々に一人一人渡す」意味の語である。「資料を配付する」「配付議案」「配付額」などは、この意味の用例である。

つまり、「配布」と「配付」は、厳密には意味の異なる語であり、広く一般に配るか、特定の人々に渡すか、という点において使い分けられてきた語である。しかし、現代表記においては、漢字使用の簡易化が取り上げられるようになった。そうして、そういう立場から法令用語を検討した国語審議会は、法令用語審査の基準の一つとして、「同義で異表記の語は統一したほうがよい」と考えるようになった。この場合、「配布」と「配付」が同義で異表記の語かどうかは問題の存するところである。しかし、両語とも「くばる」点においては同じ意味を共有していて、広く一般に配るか、特定の人々に配るかの違いは、前後の関係で明らかになるとも言えるのである。そこで、この「配布」と「配付」についても、「配布」の方に「統一する」ことで処理してよいと考えるに至ったのである。

この場合に「統一する」ことで処理された語としては、他に次のようなものがある。

規律・紀律→規律　作成・作製→作成
状況・情況→状況　総括・総轄→総括
定年・停年→定年　統括・統轄→統括

そうして、「はいふ」についても「配布・配付→配布」としたわけである。

このようにして審議された法令用語については、他の項のものを併せ、「法令用語改善についての建議」（昭和29・3）として内閣総理大臣に建議した。これを受けた内閣は、次官会議に諮って申し合わせ事項とし、内閣官房長官から各省事務次官あてに通知（昭和29・10、内閣総甲第184号）した。これを受けた内閣法制局はその実施要領を検討して一部修正し、「法令用語改正要領」として法制局次長から各省事務次官あてに通知（昭和29・11、法制局総発第89号）した。その際も、「配布・配付→配布」については、そのままの形で受け継がれていた。したがって、この「法令用語改正要領」以後に作られた法令等については、「配布」と「配付」を使い分けず、いずれの場合にも「配布」を用いるのが原則である。

この場合、「法令用語改正要領」が「配布・配付→配布」としたことは、一般社会における「はいふ」という語の書き表し方に一つの指針を与えることになった。しかし、実際問題として、前記通知は、既に施行されている法令の文字遣いを改めるわけではなかったのである。そのため、現行の法令の中に「配付」の例が見られること、次に引用するとおりである。

衆議院規則第二十八条第二項　議長は、前項の議案を印刷して各議員に配付する。

そうして、衆議院記録部と参議院記録部の共編に成る『国会会議録用字例』が次のように掲げているのも、このような法令が現に行われていることによるものである。

配布　広く一般に配る　選挙公報・チラシーの配布
配付　配り渡す　議案・資料ーの配付

したがって、従来の慣習によって「配布」と「配付」を使い分ける場合には、このような意味の違いに基づいて使い分けることが好ましいわけである。　（6—7）

問「平行」と「並行」の使い分け

答　同じように並ぶ意味の語に「平行」というのがあり、幾何学では「平行する・平行線」のように用いられている。「平行四辺形・平行平面・平行六面体・平行移動」など、幾何学で用いる「へいこう」はすべて「平行」である。体操用具の平行棒も、その構造がこのような平行の形で並ぶ二本の棒を主体としているために名付けられたものである。

しかし、似た意味の同音語に「並行」というのがあるため、その使い分けが問題になる。この方は、「並行して審議する」などと用いられる語である。

この場合、文字の意味から考えると、「平」は「ひらたい・たいら」の意味から転じて、「かたよりがない」意味に用いられている。これに対し、「並」は「ならんでたつ」意味から「ならぶ」意味に用いられている。したがって、それぞれに「行（いく・すすむ）」を組み合わせた「平行」と「並行」は、基本的に異なる意味を持つわけである。

まず、「平行」であるが、これは、「かたよりがない形ですすむ」ことである。幾何学の「平行線」というのは、要するに最短距離の一定している二本の線に名付けたものであり、同一平面上で相交わらないところに特徴を持つものである。これに対し、「並行」の方は、単に「ならんですすむ」意味である。「鉄道の並行線」とか「道路と並行する鉄道」などと用いるときの「へいこう」がこの意味である。「並行審議」というのも、一方で審議が進められているのに対し、もう一方で別の審議が進められているからである。

　しかし、同じ「へいこう」でも、裁判の方で用いる「へいこう審理」というのは「併行審理」と書く。この方は、「集中審理」に対する語である。口頭弁論から公判まで数日にわたる場合に、これを同一の裁判官が集中継続して行うのが「集中審理主義」である。これに対して、同一の裁判官が同時に複数の事件を担当するのが「併行審理主義」である。この方は、「あわせる」意味の「併」に「行」を組み合わせて「併行」としたものであるが、この場合の「行」は「すすむ」意味ではなく、「おこなう」意味である。

　なお、「へいこう」という語でもう一つ紛らわしいものに「平衡」というのがある。この方は、「物事が一方に偏らない状態・つり合っている状態」に用いる語である。「平衡感覚」というのは、「動物がバランスを保って運動できるようにする感覚」のことである。それを可能にする器官が「平衡器官」であり、その能力が「平衡機能」である。また、「平衡河川」という語も用いられるが、この方は、浸食作用と堆積《たいせき》作用とがバランスを保っているため、その面での変化が見られない河川のことである。地方交付税のことを「平衡交付金」と名付けていたこともあるが、これも、各地方財政のバランスを保つために交付していたからである。

　こういう場合に用いる「衡」というのは、「はかりのさお」の意味を持つ文字である。「平衡」が「バランス」の意味に用いられるのも、「たいらになったさお」という意味を踏まえているからである。

（6―8）

問「編成」と「編制」の使い分け

答　一定の単位にまとめる場合に「へんせい」という語が用いられ、一般には「八両編成の列車」のように「編成」と書かれている。「予算を編成する」「教育課程の編成」などと用いられるのも、同じ意味の用い方である。ところが、学校教育の方では、「編成」のほかに「編制」という語もあり、「学級の編制」のように用いられている。その点では、「へんせい」について、「編成」と「編制」の使い分けが問題になるわけである。

　これを文字の意味から考えると、「成」は「なる・なす」であり、「個々のものを集めてまとまった単位にする」ことである。これに対し、「制」の方は、「たちきって整える」意味を持っている。すなわち、「全体を分けてまとまった単位にする」ことである。一方、これらの「せい」の前に来る「編」の方は、「あむ」という意味を持っていて、「くみあわせる」という意味に用いる文字である。

　したがって、「編成」の方では、「小さな個々のものを組み合わせて大きな単位に仕上げる」ところが強調される。これに対し、「編制」の方では、「大きな全体を分けてまとまった単位に組み立てる」ところが強調されることになる。その点で「編成」と「編制」とは、とらえ方が逆になっているわけである。

　そこで、このような点から個々の用例を見ると、それぞれの意味の重点が、それぞれの語の強調しているところに置かれていることも分かるのである。まず、「八両編成の列車」というのは、一両一両が独立のものであり、それを組み合わせて八両で一つの列車単位に仕上げたものである。「予算を編成する」というのも、一つ一つの項目についての予算を組み合わせて全体の予算に仕上げるからである。「教育課程」なども、要するにそのような形で「へんせい」

するから「編成」である。

これに対し、「学級の編制」というのは、全体の児童・生徒を分けて幾つかの学級を組み立てるわけである。かつての軍隊の「へんせい」に「平時編制・戦時編制」などの語が見られたのも、こういう意味での「へんせい」だからである。

ただし、軍隊の場合も、部隊から一部を選抜して特別攻撃隊を「へんせい」するような場合は、小さな個々のものを組み合わせてまとまった単位にするから「編成」である。

なお、「へんせい」としては、もう一つ「編製」という語があり、「戸籍を編製する」のように用いられている。

戸籍法第六条　戸籍は、市町村の区域内に本籍を定める一の夫婦及びこれと氏を同じくする子ごとに、これを編製する。

（以下略）

この方は、「製」に「したてる・つくる」意味があるため、戸籍の場合に特に「組み合わせてつくる」意味を強調したことになるのである。（6—9）

問「野生」と「野性」の使い分け

答　いわゆる同音語として、「野生」という語と「野性」という語がある。「野」の方は「自然のまま」という意味で、「野鳥・野獣」などと用いる「野」である。また、「生」の方は「生活・生存」などと用いる「生」で、「生命」の意味を持つ字である。これに対し、「性」の方は「性格・本性」などと用いる「性」で、「性質」の意味を持つ字である。

したがって、それぞれが「野」と結び付いた場合も、意味が異なることになる。すなわち、「野生」は「動物が自然の中で自由に育つ」意味になるのである。「野生の馬」などと用いるのがこの意味である。「人によって飼い慣らされたりしていないこと」が「野生」である。これに対し、「野性」の方は「動物が自然の中で持っている性質」「人に飼い慣らされる前の性質」の意味である。「野性に目覚める」「野性に返る」などと用いるのがこの意味である。

ところで、「野生」と「野性」には以上のような意味上の違いが見られるが、このうち動詞に用いることができるのは、「野生」の方である。「密林に野生する猛獣」のような用い方がこれである。それに対し、「的」の付く形を取るのは、「野性」の方である。「野性的」というのは「自然のままの性質を持っている様子」で、動物が動物本来の本能をむき出しにするときにも用いる語である。

しかし、「やせい化」という場合は、「野生化」も「野性化」も成り立つと考えてよいのである。「野生化」の方は、「飼い慣らされていた動物が自然の環境の中にもどって自然のままに繁殖する」ことである。「野性化」の方は、「飼い慣らされていた動物が飼い慣らされていたときの性質を失って、自然の中で本来の性質を取りもどす」ことである。

なお、「野生」の方は、動物のほか植物にも用いられている。「栽培されたりしない状態のもの」が「野生」であり、「野生の芋」などと用いるのがこれである。これに対して、「野性」の方は動物の場合が主であるが、時には人間の場合にも用いられている。「野性を帯びる」「野性を発揮する」などという用い方がこれである。「野性児」というのもこういう用い方であり、「野性に満ちた顔」などと用いるのもこれである。

なお、アクセントは異なるが、「野生」の方は、男性が自分をへりくだって言う語として用いることがある。そうして、この場合の本来の意味は、「野人」と同じく「礼儀を知らない者」ということである。（6—10）

問「科する」と「課する」の使い分け

答「かする」というのは、「科する」と書き表す場合と「課する」と書き表す場合とがあり、それぞれ使い分けられている。これを憲法の条文について見ると、次のようになっている。

○科する　憲法第三十一条　何人も、法律の定める手続によらなければ、その生命若しくは自由を奪はれ、又はその他の刑罰を科せられない。

○課する　憲法第八十四条　あらたに租税を課し、又は現行の租税を変更するには、法律又は法律の定める条件によることを必要とする。

この二つの用例から導き出されるのは、刑罰の場合に「科する」が用いられ、租税の場合に「課する」が用いられているということである。

　これを文字の意味から考えると、「科」というのは、「ほど・きまり・とが」から転じて「とがめる」意味を持っている。したがって、「刑を科する」というのは、「法律に照らして刑を定め、それを与えること」である。これに対して、「課」の方は「わりあてる」意味を持っている。「庶務課・会計課」などという名付け方も、「割り当てた仕事」ということが基本になる。「租税を課する」というのも、「租税を割り当てる」ということによるものである。

　ところで、この二つの「かする」については、国語審議会が漢字使用の簡易化の立場から取り上げたことがある。それは法令用語を審議したときのことであるが、その際に「同義で異表記の語は統一したほうがよい」と考え、この「科する」と「課する」もその対象となったのである。そうして、審議の結果、「次のものは、統一して用いる」という中に、「科する・課する」を「課する」の方に統一することも掲げたのである。これが、他の項目とともに「法令用語改善についての建議」（昭和29・3）となり、内閣総理大臣に建議されたわけである。

　これを受けた内閣は、次官会議に諮って申し合わせ事項とし、内閣官房長官から各省事務次官あてに通知（昭和29・10、内閣総甲第184号）したのである。しかしながら、これを受けた内閣法制局では、その実施要領を検討してその一部を修正することにした。その修正に当たって幾つかの語が削除され、また追加されることになった。そうして、その削除された中に「科する・課する」を「課する」に統一する部分も含まれていた。つまり、「科する」と「課する」を「課する」に統一することは、法令用語として好ましくないと考えられたのである。そうして、このことについては、他の修正と併せ、「法令用語改正要領」として法制局次長から各省事務次官あてに通知（昭和29・11、法制局総発第89号）されたのである。

　「科する」と「課する」について、使い分けるか、「課する」に統一するかの事情は、以上のようである。そうして、最終的にはこの二つを従来どおり使い分けるべきだとしたのが内閣法制局の考え方である。そうなると、従来の使い分けに従って、「刑罰を科する」「租税を課する」のように使い分けるのが好ましいわけである。

　その場合、刑罰としての罰金・科料、行政罰としての過料には、「科する」が用いられている。しかし、義務に違反した場合の過怠金や義務そのものについては「課する」が用いられている。そのため、一般的な用い方も、懲罰・制裁などには「科する」が用いられている。これに対し、業務や宿題などには「課する」が用いられている。そういう使い分けを考えると、「罰を与える」意味のときに「科する」、「義務を割り当てる」意味のときに「課する」というの

が基本であり、これを踏まえて使い分ければよいということになるのである。（6―11）

問「永い」と「長い」の使い分け

答「永」は、字源をたどると、水流が細く支流に分かれて、どこまでもながくのびるさまを描いた象形文字である。音のエイに当たる中国語としての「永」は、「細くながく続く」意を含み、「時間のながく続くこと」「とこしえに、絶えず続く」意を表し、

永遠　永久　(未来)永劫《ごう》　永日　永住　永世(中立)
永続　永代(供養)　永年(勤続)　永眠

などの漢語として用いられる。

「長」の字源は、老人がながい頭髪をなびかせて立つさまを描いた象形文字である。音のチョウ（チヤウ）に当たる中国語としての「長」は、時間的にも空間的にも「ながい」意を表し、

長遠　長歌　長期　長久(天長地久)　長距離　長寿
長逝《せい》　長途　長命　／身長

などの漢語として用いられる。

国語の「ながい」という語は、中国語の「永」「長」のどちらのニュアンスも併せ持っている。そこで、漢字を当てる場合、中国語における字義の違いに合わせて、語によっては、「永」と「長」の書き分けをする習慣があり、また、一方では、「永」「長」のどちらをも書く語があるため、表記の統一を図ろうとする立場からは、常に書き分けが問題となるわけである。

「永い」は、普通、

ついに永い眠りに就く。　永の別れを告げる。
末永く幸多かれと祈る。

などのように、時間・年月がとこしえに続く意に限定して使われる。これに対し、「長い」は、「短い」に対する語として、

長い髪の毛。　長い道。　枝が長く伸びる。
長い年月が経過した。　八月十五日の長い一日。
彼は気が長い。

のように、形・距離・寸法などのながさについて使われるほか、など、時間に関係したことにも使われる。

したがって、時間や年月のながさを表す場合には、「永い」「長い」のどちらを書いても理屈は通るわけである。現に、

ながねん（永年・長年……ただし、新聞界では、現在「長年」に統一。）　ながつづき（永続き・長続き）　ながらえる（永らえる・長らえる）　ながらく（永らく・長らく）　ながなが（永々・長々）

などの語については、両様の表記が並び行われている。ただし、「春の日永」と「秋の夜長」のように、「永」「長」のどちらを使うかが、社会慣習的にある程度決まっているものもある。

（注）当用漢字の旧音訓表（昭和23・5、内閣告示）では、「永」に「ながい」という訓が掲げられていなかったので、従来「永い」と書く習慣のあった語も、「長い」で書き換えられるようになり、一時は、新聞界でも、「春の日長」という表記をした。それが現行の改定された音訓表（昭和48・6、内閣告示）で、「永」に「ながい」という訓が追加されたため、新聞界でも、従来の「春の日永」という表記に統一されることとなった。

結論的に言えば、「永い」の方は、右に示したような範囲に使用が限定されているのに対し、「長い」の方は、

長雨　長生き　長話　長引く　長持ち　長わずらい

など、使用範囲がやや広いと考えられる。したがって、どちらを書

いていいか迷う場合には、「長い」を使った方が無難であると言えるだろう。　（6—12）

問「良い」と「善い」の使い分け

答「良」は、「粮《りょう》（＝糧。けがれのない穀物）」の原字である。音のリョウ（リヤウ）に当たる中国語としての「良」は、「けがれがない」「質がよい」という意味を表し、

良縁　良家　良好　良材　良質　良心　良否　良民　良薬
良友　／温良　改良　最良　善良　不良　優良

などの漢語として用いられる。

「善」は、「膳（みごとにそろった食べ物）」の原字である。音のゼンに当たる中国語としての「善」は、「おいしいごちそう」のことから、「たっぷりとみごとな」という意を表し、後に「よい」という意味に拡大された。「よい」といっても、

善悪　善意　善行　善政　善男善女　善人　善良
勧善懲悪　偽善　慈善　真善美　積善

などの漢語に見られるように、「道徳にかなった」「正しい」という意味を表す。

したがって、国語の「よい」について、「善い」と書くのは、

善を悪よりも善しとする。　彼は、善い性格の持ち主だ。
あなたのように心の善い人は知りません。　行儀の善い人だ。
世のために善いことをする。

のように「道徳的にみて正しい」意、つまり「悪」に対する場合である。

同じ「よい」の中で、「良い」と書くのは、「不良」に対する「良」、つまり「物事が他のものよりまさった状態にある」意の場合で、

品質が良い。成績が良い。　頭が良い。　調子が良い。　手際が良い。　待遇が良い。　病後の経過が良い。　良い作品。　良い論文。　良い計画。　良い習慣。　良い友達。

など、かなり広範囲に用いられる。

なお、「よい」には、昔からいろいろな漢字が使われてきたが、現在、「当用漢字音訓表」の範囲内で書けるのは「良」と「善」だけである。そのため、

好（天気が好い。匂《にお》いが好い。）
吉（運が吉い。　吉い夢。）

などは、「良い」または「よい」と書かれ、

快（病気が快くなる。　気分が快い。）
佳（今日の佳き日。　佳い年を迎える。）
宜（ちょうど宜い。……すると宜い。）

などは、現在、一般に「よい」と仮名書きにする習慣が広まっている。　（6—13）

問「表す」と「現す」の使い分け

答「表」は、「衣」と「毛」の会意文字で、毛皮の衣を表に出して着る様子を示す字である。音のヒョウ（ヘウ）に当たる中国語としての「表」は、「外側に浮き出る」「表面に出して見せる」という意味を表し、

表記　表決　表札　表示　表出　表彰　表情　表明
公表　代表　発表

などの漢語として用いられる。

これに対し、「現」は「玉」と「見（音符）」の会意兼形声文字で、玉が見えることを示す字である。音のゲンに当たる中国語としての「現」は、「見」や「顕」と同じく、「隠れているものが目に入

るようになる」という意味を表す。「見」は、もともと「みる」「みえる」を意味したが、特に「見える」の意味を表すために、「現」の字がつくられたという。この「現」は、

現示　現出　現象　現然　現像　／隠現　顕現
再現　示現　実現　出現

などの漢語として用いられる。「表現」という漢語は、両者を兼ねているが、どちらかと言えば「表」の意味の方が強いと考えられる。

国語の「あらわす」という動詞は、もともと、中国語としての「表」「現」の字義の違いを区別しない。ただ、この語に漢字を当てる場合に、右の両者の字義の差が働いて、一般には、次のように書き分けられている。

思ったことをすぐ行動に表す。　難しい内容をやさしく言い表す。　深い悲しみの気持ちを音楽で表した。　喜色を満面に表す。

などのように、心の中にあることを文字や言葉、表情、あるいは絵画、音楽などの手段によって示す場合や、また、

赤信号は危険を表す。　名は体を表す。

などのように、ある物事を表象する、代表するという場合には、普通「表」の方が使われる。

これに対して、

太陽が地平線から姿を現す。　新人の中では、彼ががぜん頭角を現してきた。　長年の努力の積み重ねが、ようやく成果を現した。　日一日と危険な症状を現している。

などのように、今まで隠れていたもの、今までなかったものを表面に出すという意味の場合は、「現」を使うようである。

「表す」「現す」の書き分けは、大体、以上のとおりであるが、実際にはこの区別はなかなか難しく、両者を混同した例にもしばしば接するし、また文脈によってはどちらを書くべきかで判定に迷うことも少なくない。

例えば、

・ここには洗練された晩年の作品に見るような課題も意図も表面には現されていない一つの習作に思われる。（新聞）
・首相に投票した票は、国民の気持ちを現していないと思う。（新聞）
・いや実はすでにその兆しがいたるところに現れている。（新聞）

のような場合は、「表す」を使ってもおかしくないと思われる。

また、「あらわす」に対する自動詞「あらわれる」の場合は、「現れる」を書くことが圧倒的に多いようであるが、これとて「表」を使う場合がないとは言い切れない。

・気象庁の北半球天気図にその兆しが現れ、同庁は連休中に登山を予定している人たちに対して、もう一度計画を検討するように呼びかけている。（新聞）
・今年こそは景気回復の兆しが表れるものと期待する。（新聞）

同じく「きざしがあらわれる」という文脈であっても、記事によって「現れる」「表れる」の両方が使われているのが、実情である。つまり、「表す」「現す」の使い分けに関しては、文脈によっては判断に迷うことがあるということである。

ただし、「書物を書いて世に出す」という意味では、常に「著す」が使われることは、もちろんである。　（6—14）

問「収まる（—める）」と「納まる（—める）」の使い分け

答　音のシュウに当たる中国語としての「収」は、「ばらばらのも

のを引き寄せ、一つに集める」動作を示す語である。

　収益　収穫　収拾　収蔵　収得　収入　収録　収賄／

　回収　減収　増収　徴収　没収　領収

などの漢語では、「とり入れる」「おさめとる」という意味で使われている。

一方、音のノウ（ナフ）・トウ（タフ）に当たる中国語としての「納」は、「織物をみつぎ物としておさめ、倉に入れこむ」ことを示す語である。

　納棺　納骨　納涼　納屋　納戸　／出納

　納期　納金　納税　納入　納品　納付／

　完納　献納　上納　奉納

などの語では、「内に入れる」「しまいこむ」意を表し、などの語では、「（役所や寺社などに）差し出す」「おさめる」という意味を含んでいる。

右に見たように、「収」が「内側に立って取り入れる」意であるのに対し、「納」は「外側に立って入れる」意を表すわけであるが、「収」と「納」とは近い関係にあるので、「収納」という語もある。

　ところで、国語の動詞としての「おさまる」「おさめる」は、それぞれ同一語と考えられるが、右の漢字の字義の違いによって、書き分けられている。まず、「収」を書くのは、次のような場合である。

(1)　元どおりの安定した状態になる（する）。

　争いが収まる。　夫婦の仲が収まる。　ストライキが収まる。

　腹の虫が収まらない。　紛争を収める。　混乱を収める。

　痛みが収まる。　風が収まる。

(2)　ある限度に入る。

　文章がきちんと三ページに収まる。

(3)　物の中にきちんと入る（入れる）。

　うまく箱の中に収まる。　財布に収める。　博物館に収まる。

　目録に収める。　ビデオテープに収める。

(4)　取って自分のものにする。手に入れる。

　勝ちを収める。　成果（成功）を収める。　利益（支配権）を収める。　薬が効果を収める。

これに対し、「納」を書くのは、普通、次の場合である。

(5)　金や物品を支払うべきところ、引き渡すべきところへ、支払ったり引き渡したりする。（自動詞の場合も同じ。）

　授業料（税金）を国庫に納める。　注文の品を期限までに先方へ納める。

(6)　物をきちんと中にしまう。かたづける。

　書類を金庫に納める。　元のサヤに納まる。　くやしさを胸の中に納める。

(7)　ある地位や境遇に満足して落ち着く。

　社長のポストを譲って、自分は会長に納まる。　そう納まりかえるなよ。

(8)　今まで続けてきたものを、それでおしまいにする。

　歌い納める。　飲み納め。　舞い納め。

「収める」と「納める」の書き分けをするとすれば、大体、以上のようなものであろう。しかし、右のうち、(3)と(6)の用法に関しては、その差に微妙なものがあって、実際には、人によって「収」を書いたり「納」を書いたりすることがある。例えば、

　刀をサヤに収める（納める）。

　掛け軸を桐《きり》の箱に収める（納める）。

などが、その例である。

なお、同訓の語としては、ほかに「治める」「修める」があるが、これらは、「収」「納」と意味の違うことが、割合にはっきりしていて、別語の感があるので、書き分けに問題はないと言える。（6—15）

問「延びる（—ばす）」と「伸びる（—ばす）」の使い分け

答 音のエンに当たる中国語としての「延」は、「長くひきのばして進む」意を表す語である。

延引　延焼　延長　延命

などの語では、「長くする」「ひきのばす」「範囲がひろがる」などの意味で使われている。また、

延期　延滞　延着　／順延　遅延

などでは「期日がおくれる」の意を表している。

これに対し、音のシンに当たる中国語としての「伸」は、「まっすぐにのびる」意を表す語である。「申」の形は、もともと、人が左右の手で腰をのばす様子を表した字であったが、後に、「申述（言葉をのべる）」の意のシンに専用されるようになったので、それに人偏を添えた「伸」が「のびる」という、シンの原義を表すようになったものである。

伸縮　伸長　伸張　／屈伸

などの語に見るように、「かがんでいるもの（ちぢんでいるもの）をのばす」という意を含んでいる。

さて、「延」も「伸」も、国語では「のばす」「のびる」であるが、「延」は、限界点が一層遠くへ移る場合に用い、「伸」は、内容の全体が自由な形に増大する場合に用いるという、大体の使い分けがあるようである。すなわち、「延ばす」「延びる」を書くのは、次のような場合である。

(1)　つぎ足して長くする。つぎ足して長くなる。

線路（地下鉄・ホーム）を延ばす。（—が延びる。）ひもをつないで五メートル延ばす。（五メートル延びる。）

(2)　日時をおくらせる。日時がおくれる。

寿命（期日・出発・支払い・開会・会議・遠足・旅行）を延ばす。　完成が延び延びになる。

(3)　限界点の外に出る。危機を脱して命を長らえる。

生き延びる。　落ち延びる。　逃げ延びる。

これに対し、「伸ばす」「伸びる」を書くのは、次のような場合である。

(1)　発展する。発達する。

国力（勢力・才能・輸送力・学力・販路・売り上げ）を伸ばす。　相場が伸びる。　捜査の手が伸びる。

(2)　かがんでいるもの、ちぢんでいるものがのびる。

針金（手足・腰・羽・しわ・ゴム・ひも）を伸ばす。　背伸び。　伸び伸びと成長する。　伸びやか。

(3)　それ自身の全体が長くなる。

木（草・茎・枝）が伸びる。　ひげ（身長・背・髪）が伸びる。　伸び上がる。　伸び縮み。

(4)　水分を加えて引きのばす。

のり（絵の具・おしろい・クリーム）を伸ばす。　そば（うどん）が伸びる。（6—16）

問「交ざる（—じる、—ぜる）」と「混ざる（—じる、—ぜる）」の使い分け

答「交」は、人が足を交差させた姿を描いた象形文字である。音のコウ（カウ）に当たる中国語としての「交」は、「╳型にまじわ

る」意を表す。

　交歓　交互　交差　交錯　交渉　交戦　交通　交流

などの漢語においては、「互いに入り組む」「まじりあう」「両方から同じことをしあう」という意味を表しており、

　交誼《ぎ》　交際　交情　交友　／外交　旧交　国交　親交

などでは、「つきあう」「まじわる」「まじわり」という意味を表している。

　これに対し、「混」は、「水＋昆（コン＝まるくまとまる意）」の会意兼形声文字である。音のコンに当たる中国語としての「混」は、「いろいろのものがいっしょになる」「まじりあう」意を表し、

　混血　混合　混雑　混成　混声合唱　混線　混然　混濁　混同　混乱

などの漢語として用いられる。

　国語の「まざる」「まじる」「まぜる」は、右の「交」や「混」の意味を区別しないで、併せ持っているが、漢字で書く場合には、右の両字の字義の違いを生かして使い分ける。つまり、同じく「まじりあう」といっても、「交」がとけ合わないまじり方であるのに対し、「混」はとけ合うまじり方であると言える。したがって、「交」は、

　綿に麻が交ざっている。　男たちの中に女が一人だけ交ざっている。　頭髪に白髪《しらが》が交じる年ごろになった。　麻とナイロンの交ぜ織り。　英語の中に日本語を交ぜて話す。

のような場合に使うのに対し、「混」は、

　スペイン風とフランス風が混ざりあったような料理。　盆踊りの太鼓の音が、草いきれや土のにおいと混ざり合ってなつかしく胸にかえってくる。　人ごみの中に混じって尾行する。　彼女には外国人の血が混じっている。　コーヒーにミルクを混ぜる。　青の絵の具に黄色を混ぜる。　うどん粉、ネギ、ショウガ、タコなどにレモンのしぼり汁《じる》をたっぷり混ぜ合わせて焼き上げる。

のような場合に使う。

　なお、ごちゃまぜの意の「コンコウ」は、近年「混交」とも書かれるが、元来は「混淆《こんこう》」であって、表外字の「淆」を書き換えたものである。（6―17）

問「会う」と「遭う」と「合う」の使い分け

答「会」は、もともと「會」の略体であり、「會」は、「亼（あわせる）」と「増（ふえる）」の部分形との会意文字と考えられている。音のカイ（クワイ）に当たる中国語としての「會」は、「多くの人が寄り集まって話をする」ことを示す語である。

　委員会　音楽会　開会　司会　総会　展覧会　閉会　夜会

などは、「人の集まり」「人々が集まってする行事」の意であり、また、

　会議　会見　会葬　会談　会話　／再会　集会　密会　面会　来会

などは、「あう」「出あう」「集まる」の意で使われている。

　これに対し、「遭」は、「辵（すすむ）」と「曹（音符）」から成る。「曹」は「東（ふくろ）」ふたつと「曰（いう）」から成り、何人（幾つ）もが雑然と一緒にいて話し合う仲間を表す字である。それで、音のソウ（サウ）に当たる中国語としての「遭」は「無造作に出かけて雑然と一緒になる」「予定なしに出くわす」意を表す語である。この「遭」は、現代の国語としては「遭遇」「遭難」の二語ぐらいにしか使われないが、これらは「めぐりあう」「でくわす」という意味で使われている。

国語の動詞としては、同じ「あう」であるが、右に述べた両者の字義の区別によって書き分けられている。つまり、「会う」は、

　客（友達）に会う。　見合いの席に立ち会う。

など、「人と人とが顔をあわせる」あるいは「集まりあう」場合に、主として使われる。

これに対し、「遭う」は、

　災難（交通事故）に遭う。　海で暴風に遭う。　野党の強い反対に遭う。　こわい目（ひどい目）に遭う。

など、「思わぬことに偶然であう」場合に、主として使われる。

「遭う」と「会う」は、右のように書き分けはできるものの、国語としては同一の語と考えてよかろう。これに対し、「合う」は、その意味からしても別語と考えられる。「合」は、「亼（かぶせる）」と「口（あな）」の会意文字である。音のゴウ（ガフ）・コウ（カフ）に当たる中国語としての「合」は、「穴にふたをかぶせてぴたりとあわせる」様子を表す語である。

　合算　合宿　合唱　合掌　合奏　合体　合致　合併　合意　合格　合金　合議　合計　合資　合成　合同　合理的　合流　／暗合　化合　結合　集合　総合　調合　配合　符合　和合

などの漢語においては、「一緒になる」「一致する」「あわせる」などの意味を表している。

国語で、この「合」を使う「あう」は、次のような場合に用いるものである。

　落ち合う。　気が合う。　計算が合う。　時計が合っている。　寸法が合う。　話が合う。　間に合う。　目と目が合う。　洋服に合うネクタイ。　ぶつかり合う。　話し合う。　手を合わせる。　ひざを合わせる。　組み合わせる。

など、極めて広範囲の用法があるが、「会う」や「遭う」とは、一線を引いて別語とすることができる。　（6―18）

問「犯す」と「侵す」と「冒す」の使い分け

答「犯」は「犬」と「㔾（わく）」の会意文字で、犬がわくを破ってとび出すことを示す。音のハンに当たる中国語としての「犯」は、「しきりを踏み越えて、法やおきてを破る」意味であって、

　犯逆　犯行　犯罪　犯人　／違犯　共犯　殺人犯　初犯　侵犯　防犯

などと使われる。

「侵」は、原字が「𠬶（シン）」。「帚（手でほうきをもってはくさま）」と「又（手）」の会意文字である。この字は、ほうきで狭いすみまで入り込んではくという意味を表す。「侵」は、これにあとから「人」を加えたものである。音のシンに当たる中国語としての「侵」は、「他の領土に次第に入り込む」意で、

　侵害　侵攻　侵入　侵犯　侵略　／不可侵

などの語として用いられる。

「冒」は、「目」と「冃（バウ＝物の上におおいをかぶせる）」の会意兼形声文字で、目をおおいかくすさまである。音のボウ（バウ）に当たる中国語としての「冒」は、「じゃまをおしきる」「向こう見ずに進む」という意味を表し、

　冒険　冒瀆《とく》　／感冒

などの語として用いられる。

国語では、「侵」の意味にも「冒」の意味にも「おかす」と言う。しかし、書くときには右の字義の違いを受けて、はっきり書き分ける習慣がある。

「犯す」は、

　罪（過ち・校則・法）を犯す。　婦女を犯す。

のように、「法律・規則・道徳の定めを破る意味」の場合に使う。一方、「侵す」は、

　国境（領土）を侵す。学問の自由を侵す。他人の権利（所有権・プライバシー・職権）を侵す。病魔（肺炎・ガン）に侵される。

など、「不法に（無断で）おかし入る」意味の場合に使われる。また、「冒す」は、

　嵐《あらし》（危険）を冒す。宗教の神聖（尊厳）を冒す。

のように、「かまわず目的を達しようとする」「してはいけないことをあえてする」意味の場合に使われる。

使い分けは、以上のとおりであるが、

　面《おもて》をオカしていさめる。（罰せられることを覚悟の上で、あえて直言する意。）

の場合には、「面を犯して」とする辞書が多いが、『新聞用語集』などでは「面を冒して」の方に統一しているというように、両様の書き方が行われている例もある。（6—19）

問「取る」と「執る」と「採る」等の使い分け

答「取」は「耳」と「又（手）」の会意文字で、捕虜や敵の耳を戦功のしるしとして、しっかりと手に持つことを示す。音のジュに当たる中国語としての「取」は、「手の筋肉を引き締めて物を離さない」意を含み、

　取材　取捨　取得　／詐取　進取　奪取　聴取

などの語に用いられる。

「執」は「幸（手にはめる手かせ）」と「丸（人が体をまるめてひざまずく姿）」の会意文字で、すわった人の両手に手かせをはめ、しっかりとつかまえた様子を示す。音のシュウ（シフ）・シツに当たる中国語としての「執」は、「物をかたくつかんで離さない」「物事をしっかりとつかんでとり行う」意を表し、

　執行　執政　執刀　執筆　執務　執心　執着　執念　／確執　固執

などの語として用いられる。

「採」は、「手」と「采（音符）＝手の先で木の芽をつみとるさま」の会意兼形声文字である。音のサイに当たる中国語としての「採」は、「指先でつみとる」意、また転じて、「ある部分だけを選びとる」意を表し、

　採掘　採決　採血　採光　採算　採取　採集　採択　採点　採用　採録　／伐採

などの語として使われる。

「撮」は、もと「最」。「最」は、「冃（おかす）」と「取（とる）」との会意文字であるが、後に「もっとも」の意と区別するため、「手」を加えて「撮」となった。音のサツに当たる中国語としての「撮」は、「つまんでとりあげる」が原義であるが、現代の国語では、専ら、小さなレンズから景色や姿をつかまえる写真の場合に使われ、「撮影」という語で用いられる。

「捕」は、「手」と「甫（ホ＜音符＞）」の形声文字である。音のホに当たる中国語としての「捕」は、「逃げる者を追いかけてつかまえる」「とらえる」の意を表し、

　捕鯨　捕獲　捕捉　捕縛　捕虜　／拿捕《だほ》　逮捕

などの語として用いられる。

さて、国語の動詞の「とる」には、いろいろの意味があり、右の漢字は、すべて「とる」と読むことができる。「とる」を漢字で書き表すときには、「取る」以外は、用法が比較的限定されているので、書き分けは、さほど困難ではない。

まず、「執る」は、

筆（事務・指揮）を執る。　式を執り行う。

のように、「物事をしっかりとつかんでとり行う」意味の場合に使う。「採る」は、

血液（きのこ・標本・卒業生・決）を採る。

のように、「選んでとりあげる」「ひろいあげる」意味の場合に使う。「撮る」は、

映画（写真・スナップ）を撮る。

のように「撮影」の場合に限って使う。また、「捕る」は、

ねずみ（虫・飛球・ゴロ）を捕る。　生け捕る。　分捕る。捕り物。

のように、「とりおさえる」意の場合に使う。

これらに対し、「取る」は、

着物の汚れを取る。　雑草（料金・連絡・資格・年・メモ・すもう・宿・暖）を取る。　手に取って見る。

のような単独の用法のほかに、

手取り　位取り　月給取り　見取り図　取り持つ　(注)取り上げる　取りあえず　受け取る　勝ち取る　引き取る　相手取る　手間取る　気取る

などの複合語、更には、

取り扱う　取り調べる　取り除く　取り落とす　取り片付ける　取り越し苦労

のような接頭的用法もあり、非常に広範囲に使用される。

(注)　トリアゲルは、普通「取り上げる」であるが、特に、採用の意に当たる場合は「採り上げる」と書かれることもある。

なお、「とる」には、次に挙げるような漢字を使うこともあるが、これらの漢字は、現行の「当用漢字音訓表」では、いずれも「とる」という訓を掲げていないので、一般には仮名書きにされるのが普通である。

〔摂〕　栄養を摂る。　滋養分を摂る。

〔獲〕　魚を獲る。　キジを獲る。

〔穫〕　米を穫る。　穫り入れの時期。

〔盗〕　人の物を盗る。　金を盗る。　（6—20）

問「進める」と「勧める」と「薦める」の使い分け

答「進」は、「辵（すすむ）」と「隹（とり）」の会意文字で、鳥が飛ぶさまを示す。音のシンに当たる中国語としての「進」は、「前にすすむ」意を表す語である。

進行　進軍　進出　進退　進展　進路　／急進　行進　後進　推進　先進　前進　突進

などの漢語では「前の方にすすむ」意を表し、

進化　進歩　／精進　日進月歩

などでは「向上する」意、

進学　進級　／栄進　昇進　特進

などでは、「階級が上がる」意で用いられている。

また、「進言、勧進」は、「すすめて用いさせる」意、「進上、進呈、進物」などは、「貴人の前に出す」「さし上げる」意で用いられている。

「勧」は「勸」の略体で、「力」と「雚（カン∧音符∨＝口々に言うこと）」の会意兼形声文字である。音のカン（クワン）に当たる中国語としての「勧」は、「口々にやかましく言って力づける」ことを表す。

勧業　勧奨　勧善懲悪　勧誘

などは、「はげます」「教えみちびく」「よいことを行うようにしむ

ける」意で用いられている。

「薦」は、「艸（くさ）」と「廌（チ＝牛に似ていて角が一本の獣）」の会意文字で、廌が食うという、きちんとそろった草を表す。音のセンに当たる中国語としての「薦」は、「食物などを人に差し出す」意味であるが、きちんとそろえて供える意からこの字形をとったとされる。

自薦　推薦　他薦

などでは、「ある人物をある地位に適当なものとしてすすめる」意味で使われる。

中国語では、右の「進」「勧」「薦」はそれぞれ別語であるが、国語の動詞としては、これらにすべて「すすめる」という訓を当てる。しかし、文字の上では中国語における違いによって、次のように書き分けられる。

車（時計）を進める。　縁談（話・交際・交渉・計画・会議・工事）を進める。

のように、「前のほうに移動させる」意味では「進める」が使われる。これに対し、

入会（転地・旅行・出席）を勧める。　食事（たばこ・座ぶとん）を勧める。（注）

のように、「他人に働きかけて、何かをするように説く」「他人の意志を動かすように説く」意では、「勧める」が使われる。更に、

クラス委員（候補者）として薦める。　恩師の薦めによって就職できた。　良書を薦める。

のように、「ある人や物事が採用されることを望ましいとして、他人に説く」意では、「薦める」が使われる。

なお、「当用漢字音訓表」には訓が掲げられていないが、一般には、「奨」の字（学問を奨める・発明を奨める）が、「勧める」とほぼ同様の意味で使われている。似た言葉の字を重ねた「勧奨」という漢語もある。

（注）「食事（たばこ・座ぶとん）をススメル」には、二つの意味があって、単に「相手のために差し出す」「提供する」という場合には、「進める」を書く。

（6―21）

問「開く（―ける）」と「空く（―ける）」と「明く（―ける）」の使い分け

答「開」は、「門＋幵（平等に並んだ姿）」の会意文字で、とびらを左右平等にひらくことを示す。音のカイに当たる中国語としての「開」は、

開花　開巻　開封　開設　／公開　全開　打開　展開　満開

などの場合、「閉じてあったものがひらく」意であり、

開会　開校　開始　開店　開幕

などでは、「はじまる」意であり、

開化　開墾　開拓　開発　／新開地

などは「ひらける」意で使われている。

「空」は、「穴（あな）」と「工（音符＝つきぬく意）」との会意兼形声文字である。音のクウに当たる中国語としての「空」は、「つきぬけて穴があき、中に何もないこと」を示す語である。

空間　空中　／虚空　上空　滞空

などは、「そら」の意であるが、

空虚　空車　空疎　空想　空地　空費　空論　／真空

などは、「中に何もない」「むなしい」意を示している。

「明」は、もともと「囧（ケイ＝まど）」と「月」との会意文字で、明かり取りの窓から、月光が差し込んで物が見える様子を示

す。音のメイ・ミョウ（ミヤウ）に当たる中国語としての「明」は、「あかるい」とか「人に見えないものを見分ける力」の意を表す語である。

明暗　明月　明朗　／月明　鮮明　透明

などの語においては「あかるい」という意味であり、

明確　明記　明言　明示　明白　／自明　証明　声明　説明
不明　平明　弁明

などでは「はっきり」とか「はっきりさせる」という意味、

明君　明敏　／賢明　聡明

などでは「物を見通す力がある」「賢い」という意味、そして、

明朝　明年　明晩　／未明　黎明《れいめい》

などは「夜が明ける」「次の日（年）」という意味を表している。

さて、国語の動詞の「あく」「あける」であるが、「開く・開ける」と「空く・空ける」との書き分けは、比較的区別がはっきりしている。すなわち、「開く・開ける」は、「閉まる・閉める」の対語で、

窓（戸・とびら・幕・目）が開く。　どんなカギでも開く。
開かずの間。　金庫の開け方。　開けっぴろげ。　店を開ける。　開いた口がふさがらない。

など、「閉じていたものがひらく」意味の場合に使われる。「空く・空ける」は「ふさがる・ふさぐ」の対語で、

穴（手・席・透き間・行間）が空く。　社長のポストが空く。
本が空いたら貸してほしい。　空き家。　空き巣。　空き地。
空き箱。　がら空き。　家（中身・時間）を空ける。

など、「すきまができる」「中がからになる」「からにする」意味の場合に使われる。

問題は「明く・明ける」の場合である。

目が明く。　背の明いた洋服。　らちが明く。　目明き千人。
夜が明ける。　夜を明かす。　年期（休暇・年）が明ける。
打ち明ける。　部屋を明け渡す。

などは、「明」しか書かないので問題はない。

しかし、個々の辞書に当たってみると、

窓が南に向かって明（開）いている。　裏口が明（開）いている。　どんなカギでも明（開）けられる。

のように、「明く・明ける」と「開く・開ける」の両様の表記を示したものがある。また、

通路を明（空）けて車を通す。　行末が三字分明（空）いている。

についても、同様である。

これらは、前者は「開」、後者は「空」を使うのが普通であると考えられるが、それにもかかわらず、「明」をも書くとした辞書が現に幾つかある。その根拠は判然としないが、昔から社会的にそういう表記習慣が一部にあったためか、あるいは旧「当用漢字音訓表」（昭和23、内閣告示）が「開く・開ける」「空く・空ける」という訓を掲げなかったので、「明く・明ける」に書き換えた結果かと思われる。ともかく、「開」と「明」、あるいは「空」と「明」の書き分けで問題があるとすれば、右のような場合である。　（6—22）

問「上がる（—げる）」と「挙がる（—げる）」と「揚がる（—げる）」の使い分け

答「上」は、物が下敷きの上にのっていることを示す指事文字で、「うえ」「うえにのる」意を表す。「下」の字の反対の形で、極めて広い範囲に使われる。

「挙」は、「擧」の略体である。「擧」は、「手」と「與（ヨ〈音

符〉＝手を同時にそろえ、力を合わせて動かす意）」の会意兼形声文字である。音のキョに当たる中国語としての「挙」は、「手をそろえて同時に持ちあげる」ことを表す。

挙行　挙式　挙動　挙兵　／快挙　軽挙妄動　壮挙　美挙

などは、「目立つように事をする」意であり、

挙用　／検挙　推挙　選挙　枚挙　列挙

などは、「とりあげて公の地位につける」とか「例としてとりあげる」という意味で用いられている。

「揚」は、「手」と「昜（ヨウ〈音符〉＝太陽が高く上がるさま）」の会意兼形声文字である。音のヨウ（ヤウ）に当たる中国語としての「揚」は、「威勢よく明るく揚がる」ことを示す。

掲揚　飛揚　浮揚　抑揚

などは、「高く上がる」意であり、

顕揚　称揚　発揚

などは、「名を上げる」「気勢を上げる」意で用いられている。

国語の動詞「あがる」「あげる」は、「上の方へ移す（移る）」「上の位置に移す（移る）」意であるが、この語に「上」「挙」「揚」の漢字を当てる場合には、右に掲げた漢語の例に従って書き分けられることが多い。

まず「挙がる、挙げる」は、

候補者の名前が挙がる。　証拠が挙がる。　犯人が挙がる。
勝ち星（先取点・ポイント）を挙げる。　結婚式を挙げる。
人材を挙げ用いる。　例を挙げて示す。　国を挙げて歓迎する。　全力を挙げる。

のように、「持ち上げてよく見えるようにする」「すべてを出しつくす」意味の場合に使う。

「揚がる、揚げる」は、

花火（国旗・凧《たこ》・歓声・優勝額）が揚がる。　海外から引き揚げる（注）。　天プラを揚げる。　揚げ足取り。　揚げ油。
揚げひばり。　揚げ幕。　荷揚げ。　旗揚げ。　水揚げ量。

など、「高く上にあげる」とか「油で煮て食べられるようにする」とかの意に用いる。このように、「揚がる・揚げる」は、どちらかと言えば、抽象的表現の場合に使われるようである。

（注）故郷や故国に帰る場合や、沈没船をヒキアゲル場合は「引き揚げる」が普通の書き方であるが、賃金などをヒキアゲル場合は「引き上げる」と書く。「引き下げる」との対応があるからであろう。

以上のように、「挙がる・挙げる」「揚がる・揚げる」を使う範囲は、ある程度限られているのに対し、「上がる・上げる」は、極めて広範囲に用いられる。単独の動詞として用いられるほかに、

浮き上がる　繰り上がる　伸び上がる　飛び上がる
つり上げる　申し上げる

のような複合動詞としても、また、

し上がる　刷り上がる　縮み上がる

などのいわゆる補助動詞としても使われる。もっとも、最後の補助動詞の場合は、現在、仮名書きにするのが普通の表記習慣である。

（6—23）

問「一応」か「一往」か

答「ひとわたり・とにかく」の意味で「いちおう」という語が用いられている。「いちおう調べたが」「いちおう考えたうえで」などと用いる語であり、漢字で書き表すとき、一般的には「一応」が用いられている。

しかし、この語について『大言海』（昭和7—12、大槻文彦編）の扱いを見ると、「いちおう〔一應〕」のところに「いちわう（一往）

ニ同ジ」とある。そうして、「いちわう〔一往〕」のところに「ヒトワタリ。ヒトトホリ。イチオウ。」とある。すなわち、『大言海』の扱いには、「一応」よりも「一往」の方が本来の形だという考え方が見られるのである。ただし、「いちおう〔一応〕」も「いちわう〔一往〕」も、「現代かなづかい」(昭和21・11、内閣告示）によれば「いちおう」である。したがって、『日本国語大辞典』(昭和47—51、小学館）などが「いちおう」の見出し語の下に〔一往・一応〕というように並べて掲げているのも、当然の行き方である。

　この場合、詳しく取り上げれば、「一往」というのは本来は「ひとたびゆく」という意味の語である。それが転じて「ひとわたり・とにかく」の意味になり、「一往も再往も」のような用い方も生まれたわけである。これに対し、「一応」の方は、「すべてにおうじる」意味であり、「全部」の意味に用いられた語である。古く用いられた「一応の事務」「一応の費用」なども、「全部」の意味である。「一応倶全《ぐぜん》」は、「全部そろっている」という意味である。そのうえ、「一往」の字音仮名遣いは「いちわう」であり、「一応」の方は「いちおう」であり、本来は発音も異なっていた。ところが、その「いちわう」も「いちおう」も共に〔イチオー〕と発音されるようになると、そこに混同が生じるようになったのである。

　したがって、「ひとわたり・とにかく」の意味に用いる「いちおう」については、「一往」の方が古くから用いられていたのであり、「一応」の方が新しい。『日本国語大辞典』が〔一往・一応〕を掲げたあと「元来「一往」であるが、のちに「一応」とも書かれるようになった」と注記しているのも、こういう事情によるものである。しかし、実際問題として、「ひとわたり・とにかく」の意味では、「一応」の方が広く用いられ、「一応も二応も」のような用い方も生まれた。それには、「応急手当て」などと用いる「応」との関連が強く働いたかもしれない。そうして、この行き方が戦後にも受け継がれた。『文部省刊行物表記の基準』(昭和25・9）にも、「イチオウ　一応」と掲げられている。ただし、「当用漢字表」の「使用上の注意事項」に「副詞」について「なるべくかな書きにする」と指示されていたこともあり、一部では「いちおう」という仮名書きも行われたのである。

　このような実情については、これをどう扱うべきかということが、国語審議会でも取り上げられている。そうして、この点についての考え方が、「語形の「ゆれ」について」という部会報告（昭和36・3）の中で、次のように言及されている。

> 「一応」と「一往」　本来は「一往」が正しいといわれるが、今日ではあて字の「一応」のほうが一般に行なわれている。しかしながら、これなどもかな書きにしてよいと考えられる。このように、語によっては、かな書きにすることによって、漢字表記のゆれを解消したほうがよいものもあるであろう。

こうして、当時の国語審議会としては、「一往」「一応」について「いちおう」という仮名書きが好ましいとしたのである。

　しかしながら、この種の字音語を仮名書きにする考え方については、当用漢字音訓表改定の審議の中で再検討が行われた。そうして、答申の前文には、音訓選定の方針に関連し、次のように書かれることになった。

> 和語の副詞・接続詞は仮名でも書くが、「一体全体」「多少」「突然」「決して」「切に」など、漢字の字音による副詞は、漢字で書く。

この方針によれば、「いちおう」も漢字で書くことになるのである。その際には、既に「一応」の方が広く用いられている事実を、尊重しないわけにはいかないのである。

（6—24）

問「気運」か「機運」か

答　時の特別の状態を表す語に「きうん」というのがあり、「気運」とも「機運」とも書かれている。しかし、この二つは、本来は別の意味の語として用いられていたのである。

これを漢字の意味から考えると、「気」というのは「自然現象」であり、「自然のありさま」を表している。それに「運（めぐりあわせ）」を組み合わせた「気運」は、「天地の気運」などと用いられたように、「時代が進んでいく方向」を言い表すときに用いた語である。その点では、『大漢和辞典』（昭和30—35、諸橋轍次著）がこれを「気数と運命」と注しているのが参考になる。「気数」も「運命」も共に「めぐりあわせ」のことである。そのあと、特に「俗に国家の興亡、事物の成敗などをいふ」としているように、人の力ではどうにもならない大きな動きを言うときに用いた語である。

これに対して、「機」の方は、「はずみ」の意味であり、「チャンス」を表している。それに「運（めぐりあわせ）」を組み合わせた「機運」は、「物事を行うのにちょうどよい状態」を表す語である。『大言海』が「時機《トキ》ノ、メグリアハセ。ヲリ。シホ。時機。」と解説しているのがこれである。この方は、「機運が熟する」などと用いた語である。

したがって、「気運」と「機運」は、基本的には別々の意味の語であり、使い分けられていたわけである。ところが、「きうん」について「機運」の意味で用いることが多くなり、その意味で「気運」も用いるに至ったために、用い方が紛らわしくなったのである。しかし、こういう漢字表記のゆれを取り上げて審議した国語審議会は、この「機運・気運」と同じような語として「探検・探険」「自習・自修」などを取り上げ、一つのグループとすることになった。そうして、この種の、本来は異なる意味の語でありながら混用されているものに、一つの指針を与えたのである。

これを収めたのが「語形の「ゆれ」について」という部会報告（昭和36・3）であるが、そのうち、「きうん」について「機運（気運）」と掲げた部分の解説を引用すると、次のようになる。

> 漢字は一字一字意味をもっているものであるから、漢字のもつ意味を厳密に生かそうとすれば、漢字表記のゆれの多くは、同音類義ないし同音異議の語であるとして、使い分ける必要がある。しかしながら、こういう場合、漢字の意味のわずかな相違にあまりこだわることは、社会一般としては限度があるであろう。

こうして、「特に必要のある場合のほかは、かっこの外のものを使うようにしたらよいと考えられる」としたわけである。その点では、「きうんが熟する」のような用い方の場合には、「機運が熟する」と書くのが好ましいのである。これが「チャンス」の意味での「きうん」の、本来の書き方にもなるからである。

ただし、このことは、古い言葉としての「気運」の存在を否定するわけではない。これが「特に必要のある場合のほかは」と条件を付けて「機運」と書くことにしている理由である。すなわち、国家の興亡・事物の成敗などに関連して「天地のきうん」などと用いる場合は、「気運」と書いてよいのであり、また、「気運」と書くべきである。こういう場合が、「特に必要のある場合」になるからである。

（6—25）

問「決着」か「結着」か

答　いろいろのことがあった末に物事がある段階に達することを、「けっちゃくする」とか「けっちゃくを見る」という。これを漢字で書く場合、本来の書き方は「決着」である。この場合、「決」は字訓が「きまる」で、「確定する」意味を持っている。また、「着」は字訓が「つく」で、「そこまで達する」意味を持っている。つまり、「決着」というのは「きまりがつく」ことであり、「いろいろの曲折を経た最後にそういう段階になる」ことである。

ところが、この「けっちゃく」については、「結着」という書き方も見られるわけである。この場合の「結」は「おわる」意味で、「結論・結末」などと用いられている。そのため、「けっちゃく」についても、これらの語との関連から、「結着」と書かれるようになったものとされている。

ところで、表記上この種の誤りやすい語の正誤については、国語審議会でも取り上げたことがある。その際にまとめられた部会報告「語形の「ゆれ」について」(昭和36・3)を見ると、「専門・専問」で「専問」を誤りとし、「荷担・加担」で「加担」を誤りとしたのと同じグループの中に「決着・結着」が例示されている。つまり、「決着・結着」については、「結着」が誤りだという扱いである。

ただし、そこでは、これらの正誤を例示したあと、「荷担」と「決着」について、特に次のように注記されている。

これらのうち、「荷担」「決着」などは、今日では「加担」「結着」の語を記載する辞典もあるくらいなので、むしろ8の例として扱ったほうがよいかもしれない。

この場合の8の例というのは、「探検(探険)」「自習(自修)」などのグループのことである。すなわち、漢字が一字一字意味を持っていることに基づいてそれぞれの語の意味を一応は別のものとし、それにもかかわらず、特に必要のある場合のほかは一方に統一して用いるというのが8のグループである。それは、特に必要のある場合のほかは「決着」に統一してよいということである。そうして、「結着」と書くことについて、これを誤りではないとしたことになるのである。

なお、「結着」の語を記載する辞典もあるというのは、例えば、次のような国語辞書のことである。

昭和三十五年『三省堂国語辞典』

けっちゃく〔結着・決着〕(名・自サ)きまりがつくこと。

ただし、この部分の〔結着・決着〕は第二版において〔決着・結着〕のように順序が改められている。この掲げ方は「たんけん〔探検・探険〕」の掲げ方と同じく、上の方が好ましいということである。

なお、その後の国語辞書においても、中には次のような掲げ方のものが見られるのである。

昭和三十八年『岩波国語辞典』

けっちゃく〔決着〕《名・ス自》物事のきまりがつくこと。また、きまりがついた最終状態。「ぎりぎり―」▽「結着」とも書く。

このような掲げ方は、「結着」を一段と低く見ている扱いである。

したがって、「けっちゃく」については、本来の書き方に従って、「決着」と書くのが好ましいということにもなるのである。日本新聞協会の新聞用語懇談会で編集した『新聞用語集』が「(結着)→決着」と掲げているのも、このような事情によるものである。(6―26)

問「淡泊」か「淡白」か

答「あっさりしているようす」を「たんぱく」といい、「たんぱくな味」「たんぱく無欲の人」などと用いられている。これを漢字で書き表す場合、本来の書き方は「淡泊」である。

　この場合の「淡」は「あわい・うすい」という意味で、「執着しない」意味に用いられている。また、「泊」は「舟を岸に着ける」意味であるが、「水が浅い」意味にも用いられ、「薄ニ通ズ」とされている。漢文で「泊如・泊然」などと用いる場合の「泊」がこの意味である。そのために「淡泊」が「あっさりしたようす」の意味に用いられるのである。

　ところが、この「たんぱく」については、「淡白」という形も見受けるようになったのである。その理由については、次のように考えることができる。それは、「泊」が「宿泊・停泊」など、専ら「とまる」意味に用いられ、「薄」の意味に用いる例が他にないことである。また、「白」の方は「しろい」であり、「あっさりしたようす」の意味の「たんぱく」において「淡」と結び付きやすい意味を持っていることである。つまり、「淡白」というのは本来は誤りであるが、「淡泊」の代わりに用いられても、それほど無理のない書き方と考えられるに至ったのである。

　この間の事情を国語辞書の扱いについて見ると、明治時代のものには「淡泊」のみが掲げられていること、次に見るとおりである。

　たんぱく(名)〔淡泊〕アッサリシタルコト。サッパリトシタルコト。衒ハズ飾ラヌコト。(明治22、大槻文彦編『言海』)

　たんぱく〔淡泊〕(名)㊀濃厚ならざること。あっさりしたること。㊁執着なきこと。貪慾ならざること。㊂あぢすくなきこと。おもむきすくなきこと。(明治44、金沢庄三郎編『辞林』)

　このような、「淡泊」のみを掲げる辞書が、戦後のものにも見られるのは当然である。『新潮国語辞典』(昭和40)のように、特に「「淡白」は誤り」という注記を加えたものも見られるくらいである。

　しかし、中には、「たんぱく」の項の漢字による書き表し方に関し、〔淡白・淡泊〕と並べて掲げるものも見られるようになった。『岩波国語辞典』(昭和38)や『大修館・新国語辞典』(昭和38)などの行き方がこれである。こうして、「たんぱく」については、「淡白」という書き表し方も、誤りとは言えなくなったのである。

　以上が「たんぱく」についての国語辞書の扱いであるが、中に特に「淡白は誤り」などと注記している辞書があることも見逃してはならない。日本新聞協会の新聞用語懇談会で編集した『新聞用語集』が「(淡白)→淡泊」と掲げるようになったのも、このような正誤意識によるものである。つまり、「たんぱく」については、「淡泊」と書くのが正しいという考え方が強く働いているのである。この書き方が本来の書き方であり、これをわざわざ「淡白」に書き換えるには及ばないのである。(6―27)

問「肉薄」か「肉迫」か

答「敵陣に近づく」意味の語として「にくはく」というのが用いられている。これを漢字で書く場合は、「肉薄」である。

　この場合の「肉」の意味は、「他の道具を用いずに体で直接行う」ということであり、「肉筆・肉眼」の肉と同じである。また、「薄」は、本来は「うすい」意味であるが、漢文で「雷風相薄(雷風相せまる)」と用いるように、「ちかづく」意味を持っている。したがって、「肉薄」は、「体を危険にさらして敵陣に突進する」意味を持つのである。「肉薄する敵を猛射する」などというのは、この意味の用い方である。また、こういう意味から転じて「鋭く問い詰めて遠慮しない」意味にも用いられている。「論鋒《ろんぽう》鋭く肉薄した」などの用い方がこれである。更に、競技などで「一点差に肉薄した」などと用いるのも、近づく意味を強調したものである。

ところで、問題は、以上のような「肉薄」について、「肉迫」と書かれたのを見受けることである。ここにその理由を考えると、次のようになるかと思われる。

まず、「にくはく」という語の用例であるが、これを見るといずれも「ちかづく」意味を持っていて、「せまる」と言い換えてもよいということである。そうして、「せまる」という字訓を持つ漢字で「ハク」という字音を持つものとしては、まず「迫」を思い浮かべるのが普通だということである。「迫」の方は、「当用漢字音訓表」に掲げられている字訓が「せまる」である。これに対し、「薄」の方は、「当用漢字音訓表」に掲げられている字訓が「うすい」である。「うすい」の派生訓として「うすめる・うすまる・うすらぐ・うすれる」などが掲げられているが、「せまる」という字訓は掲げられていないのである。

また、「せまる」という意味の「薄」の用例が「肉薄」以外に見当たらないのも問題である。本来は「薄暮」というのがあり、「日没にせまる」意味である。したがって、「薄暮」の「薄」は「肉薄」の「薄」と同じ意味の用法になるが、「薄暮」の場合には、「薄明（うすあかるい）」との関連から「うすぐらい・うすくらがり」という解釈でも成り立たないことがないのである。

そのように見てくると、「肉薄」の場合の「はく」に、同音で「せまる」という字訓を持つ「迫」が用いられることについても、それなりの理由が見られるわけである。つまり、「肉薄」を「肉迫」と誤るのは、「迫力・迫撃」や「切迫・圧迫」などの「迫」に引かれた用い方になるのである。

ただし、「薄」については、古くから「又迫也」と注記されてはいるが、「迫ニ通ズ」とか「迫ニ同ジ」とは書かれていないのである。その理由は、「迫」が単に「近づきせまる」意味を持つにすぎないということである。それに対して、「薄」の方は、本来は「うすい」意味を持っている。したがって、同じく「せまる」にしても、「すきまなくぴったりくっつきせまる」という意味を持つのである。「肉薄」というのは、正にそういう状態で「せまる」のであり、単に「近づきせまる」意味とは異なるのである。したがって、「にくはく」については、本来の「肉薄」を用いるのが好ましいということになるわけである。（6—28）

問「二男」か「次男」か

答「二番目に生まれた男の子」を「じなん」というとき、「二男」とも「次男」とも書かれている。そのため、例えば履歴書などにはどちらを書いた方がよいか、ということが問題になるわけである。

この場合、例えば『日本国語大辞典』を引くと、「じなん」という見出し語の下に〔次男・二男〕と書かれ、「むすこのうち、二番目に生まれた子。次子。次郎。」という解説がある。そのあとの用例を見ると、「吾妻鏡」と「平家物語」からのものが「次男」で、「太平記」からのものが「二男」となっている。古くから「次男」も「二男」も用いられていたのであり、共に「じなん」と読んでいたのである。

しかし、戸籍の掲げ方を見ると、「二男」となっていて、「次男」とはなっていない。このことは、現行の「戸籍法施行規則」の付録に戸籍の記載のひな形があり、「長男・長女・二男・二女」と例示されていることによるものである。つまり、一般に「次男・二男」両様の書き表し方の用いられている「二番目に生まれた男の子」に対し、戸籍上の記載は「二男」を用いているのである。

したがって、履歴書や身上書においてどのように記載すべきかを考えると、戸籍の記載に合わせ、「二男」と書く方がよいと言えるのである。その理由は、一般に履歴書や身上書が必要になるのは入学や就職のときであり、そういう場合には、戸籍抄本や戸籍謄本の添付を要求されることが多いからである。

ただし、この場合の「二男」を何と読むかとなると、そこに別の問題が生じることになる。「戸籍法施行規則」の立場では漢字表記のみを例示していて、その読み方までは指示していないからである。もっとも、戸籍の担当者は、これを口頭で言い表すとき「じなん」と呼びならわしているとのことである。したがって、戸籍に関する限り、「二男」と書いて「じなん」と読む慣用が固定していると考えてよいのである。

この場合、「二」という漢字そのものの読み方が問題になってくる。これを「当用漢字音訓表」(昭和48、内閣告示)について見ると、「二・ふた・ふたつ」であり、このうちの字音は「ニ」だけである。これに対し、「次」の方は「ジ・シ・つぐ・つぎ」であり、このうちの字音は「ジ・シ」である。したがって、「じなん」という語に同じ意味で「二男」と「次男」があるとすれば、このうちで「じなん」に用いることのできるのは、「次男」だけである。

しかし、漢和辞典を引くと、「二」の字音は、「漢音ジ・呉音ニ」である。したがって、本来は、「二男」と書いて、「ジナン」と読んでよいのであり、戸籍の掲げ方もこれによっているわけである。これに対し、「次」の字音は「漢音・呉音ともシ」であり、「ジ」というのは慣用音である。「次」に何ゆえ「慣用音ジ」が生まれたかについては、その旧字体が「次」であって、へんの部分に「二」という形が用いられていたことによるとされている。つまり、「次」を「ジ」と読むに至ったのは、「二」を「ジ」と読んだことに由来するのである。

その点では、「二」を「ジ」と読むのが本来の用い方である。手紙の末尾に記す「不二」も、その読み方は「ふじ」であり、名に用いる「二郎」も一般には「じろう」である。しかし、このような特殊な語の読み方や固有名詞の読み方を掲げないことにしたのが、「当用漢字音訓表」の行き方である。したがって、「当用漢字音訓表」に従えば、「二男」の読み方は「になん」の方である。

ただし、念のために付け加えると、「当用漢字音訓表」の場合も、その前書きにあるとおり、「音訓使用の目安を示すもの」である。この点について国語審議会答申の前文では「運用に当たって個々の事情に応じて適切な考慮を加える余地のあるもの」と解説されている。したがって、「当用漢字音訓表」の「二」に「ジ」という字音が掲げられていなくても、「二男」を、読みならわしに従って「じなん」と読むことまでを否定するわけではないのである。

なお、「じなん」に関連して「じなんぼう」「じさんなん対策」などという語が用いられている。そうして、これらについては、「次男坊」「次三男対策」と書くのが普通である。『日本国語大辞典』が「じなんぼう」という見出しに「次男坊」だけを掲げているのも、「二男坊」という形が一般に用いられていないからだと考えてよいであろう。

(6—29)

問「収拾」と「収集」の使い分け

答「収拾」と「収集」は、どちらも「しゅうしゅう」と読むが、それぞれ意味が異なる、いわゆる同音異義語である。

漢字の「収」は、字訓が「おさめる」で、もと罪人を収容することの意味であったのが、ひいて、広く物を取り入れる意味となったと言われる。

「拾」は、字訓が「ひろう」で、次々と手で取り上げる意味である。したがって、「収拾」の一つの意味は、「いろいろな物を拾い集

めること」で、

収拾物　散乱した物を収拾する

のように用いられる。

もう一つの意味は、「乱れた事態をとりまとめる。ととのえ、おさめる」ということで、

混乱した事態を収拾する　ストを収拾する
収拾がつかなくなる　時局を収拾する

などと用いられる。

これに対し、「収集」は、「いろいろな物をあちらこちらから集めること」であり、

残った品物を収集する　塵芥《じんかい》を収集する
ゴミの収集日

などと用いる。

また、「収集」は趣味や研究のために、特定の品物や資料などを選んで集める、いわゆるコレクションの意味の場合にも用いられる。

切手を収集する　資料の収集　収集癖

これは、もと、「蒐集」と書かれていたのであるが、「蒐」が当用漢字表外の字であるので、「同音の漢字による書きかえ」(昭和31・7、国語審議会報告)で、「蒐集→収集」の書き換えが示されたものである。

なお、「拾集」又は「拾収」の表記を当てて、見出しとしているのは、古い国語辞書に見られるのであるが、これらは今日では余り一般的ではない。　(7—1)

問 **「交代」と「交替」の使い分け**

答 「かわりあうこと、いれかわること、いれかわり」の意味で、「交代」あるいは、「交替」の語が使われるが、国語辞書では、この二つを一般に、同一の見出しの下で解説しており、使い分けについては触れていない。しかし、おおむね、次のような傾向があるようである。

本来、「交代」の「交」はとりかえる、「代」は役目等をかわる意であり、例えば、

議長が交代する　選手交代　主役交代

のように、前の人が行っていた役目(仕事)を別の人がとってかわり受け継いで行う場合に多く用いられ、普通は、それが一回限りである。

これに対して、「交替」(「替」は、いれかわるの意)の方は、同一の仕事を別の人が時間を分けていれかわって行うことを表し、例えば、

交替で勤務する　当番を交替で行う　昼夜交替制

などのように用いられる。しかも、それは代わりばんこに何回も行われることが普通である。

なお、「交代」は古くは「カウダイ」と濁って読まれていたようである。(『運歩色葉集』〈十六世紀中ごろ〉、『日葡《にっぽ》辞書』〈一六〇三年〉等による。)　(7—2)

問 **「終了」と「修了」の使い分け**

答 ある一定の時間や期間、継続した物事がおわること、おわりにすることを「終了」という。「終」の字訓は「おえる」「おわる」、「了」も「おえる」「おわる」で、同じ意味の漢字を重ねて造った熟語であり、

仕事が終了する　予定のとおり終了
期間が終了する　会議が終了する　終了時刻
本日は営業を終了いたしました

などと用いる。類義語には、「終結、終止」があり、反対語は「開始」である。

この「終了」のように、同じ意味の漢字を二つ重ねた熟語は多いが、例えば次のようなものがある。

勤務　映写　上昇　分割　選択　繁栄

それに対して、「修了」は、「おさめおわる」の意味で、決められた範囲の教育内容又は一定の課程を学習しおえることであり、例えば、「学校教育法」「同施行規則」に次のように見られる。

・大学に入学することのできる者は、高等学校を卒業した者若しくは、通常の課程による十二年の学校教育を修了した者（通常の課程以外の課程によりこれに相当する学校教育を修了した者を含む。）又は監督庁の定めるところにより、これと同等以上の学力があると認められた者とする。（学校教育法　第56条）

・小学校において、各学年の課程の修了又は卒業を認めるに当っては、児童の平素の成績を評価して、これを定めなければならない。（学校教育法施行規則　第27条）

・校長は、小学校の全課程を修了したと認めた者には、卒業証書を授与しなければならない。（同右　第28条）

研修会等で一定の課程を終えた場合の証明として、「修了証書」が出されることが普通であるが、その「修了証書」については、『文部省　公文書の書式と文例』（昭和55年版）に、上記のような例が掲げられている。（7—3）

証明（修了証書）

○○○第○○号

修　了　証　書

○　○　○　○

あなたは文部省並びに関東甲信越地区国立大学主催の昭和○○年度関東甲信越地区国立大学係長研修において所定の課程を修了しましたよってこれを証します

昭和○○年○○月○○日

文　部　省

問「趣旨」と「主旨」の使い分け

答　あることをしようとするに当たって、もとになる考えという意味で、

御趣旨には賛成ですが、具体的な面でなお検討を要する点があります。

のように言うことがある。

「趣」は「おもむき」、「旨」は「むね」であり、普通、事業の目的や意図、文章や話などで、述べようとしている中心の事柄を指す。一般には、

趣旨の説明　条文の趣旨　趣旨に反する

などとして用いられ、実際に次のような用例がある。

・賛助会員は、この法人の趣旨に賛成した者のうち理事会で選衡せられた者（某社団法人の定款）

・児童手当の支給を受けた者は、児童手当が前条の目的を達成するために支給されるものである趣旨にかんがみ、これをその趣旨に従って用いなければならない。（児童手当法　第2条）

これに対して、「主旨」は、

立案の主旨

などと用いて、中心となる主要な考え・内容のことを指す。「主」に意味の力点が置かれるのであるが、実際には「趣旨」と同じ意味で使われることが多い。日本新聞協会の新聞用語懇談会で編集した

『新聞用語集』では、「趣旨」に統一して用いることにしている。

（7—4）

問「食料」と「食糧」の使い分け

答「食糧」の糧には「かて、ねんぐ、ふち」の意味があり、「食糧」は農産物、特に米や麦などの穀類、つまり主食について用いることが普通であり、一般に、

食糧危機　食糧自給　食糧問題　食糧事情が悪化する

などと使われている。

「農林水産省設置法」の中には、

主要食糧及びこれを主な原料とする飲食料品（以下「主要食糧等」という。）に関する団体の指導監督及び助成を行うこと。
（第73条6）

とあり、「主要食糧」の言葉が見られる。

また、「食糧」は、

三日分の食糧を携行する

のように、旅行や戦争などに携行する食べ物で、人数や日数に合わせて必要な分だけ準備する場合にも用いられる。

それに対して、「食料」は本来、食事の材料という意味であり、一般には、肉類・野菜・果物・調味料など、主食以外の食品を指して言うことが多い。例えば、

食料を調理する　生鮮食料品　食料品コーナー

などの使われ方がこれである。

ところで、米や麦などの主食と主食以外の食品をも含む広い概念としては、どちらを用いるかということが問題になるのであるが、農林水産省では、現在、「食料」を用いる方針を採っている。ただし、食糧庁・食糧事務所などの官署名や、食糧管理制度・食糧管理特別会計など現に法令等で使用されているものはこの限りではない。

例えば、昭和四十年度までは「食糧需給表」としていたが、それ以後の報告においては、「食料需給表」と「料」を使用することに改めている。その内容が農産物だけでなく、水産物はもちろんのこと、油脂等も含んだものになっているからである。

ほかに、昭和五十五年十月に出された、農政審議会の答申「一九八〇年代の農政の基本方針」「農産物の需要と生産の長期見直し」には、次のような例が見られる。

食料需要　食料消費　食料事情　食料生産　食料問題
食料自給力　食料の安全保障　食料の国際需給事情

これは、対象とするものが、農産物だけではなく、畜産物、水産物をはじめ、加工食品（乳製品・油脂など）を広く含んでいるという趣旨からであると言われる。

ところが、その農政審議会の答申について報ずる各新聞の記事内では、すべて「食糧」を用いている。

また、総理府が、昭和五十五年九月に、主食・副食物類・水産物・今後の食品動向等についての世論調査を行っているが、その表題は「食生活・食糧問題に関する世論調査」としている。

更に、「高等学校学習指導要領解説」（文部省、昭和54年）には、次のような例がある。

・食生活は、食糧の生産や流通及びその時代の生活の文化的背景によって影響されることが多いことを理解させる。（家庭編）
・食品の生産を食糧問題として、また、加工・貯蔵がそのことに大きな意義をもっていることを理解させ、……（家庭編）
・食糧生産としての畜産の特色……肉・卵等動物性たんぱく質を生産するところに特色があることを理解させるとともに、……（農業編）

つまり、主要食品と主食以外の食品とを含む広い意味の場合に関しては、表記は必ずしも一定していず、ゆれているというのが現状である。

なお、明治時代の小説などには、「食料」を「食事の代金」の意味で使っている例も見られるが、現在一般には、そうした意味では使われない。　（7—5）

問「半面」と「反面」の使い分け

答「半面」の方は、「顔の半分」という意味の「半面」から、一定の広さを持ったものの表面の半分という意味に使われる。例えば、

　テニスコートの半面を使って練習する
　画用紙の上の半面を空色に塗る

などとして用いられる。

これが、物事の片側の面、相対するものの一方の面の意味で、次のように使われることもある。

・半面の真理
・スピードダウンが認められなかったことで、列車の利用者はほっとした半面、沿線住民は、同じ騒音に耐えねばならぬと気の毒に思った人も多かろう。（新聞）
・自由を取り戻し、世の中は明るく華やいできた。でも半面、羽を失ったチョウのごとく魂のぬけた寂しさとうれいが世の中に残されていたのである。（新聞）

これに対して、反対の面のこと、表側と裏側のある、すなわち両面のあるものの片面のことを「反面」と書き、次のように用いられる。

　壁の反面　盾の反面　板の反面に溝《みぞ》を彫る

また「反面」には、「一方では」の意味に用いられている場合がある。

・接続詞を多く用いると、論理的に整えられるが、その反面、簡潔さが失われる場合もある。（単行本）
・苦労の多い反面、やりがいのある仕事。
・これは便利だが、反面欠点もある。

最後の例は、副詞的に用いられているものであるが、これらは、前の句で述べた事柄と反対の事柄を述べるときに使った逆接の意味の「反面」の例である。

しかし、「半面」の例として挙げた新聞の例をもう一度読み直してみると、内容的には「反面」と書き換えても差し支えないようである。

このような使い方の「はんめん」は、どちらを使ってもよいような微妙なところがあるため、日本新聞協会の『新聞用語集』では、「はんめん（反面）→半面」としている。括弧内の表記は原則として使わないで、→印で示してある表記に統一するという意味であるが、現実にはなかなか統一しきれない面もあろう。　（7—6）

問「不用」と「不要」の使い分け

答　それまで使っていたり、必要としていた物事がいらなくなることを「ふよう」といい、「不用」「不要」の二種の表記が行われている。

文字に即して言うなら、「不用」は、本来の役に立たなくなって、用いられなくなったことで、

　不用の施設　不用品を廃棄する　不用品の回収

などの例があり、反対語は「入用」である。

これに対し、そのものがなくても困らないことを「不要」と言い、

　不要の買い物　不要不急の工事　保証人不要

などの例があり、反対語は「必要」である。

「不用」には、人に迷惑の掛かる乱暴を働いたり、怠けがちなことの意味もあり、かつて「不用者」などと使われたこともあるが、現在ではほとんど使われていない。

　また、「無用」は、「無用の者は立ち入ることを禁ず」「無用のことをする」のように、「用のないもの・こと」として使われることもあるが、

　手かぎ無用　　天地無用　　小便無用　　通り抜け無用

など、「禁止」に近い意味で使われることもある。

　なお、関連する問題として38ページに＜「所用」と「所要」の使い分け＞がある。　（7—7）

問「**編集**」と「**編修**」の使い分け

答　書物などの「へんしゅう」について、現在、「編集」と書き表す場合と、「編修」と書き表す場合とがある。

　「編集」は、もと「編輯《へんしゅう》」と書かれていたものであるが、「輯」の字が当用漢字表外の字であるため、「同音の漢字による書きかえ」（昭和31・7、国語審議会報告）に、「編輯→編集」と示され、各方面に普及したものである。「輯」は「集」と同音というだけでなく、「あつめる」という同じ意味を持っている。

　「編集」は、一定の方針に従って情報を収集・整理・構成することで、広く一般の出版物・雑誌・新聞などの場合に用いられ、また、テレビジョンや映画のフィルム・音声テープなどについても使われている。

　これに対し、「編修」は、もともとは中国で国史の編纂《へんさん》に従事した官のことであり、日本でも、明治十九年（一八八六）修史館を廃止したのち、内閣に置かれた臨時修史局の職員（奏任官）を指すものであった。

　現在、「編修」は、一般に、ある資料に基づいて書物の形に編み整える意味で使われ、多くは、史書・実録・辞書・教科書・研究書などを作成する場合に用いられるようである。

　宮内庁書陵部には、「編修課」が置かれており、その事務は、

　一　天皇及び皇族の実録の編修に関すること。
　二　図書及び記録の編修に関すること。

と定められている。（宮内庁組織令　第10条）
　「文部省組織令」（昭和27、政令第387号）では、

　幼稚園教育要領の編修及び改訂に関すること。（第7条2）
　学習指導要領の編修及び改訂に関すること。（第8条など）
　教科用図書の編修及び改訂に関すること。（第10条など）

のように、いずれも「編修」を用いている。

　また、「教科用図書検定規則」（昭和52、文部省令第32号）で「教科用図書」を定義して、「この省令において「教科用図書」とは、小学校、中学校、高等学校及びこれらに準ずる学校の児童又は生徒が用いるため、教科用として編修された図書をいう。」（第2条）とある。

　なお、先に挙げた、同じ「文部省組織令」でも「公文書類を接受し、発送し、編集し、及び保存すること。」（第3条9）「文部広報等を編集し、及び頒布すること。」（第3条15）とあるように公文書類や「文部広報」の場合には、「編集」を用い、使い分けている。　（7—8）

問「**合わせる**」と「**併せる**」の使い分け

答「あわせる」という語には、普通「合」と「併」という漢字を当て、意味に応じて使い分けている。

　漢字の「合」は、口（容器の意）と亼《しゅう》（ふたの意）とから成り、

「ぴったりとあわせる」意となったと言われる。

　合計　合同　合流　／化合　混合

などの熟語の場合における「合」は、「一つにする」という意味であり、

　合格　合法　合理／適合

などの場合は、「あてはまる」という意味である。また、

　会合　総合　集合

などの漢語の場合は、「あつまる」という意味である。

「合わせる」という語は、「あうようにさせる」で、二つのものを一致させる、ちょうど同じにそろえる、一つに重ねる、物と物をつり合うようにするなどの意味があり、

　手を合わせて拝む　答えを合わせる　時計の針を時報に合わせる　調子を合わせる　体に合わせて服をつくる

などとして用いられる。

「併」は、旧字体が「倂」であり、「幷」《へい》は、ふたりの人をならべて合わせる様子を表している。「二つ以上のものをならべる、両立させる」という意味では、

　併行　併用　併立

などの語があるが、また、

　合併／併合

のように、合とともに、「一緒にする、一つのものにする」という意味にも用いる。

　そのため、「併せる」は、

　二つの会社を併せる　クラスを併せる

　両者の条件を併せて考慮する　併せて学習させる

　併せて御成功を祈る

のように用いられる。最後の二例は、副詞としての用法である。

　なお、「合わせる」の送り仮名は「送り仮名の付け方」（昭和48、内閣告示）の通則2「活用語尾以外の部分に他の語を含む語は、含まれている語の送り仮名の付け方によって送る。」によって、「合う」を含む語と見て、「わ」から送るのが本則である。ただし、「合せる」のように、「わ」を省くことも許容されている。（7—9）

問「押さえる」と「抑える」の使い分け

答「おさえる」の文語は「おさふ」であり、この「ふ」は、古語で継続の意味を表す助動詞などと説かれることのある「ふ」と考えられる。すなわち、「おさふ」は、相手を動かさないように、相手の力に応じて、こちらの力を入れ続けることが原義で、「押」は「扌」（手）と、音を示す「甲コウ→オウ」（おさえる）とを合わせた形声文字である。

　指で押さえる　紙の端を押さえる

　風で吹き飛ばされないように、帽子を手で押さえる

　暴れないように手足を押さえる

などは、力を加えて、動かさないようにすることである。

　傷口を押さえる　両手で耳を押さえる

などは、何かでおおってふさぐ意である。また、

　弱点を押さえる　問題の要点を押さえる

などは、大事なものとしてしっかりつかみ、脳裏にとどめる意である。

　財産を押さえる　証拠を押さえる

は、相手の勝手にさせないように、こちらの手におさめておくことである。これらには、普通、「押」が用いられる。

　これに対して「抑」は、抑制、抑止、抑揚などのように、下から

上がってくるものを何らかの方法でとめることで、

　感情を抑える　怒りを抑える　笑いを抑える
　涙を抑える

など、感情の動きをこらえたり、我慢したり、ひかえめにすることである。

　要求を抑える　物価の上昇を抑える
　発言を抑える　病気の悪化を抑える
　熱を薬で抑える　競争相手を抑えて当選する

など、おしとどめたり、従わせたりすることである。

　これらの例を通して見ると、「押さえる」は、一部に力を入れる、物理的・直接的に力が加わるのに対して、「抑える」は、上がってこようとするものを上がってこないようにする、間接的に力を加える意味であることが多い。

　なお、「押さえる」の送り仮名は、「押さえる」が本則で、「押える」が許容である。これについては、433ページ〈「押さえる」か「押える」か〉を参照。（7―10）

問「踊る」と「躍る」の使い分け

答「はねあがったり、とびあがったりする」ことを、「おどる」といい（「平面上をぐるりと旋回する」のは一般に「まう」という。）、漢字で「踊」又は「躍」がよく用いられる。

　「踊」は、ある決まりに従っておどるおどりであり、片足ずつ幾度もとびあがることが原義である。現在では、「舞踊」というように音楽や歌に合わせて、手足や体を動かし、身振りや手振りをしながら、リズムに合わせて動作をする「おどり」についてこの字を用いる。

　ダンスを踊る　踊り子　盆踊り　手踊り
　踊りの名取になる　／舞踊　民踊
　ハア　踊り踊るなら　チョイト　東京音頭（西条八十、東京音頭）
　おけさ　踊るなら　板の間で踊れヨ（佐渡おけさ）

また、人に操られて行動することにも用いる。

　スパイとして踊らされる

　これに対して、「躍」は、勢いよく飛びあがることで、

　面目躍如　躍起となる　躍動　躍進
　／勇躍　雀躍《じゃくやく》　飛躍

などの用例がある。

　小躍りして喜ぶ　馬が躍り上がる　魚が躍る
　身を躍らせて飛び込む

のように、「はねあがる」意味に使われるとともに、

　胸が躍る　心臓が躍る

のように、喜び・驚き・期待・緊張などで、胸がわくわくする・どきどきする、動悸《どうき》が激しくなる場合などの動きについて用いる。（7―11）

問「顧みる」と「省みる」の使い分け

答「顧」は「頭をまわして見る。ふりかえる」の意味で、四顧、右顧左眄《べん》、脚下照顧などの熟語があり、

　後ろの席を顧みる
　顧みて他を言う（答えることができないで、左右を見回しながら他の事を言ってまぎらす。相手の言うことをまともに受けずに、わざと他の事でごまかす意。『孟子』〈梁恵王・下〉の故事。）

のように、実際に頭を後ろに回す場合と、

　　昔のことを顧みる　過去を顧みる

のように、抽象的に過ぎ去ったことを思う場合がある。「回顧」などもこれである。

　これに対して、もとに立ちかえって見る、反省するの意味のときには、「省みる」と書かれる。「省」の字は目を止めてじっと見る意から、物事を吟味する、よく考え気を付ける、反省する意となり、

　　自らを省みる　心に省みる　日に三度省みる

　　自分の行いを省みる　省みて恥じるところがない

などと用いられる。実際に頭を動かすことは意味しない。

　なお、「かえりみる」は、送り仮名の付け方に迷うときがあるが、これは、マ行下一段活用の動詞であり、「み、み、みる、みる、みれ、みよ」と活用するので、「顧みる」「省みる」と送る。これには許容はないので、「顧る」「省る」とするのは、「送り仮名の付け方」(昭和48、内閣告示)によれば合っていないことになる。（7—12）

問「作る」と「造る」の使い分け

答　材料に手を加えて、形のあるものにすることを「つくる」という。この語には、現在一般には「作」と「造」の漢字が当てられる。「作」は、「刀で物をさく」意の「乍《さ》」に人偏をつけて、「つくる」の意味が出てきたと言われる。

　　作家　作曲　作詩　作者　作品　作文　／工作

などのように、「物をつくる」「つくった物」を示す。一般には、文芸創作、手工的製作、農業作物の方面で用いられる熟語が多い。

　このほか、ふるいおこす意味の「作興」という語もある。

　動詞「つくる」についても、いろいろな用例を見ることができる。

　　詩を作るより田を作れ　米を作る　草花を作る

　　着物を作る　料理を作る　家具を作る

　　文を作る　和歌を作る　規則を作る

　　組合を作る　計画を作る　前例を作る

のように、主に規模の小さいもの又は抽象的な無形のものに用いられる。

　これに対し、「造」は、「ある過程を経て、そこへ至る」意から、「到達する、成就する」となり、「製造」の意が転じてできたと言う。

　　造園　造花　造語　造作　造船　造幣　造林

　　／醸造　製造

のように、「物をつくる、仕上げる、建設する」の意味のときに用いるが、「作る」よりも、規模の大きいもの、工業的なもの、有形のものをつくるときに用いることが多い。

　　船を造る　自動車を造る　貨幣を造る

　　庭園を造る　酒を造る　みそを造る

　　校舎を造る　石造りの家

　このように、「作」と「造」の使い分けを考えるときは、「造船、造幣、造園、酒造」などの漢語を思い出してみるのが一つの方法である。

　なお、「人づくり」「国づくり」という語の場合、「国造り」はよいとしても、「人作り」のように、漢字の「作」を当てにくい場合は、仮名で書いてよいと思われる。日本新聞協会の『新聞用語集』でも、「「小づくりの人間、人づくり」その他、使い分けに迷う場合には、かな書きにする。」としている。（7—13）

問「荒い」と「粗い」の使い分け

答「あらい」という語に対して、当用漢字音訓表(昭和48、内閣告示)では、「荒」と「粗」との二字が当てられている。本来の用法としては同じであるが、二字を用いるのは、ある程度の意味の違い

を漢字によって表そうとするからである。

「荒」は、もと「雑草が地をおおい、あれはてている」意である。そこから、すさむ、はげしいの意味が生じ、勢いがはげしく、乱暴な様子を「あれる」「あらす」「あらい」などと表す。

金遣いが荒い　鼻息が荒い　気性が荒い
波が荒い　荒っぽい人　荒々しい　荒馬
荒海　荒削り　荒仕事　荒稼《かせ》ぎ　荒武者

これに対し、「粗」は、十分にしらげていない米、細かにつきくだかれていない様子から、「精」又は「密」に対して粒などが大きいこと、織物・編み物などの目が細かくないことを表す。

粒が粗い　編み目が粗い　縫い方が粗い
粗い紺がすり

一方、ざらざらして、滑らかでない意味の例としては、

肌理《きめ》が粗い　粗塗り

などがあり、大ざっぱだ、粗末だという場合として、

粗筋　粗い仕事ぶり　粗い計画
作り方が粗い　種のまき方が粗い

などがある。

これらの中には、「荒壁・粗壁」「荒塗り・粗塗り」のように両方の書き方があるものもある。（7—14）

問「卵」と「玉子」の使い分け

答　鳥の「たまご」のことを我が国では、もと「かひご」と言った。「かひ」は「殻《から》」の意味で、殻の付いたままのたまごを指した。「たまご」は、この「かひご」の俗語として室町時代末ごろから使われ始めたと言われる。

「卵」は音ラン、訓たまごで、これを「玉子」と書くのは、恐らく食物としての鳥の卵が主であろう。漢語で「玉子《ぎょくし》」は、「玉《たま》」のことで、ひもで連ねた宝石を意味し、「たまご」の意味はない。これを我が国で「たまご」に当てたのは、「卵」という文字から受ける生々しさを避けようとしたためではなかろうか。料理関係に多く使われるのもそのためであろう。

江戸時代の文学作品にも、次のような例が見られる。

・鳥はだやなをるあられの玉子酒（俳諧・牛飼）
・せうじんの玉子とぢをくはうかの（洒落本・広街一寸間遊）
・商人居並て通りせまく、煮売、煮肴《さかな》、綿《わた》飴《あめ》、玉子焼、胡麻《ごま》揚、西瓜《すいか》の立売（洒落本・中洲雀）

そのほか、現在でも、

玉子料理　玉子豆腐　玉子どんぶり

などは、どちらかと言えば、「玉子」の方が多く用いられるようである。

それに対して、「鳥・魚・虫などの子が生まれ出るもとのもの」、「鶏卵・産卵・卵型」のたまごや、また比喩《ひゆ》的に「まだ一人前になっていないもの」を言う場合には、

寒卵　小鳥の卵　ワニの卵　金の卵
コロンブスの卵　医者の卵

などのように、「卵」を用いることが一般的である。

なお、『新聞用語集』では、

（玉子）→卵

として、「玉子」は原則として使わないことにしている。（7—15）

問「定年」か「停年」か

答　定年（停年）とは、今日では、国・地方公共団体・法人・学校・会社等の職員や従業員等が、法令・規則・取決めなどによっ

て、その職や地位を退くことになっているあらかじめ定められている年齢のことである。

現行の法律では、法律によって、「定年」又は「停年」のどちらかが用いられている。例えば、次のようである。

裁判所法（昭和22、法律第59号）の第五十条に、

（定年）最高裁判所の裁判官は、年齢七十年、高等裁判所、地方裁判所又は家庭裁判所の裁判官は、年齢六十五年、簡易裁判所の裁判官は、年齢七十年に達した時に退官する。（注　条文見出しは原文による。）

とあり、また、教育公務員特例法（昭和24、法律第1号）の第八条第二項に

教員の停年については、大学管理機関が定める。

とある。

ところで、この裁判所法の条文見出しにいう「定年」と、教育公務員特例法にいう「停年」とは、表記は異なるもののその指す内容は同一である。つまり、同一の事柄を表すのであるが、このように法律によって、「定年」又は「停年」が用いられているのである。

ところが、昭和二十九年十一月、内閣法制局が「法令用語の改正の方針」（法制局総発第89号）を発した時に、その別紙「法令用語改正要領」に「同音語」で「統一して用いる」ものの一つとして、「定年・停年→定年」を掲げ、そして、その実施方法として、「新たに法律又は政令を制定する場合は、必ら《（ママ）》ず別紙改正要領によるもの」と定めた。このため、この後の法令では「定年」を用いている。

現在の国語辞典では、「定年」と「停年」を並列して掲げるものが多いが、前述のような法制局の取決めもあり、現在、一般には「定年」の方が多く用いられている。日本新聞協会の『新聞用語集』、日本放送協会の『放送用語ハンドブック』でも「定年」を採っている。　（7―16）

問「中身」か「中味」か

答「なかみ」とは、例えば、「なかみが入っていない財布」とか、「箱のなかみは何でしょう。」といった場合のように、「包み・袋・箱・容器の中に入っている内容物・物品」という意味と、「なかみの何もない話」とか、「服装は立派だがなかみのない人」とかという場合のように、「物事の価値・実質」という意味とがある。

国語辞典の類では、この「なかみ」の漢字による書き表し方を、「中身」だけとするものと、「中身・中味」の両者をこの順序に掲げたものとがあり、数から言えば、「中身・中味」の方が多い。このほか、「中味とも書く。」とか、「中味はあて字。」などと注記してあるものもある。しかし、「中味」だけしか掲げてないものと「中味・中身」の順に掲げたものとは見当たらない。なお、この語は、明治時代に刊行の辞典には、採録されていないようである。

日本新聞協会、日本放送協会、参議院・衆議院の記録部等でも、「中身」と書くことにしている。

例えば、新聞の記事では、

・ギョウザの皮は、二十五枚前後入った袋を二つから三つ用意します。一枚に包む中身の分量次第で……
・さて、では具体的にどんなクルマが彼女たちに求められているのでしょうか。……「スタイルなんかより、もう中身ですね」と言う人がほとんど。

などのようであるが、広告などでは、必ずしも中身に統一されてはいないようで、

・〇〇ビールは、丈夫で、中味をしっかり守るびんづくりに、た

ゆまぬ努力を続けています。

などのように「中味」も使われている。　(7—17)

問「不断」か「普段」か

答「ふだん」という語には、大きく分けて二つの意味がある。一つは、中断しないで連続している様子という意であり、他の一つは、いつもとか、へいぜいとかいう意である。しかし、この両者は、基本的には、ほぼ同じことを表している。つまり、「いつも」というのは、中断や途切れがなく、連続していることを表しているからである。

「源氏物語」の「不断の経読む時かはりて、……」や、「枕草子」の「西の廂《ひさし》にて、不断の御《み》読経あるに……」、「平家物語」の「甍《いらか》やぶれては霧《きり》不断の香をたき、枢《とぼそ》おちては月常住の燈《ともしび》をかゝぐ……」などの「ふだん」は、正に、中断・途切れのない連続の意を表しているのであって、「不断」と書き表すのがふさわしい。

植物名の「ふだんざくら」は、年中開花する品種のものであり、「ふだんそう」(「とうぢさ」の異称)は、四季いつでも葉を食用とすることができるので、この名があるが、「ふだんざくら」は漢字で「不断桜」、「ふだんそう」(漢名「恭菜」)は、一般には「不断草」と書く。つまりこれらは年中中断することや途切れることなく、花が咲いていたり、食用とすることができたりするというところから名付けられたものである。

一方、「ふだんの心掛け」とかいう場合の「ふだん」は、「いつも・へいぜい」という意味がより適切であろう。「ふだんの行い」などという場合は、中断や途切れのない連続の行いと見て、「不断の行い」と書いても差し支えないが、むしろ、「いつもの」とか、「へいぜいの」とかの意味にとる方がふさわしく、この場合に、「不断の行い」という表記は、少しそぐわない感じがする。更に、「ふだん着」などというときの「ふだん」は、中断や途切れなく着続けているということは、厳密に言えば、現実にはありそうもないことであり、「不断」と書き表すことは、何かひっかかるものがある。すなわち、「ふだん着」というのは、「晴れ着・よそ行きの着物」に対するもので、「日常着」というほどの意であり、「いつもの」「へいぜい(の)」という意味を表している。

しかし、古い辞書について見ると、各種節用集にも、すべて「不断」の形で採録されており、『和英語林集成』の初版・再版・三版にも、『言海』『日本大辞書』『ことばの泉』『大日本国語辞典』『大言海』なども同じである。戦後、刊行された国語辞典の類にも、「不断」という書き表し方を掲げているものが多い。しかし、その意味は㈠、㈡として、「絶えず……」と「いつも・へいぜい」などとある。『日葡《につぽ》辞書』では、その意味を、「Tayezu.(断えず) すなわち、Itçumo.(いつも) 常に.」(岩波版『邦訳 日葡辞書』による。)としている。

ところが、近年刊行される国語辞典では、「絶えず……」の意の場合には、「不断」とし、「いつも・へいぜい」の場合には、「普段」又は「ふだん」とするものが多くなってきている。中には、「普断」と掲げているものもある。また一般にも、中断や途切れのないことを特に強調して言う場合や、「優柔ふだん」などの場合は、やはり、「不断」と書くが、「いつも・へいぜい」の意味では、「普段」又は「ふだん」と書くことが多い。

すなわち、意味の区別を表記に反映させるようになっているのである。東京地方などのアクセントでは、中断や途切れのないという意味の場合には、漢語の他の「不—」の多くと同様に平板型で「フダン」と言い、「へいぜい」の意味の場合には、副詞の一般に従って頭高型に「フダン」と言って明らかに区別している。

さて、「不断」と区別された「普段・普断」であるが、これらの表記には正当な根拠が認められない。そこで当て字として、特に副詞の場合には仮名で書くことが多くなっている。

新聞の用例を見ても、「○○巡査はふだんの出勤と変わらず」、「しかもふだんのおやつとは一味違ったものをと」、「○○酒は、このように、ふだん体が弱い方々が、……（広告）」などのように一般に仮名書きである。

（7—18）

問「別条」と「別状」の使い分け

答「別条」と「別状」とは、同一語の表記上のゆれにすぎないものであるのか、それとも、別々の語として使い分けるべきものであるのか、という問題である。

「条」（旧字体は「條」）は、もともと「細長い枝」の意から「細長いすじ」、さらには「ひとくだりずつに書き分けた文」という意味になり、

箇条　条項　条約　条文　逐条　信条　金科玉条

などの語として使われる。また、国語としては、昔から

・此《この》条頼朝がかへりきかん事いかがあるべからむ（平家物語）

・未だ天の明けざらむ前に、勝負を決せむ条、何の疑ひか候ふべき（保元物語）

のように、形式名詞的な用法もあり、「すじ」「くだり」「こと」の意を表す。したがって、「別条」は「ほかと違った事柄」「普通のことと特に変わった事柄」の意であって、手紙文などで、「当方も別条なく暮らしておりますさ故、他事ながら御休心の程お願い申し上げます。」のように使われる。

これに対し、「状」は、もと「すがた・かたち」の意から「ありさま」「事のなりゆき」の意にもなり、

状況　実状　情状　異状　名状　行状　罪状　白状

などの語として使われる。したがって「別状」は、「普通と違った様子」「特に他と変わっている状態」の意であって、「命に別状はなかった。」のように使われる語である。

つまり、両者の間には、

別条＝普通のことと特に変わった事柄。

別状＝普通のときと特に変わった状態。

のような意味の差が認められる。しかし、江戸時代の浄瑠璃や滑稽本などには「別条」の用例はあるが、「別状」の用例は見られないようである。

(1)「これ／＼慥に受取れ」と渡せばとつくと見届け、「ム・別条ない。受取つた。……」（博多小女郎浪枕、中之巻）

(2)御修業のお方と聞けば別条もあるまい。（一谷嫩軍記、二段目）

(3)北八「ヤアそんならなんぞなくなりやアしねへか（トそこらを見まはし）何も別条はねへが　弥二「イヤ／＼別条があるよふだ（トふところからうまきを出し、ふるつて見れば、かみにつゝんだやつががつたりとおちる。あけて見ればみないしころ。）（東海道中膝栗毛、二編上）

(4)内の用心を見やうと思つて、手燭を持つて表裏を見たが、別条もなし。（浮世風呂、前編上）

右のうちで、(2)は「別の事柄」の意であろうが、他の三例は、いずれも「異状（はない）」という意味のようである。(1)は、海賊の毛剃九右衛門が昔の仲間から割符を受け取って、その表面を確かめる場面、(3)は、弥二郎、北八の両人が同宿の男に金を持ち逃げされた場面、(4)は、七十ばかりの隠居が、前夜犬の鳴き声で目が覚め、なかなか寝付かれなかったことを、風呂屋の番頭に語る場面である。

したがって、「別状」と書いてもよさそうであるが、実際には「別条」が使われている。

これに対し、「別状」は、近代の文学作品に現れる。

(1)「伯母御様は御達者で在《あら》つしやりまするか、永らく御目通りも致しませぬが――」「ハイ、御蔭様で別状も無いやうですが――私も久しく無沙汰致しましたから、一寸見舞にと思ひまして」(木下尚江「火の柱」明治37)

(2)用事もなさそうなのに、「詰めてなさつて、根気なことでございますなア。」といってきた番頭にも別状はなかった。それは警察関係ではなかつた。安吉の神経過敏だつた。(中野重治「むらぎも」昭和29)

(3)(馬ハ)命に別状はなさそうだが、ものの役に立つかどうかあやぶまれた。(幸田文「おとうと」)

いずれも、先の四例と同じく「ベツジョウはない」という形で使われている。これらの例から推測すると、かつて「別条はない」と書かれていたものが、「ベツジョウ＝異状」という意味から、近代になって「別状」と書く習慣が広まってきたものかもしれない。

現代の国語辞典や表記辞典のほとんどは、「別条」と「別状」を別語として立てているが、これは、前に述べた「条」と「状」との字義の違いに注目した結果である。しかし、実際の使われ方を見ると、「別条はない」と「別状はない」との使い分けは、かなり困難であると思われる。現に、新聞界や放送界では、

(別状)→別条

として、「別条」に統一することにしている。結局、字義の違いに基づくニュアンスの差は残るものの、「別条」と「別状」とは、同じ語の表記上のゆれと見てよさそうに思う。なお、右の「別状」に関連するものとして、次の二つの問答を参照されたい。

・「異常」と「異状」の使い分け(12ページ)

・「実情」と「実状」の使い分け(85ページ)

(8―1)

問「好意」と「厚意」の使い分け

「コウイ」という言葉は、「好意」と「厚意」のどちらを書いてもよいのか、それとも、意味によって使い分けなければならないのか、という問題である。

答 まず、「好」の字義は、「このむ」「すく」「よい」であり、「厚」の字義は「てあつい」であるから、それぞれに「意」(こころ)を結び付けた「コウイ」は、それぞれ、次のような意味を表す。

好意＝ある人に対して持つ、好感・親近感・親睦《ぼく》・愛情などの気持ち。「悪意」の対義語。

厚意＝思いやりのあるあたたかい心。情に厚い心。親切な気の配り方。「厚情」「厚志」の同義語。

したがって、両者は、意味の共通する部分もあるが、「好意」の方が、より広い範囲に用いられ、「厚意」の方は、意味がやや限定されて、「好意」よりも更に思いやりの心が深い場合に用いられるようである。

現代の国語辞典や表記辞典は、両者を別語として別の見出しを立てているものがほとんどであるが、新聞・放送界では、

(厚意)→好意

として、意味する範囲の広い「好意」の方に統一して使っている。

しかし、文学作品などの用例では、両者の間に、ある程度の使い分けが見られるようである。例えば、次に掲げるように、同一作家の同一作品の中で両者を使い分けた例が、幾つかある。

▽徳富健次郎「思出の記(上)」(一九〇〇～〇一)

・併し成る可く好意を表する積りで、机を出してやつたり、押入れをあけて行李を入れさしたり、加勢をして、偖《さて》何か話をせず

ばなるまいと……。
・厚意はさる事ながら、謂はれ無い餞別を受くるのは——と例の我慢が出かゝったが……。

▽長与善郎「青銅の基督」（一九二三）
・それはとも角としても彼は何だかその「彼等」に好意と一種の尊敬を感じないではゐられなくなった。
・彼は青年の自分に対する熱い厚意と同情に感じないではゐられなかった。

▽山本有三「波」（一九二八）
・（彼女ハ）それだのに、彼から好意を示されると、無下に払ひのけることが出来なかった。
・行介は手紙を受取り、舎監の厚意を心から感謝して、そこを出た。

▽岡本かの子「河明り」（一九三九）
・中老の社長はその男にも好意を持つと同時に……。
・ともかく私は娘の厚意を喜んで、そして「では明日からでも、拝借いたします」さう云って、娘に送られて表へ出た。

▽獅子文六「自由学校」（一九五〇）
・三十にもなった、近代女房が、そう簡単に、人に惚れるものではないが、男への興味や好意という程度だったら、処女には想像もつかないほど、チョクチョク芽を出すものらしい。
・そこで、庁内の代書屋まで、駒子が、走ろうとしたが、検事は、書式なぞは、口語体で結構であり、筆紙も与えるという厚意を、示してくれたので、彼女自身が、書くことになった。

▽三島由紀夫「潮騒」（一九六四）
・灯台長も奥さんも、新入りの初江に好意を抱いた。
・みんなが口々にほめそやし、厚意をうけるやうに母親にすすめたので、彼女は茶いろのハンドバッグを丁寧に紙に包み、裸の小わきに抱へて、何の屈託もなく、「おほきに」と礼を言った。

右の用例などを含めて考えると、

コウイ的　コウイを持つ　コウイを抱く　コウイを寄せる
コウイが芽を出す　コウイを感じる

などの場合は、普通、「好意」が使われ、

コウイを受ける　コウイを感謝する　コウイを喜ぶ

などの場合は、「厚意」が使われる。つまり「好意」は、自分の他人に対する気持ちにも、他人の自分に対する気持ちにも使うことができるが、「厚意」は、自分の気持ちには使えないようである。

結局、「好意」と「厚意」とは、意味の共通する部分もあるが、その意味によっては使い分けることが可能であり、また、使い分けた方が穏当であるということになる。　（8—2）

問　「幸運」と「好運」の使い分け

答　「幸運」と「好運」は、全く同一の語としての表記のゆれにすぎないのか、それとも、別語として両者は使い分けるべきものか、という問題である。

「幸」の字義は、「しあわせ」「さいわい」、「好」の字義は「よい」、「このましい」である。それらが「運」（めぐりあわせ）と結び付いた語であるから、

幸運＝しあわせなめぐりあわせ。
好運＝よいめぐりあわせ。

という意味になり、厳密に言えば、両者は、字義の違いによって使い分けられることになる。

しかし、国語辞典などを見ると、前項の「好意」と「厚意」との

場合とは異なり、ほとんどの辞典が、

　こううん〔幸運・好運〕

として、同一語の異表記として扱っている。国語審議会報告の「語形の「ゆれ」について」（昭和36・3）の中にも、漢字表記の「ゆれ」として、

　幸運（好運）

の例が掲げてあり、括弧の外の方が一般的であるという判断が示されている。また、新聞・放送界でも、

　（好運）→幸運

として、「幸運」に統一して使っている。

　つまり、「しあわせな運命」と「よい運命」という意味の違いは、実際の文脈の中では区別することが困難であるという事情に基づくものであろう。

　国立国語研究所の「現代雑誌九十種の用語用字」調査（昭和31）の結果を見ると、「幸運」が十三例現れたのに対し、「好運」は次に掲げる一例だけしか見られない。

　明治建国の苦難の日を遠ざかり、大正の投機的好運にのって、分不相応な一等国のレッテルを自らの額に貼って有頂天になっていたのが、昭和初期の日本人の姿だった。（『小説春秋』昭和31・8）

　また、『日本国語大辞典』の「こううん〔幸運・好運〕」の項には、次のような「好運」の使用例が見える。

　自分の息子に向いて来た不思議な好運が、人に慈善を施す手段《てだて》になるとは（小公子〈若松賤子訳〉前編三）

　右二例とも、「しあわせな運命」というより「よい運命」という意味が強いところから「好運」と書いたものであろうが、この場合、「幸運」と書いたとしても、それほど場違いな印象は受けないと思われる。

　要するに、「コウウン」という言葉は、「幸運」と「好運」のどちらを書いてもよいが、現在では、「幸運」と書くのが一般的であるということになろう。（8―3）

問「称賛」と「賞賛」の使い分け

答「ほめたたえる」という意味の「ショウサン」という言葉は、「称賛」と「賞賛」のどちらを書いてもよいのか、それとも、両者は意味の違いによって使い分けるべきものなのか、という問題である。

　「称」（旧字体は「稱」）は、「天秤《てんびん》にかけて重さをはかる」という原義から転じて、「となえる」「言葉に出してほめ上げる・たたえる」という意味を表し、

　称呼　称号　名称　通称　俗称　仮称　愛称　称揚
　称嘆　称美　過称　称誉　称徳

などの語として使われる。「賞」は、「ほうびとして金品を与える」という原義から、「人をほめる・物事のよさを感じて楽しむ・めでる」という意味を表し、

　賞揚　賞嘆　賞美　賞味　激賞　過賞　恩賞　鑑賞
　観賞　褒賞　嘆賞

などの語として使われる。

　「賛」は、本来「すすめる」「たすける」の意であるが、近年「讃」（他人の美徳をほめる）に代用するようになった。したがって、「ショウサン」は、「称賛」「賞賛」のどちらを書いても意味上の差はほとんどないと思われる。

　国語辞典や表記辞典の扱いを見ても、

　しょうさん（称賛・賞賛）

のように、同一見出しの中で両者を併記するのが普通である。（戦前の辞典では、「称賛〈ショウサン〉」「賞賛〈シヤウサン〉」と歴史的仮名遣いを異にするため、別見出しにするものもあるが、互いに他を同義語として説明している。）

国語審議会報告の「語形の「ゆれ」について」（昭和36・3）の中でも、両者を、同一語の漢字表記のゆれとしてとらえ、次のように説明している。

「賞賛」と「称賛」――この場合も、「称」に「たたえる」という意味のあることは、一般に知らなくなってきているから、だんだん「賞」を使うことが多くなっていくであろう。これからは、「称」は「となえる」の意味の「称する」「称号」「愛称」「人称」「名称」などの場合に使い、「称賛」「称美」「称揚」「嘆称」などは、むしろ「賞」を使うことも考えられる。

国語審議会のこの報告では、「賞賛」の方が一般化していくだろうという予想を立てているが、現実は必ずしもそうなっていない。国語辞典や表記辞典などでは、漢字表記を併記する場合、ほとんどのものが「称賛」の方を上に置いているし、また、新聞界や放送界では、

（賞賛）→称賛

として、「称賛」に統一して使っている。

要するに、「ショウサン」という言葉は、「称賛」「賞賛」のいずれも実際に使われているが、今日では、「称賛」の方が一般的であると考えられる。　（8―4）

問「実情」と「実状」の使い分け

答「実際のありさま」という意味の「ジツジョウ」という言葉は、「実情」と「実状」のどちらを書く方がよいのか、また、両者は意味によって使い分けるべきものであるのか、という問題である。

「情」は、「人間の心の働き」という意から、「まごころ・なさけ」「ほんとうのありさま」などの意味を表すが、「状」は、「物事のすがた・かたち」という意味を表す。つまり、「情」が内面的なありさまを表すのに対し、「状」は、外面的なありさまを表すという違いがある。それに「実」（まこと・ほんとう）を付けた「ジツジョウ」は、

実情＝内面的にみた、ほんとうのありさま。実際の事情。
実状＝外面的にみた、ほんとうのありさま。実際の状態。

という意味になり、厳密には、本来は別語と考えられる。ところが、現代の国語辞典のほとんどは、例えば、次のように、両者を同一語として扱っている。

じつじょう①〔実情・実状〕実際の事情。実際の状態。②〔実情〕真実のこもった心。真情。

右のうちの②は、「実情」だけが持っている意味で、例えば、「彼の言葉には実情があらわれていた。」のような用法を指すものと思われるが、この場合、現代では、専ら「真情」の方が使われ、「実情」は、余り使われていないようである。ここで問題にしているのは、①の場合である。「実情」と「実状」は、前述のような意味の差が認められるものの、実際には、内面的なありさまと外面的なありさまとは区別しきれないことが多いところから、国語辞典などでも同一語として扱うのであろう。

また、新聞界や放送界でも、「ジツジョウ」は、

（実状）→実情

として「実情」に統一して使っている。これは、「実情」の方がより一般的であると判断したからであろう。

ちなみに、国立国語研究所の「現代雑誌九十種の用語用字」調査

(昭和31)の結果を見ると、「実情」が十二回、「実状」が四回という現れ方になっている。外面的に見た、ほんとうのありさまの意を持つ「実状」よりも、内面的な意味の加わった「実情」の方が、また、静態をとらえた「実状」よりも、動態をとらえた「実情」の方が、意味的にもぴったりくる点が多いからであろうか。

もっとも、同じ「情」と「状」を含む他の言葉について、新聞・放送界における統一の仕方を見ると、実情は決して一様ではない。

状勢→情勢　状景→情景

は、「実情」と同じく、「情」の方に統一しているが、

情況→状況　情態→状態

は、「状」の方に統一して使っている。これは、漢字の意味のわずかな相違にこだわるよりも、どちらの方が社会において一般的かという観点を重視したためであろう。

このうち、「状態」「情態」に関しては、国語審議会の「語形の「ゆれ」について」(昭和36)の中に、

「状態」「情態」なども、厳密に言えば、「状態」は「ようす・ありさま」の意味であり、「情態」のほうには心的な意味が加わるのであろうが、普通には両者同じように「ありさま」の意味に使う。その場合、今日では「状態」を使うのが一般的である。

という記述のあることも、参考になるであろう。

以上、要するに、「実情」と「実状」は、どちらも実際に使われているが、今日では、「実情」の方が、より一般的であると考えられる。　(8—5)

問 「煩雑」と「繁雑」の使い分け

答 「煩雑」と「繁雑」とは、同一語の表記上のゆれにすぎないものか、それとも、両者は、別々の語として意味上使い分けるべきものか、という問題である。

「煩」は、もと、「火のもえるように頭がいらいらする」という原義から、転じて、「わずらわしい」という意味を表す。「繁」は、「どんどん増えること」という原義から、「しげる」「むやみに多い」という意味を表す。それらに、「雑」(ごたごたしていて、きちんと整っていない)を結び付けた「ハンザツ」は、互いに次に示すような意味上の相違があると考えられる。

煩雑＝わずらわしいまでに、物事が込み入っているさま。

繁雑＝物事が多くて、ごたごたしているさま。

つまり、わずらわしい、面倒だという心理的要素が前者には含まれるが、後者にはそれがなく、ただ事柄が複雑多様であることを意味するという違いであって、厳密に言えば、「煩雑」と「繁雑」とは別語であると考えられる。

ところが、国語辞典の扱い方を見ると、

(1) 両者を別語として別見出しを立てるもの。

(2) 同一語として同じ見出しに立てるが「㈠煩雑、㈡繁雑」として、別々に意味を説明するもの。

(3) 同一語として同じ見出しの下に、〔煩雑・繁雑〕として表記形を併記するもの。

という三通りの方式に分かれている。なお、現代中国語でも、「煩雑」と「繁雑」は同一語として扱われている。

ところで、新聞界や放送界では、

(煩雑)→繁雑

として「繁雑」に統一しているが、これは、新聞・放送界が、「繁雑」の方が「煩雑」よりも一般的であるという判断の下に決定したとは必ずしも言えない事情が存在する。すなわち、国語審議会が

昭和二十九年に「当用漢字補正資料」を発表したが、その中で「煩」という字が削除される候補になった。（これは、「煩」が「ハン」という音では「煩雑」以外には余り用いられないという事情を考慮したためと思われる。）新聞界・放送界では、この補正資料を採用することにしたため、自動的に「煩」が使えず、やむなく「繁雑」に統一せざるを得なかったとも、見られるからである。ただし、動機はともかく、新聞・放送界が三十年近く「繁雑」のみを使ってきた実績は、社会一般の慣用にも無関係ではあるまいと思われる。

しかし、この「煩」の字は、実際には「当用漢字表」から削除されたことはなかったし、「常用漢字表」（昭和56、内閣告示）にも引き継がれている。また、同表の例欄には「煩雑」という語例も掲げられている。

結局、「ハンザツ」という場合、今日では、「煩雑」と「繁雑」のどちらを書いても差し支えないけれども、「わずらわしい・面倒な」という気持ちを強調したければ「煩雑」の方を使った方がよいということになる。（8―6）

問「連係」と「連携」の使い分け

答「連係（連繫）」と「連携」とは、同じ語の単なる表記上のゆれにすぎないものであるのか、それとも、両者は、別々の語として意味上使い分けなければならないのか、という問題である。

まず、「連係」と「連繫」であるが、戦前の『大日本国語辞典』では、

連係＝つらなりかかること。
連繫＝つらねつづくこと。

というように、それぞれ、別語として扱っている。これは、「係」（かかりあう・関係する）と「繫」（つなぐ・つながる）との字義の差に基づいて別語と判定したものと思われる。しかし、同じく戦前の『大辞典』では、

連繫・連係＝連なり繫がること。関係あること。関聯。

のように、同じ語として扱っている。どちらの辞典も、実際の用例を掲げていないので、判断する根拠に乏しいが、これについては、戦後の『日本国語大辞典』の

れんけい（連係・連繫・聯繫）（名）互いにつながること。他と密接な関連をもつこと。つながり。

の扱い方のように、同じ意味の言葉であるという考え方に従っておいてよいと思う。戦後は「繫」が当用漢字表に入らなかったこと、また、「同音の漢字による書きかえ」（昭和31、国語審議会報告）に「連繫→連係」の書き換え例が示されたことなどもあって、「連係」が一般化し、「何かをする上で、相手と密接な関係をもつこと」という意味で、

手と足の連係動作。内外野の連係プレー。論理的な連係がある。両者には何の連係もない。

のように使われている。

次に、「連携」であるが、この語は、「連係」（連繫）に比べると、「連絡・提携」の略語として比較的新しく誕生した語と思われる。つまり、「目的を同じくするもの同士が、互いに連絡し協力しあって物事をすること。」の意を表し、

野党が連携して選挙に臨む。国と国とが友好的な連携の下に協力する。両者が連携して推進する。

のように使われている。つまり、「連係」が「よく連絡を保つ」ことに主眼を置くのに対し、「連携」は「共同動作」に主眼を置いた語であると解釈できる。

現代の国語辞典の中には、両者を同一語と見なして、

　れんけい　①〔連携〕………　②〔連係・連繫・聯繫〕……

として、意味の記述のところで別項にするものも一部にあるが、多くの辞書の取扱いのように、「連係」と「連携」とは、一応、別語として、意味によって両者を使い分ける方が、穏当であろう。

新聞界や放送界でも、この両語に関しては、

　れんけい＝連携〔手をつなぐ〕両者連携して推進。
　　＝(連繫)→連係〔切れ目なく続く〕連係動作。
　　　（日本新聞協会『新聞用語集』〈昭和56・9〉）

として、使い分けを指示している。　（8―7）

問「復元」と「復原」の使い分け

答　もとの位置や状態にもどすこと（もどること）を「フクゲン」と言うが、この語は、「復元」と「復原」のどちらの書き表し方がよいか、という問題である。

「元」は、もと、人間のまるい頭を描いた象形文字で、転じて「はじめ」とか「もと」の意味を表す。「原」は、もと、岩の穴から水のわき出る泉の意で、転じて「物事のもと、起源」の意を表す。それに「復」（もとにもどす）を加えた「フクゲン」は、「復元」と書いても「復原」と書いても、その表す意味に相違はないと考えられる。

新聞や放送界では、一般用語の場合は、

　(復原)→復元

として「復元」の方に統一し、「遺跡（民家、壁画）を復元する」のように使っている。ただし、「フクゲンリョク」の場合には、逆に、

　(復元力)→㊫復原力

として「復原」の方に統一することにしている。これは、文部省の『学術用語集』の決定を尊重したものと思われる。すなわち、『学術用語集』の地震学編及び土木工学編には「復原力」が掲げられており、また、船舶工学編には、「復原偶力・復原力・復原力曲線・復原力滅失角・復原性・復原性範囲」などの用語が示されている。

一方、日本規格協会の『ＪＩＳ用語集』を見ると、測定計算用機械器具・物理機械に関して「復元差」、自動車用空気清浄器試験方法に関して「復元性」、パッキン及びガスケット用語として「復元率」などの用語が掲げられている。つまり、専門用語としても、その領域によって「復原」「復元」の両方が使い分けられているわけである。

全体の用例数が少ないので確実な証拠とはなりえないが、国立国語研究所の「現代雑誌九十種の用語用字」調査では、「復元」五例に対して「復原」はゼロという結果が出ている。また、新聞に出た疲労回復剤の広告には、

　疲労に対する〈抵抗力〉、疲労からの〈復元力〉を養うにはまず体内各器官の働きを高めるのが肝心です。

と書かれている。

結局のところ、右の『学術用語集』に掲げられた専門用語としての「復原力」「復原性」などを別にすれば、一般用語としては、新聞・放送界が採用している「復元」の方が、より一般的であると考えられる。

なお、「元」と「原」は、同音である上に意味も似ているため紛れやすいが、漢語としては、「復元（復原）」と「元価（原価）」が両様の表記を持つぐらいであって、

　原因　原点　原子　原籍　原泉　原流　原理　原状
　原文　原案　原始

等の語に「元」を用いないことは、はっきりしている。（8—9）

問「回り」と「周り」の使い分け

答「まわり」という語を漢字で書き表す場合、「回り」「周り」のどちらを書くべきか、あるいは、両者は意味によって使い分けるべきか、という問題である。

「回」は、まるく回転するさま、又は、小さい囲いの外側に大きい囲いをめぐらした象形文字で、「まわる（まわす）」「めぐる（めぐらす）」「かえる（かえす）」「たび（度数の意）」などの意味を表し、

回収（起死）回生 回忌 回春 回帰 回答 回想
回顧 回診 回数 回線 回路／ 転回 迂《う》回 挽《ばん》回
奪回 旋回

などの漢語として用いられる。また、「回」と同系の字に「廻」がある。「廻」は、「回」（まるく回転するさま）に「廴」（進み歩くこと）を付けた会意兼形声文字で「めぐる（めぐらす）」「かえる（かえす）」の意を表し、

廻天 廻状 廻航 廻船 廻廊 廻読 廻遊 廻覧
廻転 廻送

などの漢語として用いられた。しかし、「当用漢字表」（昭和21・11）にこの字が掲げられなかったことから、その後は、これらの漢語にも「回」が使われるのが一般的になった。なお、「回」は現在では、

恢復→回復 蛔虫→回虫 低徊→低回

などの代用字としても用いられている。

これに対し、「周」は、本来、全部にまんべんなく行き渡ることの意から、「十分にゆきとどく」「手落ちがない」「周囲」「ぐるりと一まわりする」などの意味を表し、

周知 周密 周到 周回 周忌 周年 周囲 周旋
／一周 円周 外周

などの漢語として用いられる。

国語としての「まわり」は、動詞の「まわる」の連用形が名詞化したもので、その点では、「回」（又は「廻」）を当てるのが一般的であると言える。実際にも、

身の回りの世話 火の回りが早い 回り持ち 回り番 回り灯《とう》籠《ろう》 回り舞台 回り道 回りくどい 体が一回り大きい 地方回り 遠回り 手回り品 胴回り ポケット回り

などの場合は、「回り」（又は「廻り」）と書かれている。

これに対し、「周り」は、

見物人が画架の周りに集まる カメラが彼の周りを旋回する
周りに反対の声が上がる 上を三センチほど開けて周りを縫う

のように、「周囲」とか「周辺」という意味の場合に限って用いられる。

ただし、戦前の『大言海』『大日本国語辞典』『大辞典』『辞苑』等の国語辞典では、「まはり」の項の漢字表記には「廻」しか掲げていないし、『大字典』『辞源』等の漢和辞典にも、「周」に「まはり」の訓を掲げていない。

ところが、次に掲げる文学作品などを見ると、周囲・周辺の意の「マワリ」に「廻り」と書いた例は見当たらない。

徳富健次郎「思出の記」（一九〇〇〜〇一）
久保田万太郎「末枯」（一九一七）
正宗白鳥「生まざりしならば」（一九二三）
山本有三「波」（一九二八）
岡本かの子「河明り」（一九三九）
丹羽文雄「厭がらせの年齢」（一九四七）

田宮虎彦「落城」(一九四九)
中野重治「むらぎも」(一九五四)
三島由紀夫「潮騒」(一九五四)
石川達三「人間の壁（上）」(一九五七―五九)

などの作品には、周囲・周辺の意の「マワリ」が全部で六十例近く使われているが、ほとんどが仮名書きにされている。右のうち、「思出の記」「末枯」「波」の三作品と長塚節の「土」(一九一〇)とには「周囲《まはり》」という表記例も七例ばかり見える。また、野上弥生子の「真知子（前）」(一九二八―三〇)には、

周りの好奇的な嘲笑を身ひとつに集めながら

のように「周り」と書いた例が六例ほど現れるし（仮名書きは一例）、「河明り」にも、

周りの囲い板はなく

という表記が一例見られる。つまり、戦前の国語辞典や漢和辞典の扱い方にもかかわらず、「周り」という表記形は、すでに戦前から一部に行われていたことが知られる。

昭和二十三年に内閣告示された旧音訓表では、「周」の字に「まわり」という訓が掲げられなかったし、「廻」も表外字であったため、新聞・雑誌・教科書などでは、周囲・周辺の意味の場合は、多く仮名書きにされ、まれに、

・新薬病患者が我々の回りにもゴマンといる。(週刊誌)
・四ひきのとらは、わになって、木の回りをぐるぐるとかけ回りました。(小学国語教科書)

のように「回り」と書かれることもあった。しかし、昭和四十八年に改定された音訓表には、「周」に「まわり」という訓が追加され、昭和五十六年の「常用漢字表」の音訓欄でもそれが踏襲されている。したがって、現在では、「池の周り」「周りの人」のように、周囲・周辺の意の場合には「周り」を書き、その他の意味の場合には、「回り」を書くというのが、穏当な書き方であると思われる。

(8―10)

問「利く」と「効く」の使い分け

答「ききめがある」という意味の動詞「きく」を漢字で書き表す場合は、「利く」「効く」のどちらを書くべきか、また、両者は意味によって使い分けるべきか、という問題である。

「利」は、「禾（いね）」と「刀」の会意文字で、中国語としては、稲束を鋭い刃物でさっと切ることの意から、事が都合よく運ぶ意を表し、

利鈍　利剣　利器　利口　利発　利用　利便　利害
／鋭利　便利　福利　有利　勝利

などの漢語として用いられる。

一方、「効」は、「交（X字なりにまじわる）」と「力」の会意兼形声文字で、中国語として実際の結果を出すように努力することの意を表し、

効力　効用　効能　効果　効験／特効　薬効　実効
時効　奏効　即効　無効　発効　有効　失効

などの漢語として用いられる。

国語の「きく」という動詞は、もともと、中国語としての「利」「効」の字義の違いを区別せず、両者を包括した意味を持つと思われる。ただ、この語に漢字を当てる場合に、右の両者の字義の差がある程度働いて、一般には、次のように書き分けられている。

左手が利く　顔が利く　耳が利く　腕が利く　体が利く
気が利く　機転が利く　心の利いた者　左利き
目利き　辛味の利いた大根おろし　ワサビの利いた話

のように、能力や働きが十分に発揮される意味の場合や、

　無理が利く　洗濯が利く　見晴らしが利く

のように、何かをすることが可能である意の場合は、普通「利く」と書かれる。また、話がまとまるように、物を言う意の「口を利く」という慣用句も、「利」の方が使われる。これらに対し、

　薬が効く　宣伝が効く　ワイロが効く　カギが効かない

のように、効能や働きが現れる、ききめがあるという意味の場合は、普通「効く」と書かれている。

「利く」「効く」の書き分けは、大体、以上のとおりであるが、実際の文章では、この語は仮名書きにされることが多いようである。実際、「利」と「効」の区別は微妙なものがあり、両者を混同した例に接することも多く、また、文脈によってはどちらを書くべきかで判定に迷うことも少なくない。仮名書きが多いのは、そういう事情もあってのことであろう。また、音訓表で「利」や「効」に「きく」という音訓を掲げたのは、昭和四十八年の改定以後のことであって、昭和二十三年の旧音訓表には、両者とも「きく」という訓が掲げられていなかった。そのため、公用文や教科書・新聞等では、二十数年間、仮名書きにされていたことも影響していると思われる。（8—11）

問「柔らか・柔らかい」と「軟らか・軟らかい」の使い分け

答　形容動詞の「やわらかだ」、形容詞の「やわらかい」を漢字で書き表す場合には、「柔」と「軟」のどちらを使うべきか、また、両者は意味によって書き分けるべきか、という問題である。

中国語としての「柔」と「軟」には、次のような意味上の違いがあるようである。

「柔」は、もともと曲げても折れないしなやかさを意味し、物や人などがしなやかであるさま、また、人や風などがおだやかであるさまを表す。「柔よく剛を制す」「内柔外剛」などの成句もあるように、もともと「剛」の対語であり、次のような漢語として用いられる。

　柔毛　柔術　柔道　柔順　柔《にゅう》和　柔《にゅう》弱
　優柔不断　懐柔

「軟」は、ぐんにゃりとしているさま、かたい手ごたえのないさまを表す。もともと「硬」の対語であり、

　硬軟　軟弱　軟化　軟派　軟禁　軟球　軟水　軟鉄
　軟骨　軟膏《こう》　軟体動物

などの漢語として用いられる。

つまり、「柔」は「しなやか」「おだやか」、「軟」は「ぐんにゃり」「手ごたえがない」という意味であるが、「柔軟」という語もあるように、「柔」と「軟」とは、意味上極めて近い関係にあると考えられる。

ところで、国語としての「やわらか」「やわらかい」は、それぞれ同一語と考えられ、右に述べた漢字の字義の違いによって、「柔」と「軟」とを使い分けることは、かなり困難のようである。

国立国語研究所には、現代の文学作品約五十点、科学説明文約二十点（岩波文庫約一万ページ弱）について、動詞・形容詞・形容動詞を採集したカードがある。そこには、「やわらか」「やわらかい」（「やわらかさ・やわらかみ」を含む）の用例が二百十二例集められているが、その表記上の内訳は、次のようになっている。（送り仮名・仮名遣いの差は無視する。）

　柔らか一三八例　軟らか二八例　和らか　三例
　柔嫩か　三例　嫩らか　一例　輭らか　一例
　やわらか三八例

すなわち、漢字で表記された百七十四例中の八割までが「柔」を使っており、また、その使われた意味の範囲も、「軟」に比べてはるかに広い。「軟」が使われているのは、大別して、次の二つの場合である。

(1)　手ざわり、肌ざわりがふんわりとしている。

・黒く光つた軟かい頭《つむり》の毛が際立つて白い額を撫でてゐる。（有島武郎「或る女」。ほかに「鬢の後れ毛・手」などを修飾した例もある。）

・軟かな未だ完成しない羽（佐藤春夫「田園の憂鬱」）

・曾ては菊畑であつた軟かい土には（同右）

・軟かな草の上に手を突いては（長塚節「土」。ほかに、「青い葉・棘《とげ》」などを修飾した例もある。）

・商人という軟かな衣をうわべにまとうて（石川達三「人間の壁（上）」）

このほか、「清らかな粒〈水滴〉・〈宇宙線の〉成分」などを修飾した用例もある。

(2)　目に見た感じが、ほんのりとした暖かみがあって快いさま。

・軟かな月の光（長塚節「土」）

・軟らかな風（堀辰雄「風立ちぬ」）

・新緑の最も軟かな色（永井荷風「つゆのあとさき」）

・重く軟かい水面が真珠色に輝いた。（宮本百合子「伸子（上）」）

・軟かさに満たされた空気（長塚節「土」）

大体、以上のとおりであるが、この二つの場合、「柔」を使ってもおかしくはないはずである。現に、次に掲げるように、「柔」を使った用例の方が、はるかに多く、また修飾する対象の範囲もずっと広い。

〔右の(1)の場合〕

・毛糸の手袋をしたままの、柔かい女の手だった。（石川達三「人間の壁（上）」）

このように、人間の体に関しては、他に「髪・髪の毛・黒眼・目鼻・手足・腕・こぶし・掌《てのひら》・指・頰《ほ》っぺ・乳房・ふくらはぎ・肌・皮膚・背中の肉・お体・肉体」などの修飾に広く使われている。

・雨上がりの柔かい土の上に（獅子文六「自由学校」）

自然物に関しては、ほかに「芝・草・青葉・落ち葉・岩・雪・水」などの修飾に使われている。

・お召か何かの柔かい羽織の裾（山本有三「波」）

生産物としては、他に「衣・垂れ襞《ひだ》・夜具・寝床・服・褞袍《どてら》」や、「帽子・靴・腰かけ・本」などの修飾に用いられている。また、

・恭吾は、濡れた唇の柔かく燃えるような抵抗を知った。（大仏次郎「帰郷」）

のような用例もある。

〔右の(2)の場合〕

・肩ごしに見える耳から頸にかけての煙つたやうに柔い線（里見弴「多情仏心」。ほかに「体の線・曲線」などを修飾した例がある。）

・知的な柔かさのある女の面影（佐多稲子「くれない」。他に「美しい人」を修飾した例がある。）

・柔かい靄の中に（小林多喜二「蟹工船」。ほかに「雨曇り・風景・空気・春の日」など修飾した例がある。）

・空には柔かい星の影が春めいてみえた。（徳田秋声「あらくれ」。ほかに「光の暈・五月の日向」を修飾した例がある。）

・芽柳の柔かい緑の色（大仏次郎「帰郷」。ほかに「楢や椚の緑・乳色・中間色」などを修飾した例がある。）

このほか、「軟」を使った用例には見られなかったものとして、

「声だけが柔かだ」のように、音（「声・水音」など）や言葉（「京言葉・言葉づかい」など）など、聴覚に訴えるものにも「柔」が使われている。さらに、次の(3)の場合は、ほとんど「柔」だけの用例しか見られない。

(3) 行動や性格・気持ちの様子などが穏やかなさま。

・ぬくめたミルクのやうに柔かいものが胸にひろがってくるのを覚える。（大仏次郎「帰郷」）

・少女が先に柔らかく倒れた（三島由紀夫「潮騒」）

・関西の女は物ごしが柔かで（林芙美子「放浪記」）

・する事なす事、当りが柔かで（山本有三「波」）

この類の用例はかなり多く、人間の行動や気持ち以外にも、「〈山に〉柔らかく抱かれている」「町の空気を柔らかにする」などの用例もある。

要するに、国語の「やわらか」「やわらかい」を書き表す漢字としては、「柔」の方が代表的表記であり、しかも使用範囲が広いことは間違いない。そのうちの一部分については、「軟」が用いられることもあるが、その場合、「柔」と「軟」のどちらを使うかは、ある程度、書き手の好みによるようである。右に掲げた文学作品の使用例を見る限り、「柔」と「軟」を同一作品の中で使い分けた作家はいないからである。

なお、昭和二十三年の旧音訓表では、「柔」だけに「やわらかい」という訓を掲げ、「軟」には、「ナン」という字音だけしか掲げていなかった。「軟」に「やわらか・やわらかい」の訓が掲げられたのは、昭和四十八年に改定された音訓表以来のことである。この審議の参考資料である「「異字同訓」の漢字の用法」では、「柔」「軟」の書き分けについて、次のように用例を示している。

柔らかい・柔らかだ――柔らかい毛布。身のこなしが柔らかだ。物柔らかな態度。

軟らかい・軟らかだ――表情が軟（柔）らかい。軟（柔）らかい話。軟（柔）らかな土。

これを見ても、両者の区別が難しいことを思わせる。したがって、どちらを書くか迷う場合には、「柔」（又は仮名書き）を使う方が無難であろう。

なお、動詞としての「やわらぐ」「やわらげる」の場合は、

気持ちが和らぐ　和らいだ空気　硬さを和らげる

のように、「和」を使うのが普通である。（8―12）

問「心身」か「身心」か

答「しんしん」という語を「心身」と書くか「身心」と書くかの問題である。手元の辞典を見ると、最も古いものでは、『日葡《ニッポ》辞書』に、「しんしん」は見当たらないが、

Xinjin. Cocoro,mi.

とある。この「Cocoro」は「心」であり、「mi」は「身」であろう。ただし、全体としての漢字表記は明らかでない。次いで『和英語林集成』では、初版には「しんしん」「しんじん」ともに見当たらず、再版には、「SHIN-JIN シンジン」とあるが、「神心」と漢字書きを示し、「The soul of man.」としているし、第三版にも「SHINJIN シンジン」とし、「心神」、「The mind. Syn. SEISHIN」としているので、これは、「心身」「身心」とは別語と考えられる。『言海』には、「心神　ココチ。精神。「――爽快」」とあり、これも異なる語である。続く『日本大辞書』でも、「身神　身体と精神」とあり、別に「心神」の項を立てているが、「心身」「身心」はともにない。「心身」を最も早く採録したのは、明治四十四年に改訂をした『辞林』であり、以後の辞典では、まず例外なく

「心身」を採録している。ところが、終戦前ごろから、「しんしん」の見出しの下に「心身・身心」と掲げるものが多くなり今日に至っている。中には、別項目とし、「心身　こころとからだと」、「身心　からだとこころと」とするものもある。

要するに、「心（精神）とからだ（身体）」か、「からだ（身体）とこころ（精神）」かということであり、古くは、「身心」とも書いていたが、両様の表記を掲げる辞典では、まず例外なく「心身」の方を先にしているし、現行の法律では、検察庁法・自衛隊法・児童福祉法・児童扶養手当法・老人福祉法・母子保健法などいずれも「心身」を採っているから、迷う場合には、「心身」としておくのが無難であろう。新聞・放送でも「心身」を採っている。（8―13）

問「醵出」か「拠出」か

答「金銭などを出し合う。」という意味の「きょしゅつ」という語を、「醵出」と書くか、「拠出」と書くかという問題である。

「醵」は、字音「キョ」で、「金銭を出し合う」の意味がある。一方、「拠」（旧字体は、「據」）は、字音「キョ・コ」、意味は「よる・もとづく・あかし・よりどころ」などで、「依拠《いきょ》・根拠《こんきょ》・証拠《しょうこ》・拠点《きょてん》」などの熟語を形づくるが、「出し合う」という意味はない。したがって、「きょしゅつ」のもともとの漢字表記は、「醵出」であって、その点に問題はない。国語辞典でも、明治四十年代に刊行のものに「醵出」とあり、以後、戦後数年に至る間に刊行のものは、すべて、「醵出」だけを掲げている。

ところで、「醵」は、昭和二十一年の「当用漢字表」には含まれていない。（昭和五十六年の「常用漢字表」でも同じ）そこで、「醵出」は、戦後の公用文などにおいて、言い換え語又は書き換え語の対象となってもよさそうであるが、昭和二十五年の『文部省刊行物表記の基準』、昭和二十九年の法制局の「法令用語改正要領」、昭和三十一年の国語審議会報告「同音の漢字による書きかえ」のいずれにも取り上げられていない。

これに対して、その起こりは分からないが、その書き換えとして、「拠出」が用いられるようになり、それが一部でかなり一般化したようである。国語辞典でも、昭和二十七年に改訂版を出した辞典には、「拠出・醵出」とあり、「拠」には、当て字の印、「醵」には表外字の印が付けてある。その後の辞典でも、一時期この傾向が見られた。

法令では、「保険業法」（昭和14・3・29法律第41号）には「醵出者」とあるものが、「中小企業退職金共済法」（昭和34・5・9法律第160号）には、「その拠出による……」とあり、その後公布される法律等では、「児童手当法」（昭和46・5・27法律第73号）をはじめとして、「拠出」「拠出金」が一般的となっている。

ＮＨＫでは、昭和四十年代の半ばごろから「拠出」を用いている。

日本新聞協会編の『新聞用語集』について見ると、昭和三十年代までは「醵出」に対して、「出し合い・持ち寄り」などの言い換え語を使うようにしていたが、一時「拠出」を掲げるようになり、次いで、前述の言い換えのほか、「きょ出」を用いることとし、「拠出」には誤用の印を付けるようになった。ところが、昭和五十六年版の共同通信社『記者ハンドブック』、時事通信社『記事スタイルブック』、日本新聞協会『新聞用語集』などで、そろって「拠出」と書くことにしている。

用字用語辞典の類では、『国会会議録用字例』が、昭和二十九年版では「醵出」であったが、昭和三十八年版、昭和五十年版では「拠出」とし、「醵出」は用いないと断っている。

しかし、用字用語辞典で、一般を対象としたものの中には、現在でも、「きょ出」とし、更に、言い換えとして、「出し合い、持ち寄り」などを掲げているものも多いようである。

また、昭和四十年代の末ごろ以降に改版を含んで新たに刊行された国語辞典では、かえって、「拠出」を削除し、「醵出」だけを掲げているものもある。

結局、「きょしゅつ」の漢字表記としては、「醵出」「拠出」の両様が行われているのが現状であるが、今後、「拠出」が更に広く一般にも認められていくことになるのかどうかは今のところ何とも言えない。 (8—14)

問 **「使命感」か「使命観」か**

答 「使命かん」などの「かん」は、「感」か「観」かという問題である。「○○かん」という語は、その「○○」によって、「感」か「観」かの、おおよその見当は付くのであるが、幾つか迷いやすいものもある。

(1) 「感」とすべきだと思われるもの。

安心感・安定感・意外感・一体感・違和感・開放感・飢餓感・危機感・期待感・恐怖感・虚脱感・虚無感・空腹感・屈辱感・孤独感・罪悪感・挫折《ざせつ》感・品薄感・重税感・親近感・正義感・責任感・装用感・疎外感・存在感・第六感・脱力感・抵抗感・読後感・不快感・不潔感・不信感・負担感・満足感・満腹感・優越感・臨場感・劣等感・連帯感・割高感

これらは、いずれも、その(ようになっている)感じ、気持ち、感覚、自覚などを表している。

(2) 「観」とすべきだと思われるもの。

宇宙観・厭世《えんせい》観・*価値観・言語観・終末観・宿命観・女性観・世界観・*先入観・側面観・男女観・人間観・文学観・来世観・楽天観・倫理観

(*印の語は、ときに「感」と書く人もあるようである。)

これらは、その物事についての見方、考え方、その物事に対する見解、観念、観察(の結果)などを表している。

ところで、「使命かん・人生かん・無常かん」などは、「感」か「観」か迷いやすいようである。

「使命かん」というのは、「使命かんに燃える。」などと使うことからいって、〈与えられた務め、課せられた任務などをどうしても果たさなければならないという自覚〉というほどの意であるから「使命感」とするのが妥当であろう。

「人生かん」は、〈人生についての気持ちとか、自覚〉とかいうわけではなく、〈人生の価値や目的などについての見方、考え方〉というほどの意であるから「人生観」とすべきであろう。ところが、「無常かん」という場合は、〈世の中の一切の物事はすべてはかないものであるという感じ〉の意味の場合は、「無常感」とした方がよく、〈仏教でいう世の中の一切のものはすべてはかないものであるという見方、考え方〉の意味の場合は「無常観」とする方がよいであろうと考えられる。 (8—15)

問 **「後片付け」か「跡片付け」か**

答 「あとかたづけ」を「後片付け」と書くか、「跡片付け」と書くか、また、意味によって書き分けるべきかどうかという問題である。

国語辞典では、この語の表記はゆれている。すなわち、明治、大正、昭和を通じて、「後片付（け）・後片附」とするものと「跡片付（け）・跡片附」とするものがあり、近ごろ刊行のものでは、両者を併記しているものもある。「跡片付（け）」だけのものは、近ごろのものには見当たらないようである。また、「後かたづけ・跡かたづけ」と「片付け」の部分を仮名書きにするのが望ましい表記法だとしているものもある。一般的には、「片附け（る）」がもともとの用字法であったが、昭和二十三年内閣告示の「当用漢字音訓表」の実施以来、「附」を「つく・つける」とは使わなくなり、「片付ける」と書くことになって今日に及んでいる。

ところで、「後」と「跡」とはどう違うかというと、「後」は、「後《あと》にする・後《あと》から・また後《あと》で」とか、「後《のち》々まで・その後《のち》・後《のち》ほど」とか、「後日《ゴジツ》・以後《イゴ》・今後《コンゴ》・食後《ショクゴ》・戦後《センゴ》」とかのように、「ある時点を基準として、それよりも、更に時間が経過した時」を指している。すなわち時間的・時期的なあとである。これに対して「跡」は、「戦いの跡《あと》・筆の跡《あと》・跡《あと》形《かた》」とか「足跡《ソクセキ》《あしあと》・遺跡《イセキ》・戦跡《センセキ》・筆跡《ヒッセキ》」とかのように、「そこに残っている、かつて行われた何事かのしるし」を指している。すなわち、場所的なあとである。

結局、「後片付け」か「跡片付け」かは、「かたづけ」の前に添える「あと」が、「後」であるのか、「跡」であるのかによるということになる。「後片付け」は、ある物事が行われ、それが済んでから、(したがって、時間がたってから)行う片付けであり、「跡片付け」は、ある物事が行われたその場所の片付けということになる。例えば、食事や会議の「あとかたづけ」は「後片付け」、「火事場・引っ越し」の「あとかたづけ」は「跡片付け」ということになる。

しかし、後《あと》で片付けるのは、何かを行って、秩序が乱れたり、格納しておくべきところから出して使用したものを、整理することであり、また、跡《あと》を片付けのは、何事かが行われ、それが済んでから、すなわち、時間的にあとで片付けるのである。つまり、何らかの跡《あと》がなければ、後《あと》で片付けることは必要ではないし、跡《あと》を片付けるのは、絶対に事前にはできず、どうしても事後、すなわち、時間的な「あと」でなければならない。そこに「後片付け」と「跡片付け」の使い分けの微妙さもあるわけである。しかし、強いて使い分ければ、例えば、食事・会議などが済んでから片付けるのが、「後片付け」であり、食事・会議などが行われた室内や食器類・いす・テーブル・書類などを片付けるのが「跡片付け」だと言えるわけである。「火事・引っ越し」の「あとかたづけ」も同様である。なお言えば、あとで片付けるのが「後片付け」であり、あとを片づけるのが「跡片付け」ということになる。

NHKでは『新用字用語辞典』(昭和56刊）で、〈後片づけ（火事のときは「跡片づけ」とも)〉としており、日本新聞協会の『新聞用語集』(昭和56刊）では、「後片付け」にしているが、一般的に言って、もし、どちらかに統一するとすれば、使い道の広い「後片付け」を採用することになるであろう。

（8—16）

問「群衆」と「群集」の使い分け

答「群衆」・「群集」は、現代語としては、どちらも「グンシュー」であるが、両者は、同じ意味の語であるのか、それとも異なった意味の語として使い分けを要する語であるのかという問題である。

戦後の国語辞典等では、大体において、群衆と群集とを、別項目として立て、例えば、

群衆：むらがりあつまった人々。

群集：①（人の）あつまり。むれ。②（人が）あつまること。

などのように説明している。もっとも、辞典によっては、群集の①と②とをまとめて、「（人が）むらがりあつまること。また、そのあつまり。むれ。」などのようにしているものもある。辞典によって、用語・表記・言い回しに多少の違いがあることは言うまでもないが、大筋においてはほぼ一致している。そして、さらに、「群衆」の説明の終わりに「群集」という形を、「群集」のところに「群衆」という形を掲げたものもある。また、同じ見出しの下に、「群集・群衆・群聚」としているものもある。このようなわけで、「群衆」と「群集」とは、同じ音で同じ意味、ないし、類似の意味の語と見ることもできる。

しかしながら、現在の大勢としては、「群衆」は名詞として、「（多くの）人々のあつまり、（多くの）人々の群れ」の意の場合に用い、「群集」は「する」を添えて動詞として「（多くの）人々が集まる、（多くの）人々が群がる」の意の場合に用いる傾向が見られる。新聞でも、日本新聞協会の『新聞用語集』によれば

群衆　群集　動詞として使う場合、また「群集心理」などの時は別　（㊟「群集」は使わないことを示す。昭和31年版）

のように、群衆と群集とを使い分けており、その最新版である昭和五十六年版にも、

ぐんしゅう＝群集（人が集まる）群集心理、やじ馬が群集する
＝群衆（人の群れ）群衆を扇動する、大群衆

とあり、群集は動詞として、群衆は名詞として使うこととしている。NHKでもその『新用字用語辞典』（昭和56・9・1刊）において、

群衆（集まった人々）
群集（群がり集まること）～心理（原文は横組み）

として区別している。

実例を掲げれば次のとおりである。

・荒れ狂う群衆　機動隊に投石／群集心理……自制心失う〃（昭和51・5・16、毎日、神戸まつりの夜の騒乱の報道の見出し）
・沿道はものすごい数の群衆で埋まっていた。百万人以上の人出だという。（昭和53・5・17、朝日）

「群集」は、もと「クンジュ」と言った。各種節用集にも「群集」、「群聚」の読みに、「クンジュ（クンシュ・クンジフ、その他）」などとある。（なお、節用集に、「群衆」は見られない。）そして「す（る）」を添えて動詞としても用いた。例えば「平家物語」に、「綺《き》羅《ら》充《じう》満《まん》して、堂《たう》上《しやう》花《はな》の如し、軒《けん》騎《き》群《くん》集《じゅ》して、門前市《もんぜんいち》をなす。」（岩波版『日本古典文学大系』本による。）とあり、また、『日葡辞書』には、Cunjuの項に、「Muragari, atçumaru＝Cunju suru.」とある。明治以後の辞典では、高橋五郎の『漢英対照いろは辞典』（明治20）に、「ぐんしふ〔する〕（自）群集、むらがりあつまる」「くんじゅ〔する〕（自）群聚、むらがりあつまる」が見られるが、『言海』（明治22）『日本大辞書』（明治26）等には、「ぐんしふ・ぐんしゅう」の見出しはない。『日本国語大辞典』によれば、加藤裕一『文明開化』二編（明治7）に「参詣が群集《グンシフ》する」の例が挙がっている。

また、「ぐんしゅう心理」は、現代では、「群集心理」と書くが、『改修言泉』『辞苑』『広辞林　新訂版』など、昭和十年代前後の辞典では、「群衆心理」としている。生物学で生物の集団について「群集」と言うが、これも以前は「群聚」と書いたものである。

（9―1）

問「指向」と「志向」の使い分け

答「指向」と「志向」とは、同じ意味の語であるのか、それとも、異なった意味の語として、使い分けを要する語であるのかという問

題である。

各種国語辞典について見ると、「志向」は、既に明治二十六年刊の『日本大辞書』に採録してあり、以降の辞典でも、二、三の例外はあるが、ほとんどのものが採録している。これに対し、「指向」の国語辞典への採録は、戦後になってからのようである。しかし、英語の directional antena の訳語としての「指向性アンテナ」、「指向性空中線」は、百科事典では、もっと早くから採録している。(例えば、昭和9初版『新修百科事典』(三省堂刊)など。)

「志向」は、明治十四年刊の『哲学字彙』に、Intention の訳語として現れている。意味は、『日本大辞書』には「志シノ方向」、『ことばの泉』には「こころざしの向ふかた」とあり、『改修言泉』には、「㈠こころざしの向ふかた。こころざし、意向。㈡(哲)『英 Intention』動議と行為とを成遂する上は、生ずるならんと予期せらるる結果の総称」とある。戦後のものでは、例えば、最近刊行のある小型辞典では、「志向：(それにあこがれて) めざすこと。」、「指向：㈠(決まった方向を) 向くこと。向かうこと。㈡志向。」としている。

この最後の辞典では、「志向」と「指向」とは、一応別語としながらも、なお、「指向」の第二義として「志向」とあるように、同義語としても用いるとしている。この傾向は、他の辞典にも見られ、さらに、「志向」の意味の一つに、「指向」と掲げているものもある。

新聞の用例について見ると、

本モノ指向 (51・2・19 朝日)
「ホンモノ指向」(51・7・7 読売)
"本物志向" (51・9・29 朝日)
天然、本物志向 (52・1・23 朝日)
本物志向 (53・2・17 読売)

働く人たちのふるさと志向 (51・7・25 読売)
この一、二年「ふるさと指向」という…… (52・1・6 朝日)
これは、ふるさと志向が…… (57・8・18 読売)
ブランド指向 (52・1・17 読売)
ブランドもの志向 (57・8・18 朝日)

のような具合で、はっきりとした使い分けは見られないようである。

しかしながら、「しこう性アンテナ」とか「しこう性マイクロホン」などの場合は、必ず「指向性」であり、これを志向性と書くことはない。このことから言えば、単に物が一定の方向性を持っているとか、ある方向を指しているだけで、それが心の働きによるものでないなどの場合には、「指向」を用い、心の働きで、その方を向いている、ある物事を目的・目標として、それに向かおうとする、その方面を目指している、というような場合には「志向」を用いることになるであろう。

「志向」は哲学用語、「指向」は物理用語として用いられたのが、次第に一般語となったものと思われる。 (9—2)

問 「提示」と「呈示」の使い分け

答 「提示」と「呈示」とは、同じ意味の語であるのか、それとも、異なった意味の語として使い分けを要する語であるのかという問題である。

国語辞典について見ても、実際の用例によっても、両者は、結局は同じ意味、ないし、極めて類似した意味の語であり、判然とした区別はつけ難い。例えば、辞典Aでは、「提示：さし出しかかげて、見せること。」、「呈示：さし出して、相手に見せること。」とあり、辞典Bでは、「提示：差し出して示すこと。呈示。」、「呈示：証拠・書類などを差し出して示すこと。」とあり、辞典Cでは、「提示：さし出して示すこと。」、「呈示：さし出して見せること。提示。」とある。（ただし、「提示・呈示」ともに第二義を除く。）このように「提示」・「呈示」は明確に使い分け難い語であるが、実例について見ると、例えば、次のとおりである。（傍線は引用者による。）

① 文書ノ真否又ハ手形ノ呈示ニ関スル事実ニ付キテハ……（民事訴訟法、第446条　明治23・4・21　法29）

② 為替手形ノ所持人又ハ単ナル占有者ハ満期ニ至ル迄引受ノ為替支払人ニ其ノ住所ニ於テ之ヲ呈示スルコトヲ得（手形法、第21条　昭和7・7・15　法20）

③ 当該吏員が前項の規定により立入検査をする場合においては、その身分を示す証票を携帯し、且つ、関係人の請求があるときは、これを呈示しなければならない。（公衆浴場法、第6条第2項　昭和23・7・12　法139）

④ 前項ノ規定ニ依リ立入ラムトスル警察署長又ハ警察官ハ其ノ身分ヲ証スル証明書ヲ携帯シ関係人ニ之ヲ提示スベシ（遺失物法、第10条の2、第8項　明治32・3・24法87。ただし、この項は、昭和33・3・10の一部改正によって追加となったものである。）

⑤ 分類官職への採用又は昇任は、（中略）提示された任用候補者のうちから行わなければならない。（人事院規則八―一二　第7条　昭和27・5・23　人規8―12）

⑥ 第一項の規定により他人の土地に立ち入る職員は、その身分を示す証明書を携帯し、関係人に提示しなければならない。（工業用水法、第22条　第5項　昭和31・6・11　法146）

法令における実例は右のようであるが、明治時代から「呈示」、「提示」ともに使われている。殊に、③、④、⑥について見るように、「呈示」と「提示」とで意味を異にするとは考えられないような使い分けもある。④は、注記のように、昭和三十三年に追加になった部分に使われているものであり、「提示」とあるが、仮に、公布当初から「ていじ」の語が使ってあったとすれば、当時の用字法から言って、当然、「呈示」とすべきものと考えられる。

法令における用語用字については、昭和二十九年の「法令用語改正要領」において、同音語のうち、「Ⓒ次のものは、統一して用いる。」の一つに、「ていじ（提示 呈示）提示、示す」とあり、以後は、「ていじ」は「提示」だけを用いることになった。各新聞社、NHKでも、これにならって「ていじ」は「提示」に統一している。現在は、一般でも「提示」を多く用いているが、「呈示」もかなりしばしば用いられている。

なお、この語の読みは、どちらの書き表し方であっても、かつての辞典では、「テイジ」よりも「テイシ」としているものが多い。

（9―3）

問「表記」と「標記」の使い分け

答「表記」と「標記」とは、同じ意味の語であるのか、それとも、異なった意味の語として使い分けを要する語であるのかという問題である。

「表記」・「標記」ともに、細かく分ければ、二つ、三つの意味に分けることができるが、中心的な意味は次のとおりである。「表記」は、「（文字などで）書き表す（こと）」ということであり、「標記」は、「題目・目印・見出しなどとして書くこと、また、その書き表した題目・目印・見出し」ということである。

「表記」は例えば、「現代かなづかいで表記する。」「表記はローマ字による。」「表記にゆれのある語」「表記法」などと用いる。この場合、別の言い方で言えば、「文字・記号をもって書く（こと）」、書き表す（こと）」、また「書き（表し）方」などとなるであろう。

「標記」は、別の語で言えば、「件名・標題・題目・題名などとして書き記すこと」などであり、例えば通知文などで、本文を「標記のことについて……、標記の件に関し……、標記の会議を……」と始めるのなどが一つの使い方である。この場合、本文の前には、文書の題目・題名とも言うべき件名が記してあるのが普通である。すなわち、この場合の「標記」はその件名を指しているのである。なお、このような場合、本文の初めは、常に「標記の……」とする必要はなく、「このことについて……」とすることもあり、時にはこれに相当する語句を省いている場合もある。

なお、「表記」には、「おもて（表）に記すこと」という意味もあり、その意味で「表記」と「標記」との間にやや紛らわしい点があることは否定できない。これに関連して、刊行年次の古い国語辞典（まれに戦後のものにも）には、「表記」の項に、言い合わせたように「価格表記」という用例が載せてあるが、これはもとあったある種の特殊取扱郵便物の略称で、現在の「現金書留」用の封筒と似たような特別の封筒に現金・貴重品を入れて送るものである。封入品の金額を封筒の表に記し、紛失・毀損《きそん》のあった場合に、その金額を賠償するというものである。正式には「価格表記郵便」と言った。（9―4）

問「表示」と「標示」の使い分け

答「表示」と「標示」とは、同じ意味の語であるのか、それとも、異なった意味の語として使い分けを要する語であるのかという問題である。

「表示」は、「（外部に）あらわしめすこと」という意味の語である。一方、「標示」は、本来「目印として（又は、目印を付けて）、（外部に）あらわしめすこと」という意味の語であるが、「表示」とほぼ同じ意味で用いられることがある。

そこで、昭和二十九年十一月の「法令用語改正要領」では、「表示」、「標示」について、「表示」に統一することとしている。これに基づいて、『新聞用語集』（日本新聞協会、昭和56・9・25刊）などでは、

ひょうじ（標示）→㊟表示――道路交通法では「道路標示」としている。

ところで、『新聞用語集』でも触れられているように、法律において、「表示」と「標示」とを使い分ける場合がある。

例えば、道路交通法（昭和35、法律第105号）について見ると、（傍線は引用者による。）

・道路標示　道路の交通に関し、規制又は指示を表示する標示で、路面にえがかれた道路鋲《びょう》、ペイント、石等による線、記号又は文字をいう。（第2条　第1項16）

・信号機の表示する信号の意味その他信号機について必要な事項は、……（第4条　第4項）

・乗合自動車の停留所又はトロリーバス若しくは路面電車の停留所を表示する標示柱又は標示板が設けられている位置から十メートル以内の部分（第44条　第5項）

また、道路交通法施行令（昭和35、政令第270号）では、

・……車両の保安基準に関する規定により設けられる非常点滅表示燈、……（第18条　第2項）

とある。一方、住居表示に関する法律（昭和37、法律第119号）では、法令名そのものに「表示」とあり、その条文においても、

・……その他の工作物につけられる住居番号を用いて表示する

方法をいう。（第2条）

・　……当該区域内の町若しくは字の名称及び街区符号又は道路の名称を記載した表示板を設けなければならない。（第8条　第1項）

のように、「表示」を用いてある。

同じ「ひょうじ板」でも、道路交通法では、「標示板」であり、住居表示に関する法律では「表示板」である。

この表記の違いは次のように考えることができる。すなわち、停留所の標示板は、それが立てられているその位置が停留所であるということを示すことを目的とするものである。通常そこにその停留所の名称が文字で記してあることが多いとは言え、その名称は、道路交通法の立場から言えば、必要ないもの、ないしは、あっても副次的なものである。これに対し、表示板は、そこに書かれた文字などによって、その道路・町・街区・建物等の「名称」（その一部を符号、番号で表すこともある。）を示すことが目的であって、必ずしも掲げられているその箇所だけが、「道路・町・街区・建物等」であることを示しているのではない。

以上をまとめると、「標示」は、形づくってある物体や、鋲《びょう》・ペンキ・石・タイル、その他のもので、目に見え、手で触れることのできるような線・図形・記号・文字によって、それが何であるか、また、可能・不可・許可・禁止・開始・終了などのことをあらわししめすことであり、このような限定された方法・手段によってあらわししめすことであるのに対し、「表示」は、その方法・手段にかかわらずあらわししめすことであると言うことができる。なお、一般に、特に必要のない限り、どちらかに統一して用いてもよいが、その場合は、やはり「法令用語改正要領」に準じて「表示」を用いるのが適当であろう。

「表示」には、「表《ひょう》にして示すこと」という意味もあるがこの場合は、「標示」とは明らかに同音異義語である。

なお、「表示」と「標示」は、共に、名詞としても、「する」を添えて動詞としても使われる。また、「表示」・「標示」については、共に、昭和の初めごろまでの辞典の見出しに、「ヒョーシ」もあった。　（9―5）

問「当てる」と「充てる」の使い分け

答「あてる」という語を漢字で書き表す場合、「当てる」と「充てる」のどちらを書くべきか、あるいは意味に違いがあり、使い分けるべきか、という問題である。

国語辞典の類について見ると、明治以降、今日に至るまで、「当てる」と「充てる」とを別見出しとしているものは、どちらかと言えば少ない。

古い辞典では、口語形の「あてる」の見出しはなく、「あつ」であるが、これに当ててある漢字は「当」だけのものが多い。見出し又は参照見出しに口語形を掲げるようになってからも傾向としては同様であるが、一部に「あてる（「あつ」を含む。）」について、「当・充」を掲げているもの、更に、「中・宛」まで掲げてあるもの、説明中に、意味によって、「充・中・宛」等を当てているものなどがある。

この「当・充・中・宛」のうち、「中」は「常用漢字表」では「あてる」の訓がなく、「宛」は字そのものが表に掲げられていない。したがって、「常用漢字表」に準拠すれば、従来これらの字が慣用されていた場合は、仮名書きにするか、「当」又は、「充」に書き換えるかすることになる。このような場合をも含めて、意味によって「あてる（これを自動詞の「あたる」としても。）」を「当てる」と書くか「充てる」と書くかが問題となるわけである。

この使い分けについて、かつて国語審議会の漢字部会が作成し、昭和四十七年六月二十八日の総会で「当用漢字改定音訓表」を審議した際提出した参考資料「「異字同訓」の漢字の用法」には次のとおりある。

　当たる・当てる――ボールが体に当たる。任に当たる。予報が当たる。出発に当たって。胸に手を当てる。日光に当てる。当て外れ。

　充てる――建築費に充（当）てる。保安要員に充（当）てる。

ここで「充（当）てる」とあるのは、「充」の代わりに「当」を用いてもよいことを表している。

この資料によれば、「当」は、「当てる」のほか、自動詞「当たる」としても用いられ、使用範囲が広く、いろいろの意味に使われるが、「充てる」には、自動詞「あたる」の用例は一般には、まず見られず、また、限られた意味の場合にしか使わないということができるであろう。

このことは、戦後の国語施策が実施される以前の古い辞典でも同様で、例えば『言海』（明治24）では、〈割リ付ク。「課役ヲ―」〉とし、『広辞林』（大正14）では、〈わりつく。あてがふ。〉の意とし、『大辞典』（昭和10）には、見出しの「あてる」には「当てる」のほか別見出しの下に「充てる・宛てる」とあり、そこには「「充《あ》つ」の口語。」とあるが、「あつ」の項には「当つ」だけで、「充つ」は見出しとして立てていない。

現在の「充てる」の実際の用例を挙げてみると、次のとおりである。

・昨年、同教室から得た百三十五万円のアルバイト収入は、ほとんど生活費に充てた、と。（新聞）
・登録料は第三者賠償保険の加入料に充てられ、…（新聞）
・この不足分は学校徴収金を充てたという。（新聞）
・生徒会活動及び学校行事については、学校の実態に即して、それぞれ適切な授業時数を充てるものとする。（昭和53、文部省告示「高等学校学習指導要領」総則）

結論としては、現在、「当」は、広く一般に、いろいろの場合に「あてる」とも「あたる」とも使うが、「充」は他動詞「あてる」の場合で「充当する・割りあてる・割りふる・振りあてる」などの意の場合に使うのが一般的であるということになる。なお、例えば、「毒にあたる、あてがう、あて名」などのように、「中」や「宛」を使う慣用のある語の場合は、仮名書きにするのが妥当であろう。

（9―6）

問「絞める」と「締める」の使い分け

答　物の周りを何かで取り囲み、四方から圧力を加えることを、「しめる」と言うが、この語を「絞める」と書き表す場合もあるし、「締める」と書き表す場合もある。

この書き分けはどういうことかと考えてみると、そのものの生命や機能、また形態を損なうような形でしめる場合には「絞」を用い、広く一般に緩みをなくしたり、透き間をなくすようにしめる場合には「締」を用いるというふうに考えれば、一応の説明はつく。

したがって、「首をしめる」のほか、「しめ殺す」「鶏をしめる」などの場合や柔道の「裸じめ」「送りじめ」などのしめわざには「絞」を用いることになる。また、「しらしめゆ」も「白絞め油」と書くのが普通である。

一方、「帯をしめる」「ひきしまった顔」「ねじをしめる」などの場合は、「締」を用いる。

「締」には、直接的な「しめる」という意のほかに、具体的に力を加えるのではないが、「心を引きしめる・家計をしめる・申し込みをしめ切る・手拍子でしめる」などのように、比喩《ひゆ》的・派生的な意の場合にも用いる。また、「板じめ・帯じめ・総じめ・胴じめ・根じめ・音じめ・元じめ」なども「締」である。さらに、戸・扉などを「しめる」(「開ける」の反対)の場合などに用いられる場合もあるが、この場合は「閉」を用いる方が適しているであろう。なお、「戸じまり」は「戸締まり」が普通である。また、ある場所や物などを自分だけのものとして取る場合の「しめる」には「占」を用いる。

ところで、「はがいじめ」の場合はどうであろうか。この語の表記については、国語審議会の「「異字同訓」の漢字の用法」に「羽交い絞め」とあり、これ以後刊行の一、二の辞典では、これにならってか、「羽交い絞め」としているが、明治以後、今日に至るまでの大部分の辞典では「羽交(い)締め」としている。なお、現行版で「羽交い絞め」としている辞典でも、元の版では「羽交い締め」としてあった。　(9—7)

問　「堪える」と「耐える」の使い分け

答　「堪える」と「耐える」との意味の違い、及び、使い分けの問題である。

漢字の「堪」と「耐」とを、その字義の上から、常に厳密に使い分けることは難しい。

辞典について見ると、例えば漢和辞典(A)では、「堪」の字義について、「㋐もちこたえる。㋑こらえる。がまんする。」(他の義を省略。以下同じ。)とし、(B)では、「こらえる。もちこたえる。がまんする。」としている。また、「耐」について(A)は「㋐もちこたえる。㋑こらえる。しのぶ。がまんする。」とし、(B)では「がまんする。こらえる。」としている。結局、(A)では、「もちこたえる。こらえる。がまんする。」は、「堪」と「耐」とで共通である。(B)では「がまんする。こらえる。」が共通である。また、(A)では、「堪・耐」ともに、字義を㋐、㋑の二つに細分しているが、(B)では一まとめにしており、それは(A)の㋐、㋑にわたっている。

今、実際に、この二つの漢字を含む熟語を比べてみると、「堪」を「たえしのぶ、こらえる、がまんする、もちこたえる」の意味で用いたのは「堪忍」ぐらいであるのに対し、「耐」の方は使い方が多く、「耐久・耐忍・耐乏・忍耐」などのほか、「耐アルカリ・耐火・耐寒・耐酸・耐震・耐水・耐熱……」などを単独で、又は種々の語の上に冠して用いる。

このようなことから、和語の「たえる」においても、「痛みにたえる」「困苦にたえる」、「重圧にたえる」、「風雪にたえる」、「五十キログラムの重さにたえる」などのように、「がまんする」、「もちこたえる」の意味の場合は、「堪」でも誤りではないが、一般には、「耐」が用いられることが多いようである。

「たえる」には、このほかに、①「……に対する十分な能力がある。」という意味の場合。例「任にたえる・たえない」など。②「……するだけの値打ちがある」という意味の場合。例「鑑賞(聞く・見る・読む)にたえる・たえない」など。③常に打ち消しを伴って、「……の気持ちを抑えることができない」の意味の場合。例「遺憾(感激、感謝、寒心・憤慨・憂慮)にたえない」などがある。これらの場合、人によって感じ方が違うであろうが、「耐」ではかなり違和感があるので、「堪」を用いるのが一般的であろうと思われる。　(9—8)

問「調う」と「整う」の使い分け

答「調う・調える」と「整う・整える」との意味の違い、及び、使い分けの問題である。

「調う」には、「何かについて必要なものが全部そろう」、「物事がまとまる・成立する」という意味があり、「味・材料・資金・支度・道具・必要品・物事の準備や用意などが調う（……を調える）」、「買い調える」などの場合や、「縁談・協議・交渉・話が調う（……を調える）」などの場合に用いられる。

「整う」には、「乱れたところを正し、整理・整頓《せいとん》する」、「手落ちや手抜かりなどがないようにする」などの意があり、「足並み・押し入れの中・環境・調子・体裁・服装・文章・隊列が整う（……を整える）」、「整った目鼻立ち、整った文字」などの場合に用いられる。

したがって、例えば、同じ「道具をととのえる」でも、使いっぱなしや出しっぱなしにしてあるたくさんの道具類を片付け、使いやすいようにきちんと並べるような場合は、「道具を整える」、何かをするために、必要な道具類を全部買いそろえるような場合は「道具を調える」、とするのが普通である。

漢語の「調教・調剤・調節・調達・調馬・調理・不調」の類と「整形・整合・整頓・整理・整列・修整・不整脈」の類とを対比させると、「調う・調える」と、「整う・整える」との書き分けの参考となる。もっとも、「調整」という語もあり、「頭髪をととのえる」場合には、「調髪」とも「整髪」とも言うので、これだけですべてが解決できるわけではない。

（9―9）

問「独り」と「一人」の使い分け

答「ひとり」という語及びこれを含む複合語を漢字を用いて書く場合、「独り」と「一人」のどちらを書くべきか、また、両者は意味によって書き分けるべきかという問題である。

「ひとり」は、昭和二十三年内閣告示「当用漢字音訓表」の制定以後は、「ひとり」と仮名書きすることになっていた。（なお、「ふたり」も同様である。）それが、昭和四十八年内閣告示「当用漢字音訓表」の、「独」の音訓欄に訓として「ひとり」、例欄に「独り、独り者」を掲げ、また、音訓表の付表に「ひとり　一人」を掲げたことによって、「独り」も「一人」も共に使えるようになった。そして、これが、昭和五十六年内閣告示の「常用漢字表」に引き継がれている。なお、「独り」と「一人」の使い分けについては、「当用漢字音訓表」でも、「常用漢字表」でも触れていないが、「文部省用字用語例」（昭和56・10）では、用例によって一応の使い分けを示してある。

「独り」と「一人」との使い分けは、微妙なところがあり、常に明確に割り切ることは難しいが、字義から言えば、漢語の「孤独・単独・独身・独占・独断・独立・独歩・独善」などの意を含むような「ひとり……」の場合は、大体において「独り」としてよいであろう。また、他にだれもいない、二人（以上）いない場合、一名という人数に重点を置いて表記する場合は、大体において、「一人」としてよいと言えるであろう。

この考え方に従って幾つかの用例を挙げてみれば、

〔独り〕　～居　～占い　～合点　～決め　～言
　～占め　～相撲　～立ち　～で決める　～でに
　～舞台　～ぼっち　～身　～者　～善がり
　～……ばかりでなく

〔一人〕　人っ子～　～口　～子　～っ子　～天下

〜として　〜ならず　〜息子　〜娘　〜も
娘〜に婿八人

というふうに使い分けることができる。

　したがって、「独り」と「一人」とによって、その意味するところを表し分けることもできる。例えば、「ひとり歩き」という場合、幼児が次第に成長して、他から手で支えてもらわなくても自分だけの力で歩けるようになったことを表す場合や、子供が自活できるようになったことを表す場合には、「独り歩き」とすることになるであろうし、「夜道のひとり歩きは危険です。」とか、「自由行動では、盛り場のひとり歩きはしないこと。」とかの場合は「一人歩き」とすることになるであろう。

　しかしながら、「独り」であることは、人数で言えば「一人」であるから、「ひとり」という事実の見方、とらえ方によって、同じことであっても「独り」とも「一人」とも使える場合がある。例えば「ひとり暮らし」の場合、配偶者も親・子供もいないという面からとらえれば「独り暮らし」がよいということになるし、人数に重点を置いて表現する場合は、「一人暮らし」がよいということになる。この語は、日常、新聞紙上において、しばしば目につく語であるが、「独り暮らし」も「一人暮らし」もあり、更に「ひとり暮らし」もあり、表記によって、その意味を常に的確に判別することは難しい。

　逆に言えば、例えば「ひとり寝」の場合、「独り寝」と書けば、例えば配偶者と別の所でひとりで寝ることであり、「一人寝」と書けば、例えば幼児などが親などに添い寝をしてもらわずにひとりだけで寝ることであるが、ひとりで寝ることのすべての場合に、「独り」と「一人」とを使い分けることは難しい。

　結局、使い分けるとすれば、事実・状況の見方、とらえ方や重点の置き方によって判断し、「独り」・「一人」・「ひとり」のうちから、どれかを選ぶということになるであろう。　（9—10）

問「〜家」と「〜屋」の使い分け

答「〜や」という語、すなわち、接尾語としての「や」の部分を漢字で書き表すとき、「家」と書くか、「屋」と書くかという問題である。

　まず、固有名詞では、次のように「家」、「屋」ともに用いられる。⑴商店・料理屋・旅館などの名前の場合。〔例：菊廼家・小松家・吉野家・栄屋・上州屋・ほてい屋〕⑵雅号・芸名などの場合。〔例：柳家小さん・鈴の屋・成駒屋〕。これらについては、それぞれ個別に見ていくほかはない。

　「屋」は、以上のほか、多くは名詞につけて、⑴その人が、その職業に就いていること、その商売をしていることを表す。また、その職業・商売をしている店・場所であることを表す。〔例：あめ屋・印刷屋・仕立屋・ペンキ屋・洋服屋〕。⑵表向きの職業・商売とは認められていないが、そういうことをやっている者を指す語の俗称として用いる。〔例：あいまい屋・総会屋・ぱくり屋〕。⑶専門家としてその仕事に従事している者で、正式の呼称があるにもかかわらず、多少自嘲《じちょう》的に、又は軽べつ的に言う場合に用いる。〔例：事務屋・すじ屋（鉄道等のダイヤグラムを作成する人）・ブン屋（新聞記者）〕。⑷職業・商売上の呼び名でなく、気質・性向から見た俗称として用いる。〔例：お天気屋・照れ屋・目立ちたがり屋〕。

　これらの場合に「屋」を用いることは、ほぼ定着しており、迷うことはない。

　「家」か「屋」かに迷う場合は、これ以外の例えば、「空きや・あばらや・一軒や・田舎や・大や・おもや・貸しや・借《しゃく》や・長や・二

語（辞典の数）＼用字	家	屋	家・屋	屋・家	その他（仮名書きを含む）	不採録	備考
空きや 48	21 44%	8 17%	15 31%	4 8%			
あばらや 47	1 2%	31 66%	6 13%	3 6%	6 13%	1	
一軒や 41	16 39%	19 46%	6 15%			7	
田舎や 31	29 94%		1 3%		1 3%	17	
大や 45	4 9%	14 31%	26 58%		1 2%	3	
おもや 48		38 79%		9 19%	1 2%		常用漢字表「{母屋 の付表に　{母家」とある。
貸しや 46	41 89%	3 7%	2 4%			2	
借や 47	20 43%	10 21%	7 15%	10 21%		1	常用漢字表の「家」の例欄に「借家」とある。
長や 47	1 21%	35 74%		11 23%		1	文部省『学術用語集（建築学編）』に「長屋」とある。
二階や 25	3 12%	21 84%		1 4%		23	＜「異字同訓」の漢字の用法＞に「二階家」とある。
離れや 40	30 75%	5 13%	4 10%		1 3%	8	
一つや 43	26 60%	10 23%	5 12%	2 5%		5	
平や 46		27 59%	5 11%	14 30%		2	文部省『学術用語集（建築学編）』には「平家」とある。
我がや 28	28 100%					20	

〔注〕「用字」の欄に，例えば「家」とあるのは，辞典で，漢字表記を「～家」とだけしているもの。「屋・家」とあるのは，「～屋・～家」の順序で掲げているもの，「その他（仮名書きを含む。）」とあるのは，「家」も「屋」も使っていないもの。〔例：「あばらや」は，『和英語林集成』では「敗宅」としている。〕

「用字」の各欄の上段の数字は，その表記を持っている辞典の数，下段の数字は，その語を採録している全辞典（用例，句として採録しているものを含む。）に対するその表記を採っているものの百分率（小数点以下を四捨五入。）である。

「語（辞典の数）」の欄の数字は，その語を見出しに採録している辞典の数である。

階や・離れや・一つや・平や」などであり、これらは、実際の表記もゆれており、また、辞典等によってもまちまちである。今、この十三語に「わがや」を加えた十四語について、明治以降、現在に至るまでの国語辞典等（『和英語林集成』・『新聞用語集』（昭和56版）・『日本語発音アクセント辞典』を含む。）、四十八種について、「家」としているか、「屋」としているかを表の形にまとめてみると右のとおりである。（辞典によって、「あきや」を「空（き）～」、「明（き）～」とするもの、「おもや」を「母～」、「主～」とするものなどがあるが、「や」以外の表記は、ここでは問題としない。）

この表を見て気付くことは、全体としては、意外にゆれが大きいということである。十三語のうち、「家」又は「屋」としているものが50パーセントを超えるものは、「田舎家（94％）・貸家（89％）・一つ家（60％）」、「あばら屋（66％）・母屋（79％）・長屋（74％）・二階屋（84％）・平屋（59％）」である。しかし、いずれにしても、両様の表記を掲げているものがある。また、参考として加えた「わがや」は100パーセント「我が家」である。諸辞典では「平屋」が圧倒的に多いのに、『学術用語集』では「平家」としている。また、「おもや」を「おも屋・おも家」の順とするものが9種、19パーセントあるが、「おも家・おも屋」は一種もない。これはすべて、昭和四十八年内閣告示「当用漢字表」の制定以後の辞典であって、それ以前の辞典では、すべて「おも屋」である。また、「おも家」だけのものは一種もない。

現在の辞典の示すところでは、以上のとおりである。固有名詞として用いる場合と、普通名詞で、慣用がほぼ定着していると思われる場合を除いて「家」、「屋」の書き分けは、必ずしも決まっておらず、これを無理に統一しようとすることは困難である。　（9―11）

問「鍛錬」か「鍛練」か

答　体力や精神力をきたえたり、技術を磨くために、訓練を積むことを「タンレン」と言うが、これを、「鍛錬」と書くか、「鍛練」と書くか、すなわち「レン」を「金偏」で書くか、「糸偏」で書くかの問題である。

「錬《れん》」は、もと「金属を熱したり打ったりすることによって強くする」意味で、

鍛錬、百錬の鉄、錬成

などと用いる。

「練《れん》」は、「生糸を灰汁《あく》で煮てつやを出すこと」で、転じて同じことを繰り返して行うことによってよくする意味で、

練習、熟練、訓練、練達の士

などと用いる。

国語辞典では、『言海』（明治22）、『ことばの泉』（明治31）などは「鍛錬」だけを掲げているが、『日本大辞書』（明治26）には、「鍛錬・鍛練」の両方が掲げられている。

稲荷山古墳から発見された鉄剣の銘文には、

百練利刀

の文字が見え、江田古墳出土の大刀の銘にも、

八十練

と、いずれも「練」が用いられている。「錬」「練」は通じて用いられたものと見える。

なお、宮本武蔵の『五輪書』には、「千日の稽古を鍛とし、万日の稽古を練とす。」とある。これは、鉄をきたえるのと生糸をねるのとを並べたものかもしれない。

いずれにせよ、「錬」「練」には、共に「ねる」の訓があって、質

の向上を図るために力を加えるという共通の意味がある。昭和二十一年の「当用漢字表」の審議の際には、相通ずるものはその一方を採り、他方はそれをもって代用するという考えがあったが、「練」とともに「錬」が入っているのは、主として日本国憲法第九十七条に「これらの権利は、過去幾多の試錬に堪へ、……」とあるところからだと言われる。

その後、「当用漢字表」改定の動きの中で、国語審議会は、字源的には「錬」は「練」に書き換えて差し支えないという理由で、昭和二十九年の当用漢字表審議報告（いわゆる「当用漢字補正資料」）では、「当用漢字表」から削除する字とした。この報告は、新聞方面で実施に移されたため、新聞では「鍛練」の表記が一時常用されることとなった。国語審議会は、さらに、昭和三十六年の「語形の「ゆれ」について」（国語審議会部会報告）で、「字画が少ない、あるいはなるべくなら教育漢字であることが一つのよりどころとなりうる例」として、二十九例掲げているが、その中に、

試練（試錬）　鍛練（鍛錬）

の二例を含めている。

以上のような経緯から、現行の国語辞典では、両方とも併記されているものが多く、「「鍛錬」とも書く。」となっているものもある。

昭和五十六年内閣告示の「常用漢字表」では、例欄に、

練　練習、試練、熟練

錬　錬金術、鍛錬、精錬

のような語例を掲げている。これによれば、「たんれん」は「鍛錬」と書くことになる。

また、昭和五十六年の『新聞用語集』でも、

㊔鍛錬

とし、従来の方針を改めて、「錬」の方に統一して用いることとなった。これは、「錬」が常用漢字表にそのまま残った影響と言えよう。この辺の事情については、NHK編『新用字用語辞典』（昭和56）でも同じである。（9—12）

問「併記」か「並記」か

答「あわせて記すこと」を「へいき」と言うが、これを「併記」と書くか、「並記」と書くかの問題である。

『日本国語大辞典』には、「併記」とあり、「並べて記すこと。あわせて記すこと。」の意味が述べられているだけで、用例はない。

「併」は、「ふたりの人を並べ合わせるようす」から、「あわせる、ならぶ」の意のヘイを表し、「並」は「ふたりが横にならんで立つようす」から、「ならぶ」の意のヘイを表す。（両者は、日本の字音では共にヘイであるが、中国では本来異なった音である。）その意味の違いは、「並」が二つのものを同じように置くのに対して、「併」は二つのものを一緒にすることである。

並立　並列

併設　併置　併読　併発　併用　併録

のように使い分けるが、次のように両方あるものもある。

並進・併進　並存・併存　並称・併称

「へいき」は、戦前の国語辞典には見出しとして掲げられていないが、現行の国語辞典では、先の『日本国語大辞典』（昭和48）をはじめとしてほとんど「併記」の表記を採っている。

法令関係では、『改訂法令用字用語必携』（昭和56）の中に「へいき」の語例はないが、実際の法令では、

この条約の附属書の様式中の印刷される文言は、必ずフランス語又は英語によるものとする。その文言には、嘱託国の公用語を併記することができる。（民事又は商事に関する裁判上及び裁

判外の文書の外国における送達及び告知に関する条約、第7条）のように、「併記」の例が見える。

『国会会議録用字例』（昭和50）では、「併記」としている。

日本新聞協会の『新聞用語集』（昭和56）には、「へいき」はないが、各新聞社の用語用字の基準を示したスタイルブック類では、「併記」として載せているものが多く、実際に、「両論併記」のように使われている。

したがって、漢字の意味から言って、「併記」「並記」が共に用いられてもおかしくないが、現在では、「併記」と書くのが一般的であろうと思われる。（9—13）

問「濫用」か「乱用」か

答「みだりに用いる」ということを「ランヨウ」と言うが、これを「濫用」と書くか、「乱用」と書くかの問題である。

『色葉字類抄』（一一六四）には、「ミダリガハシ」に、「猥、妄、……乱、狼藉、猥雑」の漢字が、「みだりにうつ」に「濫罰」の漢字が当てられている。また、一般に、川の水が増えてハンランするとき、「氾濫」と書き、「氾乱」と書かないところからも、「濫」と「乱」とは、もともと区別して用いられた。

「らんよう」は、民法（明治29、法律第89号）に「第一条 ③権利ノ濫用ハ之ヲ許サス」、日本国憲法（昭和21）に、第十二条（自由及び権利の濫用の禁止）、「……。又、国民は、これを濫用してはならないのであつて、常に公共の福祉のためにこれを利用する責任を負ふ。」とあるように、もともと「濫用」の形で用いられていた語である。ちなみに、「濫」という字が「当用漢字表」（昭和21、内閣告示）に取り入れられたのは、「遵守」の「遵」などとともに、「日本国憲法」に使われている字であることが一つの理由だったとされている。

その後、「当用漢字表」改定の動きの中で、国語審議会は、「濫」を、「乱」で代用させることができるという理由で、「当用漢字表」の中から削る字の中に加えている。（昭和29年の「当用漢字表審議報告」〈いわゆる「当用漢字補正資料」〉）この報告は、新聞方面で実施に移されたため、「乱用」「乱伐」などの表記が一般の人々の目に触れることとなった。

国語審議会は、さらに、昭和三十六年の「語形の「ゆれ」について」（国語審議会部会報告）の5で、「付属」と「附属」の例を挙げ、「「付」は字画が少ないので、今日では、「付属」を採ることが望ましい。」として解説したあと、次のように述べている。

その他、字画が少ない、あるいはなるべくなら教育漢字であることが一つのよりどころとなりうる例としては、次のような語がある。

究極（窮極）　建言（献言）
古老（故老）　醜体（醜態）
……（中略）……
乱作（濫作）　乱造（濫造）
乱読（濫読）　乱発（濫発）
乱伐（濫伐）　乱費（濫費）
乱用（濫用）　乱立（濫立）

戦前の国語辞典は、「濫用」の表記だけを掲げているが、右のような経緯もあって、最近の国語辞典では、「濫用」のほか「乱用」が併せ掲げられるのが普通となっている。

国立国語研究所の「現代雑誌九十種の用語用字」の調査（昭和31）で採集された用例カードによれば、「職権濫用」のような例が三例、「サルファ剤の乱用」のように用いられている例が四例あり、両方の形が見られる。
なお、昭和五十六年内閣告示の「常用漢字表」では、例欄に、

乱　乱戦、混乱、反乱
濫　濫伐、濫費、濫用

のような語例を掲げ、「みだれる」の意味のときには「乱」を、「みだりに」の意味のときには「濫」を用いることとしている。
ただし、新聞関係では、統一用語として、現在でも「乱用」「乱伐」などを用いることになっている。（9—14）

問「各」か「各々」か

答「おのおの」という語を「各」「各々」「おのおの」の、どの形で書くかという問題である。

この語は、「おの（己）」を重ねた語というのが一般の語源説であるが、まず諸辞典に当たってみると、『和英語林集成』『ことばの泉』『大日本国語辞典』『大言海』など、いずれも「各」一字を当てて、「各々」はない。「各」という字は、本来それだけで「おのおの、それぞれ、めいめい」という意味を表す。昭和二十三年内閣告示「当用漢字音訓表」にも、「各」に「カク　おのおの」の音訓がある。

ところが、昭和二十五年の『文部省刊行物表記の基準』では、「おのおの」と仮名書きになっている。続いて、昭和三十四年内閣告示の「送りがなのつけ方」の発表直後の「文部省公用文送りがな用例集」においても「おのおの」と仮名で書くことになっている。

これが、昭和四十八年内閣告示「当用漢字音訓表」になると、「おのおの」という訓の用例に「各」とあり、備考欄に「「各々」とも書く。」と注記されることになった。それ以来、引き継がれて、昭和五十六年内閣告示の「常用漢字表」にもそのまま掲げられている。「文部省公用文送り仮名用例集」(昭和56)もこれを受けて、「各、各々」と併記している。

現行の国語辞典も、見出しの「おのおの」に「各」を当て、「各々とも書く。」と注を付けているものが多い。

したがって、一般に、漢字では「各」「各々」のどちらを書いてもよいとされているわけである。

しかし、ＮＨＫ編『新用字用語辞典』(昭和56)では、「おのおの」は仮名書きとし、「各・各々」は使わないこととしている。一方、『新聞用語集』(昭和56)では、その送り仮名の付け方・用例で、「各（おのおの）」としているが、『朝日新聞の用語の手びき』(昭和56)は、「おのおの」に注がついており、「「各」は音訓表では「おのおの」と読めるが、読みにくいので、仮名書きとする。」とある。

なお、漢文にも「各各」と使われた例がある。また、訓読のとき「各〻」のように、二の字点を用いることがあり、これが日本国憲法にも用いられている。憲法には第五十五条の「両議院は、各〻その議員の資格に関する争訟を裁判する。……」のほか、六回使用されている。この二の字点は、もともと、「各」のほか「益」の「ますます」、「愈」の「いよいよ」など、畳語の訓を示すための補助記号であるが、現在の公用文では、昭和二十七年の「公用文作成の要領」以後、用いないことになっている。「各々」の「々」は、二の字点の代わりに用いられていると見ることができる。（9—16）

問「手後れ」か「手遅れ」か

答　手当てや処置がおくれることを「ておくれ」というが、「手後れ」と書くか、「手遅れ」と書くかという問題である。

「後れる」は、同時に同方向に進行する他のものよりあとになる

という意味で、気後れする、人に後れを取る、後れ毛、流行に後れるなどと用いる。

　同訓異字の「遅れる」は、一定の時刻・時期よりあとになることで、完成が遅れる、列車が遅れる、会合に遅れるなどと用いる。（34ページ参照）

　「テオクレ」は、事態の進行におくれて間に合わないの意と解されるためか、戦前の国語辞典のほとんどが「手後れ」として載せている。

　ところで、昭和二十三年内閣告示「当用漢字音訓表」には、「後」の訓に「おくれる」はなかったので、昭和二十五年『文部省刊行物表記の基準』では「手おくれ」と仮名書きすることとなった。

　昭和四十八年内閣告示「当用漢字音訓表」で、「後」に「おくれる」の訓が入ったが、現行の国語辞典では、「手後れ」だけを掲げているもの、「手遅れ」を先に書き、「手後れとも」と注記しているもの、両者を併記しているものなどがある。

　昭和四十八年以後の公用文関係について見ると、「文部省公用文送り仮名用例集」（昭和48・56）の中に、

　　遅れ　遅れる　月遅れ
　　後れ毛　後れる　気後れ　立ち後れ　月後れ　手後れ

などの例が見え、「テオクレ」については、「手後れ」の形が採られていることが分かる。

　なお、昭和五十六年の『新聞用語集』には、この語はないが、『朝日新聞の用語の手びき』（昭和56）では統一用語として「手遅れ」を掲げ、「月おくれ」なども「月遅れ」としている。

　一方、ＮＨＫ編『新用字用語辞典』では、「手遅れ」（「手後れ」とも）としている。

　現在では、「手後れになる」の形で使うが、明治時代には「手後れて」のように動詞で使われた例がある。（『日本国語大辞典』の例）

　　老躰《たい》の上に治療の手後（テオク）れて（小栗風葉「青春」夏・一六）　（9―21）

問「泥仕合」か「泥試合」か

答お互いに相手の弱点・秘密・失態などをあばきあいながら、余りよくない手段で勝負をつけようとすることを「泥じあい」と言うが、これを「泥仕合」と書くか、「泥試合」と書くかの問題である。

　「しあい」は、お互いにするの意味の「しあう」からできた語で、「仕合」などと書かれていたが、『日葡辞書』（邦訳版）に「Xiai. シアイ 互いに剣術をすること。」、「和英語林集成（初版）』に、「SHI―AI, シアヒ, 試合. n, 技を試すために木剣をもって行う戦い。（原文は英文。）」とあるような、特殊化した意味で用いられる場合は、「試合」とも書かれ、現在ではこちらの方が一般的となっている。

　「どろじあい」は、もと、泥にまみれて争うの意味だったと考えられるが、次第に前記のような比喩《ひゆ》的な意味で用いられるようになった。早くから

　　両人もせんかたなく、同じく（中略）、組んづほぐれつ泥仕合。（滑稽本、和合人）

のように、「泥仕合」の表記がとられたが、一方で「泥試合」とも書かれたかどうか、明らかでない。辞典類では、明治期の『言海』『日本大辞書』『ことばの泉』、また大正期以後の『大日本国語辞典』『大言海』などには、「どろじあい」の見出しがない。最近のものでは、『大辞典』『学研国語大辞典』が「泥仕合、泥試合」を併記

しているが、それ以外はほとんどが「泥仕合」の表記を採用している。

次に、新聞・放送関係を見ると、昭和三十五年の『新聞用語集』には、

どろじあい（泥試合）→統泥仕合い

とあり、「しあい」の項には、

しあい（仕合）→統試合　〔「泥じあい」の時は「泥仕合い」〕

とある。昭和五十六年の『新聞用語集』では、

どろじあい（泥▲試合）→泥仕合

としている。（▲印は誤った表記と認められることを示す。）また、昭和五十六年のＮＨＫ編『新用字用語辞典』には、

どろじあい　泥仕合　特例

とあり、送り仮名を省く特例という注記がある。

以上から、現在、「どろじあい」は「泥仕合」を用いるのが一般的だと言ってよいと思われる。これは、「どろじあい」という語の意味が、現在では、泥そのものとも武道やスポーツの勝負とも関係が薄れているためであろう。

ただし、ぬかったグラウンドで、文字どおり泥んこになって行われるラグビーなどの試合を、ややふざけて「泥試合」と言う場合がある。（9―24）

問　「温和」と「穏和」の使い分け

答　「温和」と「穏和」とは、同じ語としてどちらを書いても差し支えないものか、それとも、別語として意味によって書き分けなければならないものかという問題である。

まず、「温」と「穏」の字義を比較してみよう。

〔温〕①ほんのりとあたたかいさま。中に熱がこもってあたたかいさま。（温暖・温室・温泉）②おだやかなさま。心や顔色などがおだやかでやさしいさま。（温厚・温良・温順・温顔・温情）

〔穏〕おだやかなさま。感情の起伏が外に出ないさま。静かであらだたないさま。（穏健・穏当・平穏・安穏・不穏）

このように、「温」の①の意味は、「穏」にはないが、「温」の②の意味は「穏」とほぼ同じと考えられる。したがって、それぞれの字が、「やわらぐ、なごやか」という字義を持つ「和」と結び付いてできた「おんわ」という語の意味は、次のようになる。

〔温和〕①気候が、あたたかくおだやかで、暑さ寒さにあまり激しい変化のないさま。②性質・態度などが、おだやかで、おとなしいさま。

〔穏和〕性質などが、おだやかで、かどだたないさま。また、世情に争いがないさま。

つまり、気候について述べる場合は、「温和」を用い、「穏和」は用いない。しかし、人の性質・態度などについて述べる場合は、「温和」と「穏和」のどちらを書いてもよいということになる。強いて言えば「おとなしい」場合は「温和」、「かどだたない」場合は「穏和」というように、両者を書き分けることも考えられようが、実際問題として両者の意味を区別することは困難である。

国語辞典の取扱い方を見ると、

(1)「温和」と「穏和」を別語として、別の見出しに立てているもの。

(2)同一語として、同じ見出しの中の表記に「温和」「穏和」を併記しているもの。

(3)「温和」の②の意味の下に「〈穏和〉とも書く」と注記しているもの。

の三様に分かれる。ただし、(1)の扱いをした辞典でも、両語の意味の説明には、はっきりした違いは認められない。

文学作品の使用例を見ると、「温和」を用いる方が多いようであるが、まれに「温和」「穏和」の両者を用いたものもある。例えば、大仏次郎の「帰郷」には、次のような用例が見える。（出現する順序に引用する。）

・やはり軍人の目つきだと思われるものが、恭吾の穏和な容貌に、流星のやうに光つて、また消えた。

・老けてゐるが、温和な顔附が、もと軍人だつたのを感じさせないのだが、

・強い目をしてゐて恭吾が温和で静かなのが好もしかつた故もあらう。

・隠岐達三は、……ゆつたりと笑顔を向けて穏和な態度を示してゐた。

・達三は、穏和な表情のまま、笑つた。

右の文脈から判断すると、両者は、容貌・表情・態度についてほぼ同じ意味に受け取られ、意識して両者を使い分けたとは考えにくい。

日本新聞協会の『新聞用語集』（昭和56）には、

おんわ（穏和）→温和

とし、「温和」に統一して用いることを定めており、新聞・放送界ではこれに従っている。これは、「温和」の方が意味が広い上に一般に広く使われていることを考慮したものと考えられる。（この決定は昭和三十一年四月に発行された『新聞用語集』所収「統一用語集」の中に既に掲げられている。）

要するに、性質・態度について言う場合の「おんわ」は、「温和」「穏和」のどちらを書いても差し支えないが、「温和」の方が一般的であるということになる。

〔付記〕国際紛争の当事国が、第三国の調停により紛争を平和的に解決することを「穏和調停」と言うが、この場合は「温和」とは書かない。　（10—1）

問「回答」と「解答」の使い分け

答「回答」と「解答」とは、同じ意味の語であるのか、それとも、異なった意味の語として使い分けを要する語であるのかという問題である。

まず、「回答」「解答」について、実際の用例を二、三掲げてみると次のとおりである。

・国語審議会では、学術用語分科審議会から「学術用語の表記について」という問合せがあったので、術語部会においてこれの回答を作成することとした。術語部会は単独、あるいは表記部会と合同で審議を進め、一応の成案を得たので、これを第17回総会に提出した。同総会ではこれを正式に決定し、今般回答する運びとなったのである。以下回答に補足して簡単な説明をしるす。（以下省略）

（昭和27・12・18付け、国語審議会会長から、学術用語分科審議会会長あての「学術用語の表記について（回答）」の「（別紙）」。原文は、横書き。なお、この表題に用いてある「（回答）」というのは、公文書における文書の種類の一つである。）

また、現在、A新聞に毎月一回、「読者が回答する人生相談」という特集欄があり、投稿による具体的「事例」を掲げ、「回答をお寄せ下さい」として、この事例に対する「ご体験やお考えにそった回答」を募集している。これらの場合は「回答」であって、「解答」ではない。

・解答は、解答用紙の解答欄にマークせよ。（入学試験問題、「国語」の注意事項。）

・クイズの解答と住所・氏名……を明記のうえ、官製ハガキで……。（新聞広告）

以上の用例からも分かるように、「回答」は、問い合わせ、照会・依頼・要求などに対するこたえとしての意見・見解・説明などであり、他の語で言えば、「返事」とか「返答」ということである。これに対し、「解答」は、問題や教師の質問などに対して、それを解いたこたえであり、他の語で言えば「答案」ということになるであろう。すなわち、相手側から、何々してほしい、何々してよいか、何々についてどう考えるか、何々はどうなっているか、何々はどうしたらよいかなどのように、相談をもちかけられたり、請求・要求されたり、現状・状況・見通し・予定・意見などを聞かれた場合などに、そのことに対して、当方の意見や現状を述べたり、承諾・拒否の意を伝えたりすること、また、その意思の表明されたものが「回答」である。アンケートに対する答えも「回答」である。これに対し、広い意味での学力や知識の有無や程度を判定する目的をもって、試験・検査・検定・試問等において、提出された、主として学問上・技術上の問題や懸賞問題や教師の質問等に対して、解いて答えたり、説明したりすること、また、その答え・説明が「解答」である。（10―2）

問 **「格差」と「較差」の使い分け**

答 「格差」と「較差」とは、同じ意味の語であるのか、それとも、異なった意味の語として使い分けを要する語であるのかという問題である。

「格差」も「較差」も国語辞典に採録されるようになったのは、比較的新しく、昭和十年ごろからである。多くの国語辞典の説明を総合すると、「格差」は、

・（商品の標準品に対する）品質・等級・価格・格付けなどの違い・差。

というようなことであり、「較差」は、正しい読みは「コウサ」であり、「カクサ」は慣用読みであるとして、

・最高と最低、最大と最小、いいものと悪いものとを比較した場合の開き、違い。

というようなことである。

なお、「こうさ」を見出しとして採録している辞典は、戦前のものにはないようであり、戦後のものでも比較的少ない。

日本新聞協会の『新聞用語集』（昭和56）では、「かくさ」の項で、

＝格差（格付けの差）企業格差、賃金格差
＝較差（比較した差）最高最低気温の較差
注 なるべく「差」または「違い」などと言い換える。

としている。

『日本国語大辞典』では、「かくさ（較差）」の項に、

「こうさ」の慣用読み。二つ以上の物事を比較した時のその差。ひらき。「較差是正」。

とあり、「こうさ（較差）」の項には、

一定の期間内での観測値の最高と最低との差。最高気温と最低気温の差をさすことが多く、期間の一日の場合を日較差、一年の場合を年較差という。

とある。

すなわち、この辞典では、「較差」を慣用読みに従って「カクサ」とした場合は、広く一般的に、両者間の開き、違いを言うのに

対し、「コウサ」の場合は、限定して、主に最高最低の気温の開き、違いを言うとしているわけであって、後者は、『新聞用語集』に示すところと合致している。

さらに、この辞典では、「にちかくさ（日較差）」、「ねんかくさ（年較差）」の見出しを立て、語釈を施し、それぞれ「にっこうさ」、「ねんこうさ」の読みがあることを示し、かつ、「にっこうさ」、「ねんこうさ」を参照見出しとして立てている。

また、『学術用語集』の気象学編にも、「較差（かくさ）」という語が見えている。「較差」は、現在かなり専門用語としての性格が強いと言ってよいであろう。

なお、「較」には、漢音として、「カク」と「コウ（歴史的仮名遣いではカウ）」との二つがあり、他に呉音として「キョウ（ケウ）」があるが、昭和五十六年内閣告示「常用漢字表」の音訓欄に掲げてあるのは「カク」だけである。したがって、「常用漢字表」に従う限り、「較差」と書けばやはり「かくさ」という語を表していることになる。（10—3）

問「脅迫」と「強迫」の使い分け

答「脅迫」と「強迫」とは同じ意味の語であるのか、それとも異なった意味の語として使い分けを要する語であるのかという問題である。

「脅迫」とは、不当に何かを実行させるため、又は、当然なすべきことをさせないために相手をおびえさせ、こわがらせる目的で、不法な害悪を加えるぞとおどし、せまるというようなことである。これに対し、「強迫」は、相手に不法な害悪を加えるということを知らせたり、感じさせたりして、その人をおびえさせ、こわがらせることによって、その人の自由意思による決定を妨げ、不本意なことを実行させるようにしたり、又は、すべきことを実行させないよう強制することである。

もっと簡単に言うと、「脅迫」は「おどして実行を迫ること」であり、「強迫」は、「無理強いによって自由意思を妨げること」ということになるであろう。それぞれの意味は、右のように説明することができるが、両者はよく似ており、具体的にどういう言動が脅迫であり、又は、強迫であるのか、一般的には明確に区別しがたい場合も多い。

法律では、古くから両者を使い分けている。すなわち、「刑法」（明治40、法45）では「脅迫」を用い、「民法」（明治29、法89）「商法」（明治32、法48）では「強迫」を用いている。実例を示せば、

① 公務員ヲシテ或処分ヲ為サシメ若クハ為ササラシムル為メ又ハ其職ヲ辞セシムル為メ暴行又ハ脅迫ヲ加ヘタル者亦同シ（刑法　第95条・第2項）

② 前項ノ目的ヲ以テ暴行又ハ脅迫ヲ為シタル者ハ……（刑法　第100条・第2項）

③ 生命、身体、自由、名誉又ハ財産ニ対シ害ヲ加フ可キコトヲ以テ人ヲ脅迫シタル者ハ……（刑法　第222条・第1項）

戦後制定の「自衛隊法」（昭和29、法165）にも、

④ 多衆集合して暴行若しくは脅迫をし、又は暴行若しくは脅迫をしようとする明白な危険があり……（第90条・第1項の2）

のように「脅迫」が使ってある。

⑤ 詐欺又ハ強迫ニ因ル意思表示ハ之ヲ取消スコトヲ得（民法　第96条・第1項）

⑥ 意思表示ノ効力カ意思ノ欠缺、詐欺、強迫又ハ或事情ヲ知リタルコト若クハ之ヲ知ラサル過失アリタルコトニ因リテ……（民法　第101条・第1項）

⑦　……錯誤若ハ株式申込証若ハ新株引受権証書ノ要件ノ欠缺ヲ理由トシテ其ノ引受ノ無効ヲ主張シ又ハ詐欺若ハ強迫ヲ理由トシテ……（商法　第280条の12）

のようである。

法令用語としては右のように、刑法では、暴行と同列に「脅迫」を用い、民法では、詐欺と同列に「強迫」を用い、両者を使い分けてあるが、一般にこれを常に厳密に使い分けることは難しいことである。

そこで、新聞界では、日本新聞協会の『新聞用語集』（昭和56）で、「強迫観念」という場合は別として、一般的には「強迫」は用いず、すべて「脅迫」を用いることとしている。

強迫観念というのは、心理学の用語で、例えば、ガスこんろの火を確実に消したのに、もしや消し忘れていはしないかと気にかかり、それが頭から離れず、何度も確かめなければ気が済まないというように、こういうことは不合理であると十分に自覚していながら、一方では自分の意志に反して根強い圧迫感を伴って、何度も繰り返し頭に思い浮かんでくる病的な観念のことである。これは、おどしとは全く違ったことである。そこでこの場合には、「強迫観念」と書くこととなる。「強迫神経症」の場合も同じである。

（10―4）

問　「時世」と「時勢」の使い分け

答　「時世」と「時勢」とは同じ意味の語であるのか、それとも異なった意味の語として使い分けを要する語であるのかという問題である。

国語辞典での取扱いを見ると、明治期のものでは、「じせい」の見出しを立ててないものもあり、立てていても「時勢」だけか、「時勢＝時世」のように同義語としているものがほとんどである。大正期になると、「時世」と「時勢」とを別見出しとして立てるようになるが、「時世」を参照見出しとするもの、〈「時代」に同じ〉とするもの、「ときよ」、「時代」などに言い換えるにとどめるものなどが多い。この傾向は、昭和の初期まで続くが、その後は、次第に、「時世」に対して「移り変わる世の中」などと、「時勢」に対しては「世の移り変わりの勢い」、「時代の成り行き」、「世間のありさま」などと説明しているものが多くなって現在に至っている。

以下、実際に時代別に数種の辞典について引用し、表の形にまとめてみると、次のようである。

辞典名 初版刊行年	時世	時勢
日本大辞書 明治26	（時勢＝時世）漢語。世ノアリサマ。	
日本新辞林 明治30	（時勢）世のありさま、「――にうちあひて」、（時世）。◎(同義) ときのいきほひ、よのなりゆき。	
国語漢文大辞典 大正4	「時代」に同じ。	時のいきほひ。世のありさま。世のなりゆき。
辞苑 昭和10	時代。ときよ。	世のありさま。世のなりゆき。
日本国語大辞典 昭和49	時代。また、その時代その時代の世の中。また、その状態。（以下省略）。	時代の推移してゆくいきおい。世の中のなりゆき。（以下省略）。

このほか、『大阪毎日新聞　記事スタイルブック』（昭和8）でも、『暫定　週報用字例』（昭和17）でも、「時世」は用いず「時勢」とするとしている。日本新聞協会の『新聞用語集』でも、昭和四十年代の中ごろまでは、「時勢」に統一していた。このように、両者は、使い分けのしにくい語であるが、現在は、「時代、ときよ」の

意味の場合は区別して、
＝時世（時代、ときよ）ご時世だ、時世に会う（―に合う）
＝時勢（時代の情勢）時勢を通観、時勢に遅れる
のようにしている。

このように、「時世」と「時勢」とは、もとは同じ語の書き表し方のゆれと見られていたが、現在では、意味の違う語と考えられている。

なお、「じせいおくれ」という語については、辞典によって「時世～」と「時勢～」との両様があるが、この場合は、「時勢～」とする方がよいと思われる。なお、「おくれ」を「遅れ」とするか、「後れ」とするかについては、34ページの〈「遅れる」と「後れる」との使い分け〉を参照されたい。　（10―5）

問 **「自認」と「自任」の使い分け**

答 「自認」と「自任」とは、同じ意味の語であるのか、それとも、異なった意味の語として使い分けを要する語であるのかという問題である。

「自認・自任」における「自」は、「自分」であり、「みずから」である。「認」は、「承認する」、「みとめる」であり、「任」は、「任ずる」であり、「引き受けて自分の役目・務めとする」ということである。したがって、「自認」は、「自ら認めること」ということであり、「自任」は、「自分は、そのことを引き受けることについて、ふさわしい能力・資質・資格等をもっていると思うこと」ということであり、類義語として「自負」がある。なお、「自任」は、本人だけが、勝手にそう思っているだけで、他の人は、そう思っていない場合にも使われ、この場合には、多少ばかにした言い方となり、「……を気取っている」とか、「ひそかにそのことを誇りとしている」という意味を込めている場合もある。

「彼は、そのことがうまくいかなかったのは、自分の手落ちだと自認している。」、「彼は、その方面の第一人者だと自任している。」などのように用いる。後者の場合、本当に名実ともに第一人者であり、それは他の人も認めている場合と、前述のように本人自身がそう思っているだけで、周囲の人々は必ずしもそう認めていない場合とがある。

国語辞典について見ると、『日本辞書言海　第三冊』（明治23）、『日本大辞林』（明治27）は、「自認」「自任」ともに採録していないが、『日本大辞書』（明治26）、『帝国大辞典』（明治29）、『日本新辞林』（明治30）には、「自認」が採録してある。そうして、『ことばの泉――補遺』（明治41）に至って、「自認」「自任」の両方を採録しており、以降のものでは、ほとんどの辞典が、両者を採録している。

しかし、どの辞典においても、「自認」と「自任」とは、別見出しとして立て、それぞれに語釈を施しており、同じ見出しの下に、両様の書き方があるとしているものは一つもない。日本新聞協会の『新聞用語集』（昭和56）でも、両者を別語として立てている。

このように、「自認」と「自任」とは、その使い分けについて、比較的迷うことの少ない同音異議語であると言えるであろう。　（10―6）

問 **「需要」と「需用」の使い分け**

答 「需要」と「需用」とは、同じ意味の語であるのか、それとも、異なった意味の語として使い分けを要する語であるのかという問題である。

需要は供給の対語であり、経済用語としての意味は、例えば、
　ある時期においてある財、サーヴィスを人々が購入しようと

する欲求をいう。経済学の概念としては、この欲求そのものではなく、市場価格と関係づけられた「需要される量」(quantity demand) が、供給との関連において問題とされる。(有斐閣『経済辞典』による。原文は横組み。)

ということであるが、一般には、「商品・物品などを買い入れること、また、買い入れようとする希望や分量」、もっと簡単に言えば、「入り用」とか「求め」とかということで、日常一般に用いる語である。例えば、「このところ真夏並みの暑い日が続く北京では、市民が(中略)ビールにありつこうと連日店頭に長い列。ところが、ことしの年間需要が二十万トンに上ると予想されるのに対し、推定供給量は半分の十万トンだけ。」(新聞)という具合である。

この「需要」と同音の語に「需用」がある。「需用」は、日常一般には余り用いられないが、電気・ガス・水道関係の使用に関して用いられ、法令でも用いることがある。

国語辞典では、『言海』(明治23)、『日本大辞書』(明治26)、『日本大辞林』(明治27)には、見出し語として「需要」だけしかないが、『帝国大辞典』(明治29)、『日本新辞林』(明治30)には、「需要」、「需用」ともに採録してあり、これ以後、現在に至るまでのほとんどの辞典では両者ともに採録してある。そうして、その説明の言い回しは、両者で多少違うものの、具体的な違いははっきりとしていない。また、「需用」を単なる参照見出しとしたり、「需要に同じ。」としているものもある。戦後の辞典になると、「需用」について、「〜電力」というような用例を掲げるもの、また、「需要」の項に、＜電気・ガス関係では「需用」と書く。＞などの注記をしているものがある。

『哲学字彙』(明治14)、同改訂増補版(明治17)には、「Demand 要求、需用(財)」とある。また、『英独仏和哲学字彙』(明治45)では、「Demand. 要求、要望、需用(財)、」とある。すなわち、『哲学字彙』ではdemandの訳語を「需用」としているわけである。ところが、『附音挿図英和字彙』(明治6)には、その語の訳語の一つに「需要《イリエウ》」とあり、「需要」「需用」が区別なく用いられたように見える。

法令関係では、例えば、「日本国政府ト清国政府トノ間ニ締結セル難破船救助費用償還ニ関スル約定」(明治31・10・12公布)の第三条に、「両国ニテ遭難ノ船隻及物貨ヲ救助保存スル為メ需用スル所ノ人夫手間賃等ノ諸入費ハ……」とあった。また、「地方自治法」(昭和22、法67)に基づいて制定された「地方自治法施行規制」の「歳出予算に係る節の区分」の中の一つに、「11　需用費」というのがあり、これには、消耗品費、燃料費、光熱水費などが含まれている。すなわち、中央官庁の「庁費」に相当するものである。

日本新聞協会の『新聞用語集』では、昭和三十五年版までは、「じゅよう」に対しては、「需要」だけを用いることとし、〔電気・ガス会社ともに「需要」を使用〕としていたが、以後現在に至るまでの用語集では、〔電気・ガス会社……〕の注記を削除し、〔地方予算科目の「需用費」は別〕としている。

結局、「需要」と「需用」とは、共に入り用・求めの意味の語として、混用されたこともあるが、現在では、「需要」を用いるのが一般的であると言えよう。ただし、「ガス・電気などを消費すること」というような意味で、現在でも「需用」が用いられることがある。

(10—7)

問「統括」と「統轄」の使い分け

答「統括」と「統轄」とは、同じ意味の語であるのか、それとも異なった意味の語として使い分けを要する語であるのかという問題である。

「とうかつ」という語を書き表す場合の「括」には、「くくる、たばねる」などの意味があり、「轄」には、「しめくくる、取り締まる」などの意味がある。「統」は、「すべくくる、おさめる、支配する」などの意である。したがって、一般的には、「統括」と「統轄」とは、ほとんど同様な意味を表す語と考えられる。

法律では、例えば、「国家行政組織法」（昭和23、法120）に、

第一条　この法律は、内閣の統轄の下における行政機関の組織の基準を定め、……

第二条　国の行政機関は、内閣の統轄のもとに、行政機関相互の連絡を図り、すべて、一体として……（第2項）

第十条　各大臣、各委員会の委員長及び各庁の長官は、その機関の事務を統括し、職員の服務について、これを統督する。

とある。この三つの条の言うところを比べてみると、上級の行政機関が、その下部組織である下級の行政機関を支配する意味の場合には、「統轄」を用い、（行政）機関等の長がその機関の事務をすべくくるという意味の場合に「統括」を用いているようである。しかし、「内閣法」（昭和22、法5）に、

第十三条　内閣官房長官は、内閣官房の事務を統轄し、所部の職員の服務につき、これを統督する。（第3項）

と「統轄」を用いてある。これは、「国家行政組織法」の第十条に言っていることと一見同じ事柄を指しているかのようであるが、「統括」は「まとめる」の意があり、「統轄」は単に「監督する」という意を表す語であって、意味による使い分けがしてあるのである。

戦後行われた法令用語の改善の一環として、昭和二十九年「法律用語改正要領」（昭和56改正）を定め、その中で、「統括」と「統轄」とは、「同音語（c）」として、「統括」に統一して用いることが定めてあるが、さきに引用した二つの法律は、どちらもこれ以前に公布となったものである。

新聞界では、日本新聞協会の『新聞用語集』（昭和56）で、「統括」を採っている。

このほか、類似の意味を表す語として、法律文には、「総括・総轄・総理・掌理・統督・統理」などいろいろの語が使ってある。

（10—8）

問「保証」と「保障」の使い分け

答「保証」と「保障」とは、同じ意味の語であるのか、それとも、異なった意味の語として使い分けを要する語であるのかという問題である。

「保証」は、日常生活でも、「保証する」とか、「保証期間・保証書・保証付き・保証人、身元保証・連帯保証」とかの形で、しばしば用いられる語である。その意味は、「人・物について、欠陥を生じた場合、他人に及ぼす損害の責任を引き受けること」である。

実例を掲げてみると、

①　農林省は……バター、チーズなどの原料になる加工原料の五十一年度保証価格（生産者手取り）の引き上げを諮問した……（新聞、昭和51・3・30）

②　半年前から「赤身保証七〇％。この商品は脂身三〇％以下であることを保証します」と、赤いシールをパックに張っている

……では、ひき肉の売り上げが一〇%もアップしたという。(新聞、昭和54・3・1)

③ 保証人カ主タル債務者ノ委託ヲ受ケテ保証ヲ為シタル場合ニ於テ……(民法、第459条)

④ 引受、保証其ノ他名称ノ如何ヲ問ハズ期間ヲ定メズシテ被用者ノ行為ニ因リ使用者ノ受ケタル損害ヲ賠償スルコトヲ約スル身元保証契約ハ……(身元保証ニ関スル法律、第1条(昭和8法1))

などである。

これに対して、「保障」は、「安全保障条約・社会保障」などの語によっても分かるように、「ある状態・地位が害を受けないように守ることを約束すること」という意味である。実例を掲げれば、

① このような対策を講じても一〇〇%の退職実現は無理かもしれない。……。もっともその前提としては、老後の生活を保障する年金をはじめとする社会保障制度の充実が必要だ。(新聞、昭和51・1・19)

② 国家公務員法、地方公務員法でそれぞれ身分が保障され、不始末をひき起こしたり、職務を怠ったりしなければ免職にできない。(新聞、昭和51・3・23)

③ 学問の自由は、これを保障する。(日本国憲法、第23条)

④ 国は、すべての生活部面について、社会福祉、社会保障及び公衆衛生の向上及び増進に努めなければならない。(日本国憲法、第25条)

以上のとおりで、「保証」と「保障」とは、同音異議語である。

なお、以上のほか、別に「補償」という語がある。これは、

① 高速道路や高架鉄道などの公共建築物から沿線住民の日照を侵害した場合、一戸平均五十万円の補償措置をとることが昨年暮れ、建設省や……(新聞、昭和51・2・4)

② では、マンション周辺の類災者の補償はどうなるのか。……。また原因者が個人賠償責任保険に入っていれば、その保険金の範囲内で補償は期待できる。(新聞、昭和54・2・21)

③ 私有財産は、正当な補償の下に、これを公共のために用ひることができる。(日本国憲法、第29条)

などの実例から見ても分かるように、「公務、その他の業務によって生じた障害、公共の必要、天災等によって生じた財産上の損害を、(主として)お金でつぐなうこと」という意味であって、「保証」とも「保障」とも異なった意味の同音の語である。(10―9)

問 「返す・返る」と「帰す・帰る」の使い分け

答 「かえす・かえる」という語を漢字で書き表す場合に、「返す・返る」「帰す・帰る」をどのように書き分けるかという問題である。

まず「返」という漢字から取り上げると、これは熟語として「返金・返信・返礼・返杯」などと用いる。その意味は、こちらへ来た金や手紙などの「もの」について、これを元へ戻すということである。したがって、「借金を返す」「借りた本を返す」のように用いる。「白紙に返す」というのも、元の状態が白紙であったからである。「恩をあだで返す」というのも、形こそ別のものになっているが、それを元の場所に戻すからである。「言い返す」「追い返す」「取り返す」「盛り返す」などもその意味である。また、「裏返し」「恩返し」のようにも用いる。そうして、そのような形での自動詞が「返る」であるから、「落とし物が返る」のように用いる。「正気に返る」「野性に返る」というのも、元の形が正気であり野性であったからである。「生き返る」「立ち返る」「跳ね返る」「振り返

る」などもその意味である。また、「裏返り」「宙返り」などのようにも用いる。

次に「帰」という漢字であるが、この方は熟語として「帰国・帰宅・帰郷・帰任」などと用いる。その意味は、別のところへ行っていた「ひと」について、元のところへ自分で戻るということである。したがって、「国に帰る」「親元に帰る」のように用いる。死ぬことを「帰らぬ旅に出る」「帰らぬ人となる」というのも、もう二度と元のところへ戻ってこないからである。そうして、そのような意味での他動詞が「帰す」であるから、「国に帰す」「親元に帰す」のように用いる。ただし、そのようにして「かえす」場合でも、出向してきていた社員を社の方針で元の所属へ戻すのは「出向社員を返す」になる。これに対して、乗ってきた自動車を空車で戻っていくようにするのは「空車で帰す」である。

ところで、「返す・返る」と「帰す・帰る」の使い分けは以上のようであるが、旧表記としてはもう一つ「還」というのがあり、「生きて還る」「初心に還る」「俗に還る」などと用いられていた。この「還」というのは、熟語として「生還」「還暦」「還俗《げんぞく》」のように用いるわけで、「めぐって立ち戻る」という意味を持つ漢字である。しかし、「当用漢字音訓表」においてもその改定に当たっても、「還」に「かえる」という字訓が掲げられず、それがそのまま現行の「常用漢字表」の音訓欄に受け継がれている。したがって、「還る」については、「返る」または「帰る」に書き換えるか、または仮名書きにするか、ということが問題になる。この場合、「還」の意味について中国の字書には「複也・返也・帰也」と書かれている。したがって、「返」で書き換えても「帰」で書き換えても、それほど無理ではないことになる。そのため、「初心にかえる」について、辞典により「初心に返る」「初心に帰る」のゆれが見られることについても、それなりの理由が認められるわけである。またスポーツ記事に「走者がホームにかえる」などと仮名書きが見られるのは、こういう場合に、「返」も「帰」も適切でないと思えるからである。　(10—10)

問「使う」と「遣う」の使い分け

答「つかう」という語を漢字で書き表す場合に、「使う」「遣う」をどのように書き分けるか、という問題である。

まず、「使」の方であるが、これは熟語で「使役・使用」などとなるように、人や物を用いる意味を持っている。したがって、「人を使う」「機械を使って仕事をする」などとなるのが「使う」の場合である。また、「大使」「密使」の意味で「つかい」という字訓を持ち、「使いを出す」なども用いられている。

これに対して「遣」の方は本来「つかわす」という意味を持っていて「派遣・差遣」のように用いられる。しかし、そのようにして「つかわされた人」を「つかい」と呼ぶところから、この字が、「仮名遣い」さらに「両刀遣い・人形遣い・言葉遣い・筆遣い・息遣い・気遣い・心遣い・金遣い・無駄遣い」などと用いられるようになったものと思われる。したがって、この意味で動詞として用いると、「人形を遣う・気を遣う」などの形になるわけである。

この場合、「遣」という漢字を「つかう」という字訓で用いるのは、「遣」の持つ本来の意味ではなく、日本語を書き表す際に付け加えた意味であり、国訓と呼ばれる字訓になる。したがって「遣」を「つかう」という日本語の意味で用いる場合の用例を漢語に求めようとしても、見付けることはできない。しかし、「遣」という漢字の意味の中には、中国の字書に「縦也」とも書かれているように、「ほしいままにする」「思うとおりに動かす」という意味がある。そのような立場で前記の「遣」の用例を見ると、いずれも物事を役に立つように自由に働かせるという意味に用いられていることが分かる。したがって、その意味に当たる日本語として考えれば、「遣」に「つかう」という字訓が成り立たないわけではないのである。

ところで、昭和二十三年の「当用漢字音訓表」では、「つかう」という字訓が「使」のみに掲げられ、「遣」にはこれが掲げられていなかった。そのため、この段階では、本来「遣う」という動詞の形を用いるべきところをすべて「使う」に書き換えることも行われていた。しかし、その段階でも「筆づかい・金づかい」のように、名詞の場合には「使」を用いず、むしろ仮名書きにする行き方が見られたくらいである。これに対し、昭和四十八年に音訓表が改定された際に、必要な字訓が積極的に取り上げられて、「遣」にも「つかう」が掲げられ、これがそのまま「常用漢字表」の音訓欄に受け継がれている。したがって、書き分けようとすれば、一般には「使う」を用いるとしても、特に「役に立つように工夫して用いる」場合に「気を遣う」「人形を遣う」のような書き方ができるわけである。

なお、『新聞用語集』（昭和56）を見ると、「遣い」について、「人形遣い・両刀遣い」などを例示したあとで、特に次のように注記されている。

注　「剣術使い」、「忍術使い」、「魔法使い」は慣用として「使」。

このような慣用が見られる理由としては、「剣術・忍術・魔法」などが、それ自身既に「術」だということである。その点で、「人形・両刀」などを特に役に立つように工夫して用いる場合とは、用い方が異なるわけである。（10―11）

問「離れる」と「放れる」の使い分け

答「はなれる」という語を漢字で書き表す場合に、「離れる」「放れる」をどのように書き分けるかという問題である。

まず、「離れる」の方であるが、これは、分かれて動いた結果、元のものとの間が大きくなるということに重点が置かれている。音読の熟語として「離職・離村」などと用いるのがこれで、「職を離れる」「故郷を離れる」のように用いる。これに対して、「放れる」の方は、分かれて動いた結果、元の束縛から自由になるということに重点が置かれている。音読の熟語として「放魚・解放」などと用いるのがこれで、「魚を放す・解き放す」のように用いる。

これを更に詳しく取り上げると、「離れる」の方は、単に両者の間に距離ができるだけであるが、「放れる」の方は、その結果について干渉しない点まで含むことが分かる。それは、くっついていることが束縛であり、はなれることが自由になるという場合のことである。したがって、「離れる」の方は次のように用いる。

電車が駅から離れる　一メートル離れて立つ　飛行機が滑走路を離れる　足が地を離れる　駅から離れた町　人里遠く離れた場所　親子が離れ離れに暮らす　親元を離れて東京に行く

これに対して、「放れる」の方は次のように用いることになる。

犬が鎖から放れる　矢が弦から放れる　たこが糸から放れる　子が親の手から放れる　親の監督から放れて東京に住む

「離れる」と「放れる」については、一応このような書き分けが見られるわけである。

この場合、「はなれ島」が「離れ島」で、「はなれ馬」が「放れ馬」と書かれる理由も、その「はなれ方」が異なるからである。すなわち、「離れ島」の方はただ距離のあることに重点が置かれているのに対し、「放れ馬」の方は束縛が自由になるところに重点が置かれるからである。

ところで、「はなれる」は自動詞であり、これと対応する他動詞に「はなす」がある。この場合も、間が大きくなるように動かすだけが「離す」であり、次のように用いる。

間を離して植える　握った手を思わず離す　仲を離す　引き離す　切り離す

また、はなれた結果として自由にするのが「放す」であり、次のように用いる。

かごの鳥を放す　馬を野に放す　見放す　突き放す　放し飼い　野放し

これによれば、同じく「手ばなす」でも、「手離す」と「手放す」とでは、気持ちが異なることになろう。「手離す」の方は、はなしたくないけれどもとにかく自分の手の届かないところにはなしてしまうことである。これに対して「手放す」の方は、自分の管理権を放棄して、もうどうなってもいいという気持ちで手からはなしてしまうことである。「手放しで喜ぶ」というのも、何の遠慮もなく喜ぶからである。　(10―12)

問「温かい」と「暖かい」の使い分け

答「あたたかい」という語を漢字で書き表す場合に、「温かい」「暖かい」をどのように書き分けるかという問題である。

この場合、「温」という漢字は「冷」の類に属する意味を持っていて、「冷水・冷床」と同じく「温水・温床」と用いる。したがって、「冷たい」の類として、「温かいふろ」「温かい空気」「温かいスープ」「温かい料理」などと用いることになる。これに対して「暖」の方は、「寒」の類に属する意味を持っていて、「厳寒の候（一月）」と同じく「春暖の候（四月）」と用い、「寒暖の差」などと用いる。したがって、「寒い」の類として、「暖かい冬」「暖かい室内」「暖かい気候」「暖かい地方」などと用いることになる。

しかし、実際問題として、「冷たい」と感じるか、「寒い」と感じるかというのは、その感じ方にもよるわけである。寒中水泳で海に入ると、海の水を「冷たい」と感じ、海から上がると「寒い」と感じる。同じようにして、同じ空気の移動でも、夏の暑い日に冷房機のそばへ行くと、「冷たい風」に当たって気持ちがいいということになる。そのような感じ方によれば、冬は「温かい風」に当たって気持ちがいいということにもなる。これに対して、冬の日に外へ出て気になるのは、「寒い風」が吹いているかどうかということである。そのような感じ方によれば、春は「暖かい風」が吹いていて気持ちがいいということになる。こうして、同じく「風」でも、「温かい風」と「暖かい風」の両者が成り立つことにもなるが、基本的には感じ方が異なるわけである。

なお、「あたたかい」については比喩《ひゆ》的に用いることも多いが、その場合は、「冷たい」との対応になるのが普通である。したがって、「冷たいもてなし」「冷たい人情」に対して、「温かいもてなし」「温かい人情」などと用いることになる。

ところで、以上のような書き分けは、現行の「常用漢字表」の音訓欄に従った用い方であるが、実は昭和二十三年の「当用漢字音訓表」においては、多少事情が異なっていた。そのときは、「暖」の方にだけ「あたたかい」という字訓が掲げられていて、「温」の方には「あたたかい」という字訓が掲げられていなかった。そのため、新聞、雑誌などでは、「温」の意味の場合に、「暖」を用いたり、仮名書きにしたりすることが行われていた。しかし、昭和四十八年に改定された音訓表では、漢字の使い分けのできる異字同訓を積極的に取り入れたため、「温」にも「あたたかい」という字訓が追加され、それが昭和五十六年の「常用漢字表」の音訓欄に受け継がれ、現在に及んでいる。したがって、現行の「常用漢字表」に従うならば、旧来の用い方に従って、「温かいふろ」「暖かい冬」のように書き分けるのが好ましいことになる。（10—13）

問「硬い」と「堅い」と「固い」の使い分け

答 形容詞の「かたい」という語を漢字で書き表す場合、「硬い」「堅い」「固い」をどのように書き分けるかという問題である。

まず、「硬い」であるが、これは熟語で「硬直・硬化」と用いるように、「力を加えても形が変わらない」状態を表す。したがって、「硬い石」「硬いボール」「硬い鉛筆」「硬い髪の毛」などと用い、その反対は「やわらかい（軟）」である。比喩《ひゆ》的に用いる場合に、「態度が硬い」「表情が硬い」「硬い文章」などと用いるのもこのためである。

次に、「堅い」であるが、これは熟語で「堅氷・堅陣」と用いるように、「中が詰まっていて砕けにくい」状態を表す。したがって、「堅い材木」「堅い炭」「堅パン」「堅焼き」のように用い、その反対は「もろい」である。比喩的に用いる場合に、「口が堅い」「手堅い商売」「義理堅い」「底堅い動き」などと用いるのはこのためである。「堅物」と書くのも、要するに「もろいところがない」点に特色が見られるわけである。

最後に、「固い」であるが、これは熟語で「固体・固形」と用いるように、「全体が強くて形が変わらない」状態を表すことになる。したがって、「固い地盤」「固く結ぶ」のように用い、その反対は「ゆるい」である。（「かたい」のうち「固」だけに「固める・固まる」という動詞の形がある。）比喩的に用いる場合に、「固い握手」「固い結束」「固い友情」「財布のひもが固い」などと用いるのはこのためである。「頭が固い」というのも、本来、固くて融通が利かないことである。その点で、刺激があっても変わらない「表情が硬い」とは、「かたい」状態が異なっている。

ところで、昭和二十三年の「当用漢字音訓表」では、「堅」だけに「かたい」という字訓が掲げられていて、「硬」と「固」にはこの字訓が掲げられていなかった。ただし、「固」の場合には「かためる」という字訓が掲げられていたから、派生関係にある「かたい」にも用いることができたが、「硬」についてはそのような派生関係もなかった。そのため、本来「硬」で書き表す「かたい」については、「堅い」か「固い」に書き換えるか仮名書きにするかであるが、一般には応用範囲の広い「固い」に書き換えられていた。その後、昭和四十八年の改定に当たって必要な字訓が積極的に取り上げられ、「硬」にも「かたい」という字訓が加わり、それが現行の「常用漢字表」の音訓欄に受け継がれている。したがって、「常用漢字表」に従って「堅い・硬い・固い」を書き分けようとすれば、本来の用い方に従って、「硬い石」「堅い材木」「固い地盤」のようになるわけである。（10—14）

問「**加担**」か「**荷担**」か

答「陰謀にカタンする」などと使う「かたん」を漢字で書く場合には、「加担」「荷担」のいずれがよいかという問題である。

この語は、本来は「荷担」と書かれたものである。「荷」も「担」も、「肩にかつぐ」「になう」という意味を持っていて、「荷担」は、「荷物をになうこと」が、その原義であり、

主上ヲバ寮ノ御馬ニ舁《カキ》乗セ進《マキラ》セ、三種ノ神器ヲ自《ラ》荷担シテ、未《ダ》夜ノ中《ウチ》ニ大和路ニ懸テ、梨間宿マデゾ落シ進《マキラ》セケル。（太平記・巻十八「先帝潜ニ幸ノ芳野ヘ事」）

のように使われた。それが、他人の荷を背負うところから、日本で、「片棒をかつぐ」「他人に力を添えて助ける」「味方になる」という意味に転じた。『日葡辞書（邦訳版）』の＜Catan＞（荷担）の項には＜Ninaiŭ＞（にない、になう）とあり、荷物を肩にかつぐ意の説明があるが、同時に＜Catansuru＞（荷担する）には、ある人に助太刀する意の訳が付いているので、室町時代には、既に意味が転化していたものと思われる。この「荷担」が「加担」とも書かれるようになったのは、意味の転化とともに、「加勢」「加護」などの語への類推から生じたものであろう。

『日本国語大辞典』の「かたん（荷担・加担）」の項には、『福翁自伝』（福沢諭吉）の

王政維新の際に仙台は佐幕論に加担して、（雑記）

という用例を掲げているので、かなり前から「加担」とも書かれるようになっていたらしい。しかし、国語辞典類を見ると、「＜加担＞とも書く」という注記があるのは近年に刊行されたものだけで、大半の辞典は「荷担」のみを掲げている。

第五期国語審議会の第二部会が第四十二回国語審議会総会（昭和36・3・17）へ報告した「語形の「ゆれ」について」の第一部に「漢字表記の「ゆれ」について」という記述がある。その中に、

次に掲げる語なども、かっこの中のように書かれることがあるが、これらは今日ではまだ誤りとみなすべきであろう。

として、「荷担（加担）」の例も掲げられている。ただし、これには次のような注記がある。

これらのうち、「荷担」「決着」などは、今日では「加担」「結着」の語を記載する辞典もあるくらいなので、むしろ8の例として扱ったほうがよいかもしれない。

「8の例」というのは、「状態」と「情態」のような「同音類義ないし同音異義の語」（同報告参照）を指す。したがって、この報告自体「加担」を誤りと断ずることに、いささかのためらいがあることを示していると言えよう。

これより先、日本新聞協会の用語懇談会の審議結果を集録した「統一用語集」（昭和31・4『新聞用語集』所収）には、「荷担」を用いず、「加担」に統一することが既に示されており、この方針は、現在の『新聞用語集』にまで踏襲されている。新聞界のこの決定は、既に「加担」という漢字表記が一般化しているとの判断に基づくものであろう。国立国語研究所が、昭和三十一年の雑誌について実施した「現代雑誌九十種の用語用字」調査にも、「かたん」の使用例が四回あるが、いずれも「加担」と表記されている。

要するに、本来は「荷担」が正しい表記であるが、現在では「加担」の方が一般化していると考えられる。　（10―15）

問「**均整**」か「**均斉**」か

答　つりあいがとれて、ととのっていることを意味する「きんせ

い」という語の漢字表記は、「均整」か「均斉」かという問題である。

「均」は、「ひとしい」「ひとしくする」という意味があり、全部に公平に行き渡っているさまを表す。これに対し、「整」は、「ととのう」「ととのえる」で、正しくそろう、正しくそろえるという意味であり、「斉」は、「ととのう」「ひとしい」で、大小・長さ・行為などが、ちぐはぐでなくそろうという意味を持っている。このように「整」と「斉」とは意味が近い関係にあるので、「斉整」（ととのっている。また、女の容姿のととのって美しい形容に使う。）という語もある。したがって「均整」も「均斉」もほぼ同様の意味を表し、どちらを書いても通じるということになる。

国語辞典や漢和辞典でも、同じ語の異なる表記として取り扱っているのがほとんどである。

文学作品を見ても、次に掲げるように、両者の用例が見られる。

〔均整〕

・たしかに、男らしく美しい容貌、均整のとれた、弾力のある、強くて敏捷な体格は、……それ自身として美しい何かだった。（中野重治「むらぎも」）

〔均斉〕

・小母さまには、俊樹の無数に知つてゐる若い娘たちとはまつたく別の、すつきりと均斉の取れた美しいものがあつた。（大仏次郎「帰郷」）

・西欧人の混血らしい均斉のとれた肉体が、もつれ合ひ、離れ、様々の煽情的なポーズに停止した。（大岡昇平「野火」）

新聞界では、日本新聞協会の「統一用語集」（昭和31・4『新聞用語集』所収）以来、「均整」に統一して、「均斉」は用いないことにしている。「斉」は、「当用漢字表」には掲げられていないが、昭和二十九年に国語審議会が報告した「当用漢字補正資料」には、追加すべき候補字として挙がっているので、新聞では使うことができたはずの字である。それにもかかわらず右のような決定をしたのは、おそらく「均整」の方がより一般的であるという判断をしたものと思われる。ちなみに、国立国語研究所の「現代雑誌九十種の用語用字」調査の結果を見ると、「きんせい」は三例現れているが、いずれも「均整」と表記されている。

ところで、「斉」の字は、昭和五十六年に制定された「常用漢字表」の中に掲げられている。したがって、現在では「均整」「均斉」のどちらを書いても差し支えないということになろう。

なお、美術用語としては、「均斉」の方が用いられている。これは、symmetry の訳語で、美的形式原理の一つとして用いられる。美術作品において、ある中軸の線又は面を基に左右に分断した場合に、その構成要素の数量、形状、性質などが左右相称のことを言う語である。（10—16）

問「自乗」か「二乗」か

答 同じ数又は式を二つかけあわせることを「じじょう」と言うが、その漢字表記は、「自乗」「二乗」のどちらがいいかという問題である。

同じ事柄を指すものとして学術用語では、「にじょう（二乗）」を使っている。つまり、学術用語としては「じじょう」の語はなくなったわけであるが、俗用としては「じじょう」の語は消滅していない。したがって、「じじょう」を使うとすれば、やはり、本来の「自乗」と書くことになるのであって、「二乗」を書くのは避けた方がよい。

「二」の字音は、呉音「ニ」、漢音「ジ」であるから、「二乗」と書いて「ジジョウ」と読むこともできないわけではない。夏目漱石の『三四郎』には、次のような例が見える。

光線の圧力は半径の二乗《じじょう》に比例するが、引力の方は半径の三乗に比例するんだから、物が小さくなればなる程引力の方が負けて、光線の圧力が強くなる。（岩波版『漱石全集　第四巻』221ページ）

このような習慣が一部にあることは事実であろう。また、国語辞典・表記辞典の類を見ても、「じじょう」の見出しの下に「自乗・二乗」を並べて挙げているものが多いことも、その間の事情を物語っている。

しかし、「当用漢字音訓表」及び「常用漢字表」の音訓欄によれば、「二」の字音は「ニ」だけであって「ジ」は掲げていない。したがって、「当用漢字表」や「常用漢字表」に準拠する限り、「じじょう」は「自乗」と書いて、「二乗」とは書かないことになる。一方に、同義語としての「にじょう（二乗）」の存在することを考え合わせると、「じじょう＝自乗」「にじょう＝二乗」のように書き分け、読み分けた方が、混乱を避ける意味でも賢明であろう。

なお、「じじょう」「にじょう」のどちらを使うかという問題になると、学術用語で「にじょう（二乗）」を採用した結果に基づき、新聞・放送界でも、これに倣って「にじょう（二乗）」の方に統一している。

〔付記〕『日本国語大辞典』の「じじょう〔二乗・自乗〕」の項には、「②（比喩的に）程度をはなはだしくすること。」という意味を挙げ、次の二つの用例を掲げている。

＊運命論者〈国木田独歩〉二「『惑』は悲（かなしみ）を苦（くるしみ）に変ます。苦悩を更に自乗（ジジョウ）させます。」

＊吾輩は猫である〈夏目漱石〉四「例によってとは今更解釈する必要もない。厘を自乗した程の度合を示す語である。」

このような比喩《ひゆ》的な用法には、「にじょう（二乗）」の方は使いにくいようである。　（10―17）

問「年配」か「年輩」か

答　年ごろ、年かっこうという意味で使われる「ねんぱい」の漢字表記は、「年輩」「年配」のどちらがよいかという問題である。

「年輩」は、漢籍にも出典の見える本来の漢語であるが、「年配」の方は、後に日本で漢字を当てた和製漢語である。したがって、国語辞典によっては、「年輩」のみを掲げ、「年配」を掲げていないものも、幾つか見られる。また、『大言海』では、両者を別の見出しに掲げ、

〔年輩〕トシゴロ。齢ノ程。年紀。

〔年配〕トシゴロ。其事ニ相応シタル齢ノ程。

として、一応意味を区別している。しかし、大半の国語辞典・漢和辞典では、両者を一つの見出しの中に収めて、同じ語として扱っている。

「年輩」の「輩」は、「ともがら」「やから」であり、地位・能力などが同じ仲間であるという意味を持つ。したがって、「年輩」は、漢籍では、「年ごろ・年のほど・年かっこう」という意味で用いられているが、日本語では、以下に示すように、そのほかの意味にも用いられる。

①「年ごろ・年かっこう・大体の年齢」の意。

・同じ年輩の若い修行僧がたくさん近くにゐられたのではないの

ですか。（倉田百三「出家とその弟子」）
・姉さんだつたらあのくらゐな年輩の男の人の心がよく分かるでせうけど、私には見当がつかないのよ。（正宗白鳥「生まざりしならば」）
・四十年配の良人の写真を所持品の中に蔵っていたが、（丹羽文雄「厭がらせの年齢」）
・年配は八春先生より一まはりも上の大滝老医師である。（井伏鱒二「本日休診」）
・二十七八という年配で、目につくほど美しい。（中野重治「むらぎも」）
・格式と年配の順で一人一人左の乳下をつきさしてうつぶせた。（田宮虎彦「落城」）

②「世の中の経験を積んだ年ごろ・中年」の意。
・夫《それ》から若い男だらうか年輩の人だらうかと思案して見るのです。（夏目漱石「こころ」）
・からだの小さいよぼつきかけた年配の男が、（中野重治「むらぎも」）
・年配の男の声だった。（獅子文六「自由学校」）

③「いい加減な年格好で、年上」の意。
・何と云つても五十川女史はその晩そこに集まつた人々の中では一番年配でもあつたし、（有島武郎「或る女」）
・この自分より年配の頭の悪い男をいぢ悪く覗き込んだ。（徳永直「太陽のない街」）

以上の意味・用法のうち、①は漢籍の場合と同様であるが、②と③は、日本で生じたものであって、いずれの場合にも、「年輩」と「年配」が意味の区別なく用いられている。

ところで、「年輩」「年配」のどちらが、現在では一般的であろうか。前に一部を引用した文学作品についての採集例を見ても、また国立国語研究所の「現代雑誌九十種の用語用字」の調査の結果を見ても、ほぼ三対一の割合で「年配」の方が多く用いられている。また、同研究所が実施した「現代表記のゆれ」という意識調査の結果がある。この調査は、二とおり以上の書き方が見られる言葉を二十語提示して、それぞれどういう書き方をしているかを、約千人を対象に質問したものであるが、「ねんぱい」についての結果は、次の表のとおりである。（この調査では、表に掲げた「年配」「年輩」「仮名書きにする」のいずれかをとる選択のほか、「意味によって書き分ける」「気分によって書き分ける」「その他」の三つの反応が示されているが、ここでは割愛した。詳細は、国立国語研究所報告75『現代表記のゆれ』を参照されたい。）

	年配		年輩		仮名書き	
	人	%				
全体	504	50.7	251	25.3	7	0.7
教員	226	55.4	97	23.8	3	0.7
学生	95	43.8	52	24.0	2	0.9
主婦	123	51.7	60	25.2	2	0.8
その他	60	45.8	42	32.1	—	—

表に見るように、いずれのグループでも、「年配」の方が優勢を示している。

国語審議会報告の「漢字表記の「ゆれ」について」（昭和36）の中には、ゆれの認められる語のうち、「字画が少ない、あるいはなるべくなら教育漢字であることが一つのよりどころとなりうる例」の一つとして「年配（年輩）」を挙げている。また、日本新聞協会では、「統一用語集」（昭和31・4『新聞用語集』所収）以来、「年配」を採用し、「年輩」は用いないと定め、その方針は、現行の『新聞用語集』にまで踏襲されている。

以上のことから、「年輩」「年配」はど

ちらを書いても差し支えないが、現在では、「年配」の方がより一般的であるということになる。

ところで、「ねんぱい」（年配・年輩）という漢語と全く同じ意味で用いられる和語に、「としばえ」又は「としばい」（年延）という語があり、それぞれ、次のように用いられている。

〔としばえ〕

・同じ年《とし》ばへの子共近所に多けれ共、物にせぬ鼻垂娘共とは遊ばせず。（浮世草子「傾城禁短気」）

・相肩の七兵衛と姿も心も同じ年《とし》ばへ。（同右）

〔としばい〕

・我御料は年ばいな人じやが、むさとした事をおしやる。（虎寛本狂言「合柿」）

・時に表に「頼みましよ。紺屋の徳兵衛殿は此方《こなた》か」と年延《としばい》なる仁体なり。（近松門左衛門「重井筒」）

・我らは旅の者私が舅の親仁様。ちやうどお前の年ばいで恰好も其のまゝ。（近松門左衛門「冥途の飛脚」）

・とりなし難い浮気では、かへつて年倍《としばい》の成清へ、恥をあたゆる同前じやが、（為永春水「春色梅児誉美」）

「としばい」は「としばえ」のなまった形であろう。「年配」という漢字表記は、この「としばい」に漢字を当ててそれを音読するところから成立した可能性も考えられる。（10―19）

問 「膨脹」か「膨張」か

答 ふくれて大きくなるという意味の語「ぼうちょう」の漢字表記は、「膨脹」か「膨張」かという問題である。

この語は、もともと「膨脹」と書かれた。「膨」は「ふくれる」「ふくらむ」意で、「膨脹」「膨大」（「厖大」の書き換え）などと使われる。「脹」は「はれる」、特に、腹がみちてふくれる意を表し、「膨脹」「脹満」（腹がふくれあがる病気）などの語に使われる。物理学でも、物体が熱によってその体積を増大する現象を指して、かつては「膨脹」と書き表していた。昭和二十一年に制定された「当用漢字表」に「脹」の字が入ったのは、物理学関係からの強い要請があったためと言われている。

ところが、その後、『学術用語集』の物理学編（昭和29・3）が定められた際、「膨脹」は「膨張」に書き換えられた。「張」は「はる」で、ふくれて大きくなる意を持っているため、「脹」との意義の差がさほど大きくないと判断されたためであろう。それ以後に刊行された『学術用語集』でも、化学・機械工学・船舶工学・航空工学・計測工学・原子力工学・地震学・気象学など、すべて「膨張」と表記されている。

『学術用語集』の物理学編と時を同じくして国語審議会から報告された「当用漢字補正資料」（昭和29・3）においては、この「脹」の字が「当用漢字表」から削除される候補となった。これらを受けて、新聞界では、日本新聞協会の『新聞用語 言いかえ集』（昭和30・4）から「膨脹」を使わず「膨張」と書くことになり、今日に至っている。

しかし、「脹」の字は、「当用漢字表」から引き続いて、現行の「常用漢字表」に入っていることもあって、現在でも、一部に「膨脹」と書く習慣は残っている。国立国語研究所報告76『高校教科書の語彙調査』（秀英出版、昭和58・3）の結果は、以下のとおりである。理科の教科書では、「物理」の十二例、「化学」一例、「地学」の十一例、社会科では、「倫理・社会」、「日本史」それぞれ一例の計二十六例は、理科系の教科書が『学術用語集』に従うのは当然として、すべて「膨張」と表記されている。ただし、「政治・経済」では、五例とも「膨脹」と書かれているが、これは、著者の表記習慣による結果だろうと思われる。

なお、前項の「年配（年輩）」と同様に、国語審議会の「漢字表記の「ゆれ」について」の中でも、「字画が少ない、あるいはなるべくなら教育漢字であることが一つのよりどころとなりうる例」の中に、この「膨張（膨脹）」が掲げられている。

（10—20）

問 **「凍る」か「氷る」か**

答 「こおる」という語を漢字で書き表す場合に、「凍る」と書くか「氷る」と書くかという問題である。

この場合、「凍」の方は、熟語で「凍結・冷凍」などと用いるように、寒さのために冷たく固くなることで、水に限らない。これに対して「氷」の方は、熟語で「氷点・氷結」などと用いるように、水が冷たく固くなることである。したがって、「凍る」と「氷る」を使い分けるとすれば、一応は次のようになる。

凍……土が凍る　豆腐が凍る
氷……水が氷る　湖が氷る

しかし、「凍」の方も、中国の字書に「冰也」（「冰」は「氷」の異体字）ともあるように、水の場合に用いて差し支えないのである。

ところで、昭和二十三年の「当用漢字音訓表」の音訓の選択に当たっては、異字同訓をなるべく減らすという方針の下に進んでいた。そのため、「こおる」について、意味の広い「凍」の方にこの字訓を掲げ、「氷」の方は「こおり」だけとした。四十八年の改定に当たって、その審議の際に問題にはなったが、最終的には「氷」に「こおる」という字訓が追加されはしなかった。そうして、この形がそのまま現行の「常用漢字表」の音訓欄に受け継がれている。したがって、「常用漢字表」に従って「こおる」という語を書き表す場合には、水であってもその他のものであっても、すべて「凍る」を用いればよいのである。

以上は「こおる」についての問題であるが、「こおり」の場合は多少事情が異なっている。それは、「常用漢字表」の音訓欄に動詞の形で掲げられているものについては、名詞の形に使ってもよいからである。（「氷・こおり」のように名詞の形で掲げられているものは、名詞としてだけ用いるものである。）したがって、「凍る」という動詞の形に「凍り」という名詞の形が成り立つことになり、本来の名詞としての「氷」との間に書き分けの問題が起こることになる。

この場合の考え方としては、「送り仮名の付け方」の通則4の例外の注意に示された「赤の組」「活字の組みがゆるむ」の「組・組み」の場合と同じ扱いでよい。すなわち、「氷」の方は、「組」の場合と同じく本来の名詞としての「こおり」であり、「氷を砕く」「冷蔵庫の氷」のように用いる。これに対して、「凍り」の方は、「組み」の場合と同じく動詞の意識が残っているから、動詞の送り仮名が残り、「水の凍りが十分でない」「湖の凍りが遅い」のような形が見られるわけである。

（10—21）

問 **「目指す」か「目差す」か**

答 「めざす」という語を「目指す」と書くか「目差す」と書くかという問題である。

「常用漢字表」では、「さす」という字訓が「差・指・刺・挿」に掲げられている。ここにそれらの用い方をまとめると、次のようになる。

差……腰に刀を差す　影が差す　傘を差す
指……方向を指す　目的地を指して進む

刺……人を刺す　布を刺す　とげが刺さる
挿……花を挿す　かんざしを挿す

これらのうち、最も広く用いることのできるのは「差す」である。ただし、「さす」には旧表記として「日が射す」「油を注す」「虫に螫される」などもあり、時には仮名で書かれることもある。

ところで、問題となっている「めざす」であるが、これは目で方向を示すことになるから、前記の中で選ぶとすれば「目指す」となる。ただし、昭和二十三年の「当用漢字音訓表」では、「指」に「さす」という字訓が掲げられていなかった。そのため、「目指す」の代わりに、「目ざす」と仮名書きにするか、あるいは使用範囲の広い「差」を用いて「目差す」と書き換える形が用いられていた。これに対し、昭和四十八年の音訓表の改定に当たって必要な字訓が積極的に取り上げられ、「指」にも「さす」という字訓が追加され、それが「常用漢字表」の音訓欄に受け継がれている。したがって、「常用漢字表」に従って漢字を用いる場合には、旧来の書き方に戻り、「目指す」と書くのが好ましいわけである。

以上は「めざす」の書き表し方であるが、同じように見えても、「ゆびさす」の場合は事情が異なる。この方は、本来は「指」という漢字そのものの名詞としての字訓が「ゆび」で、動詞としての字訓が「さす」「ゆびさす」である。したがって、旧表記では「ゆびさす」全体を「指す」と書いたこともあるが、「常用漢字表」では「指」の音訓欄が「シ・ゆび・さす」で、「ゆびさす」という字訓は掲げられていない。強いて漢字で書こうとすれば、「ゆび」の部分を「指」とし、「さす」の部分を「指す」とすることもできる。しかし、「指指す」では異なる読みの同じ漢字が続いて読みにくく、見た目にもよくないため、一般には「指さす」の形が用いられている。（10―22）

問「不意討ち」か「不意打ち」か

答「不意うち」の「うち」は、「打ち」と書くか「討ち」と書くか、という問題である。

この場合、「打」の方には「打球・乱打」のように「たたく」の意味があり、「討」の方には「討伐・掃討」のように「せめころす」の意味がある。そうして、本来の「ふいうち」というのは不意に切り付けることであるから、「不意討ち」と書く方がよいことになる。しかし、実際問題として「ふいうち」という語は、突然切り付けるという意味から離れて、広く突然襲う意味に用いられている。「ふいうちの訪問を受ける」「ふいうちのテストが行われる」などとなると、襲う意味も薄れて突然しかけるの意味合いが強くなっている。こうなると、すでに殺す意味はなくなっているから、「討つ」では強すぎることになり、「打つ」の方がよいということにもなる。また、「不意討ち」と「不意打ち」とを比べると、殺す意味の強い「不意討ち」の方が意味が狭く、そのような意味に限定されない「不意打ち」の方が意味が広いことにもなる。日本新聞協会の『新聞用語集』（昭和56）において「不意打ち」に統一して用いているのは、このような意味の広狭を考慮したものである。

ところで、同じく「うち」の付く語としては、ほかに「相うち・追いうち・同士うち・一騎うち」などがある。これらの語も、本来は殺す意味を持っていたに違いないが、現在では単にそのことを行うだけで、殺すことまでを目的とする場合は少ない。そういう点を考えると、「不意打ち」の場合と同じく、「相打ち・追い打ち・同士打ち・一騎打ち」が好ましいのであり、『新聞用語集』でもそのようになっている。ただし、「うち」の付く語の中には、単に行うだけでなく、実際に殺すことを目的とする意味の強いものもある。

「あだうち・敵うち・返りうち」などがこれで、『新聞用語集』でも「あだ討ち・敵討ち・返り討ち」のようになっている。

なお、「うち」にはもう一つ「撃」がある。この方は「撃墜・砲撃」と用いるように「弾丸を出す」意味があり、「ねらい撃ち」「抜き撃ち」となる。しかし、弾丸でなく、単に打つだけならば、「ねらい打ち」「抜き打ち」もある。『新聞用語集』で次のように説明されているのがこれである。

ねらいうち（狙い打ち）→狙い撃ち
「高めのボールを狙い打ち」などは別
ぬきうち（抜き撃ち・抜き討ち）→抜き打ち
「射撃の抜き撃ち」は別

「早うち」については例示されていないが、「太鼓の早打ち」と「ピストルの早撃ち」ではそれぞれ意味が異なるのであり、「常用漢字表」の音訓欄に従えば書き分けることになる。

また、同じことは、「打・討」の場合の「手うち」についても言える。同じく「手うち」でも、「手打ちのそば」と「殿様のお手討ち」では意味が全く異なるのであり、それに応じて書き分けることになる。（10—25）

問 「賀詞交換会」か「賀詞交歓会」か

答 新年の「賀詞こうかん会」という場合の「こうかん」は、「交換」「交歓」のどちらを書くのが正しいかという問題である。

「賀詞こうかん会」という場合は、賀詞をとりかわすという意味であるから、当然「交換」が本来だと思われる。似たようなものとして、「年賀交換会」「名刺交換会」という言い方もある。また「両チームのエールの交換」なども、同じ用法である。

これに対して、「新春こうかん会」「新年こうかん会」という場合の「こうかん」は、たがいにうちとけて、楽しみを共にするという意味であるから、「交歓」と書くべきところである。

一部に「賀詞交歓会」という書き方が行われているのは、右の「年賀交換会」と「新春交歓会」との一種の混淆《こんこう》（コンタミネーション）によるものであろう。混淆による例としては、

汚名をすすぐ＼
恨みをはらす／汚名をはらす
的を射た＼
当を得た／的を得た

などがある。

なお、右の「交歓」という語については、「同音の漢字による書きかえ」（昭和31・7・5国語審議会報告）の中に、

×交驩→交歓

と掲げられているように、もとは「交驩」とも書かれていたが、「驩」が「当用漢字表」及び「常用漢字表」に入らなかったため、今日では「交歓」と書く方が普通になっている。（10—34）

問 「時機」と「時期」の使い分け

答 「時機」と「時期」とは同じ意味の語であるのか、それとも異なった意味の語として使い分けを要する語であるのか、という問題である。

この場合、「時」は言うまでもなく「とき」のことである。それに組み合わされた「機」の方は、字訓が「はた」となっているように、布を織る仕掛けのことであり、「織機」というのが本来の用い方である。その「機」が広く複雑な仕掛けという意味になり、機械の名称として「工作機・印刷機」などと用いられた。それが転じて、動きだす力を複雑なかみ合わせに与えるというところから「き

ざし・きっかけ」などの意味になり、「好機・危機・転機・機会」などの「機」となった。「時機」の「機」もこの意味であり、「時機」という語が「特別の物事を行うのに特によいきっかけとなるトキ」の意味に用いられるのもこのためである。その点では、次のような用い方は、いずれも「時機」本来の意味によるものである。

時機を見る　時機に投じて　時機到来　時機を失う　時機を逸する

これらを通じて、「時機」が「特によいトキ」を表しているということが見られる。

これに対して「時期」の「期」の方は、「期間・期限・周期」などと用いるように「年や月の一巡り」のことである。「期」が一区切りの月日や取り決めた月日の意味で「学期・任期・定期」などと用いられるのもこのためである。したがって、「時期」という語が、そのような意味での「トキ」を表すのに用いられるのも、理由なしとしないわけである。

しかし、「時機・時期」について中国の古典を調べてみると、漢和辞典などに引かれた範囲では、「時機」の用例はいろいろと見られるが、「時期」の方はその用例が見られない。また、国語辞典としては、『大日本国語辞典』には「時機」も「時期」も掲げられているが、『大言海』には「時機」のみで「時期」が見られない。『大日本国語辞典』の場合も、用例が示されているのは「時機」の方だけで、「時期」にはただ簡単に「期・とき・をり・時刻」と書かれているだけである。このような点から見ると、古くから用いられていたのは「時機」の方であり、「時期」は後に造られた熟語と考えてもよいのである。

ただし、その「時期」も既に明治のものに見られることになる。例えば、「民法」(明治29)に次のように用いられている。

第六百六十二条　当事者カ寄託物返還ノ時期ヲ定メタルトキト雖モ寄託者ハ何時ニテモ其返還ヲ請求スルコトヲ得。

これに関連して以下の条文にも、「時期ヲ定メサリシトキ」「返還時期ノ定アルトキ」のように、「時期」が「物事を行うトキ」の意味に用いられている。この点から考えると、「時期」というのは、「とき」の意味を表す二字熟語として用い始められたものである。その場合の「とき」は、「時機」と違い、必ずしも「特によいトキ」という意味ではないため、その「機」を同音の「期」に変え、新しく「時期」という語を造ったと考えることが可能である。その場合の造語法は、例えば、既に「労資」という語があったけれども、資本家では実情に合わなくなったので、「資」を同音の「使(使用者の使)」に変え、「労使」という語を造るに至ったのと似ている。

こうして、「時期」という語が用いられるようになると、それは「特によいトキ」という意味ではなく、単なる「トキ」という意味で用いるのに好都合となった。一般に次のように用いられるのも、このためである。

時期が早い　入学の時期　空白の時期　存立時期　時期尚早

これらの場合は、いずれも「特別の物事を行うのに特によいきっかけとなるトキ」というのではなく、単に「トキ(ただし、コロの意味のトキであって前後に幅がある)」の意味に用いられている。その点では「時期」のうち特別のものを「時機」とするという用い方が一般的となっているわけである。

ところで、同音語として紛らわしいものに、もう一つ「時季」というのがある。この場合の「季」は、「四季・季刊」などと用いられるように、「春夏秋冬それぞれのシーズン」のことである。したがって、「時季」という語は、このような立場での「シーズン」を表すわけである。しかし、この「時季」も、漢和辞典などに見られる範囲では中国の古典にその用例がなく、『大日本国語辞典』や『大言海』にも掲げていない語である。

ただし、既に法令にも用いられている語であり、「労働基準法」(昭和22)第三十九条第三項には、次のように書かれている。

使用者は、前二項の規定による有給休暇を労働者の請求する時季に与えなければならない。但し、請求された時季に有給休暇を与えることが事業の正常な運営を妨げる場合においては、他の時季にこれを与えることができる。

この条文の趣旨は、例えば夏季に休暇を取りたいという請求があった場合は、夏の季節のうちに与えればよいということである。ただし、例えば年末最多忙時で事業運営に支障を来す場合は、使用者側で時季を変更してもよいということである。

したがって、「時季」というのも、「時機」または「時期」と同じく「トキ」を表すことになるが、内容が多少異なるため、その「機・期」の部分を同音の「季」に変えたものである。「時季」の方は「時機・時期」ほど一般的な語ではないが、『日本国語大辞典』には次のような用例が掲げられている。

桐の花とカステラの時季となつた。(北原白秋「桐の花」)

矢張り農家の暇な時季を選んだものだらう。(寺田寅彦「田園雑感」)

これらも「シーズン」の意味であり、「時機・時期」よりも「時季」を適切と考えたに違いないのである。　(11—1)

問「精彩」と「生彩」の使い分け

答「精彩」と「生彩」とは同じ意味の語であるのか、それとも異なった意味の語として使い分けを要する語であるのか、という問題である。

この場合、「彩」は、字訓が「いろどる」となっているように、「美しい色を塗る」ことである。「水彩画」のようなものが本来の用い方であり、転じてそのようにして塗られた模様の意味になり、そのようにして生まれた「つやのあるようす」の意味になっている。「光彩」などの用い方がこれであり、「精彩・生彩」の「彩」もこの意味で用いたものである。

次に、これに組み合わされた「精」であるが、この方は、本来の字訓が「しらげる」である。それは「精米・精白」に見られるように、米をついて白くする意味である。それが転じて「精髄・酒精」のように、汚れや混じりけを取り去ったエキスの意味に用いられ、「精気・精力」のように「生き生きとしている」意味にも用いられている。したがって、そのような「精」に前記「彩」を組み合わせた「精彩」は、「生き生きとしたつやのあるようす」の意味に用いられている。その点で見られるのが、次のような用例である。

精彩を帯びる　精彩を放つ　精彩を欠く　精彩を失う

言うまでもなく、「帯びる・放つ」などは精彩が加わることであり、「欠く・失う」などはそのような精彩が見られないことである。

これに対して「生彩」の「生」は、字訓の「いきる」を見ても明らかなように、「いきている」ことである。「生命・生死」という語がこの用い方であり、転じて、「生色・生面・生気・生々・生鮮」など、「いきいきしている」の意味に用いられている。「生彩」の「生」もこの意味であり、「いきいきとしたつやのあるようす」にほかならない。したがって、この「生彩」が、前記「精彩」と同じように「帯びる・放つ・欠く・失う」などと結び付いた形で用いられるのも、理由なしとしないわけである。

いま、この「精彩・生彩」について、国立国語研究所の採集した用例カードを見ると、「精彩」には次のようなものがある。

・それに、谷間の生活も、最初のような、精彩を失ってきた折柄、あの小屋を出ていってやっても、一向、差支えはない。（獅子文六「自由学校」）

・やはり彼も歳にはかてないのかというファンのタメ息も出る有様だったが、五月にはいるとガラリ精彩をおびてきた。（『ベースボール・マガジン』昭和31・6月号）

これに対し、「生彩」の用例カードには、次のようなものがある。

・彼が会場へ出品する二三鉢は、ただならぬ気品と生彩とをはなち群花を圧してしまふのである。（中山義秀「厚物咲」）

・発端は、アラン（ジミイ・ユルバン）という少年孤児の物語。自分が預けられている農家の納屋に放火する光景が実に子供らしい夢に満ちて生彩がある。（『週刊朝日』昭和31・9・23号）

このように対比してみても、前者の「精彩を失ってきた・精彩をおびてきた」と後者の「気品と生彩とをはなち・生彩がある」との間に、書き分けなければならないほどの意味の差があるとは考えられない。

しかし、「精彩」と「生彩」について漢和辞典などに引かれた範囲では、「精彩」の用例はいろいろと見られるが、「生彩」の方はその用例が見られない。また、国語辞典の『大言海』や『大日本国語辞典』の場合も、「精彩」は掲げられているが、「生彩」は掲げられていない。『広辞苑』の場合も、その初版に「生彩」が掲げられていないのは、その元になった『辞苑』に掲げられていなかったためかもしれない。『広辞苑』が「生彩」を掲げたのは第二版からであるが、その解説は「精彩に同じ」となっている。このような点から見ると、古くから用いられていたのは「精彩」の方であり、「生彩」は後に造られた熟語と考えてもよいのである。実際問題として、既に「精彩」という語があるにもかかわらず新たに「生彩」という語が生まれたことについては、次のように考えることができる。それは、「精彩」の意味が「いきいきとしたつやのあるようす」であるため、その「いきいきとした」という意味に引かれて「精」と同音の「生」が用いられたという考え方である。

ところで、そのような経緯があるにしても、既に「精彩」と「生彩」と二つの語が用いられるに至ったわけである。その場合、漢字はそれぞれ独自の意味を持っているところから、漢字の意味に基づいてこの二つの語を使い分けようとすれば、多少ともニュアンスの異なる語となるはずである。国語辞典の中に別々の見出しを立てて解説してあるものが見られるのもこのためである。しかし、国語審議会でこの種の問題を取り上げた際の報告「漢字表記の「ゆれ」について」（昭和36）によれば、「精彩・生彩」の類を例示した部分に関し、次のように説明してある。

こういう場合、漢字の意味のわずかな相違にあまりにこだわることは、社会一般としては限度があるであろう。（中略）次に掲げる語も、別の意味に使われることもあるが、同じような意味に使う場合もあるものである。特に必要のある場合のほかは、かっこの外のものを使うようにしたらよいと考えられる。

そこに例示されたのが、「精彩（生彩）」という形である。その趣旨は、特に必要のある場合のほかは「精彩」のみを用いる方がよいという取り上げ方である。他に例を求めると、「探検（探険）」「自習（自修）」などがこのグループで取り上げられている。日本新聞協会の新聞用語懇談会がまとめた『新聞用語集』において「（生彩）→精彩」のように掲げられているのも、このような考え方に基づくものである。（11—2）

問「沈静」と「鎮静」の使い分け

答「沈静」と「鎮静」とは同じ意味の語であるのか、それとも異なった意味の語として使い分けを要する語であるのか、という問題である。

この場合、「静」の意味は「動」の対である。それは、字訓が「しずか・しずまる・しずめる」となっているように、動いているものが動かなくなる状態、また、そのようになること、そのようにすること、の意味に用いられている。「静止・静寂・安静」などの用い方がこれであり、「沈静・鎮静」の場合の「静」もこの意味である。

次に、「沈静」の「沈」であるが、この方は「浮」の対である。それは、字訓が「しずむ・しずめる」となっているように、「水の中などで下の方に向かう」ことであり、「沈没・沈殿（沈澱）」などと用いる。それが転じて落ち着く意味になり、「沈着・深沈」とも用いる。「沈静」という場合の「沈」はこの意味であり、「物事が落ち着いて穏やかになる」というのが「沈静」である。「沈静」について次のような用い方が見られるのもこのためである。

景気が沈静する　混乱が沈静する　値上げムードが沈静する
沈静した夜の空気　ようやく沈静に赴く

これらを通じて見られるのは、「沈静（する）」が自動詞的に用いられることである。中には「心を沈静させる」「農耕馬向きの沈静法」のような用例が見られないこともないが、これは「心を沈静するようにさせる」「沈静するようにさせる方法」という意味である。

これに対して、「鎮静」の「鎮」の方も字訓としては「しずまる・しずめる」であるが、細かい意味が「沈」の場合とは異なっている。「鎮」の方は「物を抑えて動かないようにする」意味であり、「鎮火・鎮圧」などと用いる。「鎮静」という場合の「鎮」もこの意味であり、「物事を抑えて穏やかにする」というのが「鎮静」である。「鎮静」について次のような用い方が見られるのもこのためである。

動乱を鎮静する　インフレ心理を鎮静する　高ぶる神経を鎮静する　ほとばしる情熱を鎮静する　鎮静を終わる　鎮静に時日を要する　混乱が鎮静を受ける

これらを通じて見られるのは、「鎮静（する）」が他動詞的に用いられていることである。神経の異常興奮を抑える薬剤トランキライザーを「鎮静剤」と名付けたのも、「鎮静」にこのような用い方が見られるからである。

（11―3）

問「報償」と「報奨」の使い分け

答「報償」と「報奨」とは同じ意味の語であるのか、それとも異なった意味の語として使い分けを要する語であるのか、という問題である。

この場合の「報」というのは、字訓が「むくいる」であり、「報酬・報恩」などと用いる。それは、受けた物事に対してそれに見合ったお返しをする意味であり、「報償・報奨」の「報」もこの意味である。次に「報償」の「償」であるが、これは字訓が「つぐなう」であり、「償還・補償」などと用いる。それは、失った利益を埋め合わせるために物や金を渡す、という意味である。そのような「償」を前記「報」に組み合わせた「報償」が、「労働を提供させられたり、施設を使用されたりして受けた損失を埋め合わせる金や物」について用いられるのはこのためである。国の歳出予算の科目の中に「報償費」というのがあるが、この経費は、一般から受けた役務の提供や施設の使用に対して支払われるためにこの名が付いたものである。そうして、このような趣旨で支出される金銭が報償金である。文化財保護法や会社更生法などに見られる「報償金」がこれである。

この「報償金」が埋め合わせるために支出されるのに対し、励ますために支出されるのが「報奨金」である。「奨」については字訓が「常用漢字表」に掲げられていないが、普通には「すすめる」として用いられていた。この場合の「すすめる」は「よいことを行った場合にさらに行うように励ます」意味であり、「奨励・奨学」などと用いる「奨」がこれである。したがって、これを「報」に組み合わせた「報奨」は、「すでに行われた行為に対してそのお返しとして渡す」だけでなく「今後もそれを行うように仕向ける」意味が加わることになる。納期が来る前に税金を納付した者に交付する金銭が「報奨金」と名付けられているのはこのためである。かつて主要食糧の供出に当たって支給された特別の物品が報奨物資と名付けられていたのも、同じ趣旨である。

ところで、「ホウショウ」という語については、他に「報賞・褒章・褒賞」などの語も用いられている。これらはいずれも「ほめる」ことを主とする点において、前記「報償・報奨」とは異なる意味を持つ語である。

まず、「報賞」であるが、「賞」も字訓が「常用漢字表」に掲げられていないが、普通には「ほめる」として用いられていて、「罰」の対である。「賞状・恩賞」と用いる「賞」がこれで、「よいことが行われた場合にそのよい点を公にして金品を与える」ことである。そのような「賞」に「報」を組み合わせた「報賞」が、善行・功労に対して用いられるのはこのためである。水害防止の仕事に従事した者の中で功労の著しい者に建設大臣の授与する賞状も、「報賞状」と名付けられている。

これに対して、「褒章」の方は、栄典として天皇の授与するものである。この場合の「褒」も字訓は「ほめる」であるが、この方は「けなす」の対である。「褒詞・過褒」の場合がこれで、広く「優れている点を公にして励ます」意味である。「章」の方は、普通は字訓を用いないが、「あや・もよう・しるし」のような目に見える物を表す名詞の意味であり、「喪章・勲章」と用いる場合の「章」である。「褒章条例」によれば、紅綬《じゅ》（人命救助）、緑綬（善行）、藍《らん》綬（公益）、紺綬（私財寄附）、黄綬（業務精励）、紫綬（発明・創作）の六種があり、それぞれ綬（褒章を帯びるために用いるひも）の色で区別されている。

なお、この種の栄典に類するものとして一般に行われている場合は、「褒賞」の語が用いられている。官庁や会社・学校などで授与するのが、「章」でなく「賞」となるからである。ただし、「褒賞」の方は、中国の古典に用いられていた語であり、我が国でも古くから用いられていた。これに対して「褒章」の方は、栄典制度の創始に当たって、授与されるのが「賞」でなく「章」だというところから、新たに造られた語である。また、「報償」も「報賞」も古くから用いられていた語であるが、「報奨」は用いられていない。これも「奨励」の意味を加えて新たに造られた語である。なお、「報奨」というのは「報償」と紛らわしいので、「法令用語改正要領」では「奨励」と言い換えることに定められている。（11―5）

問「…士」と「…師」と「…司」の使い分け

答「栄養士」「美容師」「福祉司」など、接尾的に用いる「士・師・司」をどのように使い分けるか、という問題である。

これらの「…士」「…師」「…司」はいずれも一定の資格や職業に名付けられた名称であり、いずれも字音で「シ」と読むために紛らわしい。しかし、このような接尾的に用いる漢字の場合も、その使い分けの基礎となっているのはそれぞれの漢字の持つ意味の異同である。

まず「士」であるが、これは「事を処理する才能のある者」で、「才能をもって官に仕える者」を指すのが本来の意味である。そのことから専門の技術・技芸を修めた者を「士」と言うようになり、称号や職業名に付け、あるいは人を尊んで用いるようになった。次のような用い方は、いずれもこの意味での一般語である。

楽士　騎士　義士　紳士　戦士　闘士　武士　弁士　勇士　力士　烈士

一定の職業に就く資格の名称として「…士」という名称を設けたのも、このような用い方に由来すると考えてよいのである。例えば、次のような場合がこれである。

栄養士　海技士　行政書士　建築士　航空士　公認会計士　歯科技工士　司法書士　税理士　測量士　土地家屋調査士　不動産鑑定士　弁護士　弁理士

これらはいずれも、国家試験等によって取得できる資格として名付けられたものである。

ところで、この種の資格制度に基づく名称として、「…士」のほかに「…師」「…司」があることは、初めに触れたとおりである。まず「師」の方であるが、これは「人々を集めた大集団」であって、それが転じて「人の集団を導く者」あるいは「教え導く者」の意味となった。そのことから一芸に達した者を「師」と言うようになり、称号や職業名に付け、あるいは人を尊んで用いるようになった。次のような用い方は、いずれもこの意味である。

技師　教師　講師　大師　導師　仏師　法師　牧師　律師　猟師　講釈師　宣教師　道化師　人形師　能楽師　表具師

その他、訓読語に付いて「占師・鋳物師・軽業師・指物師」など、広く用いられている。一定の職業に就く資格の名称として次のように用いるのも、このような用い方に由来するわけである。

医師　歯科医師　獣医師　家畜人工授精師　きゅう師（灸師）　柔道整復師　調理師　はり師（鍼師）　美容師　薬剤師　理容師

これらもまた、国家試験等によって取得できる資格の名称である。最後に「司」であるが、この方は本来は「役所」の意味であって、「その役に責任を持つ者」を指している。そのことから、その役目を受け持つ人を「司」と言うようになり、次のような語が生まれた。

行司　宮司　郡司　国司　宰司　祭司　有司　斎院司　造酒司　鋳銭司　兵馬司

職務の名称として次のように「…司」というのが用いられるのも、このような用い方の延長と考えてよいのである。実際の該当例は少ないが、次のようなものがある。

児童福祉司　身体障害者福祉司　精神薄弱者福祉司　保護司

これらは、いずれも特別の職務の名称という点が、前記「…士」「…師」の場合と異なっている。ただし、これらのうち「…福祉司」はいずれも地方公務員であるが、最後の「保護司」だけは、法務大臣から委嘱を受けた民間人である。（11—6）

問 「準…」と「准…」の使い分け

答 字音で同じく「ジュン」と読む「準」と「准」をどのように使い分けるか、という問題である。

「準」と「准」は意味が似ている上に、本来は「准」が「準」の俗字である。中国の字書には「準、俗ニ准ニ作ル」「准、準ト同ジ」などと書かれている。したがって「準」と書くべきところに「准」を書いても、その点で誤りとは言えない。しかし、「常用漢字表」では「準」と「准」が別の文字として掲げられている。したがって、「常用漢字表」に従って「準」と「准」を用いる場合は、その使い分けが必要になる。

その場合、まず「準」であるが、これは本来の字訓が「常用漢字表」に掲げられていないが、本来は「なぞらえる」で、他の似たものに引き比べて考える意味を持っている。「準用・準拠」の「準」がこれで、「準ずる・準じた」とも用いる。そのような意味で「準じた扱い」になるのが、次に掲げるような「準…」である。

準会員　準軍人　準公務員　準禁治産者　準母子家庭　準文書
準共有　準契約　準委任　準占有　準平原　準丘陵　準宝石
準硬石　準法律行為　準現行犯　準職務犯　準決勝　準本場所
準急　準星

一部で「準金持ち・準宿無し」などの用い方が見られるのも、これである。ただし、「準」のこのような用い方は、いずれも明治以後のものである。

これに対して「准」の方は、古くからその用例を見ることができる。例えば、次のような用い方がこれである。

准三宮……太皇太后宮・皇太后宮・皇后宮の場合と同じ扱いをする。
准大臣……大臣の下、大納言の上の扱いをする。
准参議……参議と同じ扱いの官で、四位の人が任ぜられる。

これらはいずれも、身分・資格としてその次の地位にあるものに名付けた名称である。そして、明治以後に用いられた次のような名称もこれと同じ名付け方である。

准判任官　准士官　准教員　准勅祭社　准尉　准将　准教授
准看護婦

これらの場合も、身分・資格としてその次の地位にあるところが、前記「準…」の場合と異なっている。「準禁治産者」というのは、一方に「禁治産者」というのがあって、それに準ずる扱いになる。これに対して「准看護婦」というのは、一方に「看護婦」というのがあって、その次の地位として同じような仕事を任務とする者という意味での名付け方である。

以上が「準」と「准」の使い分けであるが、この際、字体についても触れておくことにする。「常用漢字表」に掲げられた字体を見ると、「準」はサンズイで、「准」はニスイである。この場合、「準」をニスイで書くのは俗字であるが、「准」をサンズイで「淮」と書く慣用はない。その理由は、サンズイの「淮」が「ワイ」という字音を持つ別字だからである。中国東部、黄河と揚子江の間を東に流れる川に「淮水」というのがあり、その南が「淮南」、北が「淮北」である。この場合の「淮」は、川の名称として本来サンズイの文字である。（11―7）

問　**「…所」と「…署」の使い分け**

答　字音で同じく「ショ」と読む「所」と「署」をどのように使い分けるか、という問題である。

この場合、紛らわしいのは、「駐在所」「警察署」のように、接尾的に用いられる「所」と「署」である。しかし、同じ字音の漢字でも、文字が異なれば意味も異なるわけであるから、「所」と「署」の場合も、その使い分けは、基本的にはその意味の異同によると考えてよいのである。

まず「所」の方であるが、これは字訓が「ところ」となっているように、「場所」という意味を持っている。「住所・居所」などと用いるときの「所」がこれであり、「駐在所」も「駐在する場所」の意味である。次のような場合の「所」も、同じ用い方のものである。

　営業所　検問所　検疫所　拘置所　裁判所　撮影所　託児所
　登記所　派出所　販売所　変電所

これらはいずれも、そのようなことをする場所という意味での名付け方である。

　これに対して、「署」の方は、普通は字訓を用いないが、「全体を分けてそれぞれの部署で仕事を行う所・役所」という意味である。我が国では、現在、主として特定の任務を持つ次のような官庁の場合に、この「署」を用いている。

　営林署　警察署　消防署　税務署

この場合、「駐在所」「税務事務所」「公共職業安定所」は「所」で、「警察署」「税務署」「労働基準監督署」は「署」である。ただし、実際問題として「…署」の形のものは限られており、大部分が「所」の形になっている。したがって、覚える立場では、該当例の多い「…所」を原則とし、該当例の少ない「…署」を例外とする扱いが好都合である。一般には「…所」であるが、これこれのものだけは「…署」である、という考え方である。

　ところで、このようにして「…所」と「…署」とがあるとすれば、当然のことながら、それぞれで「所長・署長」「所員・署員」を書き分けることになる。同じようにして、次のような書き分けも必要になる。

　本所・本署　分所・分署　各所・各署　所内・署内
　所外・署外　出所・出署　来所・来署　退所・退署

ただし、「部署」は、一般用語として「割り当てられた所」という意味で用いられ、「部所」というのはない。

　以上は「所」と「署」の使い分けであるが、関連して読み方を取り上げると、次のようになる。すなわち、「署」の方は「ショ」だけであって「ジョ」とはならないが、「所」の方は「ショ」と読まれたり「ジョ」と読まれたりするということである。この点については、国語審議会でこの種の問題を取り上げた際の報告「発音のゆれについて」に取り上げられているが、詳細は345ページの〈「研究所」は「ケンキュウショ」か「ケンキュウジョ」か〉を参照されたい。

（11—8）

問「刺す」「挿す」「指す」「差す」の使い分け

答「さす」という語を漢字で書き表す場合に、「刺す」「挿す」「指す」「差す」をどのように書き分けるかという問題である。

　まず、「刺す」であるが、「刺」という字は、熟語として「刺殺・刺繍《しゅう》」と用いるように、先のとがった細いもので突く意味を持っている。字訓として、次のように用いるのも、このような意味によるものである。

　短刀で人を刺す　刺されて血が出る　ぞうきんに糸を刺す
　とげを刺す　くしで刺す

比喩《ひゆ》的に「三塁で刺す・身を刺す寒さ・耳を刺す声・胸を刺す言葉」などと用いるのも、その当たり方がとがった細いもので突くように感じるからである。

　次に、「挿す」であるが、「挿」という字は、熟語として「挿入・挿話」と用いるように、物の間に物をさしこむ意味を持っている。したがって、字訓としても次のように用いることになる。

　髪にかんざしを挿す　花瓶に花を挿す
　挿し木　挿し絵

この「挿」が字訓として「はさむ・さしはさむ」などと用いられたのもこのためである。

次に、「指す」であるが、「指」という字は、熟語として「指示・指針」と用いるように、指でその方向を明らかにする意味を持っている。したがって、字訓としても次のように用いることになる。

　針が北を指す　場所を指して説明する　目的地を指して進む
　指し示す

この「指」は、「ゆび」という字訓を持つことでも分かるように、本来は「ゆびさす」という字訓で用いられた字である。

　ところで、以上の三字はいずれも熟字との関係でその意味の把握ができる字である。これに対し、「差す」の場合は、そのような考え方ができない。その理由は、「差」という字に本来は「さす」という意味が見られなかったからである。「差」の場合は、中国の字書に「斉一ナラザルナリ」とあるように、「ひとしくない・くいちがう・へだたり」というのが本来の意味である。「差異・大差」と用いるのがこれであり、転じて等級を付けるとか選ぶとかという意味になり、選んで遣わす意味が出て「差遣」などと用いる。その場合、古い日本語で派遣する意味に「さす」という動詞を用いたところから「さす」一般に広がったのがこの「差す」である。

　こうして、「差す」というのが、「刺す・挿す・指す」を含めて「さす」一般に用いられるようにもなった。「差し戻す・差し支える」など、接頭語が「差し」と書かれるのもこのためである。

　ただし、「常用漢字表」に従って使い分ける場合は、一方に「刺す・挿す・指す」があるところから、それ以外の「さす」を「差す」と書くのが漢字書きのときの用い方である。すなわち、次のようになる。

　腰に刀を差す　障子に影が差す　気が差す　潮が差す
　魔が差す　杯を差す　さおを差す　傘を差す

もっとも、「さす」には旧表記として「日が射す・油を注す・虫に螫される」なども見られた。そのため、これらについては、「日が差す・油を差す・虫に刺される」などと書き換えられたり、仮名で書かれたりすることが多い。

　以上は現行の「常用漢字表」に従う書き方であるが、昭和二十三年の「当用漢字音訓表」に掲げられていたのは「刺す」と「差す」だけであった。その段階では、「挿す」「指す」なども仮名書きにされることが多かった。その後、昭和四十八年に「当用漢字音訓表」が改定されるに当たって、「指」に「さす」という字訓が追加された。また、「当用漢字表」が改定されて「常用漢字表」となるに当たって、「挿」が追加され、「さす」という字訓が掲げられた。したがって、現行の「常用漢字表」に従うならば、旧来の用い方によって「刺す・挿す・指す・差す」を使い分けることになる。

（11―9）

問「解く・解ける」と「溶く・溶ける」の使い分け

答「とく・とける」という語を漢字で書き表す場合に、「解く・解ける」と「溶く・溶ける」をどのように書き分けるか、という問題である。

　まず、「解く・解ける」の「解」であるが、この字は、熟語として「解散・分解」のように用いる。それは、幾つかの要素がからみ合っているものについて、分けて離れ離れにする、分かれて離れ離れになる、という意味の字である。したがって、字訓としての用い方も次のようになる。

　帯を解く　結び目を解く
　結んだひもが解ける　包囲が解ける

ただし、実際には、この意味から比喩《ひゆ》的に「疑いが解ける」のように用いる。また、転じて「問題を解く」のように「ときあかす」意味でも用い、「任務を解く」のように「やめさせる」意味でも用いる。

次に、「溶く・溶ける」の「溶」という字は、熟語として「溶液・水溶」のように用いる。それは、液体の中に入れて一緒にする、液体の中に入って流動的になるという意味の字である。したがって、その用い方も次のようである。

粉薬を水で溶く　絵の具を溶く
砂糖が水に溶ける　溶質が溶媒に溶ける

ただし、実際には、この意味から比喩的に「地域社会に溶け込む」のように、「気持ちが同じになる」意味でも用いる。

ところで、「解く・解ける」と「溶く・溶ける」の使い分けは以上のようであるが、旧表記としては、「とける」として、他に「融ける」「熔ける」というのがあり、いろいろと用いられていた。

まず、「融ける」の方であるが、これは「融化・融雪」と用いるように、「固体のものが自然に液体になる」の意味を持つ語である。したがって、その用い方も次のようになっていた。

氷が融ける　雪が融ける　飴《あめ》が融ける

しかし、現行の「常用漢字表」では、「融」に「とける」という字訓が掲げられていない。そのため、一般には「解ける」に書き換えたり、仮名書きにされたりするのが普通である。

次に、「熔ける」の方であるが、これは「熔岩・熔接・熔融」などと用いるように、「固体が熱せられて液体状になる」の意味を持つ語である。したがって、その用い方も次のようになっていた。

鉄が熔ける　火で熔けてどろどろになる

この方は、現行の「常用漢字表」に「熔」という漢字そのものが掲げられていない点が、「融」の場合と異なっている。しかし、「同音の漢字による書きかえ」の中には、次のような例示がある。

熔・鎔→溶　熔岩→溶岩　熔接→溶接　鎔解→溶解
鎔鉱炉→溶鉱炉

この場合、「熔」は「鎔」の俗字であり、分野による使い分けはあっても、両者は同じ意味の異体字として用いられていた。いずれにしても、字音で用いる場合に、「熔・鎔」は同音の「溶」に書き換えられることになった。そのため、字訓の場合も「熔ける」を「溶ける」に書き換えるのが普通の行き方である。　（11―10）

問「増える・増やす」と「殖える・殖やす」の使い分け

答「ふえる・ふやす」という語を漢字で書き表す場合に、「増える・増やす」と「殖える・殖やす」をどのように書き分けるか、という問題である。

まず、「増える・増やす」の「増」であるが、この字は「減」の対で、熟語としては「増加・増員」のように用いる。その意味は、数や量が多くなるということであり、字訓としての用い方も次のようになる。

水かさが増える　人数が増える
分量を増やす　人数を増やす

これらは、いずれも、既にある数や量の上に、同じものが他から加わって全体が多くなる、同じものを他から加えて全体を多くする、という意味である。その点で「増える・増やす」の基本的な意味は、「減る・減らす」の対になるのである。

次に、「殖える・殖やす」の「殖」であるが、この方は、対応する意味の文字のない点が、「増」の場合と異なっている。熟語としては「殖財・繁殖」のように用いるが、その意味は、それ自身で数や量が多くなるところに特色がある。したがって、字訓としての用い方も次のようになる。

ねずみが殖える　がん細胞が殖える
イースト菌を殖やす　財産を殖やす

これらは、いずれも、他から加わるのではなく、それ自身で数や量が次々と多くなる、それ自身で数や量を多くする、という意味である。その点で「へる・へらす」のような対の考えられないのが、「殖」の基本的な意味である。

ところで、現行の「常用漢字表」では、「増」にも「殖」にも「ふえる・ふやす」という字訓が掲げられている。しかし、昭和二十三年の「当用漢字音訓表」では、「ふえる・ふやす」の字訓が、「増」にも「殖」にも掲げられてはいなかった。そのため、新聞・雑誌などでは、いずれも仮名書きにすることが行われていた。この場合には、細かい意味の違いによる書き分けも必要がなかったことになる。しかし、昭和四十八年に音訓表が改定されるに当たり、漢字の使い分けのできる異字同訓が積極的に取り入れられ、「増」にも「殖」にも「ふえる・ふやす」という字訓が追加された。この形が昭和五十六年の「常用漢字表」の音訓欄に受け継がれ、現在に及んでいる。したがって、現行の「常用漢字表」に従うならば、旧来の用い方によって、「増える・増やす」と「殖える・殖やす」を、以上のように書き分けることになる。　（11—11）

問　「委託」か「依託」か

答　ある物事を自分に代わってしてくれるようにまかせ頼むことを、「いたく」と言うが、この語の漢字表記は「委託」「依託」のどちらがよいかという問題である。

『新聞用語集』（昭和56）には、

いたく（依託）→㊔委託

となっており、新聞や放送の分野では「統一用語集」（昭和31・4、日本新聞協会）以後、「委託」に統一し、「依託」は用いないことにしている。

また、国語審議会報告の「漢字表記の「ゆれ」について」（昭和36・3、「語形の「ゆれ」について」の第一部）の中にも、この語の表記について触れた箇所がある。そこでは、「委嘱（依嘱）・委託（依託）」などの語例を挙げ、これらの語は、「別の意味に使われることもあるが、同じような意味に使う場合もあるものである。特に必要のある場合のほかは、かっこの外のものを使うようにしたらよいと考えられる。」という見解が示されている。

実際の用例はどうか。国立国語研究所の「現代雑誌九十種の用語用字」調査（昭和31）には、「委託」が十一例あり、「依託」は一例も現れない。また、「電子計算機による新聞の語彙調査」（昭和41）では、当然のことながら、冒頭に述べた「統一用語集」に従っていて、千四百三十三例のすべてが「委託」となっている。ただし、国立国語研究所で採集している文学作品などのカードには、わずかに次のような「依託」の用例が一つ見える。

軍の依託で大陸にも出かけながら、神経質なのと小心なのが幸ひして、（大仏次郎「帰郷」）

また、法律では、「委託」「委嘱」が用いられ、「依託」「依嘱」は、現在用いられていない。（『法律類語難語辞典』（昭和59、有斐閣）による。）

以上のように、物事を他人に頼んでやってもらうという意味の場合には、現在は「委託」の方が一般に広く用いられると考えてよいだろう。

ところが、「依託」（もとは「依托」とも書かれた）の方には、別に「物によりかかること、もたせかけること」という意味があり、

「依託学生」「依託（依托）射撃」などと使われる。「委」が「ゆだねる、まかせる」という意味であるのに対し、「依」は「よりかかる・頼みにする」という意味であることに基づく。「依託学生」は、『大日本国語辞典』によれば、「陸海軍省などより、学資を支給して、其の所轄外の官公立学校に依託せる学生。」とある。この「依託」は、依頼して預かってもらうというほどの意味である。『大日本兵語辞典』（原本は大正10、昭和55復刊）にも「依託学生」「依託生徒」の見出しを掲げ、詳しい説明がある。

「依託射撃」については、現代の多くの国語辞典（『日本国語大辞典』・『広辞苑』（第三版）・『学研国語大辞典』など）が「依託」という表記を掲げているが、元来は「依托」の方を使っていたものらしい。『大日本兵語辞典』には、「依托射撃」として、次のような説明がある。

> 小銃を他物等にもたせかけて射撃を為すこと。腕の力のみにて射撃するときは射手の疲労を来すものなるを以て、多くの場合に於ては土石又は木片等にもたせかけて発射するが有利なり。

「托」には、「のせる」という意味があるので、「依托」という表記をしたものであろう。また『歩兵操典』にも「依托」という表記がされている。

以上、要するに、「まかせ頼む」意の場合は、「委託」「依託」の両方が使えるが、現在では「委託」の方が一般的な表記と言える。また、「よりかかる」意の場合は、「依託」または「依托」を使う。ただし、「托」は「常用漢字表」に掲げられていないので、現在は「依託」の方が一般的な表記である。

なお、「遺託（遺托）」という語もあるが、これは、臨終に際してゆだね任せたこと、死に際に言い残した頼みという意であって、「就中《なかんづく》其太閤の遺託に背て大阪を保護するの意なく」（福沢諭吉「文明論之概略」）のように使う、全くの別語である。

（11―12）

問　「稼働」か「稼動」か

答　かせぎ働く意味での「かどう」という語の漢字表記は、「稼働」「稼動」のどちらがよいかという問題である。

『新聞用語集』（昭和56）には、

> かどう（稼動）→稼働（―率）

となっており、新聞・放送の分野では「稼働」に統一し、「稼動」は用いないことにしている。しかし、一般には「働」と「動」の字義の違いを生かして両者を書き分ける習慣もあるようである。

「働」は、日本で作られた漢字（国字）で、「はたらく」という意味、「動」は「うごく」という意味である。ちなみに「稼」は、本来「（穀物などを）うえる」または「（穀物などの）みのり」という意味であって、「かせぐ」「かせぎ」というのは、日本で付けられた訓（国訓）である。

したがって、人がかせぐために働くという意味の場合は「稼働」と書き、「稼働日数」「稼働人口」などと使い、一方、機械などを動かして仕事をすることの意味では「稼動」と書き、「稼動施設」「（車両の）稼動率」などと使う、というように書き分けるのである。

これと似た言葉の使い分けとしては、「実働」と「実動」がある。人が実際に仕事に携わって働くことの場合には「実働」と書き、「実働七時間の労働」などと使うが、機械などを実際に運転することの場合には「実動」と書き、「実動台数」「実動部隊」などと、書き分けるのである。ただし、新聞・放送界では、両者とも「実働」に統一して使っていることは、右の「稼働」の場合と同様である。

以上は、「働」と「動」との字義に注目して書き分けようとする立場であるが、実際には、両者を常に書き分けることは厄介でもあり、また困難な場合もないではない。例えば、国立国語研究所の「現代雑誌九十種の用語用字」調査（昭和31）には、「かどう」が七例、「じつどう」が二例現れるが、その表記は次のとおりである。

〔稼働　1例〕

・カーバイト工業はさいきん大型電炉の採用による常時稼働の方向に進みつつあり、（『エコノミスト』、別冊、昭和31）

〔稼動　6例〕

・ともあれ、遊休板硝子設備の稼動は、注目してよい。（『東洋経済新報』、昭和31・4・7）
・一炉を復元し、目下稼動中の一炉を拡張する計画だ。（『東洋経済新報』、昭和31・8・25）
・新工場稼動で収益倍増（『ダイヤモンド』、昭和31・10・16）
・来期は諸設備の完成、稼動で収益は増加すると思う。（『ダイヤモンド』、昭和31・1・1）
・平炉の方も、既に三基整備、二基稼動（まだ稼動能力あり）（『ダイヤモンド』、昭和31・10・2）

〔実働　2例〕

・この十二月末には戸畑工場の同設備も完成、来年早々には実働に移る見込みである。（『エコノミスト』、昭和31・12・15）
・すでに川崎工場における……の濾過設備、……による精製設備、さる十二月からは実働しているが、（同右）

右のように、機械や施設を動かす場合にも、「稼働」「実働」が使われている。なお、新聞の場合は、実際の紙面でも、すべて「稼働」「実働」に統一して用いられていることは、前掲の『新聞用語集』の決定のとおりである。以上の点から考えると、「稼働」「実働」を使う方が一般的ということになろうかと思われる。（11—13）

問　「脳裏」か「脳裡」か

答　頭の中という意味を表す「脳り」、また胸のうち、心のうちという意味を表す「胸り」という漢語の「り」の部分の漢字表記は、「裏」か「裡」かという問題である。

戦前は、一般に「脳裡」「胸裡」という表記の方が広く使われていた。「裡」という漢字は、「物の内側」という意味で、

胸裡　脳裡　心裡　夢裡　禁裡　庫裡

などと使われた。また、「……のうちに」という意味で、

暗々裡　盛会裡　成功裡　秘密裡　平和裡

などと接尾語的にも広く使われた。本来、この「裡」という漢字は、「裏」の異体字であるが、戦前においては、「おもて」に対する「うら」の意味では「裏」を、「物の内側」「……のうちに」の意味では「裡」をというふうに一般に使い分けられていた。

ところが、「裡」という漢字が「当用漢字表」並びに「常用漢字表」に掲げられなかったために、一般に「裏」に書き換えられるようになったものである。

もっとも、新聞界が初めて統一的に使用した『新聞用語言いかえ集』（昭和30・3、日本新聞協会新聞用語懇談会編）には、「庫裡→庫裏」「脳裡→脳裏」の二例しか掲げられておらず、それは現在の『新聞用語集』にまで踏襲されている。また、国語審議会の報告「同音の漢字による書きかえ」（昭和31・7）の中にも「裡→裏」に関する語例は一つも見当たらない。

それにもかかわらず、現在刊行されている国語辞典・表記辞典の類では、前述の「裡」を含む語例は、すべて「裏」でも書き表すこ

とを示しているし、実際の新聞紙面でも、そのとおり実施されている。国立国語研究所の「現代雑誌九十種の用語用字」調査(昭和31)の結果では、「胸裡(胸裏)」の用例は見られないが、「脳裏」と「脳裡」はそれぞれ四例ずつ現れている。また、接尾語的な用法の例は、次のとおり三例見える。

〔――裏　2例〕

・全く将来の発展をあきらめ世界の競争場裏に入る権利を放棄せんとするに等しい。(『ダイヤモンド』、昭和31・1・11)

・複雑な国内情勢裏に日米双務協定調印(『科学読売』、昭和31・7・29)

〔――裡　1例〕

・したがって当然きわめて秘密裡にすっかり取決められていたことである。(『中央公論』、昭和31・12)

雑誌などで、今日でも時折「裡」を見掛けることがあるのは、「裏」は「うら」と読み慣れていて、「うち」とは別であるという語源意識が強いためかもしれない。しかし、「裡」は「常用漢字表」にも掲げられていないし、それに前述のごとく、「裡」はもともと「裏」の異体字であって、「裏」にも「……うちに」という意味があるので、今後は「――裏」という表記が一般にかなり浸透していくものと思われる。(11―14)

問　「従順」か「柔順」か

答　すなおで相手に逆らわないことを「じゅうじゅん」と言うが、その漢字表記は「従順」「柔順」のどちらがよいかという問題である。

漢和辞典によれば、「従順」も「柔順」も漢籍に用例があり、共に典拠のある語であること、また、「従順」には、すなおで相手に逆らわないという意味のほかに、順序を狂わせないで正しく従うという意味にも用いられることが知られる。国語としても両者ともに用いられ、国語辞典の取り扱い方を見ると、両者それぞれ別見出しとして立項しているものが多い。これは歴史的仮名遣いによれば「従順」は「ジユウジユン」、「柔順」は「ジウジユン」と仮名遣いを異にしていることも影響していると思われる。また、「従」は「したがう」意味、「柔」は「やわらか・おだやか」という意味があり、この字義の差によって

従順――すなおで人の言うことに逆らわないようす。

柔順――性格や態度がおだやかで人に逆らわないようす。おとなしくものやわらかなようす。

のように説明し、別語として取り扱っている。『日本国語大辞典』の用例を見ると、福沢諭吉の「文明論之概略」においては、次のような両者の例が示されている。

・我は貧乏なるが故に富人に従順するなり。(五・九)

・譬へば北条足利の政府にて五穀豊熟人民柔順を喜ぶの情は、(五・九)

前者は、ハイハイと逆らわないで従う意であり、後者は、にこにこと物柔らかな態度で従う意であろう。また、前者の「従順」は動詞として用いられたことが知られるが、今はその用法はない。現代では、共に形容動詞としてのみ用いられ、両者の意味の差もそれほど大きくはないと思われる。比較的近年に刊行された現代語専門の小型国語辞典の中には、一つの見出し語の下に「従順・柔順」を併記するものがあることも、その間の事情をうかがわせる。

日本新聞協会が昭和三十一年四月に発行した「統一用語集」には、「従順　▲柔順」(▲印は誤用と認めたもの)として「従順」に統一することを決めており、後の『新聞用語集』にも踏襲されたが、

どういうわけか、昭和四十二年版以降現行版までは、この項目が削除されている。しかし、『朝日新聞の用語の手びき』（昭和56）や『読売スタイルブック』（昭和57）には、共に「柔順→従順」とあり、「従順」に統一することが示されている。なお、NHK編『新用字用語辞典』（昭和56）では、「じゅうじゅん　従順（柔）」となっている。

結論的に言えば、現代では「従順」の方がより一般的だと思われるが、特に「逆らわないこと」に重点をおけば、「従順」と書き、「ものやわらかさ」に重点をおけば「柔順」と書くということになるであろうか。（11―15）

問 **「兆候」か「徴候」か**

答 何かが起こる前ぶれ・きざしの意味を表す「ちょうこう」という漢語の表記は、「兆候」か「徴候」かという問題である。

まず、漢字の意味について見てみよう。「兆」（歴史的な字音仮名遣いはテウ）は、亀の甲や獣骨が占いのために熱せられて割れてできたひびを描いた象形文字である。古代人は、そのひび割れの形を占いのしるしに用いたので、ひび割れの形から転じて、占いの結果を「兆」と言い、「きざす」「きざし」という意味が派生した。「凶兆・吉兆・前兆・瑞《ずい》兆・予兆」などと使われる「兆」はこの意味である。

一方、「徴」（字音仮名遣いはチヨウ）は、隠れている人材を王が見付けて登用するというのが原義で、転じて、物事の表面に出たところを見てとる意から、物事の気配が表面に少し浮かび出る（＝きざす）意や、物事の起こるのを予想させるしるし（＝きざし）の意が派生したもので、「象徴・徴証・特徴・符徴」などがこの意味で使われる。

つまり、「兆」も「徴」も共に「きざす」「きざし」という意味があるが、「兆」には「占いに出たしるし」、「徴」には「証拠となるしるし」「事実のあらわれ」というニュアンスの差が感じとれるようである。

また、「候」も「うかがう」という意味のほかに、わずかに表面に出た「きざし」という意味がある。したがって、これらの字が結び付いてできた「兆候」も「徴候」もほぼ同じ意味に用いられると考えてよいだろう。

国語辞典の扱い方を見ると、「兆候（テウコウ）」「徴候（チヨウコウ）」と字音仮名遣いが違うせいもあって、比較的古い辞典ではそれぞれ別々の見出しを立てているが、意味の説明にはほとんど違いが認められない。また、近年に刊行された現代語専門の辞典や表記辞典の類では、同じ語の異なる表記として扱ったものがほとんどである。

『新聞用語集』（昭和56）では、

ちょうこう（徴候）→兆候
ぜんちょう（前徴）→前兆

となっており、「兆」の方に統一することを示している。この方針は、「統一用語集」（昭和31・4）以来踏襲されているものである。また、国語審議会報告「漢字表記の「ゆれ」について」（昭和36・3、「語形の「ゆれ」について」の第一部）の中にも、「古くから相通じて使われる漢字の間では、字画が少ないこと、あるいはなるべくなら教育漢字であることが一つのよりどころとなりうる例」の一つとして、

兆候（徴候）

を挙げ、かっこの外のものを使うようにしたらよいという考えを示している。（ただし、当時は「兆」「徴」ともに教育漢字ではなかっ

たので、「兆候」の場合は、右のうち「字画が少ないこと」という条件が適用されたものと解釈される。なお、「兆」は昭和四十三年度以降、学校教育用の漢字に追加され、今日に至っている。）

実際の用例について見てみよう。国立国語研究所の「電子計算機による新聞の語彙調査」（昭和41）には十三例この語が現れるが、すべて「兆候」であって、右の方針が徹底して守られている。ただ、「現代雑誌九十種の用語用字」調査（昭和31）では、使用度数は少ないが、「兆候」が二例、「徴候」が三例と両者とも使われている。また、文学作品においても、作家によって両方の用例が見える。

〔兆候〕

・同時にすでに小作争議でその兆候を現はしてゐる、（野上弥生子「真知子（前）」）

・それがもう一度、くりかえされる兆候があるなら、（獅子文六「自由学校」）

〔徴候〕

・肺病の徴候が見えるから、（坪内逍遙「当世書生気質」）

・彼は胃弱で皮膚の色が淡黄色を帯びて弾力のない不活発な徴候をあらはして居る。（夏目漱石「吾輩は猫である」）

・此ぞ病気の徴候と思はしいものを。（徳富健次郎「思出の記」）

・お品の容態は依然として恢復の徴候がないのみでなく、（長塚節「土」）

・新聞紙上に現はれるのはすべて徴候にすぎない。（大岡昇平「野火」）

以上、見てきたように、「兆候」と「徴候」とは、全く同義語であって、どちらを書いてもよいが、ここで考えられるのは、「徴候」は医学方面の用字法ではなかったかということである。右に引用した文学作品の用例を見ても最後の例以外は、いずれも病気に関係したものである。また、夏目漱石の「吾輩は猫である」の一節には、

頭寒足熱は延命息災の徴と傷寒論にも出て居る通り、濡れ手拭は長寿法に於て一日も欠く可からざる者である。

と、「徴」という用字が「傷寒論」に出ていることを伝えている。さらに、『医語類集』（明治5）に「徴候」とあり、『医学用語辞典』（日本医学会医学用語委員会編、昭和50）には、「sign, signe 仏」の項に「徴候」という漢字が記されていることからも、この用字法が主として医学方面で使われてきたことが知られる。

ともかく、「兆候」「徴候」はどちらを書いてもよいが、強いてどちらかに統一する必要のある場合は、新聞等の例に倣って「兆候」にする方が、現在では一般的であろう。（11―16）

問「起因」と「基因」の使い分け

答「起因」と「基因」とは同じ意味の語であるのか、それとも異なった意味の語として使い分けを要する語であるのか、という問題である。

まず、「起因」の「起」であるが、これは字訓が「おこる」で、「事柄や状態が新たに成り立つ」意味であり、「起源・起点」などと用いる。これに対して、「基因」の「基」は字訓が「もとづく」で、「事柄や状態を生じるよりどころとなる」意味であり、「基地・基盤」などと用いる。また、「起」や「基」に組み合わされた「因」は、字訓が「よる」であるが、「原因・要因」などと用いるように、「物事が現れるモト」の意味である。したがって、「起因」は「おこるモト」であって、「公務に起因する傷病」のように用いられる。これに対して、「基因」の方は「もとづくモト」であって、「不注意に基因する事故」のように用いられる。

この場合、「公務に起因する傷病」というのは、実際の傷病について、その起こったモトがどこにあるかということをあとで考えて、それが公務であると判断されたわけである。その点で、傷病にはいろいろあるが、そこに公務という観点からその傷病を評価する、という意味合いで用いられる。「障害の起因」「公害の起因物質」「コンサルティングの欠陥に起因する損失」などの用い方も、そのような観点が問題なのである。

これに対して、「不注意に基因する事故」においては、不注意というのが既にいろいろの結果をもたらすことが予想される。その場合、事故につながった不注意ということで、その因果関係が既に明らかである。その点では、不注意というのは本質的に問題を引き起こすが、特に事故という観点からその不注意を評価する意味合いで用いられる。「革命の基因」「当該所得の基因となった資産」「戦闘行為に基因する損害」などの用い方も、このような観点が問題なのである。

しかしながら、乙の起こった原因が甲であると考えて「甲に起因する乙」という言い方をするか、甲という根拠に基づいた乙であると考えて「甲に基因する乙」という言い方をするかに、どの程度の違いがあるかというと、それは考え方、見方の違いによることにもなってくる。そのため、実際問題としては、どちらの考え方をした方がよいかという点で迷うこともある。その点で用例を見ると、法令にも紛らわしい場合がある。「連合国財産の返還等に関する政令」（昭和26・1・22、政6）の第二条三項に「前二号財産（筆者注・連合国人が有していた財産）に起因して取得された財産」という用い方があり、「国税徴収法」（昭和34・4・20、法147）の第三十六条に「これらの財産（筆者注・実質所得者課税の原則によって課税される財産）に基因して取得した財産」という用い方があるのも、このためかと考えられる。

ところで、国語審議会でこの種の問題を取り上げた際の報告「語形の「ゆれ」について」（昭和36）の中の「漢字表記の「ゆれ」について」によれば、「起因・基因」を例示した部分に関し、次のような説明がある。

こういう場合、漢字の意味のわずかな相違にあまりこだわることは、社会一般としては限度があるであろう。（中略）次に掲げる語も、別の意味に使われることもあるが、同じような意味に使われる場合もあるものである。特に必要のある場合のほかは、かっこの外のものを使うようにしたらよいと考えられる。

そこに例示されたのが、「起因（基因）」という形である。その趣旨は、特に必要のある場合のほかは「起因」を用いる方がよいという取り上げ方である。他に例を求めると、「探検（探険）」「自習（自修）」などが同じように扱われている。『新聞用語集』に「基因→起因」のように掲げられているのも、このような考え方によるものである。

また、法令での扱いであるが、「法令用語改正要領」（昭和29、内閣法制局）によれば、同音語を取り上げた中で「起因・基因」を例示した部分に関し、次のように説明されている。

双方ともよく用いられてまぎれやすい次のものは、そのうちの一方または、双方を一定の形に言いかえて用いる。

そこに示されたのは、「起因」をそのままとし、「基因」は「基づく」に言い換えるという取り上げ方である。他に例を求めると、「干渉」はそのままとし「管掌」を「つかさどる」と言い換える、「解任」はそのままとし「改任」を「改めて任ずる」と言い換える、などが同じように扱われている。このような点から見ても、

「基因」の方が特殊な用語であり、一般には「起因」を用いてよいと言えるわけである。　(12―1)

問「経理」と「計理」の使い分け

答「経理」と「計理」とは同じ意味の語であるのか、それとも異なった意味の語として使い分けを要する語であるのか、という問題である。

　まず、「経理」の「経」であるが、これは字訓が「へる」となっているが、本来は横糸の「緯」と対を成す「縦糸」のことである。そこから、「筋道を立てて取り計らう」という意味になり、「経営・経費」などと用いる。これに対して、「計理」の「計」は字訓が「はかる」であり、特に「まとめて数える」意味で「計算・計量」などと用いる。また、「経」や「計」に組み合わされた「理」は、本来は「筋目・筋道」のことであり、「筋道に従って整える」意味になった。「整理・修理」などと用いる場合がこれで、人名訓で「おさむ」と読むのもこの意味である。したがって、文字の意味に基づいて考えれば、「経理」は「筋道を立てて整える」意味であり、「計理」は「数えて整える」意味である。

　ところが、「経理・計理」について中国の古典を見ると、漢和辞典などに引かれた範囲では、「経理」の用例がいろいろと挙げてある。「皇帝明徳ニシテ宇内ヲ経理ス」(「史記」)などというのがこれで、『学研国語大辞典』に見られる次のような用例も、このような漢籍に基づく用い方である。

・道徳は人生を経理するに必要だらうけれど、人生の真味を味はふ助にはならぬ。(二葉亭四迷「平凡」)

これが、後に経済学用語として「経営管理」の意味に用いられ、「財産や会計の管理処理」を意味する語となった。「経理課・経理規程」「陸軍経理学校・○○経理学院」「特別経理会社」などの「経理」がこれであり、次のようにも用いられる。

　経理に明るい人　管理に関する経理を明確にする
　一般会計と区分して経理する

一般語としての意味も、現在ではこのような経済学用語に基づくわけである。

　これに対して、「計理」の方は、中国の古典にその用例が見られない。そればかりでなく、『大言海』にも『大日本国語辞典』でも掲げてあるのは「経理」の方だけである。このような事情から見ると、古くから用いられていたのは「経理」の方であり、「計理」は後に造られたものと考えてよいのである。そうして、その用例は、「計理士法」(昭和2)をもって初めとするようである。「計理士法」の制定に当たって「経理士」でなく「計理士」を用いた理由は、会社の経理全般に関係するのでない、という考え方に基づいている。それは、会計に関する検査・調査・代行に関係するだけだ、ということで、「経理」の「経」を同音の「計」に改め、新たに「計理」という語を造ったわけである。

　この場合の造語法は、既に「労資」という語があったけれども、資本家の「資」では実情に合わなくなったということで同音の「使(「使用者」による)」に替え、「労使」という語を造ったのと似ている。しかし、こうして「計理」という語が成立すると、例えば「郵政事業特別会計法」(昭和24・5・28、法109)の次のような用例も生まれた。

・第四条第一項　貸借対照表勘定及び損益勘定を設けて計理するものとする。
・第二条第一項　この会計の計理は、(中略)財産の増減及び異同の事実に基いて行う。

また、「〇〇経理学院」のほかに「〇〇計理学院」などの名称も見られ、「経理」のほかに「計理」という語が定着したわけである。

　ところで、「計理士法」そのものであるが、昭和二十三年「公認会計士法」の制定によって、公認会計士が計理士の職務を扱うようになった。そうして、計理士制度そのものも昭和四十二年三月三十一日限り廃止された。また、旧来の「経理」という語と、計理士の形でなく用いられる「計理」という語については、「法令用語改正要領」で「統一して用いる」中に例示されている。それは「作成・作製」を「作成」に統一し、「定年・停年」を「定年」に統一するのと同じに扱われている。その点で「計理」という語は、法令用語として用いられなくなる語と考えてよいのである。ただし、「計理士法」そのものは廃止されても、学校名としては「〇〇計理学院」などの名称が残っている。また、久しく親しまれてきた「計理士」という名称も、俗称としては残っている。『新聞用語集』において、「計理→経理」としながらも、「計理士は別」と注記されているのは、このような事情によるものである。　（12—2）

問「詐欺」と「詐偽」の使い分け

答「詐欺」と「詐偽」とは同じ意味の語であるのか、それとも異なった意味の語として使い分けを要する語であるのか、という問題である。

　まず、「詐欺」の「欺」であるが、これは字訓が「あざむく」で、「うそを本当と思わせる」意味であり、「欺瞞《まん》・欺罔《もう》」などと用いる。これに対して、「詐偽」の「偽」は字訓が「いつわる」で、「事実と異なることをいう」意味であり、「偽造・偽称」などと用いる。また、「欺」や「偽」に組み合わされた「詐」の方は、「詐謀・詐取・詐称」などと用いられる字で、中国の字書に「詐ハ欺ナリ」とか「詐ハ偽ナリ」と書かれている。したがって、「詐欺」の方は「あざむく」ことに重点があり、「詐欺に掛かる」「詐欺恐喝」のように用いられる。それは、他人をだまして思い込ませることにより、その他人に直接損害を与える行為として取り上げられている。これに対して「詐偽」の方は「いつわる」ことに重点があり、真実でないという点が問題であり、「詐偽登録」「詐偽投票」のように用いられる。それは、「詐偽その他の不正の手段をもって」「詐偽その他不正行為をもって」のように取り上げられている。これらのうち、特に刑法で罪として掲げているのは「詐欺」の方であり、この方が悪質なのである。

　この場合、「詐欺」も「詐偽」も中国の古典に見られる語であるから、これらの語が法令用語となったのも当然の成り行きと考えてよいのである。ここにそれらの条文を例示すると、次のようになる。

詐欺

・民法第九十六条　詐欺又ハ強迫ニ因ル意思表示ハ之ヲ取消スコトヲ得

・郵便法第八十一条の二　詐欺、恐かつ又は脅迫の目的をもつて、真実に反する住所、居所、所在地、氏名、名称又は通信文を記載した郵便物を差し出し、（以下略）

詐偽

・生活保護法第七十九条二号　詐偽その他不正な手段をもつて、補助金又は負担金の交付を受けたとき。

・公職選挙法第二百三十七条第二項　氏名を詐称しその他詐偽の方法をもつて投票し又は投票しようとした者は、（以下略）

いずれの場合も、「詐欺」の方は「あざむく・だます・うそをついてだます」意味であり、「詐偽」の方は「いつわる・うそをつく」意味である。

ところで、「詐欺」も「詐偽」も、同音語であることが問題にならないわけではない。そうして、公用文の立場では同音語を整理しようという動きがあり、そのことが「法令用語改正要領」でも取り上げられている。その場合、「詐欺」の方はそのままとし、「詐偽」については「偽り」と言い換えるように指示されている。法令用語として特に「詐欺」を残し「詐偽」を言い換えた理由は、「詐欺」の方が一般用語として定着しているからだと考えてよいのである。国語辞典の中に「詐欺」のみを掲げ「詐偽」を掲げないものが見られるのも、「詐欺」の方が広く用いられる日常語であり、「詐偽」が特別の法令用語であるという見方によるものである。「かご抜け詐欺・取り込み詐欺・寸借詐欺・詐欺師」などと用いられるのも、いずれも「詐欺」である。したがって、普通に用いられる「サギ」については、「詐欺」を用いると考えてよいわけである。（12—3）

問 「実践的」と「実戦的」の使い分け

答 「実践的」と「実戦的」とは同じ意味の語であるのか、それとも異なった意味の語として使い分けを要する語であるのか、という問題である。

まず「実践」の「践」であるが、本来は字訓が「ふむ」で、「ふみおこなう」「決めたとおりに行う」という意味を持っている。ただし、この意味でよく用いられる熟語は「実践・履践」ぐらいのものである。これに対して、「実戦」の「戦」は字訓が「たたかう」で、「打ち合って争う」意味であり、「勇戦・力戦」などと広く用いる。また、「践」や「戦」に組み合わされた「実」は、字訓が「み」であるが、「中が詰まっていること」から「内容のあること」「本当のこと」の意味になり、「実物・実力」などと用いる。

したがって、これらを組み合わせた「実践」は、「実際に行う」「理念や方針があってそれを行う」ことであり、「理論と実践」「考えるより実践せよ」あるいは「実践家・実践躬《きゅう》行《こう》・実践倫理・実践道徳」などと用いる。これに対し、「実戦」の方は「実際に戦うこと」であり、「実戦に臨む」「実戦で鍛える」「実戦の経験を生かす」「実戦さながらの」「実戦向き」あるいは「実戦訓練・実戦準備・実戦部隊」などと用いる。また、文法的に見ると、「実践」は「実践する」という動詞でも用いるが、「実戦」は動詞にならない語である。

ところで、これらの接尾要素となる「的」であるが、「常用漢字表」に掲げられた字訓は「まと」だけである。しかし、現代中国語では助辞として「我的書（わたくしの本）」「科学的概念（科学という概念）」のように用いる。このような「的」の用い方が、意味の上だけでなく発音の上でも、英語の“-ic”という接尾要素と似ているところから、日本語で“-ic”の訳語として用いられるようになった。こうして生まれたのが、次のような訳語である。

scientific——科学的　artistic——芸術的
realistic——現実的　fantastic——幻想的

このような「的」の用い方が、広く他の語にも及んだわけである。

その点から考えると、この「的」が「実践」「実戦」に付いて、それぞれ次のような用い方を生んだのも、当然の成り行きである。

実践的——実践的判断　実践的な思想　実践的に進む
実戦的——実戦的訓練　実戦的なチーム　実戦的に優れる

ただし、同じ「的」でも、その受け持つ意味は多少異なっている。「実践的」の方は、「実践の面での」「実践に重点を置く」という意味で、「道徳的・宗教的・政治的」などと同じ用い方である。これに対して、「実戦的」の方は、「実戦に適している」「実戦に役立つ」という意味で、「実用的・現実的・理想的」などと同じ用い方である。

このように考えてくると、「実践的」と「実戦的」とは、「実践・実戦」の意味が異なるだけでなく、「的」の意味も異なるわけである。（12―4）

問「終局」と「終極」の使い分け

答「終局」と「終極」とは同じ意味の語であるのか、それとも異なった意味の語として使い分けを要する語であるのか、という問題である。

まず、「終局」の「局」であるが、これは、古くは「つぼね」という字訓で用いられていた。本来は「くぎる」意味を持っていて、そのようにくぎられた部屋を指していたが、また一方、囲碁・将棋・すごろくなどで、使用する盤のことを「局」と呼んでいた。そこから転じて、そのような盤を用いる勝負の意味になり、その勝負の様子というところから「当面の事態」という意味に用いられるようになった。単独で「局に当たる」「局を結ぶ」などと用いるとともに、「戦局・政局・時局・局面」などと用いるのがこれである。

これに対して、「終極」の「極」は、字訓が「きわめる・きわまる・きわめて」であるところからも明らかなように、「物事や程度のこれ以上は行きようのない点」「最後の果て」という意味に用いられる。単独で「極に達する」「愚の極」などと用いるとともに、「北極・南極・陽極・陰極」などと用いるのがこれである。

また、「局」や「極」に組み合わされた「終」は、字訓が「おわる」で、「続いてきた物事がそこで切れてそこから先には続かない」意味である。したがって、「終局」は「物事が行われてきて終わりに近づいた場面や段階」を表すから、「終局を迎える」「討論の終局」のように用いる。これに対して、「終極」の方は「物事が行われていく最後のところとしての限界」を表すから、「終極に達する」「終極の目的」のように用いる。そういう点で、「終局」と「終極」とは別の意味の語であり、中国の古典でもそれぞれ使い分けられている。

ところで、基本的には二つの「シュウキョク」がそのような意味の違いを持つにしても、実際問題として同じような意味に用いられることも少なくない。それは、終わりに近づいた場面がそのまま最後のところになるからであり、「シュウキョクまで見通す」「シュウキョクにおいて」などは、どちらでも成り立つことになる。したがって、こういう用例を考えると、国語審議会の報告「語形の「ゆれ」について」（昭和36）の中の「漢字表記の「ゆれ」について」の扱いにも、それなりの理由が見られるのである。そこでは、「終局（終極）」の形で示されたグループについて、次のように説明されている。

こういう場合、漢字の意味のわずかな相違にあまりにこだわることは、社会一般としては限度があるであろう。この点から、「終局（終極）」については、「別の意味に使われることもあるが、同じような意味に使う場合もあるものである」とし、特に必要のある場合のほかは、「終局」を使うようにしたらよいというわけである。

しかし、実情においては、そこに掲げられた語の中でも、「改定（改訂）」は「運賃の改定」「書物の改訂版」のように使い分けるのが、現在でも一般的である（7ページ参照）。また、「成長（生長）」は動物学と植物学で使い分けられてきた経緯がある（11ページ参照）。それらの点から考えて、「終極」をすべて「終局」に統合するのは行き過ぎだとも言えるわけである。『新聞用語集』でも、次のように使い分けられている。

終局〔落着、碁の打ち終わり〕終局裁判、終局を迎える
終極〔おしまい、とどのつまり〕終極目標

したがって、一応はこのように使い分ける方が好ましいと言えるのである。

なお、付言すれば、「終局」と「終極」とは、文法的な性質にも異同が見られることになる。その一つは、「終局」が「終局する」という動詞でも用いるのに対して、「終極」には動詞で用いる慣用がないということである。もう一つは、「終極」が「的」の付いた「終極的」という形で用いるのに対して、「終局」にはそのような慣用がないということである。前記の国語審議会の報告の説明に「別の意味に使われることもあるが」と加えてあるのも、このような事情を考慮したものと考えられる。その点では、どちらを書く方がよいか迷う場合に、「終局」を用いるとするのも一つの行き方である。ただし、基本的な意味や文法的性質が異なることを踏まえれば、書き分けのできる場合も少なくないと考える方が無難である。

（12—5）

問「習得」と「修得」の使い分け

答「習得」と「修得」とは同じ意味の語であるのか、それとも異なった意味の語として使い分けを要する語であるのか、という問題である。

まず、「習得」の「習」であるが、これは字訓が「ならう」で、「上手になるように同じことを繰り返し行う」意味であり、「習熟・学習」などと用いる。これに対して、「修得」の「修」は字訓が「おさめる」で、「学問技芸などを自分のものにする」意味であり、「修養・修了」などと用いる。また、「習」や「修」に組み合わされた「得」の方は、字訓が「える」で、「とらえて手に入れる」意味であり、「拾得・獲得・会得・体得」などと用いる。

したがって、これに「習」を組み合わせた「習得」は、「上手になるように同じことを繰り返し行って自分のものにする」ことで、次のように用いる。

技術を習得する　知識を習得する　漢字習得法

これに対して、「修得」の方は、「学問技芸などが身につくように努力して自分のものにする」という意味であり、教育関係で、特に教科や科目の履修との関係で用いる。例えば、「高等学校学習指導要領」では、次のように用いられている。

卒業までに修得させる単位数　単位を修得した者
単位の修得の認定

これらの点で「習得」と「修得」とは別語であり、ただ知識技能を身に付ければよい「習得」と単位を取って一定のコースを終わる「修得」とは、それぞれ使い分けを要するのである。

ところで、「習得」と「修得」について中国の古典を調べてみると、漢和辞典などに引かれた範囲では、古くから用いられているのが「修得」の方である。この語は特に仏教で「シュトク」と読んで「性得《しょうとく》」の対として用いている。それは「後天的な修行学習によって得る」ことであり、「人功得《にんくとく》」とも称した。これに対して、「習得」の方は中国の古典にその用例を見ない語である。このような点から見ると、古くから用いられていたのは「修得」の方であり、「習得」は後に造られた語と考えてもよいことになる。それは、「おさめた」と考えるのは行き過ぎだ、単に「ならった」だけだという場合にまで「修得」を用いるのは適切でない、と考えられた。そういうときに、その「修」を同音の「習」に替え、新たに「習得」という語を造ったと考えることも可能である。

ところで、そのような経緯があるにしても、既に「修得」と「習

得」と二つの語が用いられるに至ったわけである。その場合、漢字の意味に基づいてこの二つの語を使い分けようとすれば、前記のようになる。しかし、国語審議会でこの種の問題を取り上げた際の報告「語形の「ゆれ」について」（昭和36）の中の「漢字表記の「ゆれ」について」によると、「修得」と「習得」が「修得（習得）」のように例示されている。そうして、「特に必要のある場合のほかは、かっこの外のものを使うようにしたらよいと考えられる」としている。その点では、「習得」でなく、「修得」を用いる方がよいということである。

この点で考え合わされるのが、「修得」という語と「修学年限」「履修科目」などの語との関連である。ただし、一般には、「学習・自習・独習」などに普通は「習」を用いることもあって、「習得」という語が広く用いられている。このような点に関し、『新聞用語集』には、次のように示されている。

（修得）→習得――「修得単位」は別

したがって、実際の使い分けとしては、むしろ「習得」の方が一般的だと考えてよいのである。そうして、特に教育上の「単位」や「履修」に関する語として「修得」を用いるわけである。（12―6）

問「緒戦」と「初戦」の使い分け

答「緒戦」と「初戦」とは同じ意味の語であるのか、それとも異なる意味の語として使い分けを要する語であるのか、という問題である。

まず、「緒戦」の「緒」は字訓が「お」であるが、普通は「いとぐち」というのも用いられていた。それは「物事が新しく起こる最初の段階」のことで、「緒言・緒論」などと用いる場合である。これに対し、「初戦」の「初」は字訓が「はじめ」で、「物事が続いていくときの最初の部分」のことであり、「初回・初日」などと用いる。また、「緒」や「初」に組み合わされた「戦」は字訓が「たたかう」で、本来は「陸戦・海戦」などと用いるが、転じて「対校戦・選挙戦」などと広く用いられている。

したがって、これらを組み合わせた「緒戦」は、戦い全体を幾つかに分けた第一段階のことで、次のように用いる。

緒戦は有利に展開する　緒戦の後れを取り戻す

選挙戦などを序盤・中盤・終盤と三つに分けた場合に当てはめると、「緒戦」は「序盤戦」のことである。これに対して「初戦」の方は、第一戦・第二戦と進む場合の初めての戦い、第一戦のことであり、次のように用いる。

初戦を迎える　初戦に勝つ　初戦の日

それは、やがて準決勝戦・決勝戦と進むわけで、専らスポーツに用いられる語である。

ところで、「緒戦」「初戦」について中国の古典を調べてみると、漢和辞典などに引かれた範囲では、「緒戦」の用例はいろいろと見られるが、「初戦」の方はその用例が見られない。このような点から見ると、古くから用いられていたのは「緒戦」の方であり、「初戦」は後に造られた語と考えてもよいのである。国語辞典の場合も、「緒戦」のみを掲げ「初戦」を掲げていないものが見られるのは、このような事情によるものと考えてよいのである。

しかし、実際問題として、第一戦、第二戦と続いていくと、最初の戦いというのが当然行われることになり、そのときに初めの戦いという言い方が成り立つ。そうなると、「初回・初日」などと同じく、「初戦」とし、「初戦から関東勢どうしの組合せになった」などの言い方が生まれてくる。こうして、本来存在する「緒戦」とは別に、「初戦」という語が用いられるに至ったのである。

この場合、「緒戦・初戦」について、『新聞用語集』には、次のように掲げられている。

初戦〔第一戦〕シリーズの初戦に勝つ

緒戦〔戦いの始まったころ〕緒戦の優勢が後半戦で逆転

実際には、このような形で「初戦」と「緒戦」を使い分けることが好ましいわけである。

なお、「緒戦」の「緒」については、漢音「ショ」のほかに慣用音として「チョ」が用いられている。そのため、「常用漢字表」の音訓欄には「ショ」とともに「チョ」も掲げられて「情緒」の例があり、備考欄に「情緒はジョウショとも」と注されている。「緒戦」の方は「ショ」の用例となっているが、これにも「チョセン」という読み方が成り立つことになる。『NHK放送用語ハンドブック』（昭和44）においても「初戦・緒戦」を並べて取り上げ、「緒戦」の方に「ショセン・チョセン」両様の読み方が示されている。しかし、「初戦」と「緒戦」を「ショセン・チョセン」と言い分けた方がよいとの指示までは行われていない。一般には両語とも「ショセン」と読み、それぞれの意味によって使い分けるわけである。（12—9）

問「奏功」と「奏効」の使い分け

答「奏功」と「奏効」とは同じ意味の語であるのか、それとも異なる意味の語として使い分けを要する語であるのか、という問題である。

まず、「奏功」の「功」であるが、本来は字訓が「いさお」で、「てがら」という意味を持っている。「功成り名遂げる」「労して功なし」などの「功」がこれで、熟語としても「武功・勲功・功績」などと用いる。これに対して、「奏効」の「効」は字訓が「きく」で、「ききめ」の意味で用いられる。「頭痛に効がある」「習練の効を積む」などの「効」がこれで、熟語としても「有効・薬効・効果」などと用いる。また、「功」や「効」に組み合わされた「奏」の方は、字訓が「かなでる」で、「奏楽・奏鼓」などと用いるが、本来は「申し上げる」意味の文字である。中国の字書に「奏は進ムル也」「書ヲ上ル之ヲ奏ト謂フ」などとあるのがこれで、「奏賀・上奏文」などと用いる。

したがって、これに「功」を組み合わせた「奏功」は、「てがらを天子に申し上げる」意味である。それが転じて広く「功が成就する」意味になり、次のように用いる。

奏功を見る　奏功を確実にする　偉大な奏功

策略が奏功した

これらはいずれも、「功を奏する」に基づく用い方であり、この意味で「奏効」と書くのは誤りである。

しかし、「奏功」という語は、広く「ききめ」や「効験」の意味で、次のように用いられるようになった。

新薬が奏功した　事前の根回しも奏功しなかった

こうなると、「効用・効験」との関連で、「効」を用いる「奏効」の形が行われるようにもなった。この点では中国の古典にも「効験」の意味で「奏効」の用例が見られるから、「奏効」という形を誤りとすることはできない。

ところで、国語審議会でこの種の問題を取り上げた際の報告「語形の「ゆれ」について」（昭和36）の中の「漢字表記の「ゆれ」について」の扱いであるが、「奏功（奏効）」の形で、3の例として示されている。そこにはほかに「記念（紀念）」「親切（深切）」などがあり、次のように解説されている。

漢字表記にゆれがあるといっても、その一方が一般的であるということで解決のよりどころとすることができるものもある。

その点で「奏功」の方を一般的だとするのが、この場合の扱いである。

ただし、この3のグループでは、この種の語を例示したあとに、次のような解説も加えられている。

これらのうち、「集荷・集貨」「冗員・剰員」「奏功・奏効」「滞貨・滞荷」などは、むしろ8の例として扱ったほうがよいかもしれない。

ここで8の例というのは、「特に必要のある場合のほかは、かっこの外のものを使うようにしたらよい」とするグループのことで、「探検（探険）」「精彩（生彩）」などが例示されている。いずれにしても、「奏功」と「奏効」については、「奏効」も誤りではないが、「奏功」の方が好ましいという扱いである。『新聞用語集』に「奏効→奏功」のように掲げられているのも、このような事情によるものである。（12―10）

問「大…」と「太…」の使い分け

答　字音で同じく「タイ」と読む場合の「大」と「太」をどのように使い分けるか、という問題である。

この場合、「大」と「太」とは、意味が似ている上に形も一点のあるなしの違いであり、その使い分けがいろいろと紛らわしい。しかし、基本的にはその意味の異同に基づく使い分けが見られるわけである。

まず、「大」の方であるが、これは字訓が「おおきい」であり、「小」に対する「大」である。「大国」というのは一方に「小国」というのがあるために「大」が用いられることになる。また、「小…」という形を常用することがなくても、一方に「小…」の形が連想される場合は「大…」となる。次のような語に「大」を用いているのがこれである。

大雨　大過　大会　大患　大願　大義　大悟　大社
大人　大洋　大陸　大量

さらに、「大」には、転じて「およそ」の意味があり、次のようにも用いる。

大意　大概　大観　大局　大系　大綱　大旨　大勢
大半　大約　大要　大略

これらが、普通に「大」を用いる場合である。

これに対して「太」の方は、字訓が「ふとい」であるが、本来は「はなはだおおきい」という意味を持っている。したがって、「太」の場合は、「大」が「小」と対比されるのと異なり、そのような対比の考えられない絶対的な「大」を表すときに用いる。「太古」というのは、「小」と対比される「古」ではなく、絶対的な「古」の意味を持つことになる。次のような語に「太」を用いるのもこれである。

太陰　太極　太湖　太鼓　太始　太初　太父　太平
太母　太陽

例えば、中国の江蘇省の南部にある大きな湖が「太湖」の名を持つのは、単に「おおきい」からではなく、絶対的な「おおきい」を持つからである。「大息」が時に「太息」と書かれるのも、このような絶対的な「おおきさ」が意識されるからである。

したがって、「太」の方は優れて大きい意味を持ち、転じて天子に関連する人の呼称に用いる。次のような例は、この方である。

太后　太公　太子　太上　太祖　太孫
皇太后　皇太子

ただし、一般の尊敬語として用いる場合は、「大兄・大人」のように「大」であり、次のような語も、この方の「大」である。

大権　大政　大葬　大典　大命　大礼

これらの語は、天子に関連する物事に用いるとしても、「太」でなく、「大」の方である。

その他、「太」と「大」で紛らわしいものを幾つか取り上げると、次のようになる。

・太平洋・大西洋……太平洋の方はPacific Ocean（平穏な海）の訳語として太平の海であり、大きな西の海としての大西洋とは異なることになる。

・太公望・大公国……釣りを楽しむ人を太公望と言うのは、周の時代の政治家呂尚が釣りをしているときに時の天子文王に見いだされた故事による。その呂尚が、周の祖太公の待ち望んでいた人物だという意味で太公望と呼ばれた。これに対し、ヨーロッパの小国の君主は、「小」を意識した「大公」であり、そのような君主の治める国、ルクセンブルクなどが大公国である。

・太子・太師・大師……「聖徳太子」は「ひつぎのみこ」であるから「太子」である。中国で周の時代以来、最高の官として天子を補佐した官名は「太師」であり、「大師」とも書いた。高徳の導師（僧）のおくり名には「大師」を用い、空海の名で知られる高僧のおくり名も「弘法大師」となっている。なお、「太子・太師・大師」が漢音で「たいし」と読まれるのに対し、仏教関係の「大師」は、呉音で「だいし」と読まれている。

・太鼓・大鼓……打楽器のうち、絶対的に大きいのが「太鼓」であり、大小の対応で大きいつづみが「大鼓」となる。ただし、「大鼓」の方は、邦楽界では「おおつづみ」、能楽では「おおかわ」と呼ばれている。

（参考）　太宰府・大宰府……九州福岡県の西部、福岡市の南東部に隣接する地域の「だざいふ」は「太宰府」と書く。かつては九州地方の中心地であり、天智天皇の時代に置かれた地方官庁の名に由来するわけである。ただし、官庁名の方は「大宰府」であった。地名は、官庁名と区別するために、「大」を「太」に変えて使用した。したがって、菅原道真を祭る神社の名称は太宰府という地域にあるため「太宰府天満宮」であるが、鎌倉時代に鎮西奉行の駐在した奉行所は、官庁名としては「大宰府守護所」であった。

（12―11）

問　「内攻」と「内向」の使い分け

答　「内攻」と「内向」とは同じ意味の語であるのか、それとも異なる意味の語として使い分けを要する語であるのか、という問題である。

まず、「内攻」の「攻」であるが、これは字訓が「せめる」で、「進んで敵をうつ」ことであり、「攻撃・攻略」などと用いる。これに対して、「内向」の「向」は字訓が「むく・むかう」で、「目指して位置する」ことであり、「向上・傾向」などと用いる。また、「攻」や「向」に組み合わされた「内」は、字訓が「うち」で、「外」の対としての「なかがわ」であり、「国内・内争」などと用いる。

したがって、「内攻」は「なかがわを目指してうつ」ことであり、主として病気について、“retrocession”の訳語として次のように用いる。

病勢が内攻する　内攻すれば致命的　内攻症状

それは、病気が、身体の表面に出ないで、内部に広がり進んでいく動きを言う語である。これに対して、「内向」の方は「なかがわを目指して位置する」ことであり、主として性格について、"introversion"の訳語として次のように用いる。

内向する性格　内向性　内向型

それは、心の働きが、自分の内側にばかり向いて、外に向かない状態を言う語である。

ところで、「内攻・内向」について中国の古典を調べてみると、漢和辞典などに引かれた範囲では、「内攻」の用例はいろいろ見られるが、「内向」の方はその用例が見られない。また、国語辞典の『大言海』も『大日本国語辞典』も、掲げているのは「内攻」だけであり、「内向」は見られない。このような点から考えると、古くから用いられていたのは「内攻」の方であり、「内向」は性格分類の立場での心理学用語"extroversion type""introversion type"が「外向型」「内向型」と訳されたのに始まると考えてよいのである。すなわち、外部のものに関心を示して物事を客観的にとらえ、すべてに積極的で自分を外部に開放するため、集団的、社交的なのが外向型である。これに対して、心の内のものに関心を示して物事を主観的にとらえ、すべてに消極的で自分の内部に沈潜するため孤立的、非社交的なのが内向型である。それは、精神的なエネルギーが外に向くか内に向くかによるとされているから、そのまま外向型、内向型と訳されたわけである。

しかし、以上のような実情から、医学的なものが「内攻」、心理学的なものが「内向」と考えるのは行き過ぎである。それは、文学作品などの用例を見ると、心理描写の部分に、次のように用いられているからである。

・恋しいと思ふ念が内攻するやうに奥深く潜んで、（森鷗外「雁」）

・嫉妬も不快も憤怨もまた已むことを得ぬ軽蔑も内攻して、胸の内は四苦八苦。（徳富蘆花「黒潮」）

・内攻する自己保存の本能は、人間を必要以上にエゴイストにする。（大岡昇平「野火」）

このことは、本来存在していた語が「内攻」であったことから考えて当然である。むしろ、この用い方から医学用語の「内攻」が生まれた、と考えてもよいわけである。そうして、後に心理学の方で、性格について外向型・内向型という語が新たに造られ、「内向」という語が用いられるに至ったわけである。

そのような点から考えると、一般には「内攻」で、「内向」の方は専ら性格に限定して用いるのが好ましいことにもなる。ただし、この点について、『新聞用語集』には、次のように書かれている。

内向（自分の世界に閉じこもろうとすること）内向する性格

内攻（病気が身体の内部に広がること）内攻的症状

実際問題としては、このように考えてもよいわけである。

（12―12）

問「表決」と「評決」の使い分け

答「表決」と「評決」とは同じ意味の語であるのか、それとも異なった意味の語として使い分けを要する語であるのか、という問題である。

この場合の「決」というのは、字訓が「きめる・きまる」であり、「決心・決定」と用いるときの「決」である。それは「最終的にどうするかの態度を定める」意味であり、「表決」も「評決」も、その意味の「決」に関する事柄について用いる語である。ただし、「表決」と「評決」とは、実際に用いる分野が異なっている。「表決」は議会関係で用いられる語であり、「評決」は裁判関係で用いられる語である。

まず、「表決」であるが、「表」は字訓が「あらわす・あらわれる」である。それは、中にあるものを何らかの形で外に出して見えるようにすることである。「表明・表情」と用いるときの「表」がこれであり、その形で「決をあらわす」のが「表決」である。一般に、議会においては、議案を審議した後に議決することになるが、そのような議決は、議員の表決によって行われる。その際に、議員それぞれが賛成か反対かの意思表示を行うことになるが、このような意思表示としての表決を行わせるのが、議長の行う採決である。すなわち、議会においては、議長が採決するに当たって議員に表決を行わせ、それによってその議案が議決される。その点から考えると、「議決」は議会の立場であり、「採決」は議長の立場であり、「表決」は議員の立場であり、それぞれ用いる立場が異なることになる。「憲法」第五十一条に「両議院の議員は、議院で行った演説、討論又は表決について、院外で責任を問はれない。」とあるが、この場合の「表決」もこの意味である。

次に、「評決」の方であるが、「評」については字訓が「常用漢字表」に掲げられていないが、普通には「あげつらう」として用いられていた。それは、物事についてああだこうだと言い張ることである。「評論・評点」と用いるときの「評」がこれであり、その形で「決をあげつらう」のが「評決」である。一般に下級裁判所においては裁判長が単独で裁判することになるが、高等裁判所や最高裁判所では合議制が採られている。そうして、この種の合議制によって裁判する際に行われるのが「評議」であり、評議によって決定するのが「評決」である。この場合に「表決」という語と区別して特に「評決」という語を用いるのは、その実情が表決の場合と異なるからである。表決の場合は単純に賛成か反対かの意思表示が行われるだけであるが、評決の場合にはいろいろの段階の意見が出ることになる。その場合に意見が三種類以上あってそれぞれが過半数にならないときの決定の仕方が、「裁判所法」の第七十七条で次のように決められている。

一、数額については、過半数になるまで最も多額の意見の数を順次少額の意見の数に加え、その中で最も少額の意見

二、刑事については、過半数になるまで被告人に最も不利な意見の数を順次利益な意見の数に加え、その中で最も利益な意見

裁判において、「表決」という語でなく特に「評決」という語を用いる慣習があるのは、このような特殊な事情による決が行われるからである。

ところで、「表決」の方であるが、これについては時に「票決」と書かれることがある。それは表決の方法として、「衆議院規則」「参議院規則」それぞれの第六節「表決」の諸条に、次の三つの表決の方法が示されていることと無関係ではない。

(1) 起立による表決……議長が、可とする者を起立させる。

(2) 記名投票による表決……議長が、可とする者に白票、否とする者に青票を、投票箱に入れさせる。

(3) 異議の有無による表決……議長が異議の有無を議院に諮る。

このうちの「記名投票による表決」を略して「票決」という語が成り立つとも考えられるからである。しかし、議会において投票表決を票決とする慣用はなく、まして表決そのものを「票決」と書くのは全くの誤りである。

以上が議会や裁判で行われている「表決・評決」の実情であるが、この種の決定の方法は一般にも行われている。したがって、そのような場合も、実情に即して、「表決」と「評決」とを使い分けることが好ましいわけである。ただし、その場合も、「表決」を

「票決」と書くのはやはり誤りである。　（12―13）

問「足」と「脚」の使い分け

答　字訓で「あし」と読む「足」と「脚」とを、どのように使い分けるかという問題である。

「「異字同訓」の漢字の用法」（昭和47年に、国語審議会漢字部会が作成した資料。原文は横組み。）には、

足――足の裏。手足。足しげく通う。客足。

脚――机の脚（足）。えり脚（足）。船脚（足）。

のようにして、「足」と「脚」との使い分けの大体を用例で示してある。

以上の用例から察すると、人間、動物のあし及びこの派生的意味で用いる場合、例えば、「あししげく通う」とか、「駆けあし、客あし、並みあし」などのように、その動きやそれを使って、ある場所に達する意を表す場合には、大体において「足」を用いればよいことになる。

これに対して、「机のあし、雨あし、襟あし、風あし、雲あし、猫あし、日あし、火あし、船あし、櫓《ろ》（艪《ろ》）あし」などのように、物体、構造物などの支える働きをしているもの、人間、動物以外の進行、移動する物事の移り行く状態を表す場合の「あし」は、大体「脚」が普通であるが、「足」でも差し支えないということになるであろう。

昭和二十三年、内閣告示「当用漢字音訓表」では、「足」には「あし」の字訓が掲げてあったが、「脚」には掲げてなかった。そこで、それまでは、どちらかと言えば、「机の脚、雨脚、風脚、雲脚、日脚、船脚」などと書く習慣のあった語も、音訓表に従う限り、「机の足、雨足、風足、……」、又は、「机のあし、雨あし、風あし、……」などと書かなければならないことになった。

ところが、昭和四十八年に、新しく制定された内閣告示「当用漢字音訓表」には、「脚」にも「あし」の字訓を掲げ、その語例に「机の脚」が掲げてあった。先に引用した「「異字同訓」の漢字の用法」は、この音訓表の審議の際、その衝に当たった漢字部会が作成したものである。

現行の昭和五十六年、内閣告示「常用漢字表」においても、「脚」の音訓欄に、字訓「あし」を掲げてある。（なお、昭和二十三年の「当用漢字音訓表」は、昭和四十八年に廃止され、昭和四十八年の「当用漢字音訓表」は、「常用漢字表」の告示に伴って廃止されている。）

「脚」を字訓で「あし」と使う場合は、前述のように、「机の脚、船脚」などを、「机の足、船足」としても差し支えない。しかし、「脚」・「足」を字音で「キャク」・「ソク」と用いる場合は、「脚部」と「足部」、「三脚」と「三足」などのように意味によって使い分けなければならない。また、「橋脚、健脚」などの場合に「橋足、健足」などと「足」を使うわけにはいかない。

昭和五十六年版の『新聞用語集』では、次のように両者の使い分けをすることとしている。

あし＝足（一般用語）足跡、足音、足掛かり、足がつく、足が速い、足癖、足代、足手まとい、足止め、足並み、足踏み、足を洗う、足を出す、足を棒にする、後足で砂を掛ける〈比ゆ的に使う場合に〉、勇み足、襟足、客足、球足が速い、逃げ足、抜き足差し足

＝脚（主として脚部）脚長バチ、脚の線が美しい、雨脚、後ろ脚、追い込み脚〈競馬〉、差し脚〈競馬〉、末脚〈競馬〉、机の脚、橋の脚、日脚、船脚　（12―14）

問「憂い」と「愁い」の使い分け

答 字訓で「うれい」と読む「憂い」と「愁い」とを、どのように使い分けるかという問題である。

「憂」・「愁」を用いる熟語に「憂愁」という語もあり、また、多くの国語辞典では、「うれい」の見出しの下に、「憂い・愁い」と、漢字書きを示しているところから言って、「憂い」と「愁い」とを、常に、厳密に使い分けることは難しい。

「異字同訓」の漢字の用法」（前問を参照）には、

憂い・憂え――後顧の憂い（え）。災害を招く憂い（え）がある。

愁い――春の愁い。愁いに沈む。

とある。

字義としては、「憂」には、将来、何か望ましくないこと、よくないこと、起こってほしくないことなどが、起こりはしないかと心配すること、という意味がある。また、「愁」には、思い悩むこと、心がふさぎ、心細いような気持ちになること、という意味がある。

換言すれば、「憂」は、能動的、知能的な「おそれ・心配」ということであり、「愁」は、情緒的・心情的な「ふさぎ」ということである。

結局のところ、「憂い」は、心配の場合に用い、「愁い」は、嘆き、悲しみ、悩みなどがあって物思いにふける心情の場合に用いるのが普通である。

したがって、同じ、「うれい顔」でも、「憂い顔」は、将来、悪いことが起こりはしないかと案じている様子・顔付きの意を表し、「愁い顔」は、何か悲しいことなどがあって、思い悩んでいる様子・顔付きの意を表すということになる。「憂える」と「愁える」との使い分けもこれに準じる。

なお、現行の昭和五十六年、内閣告示「常用漢字表」では、「憂」には、「字音　ユウ、字訓　うれえる・うれい・うい」が、「愁」には、「字音　シュウ、字訓　うれえる・うれい」が掲げてあるが、昭和二十三年の内閣告示「当用漢字音訓表」では、「憂」には、「ユウ、うれい・うれえる」とあり、「愁」には、字音の「シュウ」だけしか掲げてなかった。したがって、当時は、「春のうれい」などは、あえて「春の憂い」とするか、又は、「春のうれい」と仮名書きにしていた。（12―15）

問「立つ・立てる」と「建つ・建てる」の使い分け

答 字訓で「たつ・たてる」と読む「立つ・立てる」と「建つ・建てる」とを、どのように使い分けるかという問題である。

「異字同訓」の漢字の用法」（前ページ参照）には、

立つ・立てる――演壇に立つ。席を立つ。使者に立つ。危機に立つ。見通しが立つ。うわさが立つ。立ち合う。柱を立てる。計画を立てる。手柄を立てる。顔を立てる。立て直す。

建つ・建てる――家が建つ。ビルを建てる。銅像を建てる。建て前。

とある。

便宜上、「建」の方から説明すると、家屋・建築物や塔・碑・像など、通常は、長期にわたって存続させ、使用する目的で、多くの部材・素材を順序よく組み合わせて、地表から空間に向かって形づくる場合、又は、そのように形づくられた物に言う「たつ・たてる」の場合に用いる。また、これらに関連した物事を言う場合、例えば、「建て売り・建て替え・建て具・建て坪・建て直す・建て増し・建て面積・建て物・建て家《や》、一戸建て・三階建て・鉄筋コンクリート建て」などである。そのほか、漢語で「建国・建設・再建・創建」などを和語に言い換えた場合の「たつ・たてる」に用いる。しかし、ごく簡単なものや材料などを「たてる」場合には、「立て看板・立て札、柱（棒）を立てる、二本立て・部立て・年立て」などのように「立」を用いる。また、このほか、「建て株・建て玉《ぎょく》・建て値（段）・建て米《まい》、円建て・ドル建て」など、経済用語にも「建」を用いる。

これに対し、「立」は、人・動物・物が、ある場所・位置で、基準面から、縦・垂直の方向になり、とどまるという意の場合の「たつ・たてる」に用いる。また、「著しくする・なる、はっきりする、目につくようにする・なる」などという意の「目立つ・波が立つ・予定が立つ・気が立つ」などの場合に用いる。そのほか、漢語で言い換えた場合に「立…」、「…立」となる場合、例えば、「立案・立憲・立后・立項・立功・立志・立候補・立身・立太子・立腹・立法・立論・自立・創立・廃立・乱立・林立」など、「立」を用いる「たつ・たてる」の場合に用いる。

したがって、同音語でも、その意によって、「建」と「立」とを使い分けることになる。例えば、

たちあがり＝家の建ち上がり：立ち上がりに後れをとる
たてかえる＝家を建て替える：代金を立て替える
たてこむ＝住宅が建て込む：仕事が立て込む
たてなおす＝家屋・会社を建て直す：計画・態勢を立て直す

などである。一方、原則の意の「たてまえ」や、粗末な小屋の意の「ほったて小屋」などは、「立」とも「建」とも書き、表記がゆれている。なお、『学術用語集　建築学編』には、「掘立て、掘立て柱」とある。

（12—16）

問　「付く・付ける」と「着く・着ける」と「就く・就ける」の使い分け

答　字訓で「つく・つける」と読む「付く・付ける」、「着く・着ける」、「就く・就ける」を、どのように使い分けるかという問題である。

「「異字同訓」の漢字の用法」（161ページ参照）には、

付く・付ける――墨が顔に付く。味方に付く。利息が付く。名を付ける。気を付ける。条件を付ける。付け加える。
着く・着ける――席に着く。手紙が着く。東京に着く。船を岸に着ける。仕事に手を着ける。衣服を身に着ける。
就く・就ける――床に就く。緒に就く。職に就く。役に就ける。

とある。

「付」は、何かと何かが近づき、透き間がなくなる、何かが何かに所属する、何かが何かと仲間になるなどの意の「つく（つける）」に用いるほか、時には「気（形《かた》・片・電灯・値・踏ん切り）がつく」などの場合のように慣用句的に用い、ある状態になる、ある状態を実現するなどの意味を表す。また、この連用形「つき・つけ」は、「足付き・思い付き・顔付き・社長付き・近付き・手付き・肉付き・寝付き・火付き・目付き・紋付き・植え付け・受け付け・買い付け・着付け・帳付け・手付け・名付け・肉付け・番付・火付け・盛り付け・焼き付け・横付け」などと用いる。

なお、もとは、「つく・つける」の意の場合には、「付」と「附」とを使い分ける場合もあったが、昭和二十三年の内閣告示「当用漢字音訓表」（昭和五十六年の「常用漢字表」も同じ。）では、「附」に、この字訓が掲げてなかったので、これによって漢字で書く場合は、「付く・付ける」と書くことになった。

「着」は、ある物がある場所に届く、ある物がある場所を占める、ある物事をし始める、身にまとうなどの意の場合の「つく・つける」に用いる。漢語の例えば、「着衣・着用・装着・着水・着地・着陸・着座・着席・発着・漂着・未着・着信・着氷・粘着・着手」などを和語で言い表す場合の「つく・つける」は、大体において「着」を用いるのが普通であるが、必ずしもそうでない場合もある。例えば、「着眼点」は「目のつけ所」、「着想」は「思いつき」、「着目」は「目をつける」と言い表すことができ、「接着」は「くっつく」、「密着」は「ぴったりつく」などに相当する。これらの語の和語としての表現で「つく・つける」を漢字で書くとすれば、「付」がふさわしい。このように、漢語では「着」を用いても、それに対応する和語の表現では、「付」を用いる方が適当なものもある。また、「船つき場　船を岸につける」などの場合に「着」を用いるのが最も適切であるとすれば、「車を玄関に横づけにする」などの場合も「横着け」でよさそうであるが、この場合は現在のところ「横付け」と書くのが一般的である。「横づけ」の書き表し方について、六十八種の国語辞典・和英辞典・アクセント辞典、表記辞典に当たって調べたところ、いずれも、「付」若しくは「附」、又は、この両者を掲げてあった。わずかに、うち一種、『改修　言泉』だけに、「横附・横著」とあるのが、例外と言えば例外である。すなわち、「横着（け）」としたものは一つもなかった。

「付」・「着」の使い分けについては、「付着」という語もあり、厳密に書き分けることは必ずしも容易ではない。

「就」は「去」の反対で、「そこへ行く・近づく・寄り添う」などの意味がある。「つく・つける」を含む語句を漢語で言い表した場合、例えば「就学・就業・就床・就職・就寝・就眠・去就」などとなる場合の「つく・つける」に用いる。

なお、昭和五十六年版の『新聞用語集』は、多くの語例を掲げて、日本新聞協会としての使い分けを示している。（12—17）

問　「乗る・乗せる」と「載る・載せる」の使い分け

答　字訓で「のる・のせる」と読む「乗る・乗せる」と「載る・載せる」とを、どのように使い分けるかという問題である。

「「異字同訓」の漢字の用法」（161ページ参照）には、

乗せる・乗る――母を飛行機に乗せて帰す。電波に乗せる。計略に乗せる。電車に乗って行く。馬に乗る。風に乗って飛ぶ。時流に乗る。相談に乗る。

載せる・載る――自動車に貨物を載せる。たなに本を載せる。雑誌に公告を載せる。机に載っている本。新聞に載った事件。

とある。

「乗」も「載」も、あるもの（人などを含む。）が、他のものの上（部）に位置する意味であるが、前記の用例からもある程度推察できるように、「乗」は、主として、人が移動のため、又は、遊び・楽しみ・運動などのために、交通機関や動物・器具などの上（部）・内（部）に自分の身を置く場合に用いる。犬・猫・小鳥などを人が連れて、電車・自動車などに「のる」場合にも「乗」を用いる。（動物が車中に自分で迷い込んできたときも同じ。）このほかに、交通機関ではないが、「脂が～、おしろいが～、気が～、興に～、口車に～、時流に～、図に～、相談に～、調子に～」などの場合、また、「告げる」の意を表す「名～」など、比喩《ひゆ》的にも用いる。連用形「のり、のせ」を含む複合語の場合は、大体において「乗り…」、「…乗せ」である。

これに対し、「載」は、のるものは、必ずしも、自ら動くことを目的としていなかったり、動かないものであったりするのであるが、そういうものが他の物（人などを含む。）の上（部）、内（部）に位置している場合、また、その物を他の物の上（部）・内（部）に位置させる場合に用いる。また、新聞・雑誌・画報など印刷物の紙面に、文章・文字・写真・絵画を表し出す場合にも用いる。

したがって、同じく「飛行機にのせる」場合でも、「人」のときは「乗せる」であり、貨物のときは「載せる」である。また、何かの事件の報道でも新聞・雑誌などに記事として掲げられた場合には「新聞に載った。」であり、テレビジョン・ラジオなどで報道された場合は、「電波に乗った。」であるということになる。（12―18）

問「**奮う**」と「**振るう**」と「**震う**」**の使い分け**

答 字訓で「ふるう」と読む「奮う」と「振るう」と「震う」とを、どのように使い分けるかという問題である。

「「異字同訓」の漢字の用法」（161ページ参照）には、

振るう――士気が振るう。事業が振るわない。刀を振るう。
震う――声を震わせる。身震い。武者震い。
奮う――勇気を奮って立ち向かう。奮って参加する。奮い立つ。

とある。

「奮」は、字音が「フン」であり、「奮起・奮激・奮死・奮戦・奮然・奮闘・奮発・奮励・感奮・興奮・発奮」などの漢語を形づくるように、何事かをしようとして、又は、何事かに対して、自分自身が、積極的に精神を高揚させ、活力を発揮し、その物事に立ち向かおうとしたり、受けて立ったりする場合の「ふるう」に用いる。また、この意味から派生した副詞の「ふるって」にも用いる。なお、「奮」は、「ふるえる」の形では使わない。

これに対して「振」は、字音が「シン」であり、「振起・振興・振作・振粛」や「振動・振鈴・発振」などの漢語を形づくるように、(1)物事が盛んになる（こと）、物事を盛んにする（こと）、という場合と、(2)何かを物理的にふり動かす（こと）という場合、及び、比喩《ひゆ》的に言うこの意味の場合の「ふるう」に用いる。なお、物理的に振り動かして、粉粒などを、こし分けるものを、「ふるい」と言い、これを、漢字では「篩」と書くが、これは、「常用漢字表」に掲げてない漢字である。

例えば、「威力（国力・士気・勢力）をふるう」など、また「学力（事業・成果・成績）がふるわない」などは(1)の意味であり、「刀（熱弁・弁舌・暴力・メス）をふるう」などは、(2)の意味である。

「震」は、ものが、天然現象・生理現象として、細かく速く揺れ動く場合に用いる。「地震」は、「大地がふるう」ことであり、「身震い・武者震い」などは、細かく、速くぶるぶると揺れ動くこと、すなわち、「しんどう」することである。「しんどう」という語は、一般の場合には「振動」と書き、「地震」の場合は「震動」と書くのが普通である。なお、これについては、24ページの〈「振動」と「震動」の使い分け〉を参照されたい。（12―19）

問「**違和感**」**か**「**異和感**」**か**

答「いわ感」を「違和感」と書くのが正しいか、「異和感」と書くのが正しいかという問題である。「いわ感」とは、〈「いわ」の感じ＞ということである。

「いわ」については、『広漢和辞典』では、出典として『南史』の「(蕭)暢曰《ク》公去歳違和、今欲《スト》二発動《セント》一。顧《ミ》二左右《ヲ》一、急《ギ》呼《ビ》レ師視《シム》レ脈《ヲ》」の用例を掲げている。中華人民共和国で出版された辞典の『辞海』には、「違和」の語釈として、「身体失于調和而不舒適。常用作称他人患病的婉詞。」(原文は簡体字)とあり、同じ『南史』及び他に一つ別の出典の用例を掲げてある。すなわち、「いわ」は、中国では、現在多く他人の病気をえんきょくに指す表現として用いられているようである。が、もともとは「体のどこかが、何となく普通ではないこと、ふだんとは違っていること。」というような意味で、どこが痛いとか、かゆいとか、はれているとかいうはっきりした症状・外見はないが、ともかく、体が何かしら普通・正常でないというような意味の語であったと考えてよいであろう。

ところが、近ごろでは、主に「いわかん」という形で、これを身体のことだけでなく、広く一般に、その場の雰囲気に浸り難いこと、他との調和がとれないこと、何となくしっくりしないこと、場違いであることというような意味に使うことが多くなってきているようである。

このことを跡づけるために、明治時代から今日に至るまでの各種国語辞典における「いわ」、「いわ感」の語釈、説明等について、次の表のようにまとめてみた。

調べた辞典は、改訂版、新版、第二版、その他これらに準ずるものを含めて計五十二種であるが、そのうち、「いわ(かん)」という語を検討する上で、何らかの特色があると思われるものを十二種取り上げた。それぞれの初版の刊行日の古いものから順に並べてある。ここで言う、「何らかの特色」とは、最初にその語を採録したとか、語釈・用例等で、従来のものに見られない新しい内容・事柄の記述があるなどのことである。

番号	辞典名 初版刊行日	見出し〔漢字〕	辞典の語釈・説明・用例	備考
①	ことばの泉 補遺 明治41・11・14	ゐわ〔違和〕	医学の語。身体の、何となく、平常に異なること。不例。	○「いわ」を採録した最初の辞典である。
②	改修 言泉 昭和3・12・7	ゐわ〔違和〕	『和に違ふ、即ち調和を失ふ義。漢書の彭城王伝に「聖躬違和」とあり』貴人の病気。不例。違例。	
③	大辞典 昭和10・8・10	イワ〔違和〕	体の調和を失って病むこと。気分のすぐれぬこと。南史・劉渢伝「公去歳違和、今欲二発動一」…	○昭和49・6・10刊の覆刻版による。
④	明解国語辞典 昭和18・5・10	いわ〔違和〕	〔医〕調和を失ふこと。	○「調和を失うこと。」という説明をしているが、「医学用語」という限定をしている。

⑤	新版　広辞林 昭和33・3・5	いわ〔違和〕	からだのぐあいがいつもとちがうこと。調和を失うこと。	○二番目の説明「調和を失うこと。」というのは、身体について言うのか、一般的な場合にも言うのかはっきりしない。
⑥	講談社国語辞典 昭和41・11・25	いわ〔違和〕	からだの調子が変になること。「―感をおぼえる」	○「違和感をおぼえる。」という用例を掲げている。
⑦	三省堂新国語中辞典 昭和42・1・1	いわ〔違和〕	からだのぐあいがいつもと違うこと。調和を失うこと。「―感」	○用例として「違和感」を掲げている。
⑧	新明解国語辞典 昭和47・1・24	いわ〔違和〕	からだの調子がいつもと違って、どこかぐあいが悪いこと。「―感(＝回り・(今まで)のものと余り違い過ぎていて、それだけがしっくりしないという感じ)」	○「違和」の項に「違和感」を掲げてあるが、その意味について、これまでの辞典とは違った新しい説明をしている。
⑨	新小辞林 昭和50・5・20	いわかん〔違和感〕	①体の調子・具合が、何となく悪く(変で)、正常でない状態の感じ。②多くの同類の中にあって、それだけが一風変わっていて、何となくしっくり溶け込んでいないような感じ。	○「違和感」を見出し語として採録している。説明を二つに分けている。「違和」は不採録。
⑩	学研国語大辞典 昭和53・4・1	いわかん〔違和感〕	調和がとれない感じ。ちぐはぐな感じ。「どの男女も、かつ枝と久子の顔をじろじろとみつめているだけで、座敷の間は妙な――のする空気が流れた＜水上勉・五番町……＞」 ⦅注：「五番町…」は、「五番町夕霧楼」のこと。⦆	○「いわ〔違和〕」の子項目として採録。「違和」の語釈には、①体や、心の調和がとれなくなること。体の変調。「芝柏亭の句会に出る予定のところ、――を覚え出席出来なくなって…＜山本健・詩の自覚の歴史＞」②ちぐはぐになること。「いつかこうした感情の――は表面化し、はっきりした対立にまで進むのではあるまいか。＜辻・安土往還記＞」 注：「山本健」は「山本健吉」、「詩の自覚の歴史」は『古典と現代文学』の第一章である。「辻」は「辻邦生」のこと。

⑪	三省堂国語辞典 第三版 昭和57・2・1	いわかん〔違和感〕	〔異和（イワ）はあやまり〕①〔医〕からだの調子が悪くて、なんとも言えないいやな感じ。②今までのもの・（まわりのもの）との間にくいちがいがあって、しっくりしない感じ。	○「異和」と書くことは、誤りであることを明記している。なお、「いわ〔違和〕」は採録していない。
⑫	広辞苑 第三版 昭和58・12・6	いわかん〔違和感〕	ちぐはぐな感じ。「都会の生活に――を覚える」↓違和	○別に「いわ〔違和〕」を見出しとして立て、〈からだの調和が破れること。転じて、他のものとしっくりしないこと。ちぐはぐ。「―感」〉とある。

以上の表について、なお言えば、「いわ感」という語が国語辞典に見出し語として採録されるようになったのは、昭和五十年辺りからであり、それまでは、「いわ」という語しか見出し語としては採録されていなかった。この「いわ」も、『和英語林集成』の各版にも、『言海・日本大辞書・日本大辞林・帝国大辞典・日本新辞林・ことばの泉（本冊）』など、明治二十年代・三十年代に刊行された辞典には採録されていない。ようやく、明治四十一年刊の『ことばの泉　補遺』に至って採録されている。これ以後の辞典には採録しているものも多いが、その語釈・説明は、医学用語と明示するしないにかかわらず「身体の変調」という意味のことであった。戦後の昭和四十年代の初めごろまでは、同様な傾向であり、「いわ感」という語は、見出し語としては言うまでもなく、「いわ」の用例としても掲げられていなかった。ところで、昭和四十二年に、辞典⑦が、「いわ」の項の用例として「――感」を掲げて以来、多くの辞典で用例としての「違和感」が掲げられるようになった。なお、この年の版から『新聞用語集』は、「違和感」を収録している。次いで、昭和四十七年、辞典⑧が、「いわ」の用例としての「――感」の語釈・説明として、身体の変調ということから離れた新しい用法としての意味を記述している。次いで昭和五十年になって、辞典⑨が、「いわかん」を見出しとして立項し、語釈の第一に、従来の意味を、第二に、新しい用法としての説明を施している。そうして、この辞典は、その小型という制約上、やむを得ないことかと思われるが、「いわ」は不採録である。辞典⑩では、用例として実例を掲げて、その意味をはっきりさせている。

これまで見てきたところからも分かるように、「いわ感」と言う場合の「いわ」という語は、すべての辞典で、漢字表記を「違和」としており、「異和」としたものは一つもない。また、歴史的仮名遣いでは「ゐわ」である。（「異和」であれば、歴史的仮名遣いでも「いわ」であるはずである。）

しかし、この「いわ」から派生した「いわ感」が、新しい意味を伴って日常語化し、多く用いられるようになるにつれて、誤って「異和感」と書き表す場合が目につくようになった。そこで辞典⑪は、わざわざ「異和（イワ）はあやまり」として注意を促している。

以上のように、「いわ感」は、「違和感」が正しく、「異和感」は誤りであるが、前述のように、数年前から「異和感」がかなり目につくようになってきた。以下、出典を伏せて数例を掲げておく。

・汽車の中から続けざまに訓読みの駅名を見たために私は大層な異和感を感じた。〔新書本〕

・三年生も終わりの三月になると、子ども達はことばに対してあまり異和感を持たず…（単行本）

・上衣のボタンを、穴をちがえてかけてしまったときのしっくりしない感じ、背中に何か物が入ったときの異和感。（単行本）

正しい使い方の例を掲げれば、次のとおりである。

・版元は改訂版は改訂を約束しているので、いずれ善処されると思うが、牧野自筆の精巧な観察図に驚異の眼を見はった者の一人として、今回の〝原色版〟はあまりにも違和感がありすぎる。（紀田順一郎『生涯を賭けた一冊』、新潮社、昭和58）

・「そで口はずり落ちないし、はめていて違和感もない。…」（朝日、昭和60・6・4）

なお、「違・異」を含む熟語で、どちらを使うかに迷うと思われる語として、「相違・相異」、「差違・差異」がある。

「そうい」は、多くの国語辞典・漢和辞典では、「相違」だけを掲げている。「相異」の形を参考として掲げている国語辞典は極めて少ない。漢和辞典では、「相違」と「相異」とを別語としての取扱いをしているものもあるにはあるが、その語釈・説明上、はっきりした区別は見られない。新聞界では、既に昭和三十一年から「相違」を用いることにしている。このようなことを考えると、「そうい」は、「相違」と書く方が無難であろう。

「さい」は、国語辞典では、「差異」と「差違」とを別々の見出しとして立てているものが多く、一つの見出しの下に「差異・差違」と両様の表記を掲げているものが、これに次ぎ、「差違」又は「差異」の一方だけを掲げているものは少ない。

ところで、別々の見出しとして立てているものの語釈を見ると、両者の言い回しは多少異なるものが多いが、全く同じものもある。歴史的仮名遣いによって配列すると、「さい（差異）」と「さゐ（差違）」とは、ある程度離れるが、「現代かなづかい」では、両者が並ぶことになる。多くの辞典では、別見出しとして並べ、似たような語釈・説明を加えている。新聞界では、昭和三十一年版の『新聞用語集』に「差異」とあるように、戦後は一貫して「差異」を用いている。

このようなわけで、どちらか一方をと言えば、「差異」を採ることになるであろう。（12―20）

問「堪忍」か「勘忍」か

答 他人の過ちに対し、怒りをこらえて、許すことという意味の「かんにん」を、「堪忍」と書くか、「勘忍」と書くかという問題である。なお、「かんにん」には、このほかに、古くは「こらえしのぶこと」、「耐えしのぶこと」という意味もあるが、この場合は、問題外である。

「堪」には、「たえる・こらえる・がまんする」などの意があり、「勘」には「考える」とか、「照らし合わせて調べる」などの意がある。なお、「忍」には、「がまんする・こらえる」などの意がある。そこで、「かんにん」は、「堪忍」と書くべきだということが言える。今日では公用文・学校教育・報道界等、社会の各方面で「堪忍」を用いている。

ところで、かつて、報道界では、一時期、「勘忍」を用いていた。この影響を受けてか、国語辞典で「かんにん」の見出しの下に、「堪忍・勘忍」の順序で、両形を掲げるものや、「勘忍とも書く。」と注記したものも、少数ながら見られる。一方、「勘忍と書くのは誤り。」と記している辞典もある。

どうして、報道界で「勘忍」を採用したのかというと、「当用漢字表審議報告」（いわゆる国語審議会報告「当用漢字の補正案」、昭和

29）で、「当用漢字表」（昭和21、内閣告示）から、削除すべき字（音訓表、字体表を含む。）として掲げた二十八字の中に「堪」があった。報道界ではこの報告によって、同年四月から「当用漢字表」を補正して用いることとした。すなわち、「堪」の字を用いないこととした。そこで、従来「堪忍」であったものを、「忍耐、勘弁」と言い換えるか、「勘忍」と書き換えることとした。（日本新聞協会『新聞用語集』昭和31年版による。）後、三十九年版では、言い換え語を削り、「堪忍」は「勘忍」と書くこととし、以降、「勘忍」が用いられていたが、昭和四十七年版の『新・用語集』では、「かんにん」の項が見えない。その後、五十一年版の『改訂版　新聞用語集』では、「かんにん（勘忍）→堪忍」とし、今日に及んでいる。

結局、報道界では、昭和二十九年度からしばらくの間、「かんにん」を「勘忍」としていたが、昭和五十年前後から元の「堪忍」に戻した。公用文・教育では、さきの「報告」によって漢字表の取扱いを変更しなかったので、「勘忍」という書き表し方は用いなかった。

なお、似たような意味の語である「かんべん」は、「勘弁」と書くのが普通であるが、明治から大正へかけてのころに、初版を出した辞典の一部には、「かんべん」の見出しのところでは、「勘弁」としてあるが、「かんにん」の第二義、すなわち、ここで取り扱っている意味の場合の同義語・類義語としては、「堪弁」としてあるものを二、三見受ける。（12―21）

問　「灯火親しむ」か「灯下親しむ」か

答　暑い夏が去って、さわやかな秋になり、日の暮れが早くなる。読書にふさわしい季節というので、これを「とうか親しむべき候」と言う。この「とうか」を、「灯火」と書くか、「灯下」と書くかという問題である。

「灯火」とは、「ともしび」、「（照明のための）明かり」ということで、昔は、油皿、あんどんやランプのたぐいであり、現在は、蛍光灯・電灯である。これに対して、「灯下」とは、「明かりのもと・した」、つまり、照明によって照らし出されているところ」である。そこで、「とうか親しむ（べき候）」とは、「明かりに親しむ」のか、「明かりのもとに親しむ」のかということになるが、これを「灯火」とすれば、「読書の際、照明のためにつける明かりになれ親しむ」ことであり、「灯下」とすれば、「明かりのもと、明かりで照らされている場所になれ親しむ」ということになる。

ところで、「とうか親しむべき候」とは、本来、韓愈の詩の一節「灯火稍可㆑親、簡編可㆓巻舒㆒」（符読書城南詩）の「灯火親しむべし」に由来する表現で、その意味は、初めにも述べたように、夜長に読書にふけるのにふさわしい季節、ともしびをかかげて落ち着いてじっくりと本を読むのに最も適した時候というほどの意である。したがって、＜「とうか」親しむ＞の「とうか」は当然「灯火」でなければならない。

しかし、一方、夜間に読書するには、明かりが必要であり、明かりで、紙面を照らすことが必要である。それは、当然のことながら、明かりのもと、下方に本を置くべきである。つまり、読書は、明かりのもとですることになる。そこで、「灯下」でもよいではないかとも考えられなくはないが、その場合は、「灯下、書に親しむ」とか、「灯下に書をひもとく」などと言うべきところであろう。「徒然草」に、「ひとり灯《ともしび》のもとに文をひろげて、見ぬ世の人を友とするぞ、こよなうなぐさむわざなる。」（第十三段）、とある。

なお、歴史的仮名遣いでは、「灯火」は「とうくわ」、「灯下」は「とうか」である。（12―23）

問「支払い」か「仕払い」か

答　金銭の払渡しを意味する「しはらい」の漢字表記は「支払い」か「仕払い」かという問題である。

「しはらい」は、複合動詞「しはらう」の連用形が名詞化した語であって、「し」は、もともとサ行変格活用動詞「する」の連用形である。したがって、「支」も「仕」も本来は当て字である。特に、この「し」に「仕」を当てた語例は多くある。

仕合(試合)　仕上げ　仕入れ　仕打ち　仕送り　仕納め　仕方　仕返し　仕掛(花火)　仕切り　仕組み　仕事　仕込み　仕損じ　仕度　仕出し　仕立て　仕払い　仕舞　仕向け　仕分け　沖仲仕

などがそれである。これに対し「支」は、

支度　支払い

などに限られる。「し払い」に「支」を当てたのは、あるいは「支給」「支出」「支弁」「収支」「支途」(「使途」とも書く)などの漢語の影響によるものかもしれない。

ところで、「しはらい」の漢字表記は、現在は、法令・公用文・新聞・雑誌・放送・教科書等、一般社会では「支払い」が用いられ、「仕払い」は使われない。国立国語研究所の用例採集カードを見ても、八作品で十例ほど採集されているが、すべて「支払(い)」が用いられている。

「仕払い」は、古い法令で用いられた表記で、国庫又は金庫から金銭を払い渡す場合に限って用い、一般の「支払い」と区別していたようである。『大日本国語辞典』では、「仕払」と「支払」が別見出しになっている。「仕払」の項には、

・会計法第十四条「国庫は法律命令に反する仕払命令に対しては仕払を為すことを得す」
・明治二十六年三月法律第十号砂鉱採取法第十六条「採取人借地料の仕払を延滞したるとき」

などの法令が引用されている。一方、「支払」の項には、

・商法第四百八十三条「支払は為替手形と引換に非されは之を為すことを要せす」
・破産法第三百三十六条「支払の停止又は破産の申立」

という用例が掲げられている。また、複合語形の見出しにも、

仕払計算書　仕払請求書　仕払命令　仕払命令官　仕払元受高　仕払元受高差引簿　仕払予算　仕払予算書

に対して

支払係　支払勘定　支払拒絶証書　支払金　支払金控帳　支払拒絶証書　支払証券　支払担当者　支払地　支払手形　支払手形勘定　支払手形記入帳　支払手形帳　支払伝票　支払人　支払保証小切手　支払保証　支払未済配当金　支払無準備手形　支払命令

などが、それぞれ別項目として挙がっている。つまり、旧「会計法」など古い法令では「仕払」を用いているものもあるが、現行の法令では、すべて「支払」に統一されている。したがって、現在は「支払い」と書く習慣が一般に定着していると考えてよいだろう。

なお、「支度」「仕度」は、現在も両様の表記が用いられているが(詳しくは、247ページ参照)、新聞・放送界では、「支度」の方に統一して用いている。また、「常用漢字表」でも、「度」の音訓欄「タク」の語例として「支度」の方を掲げている。(「仕度」という表記は、旧時代の候文では、「つかまつりたく」の場合にも用いられた。)

(12—25)

問「出会い」か「出合い」か

答 めぐりあいなどという意味に使われる「であい」という言葉の漢字表記は、「出合い」か「出会い」かという問題である。

まず、「合」と「会」との字義の違いについて見よう。「合」は、もともと、「穴にふたをかぶせてぴたりと合わせること」を示す字で、「両方から合わせて一致する」とか、「互いに同じ動作をする」とかの意に用いられる。これに対し「会」は、「多くの人が寄り集まって話をする」ことを示す字で、「人と人とが顔をあわせる」とか「集まりあう」意に、主として使われる。国語の動詞としても、「合う」と「会う」は、一応、別語として考えられる。(57ページ「会う」と「遭う」と「合う」の使い分け、を参照)

したがって、その複合動詞形である「出合う」と「出会う」、またそれの名詞形である「出合い」と「出会い」も、一応は、意味によって書き分けることができるはずである。

現在、「出合い」と書くのは、次のような意味の場合である。

① 売り手と買い手の言い値が一致して売買が成立する。

(例) 売り買いの出合い。出合為替。出合相場。出合残高。

② 川・沢・谷の流れが落ち合う所。合流点。

(例) 一の倉沢は出合いに立って……を眺めるのが一番すばらしい。

右の場合は、「出会い」を使うことはない。次に、人と人との「であい」の場合には、

・若者はこの思ひがけない出会にわが目を疑つた。(三島由紀夫「潮騒」)

・噂好きの村人を憚る尤もな理由が、かうして何でもない偶然の出会を、二人の秘密に変化させてしまつた。(同右)

のように、普通「出会い」と書くことが多いが、「出合い」と書かれることもないではない。(かつては「出逢い」も使ったが、「逢」は「常用漢字表」に掲げられない漢字なので、今は、余り使われない。)

また、「新聞とのであい」「災害(病気)とのであい」のように、やや比喩《ひゆ》的に使われる場合は、「出合い」「出会い」「出遭い」などが使われる。

「であいがしら」の場合も、次の例のように両方が使われる。

・さうして格子を開ける先生を殆んど出合頭に迎へた。(夏目漱石「こゝろ」)

・出会頭に声を懸けたものがある。(泉鏡花「高野聖」)

・出会頭に丈の高い女の妖怪が立つてゐるといふ伝説のある「女の坂」を曲ると、灯台の明るい窓が高く見えはじめる。(三島由紀夫「潮騒」)

もっとも、『新聞用語集』では、次のような書き分けの例が示されている。

であい

＝出合い　売り買いの出合い、新聞との出合い、出合い頭、出合残高、出合い茶屋

＝出会い　〔人と人との場合〕

結局のところ、人と人とのであいの場合には「出会い」を、それ以外の場合は「出合い」を使うのが、現実的な書き分けの方法であると思われる。ただし、右の「出合い」の用例中の「新聞との出合い」や、「私の出合った本」のような場合は、人と人との「であい」の場合の比喩的用法と考えられるので、「出会い」の方が自然な書き方かもしれない。(12―29)

問「**修正**」と「**修整**」

答「修正」と「修整」とは同じ意味の語であるのか、それとも異なった意味の語として使い分けを要する語であるのか、という問題である。

まず、「修正」の「正」であるが、これは字訓が「ただす」で、「筋道に合うように改める」意味であり、「補正・矯正」などと用いる。これに対し、「修整」の「整」は字訓が「ととのえる」で、「乱れたところがないようにする」意味であり、「調整・整備」などと用いる。また、「正」や「整」に組み合わされた「修」は、字訓が「おさめる」で、「学問技芸などを自分のものにする」意味で用いられるが、本来は「こわれたところを直す」意味で、「修造・修繕・修復」などと用いる。

したがって、これに「正」を組み合わせた「修正」は、「筋道に合わないところを直して筋道に合うようにする」「よくないところを改めてよくする」「正しくないところをととのえる」という意味で、次のように用いる。

条文を修正する　数字の誤りを修正する　字句の修正
修正案　議案修正の動議　修正改良　修正資本主義

これに対して、「整」を組み合わせた「修整」は、「乱れているところを改めて乱れていないようにする」「不完全なところに手を加えて完全にする」「ととのっていないところをととのえる」という意味で、特に写真に関し次のように用いる。

原板を修整する　写真の修整　修整用鉛筆
無修整の写真　修整技術

これらの点で「修正」と「修整」とは別語であり、それぞれの意味によって使い分けを要する語なのである。

ところで、中国の古典を見ると、「修正」の方は「新律ヲ以テ鐘声ヲ修正ス」のように「直し正す」意味のほか、「身ヲ修メ行ヒヲ正ス」とか、「過チヲ改メテ正ヲ修ム」などとも用いている。これらのうち日本語の中で現在も用いているのは「直し正す」意味としてだけである。これに対し、「修整」の方は「諸姫貴人、競ツテ自ラ修整ス」「幽室ニ居処シ、必ズ自ラ修整ス」のように、専ら「容姿をととのえる」意味で用いている。ところが、日本語の中で現在用いているのは、前記の例のように写真についてである。そのような点から考えると、「修正」という語は古くから用いられていたのに対し、「修整」の方は、中国の古典に関係なく、明治になって写真術が発達する段階で、新たに「リタッチング（retouching）」の訳語として造られた語なのである。（「リタッチング」とは、よりよい画像を作るための写真技法の一つで、原板に手を加えて、傷を消したり画像を修飾したりすることをいう。）

なお、『日本国語大辞典』には、「修整」の項に次のような用例も掲げられている。

・他日法制備具して後、これを修整す可し。（地方官会議日誌）
・之を自然に任せたらんには、必ず修整せる体を得たりしならん。（田口卯吉「日本開化小史」）

これらは「[illegible]ない点や乱れている点をととのえなおす」という意味の用例として掲げられている。しかし、いずれも明治初期のものであり、現在ではこの種の用い方が見られない。その点では、『新聞用語集』にある次のような使い分けが参考になる。

修正（正しくする、直す）修正案、文案を修正
修整（直し整える）写真の修整

つまり、「修正」と「修整」については、一般には「修正」、写真の場合に「修整」と考えてよいのである。　（13—2）

問「**排水**」と「**廃水**」

「排水」と「廃水」との意味の違い、使い分けの問題である。

答「排水」とは、例えば『広辞苑　第三版』によれば、「①不用または有害な水を他に流しやること。また、その水。②水上に浮んだ物体が、その水中に没した部分の体積に等しい水を押しのけること。多く艦船にいう。」ということである。また、「廃水」は、「廃棄した水。」ということである。すなわち、「排水」と「廃水」との意味が問題になるのは、「排水」の①の場合であり、②の場合は問題外である。また、「排水」には、サ行変格活用の動詞「する」を添えることができるが、「廃水」には添えることができない。

「排水」について、明治以前から現在に至るまでの国語辞典を主として、多くの辞典に当たってみたところ、『日葡辞書（ただし邦訳版によった）』、『和英語林集成（初版・再版・三版）』、『言海』、『日本大辞書』、『日本大辞林』、『帝国大辞典』、『日本新辞林』など、明治三十年ごろまでに、初版第一刷を出した辞典には採録されていない。明治三十三年に訂正増補版を出した『ことばの泉』には、採録はしてはあるが、その語釈は、「水を押し分け開くこと。（多く船艦《ママ》などにいふ）」とあるだけである。次いで、『辞林　増補再版』（明治42）では、「①内部に停留せる水を排除すること。②水をおしひらくこと。」とあり、以降、今日に至るまで、ほとんどの国語辞典等には、①、②の意味を載せている。

これに対して「廃水」が辞典に採録されたのは、戦後しばらくたってからであり、調査した辞典の中では、昭和三十五年に初版を出した『三省堂国語辞典』が最初であり、これには「一度使って捨てられた水。」とある。これ以降の辞典では採録してあるものも多いが、なお不採録のものも散見する。

また、報道界の用語集のたぐいで、「廃水」に触れるようになったのは、昭和四十八年ごろからである。すなわち、昭和四十八年版『NHK用字用語辞典　第二版』が最も早いようであり、これには、「使用済みの水。〈例〉工場の廃水」と注してある。また、『新・記者ハンドブック』（共同通信社、昭和48・6・1初版）では、〈工場排水など一般的に言う場合はすべて「排水」を使う。ただし、法律規則などで使われる「廃水」はそのまま使用〉とある。次いで『毎日用語集　一九七三年版』にも「（廃水）→排水（裁判の判決、国立公衆衛生院などの関係文書では廃水も使う」（ただし傍線は、引用者が施した。）」とある。傍線部は〈紙面では原則として「廃水」を用いず「排水」を用いる。〉という趣旨を意味している。『記事スタイルブック』（時事通信社、昭和56・6・15初版）にも「排水〈一般用語〉工場排水などに言う場合／廃水〈限定用語〉法例等で使用する場合」とある。日本新聞協会の『新聞用語集（昭和56・9・25刊）』では触れていない。

以上のことから見て、「排水」は日常一般の用語であり、「廃水」は法令関係の用語として使われ始めたのではないかとの見当がつく。

そこで、諸法令に当たってみると、最も早いものは、「鉱山保安法（昭和24・5・16、法律第70号）」で、その第四条・第一項・第二号に、

　ガス、粉じん、捨石、鉱さい、坑水、廃水及び鉱煙の処理に伴う危害又は鉱害の防止（傍線は、引用者が施した。以下の引用において同じ。）

とある。（なお、この法律の第三十一条にも「廃水」が使われている。）このほか、昭和六十一年九月現在までに、種々の法律を通じ

て合計二十六個の条文で「廃水」が用いてあるが、数例を挙げれば次のとおりである。

・……当該管理規程で予定する廃水以外の廃水が排出されることにより、……当該廃水を排出する者に対し、その排出する廃水の量を減ずること、……（「土地改良法」、昭和24・6・6、法律195）

・汚水又は廃水を排水設備を設けて排出すること。（「自然公園法」、昭和32・6・1、法律161）

・……下水　生活若しくは事業（耕作の事業を除く。）に起因し、若しくは附随する廃水（以下「汚水」という。）又は雨水をいう。（「下水道法」、昭和33・4・24、法律79）

・浄化槽　便所と連結してし尿を又はし尿と併せて雑排水（工場廃水、雨水その他の特殊な排水を除く。）を処理し、……（「浄化槽法」、昭和58・5・18、法律43）

右の引用のうちには、「排水」の語を含むものもある。なお、「下水道法」、「浄化槽法」のものは、どちらも、条文見出しに「（用語の）定義」とある条文である。また、「廃水」という語を含む条文は、鉱山・鉱業関係の法令に多い。

以上のことから「廃水」とは、「何かを処理したり、洗浄したりした結果として、かす・不純物・有害物質・化学物質・放射能等を含んだために捨てられるべき汚い水。」ということになるであろう。

これに対して、「排水」は、「その水が汚いか汚くないかを問わず、そこから水を排出・排除すること、又は、その水。」ということになるであろう。

現行法令で、「排水」は、「民法」（明治29・4・27、法律89）の第二百十六条に「甲地ニ於テ貯水、排水又ハ引水ノ為ニ設ケタル工作物ノ破潰……」と用いられているのが最も早く、以降今日に至るまで、廃水とは比較にならないくらい多く用いられている。なお、法令では、「排水する」という動詞の形では用いないようである。

「廃水」の新聞での用例は、少ないが、全くなくはない。

・昔は「シシナゲ」というものがあった。台所の廃水を受けるためオケだ。（朝日、昭和41・7・16）

・水処理関係社員募集／当社は都市及団地下水、産業廃水等各種汚水処理施設の専門メーカーで……。（朝日、昭和41・10・2広告、「／」の上は見出し）

・つれやすい魚、非常に成長の早い魚おいしい魚などもできる可能性があるが、それ以上に、工場廃水などでよごれた川や沿岸部でも育つような……（読売、昭和41・12・22夕刊）（13—4）

問　「竣工」か「竣功」か

答　物事がすっかり出来上がる、完成するという意味の「しゅんこう」を、漢字書きにするとき「竣《しゅん》工」とも「竣功」とも書くが、両者で幾分意味を異にするのか、それとも単なる表記のゆれであるのかという問題である。

まず、辞典での取扱いを見ると、明治以前から現在に至るまでの数多くの国語辞典の類（ただし、『日葡辞書（天草本及び邦訳本）』、ヘボンの『和英語林集成（初版・再版・第三版）』、及び、ローマ字見出しの三種を含む。）で次のようになっている。

(1)「しゅんこう」を立項していないもの……………………6種
(2)一つの見出しで「竣功・竣工」としているもの…………25種
(3)一つの見出しで「竣工・竣功」としているもの…………18種
(4)一つの見出しで「竣功」としているもの…………………14種
（うち、「竣工」の形を語釈中に掲げているもの5種）

(5)　一つの見出しで「竣工」としているもの……………5種
(6)　「竣工」と「竣功」とを別見出しで立てているもの……1種
(7)　「竣功」を参照見出しとしているもの　………………1種

右において「しゅんこう」を見出しとして立てていないものは、『日葡辞書』、『和英語林集成（初版・再版）』、『日本大辞林』、『俗語辞海』、『類語類例新詞藻辞典』の六種である。

順序はともかくとして、両様の表記を掲げているもの、他の形を語釈中に掲げているものを合わせると48種ある。（この語を見出しとして立てている辞典63種の約四分の三に当たる。）(6)は、別項としているが、「竣功　仕事のできあがること。できあがり。竣工。」、「竣工　工事のできあがること。落成。竣功。」としてあって、仕事の場合には「功」を用い、工事の場合には「工」を用いるというわけではなく、結局は同義である。

「竣功」だけを掲げているものは14種あるが、『和英語林集成（第三版）』、『言海』、『日本大辞書』、『帝国大辞典』、『日本新辞林』、『ことばの泉』、『辞林（増訂再版、改訂版）』など、明治時代の編集・刊行にかかるもので、「竣工」の形に触れているのは、明治四十二年の『辞林　増補再版』と四十四年の『辞林　改訂版』だけである。

次に、同系統の辞典で、改訂版・新版・第二版などとして、次々と版を改めている辞典について見ると、辞典Aでは、明治年間に出た版では、語釈中に「竣工」の形を示してはいるが、漢字表記としては「竣功」であり、大正・昭和（戦前）の版では「竣功・竣工」の順であったものが昭和三十三年以降の3種では「竣工・竣功」の順となっており、最新の版（昭和58）では「竣工」だけになっている。また、辞典Bでは、昭和十年から昭和五十一年までの6種の版では「竣功・竣工」の順であったが、昭和五十八年の版では「竣工・竣功」に改めている。戦後、新たに刊行されたものでは、「竣工・竣功」の順のもの、「竣功・竣工」の順のものがあるが、新しいものは「竣工・竣功」の傾向がある。

「竣」は、内閣告示「常用漢字表」に掲げられていない字である。したがって、表の範囲内で書くとすれば、「しゅん工」・「しゅん功」とか、「竣《しゅん》工」・「竣《しゅん》功」とか書くことになる。又は、「落成」・「完工」・「完成」などと、他の語に言い換えることになる。

文部省の『学術用語集』で、その「建築学編（昭和30刊）」に、「しゅん功（～式・～図）」とあるにもかかわらず、新聞・放送関係の用字用語集の類では、見出しの下の漢字表記は、「竣×工」だけ、又は、「竣×工」・「竣×功」の順になっている。（漢字の右側に付けた×印は、表外字を示す。）そして、「竣」が表外字であるから、「落成」・「完工」・「完成」などに言い換えることになっている。

また、やや古いものであるが、『大阪毎日新聞　スタイルブック』（昭和8）、『暫定週報用字例』（昭和17、内閣情報局）では、「竣工」を「用いない」としている。

次に、漢和辞典（字典）の類では、「竣功」だけのもの、別項としているもの、両者を併記しているものなどいろいろあるが、別項としているものでも、例えば、「竣工」については「仕事や工事ができあがること。竣成。完工。」とし、「竣功」については、「仕事をなしとげる。」としているなど、はっきりした意味の区別がないものが多い。

以上の諸辞典での取扱いを見ると、古くは、辞典上では、「竣功」であったものが、実際には「竣工」が使われるようになってきた。しかし、辞典としては「竣功」もまだ否定するには至らないということであろう。

用例としては、明治時代の新聞広告にも「竣工」が用いられている。また、近ごろのものの実例としては次のとおり、「竣工」である。

・……本社社屋建設につきましては皆様のご理解のもと無事竣工いたし……X社（昭和54年5月）
・……新本社ビルを建設中のところこのほど竣工の運びと……Y社（昭和55年4月）
・7月1日、新社屋竣工……Z社（昭和61年6月）

（13―5）

問「節句」か「節供」か

答「せっく」は、現在では太陽暦で、三月三日の「桃のせっく」、五月五日の「端午のせっく」がよく知られている。この「せっく」を漢字で書く場合、「節句」と書くか、「節供」と書くかという問題である。

昔、毎年行っていた五度のせっく、すなわち、人日《じんじつ》（一月七日旧暦による。以下同じ。）、上巳《じょうし》（三月三日）、端午（五月五日）、七夕（七月七日）、重陽《ちょうよう》（九月九日）などを祝って、特別の飲食物をとる風習があった。これらの祝い事をする日を節日《せちにち》と言い、この飲食物を節供《せちく》と言った。「せっく」は、この「せちく」から転じたものである。〔現在でも、正月用の料理を「おせち（料理）」という。〕

「せっく」の漢字による書き表し方を、各種節用集について見ると、『文明本節用集』、『弘治二年本節用集』、『永禄二年本節用集』、『堯空本節用集』、『恵空編節用集大全』、『和漢通用集』、『図書寮本節用集』、『易林本節用集』、『伊京集』、『明応五年本節用集』、『黒本本節用集』、『書言字考節用集』は、すべて「節供」である。『古事類苑』に引かれた例を見ても、「節供」は、数多くの文献に使われているが、「節句」は、「昔々物語」、「見た京物語」、「麓の花上」の三種にしか見当たらない。

また、『和英語林集成』の初版・再版・第三版を含む多くの国語辞典等における取扱いを見ると次のとおりである。

①「節供」とだけしているもの……2種
②「節句」とだけしているもの……28種
〔うち、何らかの形で「節供」をも掲げているもの……8種〕
③「節供・節句」としているもの……20種
④「節句・節供」としているもの……19種

「節供」だけを掲げているものは、『和英語林集成』の、初版（慶応3）と再版（明治5）である。これが、明治十九年の第三版では「節句」となっている。『言海』では、「節句〔節供《セチク》ノ誤転〕」としている。以後の辞典では、前記の②から④までのいずれかである。同じ系列の辞典の改版・増訂版・第二版などでの移り変わりを見ると、辞典Aでは、それぞれの初版が、明治四十二、四十四、大正十四、昭和九の各年の四種は「節句」だけであったが、戦後の昭和三十三年から以降の四種では「節句・節供」となった。また、辞典Bでは、傍系のものも含めて、昭和十年初版のものは「節句・節供」であったが、昭和十三、二十四、三十の各年のものは「節供・節句」と逆になり、次いで、昭和四十四、五十一、五十八の各年の三種では再び「節句・節供」となった。

報道界の用字用語集・手引の類では、この語の収録は最近のことであるが、いずれも「節句」である。

文部省著作教科書における用字法は、例えば、

・ところが、三月三日のお節句《せっく》に、直弼《なおすけ》は、幕府《ばくふ》へ、祝儀に行くとちゅーで殺《ころ》された。〔『尋常小学読本八』第十一　老人《ろうじん》の話。(二)〕

・《庭の池のそばに芽を出したしょうぶを》一つ取つて行つて見せようと思つて、手を出すと、／「義一さん、それはお節供《せつく》に使ふのですよ。」／といふねえさんの声がしました。
〔『尋常小学国語読本 巻六』第二十五 芽〕

・おとうさんが着いた日は、ちやうど五月のお節供《せつく》の日で、日本人の家には、鯉のぼりが立つてゐました。
〔『尋常小学国語読本 巻八』第十八 アメリカだより〕

のように、明治期の読本には「節句」であったものが、大正から昭和初期にかけての読本は「節供」になっている。

戦後、いわゆる教育漢字の学年配当を行うための実験調査において、「節」の字を指導するために用いた語の一つに「せっく」があり、その表記は「節句」であった。〔『教育漢字の学年配当』（文部省、昭和32・7・20、教育出版株式会社刊）を参照。〕

以上の諸事実から見て、「せっく」の書き表し方は、今日では、「節句」が一般的である。 （13—6）

問「中秋名月」か「仲秋明月」か

答「ちゅうしゅう めいげつ」を「中秋名月」と書く方がよいか、それとも「仲秋明月」と書く方がよいかという問題である。

「ちゅうしゅう めいげつ」とは、「ちゅうしゅう」の「めいげつ」ということである。今、便宜上、「ちゅうしゅう」と「めいげつ」とに分け、それぞれ「中秋」か「仲秋」か、「名月」か「明月」かを見ていくことにする。

一 「ちゅうしゅう」について

「ちゅうしゅう」について、明治二十四年の『言海』以降、今日に至るまでの各種国語辞典での取扱いを見ると、次のとおり、かなり複雑である。

㈠ 見出しを一つ立てているものの漢字表記
(1) 仲秋〔『和英語林集成』の初版・再版・第三版も。〕
(2) 中秋〔ただし、第二義については、「仲秋」と書くとある。〕
(3) 仲秋・中秋
(4) 中秋・仲秋
(5) ① 中秋 ② 仲秋
(6) ① 仲秋 ② 中秋
（(5)(6)）見出しは一つであるが、表記する漢字によって、語釈・説明を異にしており、見出しを二つ立てたのと実質的には同じである。

㈡ 見出しを二つ立てているものの漢字表記
(1) ア 仲秋 イ 中秋
(2) ア 中秋 イ 仲秋
(3) ア 中秋・仲秋 イ 仲秋

太陰暦（旧暦）では、一年（十二か月）を三か月ずつに区切って、春・夏・秋・冬とする。すなわち、一月（正月）・二月・三月・の三か月間が春であり、四月・五月・六月の三か月間が夏、七月・八月・九月の三か月間が秋、十月・十一月・十二月の三か月間が冬である。そしてそれぞれの最初の一か月を孟月《もうげつ》、中間の一か月を仲月《ちゅうげつ》、最後の一か月を季月《きげつ》と言い、孟春、仲夏、季冬などと言う。秋の三か月について言えば、七月を孟秋、八月を仲秋、九月を季秋と言うわけである。すなわち、「仲秋」とは、太陰暦の秋三か月の中間に位する八月（一日から末日までの一か月間）の称である。そして、これを「中秋」と書くこともある。

これに対して「中秋」とは、秋と称する七月・八月・九月の三か月間のほぼ真ん中の日、すなわち、八月十五日のことである。結局は、「仲秋」は、秋の三か月間の中間に位する一か月のことであり、「中秋」は、秋の三か月全体を通じての中間の日のことであり、これは八月十五日に当たるから、「中秋」は「仲秋」の期間中の一日というわけである。これを分かりやすいように図示すれば次に掲げたようなことになるであろう。なお、ここに掲げた陰暦の具体的な月日は、昭和六十二年の太陽暦に当てたものであって、実際の月日は、毎年大幅に変動する。また、年によっては、各一か月の日数も、二十九日のことも、三十日のこともあり、さらに八月の次に閏《うるう》の八月を置くこともあり、このような年には、「ちゅうしゅうめいげつ」が二度あることになる。このあとの方を「うるう名月」などと言う。したがって、中秋、すなわち、太陰暦の八月十五日は、太陽暦の九月八日ごろから十月八日ごろまでの間のいずれかの日に相当し、二度ある場合は大体一か月を挟むこととなる。

	秋（三か月）		
	初めの１か月	真ん中の１か月	終わりの１か月
太陰暦	七月	八月	九月
呼び名	孟秋・初秋・早秋	仲秋・盛秋（中秋）	季秋・晩秋
太陰暦	１日 ←→ 30日	１日 ←→ 30日（15日 ● 中秋）	１日 ←→ 29日
太陽暦（昭和62年）	８月24日 ←→ ９月22日	９月23日 ←→ 10月22日（10月７日 ●）	10月23日 ←→ 11月20日

・八日は中秋の名月。台風十七号の影響で、……／一方、東京・赤坂の山王日枝神社では午後六時から、雅楽を聞きながら中秋の名月を楽しもうという、ちょっとぜいたくな催し、……／ことしは昭和三十二年以来、十九年ぶりにうるう八月が入る年で、中秋の名月は十月八日にもあり、もう一度チャンスがある。（昭和51・9・9、読売）

二　「めいげつ」について

「めいげつ」についての各種国語辞典での取扱いは、次のとおりである。

(一)　見出しを一つ立てているものの漢字表記

(1)　明月（明治二十四年の『言海』から、昭和九年の『広辞林新訂版』まで。なお、『和英語林集成』の初版・再版・第三版も同じ。）

(2)　明月・名月（このように併記しているものは少ない。）

(3)　①　名月　②　明月（見出しは一つであるが、表記する漢字によって語釈・説明を異にしており、見出しを二つ立てたのと実質的には同じである。）

(二)　見出しを二つ立てているものの漢字表記

(1)　ア　名月（昭和十年の『大辞典』以降ほとんどの辞典は、この順序である。）
イ　明月

(2)　ア　明月（昭和十年の『辞苑』その他、少数のものが、この順序である。）
イ　名月

(3)　ア　名月・明月
イ　明月

「めいげつ」の意味は、『言海』では、その表記を「明月」とし、「曇リナク澄ミワタレル月。(多クハ十五夜ノ月ニイフ)」、『日本大辞書』は、「明月」で「冴エタ月」、『日本大辞林』は、同じく「明月」で、「くもりなきつき、もちのよのつき。」としている。『ことばの泉』では、表記はやはり「明月」であるが、その説明は、①「光のあきらかなる月。くもりなき月。」、②「専ら、陰暦八月十五夜の月の称。」とある。これ以後の辞典では、ほぼこれを踏襲している。『辞苑』以降の見出しを二つ立てているものでは、「明月」については、第一義として、「晴れた空に輝く澄んだ月」という意味のことを、第二義として「名月と同じ」とし、「名月」の項では、「陰暦八月十五夜の月」、更に、「九月十三夜の月」との意を付け加えているものもある。

これをまとめてみると、「明月」は、一般的にきれいに晴れ上がった夜空に光り輝く円い月を言うが、特に、陰暦(八月)十五日の夜の月を指す。「名月」は、陰暦八月十五日の夜の月を指して言い、新しくは、九月十三日の夜の月をも指すということである。

以上のことから総合的に考えてみると、「ちゅうしゅう　めいげつ」の漢字表記は、強いて一つ決めるとすればこの語が、「陰暦八月十五夜の円い月」という意味であるならば、理詰めに言えば、今日では、「中秋名月」と書くことになりはしないか。報道界でも、昭和三十九年版以降の『新聞用語集』で、「中秋名月」を採用している。しかし、「中秋」は「仲秋」に含まれており、「明月」には「名月」の意味を含んでいるから、「仲秋明月・仲秋名月・中秋明月」と書いても、誤りであるとは言えない。特に、白楽天の詩に、「中秋三五ハ夜、明月在リ二前軒一」とあることから言えば、「中秋明月」という書き表し方も、立派な典拠があるわけである。

なお、付け加えて言えば「明」には、「曇りなく欠けたところのない……」とか、「曇りなく照っている……」とかの意がこもっており、「名」には、「名人・名山・名宝」などのように、「名高い」、「特に指定されたすぐれた……」という意がこもっている。

また、「ちゅうしゅう　めいげつ」とは、その光り輝く「月」のことを言うのか、その月の出る「夜」のことを言うのか、という問題もある。

補注1　中秋の名月、すなわち、太陰暦の八月十五夜の月は、見掛けは満月のようであるが、天文学的に言って、常に満月であると限らない。

補注2　前ページに引用した読売新聞の記事中、日枝《ひえ》神社の催しは、神社では「仲秋管絃《げん》祭」と「仲秋」を用いている。

補注3　『和漢三才図会』、「八月十五夜」の項の、挿絵の下方に、「名月　俗称」とあり、また、「九月十三夜」の項の説明に、「中秋無ニレバレ月蚌無シレ胎……」とある。(13―7)

問　**絵を「書く」か「描く」か**

答　「絵をかく。」という場合の「かく」には、「書く・描く・画く」のどれを用いるか、又は仮名で「かく」とするのが適当かという問題である。

「かく」と「搔《か》く」とは同源であって、先のとがった物で、物の表面をひっかくということが原義であると言われている。

「文字をかく。」という場合の「かく」は、漢字で書けば「書く」が普通であり、これには特に問題はない。絵の場合は、「かく」とも言うが、「えがく」とも言い、これは「描く」又は、「画く」と書くのが普通である。しかし、「えがく」は、やや改まった感があり、日常一般語としては、絵の場合も「かく」と言う。画家のことを「えかき」とも言う。

「文字をカク」場合に「書く」を用いることは少しも気にならないが、「絵をカク」の場合に「書く」を用いることは、やや違和感・抵抗感があり、ためらいを感じる人も多い。

『日葡辞書』（ただし、邦訳版によった。）以降、明治以前から今日に至るまでの多くの国語辞典、及び、その他いろいろの辞典について見ると、そのほとんどは、「かく（書（く）」の見出し語の下に、例えば、「文を書く、また、絵を描く。」「筆にて文字・画図を作る。」「文字を記し、又は、絵をえがく。」「字・図・絵を記す。」「文字や絵などを記す。」というように、文字であっても、絵画であっても、それを一まとめにして、物の表面に目に見えるように表し出すことが「書く」であると説明している。

これを、①文字を記す。②絵をえがく。と二義に分け、更に、②の場合には当時行われていた「当用漢字音訓表」に外れる使い方であるが、「描く」とか「画く」と書くことを注記した辞典が出たのは、昭和三十年代になってからのことである。しかし、これ以後の辞典がすべてこれにならって二義に分けているわけではない。

「かく」という場合、どこまでが文字であり、どこからが絵画であるのか、字と絵との境目はどこかということになると一概には、確定しがたい場合もある。文章を書く場合、文字のほかに、いろいろの形をした補助符号（句読点・括弧・その他）があるが、これらを含めて「書く」と言っている。ごく簡単な記号とも言うべき「、・―・×・△・○」などだけの場合は、「かく」が適当か、「えがく」が適当か、また、地図などのように、図形と文字・数字・記号などを併せて表す場合には、図形と文字とによって使い分けをするのがよいのか、それともどちらかに統一して使うのが適切か、更に、化粧のときに、眉《まゆ》やほくろは「かく」のか「えがく」のか、ということになると、極めて難しく確定しがたい。

次に、二、三の実例を新聞から引用すると次のとおりである。引用に当たって固有名詞は伏せた。傍点は引用者による。

①「手配写真をながめているだけでは顔の特徴はつかめない。記憶はまず自分で書いてみること」と、A、S署など四署は全署員に二人の似顔絵を、書かせた。顔のデコボコ、ホクロの位置、大きな鼻などを丹念に書いてもらい署内で展覧会。……、変装した顔を書いた傑作もあって、……（朝日、昭和51・1・31）

②「絵が描かれているので、おもしろいなあと思って……」（読売、昭和52・5・27）

③調べによると、……、S、Oの二人は、全部で四十六枚の設計図のうち、十九枚を描き、同年七月ごろ、Uから八十万円をもらった。十九枚のうち五枚はOが一人で書いた。……。（朝日、昭和52・12・8）

④秋は二つの季節が同居する季節である。天気図を書いていて、しみじみ思い知らされる。（朝日、昭和60・9・18、夕刊）

右のとおり、①はすべての「かく」に「書」を用いているが、③では、初めには「描」を用い、同じ物について三行あとでは、「書」を用いており、この使い分けは説明しがたい。

現行の内閣告示「常用漢字表」では、「書」には、「かく」の訓を掲げてある。「描」には「えがく」はあるが、「かく」はない。また、「画」には訓が掲げてない。したがって、常用漢字表に従って書くとすれば、文字・絵画ともに「書く」とするか、これが不自然とすれば、「かく」と仮名書きにするか、「えがく」の語を用いて「描く」と書けばよいことになる。

（13―8）

問「順法」か「遵法」か

答「じゅんぽう闘争」などと用いる「じゅんぽう」の漢字表記は「遵法」か「順法」かという問題である。

この問題については、すでに『言葉に関する問答集2』（昭和51・3）の「問18」（本書では収録せず。）に解説があり、その要点は、次のとおりである。

(1)「じゅんぽう」の本来の表記は「遵法」であり、これは現在も変わらない。

(2) 昭和二十九年三月、国語審議会の総会で、「当用漢字補正資料」が、文部大臣に報告された。これは、「将来当用漢字表の補正を決定するさいの基本的な資料となるもの」という趣旨の下にまとめられたものである。その内容の一部に、当用漢字表から削除する候補二十八字が示されたが、その中に「遵」も含まれている。

(3) 新聞、放送界では、同年四月一日から右の補正資料によって当用漢字表を補正して使用することとし、その際に、「遵」を「順」に書き換え、「遵法→順法」「遵守→順守」という表記を使い始めた。また、一般の表記辞典や国語辞典も、この補正資料によって「遵」を「順」と書き換えた表記を併せ掲げるようになった。

以上が、『問答集2』で述べた要点であるが、その後の国語表記の基準の変化について、以下に補足する。

昭和五十六年十月一日、「常用漢字表」が訓令・告示され、従来の「当用漢字表」が廃止された。しかし、日本新聞協会用語懇談会では、三十年近く「当用漢字補正資料」を使ってきた経緯もあり、「常用漢字表」の中の十一字（謁 虞 箇 且 遵 但 脹 朕 附 又 濫）を使用しないことを申し合わせたが、その中に、「遵」の字が入っている。この決定によって、常用漢字表に従って用いる法令・公用文や学校教育の方面では、「遵守・箇条書き・濫用」などと表記するのに対し、新聞・放送界では「順守・個条書き・乱用」と書くというように、両者における表記の異同が、今後とも続いていく結果になったのである。

〔付記〕「遵法」「順法」のどちらの書き方を選ぶかという意識調査の結果が、国立国語研究所報告75『現代表記のゆれ』（昭和58・3刊）の中に示されている。つまり、表記のゆれの認められる語を二十語提示し、どちらを選択するか、あるいは書き分けをするかについて質問したもので、その中に「遵法・順法」が含まれている。調査対象は、小・中・高の国語科教員約四百名（四十歳代以上が七割強を占める）、国立大学教育学部の学生約二百二十人、小

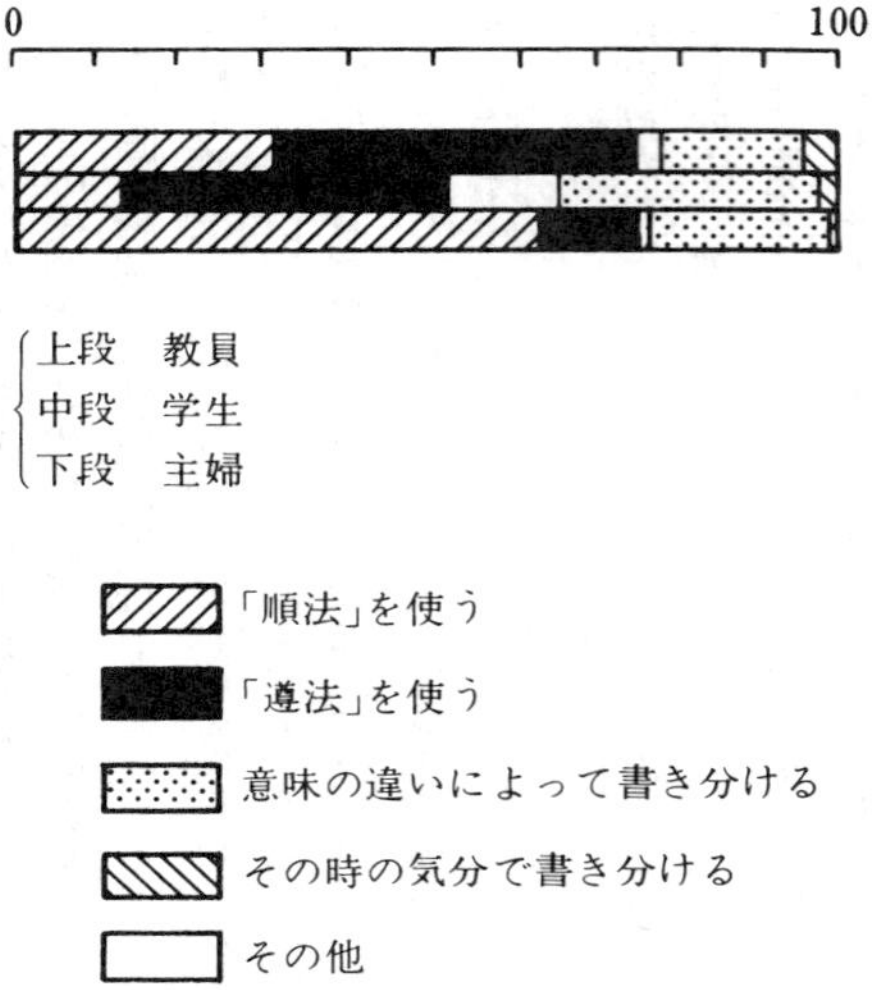

学校および中学校のＰＴＡの会合に出席した主婦約二百四十人（三十代が六割強、四十代が四割弱）という三つの集団である。その結果は、グラフが示すとおり、教員・学生は比較的「遵法」を使うと答えた者が多いのに対し、主婦は「順法」が多いという結果になっている。前述のように、新聞などでは「順法」に書き換えられているが、教科書では「遵法」が生きている。教育の現場にいる教員・学生と、そうでない主婦との間に差が見られるのは、こうした事情によるものと推測される。

なお、三つの集団とも、「意味の違いによって書き分ける」と答えた者がかなりいるが、これは、表記についての自信がないほど、あるいは両表記の正しさが紛らわしいほど、書き分けを選ぶ方が無難だという心理が強く働いたのではないかと想像される。

（13―10）

問「摩滅」か「磨滅」か

答　「すりへってなくなる」意味の「まめつ」の漢字表記は、「摩滅」と「磨滅」のどちらがよいかという問題である。

この問題については、すでに『言葉に関する問答集２』（昭和51・3）の〔問22〕（本書では収録せず。）に解説があるので、それを参照せられたい。ここでは、その後の国語表記の基準の変化によって多少異なった点について補足する。

まず、右の『問答集２』における解説の要点を記すと、次のようになる。

(1)　「摩滅」と「磨滅」とは、戦前の国語辞典（『大言海』『大日本国語辞典』など）にも両表記が併記されているように、もともと両方とも同じように用いられていたと考えられる。

(2)　しかし、「当用漢字表」（昭和21・11制定）の中に「摩」は採用されたが、「磨」は除外されたため、当用漢字表に従って用いる場合には「摩滅」と書くことになった。

(3)　「同音の漢字による書きかえ」（昭和31・7国語審議会報告）の中にも「磨滅→摩滅（土）」「研磨→研摩（鉱）」の例が示されている。（注＝「土」は学術用語集の土木工学編、「鉱」は同じく採鉱ヤ金学編に記載されていることを示す。）

(4)　そのほか、学術用語集には、「摩耗」「減摩」というのも採用されている。

以上が、『問答集２』で述べた要点である。

昭和五十六年十月一日、従来の「当用漢字表」が廃止されて、「常用漢字表」が訓令・告示された。この「常用漢字表」では、当用漢字千八百五十字のほかに新しく九十五字が追加されたが、その中に「磨（マ・みがく）」が含まれている。したがって、常用漢字表を根拠にしてどちらか一方の表記に決するわけにはいかなくなり、「まめつ」は、「摩滅」「磨滅」のどちらを書いても差し支えなくなったわけである。

ただし、新聞・放送界においては、

磨滅→摩滅　磨耗→摩耗

と、従前どおり「摩」の方に統一して用いることになっており、「磨」に改めたのは、

研摩→研磨　練摩→錬磨

のような語の場合だけである。（以上、日本新聞協会『新聞用語集』〈昭和56〉による。）

なお、常用漢字表の語例欄には、「摩（マ）」の項に「摩擦、摩天楼」が、「磨（マ）」の項に「研磨」が挙げられているだけで、共に「摩滅」「磨滅」の例は掲げられていない。

（13―11）

問「町」か「街」か

答「まち」という語を書き表す漢字には、常用漢字表によれば、「町」と「街」とがあるが、両者は同じ意味に使われるのか、それとも意味の違いによって書き分けるのかという問題である。

「町」という漢字は、「田＋丁（音符）」の会意兼形声文字である。音のチョウ（チャウ）に当たる中国語としての「町」は、「丁字形になった田のあぜ道」という字義を持つ。日本では、古くは「田の区画」「区画された田地」という字義に近い意味に用いられたが、後に「宮殿または都城や邸宅内の一区画」をも指すようになり、さらに、区画されていなくても「家が多く集まって建っている所」の意に転じてきたものと思われる。

これに対し、「街」という漢字は、「行＋圭（音符）」の会意兼形声文字で、「きちんと区切りを付けたまちなみ」という意を表す。

現代の国語辞典では、「まち」という語を次のように取り扱っている。見出しの漢字表記に〔町・街〕と併記した辞典も一、二見られるが、大半の辞典は「町」だけを掲げ、次のように意味・用法を分類したうえで、④の場合に限って「＜街＞とも書く」と注記している。

① 住宅や商店などが密集している地域。市街地。（「田園地帯」「村里」などの対語。＜例＞バスで町へ行く。）

② 地方公共団体の一つである町（ちょう）。一般に人口が市よりも少なく村よりも多い。（この用法は、英語の「city＞town＞village」の違いに相当する。＜例＞町《ちょう》を挙げて新しい〝町づくり運動〟を推進する。）

③ 市や区を構成する小区画。（＜例＞東京都新宿区牛込北町＞）

④ 商店などが並んだにぎやかな道筋。またはそういう区域。（この用法は、英語の「street」または「avenue」に相当する。＜例＞街の灯）

つまり、右の①②③の場合は「町」と書き、④は「町」とも「街」とも書くとするのが、国語辞典のほぼ共通した扱いである。

国語審議会の「「異字同訓」の漢字の用法」（昭和47・6・28、第80回総会参考資料）の中には、両者の使い分けを次のように示している。

町――町と村。町ぐるみの歓迎。町役場。下町。
街――街を吹く風。学生の街。街の明かり。

また、日本新聞協会編『新聞用語集』（昭和56）にも、ほぼ同様の使い分けが示されている。

まち　＝町〔地域、行政区画〕裏町、下町、城下町、町方、町ぐるみの運動、町と村、町外れ、門前町。
　　　＝街〔街路〕学生の街、街角、街筋、街の声、街の灯、街行く人々、街を吹きぬける風――文脈によっては「町」を使ってもよい。

つまり、右の「まち」の意味・用法のうち、①②③は、常に「町」と書き、「街」を書くことはないが、④の場合は「街」を書くのが普通である。右の『新聞用語集』の末尾の注は、文脈いかんによっては「学生の町」「町の声」と書く場合もあり得るという趣旨のものであろう。

ところで、昭和二十三年の内閣告示「当用漢字音訓表」においては、「街」には字音の「ガイ」だけが示され、字訓の「まち」は掲げられていなかった。したがって、この音訓表に従って文章を書くかぎり、「まち」は「町」もしくは「まち」と書くしかなった。ところが、昭和四十八年六月の改定された「当用漢字音訓表」において初めて「街」に「まち」という訓が追加され、それが現行の常用漢字表（昭和56）にも引き継がれた結果、「町」と「街」との書き分けの問題が生じたのである。

〔付記〕(1)「街」に「まち」という訓が定着したのは、比較的近年になってからのことと思われる。室町・江戸時代に刊行された節用集の類では、「まち」は「町」という漢字しか掲げていない。しかし、『作家用語索引』（教育社）に当たってみると、森鷗外の「舞姫」（明治23）・「青年」（明治43）・「妄想」（明治44）、志賀直哉の「暗夜行路（前）」（大正10）、芥川龍之介「河童」（昭和2）などの作品には「街《まち》」を使った用例が見える。（夏目漱石の作品には、「街」は一度も現れない。）これらのことから考えて、

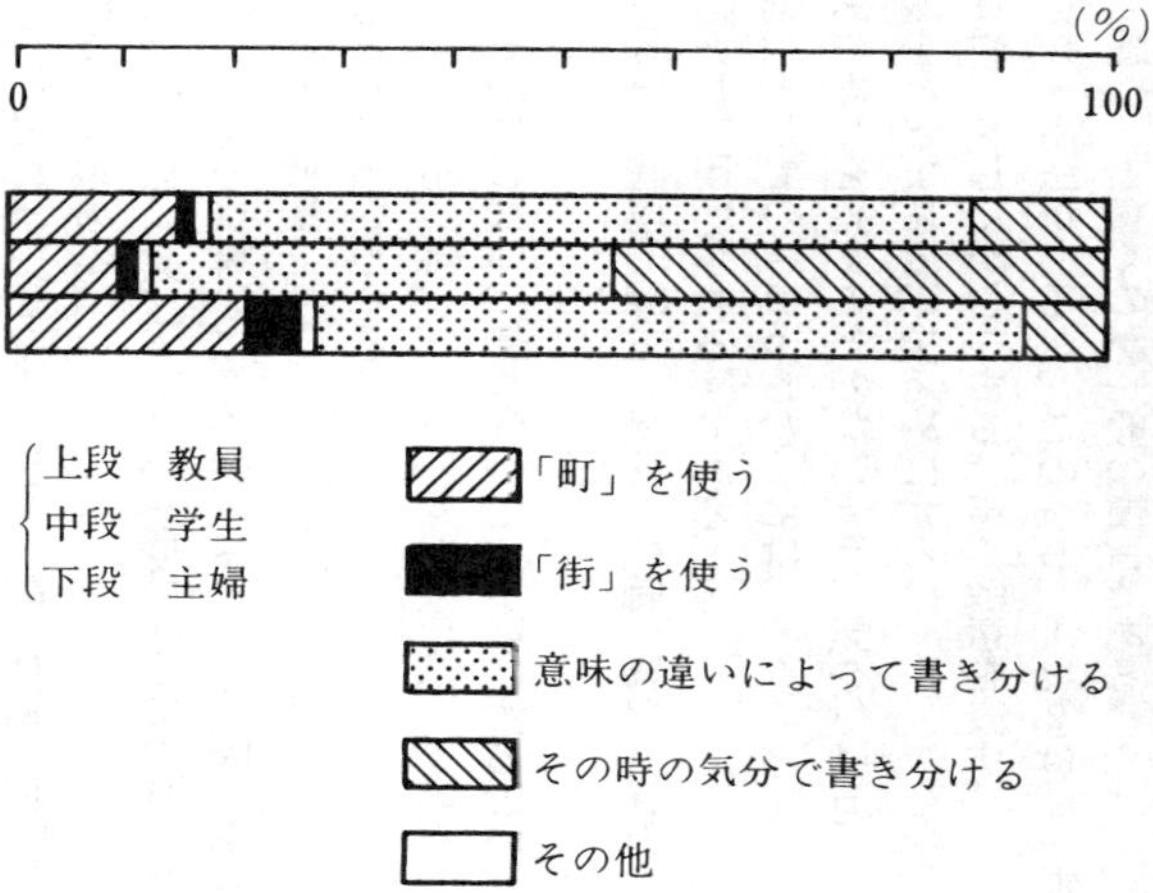

近代になってから「街《まち》」が一般化したものと判断するわけである。

(2)「町」「街」のどちらの書き方を選ぶかという意識調査の結果が、国立国語研究所報告75『現代表記のゆれ』（昭和58・3刊）の中に示されている。つまり、表記のゆれの認められる語を二十語提示し、どちらを選択するか、あるいは書き分けをするかについて質問したもので、その中に「町・街」が含まれている。調査対象は、小・中・高の国語科教員約四百人（四十歳代以上が七割強を占める）、国立大学教育学部の学生約二百二十人、小学校および中学校のPTAの会合に出席した主婦約二百四十人（三十代が六割強、四十代が四割弱）という三つの集団である。その結果は、グラフが示すとおり、全体として見ると、意味の違いによって書き分けると答えた人が多い。ただし、学生は「意味の違いによって書き分ける」と答えた人が、教員・主婦に比べて少なく、その分「その時の気分で書き分ける」人が多くなっている。これは、表記についての自信がないほど、「その時の気分で」を選ぶ方が無難だという心理が強く働いたのではないかと想像される。

（14―1）

問 「謹んで」か「慎んで」か

答 「つつしんでお悔やみ申し上げます」などと用いる「つつしんで」の漢字表記は、「謹んで」か「慎んで」かという問題である。結論から言えば、この場合は「謹んで」と書くべきである。

国語審議会の「「異字同訓」の漢字の用法」の中にも、次のように書き分けが示されている。

慎む――身を慎む。酒を慎む。言葉を慎む。
謹む――謹んで聞く。謹んで祝意を表する。

「謹慎」という言葉もあるように、「謹」にも「慎」にも「つつしむ」という意味がある。

「慎」は、「心＋真（眞）」の会意兼形声文字であり、物事をおろそかにしない、身の振舞いに気を付けるという意味があり、

慎重　謹慎　戒慎

などの漢語として用いられる。

「謹」は、「言＋堇（キン）」の会意兼形声文字であり、気をひきしめておろそかにしない、恐れ敬って、丁寧にするという意味があり、

謹慎　謹直　謹厚　謹言　謹啓　謹聴　謹呈　謹賀

などの漢語として用いられる字である。

国語の動詞としての「つつしむ」には、

① あやまちを犯すことのないよう、気を付ける。
② 度をわきまえて、控えめにする。
③ うやうやしくかしこまる。深く敬意を表す。

のような意味・用法があるが、このうち、①と②は、「慎む」と書き、③は「謹む」と書くのが一般の慣習である。

新聞の用例を見ても、次のような書き分けが見られる。

・圧力団体の突き上げや、特定の利害関係による議員立法は慎まなければならない。（毎日、昭和41・5・28朝刊）
・「謙虚に自粛自戒し、今後、災害復旧費を使っての宴会は慎む」とあやまった。（朝日、昭和41・10・17朝刊）
・現在、選挙制度審議会で審議中なので、総理・総裁としての意見を述べることは慎んでいる。（毎日、昭和41・3・11朝刊）

などの場合は、「慎」を書き、「謹」は決して使わない。これに対し「謹」は、常に「つつしんで」（「つつしみて」の音便形）の形で、

・生前の御厚誼《こうぎ》を深謝し謹んで御通知申し上げます。
・謹んで風水害お見舞い申し上げます。
・午後一時より二時までの誤りに付き、謹んで訂正致します。

など、広告欄に多く用いられている。

昭和二十三年に告示された「当用漢字音訓表」には、「慎」の方には「つつしむ」という訓が掲げられていたが、「謹」の方は、「キン」という音しか掲げられず、「つつしむ」という訓はなかった。それが昭和四十八年に改定・告示された「当用漢字音訓表」で、「謹」に「つつしむ」という訓が加えられたため、「慎む」と「謹む」を書き分ける必要が生じたのである。

なお、「慎む」「謹む」とも、「慎しむ」「謹しむ」のような送り仮名の送りすぎをしないよう注意したい。「惜しむ・悲しむ・怪しむ・苦しむ・慈しむ」など形容詞のシク活用から派生した動詞の送り仮名にひかれるためであろうか、右のように「し」から送る例を多く見掛けるからである。（14―4）

問 「広報紙」か「広報誌」か

答 国や都道府県・市区町村、あるいは企業や各種団体・組合などが、施策・方針や業務・活動などについて広く知らせるために発行している刊行物を「広報シ」と言うが、これを漢字で表記する場合、「広報紙」「広報誌」のどちらがよいかという問題である。

結論から先に言えば、その刊行物の体裁が、タブロイド判などの新聞紙型の場合は、「広報紙」、A4判・B5判などの雑誌型の場合は、「広報誌」と書き分けるのが普通である。ただし、A4判・B5判などの大きさであっても、数ページしかない刊行物の場合は、「広報紙」と書くことが多いようである。

ところで、新聞紙型と雑誌型を総称して言う場合には、

広報紙・誌類が、あらゆる行政機関、団体などの活動や運営に

欠くことのできない、たいせつな要素であることは、いまさらいうまでもないことである。

のように書かれることもあるが、通常は、「広報紙」の方で代表させることが多い。社団法人・日本広報協会が毎年実施している「全国広報コンクール」では、「広報紙都市部」「広報紙町村部」という部門の名称を使っている。また、文部省は、昭和六十二年度から、国立大学・国立高等専門学校の発行する広報紙の中から優秀なものを表彰する制度を発足させたが、その「趣旨」には、

　国立大学等における広報紙の中から「優秀広報紙」を選定し、これを表彰することにより、広報担当職員の資質の向上を図るとともに、広報紙の質的向上に資する。（国立大学等「優秀広報紙」表彰実施要領、昭和62・6・5大臣官房長決裁）

とある。これら二つのコンクールに参加するのは、もちろん、新聞型の広報紙だけではない。むしろ、現在の実情は、雑誌型の広報誌の方がはるかに数が多いのであるが、総称としては「広報紙」という表記が使われている。

　行政広報という活動が日本で始まってから、既に四十年になるが、最初に手掛けられた広報活動は、広報紙・誌の発行であった。以来、全国の市町村が次々に広報紙・誌を発行するようになったのであるが、昭和二十年代、三十年代までは、新聞型の広報紙の方が、雑誌型の広報誌よりもはるかに数が多かった。そんな歴史的事情もあって、雑誌型が優勢になった今日においても、「広報紙」の方が総称として使われるのであろう。したがって、どちらを使うか迷う場合には、「広報紙」と書いた方が無難であろう。

　なお、「広報紙」と「広報誌」の違いは、「機関紙―機関誌」「紙上―誌上」「紙面―誌面」などの場合についても同様である。

（14―6）

問　「思い出」か「想い出」か

答　深く心に残っていて何かにつけて思い出すことを「おもいで」と言うが、その漢字表記は「思い出」「想い出」のどちらがよいかと言う問題である。

　常用漢字表の「想」の音訓欄には、「ソウ」「ソ」（愛想）という音が示されているだけで、「おもう」という訓は掲げられていない。したがって、常用漢字表に従って漢字表記する場合には「思い出」と書くことになる。

　しかし、現在実際には「想い出」という表記を目にすることも少なくない。国立国語研究所が昭和四十一年一年間の朝日・毎日・読売三紙について調査した「電子計算機による新聞の語彙調査」の結果を見ると、「思い出」61例（徳富蘆花の「思出の記」という作品名12例を含む）に対し、「想い出」が11例出現している。この「想い出」は、すべてラジオ・テレビ欄に出たものであり、その内訳は、次のようになっている。

〔番組名〕「想い出映画館」（フジテレビ）2例、「スポーツ想い出の名勝負」（フジテレビ）3例

〔レコードの曲名〕「想い出の砂漠」「アルハンブラの想い出」「夏の日の想い出」「想い出の渚」「想い出の瞳」「あなたの想い出」

新聞記事は常用漢字表（当時は当用漢字表）に従って表記するので、すべて「思い出」であるが、右のような番組名やレコード名には言わば固有名としての「想い出」が使われているのである。

　また、国立国語研究所が昭和三十一年の雑誌を対象にした「現代雑誌九十種の用語用字」調査の結果では、「思い出（思ひ出）」22例に対し「想い出（想ひ出）」が9例現れており、その内訳は次のと

おりである。
〔歌詞〕あゝ想い出よ、この感激よ（明星）、若き生命のララ想い出に（平凡）
〔一般記事〕「少年の頃の想い出」（葦）、「十日間のあなたとの想い出を大切に」（主婦と生活）、「あの想い出の丘」（映画之友）、「想い出の糸をたぐりつつ」（ベースボールマガジン）、徐廷権の想い出（婦人朝日）、数々の多彩な想い出（笑の泉）、「関東大震災のときの想い出」（暮しの手帖社）

次に、文学作品ではどうだろうか。まず『作家用語索引』（教育社）を見ると、夏目漱石は、「明暗」に「思い出」が1例、「虞美人草」に「思出」が2例、芥川龍之介は、「舞踏会」に「思い出」「思出」がそれぞれ1例現れ、森鷗外の作品にはこの語が現れない。また『与謝野晶子歌集索引』にも「思ひ出」だけで「想い出」は見えない。また、国立国語研究所で採集している文学作品の用例カードには、倉田百三の「出家とその弟子」（一九一六）から堀辰雄の「風立ちぬ」（一九六三）まで十七人の作品に「思い出」「思ひ出」「思出」が38例見えるが、「想い出」は一つも見当たらない。わずかに、林芙美子の「放浪記」（一九三〇）には、「思い出」14例に対し、

この風の中には、遠い遠い憶い出があるようだ。

という用例が一例見えるだけである。ただし、「おもいで」以外の語としては、

・娘想ひの老父は、まことに良縁と思い（岡本かの子「河明り」一九三九）……他に1例あり。
・二人とも、もの想いに沈んで、ほとんど口をきかなかった（獅子文六「自由学校」一九五〇）……他に5例あり。

などの語に「想」を書いた用例がある。

また、映画の題名について調べてみると、次のようになっている。

思ひ出（昭和4・アメリカ映画）
思い出（昭和5・日本映画）
思出の記（昭和7・日本映画）
ママの想い出（昭和24・アメリカ映画）
想い出のボレロ（昭和25・日本映画）
想い出の瞳（昭和26・フランス映画）
（猪股勝人『世界映画名作全史』、田中純一郎『日本映画発達史』による。）

以上の事実から推測すると、「想い出」という表記は、比較的近年になって使われだしたものと思われる。そのことは、国語辞典類の取扱い方を見ても、ある程度察せられる。戦前に刊行されたものは、「思出」という表記しか掲げておらず、「思い出・想い出」と見出し表記に併記したものや、「<想い出>とも書く」という注記をしたものは、すべて近年になって刊行されたものである。（『広辞苑』は、第一版<昭和30>・第二版<昭和44>・第二版補訂版<昭和51>と、いずれも「思出」だけが見出し表記になっているが、第三版<昭和58>から「思出・想出」を併掲している。）

また、最近では、観光地などで、

・あなたも想い出を彫ってみませんか（記念メダル刻印機）
・旅の想い出に　すぐ仕上がるポラロイド写真を

といった看板・掲示をよく見掛ける。

近年になって「想い出」が使われだしたのは、「思」や「想」の字義の差が影響しているものとも思われる。

「思」は「囟（シン）＋心」の会意文字である。「囟」は頭、「心」は心臓の意で、「おもう」という働きが頭脳と心臓を中心として行われることを示す字である。一方、「想」は「心＋相<音符>」の会意兼形声文字である。「相」は「木＋目」からなり、向

こうにある木を対象として見ることを示し、ある対象に向かって対する意を含む。したがって「想」は、ある対象に向かって心で考えることを示す字である。つまり、「思」は一般的に広くおもう場合に使われ、

　思考・思案・思索・思慮・意思

などの漢語をつくるが、「想」はある対象を心に浮かべるという気持ちが強く、

　想起・回想・追想・感想・随想・着想・予想・夢想・空想・
　発想・理想・愛想・想夫憐（想夫恋）

などの漢語を構成する。特に、

　想（を練る）・楽想・構想・詩想

などの語は、絵画や音楽・小説などの組み立てについて考えるという意味を表している。こうした字義の違いもあって、近年では「思い出」よりも「想い出」の方が、一部で好んで使われるという事情もあるようである。（14—7）

問「女形」か「女方」か

答　歌舞伎《かぶき》や新派などの演劇で、女の役を演じる男の役者のことを「おんながた」と言うが、これを漢字で書き表す場合は、「女形」と「女方」のどちらがよいかという問題である。

　結論を先に言えば、語源的には「女方」が正しい表記であるが、「女形」という表記も江戸時代から広く行われており、現在では、「女形」の方が一般に定着していると考えられる。

　もともと、「おんながた」という語は、男と女を二組に分けた、その女たちの側を指す言葉であった。平安時代の作品である「宇津保物語」や「源氏物語」などには、「男方」「女方」という語が、そういう意味で使われている。

　十七世紀の初めごろ、出雲大社の巫女《みこ》である阿国《おくに》という踊り子が京都に現れ、念仏踊りを改良した「かぶき踊り」を見せる興行をした。これが歌舞伎の起源とされている。彼女の死後、江戸、京都あたりの遊女たちが阿国かぶきをまねた「女歌舞伎」を興行し、それが日本全国に広がった。しかし、風俗を乱すなど種々の弊害が生じたので、幕府は寛永六年（一六二九）にこれを禁止した。このために女優というものが歌舞伎の世界から姿を消して、男優が女性の役を演じる、いわゆる女方（女形）が生まれることになったのである。「女歌舞伎」の後、美少年だけを集めた「若衆歌舞伎」になり、それも承応元年（一六五二）に幕府に禁止されると、今度は少年たちの前髪を剃《そ》らせた「野郎歌舞伎」が誕生した。この「阿国歌舞伎」から「野郎歌舞伎」が生まれるまでの、およそ五十年間（歌舞伎の創始時代）は、役柄の分け方というものはきわめて大ざっぱなものであったが、その後、役者の受け持ちがだんだんはっきりして、元禄時代（一六八八年ごろ）から複雑化し、宝暦時代（一七四七年ごろ）になると、かなり精細なものになった。すなわち、全体を大きく、

　立役《たち》　敵役《かたき》　若女方《わかおんながた》　道外方《どうけかた》　その他

に分け、更にそれぞれの中が細分されるというものである。例えば、「敵役」の中に「継母方《けいぼがた》」というのがあったり、「若女方」の中に「娘方《むすめがた》」が属したりする。「その他」の中にも、「若衆方《わかしゅうがた》」「花車方《かしゃがた》」「若花車方《わかかしゃ》」「親仁方《おやじ》」という名が見える。（以上の記述は、三宅三郎「歌舞伎の俳優」〈演劇界増刊『歌舞伎』所収・昭和37・1刊〉を参考にした。）

　このほかにも、「狂言方」「囃子方《はやし》」「道具方」という名称もある。これらの「方」は、ある一方の側、またそれに属する人たちを

示す接尾語である。したがって、「おんながた」も、語源的には「女方」であったことは明らかである。しかし、「女形」という表記も、江戸時代から盛んに使われている。女の様子や形を演じるという語源解釈に基づいたものかもしれない。現在では、演劇関係者の間でも、「女形」の方が多く使われている。

・私は仕方がなく腹を引込ませる、従て女形を勤める場合には飯《めし》が喰《く》へません。（六代目尾上菊五郎『芸』・昭和26・7刊）

・だから女形は、どうしてもその表現する女が、自分の女房に似るんだよ。（「喜多村緑郎」〈『芸談』〉所収・昭和26・7刊）

・菊之助の静は立派な女形ぶりで（戸板康二『今日の歌舞伎』・昭和27・11刊）

しかし、次のように両者を併記する例も見える。

・さて、「女方」（女形）ですが（三宅三郎「歌舞伎の俳優」〈前掲〉）

・男優が女性の役を演ずる、いわゆる女形《おんながた》（方）という俳優が生れることになったのです。（河竹繁俊「かぶき読本」昭和45・7国立劇場作成）

現在の国語辞書の扱いを見ても、「女形」だけを見出しにするもの、「女形」を見出しにして、「女方とも書く」という注を付けたもの、「女形・女方」を見出しにするものが多く、「女方」を見出しにして「女形とも書く」と注したものは少ない。また、『新聞用語集』（昭和56、日本新聞協会）では、

（女方）→女形

として、「女形」に統一する旨が記されている。したがって、現在では「女形」と書く方が一般的であると言ってよい。なお、演劇の世界では、「女形」と書いて「おやま」と読む習慣もある。

（14—8）

問 「推薦」か「推選」か

答 自分がよいと思う人や物事を、他人にすすめることを「すいせん」というが、その漢字表記は「推薦」「推選」のどちらがよいかという問題である。

結論を先に言えば、「推薦」と「推選」とは別語であると考えてよい。

「推選」は「指名推選」という形で、現在、議会用語として正式に使われている。

「地方自治法」の第百十八条に、

〔投票による選挙、指名推選、投票の効力の異議〕

という見出しがある。この語は、都道府県や市町村議会などで、議長や特定の議員が指名した候補者を、投票によって決する代わりに会議に諮り、出席者全員一致の賛成によって当選人とする方法を言う。

また、新聞の用例を見ても「推選」が次のように使われている。

・ハイキングとピクニックコース展
10日（月）まで／本店屋上
関東私鉄沿線　15社の推選によるハイキングコースとピクニックコースをご紹介　相談所も特設（毎日、昭和41・4・9朝刊・デパートの広告）

・日本中の団体が　両作品をこぞって推せん
文部省・選定
優秀映画鑑賞会・推薦
青少年映画審議会・推選
中央児童福祉審議会・推選

全日本教育父母会議・推選
全国文化運動協会・推薦
主婦連合会・推薦
東京都地婦連・推薦
女子大学映画連盟・推薦
（毎日、昭和41・1・31夕刊・映画広告）

後の例には、「推せん」「推薦」「推選」という三様の表記が同一広告文に現れる。これは、「薦」の字が当用漢字表にないと錯覚したため、「推せん」「推選」が現れたものかもしれない。しかし、「推選」の字義から考えて、「すすめうるものとして、えらぶ」という意味を強調した結果とも考えられる。

ここで、各国語辞典の取扱い方を見ると、以下に示すように、様々な違いがある。

(1)「推選」「推薦」を別見出しとして掲げるもの（大日本国語辞典・大辞典〈平凡社〉・広辞苑〈第三版〉・日本国語大辞典・新潮現代国語辞典・講談社国語辞典）

(2)同一見出し語の中で、「①推薦・②推選」として別に意味を記述するもの（岩波国語辞典〈第四版〉）

(3)同一見出し語の中で、「推薦・推選」を並べて掲げるもの（三省堂国語辞典〈第三版〉）

(4)見出しは「推薦」だけであるが、「〈推選〉は代用漢字」という注記を付けたもの（新明解国語辞典〈第三版〉）

(5)見出しは「推薦」だけで、「推選」については全く触れていないもの（学研国語大辞典・言泉・新装改訂新潮国語辞典・現代国語例解辞典・角川新国語辞典・新選国語辞典〈第六版〉）

なお、(1)の場合で「推選」の用例を掲げたものは、次のとおりである。

〔広辞苑〕
・先発隊に―される。

〔日本国語大辞典〕
・都府の人民は皆其長を推選し（明六雑誌―一四号・リボルチーの説・続〈箕作麟祥〉）
・竟《つい》に人々に推選《すゐせん》せられて、当時《いま》は其銀行の社長を勤めて（当世書生気質〈坪内逍遙〉）
・士生乎鄙野、推選則禄焉（戦国策―齊策・宣王）

これらは、いずれも「ある人を選び出してある地位（任務）に就けること」すなわち推薦かつ選任の意味で使われている。前述の「指名推選」も同じ意味である。しかし、現在においては、これらの意味も「推薦」で十分に表せると考えられるから、特に「えらぶ」という意味を強調する場合は別として、一般的には、「推薦」を使う方が無難である。

『新聞用語集』（昭和56・日本新聞協会）では、「（推選）→推薦」として、「推薦」に統一して使うことを決めている。

〔付記〕　現代の中国語関係の辞典である『現代漢語詞典』『漢日辞典』『中日大辞典』などを見ると、中国語でも、「推荐」（国語の「推薦」に当たる）と、「推选」（同「推選」に当たる）とは、別語として説明されている。
（14―9）

問　**「数寄屋」か「数奇屋」か**

答　茶の湯を行うための、母屋から独立した小さな建物（茶室）のことを「すきや」と言うが、その漢字表記は、「数寄屋」「数奇屋」のどちらがよいかという問題である。

結論から先に言えば、常用漢字表の「付表」の中に、

すきや｛数寄屋／数奇屋
と併記してあるように、どちらを書いても誤りというわけではない。

「すきや」の「すき」は、もともと動詞「すく（好）」の連用形が名詞化したもので、「物事を愛好する心持ち」の意から「風流・風雅の道に深く心を寄せること」あるいは「風流・風雅の道」そのものを表すようになった語である。したがって「数寄」も「数奇」も、本来は当て字であるから、どちらの方が適切であると言うことはできない。もっとも、「数奇《すうき》」という漢語は別にあって、「運命が様々に大きく変化すること」の意味で「数奇な運命（生涯・経歴）」などと用いられるが、この漢語の「数奇」と、「すきや」の「すき」とは、意味上から見て直接の関係はないと考えられる。

『大言海』の「すき（数奇・数寄）」の項には、

字ハ、当字、好《スキ》ノ義、すうき（数奇）ト混ズルヲ恐レテ、寄ノ字ニナス

とあり、『下学集』の「数奇」、『節用集』の「茶数奇」、『慶長節用集』の「数奇」、『正保慶安節用集』の「数寄」の例を掲げ、更に『難波江』（岡本保孝著）におけるこの語についての考証を引用している。その一部を次に示す。

下学集ヨリ慶長十六年ノ節用集マデハ、奇僻ノ奇ノ字ヲ書キ、正保三年ノ節用集ヨリ、今日マデハ、寄附ノ寄ノ字ヲ書ク、イカナル事ニカ、云々、抑〻すきト云フ詞ハ、数奇ノ字音ニアラヌコト、云フモ更ナリ、史記、李広伝ニ、数奇ノ字面アレド、ココニ由アル事ニアラズ、只、すきト云フ詞ヲ、数奇ト書ケルマデノ仮字ナリ、字義ヲ採ルニアラズ、（下略）

これらの記述によって、当初は「数奇」を当てていたものが、後に「数寄」をも当てるようになった事情がうかがわれる。

現在の国語辞典・表記辞典の類も、ほとんどのものが「数奇」「数寄」の両表記形を併記している。『新聞用語集』（昭和56、日本新聞協会編）によれば、

すきやづくり（数奇屋造り）→（統）数寄屋造り

とあって、統一用語として「数寄屋」の方を使用する旨が記載されている。日本新聞協会の用語懇談会は、昭和三十一年四月に初めて「統一用語集」を発行したが、その中には、機械的に統一できない用語として、

数寄　スキ、風流のみち
数奇　スウキ、ふしあわせ

の例を掲げている。「すき」に関しては、当時から「数寄」を使うべしという姿勢が示されていたと見られる。

国立国語研究所の「電子計算機による新聞の語彙調査」には、次のような用例がある。

・東西の御数寄屋には、もう半刻せねば将軍も御台所も現れぬ。（朝日新聞、昭和41・7・4夕刊、吉屋信子「徳川の夫人たち」）
・お万の方は千歳を従えて、その前に西の御数寄屋へ急いだ。（同右）
・名人にきく「数寄屋づくり50年」水沢文治郎（毎日新聞、昭和41・7・19朝刊、テレビ番組欄）
・美邸　数寄屋建15坪洋水洗広庭続（朝日新聞、昭和41・2・2朝刊、家屋広告）

このほか、東京都の地名である「数寄屋橋」が十三回出現している。いずれも、連載小説・テレビ番組名・案内広告・地名であるから、右の新聞界における統一用語の規制を受ける範囲外であるが、

どれも「数寄屋」と表記され、「数奇屋」の例は現れない。

したがって、冒頭に述べたごとく、「数寄屋」「数奇屋」のどちらを書いても誤りとは言えないが、現代では、どちらかと言えば「寄」の方が一般的な表記であろう。　(14—10)

問　「前人未到」か「前人未踏」か

答　これまでだれも足を踏み入れたことがないこと、又は今までだれも手をつけた人がいないことを、「前人ミトウ」と言うが、この漢字表記は「未到」「未踏」のどちらがよいかという問題である。

「未到」は、まだ到達しないことの意、「未踏」は、まだ足を踏み入れたことがないことの意である。「未到」も「未踏」も漢和辞典には現れない語であるから、日本製の漢語である可能性が強い。

(注)　もっとも、「未到」は『日本国語大辞典』によれば、応永31年(一四一四)の古文書の例が引用されている。

官長者中云、新見年貢、今時分未到事

しかし、これを「ミトウ」と漢語風に読んだものか、「いまだいたらざる」と和語風に読んだものかは確証がない。

両者の字義の違いを強調するとすれば、『新聞用語集』(昭和56、日本新聞協会)に示された、

未到　(主として業績・記録に)　前人未到の記録・境地
未踏　(主として土地に)　人跡未踏の地・山

のような使い分けをするのが適切ということになる。つまり、

40年入団以来延べ2677試合に出場、このうち更新中だった前人未到の連続試合出場世界記録は2215試合で終止符を打った。(報知新聞、昭和62・10・13)

のように、業績や記録などに関して独創的なことをやった場合には、「前人未到」と書き、地理的なものに関しては「人跡未踏」と書くというふうに使い分けるわけである。

ここで、国語辞典や漢和辞典における見出し及び用例についての取扱いを見てみよう。

(1)　「前人未到」「人跡未踏」の使い分けを示したもの　(新明解国語辞典〈三版〉・岩波国語辞典〈三版〉・三省堂国語辞典〈三版〉・新装改訂新潮国語辞典・新潮現代国語辞典)

(2)　「前人未踏」のみを掲げたもの　(大辞典〈平凡社〉・広辞苑〈三版〉・現代国語例解辞典・大漢和辞典・学研漢和大辞典)　…ただし、『大辞典』には、独立見出しとして「未到」はあるが、「未踏」は掲げられていない。また、『広辞苑』では「前人未踏」の語義の②に「誰もやっていないこと。前人未到。」と同義語として扱っている。なお、『現代国語例解辞典』の「未到」「未踏」の項では、(1)に示したような使い分けの例が見える。

(3)　「前人未到」のみを掲げたもの　(広漢和辞典)

(4)　「前人未到」「前人未踏」を併掲したもの　(学研国語大辞典・日本国語大辞典・言泉)　……なお、昭和二十七年刊行の『明解国語辞典』の改訂版には「未到」「未踏」の両方の見出しが挙がっているが、共に「前人～」という用例を掲げている。

このように、国語辞典・漢和辞典の取扱い方は様々である。恐らく、中国や日本の古典に典拠が求められない言葉であるために、解釈の違いが生じるのであろう。

次に実際の用例を見てみよう。国立国語研究所の「現代雑誌九十種の用語用字」調査及び「電子計算機による新聞の語彙調査」の結果を見ると、次のように、それぞれ一例ずつしか現れない。

・偶然に運が重なって、前人未踏の秘境で、異常の信頼できたわ

が身を幸せに思うばかりである。（『実話雑誌』昭和31・3月号）

・前人未踏の境地を拓いてゆく、痛快な海洋ノン・フィクション。（朝日新聞、昭和41・10・25夕刊、書籍広告）

前者は、地理的なものであるが、後者はそうとは考えにくい。一方、『日本国語大辞典』の「前人」の項には、次のような引例が見える。

・欧法拉得（ユウファラテス）の外、前人の未だ至らざる地を探らんと志ざし（中村正直訳「西国立志編」）

また、『大言海』の「じんせき」（人跡・人迹）の項には、

・人迹所レ至、無二不レ臣者一（史記、秦始皇紀）

という引例がある。この「未だ至らざる」「人迹の至るところ」という表現から「未到」という語が生まれたとすれば、「未到」が地理的な場合に使われたとしてもおかしくはない。

結論的には、冒頭に引用した『新聞用語集』における、「前人未到」と「人跡未踏」の使い分けが妥当であるとは思うが、右に見てきたように「前人未踏」や「人跡未到」も決して誤りとは言い切れない点がある。問題の残る語であろう。（14―11）

問「**坂道を上る**」か「**坂道を登る**」か

答 坂道などの斜めになった道に沿って移動することを「のぼる」と言うが、その漢字表記は「上る」がよいか「登る」がよいかという問題である。

国語審議会が参考資料として作成した「「異字同訓」の漢字の用法」（昭和47）には、「のぼる」について次のような書き分けが示されている。

上る――水銀柱が上る。損害が一億円に上る。川を上る。坂を上る。上り列車。
登る――山に登る。木に登る。演壇に登る。
昇る――日が昇（上）る。天に昇（上）る。

また、『新聞用語集』（昭和56）の「のぼす・のぼる」の項にも、次のように、ほぼ同様の使い分けが示されている。

上〔下りる・下ろすの対語〕段階を上る、川を上る、坂を上る、出世コースを上る、食ぜんに上す、水銀柱が上る、損害一億円に上る、日程に上る、上り坂、上り調子、上り列車、屋根に上る、話題に上せる
昇〔降の対語〕神殿に昇る、天に昇る、日が昇る
登〔よじのぼる〕うなぎ登り、演壇に登る、木に登る、コイの滝登り、山に登る

右の両者とも、坂の場合は「坂を上る」、山の場合は「山に登る」と書き分けることを指示している。つまり、坂道のようにだんだんに高度を上げていくような所を普通にのぼる場合には「上る」を書き、右の『新聞用語集』に「よじのぼる」とあるように、急傾斜の山道を努力して、あるいは労力を費やしてのぼる場合には「登る」を書くというのが、一般的な使い分けである。

しかし、「登坂車線」「登坂能力」という漢語もあることを考えると、「坂を登る」という書き方があっても、別に不思議ではない。国立国語研究所には、『動詞の意味・用法の記述的研究』（国研報告43、昭和47秀英出版）に使用した、明治・大正・昭和にわたる五十二の文学作品、二十四の科学説明文・論説文などから採集した資料カードがある。動詞「のぼる」の用例カードのうち、坂もしくは坂道をのぼる場合に限ってその漢字表記を調べてみると、「上る」が13例、「登る」が17例、「昇る」が4例ある。しかも、同一作品中に

両様の表記をしたものも、幾つか見られる。例えば、次のような用例である。

（徳冨健次郎「思出の記（上）」）

・坂を八合ばかり上ると、少し平坦《たいら》な処に出る。

・道は此れから坂になる。（中略）僕は黙って震ふ唇を噛みしめ〳〵、蹌踉《よろよろ》とまた一二丁登る。

（阿部知二「冬の宿」）

・その坂を上ったところには、教会がある。

・坂路を、（中略）夜風にゆらめいてゐる欅をめあてに登ってゆくにつれて

（河上肇「貧乏物語」）

・やせ馬が重荷を負うて山坂を上るよう、休み休みにようやくここまでたどって来たが

・今ようやく筆を執るといえども、駑馬《どば》に鞭《むち》ちて峻坂《しゅんぱん》を登るがごとし。

（永井荷風「つゆのあとさき」）

・市ヶ谷合羽坂を上った薬王寺前町の通に開業してゐる医者が

・地理に明い清岡は（中略）ひた走りに町を迂回して左内坂を昇り

（大仏次郎「帰郷」）

・細い杉の木が、真っ直ぐな幹を不揃ひに道路に並べてゐる急坂を上って

・坂を昇って、金閣寺の名物になってゐる南天の床柱がある茶室がある。

以上が同一作品中に漢字表記のゆれが見られる例である。参考までに、このほかの作品の用例を、漢字表記別に幾つか挙げておく。

（上る）

・石垣で積上げた田圃《たんぼ》と田圃との間の坂路を上《のぼ》るにつれて（島崎藤村「破戒」）

・ちら〳〵と雪《ゆき》の降《ふ》るなかを次第《しだい》に高《たか》く坂道《さかみち》を上《のぼ》る聖《ひじり》の姿（泉鏡花「高野聖」）

・私は外套を濡らして例の通り蒟蒻閻魔を抜けて細い坂路を上って宅《うち》へ帰りました。（夏目漱石「こゝろ」）

・若者は（中略）小学校の校庭を抜け、水車のかたはらの坂を上った。（三島由紀夫「潮騒」）

（登る）

・車は止まらないでそのまま静かに坂を登った（川端康成「雪国」）

・（前略）じいさんが細い急な坂道をよちよち登って来るのが見えた（志賀直哉「暗夜行路（前）」）

・電車はごとごといって富坂を登った（中野重治「むらぎも」）

・別荘風の家々の間を抜けて、線路沿いの坂を登ると（獅子文六「自由学校」）

・渋谷の駅を降りて、道玄坂を登ってくと、右手に果物屋さんありますわね？（井伏鱒二「本日休診」）

・はじめはスキーをつけて坂を登るのはむずかしいから（小林秀雄「私の人生観」）

（昇る）

「坂を昇る」の用例は、大仏次郎の「帰郷」の中に、前掲のほかに2例見られるだけである。

以上の用例から考えれば、「坂を昇る」は特殊例としても、「坂を上る」と「坂を登る」とは互いに通用する面が多くあるようである。

冒頭に挙げた「『異字同訓』の漢字の用法」や『新聞用語集』で

定めているように、「坂を上る」が普通の書き方であろうが、場合によっては「坂を登る」と書いても誤りとは言えないであろう。

（14—13）

問 「書類の裁断」か「細断」か

答 裁断と細断とは、同義・類義の語か、それとも異なる意味の語として使い分けを要する語かという問題である。

裁断は、明治二十四年刊の『言海』以来、今日に至るまでの各国語辞典にまず例外なく採録してあるが、細断を採録しているものは、今のところ見当たらないようである。（なお、用字用語辞典、表記辞典の類では、細断を採録しているものがないことはないが、まれである。）

「裁断」には、①責任者・上司が物事のよしあしを判断して、決定すること、②裁縫で、型紙の形どおりに布を切ること、③（重ねた）紙などを断ち切ること、〔以上順序不同〕などの意があるが、①、②の場合には「細断」と書くことはなく、この問いとは関係がない。ところで、③の意の場合に、「細断」と書いてあるのを、ここ数年前から見掛けるようになった。

官庁・会社などで不要になった書類などを廃棄する場合、その内容が外部に漏れるのを防ぐため、書類を二、三ミリ以下の細い幅に、（新しい型の機械では、更に、これを横方向にも細かく）切り刻むための機械をシュレッダー（shredder）と言うが、この機械の名の訳語を業界では、「細断機」と言っているようである。この機械のカタログ・広告などには、

細断くず　細断する　細断能力

細断幅　細断枚数　細断面

などの語も使ってある。

一方、用紙を（重ねて）、小口をきれいに切りそろえたり、所要の大きさに切りそろえたりするための機械を「裁断機」としている。つまり、業界では、紙を細く、又は、細かく切り刻むように切るのを「細断」と言い、小口をそろえたり、所要の大きさに切ったりするのを「裁断」と言って、区別しているようである。しかし、一般には、「細断」は、まだなじみが薄く、新聞などでは、例えば「（同商会は）同35年から文書裁断機であるシュレッダーを扱い始め…」（朝日、昭和62・7・26）とある。

ある事務機器の製造会社のカタログ（昭和62・12月発行）で見ると、まず、索引に、関連商品名として、「裁断器・裁断機・細断機」が、この順に並べてあり、別に「シュレッダー」がある。また、別に「断裁機」というのがある。

カタログの本文に掲げてある機器の写真について見ると、

(1)「裁断器」というのは、図—1のもので、写真の印画紙程度の厚紙の縁を切り落として、所要の大きさに仕上げるためなどに使われているものである。一枚ずつ切るのに適する。

(2)「裁断機」というのは、図—2のようなもので、数十枚ないし百数十枚の事務用紙・印刷用紙を重ねて切断する能力があるものである。手動のものも電動のものもある。

(3)「細断機」と「シュレッダー」とは、同じ機器であり、本文では「シュレッダー」を用いている。説明文中に、「細断幅・細断能力」などとあるが、「細断機」という

〔図—1〕 裁断器

語は使っていない。

(4)　「断裁機」というのは、図―3のような機械で、数百枚、ないし、千数百枚の用紙を重ねて切断する能力を有するものを言い、「裁断機」の大型のものである。手動のものもあるが、多くは、電動であり、紙そろえができるしかけも付いている。

〔図―2〕　裁断機

次に、外来語として「シュレッダー」を採録している辞典は、それほど多くはないが、昭和五十年代ごろ以降のものに数種あり、その語釈中に「細断（機）」を用いているものもあるが、「寸断」とか、「細かく切りきざむ。」などとしているものもあり、同義語として「裁断機・断裁機」を掲げているものもある。

結局のところ、業界としては、同じ「サイダン」であっても、その目的・機能が異なるところから、「裁断」のほかに、「細断」という語を用いるようになったのではないかと思われる。

なお、文部省の『学術用語集　化学編』（昭和30刊）に、

saidan no　細断ノ【纖】　macerated
saidan - nuno　細断布　chipped cloth
saidansi　細断紙　chipped paper

とある。同書の現行のもの、『増訂2版』（昭和61）には、細断布を除く二語が収録してある。これから言うと、「細断」という語は、その分野では、特に新しい用語とは言えないようである。（14―14）

〔図―3〕　断裁機

問「成果を上げる」か「挙げる」か

答「成果をあげる」という場合の「あげる」を漢字で書くとき、「上げる」と書くか、「挙げる」と書くかという問題である。

「「異字同訓」の漢字の用法」注1に、「上げる」と「挙げる」の使い分けについて、

上がる・上げる――地位が上がる。物価が上がる。腕前を上げる。お祝いの品物を上げる。

挙げる――例を挙げる。全力を挙げる。国を挙げて。犯人を挙げる。

とある。注2

これによれば、何かを上方・高所へ動かし移す、はっきり現れるようにする、与えるなどの意を含む場合には「上げる」を用い、漢語に言い換えた場合に「挙式《きょしき》」又は「枚挙《まいきょ》」などという場合に、多く「挙げる」を用いるように思われるが、右の用例から、「成果」の

場合に「上げる」か、「挙げる」かを的確に判別することは難しい。

六十数種の新旧国語辞典等について見ると、「上げる」と「挙げる」とを別項目として、語釈を施し、用例を掲げているものは少なく、多くの辞典では、「あげる」の見出しの下に「上げる・揚げる・挙げる」を一まとめにして掲げ、その用例用例においてもを――」のようにしてあるものが多く、上・揚・挙のどれのどれを用いるのかはっきりしない。「成果」のほか、「効果・成績・戦果」などを用いるとしているものもある。「成果」の項には、「――をあげる」、「――があがる」の用例を掲げるものが十数種あるが、「あげる」と仮名書きのものが多く、漢字書きのものは、「上げる」が2種、「挙げる」が1種である。

『新聞用語集』(日本新聞協会、昭和56・9・25刊)、『新版　記事スタイルブック』(時事通信社、昭和59・2・1刊)には、「成果を上げる」と掲げてあるが、『記者ハンドブック』(共同通信社、昭和56・9・16)には、「成果を挙げた(得た)」とあり、ゆれが見られる。

次に、国立国語研究所の資料(昭和41・1・1から昭和41・12・31までの朝日・毎日・読売の各新聞の標本抽出調査)について、「成果」の語を含む全部の用例(110例)に当たってみた結果、「アゲル・アガル」等が接続する例が19例あった。このうち、アゲル等が接続する例は18例あるが、例外なくすべて仮名書きである。残りの1例は「アガル」が接続するもので、「自分の学問研究が世に残り、成果が上がればいいんだ。……研究者はそういう態度でなければ……」(毎日新聞、昭和41・11・1)とある。なお、この当時の『新聞用語集』(昭和40年版)には、「アゲル・アガル」の使い分けについての記載はない。

さらに、昭和六十二年五月下旬から十月下旬までに、朝日新聞の記事で、たまたま見掛けた二十数例でも、そのほとんどが仮名書きの「あがる・あげる」であり、「上」が、これに次ぎ、「挙」は一番少ない。

以上の実際の用例から見ると、「成果をアゲル」という場合は、仮名書きにする場合が多い。漢字を用いる場合には「上」の方を多く見掛けるのは、昭和二十三年、内閣告示の「当用漢字音訓表」では「挙」に「あげる」の訓を掲げていなかったので、昭和四十八年に、新しく「当用漢字音訓表」が制定されるまでは、漢字書きにする場合には「上」を用いていたことの影響があるのかもしれない。

注1　昭和四十七年に、国語審議会漢字部会が作成した資料。異字同訓の漢字の使い分けを用例によって示したもの。原文は横組み。

注2　他に「揚がる・揚げる」についても用例が掲げてあるが、ここでは引用を省略した。

(14―15)


問「**優秀な成績を収める」か「修める」か**

答「優秀な成績をおさめる」という場合、「オサメル」を漢字書きにするとき、「収める」と書くか、「修める」と書くかという問題である。

「異字同訓」の漢字の用法(前項の注1を参照)に、「収める」と「修める」の使い分けについて、
収まる・収める――博物館に収まる。目録に収める。争いが収まる。効果を収める。成功を収める。

修まる・修める――身持ちが修まらない。学を修める。

とある。(他に「納まる・納める」と「治まる・治める」についても用例が掲げてあるが、ここでは省略する。)

説明の便宜上、まず、「修」を用いる場合について言うと、右の用例によれば、「身持ち・学」である。各種の国語辞典における用例では、これ以外に、「医学・学業・学問・芸道・素行・武道・文

武の道・身・業・技」などである。これらの用例から考えると、何かを正し、整える意の場合、学び・習い、自分のものにする意の場合には、「修」を用いるのが適切であると思われる。

これに対し、「収」を用いる場合は、「「異字同訓」の漢字の用法」に掲げてある「博物館に収まる」、「目録に収める」の用例から見て、あるものの中に、品物・事項などが（を）取り込まれたり（取り込んだり）、自分のものになったり（自分のものにしたり）する意の場合、また、「争いが収まる」の用例から見て、終わったり、かたがついたり（終えたり、かたをつけたり）した結果として、好もしい・望ましい・良い結果となる（する）意の場合、また、「効果を収める」、「成功を収める」の用例から見て、何かの結果の程度、度合いなどが、望ましい、又は、ねらった状態に近づいたり、向上・増進したりする意などの場合には、「収」を用いるのが適切であると思われる。

この問いで問題としている「優秀な成績をおさめる」場合の「おさめる」は、（努力を重ねた）結果として、望ましい状態・期待した状態であるところの「優秀な成績」に到達したのであるから、「修」ではなく、「収」を用いるのがよいことになる。

数種の国語辞典等にも「収める」又は、「成績」の項に、「（優秀な・よい・予想以上の）成績を収める」の用例が掲げてあり、『大阪毎日新聞　スタイルブック　増補改訂版』（昭和8・2・17刊）の「同訓異字の漢字」の項に、「好成績を収める」という用例が掲げてある。

なお、実例としては、『改訂　公文書の書式と文例』（昭和61・12　文部省）に、賞状の書式を示した中に一例として、＜あなた（貴下）は昭和〇〇年度芸術祭に参加し「演劇の題名など」において優秀な成績を収め我が国演劇の進歩に著しい貢献をされましたよってこれを賞します＞がある。

注　54ページ＜「収まる（―める）」と「納まる（―める）の使い分け＞を参照されたい。

（14―16）

問「収録」と「集録」

答「収録」と「集録」とは、同義・類義の語であるのか、それとも異なった意味の語で、使い分けを要する語であるのかという問題である。

収録とは、もともとある書物・冊子・雑誌などに、文章・筆跡・写真・絵画などをおさめ載せ、記録としてとどめることである。後になって、これ以外に、ラジオ・テレビの放送のために、実際の放送に先立って行う録音・録画をも言うようになった。この第二の意味の場合に「集録」と書くことはないからこれは問題外とする。

収録は、例えば、＜A氏の「Bについての研究」という論文は『C』誌に収録されている。＞とか、「DさんがE学会で発表したことは、来年刊行予定の同会論文集に収録される予定である。」などのように用いる。

一方、集録は、同種・類似の事柄、又は、互いに関連のある事柄を記した報告・論文・文献・資料・記録などを数編以上あつめて一冊の書物・冊子の形にすること、また、その書物・冊子を言い、及び、その書物・冊子の名称・書名としても用いる。例えば「〇〇問題研究協議会議事集録」などのようである。

つまり、収録は、書物などの中に、その資料が一編だけおさめてある場合にも、他の資料も併せおさめてある場合にも使えるが、集録は、一冊に一編だけの場合は不適切であり、同種・類似・関係の資料を二編以上集めておさめてある場合でないと使いにくい。

（14―20）

問「**広報**」と「**公報**」

答 公報と広報とは、同じ意味で表記を異にする語であるのか、それとも、両者の間に何らかの区別がある語かという問題である。

公報とは、厳密な定義はないようであるが、政府・各省庁・衆議院・参議院、また、各地方公共団体など、公の機関が、国民に周知すべき事項を公示するために発行する機関紙（機関誌）などであって、ごく簡単に言えば、公的機関が発行する新聞である。広い意味では『官報』もこれに含めることができようが、『官報』は、明治十六年に創刊された政府発行の機関紙の固有名であって、普通は公報とは言わない。かつて戦争中に発行されていた『週報』は、政府発行の機関誌であって、公報の一つと言ってよいであろう。

公報は、公の機関が周知徹底のために発行するもので、具体的には、『選挙公報・特許公報・衆議院公報』などがあり、また、地方公共団体が発行する『○○県公報・○○市公報』などがある。その内容は、発行機関関係の法律・政令・省令、条例、規則、告示・訓令・公示事項・通達・通知、任免等の事実、及び、これらに関する解説・説明、関係事項の記事等である。

これに対して広報は、漢字の字義から言えば、「ひろく知らせること、また、その知らせ」ということであり、これを行うことを「広報活動」と言う。この意味から言えば、業者・商店・個人が行う自己の業務・製品等について、世間一般に広く知らせることも含んでいるようであるが、この場合は「広告」と言い、「広報」との間に一線を画するのが普通である。すなわち、「広報」は、どちらかと言えば、公の機関が主体となっている場合を指して言うのが普通であり、業者等の宣伝は広報に含めない。しかし、業者が発行・掲載するものであっても、公共の立場に立って広告的要素をほとんど含んでいない内容のもの、例えば、社内報などのようなものは、広報と見てよい。

広報は公報に比べて、その文章・表現がやわらかく、くだけた親しみやすいものとなっているのが普通であって、必要な方面、更に広く一般にも理解されることをねらいとしている。

以上のことを、ごく分かりやすく言えば、少々語弊があるかもしれないが、『官報』は、事実そのものだけを、そのままの形で知らせるものであり、硬いものであって、この意味では、いわゆる味もそっけもないものである。「公報」もほぼ同様である。広報は、世間一般の人々に理解してもらえるようなやさしく人々に親しみやすいもの、人々の心情に訴えかけるようなところもあれば、ときには宣伝的な要素も加味されている、と言うことができよう。

また、広報は、独立した機関紙でなくてもよい。新聞紙上でも次のようにしばしば見かけることがある。

政府広報
たえ間ない
世論のうねりで
戻る四島《しま》
返還運動にあなたの声を
択捉島
国後島
色丹島
(北海道)
歯舞群島
歯舞群島、色丹島、国後島及び択捉島の北方四島は、歴史的にも法的にも疑う余地のない我が国固有の領土です。
(総務庁)

昭和63. 8. 20　朝日新聞

また、いちいち、「○○広報」と銘うたず、「○○だより」としたり、単に「お知らせ」・「おわび」などとしている場合もある。

「広報」は、戦後、public relations（略してP.R.という。）の訳語のような形で用い始められたようで、例えば、『新聞語辞典

文教だより ⑩

国立高専入学志願者の願書受付が始まります

二月一日(木)から十日(土)まで各学校で受け付けます。高等専門学校は、工業や商船関係の専門的技術者を養成する高等教育機関で、中学校卒業後、五年間の一貫した専門教育を行っています。卒業生は既に八万二千人を超え、それぞれの専門分野で活躍しています。卒業後更に勉学を続けたい人のために、「技術科学大学」への道も開かれています。

文部省

昭和54. 2. 1　読売新聞

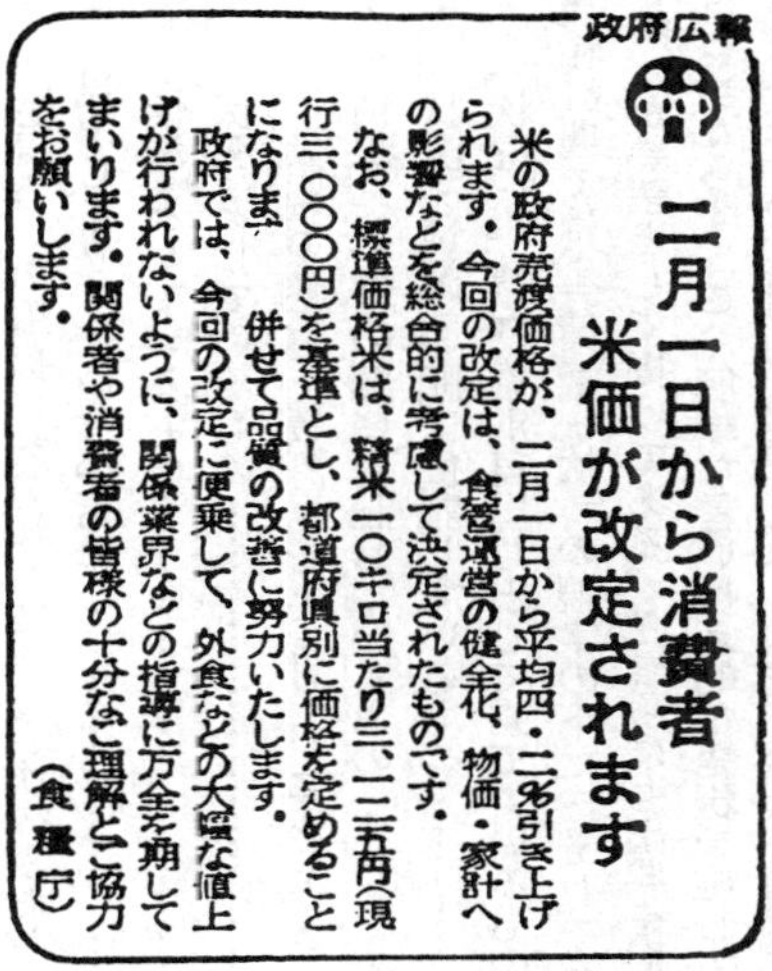
政府広報

二月一日から消費者米価が改定されます

米の政府売渡価格が、二月一日から平均四・二％引き上げられます。今回の改定は、食管運営の健全化、物価・家計への影響などを総合的に考慮して決定されたものです。

なお、標準価格米は、精米一〇キロ当たり三、二二五円(現行三、〇〇〇円)を基準とし、都道府県別に価格を定めることになります。併せて品質の改善に努力いたします。

政府では、今回の改定に便乗して、外食などの大幅な値上げが行われないように、関係業界などの指導に万全を期してまいります。関係者や消費者の皆様の十分なご理解とご協力をお願いします。

（食糧庁）

昭和54.1. 20　朝日新聞

1965年版』(昭和40・6・30、朝日新聞社発行)に、「広報」の項があり、また、「PR」の項にも解説がある。これによって、昭和四十年ごろでもまだ「広報」という語が新聞語辞典に採録してあるほ

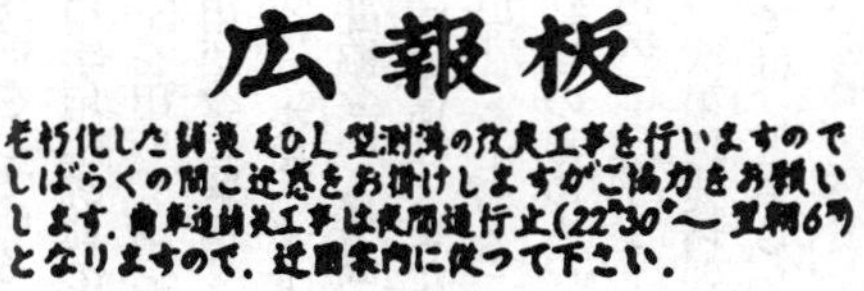

ど、新語・流行語の取扱いを受けていた語であることが分かる。

なお、「広報」は、もと「弘報」と書くのが普通であった。昭和二十一年内閣告示「当用漢字表」に、「弘」が採用されなかったので、「こう報」・「広報」と書くようになったが、昭和二十九年の「法令用語改正要領」で、弘報を広報と書き換えることにし、後、昭和三十一年の国語審議会報告「同音の漢字による書きかえ」でも、同様にして以来、次第に定着し、現在は広く「広報」が用いられている。なお、現行の「常用漢字表」にも「弘」は掲げられていない。

(15―1)

問「状況」と「情況」

答 その時、その場の様子・有様という意味の「じょうきょう」を漢字で書くとき、「状況」と書くか「情況」と書くか、また、両者の間に何か使い分けがあるのかという問題である。

漢字の字義について言えば、「状」も「情」も「況」も、共に「有様・様子」という意味であるから、熟語としては、「状況」でも「情況」でも、両者の間に、明らかに違った意味があるわけではない。

国語辞典等について見ると、「じょうきょう」(歴史的仮名遣いでは、状・情にかかわらず「じやうきやう」)は、『和英語林集成』(初版~第三版)を含め『言海』・『日本大辞書』には採録されておらず、明治二十七年刊の『日本大辞林』に初出する。これ以後、今日に至るまでの各辞典にはほぼ例外なく採録してあるが、『日本大辞林』・『帝国大辞典』・『日本新辞林』・『ことばの泉』の四種は「情

況」だけであり、『辞林』は、増補再版・改訂版ともに「状況」だけであるが、語釈の後に「情況」の語形を掲げている。これ以降の辞典では、一、二、三の例外を除いてほとんどのものが、両者を併記している。『和英語林集成』から今日に至る62種の国語辞典等における「じょうきょう」の取扱いを分類してみると次のとおりである。

- 見出しを立てていないもの……………………5種
- 「情況」としているもの……………………6種
- 「状況」としているもの……………………5種

　語釈の後に、「情況」の形を掲げているものが多い。

- 「情況・状況」の順に併記しているもの………22種
- 「状況・情況」の順に併記しているもの………22種
- 「状況」・「情況」を別見出しとして立てているもの………2種

漢和辞典では、「情」・「状」の親字の下に、それぞれ「情況」・「状況」が熟語として掲げてある。どちらにも出典を掲げているものは見当たらず、ごく簡単な言い換え的な語釈を施しているものが多い。そして、「情況」の項では、「状況」の形を掲げているものが多いが、「状況」の項に「情況」の形を掲げているものは少ない。このことから考えると、状況より情況の方が古い形・伝統的な形であると言えそうである。実際の用例について見ると、

　例えば、明治三十五年一月三十日の新聞では、

- 「前号《ぜんがう》可《か》児《に》広島県《ひろしまけん》第《だい》四課《くわ》長《ちやう》の一行《かう》は一昨日《さくじつ》京都府《きやうとふ》庁《ちやう》其他《そのた》にて第《だい》五博覧会《はくらんくわい》出品事《しゆつひんじ》務《む》進行《しんかう》の情況《じやうきやう》を視察《しさつ》し……」〔大阪朝日新聞。引用に当たって、漢字の字体は、現行通用のものを用いた。〕

と、「情況」を用いている。また、文部省著作教科書について見ると、

- 故ニ商人ハ常ニ全世界ニ於ケル物価ノ高低ニ注意シ、需要供給ノ情況ニ精通スルヲ要ス。〔明治43・7・21翻刻発行、『尋常小学読本』巻十二、51ページ〕

と「情況」であるが、同じ教科書の101ページには、

- 他国に行きて、其の市街、建築物等の状況、汽車、電車中に於ける乗客の挙止、…

のように、「状況」を用いており、巻十一の5ページにも、

- 新版図の状況大略御報知申上候

と「状況」を用いている。

　以上のとおりであって、「状況」も「情況」も、その意味は同じであり、どのような、又は、何の様子、どのような有様かによって両者の使い分けが広く行われているとは考え難い。情況と状況とを別見出しとしている辞典でも、両者の語釈は、全く同じか、ほとんど同じである。ある一つの辞典では、見出しは一つであるが、「〔状況〕外から見た有様。〔情況〕物事の動きゆく様子。」として、一応の区別をしている。

　用字用語辞典の類では、昭和十七年『暫定週報用字例』で「状況」を用い、「情況」は用いないとしている。昭和二十九年の「法令用語改正要領」でも、同音語の「状況」と「情況」は、統一して「状況」を用いるとしている。〔昭和56・10・1の改正でも同じ。〕日本新聞協会の『新聞用語集』の各版でも、NHKでも、時事通信社、共同通信社、また、各新聞社の用語集・手引書の類でも、すべて「状況」を用いることとしている。

　結局のところ、「じょうきょう」は、明治の終わり近くまでは「情況」と書くことが多かったが、その後、両者併用の時期を経て、次第に「状況」が優勢になってきたと見ることができよう。今日では、どちらかを選ぶとすれば、「状況」と書くのが無難である。

（15―2）

問「怪気炎」か「快気炎」か

答 何かのことについて、極めて調子よく意気盛んに（自己の抱負・優越性などを）述べ立てることを、「かい気炎をあげる。」と言うが、この「かい気炎」を「怪気炎」と書くか「快気炎」と書くか、あるいは、意味によって書き分けるかという問題である。

「怪」には、「あやしい・不思議だ・疑わしい」などの意味がある。その人の述べる事柄の内容が、余りにもうまくできすぎていて、信じがたい、疑いたくなるような感じを持つような気炎の場合は「怪気炎」と書くのがよいであろう。なお「きえん」は、もと「気焔」と書いていたが、国語審議会の報告「同音の漢字による書きかえ」（昭和31・7・5）によって、「気炎」と書くようになり、一般に定着したものである。

これに対し、聞いていて、胸がすくような気持ちになるとか、痛快に思う、好感が持てるような気炎の場合には、「こころよい・楽しい・気持ちがよい」などの意を表す「快」を用いて「快気炎」と書くのがよさそうである。

しかし、人の気炎を聞いて、全面的に信じがたいと思うか、快く思うかは、話し手と聞き手の関係に左右され、聞き手の主観によるところが大きい。そもそも気炎をあげるというのにふさわしい話の内容・話しぶりは、確実なよりどころのある真実だけを控え目に話している場合には表れそうにもない。どうしても、多かれ少なかれ誇張的に、針小棒大に、我が身に有利なように話す場合に表れるようである。このような場合の話の内容には怪しいところが含まれているわけで、これこそ「怪気炎をあげる」と言うのにふさわしい。

「快気炎」というのは、「怪気炎」を転用し、善意に解釈した場合の言わば派生語と見てよいであろう。

なお、「かいきえん」という語は、ごく最近まで国語辞典に採録されていなかった語であり、現在まで採録しているものはそれほど多くない。　（15―5）

問「初心に帰る」か「初心に返る」か

答「初心にカエル」の「カエル」を漢字で表記する場合、「帰る」と書くか、「返る」と書くかという問題である。

一般に、「帰る・帰す」は「ひと」の移動について、「返る・返す」は「もの」の移動について用いることが多い。ただし、この場合のような慣用的な言い方や状態の推移を意味する表現については、ゆれのあることが少なくない。

例えば、52点の文学作品から採集した、25例の「ワレニカエル」という言い方の「カエル」の表記は、次のようになっている。

返る　9　　帰る　6　　還る　3
復る　2　　反る　1　　かへる・かえる　4

あるいは、「カエル」が〈モトノ心理状態ニモドル〉という意味に使われた場合でも、次のような各種の表記が見られる。

〔帰る〕
・空寂なうちにも血の湧《わ》くやうな心地に帰るのであつた（島崎藤村「破戒」）
・心残りを覚えながら、また自分の心に帰つて行つた（有島武郎「或る女」）

〔返る〕
・いつたん心の調子が狂うと、なかなか元には返りませんからね（倉田百三「出家とその弟子」）
・彼は其の瞬間さつと顔色を変へたが、案外すぐ落ちついた気持ちに返つた（長与善郎「青銅の基督」）

〔還る〕

・恋が醒《さ》めたが最後、すぐあかの他人のやうな気持に還つて了《しま》ひさうな感じの女（里見弴「多情仏心」）

・陶酔に耽《ふけ》つてゐる社長の肩を揺《ゆす》つて正気に還らせ（岡本かの子「河明り」）

問題を「初心にカエル」という言い方に限っても、国語辞典や表記辞典では、かなりのゆれが見られる。

これについて、『新聞用語集』（昭和56）では、次のような使い分けを示している。

返る　正気に返る　野性に返る
帰る　初心に帰る　童心に帰る

これと同じく、「初心に帰る」を採る辞典には、次のようなものがある。

学研国語大辞典（第二版）
広辞苑（第三版）

これに対して、「初心に返る」とするものには、次のようなものがある。

新明解国語辞典（第三版）
三省堂国語辞典（第三版）

また、『現代国語例解辞典』（第一版）、『例解国語新辞典』（第二版）では、「初心にかえる」としている。

このような表記のゆれが存在するのは、結局、「初心にカエル」という言い方の主体があいまいなためである。主体を人間と考えれば、「帰る」が使われやすい。精神状態の変化についての表現と見れば、「返る」でも不自然ではない。したがって、場合によって、「帰る」と「返る」を使い分けるか、「かえる」と仮名書きするのが妥当である。

注　「帰る」と「返る」の使い分け一般については、120ページの＜「返す・返る」と「帰す・帰る」の使い分け＞を参照されたい。

（15—6）

問「絶体絶命」か「絶対絶命」か

答「ぜったいぜつめい」を漢字で書くとき、「絶体絶命」と書くか、「絶対絶命」と書くか、又は、ゆれていてどちらでもよいのかという問題である。

この語の書き表し方は、その正誤がはっきりしているにもかかわらず、書き間違えることが多いので、入学試験問題や入社試験問題にもしばしば出されるほどである。

この語は、「絶体絶命」と書くのが正しく、「絶対絶命」は誤りである。「ぜったいぜつめい」とは、「追いつめられて、ほとんど逃れようのない差し迫った場面・境地」という意味であり、「絶対絶命」では、「どんなことがあっても、必ず、いのちがたえる、すなわち、死ぬ」というようなことになって意味をなさなくなる。

一方、「相対」の対語として「ぜったい（絶対）」という語があり、「絶対安静・絶対者・絶対温度」などのように使い、この語は、また、副詞として「絶対に行かない、絶対できない」などと使う。このような「ぜったい」は「絶対」と書き、これを「絶体」と書くのは誤りである。

「絶対」と書くべき「ぜったい」という語は、日常しばしば使われて、目慣れ、書き慣れてはいるが、「絶体」と書くべき「ぜったい」は、「絶体絶命」以外にはほとんど使わないので、つい書き誤ることが多いのであろう。

（15—7）

問「荷上げ」か「荷揚げ」か

答 荷物を船から陸にあげることを「にあげ」と言うが、この語を漢字で書き表すには、「荷上げ」と「荷揚げ」のどちらの表記がよいかという問題である。

漢字の「上」は、物が下敷きの上にのっていることを示す指事文字で、「うえ」「うえにのる」意を表す。「下」の字の反対の形で、次のように、極めて広い範囲に使われる。

上下　頭上　頂上　向上／紙上　水上　海上／上品　上等　上策／上巻　上記　以上　上流　上旬／上位　上座　最上／席上　途上　史上／上昇　炎上　浮上　口上／上船　上演　参上　進上

「揚」は、「手」と「昜（ヨウ＜音符＞＝太陽が高くあがるさま）」、の会意兼形声文字である。音のヨウ（ヤウ）に当たる中国語としての「揚」は、「威勢よく明るくあがる」ことを示す。

掲揚　飛揚　浮揚　抑揚

などは、「高くあがる」意であり、

顕揚　称揚　発揚

などは、「名をあげる」「気勢をあげる」意で用いられている。

国語の動詞としての「あがる」「あげる」は、「上の方へ移す（移る）」「上の位置に移す（移る）」意であるが、この語に「上」「揚」の漢字を当てる場合には、右に掲げた漢字の例に従って書き分けることが多い。

国語審議会の「「異字同訓」の漢字の用法」（昭和47・6・28、第80回総会参考資料）の中には、両者の使い分けを次のように示している。

上がる・上げる——地位が上がる。物価が上がる。腕前を上げる。お祝いの品物を上げる。

揚がる・揚げる——花火が揚がる。歓声が揚がる。たこを揚げる。船荷を揚げる。てんぷらを揚げる。

これによると、「にあげ」は「荷揚げ」と書くことになるが、新聞などには「荷上げ」「荷揚げ」両方の用例が見られる。

（荷上げ）

・荷上げ二題

夏山シーズンの到来、これは、山小屋の荷上げ風景二題——

木曽御嶽山は、七月一日が山開き。シーズン中、約八万人の登山客をさばく山頂付近の山小屋は、ボッカの肩にたよっていては間に合わないと、ことしから大型ヘリコプターが登場。ツユの晴れ間、爆音が山あいにとどろく。荷上げは一回五百キロから七百キロ。（朝日新聞、昭和41・6・18夕刊）

（荷揚げ）

・計七万二千トンの貯油能力は北ベトナム全体の四〇％、輸入石油の荷揚げ、貯蔵能力の九五％を占めているといわれる。（朝日新聞、昭和41・6・30朝刊）

・同船は、昨年暮れアラスカから積んできた木材を和歌山と大阪で荷揚げ、（略）カナダから積んで来た銅鉱石約二千五百トンを荷揚げするため、十二月二十七日夜、小名浜港沖に停泊していた。（毎日新聞、昭和41・1・5夕刊）

・サイゴン港の荷揚げがつまっていること（読売新聞、昭和41・7・1朝刊）

つまり、右の「荷上げ」の例のように山麓《ろく》から山頂へ荷物を運び上げるような場合には「荷上げ」も使われる可能性があるが、荷物を船から陸にあげる場合には、「荷揚（げ）」と書くのが社会的には定着していると考えられる。

しかし、戦前には後者の場合にも「荷上げ」を書いたらしく、『日本国語大辞典』の「にあげ」の項には、

・荷物船から三菱の倉庫へ荷上げをして居る人足の機械的に動くのを見たり（寺田寅彦「丸善と三越」）

という用例が引用されている。また、昭和十七年ごろに発行された内閣情報局の『週報用字例』には、

にあげ　荷上げ（揚）

という記載がある。同書の冒頭の「説明」によると、

（　）**内の文字は誤りではないが用ひない**ことを示す。

とあるから、戦時中は「荷上げ」という表記に統一しようとしていたことがうかがえる。

現代の国語辞典や表記辞典の類は、ほとんどすべてのものが「荷揚（げ）」という表記を採用している。また常用漢字表の「揚」の音訓欄「あげる」の語例にも「荷揚げ」が示されている。したがって、荷物を船から陸にあげる場合の「にあげ」は、現在では「荷揚げ」と書くのが一般的である。（15—8）

問「～を始めとして」か「～を初めとして」か

答「校長をはじめ（として）、教職員一同は……」などという場合の「はじめ」を漢字で書くとき、「始め」と書くか、「初め」と書くかという問題である。「初め」には、別に「……初《ぞ》め」という語に用いることもあるが、これは別問題である。

「始」は、「もと・おこり・起源」、「最初」、「はじまる・はじめる」などの意があり、「初」には、「はじまり・おこり」、「はじめの・最初の」、「はじめて」などの意と国語としての「うぶ」、「うい」などの意がある。

「常用漢字表」によれば、「始」も「初」も「はじめ」と使うことができる。また、「「異字同訓」の漢字の用法」には、ここで問題としていることを判断するに足る用例が掲げてない。

「始め」と「初め」との使い分けは、「始め」は「仕事始め・咲き始め」などのように、それ以後、継続、又は、繰り返し行われる事柄・物事の出発点・発足・第一回を言う場合に用いる。「初（め）」は「初めのうち・夏の初め」などのように、ある時間・期間・年月・継続する事柄・物事の出発点・発足時から余り隔たりがないころを言う場合に用いることが多い。しかし、事柄・物事の第一回は、同時に、そのことの発足時から余り隔たりがないころであるので、両者の確実な使い分けは簡単ではない。

試みに、次の表のとおり、「…はじめ」の形の12語について、34種の国語辞典での取扱いを一覧できるようにまとめてみた。

この12語のうち、「はじめまして」は、初対面のときのあいさつ語であり、感動詞である。「書きはじめ・為《し》はじめ・出はじめ」の3語は、動詞の連用形に「はじめ」が付いたもので、それぞれ「書きはじめる・為はじめる・出はじめる」という動詞があり、この動詞の場合の「はじめる」は「始める」がふさわしい。したがって、その連用形を名詞として使う場合も「始（め）」でよいと思われる。しかし、表では必ずしも一致していない。

「鍬《くわ》はじめ・手斧《ちょうな》はじめ・書《ふみ》はじめ・真魚《まな》はじめ」の4語は、いずれも、その事柄を、（新年になって）新たに行おうとしたり、着手したりしようとするに際して、儀礼・慣習として行う儀式、又は、第一回のその事柄を指しているのであるから、「始」の方がふさわしいと思われるのに、合致しているのは、「真魚はじめ」だけである。殊に、「鍬はじめ」は、16種中、15種が「鍬初（め）」を採用している。

「事はじめ」は、特定の事柄に限定せず何にでも使えようが、こ

語	採録の辞典	語の書き表し方 始(め)	初(め)	始(め)・初(め)	初(め)・始(め)	はじめ・初(め)	はじめ
書きはじめ	11	8	3				
鍬《くわ》はじめ *1	16	1	15				
事はじめ	33	33	0				
為《し》はじめ	2	2	0				
手斧《ちような》はじめ *2	19	15	3	1			
月はじめ	22	1	21				
手はじめ	34	22	3	4(1) *3	5(1) *4		
出はじめ	24	18	4	1	1		
とっぱじめ	4	4 *5	0				
書《ふみ》はじめ *6	20	13	5	2			
真魚《まな》はじめ *7	19	19	0				
はじめまして	21	9 *8	6	1	1	2	2 *9

*1　いわゆる現代表記を「くわ始め」としているもの２種。

*2　「鍬始・手斧始」と併記しているもの１種。

*3　４種のうち，１種は「手初め」をいわゆる慣用表記としている。

*4　５種のうち，１種は，語釈のあとに<「手始め」とも>としている。

*5　「とっ始め・とっ始」としているもの各１種，「突始」としているもの２種。

*6　「文始」とするもの１種。

*7　他に「魚味始・魚始・真菜始」などを併記しているものがある。

*8　うち，２種は，仮名書きが望ましいとしている。

*9　うち，１種は，「初めまして・始めまして」を慣用表記としている。

れは33種の辞典すべてが「事始（め）」であって、きれいにそろっている。これは、その用例に「蘭学～」を挙げるものが多いことによるものかもしれない。

「月はじめ」は、22種中21種が「初（め）」である。これは「月末（つきずえ）」に対応する語であるから「初（め）」の方がふさわしいと考えられる。

「…をはじめ…」という場合の「はじめ」と、「…はじめ」・「はじめまして」という場合の「はじめ」とは、類義とまでは言えないであろうが、少なくともある程度の意味の重なりは認められるであろう。「…はじめ」の場合の「はじめ」に当てるべき漢字は、前述のように、必ずしも一致していない。そこで「…をはじめ…」の場合も、国語辞典における用字法によって解決することは難しいと予想されるのであるが、次にここで問題としている「…をはじめ（として）」における「はじめ」について、各国語辞典での取扱いを見てみよう。

「はじめ」のこのような使い方について説明している辞典は、戦前のものにはなく、戦後の昭和二十七年ごろからのものである。しかし、多くの辞典では、見出し語「はじめ」に対して、「始（め）・初（め）」と併記しており、中には「初（め）・始（め）・肇（め）」としたり、さらに、「首（め）」をも併記しているものもある。これでは、どの漢字を使ってよいのか、あるいは、どれでもよいのかはっきりしない。幾つかの辞典では、「始（め）」と「初（め）」とを別項として立てている。この多くは、「始（め）」の項で取り扱っているが、「初（め）」の項で取り扱っているものもあり、しかも、そこに、＜「始め」とも書く。＞などとしてある辞典もある。

報道関係の用語集・手引書の類では、はっきりと、この形を掲げているものでは、仮名書きにしているものが多いようであるが、「始め」としているものもある。次に掲げる用例はいずれも朝日新聞のものであるが、「始め」も「はじめ」も使われている。

・それだけに交通も便利、京都駅からを始めとしバスがひんぱんに…（昭和53・4・20）

・昭和基地には、…諸現象を観測研究する観測棟を始め環境科学、…通信棟などがある。（昭和54・4・20）

・…資材の調達、従業員の雇用・解雇をはじめとする投資に関連する事業活動に対して、…（昭和63・8・27）

・インドからのラジオ放送も「ネ・ウィン氏をはじめ、…ら首脳がそろって出国した模様」と伝えた。（昭和63・8・26）

この場合の「はじめ」は、ここで問題としている、多くの人や物の中で、代表・主なものとして一例を挙げるときに用いる語であって、これまでに述べたところから言えば、強いてどちらかの漢字を選ぶとすれば、「初」よりも「始」の方が無難であろうと思われる。一方、この語は必ずしも漢字書きの方が望ましいとも言えない。仮名書きでも十分ではあるまいか。

（15—9）

問 **「五感」と「五官」**

答 「五感」と「五官」とは、同じ意味の語であるのか、それとも、異なった語として使い分けを要する語であるのかという問題である。

「五感」とは、目、耳、鼻、舌、皮膚の五器官（＝五官）を通じて外界の物事を感ずる、視覚、聴覚、嗅《きゅう》覚、味覚、触覚の五つの感覚を指して言う語であって、

五感が鋭い。五感を鈍らせる。五感の刺激に反応する。正常な五感。

のように用いられる。

これに対し、「五官」とは、視覚、聴覚、嗅覚、味覚、触覚の五感をつかさどる感覚器官のことで、目、耳、鼻、舌、皮膚の総称であり、

五官で感じる。五官の機能。五官を休ませる。五官が刺激を受ける。健全な五官。

のように用いられる語である。実際の用例では、両者は次のように使われている。

〔五感〕

・五感の鋭利に過る者を鈍くし、架空の想像をおさゆる事是なり。（坪内逍遙「当世書生気質」）

・五感の刺激以外に何等の活動もないので（夏目漱石「吾輩は猫である」）

〔五官〕

・五官の情欲を去て艱苦に堪へ（福沢諭吉「文明論之概略」）

・五官の安息する閑暇なきをなげかん（坪内逍遙「内地雑居未来之夢」）

・純一は五官を以てせずして、背後に受ける視線を感ずるのが、不愉快でならなかった。（森鷗外「青年」）

ただし、次のように「五官」が用いられそうなところに「五感」を使った紛らわしい例もある。

・しかし生命は必ずしも我我の五感に感ずることの出来る条件を具えるとは限っていない。（芥川龍之介「侏儒の言葉」）

・テレパシー（Telepathy）は、ギリシア語のテレ（Tele 遠くの）とパトス（Pathos）がその語源です。心の中で思ったことを、五感の媒介なしに知ることのできる能力の意味で使われ、遠感、精神感応、思念伝達などの訳語があります。（松田道広「以心伝心の術」＝『ちくま』平成元・10月号所載）

戦前の国語辞典の中には、「五感」と「五官」を同義として扱ったものがある。『大日本国語辞典』では、次のような取扱いをしている。

ごかん　五感　五官によりて感ずる視・聴・齅・味・触の五つの感覚。

ごくゎん　五官　㈠（医）五官器により感ずる感覚。即ち、嗅覚・視覚・味覚・聴覚・触覚是れなり。（筆者注＝この後に中国の『荘子』『荀子』の用例が引用されている。㈡以下、略）

ごくゎんき　五官器（医）末梢神経の末端器官。各自固有の刺激に反応す。即ち、触器（皮膚）・視器（眼）・聴器（耳）・味器（舌）及び嗅器（鼻）之なり。

すなわち、感覚器官の意としては「五官器」を用い、「五官」は「五感」と同じく感覚そのものを指す語としているわけである。

『大言海』でも、ほぼ同じような取扱いをしている。すなわち、「ごかん」（五感）の項に「ごくゎん（五官）ノ条ヲ見ヨ。」とあり、「ごくゎん」（五官）の項には、「視覚、聴覚、嗅覚、味覚、触覚、ノ総称。五感。仏教ノ語ニ、五根ト云フモ、是レナリ」とある。ただし、『大言海』には、「五官器」という見出し語は掲げられていない。

このように「五官」を「五感」と同義とする解釈は、『哲学事彙《い》』（明治14、東京大学三学部印行）にも見られる。同書には、

Five senses　五官

という記載があり、五つの感覚の総称を「五官」としたことが知られる。

これらのことから、次のような推測ができる。前述の『大日本国

語辞典』の引用で触れた中国の古文献『荘子』『荀子』では、「五官」は「五つの官能」の意味で用いられている。日本でも、古くは「五官」という言葉で、「五つの官能」と「五つの器官」という両方の意味を表していたものが、近年になって「官」は「器官」であるという意識が強まり、「五つの官能（＝感覚）」を「五感」で書き表すようになったのではないだろうか。（16—2）

問 「招集」と「召集」

答 一般に、人を呼び集めることを言う「しょうしゅう」という語の漢字表記は、「招集」と「召集」のどちらを書けばよいか、また、両者は、意味、用法の上でどういう違いがあるか、という問題である。

まず、「招」と「召」の字義について考えてみよう。「招」は、手をあげて人を呼びよせる意から、「まねく」という意味になる。これに対し、「召」は、地位の高いものが低いものを口で呼びよせる意から、「めす」という意味を持つ。これらと「集」（あつめる）とが結び付いてできた「招集」と「召集」との間には、次のような意味の違いが認められる。

〔招集〕多くの人を、まねき集めること。集まってもらうこと。

〔召集〕多くの人を呼び出して集めること。

かつては、戦時その他の必要に応じて在郷軍人や国民兵などを呼び出して軍隊に集めたことを「召集」と言った。（「召集令状」「教育召集」などと使った。）しかし、現在では、「国会」の場合に限って「召集」が用いられている。それは、「日本国憲法」に次のような記述があるからである。

・二　国会を召集すること。（第7条〔天皇の国事行為〕）

・衆議院が解散されたときは、解散の日から四十日以内に、衆議院議員の総選挙を行ひ、その選挙の日から三十日以内に、国会を召集しなければならない。（第54条〔衆議院の解散、特別会〕）

・内閣総理大臣が欠けたとき、又は衆議院議員総選挙の後に初めて国会の召集があつたときは、内閣は、総辞職をしなければならない。（第70条〔内閣総理大臣の欠缺又は総選挙後の総辞職〕）

これに対し、「招集」は、一般に、人を呼び集めることを言うが、会議体を成立させるため、その構成員に集会を求める手続を言う場合に多く用いられる。現行法上は、皇室会議、地方公共団体の議会、協同組合の総会、社団法人の総会、株式会社の株主総会・債権者集会等について、「招集」を使った例がある。

以上は、法令用語としての使い方であるが、新聞でも、両者は、次のように使い分けられている。

〔召集〕

・政府は二日の閣議で、社会党から要求のあった臨時国会の召集問題について協議した結果、召集日についてはこんご慎重に検討の上適当な時期に回答することになった。（読売、昭和41・9・2夕刊）

〔招集〕

・消費者懇談会は、菅野通産相が物価対策中心に消費者行政をどう展開していけばよいかをネライとして、こんどはじめて招集したもので、メーカー、学識経験者、消費者の各界代表が出席した。（読売、昭和41・9・14朝刊）

以上、要するに、国会の場合に限っては「召集」と書き、一般に、人を呼び集める場合には、「休日に生徒たちを招集する」「同窓会の役員に招集をかけて相談する」のように、「招集」を使うのが慣用であろう。（16—3）

問「**尊い**」と「**貴い**」

答「たっとい」又は「とうとい」という形容詞を漢字で書き表す場合、「尊い」と「貴い」のどちらを書く方がよいのか、また、両者は、意味によって書き分けた方がよいのか、という問題である。

　中国語としての「尊」は、「貴重である」「品位が高くすぐれている」「たっとぶべき人」などの意を表し、

　尊属　尊敬　尊厳　尊重　尊称　尊大　自尊　唯我独尊　至尊
　釈尊　不動尊

などの漢語として用いられる。

「貴」は「尊敬・尊重に値する」などの意を表し、

　貴重　貴人　貴族　貴賓　貴公子　貴婦人　高貴　貴金属
　騰貴

などの漢語として用いられる。このように、「尊」と「貴」は、きわめて意味が近い関係にあり、「尊貴」という語もある。

　国語の「たっとい」「とうとい」という語は、中国語の「尊」「貴」のどちらの意味も併せ持っている。そこで漢字を当てる場合、中国語における字義の違いに合わせて、「尊」と「貴」の書き分けをする習慣がある。

「「異字同訓」の漢字の用法」（昭和47、国語審議会参考資料）では、両者の書き分けを次のように示している。

　たっとい・とうとい
　　尊い――尊い神。尊い犠牲を払う。
　　貴い――貴い資料。貴い体験。

　また、『朝日新聞の用語の手びき』（昭和56）には、次のような書き分けの例が挙がっている。

　たっとい・とうとい・たっとぶ・とうとぶ
　＝尊〈尊敬・尊厳〉神仏を尊ぶ、祖先を尊ぶ、尊い生き方、尊い教え、尊い犠牲
　＝貴〈貴重〉真実を貴ぶ　貴い資料　貴い人命　和をもって貴しとす

　つまり、漢語の「尊敬・尊厳」の意味に当たる場合には「尊い」と書き、「貴重」の意味に当たる場合は、「貴い」と書き分けるわけである。

　文学作品の用例を見ても、大体、右のような書き分けが見られる。（以下、用例の引用は、『作家用語索引』〈教育社〉による。）

〔尊い〕
・私の考では世の中に何が尊《たっと》いと云って愛と美ほど尊《たっと》いものはないと思います。（夏目漱石「吾輩は猫である」）
・その統一の感じは三四郎に取って、最も尊き人生の一片である。（同「三四郎」）
・これは兼ねて聞き及んだ、尊い放光王地蔵菩薩の金像じゃ。（森鷗外「山椒大夫」）

〔貴い〕
・この塵《ちり》は二三十年かかって漸《ようや》く積った貴《たっと》い塵である。（夏目漱石「三四郎」）
・普通の麦酒《ビール》と珈琲《コーヒー》よりも百倍以上の価ある貴《たっと》い麦酒と珈琲である。（同右）
・筆を執る術《すべ》に慣れないばかりでなく、貴《たっと》い時間を惜むという意味からして、書きたいことも省かなければなりません。（同「こころ」）
・鮮やかなる事錦を欺くに至って生きて甲斐ある命は貴《とう》とい。（同「虞美人草」）
・しかし当時法印の位は太だ貴いもので（森鷗外「渋江抽斎」）

ただし、同じような意味を表していて、「尊」「貴」のどちらを書いてもよさそうな用例も、見当たる。

・あらゆる芸術の士は人の世を長閑《のどか》にし、人の心を豊かにするが故に尊《たっ》とい。（夏目漱石「草枕」）

などの例を見ると、「貴重」という意味からすれば「貴い」と書いてもよさそうなところである。おそらく、「尊厳」とか「尊重」とかいった意味内容を考えて「尊」を使ったものと思われる。

以上、要するに「尊い」と「貴い」との書き分けに関しては、「尊」や「貴」を含む漢語の関連によるところが多いと考えられる。

〔付記〕昭和二十三年二月に内閣告示・訓令された「当用漢字音訓表」（旧音訓表）では、

貴　キ
尊　ソン・たっとい

だけが掲げられていた。ところが、昭和四十八年六月内閣告示・訓令の「当用漢字音訓表」（改定音訓表）では、

貴　キ・たっとい・とうとい・たっとぶ・とうとぶ
尊　ソン・たっとい・とうとい・たっとぶ・とうとぶ

と改められ、それが現在の「常用漢字表」の音訓欄に踏襲されている。（16―4）

問「跡をたたない」か「後をたたない」か

答「交通事故があとをたたない。」とか、「入場者があとをたたない。」などという場合の「あとをたたない」の「あと」を漢字で書くとき、「跡」と書くか「後」と書くかという問題である。

明治以降、今日に至るまでに刊行の国語辞典について見ると、最も古い『言海』においても、「跡」と「後」とを別項目として立てており、以後今日までの辞典でもこれにならって別項目にしているものが大部分である。ただし、「跡」の項に、「迹・蹟・蹤・痕・址」（いずれも表外字）の全部、又は、一部を併記しているものが多い。これに対し、「後」の項に当てる漢字はこれ一字だけである。が、中には、「あと（後）」とは別項の「あと」の項に「後・跡・迹・痕」と併記しているものもある。

しかし、「あと」の項において、ここで問題としている「あとをたたない（「あとをたつ」を含める。）」の形、及び、その用例を掲げている辞典は少なく、いずれも終戦後の編集・刊行にかかわるものである。

戦後刊行の44種の国語辞典を調べた結果、「あとをたつ・あとをたたない」の形が、用例を含めて掲げてある辞典は、次ページ第1表に掲げる13種である。しかし、句の形としては、「あとをたつ」だけを掲げているものが大部分で、「あとをたたない」の形を掲げているものは1種しか見当たらなかった。

以上のまとめから言えることは、辞典A、B、I、Kでは、跡・迹を併記し、子項目の「あとを絶つ」の「あと」の部分を文字でなく符号で表してあるので、「跡」であるのか、「迹」であるのか、どちらでもよいのかは明確でない。しかし、「迹」には表外字の印を付けてあるので、常用漢字表に従って書くとすれば、「跡」ということになる。すなわちHを除く他の辞典では、「跡」としている。

辞典Hだけは、「あと」の項に「後・跡・迹・痕」と、この順序に4字が掲げてあり、まず「過去の建造物や既成の事蹟（ジセキ）については「跡」などを使う」と記してある。表内字だけに限っても、「後・跡」のどちらであるのか、どちらでもよいのかはっきりしない。なお、この辞典では、「あと〔後〕」の項では、まず〈明治時代まで多く「跡」と書いたが、現代では多く「後」と書く〉

第 1 表

事項／辞典	漢　　字	句	語釈・用例等
A	跡・迹	～を絶つ	往来する人が少ない。誰もいない。
B	跡・迹	*1 犯罪が～を絶つ	犯罪がなくなる。
C	跡	～を絶つ	*2 すっかりなくなってしまう。
D	跡	～を断つ	なくなる。なくす。〔事故・(犯罪)が～を断たない。＝引き続き起こる。〕
E	跡	～を絶つ	すっかりなくなる。
F	跡	～を絶つ	①主として男女が交渉を絶つ。②特定の時期を最後として，そのことが起こらなくなる。③＝あと(跡)を隠す。
G	跡	跡を絶つ	おとずれる人があとをたたない。
H	後・跡・迹・痕	～を絶つ	*3 続くもの。つづき(中略)。「～が言えないで涙になった」「参拝者が～を絶たない」
I	跡・迹	～を絶つ	すっかりなくなる。「犯罪が～・たたない」
J	跡	～を絶つ	特定の時期を最後としてそのことが起こらなくなる。「一九一〇年代でペストの流行はあとを絶った」
K	跡・迹	～を絶つ	①完全にとだえる。②消息を絶つ。③(男女が)交渉を絶つ。《注：各用例を省略。》
L	跡	～を絶たない ～を絶つ	あとからあとから出てきて，なかなかなくならない。 まったくたえてしまう。
M	跡	～を絶つ	①ゆくえをくらます。②あるときを最後に起こらなくなる。《注：英語を省略する。》

○配列の順序は，改訂や増補などをした版を含めた初版の発行日の順とした。

○辞典名の符号は，引用者が便宜上付したものである。

＊1　語釈の第 8 義として掲げてある。

＊2　なお，語釈の第 7 義に「ゆきき」とあり，その用例に「人通りが～を絶たない」とある。

＊3　「あと」の項の第 3 義として掲げてある。

第2表

番号	用語集等　刊行日 ＼ 用字	跡	後
①	改定版 新聞用語集　51.6.10	跡を断つ	後が絶える。
②	新聞用語集　56.9.25	注:「後を絶つ」,「跡を断つ」の両様がある。	後を絶たない〈後続〉
③	新・記者ハンドブック 改訂新版　48. 6. 1	跡を断つ	後を断たない。
④	記者ハンドブック 第4版第1刷　56. 9.10	容疑者が跡を断つ	事件が後を断たない
⑤	記者ハンドブック　62. 8.12	容疑者が跡を絶つ	事件が後を絶たない
⑥	言葉のハンドブック 平成元　3.23	容疑者が跡を絶つ〔姿をくらます〕	事件が後を絶たない
⑦	記事スタイルブック　56. 6.15	——	後を絶たない(後続)
⑧	新版記事スタイルブック　58. 2.15	——	後を絶たない(後続)
⑨	記事スタイルブック (全面改訂)　平成元　9.15	容疑者が跡を絶つ〈姿をくらます〉	後が絶える
⑩	ＮＨＫ放送用語ハンドブック　44. 3.20	跡を断つ	
⑪	今日の新聞用語 毎日新聞社　31.11.15 第6刷	跡を断つ	後を絶つ《誤用又は不使用としている。》
⑫	毎日用語集　42-5	跡を断つ	後を断つ《使っていけないもの，又は従来使ってはいけなかったものとしている。》
⑬	毎日用語集　48-6	跡を断つ	——
⑭	毎日新聞用語集 平成元　10.30	跡を絶つ(あとかたを)	後を絶たない。後を絶つ(後続),後が絶える
⑮	新聞用語の手びき　49.10.10	跡を絶つ(あとかたを)	後を絶たない(後続を)
⑯	朝日新聞の用語の手びき　56.10.20	跡を絶つ(あとかたを)	後を絶たない(後続)

(注)　1：新聞関係の用語集・手引書の類は，この外にもたくさんあるが，「あとをたつ・あとをたたない」について，どちらの書き表し方も掲げていないものは省略した。

2：配列は順序不同であり，付した番号は，単に便宜上のものである。

3：①，②は，新聞用語懇談会編・日本新聞協会発行のものである。

③，④，⑤，⑥は，共同通信社発行のものである。

⑦，⑧，⑨は，時事通信社発行のものである。

⑩は，日本放送協会編のものである。

⑪，⑫，⑬，⑭は，毎日新聞社発行（非売品を含む。）のものである。

⑮，⑯は，朝日新聞社発行（非売品を含む。）のものである。

4：《　》に包んだものは，引用者の注記であるが，他はすべて原文のままである。（ただし，⑩を除いて，他はすべて縦組みである。）

と説明している。

けれども、国語辞典について見るかぎり、「跡」の項については右に述べたとおりであり、「後」の項に、「あとをたつ・あとをたたない」の句や用例を掲げたものは一つもないところから言って、国語辞典によれば、「跡」と書くのが適切であると言えよう。

ところで、次に、新聞関係の用例集・手引書などについて見ると、第2表（前ページ）のとおりである。

すなわち、新聞関係では、「跡」を、「あとかた・形跡・痕跡《こんせき》」ととらえ、④・⑤の用例「容疑者が跡を断（・絶）つ」のように、動静・行方が分からなくなった場合に用い、「後」は、用例「事件が後を断（・絶）たない」のように、物事が引き続いて起こる」の場合に用いるというふうに使い分けを指向していると言えよう。

実際の用例を掲げれば次のとおりである。

・異常接近、いわゆる「ニアミス」は、いまも後をたたない。五十年の航空法改正で、ニアミスの報告を義務づけた「機長レポート」によると…（朝日、昭和58・9・21夕刊）

・このスポーツは、眼前に広がるコパカバーナ海岸での普通のサーフィンに対し、レール・サーフィンと名付けられた。文字通り、波ではなく、サーフボードの代わりに走行中の列車の屋根の上でバランスをとるという危険極まりないものだ。／転落、感電による死亡者は後を絶たず、去年だけでも百人以上、今年に入って増加する一方だという。（朝日、昭和63・9・3夕刊）

＊「異字同訓」の漢字の用法」にも常用漢字表の用例欄にも、「あとをたたない」の場合に、「跡」・「後」のどちらが適切かを判断することができるような用例は掲げられていない。

しかし、「何かが引き続いて起こる。」・「大勢の人々が次から次へと同じ目的をもって、同じ場所目指して行く。」などの意味で用いる「交通事故があとをたたない。」・「入場者があとをたたない。」などという場合の「あと」には、「空前絶後」という漢語もあることを考え合わせれば新聞などのように「後」を用いることも考えられるが、国語辞典によれば、「あとをたつ」から類推して、「あとをたたない」の場合にも「跡」を用いることになる。

なお、「あとをたたない」には、「あと」のほかに「たたない」に「断」を用いるか、「絶」を用いるかの問題もある。「断つ・絶つ」の使い分けについては、19ページを参照されたい。

＊ 昭和四十七年に、国語審議会漢字部会が作成した資料。異字同訓の漢字の使い分けを用例によって示したもの。

（16—5）

問 「小部数」か「少部数」か

答 書籍や雑誌などの印刷物の冊数が少ないことを「ショウ部数」という場合、「小部数」と書くか「少部数」と書くかという問題である。

一般に、二字漢語では、「大○」と「小○」（「○大」と「○小」）、「多○」と「少○」（「○多」と「○少」）のように、「大・小」、「多・少」が対になることが多い。

大国↔小国　大差↔小差　大破↔小破
過大↔過小　最大↔最小　長大↔短小
多額↔少額　多数↔少数　最多↔最少

ただし、中には、次の例のように、「大・小」「多・少」という対立にずれがあったり、ゆれが見られたりするものもある。

大食↔小食・少食　多量・大量↔少量
高額↔小額　増大↔減少

しかし、全体の傾向としては、「大・小」「多・少」は対を構成することが多く、「大・小」は、具体物の大きさだけでなく、抽象的な事柄の程度の差をも表すのに対し、「多・少」は、数量化が可能なものに限られそうなことが分かる。また、「大・小」はこれ以外にも組になる語がたくさんあるが、「多・少」はここに掲げたものがほとんどである。

この傾向は、これらの字音語が二字漢語と結合して、三字漢語を作るときにも見られる。一般に「大・小」が組になるものには、次のような例が挙げられる。

大規模⇔小規模　大企業⇔小企業
大劇場⇔小劇場　大減税⇔小減税
大事故⇔小事故　大都会⇔小都会
大波乱⇔小波乱　大編成⇔小編成

これに対して、「多・少」が組になるものは、「多人数・少人数」を除くとない。また、「多○○」の例には「多種類・多品種・多民族・多目的・多用途」などがあるが、いずれも「少○○」という言い方が予想しにくい。したがって、「多○○」という言い方は、主として、対象とする事柄が一種類や二種類にとどまらないことを表す点に特徴がある。

ここで問題にする「部数」に、「大」「多」「小」が結合した例は見付からなかったが、「少部数」の用例はある。

・この時生まれたミニコミという言葉には、小さな新聞、少部数の雑誌という意味以外に、（中略）新しいタイプの出版物という意味づけがあったと思う。（朝日新聞、昭和57・11・23、朝刊）

このような言い方が成立するのは、次のような例があるためと考えられる。

・創刊号の予定部数が四千部と少なく（朝日新聞、昭和57・5・7、朝刊）

これに対して、次の例も存在する。

・第一に発行部数がケタ外れに大きくて（朝日新聞、昭和41・10・4、朝刊）

これに従えば、「ショウ部数」は、「大部数」の対として「少部数」がよいということになる。しかし、先に掲げた使用例からは、「少～」は「多～」の対義語としてしか存在しにくい。また、二字漢語の例では、新聞で「少食」に対しては「小食」を、「少差」に対しては「小差」を統一用語として採用している。これらを考えると、「少ない部数」という意味合いからは、「少部数」という言い方も考えられるが、統一をとる立場からは「小部数」とすることになるであろう。

注　これに関連して、「小人数」の「小」を「こ」と読むか、「ショウ」と読むかという問題がある。これについては、367ページの〈「小人数」は「コニンズ」か「ショウニンズ」か〉を参考されたい。（16―7）

問「切手を貼る」か「切手を張る」か

答「切手をハル」のように、「ハル」という語を〈ノリデクッツケル〉という意味で漢字表記する場合、「貼る」と書くか、「張る」と書くかという問題である。

「貼」という字は、常用漢字表には掲げられていない、いわゆる表外漢字である。したがって、結論を先に言えば、常用漢字表の範囲で表記を行うならば、「張る」または「はる」のどちらを選ぶべきかということになる。「貼る」と書く習慣に根強いものがあることは確かであるが、それを選ぶべきか否かということは、別に考えなければならない問題である。

第二次大戦前の文学作品からは、この用法の使用例として、次のものが得られた。これらの例からは、「切手を貼る」という表記は、かなり固定したものであったことがうかがわれる。

・米国の切手の貼られた手紙が届いた事があつた。（有島武郎「或る女」）
・切手を貼るばかりの厚い封書（宮本百合子「伸子」）
・切手が六銭貼つてあつて（山本有三「波」）
・手紙は米子《よなご》からであつた。切手が二枚貼つてあつた。（野上弥生子「真知子」）

ただし、次のような仮名書きの例も見られる。

・切手をはらない吉田氏への手紙をポストに投げる。（林芙美子「放浪記」）
・六銭切手をはつたかなり厚い女の封書（同右）

下段に、第二次大戦後の使用状況を示す。資料は、国立国語研究所が昭和三十一年の雑誌を対象にした「現代雑誌九十種の用語用字」調査と、昭和四十一年の新聞を対象にして行った「現代新聞の漢字」調査による。

なお、この中には「ポスターをハル」のような例も含めた。これらには、〈ノリデクッツケル〉意味と〈ピントノバシテ固定スル〉意味とが区別しにくいものもあるが、併せて示した。

これから分かることは、雑誌では専ら「貼る」が使われているのに対し、新聞では「張る」も使われるが、「はる」が優勢であることである。新聞で「貼る」が使われないのは、「貼」が表外漢字であるためだが、その代案としては仮名書きが採られていたことがうかがわれる。なお、右の結果には、新聞の広告・小説の例は含まれていないが、新聞では、資料の請求券をハガキにはって送ることを求める広告がよく見られる。その場合の表記の内訳は、「貼る」―7、「はる」―9であった。

		張る	貼る	はる
切手・スタンプ・印紙	雑誌		1	
	新聞	1		8
符箋《せん》・レッテル・ふだ	雑誌		2	2
	新聞			3
証明写真	雑誌		1	
	新聞	1		3
布	雑誌	2	4	1
	新聞	1		
皮・ビニール	雑誌			1
	新聞			1
紙（ザラ紙・障子紙）	雑誌		1	
	新聞	1	1	3
絵	雑誌			1
	新聞	1		
ポスター・ビラ・新聞	雑誌		1	
	新聞	3		2

国語辞典では、この意味の「ハル」について積極的に表記を示しているものは少ない。見出し語「ハル」については「張る」を代表表記とし、この意味では「貼る」とも書くとしているものが大部分である。ただし、用字辞典では、次のように、仮名書きを指示しているものがある。

はる　はる　切手をはる
はる　張る　ロープを張る　欲張る　引っ張る
（新公用文用字用語例集）

はる　〔貼〕　切手を～。ビラを～。
はる　張る　ロープを～。

（NHK新用字用語辞典）

以上を総合すると、切手などの小片を〈ノリデクッツケル〉意味で、「ハル」という動詞を使うときは、「張る」と書くよりも、仮名で「はる」と書くことが大勢と見られる。（16—8）

問「お喜び申し上げます」か「お慶び申し上げます」か

答 例えば、年賀状の賀詞で「謹んで新春をおよろこび申し上げます」などと書く場合、「よろこび」という語を「喜び」と書くか、「慶び」と書くかという問題である。

漢和辞典の音訓索引で「よろこぶ」の項を引いてみると、

喜・欣・悦・賀・説・慶・歓・怡

などのように、多くの漢字が挙がっている。また、古典や文学作品などでこれらの漢字が実際に使われていることも事実である。例えば、次のとおりである。

〔賀〕
・伯孫、女、兒《をのこ》産《うまはり》せりと聞きて、往《ゆ》きて聟《むこ》の家を賀《よろこ》びて、月夜《つくよ》に還《かへ》りぬ。（「日本書紀」雄略九年七月）

〔悦〕
・悦《よろこ》んで肉力《ナイフ》と肉叉《フオーク》を動かしていた。（夏目漱石「三四郎」）
・此子婦《このよめ》は短命であったが、夫の家では人々に悦《よろこ》ばれていたらしい。（森鷗外「渋江抽斎」）
・八犬伝の著者の皺《しわ》だらけな顔には、別人のような悦《よろこ》びが輝いた。（芥川龍之介「戯作三昧」）

〔歓〕
・抽斎は此人《この》の文字《もんじ》を識《し》って、広く市井《しせい》の事に通じ、又劇の沿革を審《つまびらか》にしているのを愛して、来《きた》り訪《と》う毎《ごと》に歓《よろこ》び迎えた。（森鷗外「渋江抽斎」）
・同時に又理智《りち》の光を浴びた人生の歓《よろこ》びや悲しみは彼の目の下へ沈んでいった。（芥川龍之介「或阿呆の一生」）
・僕はこう云《い》う彼等《かれら》の不幸に残酷な悪意に充《み》ち満ちた歓《よろこ》びを感じずにはいられなかった。（芥川龍之介「歯車」）

〔怡〕
・富人貴客と談話するのみにして、一つも曾て意を怡《よろこ》ばしむる者なかりき。（織田純一郎訳「花柳春話」）

しかし、常用漢字表の音訓欄によれば、「よろこぶ」という訓が掲げられているのは、「喜」の字だけである。したがって、手紙文においても、常用漢字表に忠実に従った書き方をするとすれば、

・謹んで新年のお喜びを申し上げます。
・御一同様いよいよ御多幸の由、お喜び申し上げます。
・先生にはますますお元気で御活躍のこととお喜び申し上げます。

のように「喜」を書くほかはないのである。

また、文学作品においても、

・急いで玄関に出迎えたお栄は何よりも、謙作の今度の話に喜びを云《い》った。（志賀直哉「暗夜行路」）
・初《うい》児の誕生と云《い》う、喜びであるべき事を逆にとって（同右）

のように、めでたい事柄、祝うべき事柄に対して「喜び」を使った例も見られるので、こういう場合に「喜び」と書くことは、何ら差し支えはないのである。

ところが、実際の社会においては、特に、慶事の場合に、「お慶び」と書く習慣が広まっている。

「慶」という漢字は、もともと「鹿《しか》の略体＋心＋夊（足）」の会意文字で、鹿の皮（お祝いの品に用いる）をお祝いに持って行くときのような、明るい気持ちを表す字であり、「めでたいと祝う。めでたいこと。さいわい」という字義を持ち、

慶弔　慶祝　慶事　慶賀　大慶　御慶　同慶（の至り）
余慶　落慶

などの漢語として用いられる。

これに対し、「喜」は、「壴＋口」の会意文字である。「壴」は、台のついた器に、うずたかく食べ物を盛って、飾りつけたさまとも、あるいは「鼓」の左側と同じと考え、飾りつきの太鼓をたてたさまとも解される。したがって「喜」は、ごちそうを供え、又は音楽を奏してよろこぶことを示す字であり、漢語としては、

喜悦　喜怒哀楽　喜色　喜捨　歓喜　欣喜　随喜
悲喜　一喜一憂

などと用いられる。

つまり、「慶」と「喜」を比べた場合、「よろこぶ」という字義は同じであるにしても、「大慶」「慶賀」「慶祝」などと用いられる「慶」の方が、祝うという気持ちがより加わると意識されるところから、「お慶び申し上げます」という書き表し方が、伝統的に一般に広く用いられてきたのであろう。したがって、常用漢字表に従って書く場合は、「お喜び申し上げます」と書くことになるが、個人の私信などで特に慶賀の気持ちを込めたい場合に「お慶び申し上げます」と書くことも、何ら差し支えはないと思う。（16―9）

問　**「天の川」か「天の河」か**

答　晴れた夜空を横切る乳白色の帯状の部分を「あまのがわ」と言うが、これは「天の川」と書くのがよいか、「天の河」と書くのがよいか、という問題である。

この「あまのがわ」というのは、古くから歌にも詠み込まれていて、「万葉集」にも散見する。その表記を見ると、万葉仮名によるものは「安麻乃可波・安麻能我波・安麻能河波」であるが、漢字熟語によるものが次のようになっている。

○天漢…38例　○天河…10例　○天川…3例

これらのうち、漢文で用いられるのは「天漢・天河」の二つであり、「天川」は日本での用い方である。

ところで、漢文での用例であるが、「天漢・天河」を含め、次のような形が用いられている。

天漢　銀漢　雲漢　河漢
天河　銀河　天江　天杭

これらのうち、「漢」というのは、もともとは川の名を表したが、「あまのがわ」そのものを表す漢字でもあり、中国の字書に「漢ハ天河也」とあるのがこれである。したがって、「天漢・銀漢・雲漢・河漢」は、いずれも「あまのがわ」を表す漢字に修飾語を添えた熟語である。

これに対して、「河・江」は「水名」で、それぞれ「黄河・長江（揚子江）」のことであるから、いずれも「あまのがわ」を「かわ」に見立てた名付け方によるものである（「杭」は国訓が「くい」となるが、本来は「わたる」意味であり、「天杭」は「天空を横切るもの」という名付け方である）。しかし、漢文では、「かわ」に見立てた場合にも、「天川」という形は用いられていないのである。

その理由は、「川」というのが、中国の字書に次のように書かれていることからも分かる。

地ヲ穿チテ流ルル也。凡ソ天下ノ地勢、西山ノ間、必ズ川有リ。

つまり、「川」というのはもともと谷川のことであり、「あまのが

わ」の方は、どう見ても「川」に見立てることができない。見立てるなら、黄河のような「河」の方である。芭蕉の句「荒海や佐渡に横たふあまのがは」も、直筆はいずれも「天河」又は「天の河」とのことであるが、漢字の意味から考えて当然の用い方である。また、「荒海・佐渡・あまのがわ」という雄大な感じを詠んだ句とすれば、「川」より「河」の方が適しているわけである。

しかし、すでに万葉集においても「天川」の表記が見られたことは、前に引いたとおりである。そうして、和歌の世界でこの形が好まれたことは、江戸時代の注釈書などに見られるとおりである。

天川もみぢを橋にわたせばや
たなばたつめの秋をしもまつ
（本居宣長「古今集遠鏡」）

この「遠鏡」では、解説中の表記も「天川・天の川・あまのがは」であって、「天河・天の河」は見られない。恋の立場で観念的に取り上げる和歌の場合は、「天の河」でなく、「天の川」が好ましかったに違いない。その点では、たなばた伝説を踏まえた恋の歌と、雄大な自然描写の形でとらえた芭蕉の「天の河」とは、全く対照的である。

ところで、現代表記で用いる、漢字の字訓を整理した昭和二十三年の内閣告示「当用漢字音訓表」では、「かわ」という字訓が「川」にのみ掲げられて「河」には掲げられなかった。そのため、それまで「河」を用いることの多かった「アマゾン河・ナイル河」なども、「アマゾン川・ナイル川」に統一して書かれるようになった。これに準じて、「天の河」よりも「天の川」の形が一般化したのは当然である。

その後、昭和四十八年に「当用漢字音訓表」の改定が行われた際に必要な音訓が増補され、「河」にも「かわ」が掲げられ、現行の「常用漢字表」に受け継がれている。それにもかかわらず、以前の表記「アマゾン河・ナイル河」に戻る動きは見られなかった。また、「あまのがわ」についても、「天の川」の表記に落ち着いたまま現在に及んでいる。

それならば、「あまのがわ」について「天の川」という表記が好まれる理由は何か、ということであるが、これについては、東京新聞の「天の川か天の河か」という特集記事（昭和63・8・14、朝刊）が参考になる。それによれば、文献的には「河」が正しいにもかかわらず、読者からの投書は「天の川」支持が圧倒的に多かったと言う。その理由としてそこに引かれたものをまとめると、次の二つになる。

(1)「川」のほうが優しい感じが出る（字の形からとらえた感性論）

(2) 日本の川の名に河の字は用いない（固有名詞を踏まえた実際論）

そこに見られるのは、漢字本来の意味に基づく用い方ではなく、現在の日本人の日常生活に基づく感覚ということである。

このような事情を認めるとすれば、そこから次のような結論を導き出すことも可能である。すなわち、「あまのがわ」の本来の表記は「天の河」であるとしても、現在の日常生活においては「天の川」の形が一般化しており、この方が日本人の感覚にも合っているということである。そうして、これらの点に更に付け加えるならば、戦前の小学校における漢字教育を挙げることができる。「天」も「川」も第一学年の漢字であったのに対し、「河」は高学年の漢字であった。このことが、特に低学年の児童の生活に密着した七夕の行事と結び付き、「天の川」の表記を普及させたもう一つの要因と言えるわけである。（16—13）

問「**卵を産む**」か「**生む**」か

答　鳥・虫・魚などが卵をウム場合、「卵を産む」と書くのがよいか、「卵を生む」と書くのがよいか、という問題である。

この場合、「産」と「生」について中国の字書を見ると、「生ハ産也」「産ハ生也」とあるから、どちらも同じ意味と言えるけれども、それぞれには、次のような解説も添えられている。

産……婦、子ヲ生ムヲ産ト曰フ

生……人、十月ニシテ生マル

また、それぞれの漢字熟語を集めると、次のようになる。

産……サン　出産　産婦　産前産後　産児制限　安産　流産　難産

生……セイ　生家　生母　生地　生年月日

　　　ショウ　出生　生国　生得　誕生

このように並べてみると、「産」と「生」との間に、基本的な違いがあることに気が付くわけである。

その違いは、「産」というのが母親の立場であり、「生」というのが子の立場だということである。そのことを最も端的に表しているのが「出産」と「出《しゅっ》生《しょう》」という熟語であり、法令に見られる使い分けも、次のようになっている。

出産　国家公務員共済組合法・第四十条

　　組合員の病気、負傷、出産、死亡、休業若しくは災害

　生活保護法・第十六条

　　出産扶助は、困窮のため最低限度の生活を維持することのできない者に対して

出生　民法・第一条ノ三

　　私権ノ享有ハ出生ニ始マル

　恩給法・第七十二条・二項

　　公務員ノ死亡ノ当時胎児タル子出生シタルトキハ

このように対比すると、「出産」の方は母親の立場で「うむ」ことであり、「出生」の方は子の立場で「うまれる」ことだという違いが分かる。したがって、「卵」の場合も、「卵を産む」と用いるのがよいのであり、「産卵」という熟語の成立も同じ理由によるものである。

注　「出生」の読み方については、366ページの〈「出生」は「シュッショウ」か「シュッセイ」か〉を参照されたい。

ただし、日本語としての「うむ」と「うまれる」との間には自他の対応があり、「うむ」が他動詞、「うまれる」が自動詞である。したがって「産」の意味で「うまれる」という用い方もあり、「生」の意味で「うむ」という用い方もある。このような事情について参考になるのが、国語審議会が「当用漢字改定音訓表」の審議に際して用いた「「異字同訓」の漢字の用法」という参考資料の次のような対照である。

うむ・うまれる

生む・生まれる――下町生まれ　京都に生まれる　生みの親

産む・産まれる――卵を産み付ける　産みの苦しみ　産み月　予定日が来てもなかなか産まれない

これらのうち、「産まれる」を用いる例はまれであるが、「うむ」がすべて「産」、「うまれる」がすべて「生」ということにはならないのである。

ところで、「生」の方には、今までなかったものを作り出す意味もある。中国の字書に「無自《よ》リ有ヲ出《い》ダスコトハ生ト曰《い》フ」とあるのがこれである。前記「「異字同訓」の漢字の用法」の「生」の方に、次のような用例が加わっているのもこれである。

生む・生まれる――新記録を生む　傑作を生む

また、「卵」の方は、「学者の卵・弁護士の卵」のように、そのことでこれから一人前になる者について、比喩《ひゆ》的に用いることがある。したがって、もしも「学者の卵をウム大学院」のような用い方をすれば、この場合の「ウム」は、「産む」ではなくて、「生む」の方である。

したがって、一般には「卵を産む」が好ましい用い方であるとしても、比喩的には「卵を生む」も成り立つことを忘れてはならないのである。（16―15）

問 **「路地」と「露地」**

答 「ろじ」という語形は、「路地」とも「露地」とも表記される。これは意味の違う別の語であるのに表記の間に混同が見られるものなのか、それとも同一の語の中で表記がゆれているのかという問題である。

まず、現在の新聞や放送で、この語がどのように取り扱われているのかを眺めてみる。

ろじ　＝路地〔裏町の狭い通り、門内・庭内の通路〕路地裏
　　　＝露地〔屋根のない地面〕露地栽培
（新聞用語懇談会編『新聞用語集』、昭和56）

ろじ　路地　（狭い通路）～裏。
　　　露地　（茶席の庭、屋根などの覆いのない土地）～栽培。
（NHK編　『新用語用字辞典』、昭和56）

これからは、「路地」と「露地」が別の語なのか同じ語なのかは分からないが、意味によって表記が使い分けられていることがうかがわれる。

次いで、現行の国語辞典15種について見ると、その扱いは以下のようになっている。なお、対象とするのは「ろじ（歴史的仮名遣いは「ろぢ」）」に限る。見出しとして立ててある、〈道中〉の意味の「ろじ・ろし（歴史的仮名遣いも「ろぢ」）」（路次）は対象としない。

▽一語とするもの…4種

ただし、見出し表記形は、「露地・露路・路地」の三種を併記するもの、「露地・路地」の二種を併記するもの、「露地・露路（路地）」とするものなど、各様である。また、特定の意味についてはどの表記形を用いるか注記したものもある。

▽二語とするもの…11種

いずれも、それぞれの見出し表記形の一方を「露地」、他方を「路地」とする点では共通している。ただし、意味の分け方や、どの意味をどちらの語に属させるかについては、辞典により多少の異同がある。また、見出し表記と異なる表記形について注記のある点は、一語の場合と同様である。

これらの辞典で示している「ろじ」の主な意味は、次のように4種にまとめることができる。以下に、それぞれの意味を示し、主な表記形について解説を加える。

①覆うもののない、むき出しの地面。

どの辞典も、「露地」で一定している。古くから使われ、②以下の意味の元となったと考えられるが、現代では「露地栽培」など農業用語としてしか用いられない。

②茶室の庭。また、茶室に通じる道。

「露地」とするものが多い。江戸時代の字書や文学作品では、「廬地」「爐地」などとするものもある。明治時代の辞典では、「路次」を採るものも存在する。少数ではあるが、現代の辞典で

「路地」とするものがある。それとは反対に、「路次」「路地」を当て字とするものもある。

③門内の、また、屋敷内の道。

この意味を現代語としては採らない辞典もある。採るものでは、「露地」と「路地」がほぼ半数を占める。江戸時代以来の「露路」を採るものもある。江戸時代・明治時代には、「露次」とするものもあった。

④家と家との間の狭い道。

従来、表記のゆれの大きかった用法である。現代では、「路地」を採るものが優勢であるが、注記で「露地」とも書くことを示す辞典も少なくない。「露路」を代表形とするものもある。江戸時代以来、「路次」「露次」という表記も行われた。

国立国語研究所が行った「現代雑誌九十種の用語用字」調査では、「ろじ」は13回出現し、すべてが④の意味で使われている。その表記形の内訳は、路地—7、露地—6であった。それぞれの例を次に挙げる。

・そのときこのせまい路地をタクシイが入って来たのだった。
（『別冊文芸春秋』、昭和31）

・いつまで耳をすましていても、人足がとだえた路地の中には、やっぱりヒッソリした静けさがたちこめているだけだつた。
（『文芸春秋』、昭和31）

・横断の途中の軀《からだ》一つがやっと通れるほどの露地のところで
（『小説春秋』、昭和31）

現行の辞典で、「ろじ」を二語に分けるものは、右の①と②を併せて一語、③と④を一緒にして別の一語とするものが多い。その意味では、冒頭に掲げた新聞や放送の使い分けの基準は、おおむね妥当なものと考えられる。（16—20）

問「強豪」と「強剛」

答　群を抜いて強い人のことを指す「きょうごう」という語の漢字表記は、「強豪」と「強剛」のどちらを書けばよいか、また、両者は、意味、用法の上でどういう違いがあるか、という問題である。

まず、「豪」と「剛」の字義について考えてみよう。

「豪」は、「力や才知などがすぐれている」あるいは「すぐれた人」という意味や、「見かけが大きく勢いがある・規模が普通とは違う」という意味を持つ字である。そして、漢字二字の熟語をつくる場合、前の要素に立つときは、次のように形容詞的修飾語として用いられる。

・豪傑　豪快　豪壮　豪家　豪族　（「すぐれた」という意を表す。）

・豪酒　豪遊　豪放　豪雨　豪華　豪奢《しゃ》　豪語　（「規模が普通とは違う」という意味を表す。）

また、熟語の後要素になる場合は、

文豪　酒豪　富豪　強豪　古豪　土豪　剣豪

のように、名詞として「すぐれた人」という意味になる。

これに対し、「剛」は、もともと刀の材料にする鋼（かたい鉄）のことで、それから「かたい」「つよい」という意味を表すようになった字であり、

剛柔　剛直　剛毅《き》　剛力《りき》　剛体　金剛《こん》力　内剛外柔

などの漢語をつくる。「剛」は常に形容詞的な意味で用いられ、「豪」に見られるような普通の熟語名詞としての用法のない点が、両者の違いである。

ところで、「強豪—強剛」のように、「豪」と「剛」とが共に用いられる語としては、次のような例がある。

(a) 豪球―＊剛球　＊豪胆―剛胆　＊強豪―強剛
(b) 豪気―剛気　豪強―剛強　豪勇―剛勇　豪健―剛健

　これらの語は、それぞれ、「豪」には「すぐれている」、「剛」には「かたい」という意味の違いが認められるが、新聞や放送の世界では、特に(a)の場合、両者の差を無視して＊印の方に統一して使用している。

　ここで、「強豪」と「強剛」について、手元にある国語辞典・漢和辞典類の取扱いぶりを調べてみよう。

(1) 両者を別語として、別の見出しを立てたもの。（5種）
(2) 両者を同一語として、同じ見出しの中の表記に「強豪・強剛」を併記したもの。（6種）
(3) 「強豪」だけを見出しに立てたもの。（5種）(注)
(4) 「強剛」だけを見出しに立てたもの。（3種）
(5) 両者とも見出しに立てていないもの。（3種）

(注)『広漢和辞典』には、「強剛」は見出し語にないが、「強豪」は掲げられていて、次の用例が引用されている。
〔本朝文粋、三善清行、意見十二箇条〕
此皆部内ノ強豪、民間ノ凶暴ナル者也。
平安後期の使用例であるが、ふしぎなことに、戦前に刊行された国語辞典（大日本国語辞典・大言海・辞苑・大辞典）には「強豪」を見出し語に立てたものは一つも見当たらない。察するに、この語は比較的近年になって使われだした語であろうか。

　右のうち(1)の扱いをした国語辞典の中には、「強豪」を名詞、「強剛」を名詞・形容動詞として後者の用例を次のように掲げたものが、二、三ある。

・其精神不撓《ふとう》強剛なるを以て其の危険を凌《しの》ぐ（井上勤「月世界旅行」）
・兼々《かねがね》、市九郎の強剛なる意志を、知りぬいて居る周囲の人々は、彼の決心を翻すべき由もないのを知った（菊池寛「恩讐の彼方に」）

　つまり、「強剛」には、「強くて物事に屈しない」「手ごわい」という意味で、形容動詞（文語ナリ活用）としての用法が認められるのに対し、「強豪」にはそういう用法が見当たらない。

「強豪」は「貫禄《かんろく》と実力を兼ね備えて強いこと。また、そういう人」という意味で、常に名詞として次のように用いられる。

・私の前を飛ぶ第二分隊長の松井曹長は、歴戦の勇士で撃墜二十四機の強豪であり、初陣の私はその僚機である。（『丸』昭和31・10月号）
・というように実力充実の強豪チームであった。（『野球界』昭和31・8月号）
・野外の試合場で行われた濠洲の強豪「エミール・コロシェンコ」選手とのシングルマッチで（『月刊ファイト』昭和31・4月号）
・小学5年から野球を始め、愛知県内の強豪校の誘いをけり、長野・信州工（塩尻市）に進学した。（報知・平成2・9・5）

　一方、「強剛」にも右のような用法がないわけではなく、

・山静地区の強剛としてセンバツの不振を夏の大会で取戻さんとする浜松商のバッテリー（『ベースボールマガジン』昭和31・7月号）

のような用例も見られるが、余り普通ではないと考えられる。この名詞としての用法は、現在では「強豪」の方が一般的であり、前述のように、新聞・放送界が、

（強剛）→強豪

のように統一したのも、そういう判断に基づくものであろう。

　以上、要するに、名詞として用いる場合は「強豪」を、形容動詞として用いる場合は「強剛」をというのが、一般的な使い方だと言えるだろう。（17―2）

問「**屈服」と「屈伏**」

答「屈服」と「屈伏」とは、同じ意味の語としてどちらを使っても差し支えのないものか、それとも、別語として意味によって使い分けなければならないものかという問題である。

まず、「服」と「伏」の字義を比較してみよう。

「服」は、「体にぴたりとつける衣（衣服）」、「ぴたりと身に着けて離さない、ぴたりとつき従って離れない」意から、「つきしたがう」「つきしたがわせる」という意味になり、

服従　服役　服務　帰服　征服　屈服　敬服　承服　悦服
感服　不服　心服　畏服

などの漢語として用いられている。

「伏」は、「体や頭を地に伏せる・平伏する」という意味を表し、

伏在　伏罪　伏蔵　伏線　伏兵　伏魔殿　潜伏　平伏　起伏
圧伏　屈伏　説伏　雌伏　折伏《しゃくぶく》　調伏《ちょうぶく》　降伏

などの漢語として用いられている。

それらに「屈（かがむ）」が結び付いてできた「屈服」と「屈伏」とは、古く漢籍でも、同じような意味の語として用いられている。

・屈服スル者ハ其ノ嗌《むせ》ビ言フヤ、哇《あい》スルガ若《ごと》シ（荘子、大宗師）
・帝廷ニ階見スルニ及ビ、党、礼ヲ以テセズシテ、屈伏シテ謁セズ（後漢書、逸民、周党伝）

共に、「かがみ伏す、力が及ばないで従う、恐れ従う」という意味である。

手元にある国語辞典・漢和辞典の取扱い方も、次のようになっている。

(1)「屈服」と「屈伏」を別語として、別の見出しに立てているもの。（3種）
(2)「屈服」のみを見出しに立てているもの。（なし）
(3)「屈伏」のみを見出しに立てているもの。（3種）
(4)両者を同一語として、同じ見出しの中の表記に「屈服」「屈伏」を併記したもの。（16種）

右のうち、(1)はいずれも漢和辞典であり、熟語としての見出しは別に立てているが、意味は同じとされている。また、(3)の国語辞典三種のうちの二つは戦前に刊行されたもの、他の一つは「〈屈服〉とも書く」という注釈がつけられている。これらから判断すると、辞典類ではほとんど同義語として扱う傾向にあることが知られる。

次に、文学作品や雑誌などの実例について見てみよう。

『作家用語索引』（教育社）によって調べてみると、以下に示すように、夏目漱石は「屈伏」（3例）を、森鷗外は「屈服」（4例）を使っていることが分かる。

〔屈伏〕……夏目漱石

・どうせ、こんな手合を弁口で屈伏させる手際はなし、させた所でいつまで御交際を願うのは、此方《こっち》で御免だ。（坊っちゃん）
・しかし人を屈伏させないと到底自分も屈伏させる事が出来ない。（虞美人草）

〔屈服〕……森鷗外

・そこへ年齢の不足ということが加勢して何事をするにも、友達に暴力で圧せられるので、僕は陽に屈服して陰に反抗するという態度になった。（ヰタ・セクスアリス）
・彼は権威に屈服しない。（同右）
・いつでも末造が新聞で読んだ、むずかしい詞《ことば》を使って何か言うと、お上さんは気おくれがして、分からぬなりに屈服してしまうのである。（雁）
・宗右衛門《そうえもん》は屈服して「……」と云《い》った。（渋江抽斎）

両者を比較すると、「屈伏」には「平伏」の意が、「屈服」は「服従」の意が働いているようにも考えられる。

また、国立国語研究所の「現代雑誌九十種の用語用字」調査で採集されたカードに当たってみると、次に示すように「屈服」が三例あり、「屈伏」の例は現れなかった。

・もはや、わが方が全面的かつ無条件に屈服する以外に、残された道はないかにみえる。（『東洋経済新報』昭和31・8・18日号）
・昨年のストライキで一度屈服した会社側が、今度の逆攻勢に出てきたのは（『新潮』昭和31・4月号）
・だからといって、僕が、彼の前に屈服したわけでない。（『面日倶楽部』昭和31・8月号）

なお、新聞・放送界では、『朝日新聞の用語の手びき』（平成元）に、

くっぷく（屈伏）→㊕屈服（注）

とあるように、「屈服」の方に統一して使っている。

（注）㊕は、日本新聞協会の用語懇談会で「統一用語」として定めたことを示す。

ちなみに、「降服」と「降伏」は、

こうふく（降服）→㊕降伏

と定められている。

もちろん、「屈伏」と書いても誤りではないが、一つの文章の中で同じ意味で二種類の表記を用いることは好ましくないという理由で、新聞・放送界ではこの種の統一を図っているのである。

以上、要するに「屈服」の「服」には「服従する」意、「屈伏」の「伏」には「頭を上げない、平伏する」意が働いていると思われ、その字義の差によってどちらを書いても誤りとは言えない。しかし、両者の意味は、きわめて近似しているので、新聞が「屈服」に統一していることもあって、現在では、「屈服」を使う方がやや一般的と言えるだろう。

〔付記〕『運歩色葉集』（天文17年〈一五四八〉完成）には「屈伏 クツブク」とあり、もとは「くつぶく」もしくは「くっぷく」と言っていたことがわかる。また、『日葡辞書』（本編は慶長8年〈一六〇三〉、補遺編は翌年刊行）には、次のような記載が見える。

Cutbucu クツブク（屈伏）Cagami fusu（屈み伏す）人を歓迎する際に、敬って平伏する1）さま。＊1）原文はestar de bruçado. 日仏辞書は、S'incliner respectueusement（うやうやしくお辞儀する）と訳している。（『邦訳日葡辞書』による。）

現在とは、発音も意味も違う説明が見られるのが注目される。

なお、ヘボンの『和英語林集成』（慶応3年〈一八六七〉初版）には、

KUPPUKU, —suru, クップク, 屈伏

とあり、現在と同じ発音、同じ意味の説明がある。（17—3）

問「訓示」と「訓辞」

答「訓示」と「訓辞」とは、同じ意味の語であるのか、それとも、異なった語として使い分けを要する語であるのかという問題である。

まず、手元にある国語辞典・漢和辞典の取扱い方を見てみよう。戦前に刊行されたものから近年出されたものまで約二十数種に当たってみたが、一つの例外もなく、「訓示」と「訓辞」は別語として、別の見出しに立てられている。また、その意味の説明のしかたも、大体、次のような記述で一致している。

〔訓示〕教え示すこと。また、その教え。特に、上位の者が下位の者に対して示す、執務上の指示や心得。

〔訓辞〕教えさとす言葉。導き戒める言葉。

右に見るとおり、「訓示」は名詞にも、あるいは「訓示する」というサ行変格動詞にも使われるが、「訓辞」には名詞としての用法しかない。これは、「示」の字義が「しめす」、「辞」の字義が「こ

とば」という、両者の字義の差から出たものである。

　このように、「訓示」と「訓辞」は、別語と考えてよいが、問題になるのは、名詞としての「訓示」の用法と、「訓辞」との使い分けに、やや紛らわしい場合があることである。

・白服の学生の一隊がカーキ色の軍服を着た体操の教官から一場の訓示をうけている。（尾崎士郎「人生劇場」）
・指令官片桐少将が全搭乗員を集めて行われた感動的な訓示が、頭のどこかにこびりついて離れないからだ。（『人物往来』昭和31・4月号）

のように、指揮権のある者が下位の者に対して指示や心得を示す場合には、普通、「訓示」が使われる。

　これに対し、「訓辞」は、

　収容所長が登壇して、移民達の海外発展の『壮図』について、一場の祝辞と訓辞を述べ、（石川達三「蒼氓」）

のように、「祝辞・送辞・答辞・謝辞・別辞」などと並んで使われる語で、「教え戒める言葉」を表すものである。しかし、新聞・放送界では、

　くんじ（訓辞）→㊕訓示（日本新聞協会『新聞用語集』昭和56）

として、「訓辞」を使用せず、すべて「訓示」に統一するという方針をとっている。

　以上、要するに、動詞および動詞性の用法の場合は、「訓示」だけを使い、名詞としての用法の場合は新聞は統一しているが、意味を重視するならば、その意味の差に従って、「訓示」と「訓辞」を書き分けることになる。　（17—4）

問「作成」と「作製」

答　物品を作ること、また、書類、計画などを作りあげることを「さくせい」と言うが、この語の漢字表記は、「作成」がよいのか、「作製」がよいのか、あるいは両者は意味の違いによって書き分けた方がよいのかという問題である。
　「成」という漢字の字義は、「しあがる・できあがる」「しあげる・りっぱになし遂げる」という意であり、

　成否　成就　成功　達成　期成　成案　成因　成果　成人
　成年　成長　成立　成熟　成績　成仏　落成　完成　大成
　結成　天成　老成　晩成　速成　養成　混成　編成

のような漢語として用いられる。

　これに対し、「製」は、「布を裁って衣服をしたてる」という原義から、一般に「物品をつくる・こしらえる」という字義を持ち、

　製法　製造　製作　製糸　製糖　製粉　製本　製紙　製鉄
　調製　官製　私製　自製　新製　精製　謹製　粗製　和製
　フランス製

などの熟語となって用いられる。これらに「作」が結び付いてできた「作成」と「作製」は、普通は、次のように意味を区別することができる。


〔作成〕書類・文書などを作ること。「法案（予算案・計画書・目録・試験問題・レポート）の作成」

〔作製〕品物・図面・印刷物などを作ること。「家具（ラジコン飛行機・標本・地図）の作製」


　ここで、手元にある二十種余りの国語辞典の取り扱い方を見てみよう。

(1)「作成」と「作製」を別語として、別の見出しに立てているもの（12種）
(2)「さくせい」という同一見出しの中で、意味の違いによって両者を区別しているもの（4種）

(3) 同一見出しの中の表記として、両者を併記しているもの（2種）
(4) 「作成」のみを見出しに立てているもの（3種）

(4)に該当するのは、『大言海』『大日本国語辞典』『大辞典』の三種で、いずれも第二次大戦以前に刊行されたものである。これを除外して考えると、現在の国語辞典の取扱いは、(1)と(2)のような見出しの取扱いの差はあるものの、大半が「作成」と「作製」との意味を、前記のように区別していることになる。

国語辞典の取扱いは、以上のとおりであるが、実際面では、両者の使い分けは必ずしも明らかではない。

法令の場合を見てみよう。昔の法令では、「作成」を一般的な用語とし、「作製」は、特に書類や帳簿を作る場合に用い、かつては、

・その申出により船員名簿を作製し（「公職選挙法」21条・2＝㊟この条項は、現在は削除されている。）

のように用いられたこともあったが、「法令用語改正要領」（昭和29・11・25、昭和56・10・1一部改正）によって、「作成」「作製」は、「作成」に統一されることになり、今日に至っている。

また、新聞・放送界が基準としている『新聞用語集』（昭和56、日本新聞協会）には、

さくせい＝作成〔文書などを〕　計画書を作成、法案の作成
　　　　＝作製〔物品などを〕　標本の作製

のように使い分けることが示されている。しかし、国立国語研究所が昭和四十一年の朝日・毎日・読売三紙一年分について調べた「電子計算機による新聞語彙調査」の結果によれば、「作成」が五十二回に対して、「作製」は次の一回しか現れていない。

・これはスポーツ振興資金財団がユニバシアード東京大会の資金獲得のため二十万シートを作製、九月一日から明年三月末日まで百円寄付するごとに一シートをおくり二千万円を募金目標としている。（毎日、昭和41・8・26、朝刊）

つまり、実際の紙面では、ほとんど「作成」に統一される傾向にあるようである。

以上、要するに、「作成」と「作製」とは、国語辞典や『新聞用語集』などの記述のように、一応、意味の違いが認められるので、必要に応じて、使い分けた方がいいという結論になる。

〔付記〕『日葡辞書』には、「Sacuxei（サクセイ）」という見出しがあり、「人が歌などを作るわざ」という意の説明がある。つまり、詩文や芸術品を作る意にも、かつては用いられたようだが、現在、その意味では「制作」が普通に用いられている。

なお、「制作」と「製作」との使い分けについては、13ページに解説がある。

（17—5）

問「退避」と「待避」

答 同音の漢語「退避」と「待避」とでは使い分けがあるかという問題である。

「しりぞいてさけること」の意味では共通するところがあるが、「待」には「まつ」という意味があり、今では、使い分けていると見てよいだろう。

「退避」は、中国の古い文献では、辞職を願い出るほどの意味で用いられたこともある。現在では、危険をさけるために、その場からしりぞく意味に用いられている。

しかしほとんどの国語辞典は退避、待避を別見出しとして立てて区別している。

〔退避の例〕

・安全な地点に退避する。

・退避訓練。退避命令。
・婦女子や病人を退避させる。
・浸水を始めた船から退避する。
・小隊はサンホセの砲声を聞き、糧食無線機とともにあらかじめ退避していたのである。（大岡昇平「俘虜記」）
・事業者は、労働災害発生の急迫した危険があるときは、直ちに作業を中止し、労働者を作業場から退避させる等必要な措置を講じなければならない。（「労働安全衛生法」（昭和47））
・退避壕《ごう》その他の退避施設（「活動火山対策特別措置法」（昭和48））

〔待避の例〕

・待避所（橋の上やトンネルの中で、列車の通過を待つために設けられた場所。）
・待避線（列車の行き違いや追い越しのために、他方の通過を待つために設けられた線路。）
・望むと望まざるとを問わず、……新しい仕事を推進させるような立場に立たされるのだ。待避は許されなかった。（大仏次郎「地霊」）
・待避所の設置（「道路法施行令」（昭和27））
・待避所相互間の距離は、三百メートル以内とすること。（「道路構造令」（昭和45））

要するに、「退避」は、危険をさけるために、身をしりぞくことであり、「待避」は、他のものが通過するのを待つことに力点を置いて使い分けることとしてよいが、『新聞用語集』（昭和56）によると、鉄道用語としての「待避線」を除いては、新聞はすべて「退避」を使うことになっている。

『ＮＨＫ放送のことばハンドブック』（昭和62）には、

待避……（交通用語）～所　～線　特急を～する
退避……（一般）～訓練　～命令

とある。　（17—7）

問「的中」と「適中」

答「ぴたりとあたる」という意味の語は、「的中」と書くか「適中」と書くかの問題である。

「中」は、「あたる」という意味で両者共通であるから、問題は「的」と「適」との差にある。たまたま同音であるところから「的確」と「適確」の場合と似ているのであるが、15ページに解説してあるように、「適確」は法令には使われているけれども、一般の漢和辞典には掲げられていない語なので（国語辞典には、「適確とも書く」という注のあるものがあるが）、国語審議会報告「語形の「ゆれ」について」（昭和36）にも示されているように、一般の文章では「的確」を使った方がよいであろう。

これにひきかえ、「的中」も「適中」も漢和辞典の見出しとしては載っているが、両者とも「正しくあたる」の意味の出典が示されていない。

「的」は「まと」であり、矢や弾丸が的に当たるのが第一義である。転じて、予想などがぴたりと当たる意となり、この二番めの意味で、「的中」と書くのである。

「適」の意味は、①まっすぐ目的に向かって進む。（適従）②かなう。ぴったり当てはまる。よく合う。ふさわしい。ほどよい。（適応・適当・適法）③たのしい。気持ちがよい。（快適）などの意味がある。ここでは、②の意味である。

『日本国語大辞典』の用例を見ると、

・的中（テキチウ）の薬を工夫仕出すまじき物にてなし（浮世草子・風流曲三味線―三・二）

・鶴曰、成程鴈の中候義共、私身に的中（テキチウ）仕候義に御座候（談義本・山家一休―三）

・許多の世代を経て試験するに、的中して謬らざれば今日に至るまで伝はれるなり（中村正直訳「西国立志編」）

・「お手の筋だ」とでも云ひたい程適中（テキチュウ）したので（森鷗外「雁」）

なお、夏目漱石も次のように両方を使っている。

・僕が僕の占いの的中しなかったのを、母の為に喜んだのは事実である。（彼岸過迄）

・どうも御前の予言の方が適中したらしいと云った時、妻は愛想もなく、当り前ですわ、三面記事や小説みたような事が、滅多にあって堪るもんですかと答えた。（同右）

国語審議会報告「語形の「ゆれ」について」（昭和36）でも、的中（適中）の例が挙がっており、かっこの外のものを使うようにしたらよいと述べられている。「的中」の方が一般的であるという理由からである。

新聞や放送でも「的中」に統一している。　（17―8）

問「極める」と「究める」と「窮める」

答「きわめる」という動詞を漢字で書き表す場合、「極」「究」「窮」のうちどれを使うのがよいか、また、三者は、意味によって使い分けた方がよいのか、という問題である。

まず、三者の字義について見ることにする。

「極」は、「この上ないところ・頂点・限界点」という意味を表し、

疲労の極　極限　極点　終極　窮極（キョク）／極上　極意
極寒　極暑　極楽　極悪　極秘　至極（ゴク）

などの漢語として用いられる。また、「一方の果て」という意味では、

極地　極東　磁極　南極　北極　電極　対極　両極　消極
積極

などの漢語として用いられる。更に、動詞としても用いられ、「最後のところまでしつくす。限界点まで及ぶ」という意味で、

極大　極度　極量　極端　極力　極言　極論　極地　（キョク）／極道（ゴク）

のような用法もある。

「究」は、「物事を最も深いところまで明らかにする」という意味を表し、

究明　究理　究極　考究　探究　研究　学究　追究　論究
討究

などの漢語として用いられる。

「窮」は、「物事がぎりぎりのところまでいってつかえる」「行きづまって動きがとれない」という意味を表し、

窮迫　窮乏　窮民　窮地　窮余　窮境　窮状　窮屈　窮鳥
困窮　貧窮

などの漢語として用いられる。また、「ぎりぎりの所までやり尽くす・最後まで見届ける」という意味にも用い、

窮極　無窮　窮理

などの語として用いられる。以上のように、「極」「究」「窮」は、きわめて意味が近い関係にある。

国語の「きわめる」という語は、「極」「究」「窮」のいずれの意味も併せ持っている。そこで漢字を当てる場合、この三者の書き分けをする習慣がある。

「「異字同訓」の漢字の用法」（昭和47、国語審議会参考資料）では、

この三者の書き分けを次のように示している。

　きわまる・きわめる

　　窮まる・窮める――進退窮まる。窮まりなき宇宙。真理を窮（究）める。

　　極まる・極める――不都合極まる言動。山頂を極める。栄華を極める。見極める。極めて優秀な成績。

　　究める――学を究（窮）める。

また、日本新聞協会の『新聞用語集』（昭和58）には、次のような書き分けの例が挙がっている。

　きわまる・きわめる

　＝究（追究・探究）学問の奥を究める、究みなき追究、真理を究める

　＝極（極限・極度）栄華を極める、感極まる、極め付きの品、位人臣を極める、山頂を極める、失礼極まる、見極める

　＝窮（行き詰まる・突き詰める）窮まりなき宇宙、窮め尽くした道、進退窮まる

　つまり、漢語の「追究・探究」の意味に当たる場合には「究める」と書き、「極限・極度」の意味に当たる場合は「極める」と書き分けるわけである。ただし、前者の場合は、『「異字同訓」の漢字の用法』に「真理を窮（究）める」「学を究（窮）める」とあるように、「窮」「究」のどちらも書かれるようである。次に掲げる文学作品の用例を見ても、そのことが知られる。

〔窮める〕

・この瞳《ひとみ》を遡《さかのぼ》って、魔力の境を窮むるとき、桃源に骨を白うして、再び塵寰《じんかん》に帰るを得ず（夏目漱石「虞美人草」）

・武鑑は、わたくしの見る所によれば、徳川史を窮むるに闕《か》くべからざる史料である。（森鷗外「渋江抽斎」）

・さて斯の如く小学に熟練して後に、六経《りくけい》を窮めたらむには、聖人の大道微意に通達《つうだつ》すること必ず成就《じやうじゆ》すべし（同右）

・是より先保は深く英語を窮めむと欲して、未だ其志を遂げずにいた。（同右）

〔究める〕

・「空間に生れ、空間を究め、空間に死す。空たり間たり天然居《てんねんこ》士《じ》噫」と意味不明な語を連ねて居る所へ（夏目漱石「吾輩は猫である」）

・色が見えねばこそ形が究めたくなる。（同「虞美人草」）

・こんな手紙に意味があると考えて、飽くまでその意味を究めようという決心かもしれない。（同右）

・只寺院の側から観た煩瑣《はんさ》な註釈を加へた大冊の書物を、深く究《きは》めようともせずに、貯蔵してゐるばかりである。（森鷗外「青年」）

なお、夏目漱石には、同じような意味で「極」を使った例もわずかに見える。

・事件その物を見ると、何だか生徒だけがわるい様であるが、その真相を極めると責任は却って学校にあるかもしれない。（坊っちゃん）

右に掲げたように、漱石や鷗外の作品には、「窮める」「究める」の両表記が見られるが、一般的には「追究、探究」の場合には「究」を使う方が普通のようである。

・経書の教義を究《きは》めるのとは別事です。（倉田百三「出家とその弟子」）

・たとい八万の法蔵を究《きは》めたとて、極楽の門が開けるわけではありません。（同右）

・（島村は）子供の時から歌舞伎芝居になじんでゐたが、学生の頃は好みが踊りや所作事に片寄って来て、さうなると一通りのことを究めぬと気のすまないたちゆゑ、古い記録を漁ったり、家元を訪ね歩いたりして（川端康成「雪国」）

・医者が脈を見て、病気をさぐるように、末端から本体を究めることは、不可能でないです。（獅子文六「自由学校」）

なお、「きわめる」に対し、「行き詰まる」意を表す自動詞「きわまる」の場合には「究」を使うことはなく、「窮まる」と書くのが普通である。

・抑〻陵の今回の軍たる、五千に満たぬ歩卒を率ゐて深く敵地に入り、匈奴数万の師を奔命に疲れしめ、転戦千里、矢尽き道窮まるに至るも尚全軍空弩を張り白刃を冒して死闘してゐる。（中島敦「李陵」）

右の「窮める・窮まる」や「究める」に対し、「極める・極まる」は、極限、極度の意味で、文学作品でもきわめて広範囲に使われる。

・山を極めたらば（漱石「虞美人草」）茫々たる大地を極めて（同「草枕」）大千世界を極めて（同上）官位を極めしめ給うて（太宰治「右大臣実朝」）

・この平凡極まる東京の何所《どこ》にでもごろごろして、最も平凡を極めている辻待の人力車を見るたんびに（漱石「彼岸過迄」）

などは、「この上ないところまで達す」という意味であり、

は、「この上なく……である」という意味である。特に、後者の場合は

変調（醜態・猖獗《しょうけつ》・衰弱・寂莫《ばく》・多忙・洗錬・残酷・冷淡・悲愴《そう》・横暴・絶頂）を極める。口を極める。

という形で幅広く使われている。

以上、要するに「極める」「究める」「窮める」は、きわめて意味が近似しており、その書き分けは必ずしも容易ではない。しかし、現在の一般的な慣習としては、「追究・探究」の意味では「究める」、「極限・極度」の意味では「極まる」「極める」、「行き詰まる」意味では「窮まる」と書くのが普通であると思われる。

〔付記〕昭和二十三年二月に内閣告示となった「当用漢字音訓表」では、

究　キュウ
窮　キュウ・きわめる
極　キョク・ゴク

だけが掲げられていた。それが、昭和四十八年六月内閣告示の「当用漢字音訓表」では、

究　キュウ・きわめる
窮　キュウ・きわめる・きわまる
極　キョク・ゴク・きわめる・きわまる

と改められ、そのまま現在の「常用漢字表」の音訓欄に踏襲されている。

なお、国語の名詞としての「きわみ」や、副詞としての「きわめて」の場合は、「極」だけが使われ、「究」や「窮」は使われない。（17—9）

問「機嫌」か「気嫌」か

答　現在「機嫌」と書かれることの多いこの語は、古く漢籍や仏典に見える「譏嫌」の変化したものとされる。その「譏嫌」は、そしりきらうこと、ことに他人にそしられきらわれるという意味である。仏教では、禁戒を四重禁戒と息世《そくせ》譏嫌《きげん》戒《かい》との二つに大別する

ことがある。後者は、世間から非難され排斥されるような程度の行為を禁ずるもので、単に譏嫌戒ともいう。この世間的な非難排斥の意味の「譏嫌」が漢籍の例でもあり、我が国でも古くから用いられたと思われるが、「きげん」という語の中世以後の実例を、『日本国語大辞典』を手掛かりに拾ってみると、次のようなものがある。

・聖人ハ食ヲ要シタマフ事無シトイヘドモ譏嫌ノタメニ求メタマフカ（今昔物語集七）
・時の人の譏嫌をかへりみず、誓願の一志不退なれば（正法眼蔵、行持）
・世に従はん人はまづ機嫌を知るべし（徒然草一五五）
・京のきげんをぞ窺ひける（義経記二）
・譏嫌をはばかりて和らかに諫むべし（十訓抄六）
・惣じて、奉公する者は、しう（主）の機嫌のよひ時もあり、わるひ時もある物じゃ（狂言、末広がり）

また、辞書の類として、

『色葉字類抄』「気験　キゲム　譏嫌同じきか、形勢を計るの儀なり」
『日葡辞書』「顔つき。ヒトノキゲンヲトル、人を満足させる、または、人を喜ばせるように努める」
『世説故事苑』「気まかせにふるまう」
（日本大典文学大系『今昔物語集二』補注による）
（以上、表記を改めたものがある。）

これらを見ると、「きげん」の一語が、世間の批判から、人心の向背、世間の情勢、時機のよしあしなどという方面へ、また、個人的な気分的状態、表情に出るような内心の気分などという方面へ、意味をずらせながら続いている様子が察せられる。

そこで「きげん」の表記であるが、もともとは「譏嫌」であるとして、我が国では中世以来、「譏」に代えて「機、気」を用いたものがある。それは「きげん」の意味上の変化に応じた、一種の当て字と考えられる。そのうち、一般的に用いられたのは「機嫌」の方で、近世に入って節用集では、『黒本本節用集』『饅頭屋本節用集』『易林本節用集』『書言字考節用集』に「機嫌」が用いられている。「気」については、『色葉字類抄』に「気験」という語を挙げているのは先に引いたとおりであるが、江戸時代初期の連歌書「匠材集」に、

けしきを取る　気嫌を取るなり

とある。（日本古典全集による。表記は、一部改めた。）

それでは現代はどうか。実際の使用例を見るために国立国語研究所が昭和三十一年の雑誌を対象にした「現代雑誌九十種の用語用字」調査と、昭和四十一年の新聞を対象にして行った「現代新聞の漢字」調査の調査結果を整理して示す。

	機嫌	気嫌	きげん
雑誌	16	3	5
新聞	3	0	26

新聞で「機嫌」が少ないのは、当時の「当用漢字表」に「嫌」がなかったためである。使われている3例は、小説と広告に出現したものである。

雑誌の「気嫌」の例を、次に示す。

・仕事そのものの、難しさと同じ様に、先輩、同僚と御気嫌とりでなくうまくやって行く事は（『婦人画報』）
・そしてこの無意識的な心の働きこそは、感情—気分、気嫌、あるいは心の持ち方—なのです。（同右）
・司令官は、したがってひどく気嫌が悪かった（『実話雑誌』）

これらの例が書き誤りあるいは誤植でないとは言い切れない。し

かし、書き手がどの程度意図的かどうかは別として、一概にこれらを誤用とするのもためらわれる。歴史的に「機」と「気」が混用された形跡もないわけではないからである。

　しかしながら、国語辞典・表記辞典には、「気嫌」を誤りとするものがあり、今のところ、「キゲン」の標準的な表記形式を「機嫌」とすることには、大方の支持が得られると見られる。ただし、「気嫌」を誤りとすることには、前述のような問題がある。既にこの語の語源意識が薄れていることが、今後、一種の語源俗解としての「気嫌」を広める力にならないとは言い切れない。（17—10）

問「機転」か「気転」か

答「心のはたらきの早いこと、よく気がつくこと」「物事に応じて、とっさによい考えがうかぶこと」を「キテンがきく」と言うが、この「キテン」を「機転」と書くか「気転」と書くかの問題である。

　「機」の意味は、①はた。布を織るしかけ。（機業）②からくり。しかけ。（機械）③おり。しおどき。きっかけ。はずみ。チャンス。（機会、危機）④だいじな部分。（機密）⑤物事や心のはたらき。（機能）⑥飛行機。（敵機）⑦飛行機を数えることば。（三機）などであり、ここでは⑤の意味である。

　「気」の意味は、①空気。②天地の間に起こる自然現象。③いき。呼吸。④生まれつき持っている性質。⑤心や精神のはたらき、きもち。などで、ここでは、⑤の意味である。

　このように、「機」と「気」の意味の中で、「心のはたらき」という部分が共通しているので、「機転」とも「気転」とも書かれるきっかけがあるのである。

　漢和辞典によれば、「気転」には「大気の変化」という意味もあり、これには出典があるが、「よく物事に気がつくこと」の意味には、出典がない。「機転」にも出典はない。

　国語辞典では、「機転・気転」のように併記されているものがほとんどである。

　室町時代の国語辞書である『下学集』に「機転キテン」とあるのをはじめ、謡曲「安宅」にも「いかに弁慶、さても只今の機転さらに凡慮よりなす業《わざ》にあらず」とあるが、浮世草子や歌舞伎《き》には「気転」の例も出ており、一定していない。

　文学作品にも、次のように、「機転」と「気転」の二つが出ている。

・…と迷亭が気転を利かす（夏目漱石「吾輩は猫である」）
・厄運を免かれたのは、迷亭の機転と云はんより寧ろ僥倖の仕合せだと吾輩は看破した。（同右）
・先刻から問題を変へよう変へようと思つて、暗に機会を待つてゐた彼女は、すぐ気転を利かした。（夏目漱石「明暗」）
・同時に傍にあつた書物を開けて、先刻から読んでゐた振をするほど器用な機転を用ゐるのを好まなかつた。（夏目漱石「彼岸過迄」）
・其処が凡ての懸合事の気転ですな。（夏目漱石「行人」）
・この郵便が届いたら、あの切下の御婆さんは、それをすぐ転地先へ送つてくれるだけの気転と親切があるだらうかなどと考へた。（夏目漱石「こころ」）
・彼は体が丈夫で気転がきき、敏捷《びんしょう》で、…（野間宏「真空地帯」）

国語審議会の報告「語形の「ゆれ」について」（昭和36）には、

　機転（気転）

の例が挙がっており、（　）の外の方が一般的であると言っている。この類例として、機運（気運）が挙げられている。

新聞や放送でも「機転」に統一しており、どちらかに統一して用いるとすれば、「機転」の方でよいと思われる。

なお、65ページに「気運」か「機運」かの解説があるので参照のこと。　（17―11）

問「常連」か「定連」か

答「いつもいっしょに行動する仲間」や「興行場や飲食店などにいつも来ているなじみの客」のことを「じょうれん」と言うが、これを「常連」と書くか、「定連」と書くかの問題である。

「常」は、「長い布」の意味から、「長くかわらない」意味になり、「いつも同じように行う」意味に用いられるようになった。

常習、常住、常駐、常備、常用、常会（＝俗に通常国会と呼ばれるもの。憲法五十二条に見える。）などの語例でも分かるとおりである。

これに対し、「定」は、「さだめる、さだまる」の意味から、「何かを決めて、そのとおりに行う」の意味となった。

定規、定石、定跡、定席、定紋などの語例がある。ただし定例は「テイレイ」と読み、「定例会」は、地方議会の通常の会議で、国会の常会に相当する。

「連」は、「なかま、つれ、とも」を表す造語成分で、「連中、悪童連」の「連」と同じである。

国語辞書では、「常連」と「定連」を別見出しとしているものと、「常連（定ヂャウ）連」のように、一つの見出しの中に、両方の書き方を示し、「ただし歴史的仮名遣いでは、「定」は「ぢやう」である」という注意書きのあるものとがある。

『日本国語大辞典』に、次のような例が載っている。

・「おやそこへ来なすったのは、定連の綱さんぢやあござりませぬか」（歌舞伎・神有月色世話事（縁結び））

・ほかにだうらくはなけれどまいばんぐんだんのせきにせめかけぢやうれんのうちに入り」（仮名垣魯文「安愚楽鍋」二）

・先づこの二人を常連（ジャウレン）と見て可なるべし（国木田独歩「置土産」）

・帳場格子のやうな仕切を二方に立て廻して、其中に定連（ジャウレン）の席が設けてあった（夏目漱石「硝子戸の中」）

以上でも分かるように、同じ意味の語に「常連」と「定連」の二種が使われており、どちらとも決めかねるものである。

国語審議会報告の「語形の「ゆれ」について」（昭和36）では

常連（定連）

のように、（　）の外の語の方が一般的だとされており、新聞でも、「常連」に統一するようになっている。その理由としては、例えば「定例」は「テイレイ」と読むようになっているし、「定」を「じょう」と読む例が少なくなっている事情があるかもしれない。

ただし、右の報告の中には、

定宿（常宿）

の例もあり、「じょうやど」の場合には、「定」の方が一般的であるとしている。　（17―12）

問「独特」か「独得」か

答「そのものだけが特別にもっているさま」を「どくとく」というが、「独得」と書くのか、「独特」と書くのか、という問題である。

「独得」は、中国の古典に見える。晋書―阮籍伝「傲然トシテ独得シ、性ニ任セテ不羈ナリ、而シテ喜怒色ニ形サズ」とあり、自分で思い上がっていることの意味である。そこから、そのものだけが会得していることとの意味になる。

　夏目漱石の次の例は、これに当たる。

・絶体絶命仕様がないから自家独得の曲乗のままで女軍の傍をからくも通り抜ける（自転車日記）

　そして、「そのものだけが特別に持っているさま。」の意味では、比較的新しい語のように見え、次のように両方の書き方がある。

・所謂沙翁劇なるものは普遍なる脚色の波瀾から観客に刺戟を与へる外に、一種独特の詩国を建立して（夏目漱石「坪内博士とハムレット」）

・首を竦め、両手を軽く広げてみせる仏蘭西人独得の癖を出して（里見弴「大道無門」）

・全く東風君独特の伎倆で敬々服々の至りだ（夏目漱石「吾輩は猫である」）

　このほか、文学作品の中では、次のような例がある。

・かふ云ふトツクは芸術の上にも独特な考へを持つてゐます。（芥川龍之介「河童」）

　新聞や放送などでは、「独特」の方を統一して用いることになっている。

・雨上がりの道。独特のにおいが漂ってくる。（朝日新聞、平成2・10・10、天声人語）

・わずか十日間の個展のために、一カ月もかけて独特の空間をもつ「美術館」にしつらえた。（朝日新聞、平成2・10・13、朝刊）

　国語審議会の報告「語形の「ゆれ」について」（昭和36）には、

　　独特（独得）

とあり、この二つは、「別の意味に使われることもあるが、同じような意味に使う場合もある」として、「特に必要のある場合のほかは、かっこの外のものを使うようにしたらよいと考えられる。」と述べている。　（17―13）

問 「媒酌」か「媒妁《しゃく》」か

答　結婚の仲立ちをすることを「ばいしゃく」と言うが、これを「媒酌」と書くか、「媒妁」と書くか、という問題である。

　この場合の「媒酌」と「媒妁」では、「媒妁」の方が中国で古くから用いられていて、『孟子』にも次のような用例がある。

・父母ノ命、媒妁ノ言ヲ待タズシテ穴隙《けつげき》ヲ鑽《うが》チテ相窺《うかが》ヒ、牆《かき》ヲ踰《こ》エテ相従ハバ、則チ、父母、国人、皆之ヲ賤《いや》シマン。

　その意味は、「若い男女が父母の許しもなく媒妁の口添えもなしに密会すれば、父母も世間の人も軽蔑《べつ》するだろう」ということである。ただし、この場合の「媒妁」は、名詞としての「父母」と対になっていることから考えて、名詞としての「仲人」の意味である。

　この場合の「媒妁」が「仲人」の意味を持っていることは、「媒・はかる」「妁・なこうど」という意味から考えて当然のことである。その点では、日本で用いるようになってからの、例えば「太平記」の次のような用例も同じである。

・媒妁ヲ求メ、婚礼ヲ厚クシテ夫婦タラン事ヲ望ミシカ共、父母カツテ許サズ。

　この場合も、「仲人を頼んで結婚式を行う」ということであり、「媒妁」は「仲人」のことである。

　これに対して、近代文学に見られる次のような用い方は、名詞としての「仲人」ではなく、「仲立ちする」という動詞の意味になっている。

・異議なく承知して円蔵が媒妁に目出度高砂を謡ひはやされ（幸田露伴「いさなとり」）

・津田夫婦の結婚するとき、表向き媒妁の労を取つてくれた吉川夫婦と（夏目漱石「明暗」）

したがって、一方に「媒妁人」という語が生まれたのも、当然の成り行きである。

・俄に媒妁人と定められたものが、一人で勘次を連れて行つた。（長塚節「土」）

・しかし、僕等のやうな夫婦が媒妁人になつちや、少し御両人の為に悪いだらう。（夏目漱石「行人」）

こうして、本来は名詞であるはずの「媒妁」が日本語としては動詞の意味を持つに至ったわけである。

それとともに、一方では「酌」を用いる「媒酌人」という言葉も用いられるようになった。同じ漱石も、別の作品では「媒酌人」の方を用いている。

・出来るなら媒酌人たるの栄を得たい位のものだ。（夏目漱石「吾輩は猫である」）

・表向きは郷里の先輩を頼んで媒酌人として式に連なつて貰ったのだが、（同「それから」）

この場合の「酌」というのは、「酒をくむ」という動詞の意味を持っている。実際問題として、結婚式における「仲人」の役割を考えれば、「媒酌（なかだちをして酒をくむ）」の方が実情に適しているとも言える。こうして、日本語としての「ばいしゃく」が、「媒妁」の意味の拡大とともに、「媒酌」とも書かれるようになったわけである。

ところで、昭和二十一年に「当用漢字表」が告示されたときには、「妁」も「酌」も掲げられていなかった。しかし、国語審議会において「当用漢字表」の補正が審議されたときに、国語審議会報告「当用漢字表補正資料」（昭和29）の追加二十八字の中に「酌量・晩酌・媒酌」などと広く用いる「酌」が取り上げられた。当時この「補正資料」は審議会報告の段階でとどまったが、新聞方面では「当用漢字表」そのものを補正して使用した。なお、この「酌」は、その後「常用漢字表」の追加九十五字に含まれ、現在に及んでいる。

したがって、「常用漢字表」を目安として漢字を用いる現代表記においては、「ばいしゃく」は「媒酌」と書くのが普通である。しかし、慣習を重んじるあいさつ状などでは、「…様の御媒妁により」などの形も、引き続き見られるのが実情である。（17—14）

問「値する」か「価する」か

答 その値打ちが何かに相当する意味で「アタイする」という言い方があるが、これは「値する」と書くのか、「価する」と書くのか、という問題である。

この場合、「値」も「価」も「あたい」という字訓を持っているが、「常用漢字表」の扱いは、それぞれの音訓欄と用例欄が次のようになっている。

価	カ	価値　価格　評価
	あたい	価
値	チ	価値　数値　絶対値
	ね	値　値段
	あたい	値　値する

これによると、「値」の方には「値する」という用例が掲げられているのに対し、「価」の方にはそのような用例が見られない。したがって、この語例に従えば、「値する」と書くことになる。

また、このような書き分けに関しては、国語審議会が「当用漢字改定音訓表」の審議に際して用いた「「異字同訓」の漢字の用法」

という参考資料があり、「あたい」の項が次のようになっている。

　価――価が高くて買えない。商品に価を付ける。

　値――そのものの持つ値。未知数xの値を求める。称賛に値する。

この場合も「値」の方にだけ「値する」という用例が示されている。

　それならば、何故、「アタイ」のときには両者を書き分けて用い、「アタイする」のときは「値」だけにするかということであるが、これについては、まず「アタイ」の書き分けから取り上げることにする。「価」と「値」の字訓を書き分ける場合の基準は、次のようにまとめることができる。

　価――金高で表したねうち

　値――数量で表したねうち

分かりやすく言えば、両方とも「ねうち」なのである。

　しかし、字音として用いる場合の「価」には、「物価・定価・市価」など、「金高で表したねうち」の他に「数量で表したねうち」の意味での熟語が見られることは、次のとおりである。

　評価　原子価　結合価　栄養価

　一方、「値」の方は、字音で「数値・平均値・偏差値」など「数量で表したねうち」の意味で用いられるとしても、字訓の「ね」というのは「金高で表したねうち」の意味である。

　したがって、このように見てくる限りでは、「価」と「値」との間に本質的な意味の違いを認めることができないことにもなる。実際、近代文学の用例の中には次のように「価する」と書き表したものもある。

・行き尽くしてやまざる底《てい》の気魄《きはく》が吾人の尊敬に価せざる以上は

（夏目漱石「趣味の遺伝」）

・さういふのは、却て同情に価する（森鷗外「藤鞆絵《ふじどもえ》」）

　それにもかかわらず、「常用漢字表」の音訓として「アタイする」の場合に「値する」だけを用い「価する」を用いない理由は何かということである。これについては、中国の字書に、「値」の方にだけ動詞の意味として「値ハ当也」とあるのに対し、「価」にはそのような動詞の意味がないことと無関係ではない。この場合の「当」というのは「あたる」ということであり、その意味が日本語としての「アタイする」になるからである。そうして、そのような意味が「価」の方には見られないのである。

　なお、漢文では「値」の代わりに「直」を用いても同じである。北宋・蘇軾《そしょく》の「春夜詩」にある「春宵一刻直千金」は、普通は「アタイ・センキン」と読まれているが、「千金にアタル」ということであり、「アタイする」と同じである。したがって、「アタイする」については「値する」の他に「直する」という書き方も成り立つことになる。しかし、後者は「常用漢字表」の「直」の音訓欄に掲げられていないから、同表を目安として用いる現代表記としては、「値する」が好ましい形となるわけである。（17―15）

問 **「生育」と「成育」**

答　生物が生まれ育つことを言う「せいいく」という語の漢字表記は、「生育」と「成育」のどちらを使えばよいか。また、両者は、意味、用法の上でどういう違いがあるか、という問題である。

　まず、「生」と「成」の字義について考えてみよう。「生」は、「いきる・いかす」「うむ・うまれる」「はえる・おう」などの意味を持つ。これに対し、「成」は「物事をまとめあげる・なしとげる」「できあがる・なりたつ・そだつ」などの意味を持つ。これらと「育」（そだつ・そだてる）とが結び付いてできた「生育」と「成育」

との間には、次のような意味の違いが認められる。国語辞典などには、

〔生育〕生まれて育つこと。また、生まれたものを育てること。

〔成育〕育って大きくなること。成長すること。

という説明がされているが、これだけでは両者の意味の差ははっきりしない。思うに、「生育」は単に「生まれ育っていく」場合を言うのに対し、「成育」には、「成熟していく、熟成していく」という意味合いが含まれるようである。すなわち、生まれて、単に伸び大きくなっていく場合には「生育」を、生物の体の機能などが整っていく意味を込めたいような場合には「成育」を使うというのが、両者の意味の基本的な違いであろう。

手元にある二十数種の国語辞典・漢和辞典に当たってみると、その取扱いは次のようになっている。

(1)「生育」と「成育」を別語として、別の見出しに立てているもの。(20種)

(2) 同一語として、同じ見出しの中の表記に「生育」「成育」を表記しているもの。(3種)

ただし、(2)の三種のうち二つは、意味を①②に分け、①を「生育」、②を「成育」としている。残りの一つは、語釈の末尾に「参考」として「ふつう、〈生育〉は植物に、〈成育〉は動物に使う」という注記をつけている。これらの扱いからすると、「生育」と「成育」を完全に同一語と見る辞書は一つもないことが分かる。

新聞界では、どのように取り扱っているだろうか。まず、『朝日新聞の用語の手びき』(平成2)には、次のような記載がある。

せいいく
＝生育〈主として植物に〉稲の生育状態
＝成育〈主として動物に〉稚魚の成育

日本新聞協会の『新聞用語集』(昭和56)や『毎日新聞用語集』(平成元)にも、右と同じ記述がある。(ただし、共に、用例はない。)

ところが、共同通信社では、平成元年四月から右の方針を改め、動植物いずれも「成育」を使うことにした。また、『読売新聞用字用語辞典』(平成2)にも、次のような記述がある。

せいいく
＝成育〔一般用語〕子供の成育
＝生育〔動植物学の学術用語〕稲の生育

これらの改定には理由が二つ考えられる。一つは、学術用語集では、『植物学編』に「生育期・生育地」が、『海洋学編』に「生育場」が、『動物学編』に「生育不能・生育期間」が掲げられており、動植物ともに「生育」を使って、「成育」は使用されていないということ、もう一つは、一般用語としては「生育」と「成育」を書き分けるのは困難と判断したことに基づくものであろう。

実際の使用例に当たってみても、右の、植物の場合は「生育」、動物の場合は「成育」という割り切り方は困難であることが分かる。国立国語研究所の総合雑誌の用語調査(昭和28〜29)や現代雑誌九十種の用語用字調査(昭和31)では、以下のような用例が見える。

・この戦争がもたらす想像を絶した荒廃は、………もっと悪いものを、キノコのように成育させるだろうと私は確信する。(『中央公論』、昭和28・11月号)

・雪子の胎内にやどった小さな生きものは、きはめて自然に生育しつづけた。(『文芸春秋』、昭和28・11月号)

・DDT乳剤を生育の初期から数回にわたり全面積共同防除を行うことにより完全に防止が出来るようになった。

「斑点バイラス」は昭和二六年から発生し、葉柄の白い部分の小黒点のゴマを生じ、外葉と心部に少く中央の葉に多い。成育とか収量には影響は余りないが甚だしく商品価値を低下するものである。(『農耕と園芸』、昭和31・11月号)

最初のは、キノコという植物に「成育」を使った例、二番目のは、胎児に「生育」を使用した例、最後のは、同一記事の中に両者を使用した例である。特に、最後の例は、筆者が意図的に書き分けたかどうかは分からないけれども、これらの例を見ると、動物と植物という違いよりも、前述したように、単に「生まれ育っていく」のか、それとも「成熟していく、熟成していく」のかという意味の違いが反映しているように思われる。

以上、要するに「生育」と「成育」とは、別語であり、その意味の違いは、「生」と「成」の字義の差に基づいている。ただし、実際問題としては書き分けが難しい場合もあるので、動物学・植物学の術語として用いる場合は別として、一般に発達という意味で用いる場合には「成育」の方を使うのが無難であると思われる。

(18—2)

問「粗略」と「疎略」

答「粗略」と「疎略」とは、同じ意味の語としてどちらを書いても差し支えないか、それとも別語として意味によって書き分けなければならないかという問題である。

まず、「粗」と「疎」の字義を比較してみよう。

〔粗〕の意味は、①あらい。細かくない。ざつ。そまつ。②あらまし。だいたい。③他人へ差し出す物をへりくだって言うときにつける語。(粗品)

〔疎〕の意味は、①まばら。あらい。(疎開・空疎)②おろそか。そまつ。③親しくない。うとい。とおざける。(親疎・疎遠)などがある。

右のうち、「粗」の①の意味と「疎」の①・②の意味とは、部分的に似通っていると言える。

この二つの字の意味の違いを強いて言うなら、「粗」は一つ一つがあらいという意味で「精」の対になる。「疎」は一つ一つの間があいているという意味で「密」の対になる。

「粗略」も「疎略」も、どちらも「ものごとをいい加減に扱うこと。ぞんざいなこと。おろそかで、いい加減なこと。」の意で、用例としては、「粗略(疎略)に扱う」などがある。

一般の国語辞典では、どちらの書き方も載っていて、同じ意味の記述があり、どちらを使ってもよいものと思われる。713ページ「適切な表記の仕方」の解説にもあるように、同音の漢語であって、意味の違いがほとんど見られない場合は、同じ語の二つの表記と考えられる。一つの文章の中で同じ意味で二種類の表記を用いることは好ましくないので、どちらかに統一した方がよい。このような点から、新聞では、「粗略」に統一して用いることになっている。

漢和辞典を見ると、このほかに「そ」を表す漢字に「疏」があり、また「鹿」を三つ重ねた「麤」や、上が「ク」の形になっている「麁」がある。いずれも中国の古い文献に見える。特に「疏」は、「疎」の正字と言われ、かつては「とおる」「とおす」の意味で「疏水」「疏通」「疏明」と書かれる語があったが、国語審議会報告「同音の漢字による書きかえ」について(昭和31)において、これらも「疎水」「疎通」「疎明」(=申し開き)と書き換えられることになった。

文学作品の中でも、次のように「疎略」と「粗略」の両方が出てくる。

・無論京都は貴方から云へばお父さんだから、決して疎略には出来ますまい。（夏目漱石「明暗」）
・僕の様な狎客《かふかく》になると苦沙弥は兎角《とかく》粗略にしたがっていいかん。（夏目漱石「吾輩は猫である」）
・お店の旦那とても父さん母さん我身をも粗略には遊ばさず。（徳富蘆花「不如帰」）
・あまり夫婦仲が好《いい》と、自然姑の方が疎略になる。（樋口一葉「たけくらべ」）
・柏木を知ってから鴨川をいくらか疎略にしていた私であったが、（三島由紀夫「金閣寺」）

古いところでは、『続日本紀』『史記抄』「平家物語」『庭訓往来』「日本永代蔵」『和英語林集成』等に「疎略」が見える。

また、「粗略」は『論語』の注釈である『集註』にも見え、どちらを使ってもよいが、もしどちらかに統一する必要があるとすれば、新聞用語で統一している形「粗略」に従っておいてよいであろう。（18―3）

問「**卓見**」と「**達見**」

答「すぐれた意見」のことを「卓見」（「たくけん」又は「たっけん」）とも、「達見」（「たっけん」）とも書くが、どう違うのかという問題である。

「卓」と「達」を比較してみよう。

「卓」の意味は、①たかい。他よりたかい。（卓立、卓然）②ずばぬけてすぐれている。（卓抜、卓越、卓説）③つくえ。（卓上、円卓）の意味を持つ。ここでは、②の意味であり、ほかに、卓識、卓絶、卓論などの語がある。

「達」の意味は、①道がどこまでも通じる。②目的を果たす。（達成）③道理などに通じる。見抜く。（達観）④すぐれている。技術が高い。（上達）⑤とどく。（配達）⑥告げ知らせる。（通達）のような意味がある。

この中で、「達見」は、④の意味に③が重なった「ものごとの道理をよく見ぬいたすぐれた意見」ということになる。これに対し、「卓見」は、ほとんどの国語辞書が「すぐれた意見」とだけ記述している。『和英語林集成』には「たくけん（卓見）」はあるが、「たっけん（達見）」はない。

中国の古い文献である『晋書』に「達見明遠」とある。また、『呉志』に「廃興ヲ達見ス」とあるように、物事をよく見抜くという動詞の形でも使われている。

〔卓見の例〕

『大日本国語辞典』には、次のような例が挙がっている。

・又是を見破りたる先生たち、宋儒の頭巾気（づきんぎ）ととなへ出せし卓見も、角を直さんとて牛を殺す（談義本「風流志道軒伝」）
・僕がかねての卓見（ケン）でいろはにほへとなぞはグット廃して（仮名垣魯文「安愚楽鍋」）
・孔孟は一世の大学者なり〈略〉若し此人をして卓見を抱かしめ（福沢諭吉「文明論之概略」）

このほか、各種辞書に次のような例が見える。

・ツジヤマ氏の方法はすぐれた考えです。青酸加里で処理するというのは、たしかに卓見です。（北杜夫「夜と霧」）
・吾人其の卓見に服せざるを得ず。（北村透谷「今日」）

〔達見の例〕

・この法律（＝文化財保護法）の中で、文化財とは何かについて広い定義を下したのは達見であった。（朝日新聞、昭和45・11・19、朝刊社説）

これらは、わずかな意味の違いはあるものの、どちらかに統一しても支障ないものとして、新聞などでは、「卓見」に統一することにしている。（『新聞用語集』・『NHK新用字用語辞典』）

ただし、『朝日新聞の漢字用語辞典』（昭和61）には、

卓見《たっけん》――を吐く
――卓識
達見《たっけん》――を述べる
――達識

のように、両者を挙げている。

また『標準用字例』（日本速記協会、昭和60）にも、

卓見　すぐれた意見　卓見を吐く
達見　広く物事を見通した見識　達見の士

とある。

したがって、「卓見」は「すぐれた意見」、「達見」は「見通しのきいた意見」のように使い分けることもできるのであるが、どちらか一方を用いるとすれば、「卓見」の方が一般的だと言えるであろう。（18―4）

問　「肝に銘ずる」か「肝に命ずる」か

答　深く記憶して忘れないことを「肝にメイずる」と言うが、この「メイずる」は、「銘ずる」と書くのか「命ずる」と書くのか、という問題である。

この場合、「銘」というのは、中国の字書に「銘ハ記也」とあり、「之ヲ書キ之ヲ刻ミ以テ事ヲ識ス者ヲ謂フ也」とある。それは、金属などに刻みつけ彫りつけるという意味である。彫りつけたものは永久に残るから、「忘れない」意味にもなる。「銘記」は「忘れないで覚えている」ことであり、「感銘」は「深く感じて忘れない」ことである。製作者の名や人生訓などを「銘」と言うのも、それが本来は彫りつけたものだったからである。したがって、「肝にメイずる」も、要するに、「強く感じたことを肝という場所に彫りつける」ことであり、そのようにして「忘れないようにする」ことだから「銘ずる」である。この場合、旧表記では「肝」の代わりに「胆」を用いて「胆に銘ずる」とも書いたことは、俗語を集めた江戸時代の辞書、村田了阿『俚言集覧』にある次のような項からも知ることができる。

胆に銘ず　深く記憶して忘れぬなり
胆に彫りつく　深く記憶して忘れぬなり

ここで「胆に銘ず」と「胆に彫りつく」が同じ解説になっているのも、「肝（胆）に銘ずる」の意味が「肝（胆）に彫りつける」ことだからである。

これに対して、「命」の方は、中国の字書に「命ハ使也」とあり、このようにしろと言いつけてさせることになる。したがって、「肝に命ずる」とすれば「肝に命令して何かをさせる」という意味になるが、それでは前後の関係が整わなくなる。実際には、次のような用い方が普通に見られる形だからである。

・諫《いさ》められ参らせし御詞《おことば》も肝にメイじて、片時も忘れ参らせ候《さうら》はず。（『平家物語』）
・よろしき付句《つけく》をいたされし時は、座中、肝にメイじ、我をおぼえず同音に誉《ほ》めて、（井原西鶴『西鶴織留』）

・曲、終りし時まで、一々肝にメイじて、其間《その》の一節だに忘れざりき。（森鷗外「即興詩人」）

・私は昔その話を何かで読んで、甚だ面白く思い、肝にメイじている。（正宗白鳥「文壇五十年」）

いずれも、「肝に命ずる」では意味が整わないことになる。つまり、「肝に銘ずる」と書くのが正しいのであり、「肝に命ずる」は誤りである。（18－6）

問「～係」か「～掛」か

答　例えば、「庶務がかり」・「受付がかり」・「発送がかり」など、職名の「～がかり」の「かかり」に、「係」を用いるか、「掛」を用いるか、又は、両者に使い分けがあるのかという問題である。

昭和五十六年、内閣告示の「常用漢字表」では、「係」について、字音・字訓として「ケイ・かかる」とともに字訓「かかり」を掲げ、その「例」欄には、「係、係員、庶務係」とある。また、「掛」については、字訓として「かける・かかる」とともに、字訓「かかり」を掲げ、「例」欄に、「掛」と掲げてある。

昭和四十八年、内閣告示の「送り仮名の付け方」の「通則4」の〈本則　活用のある語から転じた名詞及び活用のある語に「さ」、「み」、「げ」などの接尾語が付いて名詞になったものは、もとの語の送り仮名の付け方によって送る。〉の「例外　次の語は、送り仮名を付けない。」に掲げてある二十七語の中に「係」、及び「掛（かかり）」がある。

したがって、「～がかり」の場合、「係」でも、「掛」でも差し支えないし、また、どちらの場合でも、送り仮名は付けない。

明治以降、今日に至るまでの新旧・大小諸種の国語辞典六十二種について見たところ、その取扱いは、個々の辞典によって、種々様々であり、微妙な差があるので、簡単にまとめて示すことは難しいが、大体の傾向としては次のとおりである。

明治時代は主として「掛」であったが、大正になると「係・掛」であり、戦後はどちらかと言えば「係」が優勢で、近ごろでは、一般には「係」、鉄道関係などでは「掛」とするものが多い。このことは、明治時代には、実際に「～掛」「掛員」などが多く用いられていたが、次第に社会一般では「～係」、「係員」が優勢になってきたことを反映しているものと思われる。しかし、明治以来引き続いている組織体では、設立当時の表記をそのまま引き続いて用いていることは想像に難くない。

次に、新聞その他に現れた、幾つかの実例を表の形にまとめて掲げてみると次ページのとおりである。

また、平成三年十二月現在、国立の九十六大学のうち、部局課の小分けに「掛」を用いているのは、北海道大学、東北大学、東京大学、東京医科歯科大学、東京工業大学、名古屋大学、京都大学、大阪大学、神戸大学、九州大学の十大学であり、他の八十六大学ではすべて「係」を用いている。十大学のうち、七大学はいわゆる旧帝国大学であり、設立年次の古い大学である。

戦時中、内閣情報局が作成した『暫定週報用字例』（昭和17年）の「標準用字」の項に、

かかり　係（掛）広く用ひる場合、販売係、接待係
かかりいん　係員（掛）特別の場合のほか
かかりかん　係官（掛）特別の場合のほか

（引用者注）「特別の場合のほか」とは、特別の場合以外は「掛」を用いず、「係」を使用するということを示す。

とある。「標準用字」の「説明」に、「建前と立前、生花と活花、工合と具合、相手と対手、試練と試錬、などの如く両様の文字が用

		係	掛
鉄道関係	旧国有鉄道	営業係，改札係 改札係員，出札係 出札係員 ブレーキ係，ブレーキ係が乗っているかどうかを確認する係	運転掛　小荷物掛　列車掛 営業掛　小荷物掛員　掛員 改札掛　出札掛 技術掛　乗客掛 構内掛　操車掛 〔昭和52. 1. 30〜61. 8. 1〕
	K電鉄	保線・電気・車両各係員(平成3. 9，広報紙の募集広告による。)	電気掛員(昭和63. 9，広報紙の記事による。) 駅掛員　(平成元. 3，広報紙の記事による。)
	S電鉄	係員(平成3. 9，広報紙の記事による。)	
気象庁			衛生気象掛 予報掛　〔昭和62. 11. 22〕
総合商社	M		営業四掛　雑貨，機械，穀肥，代理店の四掛 雑貨掛　庶務，勘定，出納の三掛 七つの掛　(大正9年当時)〔昭和56. 10. 10〕
	D	移転係，総務係 〔昭和56. 11. 27〕 購買係 〔昭和56. 11. 29〕	
ホテル			部屋掛　〔昭和59. 3. 12〕
S会社			掛長　〔昭和56. 2. 7〕
文学作品	夏目漱石	発送係 (彼岸過迄)	接待掛り (吾輩は猫である)，(それから) 掛員 (三四郎)
	森鷗外	会計係 (渋江抽斎)	

注1：太枠内は，新聞記事の表記による。
注2：〔　〕で包んだ日付は，その記事が載った新聞の日付である。
注3：ホテルの「部屋掛」は，特定のホテルではなく，一般記事である。
注4：文学作品の用例は，教育社刊『作家用語索引』による。
注5：各語の用例の漢字の字体は，すべて現行通用の字体を用いた。

ひられてゐるものを一定する。この場合、本用字例では、広く通用してゐるものをとる、できるだけ字画の簡単なものをとる、できるだけ当字をやめる、等の原則を照らし合せて各語につき決定した。**本欄中、建前（立）の如く記したのは、（　）内の文字は誤りではないが用ひないことを示す。**」とある。

以上のとおり、一般的には「〜係」でも「〜掛」でも同じ意味であり誤りではない。しかし、組織体での固有名称としてどちらかが使われている場合はそれに従った方がよいであろう。　（18—7）

問　「魚介類」か「魚貝類」か

答　食用となるいろいろの魚類・貝類をはじめとして、えび類・かに類・たこ類・いか類・なまこ・うになどの食用となる水産動物を総称して「ぎょかい類」と言うが、この「ぎょかい」を漢字で書くとき、「魚介」と書くか「魚貝」と書くか、又は意味によって両者を使い分けるのかという問題である。

まず、新旧・大小さまざまの国語辞典七十三種、漢和辞（字）典（成人向け二十三種、児童向け六種、計二十九種）に当たってみた。その結果は次のとおりである。

国語辞典では、「ぎょかい」を見出し語として採録していないものが七種、「魚介」としているものが四十六種（うち、語釈の後に「魚貝」の形を掲げているものが十種）であり、他の二十種は、「魚介・魚貝」、「魚貝・魚介」、「魚蟹・魚介」としているもの、及び、これらを、それぞれ別項としているものである。

漢和辞（字）典では、「ぎょかい」を採録していないものは、明治三十六年刊の大字典一種だけであり、他はすべて採録している。内訳は、「魚介」とするものが二十八種（児童向け六種）あり、うち、「魚貝」の形を掲げているものが四種（児童向け二種）である。すなわち、国語辞典・漢和辞典ともに、「魚貝」だけを漢字表記として掲げているものは一つも見当たらない。

次に、報道関係の用語集・手引きの類について見ると、昭和十七年の『暫定週報用字例』に、「魚介（×貝）」とある。「（×貝）」は、「魚貝」と書くのは誤用であることを示す。

昭和三十一年から昭和五十六年までに発行された日本新聞協会の『新聞用語集』九種のうち、昭和三十五年版だけには「（魚介）→統魚貝」とある。（統は「統一用語」であることを示す。）しかし、他の年の版には、「ぎょかい」の語そのものを採録していない。どういう理由で、日本新聞協会が、昭和三十五年版の用語集にだけに掲げ、他の年版のものには掲げなかったのかは不明である。

このほか、市販のいわゆる用語用字辞典の類について、昭和二十八年から平成二年までに発行されたものの中から十種について見たところ、一種だけが「魚貝」を採り、「魚介」を別表記として掲げているが、他はすべて「魚介」を採っており、「魚貝」を誤りとしているものもある。

国語辞典・漢和辞典での「ぎょかい（るい）」の語釈・説明は、そのほとんどが、「魚類と貝類と」というのであり、中には、「すなわち」として、又は第二義として「海産動物の総称」というのを掲げている。「ぎょかい」が「魚類」と「貝類」とを指すのであれば、「魚介（類）」よりもむしろ「魚貝（類）」の方が適切な書き表し方ではないかとも考えられる。しかし、前述のように、そのあとに続けて「すなわち」としても、第二義としても「海産動物の総称」との意味を有するとすれば、「魚貝（類）」では不十分である。なぜならば海産動物は、魚類と貝類だけではないからである。

国語辞典でも、昭和四十八年以降刊の大辞典の類では、例えば「魚類、イカ、タコ、貝類、エビ、カニ、ウニ、ナマコなど主に有用な水産物の総称。水族。」(『日本国語大辞典』の「ぎょかいるい」の項による。)としているものもある。

右に引用した辞典の説明、その他によっても、「ぎょかいるい」は、単に「魚類」と「貝類」だけでなく、節足動物・甲殻類のえび・かに、軟体動物頭足類のいか・たこ、腹足類のさざえ・あわび、斧足《ふそく》類のはまぐり・しじみ・かき、棘皮《きょくひ》動物のうに類・なまこ類など、その他、爬虫《はちゅう》類のすっぽん、両生類のうしがえるなどを含めての呼称に用いられているから、「魚貝類」では実体に合わないことになる。

それならば、「魚介類」の「介」の意味は何かと言うと、国語辞典・漢和辞典の「ぎょかい(るい)」の項では、「介は貝の意。」などとしているものが多い。しかし、漢和辞典の「介」の字義では、「よろい」とか「こうら」などとするものはあるが、「貝」とするものは、国語に特有の意味として掲げてあるものを除いては、見当たらないようである。明治三十六年初版の『漢和大字典』の「介」の字義の十七番目に「虫類の甲殻、かふら(甲羅)、かふ(甲)、又、亀(かめ)蟹(かに)等凡てかふある虫類〈( )の漢字・仮名は引用者による。〉」とある。かめやかにを虫類というのは、いささか乱暴であるが、そもそも「魚介類」という呼称は、動物学上のものではなく、一般的な呼称である。

なお、食用となる爬虫類のすっぽん、両生類のうしがえる、魚類のどじょう・なまずなどは、いずれも淡水産である。したがって、魚介類は海産物とは限らない。

次に、教科書の表記について見ると、「ぎょかい(るい)」という語は、小学校・中学校の段階では用いられていない。したがって、「介」はいわゆる学習漢字には含まれていないから、教育的配慮から、「介」を「貝」に書き換えるという理由は考えられない。

現行の高等学校用の教科書では、編著者・執筆者・発行所によって、「魚介(類)」・「魚貝(類)」のどちらも用いられている。なお、検定に際して、この語の表記については、特に定めはないとのことである。

以上の検討から見て、「ぎょかい(るい)」の書き表し方は、どちらかと言えば「魚介」であると言ってよいであろう。しかし、「魚貝」は重箱読みではあるが、誤りとして否定・排除することもないものと思われる。　(18―8)

問 「責任転嫁」か「責任転化」か

答 「責任を他者にてんかする」というような場合、普通は「てんか」を「転嫁」と書くが、それを「転化」と書いてもよいのかという問題である。

「転嫁」は、各種の辞典で「結婚した女性が実家に戻った後に再婚する」という意味が原義だとされる。それから転じたものか、何かを他者に押し付けたり、責任をなすりつけたりする意味に使うのが日本語では普通である。近代以降の文学作品、新聞、法令には、次のような例がある。

・この矛盾は、そのまま作中の主人公の方へ転嫁して差支へなからう。(里見弴「善心悪心」)

・被告が自分のおかした行為を林中尉のせいに転嫁しようという意図をもっていた故であったのであります。(野間宏「真空地帯」)

・増税は料金値上げにつながって消費者に転嫁される懸念が大であり、(朝日新聞、昭和57・10・6、夕刊)

・国は、地方財政の自主的な且つ健全な運営を助長することに努め、いやしくもその自立性をそこない、又は地方公共団体に負

担を転嫁するような施策を行ってはならない。（「地方財政法」第2条）

ただし、最近の法令では、次のように、右の例とは多少意味合いの異なる使い方も見られる。

・事業者が消費税を取引の相手方に円滑かつ適正に転嫁するため、（「消費税法」）

また、心理学の方面ではトランスファーランス（transference）の訳語として「感情移入」「感情転移」の意味に用いられることもあるようだ。

これに対して、「転化」は『三略』『淮南子《えなんじ》』などの中国古代文献に例の見える語であるが、日本で普通に使用するようになったのは、近代になってからである。特に、専門用語として使われることが多い。「転化炉」とは、一酸化炭素から水素ガスを作るための炉のことである。また、「転化糖」とは蔗糖《しょとう》が分解されて生成された果糖やぶどう糖のことを言う。これらの場合は、物質が変換されることを表している。

一般的な用法としては、次のような例がある。これらの場合は、物事が変わるという意味であり、「変化」とほぼ同義である。

・漸《ようや》く発作の去ったお延は、叔父から斯《こ》んな風に小供扱ひにされる自分を何《ど》う取り扱つて、跋《ばつ》の悪い此《この》場面に、平静な一転化を与へたものだらうと考へた。（夏目漱石「明暗」）

・ある瞬間から、この苦痛がふしぎな幸福感に転化したのである。（三島由紀夫「潮騒」）

・反日運動を放置しておくと反政府運動に転化しかねない、との懸念がうかがわれた。（朝日新聞、昭和57・10・6、夕刊）

このように、「転嫁」と「転化」は、はっきり意味が異なる。また、「転嫁」は「XヲYニ転嫁スル」という言い方で使われ、Yは人物であることが多い。それに対して、「転化」は「XガYニ転化スル」という言い方で、XとYは類似の性質の語であることが前提となる。

したがって、「転嫁」を誤って、「転化」とするのは、同音であることが最大の理由であり、文脈を正確にとらえることにより、過ちを防ぐことは決して難しくはない。　（18—9）

問「支度」か「仕度」か

答　何かの用意をすること、準備をすることなどの意を表す「したく」を漢字で書くときに「支度」と書くか、「仕度」と書くか、又は、書き分けをする必要があるのかという問題である。

「したく」の現代語としての意味は、「何らかのことに備えて、必要な準備・用意をすること。」（例：食事のしたく、寝じたく、旅じたく、身じたく、冬じたく等）である。

「したく」の書き表し方について、新旧・大小の国語辞典七十一種とヘボンの『和英語林集成―初版・再版・第三版―』の三種、計七十四種について見た結果は、次のとおりである。

「支度・仕度」の順序で二通りの書き表し方を掲げているものが四十九種で、半数を超えている。この書き表し方を掲げた最初の辞典は大正十四年刊のものである。

これを逆にした「仕度・支度」の順序で掲げているものは一つも見当たらない。

「支度」だけを掲げている二十三種のうち、十二種は明治年間の発行であり、三種は大正年間・昭和の戦前の発行のものである。この十五種には「仕度」の形を添えていない。「仕度」だけの辞典は、やや特殊な辞典である。「したく・支度」としてある辞典は、昭和六十三年に初版を出したものである。

なお、かつて、「当用漢字音訓表」（昭和23年内閣告示、昭和48年廃止）が実施されていた時代は「度」に「タク」の字音が掲げられていなかったので、国語施策による書き表し方としては、仮名書きの「したく」であった。

報道関係でも、昭和三十年前後は「支たく」、四十年ごろから「したく」、四十七年からは「支度」である。

漢和辞典（字典）や、一般的な辞典では、そのほとんどが「支度」であり、「仕度」を採録しているものも、語釈のあとにこの形を掲げているものもまず無いといってよい。「支度」も採録していない辞典もある。児童向けの漢和辞典でも同じ傾向であるが、六種のうち、二種は「支度」の語釈のあと「仕度」の形を掲げ、一種は「仕度とは書かないこと。」と注記し、他の一種は、「支度」も「仕度」も採録してある。そうして、「支度」の語釈のあと〈「仕度とも書く。」〉と注記し、「仕度」の項では〈ふつうは「支度」と書く。〉と注記してある。

もともと「支度」は漢語で「支」も「度」（タク）も、計ること、見積もることの意である。それが、予定を立てることから準備すること、身じたく、腹ごしらえなどの意に転じたものと思われる。それゆえ、「支度」と書くのが本来であろうが、「仕事」や「仕舞」などの例で、「仕度」とも書かれるようになったと思われる。

現行の内閣告示「常用漢字表」の例欄に、「度」について「支度」と掲げてある。漢字表には「仕度」は掲げられていないけれども、「仕度」を否定・排除しているわけではない。しかし、国語辞典・漢和辞典、常用漢字表の表記・例示のとおり、どちらか一方というのならば「支度」の方であろう。

なお、『現代表記のゆれ』（国立国語研究所報告75、昭和58年、秀英出版刊）には、支度・仕度の書き分けについて、次のとおり調査結果が出ている。詳しくは、同書を参照されたい。

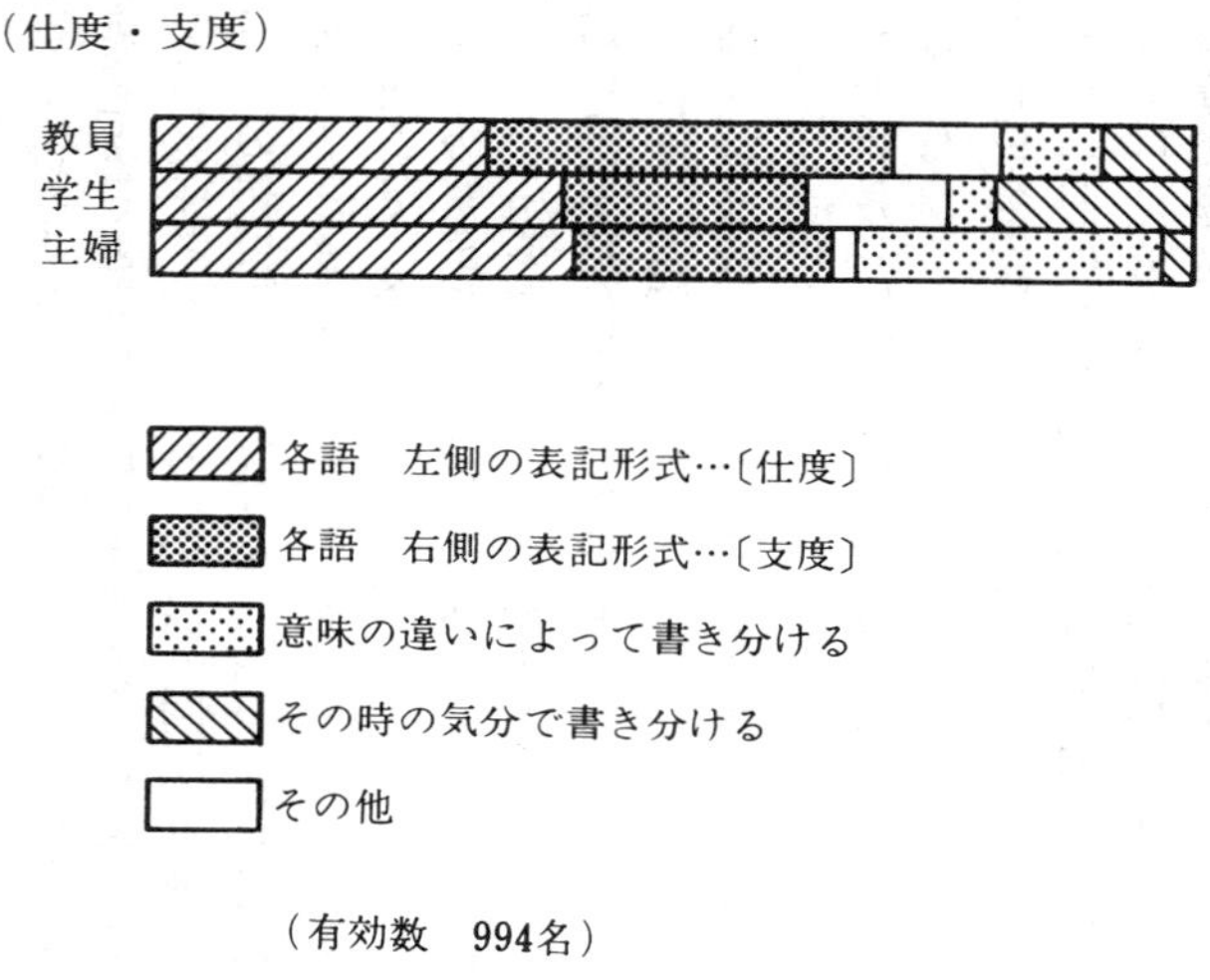

（『現代表記のゆれ』から）

（18—11）

問「**若輩**」と「**弱輩**」

答「年が若い者」又は「未熟な者」のことを「じゃくはい」と言うことがあるが、「弱輩」と書くのがいいのか、「若輩」と書くのがいいのかという問題である。

各種国語辞典を見ると、(1)「若輩」だけ掲げてあるもの、(2)「弱輩」だけのもの、(3)「若輩・弱輩」の順序で掲げてあるもの、(4)その逆の「弱輩・若輩」の順序であるもの、(5)「正しくは弱輩」と注記してあるものなど、いろいろである。

「弱」という漢字には、「力が少ない、やわらかい、よわい、すくない、わかい」などの意味があり、中国の古い文献に、「弱ハ年少ナリ」「弱トハ幼弱ノ時ヲイフナリ」などと見えている。しかし、漢和辞典の用例を見る限り、中国の古い文献に「弱輩」は見当たらない。

「若」という漢字には、「なんじ（二人称）、ごとし、およぶ、すなわち、しめす、わかい」などの意味があるが、その「わかい」というのは中国にはなくて、日本で使い始めたものらしい。それも「日本書紀」「万葉集」など古くから例がある。「若輩」という字面は、中国にも例はあるが、それは「なんじがともがら」すなわち、お前たちという意味に限られている。

さて、日本での「若輩」「弱輩」であるが、その「若輩」については、

・若輩の輿を勧むる舞にてもなし。又狂者の言を巧《たくみ》にする戯《たはむれ》にも非ず。（太平記五）

・かれが父俳諧を好み、洛《らく》の貞室《ていしつ》若輩のむかし爰《こゝ》に来《きた》りし比《ころ》、風雅に辱《はづか》しめられて、（奥の細道）

・アヽ嗜《たしな》みやく〳〵。一つ館《やかた》に居《を》りながら、稀《たま》に逢《あ》うたか何ぞの様に、若輩な人ではあるわいの（浄瑠璃・本朝二十四孝）

の例が古いものである。

国語辞典を見ると、『和英語林集成』『言海』『日本大辞書』『ことばの泉補遺』が「若輩」を掲げている。『辞林』（明治44）に「弱輩」が挙げられており、比較的新しく発行された辞書には、大体「若輩・弱輩」の両方が併記されている。

なお、文芸作品には、次のような例がある。

・長井は、書物癖《へき》のある、偏屈な、世慣れない若輩のいひたがる不得要領の警句として、好奇心のあるにも拘《かか》はらず、取り合ふ事を敢てしなかつた。（夏目漱石「それから」）

・若輩な自分は嫂《あによめ》の涙を眼の前に見て、何となく可憐に堪へないやうな気がした。（夏目漱石「行人」）

・自分は弱輩の癖に多少云ひ過ぎた事に気が付いた。（同右）

・「弱輩の身を以て推参《すゐさん》ぢや、控《ひか》へたら好《よ》からう」と云つたものがある。長十郎は当年十七歳である。（森鷗外「阿部一族」）

・長十郎はまだ弱輩で何一つ際立つた功績もなかつたが、忠利は始終目を掛けて側近く使つてゐた。（同右）

・わが一族の若輩の切歯扼腕《やくわん》の情もいまは制すべきではない、（太宰治「右大臣実朝」）

このように、漱石は両方を用い、鷗外は「弱輩」を用い、太宰は「若輩」を用いている。

新聞や放送の分野では、統一用語として、「若輩」を用い、「弱輩」は用いないこととしている。

したがって、現在では、どちらを使っても差し支えないが、どちらか一方に統一しようとするなら、「若輩」を使うことになろう。

（19―1）

問 **「制圧」と「征圧」**

答 威力・武力をもって相手を抑え付けることを「せいあつ」と言う。この「せいあつ」を漢字で書けば「制圧」が普通であるが、近ごろは「癌《がん》」に対する場合には「征圧」と書いてあるのを見掛ける。この一般的な場合の「制圧」と、癌に対する場合の「征圧」と

は、どのように異なっているのか、又は、同じ意味で、単に用字を異にするのかという問題である。

「制」には、いろいろの意味があるが、「せいあつ」の場合は、「抑える、やめさせる」、「思うままに支配する」の意であり、「征」は、「攻めうつ、戦いに行く」の意である。また、「圧」には「抑え付ける、支配する」の意がある。したがって「制圧」は、類義の漢字の組合せによって総合的に「力をもって抑え付ける、支配する」との意を表す語である。

これに対して、「征圧」は、「攻めうって支配する」、「攻撃して相手を完全に負かす」の意を表している。すなわち、「制圧」は、相手を壊滅させるところまでは行かず、その行動を抑え付ける段階にとどまっているのに対し、「征圧」は、相手を征服し、徹底的にやりこめる段階にまで進む意が現れていると見ることができよう。

国語辞典について見ると、手元にある明治二十三年刊の『言海(第三冊)——すなわち、第三分冊——』から、平成四年までに行刊された75種のうち、「せいあつ」を見出し語として採録していない14種を除く61種について見ると、

・「制圧」だけを採録しているもの……56種
・「制圧」、「征圧」共に採録しているもの……5種

であった。

「制圧」を最初に採録したのは、大正十年刊の『改修　言泉』であり、「征圧」を最初に採録したのは、昭和四十二年刊の『三省堂新国語中辞典』である。

辞典に掲げてある用例について見ると、「制圧」については、「反乱を——する、近隣を——する、敵を——する、反対党を——する、首都を——する、西部を——する」などとある。「征圧」を採録している5種のうち、2種には、それぞれ「がんの——」、「癌《ガン》を——する」という用例がある。他の3種は、用例を掲げていないが、そのうちの1種(三省堂　新国語中辞典)には、その語釈に、

《征服し圧迫する意》主として癌(がん)に対して使われることばで、その病菌の活動を圧伏して、広がるのを防ごうとすること。

とある。

漢和辞典では、明治四十五年から平成四年までに刊行の22種のうち、

・「制圧」、「征圧」共に採録していないもの……7種
・「制圧」を採録しているもの……15種
・「征圧」を採録しているもの……0種

である。

このことについて、厚生省では、

所管法人の「日本対ガン協会」が、昭和35年に第1回「ガン征圧全国大会」を開き、以降「ガン征圧月間」である毎年9月に大会が開かれているが、第1回以来「征圧」を用いている。これは、がんを征服・撲滅したいという強い決意を表したいということで、その意を込めて協会が造語したものである。

という旨の説明をしている。

また、『時の動き』(平成4・9・1日号)の「霞が関だより」に、厚生省が「ガン征圧」と題する解説記事を載せているが、その「(注)」に、

制圧月間を征圧月間としたのは、がんをなんとしても征伐したいという意を表現するためで、昭和三十五年の第一回以来この字を使用しています。

とある。

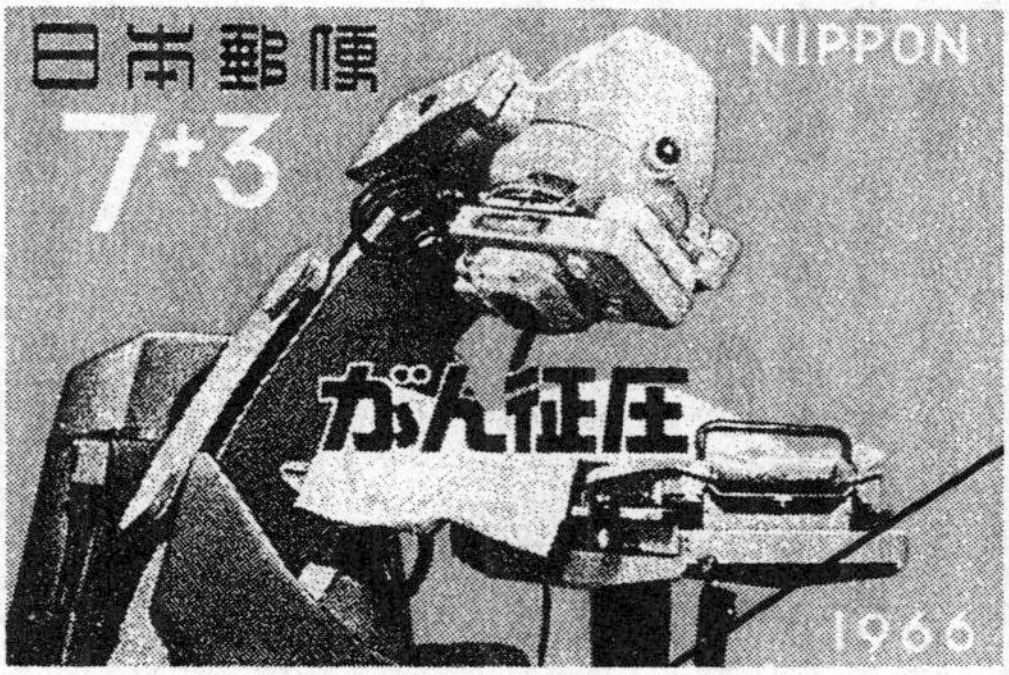

「がん征圧」運動にちなむ切手
はがき用（当時，料金７円，寄附金３円）。図は，がん治療に用いる回転式コバルト照射機。他に，書状用(料金15円，寄附金５円)として，Ｘ線によるがんの早期発見の意を表した図柄のものがある。（写真：２倍に拡大）

郵政省は、昭和四十一年十月二十一日に、「がん征圧」運動にちなむ寄附金付きの郵便切手二種を発行したが、その図柄には、右に示したように、大きく「がん征圧」と記してある。

現在は、新聞などでも、「癌」について言う場合は「征圧」を用いることとしている。

以上のとおり、「制圧」は一般用語として用いられ、「征圧」は、昭和三十五年以降、癌の場合に用いられるようになった（書き表し方の）語である。　（19—2）

問　**「随所」と「随処」**

答　「いたるところ」という意味に用いられる「ずいしょ」は、「随所」と書くのがいいのか、「随処」と書くのがいいのかという問題である。

「所」も「処」も、同じく「場所」を意味する。

『和英語林集成』『日本大辞書』には、「随在随處」の形で収録されている。

「随所」だけ挙げているものは、『ことばの泉補遺』『言泉』であり、「随処」だけのは、『辞林』『広辞林』『大辞典』『辞苑』『大日本国語辞典』『大言海』である。比較的最近発行されている辞書では、「随所・随処」のように併記されている。

中国の古い文献では、杜甫《とほ》の「畏人詩」に「早花随処ニ発《ひら》キ、春鳥異方ニ啼ク」とあり、また、「臨済録」に「随処ニ主トナル」などとある。

日本の文芸作品には、次のような例が見られる。

- 近頃《ちかごろ》に至って始めて随処任意の庶境《しよきやう》に入《い》って甚だ嬉《うれ》しいと自慢するんです。（夏目漱石「吾輩は猫である」）
- 三日三晩かゝって答を工夫する位な男には、干瓢《かんぴよう》の酢味噌《すみそ》が天下の士であらうと、朝鮮の仁参《にんじん》を食って革命を起さうと随意な意味は随処に湧《わ》き出る訳である。（同右）
- 彼女はたゞ随時随所に精一杯の作用を恣《ほしい》まゝにする丈《だけ》であった。（夏目漱石「明暗」）
- 今代《きんだい》芸術《げいじゅつ》の一大弊竇《へいとう》は、所謂《いわゆる》文明の潮流が、徒《いたづ》らに芸術の士を駆つて、拘々《くゝ》として随処に齷齪《あくせく》たらしむるにある。（夏目漱石「草枕」）
- 随処に動き去り、任意に作《な》し去つて、些《さ》の塵滓《ちんし》の腹部に沈澱《ちんでん》する景色がない。（同右）
- 思ひつき次第に右し左すれば随処に吾等を満足さするものがあ

る。（国木田独歩「武蔵野」）

・いまはもう、御家人といひ土民といひ、ほとんどその財産を失ひ、愁歎《しゅうたん》の声があからさまに随処に起る有様でございましたのに、（太宰治「右大臣実朝」）

以上のように、ざっと見たところでは、「随所」は余り目に付かず「随処」の方が多かった。しかし、今は新聞や放送の分野では、「随所」に統一して用いることになっている。

「所」は「住所、近所、場所、短所、長所、名所」など、一般に「場所」の意味で用いられ、一方、「処」には「処理、処置」などと「処」が上にくるのと同様、下にくる「善処、対処」などの場合にも「仕事をする」「とりさばく」などのイメージがある。また、「常用漢字表」の「処」に「ところ」の訓が採られていなかった、ということもある。新聞や放送における「随所」は、このような事情によるものである。

以上のようなわけで、「随所」「随処」の場合、どちらを用いてもよいが、どちらか一方を選ぶとすれば、「随所」の方が一般的だと思われる。（19—3）

問「降伏」と「降服」

答 戦いに負けて、敵に服従することを「こうふく」と言うが、「降伏」と書いた方がいいのか、「降服」と書いた方がいいのかという問題である。

国語辞典を見てみると、「降伏」だけしか挙げていないものには、『和英語林集成』『言海』『日本大辞書』『ことばの泉補遺』『大日本国語辞典』などがあり、『大言海』（昭和7）『大辞典』（昭和10）には、「降伏」「降服」の両方が別見出しとして挙げられているが、「降伏・降服」のように併記してある辞書も多い。

「降」という漢字には、「くだる、くだす」の意味があり、「服」は「人を従える、人に従う」の意味がある。中国の古い文献では、「上着を脱いで謝罪する」の意で用いられることもあったが、「敵に負けて服従する」意味にも用いられている。

悦服　屈服　克服　承服　心服　征服

などと用いられる。

「伏」は、「犬が人につき従う、また、犬のように腹を地面につけてふせる、立つことができないようにする」意である。

屈伏　雌伏　平伏

などと用いられる。

文芸作品の例としては、

・鬼は降伏して被っていた鬼面《おにめん》を脱いだ。（森鷗外「渋江抽斎」）

がある。

また、次のような例もある。

・吾等は日本国政府が直に全日本軍隊の無条件降伏を宣言し且右行動に於ける同政府の誠意に付適当且充分なる保障を提供せんことを同政府に対し要求す（朝日、昭和20・8・15、第一面）

（注＝ポツダム宣言の訳文。）

新聞や放送では、統一用語として「降伏」を用いている。

したがって、「降服」「降伏」のどちらを用いても誤りではないが、どちらかと言えば「降伏」の方を用いるのがよいであろう。

なお、仏教用語として「降伏」は「ゴウブク」と読む。そのほか、「折伏《しやくぶく》、調伏《ちようぶく》」などがあり、「法力をもって、仏敵などをくだし伏せること」を言う。

似たような表現に「屈服と屈伏」があるが、これについては225ページを参照されたい。（19—4）

問「戦う」と「闘う」

答　動詞の「たたかう」という語を漢字で書き表す場合に、「戦う」と「闘う」ではどちらを書く方がよいのか。または、両者は意味によって書き分ける方がよいのか、という問題である。

この点について国語審議会「『異字同訓』の漢字の用法」を見ると、次のような書き分けが示されている。

戦う――敵と戦う。

闘う――病気と闘う。

このような書き分けが行われるのも、「戦」と「闘」では、それぞれの漢字の持つ意味が異なるからである。

まず、「戦」であるが、「戦」の旧字体は「戰」で、「単」の旧字体「單」と「戈」との組合せである。「戈」は、「ほこがまえ」と呼ぶように、両刃のある身の部分に直角に長い柄を付けた「とびぐち」のような形の「ほこ」を描いた形で、武器一般を表すのに用いる。一方、「單」は「タン」とか「セン」とかの音を表す部分であるが、それ自体一種の武器の象形とも言い、一説には平らな「ちりたたき」を描いた形とも言う。「ちりたたき」は全体が薄いので「ひとえ」の意味を持ち、「ただそれだけ」の意味にもなるが、物としては「ぱたぱたとたたく」道具であり、その意味も持っている。したがって、いずれにしても「戦」は、武器で敵をやっつけることを表している。

この「戦」について中国の注釈を見ると、「兵ヲ合シテ刃ニ血ヌルヲ戦ト曰フ」と書かれている。「敵と戦う」というのが正にこれであり、熟語として次のように用いる場合の意味である。

戦意　戦果　戦士　戦場　戦陣　戦争　戦地　戦闘　戦乱

戦力

応戦　開戦　激戦　決戦　交戦　作戦　参戦　終戦　大戦

停戦　乱戦　力戦

これらの中に「戦闘」という形が見られるのは、「道路・単独・増加」などと同じように、似た意味の漢字を組み合わせた熟語である。「戦」を二字熟語化するに当たって「闘」を添えたのは、「闘」の意味が、基本的には「戦」と異なりながらも、似た要素を持つからにほかならないのである。

そこで、「闘」であるが、「闘」の旧字体は「鬭」である。この「門」は、「たたかいがまえ」と呼ばれるように、二人が向き合いつかみ合って争う形であるが、似た字形に引かれて、古くから「門」とも書かれている。中に入る部分は、右の「斤」が利器の「おの」、左の「豆」が音を表すと言う。それが簡略化されて、唐代にはすでに「闘」の形にしたものがある。「寸」は「手」の意味を持ち、「豆」は「トウ」の音に引かれたものであり、通用字体としてはこの形が採られてきた。したがって、「闘」は、二人が手でつかみ合うのが本来の意味である。

これについて中国の注釈には、「闘ハ争ナリ、競ナリ」とあるから、「病気と闘う」というのがその意味で、熟語として次のように用いる。

闘魂　闘士　闘志　闘争　闘病

暗闘　格闘　決闘　死闘　奮闘　乱闘　力闘

また、他動詞的な「鶏ヲ闘ハセ、犬ヲ走ラス」という例もあって、次のような熟語がある。

闘牛　闘鶏　闘犬　闘虎《こ》　闘鴨《おう》　闘獣

中国の古典に「闘花・闘香・闘茶」や「闘歌・闘詩・闘文」などとあるのもこの方である。

一方、日本語の「たたかう」について一般の国語辞典を見ると、次の三つの意味が掲げられている。

①武器などを用いて相手に勝とうと争うこと。

②互いに力や技を振るって優劣を争うこと。

③障害を打ち破ろうとして努力すること。

それぞれの意味を前記「戦」と「闘」の意味に当てはめると、①が「戦」に当たり、②と③が「闘」に当たることが分かる。また、それぞれについて比喩《ひゆ》的な用い方があり、競技や選挙では「戦う」を用い、労使間や社会運動では「闘う」を用いるのが一般の行き方である。

したがって、「戦う」と「闘う」とを書き分けるとすれば、それぞれの用例は次のようになる。

○戦う　①の場合……敵と戦う　国のために戦う　戦わずして勝つ　正義の戦い　野球で戦う　選挙で戦う　告示前の戦い　意見・議論を戦わせる　言論の戦い

○闘う　②の場合……牛を闘わせる　首班指名の闘い　派閥の闘い　精神と肉体の闘い　③の場合……病気と闘う　自然との闘い　貧苦と闘う　闘う組合　労使の闘い　要求を闘い取る

このように、「戦」と「闘」、それぞれの漢字の意味によって書き分けるのが好ましいわけである。

ただし、実際問題として、比喩的な用い方の場合には、必ずしも一方のみとは言えない例が見られるのである。同じような場合でありながら、次のように「戦」も「闘」も用いるからである。

・自分の内にあるさういふものを対手《あひて》に戦つて来たと考へないわけには行かなくなつた。（志賀直哉「暗夜行路」）

・僕の胸の中《うち》では、種々の感情が戦つてゐた。（森鷗外「雁《がん》」）

・それでゐて実際に金が遣《や》りたくないんだから、其所《そこ》に良心の闘ひから来る不安が起るんだ。（夏目漱石「明暗」）

・事業の成功といふ事丈《だけ》を重《おも》に眼中に置いて、世の中と闘つてゐるものだから、（夏目漱石「彼岸過迄」）

こういう場合に「戦う」を書くか「闘う」を書くかは作者の表現意図にかかっているのであり、一概にどちらが正しい用い方とは言えないのである。

ところで、現行の「常用漢字表」であるが、その本表では「戦」「闘」それぞれの音訓欄に「たたかう」という字訓が掲げられているから、書き分けが問題になるのである。

しかし、昭和二十三年の「当用漢字音訓表」では「たたかう」という字訓が「戦」のみに掲げられていて、「闘」には掲げられていなかった。そのため、この段階でまとめられた『文部省刊行物・表記の基準』では、見出し語「たたかう」の表記例が「戦う」だけであって、参考欄に「闘」と示されていた。その趣旨は、「当用漢字音訓表」に「闘・たたかう」が掲げられていないから、「闘う」を用いる場合もすべて「戦う」に書き換えるということであり、これがこの段階での考え方であった。

これに対して、昭和四十八年の「当用漢字改定音訓表」の場合は、その審議に当たって、使い分けのできる異字同訓が積極的に取り入れられた。そのため、「闘」にも「たたかう」という字訓が掲げられることになった。そこで、一度は「戦う」に統合された「たたかう」について旧来の書き分けに戻り、「戦う」と「闘う」を書き分けることになった。最初に引用した「「異字同訓」の漢字の用法」はその際に用いた審議資料であり、「敵と戦う」「病気と闘う」のような書き分けがそのまま「常用漢字表」に受け継がれている。したがって、「常用漢字表」に

従う場合には、旧来の用い方によって「戦う」と「闘う」とを書き分けることが好ましいわけである。（19―5）

問「**叙情**」と「**抒情**」

答 自分の感情を言葉にした詩歌や文章について「ジョジョウ」という語が用いられる。これを「叙情」と書くか、「抒情」と書くか、という問題である。

この「ジョジョウ」というのは、詩歌の分類として「ジョジ」に対する語である。前者がLyric、後者がEpicの訳語として用いられ、一般には「抒情詩」「叙事詩」と書かれていた。ところが、昭和二十一年に内閣告示となった「当用漢字表」には、「叙」が掲げられたのに対して、「抒」が掲げられなかった。その場合には、「抒」のような表外字については、同音の表内字に書き換えることが行われた。これをまとめた国語審議会報告「同音の漢字による書きかえ」では、「抒情→叙情」のように示されていた。したがって、旧表記で「抒情」と書かれていたものが、現代表記で「叙情」に書き換えられたわけである。

それならば、何ゆえ旧表記でEpicに「叙事詩」として「叙」を用いながら、Lyricの方は「抒情詩」として「抒」を用いたのか、ということである。その理由は、原語の意味に対して漢字を組み合わせるに当たり、それぞれに適した意味の漢字が選ばれたに違いないのである。

まず、Epicであるが、これは語や話を意味するギリシャ語のeposに由来する語であって、「物語る歌」の意味である。それは、神話伝説や英雄豪傑の業績を客観的に過去の事実として述べるわけであるから、その内容を漢字で表せば「ことがら」の意味の「事」とすることができる。これに対して、Lyricの方は古代ギリシャの七弦琴lyreに合わせて主観的に現在の気持ちを表すわけであるから、その内容は、「きもち」の意味の「情」とすることができる。問題は、それぞれを目的語としてその前に加える動詞「叙」と「抒」の意味の異同である。

そこで、「叙」であるが、その字訓「のべる」は、中国の注釈に「叙ハ述ナリ」とあるのに基づいている。したがって、「叙事」とすれば、「事柄を述べる」意味になる。その用い方を見ると、元末明初の陶宗儀の書『輟《てつ》耕録』の中の「文章宗旨」に「叙事ハ書史ノ法ノ如シ」と書かれているから、歴史書が事柄を書き連ねるのと同じ行き方になる。すなわち、客観的な事実について、順序や段階を付けて言葉で言い表していくのが、「叙事」である。その点で「叙事詩」というのは、Epicの内容を表す訳語として、極めて適切であったと言うべきである。

これに対して「抒」であるが、これも字訓は「のべる」である。しかし、この方は中国の注釈に「抒ハ猶ホ泄《モ》ラスゴトキナリ」と書かれているから、「抒情」とすれば「気持ちを漏らす」意味になる。その用い方を見ると、『後漢書』の「殤《しょう》帝紀」(後漢第五代の帝)に「以テ幽隔鬱滞《うったい》ノ情ヲ抒《の》ブ」とあり、『楚《そ》辞』の「惜誦《せきしょう》」に「憤リヲ発シテ以テ情ヲ抒《の》ブ」とあり、いずれも「気持ちを漏らす」意味である。したがって、「抒情」という形の熟語とすれば、個人の主観的な気持ちを心に留め置くことができなくて言葉に漏らしていく意味になる。すなわち、Lyricに対しては「抒情詩」というのが、その内容を表す上で極めて適切であったと言うべきである。

ところで、前記「同音の漢字による書きかえ」による「叙情」であるが、これも当用漢字表の適用による新しい形とばかりは言えないのである。それは、旧表記時代にすでに次のような例が見られるからである。

・レナウの叙情詩も字典を引けば大方解《わか》る位になって参りました。（田山花袋「名張少女」）

・Corot の叙情詩は唯微かにそのおぼろげなる記憶に残れるのみ。（北原白秋「邪宗門」）

・たつたいま教つたばかりのフランスの叙情詩とは打つて変つたかかる無学な文句に（太宰治「ダス・ゲマイネ」）

これらも「抒情詩」と同じ意味で用いられているから、Lyric に「叙情詩」という訳語を当てることも、すでに旧表記時代に並び行われていたことが分かるのである。

それでは、「抒情詩」という訳語があるにもかかわらず、何ゆえ「叙情詩」という訳語が用いられたかであるが、その理由としては、当然のこととして、「叙事詩」との関連が考えられるわけである。一方に「叙事詩」という形があって「事を述べる詩」であるとすれば、それに対する方を「情を述べる詩」として「叙情詩」とした方が、文字遣いの上で整うことにもなる。「叙」と「抒」の字音が共に「ジョ」であり、字訓が共に「のべる」である。その間にあって、「抒」が「抒情」以外に余り用いない漢字であることも、「抒情」という形の存在をそれだけ不安定なものにしたと言えるわけである。

このように見てくると、「同音の漢字による書きかえ」で、「抒情→叙情」としたことについては、これを無理な書換えとして退けることができないのである。したがって、「常用漢字表」に従って書く場合には、「抒情」の代わりに「叙情」を用いる方が好ましいことになる。現代表記で書かれた文学関係の事典などでも、解説に「叙情詩」の形を用いているのが実情である。（19―6）

問 「習わし」か「慣わし」か

答 名詞の「ならわし」という語を漢字で書き表す場合に、「習わし」と「慣わし」では、どちらを書く方がよいのか、という問題である。

この場合の「ならわし」というのは、漢語で言えば「習慣」のことである。また、中国の字書には「慣ハ習ナリ」と書かれているから、「慣」は「習」の意味を持っている。「ならわし」について、旧表記で書かれた文学作品に次の四つの形が見られるのも、このような事情によるわけである。

(1)習……茶の間には母君が待つてゐて、博士と玉ちやんとのお給仕をして、一しよに食事をするのが此家の習《ならはし》で、（森鷗外「半日」）

(2)慣……この傘張の翁も天主の御教を奉ずる人故、娘ともども「えけれしや」へは参る慣《ならはし》であつたに、（芥川龍之介「奉教人の死」）

(3)習慣……夫の留守の時は、ただ独り箸を執るのが多年の習慣《ならはし》であつた。（夏目漱石「門」）

(4)仮名書き……思案深げにその大勢に合《あひ》槌《づち》を打つといふのが、いつものならはしでございまして、（太宰治「右大臣実朝」）

したがって、旧表記としては、いずれの形も行われていたのである。

これに対して現代表記の方であるが、「常用漢字表」の「習・慣」の扱いはどのようになっているかということである。まず、「習」を見ると、その音訓欄の字訓が「ならう」だけで、例欄の語例が「習う・手習い」である。次に、「慣」を見ると、この方は音訓欄の字訓が「なれる・ならす」で、例欄が「慣れる・慣れ」と

「慣らす」である。つまり、「習」も「慣」も、音訓欄に「ならわし」という字訓が掲げられていないだけでなく、例欄にも「習わし」「慣わし」の形が示されていない。この点をどのように考えたらよいかということである。

これについては、現代表記の発足のころから取り上げることにする。まず、昭和二十一年の「当用漢字表」であるが、掲げられた一八五〇字の中に「習」も「慣」も収められていたから、この段階では、「習・慣」のいずれの字訓を用いて書き表してもよかったわけである。その後、昭和二十三年の「当用漢字音訓表」ではそれぞれの漢字の音訓が整理され、「習・シュウ・ならう」「慣・カン」と掲げられていた。この段階でまとめられた『文部省刊行物・表記の基準』では、見出し語「ならわし」の表記例が仮名書きの「ならわし」となっていて、参考欄に「習・慣」と示されていた。この場合の「×」は、その読み方が「当用漢字音訓表」に認められていないという印であった。したがって、旧表記では「習・慣」を用いて書いたけれども、いずれについても「当用漢字音訓表」に「ならわし」という字訓が掲げられていないから、ここでは仮名書きにする、ということである。

その後、昭和三十四年の「送りがなのつけ方」の段階で、「文部省公用文送りがな用例集」がまとめられている。この用例集は、送り仮名の付け方の用例を集めたものではあるが、中に「あぶない・うずもれる」や「命がけ・あて名」など、特に仮名書きや交ぜ書きになる語例も併せ示されていた。その中でも、やはり仮名書きの「ならわし」が示されている。したがって、この段階でも、「ならわし」という仮名書きが好ましいとされていたのである。

この仮名書き「ならわし」が漢字書き「習わし」に改められたのが、昭和四十八年の「当用漢字改定音訓表」の段階である。ただし、「習」と「慣」のそれぞれの音訓欄の字訓と例欄の用例は、次のようになっていた。

・習……ならう　習う　手習い
・慣……なれる　慣れる　慣れ
　　　ならす　慣らす

この改定で「慣」に「なれる・ならす」が加わったけれども、「ならわし」という字訓は、「習・慣」いずれの音訓欄にも例欄にも示されていなかった。それにもかかわらず、この段階でまとめられた「文部省公用文送り仮名用例集」の方は、「習わし」の形に改められていた。

このことは、音訓欄・例欄に見られなくても、「習・ならう」の派生訓として、「習わし」も成り立つとの解釈によるものである。このような解釈が可能な理由としては、右の「音訓表」の前書きの中の「表の見方及び使い方」の「五」に、次のように書かれていた点を挙げることができる。

・五　語根を同じくし、何らかの派生・対応の関係にあるものは、同じ漢字を使用する習慣のあるものに限り、適宜、音訓欄又は例欄に主なものを示した。

ここには、「音訓欄又は例欄に」「適宜」「主なものを示した」と書かれていて、「そのすべてを示した」とは書かれていない。したがって、「習・ならう」について「習わし」という形で用いることも、派生関係の範囲に含まれるとの解釈が行われたわけである。

この場合、そのような解釈を可能にしたことについても、それなりの理由が成り立つのである。それは、他の漢字の音訓欄と例欄に、次のような派生関係が見られるからである。

・透……すく　透く　透き間
　　　すかす　透かす　透かし

・励……はげむ　励む　励み
　　はげます　励ます　励まし
・減……へる　減る　目減り
　　へらす　減らす　人減らし

したがって、これらの関係から類推すれば、「習・ならう」の派生訓として、「習わす・習わし」を用いることが可能になる。そのような解釈によって、前記の用例集に「習わし」の形が掲げられたわけである。

　ところで、これらの事情は、そのまま現行の「常用漢字表」に受け継がれている。「当用漢字改定音訓表」の「表の見方及び使い方」の「五」の趣旨も、「常用漢字表」の「同・7」に書かれている。まとめ直された「文部省公用文送り仮名用例集」にも、「習わし」の形が示されている。したがって、「常用漢字表」に従って書き表す場合にも、「ならわし」については、「習わし」の形を用いてよいと言えるのである。

　最後に、「慣」の扱いにも触れておくことにする。「習」と同じような派生関係を求めていけば、「当用漢字改定音訓表」の段階で、「慣」の方にも「ならわし」の派生訓を認めて、「慣らわし」という形が成り立つかどうかという点である。ここで問題になるのが、「慣」の音訓欄の字訓「なれる・慣れる」「ならす・慣らす」との関係である。この二つからは「ならう・ならわす」という派生訓を導き出すことができない点から考えて、「ならわし」を導き出すこともできないわけである。したがって、「ならわし」については、意味の上から見て「習・慣」共に成り立つとしても、「慣らわし」でなく「習わし」が選ばれたことについては、音訓表における派生訓の可否によるものと考えてよいのである。

（19―7）

問「饒舌」か「冗舌」か

答　よくしゃべること・おしゃべり、口数が多いこと・多弁の意の漢語「じょうぜつ」を「饒舌」と書くか、「冗舌」と書くか、という問題である。

　「饒」の字義は幾つかあるが、その一つに、「ゆたか」とか「有り余るほど多い」などの意があり、「豊饒《ほうじょう》」、「饒沃《じょうよく》」などの熟語を形作る。「冗」の字義は、「むだ、ひま、あまる、わずらわしい」その他である。「舌」は、口中のしたの意から転じて、「ものを言うこと、言葉を話すこと」などの意を表す。

　そこで、「口数が多いこと」とか、「よくしゃべること」を意味する語「じょうぜつ」は、「冗舌」ではなく、「饒舌」がふさわしく、もともと「饒舌」と書いてきた。

　ところで、昭和二十一年、内閣告示「当用漢字表」が実施されたが、「饒」の字が漢字表に掲げられていなかった。すなわち、表外字であったために報道界では、「饒舌」を「多弁。おしゃべり」と言い換えたり、表内字の同音の漢字「冗」を用いて「冗舌」と書き換えることにした。報道界における「饒舌」の取扱いの移り変わりのあらましは、次のようである。

(1)　新聞が「饒舌」という語を使わないことにしたのは、そしてそれが広く行われるようになったのは、戦後の当用漢字表の実施に伴う処置であると見られているが、実は、一部の新聞社では戦前から行われていたようである。すなわち、『大阪毎日新聞スタイル・ブック（増補改定版）』（昭和8刊）の「漢字制限に伴ふ代用語」の項に「饒舌――多弁」とある。なお、ここにいう「漢字制限」は、大阪毎日新聞社が独自に制定した「常用漢字音列表（二四九〇字）」を言う。

(2)　戦後、日本新聞協会刊の『新聞用語集』では、昭和三十年版から四十年版までは「多弁、おしゃべり、冗舌」の順序（ただし、昭和三十五年版では「冗舌」を欠き、言い換え語だけ。）であったが、昭和四十二年版から五十六年版までは「冗舌、多弁、おしゃべり」の順となっている。

(3)　NHKは、『放送用語ハンドブック』（昭和44）では「冗舌」とし、言い換え語の参考として「おしゃべり・口まめ」を掲げているが、『新用字用語辞典』（昭和56）では、「じょう舌」とし、「冗」は使わないとしている。なお、参考としての言い換え語として「おしゃべり」を掲げている。

「饒舌」を「冗舌」と書き換えることは、「同音の漢字による書きかえ」（昭和31・7・6、国語審議会報告）には掲げられていない。また、「饒」の字は、かつての「当用漢字表」に代わる昭和五十六年、内閣告示「常用漢字表」にも掲げられていない。

「じょうぜつ」の漢字による書き表し方について、終戦後から平成四年に至るまでの各種国語辞典54種について見ると、

・「饒舌」としているもの……46種
　（うち、「冗舌とも」などと注記しているもの…4種）
・「冗舌・饒舌」の順序で併記しているもの……7種
・「饒舌・冗舌」の順序で併記しているもの……1種

であって、「冗舌」だけを掲示している辞典は一種もない。すなわち、国語辞典について言えば、「じょうぜつ」の漢字表記は「饒舌」であって、「冗舌」はまだ積極的には認められるに至っていないようである。

次に漢和辞典22種について見ると、親字「饒」の項で、熟語「饒舌」を掲げているものは21種あるのに対して、親字「冗（宂）」の項で「冗舌」（語釈は「むだ話」）を掲げているものは6種である。うち、1種は大正六年初版の『大字典』、他は戦後の刊行である。

なお、「饒舌」を掲げていない辞典は、当用漢字表に掲げてある一八五〇字についてだけの漢和辞典で、親字としても「饒」はなく、「饒舌」がないのは当然のことである。

「冗舌」を掲げている6種のうち4種は、その語釈を「むだ口」・「むだ話」などとしており、この場合の「冗舌」は「饒舌」と部分的意味の重なりがないとは言えないであろうが、別語と見る方が妥当であろう。後の2種には、

〔辞典A〕（昭和62刊）国おしゃべり。むだぐち。もと、饒舌《ジョウゼツ》の誤記から生じた語。
〔辞典B〕（昭和63刊）（国）むだぐち。▽「饒舌」の誤用といわれる。

とある。

次に実際の用例を一つ掲げる。

・精力的に、まくしたてる調子は権力の座にあったときと少しも変わらないが、報道陣の緊張感が現役のころとは違う。気のせいか、元大統領の冗舌をもてあましているようにさえみえた。
（朝日新聞、平成4・8・19、夕刊）

この「冗舌」を、長時間にわたって元気よく勢い込んで滑らかに話し続けること・様子と取るか、聞き手にとって余り面白くもないことをべらべらとしゃべり続けること・様子と取るかは、人によって異なるのではなかろうか。

このようなわけで、「多弁、口数が多いこと」の意の漢語「じょうぜつ（饒舌）」を、表内字を用いて「冗舌」と書き換えることは、新聞では行われているけれども、辞典界では、まだ、余り受け入れられていないというのが現状である。

これは「冗舌」では、「冗」の字義から見て、話を聴いていて、知らず知らず引き込まれてしまうような魅力的な興味ある話題・話しぶりを連想するよりも、単なるおしゃべりとか、むだ口をたたいている様子を連想しがちであるためではあるまいか。（19—8）

問 「広範」か「広汎」か

答 「コウハンな区域」「コウハンにわたる」などと用いる「コウハン」という語がある。これを漢字で書き表す場合に、「広範」と書くか、「広汎」と書くか、という問題である。

この「コウハン」というのは、旧表記では「広汎」と書かれていた語である。「広汎」の方は、「広・ひろい」であるとともに、「汎・ひろい」である。中国の注釈に「汎ハ広ナリ」と書かれているのがこれであり、「広汎」の意味は「ひろく・ひろい」である。

ところが、「当用漢字表」にはこの「汎」が掲げられていなかった。その場合に、表にない「汎」の字をどうするかという問題である。そのときに考えられたのが、耳慣れた「コウハン」という発音をそのままにして、表の中の同音の漢字に書き換える方法である。これをまとめた国語審議会報告「同音の漢字による書きかえ」によれば、「広汎→広範」となっている。したがって、旧表記では「広汎な区域」「広汎にわたる」と書かれていたが、現代表記では「広範な区域」「広範にわたる」と書こうと言うのである。

このことは、「当用漢字音訓表」の段階でまとめられた『文部省刊行物・表記の基準』でも、すでに次のような形で示されていた。すなわち、見出し語「コウハンな」の表記例が「広範な」となっていて、参考欄に「汎×」と書かれていた。その趣旨は、旧表記で「広汎な」と書いた「コウハンな」は、「汎」が「当用漢字表」に掲げられていないから、同音の漢字「範」に書き換えて用いる、ということである。前記の国語審議会報告も、これをそのまま取り上げたものである。

ところで、この場合の「汎」であるが、書き換える漢字としては、同じ字音「ハン」を持つ漢字の中では「般・範」の二字が考えられる。その中で「般」の方は「めぐる」意味を持っていて、次のように用いる漢字である。

一般　過般　各般　今般　諸般　先般　全般　万般　百般

したがって、「広汎→広般」とする場合は、「ひろく・ひろい」を「ひろく・めぐる」で表すから、例えば次のような書換えに類することになる。

衰頽（おとろえ・すたれる）→衰退（おとろえ・しりぞく）
昏迷（くらくて・まよう）→混迷（まざって・まよう）

一方、「範」の意味は、中国の注釈に「規模、範ト曰フ」と書かれている方の「範」である。この点では、諸橋轍次『大漢和辞典』に見られる「範囲」についての次の解説が参考になる。

・範囲……鋳型に入れて周囲を正すこと。限りくぎること。転じて、一定のきまった場所をいふ。さかひ。かぎり。くぎり。区域。

すなわち、「広汎」の意味が「ひろく・ひろい」であったのに対して、「広範」では「ひろい・くぎり」である。

しかし、『表記の基準』や国語審議会報告では、「広般」を採らずに「広範」を採ったのである。この「広範」という書換えがそれほど無理なく広まった理由としては、これが「広範囲」の省略形として受け取られたことを見逃してはならないのである。

ただし、「広範囲」を省略して「広範」とする慣用は、旧表記時代には見られなかったことである。その上、旧表記時代に「広汎」の意味で「広範」と書けば、誤りとされたに違いないのである。こういう場合に、国語審議会としては、正誤の基準を変えるのではなく、「新しく造語したもの」という考え方を用いている。「国語審議会報告・3」に挙げられた例で言えば、「慰藉料→慰謝料」などがこれである。漢字を組み合わせて新しい熟語を造る方法は、一般に行われていることである。その点で新たに同音の「慰謝料（なぐさめ・あやまる・料）」という語を造って「慰藉料（なぐさめ・いたわる・料）」に代えたのがこの書換えである。「広汎」の場合も、同音ではあるが新たに「広範」という語を造って、「広汎」に代えたことになるのである。

なお、関連して触れておかなければならないことがある。それは、「常用漢字表」の音訓欄を見ると、「凡」にも字音「ハン」が掲げられていて、「凡」も書換えの候補になってよいはずである。この点で考え合わされるのが、前記の国語審議会報告に見られる次のような書換えである。

誡告→戒告　旱害→干害　薄倖→薄幸　外廓→外郭

すなわち、漢字の成り立ちから見れば、「誡・旱・倖・廓」のような形声文字の場合は、その主たる意味を担うのが字音を表す「戒・干・幸・郭」のような音符の部分である。したがって、その意味がどの分野に関係するかを示す「言・日・人・广」のような意符の部分を取り除いても、基本的な意味に変わりがないことになる。「広汎→広凡」も、これらと同じ例と考えれば成り立つわけである。

しかし、「凡」に「ハン」の字音を認めることになったのは、昭和四十八年の「当用漢字改定音訓表」の段階であった。また、これを認めたのは、「凡」を前部要素とする「凡例」のためであった。「凡」を後部要素とする熟語は、「平凡・非凡」などすべて「―ボン」と読み、「―ハン」は全く見られない。したがって、「広凡」と書いたのでは「コウボン」と読みかねないのであり、「コウハン」の書換えとして好ましい形とは言えない。その上、すでに「広汎→広範」が一般に用いられていたことを思えば「凡」に字音「ハン」が加わった段階で新たに「広汎→広凡」に改める必要もなかったのである。（19―10）

問「暗唱」か「暗誦」か

答「記憶した文章を、何も見ないで口に出して言うこと」を「あんしょう」と言うが、「暗誦」と書くのがいいのか、「暗唱」と書くのがいいのかという問題である。

「暗」は「諳」に通じて、「くらい、先がない、ものが見えない」の意味であるが、また「そらんじる」の意味がある。「そらんじる」というのは、「そらにする」ということで、書かれたものを見ないで、口に出して言うことである。

さて、「誦」には「となえる、口に出して言う、声を出して読む」の意味があり、「唱」も「うたう、となえる、声を出してものを言う」の意味があって、ほぼ同じであると言ってよい。ただし、字音仮名遣いは、「誦」は、漢音ショウ　呉音ジュ、「唱」は漢呉音ともシャウである。

中国の古い文献には、「諳誦、暗誦」があり、日本には「闇誦」もある。「暗誦」は「あんじゅ」とも読まれた。

『和英語林集成』以後の国語辞典では、「あんしょう」の項に、「暗誦」又は「諳誦」があり、これらを併記しているものもある。

文芸作品では、ほとんど「暗誦」が用いられており、同じ作家が「諳誦」も用いている。

・岡田は虞初新誌《ぐしょしんし》が好きで、中にも大鉄椎伝《だいてっついでん》は全文を暗誦することが出来る程であった。（森鷗外「雁」）

・よく忘れずに暗誦したものですね。（夏目漱石「吾輩は猫である」）

・女は此句《この》を生れてから今日迄《まで》毎日日課として諳誦した様に一種の口調を以て誦《じゆ》し了《おわ》つた。（夏目漱石「倫敦塔」）

・忽《たちま》ちシエレーの雲雀《ひばり》の詩を思ひ出して、口のうちで覚えた所だけ暗誦して見たが、覚えて居る所は二三句しかなかつた。（夏目漱石「草枕」）

・まへにも何回となく言つて言ひ馴れてゐるやうな暗誦口調であつて、文章にすればいくらか熱のある言葉のやうにもみえるが実際は、れいの唖れた陰気くさい低音でもつてさらさら言ひ流してゐるだけのことなのである。（太宰治「ダスゲマイネ」）

「常用漢字表」には「誦」の字はないが、これは「当用漢字表」（昭和21）以来のことである。同表に「誦」を取り上げなかったための措置として、「「同音の漢字による書きかえ」について（報告）」（昭和31・7・5、国語審議会）に、

暗誦→暗唱

が掲げられた。×印のついた表外字で書かれた漢語の書換えとして「暗唱」が示されている。

「暗唱」という書き方は、それまでは用いられていなかったと言ってよさそうだが、この国語審議会の報告以後、新聞や放送の分野では、「暗誦」の代わりに「暗唱」を統一して用いることになっているわけである。（19―11）

問 **「一心同体」か「一身同体」か**

答 二人以上の人間が、あたかも一人の人間であるような強い結び付きをすることを指して「イッシン同体」と言うが、その漢字表記は「一心」と「一身」のどちらが正しいかという問題である。

右に述べたように心を一つにしてという意味で使う場合には、次に示すように「一心同体」と書くのが普通である。

・それ読んでみると、光子さんと綿貫とは永久に一心同体やとか、死を以て綿貫に従はないかんやとか、……やとか、何ぼでも虫のえゝこと書いてあって（谷崎潤一郎「卍」一二九）

・あきと小谷とを一心同体と見做し、つまりどこどこ迄も普通の夫婦として取扱つてゐられますが（富沢有為男「法廷」）

・それに第一、今日のことでぼく等は今後、一心同体にならなくちゃ、たがいに損だからねえ。（遠藤周作「海と毒薬」三―二）

・同コーチは……藤田監督も勇退したことで、「監督とヘッドコーチは一心同体。優勝できなかった責任を取らせて欲しい」と、申し入れた。（読売、平成4・10・10、19面）

この「一心同体」と似たような意味の四字熟語には、次のものがある。

・異体同心（体は別々でも、心は一つであるということ）

・一体同心（頭と手足との様に全く一つの心になること。元首と将卒とが一体となり、将卒は元首の心を我が心とすること。〔重野成斎、勅二諭陸海軍人一〕一体同心、其親特深。＝諸橋轍次『大漢和辞典』から）

・一味同心（同じ目的の下に力を合わせ、心を一つにすること。また、その人々。一味合体。＊平家―四・山門牒状「一味同心に僉議して、山へも奈良へも牒状をこそおくりけれ」＊太平記―三〇・薩埵山合戦事「始め宇都宮にて、一味同心せし勢計に成ければ、僅に七百騎にも足らざりけり」＝『日本国語大辞典』から）

ところが、明治時代の文献には、「一身同体」と書いた例が多く見られる。

・蓋し夫婦を以て一身同体と為すは古来欧洲各国宗教上の説なりと雖ども而も男女己に判然二物たる以上は之を学問上より観察して一身同体と称す可き道理を発見する能はざるは固より論を待ず（馬場辰猪「婚姻の契約に年限を定むるの可否」）

・夫婦は一身同躰《いっしんどうたい》と申すでは御坐いませんか（末広鉄腸「花間鶯」上―八）

などがそれである。戦前の国語辞典（大日本国語辞典・大言海・大辞典・辞苑など）には、「いっしんどうたい」の見出しも用例も出ていないので確かめられないが、近年刊行されている国語辞典、表記辞典や新聞社・通信社のスタイルブックでは「一身同体」を「一心同体」の誤りと明記したものがある。しかし、右の明治時代の「一身同体」は、ひとまとまりになった全体、一体の意味で用いられていると思われ、あながち誤りと断定することはできない。つまり、「一身」と「同体」という同義語を重ねることによってその意味を強調した四字熟語と解することができよう。

しかし、「一心」には、もともと「人々の心を一つに合わせること」という意味があり、中国の古典にも次のような用例が見える。

・百将一心、三軍同力（荀子）

また、戦時中によく使われた「億兆一心」もその意味である。この「心を一つにする」という意味での「一心同体」の方が、後に一般に広がって今日に至っていると思われる。したがって、現在では、「一心同体」と書いて、冒頭に述べたような意味で使うのが穏当であろう。

ちなみに、「一心」を含む四字熟語としては、「一心同体」のほかに、次のものがある。

一心万能（一心をこめてやれば、あらゆることを可能にすることができるという意）

一心万宝（一心をこめてすれば何事でもできるから、一心は、あらゆる宝にまさる値打ちのあるものだということ）

一心不乱（ただ一つのことに心を集中して他のことで乱されないこと）

万能一心　まんのう―・ばんのう―（何事をするにも一心にしなければならないこと。また、あらゆる芸能に通じていても、一つの真心がなければ役に立たない。万能よりも一心が大切であることにいう。転じて真心をこめてすること）

（以上は『故事・俗信　ことわざ大辞典』（小学館）から）

（19―21）

問「弱冠」と「若冠」

答　男子二十歳のことを「じゃっかん」と言うが、「弱冠」と書くか、「若冠」と書くかの問題である。

中国の古典『礼記《らいき》』に「二十ヲ弱トイフ。冠ス」とあり、二十歳になると冠をかぶり、元服式を行ったところから、「弱冠」という語ができたのである。しかし、『礼記』の疏《そ》（本文・注に加えた唐代の解説）には二十歳前後から二十九歳までを弱冠と言うことができるとあり、年齢には幅のあったことが知られる。

ちなみに、前述の『礼記』には、十歳を幼、二十歳を弱、三十歳を壮、四十歳を強と言うとある。

近代の文学作品の例として、次のようなものがある。

・是れはどう見ても弱冠の素封家の、あまやかされすぎた、給事らしい男で有つた。（二葉亭四迷「あひゞき」）

また、諸種の国語辞典に、次の用例が載っている。

・弱冠十五歳で国際コンクールに入賞するとは大したものだ。

・弱冠十七歳の投手

・弱冠十七歳で七段の棋士
・弱冠十八歳にして新人王
・弱冠十八歳でコンクール入賞
・弱冠十九歳で三位に入賞
・氏は、弱冠三十歳にして、全国にチェーン店を持つ会社の経営者である。

以上の用例を見ても、十五歳から三十歳まで年齢の幅があり、単に年の若いこと、年少、またその人を指すように転じていることが分かる。

この「弱冠」が同じ音で、「若冠」と書かれることがあるのである。日本では『懐風藻』に「若冠」、万葉集三八二二番の左注に「若冠女」の例があり、古くから二種類の書き方が見えるが、中国には例がないようである。

中国ではもともと「弱」は「わかい」という意味に使われており、「若」には「わかい」の意味はなかったのであるが、日本では「弱」をいつしか専ら「よわい」という意味に用い、「わかい」を表すためには「若」の方を使うようになってきたのである。

国語辞典には、「若冠」がなかったり、「若冠」は誤り、又は当て字としているものがある。

さて、『新聞用語集』（昭和56）では、

じゃっかん　（若▲冠）→弱冠〈男子二十歳の異称、転じて年の若いことをいう〉（▲印は誤った表記）

とあり、NHK『新用字用語辞典』（昭和56）では、

じゃっかん　弱冠（「若冠」は誤り）

とあって、いずれも「弱冠」の方を採用している。

NHK『放送のことばハンドブック』（昭和62）には、

「弱冠」ということばは適切な場合に限って使い、乱用しないようにする。特に女性には使わない。
×若冠
本来は「20歳」を意味するが、現在では相対的な若さの表現として使われている。

のような解説が載っている。

また、共同通信社の『記者ハンドブック』（平成2）では、「弱冠三十歳」という言い方を誤りとし、「三十歳の若さ」のように言い換えることになっている。

「若年」「若輩」の場合は、報道界の統一用語として「若」を使うことになっており、「じゃっかん」の場合も「若冠」でいいようなものであるが、典故に従えば「弱冠」と書くことになるわけである。

なお、「若輩」か「弱輩」かについては、248ページの解説を参照のこと。

（20―1）

問 「標題」と「表題」

答 文章などの内容の手掛かりになる短い言葉を「ひょうだい」と言う。これを漢字で書き表す場合に、「標題」か「表題」か、又は、両者に使い分けがあるのか、という問題である。

この種の問題に関しては、第五期国語審議会の部会報告「語形の「ゆれ」について」（昭和36・3）の第一部「漢字表記の「ゆれ」について」の中で取り上げている。その際の資料を見ると、二つの書き方がある語の一覧表において、好ましい書き方が「標題」であり、ゆれとして「表題」が示されている。この場合に「標題」の方を好ましいとしたことについては、公文書の関係で用いるのが「標題」だからである。

この点について、文部省『三訂公文書の書式と文例』（平成2・

1）を見ると、「書類形式について」の項の「通達・通知等」の(5)に「件名」という語があり、次のように書かれている。

・件名は、発信者氏名の下に記す。件名の後に、その文書の区分を、（通達）、（通知）のように（　）内に入れて記す。

ただし、例示された文例の「注」の中には、「標題」という語が「件名」の意味で次のように用いられている。

・標題に示された省令の制定及び4件の告示が出された事実を述べ、その施行の時期について述べる。（27ページ）

その点でこの注では、「標題」を「件名」の意味で用いていることも分かる。

それでは、同じ事柄について、何ゆえに「件名」と「標題」と二つの用語が見られるかということである。この間の事情について、中島正郎『新訂起案例文集』（昭和53・12）では、次のように解説されている。

・標題……公文書の内容を示すための題名。従来は、「何々に関する件」と表示していたので「件名」と呼ばれてきたが、近来は、「何々について」と改められ、標題と呼ばれている。

これを「標題」と書き表すのは、「標」の意味が、本来は中国の字書に「木ノ杪末ナリ」と書かれているとおり、こずえが高く伸びたところであり、そこから、「高く掲げる目じるし」の意味になったからである。それは、「標記・標示・指標・道標」などの「標」であり、「標題」もこれら一連の熟語と同じ意味の用い方である。そうして、この語が公用文の書式に関連して用いられるとすれば、「標題」の方を好ましいとした理由もうなずけるのである。

そのうえ、諸橋轍次『大漢和辞典』によれば、中国の古典の用例が引用されているのは「標題」の方であって、「表題」には引用が見られない。その点でも、「標題」の方が典拠のある書き方と言えるわけである。

ところで、この「標題」という書き表し方は、図書館関係でも用いられている。文部省『学術用語集図書館編』（昭和33・5）を見ると、「標題・標題紙・標題紙刊年」などの語が掲げられている。これらの用語を、そこに示された対応の原語とともに引用すると、次のようになる。

・標題　title・標題紙　title page, title leaf
・標題紙刊年　title page date

これらの語について図書館問題研究会『図書館用語辞典』（昭和57・10）に書かれている内容を要約すると、次のようになる。すなわち、この場合の「標題」は「標題紙」に書かれている書名のことで、「標題紙」というのは、日本で「とびら」と呼ぶページのことである。図書館関係で特にとびらの書名を重視するのは、洋書の場合、ここに書名とともに著者名、版次、出版地、出版社、出版年等が記載されるとともに、その裏面に、日本では奥付に記載される事項も示されるからである。

更に付け加えれば、西洋では標題紙を第一ページとした形で市販され、製本は購入者が好みに合わせて装丁を凝らしたという経緯がある。その点では、図書館で目録を作成するに当たって、表紙に書かれている書名ではなく、とびらに書かれている書名を重視する理由もうなずけることになる。そうして、その際に用いる専門用語が「標題」なのである。

しかし、このように、とびらの書名を「ひょうだい」と呼ぶことは、一般には行われていない。参考のため、夏目漱石の作品から引用すると、次のようになる。

・見ると標題に大きな活字で「偉大なる暗《くら》闇《やみ》」とある。（「三四郎」）

・英語の標題が、外国語に熟しない彼女の眼《め》を少し悩ませた。（「明暗」）

・表題の意味は無論解《わか》るが、手に取って、中を検《しら》べて見やうといふ好奇心はちつとも起らなかつた。（「門」）

・現に万朝なぞでは花聟花嫁と云ふ表題で両者の写真を紙上に掲ぐるの栄はいつだらう、（「吾輩は猫である」）

いずれも内容の手掛かりになる短い言葉ではあるが、前記の文書用語の「標題」、図書館用語の「標題」とは異なる内容である。その上、このような一般語としての「ひょうだい」については、「標題・表題」二つの書き表し方があり、ゆれていることが分かる。

この場合のゆれの統一について、日本新聞協会の新聞用語懇談会がまとめた『新聞用語集』には取り上げられていない。しかし、これを発展させた各社の用語集の中で取り上げた部分を見ると、いずれも「表題」に統一されている。それらの中で最も詳しいものを引用すると、次のようになる。

・ひょうだい　表題・標題〔題目、作品名など〕「―作ほか三編」「講演の―」「演劇の―」［参考］一般的には「表題」、「標題音楽」は「標題」が普通。（読売新聞社『読売新聞・用字用語辞典』（平成2・5））

その趣旨は、ゆれている「表題・標題」についてはこれを「表題」に統一して用いる、ただし「標題音楽」は別、ということである。

それでは、文書用語、図書館用語が「標題」を用いるにもかかわらず、何ゆえ「表題」の方に統一したかということである。この点について川瀬一馬『日本書誌学用語辞典』（昭和57・10）の解説をまとめると、次のようになる。それは「外題（げだい）」という語との関連である。「外題」というのは、和装本の表紙をめくった内側に書かれている「内題」に対する語である。それは、外側に書かれているために「外題」と呼ばれたのであり、一般には、短冊形の紙に書いて表紙にのり付けされている。この外題が「表題」と呼ばれるようになったのは、これが「表紙」に書かれた「題」だからである。

したがって、このことは、書類の件名が「標題」と書かれ、図書館関係でとびらの書名が「標題」と書かれることと矛盾するわけではない。それらとは全く別の内容として、著書や作品の表紙に書かれた題名が「表題」と書かれてきた事実を見逃してはならない。この点が、新聞方面で「表題」に統一して用いる理由となるわけである。

それでは、この種の「表題」を用いるのはどのような内容かということであるが、この点では新村出『広辞苑（第四版）』に見られる次のような解説が参考になる。

・ひょうだい〔表題・標題〕①書物の表紙に記された書物の名。外題。②演説・談話・芸術作品・演劇などの題目。

この範囲については、新聞方面の書き表し方に従って、「表題」に統一するのが好ましいと言えるわけである。

最後に、新聞方面で特例とされている「標題音楽」について取り上げることにする。この書き表し方は、ドイツ語“Programmusik”の訳語として定着している。関係書の内容を分かりやすく要約すると、次のようになる。それは、例えば、リスト「ファウスト交響曲」のように、文学的な内容を踏まえながら、音楽の形で表現しようとする試みのことである。すなわち、文学作品との関連で鑑賞することが意図されているために、そのような鑑賞法とは無縁の「絶対音楽」に対して用いられているので、表紙に書かれた題名というのでないことが明らかである。その点で、これを「標題」としたのも、十分に納得できるわけである。

（20―3）

問「相違」と「相異」（「差異」と「差違」）

答「相違」と「相異」とは、同じ語の異なった書き表し方であるのか。それとも、両者で意味を異にしており、使い分けを要する語であるのかという問題である。併せて、「差異」と「差違」についても同様な見地から問題として採り上げる。

「相違」、「相異」という場合の「相」は、「互いに」、すなわち、「二つの物事が関係し合っている状態」の意である。「違」は「（くい）ちがい、不一致」の意である。「異（歴史的仮名遣いでは、「ゐ」）は「ことなり、別の」などの意である。しかし、「ちがい」と「ことなり」との意味の差は、必ずしも明確ではない。多くの漢和辞（字）典の示す字義によれば、「違」には「ことなる、ことにする」などが併せ掲げてあり、「異」には「ちがい、くいちがい」などが併せ掲げてある。

したがって、「相違」と「相異」の意味は、どちらも「互いにちがうこと」、「互いにことなること」ということになり、両者の間に明確な意味の違いはないことになる。

では、「相違」と「相異」とは、いわゆる同語異表記の関係にあり、表記のゆれと見てよいであろうか。

「そうい」の漢字による書き表し方に関して、明治二十一年刊の『漢英対照いろは辞典』から平成五年七月までに発行された各種国語辞典に、ヘボン著『和英語林集成』の第一版から第三版までを加えた計86種の辞典の見出しについて見ると、第1表のとおりである。

第１表〔国語辞典　86種〕

○「相違」と「相異」を別項で採録しているもの	５種
○「相違」だけを採録しているもの	81種
（うち，「相異とも」などとしているもの…９種）	
計	86種

〔注1〕「そうい」の漢字表記を「相違」としているものは86種の辞典のすべてであるが、「相異」だけのものは1種もなく、また一つの見出しの下に「相違・相異」のように両者を併記しているものも1種もない。

〔注2〕「相異」を「適当でない表記」と注しているものが1種ある。

〔注3〕「相異」と「相違」とを別の見出し語として採録した辞典の最も早いものは、昭和44年に第二版として発行した小型辞典である。別見出しとしている辞典は5種あるが、うち3種は、この辞典の第二版・第三版・第四版である。

次に、漢和辞（字）典について見ると、明治三十六年から平成五年三月までに発行された22種の内訳は第2表のとおりである。

第２表〔漢和辞典　22種〕

○「相違」も「相異」も共に不採録のもの	４種
○「相違」と「相異」を別項で採録しているもの	３種
○「相違」だけのもの	15種
○「相異」だけのもの	０種
計	22種

〔注1〕「相違」と「相異」とを別項で採録している3種のうち、2種は、同じ辞典の旧版と新版とである。

〔注2〕他の1種は、「相違」の語釈の後に、「相異」の語形を掲げている。

〔注3〕類義語として「差異」を掲げているもの3種、「差違」を掲げているもの2種。

報道界では、『大阪毎日新聞スタイルブック』（昭和8）、『暫定週報用字例』（内閣情報局、昭和17ごろ）に、〈「相違」（相異は用いない。）〉などとしており、戦後は、日本新聞協会の『新聞用語集』の昭和三十一年版から現行版に至るまで「相違」を採用している。また、時事通信社・共同通信社の用語集、各新聞社の用語集でも同じである。

第3表〔国語辞典　86種〕

○「差異」も「差違」も共に不採録のもの	3種
○「差異」と「差違」を別項で採録しているもの	29種
○「差異・差違」を併記しているもの	30種
○「差異」だけのもの	21種
○「差違」だけのもの	3種
	計86種

なお、「……にそういない」などの場合は、必ず「相違ない」であり、この場合に「相異ない」とすることはないようである。かつて、半紙に毛筆書きが建て前であった時代の履歴書の末尾には、例えば「右之通相違無之候也」（口語化して、「右の通り相違ありません」）と書くことが書式となっていた。

「相違」は、「この報道は事実に相違している。」などのように、「スル」を連続させて動詞としても用いるが、「相異」（差違も）は動詞として用いない。

以上のとおりであって、「そうい」の漢字書きとして「相異」を誤りとして排除・否定することはできないかもしれないが、現在のところでは、「相違」が無難であり、「相異」とすべき積極的理由はなさそうである。

次に、「さい」について、同様に国語辞典・漢和辞典に当たってみると、第3表・第4表のとおりである。（対象とした辞典は、「そうい」と同じく、それぞれ86種・22種である。）

第4表〔漢和辞典　22種〕

○「差異」も「差違」も共に不採録のもの	2種
○「差異」と「差違」を別項で採録しているもの	15種
（うち,「差違」で,「差異に同じ。」などとするもの	4種）
（うち,「差違」を「国語」とするの	1種）
○「差異・差違」を併記しているもの	2種
○「差異」だけのもの	3種
○「差違」だけのもの	0種
	計22種

〔注1〕国語辞典で「差異」と「差違」を別項としているが、その語釈が全く同じもの、又は、「差違」を参照項目とし、「差異に同じ。」などとしているものが11種ある。

なお、語釈を異にするものでも、そのほとんどは、「差異」に対して「（他のものと）ことなること。」とし、「差違」に対しては「（他のものと）ちがうこと。」などとしているものがほとんどであって、両者を比較して明確に異なった語釈を施しているものは見当たらない。漢和辞典でも同様な傾向である。

〔注2〕一つの見出しの下に、「差異・差違」を併記しているものは、国語辞典で30種あるが、戦前のものは1種しかなく、29種は戦後のものである。漢和辞典の2種は両者とも近年発行のものである。

〔注3〕和英辞典の見出しでは、「そうい」は「相違」だけで「相異」はないようであり、「差異」は「差違を見よ」などとしているものが多いようである。

報道界では、『大阪毎日新聞スタイルブック』が「差違」を採用しているほかは、すべて「差異」を採用している。

以上のいきさつ、現状から見て、「さい」の場合は「差異」とするのが適切であり、無難であると言えよう。（20―4）

問「鋭気」と「英気」

答「えいきを養う。」とか「えいきをくじく。」とか言う場合の「えいき」は、例えば「英気」と「鋭気」（あるいは、この逆）と書き分けるのか、又は同じ語の異なった書き表し方であり、どちらでもよいのか。若しくは、どちらかの方が望ましい書き表し方であるのかという問題である。

「鋭」は、「勢いや働きがするどい、盛んである」などの意であり、「英」は「ひいでる」とか「すぐれている」などの意である。したがって、「鋭気」とは、「勢いや行動力・活動力が敏速・活発・強烈な気性・性質」ということであり、「英気」とは「すぐれた気性・性質、ひいでた才気」ということである。

すなわち「英」には「一際抜きん出ている」「すぐれている」の意があり、「英偉・英傑・英才・英材・英姿・英主・英知・英武・英名・英明・英雄・俊英」などの熟語を形作る。これに対して、「鋭」には、「するどい」の意があり攻撃的な意味合いを含んでおり、「鋭角・鋭将・鋭刃・鋭兵・鋭鋒《ほう》・鋭利・気鋭・新鋭・精鋭・尖《せん》鋭」などの熟語を形作る。

英気・鋭気いずれにしても、価値のある、積極的な精神に関する点では同様であるが、その見方には角度の違いがあると言えよう。したがって、ある人の気性を具体的に「鋭い」と表現するか、比較的に「ひいでている」と表現するかによって、「鋭気」とも考えられ、「英気」とも考えられるわけである。

手元の明治二十一年刊の『漢英対照いろは辞典』から、平成五年七月までに発行された各種国語辞典に、ヘボンの『和英語林集成』の第一版から第三版までの3種を加えた86種の辞典の見出し語「鋭気」と「英気」との採録状況を見ると、第1表のとおりである。

第1表〔国語辞典　86種〕

○「鋭気」も「英気」も共に不採録のもの	4種
○「鋭気」と「英気」を別項で採録しているもの	68種
○「鋭気・英気」を併記しているもの	5種
○「英気」だけを採録しているもの	4種
（うち，語釈の後に「鋭気」の語形を掲げているもの…2種）	
○「鋭気」だけを採録のもの	5種
	計86種

第2表〔漢和辞典　22種〕

○「鋭気」も「英気」も共に不採録のもの	0種
○「鋭気」「英気」を共に採録しているもの	21種
○「英気」だけを採録のもの	1種
	計22種

〔注1〕「鋭気」だけで、「英気」を採録していない辞典は、『和英語林集成（第三版）』（明治19）、『漢英対照いろは辞典』（明治21）、『和漢雅俗いろは辞典――増訂二版――』（明治26）、『ローマ字びき国語辞典』（大正4）の4種と、戦後発行の辞典1種である。〔発行年はいずれもその版の第一刷のものである。以下同じ。〕

また、明治三十六年から平成五年三月まで発行された各種漢和辞典22種について見ると、第2表のとおりであって、「英気」だけを採録のものは、『漢和大辞典』（明治36）である。

次に、国語辞典86種のうち、「鋭気」を採録しているもの、（ただし、「英気」も別項として採録しているものを含める。）、及び「英気」を採録しているもの、（ただし、「鋭気」も別項として採録しているものも含める。）、それぞれ72種・73種について、各辞典において、掲げている共通度の高い用例（「鋭気をくじく（挫く）」、及び「英気を養う（養《やしの》ふ、やしなう、やしのふ）」）を掲げている辞典数について見ると、第3表のとおりである。

第3表

「鋭気」を採録しているもの72種のうち，
　○「鋭気をくじく」の用例を掲げているもの……………14種
　○「鋭気を養う」の用例を掲げているもの………………0種
「英気」を採録しているもの73種のうち，
　○「英気を養う」の用例を掲げているもの……………33種
　　（「英気をくじく」も併せ掲げているもの…1種）
「鋭気・英気」を併記しているもの5種のうち，
　○「—を養う」の用例を掲げているもの…………………3種
　○「鋭気を養う」の用例を掲げているもの………………1種

（表においては、すべて「英気を養う」・「鋭気をくじく」としてまとめた。）なお、参考のため、「鋭気・英気」を併記している辞典5種の用例も掲げておく。これによれば国語辞典では、「えいきを養う」の場合は「英気」と書き、「えいきをくじく」の場合は、「鋭気」を書くこととしているものが多いことが分かる。

さらに、各種国語辞典の見出し語「養う（養ふ）」の項に掲げてある用例について、養う対象は何かに注目して、分類してみると第4表のとおりである。（ただし、この表をまとめるに当たって対象とした辞典は、戦後発行の54種である。）これによっても、国語辞典では、「英気」と「養う」との結び付きが多いことが分かる。

第4表〔国語辞典　54種〕

○「英気を養う」………………………25種
○「鋭気を養う」………………………1種
○「体力を養う」………………………9種
○「よい習慣を養う」…………………9種
○「気力を養う」………………………8種

〔注〕その他，「浩《こう》然の気・精神力・実力・胆力を養う」その他があるが省略する。

2例以上の用例を掲げているものもあるので，合計数は，54種を上回る。

次に、報道界ではどうであろうか。各種の用語集・用字例の類について見ると、昭和八年刊の『大阪毎日新聞スタイルブック』、昭和十七年ごろの『暫定週報用字例』（内閣情報局）では、「えいき」に対して、「鋭気」とし、（「英気」は誤りとして使わない。）、用例に「鋭気を養ふ」と掲げている。

戦後の日本新聞協会の『新聞用語集』では、昭和四十年版までは、項目として「えいき」が採録されていなかった。昭和四十二年版からは、「英気」、「鋭気」共に採録されているが、現行版（昭和56年版）に至るまで、「鋭気」の項の用例の一つに「鋭気を養う」を掲げている。

また、共同通信社の『記者ハンドブック』（新旧3種）、『言葉のハンドブック』（平成元）、時事通信社の『記事スタイルブック』（新旧

3種）でも、「英気」、「鋭気」共に採録されているが、やはり例外なく「鋭気を養う」の用例を掲げている。このほか、各新聞社独自の用例集等で、そのほとんどが「鋭気を養う」の用例を掲げている。

ただし、NHK編『新用字用語辞典』（昭和56）には、「英気」・「鋭気」共に掲げているが、「英気」の項で「～を養う」とある。また、ある新聞社の用語集では、平成元年以前のものでは「鋭気を養う」としていたが、平成四年の改訂版では「英気を養う」と改めてある。

以上のとおり、「えいき」については、必要があれば、その意味によって、「英気」と「鋭気」とを使い分けることが望ましく、「えいきを養う」の場合に、「英気」とするか「鋭気」とするかは、各種国語辞典の表記、及び報道界の表記の新しい傾向から見て、現在のところでは「英気を養う」でよいであろう。

（20―5）

問「受精」と「授精」

答　雌雄の生殖細胞が合体して一体となる現象を「じゅせい」と言う。これを漢字で書き表す場合に、「受精」か「授精」か、または、両者によって使い分けがあるのか、という問題である。

一般に、動物において新しい固体が形成されるためには、雌の卵子が雄の精子と接触し融合することが必要である。この過程を「じゅせい」と言い、その場合の漢字表記は「受精」である。その理由は、基本となるのが卵子の方であり、卵子が精子を受け入れる形になるからである。その現象を言い表すために用いるのが、「精（精子）」に「受」を組み合わせた「受精」なのである。

何となれば、「受」の意味について中国の字書には「得也、承也」と書かれていて、「うける」という字訓がこれを的確に表している。「うける」というのは、送り手が送るものをもらって自分のものとすることである。賞品・賞状をもらうのが「受賞」であって「受賞者」となり、勲章・褒賞をもらうのが「受章」であって「受章者」となる。それらと同じように、卵子の立場から見れば精子をもらうのであり、これを「受精」と名付けることについては、極めて適切な書き表し方だと言うべきである。

ところが、畜産学の進歩発達により、そのような「受精」を人工的に行うことが可能になった。初め犬について基礎的な研究が進められ、馬・牛・羊に及ぶようになった。日本でも、軍馬・農耕馬を増産するために農林省馬事研究所を中心に技術的な研究が始まり、馬の実施頭数も増加した。第二次世界大戦後は、各国で減少した家畜の増殖改良を進める目的で積極的に行われた。日本でも昭和二十五年の「家畜改良増殖法」の中に取り入れられた。そこに次のように書かれているのがこれである。

・第一条　この法律は……家畜人工授精及び家畜受精卵移植に関する規制等について定めて……。

ここに、「受精」のほかに新たに「授精」の語が用いられたわけである。なお、同法の第十六条で取り上げた専門職の名称も「人工授精師」である。

それでは、この法律で新たに「受精」と「授精」とを使い分けた理由は何かということである。これを考える上で役立つのが、その実施方法である。この人工的な方法は、人為的に雄の精液を採取し、これを雌の体内に注入する形式で行われている。したがって、雌の卵子が「受精」する点においては、結果的に見て人工的でない場合と同じである。しかし、その場合に加わる人工的な作業自体は、積極的に卵子に精子を与えることなのである。

したがって、その点を強調すれば、「受」よりも「授」の方が実情を言い表しているというべきである。中国の字書にも「授ハ与ナリ」と書かれていて、「さずける」という字訓がその実情を的確に表している。「さずける」とは、与え手の立場で受け手に何かを与えて、それを受け手のものとすることである。賞品・賞状を与えるのが「授賞」、勲章・褒章を与えるのが「授章」であって、「授賞式」「授章式」となる。それらと同じように、人工の立場から言えば精子を与えるのであり、その技術を「人工授精」、その専門職を「人工授精師」と名付けることについては、これも極めて適切な書き表し方だと言うべきである。

ところで、このような人工的な増殖法であるが、水生動物についても行われていることは周知のとおりである。一般に水生動物の場合は、水中に卵子と精子をそれぞれが放って、卵子が精子に触れて受精するけれども、その確率は極めて低いのが実情である。そこで人工的に雌から卵子を取り出し、これに雄から取り出した精子を振り掛ける方法が行われている。

この方法は、初めサケについて試みられて人工孵《ふ》化と名付けられ、順次、コイ・キンギョ・アユ・ワカサギや、マダイ・クロダイ・ヒラメなどに及んでいる。しかし、いずれの場合も、水温や水中の酸素量・塩分濃度などが微妙に影響し、種々の孵化槽が考案されるに至った。問題はこの種の方法の名付け方であるが、専門書では、「人工授精」でなく、「人工受精」の語が用いられている。

・人工受精　サケ・マス類、アユ・ワカサギ・ドジョウ・ナマズなど、人工採卵する魚種に必要な技術（能勢幸雄監修『魚の事典』東京堂出版）

ここに「人工受精」の語が用いられているのは、基本となる考え方の異同によるわけである。

この場合に用いられる装置も、卵子に精子を与える装置には違いないのである。それにもかかわらず「授精」でなく「受精」の語が用いられるのは、人工的に精子を与えるという立場ではなく、卵子そのものの「受精」を援助する立場に力点が置かれているからである。

したがって、「じゅせい」という語については、家畜の「人工授精」とその関連語だけが「授精」ということになる。関連語というのは、「人工授精師」「授精作業」などのことである。それら以外はすべて「受精」を用いる。受精した卵も「受精卵」である。

（20—6）

問「発奮」と「発憤」

答　これから大いに励もうと考えて精神を「ふるいおこすこと」を「はっぷん」と言う。これを漢字で書き表す場合に、「発奮」と書くか「発憤」と書くか、という問題である。

この種の問題に関しては、第五期国語審議会の部会報告「語形の「ゆれ」について」（昭和36・3）の第一部「漢字表記の「ゆれ」について」の中で取り上げている。その際の資料を見ると、二つの書き方がある語の一覧表において、「発奮」と「発憤」が示されている。前者を採っているのは、日本新聞協会の新聞用語懇談会がまとめた『新聞用語集』（昭和31年版）である。すなわち、多くの国語辞典において「はっぷん」という見出しの下に併記されている「発奮・発憤」について、これを「発奮」に統一して用いることを取り決めているわけである。

ところで、この「発奮」と「発憤」であるが、中国の古典においても二つの形が見られるのである。ここに、諸橋轍次『大漢和辞典』に示された例を書き下して引用すると、次のようになる。

・然ラバ則チ天ニ疾風無ク、草木発奮シ、鬱気息《ヤ》ミ、民疾《ヤ》マズシテ、栄華蕃《シゲ》シ。(『管子』五行)
・其ノ人ト為《ナ》リヤ、憤リヲ発シテ食ヲ忘レ、楽シミテ以テ憂ヒヲ忘ル。(『論語』述而)

この両例を対比すると、「発奮」と「発憤」の間に意味の異同が見られないとは言えないのである。

一般に、漢字はそれぞれ意味を持っていて、その意味に当たる日本語がその漢字の字訓となっている。その点から言えば、両者の間には、「奮―ふるう」と「憤―いきどおる」との異同が見られるはずである。それに「発―おこす」を組み合わせた場合も、「発奮」は「おこしふるう」であり、「発憤」は「いきどおりをおこす」であり、その間に意味の違いを認めることが可能である。しかし、同辞典の解釈では、次のようになっている。

・発奮　発憤に同じ。
・発憤　心をふるいおこすこと。奮発すること。発奮。

このような解釈が成り立つ理由は何かということである。

この点で考えられるのが、漢字「憤」の持つ本来の意味である。中国の字書には、「憤」について「積ムナリ」とか「懣《モダ》ユルナリ」と書かれている。『論語』(述而)の「不憤不啓不悱不発」(憤せざれば啓せず、悱せざれば発せず)というのは啓発という語の典拠であるが、その「憤」について、『集注』には「憤ハ心通ズルヲ求メテ未ダ得ザルノ意」と書かれている。それは、内にある気が積み重なって、出口を求めている状態である。その点では「奮ハ揚ガルナリ」というのと積極性において相通じるところがある。このことが、「発憤」について「発奮に同じ」とし、「発奮」の項に「発憤」を示した理由と考えられるのである。

それならば、このような「はっぷん」を同語として、『新聞用語集』で「発奮」の方に統一した理由は何か。同辞典では用例を挙げるのに、「発奮」の一例に対して、「発憤」は七例である。もしも用例の多い方に統一するとすれば、「発憤」の方が好ましいことにもなる。それにもかかわらず『新聞用語集』がこれを「発奮」に統一した理由は何か、ということである。

この点で考えられるのが、「奮」と「憤」との字訓の違いである。すなわち、常用の訓としてである。いま、国語としての「いきどおる」の意味について、新村出『広辞苑(第四版)』を見ると次のようにある。

・いきどおる［憤る］①思いが胸につかえる。思い結ぼれて心が晴れない。不平をいだく。②恨み怒る。憤慨する。また、奮起する。

これに対して、「ふるう」については、「奮」に当たる①を取り出すと、次のようにある。

・ふるう［奮う］①さかんになる。勇み立つ。発奮する。いきおいづく。

この両者を対比すると、「憤る」には「不平をいだく、恨み怒る」のような言わば内攻性の強い意味があり、「奮う」にはそのような意味は含まれていない。

一方、現代語として用いる「はっぷん」の意味についてはどのように考えたらよいか。この点で参考になるのが、和英辞典などでの取扱いである。例えば、研究社『新和英大辞典(第四版)』に見られる「happun 発奮［憤］」の次のような英訳が、その意味を言い尽くしている(和訳は引用者が加えたもの)。

・be stimulated (by) (刺激される)
・be inspired (by) (勢いづけられる)
・be roused (to action) (するように励まされる)

・be spurred on to effort（努力するように激励される）
・make a new resolve（to do）（新しい決心をする）

そこには、「いきどおる」に当たる意味は全く感じられない。このような点からすると、『新聞用語集』でこれを「発奮」に統一した理由もうなずけるわけである。

問題の「はっぷん」という語について、「発奮・発憤」の両表記が成り立ってゆれていることは、ここで見てきたとおりである。文学作品にも両者の形が見られることは、次のとおりである。

・そのうちに、もし万一、自分にも発奮の気持が起り、志を立てたところで、（太宰治「人間失格」）
・泰安さんは、その後発憤して、陸前の大梅寺へ行つて、修行三昧ぢや。（夏目漱石「草枕」）

しかし、「はっぷん」という語、また「憤・奮」という字の現在普通の意味から考えて、『新聞用語集』で「発奮」に統一したのは不適切なことではなかったと言えよう。（20―7）

問「努める」と「勤める」と「務める」

答「つとめる」という動詞を漢字で書き表す場合、「努める」「勤める」「務める」の三者は、意味によってどう使い分ければよいか、という問題である。

まず、「努」「勤」「務」の字義について見ることにする。

「努」は、「ねばり強く力を入れる」という原義から「力を尽くして働く」「物事を一生懸命に行う」という意味を表し、「努力」という漢語として用いられる。

「勤」は、「こまめに働く」「精を出す」「いそしむ」という意味を表し、

勤務　勤怠　勤続　勤勉　勤労　勤倹　忠勤　精勤

などの漢語として用いられる。更に「勤務する」「職務に従事する」という意味で、

出勤　欠勤　通勤　皆勤　夜勤　超勤　常勤　転勤

のような用法もある。

「務」は、「困難を克服しようと力を入れること」という原義から「一つのことに力を出して働く」「自分が引き受けた役目を行うこと」という意味を表し、

政務　公務　国務　事務　業務　任務　勤務　庶務
執務　急務　兼務　義務　雑務　残務　実務　服務

などの漢語として広範囲に用いられる。以上のように、「努」「勤」「務」は、極めて意味が近い関係にある。

「つとめる」という語は、「努」「勤」「務」三字のいずれの意味も併せ持っている。そこで漢字を当てる場合、この三者の書き分けをする習慣がある。

「「異字同訓」の漢字の用法」（昭和47、国語審議会参考資料）では、この三者の書き分けを次のように示している。

つとめる
努める――完成に努める。解決に努める。努めて早起きする。
勤める――会社に勤める。永年勤め上げた人。本堂でお勤めをする。勤め人。
務める――議長を務める。主役を務める。主婦の務めを果たす。

また、日本新聞協会の『新聞用語集』（昭和56）をはじめ各新聞・通信社のスタイルブックにも、右とほぼ同様の書き分けの例が挙がっているが、時事通信社の『記事スタイルブック』（平成元）には、次のように用例がやや多めに示されている。

つとめる・つとまる
＝（力、勉）→努〈努力〉～解決に努める、家業に努める、完成に努める、研究に努める、サービスに努める、練習に努める
＝務〈任務〉～親としての務め、議長・代理を務める、高座・土俵を務める、主婦の務め、主役を務める、投手を務める、兵役を務める
＝勤〈勤務〉(注)～朝のお勤め、お勤め品、会社・役所に勤める、勤め口、勤め先、勤め人、勤め向き

(注)　他社のスタイルブックでは、「勤務」でなく、「勤労」となっている。

つまり、新聞界では、漢語の「努力」の意味に当たる場合は「努める」と書き、「任務」の意味に当たる場合は「務める」、「勤務」の意味の場合は「勤める」と書き分けるわけである。以上が現在における一般的な書き分け方の実情であるが、少し古い文学作品の用例などを見ると、必ずしも右のとおりにはなっていない場合がある。

〔「努力」の意の場合〕

・眠らうと幾ら努めても眠れなかった。（志賀直哉「暗夜行路」）
・僕は努めて妄想を押しのけ、もう一度ペンを動かさうとした。（芥川龍之介「歯車」）
・併しおとなしい性《たち》なので厭な顔をしてはならないと思って、努めて調子を合はせてゐる。（森鷗外「青年」）
・十二郎は其母親の心を慰めようと、熱心に努めてゐるのである。（同「ヰタ・セクスアリス」）
・二年近い旅から帰って、抽斎は勉めて徳に親しんで、父の心を安《やすん》ぜようとした。（同「渋江抽斎」）
・これが明治三十六年勝久が五十七歳の時の事で、勝久は終始病を力《つと》めて此調停の衝に当ったのである。（同右）
・冷淡は人間の本来の性質であって、其性質をかくさうと力《つと》めないのは正直な人である。（夏目漱石「吾輩は猫である」）
・否、力《つと》めて、人の同情を斥《しりぞ》ける様に振舞ってゐる。（同「それから」）

右の「つとめる」には「努」「勉」「力」等の字が用いられているが、「勉める」「力める」「力めて」という漢字の使い方は、現在の常用漢字表の音訓欄には掲げられていない。また、ここには、「勤」や「務」という漢字が使われていない。その反対に、以下に例を示すような「勤務」や「任務」という意味での「つとめる」には「努」は使われないようである。

〔「勤務」「任務」の意の場合〕
・翌日津田は例の如く自分の勤め先へ出た。（夏目漱石「明暗」）
・重吉は玄鶴の婿《むこ》になる前から或銀行へ勤めてゐた。（芥川龍之介「玄鶴山房」）
・是は師弟の関係上三介《さんすけ》の代理を務めるのであらう。（夏目漱石「吾輩は猫である」）
・婆やは、「それぢやあ私には務《つと》まりません」といふし（志賀直哉「邦子」）

右のうち前の二例は「勤務」の意、後の二例は「任務」の意であるから、冒頭に示したような書き分けが見られるが、実際には、任務・役目の意味の場合にも「勤める」と書かれていることが多い。

・会議室は校長室の隣りにある細長い部屋で、平常は食堂の代理を勤める。（夏目漱石「坊っちゃん」）
・だから此変化の強く起った際どい瞬間に姿を現はして、其変化の波を自然のまゝに拡げる役を勤めたお延は（同「明暗」）

・中臈頭は只一人しか置かれぬ役で、通例二十四五歳の女が勤める。それを五百は十六歳で勤めることになつた。（森鷗外「渋江抽斎」）

・どちらにしても時代はさして、この話に大事な役を、勤めてゐない。（芥川龍之介「芋粥」）

・「やはり、あの狐が、使者を勤めたと見えますのう。」「生得《しやうとく》、変化《へんげ》ある獣ぢやて、あの位の用を勤めるのは、何でもござらぬ。」（同右）

・その又仲裁役を勤めるものは必ず看護婦の甲野だった。（同「玄鶴山房」）

これらは、冒頭に掲げた書き分けの例からすれば、当然「務める」と書くべきところであろう。特に、時事通信社のスタイルブックには、「高座・土俵を務める」「主役を務める」という例が示されているが、演劇、特に歌舞伎界においては、江戸時代から今日に至るまで、役者として役割を演じる場合は、「勤める」と書くのが、次に示すように慣例となっている。

・工藤歌右衛門病気ゆゑ休み、坂田藤十郎勤る。（歌舞妓年代記）

・梅幸と云ひますのは、当時、丸の内の帝国劇場の座附俳優で、唯今、太閤記《たいかうき》十段目の操《みさを》を勤めて居る役者です。（芥川龍之介「手巾」）

・義経千本桜　川連法眼館の場
市川猿之助宙乗りにて相勤め申し候（平成5年11月、京都南座「吉例顔見世興行」のプログラムから）

これらは、「勤める」が「任務」の意味にまで広範囲に使われている実例である。

その一方で、ごくまれではあるが、「務める」が「勤務」の意に使われた例もある。

・然し自分がわるくないのにこつちから身を引くのは法螺《ほら》吹きの新聞屋を益《ますます》増長させる訳だから、新聞屋を正誤させて、おれが意地にも務めるのが順当だと考へた。（夏目漱石「坊っちゃん」）

これは、辞職しないでそのまま中学校の「勤務」を続けるという意味である。

以上、見てきたように、「努める」と「勤める」（または「務める」）とは、その意味によってはっきり書き分けることができる。一方、「勤める」と「務める」との書き分けは、かつては判然とはしていなかった。「勤務」という漢語もあるように、両者は意味的に極めて近い関係にあるからである。しかし、現在、「常用漢字表」に従って書く場合には、冒頭に示したように、「勤務」の場合は「勤める」、「任務」の場合は「務める」と書き分けるのが穏当であろう。例えば、「町長を三期ツトメル」という場合は、「勤める」よりも「務める」と書く方が妥当であろうと思われる。

〔付記〕昭和二十三年二月に内閣告示となった「当用漢字音訓表」では、

努　ド　つとめる
勤　キン　つとめる
務　ム　つとめ

とあった。つまり、二十三年の表では「務」は「務める」というように動詞としては使えなかったのである。それが昭和四十八年六月内閣告示の「当用漢字音訓表」では、

努　ド　つとめる
勤　キン・ゴン　つとめる・つとまる
務　ム　つとめる

と改められ、そのまま現行の「常用漢字表」の音訓欄に引き継がれている。（20―8）

問「懸ける」と「架ける」と「掛ける」

答「かける」という語には、いろいろな意味があり、その意味に応じて漢字を使うと、「懸ける」「架ける」「掛ける」などがあるが、これらはどのように書き分けたらよいかという異字同訓の問題である。

「命をかける」の場合には、「懸命」という語を思い出せば、「命を懸ける」と書くことができる。また、「橋をかける」の場合は、「架橋」という語があるので、「橋を架ける」と書けばよいのである。

まず、それぞれ漢字の意味から説明すると、「懸」は、心と縣を合わせた字である。縣は、もと「かける、つり下げる」という意味であったが、後に地方行政区画に当てられるようになったため、心が加えられた。「心にかける」というような意味で、「かける」という語は、

①願いや望みを託す。――期待を懸ける。願を懸ける。
②ある目標を達成した人、優秀な人、勝負に勝った人に与えるために、あらかじめ用意しておく。――賞金を懸ける。
③失ってもいい覚悟で行う。――命を懸ける。威信に懸けて。
④精神的な面で、相手に届くことを期待する。――思いを懸ける。

など、いろいろな意味で用いられるが、これらに対応する「かける」には、「懸」を使うことになるであろう。

次に「架」は、木と加（音を表す）を合わせた字で、木を交互に組み立てることである。そこから二つの物の間にまたがらせる、かけわたすの意味となり、次のような用例がある。

電線を架ける。橋を架ける。ロープウェイを架ける。

さて、「掛」は「挂」の俗字であって、「懸」と同じく「かける、つり下げる」の意であるが、次第に広範囲にわたる意味に用いられ、次のような例が見られる。

①物をぶら下げる。――カレンダーを壁に掛ける。玄関に表札を掛ける。
②なべや、かまを火の上におく。――なべを掛ける。やかんを火に掛ける。
③はかりで重さをはかる。――はかりに掛ける。
④体のある部分を他のものの上におく。――腰を掛ける。肩に手を掛ける。
⑤人をだましたり、しかけを用いて鳥や魚を捕らえる。――わなに掛ける。魚を網に掛ける。
⑥好ましくないことや、作用を他の人に及ぼす。――迷惑を掛ける。圧力を掛ける。
⑦時間・費用・手間などを費やす。――金を掛ける。保険を掛ける。手を掛ける。
⑧ある物を他の物の上にかぶせる。――カバーを掛ける。ワックスを掛ける。
⑨物の表面に何かを注ぐ。――水を掛ける。

国語の「かける」には、以上のような意味のほかにも、いろいろな意味がある。国語辞典などでは「懸」「架」「掛」の用字の違いを書いているものと、余り書き分けていないものとがあるが、国語審議会漢字部会が作成した「『異字同訓』の漢字の用法」（昭和47・6・28総会で参考資料として配布）には、次のとおり用例が示してあるので参考となるであろう。

かかる・かける

掛かる・掛ける――迷惑が掛かる。腰を掛ける。保険を掛ける。壁掛け。掛け売り。

懸かる・懸ける――月が中天に懸かる。優勝が懸かる。賞金を懸ける。命を懸けて。

架かる・架ける――橋が架かる。橋を架ける。電線を架ける。

係る――本件に係る訴訟。係り結び。係員。

新聞方面では、『新聞用語集』(昭和56)によることになっているので、その例を次に引用しておく。

掛〔一般用語。接頭用にも〕医者に掛ける、疑いが掛かる、売掛金、掛け合い漫才、掛け売り、掛け声、掛け軸、掛け持ち、気掛かり、くぎに掛ける、心掛かり、腰掛け、十万円掛かる、手掛かり、取り掛かる、迷惑が掛かる

架〔かけわたす〕綱を架け渡す、電線を架ける、橋が架かる

懸〔懸垂、懸命、懸隔〕命を懸けて、懸け離れる、賞金を懸ける、月が中天に懸かる、優勝が懸かる、夢の懸け橋〈特殊語〉

以上のように、一応書き分けることになっているけれども、どの漢字を使ってよいか迷う場合が少なくない。そういう場合は、仮名書きにすることも考えられ、その例として、『記者ハンドブック』(共同通信社、平成元)は、次の例を掲げている。

明け方にかけて、足かけ○年、圧力をかける、医者にかかる、王手をかける、かかり切り、かかりつけ、肩にかかる重荷、時間(月日)がかかる、扇風機をかける、双肩にかかる、倒れかかる、力がかかる、つぶれかかる、手塩にかける、電話をかける、土足にかける、土、日にかけて、泊まりがけ、ブレーキをかける、麻酔をかける、名曲がかかる、目をかける、レコードをかける (20―9)

問 「片頭痛」か「偏頭痛」か

答 頭の片側だけに起こる激しい痛みのことを「へんずつう」と言うが、それを「片頭痛」と書くか「偏頭痛」と書くかという問題である。

「片」「偏」はともに音が「ヘン」(中国でももともとは四声の違いがあるが)、訓は「かた」「かたよる」で、よく似たようなもので、実際に「偏頭痛」と書かれたり、「片頭痛」と書かれたりしている。「へんずつう」は、もともと医学に関する言葉に「偏」が用いられてきたのであるが、近年になって日本医学会医学用語委員会編の『医学用語辞典』(昭和50)に、

migraine 片頭痛

が採用されたので、その後、医学の方面では、「片頭痛」が用いられているようである。専門用語として、しかるべき手続で示されている以上は、今日一般もそれにならうべきものと思われる。

それが答えではあるが、参考として古来この言葉に関係する例を少し以下に紹介しておこう。

「へんずつう」の語が辞書に見えるのは、かの『日葡辞書』の慶長九年(一六〇四)の補遺に、

Fenzzutçũ. I, Fenno zzutçũ. Euxuqueca

(ヘンヅツウ. または, ヘンノヅツウ. 偏頭痛.)

とあるのが古いものであろう。医学の用語としてはそれ以前からあったことは、手近に複製で見られる、曲直瀬《まなせ》道山《どうさん》の『類証弁異全九集』(元和8年(一六二二)、古活字版)に、「頭痛門」の部に、「偏ニ左ノ痛ハ風也……右痛ハ痰ナリ……」「偏頭ツウト云ハ半分ヒエイタム」「偏頭痛」「偏正ノ頭痛ヲ治ス」などの記載で知られよう。ここでは読み方が知られないが、少し後の蘆川桂洲の『病名彙

解』(貞享3年、一六八六)では「へ」の部に「偏頭痛《ヘンツツウ》」の項があり、「偏頭風《へんツフウ》」も同じ意としてある。

ところが、天明六年(一七八六)刊の『雑字類編』(柴野栗山)には、「頭痛《ツツウ》」の並びに「偏頭痛《カタツツウ》」「……痛」が二行に割って入っている。ここには「かたづつう」という語があるわけであるが、当時「かたずつう」の語があったものと見える。江戸時代には、節用集を名とする多種類のいろは字書が出ているが、ざっと見たところで「へ」にも「か」にも「偏頭痛」を掲げたものはなさそうである。

明治になって『医語類聚』(明治6年、一八七三)には、「偏頭痛」が Hemicrania と Monopagia
Hemipagia と Megrim とに当たるものとして四か所に挙げられている。医学方面では「偏」が固定していたものと思われる。明治二十七年(一八九四)の『伝家宝典明治節用大全』(博文館)というものに「民間治療手当法等看病心得」の部があって、その第二十九が「偏頭痛《ツツウ》の手当」である。それに見出しだけが見える。(ずっと下って、昭和七年(一九三二)の平凡社『世界百科辞典』には、「ヘンズツー(偏頭痛)」の項があり、また「ズツー(頭痛)」にも「偏頭痛」の説明がある。)

国語辞書としては、見出しが立てられたのは比較的後で、大正十年(一九二一)の『ことばのいづみ言泉』には、「かた―づつう」「へん―とうつう」の項があり、漢字はともに「片頭痛」である。それから昭和七年(一九三二)の『大言海』には「かたづつう」「へんづつう(かたづつう)」とあってともに「偏」、昭和九年(一九三四)の『広辞林』修訂版には「かたずつう」「へんとうつう(かたずつう)」とあってともに「偏」。昭和十一年(一九三六)の『辞苑』は「かたずつう(へんずつう)」「へんずつう(へんとうつう)」「へんとうつう」とあってともに「偏」。その「へんとうつう」は医学用語として解説されている。英和、独和等の対訳辞書を精査する必要があるが、一例として『研究社新英和大辞典』(昭和35、一九六〇)では、『医語類聚』の四語のうち、Hemipagia, Monopagiaを掲げず、migraineを加えてすべて「偏頭痛」が当ててあるが、そのhemicraniaには病理学の用語として「偏頭(とう)痛」とある。

近年の国語辞書は、「へんずつう」を立てるだけのものが多く、その表記は「偏」であるが、ごく最近では「片」「偏」を併せ挙げる辞書が続いて出ている。あるもの(『新明解国語辞典』第四版 一九八九)は片頭痛と書く向きもあると注している。その「片」はやはり前記の医学会の『医学用語辞典』の表記を重んじたものであろう。新聞関係の用語集でも、平成以後はもとの「偏」を変えて「片」を採るようになっているようである。

「片頭痛」の表記は、あるいは「かたずつう」という読み方を復活させることになるかもしれないが、医学会の標準はやはり「へんずつう」ということであろう。　(20―10)

問　「閉め出す」か「締め出す」か

答　「しめだす」を漢字・仮名を交えて書く場合、「閉め出す」と書くのがよいのか、それとも「締め出す」と書くのがよいのか、それとも、どちらでもよいのか、又は、使い分けを必要とするのかという問題である。

明治二十一年発行の『漢英対照いろは辞典』から平成五年七月まで発行の各種国語辞典83種と、ヘボンの『和英語林集成』(第一版～第三版)の3種を加えた計86種のうち、「締め出す」、「閉め出す」を共に採録していない12種を除く74種について採録状況を見ると第1表のとおりである。

このほかに、「しめだす」は不採録であるが、名詞形の「しめだし」を「締(め)出(し)」として採録しているものが4種あるので、これを「しめだす」に準ずるものとして加えれば「締め出す」を採録しているものは、56種であり、したがって合計は74種となる。

第1表　(国語辞典　74種)

○	「閉め出す」と「締め出す」を共に別項として採録しているもの	10種
○	「閉め出す・締め出す」を併記しているもの	7種
○	「閉め出す」だけを採録しているもの (〈「締め出す」とも書く。〉との注記がある。)	1種
○	「締め出す」だけを採録しているもの (うち、〈「閉め出す」とも。〉と注記があるもの……1種	52種
		70種

〔注〕「閉め出す」,「締め出す」共に，辞典に掲げてある表記には，「閉出」,「締出」,「閉出す」,「締出す」としているものもある。

「しめだす」の表記を、「締め出す」とするものと、「閉め出す」とするものとを、その辞典の発行年代について見ると、この語を最も早く採録した辞典は、明治二十六年、山田美妙斎の『日本大辞書』である。(ただし、「締め出し」の形で採録してある。)

これ以後発行の辞典には、二、三の例外を除いて、ほとんどのものが「しめだす」の語を採録しているが、明治・大正・昭和を通じて、そのほとんどが「締め出す」だけであり、昭和四十八年、新たに内閣告示をもって「当用漢字音訓表」(これには、旧音訓表には掲げられていなかった「閉」に対する「しめる・しまる」の訓が掲げてある。)が制定されたころから、「締め出す」、「閉め出す」を共に別項として採録しているもの、及び、両者を併記しているものが見え始めるが、平成に入ってからのものには「閉め出す」だけのものもあり、「閉め出す・締め出す」の順序で併記しているものもある。

(「閉め出す」だけのものは1種である。なお、これには、〈「締め出す」とも書く。〉との注記がある。この辞典は、平成元年に、新たに改訂を重ねた版として発行されたもので、それまでの版では「締め出す」だけであった。)

次に、報道界の用語集・用字例などについて見ると、次のとおりまとめることができる。

・日本新聞協会の『新聞用語集』は、昭和三十一年版から昭和四十七年版までは「締め出す」だけであったが、昭和五十一年版、昭和五十六年版(現行版)は「閉め出す」と「締め出す」をこの順序で掲げ、それぞれ用例を添えてある。
・時事通信社の『記事スタイルブック』の昭和五十六年以降の各版、共同通信社の『記者ハンドブック』の昭和四十八年以降の各版は、共に「閉め出す」と「締め出す」とを別項として採録し、それぞれに用例を掲げている。
・NHK編の用語集等は、昭和四十年代のものは、「締め出す」だけであったが、昭和五十六年発行の『新用字用語辞典』では、両者を別項として掲げてある。
・各新聞社のものは、版の古いものには「締め出す」だけのものもあるが、昭和四十八年ごろからのものでは、おおむね両者を別項として採録している。

なお、両者を別項、又は、併記して採録する場合、国語辞典では計17種のうち、最も新しい1種だけは「閉め出す・締め出す」の順

辞典A	明治42年	〔締出〕しめだしにす。(注)前項に、〈「しめだし〔締出〕門戸などを締(し)めとざして、出でたる人を入れぬこと。〉とある。
辞典B	昭和10年	〔締出す〕出た人を門戸をとざして、はひらしめない。
辞典C	昭和24年	〔締出す〕門戸をとざして再びはいられないようにする。
辞典D	昭和30年	〔締出す〕人を外に追出す。また、出た人を門戸を閉して入らせない。
辞典E	昭和57年	〔閉め出す〕門・とびらをしめて人を入れないようにする。〔締め出す〕(外部の者を)なかまに入れないようにする。

用語集A	昭和48年	しまる・しめる 締〔一般用語〕…、業界から締め出す、…絞〔限定用語〕…閉〔開の対語〕妻に閉め出された夫、…
用語集B	昭和56年	しめだす ＝閉め出す〈家に入れない〉家から閉め出された ＝締め出す〈抽象表現、仲間はずれにする〉業界から締め出す
用語集C	昭和56年	しめだす ＝閉め出す〈家に入れない〉家から閉め出された ＝締め出す〈抽象的表現。仲間はずれにする〉業界から締め出す
用語集D	平成元年	しめだす ＝閉め出す〈中に入れない〉～家から閉め出される ＝締め出す〈抽象表現、仲間外れにする〉～業界から締め出す
用語集E	平成2年	しめる ＝締める〔一般的〕締め出す〔業界などから〕… ＝絞める〔限定的〕… ＝閉める〔閉ざす↔開ける〕閉め出す〔家から〕…

序であるが、他はすべて逆の順序である。これに対し、報道界のものでは、傾向としては「閉め出す」・「締め出す」の順であるが、そうでないものもかなり見受けられる。

「しめだす」の意味を、国語辞典の語釈、及び、用語集等の用例について、それぞれ5種を例として見ると上段の表のとおりである。〔引用に際しては、主要部分だけとし、また、漢字・仮名の字体は現行通用のものに改めた。〕

辞典については、傾向としては、明治・大正期には「締め出す」は「門・扉・戸・シャッターなどを閉ざして、物理的に人などを中に入らせない（ようにする。）」の意だけであったものから、やがて、「部外者・関係のない者・特定の者等を仲間に入れない（ようにする。）」の意、すなわち、抽象的・比喩《ひゆ》的な「中」に「入らせない」の意が付け加えられるようになってきた。これに応じて、一つの見出し、一つの表記「締め出し」の下に、この二義を、「又は」でつないだり㈠、㈡と分けたりして掲げるようになり、やがて両者を別の意味の語・別の表記の語として、別見出しとして採録されるようになってきた。

報道界の用語集等についても、それぞれ類似しており、実質的に異なったものではないことが分かるであろう。

以上の事実から言って、「しめだす」は、「仲間外れにする。」とか、「部外者等を中に入れない（ようにする。）」の意の場合には「締め出す」と書き、「門・扉・戸・シャッター・窓などの開口部を閉鎖して人、その他のものを物理的に入れない（ようにする。）」の意の場合は「閉め出す」と書くというように意味によって書き分けるのが適切であろうと思われる。

（20—11）

問「追い討ち」か「追い撃ち」か「追い打ち」か

答 逃げる者を追い掛けて倒すことを「おいうち」と言う。これを漢字で書き表す場合に、「追い討ち」「追い撃ち」「追い打ち」のいずれを用いて書くか、という問題である。

この「おいうち」という語は、戦いに関連のある語であって、例えば次のように用いた語である。

・甘数近江守を追ひかけ、東道四十四里を追打に致す。（小幡景憲「甲陽軍鑑」）
・このとき西党大に敗して、郷戸《かふと》、赤坂迄二里の間追討に逢ふ者おびただし。（湯浅常山「常山紀談」）

問題は、この「オイウチ」の部分について、現代表記でどのように書き表すか、ということである。

その場合、内閣告示「常用漢字表」を目安として用いることを考えると、「オイ」については「追い」のほかに書きようがないが、「ウチ」については「打・討・撃」の三つが成り立つことになる。その点について国語審議会の審議資料「「異字同訓」の漢字の用法」（昭和47・6・28）を見ると、次のように書かれている。

・打つ——くぎを打つ。碁を打つ。電報を打つ。心を打つ話。打ち消す。
・討つ——賊を討つ。義士の討ち入り。相手を討ち取る。
・撃つ——鉄砲を撃つ。いのししを猟銃で撃つ。

このような書き分けに従えば、どの形が好ましいかということである。

ただし、諸橋轍次『大漢和辞典』によれば、漢字熟語として中国の古典に用例の見られるのが「追討」と「追撃」の二つであって、「追打」の形は見られない。

・追討……郡県追討シ、到レバ則チ解散ス。（『後漢書』）他一例
・追撃……楚又追撃シ、霊壁東睢《すい》水上ニ至ル。（『史記』）他四例

そこで「討・撃」であるが、中国の字書によれば、次のように書かれている。

・討……誅《うつ》也、殺也、除也
・撃……支《うつ》也、撲也、扣《たたく》也

その点では、「討」も「撃」も、敵の死命を制する極めて強い意味を持っている。確かに「おいうち」についてこのような意味に用いたことは、最初の例に見るとおりである。

しかし、日本新聞協会の新聞用語懇談会がまとめた『新聞用語集』（昭和56・9）を見ると、次のように書かれている。

・おいうち（追い討ち、追い撃ち）→㊐追い打ち

その趣旨は、「オイウチ」については「追い討ち・追い撃ち」の書き方もあるが、新聞記事においては「追い打ち」に統一して用いるということである。

それでは、何ゆえ『新聞用語集』で「討・撃」の使用をやめて「打」に改めたかということである。この点で考えられるのが、現代語としては、「逃げる敵を追い掛けて討ち取る（撃ち取る）」など、生死にかかわるような戦闘的な意味だけではなく、「後からもう一度痛手を与える」ような意味で用いるからである。

なお、「打」についても、中国の字書には「撃也・誅也」のような意味が見られる点から言えば、決して強い意味を失っているわけではない。しかし、前記「「異字同訓」の漢字の用法」によれば、一般に軽い意味で用いていることが分かる。『新聞用語集』もこれに基づいたものであるが、次のようにまとめられている。

・打〔打ち当てる。接頭用にも〕相打ち、打ち明ける、打ち消す、打ち身、打ち漏らす、追い打ち、くぎを打つ、碁を打つ、心打つ物語、仕事に打ち込む、太刀打ち、電報を打つ、ボールを打つ

これに対して、「討・撃」については、次のように示されている。

・討〔やや古風な表現に〕あだ討ち、討ち入り、討ち死に、返り討ちに遭う、敵（かたき）を討つ、夜討ち

・撃〔主に射撃〕撃ち方やめ、敵を迎え撃つ、狙い撃ち、早撃ち、ピストルで撃つ、的を撃つ

このような書き分けに基づいて考えれば、「討・撃」の代わりに「打」を用いるのが、現代語の「オイウチ」を書き表すのに適しているというべきである。

これに関連して、「一騎ウチ」「仕ウチ」など、「――ウチ」について取り上げておく。次のような語も、本来は「討・撃」を用いて書き表されていた語であるが、現代表現としては、「打」を用いてよいのである。

・相打ち　一騎打ち　組み打ち　仕打ち　太刀打ち　だまし打ち　同士打ち　ねらい打ち　挟み打ち　不意打ち　焼き打ち　夜打ち

前記『新聞用語集』によれば「夜討ち」の例があるけれども、現代語としては、「新聞記者の夜打ち朝駆け」など、「夜打ち」でよいわけである。（20―12）

第二　漢語の類義語

問「**汚職**」か「**瀆職**」か

答「瀆職（とくしょく）」というのは、刑法第二十五章に「瀆職ノ罪」として掲げられている語である。それは、公務員の職権乱用や贈収賄のことを言う語である。

この「瀆」は、「けがす」という意味の文字であり、「神をぼうとくする」などの「冒瀆」という語にも用いる文字である。しかし、この字は当用漢字表に採用されず、「輿《よ》論→世論」「捺《なつ》印→押印」などと同じように「瀆職→汚職」という言い換えが作り出されたのである。

なお、「公用文作成の要領」（昭和二十七年四月、内閣閣甲第十六号依命通知）には、「当用漢字表・同音訓表で書き表せないものは、次の標準によって書きかえ、言いかえをする」とある。詳しく言えば、その一つ「同じ意味の漢語で言いかえる」というのが、「ア　意味の似ている、用い慣れたことばを使う」と「イ　新しいことばをくふうして使う」の二つに分かれており、「瀆職→汚職」は、このうちの「イ」の方に例示されているのである。つまり、「汚職」という語は、古くから用いられていた語ではなく、当用漢字表の施行に伴って新しく造られた語の一つになる。

この場合、「汚」という文字も「瀆」と同じく、「けがす」という意味を持っている。したがって、「瀆職→汚職」も、意味の上の扱いから言えば、「聯邦→連邦」と同じである。しかし、「聯→連」の場合は、同じ音の文字であり、当用漢字表に掲げられた同じ音の別の漢字に書き換えたことになるのである。一般に「書き換え」と呼ばれているのがこれである。これに対し、「瀆→汚」の方は、当用漢字表に掲げられた別の音の同じ意味の漢字に書き換えられたものである。この方は一般に「言い換え」と呼び、前記「書き換え」とは区別される。

しかも、この「瀆職→汚職」の場合は、当用漢字表に外れた漢字だけを同じ意味の別の漢字に改めたため、結果的には「汚職」という新語を造ったことになる。このようにして新語を造って代用したものとしては、「捺《なつ》印→押印」で「梯《てい》形→台形」「全貌《ぼう》→全容」なども、同じ行き方をしたものである。

ところで、法令用語として「瀆職ノ罪」というのが刑法に掲げられていることは、最初に述べたとおりである。しかし、一般に「汚職」という語が用いられているとしても、刑法の「瀆職ノ罪」が「汚職の罪」に改められたわけではない。「改正刑法草案」（昭和四十九年五月二十九日、法制審議会決定）では「瀆職ノ罪」が「職務に関する罪」と改められている。「瀆職ノ罪」が最終的にどのような語によって表されるかは、「刑法草案」が法律となって初めて確定するのである。（2—29）

問「**上演**」と「**公演**」

答　演劇関係の記事を読んでいると、「上演」という語も「公演」という語も用いられていること、次の用例に見るとおりである。

(1)　上演

・短期間ながらそれぞれミュージカルを上演した。

・国立劇場の当選脚本も上演お預けになったままである。

(2)　公演

・トップスター○○がこの公演限りで退団するので……

・二か月公演を続ける○○座は……

中には、次のように「上演」と「公演」とが一つの文の中に用いられることもある。

・何とか東京でも上演したいという悲願が実っての公演だったから……

これらを通して見ると、「上演」と「公演」とは、その意味によって使い分けられているようである。それは、脚本について「上演」という語が用いられ、演技者や劇場について「公演」という語が用いられているからである。

一般に芸術というものについて考えると、創作と鑑賞の二つの面があることは言うまでもない。その場合、絵画・彫刻などは、創作されたものがそのまま直接鑑賞の対象となり得るわけである。これに対し、演劇のようなものは、作品として創作されたのが脚本であり、そのままでは直接鑑賞の対象となりにくい性質を持っている。そこで、創作としての脚本を鑑賞の対象とするためには、実際に演劇の形で舞台の上で実現しなければならない。これが「上演」である。「上演」という語が作品について用いられるのはこのためである。

ところで、「上演」というのは、演技者が劇場という特定の場所で行う行為である。したがって、上演に際してはどうしても演技者と劇場が必要になるが、それだけでは、上演された演劇が鑑賞の対象とはならない。鑑賞の対象とするためには、上演される劇場を鑑賞者としての観客のために開放しなければならない。これが「公演」である。「公演」という語が演技者や劇場について用いられるのはこのためである。

以上は演劇について見たのであるが、創作と鑑賞とが直接結び付かないという点では、音楽の場合も同じ関係にある。音楽の場合も、作品として創作されたものは楽譜であり、そのままで鑑賞の対象となりにくいのは演劇の場合と同じである。楽譜を鑑賞の対象とするためには、実際に音楽の形で実現しなければならないわけである。その際、そこに実現するための楽士と音楽堂と鑑賞者が必要なことも同じである。そして、この後者について「公演」という語が用いられること、演劇の場合と同じである。ただし、音楽の場合、楽譜を音楽として実現する方については、「上演」という語が用いられず、代わりに「演奏」という語が用いられている。したがって、演劇における「上演」と「公演」の関係は、音楽の場合には「演奏」と「公演」の関係になるわけである。

なお、著作権法での「上演」の定義には「演奏以外の方法により著作物を演ずることをいう。」とあり、この場合の「演奏」には「歌唱を含む。」と付け加えられている。(7—31)

問　**「移転」と「転居」と「移住」**

答　会社や個人が引っ越したときは、通知状でそのことを関係者に知らせることが多い。手元にきている通知状を見ると、会社の場合には「移転」という語が用いられている。

・今般次のとおり移転し、業務運営の円滑化を図ることになりましたので……

この「移転」という語を用いた条文としては、「民法」第四十八条に次のような箇所がある。

第四十八条　法人カ主タル事務所ヲ移転シタルトキハ二週間内ニ旧所在地ニ於テハ移転ノ登記ヲ為シ新所在地ニ於テハ第四十六条第一項ニ定メタル登記ヲ為シ……

同じ内容の条文は「商法」第六十六条にも見られるが、これらの場合の「移転」というのは法人の所在地を変更することであり、前記通知状の「移転」も、このような法令用語と同じ用い方のものである。

ところで、このような引っ越しであるが、個人の場合は「転居」という語を用いるのが普通である。例えば、通知状に次のように見られるとおりである。

・さて、このたび次のように転居いたしましたので、ここに御通知申し上げます。

この「転居」という語については「住民基本台帳法」に定義箇所があり、次のように規定されている。

第二十三条　転居（一の市町村の区域内において住所を変更することをいう。以下この条において同じ。）をした者は、……

したがって、法令用語としての「転居」には同一市町村の区域内という条件があり、そのような制限を持たない一般用語としての「転居」とは異なるわけである。

この場合、法令用語としては、別の市町村の区域に住所を変更するのが「転入」と「転出」である。これについては、同じく「住民基本台帳法」に、それぞれ次のような定義箇所がある。

第二十二条　転入（あらたに市町村の区域内に住所を定めることをいい、出生による場合を除く。以下この条において同じ。）をした者は、……

第二十四条　転出（市町村の区域外に住所を移すことをいう。以下同じ。）をする者は、……

すなわち、法令用語としては「転居」を狭い意味に用い、その他については、「転入」「転出」という語を用いるわけである。

それならば、「転居・転入・転出」を含めて何と呼ぶかということであるが、これについては、法令用語として、やはり「移転」という語が用いられている。「憲法」第二十二条に次のように規定されているのがこれである。

第二十二条　何人も、公共の福祉に反しない限り、居住、移転及び職業選択の自由を有する。

ここでいう「移転の自由」とは、居住地を変更する自由のことであり、具体的には「転居・転入・転出の自由」ということになるわけである。

以上は「移転」と「転居」との問題であるが、これに関連してもう一つ「移住」という語の用いられることがある。

・さて、このたび一家を挙げて米国に移住することになりましたので……

こういう場合の「移住」については、「憲法」第二十二条の前記引用に続く部分に、次のように書かれている。

・何人も、外国に移住し、又は国籍を離脱する自由を侵されない。

この点について、「外務省設置法」には「海外移住に関する事務」とあり、「国際協力事業団法」には「海外移住の円滑な実施に必要な業務」という語が用いられている。（7―32）

問「印」と「印鑑」

答「印」と「印鑑」とは、全く同じ意味の言葉であるか、それとも使い方に違いがあるかという問題である。

「印鑑」の語義は、『日本国語大辞典』には次のように説明されている。（用例は省略）

① 江戸時代、照会用として、あらかじめ関所、番所などに届け出ておく特定の印影の見本。判鑑（はんかがみ）。いんかがみ。
② 印の真偽を鑑定するため、市町村役場、銀行その他取引先などにあらかじめ提出しておく実印の印影。
③「いん（印）①」に同じ。

そして、同大辞典の「いん」の項には、

① 判（はん）。木、角（つの）、鉱物、金属などに文字や図形を彫刻し、それに墨や印肉を付けて、文書などに押し、個人、官職、団体などのしるしとするもの。はんこ。印判。印形。印章。おしで。

とある。すなわち「印鑑」は、語源的には①の意味であろうが、それが現在は②の意味に、引き継がれている。「印鑑」の「鑑」は、かがみの意であるから、照らし合わせる目的のためにあらかじめ押された印影であり、はんこのことではない。また、「印鑑証明書」というのは、あらかじめ届け出てある「印鑑」と同一である旨の官公署の証明書を言い、文書の作成者が、本人に相違ないことを証明するために用いられるものである。したがって、法律的には、「印鑑」と「印」とは、明らかに別語である。（『法令用語辞典』『法令類似用語辞典』などによる。）

しかし、『日本国語大辞典』における「印鑑」の③の意味として、「印に同じ」とあるように、現在、社会一般には「はんこ」そのものを指す用法が広がっている。つまり印影を顕出させる物体を意味する「はんこ・印判・印形・印章」などと全く同義語として使われているのである。新聞の案内広告欄に出ている求人広告などに、

・面接21 22 23日10—3時
　履歴書印鑑持参来社

などとあるのは、この意味である。（ただし、まれには「印章持参」という例もある。）

国立国語研究所が昭和四十一年一年間の朝日・毎日・読売三紙を調査対象とした「電子計算機による新聞の語彙調査」の結果を見ると、「印鑑」は四十七例抽出されているがそのほとんどは、右のような求人広告か、あるいは、

・紛失公告
　一、会社印鑑二個

のような場合であって、いずれもはんこの意味として使っている。ただし、一般記事の中には、次の二例が見える。

・国際的な地面師事件を捜査していた丸の内署と警視庁捜査二課は十三日夜、……を公正証書原本不実記載と印鑑偽造の疑いで逮捕した。（朝日、昭和41・1・14、夕刊7面）
・投資家の届け出で印鑑制度を新設し証券、金銭の受け渡しはすべて印鑑照合に基づいて行なう。（読売、昭和41・11・19、朝刊5面）

右の二例は、はんこの意味にとられやすいが、実際には、証拠になる印影のことであって、はんこのことではない。

要するに、社会一般では「印鑑」という語を、「印」「印章」と同じ意味に使う習慣があるけれども、法律的には、両者は、はっきり区別されているわけである。なお、「印章」という語は、本来の意味は、印影を顕出させる物体である「印」、つまり「印顆《か》（印形）」のことであるが、刑法の「印章偽造罪」（刑法164～168）においては、印顆と印影との双方を含むものとされている。

（9—35）

問「**所帯**」と「**世帯**」

答「所帯」と「世帯」の意味の違いはどういうことかという問題である。

「所《しょ》帯」は、身につけているものというのが原義で、中世の初め、官職・財産・領地などを指した。

・せめてはかれの所帯なれば、播磨の国をも給はり、（平治物語・下）

・所帯、所職を帯するほどの人の（平家物語・三・御産）

などの例がある。

『日葡辞書』（一六〇三）の「邦訳版」によると、「Xotai. ショタイ（所帯）」は「Chiguiŏ（知行）に同じ」とあり、「Chiguiŏ（知行）」の項を見ると、「Riŏchi（領地）に同じ」とある。

近世になると、一家を構えて独立の生計を営むことの意味となる。

・所帯持っても色はなほ捨てぬぞ道理紺屋の妻。（近松門左衛門「重井筒」）

・をかし、男、伊勢の国にて所帯してあらむと云ひければ（仮名草子「仁勢物語」）

などの例があり、「所帯嗅《がか》、所帯方、所帯染みる、所帯くづし、所帯持ち、所帯破り」などの語がある。

一方、「世《せ》帯」については、前記『日葡辞書』に、「Xetai セタイ（世帯）人がそこに住んで生活するための家と道具」とある。狂言では、「財産」と「独立の生計」の意味で用いられている。

・世帯のことと申せば、夜を日に継いで油断無うかせぎまする（「石神」）

・ぜひ（連歌ヲ）止めがたくは、世帯を営む隙々《すきずき》に、其方と両吟にするであらう（「箕かづき」）

などの例がある。

近世には、「世帯仏法、世帯を破る、世帯薬、世帯持ち」などの語句が見え、このころには「世帯」と「所帯」とが似たような意味で用いられていたことが知られる。ちなみに、『和英語林集成（第三版）』（一八八六）では、「SETAI セタイ（世帯）」と「SHOTAI ショタイ（所帯）」にはほぼ同じ意味が付してある。

森鷗外の「雁」（明治44）に「貧乏世帯」「貧乏所帯」の例が共に見える。

・末造《すゑざう》は小使《こづかひ》になつた時《とき》三十《さんじふ》を越《こ》してゐたから、貧乏世帯《びんぼふぜたい》ながら、妻《つま》もあれば子《こ》もあつたのである。

・併《しか》し隣《となり》の近《ちか》い貧乏所帯《びんぼふじよたい》で、あの家《いへ》では幾日《いくか》立《た》つても生腥気《なまぐさけ》も食《た》べぬと云《い》はれた事《こと》があつたので……、

また、夏目漱石の「草枕」（明治39）には、

・御倉《おくら》さんはもう赤《あか》い手絡《てがら》の時代《じだい》さへ通《とほ》り越《こ》して、大分《だいぶん》と世帯《しよたい》じみた顔《かほ》を、帳場《ちやうば》へ曝《さら》してるだらう。

とあって、「世帯」を「しょたい」と読ませている例がある。（岩波の全集版による。）

しかし、現在の傾向としては、「所帯」は一家を持って営む独立の生計を言い、

所帯を持つ　所帯道具　所帯やつれ　女所帯　大所帯

所帯じみる　新所帯　寄り合い所帯

などの例がある。この場合、漱石のように、「所帯《しょたい》」のつもりで「世帯《しょたい》」と書くこともあるが、「常用漢字表」で「世」に「しょ」の音が掲げられていないこともあって、一般的ではない。

これに対して、「世帯《せ》」は、住居や家計を共にしている独立した生活体を言い、主として公的な意味で用いる。

世帯数　世帯主　世帯調査　被災世帯

などの語がある。

現在では、「しょたい」と「せたい」とは別の語として、書き分けられているということになろう。（10―37）

問「**不合理**」と「**非合理**」

答　例えば「不合理」「非合理」のように、「不」と「非」の付く場合ではどういう違いがあるかという問題である。

一般に、ある語（主として体言）の上に「不」や「非」を付けると、その語が否定の意味となるのであるが、これを更に詳しく見ると、次のようになる。

まず、「不」が付く場合、

「……でない」の意味となるもの

不健康　不自然　不確か　不適当

など。

「……がない、……に欠けたところがある」の意味となるもの

不見識　不義理　不道徳　不品行

など。

「……しない、……していない」の意味となるもの

不安定　不干渉　不合格　不賛成

など。

これに対して、「非」が付く場合、「それに該当しない、それ以外である」の意味となる。

非公開　非公式　非合法　非常識　非売品

非科学的　非現実的　非社会性　非社交的

語によっては、「不」しか付かないもの、「非」しか付かないもの、あるいは両方付くものなどがある。右に挙げた「不」や「非」の付いた語は、その「不」や「非」を互いに交換することはできない。すなわち、「不健康、不安定」は「非健康、非安定」とはならず、また、「非公開、非公式」は「不公開、不公式」とはならないのが普通である。

しかし、「衛生、人情」などの例では、「不」も「非」も付き、結果としてほとんど同じような意味となっている。（夏目漱石の「草枕」に出てくる「非人情」は、人情を超越してそれに煩わされないことといったような意味で、「不人情」と区別して用いられた特別な例である。）「不合理」「非合理」も互いにほぼ似た意味で用いられるが、一般に、前者が道理に合わないこと、筋の通らないことであるのに対し、後者は哲学用語としても用いられ、知性ではとらえられないこと、理性の範囲を超えていることであるというように、意味合いに多少の相違が認められる。

なお、否定の意味の接頭語としてほかに「無」があるが、「無人情、無合理」とは言わない。

また、「ブキミ」「ブサホウ」「ブショウ」などの例では、「不気味・無気味」「不作法・無作法」「不精・無精」の両様の書き方がある。昭和二十三年内閣告示の「当用漢字音訓表」には、「不」に「ブ」の音が掲げられていなかったので、仮名書きにするか、「無」に書き換えるかのどちらかであった。昭和四十八年の「当用漢字音訓表」及び昭和五十六年の「常用漢字表」には、「不」に「フ・ブ」の音が掲げられたため、『新聞用語集』（昭和56）は、統一して、「不気味、不作法、無精」を用いることになっている。

また、否定の意味の接頭語としては、さらに「未」があるが、これは「まだ……していない」の意味で、「未決定、未済、未採用、未提出」などと用いる。（四―第三「用語の選び方」683ページ参照。）

（10―39）

問「価格」と「価額」

答「価格」と「価額」は、発音が似ていて紛らわしいが、どういう使い分けがあるのかという問題である。

「価格」は、金銭で表示される物の値段のことである。『哲学字彙』には「Value 価格」、『和英語林集成』に「KAKAKU カカク 価格 (*atai*) n. Value」とあるが、「カガク」の見出しはない。「価格」の例は坪内逍遙や山田美妙の作品の中にも見られる。最近の新聞の例には、次のようなものがある。

牛肉価格はなぜ下がらぬ
最近のガソリン卸売価格の動き
難航する価格交渉
食品価格3カ月で倍に

このほか、次のような熟語がある。

価格革命、価格景気、価格効果、価格差補給金、価格表記郵便物、価格カルテル、価格協定保険、価格支持制度、価格先導制、価格調査官、新価格体系

「価額」は、品物のねうちに相当する金額を指す語で、法令用語としては、具体的に特定した物・財産の金銭的価値を指し、殊に多数の物を合計した金額を指すことが多い。

「民法」（旧法明治29、昭和22改正）第千三十二条に、次のようにある。

……遺留分権利者は第千二十九条第二項の規定によって定めた価格に従い、直ちにその残部の価額を受贈者又は受遺者に給付しなければならない。

また第千二十九条には次のようにある。

遺留分は、被相続人が相続開始の時において有した財産の価額にその贈与した財産の価額を加え、その中から債務の全額を控除して、これを算定する。

②条件附の権利又は存続期間の不確定な権利は、家庭裁判所が選定した鑑定人の評価に従つて、その価格を定める。

このほか、次のような語句に用いられている。

帳簿価額（「法人税法」第42条）、（有価証券の）発行価額又は売出価額の総額（「証券取引法」第4条の1）

（11―26）

問「住所」と「居所」と「所在地」

答 生活の本拠として居住している場所のことを「住所」と言うが、これと類似している「居所《きょしょ》」「所在地」とはどう違うかという問題である。

「民法」第二十一条に、「各人ノ生活ノ本拠ヲ以テ其住所トス」とあり「民法」第二十二条には「住所ノ知レサル場合ニ於テハ居所ヲ以テ住所ト看做ス」ことになっている。また、日本に住所のない者は、日本人でも、外国人でも、原則として日本での居所を住所とみなすこととしている。（「民法」第23条）

一方、「会社の住所」と言うことがある。これは会社の「所在地」と言うべきではないかという意見もある。しかし、「商法」では、「会社ノ住所ハ其ノ本店ノ所在地ニ在ルモノトス」（第54条）とあり、「所在地」とは、ある人やある物の存在する土地のことを一般的に指す言葉である。会社は法人であり（「商法」）、「民法」にも

「法人ノ住所ハ其主タル事務所ノ所在地ニ在ルモノトス」とあることにより、「会社の住所」という言い方には根拠があるのである。

「居所」というのは、人が多少の期間継続して居住しているが、その場所と生活との結び付きが「住所」ほど密接でないもの、すなわち、生活の本拠であるというまでには至らない場所を指すと言ってよいであろう。

例えば、工事現場の宿舎に長期にわたって滞在するような場合には、そこが「居所」と言える。しかし、旅行などで、一両日宿泊するような場合、「居所」よりも更に関係の薄い場所を「現在地」と言うことがある。（「生活保護法」第19条）

ある行為の当事者が、その行為について「住所」に代わるべきものとして、特定の場所を定めた場合には、その行為に関する限り、そこが住所とみなされることがあり、これを「仮住所」と言う。（「民法」第24条）

「住民基本台帳法」（昭和42）によれば、市町村は、住民基本台帳を備え、その住民につき、世帯ごとに住民票を編成し、これにその住所やその住所を定めた年月日その他を記載することになっている。 （11—28）

問「署名」と「記名」

答 自分の名前を書くことを「署名」と言うが、「記名」とどう違うかという問題である。

自分が作成した書類等に、その責任を明らかにするため、自分の氏名を自ら書き記すことを署名と言う。日本語では、名詞も動詞も外来語でサイン（sign）（する）と言うが、英語の signature に当たる。「法人税法」第百五十一条には「自署」とあるが、その意味は、「署名」と同じである。

法令の上では、署名が要求される場合は多い。

商法第六十三条 各社員之ニ署名スルコトヲ要ス

とあり、更に印を押すことを要求している場合がある。「刑事訴訟規則」（昭和23・12・1）には、公判調書や裁判書などに署名押印しなければならない規定がある。その他、「民事訴訟法」や「土地収用法」にも、署名押印の規定がある。

ただし、「商法」の中で署名すべきものとされている場合、署名の代わりに、記名捺《なつ》印（押印のこと）でよいという法律が出ている。

商法中署名スヘキ場合ニ関スル法律
（明治33・2・26、法律第17号）

商法中署名スヘキ場合ニ於テハ記名捺印ヲ以テ署名ニ代フルコトヲ得

「記名」というのは、「署名」が自分で書くのに対して、他人が書いてもよく、また、タイプ印書、印刷やゴムで作った氏名印でもよいことになっている。記名は、署名の能率化を図るために署名の代用として用いられるが、本人の知らないうちに、本人の意思と関係のない文書を作られてしまう危険性もある。そこで、法律は、記名だけでは署名の代用とは認めず、記名と捺印で初めて私文書が真正のものであると推定される。（民事訴訟法第三百二十六条 私文書ハ本人又ハ其ノ代理人ノ署名又ハ捺印アルトキハ之ヲ真正ナルモノト推定ス）

なお、逆に、記名捺印を原則として、署名をもって代えることを認めた例（「予算決算及び会計令」昭和56・4・1）もある。

第百四十三条 この勅令により記入して印をおす必要がある場合においては、外国にあつては、署名を以て、これに代えることができる。 （12—38）

問「**基本**」と「**基礎**」

答　物事のもとになる部分を「基本」と言ったり「基礎」と言ったりするが、どのように異なるか、という問題である。

この場合、「基」は字訓が「もと・もとい」で、土台の意味を表す。それに組み合わされた「本」も字訓は「もと」であるが、「元・下・素」などと違って「末（すえ）」の対であり、「物事の成り立つ大切なところ」の意味を持つ（37ページ参照）。「農は国の本」「正直をもって本となす」などと用いる「もと」である。したがって、例えば、労働給付の中心をなす重要な部分が「基本給」であり、それを取り巻く諸手当が加わって実際の給与となる、そういう場合に用いるのが「基本」である。次のような「基本」も、同じように説明できるものである。

基本金　基本形　基本権
基本財産　基本飼料　基本設計　基本単位　基本振動
基本法則
基本的人権　基本的命題　基本的欲求

これらを通じて見られる意味は、「全体の中心であって、他はその周りに広がっていく」ということである。

これに対して、「礎」の方は、「いしずえ」という字訓が示すとおり、「柱の下に据えた石（石据え）」であり、建物の土台である。したがって、同じく土台の意味を表す「基」に組み合わされた「基礎」は、全体として土台そのものを表すことになる。その点では、建築学で用いる「基礎工事・基礎ぐい」などが本来の意味によるものである。それが転じて、例えば課税の際の計算で「基礎控除」などと用いられる。「基礎控除」というのは課税する金額の算定に当たってとにかく最初に一定額を差し引く部分で、いろいろの控除の中ではその土台の部分となっている。そういう場合に用いるのが「基礎」であり、次のような用い方も同じように説明できるものである。

基礎学力　基礎音階　基礎動作　基礎医学　基礎産業
基礎生産　基礎原価
基礎的集団　基礎的技能　基礎的知識

学習書が「基礎編」「応用編」に分かれるのも同じである。これらを通じて見られる意味は、「全体の下にあって、他はその上に積み重なっていく」ということである。

このような意味は、法令用語としての「基本」「基礎」にも当てはまると考えてよいのである。例えば、法令名として次のような「〇〇基本法」という名称が見られるのもこれである。

教育基本法　農業基本法　林業基本法　原子力基本法
交通安全対策基本法

この場合も、例えば日本の教育の中心となる法律が「教育基本法」であって、他の教育関係法令はその周りに広がっているという考え方である。また、「基礎」の方は、次のように用いられている。

国家公務員災害補償法第十七条三項　遺族補償年金の額の算定の基礎となる遺族の数に増減を生じたときは、その増減を生じた月の翌月から、遺族補償年金の額を改定する。

この場合も、遺族年金の額の算定は、遺族の数の上に積み重なっていくという考え方なのである。

以上が「基本」と「基礎」の法令用語としての使い分けである。しかし、重要度という点から見てどちらとも決めがたい場合が多く、併せて用いられることもある。例えば、文部省の教育課程審議会が「改定のねらい」としてまとめた四項目（昭61・9・19総会）の三番目は、次のようになっている。

国民として必要とされる基礎的、基本的な内容を重視し、個性を生かす教育の充実をはかる。

これを報じた新聞記事では、この部分が「国民として必要な基礎・基本の重視」のように要約されている。一般にいずれとも決めがたい場合は、「基礎・基本」と併せて用いるのも一つの行き方である。（13―12）

問　「給料」と「給与」と「俸給」

はどのように異なるか、という問題である。

答　労働に対して与えられる対価として、「給料」「給与」「俸給」

まず、これらの語に共通の「給」は、字訓が「たまう」で、「上の者が下の者に渡す」意味を持っている。これに「料（しろ・必要なお金）」を組み合わせた「給料」は「上の者が下の者に渡すお金」、「与（あたえる・相手方のものにする）」を組み合わせた「給与」は「上の者が下の者に与えるもの」、「俸（ふち・勤めに対して与えるもの）」を組み合わせた「俸給」は「勤めに対して上の者が下の者に渡すもの」となる。しかし、このように文字の立場から考えたのでは同じような意味になり、その違いを読み取ることができない。

それでは、実際の使い方はどうかということであるが、法令では「給料」が次のように用いられている。

民法第百七十四条二号　月又ハ之ヨリ短キ時期ヲ以テ定メタル雇人ノ給料

ここでいう「給料」は、雇人の労働に対して与える対価としての月給・週給・日給のようなものである。

次に、「給与」であるが、この方は次のように用いられている。

国家公務員法第六十二条　職員の給与は、その官職の職務と責任に応じてこれをなす。

地方公務員法第二十四条　職員の給与は、その職務と責任に応ずるものでなければならない。

ただし、これらに関連して「俸給額」「給料額」というのがあり、次のように用いられている。

国家公務員法第六十六条　職員は、その官職につき職階制において定められた職級について給与準則の定める俸給額が支給せられる。

地方公務員法第二十五条六項　職階制を採用する地方公共団体においては、職員には、その職につき職階制において定められた職務について給料表に定める給料額が支給されなければならない。

この両者を対照すると、国家公務員法の「俸給額」に当たるものが、地方公務員法の「給料額」になる。また、国家公務員法の第六十五条一項、地方公務員法第二十五条三項には、「時間外勤務・夜間勤務・休日勤務」に対する給与や「特別地域勤務・危険作業その他特殊な勤務」に対する手当などが規定されている。したがって、前記の「俸給」又は「給料」は、いずれも民間でいう基本給に当たるものである。

ところで、この種の基本給という立場で取り上げると、国会議員の場合は「歳費」、地方議会議員の場合は「報酬」という語が用いられ、裁判官の場合も「報酬」となっている。

国会法第三十五条　議員は、一般職の国家公務員の最高の給料額より少くない歳費を受ける。

地方自治法第二百三条　普通地方公共団体は、その議会の議員（中略）に対し、報酬を支給しなければならない。

裁判所法第五十一条　裁判官の受ける報酬については、別に法律でこれを定める。

したがって、「俸給・給料・歳費・報酬」などの語が、支給される職種によって使い分けられている。

しかし、受け取る方での所得という立場では、所得税法が「給与所得」という語を用いている。

所得税法第二十八条　給与所得とは、俸給、給料、賃金、歳費、年金、恩給及び賞与並びにこれらの性質を有する給与に係る所得をいう。

ここでは、「給与」という語が総括的な意味で用いられている。

なお、関連して「賃金」について取り上げると、労働基準法では次のように定義されている。

労働基準法第十一条　この法律で賃金とは、賃金、給料、手当、賞与その他名称の如何を問わず、労働の対償として使用者が労働者に支払うすべてのものをいう。

したがって、「賃金」には広狭二つの意味があることになる。広義では前記「給与」と同じ意味であり、狭義では、前記「俸給」又は「給料」と同じく、基本給の意味である。　（13―13）

問「許可」と「認可」

答　一定の行為をしてもよいとするときに、「許可」と言ったり「認可」と言ったりするが、どのように異なるかという問題である。

この場合、「可」は「よい・よいとする」という意味を持つから、それに「許（ゆるす）」を組み合わせた「許可」は「ゆるして・よいとする」意味であり、「認（みとめる）」を組み合わせた「認可」は「みとめて・よいとする」意味である。その点で、文字の意味に基づく解釈からその違いを読み取ろうとすれば、「ゆるす」のか「みとめる」のかということになる。しかし、法令用語としての「許可」と「認可」は、それぞれ特別の場合に用いられている。

まず、「許可」であるが、これは一般に禁止されている事柄について、管轄する官庁が特に禁止を解除する場合に用いる。例えば、古物を扱う古物商というのは、だれでも行うことのできる営業ではなく（古物営業法第6条）、かってに行った場合には罰則が適用される（同法第27条）。その点で一般には禁止されている営業であり、公安委員会に申し出てその許可を受けなければ行うことができない（同法第2条）。このように、一般には禁止されている行為の場合、その行為を行おうとするときには、管轄する公の機関に許可申請をして「特に許してもらって」行うことになる。この禁止の解除が法令用語としての「許可」である。

これに対して「認可」であるが、この方は管轄する公の機関が監督を必要とする特定の事柄について、特に同意を与えて行わせるときに用いる。例えば、一般自動車運送事業（バス事業）の運賃は、道路運送法によると、運輸大臣の認可を受けなければならないとなっている（同法第8条）。運賃の改定が禁止されているわけではないから、改定そのものは当事者の意思に任されているが、運輸大臣に申し出てその認可を受けなければその改定は法律的には有効とならず、したがって実施できない。このように、ある人の法律上の行為が、公の機関の同意を得なければ有効に成立することができない場合、公の機関の与える同意が、法令用語としての「認可」である。

以上が「許可」と「認可」の法令用語としての使い分けであるが、実際の法令では、必ずしもこのように使い分けられていない場合もある。一般には、併せて「許認可事項」などという言い方も用いられている。　（13―14）

問「交渉」と「折衝」

答 相手方と掛け合うことを「交渉」と言ったり「折衝」と言ったりするが、どのように異なるか、という問題である。

この場合、「交渉」も「折衝」も、中国の古典に用いられている語である。「交渉」の方は、「交」が「まじわる」、「渉」が「わたる」で、「まじわり・わたる（他の物事とかかりあう）」意味になり、本来は「病と交渉なし」のように、「関係の有無」を表すのに用いた。それが、地方に駐在して外交事務を扱う官吏としての「交渉員」、その駐在する役所としての「交渉署」などの名称となり、「事務を取り扱う」意味に用いた。これがさらに「特定の事柄について掛け合う」意味になった。

これに対して、「折衝」の方は、「折」が「おる」、「衝」が「つく」で「ついてくるのを・おる（敵の突いてくる矛先を打ち砕く）」意味を表し、本来は「折衝の臣」のように「忠義で勇敢」な場合に用いた。官名としては、戦時に備えて全国に「折衝府」を置いたこともある。それが「尊《そん》俎《そ》折衝」のように「酒席談笑の間に掛け引きを進めて有利に導く」意味に用い、さらに「公の掛け合い」や「国際上の掛け合い」などにも用いるようになった。

このように見てくると、同じく「掛け合う」意味に用いていても、「交渉」と「折衝」とでは、その成り立ちの異なることが分かる。「交渉」の方が穏やかで、「折衝」の方に闘争的な要素が見られるのも、その本来の意味に由来する。それぞれの語が次のように用いられるのも、このような由来を踏まえてのことになる。

・交渉　入院のことで病院と交渉する。値引きについて相手方と交渉を進める。
・折衝　予算の査定で大蔵省と折衝する。貿易摩擦解消の件で対米折衝を重ねる。

なお、「交渉」の方は、法令用語として次のように用いられている。

・院内交渉団体……国会内で議事の運営に当たって掛け合う資格を認められた党派
・団体交渉権……労働組合などの代表者が使用者側と掛け合うことのできる権利

これに対して、「折衝」には、このような法令用語としての用法がないのである。

ただし、実際問題として、例えば団体交渉が相互に利害相反する者の間での闘争的傾向を持つことは周知のとおりである。しかし、それにもかかわらず、法令用語としては「交渉」が用いられている。したがって、一般用語としても、「折衝」は「交渉」の一形態であり、「交渉」の方が「掛け合い」の意味で広く用いられるわけである。特に個人間の掛け合いでは、「交渉」のみを用い、「折衝」は用いないのが一般的な用法である。

なお、最初に触れたように、「交渉」には「関係の有無」を表す用い方があり、現在では「異性との交渉」なども用いる。これに対し、「折衝」の方には、このような用い方が見られないわけである。

なお、454ページに〈「せっしょう」を「接渉」と書くのは正しいか。〉があり、「折衝」が正しい書き方である旨が指摘されているので、参照されたい。　（13—15）

問「処置」と「措置」

答 物事の取りさばきに決まりを付けることについて「処置」と言ったり「措置」と言ったりするが、どのように異なるかという問題である。

この場合、「置」は「おく・おちつかせる」という意味を持つから、それを「処（きまりをつける）」に組み合わせた「処置」は「きまりをつけて・おちつかせる」ことになり、「措（おく・はからう）」に組み合わせた「措置」は「はからって・おちつかせる」ことになる。その点から両語の意味の違いを読み取ろうとすれば、「処置」は結果を重視し、「措置」は経過を重視するようにも思えてくる。しかし、法令用語としては、「処置」も「措置」もそれぞれ特別の意味で用いられている。

まず、「処置」であるが、この方は「決まりを付けるために法令を適用する一連の行為」について用いられる。例えば、次のような用い方がこれである。

民事訴訟法第百二十七条二項　陪席裁判官ハ裁判長ニ告ケテ前項ニ規定スル処置ヲ為スコトヲ得

その「前項」というのは「当事者ニ対シテ問ヲ発シ又ハ立証ヲ促スコト」という一連の行為のことである。

これに対して、「措置」の方は、手続を重視する場合に用いられる。例えば、次のような用い方がこれである。

国家公務員法第八十六条　職員は、俸給、給料その他あらゆる勤務条件に関し、人事院に対して（中略）適当な行政上の措置が行われることを要求することができる。

また次の例は、「処置」と「措置」の両語を含む条文として参考になる。

警察官職務執行法第四条二項（前略）この場合において、公安委員会は他の公の機関に対し、その後の処置について必要と認める協力を求めるため適当な措置をとらなければならない。

これによれば、「処置」を行うために「措置」が必要であり、「措置」によって「処置」を行うことができるという関係になる。その点で処置は個々の扱いであり、「措置」はそれを可能にする全体の手続ということになる。法令名に次のような「〇〇措置法」という名称が見られるのも、「措置」が「処置」を含めての全体の手続という意味を持つからである。

小売商業調整特別措置法

道路整備緊急措置法

石炭鉱業合理化臨時措置法

法律の改廃に当たって「経過措置」が定められるのも、同じ趣旨である。

ところで、「処置」「措置」と関連のある語に「処理」というのがあり、次のように法令名にも用いられている。

公害紛争処理法

罹災都市借地借家臨時処理法

この場合の「理」は「おさめる・筋道に合わせる」という意味を持つから「処理」は「決まりを付けて・筋道に合わせる」意味になる。法令用語としても「物事の始末を付ける」意味であり、次のように「事務を取りさばく」場合にも用いられる。

憲法第九十四条　地方公共団体は、その財産を管理し、事務を処理し、及び行政を執行する権能を有し、法律の範囲内で条例を制定することができる。

規則名として「最高裁判所裁判事務処理規則」のように用いられるのもこれである。

なお、「処理」には、「汚物処理場」のように、人工を加えて物を始末する意味もある。その点では「処置」にも、「応急処置」のように、医療上の手当てを行う意味がある。しかし、「措置」というのは、このような他分野での用法が見られない語である。（13—16）

問「**譲与」と「譲渡**」

答　所有権の移転について「譲渡」と言ったり「譲与」と言ったりするが、どのように異なるかという問題である。

この場合、「譲」の字訓は「ゆずる」であるから、それに「渡（わたす）」を組み合わせた「譲渡」が有償の場合、「与（あたえる）」を組み合わせた「譲与」が無償の場合のように受け取れるかもしれない。しかし、法令用語としての「譲渡」と「譲与」は、それぞれ特別の意味に用いられている。

まず、「譲渡」であるが、これは民法で次のように用いられている。

民法第百七十八条　動産ニ関スル物権ノ譲渡ハ其動産ノ引渡アルニ非サレハ之ヲ以テ第三者ニ対抗スルコトヲ得ス

この場合の「譲渡」において問題になるのは所有権の移転そのものであって、有償・無償は問わないのである。

これに対して「譲与」であるが、この方は、公の機関の場合に次のように用いられている。

地方自治法第二百三十八条の五　普通財産は、これを貸し付け、交換し、売り払い、譲与し、若しくは出資の目的とし、又はこれに私権を設定することができる。

この場合の「譲与」は、「貸し付ける・交換する・売り払う」などと同列の行為であり、無償ということが条件になる。「譲与」については、特に「無償で」という語の加わった条文もある。

土地改良法第五十条　土地改良事業の施行により（中略）不用となった国有地がある場合には、省令の定めるところにより、これを無償で土地改良区又はその地区内にある土地の所有者に譲与する。

つまり、「譲与」は、公の機関が無償で譲渡する場合に用いる語である。

したがって、「譲与」というのは、一般の所有権移転の場合の「贈与」に当たるものである。

民法第五百四十九条　贈与ハ当事者ノ一方カ自己ノ財産ヲ無償ニテ相手方ニ与フル意思ヲ表示シ相手方カ受諾ヲ為スニ因リテ其効力ヲ生ス

この場合の「贈与」の「贈」は字訓が「おくる」で本来「無償で渡す」意味を持っている。その点で「贈与」は、正にその内容にふさわしい用語である。

なお、皇室財産については、憲法に次のような条文があり、皇室経済法にも規定されている。

憲法第八条　皇室に財産を譲り渡し、又は皇室が、財産を譲り受け、若しくは賜与することは、国会の議決に基かなければならない。

この最後の「賜与」というのが、前記の「譲与」「贈与」に当たるものである。皇室の場合に特に「賜与」という語を用いるのは、「賜」の字訓が「たまわる」で、本来「高貴な方が下の者に無償で渡す」意味を持つからである。（13—17）

問「**中止」と「中断**」

答「中止」と「中断」は、その意味や用法の上で違いがあるかどうかという問題である。

「止」という字は、「足がじっとひと所にとまる」という原義から、「進行をやめる」「仕事をとりやめる」「役目をやめる」などの意味を表す。これに対し「断」は、「ずばりと糸のたばをたち切る」という原義から、「続いているものを途中で切る」「続いている事柄を一時的にやめる」という意味を表す。この両者の字義の違いが、「中止」と「中断」の語義の違いに反映している。

まず、「中止」は、国語辞典類に「途中でやめること。いったん計画しながらやめること。」とあるように、要するに、やめること一般を意味する語である。

・出光社長は「建設工事は中止したいと考える」と通告、さらに同日、地元工事関係者に工事の中止を指示した。（朝日、昭和41・6・19）

・現在、毎月末に閲覧を中止して書庫の点検をしているが、万全を期すには三十日から四十日間の休館が必要である。（毎日、昭和41・3・3）

のように実施中の物事を途中でやめる場合に使うだけでなく、次のように、計画が立てられている状態で実行を取りやめる場合にも用いられる。

・若し彼が不機嫌だとしたら、自分は友塚へ行くのを中止にするだろうか？（宮本百合子「伸子」（上））

・自分は当分和歌山には帰らない。昂子との縁談は中止にして貰いたい。といふ文面だった。（山本有三「波」）

・明日午前中雨だったら、午後になって晴れようが降らうが、ともかく大会は中止だ。（井上靖「闘牛」）

・この日も約一万人の学生が登校したが、学校側が早目に朝九時ごろ「試験中止」の掲示をしたため、混乱は全くなかった。（朝日、昭和41・4・4）

これに対し、「中断」は、「まん中から切れること。まん中で断ち切ること」が原義で、

・九州を中断して其北部から工業を除けば九州は白紙となる（夏目漱石「野分」）

・（榊ノ生垣ノ）或る部分は分厚《ぶあつ》に葉が重り会ってまるく団《かたま》って繁って居るところもあった。或る箇所は全く中断されて居るのである。（佐藤春夫「田園の憂鬱」）

のように用いられる。しかし、現在、多くは「継続して行われている物事が、一時的に途中でとぎれること」の意で、次のように用いられるのが普通である。

・当初は、戦争で中断された学問を働きながら続ける人たちや、教員の資格を取る目的で学ぶ人たちが多く、（毎日、昭和41・8・20夕刊）

・通信高校講座、定時ニュースなどで一部中断はあるが、原則として全試合を放送する。（読売、昭和41・3・17）

・ぼくたちの学校では飛行機通過のたびに授業を中断しています。数機続けて通過するときは、長い間中断します（読売、昭和41・10・10）

・さる三月末の都議会で買収予算三十五億円に〃待った〃がかかったため都の買収が中断しているいわくつきの場所だ（朝日、昭和41・6・23）

この「中断」が「中止」と異なるのは、物事が始まってからでないと言わないこと、また、「中止」よりも、そのあとで再開される見通しが強いときに言うことである。もちろん結果として再開しない場合もあり得る。「雨のため二十分間中断して様子を見たが、降り止まないため、試合は中止となった。」のような場合である。

なお、「中断」と意味のよく似た語に「中絶」がある。

・「失踪」の草稿は梅雨《つゆ》があけると共にラデイオに妨げられ、中絶してからもう十日あまりになった（永井荷風「濹東綺譚」）

・――それは、彼にとっては、先ほど無理に中絶させられた、幾つかの話題を含む問題点を、ひとりで発展させて見ることだった（中村真一郎「回転木馬」）

・平安中期から純然とした日本民族としての描法を創始した大和絵は狩野派によって一時中絶したが、光悦・宗達によって再興をみ、光琳によってさらに近代へ深く足を踏み入れた。（毎日、昭和41・2・17）

右の用例は、「中断」と同じく、「中途で絶えること、また、途中でやめること」の意に用いられている。しかし、「断」が「途中で切る」意であるのに対し、「絶」は、「続くはずのものをそこで終わりにする」という字義がある。「中絶」は、狭義では「妊娠中絶」の意を表すが、これには、右の「絶」の字義が生きている。

・あなたは職場で知り合った娘さんと、簡単に恋愛関係を結び、二度も中絶させながら、結婚するでも別れるでもなく、数年も交際を続け（読売、昭和41・8・29）

・夫と話し合って医者に中絶をお願いしたのでした（読売、昭和41・6・23）

が、その用例である。もちろん、この「妊娠中絶」は「中断」とは言わない。

〔付記〕法令用語としての「中止」と「中断」について触れておこう。法令上の「中止」は一般語とほぼ同じく、一般に進行を止める場合に用いられる。進行が一時的に止まる場合に限らず、最終的に止まる場合にも用いられている。

・内閣総理大臣は、行政各部の処分又は命令を中止せしめ、内閣の処置を待つことができる（内閣法第8条）

・天災其ノ他ノ事故ニ因リテ裁判所カ職務ヲ行フコト能ハサルトキハ訴訟手続ハ其ノ事故ノ止ム迄中止ス（民事訴訟法第220条）

が、一時的に止める場合であり、

消防署長は、……火災の予防上必要があると認める場合……には、……防火対象物の……工事の停止若しくは中止その他の必要な措置をなすべきことを命ずることができる（消防法第5条）

が、最終的に止める場合の例である。

「中止」に対して、法令上の「中断」の使い方には特色がある。「中断」は、物事の進行中にその進行を断ち切る、すなわち、進行をその時点で止め、それまで進行していた効果を失わせることを言う。中断の後に再び同様の物事が進行しても、それは新しい進行が始まるものとされる点で、「中止」や「停止」と異なるのである。

・中断シタル時効ハ其中断ノ事由ノ終了シタル時ヨリ更ニ其進行ヲ始ム（民法第157条①）

・当事者カ死亡シタルトキハ訴訟手続ハ中断ス此ノ場合ニ於テハ相続人……ハ訴訟手続ヲ受継クコトヲ要ス（民事訴訟法第208条①）

前者の文中の「更ニ」は「改めて」の意である。たとえば、ある借金の時効が仮に一年間だとすると、その一年間の途中のある時期に、貸した側が催促するとその時点で時効が中断し、催促した時点から改めて一年間時効が延びることになるのである。

（13—18）

問「**海抜**」と「**標高**」

答「海抜」と「標高」とは、同義・類義の語か、それとも異なる意味の語として使い分けを要する語であるのかという問題である。

まず、昭和六十二年六月下旬、フィリピン航空機の遭難事故を報ずる新聞記事を引用すれば次のとおりである。（傍線は引用者による。）

① 現場は、標高二、一〇〇㍍のプゴ山の山頂近く。事故当時、……。／バギオ市はマニラ北方約二百五十キロにあり、標高一、五〇〇㍍の避暑地として有名だ……（朝日新聞、昭和62・6・27、第1面）

② 低く垂れ込めた雨雲をかいくぐるように、事故機は低空飛行をしてきた。極度に視界が悪い中で、パイロットが目前に迫った海抜二千㍍を超えるプゴ山に気付いたらしい。……（朝日新聞、昭和62・6・27、第31面）

③ 離陸後約七分、ウゴ山（標高二、一〇〇㍍）の山頂が雲海の上に見えた。（朝日新聞（夕刊）、昭和62・6．27、第15面）

山の名が、朝刊ではプゴ山、夕刊ではウゴ山となっているのは別問題として、朝刊の第一面では「標高」、第三十一面では「海抜」とあり、同日の夕刊では「標高」とある。もっとも、朝刊の第三十一面の記事は、プゴ山をウゴ山としてあるほかは全く同一の記事が他紙にも載っているので、朝日新聞社独自の記事ではないのかもしれないが、このように同じ山の高さを表すのに、同じ新聞で、同じ日に、同じことの報道記事に、海抜も標高も用いている。

次に、明治から昭和にかけて用いられていた小学校用の地理教科書の記述を見ると、次のとおりである。（いずれも、講談社刊『日本教科書大系』による。傍線は引用者による。）

① 富士山ハ其ノ高一万二千三百七十尺（『地理小学　巻一』明治16・11）

② 加賀ノ白山ハ本道第一ノ高山ニシテ直立凡ソ八千九百尺余アリ（『地理小学　巻二』明治16・11）

③ 富士山は、日本第一の高山にして、高さは海面より一万二千尺余あり。（『日本地理小誌　巻之上』明治20・8）

④ 中にも乗鞍が岳は高さ一万四百尺余あり。（『日本地理小誌　巻之下』明治20・8）

⑤ 抑ゝ此山ハ、……直立一万二千尺（『日本地理初歩　巻之上』明治26・8・19）

⑥ 其最モ高キ峯ヲえべれすとト云フ、海面ヲ抜クコト二万九千尺（『万国地理初歩　巻之上』明治27・1・10）

⑦ 此湖水ハ、あんです山脈中ノ高地ニ在リテ、海面ヲ抜クコト一万三千尺（注：チチカカ湖）（『万国地理初歩　巻之下』明治27・1・10）

⑧ 富士山ハ直立、一千二百丈余（『小学校用　日本地理第壱巻』明治27・1・3）

⑨ 富士山は、……、高さ一万二千四百尺（『小学地理　巻一』明治33・12・27）

⑩ 富士山直立一万二千三百七十尺は、（『修正　新定地理　巻之一』明治34・11・14）

⑪ 雲取山ハ西境ニアリテ（ママ）。其高サ七千三百尺余。（『東京府郷土誌』明治26・9・12）

⑫ 山名及ビ高度（注：伊勢から紀伊にかけての山脈中の各山の高さを示したグラフ）（『三重県地理』明治32・2・25）

第一表

番号	辞典名	参照本の刊行日	エ（ヴェ）ベレスト山	富士山	注
1	ことばの泉	M34・10・20	—	高さ一千四百十七丈余	
2	改修 言泉	S5・7・10	—	高さ一二四六七尺	
3	大辞典	S10・8・10、S・11・11・30	標高約八六四〇米	標高三七七六米	S49・6・10刊の覆刻版による。
4	辞苑	S11・4・29	海抜八八四〇米	剣ケ峯が最も高く三七七八米	
5	広辞苑	S34・3・5	海抜八八四〇㍍	剣ケ峰が最も高く三七七六㍍	第二版・第二版補訂版・第三版も同じ。
6	新潮国語辞典	S40・11・30	—	高さ三七七六㍍	改訂版も同じ。
7	新選国語辞典(改訂版)	S41・1・10	—	高さ三七七六㍍	ただし、「ふじ」の項。新版も同じ。
8	三省堂新国語中辞典	S42・1・1	高さ八八四七㍍	高さ三七七六㍍	
9	角川国語中辞典	S51・1・20	海抜八八四八㍍	高さ三七七六㍍	
10	国語大辞典	S57・2・10	標高八八四八㍍	標高三七七六㍍	
11	日本国語大辞典	S61・6・20、S61・8・10	標高八八四八㍍	標高三七七六㍍	
12	言泉	S61・12・20	標高八八四八㍍	標高三七七六㍍	

第二表

番号	事(辞)典名 参照本の刊行日	エベ(ヴェ)レスト山	富士山	注
1	日本百科大辞典 M41・11・22、T7・4・1	—	高距一二、四六七尺	
2	自習用全科辞典 T14・10・30	海抜《かいばつ》八八四〇米《メートル》	高《たか》さ三千七百七十八米《メートル》	
3	日本家庭大百科事彙 S2・12・28、S5・1・25	標高八八四〇米	火口壁上では剣ヶ峯(三七七八米)が最高。……。頂上の東南海抜が二八〇〇米の位置に……。北方の裾野は標高二〇〇〇米内外の……	富士山の項では、「最高」・「海抜」・「標高」ともに用いている。
4	新修百科辞典 S9・4・28	〔標高八、八八二米〕	海抜三、七七八・五米	エベレスト山では「標高」を用い、富士山では「海抜」を用いている。
5	国民百科大辞典 S9・6・10、S11・12・10	△8,840m	最高点3,776.44m	「△」は、「山岳(標高)」を示す記号。
6	学習百科辞典 S12・3・1	(高さ八八四〇米)	高さ三七七八米《メートル》	
7	学生の百科事典(増訂縮刷) S32・1・15	世界最高の山 (8840m)	高さ3776m	
8	ポケット百科事典 S32・4・20	29,002ft	3,776m	
9	世界原色百科事典 S41・9・15、S41・11・20	高さ八八四八㍍	高さ三七七六㍍	
10	大日本百科事典・ジャポニカ S43・5・20、S45・12・10	公式標高八八四八㍍	全国最高の標高(三七七六㍍)	
11	世界山岳百科事典 S46・7・1	標高八八四八㍍	標高三七七六㍍	

番号	事（辞）典名 参照本の刊行日	エ（ヴェ）ベレスト山	富士山	注
12	現代世界百科大事典 S46・10・25、S47・7・10	〔標高〕8,848m	〔標高〕3,776m	
13	ブリタニカ国際百科大辞典 S47・7・1、S50・2・1	標高八八四八メートル	標高三七七六メートル	
14	小百科事典 S49・4・1	標高8,848㍍	標高3,776㍍	
15	ジャンル ジャポニカ万有百科大事典 S50・3・20、S50・10・1	標高八八四八㍍	全国最高の標高（三七七六㍍）	
16	国民百科事典 S51・10・10、S54年	標高8848m	標高3776m	
17	図詳ガッケン・エリア教科事典 S51・11・1、S51・11・1	世界の最高峰《ほう》エベレスト山（8848m）を	富士山（3776m）は…	
18	新世紀百科辞典 S53・10・5	世界の最高峰8,848m	日本最高の標高をもつ成層火山；3,776m	
19	現代百科辞典 S56・4・25、S56・4・25	標高8,848m	標高3,776m	
20	世界大百科事典 S56・4・20、S57年	標高は8,848m（29,028ft）	標高3,776m	
21	講談社百科事典 S57・3・1、S57・3・1	〔標高〕8848m	標高3776m	
参考1	増補大日本地名辞書 S46・3・25	—	盤周凡四十里、（標高三七七八米突）形状端正、倒扇の天に懸るがごとく、四望一様にして全く円錐を成す、最頂凡一万二千三百七十尺。	この本は、明治35・9・26刊の『大日本地名辞書』を再刻し、稿本「大日本地名辞書余材」をもって増補したものである。
参考2	広文庫 T7・2・1	—	高度	

このように、いろいろの表現が用いられているが、「海抜」も「標高」も用いられていない。しかし、「海面より」とか、「海面を抜くこと」などを用いているものもある。

以上は、いずれも民間のものであるが、文部省著作教科書でも、明治三十七年の第一期から、昭和十年代に至るまで、常に「高さ」を用いていた。

次に、明治時代から今日に至るまでの、国語辞典、及び、百科事典について、エベレスト山・富士山の項で、その高さをどのように記述しているかを、その部分だけを抜き出して一覧表の形にまとめてみると、301ページから303ページの第一表・第二表のようである。（刊行年の「M」は「明治」、「T」は「大正」、「S」は「昭和」を示す。）

国語辞典では、山の高さを表すのに、辞典によって、「海抜」としたり、「標高」としたりしているが、なぜか、富士山の場合には「高さ」が多く用いられている。百科事典でも、同様であるが、「海抜」よりも「標高」としているものの方が優勢である。結局、「海抜」・「標高」は同じ意味の語として用いられている。

なお、「海抜」・「標高」の国語辞典への採録時期について見ると、「海抜」の方が幾分早いようである。

現在、新聞・放送界では、山や高原などの高さを言う場合に、海抜・標高ともに意味を区別しないで用いているがどちらかと言えば、海抜よりも標高の方が使用度数は高いと思われる。しかし、例えば、「海抜0メートル」などの場合は「標高」は用いないようであり、また、「標高差」を「海抜差」とは言わないようである。

『NHK　放送のことば　ハンドブック』（昭和62・4・20）の「海抜・標高」の項に、

「海抜ゼロメートル地帯」などは、「海抜」であるが、そのほかの場合は、「標高」を使ってもよい。普通は両者を厳密に区別しないで、同じような意味に使っている。「海抜」は古くからの語であるが、「標高」は比較的新しい語である。学校教科書では、「高さ」「山の高さ」を一般に使っている。〔原文は、横組み。〕

とある。右のとおり、ここには、〈「標高」を使ってもよい。〉とあるが、放送を聞いていると、「標高」と言っている方が多いように思われる。

また、『学術用語集　地理学編』には、「標高」は掲げてあるが「海抜」はない。

以上のことから言って、複合語の一部を除いては、海抜・標高のどちらを用いても差し支えないが、どちらか一方を選ぶとすれば、「標高」ということになるであろう。

〔付記〕現在、我が国では、東京湾の潮位の平均値（平均海水面）を基準とし、これを0メートルとする。地点の実際の測量には、東京都千代田区永田町に日本水準原点を設け、この高さを、二四・四一四メートルとして、高さを算出する。ただし、離島では、それぞれの島の湾における平均潮位を定め、それを高さの基準としている。　（14―17）

問「郊外」と「市外」

答「郊外」と「市外」とは、同義・類義の語であるのか、それとも、異なった意味の語で、使い分けを要する語かという問題である。

「郊」とは「都《みやこ》のはずれ」ということであり、昔の中国の周の時代の制度では、都から五十里までの地域を近郊、五十里以上百里までの地域を遠郊と言った。この場合の一里は、現在のメートル法で言えば、約四〇五メートルということであるから、五十里は約二〇・二五キロメートル、百里は四〇・五キロメートルということになる。

現在、我が国では、「近郊」は、「郊外」とともに日常よく使われる語であるが、「遠郊」は日常一般にはほとんど使われない語である。

今日、我が国で使われている「郊外」は、昔の中国での決まりのように、都市の境界から何キロメートル以内の地域というような決まりはない。漠然と市街地（その市街地の存在する所が、地方自治体の「市《し》」・「町《ちょう》」・「村《そん》」のいずれでも差し支えない。）の周辺の地域を指して言うようである。

国語辞典の説明に従えば、例えば、

「町に対するゐなかの称にいへり、のべといふにおなじ」（『帝国大辞典』（明治29初版）、引用に際して、漢字・仮名の字体は、現行通用のものとした。）

「都会地に隣接し、森林・原野・田畑などが比較的多い所。」（『新版　広辞林』（昭和33初版））

「都会に隣接した地域。市街地に隣接した田園地帯。町はずれ。市外。」（『日本国語大辞典』（昭和49初版））

などとあるように、大都市の外側にあって、商店や人家などが建ち並んでいない、交通量が少ない、緑が多い地域・環境という印象が思い浮かべられる。しかし、今日の我が国の首都圏をはじめとして、大都市周辺の地域では、このような環境が失われつつあるようである。

一方、「市外」と言えば、地方自治体の一つである「市」の境界線の外側ということである。「市外」は「市内」に対する語であるから、現在の東京都のように、区部の周辺が、すべて、他市・他県で取り囲まれ、それぞれの市の周辺も、また、他の市に取り囲まれているような所では、市外と呼ぶにふさわしい所が無くなっている。例えば、小金井市の市外に相当する地域は、府中市・国分寺市・小平市・田無市・武蔵野市・三鷹市のいずれかの市内であるというわけである。

大都市周辺では、このようなわけで、市外とか郊外とか呼ぶにふさわしい環境の地域は、ほとんど無くなっているけれども、地方にあってはまだまだ残っている。

そのような地域が市制施行地の周辺である場合は、郊外と言っても、市外と言ってもよいが、町・村の周辺である場合は、郊外とは言えるが、市外とは言えない。

郵便物のあて先の住所を記載するとき、戦前は、例えば、「府下千駄谷八百五十二番地」とか、「市外千駄ヶ谷八百五拾二番地」（永井荷風書簡、昭和2年）、「府下上荻窪四四〇」とか、「市外井荻村上荻窪四百四十番地」（幸田露伴書簡、昭和2年）〔注：当時は現在の東京都は「東京府」であり、現在の区部の中心部だけが、「東京市」であった。〕などのように、書くのが普通であった。すなわち、「東京府豊多摩郡……」などとせず、「府下」・「市外」を用いることが多かった。この場合の「市外」も、「郊外」と同義ではない。

なお、電話で「市外電話・市外通話」という場合の「市外」は、これとは違った特殊な意味を持っている。日本電信電話株式会社に問い合わせたところ、「三分間十円で通話できる範囲を市内とし、それ以外を市外と言う。」とのことである。

（14—18）

問　**「子弟」と「子女」**

答　子弟と子女とは、同義・類義の語であるのか、それとも異なった意味の語で、使い分けを要する語であるのかという問題である。

子弟とは、父兄に対する語である。父兄が、今日では、字義どおり、ある個人の父と兄だけを指し、他を含まないことはないようである。すなわち、母や弟・姉・妹、あるいは、もっと広い範囲に及ぶこともある。また、子弟も、子供と弟だけに限定して言うのでなく、青少年・年少者・年若い者の意に使うのが一般的である。

子女は、広く子供（男女を問わない。）すなわち、息子・娘を指して言うのであるが、他に女の子・娘に限定して使う場合もある。このような使い方の場合に、子弟は男の子・息子に限定して使うこともある。が、今日ではこのように区別して使うことはまずないと言ってよい。

①　息子の大学から「進級判定会議の結果、誠に遺憾ながら、ご子弟は留年と決定」との通知が届いた。……、なんという情けない話。私の友だちのご子弟は、医大あり、有名大学あり、みんな立派にやっている。（以下省略）〔投稿、朝日新聞、昭和62・5・17「いわせてもらお」欄〕

②　教育の国際化のために、帰国子女や外国人子女も受け入れる新国際学校を設置するようにと、臨教審は提言している……。〔朝日新聞　昭和62・5・22〕

③　上田《うへだ》の家《いへ》より約《やく》一里《り》ばかりにして、以前《むかし》惣庄屋《そうしょう（ママ）》をも務《つと》めし園部《そのべ》と云《い》ふは、上田《うへだ》の縁《えん》つゞき、主人《しゅじん》は二人《ふたり》の子女《しぢょ》を残《のこ》して数年前《すうねんぜん》に死去《しきょ》し、後夫《あといり》の子《こ》一人《ひとり》あり、茂《しげる》が大《だい》の親友《しんいう》なりし長子《ちゃうし》は二年前《ねんぜん》に身《み》殁《まか》りて、女《むすめ》お菊《きく》は今年《ことし》十六になりぬ。〔徳富蘆花「灰燼」『自然と人生』（東京民友社　明治44・9・15刊）所収〕

④　老人は経験に富み、事に臨みて適当なる判断をなすばかりでなく、我が子女の成人した者をも尚子供の如く考へて、何くれとなく……　〔石沢吉磨『家事新教科書　下巻』（集成堂　昭和3・12・25刊）〕

右の四例のうち、①の子弟は、この場合は、明らかに男子であるが、この大学が男女共学でないとすればともかく、留年に決定した者が女子であっても、同じ文書の書類を用いると思われる。②と④とは、男子・女子ともに指しているものと見るべきである。③は文意から言って、二人の子女のうち、長子は男子であり、次子は女である。

法令について見ると、

・すべて国民は、法律の定めるところにより、その保護する子女に普通教育を受けさせる義務を負ふ。……〔日本国憲法第26条・第2項〕

・国民は、その保護する子女に、九年の普通教育を受けさせる義務を負う。〔「教育基本法」第4条・第1項〕

・保護者（子女に対して親権を行う者、親権を行う者のないときは、後見人を言う。以下同じ。）は、子女の満六歳に達した日の翌日以後における最初の学年の初から、満十二歳に達した日の属する学年の終りまで、これを小学校……に就学させる義務を負う。ただし、子女が、満十二歳に達した日の……。〔「学校教育法」第22条・第1項〕

の例に明らかなように「子女」を用いており、これは、男子・女子の双方を指している。

以上のように、「子弟」・「子女」ともに、本来、二義があって、その意味を限定し難いが、近ごろは、男子・女子にかかわらず用いられ、また、「帰国子女」などの用例に見られるように、単に年少者だけに限らず、相当の年齢に達した男・女（大体、慣用として、大学生あたりまで。）を指しても、多く「子女」が用いられるようになっている。　（14—19）

問「途中」と「中途」

答「途中」と「中途」とは、同義・類義の語か、それとも異なる意味の語で使い分けを要する語かという問題である。

「途中」とは、「みちの半ば・中ほど」ということであり、更に言えば、「⑴Aから出発して、Bに到達するまでの間、⑵ある物事を始めてから、それを完成するまで、（ある物事が始まってから、それが終わるまで）の間。」ということである。例えば、

① 遠征途中にいったん横浜へ帰りたいと……〔『日刊ゲンダイ』見出し、昭和62・6・28付け〕

② 診療所に爆弾が仕掛けられ、登校途中の教師が射殺され、学童が誘拐される。それでも戦闘が下火になると……〔朝日新聞、昭和62・6・29〕

③ 先日、私の友人が富士山に登り、途中シンガポールからの留学生と出会った時の話だ。……〔朝日新聞、昭和62・7・26〕

④ K…のカラーネガは、S…カラーSRシリーズがより高品質のSR－Vシリーズにグレードアップされる途中にあるが、……〔『アサヒカメラ』昭和62・7月号　27ページ〕

⑤ 古来《こらい》秋田県の方には、鰻が無かツたので、先年銚子《てうし》で捕《と》ツた鰻苗を、農《のう》商《しやう》務《む》省《しやう》から汽《き》車《しや》で送《おく》ツたことある《（ママ）》が、二貫《くわん》目《め》の中、途《と》中《ちう》で斃《おち》たのは、僅《わづ》か六疋《ひき》とかきり無かツたさうだ。〔石井研堂『釣師気質』213ページ　明治39年12月（ただし、アテネ書房が、昭和52年に、限定版として、復刻刊行したものを、更に、昭和62・5・20に普及版として刊行したものによる。なお、引用に際して、漢字・仮名の字体は現行通用のものを用いた。）〕

などのように使われる。この5例について言うと、①・②・③には「中途」が使いにくいが、④・⑤は、「中途」を使っても不自然・無理というわけではないようであり、地方によっては、むしろ普通の使い方であると言えよう。

これに対し、「中途」は、⑤と同じ石井研堂の『釣師気質』（159ページ）に、

……を通るのは、多くは大川を沖へ出て行くことの出来ない逆《むか》ひ風逆《むか》ひ潮《しほ》の、東風雨《こちあめ》の時抔《など》に為《す》ることだから、こゝを通って行くやうな時には先づ碌《ろく》なことは無い勝で、風雨が益々宜《よ》くなつて、遂《つひ》に中途《と》から帰つたとか、または場処まで行《い》つたところで……

とあるが、ここに使ってある「中途」は、共通語としては、今日ではむしろ「途中」の方が普通ではないかと思われる。しかし、「中途採用・中途退学・中途入学・中途入社」などや「中途半端」などの複合語の場合は、これを「途中」とは言わない。

なお、「途中下車」は「中途下車」と言わないし、また、「～でやめる。」の場合は、「途中でやめる。」とも、「中途でやめる。」とも言うようである。

先に挙げた5例の①でも、「遠征途中に……」を、「遠征の途中で……」とし、②の「登校途中の……」を、「登校の途中で……」とし、③の「途中」を「途中で」とそれぞれ言い回しを換えれば、「途中」を「中途」に言い換えてもそれほど不自然・無理ではないであろう。ただし、右の例では、「途中」の場合は、物理的立場での表現であり、「中途」の場合には、心情的立場からの表現と言えるかもしれない。

このように、共通語では、「途中」は一般的に広く用いられ、「中途」はやや限定的に用いられる。（14―21）

問「領収証」と「領収書」

は、どちらでもよいのかという問題である。
確かに受け取ったという証拠として、引き渡した側に渡す、必要事項を記載した書類を、「領収書」と言うか、「領収証」と言うか、又は、どちらでもよいのかという問題である。

答　金銭・有価証券・物品などの受渡しの際、受け取った側から、確かに受け取ったという証拠として、引き渡した側に渡す、必要事項を記載した書類を、「領収書」と言うか、「領収証」と言うか、又は、どちらでもよいのかという問題である。

法令について見ると、印紙税法（昭和42・5・31、法律第23号）の「別表第一」「課税物件表」に掲げる「番号二十一」の「課税物件」の「物件名」に、「配当金領収証又は配当金振込通知書」とあり、その「定義」に、「1　配当金領収証とは、配当金領収証その他名称のいかんを問わず、配当金の支払を受ける権利を表彰する証書又は配当金の受領の事実を証するための証書をいう。」「2　（省略）」とある。この法律では「領収証」を用いている。

ところが、次の「番号二十二」には「1　売上代金に係る金銭又は有価証券の受取書」「2　金銭又は有価証券の受取書で1に掲げる受取書以外のもの」とあり、「領収書」・「領収証」のいずれでもなく「受取書」とある。

毎年各税務署で、所得税の納税を確定申告する者に申告書とともに配る「申告書（一般用）の書きかた」という申告書に記入する事柄のひな型の説明には、各種の控除をするに当たって、

- …、災害等に関連してやむを得ない支出をした金額についての領収書を添付するか提示しなければなりません。〔雑損控除〕
- …、医師などの領収書を添付するか提示しなければなりません。〔医療費控除〕
- …、支払額などの証明書を…。〔生命保険料控除〕
- …、寄付金の受領証などの交付を受けて、…〔寄付金控除〕

（注　その他を省略。昭和61年分の説明書による。）

などのように、「領収書」、その他の語を用いているが、「領収証」は用いていない。

郵政省が、郵便料の未納や不足に対して、それを支払ったときに発行する受取の書類には「未納不足郵便料金領収証」とある。（昭和59・5）

ところで、所得税・住民税・固定資産税・都市計画税等、県税・地方税を納付した際に渡される書類（つまり、国や地方自治体が税金を受け取った証拠として納付者に渡す受取の書類）には、「領収証書」とある。なお、国民健康保険料・国民年金保険料の場合も「領収証書」である。

次に、公共料金の場合は、電気・ガス・電話・NHKは「領収証」であるが、水道（下水道を含む。）は、「領収証書」である。

また、旅館・飲食店などが条例に基づいて発行する受取は「（公給）領収証」である。

新聞社の購読料の場合、例えば、A新聞は、東京では「領収証」であるが、京都は「領収書」を用いている。また、同じ東京であっても、B新聞はAと同じ「領収証」であるが、C・D新聞は「領収書」である。

一般の商店、民間の会社などが発行するものには、「領収書・領収証・領収証書・受取書・受領証・受取書・うけとり　の　しるし」など様々である。市販の既製品には「領収証」とある。

新聞の記事について言うと、領収書の方が多く用いられているように思われるが、朝日新聞（昭和62・7・7）に、「白紙領収証」の見出しで、本文にも「領収証」が五回使用してあった。

以上のように、各方面において、「領収書」・「領収証」ともに用いられている。

試みに、明治二十四年刊の『言海』から昭和六十一年十二月までに刊行された各種国語辞典57種に当たってみた結果をまとめてみると、

(1) 「領収」は立てているが、「領収書」・「領収証」ともに立てていないもの。〔子見出しを含む。〕……19種

うち
- (ア) 用例として「領収書」・「領収証」をともに掲げているもの。……3種
- (イ) 用例として「領収書」を掲げているもの。……6種
- (ウ) 用例として「領収証」を掲げているもの。……4種

(2) 「領収書」・「領収証」ともに見出しとして立てているもの。〔子見出しを含む。〕……6種

うち
- (ア) 「領収書」を参照見出し、「領収証」を本見出しとしているもの。〔注1〕……4種
- (イ) 「領収」の子項目を「―書・―証」として語釈を施しているもの。……1種
- (ウ) 「領収書」・「領収証」ともに参照見出しとしているもの。〔注2〕……1種

(3) 「領収書」だけを見出しとして立てているもの。……13種
うち、「領収証」の語形を掲げているもの。……5種

(4) 「領収証」だけを見出しとして立てているもの。……19種
うち、「領収書」の語形を掲げているもの。……4種

となる。

注1　うち、1種は「領収書」→「領収証書」、「領収証書」→「領収証」とし、領収証の項で語釈を施している。

注2　この1種は、次のようになっている。

『改修　言泉』（大倉書店）

第一巻（大正10.2.25）

うけ‐とり　受取・請取【名】㊀受取ること。㊁**うけとりしようしよ**（受取證書）に同じ。
うけとり‐がき　受取書・請取書【名】**うけとり**（受取）㊁に同じ。
うけとり‐しよ　受取書・請取書【名】次條に同じ。
うけとり‐しようしよ　受取證書・請取證書【名】金品を受取りたる者が、引渡したる者に交付する證書。受取證文。受取書。受領書。領收書。うけとり。はんとり。
うけとり‐しようもん　受取證文・請取證文【名】前條に同じ。

第五巻（昭和3.12.7）

りやうしう‐しよ　領收書【名】次條に同じ。
りやうしう‐しよう　領收證【名】次條に同じ。
りやうしう‐しようしよ　領收證書【名】**うけとりしようしよ**（受取證書）に同じ。

以上、各方面での実際について当たってみた結果としては、「領収書」・「領収証」ともに使われている。更に、「領収証書」、及び、「受領書・受取書」その他も用いられているのが現状である。（14―24）

問「**応接**」と「**応対**」

答「来客との○○」のような言い方では、「応接」「応対」のどちらも使う。それでは、この両者には、どのような意味・用法の違いが見られるかという問題である。

まず、文学作品の使用例を掲げる。

・女子従業員たちが、売場の要所要所に立って忙しく客に応接している（高橋和巳「我が心は石にあらず」）

・こんな手合と応接するのは、津上の毎日の日課の一つであった（井上靖「闘牛」）
・デスクに凭《もた》れて客に応対する様子は見たところ医者か弁護士と変りはない（永井荷風「つゆのあとさき」）
・彼が、社交上の義務といふ風で応対してゐることが、伸子に不満であった（宮本百合子「伸子」）

これらは、「応接」「応対」のごく普通の使い方で、＜人ノ相手ヲスル＞という意味で共通する。相互に置き換えても、それほど不自然ではなさそうである。ただし、「応接」の2例は、現代語としては、やや古風な感じがしないでもないが、それについては後述する。

次に、国立国語研究所が昭和三十一年の雑誌を対象にした「現代雑誌九十種の用語用字」調査の使用例を、整理した形で示す。雑誌・新聞とも、広告欄で使われた用例は含まれていない。用法別の分類の先頭にある「―」は、普通の名詞としての使い方である。

	雑誌	新聞
〔応接〕		
―		1
―にいとまがない	1	
―する		4
―間	5	2
―室	3	2
―セット	1	
〔応対〕		
―	2	4
―に出る	2	1
―する	4	3
―できる	1	
―ぶり		1
―電話		1

なお、右の新聞の調査では、「応対」の誤り表記である「応待」は見られなかったが、雑誌の調査では、9例中6例が「応待」であった。

これらから分かるように、両者の出現度数は同じである。しかし、その内訳を見ると、「応接」は、慣用句の「応接にいとまがない」、複合語の「応接間」などを除くと、新聞に「応接する」の例はあるものの、普通の用法は少ないことがうかがわれる。それに対して、「応対」は、「応対する」を中心に、いろいろな表現が使われている。

新聞に現れる「応接する」は、次のような例である。
・客を応接するときのイスの配置（毎日新聞、昭和41・11・5、朝刊）
・私邸の客間は四壁も床も書物で一ぱいだった。（M氏ハ）その片すみで客に応接された（朝日新聞、昭和41・8・19、夕刊）
・（利用者ニ）応接する窓口の不親切（毎日新聞、昭和41・8・22、朝刊）
・（税務署ノ調査官ニ）応接した銀行側の役職名の提出を拒否（読売新聞、昭和41・12・5、朝刊）

これらは、来客や訪問者の相手をする意味で使われている。その点では、「応接」のごく普通の使い方であるが、最初の例を除いては、「応対」でもおかしくはない。この意味での「応対」には、次のような例がある。

・やっぱり相当スピーディーに応待*しないと、客は逃げそうである。（商店界、昭和31・9）

・妹の永子さんが祝い客の応対に大わらわ（読売新聞、昭和41・4・20、夕刊）

先に、文学作品の例について、「応接する」がやや古風だと述べたのは、このようなことを指している。つまり、「応対」は、共通する意味の部分で「応接」を押しのけようとしているのではないかということである。

さらに、「応対」には、「応接」に言い換えにくい、次のような用法がある。

・ただし昨夜、清の後見人として愛子の母親に応対した直後であるから（知性、昭和31・9）

・大統領は、会見中努めて懇切な応対ぶりを示した。（朝日新聞、昭和41・3・28、夕刊）

・東電各支社には問い合わせの電話がひっきりなし。職員たちは応対やら復旧作業員の呼び出しに汗だくだった。（毎日新聞、昭和41・6・8、朝刊）

これらの例は、「応対」が単に〈人ト対面シテ相手ヲスル〉ということだけでなく、〈ソノ場ニ即シタ受ケコタエヲスル〉という意味を持つことを示している。電話によるやりとりに「応接」が使いにくいのは、そのためもあるであろう。

したがって、対人的な接待の場面などでは、それを強調するために「応接」が使われることは、今後もあるだろうが、その用法は次第に限られたものになることが予想される。

＊「応対」を「応待」と書くのが誤りであることは、454ページの〈「せっしょう」「おうたい」を「接渉」「応待」と書くのは正しいか〉に述べてある。（15―10）

問「創立」と「創設」

答「学校を○○する」というような言い方で、○○の部分に、「創立」と「創設」のどちらを使うのがふさわしいかという問題である。

結論から言えば、この場合には、どちらでも差し支えない。どちらも、〈機関ヤ団体ヲハジメテツクル〉という意味では同じである。ただし、つくる対象になるものについては、違いがある。

学校の類に関しては、明治時代以来、どちらにも用例が見られる。

・保守党の方で我育英学会と前後に創立した機関学校は（徳富健次郎「思出の記」）

・ドイツには数多《あまた》の古い大学はあるが、法文学を骨子として創設されたのが大部分を占めているから（長岡半太郎「総長就業と廃業」）

ところが、次のような場合は、「創設」を「創立」に言い換えることはできない。

・百四十年前自己利益是認の教義をもって創設され、一たび倫理学の領域外に脱出せしわが経済学は（河上肇「貧乏物語」）

そこで、両者の対象となるものの違いを、前問で引用した国立国語研究所の調査資料から比較してみることにする。

	創立	創設
〈機関〉	海上保安庁	警視庁
〈政党〉	自民党	インド国民会議派
〈企業〉	新山一証券	夕刊新聞社
〈学校〉	東京農学校	都立葛飾盲学校

〈組織〉日本飛行協会　ソ連科学アカデミー・シベリア支部
〈団体〉ジュリアード弦楽四重奏団　ブルガリア男声合唱団

このように、機関や団体を設立することに関しては、「創立」「創設」のどちらも同じように用いられる。ただし、量的には「創立」の方が多い。

それに対して、「創設」には、「創立」には見られない、次のような用法がある。

・また間接税収入によって減税分を補うため売上税の創設を考えているといわれる。（エコノミスト、昭和31・8）
・自治事務として恒久的 Regelmassig な支出制度を議決なく自由に創設することは（ジュリスト、昭和31・12）

「創設」の対象になるもので、これに類するものには、「国選付添人制度」「農民老齢年金制度」「東京都朝顔研究会のアサガオ展」「映画、スポーツに関した文芸欄」などの例がある。

このように、「創設」には制度などを新しく設ける意味があるところが、「創立」と異なる。したがって、機関や組織を新たに設立する場合も、それがこれまでにない性格のものであれば、「創設」を用いることが適切と考えられる。

また、既存の組織・機関の内部に新しい部課などを設ける場合にも、専ら「創設」が用いられる。

さらに、「創立」は、機関などができてからの時間の経過を問題とすることが多い。その場合には、だれがそれをつくったかということは意識に上りにくい。それに対して、「創設」には、明確にではなくても、設置者の存在が意識されやすい点などに微妙な違いが認められる。（15—11）

問　「入選」と「佳作」

答　応募作品の審査結果として、「入選」「佳作」の評語が与えられることがある。その場合、相互にどのような関係にあるのかという問題である。

この二語について、国語辞典では、次のような説明を与えている。辞典により、多少のニュアンスの違いはあるが、基本的な解釈では、おおむね一致している。

入選　〔応募した作品などが〕審査に合格すること。選にはいること。(類)入賞。(対)落選。
佳作　①すぐれた作品。〔ふつう、芸術作品に言う〕(類)秀作。②〔応募作品の中で〕入賞作品の次にすぐれた作品。「選外—」

（学研国語大辞典・第二版）

すなわち、「入選」は審査あるいは選考という行為が行われた結果を表す。それに対して、「佳作」は作品の程度・性質を示しつつ、作品という「もの」を表す語である。それが混同されるようになったのは、「入選作品」のような複合語から、「入選」がそれだけで作品の程度についての評価を表すようになったことと、「佳作」が②のように限定された意味を持つようになったことによる。

しかし、それだけならば、「入選」と「佳作」の意味領域は重なることがなく、混同は起こらないはずである。それが紛れるのは、「佳作」が常に選外作品に対してだけ用いられるのではなく、言わば「選内佳作」とでもいうべき使い方が存在するためである。

そこで、この両者がどのように使われているかを、最近の新聞・雑誌から拾った結果を次に掲げる。対象としたのは、俳句・短歌、写真の応募作品に対する評語である。「入選」「佳作」のいずれかを含むものに限り、どちらの評語もないものは掲げない。

1　入選／佳作（週刊読売、俳句）
2　入選／佳作（週刊文春、俳句・短歌）
3　入選／佳作（婦人公論、俳句）
4　入選／佳作／選外佳作（婦人公論、短歌）
5　天・地・人／佳作／選外佳作（オール読物、俳句・短歌）
6　無表示／佳作（PHP、俳句）
7　推薦／秀逸／佳作（雑誌「俳句」、俳句）
8　一席・二席・三席／佳作（朝日新聞、読者の新聞写真コンクール）
9　1席・2席・3席／佳作（読売新聞、読者のニュース写真）
10　大賞・一席・二席／入選／佳作（読売新聞、よみうり写真大賞・報道写真部門）

1、3、6は、「佳作」が「入選」と区別されていることは明らかではあるが、入賞か否かについては、扱いには違いが見られる。例えば、1は、「入選」は20句で、「佳作」は4句である。この場合の「佳作」には、先に引用した国語辞典の②の意味である選外佳作の色合いが濃い。それに対して、2は、「入選」は1句（首）で、「佳作」は9句（首）である。この場合は、入賞作のうち、最優秀作を「入選」とし、他の優秀作を「佳作」とした気味がある。どちらの場合も、「入選」には選後評がつくが、「佳作」には省略されることが多い。

4、5は、「佳作」と「選外佳作」をはっきり分けている。いずれも、「選外佳作」は氏名のみで、作品は掲載されない。ここでは、「佳作」は「入選」に次ぐ入賞作ということになる。

7は、俳句専門誌の例である。「推薦」は10句で、選後評がつく。「秀逸」20句と「佳作」161句は、作品と氏名が掲げられるだけであるが、活字の大きさ、紙面の割り付け方に差がある。

8、10では、「佳作」は氏名のみで、作品は掲載されない。ただし、賞金は与えられる。

以上をまとめると、「佳作」には、入選しなかった作品のうち、入選作に次ぐ作品という意味と、広義の入選作品のうち、「入選」に次ぐ評語としての用法とがある。そして、現在では、後者の用法がやや優勢と見られる。（15―12）

問　「保留」と「留保」

答　「保留」「留保」とは、同義・類義の語か、それとも意味の異なる語として使い分けを要する語かという問題である。

各種国語辞典での取扱いを見ると、「保留」の項に、同義語として「留保」を掲げているものが数種あり、「留保」の項では、第一義については、同義語として「保留」を掲げているものが多く、第二義を法律用語として説明しているものが多い。

実際の用例について見ると、例えば、

① 一括輸入認可が保留されたことで……（朝日新聞、昭和62・7・23）

② 「……。しかし、本人ミスの可能性は考えられなかったので送検しなかった」と説明しており、いまだに処分保留の状態。（朝日新聞、昭和62・6・7）

③ 相手に待ってもらうとき、保留ボタンを押すと……。（電話機の広告、昭和62・8・18採集）

④ 前回留保された証拠とあわせ、計六百七十の証拠の採否が行われ、採用されたもののうち、七十八点が法廷に展示されて午後五時閉廷した。（朝日新聞、昭和41・11・21）

⑤「……。市民の生命、健康及び財産の安全を守るために《暴力団が申請した建築確認申請に対する》確認通知を留保する」との文書を郵送した。〔朝日新聞、昭和62・6・30、《　》内は、引用者の補充。〕

⑥……将来わが国経済の競争力強化に大いに貢献する可能性をもっているいわゆる戦略的産業については、自由化の時期を留保することも必要である。〔朝日新聞、昭和41・6・24　第5面〕

などのようである。①～③では「保留」を用い、④～⑥では「留保」を用いてあるが、どちらもその意味は、ごく、くだいた言い回しで言えば、「あるものごとを直ちに行わず、そのことを後に延ばすこと」とか、「しばらくある状態のままでおくこと」というようなことである。

以上のとおりであって、法令用語では、「保留」も「留保」も用いられるが、一般用語としては、「保留」を用いるのが普通である。なお言えば、「保留」は一般用語であり、「留保」は法令に基づく行為として、主として権利・義務の全部、又は、一部の残留・保持について言う用語であり、また、経済用語として、利益の「内部留保・社内留保」などと言う場合にも、「留保」が用いられる。

なお、「保留」と「留保」との法令上の使い分けは、『法令用語辞典』〔学陽書房　昭和51〕によれば、次のとおりである。〔原文は、横組み。〕

○保留　現在処分せずに将来の事態に備えて、あるものを一定期間留めおくことをいう。〔以下省略。〕

○留保　ある規定の適用もしくは意思表示に条件を付し、若しくは除外例を設けること又は直ちに処置をつけずに将来に保留しておくことをいう。〔以下省略。〕

〔15―13〕

問「**発車時刻**」と「**発車時間**」

答「そろそろ発車の○○だ」のような言い方では、○○には「時刻」と「時間」の両方が使われる。このような場合を含めて、「時刻」と「時間」には、どのような意味・用法の違いがあるのかという問題である。

現代では、この両語の基本的な意味の違いが、「時刻」が〈トキノナガレノナカノ瞬間的ナ一点〉を指すのに対し、「時間」が〈時刻ト時刻トノアイダノ、アルナガサヲモッタトキ〉を示すことにあるとする点で、国語辞典等の解釈は一致している。

また、「時間」が話し言葉にも書き言葉にも広く使われるのに対し、「時刻」は文章語的ないし改まった言い方である。

これを確かめるために、新聞で「発車○○」の「発車」のような動作を表す語と結合した例を、309ページ〈「応接」と「応対」〉で引用した国立国語研究所の新聞の用語調査から掲げる。

〔時刻〕

死亡―・出動―・〔機動隊ノ〕出動―・

〔時限爆弾ノ〕爆発―・放送―

〔時間〕

受付―・営業―・映写―・演奏―・開演―・

開館―・会見―・休憩―・鑑賞―・実働―・

質問―・集合―・上映―・消費―・乗務―・

所要―・睡眠―・制限―・調理―・通勤―・

停車―・日照―・乗換―・犯行―・飛行―・

待ち―・持ち―・輸送―・溶解―・労働―

「時刻」と結合する語は、いずれも瞬間的な動作を表している。「放送」だけが例外であるが、この場合は「放送開始」の意味と考えられる。これに対して、「時間」と結合する語には、「睡眠」「労働」など、ある時間の長さをもって継続する動作を表す語が多い。ただし、「時刻」と同様に、「開演」「集合」など瞬間を表す語もあり、「時間」の方が用法が広いことが分かる。

「発車時刻」「発車時間」の両様の言い方が可能なのは、このような理由による。「睡眠時刻」「労働時刻」などの言い方が行われないのは、「時刻」が「時間」よりも意味の上で限られているためである。したがって、両様の言い方ができる場合でも、厳密な表現が必要なときは、「時間」よりも「時刻」の方が適切なことがある。

このような使い分けが成立したのは、そう古いことではない。「時刻」も「時間」も漢籍に出典のある語であるが、「時刻（時尅）」が奈良時代以降日本語に定着したのに対し、「時間」は明治時代になるまで普通に使用された形跡がない。おそらく、一日を二十四等分する西洋の時間区分の概念が入ってから、江戸時代末期か明治時代初期に、古代漢語を再生したか新たに造語したものかと見られる。

十七世紀初頭の『日葡辞書』の見出し語には、「時刻」はあるが、「時間」はない。ヘボンの『和英語林集成』の第一版（慶応3）、第二版（明治5）も同様である。第三版（明治19）に至って、次のような記載が見られる。

時刻　The hour and moment, time.—がうつる。寝る—が来た。来る—は五つどきでござります。—表。

時間　Interval or space of time, duration; time. 働く—。

（用例は、元はローマ字表記。語釈は省略。）

国語辞典では、『言海』（明治24）に、次のように記されている。

時刻　トキ。オリ。コロ。時期

時間　トキノマ。トキノアヒ。トキ。

これらから、「時刻」「時間」に現在の用法が生まれたのが近代になってからのことであることが推定される。

ところで、『和英語林集成』の用例には、「時刻表」という語が見える。これには、time table という注釈が付いている。これもまた、別語形の「時間表」とのゆれの大きかった語である。このことについては、『復刻版「懐しの時刻表」』（中央社、昭和47）の別冊付録「時刻表の歴史」が参考になる。

それによれば、鉄道が開設された明治五年に工部省が各府県に通達した「鉄道列車出発時刻及賃金表」が時刻表の最初である。明治二十二年には、「官報」1698号に「全国汽車発着時刻賃金及哩表」が掲載され、断続的に明治二十九年まで続く。一方、民間では江戸時代以来の「道中独案内」に時刻表・賃銭表が掲載され、やがて「〇〇旅行案内」の名称を持つ時刻表が市販されるようになり、昭和十年代まで継続した。

明治二十二年に、東京浅草の植村某は「改正全国鉄道汽車時間賃金表」を発表した。その後、民間では「〇〇時間表」の名称を持つものが多くなり、大正十四年に、日本交通公社（現在のJTB）の前身であるジャパンツーリストビューローが日本旅行文化協会・鉄道省編纂『汽車時間表・附汽船自動車発着表』（翌年『汽車時間表』と改題）を発売し、「時間表」の名称が普及した。

昭和十四年に『汽車時間表』は『鉄道省編纂時間表』と改められ、更に昭和十七年に『時刻表』と改称された。第二次大戦後、交通公社は『時刻表』を刊行し続けたが、他社では「〇〇時間表」と称するものが、昭和三十年代まで存在した。しかし、現在では、いずれも「時刻表」に統一されている。　（15—14）

問「以後」と「以降」

答「そのときから後」ということを表す言葉に「以後」と「以降」とがあるが、この二つはどのように異なるのか、という問題である。

この場合、「以」がつくときの意味は、「以上・以下」などに見るとおり、基準となるものを含むことになる。したがって、「以後」も「以降」も、基準となる時点を含むことでは、同じ用い方になる。「四月以後」も「四月以降」も、「四月」を含むことに変わりはないのである。

しかし、「後」が「のち」という名詞であるのに対し、「降」の方は「くだる」という動詞の意味を持っている。

そのため、「以後」はその時点を含んでそのあとに続く部分を名詞的にとらえるのに対し、「以降」はそれを動詞的にとらえるところが異なっている。そのことは、次のような用い方に見られるとおりである。

以後　大正中期以後は、周知のとおり文筆を断った（田村俊子についての記述）

さらに、それまでを明治十八、九年までとそれ以後というようにさらに細分する方法も（近代文学史の時代区分）

以降　それが現在のごときノヴェルの意味を持ち出したのは、この逍遥の「小説神髄」以降である（「小説」についての記述）

明治二十一年二月以降の「東洋学会誌」に「孝女白菊の歌」を連載して新体詩界にまみえた（落合直文の文学活動）

いずれも、至文堂『新版日本文学史・6（近代Ⅰ）』（吉田精一担当）からの用例である。これを見ても分かるように、「以後」はそれよりあとの時代という立場での区切りとなるのに対し、「以降」の方は、それよりあとに特定の事柄が継続して行われる場合である。「以後」と「以降」に意味の上でこのような違いが見られるのも、名詞的の「後」と動詞的の「降」の持つ基本的な意味の違いによるものと言えるわけである。

したがって、「以後」の場合にその事柄が一回だけであっても差し支えないことは、「四月以後の大事故」「四月以後の募集校」などの用い方に見るとおりである。これに対して、「以降」の方はその事柄が継続して行われている場合であるから、「四月以降の交通事情」「四月以降の警戒態勢」などの用い方が好ましいわけである。

ところで、この「以後」と「以降」は法令用語としても用いられるが、その場合の用例は次のようになっている。

以後　所得税法附則第十八条・二項

昭和四十年一月一日以後に同項に規定する事由が生じた場合について適用し

租税特別措置法第二十八条の四

個人が、昭和四十四年一月一日以後に他の者から取得した土地

これらは、それぞれの年の一月一日を含んでそれよりあとの時期、という意味である。

これに対して、「以降」の方であるが、例えば次のような用例になっている。

以降　恩給法附則第八条・三項

この法律施行の日の属する月分以降、その年額を、附則別表第五の年額に改定する。

財政法第十五条・三項

　前二項の規定により国が債務を負担することに因り支出すべき年限は、当該会計年度以降五箇年度以内とする。

この方は、改定された年額がその月分を含めてそれからあと引き続いて支給されるのであり、当該会計年度を含めて五箇年度以内とはいうものの、その間は引き続いて毎年行われるということである。したがって、「以後」の方は期間を区切るだけであるが、「以降」のには継続性の見られるところが異なっている。つまり、「以降」の方は、ある時点以後、制度的に毎年または定期的に継続して行われる事柄に用いられている。具体的には予算・恩給・選挙などについて用いられることが多いのも、それらが継続的な性格を持つからである。

なお、「以後」と「以降」の使い分けについては、その文法的な用い方に異同が見られることも注意を要する。両者とも名詞に付いて接尾語のように用いられることは、前記の諸例に見るとおりである。しかし、「以後」には、「今後」の意味で、「以後、気をつけなさい」のような独立した用い方がある。この場合は、そのあと同じ状態が継続することから考えれば「以降」の方が適しているように思えるけれども、「以降」にはそのような用法が見られない。その点ではこの副詞的な「以後」も、「以降」のような継続性を示すわけではなく、単に「今まで」と「これから」とを区切るだけの副詞と考えるべきである。　(16—17)

問 **「観点」と「視点」**

答「ある○○から意見を述べる」というような場合の「○○」には、「観点」と「視点」のどちらも使われる。それでは、この二語は全く似た意味の語なのか、それとも何らかの違いがあるのかという問題である。

　この二語については、国語辞典、類義語辞典などで、その違いについて触れるものは少ない。大部分の辞典は、どちらにも、物を見たり考えたりするときの立場というような語釈を与えている。ただし、少数ではあるが、「視点」には「視線の注がれるところ」というような語釈をも付しているものもある。

　そこで、実際の使用例に当たってみると、語義の違いはともかくとして、それぞれの語を含む慣用的な言い方には、はっきりした分布の差が見られる。資料としたのは、昭和五十七年に発刊された朝日新聞の八十四日分のデータである。ほぼ等間隔で各月当たり一週間分ずつ抜き出したもので、総延べ語数は推定で一千万を超える。直接に得られた語数は、観点—148、視点—125であった。以下に主な用法を対比して示す。

	観点	視点
—から	118	43
—に立つ	8	8
—が必要だ（大事だ）	2	3
—がない（欠ける）	2	9
—を置く（据える）	—	7
—を変える（が変わる）	—	5
—を示す（提示する）	—	2
その他	18	48

これから導かれるのは、両者とも「—から」「—に立つ」という＜立場＞にかかわる用例が大部分を占めていることである。特に、「観点」はほとんどが「—から」に集中しているのが注目される。

・行政の減量化と官民の事業分野の調整という観点から、徹底し

た見直しを行い、(8・17、朝刊)
・表と裏がある大人の社会を、純粋な教育的観点からは説明もできないだろう。(5・6、朝刊)
・もっと国際的観点に立って総合的に考えてほしいものだ。(2・11、朝刊)
・こうしたことは単に防衛上の視点からだけ論じてよいものではあるまい。(9・14、朝刊)
・環境保全に関する諸施策を長期的かつ総合的な視点から検討する機関として、(5・11、夕刊)
・ジャーナリストが専門家と同じ視点に立っては駄目で、(5・6、朝刊)

このような用法では、「観点」と「視点」の意味の違いは存在しないように見える。次の〈立場の必要性・有無〉に関するものも同様である。ただし、用例数は「視点」の方が多くなる。
・経済社会の中での技術革新と雇用、という観点が必要だと思われる。(8・17、夕刊)
・サギと人との共存を図るという観点が全く見られない。(5・9、朝刊)
・途上国援助という南北問題の視点が必要だろう。(6・15、朝刊)
・労働基本権の保障という視点が著しく欠けている点で、(10・10、朝刊)
・経済効率と国鉄の公共性との調整といった視点があいまいな改革案だとして、(5・12、朝刊)

それに対して、次の用法は「視点」にだけ見られるもので、「観点」の用例はない。
・選者の指摘があったにもかかわらず、視点が都合よく変わるという難点が(10・8、朝刊)
・「民間活力の活用」といった新しい視点を据えてかかった。(2・10、夕刊)
・足もとから社会のあり方、変革を考えさせる視点を示している。(1・18、朝刊)

これらのすべてが「観点」に言い換えられないわけではないが、「視点」が広く用いられていることを示していると言えよう。更に、次のような例になると、「観点」に置き換えることが難しくなる。
・大学院生とカレッジの教師でもある牧師二人の視点から交互に事件の経緯が語られていく。(7・8、朝刊)
・現代社会や女性像を若者らしい視点から描いた作品だが、(3・15、夕刊)
・変わっていく子どもたちの姿を温かい視点で記録していった。(12・14、夕刊)

以上に見てきたところをまとめると、「観点」と「視点」の違いは、次のようになる。
○どちらも考察や判断の基準になる立場や見地という意味では共通するが、思想や世界観など抽象的な立脚点を指す傾向は「観点」に強い。
○叙述、描写、撮影など、芸術作品の創作活動については、「視点」が用いられる。
○「視点を据える」「視点を変える」など、基準となる位置の移動に関する慣用的な表現には、「視点」を含むものが多い。

このような違いは、二つの語の成り立ちにかかわるものと見られる。これらの語が第二次大戦前に使われていたことは確かであるが、国語辞典以外の用例は乏しい。国立国語研究所の、雑誌『中央公論』の十年置きの経年調査（報告89『雑誌用語の変遷』、昭和62）でも、これらの語の初出は、いずれも昭和二十一年である。

国語辞典の見出しとしては、次の例が早いものである。

視点〔美〕『英 Point of sight』絵画の遠近法にて人の目と直角をなせる地平線上の仮定の一点。　（『日本大辞典言泉』、大正10）

観点　一定の見解を立てる判断の根拠点。　（『大辞典』、昭和10）

「視点」に具体的な着眼点を示す用法のあるのは、このような美術の用語が一般化したためと見られる。創作活動について使うことの多いのは、その名残であろう。英和辞典では、「視点」は point of regard の訳語として、『模範英和辞典』（明治44）に見えるのが最初である。それに対して、「観点」は point of view の訳語として、明治末期から諸辞典に「観察点」として載るのが原形と見られる。「観点」の形では、『新英和大辞典（新版）』（昭和11）が初めである。

なお、現在では、「視点」と同じ意味で「視座」という語も使われる。「視座」は、社会学の用語として一九六〇年代から使われ始めたもので、ドイツ語の Aspektstruktur の訳語である「視座構造」が元である。『社会学小辞典』（有斐閣、昭和52）の「視座構造」の項には、次の解説がある。

人間が事実を見るとき、その見方そのものが、さまざまな社会的条件に規定されており、したがって個々人はその社会的条件に応じてそれぞれ独自なものの見方をすることになる。それを視座構造という。

「視座」は、先の新聞調査の資料に6回出現している。次のような使用例である。

・日本のジャズの方向にユニークな視座をひとつ据えたコンサートであった。（4・7、夕刊）

現行の国語辞典の大部分がこの語を見出しとして掲げている。最初のものは、昭和四十九年の刊行である。　（16―18）

問「数名」と「若干名」

答　比較的少数の人を募集するときなどに、はっきり人数を示さないことがある。そのような場合に、「数名」と「若干名」のどちらを使うのがよいのか、また、どのような意味の違いがあるのかという問題である。

「数名」の「数―」が「数人」「数日」「数度」「数箇所」など、多くの語を構成するのに対し、「若干」は「若干名」「若干人」など人数を表す用法しかない。そこで、まず「数―」が一般にどのくらいの数量を指すのかを考える必要がある。

現行の国語辞典では、表現に多少の違いはあるが、不確定な数を表す「数―」の用法について、具体的な数を明らかにしている。それを分類すると、次のようになる。

▽「二、三」または「四、五」…1種
▽「二、三」または「五、六」…3種
▽「三、四」または「五、六」…7種
▽「四、五」…1種
▽「五、六」…1種

注　このうち2種は、「十に満たない」という表現を伴う。

これから見ると、現代語の「数―」は、「二」を含み、ほぼ「三」から「六」までの数を表すことになる。

これに対して、「若干」については、「いくらか」「少しばかり」などの表現はあるが、具体的な数を示すものは少ない。ただし、ある辞典では、用例としての「若干名」に「二、三人マタハ四、五人」という注記が付いている。この辞典では、「数―」を「三、四から五、六の」としているから、「若干―」の方が「数―」よりも少ないことを意味していると見られる。また、「あまり多くはない」というような表現を伴うものも幾つかある。

実際の法令中の使用例では、次のようなものが見られる。

・法人ニハ一人又ハ数人ノ理事ヲ置クコトヲ要ス（「民法」53条①）

・数人ノ社員ガ共同シテ会社ヲ代表スベキコトヲ定メタルトキハ（「商法」64条①6）

・資格審査会は、会長及び委員若干人をもって組織する。（「弁護士法」52条①）

・資格審査会に予備委員若干人を置く。（「弁護士法」53条①）

これらから具体的な数値を読み取ることは難しいが、法律関係者の間では、「数人」は「二人以上で余り多くない」、「若干人」は「一人の場合もあり、余り多くない」という了解が行われているということである。

新聞などの求人広告では、必ずしも人数を明示するとは限らず、示す場合でも「若干名」を使うことが多い。ある一日（日曜日）の新聞の求人案内では、「若干名」を用いたもの11種に対し、「数名」を用いたものは左記の例中の1種であった。

・＜職種＞企画調査（各20名）・営業、建築、宣伝、総務・受付・経理、営業事務（若干名）（朝日新聞、平成元・10・8）

・採用／企画取材・整理校閲　男女各若干名（朝日新聞、平成元・10・8）

・設備管理要員　☆年齢20～60歳位迄（数名）（朝日新聞、平成元・10・8）

以上をまとめると、不定の人数を表す「数名」は、多少の幅はあるが、六人程度までの複数の人数を表し、「若干名」は、一人の場合を含んで、不特定の余り多くない人数を表すというのが、現在の用法であると言ってよいだろう。（16―19）

問「世相」と「世情」

答　世の中のありさまのことを「世相」と言ったり「世情」と言ったりするが、どのように異なるか、という問題である。

この場合の「世」は、字訓が「よ」であって、「よのなか」の意味を持っている。「世事・世人・俗世・出世」などと用いるときの「世」がこれである。それに組み合わされる方は、「相」が「かたち・すがた・ありさま」の意味を持っている。それも、特に「外に表れたすがた」の意味で用いられる。「様相・異相・死相・種々相」などと用いる「相」がこれである。

したがって、「世相」というのは、「よのなかの・外に表れたかたち」のことである。例えば、次のように用いるのがこれである。

・其間はかれに取つては暗黒な時代でもあり、また複雑した世相にふれた時代でもあつた。（田山花袋「田舎教師」）

・ただ今自分の頭の中にごたごたしてゐる世相とは、とても比較にならない。（夏目漱石「三四郎」）

一般に次のような用い方をするのが、「世相」である。

乱れた世相　悪のはびこる世相　明治の世相　戦後の世相　現代の世相　世相が悪い　世相に表れている　世相の一面を見る

それは、要するに「だれでも感じ取れる形」としての「世の中のありさま」のことである。そのため、特に関心を持たなくても、生活の中で接することができる存在なのである。

これに対して、「情」の方は、字訓が「なさけ」であるように、本来は「人の持つこころ」のことである。それを物について用いる場合には、そのものが持つ「おもむき・あじわい」の意味になり、特に「内に含まれたようす」の意味になる。「事情・実情・下情・情勢」などと用いる「情」がこれである。

したがって、「世情」というのは、「よのなかの・内に込められたようす」のことである。例えば、次のように用いる。

・建て附けには隙間が出来、長持ちのせぬ廉普請《やすぶしん》、一時の利得に忙しき是れも世情の見本なり。（坪内逍遙「細君」）

・大雅（画家の池大雅のこと）は余程呑気《のんき》な人で、世情に疎かった事は、（芥川龍之介「侏儒の言葉」）

一般に次のような用い方をするのが、「世情」の方である。

世情に通じる　世情に明るい　世情に暗い　世情を観察する　世情の表れ

それは、要するに「簡単には感じ取れない内側」としての「世の中のありさま」が問題なのである。そのため、特に関心を持たなければ知ることができない存在なのである。

ただし、「世相」も「世情」も、「世の中のありさま」という点では共通のものを持っている。異なる点は、そのありさまを、「外面的にとらえるか、内面にまで立ち入ってとらえるか」ということである。したがって、例えば道徳の乱れについて、その現状をそのままとらえれば、「道徳の乱れが世相に現れている」となる。これに対して、そのような世相をもたらした元になるものをとらえようとすれば、「道徳の乱れ」そのものが「世情」と言えるのである。

このように、「世相」と「世情」は、同じ事柄についてもそのとらえ方が異なるのであり、そのような観点から使い分けることができるわけである。（17―16）

問「特色」と「特長」「特徴」

答　そのものが持っている性質について、「特色」と言ったり「特長」「特徴」と言ったりするが、どのように異なるか、という問題である。

この場合の「特」は、副詞で「とくに」と用いるように、他と異なる点を強調する意味を持っている。「特有・特技・特産・特効」などと用いる「特」がこれである。それに組み合わされた「色」は、字訓のとおり本来は「いろ」のことであるが、「いろどり」の意味になり、「おもむき・ようす」の意味で用いられる。「古色・異色・暮色・郷土色」などと用いる「色」である。

したがって、「特色」というのは、「他と異なる」点から見た「おもむき」のことである。例えば、次のような用い方がこれである。

・林は実に今の武蔵野の特色といっても宜い。（国木田独歩「武蔵野」）

・僕に言はせると、恐れないのが詩人の特色で、恐れるのが哲人の運命である。（夏目漱石「彼岸過迄」）

・我我人間の特色は神の決して犯さない過失を犯すと云ふことである。（芥川龍之介「侏儒の言葉」）

・路次の不潔な事も特色の一つだった。（志賀直哉「暗夜行路」）

一般に次のような用い方をするのが、「特色」である。

日本の野球の特色　本校の特色　島国の人たちの特色　口語短歌の特色　最近の交通事故の特色　特色を発揮する　特色のある作品

それは、要するに他と異なる点だけが問題なのである。用例の中にはプラス評価を伴うものも見られるが、本来は、優れている・劣っている、価値がある・価値がない、好ましい・好ましくない、などの評価を伴う言い方ではないのである。

これに対して、「特長」の「長」の方は字訓が「ながい」であるが、「まさる・すぐれる・よい」などの意味を持っている。「長所・一長一短」や「長を採り短を捨てる・一日の長がある」などと用いる「長」である。

したがって、「特長」というのは、「他と異なる」という観点から見た「すぐれた点」のことである。例えば、次のように用いるのがこれである。

・この二つの対照から華やかな特長を生ずる令嬢の顔の形は、寧ろ丸い方であつた。（夏目漱石「それから」）

・一と見識ある彼の特長として、自分にはそれが天真爛漫の子供らしく見えたり、又は玉のやうに玲瓏な詩人らしく見えたりした。（同「行人」）

一般に次のような用い方をするのが、「特長」の方である。

知識人の特長　この化粧品の特長　本辞典の三大特長　各人の特長を生かす　何の特長もない

それは、他と異なる点において「特色」には違いないが、そこによい評価を伴うところが異なっている。その違いが、「色」と「長」との意味の違いに基づくわけである。

ところで、「特長」と同音類義の語に「特徴」というのがある。「徴」の方は「しるし」のことであって、「徴候・徴証・明徴・象徴」などと用いる「徴」である。したがって、「特徴」というのは、「他と異なる」という観点から見た「しるし」のことである。例えば、次のように用いるのがこれである。

・唇の薄い割に口の大きいのをその特徴の一つとして彼は最初から眺めてゐたが、（夏目漱石「彼岸過迄」）

・かう言つて篠原は上唇を左の方にあげる例の特徴的な微笑を見せる。（高見順「故旧忘れ得べき」）

一般に次のような用い方になるのが「特徴」の場合である。

昆虫の特徴　犯人の特徴　特徴のある話し声　特徴のある筆跡　特徴づけるもの

それは、評価を伴わない点において、前記の「特長」と異なっている。その点では、「特徴」という語を踏まえて特に優れた評価としての長所を強調したのが「特長」だとも言えるのである。

すなわち、同音語としての「特長」と「特徴」は、「他と異なる」点において共通するとしても、評価を伴うか伴わないかの点において使い分けられている。そうして、評価を伴わない点においては「特色」も同じ立場にあるから、「特徴」と「特色」とが類義語となるのである。その場合に、「特徴」は「すぐ目につく外面的な相違点」に用いられ、「特色」は「解説や思考を必要とする内面的な相違点」に用いられる。その違いは、「徴」が「しるし」の意味を持つのに対し、「色」が「おもむき」の意味を持つところから来る意味の違いに基づくことになる。一般に動植物の観察において相互の異同を採り上げる場合に「特徴」が用いられ、機関や組織の場合に「特色」が用いられるのもこのためである。（17—17）

問「了解」と「了承」

答「その件について部長の○○を求める」というような文脈では、「了解」と「了承」のどちらも使われそうである。それでは、この二語にはどのような違いがあるのかという問題である。

この二語は、新聞記事などにもしばしば現れ、同じような文脈の中で使われることが多い。例えば、次のようなものである。

・九月一日からの一週間を「防災週間」とすることが、十一日の閣議で了解された。(朝日新聞、昭和57・5・11、夕刊)

・政府は十一日の閣議で国土庁のまとめた五十七年版「防災白書」を了承した。(朝日新聞、昭和57・5・11、夕刊)

そこで、この二語の用法の違いを分析するために、新聞で使用された例を分類して示す。資料としたのは、右の例を含めて、昭和五十七年に発刊された朝日新聞の八十四日分のデータである。ほぼ等間隔で各月当たり一週間分ずつ抜き出したもので、総延べ語数は推定で一千万を超える。得られた語数は、了解―79、了承―188であった。

	了解	了承
―する	18	109
―を得る	6	33
―を求める	7	7
―を取り付ける	4	5
―を取る	2	―
―を与える	2	2
―に基づく	1	―
―に従う	1	―
―に反する	1	―
―が出来る	2	―
―が進む	1	―
―のもとに	1	―
―の上で	―	1
その他	33	31

まず目立つのは、「了承」には「了承する」という用法の多いことである。この用法としては、次のようなものが特徴的である。

・中執で○○委員長が総辞職案を提案、了承された。(12・11、夕刊)

・日本代表部の鈴木大使に申し入れ、日本側が了承したもの。(5・11、夕刊)

これらは、事態の一連の経緯の中で、何らかの案が示され、それが認められたことを表現するもので、新聞に多い文体である。「了承」の対象になるのは、提案、要求、報告、説明などである。

この用法は、「了承を得る」などの慣用的な言い方にも認められる。

・八日朝から関係漁協幹部への説明会を開き、了承を得た。(4・8、夕刊)

・千代の富士は今場所前に同親方に婚約を相談、了承を求めてきたという。(5・15、夕刊)

これに対して、「了解」には、次のような用法がある。これらは、「了承」に言い換えることはできない。むしろ、「理解」に近い意味として使われている。

・…を率直に認めて、陳謝することがわが国民の真意を了解してもらうゆえんだ。(8・14、朝刊)

・このような行動様式は、われわれ日本人にはすぐ了解できることだが、(5・9、朝刊)

「了解」にも、「了承」に近い用法はあるが、「了承」のように、時間の推移の中での何らかの決着という意味合いは薄い。事柄の本質や内容を理解した上での承認・決定という意味で使われることが多いのが特徴である。

・…を公表する取り決めは一応あったが、軍の許可や了解がいろいろ必要なため遅れがちで、（9・11、朝刊）

・市幹部も、業者の間にそうした暗黙の了解があることを認めている。（4・9、夕刊）

・ヤルタ会談（一九四五年二月）で連合国側の口頭了解ができていたもので（3・15、朝刊）

「了解」のこのような性格は、右の「暗黙の了解」「口頭了解」のほか、「了解事項」「了解工作」「事前了解」などの複合語からもうかがわれる。

その中で、「了解」と「了承」の違いを端的に示すものとして、「閣議了解」がある。「閣議了解」は「閣議決定」ほどの効力は持たないが、それに次ぐものとされている。次の例が参考となる。

・漠然たる閣議了解があっただけで、確たる閣議決定はなかった。（4・9、朝刊）

・閣議決定や閣議了解の文書などでも閣僚は署名の下に花押を書く。（5・12、夕刊）

それに対して、「閣議了承」という用語はない。「了承」は、正式な決定や決議に至る過程での一つの手続である。なお、次の例も「了承」の用法をよく表している。

・しかし、これまでは審議会による文部省案の了承、審議会の建議という形をとっており、（9・14、朝刊）

現在の「了解」と「了承」の違いは、以上のように説明できるが、両者ともこのような用法や表記形を持つに至るまでには複雑な歴史がある。「了解」は、「諒解」「領会」「領解」などの語とかかわりを持っている。「了承」は、「諒承」「領承」「領掌」などと関係がある。現行の辞典では、これらをすべて別語とするものから、それぞれ一語にまとめるものまで、様々の取扱いが見られる。

そのうち、表記については、国語審議会報告「同音の漢字による書きかえ」（昭和31）で、当用漢字表に収められなかった「諒」を「了」で書き換える案に基づき、「了解」と「諒解」、「了承」と「諒承」を一つにするものが多い。それに先立っては、「国会会議録用字例」（昭和29）で同様の方針を示している。『新聞用語集』（日本新聞協会、昭和35）にも同様の記述がある。

「了解」という表記形ないし語形が文献に現れるのは、明治時代になってからである。次の例が早いものと見られる。

・了解　はっきりわかる（漢語字書『新撰字類』、明治3）

・了解（hakkiri to wakaru）（『和英語林集成（第三版）』、明治19）

・了解　ワケノワカルコト。会得。（『言海』、明治24）

そして、文芸作品にも、他の「りょうかい」という語形とともに使用されている。

・私の答へた意味と、妻の了解した意味とは全く違つてゐたのですから、私は心のうちで悲しかつたのです。（夏目漱石「こころ」、大正3）

・人間は何故に、（中略）憐むべき生物として造られたか、その理由を領会することは依然として困難である。（阿部次郎「人格主義」、大正8）

・彼は、私が大体それを諒解できても、直ぐさま承認出来ないで、黙つてゐるのを見て取つてから云つた。（岡本かの子「河明り」、昭和14）

それに対して、「了承」が辞典に登録されるのは遅く、「ことばのいづみ・補遺」（明治41）の例が早いものである。そして、文芸作品にもほとんど用いられない。

現在の「了解」と「了承」の用法は、近年になってから、行政の慣用や報道の文章の中で形成されたものと見られる。（17—18）

問「審議」と「審理」と「審査」

答「審議」と「審理」と「審査」とでは、意味がどのように違うか、使い方に違いがあるかという問題である。

まず、漢字の意味から説明すると、「審」は、詳しく調べて明らかにすること、つまびらかにすることである。

「審議」の「議」は、話し合う、相談する、事の可否を決めるという意味である。したがって「審議」は、会議を開き、提出された案についてよく検討し、その可否を相談することで、

- 重要の国務を審議す（「大日本帝国憲法」56条　明治22）
- 法案を審議する　・継続審議
- 審議に付す　・慎重審議する
- 審議を重ねる　・審議未了
- 逐条審議　・審議会
- 集中審議

などと用いられる。

「審議会」は、国の行政機関に附属し、その長の諮問に応じて、特別の事項を調査審議し、又は意見を提出する権限（いわゆる建議）を与えられているものである。

例えば、国語審議会は、委員五十人以内で組織し、文部大臣又は文化庁長官の諮問に応じて国語の改善、国語の教育の振興及びローマ字に関する事項を調査審議し、及びこれらに関し必要と認められる事項を文部大臣、関係各大臣又は文化庁長官に建議することを所掌事務としている。

「審理」の「理」は、ここでは、とりさばくの意味である。事実や筋道を詳しく調べて処理をすることで、特に、訴訟事件において、事実関係・法律関係を明らかにするため、裁判官が取り調べることをいう。民事・刑事の訴訟事件においては、裁判は必ずこの審理を経なければならない。特許、実用新案、意匠及び商標に関する審判も、行政機関による一種の裁判であって、ここでも審理が行われる。

- 事件を審理する　・集中審理
- 氏名、年齢、住所の訊問から、型の如く審理が始つた。（里見弴「多情仏心」）
- 最高裁判所は、大法廷又は小法廷で審理及び裁判をする。（「裁判所法」昭和22）
- 判定の審理は、書面の審理による。ただし、首席審判官は、当事者の申立てにより又は職権で、口頭審理によるものとすることができる。（「特許法施行令」昭和35）

「審査」の「査」は、細かく調べて明らかにすることで、「審査」は、ある案件や事柄を審議してその適否を定めること、また、人柄や能力をある条件に照らして調べ、優劣や等級などを決めることである。

- 議案の審査を継続せしむることを得（「議員法」25条　明治22）
- 応募書類を審査する　・論文を審査する
- 審査員　・審査会場
- 資格審査　・審査会

法令用語としての「審査」は、国又は地方公共団体の機関が一定の事柄について結論を導き出すために、その内容をよく調べることをいう。

- 前項本文の外国人は、その者が上陸しようとする出入国港にお

いて、法務省令で定める手続により、入国審査官に対し上陸の申請をして、上陸のための審査を受けなければならない。（「出入国管理及び難民認定法」昭和26）

・この法律による不服申立ては、行政庁の処分又は不作為について行なうものにあつては審査請求又は異議申立てとし、審査請求の裁決を経た後さらに行なうものにあつては再審査請求とする。（「行政不服審査法」昭和37）

・審査は、各裁判官につき、その任命後初めて行われる衆議院議員総選挙の期日に、これを行う。（「最高裁判所裁判官国民審査法」昭和22）

〔法令用語としての定義については、『法令用語辞典』等を参照した。〕

（18—5）

問 **「御多忙中」と「御多用中」**

答 仕事が多くて忙しいことを「多忙」とも「多用」とも言うが、使い分けがあるかという問題である。

手紙の中で使われる例としては、

〔御多忙（中）〕

・年末も押し迫りまして、何かと御多忙のことと存じます。

・さて御多忙中誠に恐縮ですが、娘のことについて御相談申し上げます。

・御多忙中恐縮ですが、御引見の上、話を聞いてやってくださいませんか。

・御多忙中恐れ入りますが、……

・御多忙中とは存じますが、……

〔御多用中〕

・御披露かたがた小宴を催したく存じますので、御多用中誠に恐縮でございますが、なにとぞ御出席賜りますよう御案内申し上げます。

・亡父の葬儀に際しましては、御多用中にもかかわらず遠路わざわざ御会葬いただき、厚く御礼申し上げます。

などがある。

「多忙」は、非常に忙しいことであり、類語として、繁劇、繁多、繁忙などがある。

・僕頗《すこ》ぶる多忙、時を移し難し（織田純一郎「花柳春話」）

「多用」は、用事の多いことで、類語は繁用、多事、多端などである。

・何やら多用でござりまして、御不沙汰仕ります（滑稽本「浮世風呂」）

いずれも忙しいことを指すのには変わりはないけれども、「多忙」は一定時間の中で活動量が多い、すなわち忙しいようすの方に力点が置かれ、「多用」は解決しなければならない用事が多いことの方に力点が置かれる。次のような例では、「多用」は使われないようである。

多忙をきわめる　多忙な毎日

事務多忙の折　多忙な社長

手紙の中で用いられる「御多忙」や「御多用」はどちらでもよいが、「御多用中」の方が、やや文章語的な感じになり、すでに挙げた例のように結婚の披露宴の案内状や、葬儀に参列した人に対して手渡すあいさつ状など、改まった文章の中に用いられることが多い。

これに対して、「多忙」は普通に用いられることが多い。

・若し帰つたなら御多忙中甚だ恐れ入るけれども（夏目漱石「彼岸過迄」）

このほかに、「お忙しいところ」も用いられる。

・昨夜は御忙しい所を……（夏目漱石「虞美人草」）（18―23）

問「修了書」か「修了証」か

答　所定の学業や課程を修め終えた者に対して、修了の証明として交付する文書の表題は、「修了書」とすべきか「修了証」とすべきかという問題である。

まず「○○書」というのは、実際にどのように用いられているか、法律や新聞等に現れる用例を拾ってみると、次のようになる。

（ア行）意見書　遺言書《いごん》　依頼書　内訳書

（カ行）解説書　回答書　確認書　勧告書　鑑定書　企画書　議定書　供述書　協定書　許可書　計画書　警告書　計算書　契約書　決算書　決定書　合意書　抗議書　口上書　告知書

（サ行）裁決書　指図書　仕切書　質問書　示達書　指定書（重要刀剣―）釈明書　趣意書　主意書　出願書　受領書　上申書　承諾書　証明書　申告書　身上書　申請書　診断書　請願書　請求書　精算書　声明書　誓約書　説明書　宣言書　宣告書　宣誓書

（タ行）嘆願書　注文書　調査書　陳情書　通知書　提案書　手配書　手引書　同意書　答弁書　届出書

（ナ行）内申書　認可書　認証書　納品書　納付書

（ハ行）判決書　反論書　批准書　評価書　付属書　振替書　報告書　補充書　保証書

（マ行）見積書　明細書　命名書　命令書　申入れ書　申込書　申立書　申出書　目論見書

（ヤ行）約定書　要求書　要望書　予算書

（ラ行）理由書　履歴書　領収書　録取書

（ここには、「愛読書・教科書・研究書・手引書・入門書」のような書物の意の用例は除いてある。）

以上のように、実に広範囲に用いられているが、この場合の「○○書」の「書」というのは、いずれも、書付、文書、書類の意味である。それらの熟語は、○○に関して必要な書類、○○に必要な内容を示す書類を表すものである。これに対して「修了書」は、修了を証明する文書の意だとすると、いささか落ち着かない語構成である。しかし、実際には、「修了書」という言い方も一般には行われている。例えば、次の新聞記事がそれである。

・カリキュラムをこなすと受講修了書が出され、これを事務所に掲げることで、暴力団の介入に対する抑止効果もあるとみられている。（読売、平成4・11・16夕刊）

これは、警察庁が各企業の不当要求防止責任者に対し、暴力団撃退法を伝授する講習会を全国二十七都県でスタートさせるという記事の一節である。

一方、「○○証」は、次のように用いられている。

（ア行）預り証　受付証　受取証

（カ行）会員証　学生証　確認証　完走証　記者証　許可証　検査証　検査済証　権利証　公認証

（サ行）参加証　車検証　受講証　受領証　乗車証（国会議員―、無料―）

（タ行）駐車証　通行証　党員証　登録証　特許証

（ナ行）認定証（三十キロ踏破―）入門証（出入り自由の―、ホワイトハウス―）

（ハ行）発明者証　引換証　保険証

（マ行）　免許証　申込証
（ラ行）　領収証

この「証」は、○○であること、○○したこと、○○が許されていること等を証明する書付・書類の意味である。このように、証明する内容が比較的簡単な場合とか、あるいは一枚のカード形式のものに収まる場合とかには、「○○証」が普通に使われている。

しかし、質問のように、所定の学業や課程を修め終えた者に、修了の証明として交付する場合には、「修了書」や「修了証」ではなく、「修了証書」とするのが正式のやり方であろう。文部省で作成した『三訂　公文書の書式と文例』には、下段右側のような例が掲げられている。

また、卒業の場合も、「卒業証書」が使われている。

校長は、小学校の全課程を修了したと認めた者には、卒業証書を授与しなければならない。（学校教育法施行規則、第28条）

この「証書」は、ほかにも、

合格証書　公正証書　公認証書（自民党――）　推薦証書（選挙などの）　預金証書

などと使われる。

以上、要するに、質問のような場合には「修了証書」とするのが一番よいが、ごく短期間の研修などで「修了証書」では仰々しすぎると思われるような場合には、「修了書」よりは「修了証」の方が、一般的であろう。

なお、卒業の際に授与されるのは、「卒業証書」であるが、各学年の課程を修了したことの証明には、下段左側に掲げたように「修了証」が使われている。この「修了証」は一枚の書付ではなく、通知表の中に印刷されているのが普通である。　（19―12）

（修了証の例１）

修　了　証

昭和○○年○○月○○日生

小学校第 ○ 学年の課程を
修了したことを証明します

平成 ○ 年 ○ 月○○日

○○大学学校教育学部附属小学校
校長　○　○　○　○　印

（修了証の例２）

第○○○○号　修　了　証

氏名
昭和○○年○○月○○日生

中学校第 ○ 学年の課程を修了したことを証する

平成 ○ 年 ○ 月○○日　東京都新宿区立○○中学校長
○　○　○　○　印

証明（修了証書）

割印

第○○号

修　了　証　書

○　○　○　○

あなたは文部省及び関東甲信越地区国立大学主催の平成○年度関東甲信越地区国立大学係長研修において所定の課程を修了しましたよってこれを証します

平成○年○○月○○日

文　部　省

問「議決」と「決議」

答　同じ漢字を組み合わせた熟語として、「議決」という語と「決議」という語がある。この二つは、同じ意味の語であるのか、それとも異なった意味の語として使い分けを要するのか、という問題である。

これを熟語構成の立場から見ると、「議決」の方は「議して決する」であって、「議」が動詞の役をしている。同じ構成の関連語としては「議定」があり、修飾語になる「議案・議題・議事・議場」などの「議」もこれである。それは、「書経」に「事ヲ議シテ以テ制スレバ、政乃チ迷ハズ」とあるのと同じで、「はかる（相談する）」ことである。

これに対して、「決議」の方は「議を決する」であって、「議」は名詞の役をしている。同じ構成の関連語としては「異議・提議・発《はつ》議《ぎ》」などがこれである。それは、「史記」に「始皇、其ノ議ヲ丞相《じょうしょう》ニ下ス」とあるのと同じで、「かんがえ（意見）」のことである。したがって、それぞれの語の意味に違いが見られることは、漢字の組合せからも明らかである。

それならば、実際の用い方はどのように異なるかということである。ここで、会議形式の規範とされる国会の場合を取り上げると、憲法には次のような条文がある。

・憲法（第五十六条）両議院は、各々その総議員の三分の一以上の出席がなければ、議事を開き議決することができない。

すなわち、「議事を開いて議決する」わけである。その場合に規定された出席議員の数が定足数であり、この場合は三分の一以上である。

議事には議案があって、提案理由の説明と質疑応答が行われ、賛成・反対の討論を経て表決となる。表決については、「衆議院規則」「参議院規則」にそれぞれ次の二つの方法が規定されている。

(1)問題を可とする者を起立させ、起立者の多少を認定して可否の結果を宣告する。

(2)問題を可とする者は白票、問題を否とする者は青票を投票箱に投入する。

これによって、議員各自は、可否の意思表示を行う。その場合、全員一致の方法ではなく、多数決の方法が用いられる。一般には二分の一以上で可決とするが、重要な審議については三分の二以上の多数による。いずれにしても、「議決」というのはこのような表決によって行われ、その結果が会議体の意思として成立する。したがって、「議決」とは、表決によってその会議体の意思を決定すること及び決定した内容のことである。

議決としては、最も一般的なものが「可決（否決）」であるが、その他に「承諾・承認・同意・採択・許諾・指名」などがあり、そういう類の一つとして「決議」がある。すなわち、「決議」というのは、会議体が特定の事項について自ら提案して議決した、決議という形式の意思表示のことである。

決議の一つに内閣の不信任決議というのがあり、憲法には次のような規定がある。

・憲法（第六十九条）内閣は、衆議院で不信任の決議案を可決し、又は信任の決議案を否決したときは、十日以内に衆議院が解散されない限り、総辞職をしなければならない。

この類の決議としては、総理大臣はじめ各大臣や、議長・副議長の信任・不信任に関するものもある。また、国政一般についての政策決議、感謝・表彰・祝賀などの儀礼的決議もある。しかし、いずれの場合も、議決という形式によって決議となることに変わりはないのである。

以上が「議決」と「決議」の基本的な異同であるが、区別することなく用いられている場合もある。例えば、定款の変更、事業報告書、財産目録などの承認について、「総会の議決を経なければならない」という文言を用いる法律と、「総会の決議を経なければならない」という文言を用いる法律とがある。

○「議決」を用いる例
・水産業協同組合法（昭和23、法律第242号）「第四十八条」
・土地改良法（昭和24、法律第195号）「第三十条」

○「決議」を用いる例
・農業協同組合法（昭和22、法律第132号）「第四十四条」
・商品取引所法（昭和25、法律第239号）「第六十七条・第六十八条」

いずれの場合にも、規定されている手続について異同が見られるわけではない。

しかし、「議決」と「決議」とを使い分ける立場で規定する場合には、国会の例に準じた使い分けが好ましいのである。

〔注〕なお、「表決」については159ページの△「表決」と「評決」の使い分け▽で解説しているので、参照されたい。　（19—13）

問「訂正」と「修正」

答「文章の字句を○○する」というような場合、○○には「訂正」あるいは「修正」のどちらも当てはまりそうである。それでは、「訂正」と「修正」はどのように違うのかという問題である。

「訂正」も「修正」も、中国の古典に典拠を持つ語である。「訂」には「ただす」という意味があり、ほかに「改訂」「校訂」などの熟語がある。「修」は「なおす」という意味を持ち、「修理」「補修」などの熟語に、その意味が表れている。また、両者を合わせた「修訂」という語もある。このように、「訂正」と「修正」は、似た意味の語であるが、「訂正」は誤りを直すことが基本となる。それに対して、「修正」は「編修」「改修」などの語からうかがわれるように、直した結果として全体を整ったものにするところに重点がある。

近代以降の文学作品などには、それぞれ次のような使用例がある。

〔訂正〕
・「真面目な貌《かほ》でメンチボーぢやないトチメンボーだと訂正されました。」（夏目漱石「吾輩は猫である」）
・「娘といふものは壺口《おちよぼぐち》をして、気取つて、オホヽと笑ふものとばかり思つてる人は訂正なさい。」（二葉亭四迷「平凡」）
・「立派といふより普通、美しいといふ方だらう」
謙作は最初の否定的に響いた言葉をかう訂正した。（志賀直哉「暗夜行路」）

「訂正」の二例は、言葉に関するものである。それを含めて、いずれも間違いを直すという意味合いが強い。

〔修正〕
・わが未熟なる小説、稗史《はいし》を次第に修正改良して（坪内逍遙「小説神髄」）
・「あなたがありのままと信じてゐるところに、真実を修正する作用が働いてゐるのが特徴でして、」（大岡昇平「野火」）
・自分が承知なら、その思想を或る程度まで修正することはできるはずである。（笠信太郎「ものの見方について」）

「修正」の例は、様々なものが直す対象になっている。そして、必ずしも誤りを直すのではなく、より良いものや別のものに変えるというニュアンスが伴っている。両者の基本的な違いは、この点にありそうである。

現代の新聞で使われている例を調べると、そのことは更にはっきりする。

〔訂正〕

・実際、大統領は、数字などを間違えて訂正することが多い。（朝日、昭和57・4・7、朝刊）

・選挙運動費用収支報告書を訂正したことについて、（朝日、昭和57・3・13、朝刊）

・著名作家に対しても堂々と字句の誤りを訂正させるほど仕事に徹していた。（朝日、昭和57・2・11、朝刊）

右の例のように、「訂正」は誤りを直す意味に使われやすい。熟語としては、「正誤訂正」「記述訂正」などもある。文章や発言などの間違いを正す場合の使用例が大部分を占める。

〔修正〕

・衆院を通過した法案が、参院で修正された前例もあるのですから、（朝日、昭和57・9・13、夕刊）

・現中国は文革時代の国際路線を徐々に修正しつつあり、（朝日、昭和57・10・8、朝刊）

・また、字句の細かい修正要求が続いて、作業は終盤まで難航した。（朝日、昭和57・7・10、夕刊）

「修正」の使用例のうち最も多いのは、法案の修正に関するものである。そのほかでは、見方・考え方・方針などを変える場合に使われやすい。比喩《ひゆ》的な用法での「軌道修正」という熟語も多い。また、景気の動向などに関して、「下方（上方）修正」などという語もよく使われる。すなわち、現在の用法としては、より望ましい方向に変えることに重点が置かれている。

したがって、「文章の字句を○○する」という言い方でも、誤りを直す場合は「訂正」が適切である。また、必ずしも誤りとは言えないが、それを直すことにより、全体がより整ったものになることを期する場合は、「修正」がふさわしいであろう。両者の使い分けは、以上のように考えられる。

〔付記〕「修正」と同音語の「修整」との使い分けについては、（19―14）173ページで解説しているので、参照されたい。

問「増加」と「増大」

答「増える」「増す」と同じ意味の漢語に、「増加」と「増大」がある。しかし、「人口が増加する」とは言うが、「人口が増大する」という言い方は余り耳になじまない。反対に、「不安が増大する」とは言っても、「不安が増加する」とは言わないようである。それでは、両者の違いはどこにあるのかという問題である。

「増加」も「増大」も、共に中国の古典によりどころのある漢語であるが、普通に使われるようになったのは、近代以降のことである。昭和期以降の作品の用例を比較するために、まず「増加」の例を掲げる。

・胡卒《こそつ》は諸所の崖《がけ》の上から大石を投下し始めた。矢よりも此《こ》の方が確実に漢軍の死傷者を増加させた。（中島敦「李陵」）

・この入場者の吸収されてゆく率は次第に増加してゆくものと思はれたが、それにしても定刻の二時までに入る入場者の数は知れたものであつた。（井上靖「闘牛」）

・そういう教育をしているからこそ、巷《ちまた》には不良少年や愚連隊がばっこし、少年犯罪はますます増加し、社会の秩序はみだれ道徳はすたれて来る。（石川達三「人間の壁」）

始めの二例は、「増加」の主体が「死傷者」と「率」であり、数量が問題になっていることが明白である。最後の例は「（少年）犯罪」が主体であるが、これも数量的に把握できるものである。すなわち、ここで「増加」の主体となっているものは、いずれも数値としてとらえることができる点に共通性がある。

次に、「増大」の例を見ることにする。

・古典物理学の世界が力学的な現象だけでなく、電磁気的現象の起り得る舞台となるためには、いちじるしく抽象性を増大しなければならなかったのである。（湯川秀樹「物質世界の客観性について」）

・かうして自然の中で絶えず増大して行く快感は、私の死が近づいた確実なしるしであると思はれた。（大岡昇平「野火」）

・鮨詰《すしづめ》教室はますますふえて、教師の負担はますます増大するということ、（石川達三「人間の壁」）

ここで「増大」の主体や対象になっているのは、「抽象性」「快感」「負担」であり、いずれも抽象的な概念である。これらを数量で表すことは難しい。つまり、右の例で見る限りでは、「増加」が数量で表しやすいものを主体に取りやすいのに対し、「増大」の主体や対象は対照的な性質を有しているということになる。これを別の観点から見れば、「増加」は既にあるものに何かが付け加わる意味を表すのに対し、「増大」は全体が大きくなることを表すというとらえ方もできる。

このような対照が一般の文章でも見られるかどうかを確かめるために、現代の新聞の例を調べてみることにする。新聞では、「増加」は次のように使われている。［　］の中に掲げたのは、用例として示したもののほかに、新聞の文章で「増加」の主体になっているものの例である。

・貿易黒字はテープレコーダーの輸出増で同一六・五％の増加に転じた。（朝日、昭和57・2・10、朝刊）

・このＤＮＡが生産する酸素の活性も三倍に増加していた。（朝日、昭和57・6・10、朝刊）

・日米間の経済問題の解決を、日本の防衛費の増加に結びつけなければならない必然性はないはずだ。（朝日、昭和57・10・11、朝刊）

［国民医療費　生産年齢人口　伐採量　交通量　通学者数　財政赤字　観光収入　実質所得　武器供与　雇用労働者　音楽愛好者］

これらからも分かるように、「増加」は実際の数値とともに用いられたり、数量とかかわりのある概念と結び付いたりする傾向が顕著である。

それに対して、先に見たように、「増大」は抽象的な概念と結び付きやすい。

・戦争を機に高まったアラブ諸国の対米不信の増大（朝日、昭和57・8・15、朝刊）

・税金と並んで国民負担の増大をもたらしている社会保険料についても、（朝日、昭和57・3・15、朝刊）

・安定を期すためには、当面、西側との摩擦の多少の増大もやむを得ない、という立場である。（朝日、昭和57・10・10、朝刊）

以上のように、「増加」と「増大」は、異なるところがある。しかし、詳細に見ると、必ずしも両者は全く対立するものではなく、重なり合うところもある。その傾向は、「増大」に強く認められる。例えば、次の例は「増加」となっていても、おかしくはない。

・私は、日本に大幅な防衛費増大を求める米国内の風潮には同意しない。（朝日、昭和57・4・9、朝刊）

・新しい雇用をつくり出すためにも輸出の増大がいま切実に望ま

れている。（朝日、昭和57・3・10、朝刊）

このように、「増加」と「増大」は異なる用法を持ちながら、重なる部分もある。どちらを選ぶか迷う場合には、それぞれの基本的な用法に照らして判断することが必要である。　（20—13）

問「随行」と「同行」

答「社長の出張に部長が付いていく」というような、上位者の旅行に下位者が行動を共にする場合、「随行する」または「同行する」のどちらを使うべきか、また、どのような意味の違いや使い分けがあるかという問題である。

「随行」及び「同行」は、中国の古典に見られる語である。「随」には「したがう」という意味があり、「身分や地位の高い人の供をする」というのが本来の用法であったと見られる。また、主たる任務を帯びた者から命じられて、行動を共にするという意味合いがある。一方、「同行」は「連れ立って行く」「一緒に行く」という意味であり、特に人間関係の上下を問題にすることはない。

近代以降の文学作品では、次のような例が見られる。これらは、本来の用法に沿った使用例である。

・九月の九日に将軍家茂《いへもち》が明年二月を以《もつ》て上洛すると云《い》ふ令を発して、柏軒《はくけん》はこれに随行する準備をしたからである。（森鷗外「渋江抽斎」）

・（主人ハ）名刺を握つた儘《まま》後架へ這入《はい》つた。（中略）兎《と》に角《かく》迷惑なのは臭い所へ随行を命ぜられた名刺君である。（夏目漱石「吾輩は猫である」）

・六月二十五日の朝、勝三郎は霊岸島から舟に乗つて房州へ立つた。妻みつが同行した。（森鷗外「渋江抽斎」）

・また一時同行したニューギニヤの古兵に暗示されなかったら、（大岡昇平「野火」）

現代の新聞で使われている例も、ほぼ同様の傾向を示す。

・桜内外相は九月下旬の鈴木首相の中国訪問に随行したあと、（朝日、昭和57・7・7、夕刊）

・レーガン大統領に随行しているヘイグ国務長官を（朝日、昭和57・6・10、朝刊）

・事故当時石岡さんと同行していた日本人から（朝日、昭和57・6・11、朝刊）

・昆明の、人でごった返しているデパートで、同行の一人が十万円ほど在中の財布を落とした。（朝日、昭和57・8・9、朝刊）

・細川護熙首相の訪米に同行している佳代子夫人が（朝日、平成5・9・27、夕刊）

新聞で使われている「随行」は、ほとんどが大統領、首相などの要人に閣僚や政府職員などが行を共にする場合である。「随員」「随行員」などの語も、天皇や首相の旅行に限って使われる。それに対して、「同行」は広く行動を共にする場合に使われる。また、「随行」が「AにBが随行する」という用法に限られるのに対し、「同行」には次の例のように「AがBを同行する」という用法も見られる。

・首相は中川科技庁長官らを同行して午前八時半に東京・市谷の自衛隊駐屯地を訪れ（朝日、昭和57・5・7、朝刊）

そして、「同行」には右の例のように本来の「随行」の用法である身分の上下関係のある場合の使用例も含まれる。その例を左に掲げる。

・鈴木首相の外遊に同行していた桜内外相は、十一日午後、帰国し、（朝日、昭和57・6・11、夕刊）

・その点で今回、金正日氏が金日成氏に同行するかどうかが注目

される。（朝日、昭和57・9・14、朝刊）

・トルコ訪問中のヘイグ米国務長官に同行しているフィッシャー報道官は（朝日、昭和57・5・15、朝刊）

・首相には佳代子夫人、羽田孜副総理・外相、鳩山由紀夫官房副長官、田中秀征首相特別補佐らが同行した。（朝日、平成5・9・25、夕刊）

ただし、概して言えば、「同行」の場合は閣僚などに政府職員が付き添う例の方が多そうである。また、右の最後の例は、首相夫人を含むため、「随行」を使用しなかったとも考えられる。要するに、新聞では「同行」は「随行」を含む広い用法を持つと言ってよいだろう。

法令では、「国家公務員等の旅費に関する法律」があるが、その中では「随行」も「同行」も使われていない。ただし、その施行細則に当たる大蔵省主計局長の通牒《つうちょう》には、次のような「随行」の使用例がある。

・内閣総理大臣等、指定職の職務又はこれらに相当する職務にある者に随行する旅行（国家公務員等の旅費に関する法律の運用方針について）

なお「随行」に似た意味の語に「随伴」がある。右の「国家公務員等の旅費に関する法律」では、この語は、赴任する者が扶養親族を「新在勤地まで随伴する」というように使われている。

企業などの旅費規程には、上位者の旅行に下位者が伴う場合、「随行」「同行」の両方が使われているという報告もある。問題の「社長の出張に部長が付いていく」という場合は、どちらでも間違いとは言えない。ただし、新聞や法令の使用状況を見ると、「随行」は限られた地位にある人物に対して用いる傾向が強くなっていると見られる。一般の用法としては、「同行」で差し支えないときは、あえて「随行」を使う必要はないと考えられる。（20—14）

問 「加入」と「加盟」

答 「組合にくわわる」という場合、「組合に加入する」あるいは「組合に加盟する」のどちらの言い方も当てはまりそうである。それでは、「加入」と「加盟」はどのような意味・用法の違いがあるのかという問題である。

「加入」も「加盟」も、近代になってから使用されるようになった語で、中国の古典に使用例はないようである。日本で造られた可能性の高い漢語である。どちらも、「する」を伴い、「〇〇する」という動詞の用法を持つ点で共通するが、語の組立てから見ると、少し違いがある。「加入」の「加」と「入」は、どちらも動作性の意味を持ち、類似の意味を持つ成分を組み合わせた、漢語によくある構成である。「入る」「加わる」といった和語の動詞とほぼ同じ意味を表す。次の例のように、組織や団体に入る意味に使われる。

・一九五七年、日本野猿愛護連盟という、むつかしいものが成立したのである。現在連盟に加入している全国の野猿公園は地図にしめすとおりである。（梅棹忠夫「高崎山」）

それに対して、「加盟」の「盟」は、もともとは神に誓う意味であったが、神に誓って約束をした仲間の意味にも使われる。したがって、「加盟」は「盟（仲間）」に「加わる」という意味を既に持っているわけで、厳密に言えば「連盟に加盟する」というような言い方は意味が重複することになる。ただし、現在では「加盟」は「仲間として加わる」という意味で「加入」とほとんど違いはない。

実際の使用例を見ると、この両者は「……に入る」というような場合にどちらも使われることが多く、その使い分けに迷うことが少なくない。例えば、次のように同一の文脈の中で両者が使われることもある。

・「この組合に加入せんとする者は、目的地に向って出発する時最後に所有したる全財産をこの組合に提供すべし。（中略）また五十歳以上の者は、その出資額千円以上に達するにあらざれば、その加盟を許さずうんぬん」。（河上肇「貧乏物語」）

現在の新聞では、この両者は共に多用される言葉であるが、「加盟」の方が使用例が多い。そこで、まず「加盟」について、その対象となるものを整理してみる。

〔連盟・同盟〕

列国議会同盟　国際柔道連盟　アジア競技連盟　国際軟庭連盟　欧州共同体（ＥＣ）

〔機構〕

経済協力開発機構（ＯＥＣＤ）　北大西洋条約機構　石油輸出国機構（ＯＰＥＣ）　ワルシャワ条約機構　アフリカ統一機構　世界気象機関（ＷＭＯ）　国際通貨基金

〔会議〕

イスラム諸国会議　経済相互援助会議（コメコン）　湾岸諸国評議会　日本を守る国民会議　全日本民間労組協議会

〔組織・団体〕

日本体育協会　石炭協会　都道府県漕艇協会　日本被服工業組合連合会

〔条約・協定〕

核不拡散条約　国際著作権条約　関税貿易一般協定（ガット）

以上のように、「加盟」の対象になるものは、何らかの点で組織化されたり体系化されたりするものである点に特徴がある。これに対して、「加入」も右に挙げた分類項目のすべてに例があるが、次のような場合は「加盟」に言い換えにくい。

・最初から中村さんを殺害する目的で保険に加入させた疑いもあるとみて、（朝日、昭和57・4・12、朝刊）

・五年前に加入した国民年金の納付書が届いた。（朝日、昭和57・4・13、朝刊）

・場合によっては、公社が電話加入者のプライバシーに過度に踏み込む危険も出ている。（朝日、昭和57・8・12、朝刊）

・若手の成長と九人の新人の加入で、チームに活気が出てきたことも見逃せない。（朝日、昭和57・2・10、朝刊）

ここで、「加入」の対象になっている「保険」「年金」「電話」は、「加盟」とは結合しない。これらは何らかの〔制度〕であり、〔組織〕とは異なる面を持ってはいるが、必ずしも意味が大きく掛け離れているとは言えない。最後の例は、「加入」の対象は「球団」であり、間違いなく〔組織〕である。

それでは、なぜこれらの例が「加盟」に置き換えられないのかと言えば、それは「加入」の対象よりも、「加入」の主体の差だと見るのが分かりやすい。「加盟」の主体になるのは、国家や団体などであり、個人が何かに「加盟」する場合は少ない。右に挙げた「加入」の主体は、いずれも個人であることが特徴となっている。

したがって、問題の「組合に○○する」の場合は、個人が主体であれば、「加入する」と言うのが普通であろう。ただし、小さな組合がより大きな連合組合の傘下に加わるような場合は「加盟する」がふさわしい。

なお、「条約」は「加盟」とも結合するが、量的には「加入」の方が多い。これは、主体の問題ではなく、対象として〔組織〕と考えにくいことによると見られる。（20―15）

第三　漢語、漢字の読み方

問「早急」は「サッキュウ」か「ソウキュウ」か

答「サッキュウ」が標準的である。

　新音訓表の「表の見方及び使い方」の八に、「他の字又は語と結び付く場合に音韻上の変化を起こす次のような類は、音訓欄又は備考欄に示したが、すべての例を尽くしているわけではない。」として、「納得（ナットク）」その他の例が挙げられている。歴史的仮名遣いでは、「ナフトク」であり、これが音韻上の変化を起こして「ナットク」となったと考えられる。同じような例として、

　十銭　ジフセン→ジッセン
　執権　シフケン→シッケン

などがある。

　新音訓表でも「早」の音に「ソウ」、一字下げて「サッ」を掲げている。この一字下げで示した音訓は、「特別なものか又は用法のごく狭いもの」である。例欄に、「早速」「早急」が載せてある。「早速」は、だれしも「サッソク」と読むであろう。同様に「早急」も「サッキュウ」と読むことが行われてきた。文字面から「ソウキュウ」と読むのがかなり広く行われているが、「サッキュウ」と読むのは根拠のあることなのである。国語の諸辞典を参照しても、「さっきゅう」を本見出しとし、「そうきゅう」のところでは、「さっきゅうを見よ。」という形にしてあるものが多い。

　ちなみに、ＮＨＫでは、「サッキュー」と発音することになっている。（1―14）

問「施行」は「シコウ」か「セコウ」か

答「シ」は漢音、「セ」は慣用音である。したがって、普通には、「シコウ」と読んで、主に公共機関の事業を行うことに使う場合が多い。ただ、法律方面で、「執行」と区別するため、「セコウ」と読む慣用もある。一方、工事を実際に行う「施工（シコウ）」を「セコウ」と読み、「施行（シコウ）」と区別する習慣もある。

　ＮＨＫでは、

　シコウ　施行
　セコウ　施工（工事）

と区別している。

　ちなみに、「せぎょう」と読めば、仏教の用語で功徳《くどく》のため、僧などのために物を施すことの意になる。（1―15）

問「情緒」は「ジョウショ」か「ジョウチョ」か

答「緒」は、漢音「ショ」、慣用音「チョ」である。従来「情緒」について「ジョウショ」とも言い、「ジョウチョ」とも言われたが、昭和二十三年の「当用漢字音訓表」では、「緒」に「チョ」という音を掲げていなかったので、「ジョウショ」だけが「情緒」と書かれることになっていた。むしろ、この読み方の方が伝統的な読みなのである。しかし、世間一般には「ジョウチョ」が慣用的になっていたため、今回の音訓表では「チョ」も取り上げ、例欄に「情緒」が挙げてある。ただし、備考欄に『ジョウショ』とも。」と書き加えられ、両方の読み方のあることも指摘されている。

　ＮＨＫでは、「ジョーチョ」と発音することになっている。（1―16）

問「大地震」は「おおジシン」か「ダイジシン」か

答　音読みの語（漢語）の上に、「大」がついた場合は、おおかた「ダイ」と読む。

大家族　大規模　大自然　大車輪　大人物
大多数　大部分　大本山　大震災

次の例は、音読みの語の上についているが、普通「おお」と読むことになっている。

大げさ（袈裟）　大げんか（喧嘩）　大御所
大火事　大騒動　大時代　大道具　大所帯
大入道　大ぶろしき（風呂敷）　大掃除

以上の例から見て、「大」を「ダイ」と読むか、「おお」と読むかについては、規則性があるとは思われず、多分に慣習的である。問題の「大地震」については、「ダイジシン」という言い方もあり、いわゆる「ゆれている語」である。「おおジシン」という言い方もあり、いわゆる「ゆれている語」で、「おおジシン」のつもりで「大地震」と書く人もあり、「ダイジシン」のつもりで「大地震」と書く人もある。

ＮＨＫでは、「大地震」と書けば、「おおジシン」と読むこととしている。（1―18）

問「学校にいく」と「学校にゆく」とでは、どちらを採るべきか。また「行く」は、「いく」と読むべきか、「ゆく」と読むべきか。

答「いく」と「ゆく」は、両方とも標準的な言い方だと考えてよい。両者の差は、文体上の問題で、どちらかと言うと、「ゆく」の方が文章語的で、いくぶん固い言い方、改まって物を言う場合の言い方であるのに対し、「いく」の方は口頭語的で、いくぶん柔らかい言い方、くだけた言い方だと言えるだろう。もっともこれも人によって多少語感の違いはあると思われる。

万葉集を見ると、「伊可奈《いかな》」「伊加武《いかむ》」「伊久《いく》」「伊気婆《いけば》」などの例があるので、「いく」という言葉が当時からあったことは知られるが、「ゆく」の方は、これよりも数多くの用例が出ている。また、昔の辞書である『類聚《じゅ》名《みょう》義抄』や『色葉《いろは》字類抄』『節用集』などには「ゆく」というのはあるが、「いく」というのは見当たらない。江戸後期の方言書『丹波通辞』には、わずか一字の違いでつたなく聞こえる言葉を集めた中に「往還《ゆきき》　いきゝ」というのがある。

以上のことから、昔は「ゆく」の方がより標準的だと考えられていたことが察せられる。しかし、現在では「いく」の方が優勢のようであって、小学校の国語教科書などを見ても「いく」の方が多く用いられている。また、「いく」の連用形が「て」「た」「たり」に続く場合、「いっ（て・た・たり）」という促音便の形が使われるが、「ゆく」の方には、「ゆっ（て・た・たり）」という言い方はない。このように「ゆく」の用法が限られているという点でも、現代の口語としては「いく」の方を基準と考えてよい。ただし、次のような、やや文語的な言い回しにおいては常に「ゆく」が使われ、「いく」とは読まれない。

行きかう　行きがた知れず　行き暮れる　行きずり（の人）
行きつもどりつ　行き悩み　行き場（がない）　行きまどう
行きまよう　行く秋　行くえ（不明）　行く先々　行く末
行く手　行く年（返る年）　行く春　行く行く

このように見てくると、「いく」と「ゆく」のどちらか一方に決めてしまうことには無理のあることが知られる。いずれにしても、現代では、どちらか一方が誤りだということはできないだろう。

なお、形容詞の「いい」と「よい」との関係も、この「いく」と「ゆく」との関係によく似ている点がある。（1―35）

問「依存」は「イソン」か「イゾン」か

答「本年度の歳入不足額は、全面的に赤字国債に依存する。」「AとBとは、互いに依存関係にある。」などと言うときの「依存」(すなわち「他の物事によりかかって存在すること。」とか「他を頼りにすること。」とかの意を表す語)は、どう読んだらよいのか。

この語は、漢和辞典では、「イソン・イゾン」の両形を読みとして掲げるものが多いが、その順序は、必ずしもこの順ではない。また、国語辞典に、「依存」が採録されるようになったのは、比較的新しいことのようであり、明治から昭和の中ごろまでに編集・刊行されたものには、この語を採録していないものが多いようである。それ以後のものには、ほとんど採録されているようであるが、「イソン」か「イゾン」かということになると、まちまちである。ところが、近年の編集にかかる辞典では、見出しとして「いそん」を採るものが主流を占め、語釈の後に「いぞん」の語形を載せているものと、いないものとがあるようになってきた。

NHKでは、放送用語としては「イソン」を採り、「イゾン」は原則として使わないことにしている。また、「イゾン」と発音する語には、従前からよく使われる語に「異存」があり、「依存」を「イゾン」と言うと、これと同音異義語の関係を生ずることになる。このようなところから、「イソン」が次第に優勢になってきたと見ることができるのではなかろうか。(2―1)

問「割賦」は「カップ」か「ワップ」か

答「カップ」は「割賦」の音読みであり、「ワップ」は「ワリフ」の音便で、いわゆる湯桶《とう》読み(訓＋音)である。「割賦販売」などと用いる場合の「割賦」は、今日では「カップ」「ワップ」両用の言い方が行われている。一方、世間一般では、この語よりも、「月賦」・「年賦」とか「分割払い」とかの語の方が親しまれている。

明治から戦後しばらくの間にかけて編集・刊行された国語辞典の類には、「かっぷ」の項はなく、すべて「わっぷ」だけのようである。しかも、その意味として、「分割払い」を載せているものはなく、ほとんどが「割り付けること。」「割り当ててくばること。」などとしており、同義語として、「配分・配当」などを掲げているものが大部分である。ところが、昭和三十六年版の小型の国語辞典では、「かっぷ」は採録されていないが、「わっぷ」の項に、「月賦などの形で、何回にも分けて払うこと。賦払(ぶばら)い。」と記載しているものがある。次いで、昭和四十二年版の中型の辞典には、「かっぷ」の見出しの下に、「月賦のような、延べ払い―にすること(の方法)。賦払い。わりふ。」とあり、「わっぷ」の項には、従前の意味のほか、「かっぷを見よ。」という意味の記載がある。

このような経路をたどって、近ごろの編集・刊行にかかる国語辞典には、小型のものでも、「かっぷ」「わっぷ」ともに意味を記載しているものもあり、中には「わっぷ」を「から見出し」としているものもあるようになってきた。しかも、「わっぷ」の項には、従前の意味を記載していないものが多い。

結局、「割賦」は、「配分・配当」というような意味から、「賦払い・分割払い」というような意味に、その重点が移り、複合語としても「割賦金・割賦償還」などよりも、「割賦販売」として用いられることが多くなり、それとともに、「ワップ」から「カップ」に移りつつある。あるいは、移ったと見ることができるであろう。

そのきっかけは、分割払いの方法による取引を公正にし、その健全な発達を図るために制定された「割賦販売法(昭和36、法律第159号)」を「カップ ハンバイホウ」と呼称したところから、言わば、正式に認められたかたちとなり、次第に「カップ」が勢力を得てきて、やがて辞書にも見出し語として採録されるようになったものと見ることができるであろう。

手元の諸辞書によっても、昭和三十六年以前の編集にかかわるものには、「わっぷ」を見出し語として掲げていても、「かっぷ」を採録しているものは見当たらない。これに対して、昭和四十年ごろ以降刊行された辞書には、ほとんど「わっぷ」とともに「かっぷ」をも採録している。

なお言えば、「わっぷ」と「かっぷ」とはもと漢字書きでは、同表記である別語であったものが、時を経るに従って、入り交じり、「わっぷ」という語に、本来の意味のほか、「かっぷ」の意味も与えられるようになり、同時に、法律上の「かっぷ」という語を、一般には「わっぷ」とも言うようになってきたものと見ることができる。

「割賦販売」というのは、商品（主として、高価な耐久消費財（衣料・家庭用電気器具・家具・自動車など））を販売するときに、その商品と引換えに、商品の代金の一部だけを受け取り、残りは、それ以後、契約で定めた期間中に、何回かに分割して受け取る販売方法を言う。我が国では、戦後、急速に発達し、期間は二か月以上、分割回数は三回以上としなければならないことになっている。

（2—3）

問　**「感応」は「カンノウ」か「カンオウ」か**

答　「感」の音は「カン」、「応」の音は「オウ」である。したがって、「感応」は「カンオウ」と読んでよいはずであり、事実、この形も使われているが、「カンノウ」と言う方が一般的である。同様な現象は、「順応、反応」などにも見られ、「安穏、観音」なども同様である。しかし、語によって、必ずそのように発音されるものと、必ずしもそうでないものとがある。ここに取り上げた「感応」は、後者の一つであり、現在市販の国語辞典の類にも、いわゆる「から見出し」としてではあるが、「かんおう」を掲げているものが多い。

これに対して、「観音」については、ほとんどの辞典が「かんのん」の見出しだけを掲げ、「かんおん」を見出しとして掲げている辞典は、まず無いと言ってよいであろう。

「感応」を仮名で書き表す場合に「かんのう」と書くことは、いわゆる「連声（れんじょう）」と言われる音韻上の現象が、現代語として、そのような読み癖としてほぼ固定し、表記の上でも、そのように書き表すようになったものである。この連声というのは、前の音節が「ン」又は「チ」「ツ」である時、ア・ヤ・ワの各行の音が、マ・ナ・タの各行の音に変化する現象を言う。例えば、漢字二字の熟語で初めの字の音の末尾が「ン」、次の字の音の初めがア行音である場合に、そのア行音がナ行音に変わる、つまり「因縁」（インエン→インネン）といったようなものである。中には、「三位（一体）」（サンイ→サンミ）のように、マ行音になるものもあるが、これは、現代語音として「ン」で書き表されるものの中には、〔m〕音も含まれているからである。また、「天皇（テンノウ）」は「皇」の現代音「オウ」が「ノウ」に変化したと見るよりは、「皇」の歴史的仮名遣い「わう」から推察される「ワウ」の音が「ノウ」に変化したものと見るべきであろう。「仁和寺」を「ニンナジ」と言うのも、やはり「ワ」→「ナ」という変化が固定し、今日に至ったと説明することができる。

このような連声現象は、今日では、この条件を満たすすべての場合に現れるのではなく、「漢音・単音・半円・品位」等々には現れない。前述の「三位」なども、「三位一体」とか、「従三位」などは、その読み癖が固定し、現在でも、「サンミ」と発音しているが、順位・等級を意味する場合、例えば「第三位」などの場合は「サンイ」である。

現行の内閣告示「当用漢字音訓表」には、「応」に対して「ノウ」の音を掲げてはいないが、その「備考」欄に、「反応」「順応」などは、「ハンノウ」「ジュンノウ」と記載してあり、NHKでは、「カンノウ」を標準の形とし、「カンオウ」をも認めている。

（2—4）

問 **「相殺」は「ソウサイ」か「ソウサツ」か**

答 「殺」には、漢音として「(1)サツ、(2)サイ」があり、慣用音として「セツ」がある。漢和辞典の中には、これ以外の音を掲げているものもあり、また「セツ」を呉音として掲げているものもある。

「サツ」という場合は、「ころす」「こわす」、あるいは、「きびしい」「ものすごい」などの意味を表し、「サイ」の場合は、「そぐ」「へらす」「なくす」などの意味を表す。

「相殺」は、明治時代に発行されたある辞書によれば、「法律の語」としてあるくらいで、もちろん「ころし合い（をすること）」などという意味ではなく、「相殺」の「殺」は、正に「サイ」の音として用いられた場合に対応する意味（そぐ、へらす……）で用いられているものである。

熟語において、「殺」を「サイ」と読むことになっているものには、「相殺」のほかに「減殺」があるが、この両者を幾つかの辞典によって見ると、「相殺」を「ソウサツ」と読むことは、かなり以前からあったらしく、いずれも見出し語に採録している。そして、その取扱いは、「誤り」とするもの、「慣用読み」とするもの、何も断らないものなど、まちまちである。

これに対して、「減殺」の方は、「ゲンサイ」だけを採り、「ゲンサツ」という読みには全く触れていない辞書が多い。

なお、「相殺」「減殺」ともに、明治二十六年刊の『日本大辞書』、明治四十年刊の『言海』には、見出し語がなく、明治四十一年刊の『大増訂　日本大辞書　ことばのいづみ　補遺』には、それぞれ「さうさい」・「げんさい」として掲げてある。

「相殺」は、債権・債務についての法令用語として用いられていたものが、次第に帳消しにすることとか、差し引き零にすることとかの意味で、一般的にも使われるようになってきたものであり、それに伴って、「殺」の字音のうち、使用分野が狭く使用度の低い「サイ」よりも、一般的な音である「サツ」で読まれることもあるようになったと見ることができるであろう。

このことについて、国語審議会は、その標準語部会の報告「標準語のために」（昭和29・3）において、

○そうさい（相殺）　「げんさい」（減殺）とともに、現段階では「……さい」を標準形とする。

と言っている。また、NHKでは、「相殺」について「ソウサイ」を採り、「ソウサツ」は放送では原則として使わないことにしている。日本新聞協会や共同通信社の用語集等には、「そうさい」「げんさい」ともに採録していない。また、日本速記協会の『標準用字例』、及び、衆議院・参議院記録部の『国会会議録用字例』では、五十音の「ソウサイ」「ゲンサイ」に該当する箇所に「相殺」「減殺」と掲げてある。現行の内閣告示「当用漢字音訓表」では、「殺」に「サツ」「セツ」のほか、「サイ」の音を掲げ、例欄に「相殺」を掲げている。

（2—7）

問「**堪能**」は「**カンノウ**」か「**タンノウ**」か

答「堪」の漢音は「カン」であるが、中には呉音を「コン」とするものもある。更に、現在、慣用音として、「タン」を記載している辞典もある。

現在は、「堪能」と書いて、「カンノウ」とも「タンノウ」とも読んでいる。「カンノウ」の場合には、「彼は書にカンノウな人である。」とか「技術カンノウ」などと用いられ、その意味は「その道・方面に深く通じていること。」「その学問技芸に優れていること。」などである。また、「タンノウ」という場合には、前記の意味にも用いるほか、別に、「ごちそうにタンノウした。」とか「スキーに行って、タンノウするほど滑ってきた。」とかのように用い、「十分に満足すること。」「心ゆくまで味わうこと。」というほどの意味にも用いられる。むしろ、こちらの方が本来的な使い方であると言えよう。

しかし、傾向としては「カンノウ」は次第に廃れ、「タンノウ」に移りつつあるようで、国語辞典では、「カンノウ」の項に「俗にタンノウという。」とか「タンノウは誤り。」とか注記しているものが多い。

もとは、「その方面に練達・巧みであること。」を表すのに「カンノウ」と言い、「堪能」と書き、また、「十分な満足」の意を表す場合に「タンノウ」と言い、仮名書きをしていたもののようである。「タンノウ」は「足リヌ」の音便形「足ンヌ」の転訛《か》であると言われる。

ヘボンの『和英語林集成　第三版』(明治19)、山田美妙の『日本大辞書』(明治26刊)、大槻文彦の『言海』(明治40刊)などには、「カンノウ」の項には、それぞれ「堪能」と漢字表記が見られるが、「タンノウ」の項は、仮名表記だけで、漢字表記はない。また、それぞれの辞典の語釈にも、「十分な満足」の意味だけで、「練達・巧み」の意は記載されていない。しかし、このころには、既に後者の場合にもタンノウと言うことがあったようで、落合直文の『ことばのいづみ　補遺』(明治41刊)には、「タンノウ」の項に、「堪能」と漢字表記を掲げ、「その技術に長じたること。」と記している。なお、『新訂大言海』(昭和31刊)には、「カンノウ」の項に、「堪能」を当て、語釈を施している。「タンノウ」の項にも「堪能」の漢字表記を掲げ、「かんのうノ誤読。為スニ堪ヘテ能クスル意」として、「㈠十分の満足。タラフク。(中略)　㈡気ヲハラスコト。気ノスムコト(中略)。㈢技芸ナドノ上達スルコト。上手。熟練。」と記載している。

以上のことから、もと、「カンノウ」と「タンノウ」は別語であり、「カンノウ」は「堪能」と漢字で書かれたが、「タンノウ」は仮名書きであったことが分かる。それが、いつの間にか「カンノウ」を「タンノウ」と言うようになり、その結果として、「タンノウ」に、(1)練達・巧みの意と、(2)十分な満足の意との両義を持たせるようになり、かつ、どちらの意味を表す場合にも、「堪能」と書くようになってきたと考えられる。結局、右の(1)の意味を表す場合には、現在でも、伝統的には「カンノウ」と言うべきであるが、一般的には「タンノウ」と広く使われていると言えよう。

なお、「堪」は、いわゆる当用漢字補正資料で削除することになっている字であり、新聞では「たんのう」と仮名書きにしている。

(2―8)

問「**発足**」は「**ホッソク**」か「**ハッソク**」か

答「発足」という語は「出発」「旅立ち」というような意味で用い

られていたと思われるが、今日では、「発足」をこの意味では使わないのが普通である。現代語としての「発足」は、組織・機関・制度などの活動の開始というほどのことを意味している。そして、この場合の発音は、伝統的・規範的な発音としては「ホッソク」が行われている。

しかし、同時に、今日では「ハッソク」が盛んに行われているところを見れば、「ハッソク」を全く否認するわけにはいかないであろう。そうかといって、現在のところでは、「ホッソク」に代わって、「ハッソク」が現代語としての新しい標準的な発音になったとまでは言うことはできないであろう。

「発」には、漢音「ハツ」、呉音「ホチ」、慣用音「ホツ」がある。「発意・発願・発起・発句・発作・発心・発端・発頭人・発熱」など、いずれも古くは「ホツ（ホッ）」であったが、今日では「発意・発熱」などは、むしろ「ハツ」と言うのが一般的である。しかし、「発願・発句・発作・発心・発端」などは、まだ「ホツ（ホッ）」の方が標準的であると認めてよく、「ハツ（ハッ）」を採ることにはためらいを感ずるであろう。もっとも「発作」には、「ハッサ」という言い方もあるようである。

このほか、「発議・発疹・発赤」などは、他の語にならって「ホツ（ホッ）」の形もあるが、いずれも比較的新しい言葉であり、むしろ「ハツ（ハッ）」の方が一般的であると言えよう。

現行の内閣告示「当用漢字音訓表」で、「発」について、「ハツ」・「ホツ」の二音を掲げ、「ホツ」の例として、「発作・発端・発起」を掲げている。また「ハツ」の例としては、「発明・発射・突発」を掲げている。

（2—9）

問「母音」は「ボイン」か「ボオン」か

答「音」の字音は、漢音「イン」、呉音「オン」である。「母音」「子音」ともに、明治時代から「ボイン」「シイン」と発音する方が優勢であったようであるが、「母音」と「子音」とでは、辞典における取扱いが少し違っている。また、古くは、「母音」「子音」の表記とともに、「母韻」「子韻」の表記も行われていたようである。

例えば、山田美妙の『日本大辞書』（明治26刊）では、「母音」については、「ぼいん（母音）」をいわゆる「から見出し」とし、「ぼゐん（母韻）」の項で語釈を施し、「子音」については、「しいん（子音）」の項に語釈を施し、「しゐん（子韻）」の項にも「字音＝子韻」」として、やはり語釈を施している。そして「ぼおん」「しおん」の見出しはない。大槻文彦の『言海』（明治40刊）では、「母音」については、「ぼいん」をから見出し、「ぼゐん」の項で解説し、「ぼおん」はない。「子音」については、見出しには、「しいん」「しゐん」ともにあり、語釈はともに「発声の条を見よ。」としている。やはり「しおん」の見出しはない。

その後の編集にかかわる多くの辞典でも、近時、編集・刊行されている辞典でも、この取扱いはまちまちである。すなわち

〔1〕母音
- (1) 見出しとして、「ぼいん」だけを掲げ、語釈中にも「ぼおん」について触れていないもの。
- (2) 見出しとして、「ぼいん」だけを掲げ、語釈の後に「ぼおん」の形を掲げたもの。
- (3) 見出しとして、「ぼいん」「ぼおん」ともに掲げ、「ぼいん」の項に語釈を施しているもの。

〔2〕子音
- ほとんどの辞典が、「しいん」「しおん」両方の見出しを掲げている。
  - (1)「しいん」の項に語釈を施しているもの。
  - (2)「しおん」の項に語釈を施しているもの。

すなわち、現在刊行されている国語辞典の大部分のものは、「ボイン」「シイン」を採るべき形としているが、「ボオン」「シオン」も否定はしていないと見ることができるであろう。が、中に、「母音」は「ボイン」を採り、「子音」は「シオン」を採るべき形としているものがある。

NHKは、「母音」「子音」ともに、「ボイン」「シイン」を採り、「ボオン」「シオン」は、原則として、放送では使わないとしている。国語学辞典では「ボイン」「シイン」を採用している。また、文部省編の『学術用語集　物理学編』では、「ボオン」「シオン」を採用している。

以上の状況から見て、物理学界ではともかく、一般用語としては、今日では「ボイン」「シイン」が優勢であると見てよいであろう。（2—10）

問「世論」は「セロン」か「ヨロン」か

答　本来は、「輿論」とあれば「ヨロン」と読み、「世論」とあれば「セイロン」又は「セロン」と読むはずのものであろう。

「ヨロン」という語は、「輿論」という書き表し方で戦前からほとんどの辞書が採録している。

しかし、「輿論」と併記の形で「世論」という書き表し方が掲げられるようになったのは、比較的新しいことである。もちろん、現在でも「輿論」だけしか掲げていない辞典もある。

この状況を、ある辞典と、その改訂版（その系統を引く新編集のもの、及び「第二版」と称するものを含む。）について見ると、次のとおりである。

〔注1〕 刊行年は、参照した限りの刊行年である。

〔注2〕 漢字表記を包む括弧は、各辞典によってまちまちの形のものを使っている。また、いわゆる表外字を示す符号を付けているものもあるが、ここでは省略した。

辞典「A」	昭和十一年版	輿論
	昭和三十四年版	輿論
	昭和四十四年版	輿論・世論
辞典「B」	昭和二十四年版	輿論
	昭和二十八年版	輿論
	昭和四十七年版	輿論
辞典「C」	昭和三十一年版	輿論
	昭和三十六年版	世論・輿論
辞典「D」	昭和三十二年版	輿論・与論・世論
	昭和五十年版	輿論・与論・世論
辞典「E」	昭和三十六年版	世論・輿論
	昭和四十九年版	世論・輿論

「世論」は、明治二十六年刊、山田美妙の『日本大辞書』にも「せいろん」の見出しの下に掲げられているが、大正以後では大日本国語辞典をはじめとして「セイロン」「セロン」ともに「世論」とある。

しかし、「世論」と書いて、「セロン」と読むか「ヨロン」と読むかということが、問題にされるようになったのは、当用漢字表の実施後であると思われる。

そのいきさつを資料によってたどると、おおよそ次のようになるであろう。

内閣告示「当用漢字表」には、「輿」の字が採られていない。したがって、当用漢字表に準拠する限り、「よろん」は「輿論」と書けないことになる。

このような場合の処置としては、当用漢字表の「使用上の注意事項」の「イ」の項に、「この表の漢字で書きあらわせないことばは、別のことばにかえるか、または、かな書きにする。」とあるのに従って、言い換えるか、仮名書きにするか、又は、上記の注意事項には触れていないが、当用漢字表に掲げる漢字を選定する際に、二つの漢字が同じ音で、しかも、意味が近似、類似しているものは、原則としてその一方を省くということがあったので、それに従って、他方の漢字で書き換えるかということである。

ところで、「輿論」の取扱いについては、昭和二十一年十一月二十四日付けの朝日新聞の投稿欄に載った、当時の国語審議会幹事長保科孝一氏の「新しい漢字表」と題する文章に次のようにある。この文章は、当用漢字表作成のいきさつ、漢字の選定の目安をごく簡単に述べ、実例を挙げて説明したものである。(原文のパラルビ、及び漢字の右側に付けてある符号を省略。)

（前略）この点、実現の必要に即しながら、一面、やや理想的な考え方を含んでいるわけです。以下実例について説明します。(一)――(六)省略）

(七)代用語の考えられるものは省く。輿論→民論・公論

媾和→講和　編輯→編集（以下省略）

これによれば、「輿論」に代わる言い換え語として「民論」「公論」あるいは、「衆論」などが考えられたが、結局いずれも定着しなかったことになる。そして、一般の社会生活ではいつか「世論」が使われるようになったものであろう。

この「世論」使用の様子を放送、新聞、公用文書で見ると、おおよそ次のようであると思われる。

NHKでは、「せろん」は「原則として、放送では使わない。」とし、「よろん」だけを使うこととしているが、それを漢字でどう表記するかは触れていなかった。しかし、現行の『NHK用字用語辞典』(昭和49刊)では「よろん」の項にだけ「世論」と掲げて「せろん」の項を削除している。(昭和四十八年の版までは「せろん」の項に「世論」と掲げてあった。)

日本新聞協会の『新・用字用語集』には、「せろん」の見出し語はなく、「よろん」の見出し語の下に、「(輿△論、与▲論)→世論」とあるが、これは、書き換えであるのか、言い換えであるのか、その使用上の注意によっては、明らかでない。すなわち、「世論」と書き表して、「よろん」と読むのか「せろん」と読むのかは明らかではない。共同通信社の『新・記者ハンドブック』では、やはり「せろん」の見出しは見当たらないが、「よろん」の項には、やはり「(輿△論、与▲論)→世論」とあるのであるが、この本の記号の説明には、「→」は「この下にあるように書き換える」とある。すると、これは明らかに「よろん」と読ませることにしているもの、と考えられる。

次に、日本速記協会の『標準用字例』では、本文を五十音順に配列してあるが、その「せ」の項に「世論」とあり、「よ」の項に「世論〔輿×〕　世論調査」とある。また、『国会会議録用字例』も、五十音順配列であるが、その「せ」の項に「世論（セロン）（ヨロン）」とあり、「よ」の項には、前者と同じく「世論〔輿〕　世論調査」とある。

また、一般向けの用字用語辞典の類での取扱いもさまざまであって、「よろん」の表記として「世論」を掲げているもの、言い換えとして認めているものなどがある。

公用文関係の文書に「世論」が、はっきりと現れたのは、昭和二十八年十一月に制定された文部省の「用字用語例」ではないかと思われる。すなわち、この「用字用語例」の「輿論」の項の「言いか

え・書きかえ例」に「世論」とある。ただし、これを「セロン」と言うのか、「ヨロン」と言うのか、あるいは「セイロン」と言うのかは、読み仮名を施してないから、何とも分からない。ただし、「よろん」を「世論」と書くことは、国語審議会の報告「同音の漢字による書きかえ」（昭和31・7、国語審議会報告）にも掲げていないし、「公用文作成の要領」（昭和27・4、内閣閣甲第16号依命通知）にも含まれていない。

以上をまとめれば、漢字制限の結果「輿論」に代わる語として広く用いられるようになった「世論」は、「セ」という音をとって、「セロン」と読むのもかなり一般的であると思われるが、「ヨロン」と読むことも湯桶《とう》読みではあるが、できないわけではなく、殊に、用字用語辞典の類などで、「輿論」の項に、言い換え語として「世論」と掲げるようになってくると、編集の意図としては「セロン」というつもりであっても、一般には、言い換えか書き換えかについてそれほど深く厳密に区別して考えず、耳慣れた「ヨロン」という言葉に従って自然に「ヨロン」と読むようになる。「世論調査」などという場合は、なおさら「ヨロン」と読まれる傾向にあると言えるであろう。

このような傾向に対しては、なお是認しかねるという人もあろうが、現在では、「ヨロン」を「世論」と結び付けることは、無視することもできないほど普及していると言えるであろう。

結局、「世論」は「セロン」とも「ヨロン」とも読まれてどちらとも決めかねることであろう。（2―11）

問「研究所」は「ケンキュウショ」か「ケンキュウジョ」か

答「所」は、漢音「ショ」である。これを「ジョ」と発音するのは、いわゆる連濁の現象である。漢字一字と「所」とが結び付いている漢語では、「ショ」と言うか「ジョ」と言うかが、比較的はっきりしている。

すなわち、「悪所・箇所・急所・局所・居所・空所・死所・地所・住所・宿所・当所・屯《とん》所・配所・名所・役所」などは、現代語としては、まず「ショ」であって「ジョ」とは言わない。これに対して、数は少ないが、「寝所・便所」などは「ジョ」であって「ショ」とは言わない。「難所」は普通「ショ」であるが「ジョ」とも言う。

「所」が、漢字二字以上から成る熟語に結び付いた複合語では、「区役所・刑務所・碁会所・事務所・駐在所・登記所」などのように、「ショ」とだけしか言わないものはかなりあるが、広く一般的に「ジョ」とだけしか言わないと認められるような語を挙げることは困難である。すなわち、人により、時と場合によって、「ショ」とも言い、「ジョ」とも言う語が多い。「研究所」もその一つである。中には、「停留所」などのように、関東では「ジョ」であるが、関西では「ショ」が一般的であるようなものもある。

NHKでは、放送用語における「所」の付く言葉の発言を「〔〜ショ〕という発音のみを認める語」として、「区役所・刑務所・工事所・裁判所・事務所・登記所」など十四語、「〔〜ジョ〕という発音のみを認める語」として「試験所・授産所・出張所・紹介所・放送所」など七語、「〔〜ショ〕〔〜ジョ〕の両様の発音を認める語」として「安置所・安定所・案内所・休憩所・研究所・保健所」など五十語を定めている。これを見ても分かるように、結局は、どちらとも確定し難い語が大多数を占めている。

このようなわけであるから、この種の語について、広く一般的に通用するような基準を定めて、どちらかに振り分けることは困難であり、どちらかに決める必要があるとすれば、言いやすいとか語感

がよいとかなどの、言わば主観的判断に基づいて採るべき形を決めていくことになるであろう。（2—13）

問「独擅場」は「ドクセンジョウ」か「ドクダンジョウ」か

答「独擅場」と書けば、明らかに「ドクセンジョウ」であって、「ドクダンジョウ」ではない。「擅」は「ほしいまま」の意を表す「セン」という音を持つ字であり、これを「ダン」と読むことはない。なお、「独擅場」とは「独り舞台」というほどの意味である。

この「擅」の字は、余り見慣れない字なので、壇や檀の「ダン」にひかれたのであろうか、誤って「どくだんじょう」という言葉ができた。そして俗には「独壇場」と書く人も現れた。むろん「独壇場」と書いてあれば、「ドクセンジョウ」ではなく、「ドクダンジョウ」と読むはずのものであると思われる。

手近の辞典で調べると、明治時代刊行の国語辞典には「独擅場」だけで、「ドクダンジョウ」のことに触れてあるものは見当たらないようであり、昭和十一年版の『辞苑』にも見当たらない。昭和十一年初版『大辞典』（平凡社刊）には「独擅場」の項に「独壇場はこの誤りか」とあり、昭和十八年初版の『明解国語辞典』（三省堂刊）には「ドクセンジョウ」の項に「独擅場」を掲げ、かつ「ドクダンジョウ」の項も見出しとして立て、「独壇場　どくせんじょうのなまり」としている。それ以後の辞典では、ほとんどこれと同じ取扱いをしている。いずれにしても、「ドクセンジョウ」と言い、「独擅場」と書くのが伝統的な正しい語であり、「ドクダンジョウ」と言い、「独壇場」と書くのは、なまりであるとか、俗に言うのだという趣旨である。

昭和二十一年の「当用漢字表」には、「壇」はあるが、「擅」は掲げられていない。このことから、小型の簡単な辞書などでは、「独壇場（ドクダンジョウ）」だけを見出しとして掲げるようになったと言えよう。

例えばある小型の辞典では、「ドクセンジョウ」の見出しがなく、「ドクダンジョウ」の見出しの下に、「正しくは　どくせんじょう（独擅場）」としている。

また、NHKでは放送では「独壇場」を使うことにしている。

また、衆議院・参議院記録部の『国会会議録用字例』（昭和50刊）及び日本速記協会の『標準用字例』（昭和50刊）には、漢字で「独壇場」と掲げてあるが、「独擅場」は掲げてない。なお、その読みは掲げてないが、五十音順の配列位置からいって「ドクダンジョウ」であろう。

次に、日本新聞協会や共同通信社の用語集等によれば、「どくせんじょう」という語は、「独壇場、独り舞台」と言い換えることとなっている。

以上のようなわけで、辞典などに「独擅場」と書いてあれば、「ドクセンジョウ」と読むことは言うまでもないが、「独壇場」と書き、「ドクダンジョウ」という言葉を用いることを非難することはできないであろう。（2—14）

問「旅客機」は「リョカッキ」か「リョカクキ」か

答　この問題は、「現代かなづかい」による表記の問題と、語の発音意図と、実際の発音との三つの問題とがからみ合っているので、なかなか簡単には解明し難い問題である。

「旅客機」は、歴史的仮名遣いでは、必ず「りよかくき」と書くことになっていた。しかし、その発音は必ずしも「リョカクキ」ではない。「リョカッキ」であることもあり、「リョカクキ」であることもある。しかし、たとえ「リョカクキ」と書き表す場合であっても、その第二拍の「ク」、すなわち、〔ku〕の母音〔u〕は、はっきりとは響かないのが標準的な発音であるとされている。すなわち、「リョカクキ」という語を、ごくゆっくりと、一音一音、丁寧に、念を入れて発音した場合の「ク」は、「クルマ（車）」とか「ゴクラク（極楽）」とか言う場合の「ク」と同様に、はっきりと、その母音〔u〕が響いて発音される。ところが、一音ずつを区切ってでない、自然な発音では、「クルマ」などの「ク」は、はっきりと母音〔u〕が響くけれども、「リョカクキ」などの場合の「ク」は、〔ku〕の子音〔k〕は、明白に響いても、母音〔u〕は響かず、単に口構えだけで終わるのが普通である。もちろん、地方によって、そうならないところもあるが、少なくとも、東京語においては、こうなるのが普通である。これを母音の無声化という。

母音の無声化が更に進むと、ついには母音が全く脱落してしまい、「ク」の子音〔k〕が、その次の音「キ」（「機」の「き」、すなわち〔ki〕）と緊密に結び付いて発音される。この場合には、促音「ッ」となってしまう。これをローマ字で表してみると次のようである。

(1)　ryo　ka　ku　ki
↓
(2)　ryokakuki
↓
(3)　ryokak(u)ki
↓
(4)　ryokak　ki
↓
(5)　ryokakki

すなわち、「旅客機」は、(1)で示したように、音に分析すれば、「リョ」・「カ」・「ク」・「キ」の四音から成る語である。この語の発音意図としては、(2)のようであるが、標準的な発音では、ごく自然に発音した場合には、(3)のように母音〔u〕が響かず、単にその口構えだけの発音となる。その聞こえとしては(4)のようになるが、(4)で示した空白の部分は、常に必ずしもこのように明確ではなく、しばしば(5)のように、つまり促音化して聞こえることもある。

「旅客機」は、「リョカッキ」か「リョカクキ」かの問題に似た問題は、ほかにもたくさんある。例えば、

悪感情＝アッカンジョウ・アクカンジョウ
逆効果＝ギャッコウカ・ギャクコウカ
三角形＝サンカッケイ・サンカクケイ
三色旗＝サンショッキ・サンショクキ
水族館＝スイゾッカン・スイゾクカン
声楽家＝セイガッカ・セイガクカ
北極圏＝ホッキョッケン・ホッキョクケン

など、すべて同じことである。

ところで、「学校」「即決」「百貨店」「目下」「躍起」などの語は、歴史的仮名遣いでは、「がくかう」「そくけつ」「ひやくくわてん」「もくか」「やくき」と書き表していたが、その発音は、その当時でも明らかにそれぞれ促音となり、「ク」の母音を無声化しての発音ではなかった。ところで、「現代かなづかい」は「大体、現代語音にもとづいて」書き表すことになっているので、前記の「学校・即決……」などはすべて「がっこう・そっけつ……」などと書くことになり、発音と表記とが一致しているので特に問題は起こらない。ところが、「液化・激化」などでは、「えっか」と書くか「えきか」と書くか、「げっか」と書くか「げきか」と書くかなど、語によってはいわゆる「ゆれ」を生じているものもある。これは、結局、発音の問題であって、ここで問題にしている「旅客機」などの

場合も同じで、結局はどちらの発音が、より一般的・標準的であるかということである。

語の各構成要素が結合して一語を形づくる場合、初めの構成要素の末尾の音が〔キ・ク〕であり、その次に続く構成要素の第一音がカ行音である場合は、その〔キ・ク〕と次に続くカ行音との間にはさまれた母音〔イ・ウ〕は、その構成要素どうしの結合の緊密の度合いによって、原則として、脱落するか無声化するのが普通である。脱落した場合は〔キ・ク〕は促音化する。例えば、「学校」は「ガク」＋「コウ」であり、その結合は緊密であるから「ガク」の「ク」の母音〔ウ〕は脱落し、促音「ッ」として「ガッコウ」という発音になる。その語が、社会の各方面・各分野で、大人も子供もごく普通に使う言葉であればあるほど、その語の構成要素の結合は緊密になってくる。「液化」は、「学校」に比べて、比較的新しく使われるようになった言葉であり、使用分野も狭いので、「液」と「化」との結合が「学校」の場合ほど緊密ではない。そこで、その発音も、完全に促音化するまでに至っていないと見ることができるのである。すなわち、無声化の段階にあるのである。また、ときには、無声化しないで発音されることもあるほどである。

「旅客機」以下初めに掲げた、「悪感情・逆効果・三角形」などは、いずれも、語の構成要素の第二次結合の箇所が、促音化するか、無声化の段階にとどまっているかによって生ずる発音のゆれの問題、及び、それに伴って生ずる表記のゆれの問題である。

「旅客機」は、「旅＋客」、すなわち、「旅客」が第一次結合によって生じた語で、その「旅客」に、「機」という構成要素が第二次に結合し、「旅客機」という語ができたものと考えるのが妥当である。この場合、もしも「旅＋客機」とすれば、「客機」は「カクキ」ではなく「カッキ」となり、したがって、「旅客機」は、問題なく「リョカッキ」となるであろう。しかし、「旅＋客機」と考えることは妥当でない。他の語も同様で、その第二次結合としては「悪感情」は「悪＋感情」、「逆効果」は「逆＋効果」、「水族館」は「水族＋館」、「声楽家」は「声楽＋家」などと見た方が妥当であろう。このようにして、この第二次結合の箇所は、いずれも初めの構成要素、あるいは、第一次結合をした語の末尾の音が〔ク〕であり、そのあとに初めにカ行音を持つ構成要素、あるいは語が続いており、〔ク〕の母音ウが無声化の段階にとどまっていると見ることができる。

〔キ・ク〕を無声化して発音しても、一般の人々にとっては、無声化したかしないかは、意識外であることが普通であり、発音する者の内省によっても、聞き手にとっても、促音のようにも聞こえ、あるいは、〔キ・ク〕のようにも聞こえる。よしんば無声化をはっきりと意識しても、表記面に表す文字は仮名にはない。また、言葉によってその意識が違うこともある。そこで、促音とすれば「っ」で書き、促音でないとすれば、「き」なり「く」なりで書くことになる。また、自然の発音では促音化しても、ゆっくりと丁寧に言ったり、改まって言ったりする場合には、促音化しない場合も、〔キ・ク〕である場合すらある。そして、これは、個人差・職業差・環境差によっても左右される場合が多い。いずれにしても、一般的にどちらでなければならないと決めることは困難な問題である。

このことについて、国語審議会は、その第二部会の審議経過報告で「発音の「ゆれ」について」の審議検討の結果を次のように述べている。

2　「ク」音のあとにカ行音が続く語例

(1)　悪化……旅客機・緑化……
などは、だいたい、促音で発音されるのが普通であると認められるが、なかには、ときによって、促音でなく発音さ

れるものもある。（中略）

以上、多くの語例について、現在行なわれている標準的とみられている発音をよりどころとして、その語の一般社会における使用の度合い・分野・改まった場合の発音か、自然な発音か、口頭語的か文章語的かなど、いろいろな観点から検討を加え、総合的に判断した結果、いちおう上記のように分類したものである。

（以上、第五十七回国語審議会総会（昭和40・12）に対する各部会の審議経過報告から）

例えば、「三角形」などは、中でも表記のゆれが激しい語で、その一例を挙げれば、A辞書では、「三角形」・「母音三角形」は、「サンカクケイ」とし、「直角三角形」・「二等辺三角形」は「サンカッケイ」としている。また、B辞書では、「三角形」以外は、すべて「……サンカッケイ」としている。ただし、この不統一は十分に意識してこのようにしてあるのか、それとも、それほど意識をしないで、あるいは、見落としでこのような結果になっているのかははっきりしない。

以上のように、見出し語の表記を「現代かなづかい」によったという現行の市販の国語辞典でも、「旅客機」等の表記は、必ずしも統一されていない。また、内閣告示「現代かなづかい」の細則にも、決め手になるようなきまりはないが、「現代かなづかい」の「細則第十二　オの長音は、おうと書く。」の第三項「あふをおうと書くもの」の語例に、「おうりょくこう（鴨緑江《アフリョクカウ》）」と掲げてあることから類推して、「旅客機」を「りょかくき」と書き表すことは、決して的外れではないと思われる。しかし、この表記から、その発音は「リョカクキ」でなければいけないというのは行きすぎであって、ごく自然な発音では、前述の国語審議会が判断したように、「リョカッキ」というような、どちらかと言えば、促音化するものと認めてよいであろう。

もっとも、このように言っても、「リョカクキ」に近い発音を否定するものでもなく、「りょかっき」という表記を否定するものでもない。（2―15）

問「幕間」を「まくま」と読むのは正しい読み方か

答「幕間」は芝居用語で、伝統的には「まくあい」と読まれてきている。一つの場面が終わって幕が引かれてから次の幕が開くまでの間を、また、一つの狂言全体が終わって次の狂言が始まるまでの間を指して言う。つまり、役者や道具方の側にとっては次の場の支度にかかるまでの準備時間であり、観客側にとっては休憩時間に当たるものである。芝居の世界では江戸時代から現在まで一貫して「まくあい」と言い、「まくま」とは決して言わない。

この「あい」は、元来、「人・物・事柄などについて、二つのものの間」を意味する語であり、昔は「鹿の目のあい」「指のあい」などと使われたので「間」という漢字を当てて書くことがあった。ところが、「当用漢字音訓表」（昭和23制定・昭和48改定）には、「間」の訓として「あい」が掲げられていないため、一般の人は、戦後そういう特殊な読み方に接する機会が少なくなった。例えば、夏と冬との間に着る「あいぎ・あいふく・あいオーバー」なども、もとは「間着・間服・間オーバー」などと書く習慣があったが、今日では、むしろ「合」を書く方が一般化して、「間」の字に「あい」という読み方のあることを知らない人が、特に若い年齢層に多くなり、劇場中継担当のアナウンサーの中にさえ「まくま」と言う人がいるくらいである。一方では、「雨間」「雲間」「晴れ間」や「居間」

「客間」などの語もあるため、それからの類推も働いているのかもしれない。

しかし、芝居の「幕間」に限らず、専門分野によっては今日でも「あい」と言いながら「間」を書く習慣が残っている。例えば、能の世界における「間《あい》狂言」や「間《あい》語り」、寄席における「間《あい》囃《ばや》子《し》」、将棋の世界の「間駒《あいごま》」などがそれである。「当用漢字音訓表」にも、「あい」という訓は掲げられていないけれども、特殊な世界の専門用語として、新聞などで、伝統的に「幕間」と書かれているし、『NHK放送用語ハンドブック』にも、「まくあい」と明記し、「まくま」と読んではいけない旨の注記がある。

なお、同じ芝居用語の「敵役《かたきやく》」を、「てきやく」と誤読する人も多い。これも、昭和二十三年に制定された「当用漢字音訓表」では、「敵」に「かたき」という訓が掲げられなかったことの影響があるのかもしれない。（ただし、昭和四十八年に改定された音訓表では「かたき」という訓が追加されている。）（3—16）

問 「宝物殿」を「ほうぶつでん」と読むのは正しいか

答 「ほうもつでん」が伝統的な読み方である。

「物」の字音は、漢音「ブツ」、呉音「モチ」、慣用音「モツ」であるが、現在、普通に使われるのは「ブツ」と「モツ」である。しかも、慣用音の「モツ」が使われる語としては、現在では、

一物（胸に—）　貨物　禁物　供物《くもつ》　献物　穀物　什物《じゅうもつ》　食物　書物　進物　臓物　荷物　宝物

などに限られるのに対し、「ブツ」の方は、

遺物　異物　飲食物　汚物　怪物　乾物　愚物　景物　傑物　見物　現物　好物　鉱物　古物　雑物　産物　私物　事物　植物　人物　生物　静物　贓物《ぞうぶつ》　造物主　俗物　珍物　動物　毒物　廃物　博物　万物　微生物　風物　文物　変物　放物線　名物　唯物論

など、使われる語の種類がはるかに多い。つまり、「——モツ」と読むよりも「——ブツ」と読むことの方が多いために、多い方に引かれて「ほうぶつでん」と読む人がいるのだろうが、これは、誤りである。

もっとも、次に示すように、同じ漢字表記をしても、「——ブツ」「——モツ」両様の読み方をするものが、まれにある。

〔御物〕古くは「ごもつ」、現在では「ぎょぶつ」と読むのが普通であるが、両者の混同からか、「ぎょもつ」という読み方も一部に行われており、国語辞典の類でも、参照見出しとして「ぎょもつ」を掲げたものが多い。

〔財物〕昔の辞書（文明本・易林本節用集、日葡《にっぽ》辞書など）には「ざいもつ」という読み方しか記されていないが、現代語を収録した国語辞書のほとんどは、「ざいぶつ」のみを掲げている。現在、法律用語としても「ざいぶつ」と読んでいる。

〔作物〕これは、現在「さくもつ」「さつぶつ」両様の読み方があるが、「さくもつ」は、田畑に作る穀物や野菜などの総称として使われ、「さくぶつ」は、ある人が作った絵、彫刻、文章などの作品の意として使われる。つまり、読み方の違いが意味の違いに対応して、両者は別語として使い分けられているわけである。

〔無一物〕これは「むいちもつ」「むいちぶつ」両様の読み方が、現在並び行われており、現代の各国語辞典にも、両方の読み方を挙げている。本見出しとして立てている形も、辞典によって「むいちもつ」を立てたものと、「むいちぶつ」を立てたものとがある。

〔注〕国語学の分野では、鎌倉時代に成立した仏教説話集の「宝物集」を「ほうぶつしゅう」と読みならわしてきている。（3—17）

問「末期」（まっき・まつご）「評定」（ひょうてい・ひょうじょう）「食堂」（しょくどう・じきどう）の読みと意味

答　漢字二字で書き表される語の中には、二とおり（以上）の読み方を持っているものがある。そして、そのどちらの読み方によっても、意味が同じであるもの、すなわち、発音がゆれているものと、読み方によって、意味も違っているもの、すなわち、別語であるものとがある。なお、読み方の違いという場合には、例えば、「黒煙」の「こくえん」と「くろけむり」、「今日」の「こんにち」と「きょう」、「水車」の「すいしゃ」と「みずぐるま」などのように、字音読みと字訓読みによる違いもあるわけであるが、ここでは、それらは問題外とし、同じく字音で発音する語ではあるが、呉音によるか、漢音によるか、又は、慣用音によるか等によって生ずるものについて述べる。

このように、一つの漢字に、なぜ、二つ以上の異なった音があるのかと言うと、それは、中国での発音が、地方によって、あるいは、時代によって異なっていたためであり、それらが時代を異にして、我が国に輸入された結果である。

以上のうち、「呉音」は、中国の江南地方に行われていた南方系の音で、それが三韓を経て、我が国に輸入されたもので、時代的には、最も古いものであると言われており、今日では、仏教関係の言葉に多く使われている。

漢音は、我が国と中国本土と直接に交通が開けるようになってから、伝えられた北方系の音で、呉音に比べて、新しく入ってきた音であり、今日の我が国で使われる字音の中で最も多く用いられている。

唐音は、鎌倉・室町時代以降に伝えられた宋《そう》・元・明《みん》・清《しん》などの時代の中国音に基づく音の総称であり、これを唐音と言うのは、「唐土」（すなわち「中国」）の音というほどの意である。唐音を用いる語は、極めて限られている。

慣用音は、呉音・漢音の体系とは異なったもので、我が国でなまったり、誤ったりした音が社会的に広く行われ、定着したものであって、かなりの数に上っている。

現在、この呉音・漢音・唐音・慣用音の区別は、一般には、ほとんど意識されておらず、個々の語によって、言わば、読み癖として、それぞれの音で読んでいるのであり、一語を、呉音と漢音、あるいは、漢音（呉音）と慣用音とをまぜ用いて読むことになっているものも少なくない。

(1)　末期（まっき・まつご）

「期」は、漢音「キ」、呉音「ゴ」（慣用音とする辞書もある。）である。「まっき」は、物事の終わりの方の時期の意で、これを別の漢語で言えば、意味に多少の違いはあるが、「終期」である。一般に、広く、いろいろの物事の行われる期間、また、ある時代の終わりのころを表すのに用いる漢語である。これに対し、「まつご」は、中国からきた言葉ではなく、我が国でできた言葉であり、やはり、物事の終わりの方の時期であるには違いないが、その意味が限定されており、人の一生が正に終わろうとする時、すなわち、死に際、臨終の場合だけに用いられる。類義語に「最期《さいご》」があるが、「最期」も「最後の時」の限定した意味を表している。

なお、「末」を「マツ」と読むのは、慣用音であり、漢音は「バツ」である。「末裔《えい》・末子・末席・末孫」などは、「バツ……」とも「マツ……」とも言うが、現代語としては、「マツ……」の方が一般的である。これは、昭和二十三年、内閣告示の「当用漢字音訓表」で、「末」には、音として「バツ」を掲げていなかったことが、影響しているかもしれない。（なお、現行の「音訓表」には、「バツ」の音も掲げてある。）

以上の語は、「バツ……」と読んでも、「マツ……」と読んでも、その意に変わりはない。
(2) 評定（ひょうてい・ひょうじょう）
「定」は漢音「テイ」、呉音「ジョウ（ヂヤウ）」である。「評てい」は、「勤務評定・価格の評定」などのように、ある物事の値打ち・品質・成績などの度合・程度・段階などを、論じ、判断して決める、という意味である。これに対して「評じょう」は、「（大ぜいの）関係者が寄り集まって、相談して決めること」ということであるが、現在では、単に、相談すること、というほどの意であり、どちらかと言えば、古語に属する語であって、今日で言う「評議」に類似する語である。しかし、今日でも、長々と相談をしても話がまとまらないことを言うのに、「小田原評定」という形で生きて使われている。

熟字で、定を「テイ」とも、「ジョウ」とも読む語としては、他に、「定席・定例・一定・決定・不定」などがあり、「一定・決定・不定」のように読みによって、意味が違っているものもあれば、ほとんど同じ、又は、似た意味のものもある。しかし、例えば、「鑑定」は、「かんてい」であって、「かんじょう」ではなく、「勘定」は、「かんじょう」であって、「かんてい」ではないように、多くは、「定」を、「テイ」と読むか、「ジョウ」と読むかが決まっている。
(3) 食堂（しょくどう・じきどう）
「たべる（こと）。」という意を表す場合の「食」の漢音は「ショク」であり、呉音は「ジキ」である。「しょく堂」と言えば、(1)食事をするための部屋、(2)食事を提供する店、という意であり、「じき堂」と言えば、これが限定されて、「寺にある、僧などが食事をするための部屋・建物」ということになる。同様な読み分けをする語に、「肉食」があり、「肉しょく」と言えば、一般語であり、菜食・草食に対する語であるが、「肉じき」と言えば、「肉食妻帯」として用いられ、もともと、獣や魚などの肉を食べることを禁じている仏教関係者の間で、獣肉・魚肉などを食べることを言う。また、「中食」も「中しょく」・「中じき」の両様があるが、この場合は、読みによる意味の違いはない。

（4―11）

問 「面目」（めんぼく・めんもく）の読みと意味

答 「面目」の「目」は、漢音「ボク」、呉音「モク」である。「目」は、数多くの熟字を形づくるが、その大部分は「モク」の音で、「ボク」は、今日では「面目」以外には、まず使われない。しかも、この「面目」は、「めんぼく」とも「めんもく」とも言う。この二つは、全くの同義語と言うわけにはいかないが、両者の間に意味上の区別をしない向きもある。すなわち、「めんぼく」・「めんもく」は、発音がゆれている語として取り扱うこともできる。
辞書に当たってみると、ヘボンの『和英語林集成』の初版（慶応3）、再版（明治5）には、「めんぼく」の見出し語はあるが、「めんもく」は見当たらない。その第三版（明治19）になって、「めんもく」も、見出し語として現れるが、参照項目にとどまっている。明治の二、三十年代以降、戦前・戦後を通じて今日に至るまでの、いわゆる大型・中型の国語辞典では、大体のところは、両者を共に本項目として取り扱っているが、どちらかと言えば、「めんもく」の方に比重をかけているように思われる。しかし、小型辞典では、戦前・戦後を通じて「めんもく」を参照項目としているものが多い。また、「めんぼく」の項に同義語として「めんもく」の形を掲げているものも幾つかある。

辞書の説くところによれば、「めんもく」には、二つないし四つ程度の意味があり、その一つ又は二つが、「めんぼく」と同義語である。『広辞苑』（第二版　補訂版）の、「めんもく」の項には、次のようにある。

①顔つき。かおかたち。（用例省略。以下、同じ。）②世間に対する名誉。めんぼく。③様子。ありさま。めんぼく。④本旨。趣旨。

「めんぼく」の項には、次のようにある。

①人にあわせる顔。世間に対する名誉。めいぼく。めぼく。めんもく。②物事の様子。ありさま。めんもく。

このことについて、『日本国語大辞典』の「めんぼく」の項の「補注」に、次のようにある。

日葡辞書では、「めんぼく」と「めんもく」を区別し、前者は名誉の意、後者は顔、または趣旨・主張の意としている。この区別が確かにあったかどうかは明らかでないが、名誉の意の例は「めんぼく」となっているものが圧倒的に多い。

これは、「面目」を含む語句等でも、「面目次第もない、面目なげ、面目丸つぶれ、面目を失う、面目を施す」など、名誉に関する事柄を表す語句の場合も、「めんぼく」が多く、また、「面目玉」の場合は、「めんぼくだま」であり、「めんもくだま」と言うことは、まず、ないと言ってよいという今日にも見られる傾向を指していっているのであろう。しかし、このことは、「めんもく」に、名誉の意味がないと言うわけではない。なお、これらの語句を、「めんもく」の項に掲げている辞書もある。

なお、大型・中型の国語辞典では、「めんぼく」の項に、同義語として「めいぼく・めぼく」と掲げているものが多いが、（前出の『広辞苑』の引用箇所参照。）これは、仮名文学の盛んになった平安時代の書き表し方によるもので、そのころは現在「ん」で表す音に当たるものを、他と区別して表す文字がなく、したがって、「イ・い」で表したり、また、全く書き表さなかったりしたのである。「めいぼく・めぼく」が、「メイボク・メボク」のような文字どおりの発音であったとすぐには決められない。なお、「めいぼく」を「めんぼく」の音便と説く辞書もある。　（4―12）

問「博士」（はかせ・はくし）の読みと意味

答「博士」は、古語としては、「はかせ」である。これは、我が国の古い時代の官名で、例えば、陰陽博士《おんようはかせ》・文章《もんじょう》博士・漏刻博士などがあった。宮中の大学寮・陰陽寮に属し、その道に深く通じた学者で、後輩に学業を教授していた人たちのことである。

現代語としては、「はかせ」・「はくし」の両様がある。しかし、学位としての正式の称号は「はくし」である。

称号としての「博士」は、現行の制度では、「学位規則」（昭和28、文部省令第9号）に基づいて、授与される。現在の博士には、文学博士・理学博士・医学博士等計十九の種別がある。

これらの称号は、正式には、いずれも、「……はくし」と言うべきである。

この学位の称号は、もとは、「学位令」（明治20、勅令第13号）に基づいて授与され、「博士」と「大博士」とがあったが、その後の「学位令」（大正9、勅令第200号）で「博士」だけになった。

ところで、世間一般では、明治時代から、学位としての「博士」を「はかせ」と言いならわして現在に至っている。すなわち、大学院の「博士課程」のことを、一般には「はかせ課程」と言い、学位を授与されたことを、俗に、「はかせになった。」などと言い、称号としての「工学博士」なども「工学はかせ」と言うのが普通である。

このほか、一般に、いろいろのことを何でもよく知っている人を「物知りはかせ」、ある方面のことについて深く通じている人のことを、例えば、「お天気はかせ」「野球はかせ」などと言うこともある。（4—13）

問「凡例」の読み

答「凡例」の「凡」は、漢音が「ハン」で、呉音が「ボン」である。熟字としては、「凡器・凡才・凡策・凡手・凡人・凡俗・凡百・凡慮・非凡・平凡」など、ほとんどが、「ボン」で、「ハン」は、「凡例」ぐらいのものである。

もともと、「凡例」は「はんれい」と言い、これを「ぼんれい」と言うことは、はっきりとした誤りと言ってもよいほどで、少なくとも戦前までの国語辞典には、「ぼんれい」の見出しを掲げてあるものは、まずないと言ってよく、「はんれい」の項で、「ぼんれい」に触れているものも極めて少なかった。しかし、『明解国語辞典（昭和18初版）』の「はんれえ」の項には、同義語の形として「ぼんれい」と掲げてある。（ただし、見出し語として「ぼんれえ」はない。）このことから察すると、戦前から「凡例」を「ぼんれい」と言うことが、全く行われなかったわけではないと思われる。なお、『明解国語辞典』の改訂版（昭和27初版）には、〔俗に、「ぼんれい」と誤る〕とある。

ところで、昭和二十三年内閣告示になった「当用漢字音訓表」では、「凡」に「ハン」の音を採用してなかったので、音訓表に従おうとする限り、「はんれい」を従来どおり、「凡例」と書き表すことは不適当なことになり「凡例」を、「例言」とか「前書（まえがき）」などに言い換えることが、官公庁の出版物はもちろんのこと、一般にもかなり広く行われ始めた。

ところが、文部省編『学術用語集　図書館学編』（昭和33初版）に、地図のkeyに相当する日本語として、「凡例〔地図の〕」を掲げ、この読みとして「bonrei」と掲げたところから、「ぼんれい」という読みが、言わば公認されたようなかたちとなり、（なお、この「図書館学編」の書物としての「凡例」に相当する箇所では「例言」を使っている。）この事実を踏まえてか、ある用字用語関係の解説書に、〈「ぼんれい」と読むことにして「凡例」と書くことも考えられる。〉とあった。そしてこのころからの国語辞典の類には、「はんれい」の項に、同義語として「ぼんれい」を掲げたり、あるいは、〈「ぼんれい」は誤り。〉と注記したりするものが多くなった。また、「ぼんれい」を見出しとして掲げているものもある。さらに、用字用語辞典の類では、〈「ぼんれい」とも。〉としたり、〈本来は「はんれい」。〉などとして、「ぼんれい」を誤りとして排除せず、むしろ、認める立場に立つものも現れるようになった。

その後、昭和四十八年に音訓表が改定され、新しい「当用漢字音訓表」では、「凡」に「ボン」とともに、「ハン」の音も「特別なものか又は用法のごく狭いもの」としてはいるが、採用している。これによって、今後は、音訓表に従っても、「はんれい」という語を「凡例」と漢字で書けることになったわけであるが、逆に、「凡例」について、「ぼんれい」を排除して、「はんれい」だけを採ることになっていくのか、「ぼんれい」も、その存在を認めていくことになるのかは今後の成り行きを見ないと分からない。（4—14）

問「初孫」の読み

答「初めて生まれた孫」のことを「ういまご」、又は「はつまご」と言う。

「うい」は「初めての、最初の、生まれて初めて」の意を添える成分で、初冠《ういこうぶり》、初琴《ういごと》、初産《ういざん》、初陣《ういじん》、初奉公《ういぼうこう》 などと用い、「事に当たって初心で、不慣れでぎこちない」というのが、もとの意味である。

「はつ」は「ある一定の周期ごとの初回、例えば一日、一年などの初め」の意であることが多く、初午《はつうま》、初荷《はつに》、初春《はつはる》、初日《はつひ》、初参り、初詣《はつもうで》 などがある。本来の意味は、「季節の最初にちらっとあらわれる自然現象」のことで、初草《はつくさ》・初霜《はつしも》・初鶯《はつうぐいす》・初鰹《はつがつお》などと用いる。ただし、「初節句」や「初舞台」などは、一生涯《がい》における初めての意味である。

昭和二十三年の「当用漢字音訓表」には、「初」に「うい」の訓がなかったので、「うい孫」と書くことになっていたが、昭和四十八年の「音訓表」に「うい」が掲げられており、「初陣、初々しい」の用例が見られる。

NHKの『放送用語ハンドブック』には、「〔ハツマゴ〕……現代ふうの言い方。〔ウイマゴ〕……昔ふうの言い方。」の注がある。なお、「初産」は、〔ウイザン〕〔ハツザン〕の両様の形を認めている。

（5—16）

問「**便覧**」**の読み**

答「べんらん」と読むか、「びんらん」と読むかということであるが、現行の国語辞書では、①両方見出しに立てて、それぞれの項で解説しているもの、②「びんらん」の見出しでは『べんらん』を見よ。」として参照させ、「べんらん」で解説しているものとがある。明治以後の古い辞書では「べんらん」が多い。

物事や組織を知るために便利なように作成された小冊子のことで、「ハンドブック」とも言う。学生便覧、文学部便覧、通信工学便覧などがある。

NHK『放送用語ハンドブック』には、①〔ベンラン〕、②〔ビンラン〕とあって、「べんらん」の方が先の順位になっているのに対して『用字用語辞典　第二版』の方では、「べ」の部にも「び」の部にもあって、両方同じような扱いになっている。

「便」を「べん」と読むときは、「①つごうがよい、②大小便」の意味に用いることが多く、

便利　便易　便益　便法　軽便　便所

便通　便秘

などがあり、「びん」と読むときは、「①たより、②ついで」の意味に用いることが多く、

便書　便箋《せん》　郵便　航空便　便乗　便船

などがある。

「べん」「びん」両方に読む例としては、「便覧」のほか、

便殿（べんでん びんでん）　便宜（べんぎ びんぎ）

などがある。

（5—17）

問「**風向き**」**の読み**

答「かぜむき」とも「かざむき」とも読める。分解すれば、「かぜ」と「むき」とであるが、複合する場合、そのまま「かぜむき」となったり、音変化して「かざむき」となったりするのである。この「ぜ」と「ざ」との違いは、eとaとの母音の交替で、このような現象は、「さけ」↓「さかずき」、「あめ」↓「あまぐもり」、「ふね」↓「ふなびと」などのように、上代からの伝統的な語に多く見られる。

風が吹いてくる方向を「風向き（かざむき）」と言い、国語辞書によっては、「かぜむき」をカラ見出しとし、「かざむき」に同じとしている。

「風」又は「風邪《かぜ》」の複合語で、一般的に「かざ」になる例、一

般的に「かぜ」になる例、両方の形のある例を次に挙げてみる。

「かざ」の例

風穴《かざあな》、風折《かざお》れ、風上《かざかみ》、風車《かざぐるま》、風下《かざしも》、風見《かざみ》、風花《かざばな》

「かぜ」の例

風台風《かぜたいふう》、風《かぜ》まかせ、風《かぜ》当たり、風邪《かぜ》ぎみ、風邪《かぜ》ひき、

「かざ、かぜ」両方に読む例

風《かざ》《かぜ》よけ、風《かざ》《かぜ》足、風《かざ》《かぜ》通し、風邪《かざ》《かぜ》気、風邪《かざ》《かぜ》薬

なお、次の問を参照。（5—18）

問「手折る」「手綱」の読み

答「手折る・手繰る・手綱・手挟《ばさ》む・手向ける」などの熟字は、それぞれ「たおる・たぐる・たづな・たばさむ・たむける」と言う。これらの語を「手」の訓「て」に従って、「ておる・てづな・てばさむ・てむける」などとは言わない。しかし、「手垢《あか》・手遅れ・手落ち・手書き・手加減・手形・手堅い・手紙・手傷・手厳しい・手切れ金・手癖・手車・手細工・手探り・手出し・手作り……」など、数多くの熟字では、すべて「て……」であって、「た……」ではない。

「た」は、「て」の古い形、又は音が転じたものという説があるが、いずれにしろ、現代語としては、「手」単独の場合に「た」と言うことはなく、また、熟語の場合にも、ごく限られた語にしか「た」は現れない。また、「手」に「て」の外に、同格のものとして、「た」の訓があるというわけでもない。

熟字の場合に「た」と言うべきものは、現代語としては、初めに掲げた五例の外には、ちょっと見当たらないようである。神話に出てくる神の名に「手力男命《たぢからおのみこと》」というのがある。また、現在、日常一般に使われている語とは言い難いが「手弱女《たおやめ》・手輿《たごし》」がある。前者は、現在、普通は仮名書きであり、後者は、小型の国語辞典でも見出しとして立てているが、これには、「てごし」の形をも掲げている。古語としては、「手繰《たぐ》し掛《か》く・手玉《ただま》・手束弓《たづかゆみ》・手裏《たなうら》・手末《たなすゑ》・手底《たなそこ》・手縄《たなわ》・手房《たふさ》・手枕《たまくら》・手向《たむか》ふ・手弱《たよは》し」その他、幾つかの例を挙げることができる。

しかし、「手玉・手縄・手裏・手枕・手向ふ」などは、現代語としては、それぞれ「てだま・てなわ・てのうら・てまくら・てむかう」である。また、「手繰る」は、現代語でも「たぐる」であり、「手繰り込む・手繰り寄せる」も「た……」であるが、「手繰網」は「てぐりあみ」である。

語源的に言えば、現代語の「助ける」も、「手」と関係があるようである。『新訂 大言海』では、「助く」について、「〔我ガ手モテ傍ヨリ助クル。手助《タス》クノ義カ〕」とある。

このようなことからいって、「手……」を「た……」というのは、何かの事情で、古語がそのまま引き続いて現代語として使われているものに限られるようである。そして、中には、「手玉・手枕・手向かう」のように、現代語では、別に「て……」と言うようになったものもある。すなわち、「た……」は「手」の古代音「た」の残存形であると見てよいであろう。

現行の「当用漢字音訓表」（昭和48、内閣告示第1号）では、「手」について、音「シュ」、訓「て」・「た」を掲げてあるが、「た」は、「用法のごく狭いもの」としており、例として「手綱・手繰る」を掲げている。昭和二十三年、内閣告示の音訓表では、「た」を掲げていないが、「〔使用上の注意事項〕」によって、「手綱・手繰る」など、熟字の場合には「使ってさしつかえない」ことになっていた。（5—19）

問「**御用達**」**の読み**

答　明治以後の古い辞書には、「用足しの義か」として、「ごようたし」の読みを採っているものが多いが、現行の国語辞書の中には、「ごようたつ」と読み、「〔俗に、「ごようたし」とも言う。〕」又は「後には「ごようたし」といった。」という注記のあるものもある。江戸時代の辞書『俚言《りげん》集覧』に、「用達の町人など云。江戸にて達をタシと呼《よび》、大坂中国タツと呼《よべ》り。」とあり、幕府・大名に出入りして、用品や金銀の調達を取り計らった御用商人のことである。

「御用だち」は、上田秋成の随筆「胆大小心録」（文化5〈一八〇八〉）に「越前屋の市郎右衛門といふて、御用だちにて、老いて後には禅門になって」と見え、動詞としては、明治の例として「ごようだつ」（タ行四段）「ごようだてる」（タ行下一段）がある。「柳多留」所収の川柳に、「野ばかまでこじりはねたか御用達」、夏目漱石の「吾輩は猫である」に、「陸軍の御用達見た様だけれども」の例がある。（『日本国語大辞典』「ごようたし」の項による。）

NHKの『放送用語ハンドブック』では、「ごようたし」を採り、「御用たし《達》」と書いて、「ゴヨータツ」は採らないことになっている。「達」が仮名書きとなっているのは、音訓表に「たし」の訓がないためである。（5—20）

問「**古文書**」**の読み**

答「文書」には「ぶんしょ」と「もんじょ」という二つの読み方がある。「ぶん」は漢音で、「もん」は呉音である。現代では、「もんじょ」という読み方は一般的ではない。しかし、「古文書」の場合は「こもんじょ」という読み習わしがある。現行の国語辞書を見ても、「こもんじょ」はあるが、「こぶんしょ」はない。歴史学の一分野に「古文書学」があるが、これも「こもんじょがく」と言う。ちなみに、「古文書」とは、古文書学の対象となる文献で、過去の時代に特定の相手に意志を伝えるために作成された書類を言う。役所間の往復文書や、証文、手紙の類を指す。自己のための記録や日記の類は除かれる。

古文書に対して、「公文書」は「こうぶんしょ」と読む。これは「私文書」と対になる言葉で、公の機関又は公務員が職務上で作成する書類のことである。（5—21）

問「**大安吉日**」**の読み**

答「大安」は「たいあん」と濁らないのが普通であるが、『日本国語大辞典』には、「だいあん」とも、の注がある。民間暦の「たいあんにち」の略で、旅立ち、移転、結婚など万事によいとする日で、特に婚礼には、この日が好んで選ばれる慣習が今日まで続いている。

「吉日」は、古くから「きちにち」と読んできたが、現行の国語辞書の中には、「きつじつ」を取り上げて、「きちにち」の新しい言い方としたり、「きちにち」を見よ、としたりしている。「きちじつ」という言い方は、『大辞典』（昭和9刊）や『日本国語大辞典』（昭和49）に見られるが、一般的ではない。

NHKの『放送用語ハンドブック』では、①〔タイアンキチニチ〕②〔タイアンキツジツ〕を採り、〔ダイアン〕は採っていない。これに対し、「大吉日」は「だいきちにち」であり、〔ダイキツジツ〕は採っていない。新音訓表には、「きつじつ」とも、の注の形で掲げられている。

ちなみに、「大安」は、六曜の一つである。六曜とは、江戸時代から暦に配された日柄で、大安《たいあん》、赤口《しゃっく》、先勝《せんしょう》《せんがち》、友引《ともびき》、先負《せんぶ》《せんまけ》、仏《ぶっ》滅《めつ》の六つが、旧暦の十二か月毎一日に配当されて六日ごとに繰り返され、吉凶を定める基準とされている。赤口は万事に凶であるという日、先勝は急用・訴訟によい日、友引は何事も引分けとなるという日、特に字義の上から、葬式をしない日、先負は急用や訴訟を忌む日、仏滅は万事に凶である日と言われている。（5—22）

問「**愛想**」**の読み**

答「愛想」を「あいそ」と言うか、「あいそう」と言うか、あるいは、そのどちらも言うかという問題である。

まず、辞書について見ると、ごく大まかな傾向としては、明治の中ごろまでのものでは、「あいそ」は、採録されておらず、「あいそう（あいさう）」だけのようである。

明治中期から昭和の初期ごろまでの辞書では、「あいそ」、「あいそう」を共に採録し、主として、「あいそ」を参照項目、「あいそう」を本項目としているものが多いが、中には、両方とも本項目としているものもある。次いで、戦前から、戦後、今日に至るまでのものは、どちらかと言えば、「あいそ」を本項目とし「あいそう」を参照項目にしているものが多いと言える。しかし、中には、「あいそ」だけで、「あいそう」を欠くものもある。

すなわち、ヘボンの『和英語林集成』では、その初版（慶応3刊）、再版（明治5刊）第三版（明治19刊）ともに、「あいそう AI-SŌ（AISŌ）」だけであり、大槻文彦の『言海』（第一冊、明治22刊）も、同じく、「あいそ」を欠く。山田美妙の『日本大辞書』（明治26刊）、及び落合直文の『ことばの泉』（明治34刊の第16版による。）では、「あいそ」を参照項目、「あいそう」を本項目としている。明治二十七年刊の物集高見の『日本大辞林』では、両方を本項目としている。

今、現行の数ある国語辞典の中で、元の辞書の改訂版・新版が、幾つか出ているような辞書での「あいそ」、「あいそう」の取扱いがどのように変化しているかについて見ると、次のようである。（この場合、辞書名・発行所・編者等は、必ずしも同一とは限らない。）

（注）表において、◎印は、本項目（語釈を施してある。）、○印は、参照項目（語釈を欠く。）、／印は、見出しとして採録していないことを示す。

辞書A			辞書B			辞書C		
／	あいそ	あいそう	／	あいそ	あいそう	／	あいそ	あいそう
①〔ただし，改訂版〕明 44	○	◎						
② 大 14	○	◎						
③ 昭 9	○	◎				①〔元版〕昭 10	○	◎
			①（元版）昭 18	○	◎			
④ 昭 33	○	◎	② 昭 27	◎	／	② 昭 30	○	◎
⑤ 昭 42	◎	○	③ 昭 47	◎	／	③ 昭 44	◎	○
⑥ 昭 48	◎	○	④ 昭 49	◎	／	④ 昭 51	◎	○

このように表の形にしてみると、先に述べた傾向、すなわち、「あいそう」から「あいそ」への傾向がはっきり現れていることが分かるであろう。

しかしながら、辞書においては、「あいそう」を本項目としているものは言うまでもなく、参照項目としている辞書にあっても、「あいそ」の項には、「あいそうの約」とか「訛《なまり》」、「転」、「略」、「短呼」などと記している。

「愛想」を含む成語・慣用句等には、「愛想尽かし・愛想笑い・愛想が尽きる・愛想が悪い・愛想も小想《こそ》も尽き果てる・愛想を尽かす」などがあり、これらは、近ごろでは、どちらかと言えば、「あいそ」という方が優勢であるようである。また、料理屋・飲食店などの勘定・勘定書きの「お愛想」の場合は、「おあいそ」が普通であろうが、「おあいそう」を否定するまでには至っていないようである。

『NHK 用字用語辞典 第二版』では単独の形については、「あいそう」、「あいそ」の両形を認めている。

なお、この語は、今日では、「愛想」と書くのが普通であるが、古いものには「愛相」も見える。また、「あいそ」の形は『日葡《にっぽ》辞書』にも採録されており、かなり古い時代からあったことが分かる。 (6—30)

問「**奥義**」**の読み**

答「奥」については、現在でも、「おう」、「おく」の二つの読みがあり、大抵は、語によって、そのどちらかが使われている。すなわち、「奥羽・奥州」などの地名や、「奥妙・深奥・秘奥」などの場合は、「おう」と読み、これを「おく」と言うことはない。また、「奥意・奥印・奥御殿」などの場合は、「おく」であって、「おう」とは使わない。しかるに、「奥義」の場合には、昔から「おうぎ」・「おくぎ」の二とおりの読みがある。どちらが正しく、どちらが誤りであるというわけにはいかない。

ヘボンの『和英語林集成』でも、その初版・再版・第三版ともに、「おうぎ」・「おくぎ」の両形を採録し、かつ、それぞれを本項目としている。なお、初版・再版では、「おくぎ」の項に、「Same as Ōgi」とし、三版では、「おうぎ（あうぎ）」の項に、「Syn. OKUGI」とし、「おくぎ」の項に、「same as Ōgi」としている。『言海』以降、今日に至るまでの国語辞典では、そのほとんどすべてが、両形を見出し語とし、両方とも、本項目としているものも相当の数に上る。もっとも、その語釈はごく簡単なもの、単に言い換えにすぎないようなもの、すなわち、「おうぎ」に対して、「おくのて。おくぎ。」とし、「おくぎ」に対して「おくのて。おうぎ。」としている程度のものが多い。

節用集の類では、『文明本節用集』には、「奥《アウ》蔵」の下に、「—義とあり、『書言字考節用集』では、「奥義《ヲフギ》」とある。そして、「おくぎ」は見当たらないところから判断すれば、「おうぎ（あうぎ）」が伝統的、ないし、古い読みであるということになるかもしれないが、例が少ないのではっきりしない。藤原清輔（一一〇四—一一七七）に『奥義抄』という歌学書があるが、これは「おうぎしょう」と読みならわしている。

今日では、どちらが優勢であるとも言えない状態にあると言ってよく、『NHK 放送用語ハンドブック』でも、「オーキ゚」、「オクキ゚」の両形を認めている。（「キ゚」は「ギ」の鼻音化した音であることを示す。）

「奥」に対して、昭和二十三年内閣告示の「当用漢字音訓表」では、「オウ」・「オク」ともに、字音としていたが、昭和四十八年内閣告示の「当用漢字音訓表」では、「オウ」を字音とし、「おく」を「字訓」と変更している。したがって、「おくぎ」という読みは、「湯桶《ゆとう》読み」ということになる。 (6—31)

問「**合点**」**の読み**

答「合点」を、「がってん」と読むこともあれば、「がてん」と読むこともある。この「がってん」と「がてん」は、意味に違いがあるのか、それとも、同義語であって、単に発音の「ゆれ」にすぎないのかという問題である。

「がってん」に対して、大きな辞典では、そのほとんどのものが、少なくとも三つ、多いものは五つの語釈を施している。例えば、『日本国語大辞典』では、

①和歌、連歌、俳諧などを批評する際に、よしとするものに点をつけること。また、その点。…。（注「…」は、用例を省略したこと示す。以下同じ。）②人名を書き並べた文書などに鉤型の線で印（しるし）をつけること。とくに回状、廻文（めぐらしぶみ）などを見終わり、承知の意を示すために自分の名前の上につけた鉤型の線。…。③（―する）相手の言い分などを承知すること。なるほどと納得すること。また、承知してうなずくこと。首肯（しゅこう）。がてん。…。④（―する）事情をよく知っていること。また、事情を理解すること。がてん。…。⑤そうした心づもりでいること。覚悟していること。がてん。…。

としている。これに対して、「がてん」の項では、まず、〈「がってん（合点）」の変化した語〉とし、

①「がってん（合点）③」に同じ。…。②（―する）「がってん（合点）④」に同じ。…。③「がってん（合点）⑤」に同じ。…。

としている。大きい辞典では、「がってん」に対して、語釈を三つ掲げているものが多いが、その場合は、ここに引用したものの、①・②・③を掲げているものがほとんどである。しかし、その配列の順序は必ずしもこれによらず、③を第一に掲げているものもある。

そして、「がてん」に対しては、参照項目としての取扱いをし、「がってん」の項のここでいう③の意に当たるものとしているものが多い。

小型の辞典では、「がってん」に対する語釈はまちまちであり、さきの①・②・③の意を掲げているものもあれば、③に相当するものだけを掲げているものもある。そして、「がてん」に対しては、やはり、参照項目としているものが多い。

このことから見ると、現代語では、「がってん」を、①・②の意味で用いることはなく、また、④・⑤の意味で用いることもほとんどないと言ってよく、結局、③の意味で用いられているということができる。「がってん」が①・②を意味する場合は、「がてん」ということはないけれども、③の場合は、「がてん」とも言い、この意味では、「がってん」・「がてん」はどちらが優勢ということが言えないほど「ゆれている語」と見ることができる。

「当用漢字音訓表」（昭和48、内閣告示）でも、『NHK放送用語ハンドブック』でも両形を認めている。

「合点」を含む語や慣用句などの場合、例えば「おっと合点、承知の助」「合点ずく」「合点合点する」などは、多く、「がってん…」と言う。

本来は「がってん」であろうが、「がてん」の形が広まったのは、「とても」を「とっても」、「やはり」を「やっぱり」、「まなか」を「まんなか」などと言うように、促音やはねる音などを入れて強調する言わば俗語的な言い方に引かれ、「がてん」の方が正しい形だと感じられたことによるものではなかろうか。（6―32）

問　「詩歌」の読み

答　「詩歌」を「しいか」というのは、諸辞書によれば、〈「しか」の音便〉としているものが最も多く、ほかに、「慣用読み」とか、

「転音」、「延音」とかしているものがある。
「詩歌」を、「詩」及び「歌」の字音に従って「しか」ということもあるが、この語は、室町ごろから「しいか」と「し」の音を延ばして読む読み癖があると見られ、これは、「夫婦《ふうふ》・四時《しいじ》・至徳《しいとく》」などと同じ一種の読み癖である。

辞書によれば、明治の末ごろまでの編修・刊行にかかわるものでは、見出しとして「しいか」だけを採録し、「しか」を欠くものが多い。それ以後、今日に至るまでの辞書でも、「しか」を「しいか」とともに、見出しとして採録しているのは、いわゆる大辞典、中辞典のたぐいであって、小型の辞書では、「しいか」だけのものが多い。

すなわち、ヘボンの『和英語林集成』では、その初版では、「しか」がなく、「しいか」だけであるが、再版・三版では、「しか」、「しいか」ともに採録していない。『言海』、『日本大辞書』、『日本大辞林』、『ことばの泉』(以上、明治23―明治31刊)では、「しいか」だけで、「しか」は採録していない。「しか」を最も早く採録した辞書は、『ことばの泉 補遺』(明治41刊)あたりのようである。以後の刊行のものには、前述のように、おおむね、両方を採録しているが、傾向から見ると、これらの辞書のうち、古いものは、「しか」を本項目とし、「しいか」を参照項目にしているのに対して、新しいものでは、「しか」を参照項目とし、「しいか」を本項目としているものが多い。

「当用漢字音訓表」(昭和48、内閣告示)では、その備考欄に、「詩歌」に対して「しいか」の形を掲げている。また、『NHK 用字用語辞典 第二版』では、「しいか」を採り、「しか」を採っていない。(6―33)

問「富貴」の読み

答「富貴」の読みとしては、普通は、「ふうき」・「ふっき」の二とおりであるが、別に、「富」の呉音による「ふき」という読みもある。

辞書としては、「ふき」を見出し語として採録しているものは少なく、いわゆる小型の辞書を含めて、大部分の辞書が、「ふうき」・「ふっき」を採録しており、しかも、そのほとんどが、「ふうき」を本項目とし、「ふっき」を参照項目としている。両方を本項目としている辞書は一種あるが、反対に、「ふっき」を本項目とし、「ふうき」を参照項目としているものは見当たらなかった。なお、『日葡《にっぽ》辞書』では、「ふっき」を項目として立てている。

ヘボンの『和英語林集成』では、その初版・再版・第三版共に、その見出しを、「FUKKI,or FŪ-KI（ただし、第三版では、FŪKI）とし、それに続いて、初版、再版では、「フクキ 富貴」とし、第三版では、同じく、「フウキ 富貴」としている。

すなわち、見出しのローマ字つづりでは、「ふっき、又は、ふうき」としているが、片仮名書きでは、元は、「フクキ」とし、後に、「フウキ」だけを掲げている。

以後の国語辞典では、「ふっき」に対して、〈「ふうき」の音便〉としているものがほとんどであり、中には〈「ふき」の転〉としているもの、〈(古語の)「ふくき」の変化〉としているものもあったが、いずれも〈「ふうき」を見よ〉という趣旨の表示をしている。

ところで、この「ふくき」という語については、「富貴」とは別語として、「福貴」を採録している国語辞典もあるが、この「福貴」が、ヘボン、その他の辞書にある「富貴」と同義語、類義語としての「ふくき」の漢字書きに当たるものかどうかはつまびらかでない。

「富貴」を「ふうき」、「ふっき」又は「ふき」と読むことは、それぞれ江戸時代以前からあったようである。すなわち、『文明本節用集』、『書言字考節用集』などは「ふうき」を採っており、『黒本本節用集』、『天正十八年本節用集』、『饅頭屋本節用集』、『合類節用集』などでは、「ふっき」を採っている。そして『易林本節用集』では「ふき」を採っている。

「当用漢字音訓表」（昭和48、内閣告示）では、「富貴」に、「ふうき」・「ふっき」の両形を掲げており、『NHK 放送用語ハンドブック』では、放送では、「フーキ」を「第1」とし、「フッキ」を「第2」としている。

なお、食品の一つに「ふきまめ」というのがあり、これは「ふうきまめ」、「ふっきまめ」ということもあるが、「ふきまめ」の形も多く使われている。また、人名の「富貴（子）」は、「ふき（こ）」であり、その他、「お手ふき」の当て字として「御手富貴」などと用いられることもある。（6—34）

問「順風満帆」の「満帆」の読み

答「満帆」の読みは、「まんぱん」か、「まんぽ」かという問題である。「順風満帆」という語をこの形で採録している国語辞典も、「順風」の子項目として採録している国語辞典も、大辞典・小辞典を通じて、見当たらないと言ってよい。「順風」の用例として採録している国語辞典は、何種かあるが、その「満帆」の読みを明示しているものは少ない。また、漢和辞典には、この語を掲げているものは見当たらない。

比較的新しく刊行された小型辞典の三種に、「順風」の項の用例としての、「順風満帆」の「満帆」について「マンパン」と読みを示し、かつ、別に、「まんぱん（満帆）」を見出し語として採録してあり、また、他の一種には、「順風」の用例としてではないが、独立項目として「まんぱん」を採録しているものがある。

このほか、国語辞典ではないが、言葉に関する事典とでも言うべきものの、いわゆる四字熟語を集めたものの項に、「順風満帆《じゅんぷうまんぱん》」と振り仮名を付けて載せてあるものがある。

また、NHKの『放送用語集』（昭和52・3）には、「順風満帆」について、「マンパン」を採り、「マンポ」は、原則として使わないとしている。そして、そのあとに、

ただし、「順風満帆」は語感が古いので、放送では、「順調に（進む）」などと、適切な表現をくふうする。（原文は横組み。）

と言っている。

以上のとおり、字音語としての「順風満帆」は、「まんぱん」であり、「まんぽ」ではないと言ってよい。

しかし、「まんぽ」という読みを示したものもないわけではない。すなわち、故事成語・ことわざのたぐいを集めて解説したある事典の、「得手《えて》に帆を揚げる」の項の「〔備考〕」の「類語」のところに、八つの類似した意味を表す成語等を挙げているが、その一つに、振り仮名付きで「順風満帆《じゅんぷうまんぽ》」とある。ただし、項目としては取り扱っていない。（6—35）

問「お手数ですが…」というときの「お手数」の読み

答「お手数ですが…」などと言う場合の「手数」は、一般に漢字で書かれ、振り仮名を付けないのが普通である。したがって、このように言う場合の「手数」を「てかず」と言うのか、「てすう」と言うのかは、文献資料に基づいて判断を下すことは、少々困難である。

そこで、まず、「てかず」・「てすう」について、各種辞典でどのように取り扱っているかを見てみると、次のようである。

ヘボンの『和英語林集成』では、その初版には、見出しとして「てかず」はあるが、「てすう」はない。その「てかず」の項には、次のような用例が載せてある。

①　— *ga ōi kara hayaku dekiru.*　②　— *ga kakaru.*　③　*Iro-iro-o*　—　*wo kakemashita.*

（注　ただし①、②、③の番号は、引用者が、便宜上付けたものである。なお、原文では、それぞれに対応する英文が掲げられている。）

このうち、ここで問題としている「お手数ですが…」にぴったり合う使い方は、③である。

再版では、「てかず」に対する用例は、初版と同じであるが「てすう」も、見出し語として採録している。しかし、この項では、単に、「same as *Tekadzu*」としているだけである。第三版では、「てかず」に対して、「coll.」（口語体、談話体）とし、用例として、

①　—*ga ōi kara hayaku dekiru.*　②　—*wo heru.*　③　—*wo habuku.*　④　—*ga kakaru.*　⑤　*iro-iro o—wo kakemashita.*　⑥　*ōki ni o*　—　*ni narimashita.*

とある。このうち、ここで問題としているのは、⑤と⑥とである。そして、第三版でも、「てすう」を見出し語として採録しているが、再版と同様に、「Same as *tekazu.*」と参照項目としての取扱いである。

ヘボンの辞書に続く、主として明治年間に刊行された『言海』、『日本大辞書』、『日本大辞林』、『ことばの泉』などの国語辞典では、「てかず」、「てすう」共に採録しているが、ほとんどのものが、「てかず」を本項目とし、「てすう」を参照項目としている。この傾向は、大正、昭和に入っての、『言泉』、『大辞典』、『大言海』、『修訂大日本国語辞典』にまで引き継がれている。

昭和に入ってからの国語辞典では、「てかず」を参照項目とし、「てすう」を本項目としているものと、両形を本項目としているものとがある。

その現代語を中心にした用例としては、「てかず」に対して、四つの辞書が、

・～がかかる。　・～をかける。　・つひ巡査様（おまはりさま）にお手数（テカズ）を懸（か）けるやうにもなりまする。（泉鏡花「夜行巡査」）　・「世間の女は一々流行を追うて拙らないものにずゐぶん手かずや金をかけて着るんだもの。」（鈴木三重吉「桑の実」）　・～の段恐入り候へども。

を掲げており、「てすう」については、九つの辞書が、

・万々御～段感謝仕候。　・～をかける。　・お～。　・～がかかる。　・～料。　・お～でもお願いします。　・お～をかけてすみません。　・紙の中なる紙幣こそ、手数（テスウ）をかけて礼心。（坪内逍遙「当世書生気質」）　・「何うも御手数（テスウ）でした、ありがたう。」（夏目漱石「道草」）

の用例を掲げている。

さて、問題としている「お手数ですが……」という場合、「てかず」と言うか、「てすう」と言うかということについては、以上の辞書での取扱い及び用例から見て、口頭語としてはもとは、「てかず」の方が優勢だったのではないかと思われる。ただし、これはもちろん、「てすう」を否定するほどのことではない。その後、あるきっかけで、「手数」に対して、「てかず」と反応するよりも、「てすう」と反応する方が多くなってきて、「お手数ですが……」のような場合にも、「てすう」の方が、より優勢になってきたのではなかろうか。

では、そのきっかけとはどういうことかと言うと、それは「手数

料」という語であると思われる。今日の辞書では、どの辞書でも、「手数料」を「手数」の子項目か、独立項目として採録しているのが普通であるが、『和英語林集成』、『言海』、『日本大辞書』、『日本大辞林』などの辞書には、この語は、子項目としても、独立項目としても採録していない。そして、これらの辞書では、前述のように、「てかず」を本項目とし、「てすう」を参照項目としているのである。（ただし、明治四十四年に改訂した『辞林』は「手数料」を立項し、しかも、「てかず」を参照項目としている。なお、以後の改訂や新版でも、『辞林』の系統を引くものは、ずっとこの方針を採っている。）

　この「手数料」は、現代では「てかずりょう」ではなく、「てすうりょう」である。（ただし、大正六年に初版を出した『大字典』では、「手数料」に対して、「テスウ・レウ」のほかに、「テカズ・レウ」の読みも、括弧付きで掲げている。）今日でも、この語を「法律用語」と注する辞書があるくらいで、もとは、ほとんどの辞書が「法律用語」としていた。そして、その用例としては、明治二十二年発布の「大日本帝国憲法」第六十二条「……／但シ報償ニ属スル行政上ノ手数料及其ノ他ノ収納金ハ前項ノ限ニ在ラス」を掲げているものが多い。（なお「手数料」という語は、この憲法が初出ではない。）　このころ以後、「手数料」という語が日常生活にしばしば用いられるようになった。音読みの好まれる世界で、「手数料」を「しゅすうりょう」というわけにもいかないので、「てすうりょう」というようになり、その「てすう」が、口頭語の「てかず」にとって代わる場合が多くなってきたと見ることはできないであろうか。

　『ＮＨＫ 放送用語 ハンドブック』では、「手数」について、「テカズ」、「テスー」の両形を認めている。　（6―36）

問「言質」は「ゲンチ」か「ゲンシツ」か

答「言質」は、「げんち」・「げんしつ」のほかに、「げんしち」もある。しかし、いずれも国語辞典に見出し語として採録されたのは、比較的新しい。すなわち、『和英語林集成』の各版をはじめ、『言海』『日本大辞書』『ことばの泉』などには、すべて採録されていない。しかし、これらの辞典には、「ことばじち（言葉質・詞質）」という語は採録してある。『日本大辞林』『大言海』では、「ことばじち」に「言質」を当てているが、『日本大辞林』では「げんち・げんしつ・げんしち」の語形を掲げず、『大言海』では「げんしち」の項に、「（一）コトバジチ。（二）コトバジリ。げんち（言質）ノアヤマリ。」としながら、「げんち」の見出しはない。「げんしつ」も見出し語としていない。

　手元にある各種の辞典に当たってみたところでは、「言質」を「げんしつ」として最初に採録したのは『ことばの泉　補遺』（明治41刊）であり、「げんち」として掲げたのは『改修　言泉』（昭和3刊）であるが、両者とも、参照項目としての取扱いで、「ことばじちに同じ。」としている。

　一方、戦後刊行の国語辞典では、傾向としては、「げんち」、「げんしつ」をともに見出し語として立て、「げんち」を本項目とし、「げんしつ」を参照項目としているものが多いが、両者をともに本項目としているものも幾つかある。しかし、「ことばじち」を見出しとして立てているのは、いわゆる大辞典・中辞典であって、ほとんどの小型辞典ではこの項目を欠いている。

　「げんしち」を見出し語として立てているのは、前記の『大言海』のほか、『大辞典』『大日本国語辞典（修訂版）』『日本国語大辞典』『三省堂国語辞典（第二版）』などであるが、これを「げんちの誤り。」としているのは、『大言海』だけであり、『日本国語大辞典』では「本来は誤り。」としており、他は、単なる参照項目扱いである。

　このような流れから判断すれば、「あとあとの証拠となる言葉」といった意味を持つ語は、明治のころは、「言葉質《じち》」が最も普通であった。それが、大正ごろから「言質」となり、その読みは、「げんち」であったが、字面から自然に「げんしつ」、「げんしち」とも読まれるようになっていった。そして、現在では、「言葉質《じち》」の語は、日常語とは言い難いと言ってもよいほどになり、「げんち」だけを認める立場と、「げんしつ」をも認めようという立場とがある。更に「げんしち」をも語形としては認めようという立場もあるということが言えよう。

　「質」に対する「ち」という読みは、この漢字の字音の一つであって、その字義は、品物を質《しち》において金を借りることとか、人じちとかということである。「かたにおく」の意味で「言質」を「げんち」と読むのは根拠がないわけではないが、漢和辞典の類では「言質」という漢語の由来を明らかにすることができない。日本には古くから「しちにとる」の「質」が「しち」で入っており、それゆえ近世の初めから「ことばじち」の語も見られるのであるが、これを漢語ふうに「言質」と書いたところから、「げんち」という学者読みの語が生じたものかと思われる。

　なお、昭和二十三年内閣告示の「当用漢字音訓表」には、「ち」の読みが掲げてなかったが、昭和四十八年の「当用漢字音訓表」では、特別な読み・用法のごく狭いものとしての取扱いではあるが、「チ」の字音をも掲げ、例欄に「言質」と掲げてある。（7―19）

問「固執」は「コシツ」か「コシュウ」か

答「執」には、漢音として「シュウ」、慣用音として「シツ」がある。「手に取る、扱う」などの意を含む熟語の場合は、「シツ」と読むのが普通であるが、「しつこく取りつく、固く取り守る」などの意を含む場合は、「シツ」とも「シュウ」とも読む場合が多い。「固執」もその一つであって、「コシツ」と「コシュウ」との両用の読みが行われている。この語は、「こしつ」「こしゅう」ともに、『言海』『日本大辞書』『ことばの泉』などには見えず、明治四十一年刊の『ことばの泉　補遺』に「こしつ」の形で採録されたのが早い方である。これには、「こしつ」の語釈中に、「こしゅう」の語形が掲げてないが、その後の『言泉』になると、「こしつ」を本項目とし、「こしゅう」を参照項目としている。これ以後の国語辞典は、ほとんどのものが、「こしつ」「こしゅう」の両形を見出し語として立てている。しかし、その取扱いでは、「こしつ」を本項目とし、「こしゅう」の語形を掲げ、かつ「こしゅう」を参照項目としているものがほとんどで、この逆のもの、及び両形を本項目としている辞典が、それぞれわずかながらあるにすぎない。日本放送協会の『放送用語ハンドブック』では、「こしつ」を採り、「こしゅう」は、原則として使わないとしている。

　昭和四十八年、内閣告示の「当用漢字音訓表」では、「執」に対して、「シツ」・「シュウ」の両字音を掲げているが、その用例としては、「シツ」について「執務、執筆、確執」と、「シュウ」について「執念、執心、我執」を掲げており、「固執」は掲げていない。「執」を上部又は下部要素として持つ漢語は幾つかあるが、そのほとんどのものは、「シツ」と読むか「シュウ」と読むかが決まっており、「固執」のように「シツ」とも「シュウ」とも読まれる語は少なく、他に「偏執」ぐらいのものである。

「こしつ」・「こしゅう」のどちらが正しく、どちらが誤りと言うことはできないが、「こしゅう」は、伝統的ではあっても多少古めかしい感じがあり、現代の口言葉としては、「こしつ」であると言ってよいであろう。（7—20）

問「出生」は「シュッショウ」か「シュッセイ」か

答『日葡《にっぽ》辞書』や『易林本節用集』『書言字考節用集』『合類節用集』『節用集大全（恵空編）』などの各種節用集を見ると、いずれも「出生」に対して「シユツシヤウ（しゆつしやう）」の読みを施している。

明治以来の各種国語辞典等でも、『和英語林集成』『言海』『日本大辞書』等から、昭和十年前後の『大辞典』『辞苑』『広辞林（新訂版）』『言苑』などに至るまで、いずれも、見出し語は「しゅっしょう」だけで、「しゅっせい」は、参照見出しとしても採録していない。昭和十八年初版の『明解　国語辞典』、戦後の昭和二十七年初版の『辞海』もまた同様である。

国語辞典に参照項目としてではあるが、「出生」を「しゅっせい」として採録するようになったのは、戦後数年を経てからのことである。現在、大部分の国語辞典では、「しゅっしょう」を本見出しとしながらも、「しゅっせい」を参照見出しとして扱うようになっている。また、中には、「しゅっせい」を本項目とし、「しゅっしょう」を参照見出しとしているものもある。

右に述べた事実から見て、「出生（——地、——届、——率）」など、伝統的な読みは「シュッショー」である。戸籍事情の方面では普通にこれが行われているようであるが、現在世間一般では「シュッセー」と発音し、「出生地・出生届」も「シュッセーチ・シュッセートドケ」とする傾向が見られるようである。これは、「生」を「ショウ」と呉音で読む「生涯《しょうがい》・一生・往生・後生・誕生」などの熟語も珍しいわけではないが、漢音の「セイ」の方が、はるかに多くの熟語を形づくること、また、「しゅっせい」の方がどちらかと言えば発音しやすいことなどによるものと見ることができるであろう。（7—21）

問「続柄」は「ゾクがら」か「つづきがら」か

答 この語は、国語辞典等に採録されることが遅かった語で、『言海』（明治22—24刊）から『ことばの泉　補遺』（明治41刊）に至るまで見当たらない。『改修　言泉』（昭和3版）あたりからあと戦前までの辞典には、「つづきがら」の見出し語は見えるが、「ゾクがら」はない。ただ一種『大辞典』には、「ゾクガラ」がなく、「ゾクヘイ続柄」とし、独立の一つの項目として採録してあるのは異色である。昭和三十年代の後半以後の辞典では、小型辞典であっても、「ぞくがら」を参照見出しとしているものが増えている。なお、この見出しの下に〈「つづきがら」の誤り〉としているものもあるが、「俗な言い方」としているものもある。それだけ、「ゾクがら」が広まってきたと見るべきであろう。

ところで、「つづきがら」という語を、一般用語として、漢字を用いて書き表す場合、現行の「送り仮名の付け方」（昭和48、内閣告示）に従えば、通則6の本則を適用して「続き柄」と書くのが妥当である。しかし、職場用語（特定の領域で用いられる語）とか、表の中で用いられる場合などとして考えれば、「続柄」でも差し支えないこととなる。

「つづきがら」という語は種々の届け書・申請書・申告書・請求書・証明書などにおいて、個人・家族に関する事項の欄等で、あるいは、身上書・履歴書などで、本人と世帯主（以前は、戸主）との関係を書く欄などには、しばしば用いられる語である。現行の戸籍法関係の「帰化届・婚姻届・出生届・入籍届・養子縁組届・養子離縁届・離婚届」などでは、いずれも「続き柄」と「き」を送っているが、かつては、「続柄」であったし、現在でも、例えば、給与所得者が毎年税務署あてに提出することになっている「扶養控除等（異動）申告書」では、「続柄」としてある。

　ある職場でしばしば用いられる漢字の訓読による専門用語は、ともすれば送り仮名を付けることなしに、漢字書きをする習慣がある。そして、その語が多音節語である場合には、発音の経済のため（その漢字の字音が一般によく知られているようなものである場合に限られているようではあるが）、職場用語、仲間うちの用語として、その字音によって読むことがある。例えば、農業関係者は、「たんあたり」を「反当」と書き、これを「タントウ」と言うことがある。金融業関係者は、「あずけいれ」を「預入」と書き、「ヨニュウ」と言うことがある。

　「続柄」を「つづきがら」と言わず「ゾクヘイ」と言うのは、このたぐいである。殊に、読み合わせなどをするときには便利なのではないかと思われる。一般にも、「き」を送らずに、「続柄」と書いてあるところから「つづきがら」とは読み難く、「ゾクがら」とか「ゾクヘイ」とか言う場合があるのかもしれない。（7―22）

問　**「小人数」は「コニンズ」か「ショウニンズ」か**

答　結論を先に言えば、「小人数」は「コニンズ」であって、「ショウニンズ」という場合には、「小人数」ではなく、「少人数」と書くのが普通である。すなわち、「小人数」は「大人数」の対、「少人数」は「多人数」の対である。

　しかし、そもそも「ショウニンズ」という語は、『日葡《にっぽ》辞書』に「Xôninju」（ショーニンジュ）の形で採録されているほかは、『和英語林集成』の各版をはじめ、『言海』以降、今日に至るまでの三十数種の辞典等にも、ただ一種のごく新しい小型辞書を除いては見出し語として採録されていない。（もっとも「コニンズ」を、採録していない辞典もいくつかある。）

　日本放送協会の『放送用語ハンドブック』（昭和44）にも、『用字用語辞典』（昭和48）にも、「コニンズ（ー）」はあるが、「ショウニンズ（ー）」はなく、『放送用語集』（昭和52）に至って初めて採録し、「数の少ないことに力点をおいた表現。」と説明している。

　ところで、「小人数」については、下の「人数」を「ニンズ」と読むか、「ニンズウ」と読むかということも問題になると思われる。

　これについて、現行の国語辞典では、多くは「ニンズ（コニンズ）」か「ニンズウ（コニンズウ）」のどちらか一方を本見出しとして採っているが、その項にもう一方の形をも掲げているのが普通である。

　また、当用漢字音訓表では、「数」について「スウ」と「ス」とを字音として掲げ、「人数」を「ス」の例欄に挙げているが、その備考欄で〈「人数」は「ニンズウ」とも。〉としている。

　結局「コニンズ」「コニンズウ」のどちらが正しく、どちらが誤りとは言えないようである。ただ強いて言えば、「コニンズ」の方が伝統的な言い方であり、「コニンズウ」の方は新しい言い方であると言えよう。（7―24）

問　**「木の実」は「きのみ」か「このみ」か**

答　「木」と結び付いて形づくられる訓読みにする熟語には、「木戸・木登り・木場・木肌《はだ》・木彫り」などのように、「木」を「き」と読むものと、「木陰・木立」などのように「こ」と読むものとがある。このほかに、間に「の」を介した「木の香・木の根・木の葉・木の間・木の実・木の芽」などには、「き」又は「こ」と読むことになっているものと「き・こ」のどちらでも読んでいるものとがある。例えば右の六語のうち、「木の香・木の根」などは、「き」が普通であるし、「木の間」は「こ」であり、他の三語は、「き」と「こ」との両形が行われている。

ここで問題として取り上げた「木の実」については、既に『日葡《にっぽ》辞書』にも「Qinomi」・「Conomi」と両形の見出し語、語釈があり、『和英語林集成』の初版、『言海』『日本大辞書』『ことばの泉』『言泉』など、明治時代から大正時代にかけて編集・刊行された辞典でも、そのほとんどのものが、両者を共に本項目とするか、一方を参照項目とするかの違いはあっても両形を採録している。戦後、編集・刊行の辞典では、大辞典・中辞典は同様であるが、小型のものでは、「このみ」を見出しとして、その項に「きのみ」の語形は掲げてあるが、「きのみ」を見出しとしては掲げていないものが多く、この反対の取扱いをした辞典は少ない。辞典によっては、「このみ」を「文章語」としたり、「雅語的表現」と説明しているものもある。日本放送協会の『放送用語ハンドブック』では、「このみ」を「標準の形」としているが、「きのみ」をも認めている。

以上のことから考えると、「きのみ」よりも「このみ」の方がやや優勢であると言ってもよいのではないかと思われる。

ただ、時と場合によっては、「きのみ」と読む方がよい場合がある。例えば、「草の実」と特に対比して言う場合は、「このみ」ではなく「きのみ」が一般的であろう。すなわち、「の」に助詞意識が感じられれば「き」になりやすいと言えよう。　(7―25)

問「不治」は「フジ」か「フチ」か

答「(病気が)なおらないこと」というほどの意味の語「不治」を、フジと言うかフチと言うかの問題である。フジは歴史的仮名遣いでは「ふぢ」である。国語辞典等について見ると、まず『日葡《にっぽ》辞書』には、

Fugi no yamai

とあり、フジ(ふぢ)である。『和英語林集成』には、初版から第三版に至るまでは、見出し語に採録していない。『言海』『日本大辞書』ではフチであり「フジ」(ふぢ)は見出し語として掲げてないが、『ことばの泉』『大辞典』『修訂大日本国語辞典』では、フチがなくフジ(ふぢ)だけを掲げている。『言泉』『辞林広辞林』『広辞林(新訂版)』はフチであり、フジ(ふぢ)がなく、『新版広辞林』以後にフジを参照項目として掲げるようになった。また、『辞苑』『広辞苑』もフチだけであるが、『広辞苑第二版』には、フジ・フチともに本項目として掲げてある。

その他のいわゆる小型辞典を含む諸辞典では、戦前から戦後数年の期間に刊行されたものには、フチだけのものが多いが、その後は、フチの項にフジの形を掲げ、かつ、フジを参照項目としているものが多くなってきた。そして昭和四十年代に入ると、フジ・フチともに本項目として取り扱う辞典が多くなり、ごく新しいものには、フジを参照項目としているものも見られる。

結局、現在では、「フジ」「フチ」ともに行われており、そのどちらも誤りと言うことはできないであろう。

NHKでは、不治について、フジ・フチの両様を認めているが、フチを標準の形としている。

なお、「ジ」は「治」の呉音、「チ」は漢音である。ただし、「ジ」と「チ」とによって意味の違いはない。呉音の「ジ」は、歴史的仮名遣いでは「ぢ」と書くが、「現代かなづかい」では、その細則第三の「たゞし」書き(1)二語の連合によって生じたぢ・づ、(2)同音の連呼によって生じたぢ・づ）に相当するものではないので、「ぢ」は誤りであり、細則第三に従って「じ」と書き表すべきである。「常用漢字表」の音訓欄にも、音として「ジ・チ」と掲げてある。したがって、「不治」を「フチ」ではなく、フジと読む場合は、「ふち」が二語の連合、又は、同音の連呼によって「フジ」になったのではないから、「ふじ」と書くのが現代かなづかいによる正しい書き表し方である。（8―18）

問「**重複**」は「**チョウフク**」か「**ジュウフク**」か

答「重複」は、「チョウフク」と読むか「ジュウフク」と読むかという問題である。辞書によれば、明治十九年刊の『和英語林集成（第三版）』から、明治三十一年刊の『ことばの泉』までは、チョウフクは採録しているが、その項にジュウフク（旧仮名遣い、ぢゆうふく）の語形を掲げておらず、ジュウフクの見出しもない。『ことばの泉　補遺』になってジュウフクを見出しとして掲げ、〈「ちょうふく」の誤読。〉としている。明治四十四年に改訂した『辞林』では、ジュウフクを参照見出しとし、〈「ちょうふく」に同じ。〉としている。以後は、ほとんどのものが、チョウフクを本項目とし、ジュウフクの形をも掲げ、ジュウフクを参照見出しとしている。ただ、昭和二年刊の『日用語大辞典』では、両形を本項目としている。戦後のものでも比較的新しいものの中には、両形を本項目としているものもある。

以上のような事実から判断すると、本来の伝統的な言い方としてはチョウフクであるが、明治の末、大正の初めごろから口語としてはジュウフクがかなり行われていたと見ることができよう。

「重」は、漢音がチョウで、慣用音がジュウである。「重」を含む漢字二字から成る熟語では、どちらかと言えばジュウと読むものが多いようである。そして、これには、現代でも日常語としてしばしば使われている語が多い。例えば、「重圧・重囲・重視・重傷・重症・重職・重心・重税・重体・重大・重鎮・重砲・重役・重量」や、「重婚・重層・重殺・重箱・重犯・重訳」などである。チョウと読むものには「重畳・重陽」や「慎重・丁重」などがあるが、右の語に比べて日常語からは少し離れているようである。ジュウともチョウとも読むものには「重出・重臣・重祚《ソ》・重任・重用・重来」などがあるが、これらは、現代語としては、ジュウの方が優勢である。そして、「ジュウ」と「チョウ」とで、意味の区別があるとは言えない。

以上のようなことから、チョウフクは、伝統的な言い方、ジュウフクは、比較的新しい言い方と言うことができるであろう。NHKではチョウフクを採っている。

なお、「重宝」とか「自重」とかのように、チョウと読むかジュウと読むかで、意味を異にする語もある。例えば、「重宝な品物・重宝がられる」と、「伝家の重宝（注）」、「自重してください」と、「自重一トン」などのようである。

（注）この意味の場合にも、古くは「チョウホウ」と言った。（8―19）

問「**免れる**」は「**まぬかれる**」か「**まぬがれる**」か

答　例えば、「責任を免れる」と言うとき「マヌカレル」とすんで読むか、「マヌガレル」と濁って読むかという問題である。

日本国憲法では、「全世界の国民が、ひとしく恐怖と欠乏から免かれ、平和のうちに生存する権利を有することを確認する」とあり、送り仮名によって、すんで読むべきことが分かる。（ただし、「送り仮名の付け方」（昭和48、内閣告示）では、「免れる」と書くことになり、送り仮名だけからは、清濁どちらに読むか、はっきりしない）

十世紀の古辞書『類聚名義抄』には、「マヌカル」とあるので、古くはすんでいたらしい。それが、「メノカル（目避）」「マノガル（目逃）」「マノガル（間逃）」「マヌカル・マヌガル（間抜・間脱）」などの語源説が生じ、室町時代ごろから濁音形が現れたようである。

ところが、十七世紀の『日葡《にっぽ》辞書』には「ニンゲン　シャウジヲ manucare（マヌカレ）エズ」とあり、清音である。『和英語林集成』をはじめ、『言海』『日本大辞書』『大言海』など、「まぬかれる」の見出しがなく、「まぬかる」で載っている。いずれも清音であるが、『日本国語大辞典』では、「まぬがれる」を見出しとして立て、その解説に「古くは清音」とあるだけで、「まぬかれる」は見出しに掲げていない。現行の国語辞書では、「まぬかれる」を見出しとし、意味解説のあとに、「まぬがれる」と付記しているものが多いが、「まぬがれる」を空見出しとしているものもある。

「常用漢字表」（昭和56・10、内閣告示）には、「免」の訓に「まぬかれる」を掲げ、備考欄に「「まぬがれる」とも。」とある。

『ＮＨＫ編新用字用語辞典』も、「まぬかれる」を見出しとし、「（発音は「マヌガレル」とも。）」としている。

『語形確定のための基礎調査』（昭和31、国立国語研究所年報7）によれば、学識経験者七十名の回答で、「マヌカレル」「マヌガレル」ともにほぼ同数。東京には、「マヌカレル」を一般的とするものが多く、関西には「マヌガレル」を一般的とするものが多いという傾向が見られる。（8—30）

問　「素振り」は「すぶり」か「そぶり」か

答　「素振り」と書き表したものを「スブリ」と読むか「ソブリ」と読むかということである。

この場合、「素」という漢字の読み方は、呉音が「ス」、漢音が「ソ」である。したがって、「素振り」については、「スブリ」とも「ソブリ」とも読むことが可能である。まず、「素」を「ス」と読む場合を挙げてみると、次のようになる。

素足　素顔　素手　素肌　素焼き　素うどん

これらはいずれも訓読の語との複合である。したがって、同じように、「振り」という訓読の語との複合において「スブリ」と読むのも、極めて自然な読み方である。

ところで、このような場合に用いる「ス」というのは、「そのまま・何も持たない・他の要素が加わらない・ありのままのようす・そのままであること」などの意味を持っている。したがって、「素振り」を「スブリ」と読む場合も、そのような形でバットや木刀を振ることである。その点で、練習のために行うこの種の「振り」（実際にするように振ること）が、「スブリ」と呼ばれ、「素振り」と書かれるわけである。

これに対し、「素」を「ソ」と読む場合は、一般には次のように、音読の熟語の場合である。

素案　素因　素描　素養　素粒子
簡素　元素　平素　要素　葉緑素

しかし、中には、次のような訓読の語との複合も見られないことはない。

素知らぬ顔　素っ気ない　素首落とし

したがって、「素振り」について「ソブリ」という読み方も成り立つことになる。それは「表情や態度・動作に表れた様子」という意味で次のように用いる場合である。

変な素振りを見せる。

それとなく素振りで知らせる。

あのときは素振りがおかしかった。

どうしてああいう素振りをするのか。

この場合の「ぶり」は、「身振り」「口振り」などの「ぶり」であり、「ふりをすること」である。ただし、その前に付いた「ソ」の方は語源がよく分からないが、漢字の「素」の意味とは関係がないから、「素」を書くのは当て字である。「素振り」について、「そぶり」という仮名書きが用いられるようになったのも、このためである。

なお、「スブリ」と「ソブリ」の書き表し方について、日本新聞協会の新聞用語懇談会がまとめた『新聞用語集』を見ると、次のようになっている。

すぶり→素振り

そぶり（素振り）→そぶり

この示し方は、「スブリ」と読むときには「素振り」と書き、「ソブリ」と読むときには「そぶり」と書くということである。

したがって、新聞に出てくる「素振り」については、これを「スブリ」と読むべきである。しかし、一般には、旧来の書き表し方により、「ソブリ」を「素振り」と書くことも行われている。したがって、「素振り」そのものについては、前後の関係から意味を考えて、「スブリ」「ソブリ」を読み分ける配慮が必要である。

（9―27）

問　「前半」は「ゼンパン」か「ゼンハン」か

答　「前半」という語を漢和辞典で調べると、「ゼンパン」という読み方が付けられている。一般に「ハン」という字音を持つ漢字が「ン」のあとで、「パン」と読まれるのは、次のような例に見るとおりである。

運搬　今般　残飯　侵犯　親藩　戦犯　談判　典範　頻繁

したがって、「前半」を「ゼンパン」と読むことは極めて自然な読み方であり、特に問題はないのである。

ところが、一方に紛らわしい同音語として「全般」というのがあることを思うと、問題がないわけではない。例えば、

ゼンパンは優勢のうちに終わった。

ゼンパンをもう少し軽くする必要がある。

ゼンパンに力が足りなかったと思う。

ゼンパンについて説明すると、

のような例を見ると、「前半」と「全般」の読みが共に「ゼンパン」であることは、時に混同を起こすことにもなりそうである。この両語について読み分けができれば、それに越したことはないであろう。

このことは、特に音声表現を主とする放送の立場で重要な問題である。そのため、NHKの放送用語委員会でこれを取り上げた際に、次のように取り決めたわけである。

ぜんはん　前半　×〔ゼンパン〕　適宜「まえ半分」などと言いかえる。

ぜんぱん　全般　＊全体。一般。すべて。

これはこの種の取り決めをまとめたNHKの『放送用語ハンドブッ

ク』（昭和44、日本放送協会編）からの引用である。この場合の×〔　〕は、放送では使わない発音を示し、＊は見出し語の言い換えを考える際に参考となる表現を示している。この場合、「前半」について「ゼンパン」を用いず「ゼンハン」としたのは、「後半」を「コウハン」と読むのと合わせたものである。また、「前半戦・前半生」などと熟すると、「ゼンハン」という読み方が普通である。それらを合わせ考えると、「前半」を「ゼンハン」と読むこと自体はそれほど不自然な読み方ではないのである。

なお、「前半」と「全般」について放送関係が「ゼンハン」「ゼンパン」の読み分けをしていることは、一部の国語辞典にも反映している。それは、「ぜんはん」という見出しの下に「前半」を掲げ、その解説のあとに「ぜんぱん」という読み方を付記する掲げ方が見られるからである。例えば、『三省堂国語辞典（第三版）』に見られる次のような掲げ方がこれである。

ぜんはん〔前半〕（名）前の半分。ぜんぱん。「―戦〔＝試合または試合日程の、まえ半分〕」（↕後半）

ぜんぱん〔全般〕（名）全体。総体。「―にわたって・―の問題」

このような事情を考え合わせると、既に書かれている「前半」という語については、「ゼンハン」と読むのがむしろ好ましいとも言えるわけである。（9―28）

問「**代替**」**は**「**ダイタイ**」**か**「**ダイがえ**」**か**

答「代替」という語があり、これを「ダイタイ」と読むか「ダイガエ」と読むか、ということである。

「代替」という語は、法律上は「代替物」という形で古くから用いられている。「代替物」というのは、取引の上で同種・同等・同量のものをもって代えることである。一般に芸術品などは一つ一つに個性があり、他をもって代えることができないが、商品相場の対象となる商品などは、同種・同等・同量をもって売買・貸借の対象とすることが行われている。そのような場合に「代替物」という語が用いられ、その読み方は法律上は「ダイタイブツ」である。これに対し、芸術品などが「不代替物」で「フダイタイブツ」と読まれている。その点で「代替」の読み方は、本来は「ダイタイ」であったと考えてよいのである。

ところで、この「代替」という語が一般化したのは、戦中戦後の配給に際し盛んに用いられた「代替配給」という語によってではないかと思われる。それは主食の米が配給できなくなり、麦や豆やとうもろこしを米の代わりに配給する際に用いられた。この場合は同種・同等・同量ではないから本来の意味の「代替」とはやや異なる用い方であり、要するに代用品の配給であった。問題はそのときの「代替」の読み方であるが、一般には「ダイタイ」という本来の字音読みと同時に「ダイガエ」という重箱読みも行われるに至ったのである。

それでは、なぜ「ダイガエ」という読み方が行われるに至ったかということであるが、これには次のような事情が考えられる。まず、「替」という漢字の読み方であるが、字音で「タイ」と読む熟語は、次のような語である。

替廃　替壊　衰替　隆替　交替

これらの語は、「交替」を除いていずれも日常語ではなく、その意味も「おとろえる」である。「かえる・かわる」という意味で「交替」があるが、これも「交代」の方が広く用いられていた。その点で、「替」を「かえる・かわる」の意味で「タイ」と読む読み方は、一般的でなく、余り耳に親しいものではなかったと見てよいのである。

これに対し、「替」を字訓で「がえ」と読むのは、次のようにいろいろあった。

表替え　畳替え　宿替え　国替え　くら替え　井戸替え　役替え　模様替え　両替

これらの中には「役替え・模様替え・両替」のように字音に続くものも見られた。このうち「両替」は、現在も送り仮名を付けず、また「役替・模様替」なども、以前は送り仮名を付けないのが普通であった。

このような点を考え合わせると、「代替」という漢字表記に接したとき、これを「ダイガエ」と読むことが決して不自然な読み方ではなかったと考えられる。その上「ダイタイ」では「大体」と同音であり、「ダイガエ」の方は耳で聞いても「かわり」という意味に理解しやすいという利点があった。こうして、「ダイガエ」という読み方が一般化したものと考えられる。

なお、「代替配給」という語は現在は余り用いられないが、土地の買収などに当たって「代替地」という語が用いられている。また、路面電車や鉄道を廃して運行される「代替バス」、交通機関のストや事故による場合の「代替乗車券」、エネルギー転換の場合の「代替エネルギー」などがあり、それぞれに「ダイガエ～」という読み方も行われている。なお、「ダイガエチ」（代替地）の読みについては、「替え地」という語が古くから存在していたこととも関係があるかと思われる。

問題はこのような場合の正しい読み方であるが、これについては『ＮＨＫ放送用語集』（昭和52・ＮＨＫ総合放送文化研究所編）に見られる次のような記述が参考になる。

代替地　①〔ダイタイチ〕　②〔ダイガエチ〕　放送では原則として「替え地」「代わりの土地」などと言いかえる。「代替バス」もこれに準じる。

これは放送用語委員会の決定に基づいた指示であるが、ここには①②という形で示されている。その趣旨は、「代替」の読み方として「ダイガエ」も誤りではないが、それよりも「ダイタイ」の方が好ましいということである。ただし、「ダイタイ」という読み方は耳で聞いて分かりにくいので、原則として言い換えた方がよいというのである。

なお、国語辞書の中には、この②の読み方に関連し、「だいがえ」という濁音ではなく、清音で「だいかえ」というのを見出しとしているものもあるが、「役替え・模様替え・両替」など他の名詞に続く形が「―ガエ」と読まれることに準じて考えれば、この場合も「だいがえ」としておくのが穏当であろう。　（9―29）

問　「寄贈」は「キソウ」か「キゾウ」か

答　品物などを無償で相手方におくり与えるという意味の「寄贈」を「キソウ」と読むか「キゾウ」と読むかという問題である。

「贈」には、漢音として「ソウ」、呉音として「ゾウ」があり、昭和二十三年内閣告示の「当用漢字音訓表」では、音として「ゾウ」だけしか掲げてなかったが、昭和四十八年内閣告示の「当用漢字音訓表」で「ソウ」が追加され、昭和五十六年の「常用漢字表」には、「ゾウ」・「ソウ」の両者が掲げてある。ただし、「ゾウ」を一般的な音としており、「ソウ」は一字下げ、すなわち、「特別なもの、又は用法のごく狭いもの」としての取扱いをしている。そうして、「ソウ」について、「例」の欄に「寄贈」が一語だけ掲げてあるが、「備考」の欄に、＜「寄贈」は、「キゾウ」とも。（原文は横組み）＞としてある。

ＮＨＫ編の『日本語　発音アクセント辞典』でも、「キソー・キゾー」の順であるが、三省堂の『明解日本語アクセント辞典（第二版）』は、「キゾー・キソー」の順を採っている。

国語辞典等について見ると、『和英語林集成（第三版）』（明治19）に、「KISŌ　キソウ　饋送」とある。用例に「―*suru*」があり、これに対して「to send as a present; to present.」とあるところから見ると、「饋送」は現在の「寄贈」に当たると見てよいであろう。『言海』には「キソウ」「キゾウ」ともに見出しを立てていない。『言海』に続く国語辞典での取扱いを表の形にまとめてみると次のようである。（ただし、明治年間刊行の主なものに限る。）

辞典名	初版刊年	キソウ	キゾウ	辞典名	初版刊年	キソウ	キゾウ
日本大辞書	26	／	○	ことばの泉	31	○	／
日本大辞林	27	／	／	〃　補遺	41		／
帝国大辞典	29	／	○				
日本新辞林	30	／	○注1	辞林改訂版	44	／	○注2

注1：語釈のあとに「饋送、饋贈」の形が掲げてある。
注2：語釈のあとに「寄送」の形が掲げてある。

大正以降、戦前に至るまでの辞典では、そのほとんどのものが、「キゾウ」だけを採り、「キソウ」を参照見出しとしてでも掲げているものは少ない。しかし、戦後になると、「キゾウ」を採っていることには変わりはないものの、大体において、語釈のあとに「キソウ」の発音をも示しているものが多くなってくる。

以上のようなことを考え合わせてみると、「寄贈」は、今日でもなお、「キソウ」・「キゾウ」の両様の発音が行われていると見てよいであろう。（10―27）

問　「逆手」は「ギャクて」か「さかて」か

答　「逆手」という漢字表記があり、これを「ギャクテ」と読むか、「サカテ」と読むかという問題である。

この場合、「逆」という漢字の読み方は、字音が「ギャク」、字訓が「さか」である。したがって、「逆手」については、「ギャクテ」「サカテ」ともに成り立つわけである。

ところで、「手」という部分を字訓で「テ」と読むとすれば、「逆」の方も字訓で「サカ」と読み、「サカテ」という読み方にするのが自然の成り行きである。「逆」を「サカ」と読んで字訓を用いる語と複合したものを挙げると、次のようになる。

逆恨み　逆落とし　逆立ち　逆巻く
逆毛　逆子　逆様　逆波　逆夢

これらと考え合わせても、「逆手」を「サカテ」と読むことに無理はないのである。

この場合の「さかて」というのを、国語辞典で調べると、次のような意味が書かれている。

手を普通とは反対の向きに使うこと。

したがって、「短刀をサカテに握る」というのは、普通の握り方とは反対に、小指の側から刃先が出るように握ることである。これに関連し、鉄棒にぶら下がる場合の鉄棒の握り方にも「サカテ車輪」のように用いられている。ここで言う「さかて」とは、鉄棒などを手の平が自分の方へ向くように握ることである。ただし、体操では、この握り方を「ギャクテ」とも言う由である。（日本放送協会編スポーツ辞典Ⅻ『体操競技』）

これに対して、「逆」を「ギャク」と読む場合は、次のように音読の熟語が多い。

逆襲　逆上　逆数　逆説　逆転　逆風
順逆　大逆　反逆

しかし、「逆」という字で書く語が「ギャク」として単独でも用いられることは、次の例に見るとおりである。

逆に言う　逆にする　逆の方向　逆を取る

この最後の「逆を取る」というのは、「ギャクテを取る」とも言い、柔道などで相手の関節を無理に反対に曲げようとすることで、広く比喩《ひゆ》的に相手のしかけてきた方法を利用して相手を攻めるような場合にも使われている。この場合、「～をギャクテに取る」というような言い方も行われている。

なお、「逆手」を「ギャクテ」と読むのは重箱読みになるが、この場合の「ギャク」が独立の語としても用いられることは、前に挙げたとおりである。そのため、音読の漢語と複合するだけでなく、訓読の語や外来語とも複合することは、次の例に示すとおりである。

逆効果　逆光線　逆宣伝　逆反応　逆比例　逆噴射
逆輸出　逆三角形
逆打ち　逆送り　逆書き　逆指し　逆回り　逆戻り
逆為替　逆日歩　逆手形
逆コース　逆シングル　逆モーション

これらのことを考え合わせると、「逆手」を「ギャクテ」と読む複合語も、決して不自然な複合語ではないのである。

以上の点から明らかなように、「逆手」については、「サカテ」と読む場合と「ギャクテ」と読む場合では、多くの場合意味が異なるわけである。したがって、前後の関係を考えて、この二つの読み分けをしなければいけないというのが実情である。（10―28）

問「判官びいき」の読み

答　弱い者の方に同情することのたとえとして使われる「判官びいき」の読み方は、「はんがんびいき」か「ほうがんびいき」かという問題である。

この語は、元来、九郎判官《ほうがん》源義経を不運な英雄として同情し愛惜する意から出たもので、不遇な者、弱い者に同情し肩を持つこと、また、その感情を指して使われるもので、近世、庶民の間で言われたたとえである。

・九郎《くらう》冠者《くわんじや》義経《よしつね》、左衛門尉《さゑもんのぜう》になさる。すなはち使《つかひ》の宣旨《せんじ》を蒙《かうぶり》て、九郎《くらう》判官《はんぐわん》とぞ申ける。（「平家物語」一〇・藤戸）

・これは西塔《さいとお》の武蔵坊弁慶《むさしぼおべんけい》にて候。さてもわが君《きみ》判官《ほおがん》は、渡《わた》辺《なべ》にて梶原《かじわら》が逆櫓《さかろ》の意見《いけん》を承引《しよおいん》し給はざりし遺恨《いこん》により（謡曲「正尊」＝読み仮名は日本古典文学大系『謡曲集下』による）

・Fōguan fubinni voboximexi namidauo nagasare at cōnazo Xōzon!（判官不憫に思召し涙を流されあっ剛なぞ昌尊）（ロドリゲス『日本大文典』）

・さても頼朝義経御仲《おんなか》不和とならせ給ふにより、判官《はんがん》どの主《しゆ》従《じゆう》、作《つく》り山伏《やまぶし》となり、陸奥《みちのく》へ下向のよし、鎌倉殿聞し召し及ばれ（歌舞伎「勧進帳」）

・紙入《かみいれ》より香箱《かうばこ》出して船中《せんちう》の人々に戴かし、乗相《のりあい》の中の大将判官《はうぐはん》といふやうな顔して見すれば（江島其磧「傾城禁短気」）

右の例で見るように、源義経は、「九郎判官《ほうがん》」又はただ「判官《ほうがん》」と称せられていた。したがって「判官びいき」も、当初は「ほうがんびいき」と言っていたはずである。

・世や花に判官《はうぐはん》贔屓《ひいき》春の風（「毛吹草」）

・八百屋半兵衛が母が嫁を憎んで姑去《しうとめざ》りにしたと沙汰《さた》有っては、万々《まんまん》千世めが悪いになされませ、判官贔屓《はうぐわんびいき》の世の中お前の名ほか出ませぬ。（近松門左衛門「心中宵庚申」）

一方、「はんがんびいき」の用例も、次のように報告されている。

・酒が云はする悪体《あくたい》も、弱きを憐れむ判官贔屓《はんぐわんびゐき》（為永春水「貞操婦女八賢誌」）

（『日本国語大辞典』・『江戸語大辞典』）

もともと、「はうぐわん」は「はんくわん」「はんぐわん」から転じた読み方であり、『色葉字類抄』にも「判官　ハンクワン」という読みが記されている。

・上卿《しやうけい》藤大納言実国、博士《はかせの》判官《はんぐわん》中原範貞に仰て、やがて其日都のうちを追い出さる。（「平家物語」三・大臣流罪）

右の「はんがん」は検非違使尉《けびいしのじよう》を示す官名である。「ほうがん」が源義経の代名詞として定着するのに並行して、官名を表すものとして「はんがん」が復活してきたのではないかとも考えられる。

もっとも、十六世紀末に刊行されたキリシタン版の漢字字書『落葉集』には、「百官并唐名之大概」の中に、「判官卿《はうぐハんけい》」という読み方が示されている。

・御馳走《ちさう》の役人は、桃井播磨守《もゝのゐはりまのかみ》が弟若狭《わかさノ》助安近《やすちか》、伯刕《はくしう》の城主《じやうしゆ》、塩冶《えんや》判官《はんぐわん》高定《たかさだ》、馬場先《はゞキ》に幕《まく》打廻し、威儀を正して相詰《あひつむ》る。（竹田出雲ほか「仮名手本忠臣蔵」）

浄瑠璃や歌舞伎の世界では、「ほうがん」と言えば源義経、「はんがん」と言えば塩冶判官を指すものと決まっている。

ところで、現代の国語辞典では、「判官びいき」をどう扱っているだろうか。ほとんどの辞典が「ほうがんびいき」「はんがんびいき」の両方の読み方を挙げているが、どちらを主見出しにするかは、辞書によって扱い方が分かれている。

▽「ほうがんびいき」を主見出しにするもの

大辞典（「はんがんびいき」には触れず）　古語大辞典〈小学館〉（上に同じ）　広辞苑　岩波国語辞典　岩波古語辞典　学研国語大辞典　角川新国語辞典

▽「はんがんびいき」を主見出しにするもの

江戸語大辞典　新明解国語辞典（第三版）（「ほうがんびいき」の項に「〈はんがんびいき〉の老人語」という注記あり）　三省堂国語辞典　新選国語辞典　講談社国語辞典

以上のことで知られるように、古くは「ほうがんびいき」と言われていたが、後には「はんがんびいき」という言い方もかなり広く行われてきたらしい。したがって、現在は、「ほうがんびいき」「はんがんびいき」の二つに完全にゆれている状況であると言える。（12―33）

問「茶道」は「サドウ」か「チャドウ」か

答「茶道」の発音は、「サドウ」か「チャドウ」かという問題である。

「茶道」は「さどう」とも「ちゃどう」とも読み、また、「茶道」という語自体、二とおりの意味を持っているので、これらが互いにからみ合って、少々複雑である。

まず「さどう」とは、多くの辞典の説くところによれば、

① 茶の湯（の道）。……これを、「ちゃどう」ということもある。

② 近世、武家で、給仕・接待・茶の湯のことをつかさどった役、また、その役にある人。これを「茶頭」とも書く。また、茶坊主《ちゃぼうず》・茶道《さどう》《ちゃどう》坊主・茶屋《ちゃや》坊主・茶《ちゃ》職・数寄屋《すきや》坊主などということもある。……これを、「ちゃどう」ともいう。

というふうにまとめることができる。

次に、「ちゃどう」とは、

③「さどう」の①と同じ。……これを「さどう」ともいう。

④「さどう」の②と同じ。……これを「さどう」ともいう。

ということである。結局のところは、＜「ちゃどう」は、「さどう」に同じ。＞であって、「さどう」と言おうと、「ちゃどう」と言おうと、ごく簡単に言えば①茶の湯（の道）と②昔の武家の役職名の一つ、また、その人、という二義があるわけである。しかし、現代語としては、②は全くといってよいほど使わないから、ここでの問題は、「茶の湯（の道）」のことを「サドウ」と言うか、「チャドウ」と言うかということになる。

昭和二十三年の内閣告示「当用漢字音訓表」では、「茶」には「チャ」の音だけしか掲げていなかった。したがって、音訓表に忠実に従えば「茶道」は「チャドウ」であり、喫茶店は「キッチャテン」ということになる。当時発行された多くの国語辞典では、「きっさ」、「さどう」の見出し語に、「茶」には表外音訓の印を付けて「喫茶」、「茶道」としていた。また、表記辞典の類では、「喫さ」、「さ道」などとしなければならないことからか、「きっさ」、「さどう」を見出しとして立てていないものも多くあった。つまり、「きっちゃ」・「ちゃどう」は、現代語としては世間一般に用いられにくかったようである。

ＮＨＫでは、昭和四十年初版の『ＮＨＫ　用字用語辞典』の「ことばの表記について（基本方針と原則）」の「原則」において、＜なお、次のような熟字などの場合は、漢字で書いてもよい。「当用漢字音訓表」の使用上の注意事項参照。＞として、語例の一つに、「茶（チャ）→喫茶店（キッサテン）」を掲げており、本文に、「きっさてん　喫茶店」、「さどう　茶道」とある。なお、昭和二十三年内閣告示の当用漢字音訓表の使用上の注意事項には、茶を「サ」と読む語例は掲げてない。更に、ＮＨＫは、昭和四十四年版の『放送用語ハンドブック』において、「茶道」の発音について、「サドー」・「チャドー」の両形を認め、うち「サドー」は、「音訓特例」であるとしている。

＜茶の湯の道のことを茶道（引用者注：「さどう」）というのは江戸時代まではまれであり、また、茶頭（引用者注：「さどう」）との混同を避けるために「ちゃどう」というのが普通であった。＞（『日本国語大辞典』「さどう」の項による。）ということで、明治以降の諸辞典では、「さどう」、「ちゃどう」ともに本項目として語釈を施しているものが多く、また、「ちゃどう」の項において、「さどう（さだう）」の形を掲げているものが多い。しかし、昭和三十年代になると、「ちゃどう」を参照見出しとして、語釈を「さどう」に譲っている辞典も何種か刊行されている。

また、『原色茶道大辞典』（淡行社刊、昭和51・4・8版）では、その「茶道《ちゃどう》」の項において、＜因みに、茶湯に因んで茶道が起こったのだから、「チヤドウ」と訓まれるべきものだが、禅院茶湯の伝統だとして「サドウ」の称も主張され、これまた両者が行われている。＞とある。

以上に述べたところから見て、現代語としての茶の湯（の道）の意の「茶道」は、どちらかと言えば、「サドウ」の方が一般的な言い方であると見てよいであろう。（13―19）

問　「入用」は「ニュウヨウ」か「イリヨウ」か

答　ある事をするために必要なこと、又はその費用のことを「入用」と書くことがあるが、これは「ニュウヨウ」と読むか「イリヨウ」と読むかという問題である。

『日本国語大辞典』によれば、『文明本節用集』（一四七四ごろ）に「入用イリヨウ」とあり、つづいて、江戸時代の黄表紙、滑稽《こっけい》本、人情本の用例が挙がっている。そこには、入用（イリヨウ・イリヤウ）、入費（イリヤウ）などが見える。

ヘボンの『和英語林集成（第三版）』には、

IRIYŌ　イリヨウ　入用　n. Expense; outlay; use: —wa ikura kakari-mashita, what was the expense? — toki-doki—no mono, an article in frequent use; kore wa nan no—ni suru, of what use is this? —no mono, a useful article, or a thing which one needs.

とある。ここに見られるように、用例として「—はいくらかかりました」「時時—の物」「これは何の—にする」「—の物」の例を挙げ、それぞれ英訳している。

これに対して、「ニュウヨウ」は、

NYŪYŌ　ニフヨウ　入用　n. (coll.) Expense, outlay, expenditure, cost: —no shina, a thing one has need of. Syn. ZAPPI, IRIYŌ

とあって、(coll.)の指摘がある。これは、「俗語」という意味の指摘である。「—の品」の用例が挙がっており、「人が必要とする品物」の英訳がついている。

今日では、「入用（にゅうよう）」に、俗語であるという気持ちはなく、「研究に入用な物資」「入用の足しにする」「地図が入用だ」「何か御入用なものはありませんか」などと使う。

「いりよう」の方は、「送り仮名の付け方」（昭和48、内閣告示）によれば、「入り用」となり、許容の形は「入用」となるが、「ニュウヨウ」と誤読するおそれがあるので、「り」は省かない方がいい。「いくらお入り用ですか」「お金が入り用になる」「入り用な品を買いととのえる」などと使う。

新聞における用例は見当たらなかったが、小説では、次のような例がある。（『日本近代文学大系』（角川書店）による。）

坪内逍遙『当世書生気質』

・実《げ》にや斯《かく》ては塵除《ちりよ》けに、眼鏡《めがね》の橋《はし》も入用歟《いりようか》、トうちつぶやける田舎人《ゐなかうど》の、

・守「何《ど》の位《くらゐ》入用《いりよう》だ。」

・守「此月末《このつきずゑ》に入用《いりよう》のマネイだが、それを承知《しようち》なら用立《ようだ》てよう。……」

（引用者注、守は、登場人物守山の下略）

・妻《つま》がはかなき内職《ないしよく》にて、足《たら》ぬがちなる入費《いりよう》の、不足《ふそく》補《おぎな》ふ痩《やせ》世帯《じよたい》、

・須「ナニイ最《も》早《う》あれは入用《にふよう》でないぢや。……」

（引用者注、須は登場人物須河の下略）

森鷗外『雁』

・もう間《ま》もなく入用《いりよう》になる子供《こども》の袷《あはせ》の縫《ぬ》ひ掛けてあるのも縫《ぬ》はなくてはならない。

夏目漱石『行人』

・彼は固《もと》より其隠袋《ポツケツト》の中《うち》に入用《いりよう》の金を持つてゐなかつた。

（『漱石全集』第十一巻岩波書店による。）

現在では、どちらかと言えば音で読む「入用《にゅうよう》」は、文章語的に使われ、訓で読む「入《い》り用《よう》」は、話し言葉的であるとでも言うことができるであろう。

（13—21）

問　**「白衣」「白夜」の「白」は「ハク」か「ビャク」か**

答　「白衣」の読みは、「ハクイ」か「ビャクイ」か、「白夜」の読みは、「ハクヤ」か「ビャクヤ」かの問題である。

「白」の字は、漢音「ハク」、呉音「ビャク」とされている。「ハク」と読む熟語として、

白人　白刃　白日　白砂　白眉　白紙
白書　白眼　白票　白銅　白髪　白熱
白頭　紅白　明白

などがあり、「ビャク」と読む熟語として、

白檀《だん》　白毫《こう》　黒白

などがある。

両方の読みを持っている語として、

白衣　白虎　白蓮《れん》　白夜

などがある。

白衣（はくい）は、「はく」も「い」も漢音で、もと白い服のことで、のち無位無官の者の意となる。日本では、医者・看護婦・技師などの白い仕事着を指す。特に「白衣の天使」は看護婦のことを言う。

白衣（びゃくえ）は、「びゃく」も「え」も呉音で、同じく白い服のことである。仏教の経文の中に出てくる白衣は「びゃくえ」と読み、俗人、俗人の服を言う。インドで僧徒が雑色に染まった衣服を用いる制規があったのに対するもので、日本では「びゃくえ」というのが法師の非礼な服装、転じては礼装の羽織はかまをつけない服装、さらに俗語で、非礼・無礼の意に用いられたこともある。（なお、黒衣・緇《し》衣・墨染めなど、僧衣を黒いものとするのは、中国で始まったものという。）

国語辞典によっては、「びゃくえ」は、「はくい」「はくえ」「びゃくい」に同じとしているものもあり、「びゃくえの天使」を小見出しにして、「はくいの天使」に同じとも出ている。「びゃくえの天使」は、おそらく「白衣（びゃくえ）観音」などの転用で、単なる白色にとどまらず、一種の使命感が込められたものであろう。「びゃくえ」のように、呉音で読む場合は、仏教用語に多いので、今日では、仏教など以外では、「はくい」の方が一般的という注を付けている国語辞典もある。

NHK『日本語発音アクセント辞典』（昭和60）には、

ハクイ　白衣（〜の天使）
ハクエ　白衣≪衣≫（〜の装束）
ビャクイ　白衣（〜の行者）
ビャクエ、ビャクエ　白衣≪衣≫
ビャクエカンノン　白衣観音

とある。≪　≫内の漢字は原則として使わない。常用漢字表の「衣」には、音「エ」が掲げられていないからである。

したがって、今日、白い仕事着を指すときは、「はくい」（白衣）と読んで、「白衣の天使」と書くのが一般的であり、「びゃくえ」は、仏教方面で使われると考えてよいであろう。

白夜（はくや）は、「ハク」が漢音、「ヤ」は漢音・呉音ともである。北半球では、夏至の日の前後、北へゆくほど夜の時間が短くなるのであるが、特に高緯度の地方ではその短い日没と日の出の間、太陽が地平線の下を浅く横すべりするので、夜中でも夕暮れのように、空が薄明るい状態であることを言う。

国語辞典を見ると、「はくや」のところで解説し、「びゃくや」では、「はくや」を見よの形をとっているもの、その反対に、「びゃくや」で解説し、「はくや」では、「びゃくや」を見よの形をとっているもの、「はくや」だけがあって、「びゃくや」を見出しとして載せていないものなど、いろいろである。特に、「びゃくや」で解説した辞典には、注として「伝統的には『はくや』だが、今日、『びゃ

くや』が一般的。」と記されている。

昭和十年に封切りされたロシア映画「白夜」は「はくや」（題名一覧表による）であったが、昭和四十六年『キネマ旬報』の「ヨーロッパ映画作品全集」では「びゃくや」となっている。また、昭和三十二年のイタリア映画の「白夜」も、最近の渡辺淳一の自伝的長編『白夜』も、共に、「びゃくや」である。

昭和四十六年森繁久弥作詞作曲の「知床《しれとこ》旅情」では、「遙《はる》か国後《くなしり》に白夜《びゃくや》は明ける」とあり、加藤登紀子が歌ったレコードによって全国的に流行したと言われる。

この「白夜」については、NHKの『文研月報』（昭和57・6）にも詳しく述べられている。

それによれば、放送では、昭和二十六年三月刊行の『日本語アクセント辞典』、四十一年三月の『日本語発音アクセント辞典』では、いずれも「ハクヤ」の読みを採っているのであるが、その後一般に「ビャクヤ」の勢力が強くなったとの判断から、「ビャクヤ」が放送の言葉として認められることとなったということである。

NHK『日本語発音アクセント辞典』（昭和60）には、

（ハクヤ）、ビャクヤ　白夜〔天〕

とあり、（　）内は、場合により許される発音、〔天〕は天文学の略である。

ただし、文部省『学術用語集（天文学編）』（昭和56、第二版）には、「はくや」「びゃくや」ともに、見当たらない。

以上、見てきたように、「白夜」はもと「はくや」であったが、「びゃくや」という読みが、どういう根拠からか分からないが生じて、それが今では一般に好まれているというところであろう。

（13—22）

問「初体験」「初対面」の「初」は「ハツ」か「ショ」か

答「初体験」・「初対面」などの「初」を、「ショ」と言うか、「はつ」と言かという問題である。

初体験について

この語は、各種国語辞典、漢和辞典、新語・流行語辞典、各種の用字用語集や手引などの類、百種余りに当たってみたが、見出し語として採録しているものは、『学研国語大辞典』（昭和53初版）一種だけであった。これによれば、見出しは「はつたいけん」であり、その語釈は、「初めての体験。特に初めて異性と肉体関係を持つこと。」とあり、「しょたいけん」という語形は掲げていないし、見出し語としてもない。なお、この辞典には、「体験」の項に、この語が「下部を構成する語」として、「原—・初—」と掲げてあるが、読みは示していない。また、『現代国語例解辞典』（昭和60初版）の「体験」の項に、用例の一つとして「初体験」とあるが、やはり、読みは示していない。更に、『朝日新聞の漢字用語辞典』（昭和61初版）の「体験《たいけん》」の項に「原—・初—」とあるが、これにも読みは示してない。

次に、『新明解国語辞典　第三版』（昭和56初版）の「体験」の項の用例は「初《ハツ》—」とあり、また『常用漢字送り仮名用字用語辞典』（昭和57初版）の「はつ（初）」の項の熟語の一つに「初体験」とあり、これらは、「はつたいけん」であることが分かる。

以上によって、「初体験」は、「しょたいけん」を全く否定することはできないが、どちらかと言えば、「はつたいけん」の方が優勢であろうと思われる。試みに大学生などの間では、どちらの形を使うかを質問してみたところ、どちらの形も使っているとか、「はつたいけん」は、広く一般に物事の初めての体験に使えるが、「しょたいけん」は、性的体験の場合に限って使うとかの意見もあった。ただし、これは、人数も少なく、正式な調査でもないので、断定はしがたい。

なお、昭和六十一年十月二十四日、NHK総合テレビジョンで19時30分から放送された番組の中で、キャスターは、「工場のアメリカ進出は、我が国にとってショ体験のことである……」と言っていた。

初対面について

この語は『邦訳　日葡辞書』、『和英語林集成（初版・三版）』、『言海』をはじめとして、以降今日に至るまでのほとんどの国語辞典・漢和辞典に採録されている。昭和三年刊の『改修言泉』では、「しょたいめん」の項には、「はったいめん」の形を掲げていないが、別に、「はったいめん」を参照見出しとして立ててある。その後のものでは、「しょたいめん」の項に「はったいめん」の形を掲げるものはかなりの数にのぼるが、「はったいめん」を見出しとして立てているものは少ない。国語辞典等について右のことをまとめると次のようである。

・「しょたいめん」を採録しているもの……………64種
・右の語釈中に、「はったいめん」の形を掲げているもの…18種
・「はったいめん」を採録しているもの……………4種
（ただし、うち1種は、「しょたいめん」の項に「はったいめん」の形を掲げていない。）
・「しょたいめん」、「はったいめん」ともに採録していないもの……………5種

以上のとおりであって、「初対面」は、「はったいめん」を誤りであるとして否定することはできないであろうが、現在では「しょたいめん」が安定した形として一般に使われているということが言えよう。

なお、「初対面」は普通には名詞として用いられるが、森鷗外の「文づかい」には、

今やわれ下界を離れたるこの塔の顚にて、きのふラアゲヰツツの丘の上より遙に初對面せしときより、怪しくもこゝろを引かれて、………（岩波書店『鷗外全集第二巻』（昭和46・12・22刊による。））

のように、「初対面す」の形で用いられている。

なお、漢字二字で書き、音読みをする語に、「初《しょ》」・「初《はっ》」の接頭語を冠したものには、次のような語がある。

「初《しょ》」…｛初発心《ほっ》　初転法論　初一念　初感染
初対面　初年度

「初《はっ》」…｛初演奏　初会合　初冠雪　初協定
初喧嘩《けんか》　初公開　初参加　初出場
初節句　初対局　初挑戦　初通話
初天神　初登場　初入選　初舞台
初優勝　初輸出　初要請

右のように、「初《しょ》……」という場合は比較的限られているのに、「初《はっ》……」という場合は、これ以外にも多くの語がある。したがって、「体験」に冠する接頭語を「ハツ」と訓読することは不自然ではなく、違和感もないようである。（13―23）

問　**「家」は「イエ」か「ウチ」か**

答　「家」はイエかウチかということであるが、「いえ」・「うち」ともに多義語であり、意味が重なり合っている場合もある。ここで問

題としているのは、「家」という字を、何と読むかということではなく、人（家族を含めて）が生活の本拠としている住まいを、建物としてではなく、生活・居住の場として言うときに、「いえ」と言うか、「うち」と言うかということである。〔漢字の読みとしては、現行の常用漢字表には、字音として「カ・ケ」、字訓として「いえ・や」とあり、「うち」は掲げられていない。〕

まず、用例を掲げる。

① 家《いへ》は十坪《つぼ》に過《す》ぎず、庭《には》は唯《たゞ》三坪《つぼ》。誰《たれ》か云《い》ふ、狭《せが》（ママ）くして且《かつ》陋《ろう》なりと。家《いへ》陋《ろう》なりと雖《いへ》ども、膝《ひざ》を容《い》る可《べ》く、……〔徳富蘆花「吾家の富」、『自然と人生』東京民友社　明治44・9・15刊　所収〕

② それからわたしは父の実弟《じってい》で荒物屋《あらものや》をして居た叔《おぢ》（ママ）父の内に引取られて……（中略）

併し叔父叔母もまだわたしを欽一郎にと云ふ事は相《さう》談《だん》かけたこともなかったのですから。まさか内の嫁《よめ》にするから外へは出来《でき》ぬとも云ひ兼《か》ねて…（中略）

それから退院して叔父の内へ帰って来ますと……〔徳富蘆花「雨後の月」、『自然と人生』東京民友社　明治44・9・15刊　所収〕

①の「家《いえ》」は、家屋、建物であり、②の「内」は、家庭であって、①・②では、イエとウチ（「内」には振り仮名がないが）とを漢字でも使い分けている。

ところが、同じ作者の、同じ『自然と人生』に所収の「迎火」では、

③ 「お爺《ぢい》さんも、孫《まご》も、此火《このひ》につて御出《おいで》なさい……さあく家《うち》に御はいりなさい」

のように、「家」を「うち」と使っている。

国定の国語教科書でも、必ずしも厳密に使い分けをしていたというわけではないらしく、

・ワタクシ　ノ　イヘ　ノ　マヘ　ニハ、コガハ　ガ　アリマス。〔第一期・『尋常小学読本　巻三』16ページ〕

・太郎「うち　の　まへ　の　川　が　あんな　に　まがりまがつて、とほく　の　方　へ　ながれて　ゐます。……。」〔第二期・『尋常小学読本　巻四』5～6ページ〕

のような用例も見られる。

このように、「家」を「いえ」とも「うち」とも使うことは、古くからあるようで、国語辞典では、既に『言海』でも、

いへ〔家〕㈠人ノ住ムニ作レル建物《タテモノ》。「―ヲ作ル」㈡妻《ツマ》㈢吾ガ家。自宅。「―ニ帰ル」「―ヲ忘ル」㈣ウカラ。ヤカラ。家族。「―ヲ治ム」「―ノ乱」㈤先祖ヨリ相続シ来レル代代ノ名目。名跡。家名《カミヤウ》「―ヲ興ス」「―ヲ継グ」㈥家柄《イヘガラ》「―高シ」

のように、「うち」の意味も含めて説明している。そして、『言海』は、「うち（内）」の項では、八つの意味を掲げているが、七番目に、㈦家《イヘ》。△「―ニ入ル」「―ヘ帰ル」家‖▽としている。その後の各辞典でも、おおむね、「いえ（家）」の項では意味の一つに「我が家・自宅」を掲げ、「うち（内）」の項でも、我が家・自宅を掲げているが、近ごろの辞典では、「うち（内）」の項のこの意味のときには、「家と書く。」という意味の注記をしてあるものが多くなっている。

また、『日本大辞林』では、「イヘ（家）」に対して三項目を立て、「ウチ（家）」の項には「いへに同じ。」としている。

『NHK　放送のことばハンドブック』（昭和62・4・20）には、

家〔イエ・ウチ〕

原則として、〔イエ〕は建物をさす場合。家庭をさす場合は〔ウチ〕。

（「家」（うち）は表外音訓）

うちじゅう〔△家中〕
　家族全部の意味のときには、〔ウチジュー〕と言う。
　×イエジュー

とある。〔原文は、横組み。〕

「いえ」と「うち」との使い分けは、地方による差もあるようで、例えば、あいさつなどで、友人などに我が家へ来てくれるように誘う場合、東京地方では、「たまにはウチにおいでください。」のように言い、「イエに……」とは言わない。しかし、京都地方では、「イエに……」と言うのが普通である。これは、京都では、第一人称の代名詞として私・僕などのことを「ウチ」と言うので、これとの衝突を避けるためかもしれない。極めて親しい者どうしのごくくだけた会話では、東京は「オレンチ（俺《おれ》の家《うち》）」、京都では「ウットコ（「ウチ」、すなわち、「私」のところ）」である。

（14—26）

問　**「湿気」は「シッケ」か「シッキ」か**

答　「湿気」の発音は、「シッケ」か「シッキ」かという問題である。漢和辞典には、「シッキ」という読みが記されているが、「シッケ」の読みはほとんどない。

　国語辞典には、両方が見出しに立っており、「シッキ」に対して、「しっけ」と書き、「シッケ」に対して、「しっき」と書いて、何の解説もしていないものが多い。中には、「しっき」と「しっけ」の意味の区別をしているものがあり、

　しっき＝しめった空気。
　しっけ＝空気その他の物に含まれている水分。

のように、一方を「空気」に、他方を「水分」に重点を置いた解説を施している。

　強いて言えば、「しっき」は、湿度の高い空気、「しっけ」は、「しめりけ」のように、湿度の高い状態、となるかもしれないが、実際には区別できない。「き」は漢音、「け」は呉音で、「き」と「け」とでは、用法の違いが認められるが、「シッキ」「シッケ」の場合は、その差は明らかでないのである。

『日葡辞書』、『和英語林集成第三版』にも両者が出ており、意味の区別はない。

日本国語大辞典には、次のような例が見える。

・「地面からも、屋根からも、春の記憶を新にすべき湿気（シッキ）がむらむらと立ち上つた」（漱石「門」）
・「女の云ふ事は次第に湿気（シッキ）を帯びてくる。」（漱石「虞美人草」）
・「くさびらの数を見せたるここかしこ露にしつけもふかき山越」（俳諧毛吹草）
・「湿気（シッケ）でじめじめした壁や、窓の破れて居る所も」（若松賤子訳「小公子」）

『NHK日本語発音アクセント辞典』には、

　シッキ，シッキ，シッケも　湿気
　シッケ，シッケ，シッキも　湿気

とあり、全く同じ扱いにして、どちらに発音してもよいことを示している。

『学術用語集　建築工学編』『同　図書館学編』では、

　sikki　湿気

とあり、『化学編』では、

　sikkibako　湿気箱　wet box

とある。

ちなみに、毒気も「ドクケ」「ドッキ」、嫌気も「イヤキ」「イヤケ」の両方の読みがある。

なお、「しける」「しっける」は、この湿気（しっけ）から派生した語である。（14—29）

問 **「多士済々」は「タシセイセイ」か「タシサイサイ」か**

答 すぐれた人材が多くいることを言うのに、「多士済々」という表現がある。「わが校の卒業生は、多士済々で、各方面で活躍している。」などと使う。この「多士済々」という表記を「タシセイセイ」と読むか、「タシサイサイ」と読むかという問題である。

すべての国語辞書と言っていいほど「タシセイセイ」の読みを採り、「タシサイサイとも」というのと、「タシサイサイ」は誤読と注記しているのとがある。

出典は、毛詩、大雅文王「済済《タル》多士、文王以《テ》寧《シ》。」である。済々とは、多く盛んな様とか、威儀の立派な様とか注せられている。その済の字は、漢音「セイ」、呉音「サイ」で、「セイセイ」、「サイサイ」のどちらにも読めるが、伝統的な詩経の読み方では、漢音に従って、「セイセイ」であった。しかし、済の字は、他には救済、済世、経世済民、経済など、サイという場合が多いので、「常用漢字表」では、「済」に、「サイ、すむ、すます」の音訓だけを掲げて、「セイ」は、掲げていない。

これは、昭和二十三年の当用漢字音訓表以来のことであって、『新聞用語集』（昭和56）の、「たしせいせい」の項で、〈「たしさいさい」とも〉と注記しているのは、一般にそう読んでいるのを考慮してのことであろう。場合によっては、「せいせい」と振り仮名を付けるのが親切であろう。（14—30）

問 **「大望」は「タイモウ」か「タイボウ」か**

答 大きな望みという意味の「大望」は、「タイモウ」と読むか、「タイボウ」と読むかという問題である。

漢和辞典によれば、「望」は呉音「モウ（マウ）」、漢音「ボウ（バウ）」である。「大望」には、「タイボウ・タイモウ」の両方が示されている。

現在のほとんどの国語辞書には、「タイモウ」「タイボウ」の見出しはあるが、「タイボウ」の方に、「タイモウを見よ」の形をとり、「タイモウ」で解説している。

内閣告示「常用漢字表」には、

ボウ　望郷、希望、人望

モウ　所望、大望、本望

の例が掲げられ、備考に「大望」は、「「タイボウ」とも」とある。

『NHK日本語発音アクセント辞典』（昭和60）と『新編用字用語辞典』（昭和61）には、共に「タイモウ」はあるが、「タイボウ」はない。

しかし、タイボウも、古く『伊呂波字類抄』や『下学集』にも見え、「大望」の「大」に漢音のタイを採るなら、「望」に漢音のボウを採るのも当然で、タイボウを誤りとして退けるわけにはいかないのであるが、恐らく、「タイボウ」には「待望」という語があり、間違いやすいということもあって、「タイモウ」の方が、一般的に多く用いられてきたものと思われる。（14—31）

問 **「本文」は「ホンブン」か「ホンモン」か**

答 「本文」は「ホンブン」と読むか、「ホンモン」と読むかの問題である。「文」は漢音「ブン」、呉音「モン」である。

『日葡辞書』をはじめ、明治時代に刊行された国語辞書には、ほとんど「ホンモン」を見出しとし、「ホンブン」は見当たらない。「ホンブン」が見出しに出てくるのは、『言泉』(大正10)であるが、「ほんもん㊁に同じ。」としている。それ以後の辞書には、見出しとして「ホンブン」を立てているが、大部分「ホンモンを見よ」の形をとっている。

「本文」には次のようないろいろな意味がある。

① 文書や書物の本体となる文。
② 注釈を加えられた場合の原文。注釈を除いた部分。挿絵や挿図が補助的に説明しているもとの文章。
③ 引用のもとである古典の文章語句。典拠。
④ 目次、序文、跋《ばつ》文などを除いた、主になっている文。
⑤ 本題の部分。
⑥ ある書物をなしている文章、またその文字。写本から著者の原本を再構する作業、また原本から各種の異本が生ずる過程の研究などについて言う。本文研究、本文批評、本文校訂など。
⑦ 法令で、ただし書に対して、その条項の本体となる部分。

法令では、「ホンブン」と読み、ある条項中にただし書が設けられている場合、そのただし書に対して、その条項の本体となる部分を本文という。

①、④は、ホンブンともホンモンとも言うが、近年は、ホンモンとは読まない人が多いらしい。「文章、文体、作文」などのように、漢音の「ブン」で読む語が多いので、現在の若い人は「本文」をつい「ホンブン」と読んでしまうのであろう。②、③、⑤、⑥は、ホンモンと言うのが普通で、⑦は、専門的な用語またはそれに近いものでホンブンと言う。

『学術用語集　図書館学編』(昭和33)には、次のとおり。

honmon(honbun) text, body of a book, body of the work
honmon katuzi　本文活字　body type
honmon katuzi no okisa　本文活字の大きさ　body-size

なお357ページで、「古文書」の読みについて、「こもんじょ」と読むのが一般的であることが解説されている。 (14—32)

問「御返事」は「ゴヘンジ」か「オヘンジ」か

答「御返事」と書かれた「御」は、「ご」と読むべきか、「お」と読むべきかという問題である。また「御」の読み方とは別に、「返事」という語に、尊敬あるいは丁寧の意を表す接頭辞を付ける場合、「ご」と「お」のどちらを付ける方がよいのかという問題も含まれる。

まず、「御」の読み方であるが、常用漢字表の音訓欄には「ギョ・ゴ・おん」の三つの音訓が示されていて、「お」という訓は掲げられていない。したがって、常用漢字表によるかぎり、「御返事」と書くのは「ごへんじ」の場合だけである。

次に、「返事」には「ご」が付くか「お」が付くかという問題であるが、現状では「御返事」「お返事」のどちらを使ってもよいと言わざるを得ない。ただし、「御返事」の方が「お返事」よりもやや改まった語感が伴うようである。

「御(ゴ)」という漢字を敬語の接頭辞として一般に広く用いるのは、日本語としての用法である。しかし、「ゴ」(呉音)は本来、字音であるから、次のように漢語(字音語)に冠して用いるのが普通である。

御挨拶《あいさつ》　御案内　御*詠歌　御援助　御家族　御家庭
御健康　御婚礼　御主人　御出勤　御出席　御*清栄
御成功　御壮健　御*馳走《ちそう》　御町内　御両親　御霊前

このうち、*印のものは「ご」のついた形で熟しきっていると見られる。また、

御*免　御*覧　御*殿　御本　御用　御*所　御*前　御*仁　御恩

なども*印の語のように熟した形が多いので、「お」との対応は考えられない。

これに対して「お」は和語の接頭辞であるから、次のように和語の上に付けて用いることが普通である。

お顔　お金　お箸《はし》　おかゆ　お知らせ　お子さま　お父さん
おばあさま　お手紙　お年寄り　お休み　おにぎり　お刺身

つまり、「御酒《ごしゅ》」と「お酒」の例に見られるように、漢語には「ご」を、和語には「お」を付けて言うのが、大筋の傾向として指摘することができる。

ところが、実際に使われている言葉としては、右の傾向と逆になる例が、決して少なくはない。漢語でありながら「ご」でなく「お」が付くものとしては、次のような例がある。

お客　お経　お札《さつ》　お盆　お礼
お行儀　お時間　お写真　お食事　お醬油《しょうゆ》　お炊事
お歳暮　お粗末　お洗濯　お掃除　お大根　お大事
お電話　お豆腐　お徳用　お弁当　お遍路　お饅頭《まんじゅう》
お役所　お役人　お野菜　お洋服

つまり、下が漢語であっても、話し言葉として日常化したものには、「お」が付く傾向がある。この反対に、和語の上に「ご」が付くものには、

ごもっとも　ごゆるりと　ごゆっくり

などがある。これらは「お」よりも改まった言い方として定着したものであろう。

さらに、次のような漢語は、現在、「ご」「お」の両方とも、付けて用いられている。

気分　祝儀　祝辞　焼香　丈夫　接待　大切　誕生
入学　病気　勉強　仏前　立派

問題の「返事」も、この類に入ると思われる。「返事」は、もともと和語の「かえりごと」に漢字を当て、それを音読みにしたことから生まれた和製漢語であるが、古くから日常語化した関係もあって、「御返事」「お返事」両方の言い方が、並び行われていると見てよいであろう。　（15—16）

問 **「入り口」は「イリクチ」か「イリグチ」か**

答 「出口」はデグチとしか発音しないのに、その対語である「入り口」は、イリクチ・イリグチの両方の発音が並び行われている。一体、どちらの発音が望ましいかという問題である。

結論から先に言えば、イリクチとイリグチは、昔も今も併用されていると考えられ、どちらか一方をよしと判定を下すことは困難である。

まず、手近にある辞書類がどのような扱いをしているかを調べてみよう。

▽　イリクチを見出しに掲げたもの（イリクチを主とし、イリグチを従としたものには*印を付けた。）

日葡辞書〔Iricuchi〕和英語林集成(初版)〔IRI-KUCHI〕言海　日本大辞書　大日本国語辞典　広辞林　大言海　大辞典　辞海　大漢和辞典　講談社国語辞典(改訂増補版)　新潮国語辞典(新装・改訂)　*国語大辞典　*言泉

▽　イリグチを見出しに掲げたもの（イリグチを主とし、イリクチを従としたものには＊印を付けた。）

明解国語辞典（改訂版）　岩波国語辞典（第四版）　新明解国語辞典（第三版）　＊三省堂国語辞典（第三版）　＊日本国語大辞典　＊角川新国語辞典　広辞苑（第三版）　＊研究社・新和英大辞典（第四版）　＊現代国語例解辞典　＊新選国語辞典（第六版）　大辞林

▽　イリグチ・イリグチ両者を併掲したもの

ＮＨＫ編・日本語発音アクセント辞典

以上の辞書で見るかぎり、古くは十七世紀初頭の『日葡辞書』から明治・大正を経て昭和の第二次大戦終了前後まではイリクチが優位を占め、戦後の辞書はイリグチを主見出しとするものの多いことがうかがわれる。（特に、『広辞苑』は、第二版まではイリクチを主見出しとしていた。）

「胃＋ふくろ→胃ぶくろ」「雨＋かさ→雨がさ」のように、語の複合が行われる場合に、後に続く語の頭音が清音から濁音に変わる現象を、「連濁」と言う。現代の日本語の複合語の中には、連濁を起こす場合と、連濁しないで元のまま清音で発音する場合とが並び行われていて、どちらがよいか決定し難いものが多い。例えば、『ＮＨＫ放送のことばハンドブック』（昭和62・4刊）所収「誤りやすいことばの読み」の中で、「放送ではどちらの発音を使ってもよい」としたものの中に、次のような例が見える。

アトクサレ―アトグサレ　ウケクチ―ウケグチ　エツケ―エズケ　カザハナ―カザバナ　カセンシキ―カセンジキ　カタクルシイ―カタグルシイ　ツツウラウラ―ツズウラウラ　ハヤテマワシ―ハヤデマワシ　ヒキフネ―ヒキブネ　ホシクサ―ホシグサ　ヨコタオシ―ヨコダオシ　両刀ツカイ―両刀ヅカイ　ワカシラガ―ワカジラガ　ワルクチ―ワルグチ

なお、右の清濁の対立の中には、東西両方言の差の影響があるかもしれない。というのは、連濁現象とは言えないものも含めて、東西の発音で清濁の差のある語が、次のように幾つかあるからである。

（東京）　（大阪）

カカシ（案山子）――カガシ

カカト（踵）――カガト

カツラ（鬘）――カズラ

センタク（洗濯）――センダク

カキトメ（書留）――カキドメ

ヒモトク（繙）――ヒモドク

……………………

ムズカシイ（難）――ムツカシイ

オンナジ（同）――オンナシ

ところで、連濁が起こる場合の法則性については、学界でも様々な議論があり、以下のような点が指摘されている。

(1)　熟合度の強いものに起こりやすい。

（例）ヒト→コビト。タビビト。

カサ→ヒガサ。アマガサ。

(2)　用言と用言との複合では、連濁が起こりにくい。

（例）オイカケル　キキコム　ツミカサネル

(3)　複合語の前部分が、後部分の目的格である場合は、副詞的修飾格のときより連濁しにくい。

（例）カンバンカキ　フロタキ　メシタキ　↔　タテガキ　カラダキ

(4)　前部分と後部分が対等の資格を持つときは連濁しにくい。

（例）タハタ（田畑）　ヨミカキ　↔　ムギバタケ　シナガキ（品書き）

〈注〉山や川の場合はヤマカワ、山中を流れる川の場合はヤマガワ。

(5) 擬音語・擬態語は連濁しない。

(例) カンカン照り　チラホラ　ソヨソヨ

(6) 前部分の末尾が撥《はつ》音のとき最も連濁しやすく、長音の場合はこれに次ぎ、促音の時は連濁しない。

ユンデ（弓手）　カンザン（換算）　トッテ（取っ手）　トッツキ（取っ付き）

(7) 後部分の第二音節が濁音の場合は、連濁しない。

(例) マルハダカ　アイカギ　オオカゼ

以上が連濁についてこれまでに指摘されている法則である。ただし、これらのことは大体の傾向として言えるのであって、もちろん例外は幾つもある。

「入口」の例は、和語動詞が名詞に結合した型であるが、以下には一般に「クチ」を後部分に持つ複合語について、それが連濁するかしないかを、語構成の型ごとに検討してみよう。ただし、「口」の意味は、出入りするくちもあり、口でることばもあり、いろいろあるが、これは今区別しない。

以下、(1)〜(6)までの各項について、○印が連濁しないもの、◍印が連濁するもの、◎印が両様の言い方の併存するものを示す。

(1) 数詞＋クチ

○ 一口《ひと》　二口《ふた》　三口《み》……十口《と》　八つ口

◍ 一人口《ひとり》　二人口《ふたり》

(2) 和語名詞＋クチ

○ 後口《あと》（—が悪い）　片口《かた》　火口《ほ》　水口《みな》

◍ 秋口　糸口　おちょぼ口　表口　裏口　大口（—をたたく）　陰口　肩口　勝手口　傷口　木戸口　口々　小口《こ》　鯉《こい》口　ざくろ口　仕事口　袖口　滝口　手口　戸口《と》　鳶口《とび》　とんがり口　ひょっとこ口　間口《ま》　窓口　曲がり口　水口《みず》　鰐口《わに》口　東口　西口　南口　北口

(3) 和語動詞＋クチ

○ 合い口（匕首）　売り口　売れ口　折れ口　切り口　吸い口　取り口（相撲の—）　飲み口　やり口

◍ 悪たれ口　通い口　汲み取り口　差し出口　焚《た》き口　告げ口　勤め口　出口　出入り口　取り入れ口　にじり口　のぞき口　働き口　湧《わ》き口

◎ 上がり口　入《い》り口　入《はい》り口　登り口　下がり口　攻め口

（攻め方の意の場合はセメクチ、敵を攻めにかかって向かう場所の場合はセメグチ。）

(4) 和語形容詞＋クチ

○ 甘口　薄口　辛口　軽口　濃い口　早口　うま口

◍ —

◎ 悪口

(5) 連語＋クチ

○ あいた口　序の口

◍ 憎まれ口　へらず口

(6) 漢語名詞＋クチ

○ 無《む》口　先《せん》口　別口

◍ 改札口　下山口　玄関口　地口　蛇口　就職口　出札口　昇降口　乗車口　電話口　投入口　登山口　二字口　非常口　奉公口　無駄口　路地口

こうして見ると、大半の「——クチ」は、清濁いずれか一方に定着しているようであるが、◎印の語に限っては、両方の言い方が並び行われていると考えられる。

なお、国立国語研究所が昭和三十年度に各方面の専門家を対象に行った「語形確定のための基礎調査」の中に、イリクチ・イリグチのいずれを標準語形とするかという問いが入っている。その結果を見ると、次のようになっている。（『国立国語研究所年報7』参照）

　採る形として「イリグチ」が多数（55〜79%）。採る理由としては、言いやすい51%、一般的31%、語感がよい18%、共通語的・口語的・望ましい体系を作る、各13%、伝統的・変化の傾向にそう、各10%

などが報告されている。（15—17）

問「上意下達」は「ジョウイカタツ」か「ジョウイゲタツ（ゲダツ）」か

答　上位の者、また、政府や組織の上層部の考えや命令を下に伝えることを「上意下達」と言うが、この「下達」の部分は「カタツ」と読むのか、「ゲタツ（ゲダツ）」と読むのかという問題である。

国語辞典や漢和辞典などではすべて「カタツ」と読んでおり「ゲタツ」または「ゲダツ」という読みを示したものはない。

「下達（カタツ）」という漢語は、『論語』に次の用例が見えるが、「上意下達」における「下達」とは意味が違うようである。

　君子上達、小人下達（君子は上達し、小人は下達す）

ここでは「上達」が高遠な域へ進む意であるのに対し、「下達」は、悪い方へおもむく、財利に走る意に用いられている。（『大漢和辞典』『広漢和辞典』の語釈による。）

「上意下達」の「下達」は、上の者の命令、意志などを部下に伝える意であり、『歩兵操典』（昭和19版）の総則第九に、

　号令ハ明快ナル音調ヲ以テ発唱シ命令ハ簡明確切ニシテ下達迅速ナルヲ要ス

とあり、かつての軍隊ではこれを「かたつ」と読んでいた。

このことからも「下達」は「かたつ」と読むべきものと思われるが、これを「げたつ」もしくは「げだつ」と読むものと思い込んでいる人も少なくないようである。ある新聞が最近「上意下達」の読み方のアンケート調査をしたところ、次のような結果が得られたことを報じている。すなわち、回答総数七十五通のうち、「じょういげだつ」と読んでいた人が七一パーセント、「じょういかたつ」は二九パーセントであったと言う。（読売、昭和62・10・14都内版「東京ことば」）

「上」の字音は、呉音「ジョウ（ジャウ）」、漢音「ショウ（シャウ）」であり、「下」は、呉音「ゲ」、漢音「カ」である。したがって、「上下」は現在では「ジョウゲ」という呉音読みが一般的であるが、古くは「ショウカ」という漢音読みも用いられていた。『日本国語大辞典』の「しょうか〔上下〕」の項には、次のような用例が示されている。

・文明本節用集「上下　シャウカ」
・日葡辞書「Xǒca（シャウカ）、すなわち、ジャウゲ。ウエシタ」
・五箇条の御誓文―明治元年三月一四日「上下心を一にして、盛に経綸を行ふべし」

このほか、福沢諭吉の「福翁百話」、夏目漱石の「三四郎」「それから」、里見弴の「桐畑」などの用例が引用されているので、明治・大正のころまでは使われていたことが知られる。

また、同辞典には「ジョウカ〔上下〕」という項も挙がっており、

・思出の記〈徳富蘆花〉一・五「最初は学校も上下〈ジャウカ〉各々十級に分かれていたのが」
・雪中梅〈末広鉄腸〉下・一「山坂を上下（ジャウカ）するもの多く此の処に休憩す」

のような振り仮名を付けた用例が掲げられている。「ジョウカ（上下）」は、「上」が呉音読み、「下」が漢音読みである。

ところで、現在、「上」と「下」が組になる語の読み方としては、次の二つの型がある。

（A）ジョウ⇔ゲ
上―中―下　上―下　上巻―下巻　上段―下段（カダンとも読む）　上品―下品　上戸―下戸　上旬―下旬　上座―下座

（B）ジョウ⇔カ
上院―下院　上等―下等　上流―下流　上層―下層

問題の「上意下達」を「ジョウイゲタツ（ゲダツ）」と読む人がいるのは、Aの型に類推したからであり、「ジョウイカタツ」と読むのは、Bの型と判断したということになる。しかし、前述のように「下達」という語は、「カタツ」という形で固定しているので、この場合はBの型と考えて、「ジョウイカタツ」と読むのがよいということになる。（15―19）

問「登坂」は「トハン」か「トウハン」か

答「自動車の登坂車線」などと言う場合の「登坂」は、「トハン」と読むのか「トウハン」と読むのかという問題である。

「登坂」という語は、比較的最近に造られたものと見られる。国語辞典の見出し語として最初に採用したのは、『三省堂国語辞典』（第二版、昭和49）で、「トハン」「トウハン」の両形を見出しとして、それぞれに語釈を与えている。

現在、この語を採録している国語辞典で、管見に入ったものは五種であるが、そのうち四種では、次のようにそれぞれに扱いが異なっている。

○「トハン」を本見出しとし、「トウハン」は空見出しとする。
（『三省堂国語辞典』第三版、昭和57）

○「トハン」のみを本見出しとし、「トウハン」という読み方のあることを注記する。（『岩波国語辞典』第四版、昭和61）

○「トウハン」を本見出しとし、「トハン」を空見出しとする。
（『現代国語例解辞典』第一版、昭和61）

○「トウハン」のみを本見出しとし、「トハン」という読み方のあることを注記する。（『大辞林』第一版、昭和63）

専門用語としては、国語辞典よりも早くから使用例が見られる。『オートバイ用語辞典』（モーターマガジン社、昭和43）では、「登坂テスト」を見出しとするが、読み方は示していない。『機械用語辞典』（コロナ社、昭和47）では、次のように、「トウハン」を採っている。

tôhan-keisû　登坂係数
tôhan-seinô　登坂性能

最近の学術用語や日本工業規格では、「トハン」が採られている。

tohan-nôryoku　登坂能力
（文部省『学術用語集　機械工学編（増訂版）』日本機械学会、昭和60）

とはんのうりょく　登坂能力
（『JIS用語辞典　機械編（第二版）』日本規格協会、昭和62）

このように、専門用語では「トハン」が有力である。しかし、なぜ「トハン」に落ち着こうとしているのかは明らかでない。

「常用漢字表」では、「登」の音に「トウ」と「ト」を認めている。呉音・漢音ともに「トウ」であり、「ト」はいわゆる慣用音である。このように、長音が単音化した例には、「愛想」の「ソ（想）」がある。

「ト」の語例には、「登山」「登城」が挙がっている。この二語は、『日葡辞書』などによれば、近世初期までは「トウザン」「トウジョウ」であったらしい。「トザン」「トジョウ」に変化したのは、近世中期以降に口頭語化してからのことと見られる。

現行の国語辞典は、「登○」という語を「登山」「登城」を除けば、「トウ○○」という語形で見出しとするが、「ト○○」という別語形のあることを注記したり、その語形で空見出しとしたりしている場合がある。11種の国語辞典のうち、そのような語は、次の4語である。数字は、国語辞典の数を示す。

登頂（9）　登攀《はん》（3）　登場（1）　登用（1）

この結果を見ると、近い将来に「ト○○」という語形が一般化するかもしれないのは、せいぜい「登頂」だけである。それだけに、なぜ最近の造語である「登坂」が「トハン」なのかということは疑問である。わずかに考えられるのは、「登攀」との同音衝突を避けるためということであるが、同じ場面や文脈での併用が考えにくいだけに、説得力に欠けるうらみがある。今の段階では、保留とせざるを得ない。（15　20）

問「一日千秋」は「イチジツセンシュウ」か「イチニチセンシュウ」か

答　一日がたつのを待ち遠しく思うことを「一日千秋（の思い）」などと言うが、この「一日」の部分は「イチジツ」と読むのか、「イチニチ」と読むのかという問題である。

「一日千秋」は漢籍に直接の出典のある語ではなく、次の『詩経・王風』にある「一日三秋」が変化したものと見られる。

彼采蕭兮　一日不見　如三秋兮

（彼ノ蕭《よもぎ》ヲ采《と》ル。一日見ザレバ、三秋ノゴトシ。）

「三秋」は、秋が三回くることから「三年」の意味を表す。我が国の古典では、平安時代以来「一日三秋」の形で、一日が何年にも思われるほど待ち遠しいという意味で使われた。「さん（三）」と「せん（千）」は音が似ていること、「一刻千金」「一瀉千里」など「一―千―」という形を持つ慣用句が多いことなどから、「一日千秋」の形が生まれたものと推定される。「一日千秋」の形での使用例では、次のものが古い。

ただ官軍の向ふをしきりに渇望なせること一日千秋のごとくなるに（染崎延房『近世紀聞』、明治6）

また、国語辞典では、『ことばの泉』（明治31）が見出しとして掲げているのが古い例である。

ところで、この場合の「一日」の読み方であるが、明治以来の国語辞典では、「いちじつ」とするものが多い。「いちにち」の形もあることを示したのは、『ことばの泉・補遺』（明治41）が初めである。現行の国語辞典15種では、次のようになっている。

▽「いちじつ」で掲げ、「いちにち」には触れないもの……4種
▽「いちじつ」で掲げ、参照見出しなどで「いちにち」に触れるもの……4種
▽「いちにち」で掲げ、参照見出しなどで「いちじつ」に触れるもの……6種
▽「いちにち」で掲げ、「いちじつ」には触れないもの……1種

これから見ると、国語辞典では次第に「いちにち」が定着しつつ

ある様子がうかがわれる。また、NHK編『日本語発音アクセント辞典』（昭和60）では、「いちじつ」「いちにち」の両形を標準としている。

「日」の字音である「ニチ」は呉音で、「ジツ」は漢音である。近世に至るまでの間に口頭語形として広まったのは前者であり、後者は漢文など文章語としての色合いが濃かった。したがって、「一日三秋」から生まれた「一日千秋」は起源的には「いちじつ」であったと見られるが、口語である「いちにち」に変化する可能性がはじめからあったと考えられる。その背景には、「いちにち会はねば千日の思ひにわたしや患うて」（清元「忍逢春雪解」）のような庶民的な発想があり、前に掲げた明治初期の『近世紀聞』の使用例が既に「いちにち」という振り仮名を持っていたこともそれを裏付ける。

同様の例には、『論語』から出た「一日の長」がある。これも、国語辞典では「いちじつ」とするものが多いが、「いちにち」を採るものも、最近では現れている。また、明治・大正期の文学作品でも、「いちにち」という振り仮名を施したものがある。

以上を総合すると、「一日千秋」の「一日」は、「いちじつ」を漢文に基づく語形としつつも、「いちにち」も今日では認めてよい読み方と見られる。

なお、「一日」以外の「―日」という二字漢語でも、「―ニチ」という読み方を持つものは、「毎日」「半日」など日常語的なものが多い。それに対して、「―ジツ」には、「昔日」「過日」など文章語的なものや「休日」「祝日」など明治時代以降によく使われるようになったものが多い。また、「後日（ゴニチ→ゴジツ）」「吉日（キチニチ→キチジツ）」など、近代になって読み方が変わったものもある。　(16—21)

問「先を越す」は「センヲコス」か「サキヲコス」か

答　相手の先回りをして物事をすることを「先を越す」と言う。その「先」を「せん」と読むのか、「さき」と読むのかという問題である。

「せんをこす」という例は、江戸時代の作品に現れる。（以下の江戸時代以前の用例は、表記を一部改めた。）

・かねて鯉《こい》さま道まで迎ひに出やんすはず。そこをこちからせんこして、によつと押しかけは、どふござんしよ。（浄瑠璃「淀鯉出世滝徳」）

・これも奥の間へはひこみ、北八がせんをこしたとはつゆ知らず探り寄つて。（滑稽本「東海道中膝栗毛」）

これに先立ちあるいは前後して、「せんをする」「せんをとる」という例が見られる。

・合戦は明日辰の刻と定められけるを、機早なる若大衆《わかだいしゅ》ども、武士に先をせられじとや思ひけん、まだ卯《う》の刻の始めに神楽岡へぞよせたりける。（太平記）

・ヱ、、先を取られて口惜しいのふ（歌舞伎「韓人漢文手管始」）

これらの「せんを―」という言い方は、いずれも相手の先回りをするという意味で使われている。「せんをこす」も、これらの言い方から生まれたものと見られる。

近代以降の辞典で、「せんをこす」を慣用句として見出しに取り上げたものとしては、次の例が早い。

・Sen　セン　先　（中略）　―wo kosu, to do anything before others.（『和英語林集成（第三版）』、明治19）

その後、国語辞典では、『言海』（明治24）、『日本大辞書』（明治

26）が「せんをこす」を用例として掲げ、『大日本国語辞典』（大正4）では、見出しとしている。しかし、第二次大戦前の国語辞典では、「さきをこす」という言い方を認めたものはない。ただし、文学作品には、次の用例がある。

・菓子はこんな無自覚な状態にはとてもなつてはゐられなかつた。一足づつ先きを越されてゐるのか知らんといふ不安までが心の平衡をさらに狂はせた。（有島武郎「或る女」、明治44）

・どうせ僕は岡田君のやうなわけには行かないさと先《さき》を越して云ふ学生がある。（森鷗外「雁」、大正4）

この「さきをこす」は、既に江戸時代に「せんをこす」と同じような意味の「さきをくぐる」「さきをまわす」という言い方があり、それにひかれて成立した語形あるいは読み方と見られる。

現行の国語辞典では、十五種中十四種が「せんをこす」を見出しあるいは用例として掲げている。このうち五種の辞典は、何らかの形で「さきをこす」という言い方にも触れている。

また、放送用語では、次のように述べられている。

先を越す　①セン・オ・コス　②　サキ・オ・コス

現代語としてやや古めかしさが感じられる。放送ではなるべく「先手を打つ」など他の表現を使う。

（日本放送協会編『NHK放送のことばハンドブック』、昭和62）

つまり、放送では、「せんをこす」を標準とし、「さきをこす」を許容しつつも、この慣用句そのものをやや古い語感を与えるものと見ている。同様の記述は、NHK総合放送文化研究所編『NHK放送用語集』（昭和52）にも見られる。また、昭和四十四年のNHK放送用語委員会の記録にも、「先を越す」の読み方が問題になったことが残されている。

これをまとめると、「先を越す」は本来の読み方としては「せんをこす」であるが、現在では「さきをこす」も誤りとはできないと考えられる。（16—24）

問「農作物」は「ノウサクブツ」か「ノウサクモツ」か

答「農作物」は「ノウサクブツ」と読むのか、それとも「ノウサクモツ」と読むのかという問題である。

「農作物」とは、農耕によって得られる生産物である。すなわち、田畑に栽培することによって得られる穀類・野菜類・果実類のことである。

結論から先に言えば、「農作物」は、「ノウサクブツ」と読むのが一般的であって、「ノウサクモツ」と読むのは、誤りであるとは言えないにしても普通には用いない。それならば、なぜ、「ノウサクブツ」か「ノウサクモツ」かの問題が起こってきたのかを考えてみると、「農作物」を意味する語に、別に「さくもつ」と言う語があり、これは「作物」と書く。（同じ表記の「作物」と書く「さくぶつ」と言う語もあるが、意味が異なる。）この「さくもつ」と言い「作物」と書く語に引かれて、「作物」に「農」を冠した同じ意味の語「農作物」を「ノウサクモツ」と読み誤ったところから生じた語であって、本来はノウサクブツと言うべきであろう。同じ語構成の「工作物」・「著作物」なども「〜サクモツ」ではなく、「〜サクブツ」である。

試みに辞典・参考資料などでの取扱いを見てみると次のとおりである。

『日葡《にっぽ》辞書』（慶長8〈一六〇三〉）・『和英語林集成』（初版・慶応3〈一八六七〉）を含めて、明治二十四年刊の『言海』から昭和六十三年末までに刊行された69種の主として国語辞典では、

○「のうさくぶつ」・「のうさくもつ」をともに見出し語に採録していないもの……………………18種
（主として大正以前のもので、昭和初期のものは2種。）
○「のうさくぶつ」・「のうさくもつ」をともに採録しているもの……………………4種
（昭和初期のもの1種、戦後のもの3種。）
○「のうさくぶつ」だけを採録しているもの……………………45種
うち、語釈のあとに、「のうさくもつ」の形を掲げているもの……………………21種
「「のうさくもつ」は、あやまり」としているもの……………………1種
○「のうさくもつ」だけを採録しているもの……………………2種

次に、NHK関係の資料では、一貫して「のうさくぶつ」を採り、資料によっては、「のうさくもつ」を標準ではないとして放送では排除している。特に、『NHK放送用語集――放送用語委員会決定事項――』（昭和52）では、

農作物〔ノーサクブツ〕「作物」を〔サクモツ〕と発音する類推から〔ノーサクモツ〕と誤って発音することがあるが、「農作物」の標準となる発音は〔ノーサクブツ〕である。（注：原文は横組み。）

と述べている。

〔注〕350ページ〈「宝物殿」を「ほうぶつでん」と読むのは正しいか。〉の項を参照。（16―25）

問 **「分別ゴミ」は「ブンベツ～」か「フンベツ～」か**

答 各自治体などが行っているごみの収集に際して、その処理の都合上、最小限、可燃物と不燃物とに分けて出すようにしている場合が多い。この不燃物のごみを「分別ゴミ」などとしている自治体が多いが、これを「ブンベツゴミ」と言うか、「フンベツゴミ」と言うかという問題である。

漢字で「分別」と書く語には、これを「ぶんべつ」と読む場合と、「ふんべつ」と読む場合とがあり、両者によって意味を異にする。

「ぶんべつ」と読めば、例えば、「種類・性質などによって別々に分けること。区別すること。」の意であり、「ふんべつ」と読めば、一般語としては、「物事の是非・道理を判断すること。わきまえること。また、そのような能力。」という意である。

「ぶんべつ」の複合語としては、「分別書き」・「分別書法」などがある。かつて、明治三十九年三月、文部大臣官房図書課が作成した分かち書きの案を「分別書キ方案」という。これは、国定教科書に用いようとした分かち書きのしかたの案である。

このほか、学術用語として、「分別結晶・分別昇華・分別晶出・分（別蒸）留・分別抽出・分別沈殿・分別分析・分別溶解」などがある。いずれも化学用語である。

「ふんべつ」の複合語・派生語としては、「分別顔・分別くさい・分別盛り・分別どころ・分別袋・分別らしい」などがある。

以上のことから判断すれば、「分別ゴミ」という場合の「分別」は、「ふんべつ」では意味をなさず、「ぶんべつ」でなければならない。そうしてこのように、ごみの種類によって、例えば、可燃物と不燃物（不燃物には、燃せば燃えるけれども燃えにくい物や、燃えるけれども著しく高熱を発したり、有毒ガス・悪臭・異臭・多量の煙などを発生するような物を含む場合が多い。）とに分けて集めるのを「分別収集」と言っている。

なお、「分別ゴミ」という語は、「分別」という語の意味から言えば、「種類・性質などによって分類したごみ」ということになる

が、実際には、主として可燃物からより分けた不燃物のごみ」の意味で用いられていることが多い。

　東京都区部の分別収集では、次の写真で見られるように、ごみを「普通ゴミ（野菜くず（生ゴミ）・紙くずなど。）」、「分別ゴミ（プラスチック・ゴム・皮革・金属・ガラス・セトモノ・筒型乾電池など。）」、「粗大ゴミ（ゴミ容器に入らない大きなゴミ）」の三種類に分けている。この「分別収集」という場合の「分別」と、「分別ゴミ」という場合の「分別」との意味には多少のずれがある。写真の表示板の下部の「ゴミはきちんと分別して出しましょう」という場合の「分別」は、前者の意味である。

　京都市では、空き缶だけを他のゴミとは別に収集し、他はすべてまとめて収集している。（上段、左側の写真参照。）

　なお、念のため、厚生省環境整備課に照会したところを要約すれば、

・「分別」は「ぶんべつ」と言っている。
・正式の用語ではないが、口頭で用いることがある。
・「分別収集」などとして用いる。
・ごみを可燃物・不燃物などに分けることを言うが、これ以外に、「粗大ゴミ」、「資源ゴミ（再利用できるもの）」など、各自治体によって分け方はいろいろであり、分けていないところもある。

ということであった。　（16―27）

問　「目途」は「モクト」か「メド」か

答　「目途」を「モクト」と読むのか、「メド」と読むのかという問題である。

　明治以降、今日に至るまでの大小各種の国語辞典64種について、「もくと」、及び、「めど」の見出し語の漢字表記がどのようになっているかを調べた結果は次のとおりである。

○「もくと」について

●見出し語として採録していないもの……5種

東京都区部の「ゴミ容器集積所」の表示板の１例（表示板の記載事項は、細部に小異のあるものもある。）

平成２年１月８日撮影

平成元年９月８日撮影

●「目途」としているもの……………………………59種
すなわち、「もくと」を見出し語として採録しているもののすべてが無条件で「目途」としている。

○「めど」について

●採録していないもの………………………2種
（どちらも戦後刊行のもの）

●「目処」としているもの………………………50種

●「目処・目途」としているもの………………5種
（いずれも、昭和48年以降に刊行のもの）

●「目途」としているもの…………………2種
（どちらも、明治年間に刊行のもの）

●「目途」とし、その第一義の場合は〈「針孔」とも書く〉とするもの……………………3種

●「めど」（仮名書き）としているもの（ただし、「目処」の形は掲げてある。）……………2種

（注1）「めど」は、ほとんどの辞典で、(1)目当て、目標などの意の場合と、(2)針の一端の糸を通すための穴（これに「針孔・針眼」の漢字を当てる。）の意の場合とを、その順序は不同であるが、別々に見出し語として立てている。しかし、中には、一つの見出しとし、語釈を分けているものもある。右の分類では(2)の方は無視してある。

（注2）戦後刊行の国語施策による書き表し方を示している辞典では、「目処」については、「処」に表外音訓であることの印を、「目途」については、全体として当て字であることの印を付けている。

常用漢字表（昭和56、内閣告示第1号）によれば、「目」には、字音として「モク・ボク」を掲げ、字訓として「め」と掲げてある。また、「途」には字音として「ト」が掲げてあり、字訓は掲げてない。

したがって、「目途」を「めあて」とか「目標」などの意味を表す「モクト」と読む語の場合は何も問題はない。これを「メド」と読むことは、仮に「途」の字音「ト」が連濁して「ド」となったものだと考えれば、不可能であるとは言い切れないかもしれない。

「途」が後ろ部分になる熟語には、「一途・帰途・使途・首途*・先途・前途・壮途・中途・長途・半途・別途・方途・冥《めい》途・用途」などかなりの数に上るが、このうち、「〜ど」というのは、先途・冥途の二語だけである。なお、*印を付けた「首途」は漢語としての読みは「しゅと」であるが、我が国では一般に「かどで」と読みならわしている。（ただし、常用漢字表の「付表」には掲げられていない。）

先途・冥途の場合に「途」を「ド」と使うことは、どちらも字音で読む熟語であり、「途」は連濁して読む習慣になっている語である。しかし、「目途」を「メド」と読む場合は、湯桶《ゆとう》読みとなり、これはそのような読みくせが認められていない以上、不適当であろう。

以上のようなことから言えば、「目途」は「モクト」と読む場合は、前述のとおり、何も問題はないが、「メド」と読む場合は、常用漢字表の音訓欄に掲げてある音訓による使い方からは外れていると見るべきであろう。

「目途《もくと》」と「めど」とは、極めてよく似た意味の語であって、辞典の「目途」の語釈中に、「めど」と掲げているものが多い。しかし、「めど」の語釈中に「もくと」を掲げているものは見当たらない。

ＮＨＫでは、『難語言いかえ集』（昭和28）で、「**モクト**（目途）」を「あてど、めあて、目的」と言い換えることとし、「〔……を——としている〕」を「……を目的としている、……をめざしている」との用例を掲げており、また、日本新聞協会編『新聞用語集』（昭

和56）では、「めど」と書き表すことにしているが、実際の新聞紙面では、片仮名書きの「メド」も散見する。（17―19）

問「青空の下」は「モト」か「シタ」か

答「下」という漢字は、名詞として「モト」とも読み、「シタ」とも読む。その場合に、「恒例の運動会が澄み渡った青空の下で行われた」などと用いるときの「下」は、「モト」と読むのが正しいか、「シタ」と読むのが正しいか、あるいは、どちらでもよいのか、という問題である。

結論を先に言えば、この場合は「青空のモト」と読むのが正しく、「青空のシタ」と読むのは誤りである。その理由は、「もと」と「した」それぞれの語の持つ意味から考えて、「もと」の方が、表現された内容に当てはまるからである。以下、その理由を明らかにするために、まず「した」の方から取り上げることにする。

この場合、「した」という語は「下」という漢字で書くが、その意味は、音読みで「上下・下段・下界」などと用いる「下」でもある。そこには基準点があって、それより低い方向のことである。逆に、高い方向が「上・うえ」である。すなわち、「うえ」と「した」を対比すると、「うえ」が高い方の位置であり、「した」が低い方の位置である。したがって、「青空」というのが「うえ」にあり、それより「した」のところで行われれば、「青空のシタ」となるのである。

しかし、この場合の表現内容は、たとえて言えば「青空」というのがドームのような天井であり、地上の方がその下にある、というような関係になる。そのような関係で「青空」をとらえれば、地上で行われたことに対して「青空のシタ」という言い方が成り立つが、実情は異なっている。一般的に言って、青空というのはどこまでも高く澄み渡っている大空のことである。そうだとすれば、地上で行われたことについて、青空を基準として「そのした」という連想は働かないのが普通である。

それならば、「もと」の方はどういうときに用いる語か、ということである。この場合に、前述の「した」は「下」よりほかに書き表し方がないが、「もと」には「元・本・基・下」など、いろいろの書き表し方がある。そのうち、ここでは、「下」という漢字を「モト」と読む場合について考えることにする。「下」という漢字で表す「もと」の意味は、音読みで、「脚下・部下・門下」などと用いる「下」である。それは、「上下」の関係で対応する「下」ではなく、「上に広がるものに隠れる範囲・影響を受ける範囲」の意味である。そうして、そういう場合には、「下」を「モト」と読むことになる。例えば、次のような場合の「下」が「モト」である。

大木の下に集まる　ろうそくの火の下で書く　白日の下に全身をさらす　教授の指導の下に研究を進める　法の下に平等である　正義の名の下に進む

このような場合には、「下」を「モト」と読むのが正しいわけである。

ところで、問題の「青空の下」というのは、実際にどのような場面になるのかということである。それは、澄み渡った青空が大きく広がる存在であり、そのような青空の影響を受けて、晴れ晴れとした気持ちで行われたことになる。そうして、「青空のモトで行われた」という表現は、正にこういう意味を表しているから、「青空の下」は「青空のモト」と読むのが正しいわけである。

それならば、「青空のシタ」という言い方は全く成り立たないかと言えば、そういうことはない。例えば、次の引用の「青空の下」には、「した」という振り仮名が見られるからである。

・彼は青空の下、高い所を悠々舞ってゐる鳶《とび》の姿を仰ぎ、人間の考えた飛行機の醜さを思った。（志賀直哉「暗夜行路」）

これは、空高くトビが飛んでいるのを眺めた描写である。情景としては、上に青空があり、それを基準としてその下にトビが舞っているのを地上から眺めたことになる。こういう場合は、正に「した」なのである。

したがって、「青空の下」とあれば、その「下」は必ず「モト」と読むのだ、と決めてかかるのは誤りである。基本になる考え方は、表現された内容から見て、「下」という漢字を、どういうときに「シタ」と読み、どういうときに「モト」と読むべきか、ということである。それには、類義語としての「した」と「もと」の正しい使い分けに基づく読み分けを心得ておくことが必要なわけである。

注　「もと」と読む「元・本・基・下」の使い分けについては、37ページの〈「元」・「本」・「基」・「下」の使い分け〉を参照されたい。

（17―20）

問　「二人組み」は「フタリグミ」か「ニニングミ」か

答　二人で組みになっていることを「ににんぐみ」と言うか、「ふたりぐみ」と言うかという問題である。

旧当用漢字音訓表（昭和23、内閣告示第2号）によれば、「二人」は「ににん」であり、「ふたり」の場合は、仮名書きで「ふたり」であった。したがって、「二人組み」は、音訓表に従う限り、「ににんぐみ」であった。その後、昭和四十八年に新しく内閣告示となった当用漢字音訓表（内閣告示第2号）では、その「付表」において「ふたり　二人」と掲げたので、「二人組み」は、「ににんぐみ」とも「ふたりぐみ」とも使えることになった。この音訓表は、後に、常用漢字表（昭和56、内閣告示第1号）に吸収され、今日に至っている。したがって、常用漢字表に従う場合、今日でも、「二人組み」を「ににんぐみ」とも「ふたりぐみ」とも使えるわけである。

各種国語辞典（『日葡《にっぽ》辞書』（慶長8〈一六〇三〉）、『和英語林集成』（第一版、慶応3〈一八六七〉）を含めて、『言海』（明治24）から、昭和六十三年末までに刊行された大小・新旧の国語辞典、約70種について見ると、見出し語（子見出しを含む。）として、「ににんぐみ」・「ふたりぐみ」のどちらか一方でも採録しているものは一つもない。ただし「ににん」だけを見出し語として採録しているものは、極めて少数ながらあり、「ふたり」を採録しているものは多数ある。しかし、「ににん」を含む複合語「二人掛（かり）・二人掛（け）・二人漕《こ》（ぎ）・二人三脚・二人称・二人乗（り）・二人張（り）」などを独立項目として採録している辞典は多く、さらに、「二人道成寺・二人比丘尼《びくに》・二人椀久《わんきゅう》」など固有名詞を採録しているものもあるが、「二人組み」を採録しているものは見当たらない。

「ふたり」の項では、「二人掛（かり）・二人掛（け）・二人漕（ぎ）・二人使（い）・二人乗（り）」などの複合語、「二人口は過ごせるが一人口は過ごせぬ」などの句を採録しているものはかなりの数に上るが、やはり「二人組み」を見出し語としているものは見当たらない。

ただわずかに、昭和五十七年刊の小型辞典の一つに、「ふたり」の項の第二義として、「ふたりで一（ヒト）組の人。」とし、その用例として、「―組・お―さん」と掲げているものがあった。

次に、『NHK放送用語ハンドブック』（昭和44刊、非売品）には、

ににんぐみ　2人組　①〔ニニングミ〕②〔フタリグミ〕

ふたりぐみ　ふたり組≪二人≫　①〔ニニングミ〕②〔フタリグミ〕

とある。（注：原文は横組み。〔　〕内は、発音を、≪　≫内は、使わない

漢字であることを示す。①・②は、①が標準の形であることを、「ク゚」は鼻濁音を示す。以下、NHKの資料において同じ。）

また、このハンドブックの「追補訂正資料」（昭和50）には、「**〈フタリ～〉〈ニニン～〉の両様の語**」の項に、

2人組（①「フタリ～」②〔ニニン～〕）

とあり、ここでは、「ふたりぐみ」を標準の形としているが、さらに、『NHK放送用語集――放送用語委員会決定事項――』（昭和52）では、〈「**2人（二人）」を含む語の読み**〉の項の「◇〔フタリ〕〔ニニン〕両用の語」の一つに「2人組〔①ニニン～ ②フタリ～〕」として、再び、「ににんぐみ」を標準の形としている。

このほか、NHKの『日本語発音アクセント辞典　改訂新版』（昭和60刊）、『放送のことばハンドブック』（昭和62刊）でも、同じく、「ニニングミ」を標準の形とし、「フタリグミ」をも認めている。

以上のとおりであって、現在では「二人組み」は、「ににんぐみ」とも「ふたりぐみ」とも言っており、どちらとも決めかねる状況にあるが、どちらか一方を選ぶとすれば、前者によるのが無難であると思われる。

なお、「ににんぐみ（ふたりぐみ）」を、昭和四十八年の内閣告示「送り仮名の付け方」に準拠して書くとすれば、「通則6の本則　複合の語（通則7を適用する語を除く。）の送り仮名は、その複合語を書き表す漢字の、それぞれの音訓を用いた単独の語の送り仮名の付け方による。」を適用してその本則によって「二人組み」とするのが妥当である。（この場合の「……ぐみ」に「通則4の例外」を適用するのは不適当である。）しかしこの語に「通則6の許容」を適用して「二人組」とすることも考えられる。また、無条件に、通則7を適用して「二人組」とすることは、少々無理であろうと思われる。

（付記）

1　「二人組みの強盗」などの場合は、「ににんぐみ……」と言った方がよいように思われるが、「仲良し二人組み」というような場合は、「……ににんぐみ」をあえて排除するというわけではないが、「……ふたりぐみ」と言った方が収まりがよいように思われる。

2　「二人掛かり・二人掛け・二人漕ぎ・二人乗り」などの場合も、「ににん～」「ふたり～」の両形があるようである。（17―21）

問　**「人間、到ル処、青山在リ」の「人間」は、「ニンゲン」か「ジンカン」か**

答　「人間到処在青山」という句の「人間」は、呉音で「ニンゲン」と読むのがよいか、それとも漢音で「ジンカン」と読むのがよいか、という問題である。この句は一般にことわざのように用いられているが、作者は江戸時代末期の僧で漢詩人の釈月性（一説に月性の門下で尊王攘夷の志士・村松文三とも）で、七言絶句「題壁（壁ニ題ス）」という詩の第四句である。

ところで、この句の意味であるが、国語辞典を見ると、「にんげん（人間）」の用例として引用された際の解釈が、大きく二つに分かれている。「故郷を出て大いに活躍すべきである」のような注記を加えるものが多いが、問題はその前の部分である。

A　人間はどこでも墓所の地とすることができる。

B　墓所の地はこの世の中のあらゆるところにある。

すなわち、Aは「人間」を「ひと」の意味に解釈したものであり、Bの方は「人間」を「世の中」の意味に解釈したものである。このような異同が生じるのは、「人間」という語が、「ひと」の意味と「世の中」の意味とを併せ持つとともに、この句の解釈としては、どちらの意味でも成り立つからである。しかし、作者の意図した意

味はいずれなのか、ということが問題である。

そこで、「人間」という語の意味であるが、仏教での用い方と漢文での用い方との間にも異同が見られるのである。まず、仏教での用い方であるが、中村元『仏教語大辞典』によれば、見出し語「にんげん（人間）」の下に、次の七つの意味がある。

①人びとの間。②人びとの住んでいる所。③衆生が輪廻する範囲である六道の一つ。④人間の世界。⑤世の中。⑥人びと。個々の人。⑦現代では人類を意味する。

仏教としての考え方の基本はこのうちの③であり、①から⑤まではいずれもこれに基づいている。⑥はその人間界に住む者にまで広げた用い方であり、最後に加えた⑦の「人類」というのが、仏教を離れた現代語としての意味である。このような意味から考えれば、前記Aのように「ひと」と解釈することもでき、Bのように「世の中」と解釈することもできるのである。

しかし、問題は、「人間」の漢文としての用い方である。この方は、諸橋轍次『大漢和辞典』によれば、次のようになっている。

㈠人の世。世間。俗界。㈡人。人類。俗に誤つていふ。

すなわち、「人間」というのは文字どおり「人の間」であって「世の中」のことであり、これを「ひと」の意味に用いるのは「俗に誤って」用いたものである。参考のために漢詩の用例を引くと、次のようになる。

・李白「山中答俗人」の一節

別有天地非人間（別ニ天地ノ人間ニ非《アラ》ザル有リ）

・白居易「長恨歌」の一節

天上人間会相見（天上人間、会《カナラ》ズ相見ン）

これらの場合の意味はいずれも「世の中」の方であり、これが漢文での用い方である。

そこで、作者の意図した意味であるが、漢詩人の教養としては、李白や白居易の詩を心得ていたと考えるべきである。さらに、この句に用いた「青山」であるが、これを日本で「墓所」の意味に用いるのは漢文での用い方である。前記『仏教語大辞典』には「青山白雲」の項があるが、「青山は理」「白雲は事」のたとえで、理想と現実とを象徴的に表すという。したがって、「墓所」というのは仏教としての用い方ではない。これに対して、蘇軾の詩に「是処青山可埋骨（是ノ処青山、骨ヲ埋ム可《べ》シ）」などの用い方があり、漢文で「墓所」と解する場合があるのは、ここから出たものと思われる。

それらの点を考え合わせれば、問題の句の「人間」については、漢文の本来の用い方に従って「世の中」の意味に解釈するのが、作者の意図に添ったものとなるわけである。

それにもかかわらず、この句の「人間」について「世の中」の意味のほかに「ひと」の意味の解釈も行われていることは、最初に取り上げたとおりである。この場合に、作者の意図に反して「ひと」の意味に解釈されるに至った理由を考えてみると、それは「人間」を「ニンゲン」と読んだ読みに由来することは明らかである。「ニンゲン」と読めば日本語として普通に用いる場合に「ひと」の意味になるのは当然である。しかも、この句としてはそのような解釈でも成り立つために、ことわざのような形で普及するに及んで、「ひと」の意味に落ち着いたとも言えるのである。しかし、この解釈が作者の意図に添わないことは、ここで見てきたとおりである。

この場合、前記引用の『大漢和辞典』では、「人間」の読みとして「ジンカン」と「ニンゲン」とが併記されているから、「世の中」の意味で「ニンゲン」と読むことも成り立つのである。しかし、この漢詩を取り上げた解説書の中には、「ニンゲン」と読んで「世の中」の意味としたあと、「ジンカンと読んで紛らしさを避ける人もある」などの注記を加えたものもある。また、『大漢和辞典』を三巻本にまとめ直した『広漢和辞典』では、「人間」の項が次のように改められている。

人間《ジンカン》①人の世。世間。俗界。②《ニンゲン》㋐ひと。人類。㋑ひとがら。

このような読み分けは、新しく編集された他の漢和辞典にも見られるのである。

このような事情から考えると、元の詩については、「人間」を「ジンカン」と読むことによって誤解を防ぐ方が好ましい読み方だとも言えるのである。ただし、すでに「人間」を「ニンゲン」と読んで「ひと」と解釈し、Aの意味でことわざのように広がっている現状を誤りとするには及ばない。ことわざとしては、本来の意味から離れて別の意味で広がる例が、他にもいろいろ見られるからである。（18―13）

問「極彩色」は「ゴクサイシキ」か「ゴクサイショク」か

答「極彩色の絵看板」のように、はでで濃厚な色どりを「極彩色」と言うことがある。この「極彩色」を「ゴクサイシキ」と読むのか、それとも「ゴクサイショク」と読むのかという問題である。

「極彩色」は、「彩色」に「極」を冠したもので、江戸時代から用例が見られる。浄瑠璃では「ゴクザイシキ」と読んだ例があり、国語辞典でも、明治期の『言海』（明治37）などは、それを見出し語形としている。現代の国語辞典にも、その語形があることを注記するものがある。これを「ゴクサイショク」とも読むことは、現行の辞典にも記載がなく、誤用と見て差し支えないが、近ごろ耳にすることの多い言い方である。

「彩色」は中国から入った語で、奈良時代から文献に見られる。古い用例には、「綵色」とするのもある。「彩」は「いろどり」、「綵」は「あやぎぬ」の意味で、元は別字であるが、「美しく色付けする」という意味で、通用して使われる。この読み方が「サイシキ」であることは、院政期の『色葉字類抄』、近世初頭の『日葡《にっぽ》辞書』などで確認される。ところが、近年、国語辞典では、これに「サイショク」という読み方を認めるものが多くなってきた。

現行の国語辞典十八種のうち、九種は何らかの形で「サイショク」という読み方のあることを示している。また、そのうち二種は、「サイショク」という語形で、参照見出しを立てている。これは、「色」に、シキ―呉音、ショク―漢音という二種類の字音があり、シキ→ショクという交替現象を起こしているためと考えられる。

まず、「色○」という二字熟語について見ると、これらはすべてシキで、例外はない。

色界　色覚　色彩　色紙　色情　色素　色相　色調

それに対して、「○色」という二字熟語には、シキと読むものとショクと読むものの両方がある。

〔シキ（ジキ）〕

禁色　五色　金色

〔ショク〕

異色　脚色　血色　原色　出色　染色　着色　特色
物色　配色　敗色　変色

これから分かるように、「―シキ」という熟語は数も少なく、古くから使われているものである。一方、「―ショク」は近世以前から使われているものもあるが、近代以降の新しい語を多数含んでいる。右に挙げていない例には、「三色（サンシキ／サンショク）」のように両形を持つものがあるが、「―シキ」の方が古い語感を伴う。また、「気色（ケシキ／キショク）」などは、別語と見るべきであろう。

さらに、「〇〇色」のような三字熟語になると、特殊な語で「木蘭色」（モクランジキ）などがないではないが、現代語としてはすべて「―ショク」である。

郷土色　国際色　中間色　天然色　反対色　保護色

三字熟語でも、「無彩色」「有彩色」などは、「〇〇―〇」か「〇―〇〇」か、判断に迷うところがあり、現在の国語辞典でも扱いがゆれている。しかし、語源的には「〇〇―〇」のように考えるべきである。そのほかの三字熟語にも、「灰白色」「黒褐色」「退紅色」など、語構成の分かりにくい語も少なくない。

「彩色」が「サイショク」とも読まれるようになったのは、古代から使われているにもかかわらず、現代でもよく使用されるので、新しく造られた語のように意識されるためもあるからと考えられる。また、「極彩色」が「ゴクサイショク」と読まれるのも、それに影響されたものと見られる。さらには、「極彩色」の語構成意識が薄れ、「天然色」などの連想から「〇〇色」という構成の三字熟語のように意識されるようになっていることも、関係があるだろう。

それでは、これらの「サイショク」「ゴクサイショク」という読み方を一般的なものとして認めてよいかとなると、問題は残る。先に示したように、国語辞典では、前者についても半数、後者についてはすべてがその読み方を認めていない。また、NHK編『日本語発音アクセント辞典』（日本放送出版協会、昭和60）では、「サイショク」「ゴクサイショク」のどちらも、許容の読み方としても示していない。このような事情を考えると、これらの読み方を一般的なものだとするのは、時期尚早だと見られる。（18―14）

問「一段落」は「イチダンラク」か「ヒトダンラク」か

答「仕事が一段落する。」という言葉の「一段落」を、「イチダンラク」と言うか、「ヒトダンラク」と言うかという問題である。

「段落」が文章の切れ目の意味を持つことは、中国に用例がある。ただし、日本でいつごろから使われるようになったかは、はっきりしない。また、それに「一」を冠して「一段落」という熟語として使うようになった時期も、明確ではない。ただし、それが文章の区切りの意味から、仕事や活動のひとまとまりの終わりの意味を示すようになったのは、近代になってからのようである。近代以後の用例で、「イチダンラク」という読み方を持つものには、次のような例がある。（ルビは、省略した。）

・私の為《た》めには此《この》試験は一段落で（森鷗外「羽鳥千尋」）

・話が一段落つくと（夏目漱石「三四郎」）

・その縫ひ物に一段落をつけてから、お茶を入れて（佐藤春夫「都会の憂鬱」）

・此間《このあいだ》中《ぢゆう》からの仕事が一段落をつげたと云ふだけの単純な満足が（寺田寅彦「障子の落書」）

現在出版されている十七種類の国語辞典で、この「一段落」を調べてみると、すべての辞典がこの語を「イチダンラク」として掲げている。「ヒトダンラク」としているものは、一冊もない。また、注記などの形で「ヒトダンラク」に触れているものもなかった。NHK編『日本語発音アクセント辞典』（改訂新版、昭和60）にも、「ヒトダンラク」という読み方は見当たらない。しかし、そのような言い方を耳にすることはあるし、意味の上からそれほど不自然に聞こえないことも確かである。

先に示した例では、「一」は「ひとつ」という意味と無関係ではないが、「すこしの」「ちょっとした」という意味に変わっている。「一」を冠する二字あるいは三字の熟語で、「イチ（イツ）」という読み方で、このような意味を持つものには、「一瞬」「一服」「一断面」「一面識」などがある。ただし、そう多くはない。むしろ、「ヒトー」という語形を持つものに、その例が見られる。

―汗　―雨　―口　―声
―言　―仕事　―芝居　―ひねり
―またぎ　―目　―休み　―わたり

このうち、「ひと仕事」「ひと休み」などは、「仕事」「休み」という名詞が動作的な意味を持っていて、一つの動作が完了する意味を表している。しかし、そのほかの「ひと汗」「ひと雨」などの「汗」「雨」などは、モノを表す名詞であり、動作的とは言えない。ところが、これらは「ひと汗かく」「ひと雨来る」のように動詞と結び付いて慣用的な言い方を作りやすい。そこから、「ちょっと」「すこし」などの程度を表す意味が生まれ、ある時間にひとまとまりの動作が終了する意味を表すことになるのである。

この「ヒトー」は、和語の名詞だけでなく、二字の漢語とも結合する。次のような例である。

―安心　―工夫　―苦労　―思案　―騒動　―悶着《もんちゃく》

いずれも、結合対象の名詞や結合形が動作性の意味を持つことが確認される。「一段落」が「ヒトダンラク」とも読まれるのは、このような「ヒト○○」という三字熟語からの類推かと考えられる。「段落」という語自体には動作的な意味はないが、「一段落」となって動作のまとまりを表すことから、このような「イチ→ヒト」という変化が起こりつつあるものと見られる。類似の意味を持つ「一区切り」が「ヒトクギリ」であることも、それと関係があるだろう。

しかしながら、はじめに述べたように、ほとんどの辞書で「ヒトダンラク」という語形は認めていない。また、「イチダンラク」では、その意味を表すのに不都合だとも考えにくい。そのような点からは、「ヒトダンラク」という言い方は許容としては認められても、普通の言い方としては「イチダンラク」を採るのが穏当であろう。　（19―15）

問　「共存」は「キョウソン」か「キョウゾン」か

答　「共存共栄」「平和共存」というような場合、この「共存」を「キョウソン」と読むか、それとも「キョウゾン」と読むかという問題である。

「存」には、ゾン―呉音、ソン―漢音という二つの字音があり、共に「常用漢字表」に掲げられている。また、よく使われる二字熟語には、①アル、②タモツ、③オモウの意味があり、②と③では「ゾン」と読む場合がほとんどである。

②存命・存生《ぞんじょう》／保存・温存
③存分・存外・存知・存念／一存・異存・所存

それに対して、①の意味では、前要素になる場合は例外なく「ソン」と読む。

①存在・存続・存立・存否・存亡

ところが、後要素になる場合は、「ソン」と読むもの（厳存）、「ゾン」と読むもの（生存）、両方の読み方があるもの（依存）などに分かれる。このうち、「依存」のように両方の読み方があると見られるものには、「既存」「現存」「残存」「併存」などがある。ここで問題とする「共存」も、これらと同じく、読み方にゆれのある類に属すると考えられる。

これらの語に、現在刊行されている二十三種の国語辞典で、どのように読み方が示されているかを整理すると、次のようになる。

（このうち、「併存」は二種の辞典では見出しに立てていない。これを見出しとする辞典には、「併存・並存」のように、「並存」という表記をも掲げるものがある。また、一部の辞典には、「現存」に「見存」の表記もあったことを示すものがある。）

次表で、「―○○」も掲げるもの、とした中には、語釈の末尾にその語形を示すもの、「……とも」とするもの、見出し語形に等号（＝）を付するものなどが含まれる。

この結果をまとめると、次のようになる。

	「―ソン」だけを見出しとするもの	「―ソン」を見出しとし、「―ゾン」も掲げるもの	「―ゾン」を見出しとし、「―ソン」も掲げるもの
依存	1	20	2
既存	20	3	—
共存	1	22	—
現存	2	21	—
残存	2	21	—
併存	2	19	—

(1)　少数ではあるが、「―ソン」だけを認め、「―ゾン」という語形を示さない辞典がある。

(2)　大部分の辞典は、「―ソン」を標準的な語形とし、「―ゾン」も許容として認めている。

(3)　右の一般的な傾向にもかかわらず、「既存（キソン）」だけは「―ゾン」を認めるものが少ない。

(4)　「―ゾン」を標準的な語形とするものは「依存」に限られ、その辞典は比較的最近刊行されたものである。

このような傾向は、これらの語が本来は「―ソン」という読み方だけを持っていたことを示唆している。それが「―ゾン」とも読まれるようになったのは、比較的近年のことのようである。それは、類推といわゆる「連濁」という現象とによって説明できる。

連濁とは、日本語で複合語の後要素の語頭子音が濁音化する現象のことである。「青空（アオ＋ソラ→アオゾラ）」、「桟橋（サン＋ハシ→サンバシ）」などがそれに当たる。中世から近世にかけて、この現象は広く見られたが、現代語では和語には残っているものの、漢語では退化したとされている。ただし、近世以前から使われている「信者（シンジャ）」「長者（チョウジャ）」などには、その名残が見られる。また、撥《はつ》音の後では濁音化する傾向が強く、次いで長音の後で濁音化しやすいとされる。

ところで、右の六語はいずれも近代になってからよく使用されるようになったと見られる。中国の古典にも存在した形跡がなく、明治期以降に造語された可能性が強い。（「現存」だけは平安時代から使用例があり、古辞書（易林本『節用集』）に「ゲンゾン」という読み方もあったことが確認される。）明治時代の辞書であるヘボンの『和英語林集成』（第三版、明治19）、大槻文彦の『言海』（明治22―24）にも、この六語は収録されていない。これらがいつごろから一般に使用されるようになったのかは未調査であるが、『明解国語辞典』（昭和18）には、「併存」を除く五語が載っている。そのうち、「既存」「共存」「現存」「残存」の四語は「―ソン」として掲げられ、「―ゾン」という語形は示されていない。ただし、「依存」だけは「イゾン」で掲げられ、「イソン」については何も触れられていない。

このような事情から推測すると、これらの〈アル〉という意味を持つ「―存」という語は、近代以降によく使われるようになり、始めは「―ソン」という読み方を持っていたと考えられる。それが、「―ゾン」と読まれるようになったのは、一つには〈タモツ〉〈オモウ〉などの意味を持つ「—存」という語がいずれも「—ゾン」という語形であったため、類推からそれに引かれたものと見られる。また、これらは撥音や長音に続くものが多く、連濁現象を起こしやすいことも、その原因と見られる。（「既存」に「キゾン」という語形を認める辞典が少ないのは、それと関係があるだろう。）

現在刊行されている漢和辞典や漢語辞典でも、ほぼ国語辞典と同様の傾向が見られる。ただし、これらの語をすべては掲載していないものも多い。また、国語辞典に比べると、「—ゾン」という語形を載せることが少ない。「共存」を掲載している八種の辞典のうち、三種は「キョウソン」と「キョウゾン」を併記しているが、他の五種は「キョウソン」のみしか掲げていない。

NHK編『日本語発音アクセント辞典』（改訂新版、昭和60）では、「併存」を除く五語が収録されているが、その読み方は、次のようになっている。

依存—イソン（イゾン）　既存—キソン　共存—キョウソン　現存—ゲンソン　残存—ザンソン

すなわち、「依存」だけは「イゾン」を許容としているが、その他は「—ソン」だけを標準的な語形としている。

これらから考えると、問題の「共存」は、本来の読み方としては「キョウソン」が適当であると判断されるが、「キョウゾン」という読み方を否定することはできないだろう。

〔付記〕右のうち「依存」はやや他の語と異なる傾向を持つが、それについては338ページで解説しているので、参照されたい。

（20—17）

問 **「遺言」は「ユイゴン」か「イゴン」か**

答 「遺言」は、「ユイゴン」とも読み、「イゴン」とも読むが、この両者は同じ意味であるのか、それとも意味を異にし、使い分けを要するのかという問題である。

「ゆいごん」は歴史的仮名遣いでは「ゆゐごん」であり、「いごん」は「ゐごん」である。

現行の各種国語辞典での「ゆいごん」・「いごん」の取扱いを見ると、例えば、「ゆいごん」の項では、

自分の死んだあとの事について言い残すこと。また、その言葉。（用例省略）（法律上では）「いごん」という。

などとしており、「いごん」の項では、

①「ゆいごん（遺言）」に同じ。②「ゆいごん」の法律上の読み方。人が自分の死後に効力を生ぜしめる目的で一定の方式によってなす単独の意思表示。その内容として、認知、相続人の廃除、相続分の指定、遺贈などが認められている。（以上、『大辞林』による。）

辞典によっては、「ゆいごん」の項の前半の語釈を①とし、「〔法律上では……〕」を②とし、「いごん」の項では〈「ゆいごん」の法律用語〉としているものや、参照項目扱いをしているものもある。

昭和五十六年、内閣告示「常用漢字表」では、その「遺」の項に、

漢字	音訓	例	備考
遺	イ	遺棄、遺産、遺失	
	ユイ	遺言	「遺言」は、「イゴン」とも。

とあり、法律用語とは断っていないが、「遺言」は、「ユイゴン」とも「イゴン」とも使うことを示してある。なお、漢字表の音訓欄で、「ユイ」の音の表記が右寄せになっているのは、この音が「特

別なものあるいは用法のごく狭いものである。」ことを示している。

報道関係の用語集、用字例などの類では、次のようである。なお、日本新聞協会の『新聞用語集』には、各年版ともに「ゆいごん」も「いごん」も採録しておらず、他社のものにも採録されていないものが多い。

NHKでは、かつては、「いごん」は「原則として放送では使わない。」としていたが、『ことばのハンドブック』(平成4・3・25)には

遺言〔ユイゴン〕
(法律用語としては〔イゴン〕)

とある。

また、時事通信社の『全面改訂記事スタイルブック』(平成元・9・15)には、

いごん → 遺言〈法律用語。一般用語としての読みは「ゆいごん」〉
ゆいごん → 遺言〈法律では「いごん」〉

とある。なお、同書のこれ以前の版には不採録。

読売新聞社の『用字用語辞典』(平成2・5・30)には、

ゆいごん　遺言「親の──」「──状」
参考　法律用語としては「いごん」と読む。

とある。

上述のように、現行の各種国語辞典によっても、報道関係の用語集、用字例の類でも、「遺言」は、一般用語としては「ゆいごん」であり、法律用語としては「いごん」であると説明しているが、法律用語としては常に必ず「いごん」であり、絶対に「ゆいごん」は用いられないかというと、どうもそれほど明確に「いごん」に限られているわけでもなさそうである。

法律では、明治二十三年の「民法財産取得編人事編」に「遺言」の規定が見られるが、それ以来法律の条文として、「遺言」の読み方を規定しているものはない。試みに、法律用語・法令用語・法律学関係の専門辞典(事典)に当たってみると、数は少ないが、「遺言」の配列順、又は、索引において、「遺言」を「ゆいごん」としている辞典もあり、また、「いごん」の項で「ゆいごん」とも言うことを認めている辞典もある。例えば、『民事法学辞典　下巻』(昭和35・12・15)では、索引にはイの部にもユの部にも「遺言」を掲げてあるが、どちらも掲載箇所を示すページ数は同じであり、本文では「ユイゴン」と読むものとして解説してある。

『必携法令難語辞典』(平成元・7・1)には、その索引に「遺言[いごん、またはゆいごん]」とあり、本文ではイの項に掲げ、

遺言　──　読**いごん**または**ゆいごん**

と注した後に説明をしている。

以上のようなことから考えると「遺言」は一般用語としては「ユイゴン」であり、法律関係者の間では「イゴン」が習慣的に用いられているが、「ユイゴン」を用いる人もなくはなく、「ユイゴン」と言うのを誤りとして排除しているわけでもないようである。

ヘボンの『和英語林集成』(第一版〜第三版)では、その見出しに、

YUI-GEN or YUIGON. ユヰゲン, 遺言 (注:第三版では、YUIGEN, ...)

とある。

明治の代表的な国語辞典、『言海』(明治24)、『日本大辞書』(明治26)、『日本大辞林』(明治27)、『帝国大辞典』(明治29)、『日本新辞林』(明治30)などには、いずれも見出しとして「ゆゐごん」は採録

してあるが、「ゐごん」は採録していない。ただし、これらの辞典では『日本大辞林』を除いて、「ゐげん（遺言）」は採録してあり、その語釈には〈「ゆゐごん」に同じ。〉などとある。

これらの辞典の「ゆゐごん」の語釈は、例えば、

・人ノ今際《イマハ》ニ言ヒ遺《ノコ》ス詞。（言海）
・臨終ニ言ヒ遺ス言葉。（日本大辞書）
・臨終に言ひ遺す言辞をいふ。（帝国大辞典）

などとあり、法律用語のことには触れていないが、『辞林』（明治44）には、「ゆゐごん」「ゐげん」「ゐごん」の項があり、「ゐごん」は「ゐげん」を見よとしている。その「ゐげん」に法律上の取扱いとして「死者が自己の死亡後に法律上の効力を生ぜしむる目的を以てなしたる意思表示。」が示してある。

参考1：「遺言」が法律上有効なものであるためには、「民法」に定めてある方式によったものでなければならない。

すなわち民法の第九百六十条に「遺言は、この法律に定める方式に従わなければ、これをすることができない。」とあり、以下、第九百六十一条から第千二十七条までにわたって、細かく定められている。

これによれば、「遺言は、満十五歳に達した者は遺言をすることができる。」とあり、方式には「普通の方式」として、「自筆証書遺言」「公正証書遺言」「秘密証書遺言」の三種。「特別の方式」として、「死亡危急者の遺言」「伝染病隔離者の遺言」「在船者の遺言」「船舶遭難者の遺言」の四種があり、それぞれに具備すべき要件が定められている。（詳しくは、六法全書、法規集等について見られたい。）

参考2：「遺言」と書いて「いげん」と読むべき場合がある。かつて「いげん」も「遺言」の意で用いられたことは、前掲の『辞林』の記述で知られるが、現在では「いげん」は「いごん・ゆいごん」の意には用いず、専ら「先人の残した言葉」、「先人が生前に唱えていたこと」などの意を表す語として用いている。（20―18）

問　「副読本」は「フクトクホン」か「フクドクホン」か

答　学校・研修会・講習会等で、授業・研修・講義の際に用いられる正規の、主として国語、又は、日本語の教科書、すなわち「読本《とくほん》」のほかに、補充・補助として併せて用いる教科書（読本）が「副読本」であるが、これを「フクトクホン」と言うか、それとも「フクドクホン」と言うか、又は、発音がゆれている語で、どちらでもよいのかという問題である。

明治二十一年発行の『漢英対照いろは辞典』から平成五年七月までに発行の各種国語辞典にヘボンの『和英語林集成』（第一版～第三版）の3種、及び、『和英辞典』（昭和34・10・1）1種を加えた計87種のうち、この語を見出し語として採録してない31種を除く56種について、「ふくとくほん」、又は、「ふくどくほん」の採録状況を見ると、次ページの第1表のとおりである。

この語は、辞典に採録されるのが比較的遅かった語であり、明治、大正年間に発行の辞典には採録されておらず、また、戦後発行のものでも採録していないものがある。

「副読本」を「ふくとくほん」の形で最も早く採録した辞典は、昭和三年発行の国語辞典であり、「ふくどくほん」の形で採録した辞典は、昭和二十四年発行の国語辞典である。

なお、発行年の古いものは「ふくとくほん」で採録しているものが多く、新しいものでは「ふくどくほん」が多いという傾向があ

第1表　国語辞典・和英辞典　56種

○「ふくとくほん」と「ふくどくほん」を別項で採録しているもの…………………… 0種
○「ふくとくほん・ふくどくほん」を併記しているもの……………………………………… 0種
○「ふくとくほん」だけを採録しているもの………………………………………………… 27種*1
（うち，語釈の後に「ふくどくほん」の語形を掲げているもの…… 7種）
○「ふくどくほん」だけを採録しているもの………………………………………………… 29種
（うち，語釈の後に「ふくとくほん」の語形を掲げているもの…… 8種）*2

計　56種

〔注〕*1　反対語・対義語として，「正読本」を掲げているもの………………………… 5種
（うち，「正読本」を別項に採録しているもの……………… 1種）
同義語として，「補充読本」を掲げているもの………………………………… 1種
*2　うち，別項に「せいとくほん」を採録しているもの……………………… 2種
（「副読本」の項に，反対語・対義語などとしてではなく。）

る。〔どちらも、他の形を掲げているものが四分の一ぐらい（いずれも戦後発行のもの）ある。〕

この語は発音がゆれているらしく、採録している辞典のうち、版によって語形を異にするものを、その版には不採録のものも含めて整理してみると第2表のとおりである。

第2表

辞典A	第一版（昭和30年）	ふくとくほん↔正読本	☆正読本
	第二版（昭和44年）	ふくとくほん↔正読本	
	第三版（昭和58年）	ふくどくほん	
	第四版（平成元年）	ふくどくほん	
辞典B	第一版（昭和35年）	ふくどくほん	
	第二版（昭和49年）	ふくどくほん	
	第三版（昭和57年）	ふくどくほん（ふくとくほん）	
	第四版（平成4年）	ふくどくほん（ふくとくほん）	
辞典C	第一版（昭和38年）	／	
	第二版（昭和46年）	／	
	第三版（昭和54年）	／	
	第四版（昭和61年）	ふくどくほん（ふくとくほん）	
辞典D	第一版（昭和32年）	／	
	第二版（昭和48年）	ふくどくほん	
	第三版（昭和56年）	ふくどくほん	
	第四版（昭和62年）	ふくどくほん	

〔注〕↔……反対語・対義語等　☆……別項に採録
（　）……語釈の後に掲げた語形　／……どちらも不採録

以上の国語辞典・和英辞典の見出し語の表記について見る限り、

傾向としては、かつては、「ふくとくほん（「ふくどくほん」とも）」が優勢であったものが、現在では「ふくどくほん（「ふくとくほん」とも）」が優勢になってきたと言えよう。

　ＮＨＫ編の『日本語アクセント辞典』（昭和18・1・15第一版・昭和26・3・22第二版）、『日本語発音アクセント辞典』（昭和41・8・10第一版・昭和60・6・10改訂新版）、及び、一般書店発行のアクセント辞典〔A〕（昭和33・6・20第一版・昭和56・4・20第二版）〔B〕（昭和35・6・30第一版）では、すべて「フクドクホン」だけを掲げ、「フクトクホン」の形は掲げていない。

　次に、「読本」が後接するいくつかの語、例えば、

*イエスシ読本　国語読本　人生読本
*ハタタコ読本　日本語読本　文章読本
*ハナハト読本　国定読本　ローマ字読本
*サクラ読本　小学読本

（注）＊は、それぞれ第一期、第二期、第三期、第四期の文部省著作国定教科書の俗称である。

などの「読本」は、「トクホン」であるのか、「ドクホン」であるのかについて検討してみると、これらの語は見出し語としてはほとんど辞典に採録されていないので、よりどころに乏しくはっきりしたことは言えないが、『新明解国語辞典　第四版』の「とくほん（読本）」の項に、

〔語釈省略〕。「副──《ドクホン》」。（説明省略）。
　例、「文章──」（アクセント記号省略）

とあるところから、この辞典のこの項では、「副読本」は「フクドクホン」、「文章読本」は「ブンショウトクホン」を採っていることが分かる。なお、この辞典は、「ふくどくほん」の見出しの下に「副読本」とあり、その項には、「ふくとくほん」の形も掲げてある。

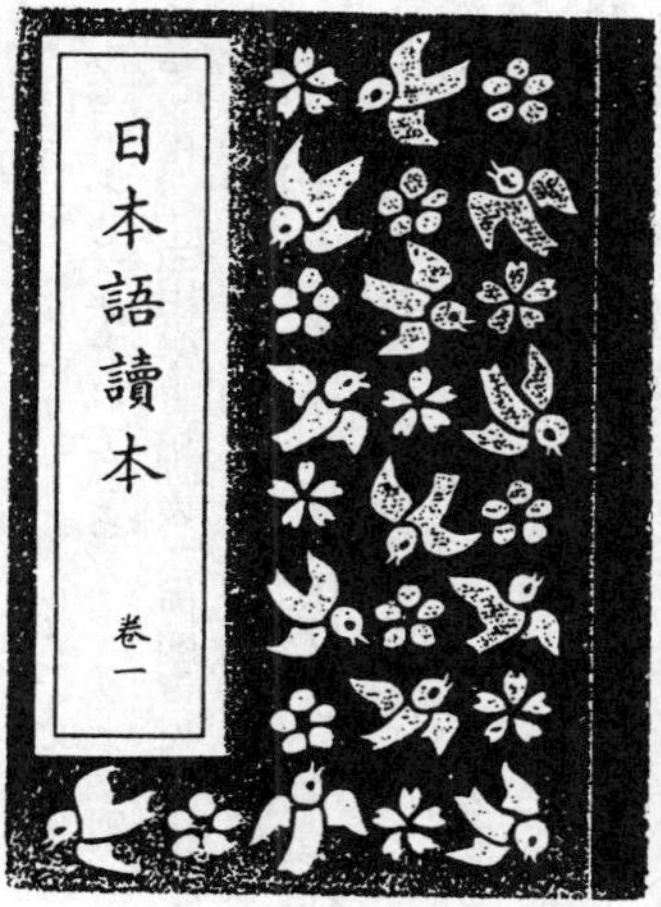

〔縮　写〕
日本語教育振興会
昭和16.10.15，発行

〔縮　写〕
俗称　「サクラ読本」
著作兼発行者：文部省
昭和８．１．31，翻刻発行

また、『三省堂現代国語辞典』（第一版）の「とくほん」の項の語釈の後の用例に〈「文章──《どくほん》」〉として掲げられている。

　以上のとおりであって、「副読本」の発音を「フクトクホン」か「フクドクホン」かのどちらかに決めようとする場合は、「フクドクホン」を採る方が無難であると言えよう。

ただし「フクトクホン」を、誤りとか望ましくないとして排除するのは行きすぎであろう。

ついでながら、「人生読本」については、現在（平成5・9現在）、NHKのラジオ第一放送で、週日の毎朝午前5時45分から「人生読本」の題目で各界の人の放送があるが、アナウンサーはこれを「ジンセイドクホン（の時間）です。」などと言っている。

「イエスシ読本～サクラ読本」、「国語読本」などは、人によって「トクホン」とも「ドクホン」とも言っているようである。すなわち、発音のゆれている語である。　　（20―19）

問　「端緒」は「タンショ」か「タンチョ」か

答　物事を始めたり、解決したりするいとぐちの意味の「端緒」は、「タンショ」と読むか、「タンチョ」と読むかの問題である。

『日葡辞書』（慶長6）には、「たんしょ」「たんちょ」ともになく、『和英語林集成』（明治19）には「たんしょ」があって、「たんちょ」がない。それ以後の国語辞典の中には、「たんしょ」を掲げ、「たんちょ」の方には、「たんしょの誤読」又は「慣用読み」としているものがある。

漢和辞典を見ると、「緒」は漢音「ショ」、慣用音「チョ」となっており、

緒言　緒戦　緒論　情緒　心緒　緒につく

などは、「ショ」にも「チョ」にも読めるように記されている。また、「端初」とも書くという注のあるものもある。

近代文学作品の中から、その用例を捜すと、次のようなものがある。

・純一《じゅんいち》はそれが耳《みゝ》に止《と》まつたので、それまで独《ひとり》で思《おも》つてゐた事《こと》の端緒《たんちょ》を失《うしな》つて、ふいとかう思《おも》つた。（森鷗外「青年」）

・併《しか》しお玉《たま》はその恩《おん》に被《き》てゐると云《い》ふことを端緒《たんちょ》にして、一刻《いっこく》も早《はや》く岡田《をかだ》に近《ちか》づいて見《み》たい。（森鷗外「雁」）

・真面目《しんめんぼく》な漢蘭《かんらん》医法《いはふ》比較《ひかう》研究《けんきう》の端緒《たんちょ》が此《こゝ》に開《ひら》かれたかも知《し》れない。（森鷗外「渋江抽斎」）

・「依《よつ》てこの間《あいだ》中《ちゅう》よりギボシ、モンセン、スミス等《とう》諸家《しょか》の著《ちょ》述《じゅつ》を渉猟《せふれふ》致《いた》し居《をり》候《さふら》へども未《いま》だに発見《はつけん》の端緒《たんしょ》をも見出《みいだ》し得《え》ざるは残念《ざんねん》の至《いたり》に存《ぞんじ》候《そろ》。」（夏目漱石「吾輩は猫である」）

右のように、全集（岩波書店）の振り仮名によれば、森鷗外は「たんちょ」、夏目漱石は「たんしょ」と読んでいることが知られる。

「常用漢字表」（内閣告示、昭和56）には、「緒」に「ショ・チョ」の音が掲げられている。その「チョ」が一字下げになっているのは、特別なもの又は用法のごく狭いものを示すのである。その用例欄を見ると、

ショ……緒戦、由緒、端緒
チョ……情緒　　「ジョウショ」とも。

となっており、「チョ」は「情緒」についての特例で、「端緒」は「タンショ」として示されている。

「チョ」は、「当用漢字音訓表」（内閣告示、昭和23）には、採用されていなかったが、改定された「当用漢字音訓表」（内閣告示、昭和48）では、「チョ」が一字下げて掲げられた。これが「常用漢字表」の音訓欄に引き継がれたのである。

『新聞用語集』（昭和56）では、「タンショ」を採り、「タンチョ」ともとしているが、NHKでは逆に「タンチョ」を採り、「『常用漢字表』では、『タンショ』」という注を付けている。（『新用字用語辞典』昭和56）

このように、新聞と放送では、「端緒」の読みが異なっており、統一がとれていないのが現状である。

しかし、前に掲げた「常用漢字表」の示し方に従えば、現在では、「端緒」は「タンショ」が標準であり、「情緒」は、「ジョウチョ」でも「ジョウショ」でもよいということになる。

なお、「情緒」は「ジョウチョ」か「ジョウショ」かについては、336ページに解説がある。(20―20)

問 「旅客」は「リョカク」か「リョキャク」か

答 乗り物に乗る人の意味で用いる「旅客」という語は、「リョカク」と読むか、「リョキャク」と読むか、という問題である。

この「旅客」というのは運輸関係の専門用語であって、日本国有鉄道『鉄道辞典』(昭和33・3)には、次のように掲げられている。

・りょかく 旅客 鉄道運輸の客体である自然人をいう。

この語を含め、その複合語「旅客運送・旅客運輸・旅客収入・旅客列車」など、その見出しはすべて「りょかく」で、「りょきゃく」については、空見出しも立てられていない。したがって、法令用語として、次のような条文の「旅客」も「リョカク」と読むと考えてよい。

・商法 第八章運送営業 第二節旅客運送第五百六十九条 運送人トハ陸上又ハ湖川・港湾ニ於テ物品又ハ旅客ノ運送ヲ為スヲ業トスル者ヲ謂フ

また、最近の法制局関係者の手になる『法律用語辞典』では、「りょかく」を見出しに立て、「法令上は、一般的に、自動車、鉄道、船舶、航空機等による運送の対象となる人を指す(例、旅客運賃、旅客船)。」とあり、「りょきゃく」とも読むと注している。更に、東日本旅客鉄道株式会社に、この件について問い合わせたところ、正式にはすべて「りょかく」であるとのことであった。

本来、この「旅客」という語は漢文で用いた語であって、その読み方は「リョカク」である。諸橋轍次『大漢和辞典』もその読みを「リョカク」とし、焦延寿『易林』の次の句を引用している。

・路ニ枳《キ》棘《キョク》多ク、前《スス》メバ我ガ足ヲ刺シ、旅客ニ利アラズ。

「客」には、「カク」と「キャク」との二つの音があり、「カク」は漢音、「キャク」は呉音である。漢音と呉音との間に用法上の違いがあるだろうか。一般に、漢文では漢音を採ることが多く、呉音は仏教関係で多く用いられてきて、どちらかと言うと日常の通俗の用語に呉音であるものがしばしば見られる。(「世間(せけん)」「明日(みょうにち)」など。)漢文ではこの、「お客」の意味でも「カク」と読まれている。この種の「客」という語が多用されている『礼記・曲礼上』においても、『国訳漢文大成』によれば、「客」の振り仮名がすべて「カク」となっている。

・主人ハ門ヲ入リテ右シ、客《カク》ハ門ヲ入リテ左ス。主人ハ東階ニ就キ、客《カク》ハ西階ニ就ク。

一方「観光客」、「遊覧客」などは普通に「キャク」であろう。「客車」「乗客」なども、「旅客」に関するとすれば、「カク」になってよいはずであるが、前記『鉄道辞典』では「キャク」である。かようにして「客」の読み方には不確定の要素がある。「客」の場合も、漢文風の文脈では「カク」と読まれることが普通で、その多くは「たびびと」の意である。例えば

客子 客死 客思 客愁 客情 客窓 客地 客亭
客遊 過客 閑客 孤客

などで、「旅客」もその一つである。次のような「客車・客船」も漢文では、「カク」と読む習わしであるが、それも「たびびと」の乗る車や船なのである。

・夜店鶏一声、蕭々トシテ客車動ク。（司馬札「道中早発詩」）
・夜半ノ鐘声、客船ニ到ル。（張継「楓橋夜泊」）

それに対して次のような語は、日常語として、呉音の「キャク」が一般的になっており、その意味は「お客」「来訪者」「とくい」などである。

客席　客用　観客　弔客　客商売　客布団　客止め
客寄せ　客脚　客間　相客　独り客

して見ると、「カク」は「たびびと」、「キャク」は「お客」というように区別できるようにも思われるが、「旅客」の読みに関しては、第五期国語審議会が「語形の「ゆれ」について」（昭和36・3）の第二部として、「発音の「ゆれ」について」を取り上げた際の資料の中に掲げられている。すなわち、「二つの言い方がある語」の一覧表において、好ましい言い方が「リョカク」であり、ゆれとして「リョキャク」が示されている。その根拠となったのは、日本放送協会『日本語アクセント辞典』（昭和26）の扱いである。

「リョカク」は漢文風の伝統的な読み方であるとして、それならば、なぜ「リョキャク」という読み方が行われるに至ったか。「旅客」だけでなく、近年の辞書等に「客死、客舎、客情」などにも「キャク」の読み方を参照させているものが見られるのであるが、それは、単独語の「客」が「キャク」と読まれていることと無関係ではない。また、「旅客」については、「旅をするたびびと」ではなく、「毎度御乗車ありがとうございます」と言うべき「お客」であるとの理解が行われるようになったからでもあろう。

しかし、「旅客」の本来の意味が「旅をするたびびと」であって、「旅をするお客」でないことは、初めに見てきたとおりである。また、専門用語としての「旅客」が「リョカク」と読まれていることも、最初に引いたとおりである。

したがって、その趣旨を尊重する立場を好ましいと考える場合は、これを「リョカク」と読む方がよいと言えるわけである。

〔付記〕「旅客機」の読み方については、346ページで解説しているので、併せて参照されたい。（20―21）

問 **「追従」は「ツイジュウ」か「ツイショウ」か**

答 「追従」という漢語には「ツイジュウ」「ツイショウ」という二とおりの読み方があるが、どちらに読んでもよいのか、それとも読み方によって意味も違うのかという問題である。

「追」の字音は、呉音・漢音ともに「ツイ」、「従」の字音は、呉音「ジュ」、漢音「ショウ」、慣用音「ジュウ」である。したがって、慣用音によれば「ツイジュウ」、漢音によれば「ツイショウ」と読むことになるわけである。

「追従」は、古く『懐風藻』に次の例が見える。

・神仙《しんせん》の迹《あと》を訪《と》はまく欲《ほ》り、追従《つゐじゆう》す吉野の潯《きし》。（大伴王。駕に吉野宮に従ふ、応詔）

これは『日本古典文学大系』の読み方によるのであるが、「神仙の跡を尋ねようと思って、天子の御車に従って吉野川のほとりにつどう」という文意であって、「追従」は、「あとについて行く」「人のお供をする」という意味で使われている。

「ツイショウ」については、古典に次のような用例がある。（ルビは『日本古典文学大系』による。以下同じ。）

・女はさるべき人の追従《つゐせう》するにつけてこそ、やむごとなくも、なほおはしませ。（宇津保物語―蔵開下）

これは「女は然《しか》るべき人がお供をすると尊く見えるものです」という意であって、「追従」は「人のお供をすること」という意味である。また、次のような例もある。

・心のまゝなる官爵にのぼりぬれば、時に従がふ世の人の、下には鼻まじろきをしつゝ、追従《つゐしよう》し、気色とりつゝ従ふ程は、おのづから、人と思《おぼ》えて（源氏物語―乙女）

これは、「官位に昇ってしまうと、時世の権勢に従う世間の人が、内心では鼻であしらって馬鹿にしながらも、表面ではこびへつらって御機嫌をとりつつ従う」という意であろう。

・はかなき、花・紅葉《もみぢ》につけても、雛《ひゝな》遊びの追従《つゐしよう》をも、ねんごろにまつはれ歩《あり》きて、心ざしをみえ聞え給へば（同右）

ここは、「夕霧《ゆうぎり》が雛遊びの時に雲井雁《くもいのかり》の相手をして御機嫌をとること」の意に解される。しかし、右の二例は、単に「あとに付き従う」の意に解することもできなくはない。しかし、次の用例になると、明らかに「こびへつらうこと」の意味で使われている。

・かの、鹿を馬と言ひけん人の、ひがめるやうに、追従《つゐしよう》するなど（源氏物語―須磨）

・前の帥のみぞ、「追従ぶかきおいぎつねかな。あな愛敬な」と申給ける。（大鏡―三・師輔）

・人より追従（tçuixô）せらるることを、真《まこと》と信ずるならば、遂にはその身の損失となり、あまっさへ諸人より嘲けられうことは疑ひない。（天草本伊曽保物語―鳥と狐のこと）

以上の古典の用例を見ると、古くは「ツイショウ」という読み方で、「あとに付き従うこと」の意味にも「こびへつらうこと」の意味にも用いられていたことが知られる。ただし、室町時代末期に刊行された『日葡辞書』や、幕末に刊行された『和英語林集成』に採録された「追従」（ついしょう）には、「おべっか」「御機嫌取り」「へつらう」という意味だけしか掲げられていない。

山田美妙の『日本大辞書』（明治25）には、次のように記載されている。

つゐしよう（追従）(一) 人ヲ追ツテ其後チニ従フコト。(二) オモネルコト。＝諂フコト。＝ツキサウ。

このほか、大正から昭和初期にかけて刊行された『大日本国語辞典』や『大言海』でも、右と同様に「つゐしょう（追従）」に二つの意味を並べて掲げている。もっとも『大日本国語辞典』には、別見出しとして「つゐじゅう（追従）」も掲げており、

あとにつき従ふこと。あとより供すること。文徴明詩「高斎落日偶追従」

という記載がある。

「ツイジュウ」と「ツイショウ」を、それぞれ別見出しとして、しかも意味の上でもはっきり区別しているのは、早く『辞林』（金沢庄三郎、明治44）がある。同書には次のように記されている。

つゐじゆう（追従）（名）後につきしたがふこと。あとにつきゆくこと。

つゐしよう（追従）（名）へつらふこと。おもねること。こぶること。

また、『広辞林』（大正14）に次いで『辞苑』（昭和10）『大辞典』（平凡社、昭和11）も、右と同様の取扱いをしており、これがそのまま現代の国語辞典や漢和辞典の記載に引き継がれている。

つまり、現代の国語では「ツイジュウ」と「ツイショウ」とは、全く意味の異なる別語であると考えてよい。「ツイジュウ」は、「人のあとについて行くこと。人の言動などにそのまま従うこと。前にあるものをまねること。」などの意味を表し、次のように使われる。

・人の言動に追従するのでなく、自分の意志で行動することが大

切だ。

これに対し、「ツイショウ」は、「人の機嫌をとり、こびへつらうこと。おべっかを使うこと。」などの意味を表し、次のように使われる。

・人間は皆薄情です。私が大金持になつた時には、世辞も追従《つゐしよう》もしますけれど、一旦貧乏になつて御覧なさい。柔しい顔さへもして見せはしません。（芥川龍之介「杜子春」）

・上役に追従するのが上手なやつと、彼は同僚から冷たい目で見られていた。

また、「お追従」「追従口《ぐち》」「追従笑い」の形でも使われる。

・自分の印象をよくしようと思って、お追従を言うのはやめなさい。

・営業部長が追従口を叩いて引込むと（新田次郎「縦走路」）

・戦争中は、買い手の方が追従笑いを浮べて、物を売って貰っていたのだ。（獅子文六「てんやわんや」）

以上のように、今日では、両者は別語としてはっきり区別して使われている。

同じ漢字二字で書き表される漢語でありながら、その読み方の違いによって別語とされるものとしては、ほかにも次のような例がある。

十分（ジュウブン・ジップン）
工夫（クフウ・コウフ）
造作（ゾウサク・ゾウサ）
心中（シンチュウ・シンジュウ）
声明（セイメイ・ショウミョウ）
強力（キョウリョク・ゴウリキ）
仏語（ブツゴ・フツゴ）

なお、同様な例として『問答集』1、4、11には「礼拝」「末期」「食堂」「評定」「作法」について解説している。（注＝「礼拝」「作法」については収録していない。）

このように、同じ漢字による表記でありながら読み方によっては別語になるものを「同形異語」（又は「同表記異語」）と呼ぶことがある。同じく字音読みにする漢語であっても、それが呉音によるか、漢音によるか、唐音によるか、又は、慣用音によるかによって、右に示したような違いが生じるのである。（呉音・漢音・唐音・慣用音については351ページ〈「末期」「評定」「食堂」の読みと意味〉に解説がある。）

（20―22）

二　仮名遣い、送り仮名、その他の表記に関連する問題

第一　仮名遣い

問「鼻血」は「はなぢ」か「はなじ」か

答「現代かなづかい」では「はなぢ」と書き表す。同じ発音となったものは同一の表記をしようとするのが「現代かなづかい」であるが、例外的に「ぢ」の表記をしなければならない場合も出てくる。「はなぢ」はその一例である。

原則として「じ」を用いる中で、特に「ぢ」を用いる例外は、大きく分けて二つある。「二語の連合によって生じたぢ」「同音の連呼によって生じたぢ」がこれである。

まず「二語の連合」であるが、「はなぢ（鼻血）」の「ぢ」がその例であって、単独で用いる時に清音で始まる語でありながら、他の語と複合すると濁音に変わるという、いわゆる連濁の現象を考慮したものである。すなわち、「ひ（火）」が「はなび（花火）」となり、「さけ（酒）」が「あまざけ（甘酒）」となるのに合わせ、「ち（血）」もその濁音を用いて「はなぢ（鼻血）」と書いた方が、一貫するというわけである。「もらいぢち（貰い乳）」「ひぢりめん（緋縮緬）」「ちかぢか（近々）」などに「ぢ」を用いるのも、同じ理由によるものである。

ところで、このような「ぢ」は、「わるぢえ（悪知恵）」「はぢゃや（葉茶屋）」など、漢字音読語が複合した場合も同じである。こういう場合も、「ちえ」「ちゃや」という分析的意識が働くために「ぢ」を用いるのである。

しかし、「連中」「心中」になると、これらは、強いて仮名書きにする必要はないが、仮名で書くとすれば、そのような分析的意識の働かないものとして、「れんじゅう」「しんじゅう」とされてきた。また、「一日中」「世界中」など「いっぱい」の意味を付け加える「中」も、同様に、常に濁音で現れるものであって、「じゅう」とされた。一方、「授業中」「工事中」など「続いている」意味を加える「ちゅう」もあるが、常に濁音で用いられる「じゅう」とは別のものである。（注　この点については、431ページ下段以降参照。）

なお、漢字音の中には、「地」「治」のように、歴史的仮名遣いで漢音「ち」、呉音「ぢ」という対応のものがある。呉音の「地」は、「地が厚い」「地面」など、語頭にあっても濁音で、「現代かなづかい」では「じ」と書き表す。「服地」「素地」も「ふくじ」「そじ」である。「地下」「土地」などの漢音の「ち」とは別である。「政治」「明治」の「治」も本来呉音の「ぢ」で、「現代かなづかい」では「じ」である。「治安」「自治」の「ち」が連濁したものではない。

次に、もう一つの例外「同音の連呼」であるが、この方は「ちぢむ（縮む）」の「ぢ」がその例である。この種の語は、「ひびく」や「ただしい」と同様に、同じ音を繰り返しているという意識で受け取られ、旧表記では「ひゞく」「たゞしい」「ちゞむ」と踊り字を用いて書くことも多かった。その意識をそのまま受け継いだのが、「ちぢむ」「ちぢみ」「ちぢれる」「ちぢれ」などの「ぢ」である。

ただし、「ちぢ」と書くのは、歴史的仮名遣いで「ぢ」と書いたものを「じ」と書く「現代かなづかい」の原則に対する例外である。したがって、歴史的仮名遣いでも「ちじ」と書いていた「いちじるしい（著しい）」「いちじく（植物の名）」などは「ちじ」である。また、「うちじに（討ち死に）」「ちじ（知事）」「にちじ（日時）」などの「じ」は、「し」の連濁や本来の「じ」で、「ぢ」とはならない。

なお、国語審議会では、仮名遣いの問題についての再検討を、将来行うこととなっている。　（１—21）

問　**「一つずつ」か「一つづつ」か**

答　「現代かなづかい」では「一つずつ」と書き表す。

「ず」と「づ」の書き分けも、基本的には前記「じ」と「ぢ」の書き分けと同じである。すなわち、原則として「ず」を用いる中で、「同音の連呼によって生じたづ」と「二語の連合によって生じたづ」の二つが例外で、「づ」で書き表す。

まず「同音の連呼」は、「つづみ（鼓）」「つづく（続く）」などがその例である。歴史的仮名遣いで「ひとつづつ」と書くと同音の連呼のようであるが、この「ずつ」はいつも「つ」で終わる数詞の後に付くわけではなく、「十ずつ」「少しずつ」「半分ずつ」などとも用いられるので、同音の連呼とは言えない。

次に、「二語の連合」であるが、「こどもづくえ（子供机）」、「きづかれ（気疲れ）」などがその例である。しかし、「ずつ」は、今日「つつ」ということがなく、常に濁音で現れるので、二語の連合とはし難い。そこで、「ずつ」「一つずつ」と書くわけである。なお、二語の連合については、実際問題として、語の構成に対する分析の仕方で相違も出る。「現代かなづかい」では、次のような語は「二語の連合」と認め、「づ」を用いることとしている。

　あいそづかし　かたづく　ことづて　たづな　等

また、次のような語は、現代語として語構成の分析的意識がないものとし、「ず」を用いることとしている。

　うなずく　おとずれ　おのずから　きずな　等

要するに、「たづな」に「づ」を用い「きずな」に「ず」を用いるあたりが、その境目である。

「つくづく」「つれづれ」の扱いも問題になるが、「つねづね（常々）」「つきづき（月々）」に準じて「づ」を用いるのが一般である。

また、「会津」「国府津」など地名の「津」は、津に意味があると認め、振り仮名の意識もあると考えて、「あいづ」「こうづ」と書く。（運輸省、建設省地理調査部、文部省の話し合いによる。）ただし、万葉仮名として用いる人名の「志津子」などは、原則どおり「しずこ」である。

注　この項については、431ページ下段以降参照。　（１—22）

問　**「大きい」は「おおきい」か「おうきい」か**

答　「現代かなづかい」では「おおきい」と書き表す。

歴史的仮名遣いにおける「オに発音されるほ」は、「お」と書き表すこととされている。例えば、「かお（顔）」「なおす（直す）」などの「お」で、いずれも歴史的仮名遣いでは「かほ」「なほす」と書き表している。同じように、「おほきい（大きい）」も「おおきい」と書き表すわけである。

このほか、「おお」と書き表す例としては

　おおい（多い）　おおかみ（狼）　おおやけ（公）　しおおせる（為遂せる）　おおう（覆う）　おおせ（仰せ）　おおむね（概ね）　等

がある。

ところで、「現代かなづかい」で書き表す場合、「大手」は「おおて」となるが、「王手」は「おうて」となる。現代の発音では、「大手」と「王手」とは区別がつけにくいものであって、「大」「王」を「おお」「おう」と書き分けるのは紛らわしいとされているが、これは、次のような考え方による区別である。すなわち「王手」の

「大」は、「お」の長音であって、「おう」と書くのに対して、「大手」の「大」は前述のように元来長音でなく「おお」だという考え方によるものである。

「おお」と「おう」の書き分けと同様の書き分けは、「こお」と「こう」（カ行）、「とお」と「とう」（タ行）など、他の行についても見られる。これらの場合でも「こお」「とお」などと、「お」を用いるのは、

こおり（氷）　こおる（凍る）　こおろぎ（虫の名）　とどこおる（滞る）　とおい（遠い）　とおる（通る）　とおり（通り）　ほのお（炎）　ほお（頬）　もよおす（催す）　等

の限られた語であり、他はすべてオ列長音として「～う」と書き表すこととなる。　（1—23）

問「こんにちは」か「こんにちわ」か

答　あいさつの語の「コンニチワ」について、最後の「ワ」に発音される部分を「わ」と書くか「は」と書くかが問題とされるが、「現代かなづかい」では、「こんにちは」と書き表す。

「現代かなづかい」では、一般に「ワに発音されるは」は、「わ」と書くとされているが、助詞の「は」は、「は」と書くことを本則とする。すなわち、助詞の「は」だけは、「ワ」に発音されながら、歴史的仮名遣いのまま「は」と書く。これは、助詞「を」「へ」とともに、伝統的な表記の習慣を存しているものである。要するに、使用度の高い基本的な助詞の表記として、久しく目に親しんできた習慣をそのまま受け継いでおく方が、仮名遣い改定の際、他の大部分を国民に受け入れてもらうのに、抵抗が少ないと考えられたからである。

したがって、問題は「コンニチワ」の「ワ」を「これは本です。」の「は」と同じに扱うかどうかであるが、「コンニチワ」というあいさつ語は、例えば「こんにちは、良いお日和でございます。」と続くあいさつ言葉の後の部分が略されたものである。したがって、この「ワ」を助詞の「は」として扱うことには、十分な根拠が認められる。同じように、「コンバンワ」も「こんばんは」と書き表す。

なお、助詞の「は」は、「これは本です。」のように単独で用いられるほか、

では　には　だけは　あるいは　もしくは　または　ついては　等

他と複合しても用いられる。　（1—25）

問「かたづく」か「かたずく」か

答「かたづく」という語は、カ行五段に活用する動詞として、これを一語と認定するのが普通であるが、その「づ」か「ず」かという仮名遣いを問題にする場合は、現代語としてカタとズクとの間に語構成上の分析的意識があるかどうかという観点から見る必要がある。例えば「くちづて、ことづて、ひとづて」は、一方に「ってを求める」という言い方があるので、「…づて」となるように、「かたがつく、かたをつける」という言い方があって、「かた」と「つく」とが合成して、連濁によって「カタズク」となったものということは現代語の意識としても、明らかであろう。したがって「かたづく」と書くことになる。「モトズク」もほぼ同様の分析によって「もとづく」と書く。

この語構成の考え方を明らかにしたのは、国語審議会報告「正書法について」（昭和31・7）であって、それによれば、語構成の分析的意識のない場合は、次のように「ず」と書くと言うことができる。

おとずれ……つれ（連）
さかずき……つき（杯）
つまずく……つく（突）
かしずく……つく（付）

語源的にはそれぞれ下の語が分析されるが、現代語として関連がないと見る。

ただし、語構成の分析的意識には個人差があるので、個人の判断によってはゆれる語もあるであろう。「正書法について」もゆれているであろうとされた次の二語を例示している。

ぬかずく……つく（突）
きずな　……つな（綱）

注　この項については、431ページ下段以降参照。（2―33）

問「十」は「とお」か「とう」か

答「現代かなづかい」では「とお」と書く。「とう」と書くのは誤り。実際の発音は、オ列長音として取り扱うこともできるから、「とう」と書いてもよさそうであるが、「現代かなづかい」の規定では、旧仮名遣いの「を」を「お」とする規則が優先して、旧仮名遣いでは「とを」であった「十」を「とお」と書くわけである。これに対して「塔」は、旧仮名遣い「タフ」であり、全くトの長音としての規定を適用すればよく、「とう」と書く。（2―34）

問「力ずく」か「力づく」か

答「チカラズク」の「ズク」は、ほかにも、「金＝ズク・腕＝ズク・相談＝ズク・相対《あいたい》＝ズク・納得＝ズク」などと使われる。つまり、名詞に付いて、その物、事にまかせる意を表す接尾語であって、「……しだい」「……にまかせて」「……という手段による」「……に物を言わせる」などの意味に使われる。本来は、「国づくし・心づくし・虫づくし」などと使われる「尽くし」から出た語であろうと考えられる。したがって、そういう語源からすれば、「現代かなづかい」の法則に照らして、二語の連合と考えられるので、「力づく・腕づく・相談づく・相対づく」と書いてもいいはずである。しかし、国語審議会では、「正書法について」という報告（昭和31・7）の中で、次のような見解を示している。

「ぢ・じ」「づ・ず」の書き分けについて、語意識の考えを導入し、疑問の語を処理してみると、「二語の連合によって生じたぢ・づはぢ・づと書く。」という場合の「二語の連合」ということばは、その解釈に幅をもたせる必要が生じてくる。二語の連合といっても、必ずしも独立する語どうしの結びつきに限らず、接頭辞・接尾辞のような接辞と独立が明らかな語との結合をもその中に入れて考えられる。こう考えてくると、現代語として、語構成の分析的意識がある場合には、ぢ・づと書くことになる。このときは、漢字の連想を伴う場合もあろう。

として、二語の連合に関する紛らわしい語例について、個々に審議会の判断を示している。「くにづくし・こころづくし・むしづくし」は、「くにをつくす」のような語構成の分析的意識があるものとして「づ」を採り、「うでずく・かねずく・ちからずく・なっとくずく」の場合は、「現代語としては、語構成の分析的意識のないものと考え、〈ず〉を使うことになるであろう。」と述べている。すなわち、「つく」という語が現代では分析されないというのである。語構成の分析意識というものは、時代により、個人によってかなり差のあるものであるから、個々の例についてはかなり見解の相違の生じる可能性が強い。そういう意味で、この「正書法について」という報告は、「現代かなづかい」における疑問例について一種の整理をほどこしたものであって、無用の混乱を避けるための処置であったと言えよう。現在、教科書や新聞・雑誌においては、

「力ずく・金ずく・腕ずく・相談ずく・相対ずく・納得ずく」などと、「ず」を使うことで統一している。

注　この項については、431ページ下段以降参照。（4―24）

問　**地名の「舞鶴」「沼津」などの仮名遣いは「ず」か「づ」か**

答　地名の仮名遣いに「現代かなづかい」の法則を適用するに当たっては、参考になるいくつかの取決めがある。その第一は、昭和二十四年四月に閣議了解となった、内閣公用文改善協議会の「公用文の改善」である。ここでは、地名に関して、次のような処置をとっている。

一、地名はさしつかえのない限り、かな書きにしてもよい。

地名をかな書きにするときは、現在の呼び名を基準とする。

ただし、地方的ななまりは改める。

二、地名をかな書きにするときは、現代かなづかいを基準とする。（ふりがなの場合も含む。）

三、特に、ジ・ヂ・ズ・ヅについては、区別の根拠のつけにくいものは、ジ・ズに統一する。

四、さしつかえのない限り、当用漢字表の簡易字体に準じた字体を用いてもよい。

備考１　地図に地名を書き入れる場合は、当用漢字表以外の漢字についても、当用漢字表の簡易字体に準じた字体を用いてもよい。

２　また、都道府県市町村名などは、なるべく漢字で書いて、ふりがなをつけ、字名《あざな》などは、かな書きするようにする。

以上の第一項から第三項までと、備考２とは、地名の仮名書きに関するものだが、この処置によるとなると、「舞鶴・沼津」は、「まいずる・ぬまず」と書いてもよさそうに思われる。ただ、ここでも問題が残るのは、第三項の「区別の根拠のつけにくいもの」という表現である。これが具体的にはどういう場合を指すのか、はっきりしないが、おそらく、地名とその地名を書き表す漢字との関係を指して言っているものだろうと解釈される。一般の人々の意識としては、地名とそれを書き表す漢字とは切っても切り離せない関係にある。つまり、漢字による語構成意識が強いと思われるからである。そこで、「現代かなづかい」を適用するとしても、地名の場合は、それを書き表す〝漢字〟の仮名遣いに従って表記を決めようとする立場が出てくる。次に紹介するのがその例である。

昭和二十三年に、運輸省と建設省地理調査部と文部省の三者が協議して取り決めた事項がある。これは、鉄道の駅名の書き表し方と地図作成の上から必要になって協議したものであるが、その結果は、「現代かなづかい」の二語の連合の原則を地名にも適用することに定めている。例えば、「舞鶴」「沼津（「会津」「国府津」「焼津」なども同じ）」「安土」「小塚ケ原」などは「まいづる」「ぬまづ（あいづ・こうづ・やいづ）」「あづち」「こづかばら」と書き、「まいずる」「ぬまず」「あずち」「こずかばら」とは書かない。地名というものを、現在の呼び名を基準にして考えれば、これらも「ず」と書いていいわけであるが、そうしなかったのは、おそらく、漢字表記と仮名表記とを併記する場合のことを考慮して、一般の人々の漢字意識というものを尊重した結果であると思われる。ただし、これによるとしても、「出雲」「伊豆」「宍道」などは、現代語としてははっきりした二語の連合と認めがたいので、それぞれ「いずも」「いず」「しんじ」のように書き表すことにしている。（4―26）

問「なかんずく」か「なかんづく」か

答　数が多い物事の中で特に取り出して取り上げる場合に〔ナカンズク〕という語が用いられている。この語については、仮名で書く場合に、「なかんずく」か「なかんづく」かが問題になる。この語の旧仮名遣いは「なかんづく」であるが、この「づ」を「ず」に書き改めるかどうかということである。

　この場合、仮名遣いを定めた内閣告示の「現代かなづかい」によれば、細則の第三に「ぢ、づはじ、ずと書く」という原則が掲げられている。したがって、原則どおり書けば「なかんずく」となる。しかし、この原則にはただし書きが二つあり、その(1)として、「二語の連合によって生じたぢ、づは、ぢ、づと書く」となっている。〔ナカンズク〕という語は旧表記で、「就中」と書かれていたのであり、語源的には「なかにつく」という形から転じたものである。したがって、その点から考えれば、ただし書きの方を適用した「なかんづく」という形も成り立つわけである。

　ところで、仮名遣いについて参照すべきものとしては、内閣告示「現代かなづかい」のほかに、文部省「現代かなづかいの要領」（昭和23・3）というのもある。これは告示の内容を編み直して簡単にまとめたものとされているが、これを見ると、「づ」を「ず」と書く例の中に、「なかんずく（就中）」と掲げられている。したがって、〔ナカンズク〕の仮名遣いは「なかんずく」だとされていることが分かるのである。

　この点については、更に詳しく解説したものとして、国語審議会報告「正書法について」（昭和31・7）がある。この中では、仮名遣いについて具体的に解説した部分に「語意識」という考え方が用いられている。そうして、細則第三のただし書きが、「語の構成意識をかなづかいの上に表わしたもの」と説明されている。すなわち、「かたづく」「こづつみ」などは、「かたをつける」「こ・つつみ」のような分析的意識があるために「づ」を用いるというふうに例示されている。これに対して、「なかんずく」は、「かたず」「さかずき」などと同じく、分析的意識がない方に掲げられているのである。

　この場合、語源的に考えれば、「かたず」も「かたい」の語幹「かた」と「つば」の意味の「つ」との連合である。「さかずき」も「さかや（酒屋）・さかだる（酒樽）」と用いる「さか」と、「いれもの」の意味の「つき」との連合である。しかし、「現代かなづかい」の細則第三のただし書きの適用に当たっては、現代語としてそのような分析的意識があるかどうかということが問題なのである。そうして、一般に日本語を母国語としている人々にそのような分析的意識が見られないと考え、これを「かたず」「さかずき」と書くのが「現代かなづかい」の行き方である。〔ナカンズク〕の場合も、語源的には「なかにつく」であるが、古くから〔ナカンズク〕という読み方が慣用されていて、「なかん・づく」という分析的意識がなくなっている。そういう場合には、これを「なかんずく」と書くというのである。

　なお、当用漢字音訓表に従えば、「なかんずく」を「就中」と書くことができないため、この語は一般に仮名書きとなっている。仮名書きにすることも「なかん・づく」という分析意識が失われていくのを助けていると言える。

注　この項については、431ページ下段以降参照。　（5―23）

問「服地」は「ふくじ」か「ふくぢ」か

答「洋服に使う生地」のことを「服地」と言うが、その場合の仮名遣いについては、「ふくじ」か「ふくぢ」かが問題になる。これについては、内閣告示「現代かなづかい」の細則第三「ぢ、づはじ、ずと書く」を適用し、「ふくじ」と書くことになるのである。ただし、ここで疑問が起こるのは、「地」という漢字の読み方に「ち」という字音も見られることである。したがって、この「ち」が「ふく」という語の後に続いて濁音になったとすれば、むしろ「ふくぢ」と書くべきではないかということである。

それは、細則第三のただし書き(1)に「二語の連合によって生じたぢ」について「ぢと書く」としているからである。そこには「はなぢ（鼻血）」という例が掲げられている。しかし、「鼻血」と「服地」では、語の構成要素が異なることを見逃してはならない。「鼻血」の方は、単独で用いる場合に「ち（血）」となる語が「はな（鼻）」に続いて濁音化したものであり、「横顔（よこ・がお）・甘酒（あま・ざけ）」などと同じように、連濁と呼ばれる現象によって清音が濁音に変わったのである。そのためにただし書きが適用され、「はなぢ」となるのである。これに対して「服地」の方は、このような連濁の現象によって清音の「ち」が濁音に変わったものではない。「生地」の意味では「地が厚い」「地が汚れた」など単独で用いる場合も濁音であって、その濁音の形がそのまま「ふく（服）」に続いたにすぎないのである。

もっとも、こういう場合の「地」も、旧仮名遣いでは「ぢ」である。しかし、このような場合にも「現代かなづかい」によれば細則第三の原則が適用され、「じ」になるのである。それは、そこに掲げられた「じぞく（持続・ヂゾク）」や「じ（痔・ヂ）」などの例から見ても当然のことである。そうして、このように書いても、「地」という漢字が一方で清音の「ち」に読まれることを無視しているわけではない。「地」という漢字には、旧仮名遣いで「ち」と書く漢音と「ぢ」と書く呉音とがあり、後者の仮名遣いが「じ」となるにすぎないからである。

このことは、当用漢字音訓表の扱いにおいても同じである。「地」のところを見ると、字音として「チ」と「ジ」が掲げられている。そうして、前者には「地下・天地・境地」と例示され、後者には「地面・地震・地元」と例示されている。単独で用いた「天にも地にも」の「地」と「地が厚い」の「地」の場合もそれぞれ別の語であり、「服地」の場合も前者の濁音化とは考えられないのである。

しかし、それならば、漢字を音読したものについてただし書きを適用する場合が絶対にないかというと、そうではない。「地」の例ではないが、同じく「ち」と音読する「知」について、「いれぢえ」「さるぢえ」の例が見られるからである。ただし、この場合は、「知」の字音そのものが「じ」というわけではなく、「ちえ」という語を「知恵」と書くことによるのである。この「ちえ」という語が「いれ」「さる」という語に続いて連濁の現象を起こしたためにただし書きが適用され、これが「いれぢえ」「さるぢえ」となるのである。こういう場合を、単独でも濁音の「地」という語が続いた「ふくじ」の場合と混同してはならないのである。（5—24）

問「いちじるしい」か「いちぢるしい」か

答「はっきりそうだと分かるようす」を表す語に〔イチジルシイ〕

というのがあり、漢字仮名交じり文では「著しい」と書かれている。しかし、この語の仮名遣いを「いちじるしい」と書くことについて疑問がないわけではない。それは一方に「縮み」「縮む」などが「ちぢみ」「ちぢむ」と書かれているからである。そのため、「著しい」についても「いちぢるしい」と書くべきではないかとも考えられるわけである。

この場合、「ちぢみ」「ちぢむ」と書くのは、内閣告示「現代かなづかい」の細則第三のただし書き(2)によるものである。すなわち、「同音の連呼によって生じたぢ」について、これを「ぢと書く」となっているからである。しかし、ここで注意しなければならないのは、この場合の「同音の連呼」という考え方の解釈である。これについては、「チという音の次にもう一度チという音が続き、それが濁音に発音された場合」を言うのである。そういう場合について、これを「ただしい」「とどまる」などと同じ扱いにした方がよいとし、これを「ちぢみ」「ちぢむ」に当てはめるのが趣旨である。したがって、この場合に「ちぢ」の形を用いるのは、そのような扱いが旧仮名遣いの上にも見られたものである。

また、このただし書きが、その原則「ぢはじと書く」に対してのただし書きだということも見逃してはならないのである。そうして、この原則についてもう少し詳しく説明すれば、それは「旧仮名遣いで「ぢ」と書かれていたものを「じ」に書き改める」ということである。したがって、それに続くただし書き(2)も、当然のことながら、旧仮名遣いにおいて「ちぢ」と書かれていた場合にのみ適用すべきである。「ちぢみ」も「ちぢむ」も、旧仮名遣いで「ちぢ」と書かれていたからこそ、このただし書きが適用されるのである。しかし、このただし書きは、旧仮名遣いで「ちじ」と書かれていたものにまでは及ばないのである。

例えば、「蜂（はち）」という虫の形の「しるし」について「はちじるし」という語があっても、これは旧仮名遣いそのものが「はちじるし」である。したがって、細則第三の適用対象にもならず、そのまま「はちじるし」と書いてよいのである。「うちじに（討ち死に）」や「とちじ（都知事）」などの場合も同じである。つまり、「著しい」の仮名遣いについては、この語が旧仮名遣いとして「いちぢるしい」と書かれていたか「いちじるしい」と書かれていたかがまず問題になるわけである。

この場合、「著しい」という語を旧仮名遣いで載せていた辞書を見ると、いずれも「いちじるしい」となっている。また、旧仮名遣いで疑問のある語を集めて検討した国語調査委員会「疑問仮名遣」（前編・大正元・9、後編・大正4・1）にも、この語は取り上げられていない、つまり、「著しい」の旧仮名遣いは「いちじるしい」であって、「いちぢるしい」ではないのである。

「著しい」の語源について、例えば『大言海』（昭和7―12　大槻文彦編）には「最（いと）、著（しる）しの転」と説明されており、これが一般にも受け入れられている。語源が「いと・しるし」であれば、旧仮名遣いは当然「いちじるしい」であり、「いちぢるしい」ではないのである。また、旧仮名遣いが「いちじるしい」であれば、この語は、旧仮名遣いの「ぢ」についての処理を扱った細則第三の対象とはならず、したがって、そのただし書きの適用対象ともならないわけである。つまり、「著しい」の仮名遣いは「いちじるしい」のままでよいのであり、「いちぢるしい」と書けば誤りである。

（5―25）

問「世界じゅう」か「世界ぢゅう」か

答「せかいじゅう」という語を書き表す場合、「じゅう」の部分を「じ」で書くか「ぢ」で書くかという仮名遣いの問題である。

「じゅう」は、ある限られた時間や範囲の全体にわたることを表す接尾語である。

いえじゅう（家中）　いちねんじゅう（一年中）
かおじゅう（顔中）　くにじゅう（国中）
せかいじゅう（世界中）

これらの語は、（　）内のように、漢字で書く場合は、問題はないのであるが、仮名で書く場合に問題となってくる。というのは、歴史的仮名遣い（字音仮名遣い）では、「中」の音「チュウ」から「ぢゆう」と書いていたからである。

昭和六年五月、臨時国語調査会が発表した「仮名遣改定案に関する修正」によれば、

（1）連声によって濁る「智」「茶」「中」「通」等はもとのまゝ。

例　さるぢえ（猿智慧）　わるぢえ（悪智慧）　はぢゃや（葉茶屋）　ちゃのみぢゃわん（茶飲茶碗）　れんぢゅう（連中）　くにぢゅう（国中）　ゆうづう（融通）　じんづうりき（神通力）

（2）呉音によって濁る「地」「治」はもとのまゝ。

例　ぢぬし（地主）　きぬぢ（絹地）　ぢろう（治郎）　せいぢ（政治）

とある。

「現代かなづかい」（昭和21、内閣告示）では、現代語音によることを原則としているので、歴史的仮名遣いで「ぢゆう」と書くところは、「じゅう」と書くことになる。

じゅうきょ（住《ヂュウ》居《キョ》）　じゅうやく（重《ヂュウ》役《ヤク》）　まんじゅう（饅《マン》頭《ヂュウ》）

の例のように、（　）内のヂュウは歴史的仮名遣いであるが、「現代かなづかい」では、すべて「じゅう」となる。

一方、「さるぢえ」や「ちゃのみぢゃわん」のように、二語の連合の場合は「ぢ」が残るので、「家中、世界中」の場合も、「チュウ」が家や世界と結合することによって、二語の連合で濁音になったと見れば、当然「ぢゅう」と書かれるべきところである。しかし、国語審議会の報告「正書法について」（昭和31）は、次のように述べている。

「現代かなづかい」の二語の連合における連濁の「ぢ」「づ」の書き方は、語の構成意識をかなづかいの上に表したものであるが、しかし、二語とは「ぢ」「づ」に始まる語の語意識によって前後の部分が二つの部分からできている意識のあるなしによって決まると考えられる。その意識は、後半を漢字で書く際の書き方、後半の語を含む語群との連想、その語と派生関係にあると思われる語との連想がささえとなる。

もっとも、これらのうち、「家中」「一日中」の「〜中」などは、「〜じゅう」とすることに多少問題はあるが、しかし、ジュウと発音するものの中に「ぢゅう」と書かなければならない語がないから、「じ」と書いてもよいことになる。のみならず、「家中」「一日中」の「〜中」は、いっぱいの意味を添える接尾辞に転じて、語原とは離れているから、語原によらず「じゅう」と書いてもさしつかえない。〈中略〉

（さらに、現代語としては、語構成の分析的意識のないもの、したがって、じ・ずを使うことになる例が掲げてある。）

かたず　つ（唾）
*ぬかずく　つく（突）
みみずく　づく（木菟）
さしずめ　つめ（詰）
おとずれ　つれ（連）
さかずき　つき（坏）
つまずく　つく（突）
いなずま　つま（妻）
かしずく　つく（付）
ひざまずく　つく（突）
なかんずく　つく（就）
あせみずく　つく（漬）
*きずな　つな（綱）
うなずく
しおじ　たびじ　ち（路）
うでずく　かねずく　ちからずく　なっとくずく　きぬずくめ　けっこうずくめ　つく（尽）
おのずから　くちずから　てずから
いえじゅう　いちにちじゅう　せかいじゅう　ちゅう（中）
（注）「ぢゅう」と書く場合はない。

語構成の分析的意識は、現状においてはかなり個人差のあるものであるから、以上の判定についても見解の相違はあろう。（たとえば、特に、*印をつけてあるもののごとき。）しかし、「現代かなづかい」を前提とすれば、この程度の判定を認めることによって正書法の解決に一歩近づくことができるであろう。

このような考えによれば、「家中、一日中、世界中」等の場合は、すべてチュウの連濁とは見ないで、接尾語と認めるわけである。「現代かなづかい」の規則そのものとしては、細則第三によることになる。そして、今は一般にこの「正書法について」の考え方が行われているわけである。

なお、「中（チュウ）」という漢字表記の連想から、これらを連濁と解して「ぢゅう」とする立場をとっている国語辞書もある。

注　この項については、431ページ下段以降参照。　（6―39）

問「書きずらい」か「書きづらい」か

答　これも仮名遣いの関係のもので、「ズライ」を「づらい」と書くか、「ずらい」と書くかという問題である。内容的に表現することが難しかったり、筆記用具の関係で、思うように筆が運ばなかったりすることを、「書キズライ」ということがあるが、この語は、「書く」と「つらい（辛い）」との複合したものである。

「現代かなづかい」（昭和21、内閣告示）の細則第三に「旧かなづかいのぢ、づは、今後じ、ずと書く。ただし、(1)二語の連合によって生じたぢ、づ　(2)同音の連呼によって生じたぢ、づは、もとのままとする。」とあり、このただし書き(1)を適用することになる。すなわち、「書く」と「つらい」の二語の連合であるという、分析的意識がはたらいているとするわけである。同じような例として、「読みづらい、話しづらい、受けづらい、着づらい、見づらい」などがある。

「…づよい（強い）」も同じで、「がまんづよい、しんぼうづよ

い」など、上に来る語と「強い（つよい）」との連合であるので、「がまんずよい、しんぼうずよい」とは書かない。（6—40）

問 **「こじんまり」か「こぢんまり」か**

答 これも仮名遣い関係のもので、「こぢんまり」のように「ぢ」を書くか、「こじんまり」のように「じ」を書くかの問題である。

家や室内などの規模、人間の体格など、小さくまとまっていることを、「こぢんまり」と形容する。この語は、「ちんまり（小さくうずくまっている。又は、形の小さいようす。）」に、「こ」という接頭語が付いたものである。この場合、「現代かなづかい」（昭和21、内閣告示）の細則第三のただし書き(1)「二語の連合によって生じたぢ、づは、ぢ、づと書く。」を適用すれば、「こぢんまり」と書くことになる。このように、接頭語が付いた場合も、二語の連合と見ることができるかどうかについて、国語審議会の報告「正書法について」（昭和31）は、次のように述べている。

「ぢ・じ」「づ・ず」の書き分けについて、語意識の考えを導入し、疑問の語を処理してみると、「二語の連合によって生じたぢ・づはぢ・づと書く。」という場合の「二語の連合」ということばは、その解釈に幅をもたせる必要が生じてくる。二語の連合といっても、必ずしも独立する語どうしの結びつきに限らず、接頭辞・接尾辞のような接辞と独立が明らかな語との結合をもその中に入れて考えられる。こう考えてくると、現代語として語構成の分析的意識がある場合には、ぢ・づと書くことになる。このときは、漢字の連想を伴う場合もあろう。

以上の考え方に従えば、例えば次の語にはぢ・づを使うことになるであろう。

あいそづかし	あいそをつかす
かたづく	かたをつける
くちづて　ことづて　ひとづて	つてを求める
たづな	つな
けづめ　ひづめ	つめ
こぢんまり	ちんまり
こづく	つく
こづかい　こづつみ　こづくり	つかい　つつみ　つくり
くにづくし　こころづくし　むしづくし	つくす

ただし、語源については異説があり、「こしまり（小締）」の音便であるという『大言海』の説もあり、この場合は、「こじんまり」と書くことになる。

『日本国語大辞典』の引用例を見ても、次のように、二種類あるが、見出し語は「こぢんまり」であり、から見出し「こじんまり」には「『こぢんまり』を見よ」の印がついている。

＊人情本・春色梅児誉美—四・七齣「若裏に小〆（コジンマ）りとした家があるから急にあそこへ越てお呉（くん）なはいョ」　＊地獄の花〈永井荷風〉八「成程静な小締（コジンマ）りとした三畳の間で」　＊彼岸過迄〈夏目漱石〉停留所・五「是程小ぢんまりと几帳面に暮らして行く彼等は」　＊侏儒の言葉〈芥川龍之介〉天才「天才の悲劇は『小ぢんまりした、居心の好い名声』を与へられることである」（6—41）

問　**「つくずく」「つれずれ」か「つくづく」「つれづれ」か**

答　これも仮名遣いの問題である。「現代かなづかい」（昭和21、内閣告示）の細則第三のただし書き⑵「同音の連呼によって生じたぢ、づは、ぢ、づと書く。」の例として、

ちぢみ（縮み）　ちぢむ（縮む）　つづみ（鼓）　つづら（葛×）　つづく（続く）　つづる（綴×る）

（注　語例の下に示した漢字中、×印の付されているものは当用漢字表外のもの。）

などが挙げられているが、「つくづく」「つれづれ」の例は掲げられていない。しかし、「同音の連呼」を拡張解釈することもできようし、「くれぐれ、ほのぼの、とりどり」のような同語反復の際、下の語が濁音となる例、すなわち二語の連合の一種と見ることもできよう。

語源的に見れば「つくづく」は「尽く尽く」、「つれづれ」は「連れ連れ」であったとしても、現代の語意識では、そのような分析的意識はない。とすると、「つくずく」「つれずれ」がよいことになるが、一方、語源はともかくとして、かつては「つく〴〵」「つれ〴〵」などと繰り返し記号が用いられたような語構成意識のあることを考え合わせると、前述のように、同音の連呼に準じて「つくづく」「つれづれ」と書くのが妥当であろうと思われる。（6—42）

問　**呼びかけの場合、「おうい」か「おーい」か**

答　山村暮鳥の詩集『雲』（大正14）所収の次の詩は、有名である。

おうい雲よ
ゆうゆうと
馬鹿にのんきそうぢやないか
どこまでゆくんだ
ずつと磐城《いはき》平《たひら》の方までゆくんか

このような呼びかけの場合の〔オーイ〕という語を、平仮名で書く場合、「おうい」「おおい」「おーい」などの書き方がある。

「おおい」の例は、古く狂言の「菊の花」に「おおいおおいと申して呼《よび》まする」などがある。現代語で「おおい」と書かれた場合は、「お」の長音ではなく、「お」の繰り返しとも見られる。

また、夏目漱石の「吾輩は猫である」には、「番頭さんは「おーい」と答へた。」の例があり、歌謡曲の「おーい中村君」（矢野亮作詩）などの例があるが、普通「ー」は、片仮名の表記の中で、長音符号として用いられるもので、一般には平仮名の中では用いない。

児童向けの本の外来語表記（片仮名）にオートバイ《おーとばい》、チョコレート《ちょこれーと》のように平仮名の読み仮名を付ける例があるが、それは、片仮名がまだ読めない児童に対する配慮からなされたものである。

呼びかけの〔オーイ〕をオの長音と見るとき、「現代かなづかい」（昭和21、内閣告示）の細則第十二「オの長音は、おうと書く。」及び〔備考〕の第五「オ列長音は、オ列のかなにうをつけて書くことを本則とする。」を適用すると、「おうい」と書くことになり、現在、一般には、この表記が行われている。

なお、広告や新聞の見出しなどに、長く引くことを表すために「お〜い」「きびし〜い」のように「〜」を使った例も見られるが、ある種の効果をねらったもので、一般の文章の中では余り用いられない。（6—43）

問「**ほうる**」か「**ほおる**」か

答 球などを投げる、また、手をかけない状態におくことを、（ホオル）という。歴史的仮名遣いでは「はふる」と書かれるが、これを「現代かなづかい」ではどう書くかという問題である。

「現代かなづかい」（昭和21、内閣告示）の細則第十七「ホおよびポ、ボの長音は、ほう、ぽう、ぼうと書く。」の例二は、次のようになっている。

二、はふ（またはほふ）をほうと書くもの

ほうる（投《ハフ》る）

ほうりつ（法律《ハフリツ》）　ほうし（法師《ホフシ》）

これらは、現代語音としては、「ほ」の長音と見るわけである。

（注　法律の「ハフ」は漢音、法師の「ホフ」は呉音である。）

一方、「ほおずき」のように、ホオを「ほお」と書く場合もある。それは、歴史的仮名遣いで「ほほづき」とある二番目の「ほ」を「お」に発音するとして、「お」に変えたものである。類例に、とほい→とおい（遠い）、かほ→かお（顔）などがある。しかし、「はふる」の場合は、「はふ」が「ほ」の長音化したものとして「ほう」とするのである。（6―44）

問「**稲妻**」**は**「**いなずま**」**か**「**いなづま**」**か**

答 稲妻は、もと「稲の夫《つま》」の意で、上代日本語でいなつるび・いかづちとも言う。これは、古代の信仰で、雷と稲とが結ばれて、稲が穂をはらむと考えられていたところから名付けられたと言う。いなびかりの多い年は稲の実りが良好で豊作になることを知って、このように信じたのであろう。「鼻血」や「三日月」のように、「はな」と「ち」、「みっか」と「つき」に分析できる場合は、「はなぢ」、「みかづき」と書くが、「稲妻」の場合は、「稲のつま」であるという分析的意識は現在ではないものとして、「いなずま」で一語と見るのである。昭和三十一年七月五日国語審議会報告「正書法について」には、「現代語としては、語構成の分析的意識のないものと考えられ」る例として、「いなずま」が挙げてあり、「ずを使うことになるであろう。」と述べている。

これに対して、昭和六十一年七月一日内閣告示「現代仮名遣い」の第2の5のなお書きに、

なお、次のような語については、現代語の意識では一般に二語に分解しにくいもの等として、それぞれ「じ」「ず」を用いて書くことを本則とし、「せかいぢゅう」「いなづま」のように「ぢ」「づ」を用いて書くこともできるものとする。

とあり、せかいじゅう（世界中）をはじめとして、二十三語が掲げられている。

これによって、「いなずま」と書くのを本則とし、「いなづま」と書くこともできることとなった。

本書の中で、ここに関連しているところは、次のとおりである。

423ページ「世界じゅう」か「世界ぢゅう」か

ここでは、「世界じゅう」の「じゅう」は、接尾辞であり、常に「じゅう」と書くからという理由で、「世界じゅうと書く」と解説しているが、昭和六十一年の「現代仮名遣い」により、「世界じゅう」と書くのを本則とし、「世界ぢゅう」と書くこともできるようになった。（13―24）

問「**いまは**」**か**「**いまわ**」**か**

答 死にぎわ・臨終の意味の「イマワ」という語は、「いまは」と書くか「いまわ」と書くかの問題である。助詞の「は」について

は、古く昭和二十一年の内閣告示「現代かなづかい」の細則第四に扱われている。（原文横書き）

細則第四　ワに発音される は は、わと書く。ただし助詞の は は、はと書くことを本則とする。

この「本則とする」というのは、「助詞『を』は、もとのままとする。」というのと扱いが異なっているが、これは、ぼくわ京都え帰る のように「わ」「え」と書いたのを必ずしも誤りとしないということを示したものである。（ただし、教科書をはじめ、公用文書・新聞・雑誌などでは、本則に従うことを建前として、「は」「へ」と書いてきている。）

告示の内容を編み直してまとめた文部省『現代かなづかいの要領』（昭和23・3）に、次のような語例が挙がっている。

わたくしは　では　には　とは　のは
からは　よりは　のでは　こそは　までは
ばかりは　だけは　ほどは　ぐらいは
などは　あるいは　もしくは　おそらくは
ねがわくは　おしむらくは　または　さては
いずれは　ついては

他にも次のような例が考えられる。

これは、これは。　それはそれは。
もしや　あなたのでは。　あなたがこんなことをするとは。
寒さもものかは。

また、あいさつの「こんにちは」「こんばんは」の場合も「は」の方である。（417ページ参照。）

一方、文の終りに付く助詞で、次のような場合は、「わ」と書くことになっていた。

降るわ　降るわ。　何でもいいわ。

さて、今回新たに「現代仮名遣い」（昭和61・7・1、内閣告示）が告示された。その第2の2において、

2　助詞の「は」は、「は」と書く。

となっており、昭和二十一年の「現代かなづかい」の「本則とする」は削除された。そして、助詞の「は」の例として、次のような語が例示されている。（原文横書き）

例　今日は日曜です　山では雪が降りました
あるいは　または　もしくは
いずれは　さては　ついては　ではさようなら　とはいえ
惜しむらくは　恐らくは　願わくは
これはこれは　こんにちは　こんばんは
悪天候もものかは

この例示のあとに〔注意〕があり、

〔注意〕次のようなものは、この例にあたらないものとする。
いまわの際　すわ一大事
雨も降るわ風もふくわ　来るわ来るわ　きれいだわ

「いまわ」は、現在、名詞として死にぎわの意味のときに使い、「すわ」は感動詞として用い、「雨も降るわ風も吹くわ」は、幾つかの事柄を並べたてて強調し、「来るわ来るわ」は、同じ語を重ねて強調するときに使う。「きれいだわ」は、やわらかい表現として、主に女性が使う。すなわち、これは、助詞の「は」の例にあたらないもの、また、むしろ助詞「わ」として位置付けたものの例である。

したがって、問いの「イマワ」については、歴史的仮名遣いでは「いまは」であるが、現在、一語の名詞として「いまわ」と書くのである。　（13—25）

問「どうぞ」か「どおぞ」か

答「ドーゾよろしくお願いします。」と言ったり、「ドーゾお入りください。」と言ったりするときの「ドーゾ」は、「どうぞ」と書くか「どおぞ」と書くかの問題である。

昭和六十一年内閣告示「現代仮名遣い」の第1の5の(5)には、オ列の長音のところに「オ列の仮名に「う」を添える」とあり、次の例が掲げられている。

例　おとうさん　とうだい（灯台）
わこうど（若人）　おうむ
かおう（買）　あそぼう（遊）　おはよう（早）
おうぎ（扇）　ほうる（抛*）　とう（塔）
よいでしょう　はっぴょう（発表）
きょう（今日）　ちょうちょう（蝶*々）

（引用者注＊印の漢字は常用漢字表に掲げられていない漢字）

さて、特定の語については、表記の慣習を尊重して、オ列の仮名に「お」を添えて書く場合がある。

例　おおかみ　おおせ（仰）　おおやけ（公）　こおり（氷・郡△）　こおろぎ　ほお（頬*・朴△）　ほおずき　ほのお（炎）　とお（十）
いきどおる（憤）　おおう（覆）　こおる（凍）　しおおせる　とおる（通）　とどこおる（滞）　もよおす（催）
いとおしい　おおい（多）　おおきい（大）　とおい（遠）
おおむね　おおよそ

（引用者注△印は、常用漢字表に掲げていない音訓）

これらは、歴史的仮名遣いでオ列の仮名に「ほ」又は「を」が続くものであって、オ列の長音として発音されるか、オ・オ、コ・オのように発音されるかにかかわらず、オ列の仮名に「お」を添えて書くものである。

室町時代の狂言で用いられている「どうぞ」「だうぞ」、江戸時代に見られる「どふぞ」などもあるが、明治以来一般に「どうぞ」であり、「ほ」や「を」で書く例はないので、「お」と書く積極的な理由がない。したがって、「どうぞ」と書くのである。

なお、本書の中で、ここに関連しているところは、次のとおりである。併せて参照されたい。

416ページ「大きい」は「おおきい」か「おうきい」か。
426ページ　呼びかけの場合、「おうい」か「おーい」か。
427ページ「ほうる」か「ほおる」か。

（13―26）

問「はにう」か「はにゅう」か

答　陶器などを作る土を産する土地を「埴生」と言うが、その読みを「はにう」と書くか「はにゅう」と書くかの問題である。（「埴生の宿《やど》」とは、土で壁を塗っただけの、みすぼらしい家のことを言う。）

語源としては、「はに」に「ふ」が付いたもので、歴史的仮名遣いで「はにふ」と書くことは、昭和六十一年七月一日内閣告示「現代仮名遣い」の付表にも、

現代語の音韻	この仮名遣いで用いる仮名	歴史的仮名遣いで用いる仮名	例
ニュー	にゅう	にふ	埴*△生（はにふ）

（＊△印は、それぞれ常用漢字表に掲げられていない漢字及び音訓。原文横書き。）

とあるとおりである。

「現代仮名遣い」の本文第1の5に、長音の書き方が示されてお

り、特に(3)ウ列の長音の項で、

(3)ウ列の長音

　ウ列の仮名に「う」を添える。

例　おさむうございます（寒）　くうき（空気）

　ふうふ（夫婦）　うれしゅう存じます　きゅうり

　ぼくじゅう（墨汁）　ちゅうもん（注文）

と示されており、拗《よう》音「にゅ」の長音と見て、「はにゅう」となるわけである。

　この長音の問題については、『言葉に関する問答集4』（問23）の「胡瓜」は「きゅうり」か「きうり」か（本書では収録せず。）でも触れている。その要点を次に掲げておく。(1)仮名遣いの問題というよりは、標準語として〈キューリ〉と発音するのか、それとも〈キウリ〉と発音するのかという問題である。(2)もし標準語の発音が前者であるとするならば、ウ列拗音の長音と考えられるので、「現代かなづかい」の法則では「きゅうり」と書くことになるし、後者の発音であるなら、「きうり」と書くことになる。(3)さらに、類例として、「埴生（の宿）」、「桐生」（地名）なども、教科書などでは、「はにゅう」、「きりゅう」と振り仮名が付けられているが、この書き表し方については、現在でも異論がないわけではない。

　以上のように要約できるが、この点については、すでに昭和二十三年の「現代かなづかいの要領」に「きゅうり（胡瓜《キウリ》）」の例が出ているし、昭和六十一年内閣告示「現代仮名遣い」本文中の例にも「きゅうり」が掲げられているので、補足しておく。「埴生」の場合も、付表に「はにゅう」が掲げられているので、これに従うことになる。

　ちなみに、NHK編『日本語発音アクセント辞典』（改訂新版、昭和60）では、

　キューリ　きゅうり　《胡瓜》

　ハニュー　はにゅう　（～の宿）

が掲げられている。　（13—27）

問 **「地面」は、「じめん」か「ぢめん」か**

答 「地面」の読み方として「じめん」と書くか「ぢめん」と書くかの問題である。「地」という漢字には、歴史的仮名遣いで「ち」と書く漢音と「ぢ」と書く呉音とがあり、後者の現代仮名遣いが「じ」となるのである。その音訓に「チ」と「ジ」が掲げられている。このことは、常用漢字表の扱いにおいても同じである。そうして、前者には「地下・天地・境地」と例示され、後者には「地面・地震・地元」と例示されている。

すなわち、「地面」は「じめん」と書くことになる。

昭和六十一年内閣告示「現代仮名遣い」の第2の5〔注意〕によれば、

　次のような語の中の「じ」「ず」は、漢字の音読みでもともと濁っているものであって、上記(1)、(2)のいずれにもあたらず、「じ」「ず」を用いて書く。

　例　じめん（地面）　ぬのじ（布地）

　　ずが（図画）　りゃくず（略図）

とある。（原文横書き）

　上記(1)というのは、同音の連呼によって生じた「ぢ」「づ」（例　ちぢみ（縮）など）、(2)というのは、二語の連合によって生じた「ぢ」「づ」（例　はなぢ（鼻血）など）のことである。

　つまり、布地の場合、二語の連合と見て、ちょうど鼻血が、「はな」と「ち」の連合によって「はなぢ」となるように、「ぬのぢ」となるのではないかという疑問に答えたものである。すなわち、布地

は二語の連合によってチが濁ったものではなく、「地が厚い」「地が出る」など、もともと「じ」である地が布と結合したもので、「ぬのじ」であることを示したのである。

「生地」や「服地」についても布地の場合と同じく「きじ」「ふくじ」と書くことになる。

なお、本書の中で、ここに関連しているところは、次のとおりである。

415ページ「鼻血」は「はなぢ」か「はなじ」か
421ページ「服地」は「ふくじ」か「ふくぢ」か
421ページ「いちじるしい」か「いちぢるしい」か

「いちじるしい」については、昭和六十一年内閣告示「現代仮名遣い」では、「5　次のような語は、「ぢ」「づ」を用いて書く。」の(1)の〔注意〕で、

「いちじく」「いちじるしい」は、この例にあたらない。

とあるので、同音の連呼の例ではないことが示されている。

（13—28）

問「出ずっぱり」か「出づっぱり」か

答　一般に、「出つづける」ことを「デズッパリ」と言うが、「でずっぱり」と書くか、「でづっぱり」と書くかの問題である。これについては、すでに『言葉に関する問答集4』（問25）（本書では収録せず。）の解説がある。いま、これを要約すれば、次のようになる。

(1)この語は、語源的には、「出る」に何かが連合したものであろうが

①出＝すっぱり　②出＝つっぱり

のどちらかである確証はない。明らかに二語の連合であるという確証も得られない。それは、①の「～すっぱり」という語はなく、②の「つっぱり」が「一つの動作又は状態を続ける」という意味で使われた用例、また接尾語的に使われた用例は、まだ発見できないでいるからである。

(2)このように、連合のしかたが分からないとすれば、発音どおりに「出ずっぱり」と書いた方がいいということになる。

(3)しかし、現実には、「出づっぱり」という書き方も見られる。「出ずっぱり」と書くと、どうしても打ち消しの助動詞の「ず」との連想が働いてしまうからでもあろうし、語源的な確証はないにしても、「出＝つっぱり」と考えられるということも、その理由となるであろう。

以上のように要約されるが、このような考え方に対して、昭和六十一年内閣告示「現代仮名遣い」には、「第2　特定の語について表記の慣習を尊重して、次のように書く。」の「5　次のような語は、「ぢ」「づ」を用いて書く。」のなお書きに、次のように記されている。（原文横書き）

なお、次のような語については、現代語の意識では一般に二語に分解しにくいもの等として、それぞれ「じ」「ず」を用いて書くことを本則とし、「せかいぢゅう」「いなづま」のように「ぢ」「づ」を用いて書くこともできるものとする。

右の文につづいて挙げられた例は、「せかいじゅう（世界中）」をはじめとして、二十三語あるが、「でずっぱり」もその中に入っている。つまり「でずっぱり」と書くことを本則とし、「でづっぱり」と書くことも誤りとして排せられることはないことになったのである。

なお、この語は昭和三十一年国語審議会報告「正書法について」の中では問題になっておらず、今回の「現代仮名遣い」の中に用例

として入った。

小・中・高等学校では昭和六十二年度から、原則として本則により指導し、許容の部分については、中・高等学校で指導することになった。教科書に出るとすれば「でずっぱり」になるが、一般社会生活で「でづっぱり」という書き方が出てきた場合に、そういう書き方のあることも知らせておいてよかろうというわけである。

次に、なお書きのところに記されている二十三語を掲げておく。

（＊印は常用漢字表に掲げられていない漢字）

例　せかいじゅう（世界中）
いなずま（稲妻）　かたず（固唾＊）　きずな（絆＊）　さかずき（杯）　ときわず　ほおずき　みみずく
うなずく　おとずれる（訪）　かしずく　つまずく　ぬかずく　ひざまずく
あせみずく　くんずほぐれつ　さしずめ　でずっぱり　なかんずく
うでずく　くろずくめ　ひとりずつ
ゆうずう（融通）

本書の中で、「じ・ぢ」「ず・づ」に関連しているところは、次のとおりである。
418ページ「力ずく」か「力づく」か
420ページ「なかんずく」か「なかんづく」か
423ページ「世界じゅう」か「世界ぢゅう」か　（13―29）

第二　送り仮名

問「行う」か「行なう」か

答「おこなう」は、「送り仮名の付け方」としては活用語尾の「う」だけを送り、「行う」と書くのが本則に従った書き方である。ただし、活用語尾の前の音節から送る「行なう」という形も、許容として用いられることもある。この形は、旧「送りがなのつけ方」が定めていた書き方で、読み間違いを防ぐのが趣旨である。

「行う」と「う」だけを送る場合の各活用形のうち、「て」「た」「たり」に接続する連用形であってしかも促音便となる「行って」「行った」「行ったり」は、このように文脈から特に取り出して掲げると、「おこなって」「おこなった」「おこなったり」と読むのか、「いって」「いった」「いったり」と読むのか、分からない。

しかし、実際問題としては、文脈上での前後の関係とか、前にどのような助詞が来るとかによって、読み間違えるおそれのある例は少ないようである。例えば、「音楽会を行って」と「音楽会に行って」、「遠足を行った」と「山へ行った」、「仏事を行ったり」と「買い物に行ったり」のように、それぞれ前者は「行う」、後者は「行く」で読み分けることができる。「私が昨日行った運動会は、楽しかった。」のような、これだけの文では「おこなった」か「いった」か分からないという例はまれである。これも更に前後に文があるとすれば、読み分けられることとなるであろう。

こうしたことから、新しい「送り仮名の付け方」では「行う」を本則とし、「な」から送る「行なう」は許容としたわけである。(1―26)

問「少なくない」か「少くない」か

答「すくなくない」は「すくない」に「ない」の接続した形である。「送り仮名の付け方」としては、「すくない」を「少ない」と書き表すため、「すくなくない」も「少なくない」と書き表すこととなる。

「すくない」は、本来「送り仮名の付け方」の本則としては活用語尾を送ればよいのであるから、「い」だけを送り「少い」と書き表すことになるのであるが、もしこれに従って「すくなくない」を書き表すと「少くない」となる。この「少くない」は、「すくなくない」とは読まれないで、「すくない」と読まれるおそれがあるであろう。

「すくない」を「少ない」、「すくなくない」を「少なくない」と書き表した例は、過去の文献にも例を見ることができる。

「送り仮名の付け方」では「すくない」について、本則を適用せず、例外として扱い、「な」から送ることとしたのは、読み間違えを防ぐためにも、読みにくさを避けるためにも、慣用を尊重したものである。(1―27)

問「押さえる」か「押える」か

答「おさえる」は、活用語尾だけを送るとすれば、「押える」となるが、「送り仮名の付け方」の本則では「押さえる」とした。

「押」という漢字には「おす」という読み方もあり、「押す」と書き表す。「おさえる」は、「おす」を含むため、「おす」の送り仮名の付け方「押す」に従って、「押さえる」と送るのである。これは活用語尾以外の部分に他の語を含む語は、含まれている語の送り仮名の付け方によって送るという本則によるものである。

「押さえる（押す）」のほかに、「向かう（向く）」「起こる（起きる）」「当たる（当てる）」「生まれる（生む）」「捕らえる（捕る）」等がある。この種の送り仮名については、読み間違えるおそれのない場合は、許容として、活用語尾以外の部分、つまり不活用語尾の部分は、送り仮名を省くことができる。こうした考え方により、「おさえる」も「押える」と書き表すことができる。同様に、さきの語例も「向う」「起る」「当る」「生れる」「捕える」と書き表すこともできるわけである。（1—28）

問「明い」か「明るい」か「明かるい」か

答「あかるい」の送り仮名は「明るい」と送る。

　この語は、活用語尾「い」だけを送れば「明い」となるが、これでは「あかい」と読み間違えるおそれがあるので、以前から語幹の一部を加えて「明るい」と書くことが多かった。

「あかるい」については、もう一つ「明かるい」という送り仮名の付け方も見受ける。それは、「明」という漢字に「あく・あける」という読み方もあり、それとの関連を考えたものである。しかし、「あかるい」の場合に「明かるい」と送ったのでは、余りにも煩わしい。そのうえ、「明」という漢字には、訓として「あく・あける」のほかに「あかるい」「あきらか」などがあり、これらを強いて関連付けて考えず、それぞれ別の読みとして扱うのが一般であった。そのため、「あかるい」「あきらか」の場合、「送り仮名の付け方」としては「あける」を含むものとはせず、それぞれの立場で「明るい」「明らか」と送ることにしたのである。

　なお、「明ける」「明るい」のように、一見関連付けることができそうに思えながら、それぞれを別の読みとして扱うものとしては、他に次のような例がある。

　荒れる・荒い　悔いる・悔しい　恋う・恋しい

これらについて告示では特に（注意）として取り上げ、次のように示している。

（注意）次の語は、それぞれ〔　〕の中に示す語を含むものとは考えず、通則1によるものとする。

明るい〔明ける〕　荒い〔荒れる〕　悔しい〔悔いる〕　恋しい〔恋う〕

この四語だけは、「勇ましい〔勇む〕」「喜ばしい〔喜ぶ〕」など、通則2の本則を適用する語とは、扱いが異なるのである。（1—29）

問「交える」か「交じえる」か

答 まず、「交ぜる」と「交じる」の関係について考えてみる。「交ぜる」は、「ぜ、ぜ、ぜる、ぜる、ぜれ、ぜろ」と活用するので、新送り仮名によれば、本則によって「ぜる」を送ることになる。「交じる」は、「ら、り、る、る、れ、れ」と活用するので、本則によれば「る」だけ送ればよいのであるが、「交ぜる」との対応から「交じる」とするのである。

　一方、「交える」と「交わる」については、「交える」は、「え、え、える、える、えれ、えろ」と活用するので、本則により「える」を送ることになる。「交わる」は、「ら、り、る、る、れ、れ」と活用するので、「交る」でよいのであるが、「交える」との対応で、「わ」から送るのである。「交じる」と「交える・交わる」との関係は、マジの部分が共通で、含む含まれる関係で認められるようであるが、新送り仮名では考慮されていない。「交じえる」の「じ」は活用語尾ではなく、かつわざわざ送り仮名を多くする必要もなかったものと見てよかろう。（2—36）

問 **「お話しします」か「お話します」か**

答「送り仮名の付け方」の通則4の本則「活用のある語から転じた名詞……は、もとの語の送り仮名の付け方によって送る。」の例外「次の語は、送り仮名を付けない。」の例示に「話」がある。当用漢字音訓表に名詞形と動詞形の両方があるが、名詞形の語には送り仮名を付けないのである。この例には、「卸、煙、恋、志、次、隣、富、恥、光、舞」がある。

　問題の「おはなしします」の「はなし」は、「お聞きします」「お送りします」「お尋ねします」「お待たせします」「お騒がせします」などを考え合わせると、名詞とするよりも動詞の連用形と認めた方がいい。そこで、「話す」の連用形「話し」を入れて「お話しします」となる。（2—37）

問 **「行き帰り」か「行帰り」か**

答 新送り仮名の特色の一つとして、複合の語で、読み間違えるおそれのない場合は、一部省くことができる「許容」が認められていることを挙げることができる。しかし、「乗り降り」「伸び縮み」のように、動詞と動詞との結合による複合の名詞で、前の部分と後の部分が、並列・対立等の関係にあるものは、送り仮名を省かないことになっている。このことから、「行き帰り」と書き、「行帰り」とは書かない。（2—38）

問 **「うけいれる」「うけいれ」「うけいれ態勢」の送り仮名の付け方**

答 本則を適用すれば、この語は「受ける」と「入れる」の複合なので、両方に送り仮名を付けた「受け入れる」となる。別に前の送り仮名を省いて「受入れる」とするのも許容されている。この名詞形としての書き方は、本則では「受け入れ」、許容では「受入れ」である。更に「態勢」と複合すると、本則は「受け入れ態勢」で、「受入れ態勢・受入態勢」が許容された形である。なお、法令用語（昭和50・2・13、内閣法制局長官総務室第一課から各省庁法令担当課あて連絡）では、通則7を適用した語（慣用によって送り仮名を付けない語）の例として、「受入額」「受入先」「受入年月日」を挙げている。（2—39）

問 **「打合せ会」か「打ち合わせ会」か**

答 新送り仮名の本則によれば、「打ち合わせ会」である。許容としては、まず後の部分の送り仮名の一字を省き「打ち合せ会」、次いで前の部分の送り仮名を省き「打合せ会」となる。これ以外の省き方「打合わせ会」は許容されていない。法令用語（昭和48・10・3、内閣法制局総発第105号）では、「打合せ会」を採っている。看板などには、よく「○○調査打合会」の表記が見受けられる。上から漢字が続いているとき、平仮名の「せ」一字だけ入れることに抵抗を感じるという事情もあるかと思われる。（2—40）

問 **「組」か「組み」か**

答「くみ」の送り仮名については、内閣告示「送り仮名の付け方」の通則4の例外に「組」として掲げられている。その掲げ方は、通則4の本則に「活用のある語から転じた名詞」について「もとの語の送り仮名の付け方によって送る」とされているのに対する例外という扱いである。すなわち、「うごき・しらべ」などは本則に従って「動き・調べ」と送るのに対し、「次の語は、送り仮名を付けない」とした例外の中に、「光・折・係」などとともに掲げられている。したがって、「くみ」は送り仮名を付けない形で差し支えないのである。

しかし、「くみ」の場合に常に送り仮名を付けないのかというと、そういうことではないのである。それは、この例外を示した後に、（注意）として次のように示されているからである。

ここに掲げた「組」は、「花の組」、「赤の組」などのように使った場合の「くみ」であり、例えば、「活字の組みがゆるむ。」などとして使う場合の「くみ」を意味するものではない。「光」、「折」、「係」なども、同様に動詞の意識が残っているような使い方の場合は、この例外に該当しない。したがって、本則を適用して送り仮名を付ける。

つまり、「くみ」については、「クラス」の意味の名詞として用いた場合に送り仮名を付けないというのである。それに対し、「くむ」という動詞の意識が残っている場合は、送り仮名を付けて「組み」と書くというのである。例えば、「活字の組みがゆるむ」というような用い方の「くみ」には「活字を組む」という用い方の「組む」という動詞の意識が残っているのであり、こういう場合には、本則に従って「組み」と書くというわけである。

この場合、クラスの意味の「くみ」も、語源的には「組む」という動詞から派生した名詞である。「組む」という動詞は、「腕を組む」のように「物と物とを交わらせる」意味の動詞である。それが「活字を組む」「やぐらを組む」「徒党を組む」のように、「部分を合わせてまとまった全体を作る」意味に用いられている。そうして、「クラス」の意味の「くみ」は、そのようにして組んだ結果出来上がったものである。しかし、こうなるとすでに「組む」という動詞の意識はなくなってしまうことになる。そういう「くみ」に対しては、むしろ通則3の「名詞は、送り仮名を付けない」という方を適用して、「組」と書こうというのが、通則4の例外である。

しかし、このことは、本来の動詞としての意識が残っている場合にまで及ぶものではない。「どなたとお組みになりますか」のような敬語の言い方は、もちろん「組み」である。「ナイフとフォークが組みになっていて、ばらでは売らない」「ウイスキーとブランデーを組みにして贈る」などの名詞的用法も「組み」である。そうして、こういう点に言及したのが、（注意）による解説となるわけである。

つまり、「くみ」の送り仮名については、意味によって「組」と「組み」を書き分けるというのが、内閣告示「送り仮名の付け方」の行き方なのである。（5―28）

問 「手当」か「手当て」か

答 「てあて」の送り仮名については、内閣告示「送り仮名の付け方」の通則7に「手当」の形が掲げられている。それは、「特定の領域の語で、慣用が固定していると認められるもの」の一つとして扱われ、「踏切」「組合」などと同じに扱われている。

しかし、「てあて」という語が常に「手当」と書かれるかというと、必ずしもそうではない。それは、例えば、日本放送協会『NHK用字用語辞典・第二版』には、次のように掲げられているからである。

てあて　手当　（例）年末手当
てあて　手当て　（例）傷の手当て

すなわち、「てあて」という語には大きく分けて二つの意味が見られ、それぞれによって送り仮名の付け方が異なる行き方も行われているのである。

この場合、「てあて」という語の持つ一つの意味は、「労働の報酬として与えられる金銭」「本俸以外に支給される金銭」などのことである。そうして、こういう意味の「てあて」については、送り仮名を付けずに「手当」と書くのが一般的である。そこで、特定の領域の語で慣用が固定している点を重視し、「踏切」「組合」などと同じ扱いにするのである。

しかし、「てあて」そのものは、本来は「手を当てる」ことであり、「手を用いて新たな方向に進ませる」「手を用いて既に行われている進行を止める」ことである。「前もってする用意」の意味に用いるのが前者であり、「けがや病気に施す処置」の意味に用いるのが後者である。そうして、こういう意味の「てあて」については、「当てる」という「動詞の意識が残っている」と考えて「手当て」と書くのが、「てあて」について書き分ける場合の考え方である。つまり、「資金の手当て」「傷の手当て」などは、送り仮名を付けた方の「手当て」になるのである。

同じことは、「踏切」や「組合」についても言えるわけである。通則7に例示された「踏切」は「道路が線路を横切るところ」の名称である。しかし、「ふみきり」本来の意味は「ふみきること」であり、走り幅跳びなどで用いる「ふみきり」は、「踏み切り」と書くことになるのである。また、「組合」は「共通の目的を持った人々が利益を守るために作る組織」のことである。しかし、「くみあい」本来の意味は、「くみあうこと」であり、「互いに組む」「組みついて争う」意味を持っている。そういう意味の「くみあい」は、「組み合い」となるのである。

この場合、通則7の適用について特にこのような指示が行われているわけではない。しかし、通則4についてこのような（注意）が掲げられていること、前問「「組」か「組み」か」で扱ったとおりである。すなわち、内閣告示「送り仮名の付け方」全体の考え方から言えば、通則4の（注意）の趣旨は、そのまま通則7に適用してよいのである。その場合には、「手当」と「手当て」、「踏切」と「踏み切り」、「組合」と「組み合い」を、意味によって書き分けることになるのである。（5—29）

問　「受付」か「受け付け」か

答　「うけつけ」の送り仮名については、内閣告示「送り仮名の付け方」の通則7の例示の中に「受付」の形が掲げられている。それは「一般に、慣用が固定していると認められるもの」の一つとして、「割合・受取」などと同じに扱われているのである。

しかし、「うけつけ」の場合に常に送り仮名を付けないで「受付」と書くかというと、そういうことではないのである。それは一方に「受け付ける」という動詞があり、その連用形が中止法に用いられる場合は、当然「受け付け」となるからである。例えば、次のような例の場合がこれである。

・願書は本校の事務所で受け付け、分校等では受け付けない。

通則7に例示した「受付」がこの種の動詞の「うけつけ」でないことは明らかである。

また、「うけつけ」については、次のように動詞の意識が残っているような用い方も見られるのである。

・願書の受け付けは、午前九時から午後四時まで行うものとする。

このような場合も、「受け付ける」という動詞の意識が残っているのであり、「受け付け」となるのである。

それならば、通則7に掲げられた「受付」というのはどういう意味の「うけつけ」かということになるが、これについては、意味が転じ、名詞としてのみ用いられる「うけつけ」と考えるべきである。すなわち、「来訪者の氏名・用件などを取り次ぐところ」としての「受付」、あるいは「その仕事を行う係の人」としての「受付」のことである。会社や官庁の入り口には「受付」という場所があるが、こういう「うけつけ」に送り仮名を付ける慣用は見られないのである。そうして、この種の「うけつけ」について慣用が固定していると認め、これに送り仮名を付けないのが通則7の「受付」である。

　つまり、「うけつけ」については、「受付」のほかに、「受け付け」という形も行われているのであり、意味によって使い分けなければならないのである。このことは、通則7について特に指示されてはいないが、通則4の（注意）の趣旨から考えてこのような扱いになること、前問「『手当』か『手当て』か」のところで触れたとおりである。（5—30）

問「取扱」か「取扱い」か「取り扱い」か

答「とりあつかい」のように動詞と動詞とが複合して名詞になった語の場合は、内閣告示「送り仮名の付け方」の通則6の本則によってそれぞれに送り仮名を付け、「取り扱い」と書くことになる。そこには、「複合の語の送り仮名は、その複合の語を書き表す漢字の、それぞれの音訓を用いた単独の語の送り仮名の付け方による」となっていて、「取り扱い」の例も掲げられているからである。

　しかし、「とりあつかい」の場合については、通則6の許容にも、通則7の方にもそれぞれ形が掲げられていて、特に紛らわしいわけである。そこで、説明の都合上、まず通則7の例の方から取り上げると、そこには次のように掲げられている。

　　取扱《所》　取扱《注意》

　この場合の《　》については、（注意）として「《　》の中を他の漢字で置き換えた場合にも、この通則を適用する」と書かれている。そうして、この形は「取扱—」だけでなく、「《代金》引換」の例にも見られるとおり、「—取扱」にも及ぶことになる。したがって、例えば次のような「とりあつかい」にも適用してよいのである。

　取扱者　取扱人　取扱高　取扱費　取扱法　取扱要領
　取扱業者　取扱契約　取扱規則　取扱約款　特別取扱
　臨時取扱　小荷物取扱

ただし、この場合は、以上の例でも分かるとおり、単独の「とりあつかい」について送り仮名を省くことを指示したものではないのである。この種の書き方は、単独の「とりあつかい」について「取り扱い」と書くことと抵触はしないのである。

　次に、通則6の許容の例についてであるが、そこには次のように掲げられている。

　　取り扱い（取扱い・取扱）

これは「読み間違えるおそれのない場合は、次の（　）の中に示すように、送り仮名を省くことができる」という例の一つとなっている。したがって、「とりあつかい」については、前の送り仮名「り」を省いて「取扱い」とすることも、送り仮名全部を省いて「取扱」とすることも、いずれも許容されているわけである。

　この場合、こういう許容を採用した「公用文における当用漢字の音訓使用及び送り仮名の付け方」では、「取扱い」の形だけが掲げられ、「取扱」の形は掲げられていない。したがって、公用文では、「取り扱い」「取扱」ではなく、「取扱い」の形が用いられるのである。しかし、この場合も名詞としての「とりあつかい」であって、動詞の「とりあつかう」の方は、通則6の本則により「取り扱う」である。したがって、その活用形としての次のような例は、公用文でも「取り扱い」である。

お取り扱いになる　お取り扱いいたします　払込は銀行でのみ取り扱い、信託会社等では取り扱わない

また、「義務教育諸学校教科用図書検定基準実施細則」(昭和52、文部大臣裁定)によれば、教科書の送り仮名について原則として許容の項を適用しないことになっている。また、新聞や放送でも許容の項が用いられていない。したがって、教科書だけでなく、新聞・放送などでも、公用文で「取扱い」としている場合に、「取り扱い」の形が用いられるわけである。(5―31)

問　「…焼」か「…焼き」か

答　内閣告示「送り仮名の付け方」によれば、通則7の例示に「《備前》焼」というのが掲げられている。この場合の《　》については、(注意)のところに「《　》の中を他の漢字で置き換えた場合にも、この通則を適用する」というように書かれている。したがって、次のような場合も、当然「…焼」という形になる。

有田焼　伊万里焼　唐津焼　九谷焼　瀬戸焼

しかし、この書き方を「玉子焼」にまで適用するのは行き過ぎなのである。

その理由は、この「《備前》焼」の例が掲げられた趣旨に反するからである。この例は、通則7のうち「工芸品の名に用いられた「織」、「染」、「塗」等」の中に、次のような例とともに掲げられている。

《博多》織　《型絵》染　《春慶》塗　《鎌倉》彫

したがって、「…焼」の形を取るのは、工芸品の名称としてのこのような用い方に限られるのである。

つまり、同じ「…やき」でも、次のような用い方は料理の名称であって工芸品ではないから、この項に当てはまらないのである。

玉子焼き　目玉焼き　田楽焼き　鉄板焼き　陶板焼き　銀板焼き

これらはいずれも通則6の本則に従い、「それぞれの音訓を用いた単独の語の送り仮名の付け方による」のであり、「…焼き」となる。同じことは、次のような語の場合にも言える。

塩焼き　浜焼き　白焼き　黒焼き　固焼き　丸焼き　貝焼き

また、「山焼き・炭焼き」や「岡焼き・世話焼き」なども「…焼き」となる。その他、工芸品の名とは考えられない「素焼き、楽焼き」なども「…焼き」である。

ただし、こういう場合に通則6の許容を適用し、「玉子焼・塩焼・素焼」のように書くことは可能である。そこには「読み間違えるおそれのない場合は、次の(　)の中に示すように、送り仮名を省くことができる」とあり、次のような例が掲げられているからである。

田植え(田植)　封切り(封切)　落書き(落書)

そうして、この部分の許容は、例えば「公用文における当用漢字の音訓使用及び送り仮名の付け方」に採用されている。しかし、その具体的な取扱い方針に掲げた例示の中に、「玉子焼・塩焼・素焼」の例は見られない。また、「義務教育諸学校教科用図書検定基準実施細則」によれば、教科書の送り仮名について、原則として許容の項を適用しないこととなっている。したがって、「玉子焼・塩焼・素焼」の形は、教科書にも用いられていないわけである。

つまり、「…やき」について「…焼」の形を取るのは、工芸品の名の場合に限られる。その他については通則6の本則により、「…焼き」と書く方がよいのである。(5―32)

問「当る」か「当たる」か

答 送り仮名には、一般に活用語尾を送るという原則がある。「あたる」は、「あたらナイ、あたりマス、あたる、あたるトキ、あたれバ、あたれ」と活用するので、傍線部分が活用語尾である。そこで右の原則を適用すれば、「当る」でよいことになる。しかし、「あたる」というのは、自動詞であるが、これに対して、他動詞の「あてる」がある。こちらは、「あてナイ、あてる、あてれバ」のように活用して、「てる」が活用語尾なので、これも原則に従えば「当てる」と送ることになる。「送り仮名の付け方」（昭和48、内閣告示）の通則2の本則には、「活用語尾以外の部分に他の語を含む語は、含まれている語の送り仮名の付け方によって送る。（含まれている語を〔　〕の中に示す。）」とあり、その例に「当たる〔当てる〕」が掲げられている。これによって、「あたる」は「た」から送ることになる。次の例も同様である。

終わる〔終える〕　変わる〔変える〕
集まる〔集める〕　定まる〔定める〕
連なる〔連ねる〕　交わる〔交える〕

ただし、この通則2には、許容があり、「読み間違えるおそれのない場合は、活用語尾以外の部分について、次の（　）の中に示すように、送り仮名を省くことができる。」として、「当たる（当る）」の例が掲げられている。

終わる（終る）　変わる（変る）

も、同様の例である。

ただし、「集《あつま》る」、「定《さだま》る」、「連《つらな》る」、「交《まじわ》る」のような省き方は、読みにくいので望ましくない。

なお、「当たる」を名詞化すると、「あたり」となるが、これについては通則4「活用のある語から転じた名詞及び活用のある語に「さ」、「み」、「げ」などの接尾語が付いて名詞になったものは、もとの語の送り仮名の付け方によって送る。」に従って、「当たり」となる。ただし、これにも許容があり、「読み間違えるおそれのない場合は、次の（　）の中に示すように、送り仮名を省くことができる。」によって、「当たり（当り）」とすることができる。

「送り仮名の付け方」には、更に、

代わり（代り）　向かい（向い）

などの例が掲げられている。　（6―37）

問「必ず」か「必らず」か

答「かならず」などの和語の副詞は、「送り仮名の付け方」（昭和48、内閣告示）の通則5「副詞・連体詞・接続詞は、最後の音節を送る。」に従えば、「必ず」と書くことになる。この通則を適用すれば、他の副詞も「少し、再び、最も、専ら」のように、音節数の多少にかかわらず最後の音節だけを送ればよい。

世間によく見られる「必らず」という表記は、「相変わらず、思わず、図らずも」などに引かれたものと思われる。それらは「変わる、思う、図る」などの動詞の打ち消しであるのに、「必ず」については、「かなる」というような動詞があるわけでないので、「ら」を送るいわれはない。

なお、例外(3)の規定によって、「次のように、他の語を含む語は、含まれている語の送り仮名の付け方によって送る。（含まれている語を〔　〕の中に示す。）」こととなっており、「必ずしも〔必ず〕」の例が掲げられている。「かならずしも」というのも一個の副詞と認められるが、それには「かならず」が含まれており、その「かならず」が「必ず」と書かれるゆえ、「かならずしも」も

「必ずしも」と書くことになるというのである。（6―38）

問「手引」か「手引き」か

答「てびき」という語の表記は、終戦後の昭和二十二年九月刊行の総理庁・文部省編集『公文用語の手びき』の書名が、「手びき」という交ぜ書きであり、「文部省　用字用語例」（昭和28・11）でも、『文部省刊行物　表記の基準』（昭和25・9刊）でも「手びき」としていた。『筆順指導の手びき』（昭和33刊）もその書名の表記は、「手びき」であった。

ところが、昭和三十三年十一月に、国語審議会が建議した「『送りがなのつけ方』について」の「付　参考資料」である「『送りがなのつけ方』用例集」の中に、「手引き」・「手引き書」とあり、これはともに、建議の「送りがなのつけ方」の「通則19　活用語を含む複合名詞は、その活用語の送りがなをつける。」を適用した形である。この建議は政府の採択するところとなって、翌三十四年七月に内閣告示となった。そして、同年十一月に刊行の『文部省　公文書の書式と文例』所収の「文部省公用文送りがな用例集」では、「手びき・手引き」、「手びき書・手引き書」としたほか、通則20を適用した場合の「手引書」の形も認めていた。

昭和四十八年六月に、内閣告示で、新しく「送り仮名の付け方」が告示された。この告示の「通則7　複合の語のうち、次のような名詞は、慣用に従って、送り仮名を付けない。」の項に掲げてある語例の中に、語構成が「名詞＋動詞」で、その動詞が「引く」であるものとして「字引」・「水引」はあるが、「てびき」は例示していない。しかし、その「注意」の中で、「通則7を適用する語は、例として挙げたものだけで尽くしてはいない。したがって、慣用が固定していると認められる限り、類推して同類の語にも及ぼすものである。」としている。（この告示に応じて改訂・編集された辞典では、「手引き」又は「手引（き）」としているものが多い。ＮＨＫ・新聞も「き」を送っているが、新聞では書名などの場合は、「手引」とすることにしている。）

昭和四十八年九月の「文部省　用字用語例」は語例として「手引」を、十月の「文部省　公用文　送り仮名用例集」は「手引」・「手引書」を掲げている。これらは、「慣用が固定していると認められる」ものとして、通則7を適用したものである。（7―26）

問「預かり金」か「預り金」か

答「あずかりきん」という語を、「預」と「金」とを漢字で書く場合に、「かり」と送るか、「り」だけを送るかの問題である。「あずかりきん」は、「あずかり」＋「きん」であり、「あずかり」は、「あずかる」という動詞の連用形に相当する。ところで、「あずかる」は、五段活用であり、「あずか」が語幹で、「る」が活用語尾であるから、「預る」と「る」だけを送ればよいとも考えられる。しかし、「あずかる」は、自動詞であり、これに対応する下一段活用の他動詞「あずける」がある。これは、「ける」が活用語尾であるから、「預ける」と書くことになる。「送り仮名の付け方」（昭和48、内閣告示）では、このように、自動詞・他動詞の対応のある語の送り仮名は、その「通則2」の「本則　活用語尾以外の部分に他の語を含む語は、含まれている語の送り仮名の付け方によって送る。」を適用することになっているから、「あずかる」は、「預かる」と送るのが、本則による送り方である。そして「あずかり」は、通則4の本則によって「預かり」と送ることになる。

通則2には、本則のほかに「許容」があり、「読み間違えるおそれのない場合は、活用語尾以外の部分について」送り仮名を省くことができるから、「あずかる」を「預る」とすることが可能である。また、通則4にも、許容があり、読み間違えるおそれのない場合は、「預り」とすることができる。したがって、「あずかりきん」は、「送り仮名の付け方」の本則によれば「預かり金」と書くことになり、許容によれば「預り金」と書くことになる。なお、「預り金」と書いても、読み間違えるおそれはない。

ところで、公用文では、「常用漢字表」が内閣告示として出た日と同じ日（昭和56・10・1）に、「事務次官等会議申合せ」の「公用文における漢字使用等について」において、〈(1)公用文における送り仮名の付け方は、原則として、「送り仮名の付け方」（昭和48年内閣告示第2号）の本文の通則1から通則6までの「本則」・「例外」、通則7及び「付表の語」（1のなお書きを除く。）によるものとする。ただし、複合の語（「送り仮名の付け方」の本文の通則7を適用する語を除く。）のうち、活用のない語であって、読み間違えるおそれのない語については、内閣官房及び文化庁からの通知に定めるところにより、「送り仮名の付け方」の本文の通則6の「許容」を適用して送り仮名を省くものとする。（以下省略。原文は横書き。）〉とし、また、〈法令における漢字使用等については、別途、内閣法制局からの通知による。〉とした。その、内閣法制局からの通知（昭和56・10・1付け）「法令における漢字の使用等について」では、複合の語の送り仮名について、〈……。ただし、活用のない語で読み間違えるおそれのない語については、「送り仮名の付け方」の本文の通則6の「許容」の送り仮名の付け方により、次の例に示すように送り仮名を省く。〉として、百八十四語の語例が掲げてある。その中の一つに「預り金」とあり、これを受けて、公用文でも、「法令と公用文における表記の一体化の実を挙げる趣旨から」（同日付けの内閣・文化庁の通知）、「あずかりきん」は、「預り金」と書くこととなった。

しかし、学校教育や報道界では、原則として「送り仮名の付け方」の本則によることとなっているので、「預かり金」としている。（8―21）

問 「後ろ姿」か「後姿」か

答 「うしろすがた」という複合の語を、「後ろ姿」と書くか、「後姿」と書くかという問題である。「うしろすがた」は、「うしろ」＋「すがた」である。「うしろ」は、「送り仮名の付け方」（昭和48、内閣告示）の「通則3」の「例外(1)」に、「次の語は、最後の音節を送る。」として限定列挙してある十七語の中に「後ろ」とあって、「後ろ」と「ろ」を送って書く以外の書き表し方、すなわち「後」は認められていない。

「うしろ」は、活用のない語であるが、昭和三十四年内閣告示「送りがなのつけ方」以来、誤読・難読のおそれのないように、「後ろ」と、最後の音節を送ることに決められており、昭和四十八年内閣告示「送り仮名の付け方」でも、これを踏襲している。また、「すがた」は、「通則3の本則　名詞（通則4を適用する語を除く。）は、送り仮名を付けない。」によって、「姿」と書く。そして、複合の語である「うしろすがた」は、「通則6　複合の語（通則7を適用する語を除く。）の送り仮名は、その複合の語を書き表す漢字のそれぞれの音訓を用いた単独の語の送り仮名の付け方による。」を適用して「後ろ姿」とすべきである。実際に、通則6の〔例〕に、「後ろ姿」と掲げてある。通則6には「許容」があって、「読み間違えるおそれのない場合は、次の（　）の中に示すように、送り仮名を省くことができる。」とあるが、その〔例〕の中に「後姿」は掲げてない、例に掲げてないからといって、直ちに「後姿」が認められないということにはならないし、「あとすがた」・「のちすがた」という語は一般に使われていないし、重箱読みにして、「ゴスがた」とか「コウすがた」という語もないであろうし、音読語としての「コウシ」「ゴシ」もないと言えるから、「ろ」を省いても読み間違えるおそれは、まず、ない。実際に、かつては、「後姿」も使われており、各種国語辞典にも、その表記を「後（ろ）姿」としているものもあるところから見れば、「後姿」を全く否定することはできない。しかし、内閣告示「送り仮名の付け方」の通則3に、わざわざ例外として「後ろ」と掲げてあるところから、公用文・報道界でも、教育上でも、一般に、本則によって「後ろ姿」としていることからいって、「後ろ姿」が基準的な書き表し方と見るべきであろう。（8―22）

問　「見逃す」か「見逃がす」か

答　複合語の送り仮名は、内閣告示「送り仮名の付け方」によって書き表すとき、それぞれの音訓を用いた単独の語の送り仮名の付け方による（通則6・本則）。したがって、「ミノガス」という語を「見」と「逃」とで書き表すとき、「見」の方に送り仮名を送る必要はないから、問題は「逃」の方の送り仮名をどのようにするかということである。この場合、「ノガス」という語は、五段活用の語として、「サ・シ・ス・セ・ソ」の部分が活用語尾である。そこで、これに「逃」という漢字を用いて書き表せば、通則1の本則によって活用語尾を送ることになり、「逃す」でよいことになる。この通則1には本則のほかに例外があって、活用語尾の前から送る語が「明らむ・味わう・……」のように掲げられているが、その中に「逃《の》がす」は含まれていない。

また、この通則1では「通則2を適用する語を除く。」となっている。通則2というのは、活用語尾以外の部分に他の語を含む語は、含まれている語の送り仮名の付け方によって送るとなっている。そこには「動かす〔動く〕」「落とす〔落ちる〕」「暮らす〔暮れる〕」のような例が見られる。含む含まないというのは、「動かす」の「動か」の部分は「動く」に当たり、「落とす」の「落と」の部分は「落ち」に当たるというような例を言うのであるが、「ノガス」には「ノガ」に当たるような対応語がない。したがって、通則2を適用して「逃がす」とする根拠は見当たらない。「ノガス」の送り仮名は「がす」ではなく「す」だけでよいのであり、それの複合した「ミノガス」の送り仮名も「す」だけでよいのである。

それにもかかわらず「ミノガス」の場合に「見逃がす」という送り仮名を見掛けることがある。あるいは、うっかり「見逃がす」と書いてしまうことがある。それならば、何ゆえこのような送り仮名が出てくるかということであるが、これにも無理もないと思われる理由が考えられるのである。それは、一方に「逃」の読み方として「ニガス」があり、その場合には「逃げる」という対応語があって通則2が適用され「逃がす」と書かれること、「逃」の用い方としては「ノガス」よりも「ニガス」の方が多く、「逃がす」という形で目に印象づけられていること、そのため、「ノガス」の場合にも「ニガス」と同じような対応語があるかのように考えてしまうこと、などが影響しているかもしれない。しかし、「ニガス」と「ノガス」では適用通則が異なることに注意する必要がある。したがって、「ミノガス」は「見逃す」が正しく、「見逃がす」は誤りである。

以上は書く方の立場であるが、このことが読む立場にも関係してくる。それは、「逃」の場合に「逃す」「逃がす」という送り仮名の違いにより、読み分けが行われるということである。言うまでもな

く、「逃す」が「ノガス」であり、「逃がす」が「ニガス」である。（9―31）

問　「落とせ」か「落せ」か

答　高速道路の標示板に「速度落せ」と書いてあるが、「落せ」でなく「落とせ」の方がよいのではないか、という問題である。

この場合の「おとせ」は「おとす」の命令形であるから、「おとす」は「落す」と書くのがよいか「落とす」と書くのがよいか、ということになる。内閣告示「送り仮名の付け方」（昭和48）によれば、通則2の本則に次のように書かれている。

通則2　本則　活用語尾以外の部分に他の語を含む語は、含まれている語の送り仮名の付け方によって送る。

これは「当たる（当てる）」のような自他の対応や「重んずる（重い）」のような派生関係の送り仮名をそろえるための通則であるが、その例の中に「落とす（落ちる）」の形が示されている。「おとす」という活用語も、自他の対応という関係から「おちる」の送り仮名「落ちる」にそろえて「落とす」と送るということになる。したがって、「速度落とせ」と書くのが、本則による書き方である。

しかし、この通則2には許容というのがあり、次のように書かれている。

通則2　許容　読み間違えるおそれのない場合は、活用語尾以外の部分について、次の（　）の中に示すように、送り仮名を省くことができる。

その例の中に「落とす（落す）」の形が示されている。活用語尾「す」だけを送って「落す」と書いても「おとす」以外の読み方は成り立たないから、送り仮名の多い形で「落とす」と書く代わりに送り仮名の少ない「落す」でもよい、というのがこの許容の趣旨である。

この「落とす→落す」のような例を他に求めると、次のような語の場合がある。

起こす→起す　暮らす→暮す　当たる→当る
終わる→終る　変わる→変る　積もる→積る
聞こえる→聞える

実際問題として、旧表記ではこれらの場合に送り仮名の少ない形が用いられていた。通則2の許容は、そのような慣用を取り入れたものである。そのうえ、高速道路の標示板としては、文字数を四字以内に納めた方が見やすいとされている。このように考えると、「速度落とせ」でなく「速度落せ」の方が採用された理由も、十分に成り立つわけである。

ところで、教科書で用いる送り仮名であるが、この方は「義務教育諸学校教科用図書検定基準実施細則」（昭和52・文部省告示）によって、原則として許容の項を用いない。また、新聞や放送でも同じ行き方をしている。公用文では許容の一部を用いているが、通則2の許容は用いていない。したがって、教科書だけでなく、新聞・放送・公用文でも、「おとす」は「落とす」と送ることになり、「おとせ」も「落とせ」と書くわけである。（13―30）

問　「浮つく」か「浮わつく」か

答　うきうきして、落ち着かなくなることを「うわつく」と言うが、この語に漢字を当てた場合、送り仮名は「浮つく」「浮わつく」のどちらがよいかという問題である。

結論を先に言えば、現行の「送り仮名の付け方」によれば、「浮つく」と書き、「浮わつく」とは書かないことになっている。

常用漢字表の「付表」には、いわゆる当て字や熟字訓など、主として一字一字の音訓として挙げにくいものが語の形で百十語掲げられている。その中に、次の二語が示されている。

うわき　浮気

うわつく　浮つく

これは、「うわき」「うわつく」という語に「浮」という漢字を当てるのは当て字であるという見解を示したものである。この語は、元来、「うわ（上）—き」「うわ（上）—つく」であって、「浮（うく）」という漢字とは無関係であると考えられる。

「送り仮名の付け方」の通則2に、

活用語尾以外の部分に他の語を含む語は、含まれている語の送り仮名の付け方によって送る。（含まれている語を〔　〕の中に示す。）

とあり、

動かす〔動く〕　照らす〔照る〕　浮かぶ〔浮く〕

生まれる〔生む〕　押さえる〔押す〕　捕らえる〔捕る〕

などの語例が挙がっている。しかし、問題の「浮つく」は、その語源からして「浮く—浮かぶ」の関係と同列に扱うことは適切でないというわけである。

なお、「浮気」と「浮つく」という書き方は、当用漢字音訓表の改定（昭和48・6）の際、「付表」の中に新しく掲げられたもので、それが現行の常用漢字表の「付表」にもそのまま踏襲されているものである。　（15—23）

問「来たれ」か「来れ」か

答「若人よきたれ」などと言う場合の「きたれ」を、「来たれ」と書くか、「来れ」と書くか、それとも「きたれ」と仮名書きにするかという問題である。

ここで問題としている「きたれ」は、文語、少なくとも文語脈の語である。したがって、厳密に考えれば、「きたれ」の送り仮名の付け方は、現代の国語の書き表し方としての内閣告示「送り仮名の付け方」の対象外のことであり、更に言えば、「きたれ」を「来」の字を使って書くことも、内閣告示「常用漢字表」の適用外のことである。なぜならば、「常用漢字表」の音訓欄に動詞「きたる」（「く（来）」）の訓が掲げられていないからである。（音訓欄に掲げられている「きたる」の訓は、動詞ではなく連体詞であることは、その用例から見て明らかである。）

文語としての「きたれ」は、各国語施策の適用外であるので、これまでの慣用に従って「来れ」と書くのがよいと言ってしまえばそれまでのことで、何も問題はなくなってしまう。

それにもかかわらず、ここで「きたれ」を「来たれ」と書くのがよいか、「来れ」と書くのがよいかということを問題にしたのは、この文語（文語脈が残存している語）が現代口語文の中において、力強く訴えようとする場合などにしばしば使われることがあるという事実を踏まえて、仮に現代の口語として取り扱うような気持ちで、現代国語を書き表すための目安・よりどころである「常用漢字表・送り仮名の付け方」を適用してみようとすれば、どのように考えることができるかという前提に立って述べる。

まず、現行の国語表記の目安・よりどころを考慮せずに書くとすれば、「きたれ」は、五段活用の動詞「きたる」の命令形であるから、活用語尾だけを送って「来れ」と書けばよいことになる。この場合は、その終止形である「きたる」も当然「来る」の活用語尾だけを送ればよい。

ところで、「来る」では、カ行変格活用の動詞「くる」と読み間違えるおそれがある。

内閣告示「送り仮名の付け方」には、動詞「きたる」は語例の中に掲げられていないが、告示の決まりを準用するとすれば、「活用のある語」に関する「通則1」の「例外(3)」(「異なる」、「群がる」などが含まれている。)を適用するか、又は、活用語尾以外の部分に他の語を含む語に関する「通則2」を適用して、語幹から送り、「来たる」と書くことになる。ところで、「通則1」の「例外(3)」に掲げてある三十二語は、例ではなく、語の限定列挙であるから、これには当たらず、「通則2」を準用することとなる。

けれども前述のように、告示では「きたる」の送り方について触れていないのは、次の理由によるものと考えられる。

内閣告示「常用漢字表」では、「来」の訓について次の三つを掲げ、かつ、その用例を示している。

くる　来る、出来心

きたる　来る○日

きたす　来す

すなわち、掲げられている訓・例から判断すれば、「くる」と「きたす」は、それぞれカ行変格活用動詞と五段活用動詞であるが、「きたる」は、五段活用の動詞ではなく、連体詞である。つまり、「送り仮名の付け方」に動詞「きたる」の送り仮名について触れていないのは、「常用漢字表」に動詞「きたる」の訓が掲げられていないからである。

また、五段動詞「きたす」の訓が掲げてあるから「きたる」は掲げてないけれども「来る《きた》」と使えると見ることも不可能であるとは言い切れないかもしれない。しかし、そのように解釈することは、「表の見方及び使い方」の「7」項にいう「派生の関係にあって同じ漢字を使用する習慣のある次のような類は、適宜、音訓欄又は例欄に主なものを示した」とあるところから見て、「きたす」に対する「きたる」が主なものではないとするのは適当ではないから、無理であろうと思われる。

すなわち、常用漢字表に動詞「きたる」の訓を掲げてないのは、「きたる」は、現代の国語からは多少の距離のある文語脈の語として使われるものと考えられたからである。

以上のとおりであって、現行の国語表記の目安・よりどころがもともと適用外・対象外としている語に、言わば無理に適用しようとして、できるだけ忠実に書き表すとすれば、動詞「きたる」は、仮名で「きたる」と書くことになるであろう。

けれども、世間一般では、必ずしも仮名書きにはしていないどころか、「来たる」・「来る」の表記もかなり目につくのである。

「文部省用字用語例」(昭和56・12)では、「来す……支障を来す」、「来る……来る○月○日」として、動詞「きたる」には触れていない。「文部省公用文送り仮名用例集」(昭和56・12)では、「来す」、「来る」とあるだけで、この「来る」が動詞・連体詞にかかわらず用いられるのか、連体詞に限られるのかがはっきりしていない。

『新聞用語集』(昭和56版)でも、同じく、「来す(きたす)」、「来る(きたる)」とあるだけである。

次に、各種国語辞典について、「来」に「きたす・きたる」の訓を掲げるようになった昭和四十八年内閣告示「当用漢字音訓表」の告示以降、その情報を反映した辞典(すなわち、見出し語に当てる漢字について、その使い方が表外字・表外音訓であることの印を付けてある辞典)22種について、動詞「きたる」と連体詞「きたる」の漢字表記をどのように取り扱っているかを表の形にまとめてみると次ページのとおりである。

22種の中には、辞典名・編者・発行所等が同じで、旧版・新版の

見出し語	見出しの表記	
●動詞「きたる」を掲げていないもの。	――	2種
●動詞「きたる」だけで連体詞「きたる」を掲げていないもの。	来る（ただし、〈現在では主に「―五日」のように、次にくる、この次の、の意で連体詞として使う。〉と注記のあるもの。）	2種（1種）
●一つの見出し語のもとに、㈠、㈡などとして動詞、連体詞に分けているもの。	来る……5種（3種） 来(た)る……2種（1種） きたる・来る……1種	8種（5種）
●動詞と連体詞とを別見出しとして、それぞれ見出し語を立てているもの。	〔動詞〕　〔連体詞〕 来る　来る……3種 来たる　来る……2種 来(た)る　来る……3種 来(た)る　来(た)る……1種 来たる　来たる……1種	10種

関係にあるものがあり、版の新旧にかかわらず、見出しの表記が全く同一であるものを1種と見なせば、実質的には18種となる。この場合の見出し語表記の別によって分けた数は表の（　）に包んだ数である。

以上の調査でも分かるように、動詞「きたる」の表記を仮名書きとしているものは、漢字表記と併記しているものが1種あるだけで、他は、表外音訓の印を付けずに漢字表記を掲げてある。連体詞「きたる」の表記は、常用漢字表に「来る」と明確に示してあるのにもかかわらず、「来（た）る」、「来たる」としているものが一種ずつある。

このようなことからいって、動詞「きたる」は、「きたる」と仮名書きすべきであると考えても不適切ではないであろう。しかしながら一方において、報道界・国語辞典等では、そろって漢字表記を認めている現状にかんがみて、実際上からは、漢字書きもあながちに排除すべきではないかもしれない。このように考えれば、「きたる」の命令形「きたれ」も漢字書きにすることも当然考えられる。その場合の送り仮名は、「送り仮名の付け方」の「通則2」を準用して「来たれ」とした方がよいのではないかと思われる。なお、命令形の場合は、読み間違えるおそれがないので、許容形「来れ」も可能ではないかとも考えられるが、活用語の送り仮名を、活用形によって、本則を用いたり、許容を用いたりすることは望ましくないと考えるならば、「きたれ」の場合も「来たれ」と書くのがよいことになる。

（参考）　新聞紙上で見られる「きたる・きたれ」の書き表し方の例を掲げると、

・遠州灘にフグきたる（朝日、平成元・12・13、見出し）
・来たれ、新時代のチャレンジャー（朝日、平成元・12・17、求

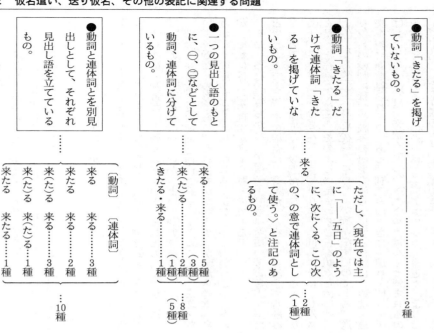

人広告）

・来たれ！精鋭（読売、平成2・1・21、求人広告）

のように、記事（見出し）では、「きたる」と仮名書きであるが、求人広告では「来たれ」が用いられていることが多いようである。（16—30）

問「身近だ」か「身近かだ」か

答　自分に近く感じられることを表す語に「みぢかだ」という形容動詞がある。これを漢字仮名交じり文の中で書き表すときに、「か」を送らずに「身近だ」と書くのがよいか、それとも「か」から送って「身近かだ」と書くのがよいか、という問題である。

結論を先に言えば、普通に用いられているのは、「か」を送らない「身近だ」の形である。それにもかかわらず「か」から送る「身近かだ」の形がしばしば目に触れるのはなぜか、ということであるが、それには二つの理由が考えられるのである。

その一つは、「みぢかだ」が漢字の訓読みを用いて書き表す語だということである。その場合に「身近だ」と書くと、漢字の音読みを用いる「至近だ・卑近だ・最近だ」などと同じ形になる。そうなると、「しきんだ・ひきんだ・さいきんだ」と同じように「しんきんだ」と読みたくなる。そのように読まれることを防ぐためには、「か」から送って「身近かだ」と書く方が読みやすいのである。送り仮名の役割には、訓読みの語形を明らかにするほかに、誤読・難読を防ぐ面も見られるのである。訓読みのときに「辺り・便り・半ば」などと送るのは、音読みで「へん・べん・はん」と読まれるのを防ぐためである。その点では、「みぢかだ」も、「身近だ」よりは「身近かだ」の方が読みやすいわけである。

もう一つ考えられるのは、「みぢかだ」と同じような形容動詞の送り仮名であるが、「しずかだ」を「静かだ」と書くように、「か」から送るのが一般的だということである。現行の内閣告示「送り仮名の付け方」も、通則1の例外(2)で、次のように定めている。

通則1・例外(2)　活用語尾の前に「か」「やか」「らか」を含む形容動詞は、その音節から送る。

これらのうち「か」から送る語について「常用漢字表」の「音訓欄」の範囲で取り上げると、次のようなものがある。

温かだ　暖かだ　厳かだ　愚かだ　細かだ　定かだ　静かだ
確かだ　豊かだ

これらの形容動詞の送り仮名から考えれば、「身近かだ」と送ることにも、それなりの理由が成り立つのである。

しかし、ここで見逃してならないのは、送り仮名の付け方として、単独の語と複合の語とでは、その扱い方が異なるということである。複合の語の場合には、それぞれの音訓を用いた単独の語と同じ送り仮名を用いるのが一般の行き方であり、現行の内閣告示も、通則6の本則で次のように定めている。

通則6・本則　複合の語の送り仮名は、その複合の語を書き表す漢字の、それぞれの音訓を用いた単独の語の送り仮名の付け方による。

そこに例示された形容動詞「気軽だ」「望み薄だ」について言えば、単独の語として「軽い」「薄い」と送るからこの形の送り仮名になるのである。同じ考え方を「みぢかだ」に当てはめれば、単独の語として「近い」と送り、「近かい」と送らないことが、「身近だ」となり、「身近かだ」とならない理由なのである。

送り仮名についてのこのような扱い方は、複合の語としての形容動詞のすべてに及ぶことになる。その場合には、単独の語として形容動詞の形が成り立つか成り立たないかが、「か」を送るか送らないかの違いとなる。次のような場合に「〇〇だ」でなく「〇〇かだ」と送るのは、単独の語として「〇かだ」の形を用いるからである。

暖かだ　生暖かだ
細かだ　きめ細かだ　事細かだ
静かだ　心静かだ　波静かだ　物静かだ
確かだ　心確かだ　不確かだ

これらの場合には「か」から送ることになるのである。

これに対して、次のような場合に「〇〇かだ」でなく「〇〇だ」と送るのは、単独の語として「〇かだ」の形でなく、「〇い」の形を用いるからである。

高い　居丈高だ　かさ高だ　際高だ　腰高だ　声高だ　中高だ
　割高だ
近い　手近だ　端近だ　間近だ　身近だ
深い　目深だ　欲深だ
短い　気短だ　手短だ
若い　年若だ

これらの場合には、形容動詞であっても、「か」から送ることにはならないのである。（18―17）

問「マジワル」は「交わる」と送るのに、なぜ「マジル」は「交る」としないで「交じる」と送るのか

答「マジワル」という語について漢字「交」に送り仮名を付けて書く場合に「交わる」となる。この送り仮名の付け方を「マジル」に当てはめると「交る」でよいことになる。それにもかかわらず「マジル」の送り仮名を「じる」とし、「交じる」と書くのはなぜか、という問題である。

一般に、動詞の送り仮名については、「活用語尾を送る」というのが基本である。内閣告示「送り仮名の付け方」が通則1で次のような本則を設けたのも、この考え方によるものである。

・通則1　本則　活用のある語は、活用語尾を送る。

したがって、この本則によって「マジル」という動詞を漢字「交」に送り仮名を付けて書けば「交る」となるのが当然である。

また、旧表記で書かれた作品を調べてみると、「マジル」について「交る」という送り仮名を用いた例が見られるのである。

・「和尚さん、どうしたのだ」と呼ぶものがある。それに短い笑声が交る。（森鷗外「山椒大夫」）
・皓《しろ》い歯に交る一筋の金の耀《かがや》いて又消えんとする間際迄、男は何の返事も出なかつた。（夏目漱石「虞美人草」）

さらに、文部省著作の国語教科書にも、次のような例が見られるのである。

・白梅は今ちやうど真盛りであるが、其の間に咲きかけの紅梅が点々と交つて美しい。（国定読本第三期〈ハナハト読本〉巻十・第二十三「太宰府まうで」）

これらの例からすれば、「マジル」について活用語尾の「る」だけを送り、これを「交る」とする送り仮名を誤りとすることはできないのである。

しかし、昭和二十二年にまとめられた総理庁・文部省『公文用語の手びき』の中の「送りがなのつけ方」では、「交じる」の形が示されている。昭和三十四年の内閣告示「送りがなのつけ方」も、用例集には「交じる」となっている。現行の「送り仮名の付け方」も、これを受け継いでいるわけである。

このように、「マジル」の場合に「交じる」と「じる」を送るのは、「マジル」について「マゼル・交ぜる」との間に派生関係を認めたからである。このような派生の関係を送り仮名の上に及ぼすことについては、「送り仮名の付け方」においても、通則2の本則として、次のように書かれている。

・通則2　本則　活用語尾以外の部分に他の語を含む語は、含まれている語の送り仮名の付け方によって送る。

ここでは、「含む・含まれる」という語で、派生関係を示している。すなわち、「まじる」の活用語尾を除いた「まじ」の「ま」が、「まぜる」の活用語尾を除いた「ま」に対応しているというのである。

ところで、前記の通則であるが、そこには次のような語例が示されている。

交わる〔交える〕　混ざる・混じる〔混ぜる〕

この場合の〔　〕の用い方は、「含まれている語を〔　〕の中に示す」となっているように、「交える」を基本にしたのが「交わる」で、「混ぜる」を基本にしたのが、「混ざる・混じる」である。なお、「混」の送り仮名が異字同訓漢字としての「交」にも及ぶことは、「文部省公用文送り仮名用例集」に見るとおりである。

ところで、この場合の「含む・含まれる」という考え方には、多少問題がある。「まじえる」には「まぜる」の「ま」が含まれると考えられないか、ということである。しかし、このように、同じ漢字を用いる動詞ではあるが二つの系列を分ける場合として、他に次のような例がある。

・連　①つれる―連れる
　②つらねる・つらなる―連ねる・連なる
・絞　①しめる・しまる―絞める・絞まる
　②しぼる―絞る
・潤　①うるむ―潤む
　②うるおう・うるおす―潤う・潤す
・群　①むれる―群れる
　②むらがる―群がる

これらの場合に「含む・含まれる」の関係を認めるかどうか、特に紛らわしいものについては、通則2の最後の（注意）で、次のように取り上げられている。

・通則2（注意）　次の語は、それぞれ〔　〕の中に示す語を含むものとは考えず、通則1によるものとする。
　明るい〔明ける〕　荒い〔荒れる〕
　悔しい〔悔いる〕　恋しい〔恋う〕

これによれば、例えば「明」について次のような二つの系列が見られることになる。

・明　①あける・あく・あかす・あかり・あくる
　―明ける・明く・明かす・明かり・明くる
　②あかるい・あかるむ・あからむ
　―明るい・明るむ・明らむ

しかし、派生関係については、このまとめ方が唯一のものではなく、別の考え方も成り立つわけである。

したがって、問題の「マジル」についても、「マジル・マジエル・マジワル」の間に派生関係があるとして「交る・交える・交わる」とする考え方も成り立つのである。しかし、「まじわる」が「まじえる」との間に派生関係を持つとしても、「まじわる」と「まじる」との間には、直接の派生関係を認めることができない。内閣告示「送り仮名の付け方」が「マジエル・マジワル―交える・交わる」と「マゼル・マザル・マジル―交ぜる・交ざる・交じる」のそれぞれを派生の関係でまとめたについても、それなりの理由が認められるのである。そのことが、「マジワル・交わる」としながらも、「マジル・交じる」とする理由なのである。

ただし、「送り仮名の付け方」の適用に当たっては、通則2の許容に次のように書かれていることも無視できないわけである。

・通則2　許容　読み間違えるおそれのない場合は、活用語尾以外の部分について、次の（　）の中に示すように、送り仮名を省くことができる。

その例としては「浮かぶ（浮ぶ）」「生まれる（生れる）」などが挙げられている。この許容を適用すれば、「交じる（交る）」も成り立つはずである。

しかし、「交る」と書くと、「まざる」か「まじる」かが分からないために「読み間違えるおそれ」が生じることになるから、「まじる」を「交る」と書く許容が成り立つとは言えないのである。

また、教科書の場合は文部省初等中等教育局長通知により、公用文の場合は内閣官房長官通知により、新聞の場合は日本新聞協会の新聞用語懇談会の『新聞用語集』により、それぞれ、通則2の許容を用いないのである。したがって、一般の場合にも、通則2の許容による「交る」の形は、用いないのが実情である。

〔注〕なお、「交じる」に関連する項目として56ページの「交ざる（―じる、―ぜる）」と「混ざる（―じる、―ぜる）」の使い分け」があるので、参照されたい。（19―24）

第三　その他の表記

問「人々」か「人人」か

答　昭和二十七年の「公用文作成の要領」では、「同じ漢字をくりかえすときには「々」を用いる」とだけ示されている。

これによれば「々」は漢字一字の繰り返しを示すものとして、

人々　国々　年々　点々

のように用いられる。

漢字の二字以上の組合せが重なるもの、例えば「同感同感」「一試合一試合」など、また二語の連合で前の語の最後と後の語の最初に同じ漢字が重なるもの、例えば「民主主義」「演説会会場」などの場合には、「同感々々」「一試合々々」「民主々義」「演説会々場」のようには書かない。

「々」はもともと重出する漢字を一々書く手間を省く符号であって、同の字点などと呼ばれ、正式の文書に用いられるものではなかった。今日でも「々」は「国々」というときに用いるが、「くにぐに」は「国々」と書かなければならないのではない。活字印刷の手間から考えれば、「人々」でも「人人」でも同じであり、また、行頭に第二字が来るときには、「々」を避けた方がよい。最近は訓読みの重なる場合に「人びと」「国ぐに」のような書き方も見られるようになったが、繰り返し符号を避ける考え方とともに、「ひとびと」「くにぐに」等の語形を読みとりやすくするための工夫であろう。

なお、例えば「佐々木」「多々羅」「寿々子」「奈々子」のように姓名に含まれているものがある。「々」は漢字ではないが、使われても差し支えないことになっている。また、佐々木か佐佐木かは戸籍簿への登録では区別されている。（2―45）

問「専問」「軽卒」と書くのは正しいか

答　もちろん、「専門」「軽率」が正しい。

「専門」の場合の「門」の字義は、「学問の系統」を表すもので、「仏門」「部門」「門外漢」などの「門」と同義のものである。しかし、一般の人にはその意味がはっきりしないために、「問」などと混同して書かれるのか、あるいは字形が似ているために誤記されるのか、いずれにしても、しばしば見掛けられる誤用例である。これと反対に、「訪問」という語も、一般には出入り口の「門」を類推するためか、「訪門」と誤記する人が多い。

「軽率」の場合の「率」という字は、「あわただしい」とか「だしぬけ」という意味である。「軽卒」と書くと、「卒」には「しもべ」「下級の兵士」という意味があるため、「身軽ないでたちの兵卒」「身分の低い兵卒」という意味の、別の言葉になってしまう。したがって、「軽はずみ」「軽々しいこと」を意味する場合は「軽率」と書かなければならない。（なお、「率直」か「卒直」かについては3ページを参照のこと。）

一般の人がよくおかす漢字の書き誤りの中には、右の「専問」「軽卒」のように、同音の上に字形もよく似ているという場合が、いちばん多い。例えば、次のような例がある。（カッコの中が正しい書き方）

成積（績）　講議（義）　復合（複）　一諸に（緒）　除行（徐）　指適（摘）　経続（継）　幣害（弊）　最少限（小）

これらの誤字を防ぐためには、その熟語の意味と、それを構成するそれぞれの漢字の意味とを関連させて覚えることが必要である。（3—18）

問 **「おおぜい」は、「大勢」「多勢」のどちらが正しい書き方か**

答 「大勢」が正しい書き方である。しかし、「大」と「多」とは訓が同じである上に、一方で「多勢《たぜい》」という同じ意味の漢語もあるところから、一般によく誤って書かれることが多い。ある全国紙でも、数年前までは「おおぜい」の表記を「多勢」に統一していたものがあったくらいである。

しかし、本来、「多勢」は「無勢《ぶぜい》」の対語であり、「大勢《おおぜい》」は「小勢《こぜい》」の対語である。同様に、「多《た》人数」は「少《しょう》人数」の対語であり、「大《おお》人数」は「小《こ》人数」の対語である。したがって「おおぜい」「おおにんずう」の場合は「大」を書く方が正しいわけである。

なお、「大勢→多勢」のように、訓が同じである上に字義が似ているところから誤られるケースとしては、次のような例がある。

（いずれもカッコ内が正しい書き方）

・Aコート勝者を敗って優勝（破）
・大阪の役に破れた（敗）
・彼の変わりにぼくがやる。（代）
・名誉や信用が犯された。（侵）
・環境の変化に供なって（伴って）
・五十年間を返り見て（顧みて）

（3—19）

問 **「おしきせ」という言葉を「押し着せ」と書くのは正しいか**

答 この語は「オシ＝キセ」ではなく「オ＝シキセ」だから、「押し着せ」という用字法は誤りである。

「おしきせ」という語は、江戸時代に幕府から諸役人や囚人たちに衣服を支給すること、またその衣服を指して「おしきせ」と言ったことに始まる。後に、時候に応じて主人から奉公人へ、客からなじみの遊女などへ衣服を与えることにも使われるようになった。それが、更に転じて、型どおりに物事が行われること、そうするように習慣化していることにも使われる。もちろん、「お」は接頭語だから「お仕着せ」という表記が一般的である。（なお、尾崎紅葉の作品などには「御四季施」という用字法が見えるが、これは語源に合わせた意識的な当て字である。）

しかし、実際には次のような書き方をしたものが、時折、目につく。

・団体旅行の押し着せ料理よりは、一本百円か二百円のフランクフルトソーセージの方がずっとおいしいんだから（広報紙）
・押し着せ練習をきらった自主性の芽ばえ（新聞）

この場合の「おしきせ」も、「型どおりの」とか「習慣化した」という意味であれば普通の使い方であるが、「押し着せ」と書いた人は、おそらく、それ以上の意味、つまり「ほかから無理に押し付けられた」という意味で使ったものと思われる。日本語には、「押し入る」「押し売り」「押し掛け（女房）」「押し借り」「押し込み（強盗）」「押し付け」「押し通す」「押し退《の》ける」「押し分ける」などの「押し……」（無理に……する意）という一群の語があるため、おそらく、それに影響されたものであろう。元来、「お仕着せ」というのは、支給される側にとっては決して迷惑なものではなかったはずであるのに、「押し着せ」と書かれたとたんに、無理やりやらされるというニュアンスがつきまとってくる。漢字の〝魔力〟と言うべきだろう。

誤記を生み出す要因にはいろいろなものが考えられるが、その一つに語源俗解に基づくものがある。語源俗解（あるいは民衆語源ともいう。）とは、ある言葉の起源や由来に関して一般の人が歴史的には正しくない解釈を勝手に行うことを言う。ツルリと切れるから「つるぎ（剣）」、ちょっと着るから「チョッキ」というたぐいである。言葉を使うときにその語源を無意識のうちにも考えるのは、自然に起こる反省作用で、多かれ少なかれ、だれにも、また、どこの国でもあり得ることである。ただ、日本語に関して、この語源俗解が特に重要な意味を持つのは、俗解の結果、ある語の漢字表記が極めて簡単に変化し、その結果もとの表現とは違った意味の言葉になっていくという現象があるからである。金田一京助博士によれば、「出発」を「出立」と言いだしたのも「立つ」ことを意識したからであり、「一所懸命」を「いのちがけ」と思うところから「一生懸命」と用字を変えるようになったと言う。この「押し着せ」という表記も、語源俗解による誤記の好例と言えるだろう。（3—20）

問「せっしょう」「おうたい」を「接渉」「応待」と書くのは正しいか

答「折衝」「応対」が正しい書き方である。

「折衝」という言葉は、「相手が衝《つ》いてくる矛先を折る」というのが原義で、「利害のくいちがう相手とかけひきする」意に使われる。ところが、最近、市町村の発行する広報紙や企業体の社内報、あるいは高校新聞などを見ていると、

・目下、知事と町長において、用地単価の接渉が行われている状況であります。
・町としてはよりよい開発を念願しており、県、会社等にいろいろ接渉中です。

のように、「接渉」と書いた例が多く目につく。これは、おそらく「セッショウ」とは、「相手に接して交渉する」意だという語源意識が働くためであろうと思われる。あるいは「接触」という言葉との関連もあって誤るのかもしれない。つまり、これも、語源俗解が引き起こした誤記の例と言える。

「応待」も、「接渉」と同じく最近よく見られる誤記の例である。正しいのは「応対」であるが、この場合も、おそらく「応接接待」という語源意識が作用した結果と思われる。ある調査結果によると、年代が進むに従って「応待」と書く人の割合が増え、大学生や一般成人では、全体の半数近くにも及ぶと言う。このことは、社会経験が増すにつれて「オウタイ」という言葉に「接待」という意味を付与して考える人が多く存在することを想像させる。これも、語源俗解が要因となって広がった誤記と言っていいだろう。（3—21）

問「巾」「斗」「才」「令」などの字を、それぞれ「幅」「闘」「歳」「齢」などの略字として使用するのは誤りか

答「巾」「斗」「才」「令」を、それぞれ、「幅」「闘」「歳」「齢」の略字として使うことは、現在でも、たしかに一部には行われている。全国の市町村が発行する広報紙などを見ると、次のような実例がある。

〔巾〕の例
・専業農家の数は大巾に減少している
・走巾とび、走高とびの記録
・道路の巾員　・拡巾工事

〔斗〕の例
・恐ろしい死の影と斗った半年間
・ジェット戦斗機の騒音　・斗争資金

〔才〕の例

・才入・才出　・才末助け合い運動
・才月人をまたず

〔令〕の例

・ウメは樹令四十年で更新期
・老令年金など充実
・本市の最高令者

これらは、いずれも俗用であって、現代の標準的な表記とは認めがたい。

「巾」は、音「キン」であって「頭巾・布巾・雑巾」などと使われるように、本来の意味は「きれ」である。したがって、「幅」（音フク・訓はば）とは、もともと別字なのである。

「斗」も、本来の意味は、穀物や酒などをはかる単位（一升の十倍）であって、「たたかう」という意味とは無関係であるから、「斗」を「闘」の略字として使うのは、標準的な表記としては適当でない。

「才」「令」についても、もともと「歳」「齢」とは別字であるから、同様に考えられる。ただし、「才」については、「二十才・八十才」のような年齢表示の場合に限り、また「令」については「年令」という語の場合に限って、使用が社会的に許容される習慣がある。（詳細は3〜4ページを参照）　（3―22）

問　「午後・食後・戦後」などを「午后・食后・戦后」などと書くのは、正しいか

答　「后」は「後」の略字ではなく、本来別々の字である。その点は、前問に挙げた「巾―幅」「斗―闘」「才―歳」「令―齢」の関係と似ているようであるが、根本的にはそれらとは事情を異にする。つまり、「后」と「後」とは別字ではあるが、音（漢音こう、呉音ゴ）も共通するし、字義も、共に「のち」という意味で使われる字であることが、前問の字群とは違う点である。

「后」は、説文などの古い字源説では、「きみ」とか「きさき」を本義とし、その仮借《かしゃ》として「のち」の意にも用いるとされたが、新しい学説では「人」と「口」を合わせたもので、「人間の後穴（肛《こう》門）」を意味し、それから「のち」の意味が派生し、「後」の字と同様に用いるとされている。字源説はともかくとし、中国では古くから「后」が「後」と同様に用いられ、現在に至っている。（現在、中華人民共和国の簡体字にも、「后」が採用され、「後」は繁体字とされている。）

これらの点から考えれば、「午后・食后・戦后」などの用字法をあながち誤りとして退けることはできないが、ただ、日本語における現在の用字習慣からすると、問題が残る。日本では、「后」の字は「きさき」を意味するものとして、「皇后」「皇太后」「立后」などの語としてしか使われず、一般の語意識としても、「后」と「後」とが同字であるという意識は希薄であると考えられるからである。「当用漢字音訓表」で、「后」に「コウ」という音しか掲げていないのも、そういう事情が考慮されたものと思われる。

したがって、現在の日本においては、

｛后　コウ　　　「きさき」の意
　後　コウ・ゴ　「のち」の意

と両者を使い分け、「午后・食后・戦后」などとは書かない方が、穏当だと考える。　（3―23）

問　「ねまき」という言葉は、「寝巻」「寝間着」のどちらを書くのが正しいか

答　この語の語源は明らかではないが、本来は「ネ＝マキ」であって、「ネマ＝キ」ではないと思われる。室町時代に成立した辞書『運歩色葉集』をはじめ昔の辞書には「寝巻」という表現が見える。おそらく、「寝間着」という表記は、後世になってできた当て字であろう。しかし、現在の社会では、両様の表記が並び行われており、現代語を収録した国語辞典を見ても、両方の漢字表記を併記したものが多く、「寝間着」だけを掲げた辞典さえある。日本新聞協会の『新聞用語集』でも、「寝巻」は原則として使わず、「寝間着」を採用している。

　したがって、現在では、どちらを書いても誤りではないと言えるが、ただ、両者の使われ方を見ると、多少、用途による使い分けの傾向もうかがわれる。「寝巻」は、夜、寝る時に体にまとう衣服の意であるから、理屈の上では、パジャマやネグリジェなどもこれに含めて考えられるが、実際には、こういう西洋風の衣類を「ねまき」と呼ぶのは、語感の上からもそぐわないものがある。そういう理由もあって「寝間着」の方が普及したのかもしれない。「寝間着」という字面からすると、寝室などでくつろいだ時に体に着ける部屋着という意味が出てくる。したがって、パジャマ、ネグリジェはもちろん、ガウンやバスローブに至るまで含めて考えることができる。デパートなど商業方面で、ほとんどが「寝間着」を用いるのは、「寝巻」の持つ古めかしい字面を避けて、少しでも高級な印象を与えようという意図があるのかもしれない。また「仕事着」「部屋着」「外出着」などの言葉との連想も、一方に考えられるが、しかし、「寝間着」と書けば、「ねまぎ」と呼ぶべきかもしれない。

　「寝間着」のように、当て字が普及して一般に定着する例は、少なくない。例えば、「仕事」「試合」「支払い」などの「仕」「試」「支」で表す「し」は、元来、サ変動詞「する」の連用形「し」であるはずであるが、これらは一般の人には当て字であるという意識さえ薄れてしまったほど定着している。また、「時計」や「歌舞伎」なども、本来は当て字である。「とけい」は、中国から入ってきた漢語で、「土圭」「斗鶏」などと書かれていたが、後に「時計」と書く習慣が定着した。「時」は「とき」という訓の頭音「と」を利用したものだが、一方で「時を計る」という意味との関連も持たせた当て字である。

　「歌舞伎」も、語源は「かぶく（傾）」という動詞の連用形が名詞化したものから出たという説が有力である。「かぶく」とは、並みはずれて華美な風態をしたり、異様な言動や色めいた振る舞いをすることを言う。出雲《いずも》の阿国《おくに》に始まる女かぶきから若衆かぶきに移るころまでは、当時の正統芸能である能楽に対して、派手な姿をした踊り子などを指して「傾《かぶ》き者」と呼んだらしい。当時のかぶき役者たちは社会的にも低い地位にいた。それが、やがて技芸本位になり発達を重ねて、元禄時代には、りっぱな伝統演劇にまで成長した。おそらく、その前後に「歌舞伎」という表記が定着したものと思われるが、「歌」と「舞」と「伎（わざおぎ＝俳優）」を組み合わせたあたり、まことに巧みな当て字と言うことができよう。（3―24）

問　「箇条書」とか「五箇所」とかいう場合、新聞によって「個条書」とか、「五個所」「五か所」「五カ所」「五ヵ所」と、さまざまな表記が行われているようだが、これはどういうわけか

答　当用漢字音訓表に「個」の音として掲げられているのは「コ」だけであるから、それに従って書くとすれば、「箇条」「箇所」と書くべきである。ただし、国語審議会が昭和二十九年三月に報告した「当用漢字補正資料」によれば、「箇」の字を当用漢字表から削除し、そのかわりに「個」に「カ」という音を付け加えた。つまり、「個」で「箇」の代用をさせようとしたわけである。この補正案は、単なる案にとどまって、従来の当用漢字表の内容や、法令及び教育上の取扱いは、変更されなかった。ところが、新聞界に限っては、昭和二十九年四月からこの補正案を紙面に採用することになり、各紙がいっせいに実施した。そのため、新聞界では、「箇所」「箇条」と書かずに、「個所」「個条」のような用字法を採っているわけである。

さて、新聞では補正案を採用したのにもかかわらず、実際の紙面では「個所」と「個条」の二語にしか用いず、「〇個月」「〇個国」「〇個年」などは、すべて「〇か月」「〇ヵ国」「〇か年」のように仮名表記を使っている。「個所」「個条」の場合でも、例えば、

疑問の個所　工事個所　破損個所
一々の個条　各個条ごとに　個条書き

のように、単独で使う場合や複合語として用いられる場合に限られており、数詞に続いて使われる場合は、仮名表記されるのが普通である。

ところで、数詞に続けて物を数えるときには、旧表記では「五ヶ所」「五ヶ条」のように小さく「ヶ」と書くことも行われた。また、固有名詞の場合にも「駒ヶ岳」「槍ヶ岳」「青ヶ島」のように書かれる。これらは、一般には、片仮名の「ケ」をかいて、「カ」または「ガ」と読むのだと意識されているが、本来はそうではない。この「ケ」は片仮名ではなく、漢字の「个」(箇と同字)又は「箇」のタケカンムリの一つを採ったものが符号的に用いられてきたものである。したがって、戦後の公用文や教科書などでは「ケ」を使わず、「か」を大きく書くことで統一されてきている。新聞では、社によって方針がまちまちで、平仮名の「か」を大きく書くもの、片仮名の「カ」を大きく書くもの、また「ヵ」を小さく書くもの等に分かれている。片仮名を使ったり、あるいは小さい活字を使ったりするのは、旧表記で「ケ」を小さく書いていたことの影響が残っているのだろう。

ところで、結論としては、漢字を使う場合は「箇」、仮名書きにする場合は、公用文や教科書のように平仮名の「か」を書くのが、現在のところ最も穏当な書き方と思われる。なお、「槍ヶ岳」「青ヶ島」のような固有名詞の場合は、その固有の書き方に従っていいわけである。ただし、「霞が関」「自由が丘」のように、住居表示の実施によって、表記の改められた例もある。（3—46）

問「危機一発」は正しいか

答　この語は、「間に髪の毛一本しかはさむ余地がないほどのわずかな違いで危険に追いこまれるという、あぶない瀬戸ぎわ」を意味する。(また、漢籍の「一髪、千鈞《きん》を引く」という語句と関連させて、「一本の髪の毛で千鈞の重さのものをつり上げるような危険なことのたとえ」という解釈をした辞書もある。)いずれにしても、この語は「一髪」でなければ意味をなさない。ところが、戦後封切られたある外国の映画が「危機一発」という題名を付けて流行させたことも影響してか、最近、「一発」と書く人が多くなったが、これは明らかに誤用である。

「危機一髪」のような四字熟語で、一般に書き誤りやすいものには、次のようなものがある。

・一陽来復→来福　・五里霧中→夢中　・大義名分→明分
・言語《ごんご》道断→同断　・志操堅固→思想　・心機一転→心気
・青天白日→晴天　・絶体絶命→絶対　・単刀直入→短刀

・同工異曲→同巧　・満場一致→万場　・無我夢中→無中　（4—22）

問 **「バレー」と「バレエ」**

答 バレーボールを略してバレーと言う。バレーボールの原語は、英語のvolleyballで、排球という訳語はあるが、今ではバレーの方が普及している。

volleyの原音を日本語流に三拍に発音して、レをのばすところから、バレーと書く。「外来語の表記」では、長音を表す記号として「ー」を使うことを明らかにしている。

これに対して、フランスの宮廷で発達した音楽舞踊balletがバレエと書かれる。これも日本での外来語としての発音はスポーツのvolleyの場合と全く同じであるが、長音符号を使わずにエを使う習慣が広まっている。表記の上で、同音の混同を避ける結果となった。

また、谷を表すvalleyをバレイと書いて、前二者と区別しようとしている向きもある。

同様に、「ボーリング」と「ボウリング」も区別されている。「ボーリング」は、地中に深く穴を掘ることで、原語ではboringであると書く。これに対し、現在、室内競技の場合は「ボウリング」であり、原語bowlingに近づけた仮名表記となっている。bowlingが日本で流行した当初は、「ボーリング」の表記も見られたが、日本ボウリング協会が設立されてから以後は、「ボウリング」となったと言う。（4—43）

問 **「ベッド」か「ベット」か**

答 寝台や寝床を意味するものを、英語でbedと書き、〔bed〕と発音する。しかし、現代の日本人について見ると、英語の発音どおりに「ベッド」と言う人もいれば、「ベット」と発音する人もかなりいて、発音がゆれているようである。

ある調査によれば、幼稚園児や小学生の低・中学年までは、ほとんどが「ベット」と発音し、高学年から中学生・高校生と徐々に「ベッド」と発音する者の率が高くなり、二十歳代に最高となるが、あとは年齢が進むにつれて、また「ベット」が優勢になる。そして、この傾向は女性において特に顕著であるという。

これは話し言葉の場合であるが、書き言葉の場合は、今日「ベット」と書かれることは、ほとんどないといってよい。新聞・雑誌・教科書をはじめとする各種出版物や、辞書類、それに広告類から「○○ベッド」というメーカーの名称にいたるまで、すべて「ベッド」と書かれていて、「ベット」は、新聞の折り込み広告とか商店の看板などで、ごくまれに見掛ける程度である。

今日、書き言葉としては「ベッド」が規範的に正しいとされているにもかかわらず、なぜ、話し言葉としては「ベット」がかなり使われるのだろうか。まず考えられるのは、日本人にとっては「ベット」の方が発音しやすいという点である。日本語の音韻体系として、濁音の前に促音がくることはないため、外来語を入れるときにも促音のあとの濁音が清音になりやすい。このことは、「ベッド——ベット」のほかにも、

ハンドバッグ——ハンドバック
ブルドッグ——ブルドック
デッドボール——デットボール
グッドバイ——グットバイ

など、比較的古い時代に入った外来語が、——の下に示したように清音に発音される傾向が一般にあることと見合わせて考えられよ

う。

なお、「ド――ト」の対応ではないが、次のような例も、これと見合わせて考えられる。

バッジ――バッチ

ドッジボール――ドッチボール

ことに太平洋戦争以前は、英語を学習する者の人数も少なく、それだけ原語のつづりや発音を意識することがなかったので、右のように清音に発音することが多かったのであろう。

しかし、戦後は義務教育となった中学校で英語が学習されるので、日本人の英語学習人口は飛躍的に増大した。その結果、「ベット」より「ベッド」が正しいという意識が一般に広がり、加えて「促音＋濁音」の発音も苦にならない人が増えてきている。戦後になって一般化した外来語、例えば、

ヘッド（――ギア、――コーチ、――ライト、――ライン、――ワークなど）

ビッグ（――イベント、――ゲーム、――スリー、――ニュースなど）

エッグ（ハム――、ボイルド――など）

ダッグアウト、ホットドッグ、バッドマーク

などを清音に発音する人が少ないのも、その間の事情をうかがわせる。

ＮＨＫ総合放送文化研究所が昭和四十八年に、全国の有識者約二百人に対して実施したアンケート調査の一部に、外来語の語形・表記に関する質問が含まれている。その質問は、例えば「ベッド――ベット」のようなゆれのある外来語や外国の地名・人名百五十語を示し、その一語ごとにどちらの形がよいかを、表記と発音に分けて尋ねたものである。その中に「促音＋濁音」に関する語が二語含まれているが、その結果は、次のとおりであった。（各語形の下の括弧内の数字は、上が「表記」での支持率、下が「発音」での支持率を示す。）

ベッド（73％・74％）　ベット（26％・23％）　ハンドバッグ（68％・74％）　ハンドバック（29％・22％）

このように、表記も発音も原語の発音に近い方を支持する人がはるかに優勢であることが知られる。

以上のようなわけで、現在は、書き言葉としては「ベッド」の方が規範的に正しいとされており、話し言葉としても「ベッド」の方が優勢で、実際の発音も、今後は次第に「ベッド」の方へ統一されていくものと考えられる。外来語を日本語の中に入ったものとして考えると、これは、日本語の音韻体系に変化をもたらしたものと言えよう。　（6―45）

問　横書きの場合、「ひとつ」は「一つ」か「1つ」か

答　左横書きの場合の数字の書き方として、特別の場合を除き、アラビア数字を使用することを決めたのは、昭和二十四年の「公用文の改善」（内閣公用文改善協議会決定）であるが、続く昭和二十七年の「公用文作成の要領」（内閣閣甲第16号依命通知）に取り入れられて、一般に普及した。その中に、横書きの文章の中でも、

一般に、一部に、一間（ひとま）、三月（みつき）のような場合には漢字を用いる。

とある。

また、「文部省公文書の書式と文例」（昭和34・11初版、昭和49・3改訂）の「3　数の書き表し方」には、次のようにある。

(1)　左横書きの文章では，算用数字（アラビア数字）を用いることを原則とする。＜中略＞

(5) 次の場合には，漢字を用いることとする。

ア　数の感じの少なくなった場合

例　一般，一部（一部分の意），一時保留

イ「ひとつ」「ふたつ」「みっつ」などと読む場合

例　一つずつ，二間続き，三月ごと，五日目，

(6) 次のような場合には，漢字を用いることができる。

ア　万以上の数を書き表すときの単位として，最後にのみ用いる場合

例　100億，　1,000万

イ　概数を示す場合

例　数十日，　四，五人，　五，六十万

数の感じの少なくなった場合の例には、漢語の副詞が多く、次のようなものがある。

一応、一概に、一気に、一斉に、一層、一般に、一挙に、一向に、一切、一見、一律

「ひと（一）つ」という言葉の例には、次のような例がある。

一つおぼえ、一つがき、一つこと、一つばし、一つばなし、一つぼし、一つまつ、一つめこぞう、一つやね

また、「ひと何」という言葉としては、

一打ち、一思い、一切れ、一続き、一飛び、一握り、一寝入り、一眠り、一回り、一群れ、一巡り、一休み、一通り、一塊がある。

これらの例は、横書きの場合でも、漢数字を使うこととなろう。

ただし、小学校の算数の教科書には、

1つ70円のりんご，2つではいくらか。

のような書き表し方もある。これは、漢数字と算用数字を使い分けるわずらわしさを避けようという、年少者に対する配慮がなされたものと言えよう。（6—47）

問　文章中では、「パーセント」と書くか「%」と書くか

答　パーセント（per cent　原義は「百につき」）は、百分の一を単位として数えた値で、パーセンテージ（百分率・百分比）のことにも言う。記号として%を使う。公用文関係では、「%」を使う規定はない。新聞関係では、『新・記者ハンドブック』（共同通信社）に、次のように述べられている。

パーセント　比率を表すときは五六・七%、一〇〇%、二十数%、比率を表さないときは百パーセント

〔**例**〕合格は百パーセント確実だ。

なお、『NHK用字用語辞典　第二版』では、「外来の計量単位や貨幣単位は、カタカナで書く。」とし、

＜例＞メートル（米）　キロメートル（粁）　マイル（哩）
グラム（瓦）　キログラム（瓩）　ドル（弗）　ポンド（磅）

のあと、「ただし、図表などの場合は、次のように書いてもよい。」として、

パーセント──→%

の例が掲げてある。

横書きの文章で、5%と書くのは、5cm，5kg，5lと書くのと同じで、%，cm，kg，lなど自然科学の分野での記号として用いられるが、縦書きの文章で、五%と書くのは、五cm、五kg、五lと書くようなものである。ただ、パーセントと書くと、文字の数が多くなるため、%という記号を用いるのであろう。

なお、パセントと書く人もいる。ちなみに、千分比をパーミルと言い、記号は‰である。（6—48）

問「物」と「者」と「もの」

答「モノ」と耳で聞くと「物」か「者」か又は「もの」か分からない場合が多い。文字で書くと「者」と「物」の使い分けは大体見当が付くが、「者」と「もの」、又は「物」と「もの」との使い分けは迷うことが多い。厳密さを要求される法令・公用文では、「物」、「者」、「もの」の書き分けの基準とその例を次のようにしている。（文部省『公文書の書式と文例』（昭和55版）による。）

「物」は有体物について用い、「者」は人間について、（法律では「法律上の人格を有するものの単数又は複数に用いる。」）また、「もの」は、「抽象的なもの」と「者と物を含むもの」に用いる。

「置き忘れた物がある。所持する物。物の出回り。自動車に積載する物の制限。」

「最高裁判所の指名した者の名簿。将来これを受ける者の一代に限り……」

「かかる原理に基づくものである。普遍的なものである。正しいものと認められる。」

ここに、「有体物」とあるのは、「民法」（明治29、法律第89号）の第八十五条「本法ニ於テ物トハ有体物ヲ謂フ」とあるのによったものと思われる。しかし、広く各種の法令用語辞典では「物」を有体物に限定せず、電気・熱などをも含めている。また、「法律上の人格を有するもの」とは、自然人と法人を指す。

これを一般的にごくおおまかにまとめれば、「物」は、我々が触れたり見たりすることができる形を備えた物体であり、換言すれば、物品・物質・物件・品物などについて言う。「者」は、人・人間について言う。「もの」は、「物・者」を含んで事柄・物事及び抽象的な存在・対象について言う、ということになる。「物」と「者」との区別は、一応、このように比較的明らかであるが、具体的な場合に「物」と「もの」、「者」と「もの」との使い分けは、難しい場合がある。

法令では「もの」は、次の例のように、上に出てくる「者」又は「物」にある種の限定をする場合にも用いているので注意する必要がある。

・日本国民で年齢三十年以上の者で引き続き三箇月以上市町村の区域内に住所を有するもの（地方自治法　第18条・19条）

・普通地方公共団体の所有に属しない動産で普通地方公共団体が保管するもの（同右　第239条）　（7—29）

問「下さい」と「ください」

答「クダサイ」という語を書き表すとき、漢字を用いて「下さい」と書くか、それとも、仮名で「ください」と書くかという問題である。以下、本項では、「下さい（ください）」という語を、その表記を問題にしない場合、又はわざと伏せて示す場合に、「クダサイ」と片仮名書きをすることとする。

「クダサイ」には、大きく分けて二つの意味がある。一つは、実質動詞で、「くれる」とか、「与えてくれ」とかの意の尊敬・丁寧表現であり、他は、動作を表す名詞や動詞の次に付ける補助動詞で、他の人に動作を依頼したり、命令したりする場合に用いる尊敬・丁寧表現である。

(1)　桃太郎さん桃太郎さん
お腰につけた黍《きび》団子
一つわたしにクダサイな（文部省唱歌）

(2)　トン、トン、トン、

あけてクダサイ。
わたしです。（北原白秋「お月夜」）

右に挙げた⑴の「クダサイ」は前者であり、⑵の「クダサイ」は後者である。

国語表記の諸基準の実施前は、意味のいかんにかかわらず「クダサイ」は「下さい」と書くのが普通であった。

公用文では、『公文用語の手びき』（昭和22・9刊）「四　送りがなのつけ方」の項の用例で、「下さる　下す」としていたが、当用漢字音訓表（昭和23、内閣告示）の告示後に出たその改訂版では、これが「下さる　くださる　下さい　ください」と変わった。その後、『文部省刊行物　表記の基準』（昭和25・9刊）では、これに基づいて、漢字書きでも差し支えないが、仮名書きが望ましいとし、また、「文部省用字用語例」（昭和28・11）でも、「下さい」は、「やむを得ない場合以外は使わないこと。」とし、公用文では⑴・⑵の場合とも、専ら「ください」が用いられていた。

昭和四十八年六月、新たに内閣告示をもって「当用漢字音訓表」が告示された。これには、「下」について「くださる」の字訓を掲げ、その例欄には「下さる」と掲げてある。ところで同日に、事務次官等会議申し合わせ「公用文における当用漢字の音訓使用及び送り仮名の付け方」が発せられ、その「音訓の使用について」の「1の⑵のキ」の項に、「次のような語句を、（　）の中に示した例のように用いるときは、原則として、仮名で書く。」とあり、そこに「………てください（問題点を話してください。）」（原文は横書き。）とある。

見出し	書き表し方	備考
ください	下さい	資料を下さい
	………（て）ください	問題点を話してください

これを受けて、「文部省　用字用語例」（昭和48・9）では、「クダサイ」について、上のように示している。（必要部分だけを抜粋。）

『文部省　公文書の書式と文例』（昭和55版）でも、この趣旨に従って、各種の文例を掲げてある。

公用文では、現在のところ、このように、動詞の場合は「下さい」と書き、補助動詞として用いる場合には「………（て）ください」と書くという決まりになっている。（7—30）

問「香ばしい」か「こうばしい」か

答「こうばしい」という語を「香ばしい」と書いても差し支えないか、又は、仮名書きで「こうばしい」とする方がよいかという問題である。「香」は、昭和五十六年内閣告示の「常用漢字表」によれば、字音「コウ・キョウ」、字訓「か・かおり・かおる」である。したがって、もし、「香」を使うとすれば、「香しい」ではなく、「香ばしい」とすることになる。しかし、一般に、「こうばしい」は、文語では、「かうばし」であり、これは「かぐはし」の音便であるとされている。したがって、「こうばしい」は、和語であり、この「こう」だけを取り出して、これに字音の「香」を当てることは、本来当て字の用字法と言える。なお、「かぐはし」・「かぐわしい」に表外訓としてではあるが、「香」を当てることは、市販の幾つかの国語辞典にも見られ、また、実際の使用例もある。

まず国語辞典について見ると、『言海』（明治22）『日本大辞林』（明治27）『ことばの泉』（明治31）などは、「かうばし」に対して「馨」だけを当てているが、明治二十六年刊の『日本大辞書』には、「香・芳・芬」を当てており、明治四十四年に改訂版を出した『辞林』では「香」だけである。これ以後の辞典では、ほとんどのものが「香・芳」を当てており、形容詞が口語の「こうばしい」の形で採録されるようになってからも同様で今日まで続いている。もっとも、その数は少ないが、中には、「こうばしい」が望ましい表記であるとしている辞典もある。

国語表記の諸基準の実施後、文部省の『文部省刊行物　表記の基準』には、「こうばしい」は掲げてない。市販の用字用語辞典の類を見ると、昭和二十五年に初版を出した『辞典A』は、その後、昭和三十五年に至るまでに、三回改版をしているが、四つの版とも、仮名書きで「こうばしい」と掲げている。『辞典B』は、昭和二十八年の初版、昭和三十五年の改版はともに「こうばしい」であるが、昭和四十九年の改版では「香ばしい」とした。『辞典C』は、昭和三十二年に初版を出し、四十七年の第四版まで「こうばしい」とし、昭和四十八年の第五版以降、昭和五十年の第八版相当のものまでは「香ばしい」としており、昭和五十六年刊の第九版相当のものでは、また、「こうばしい」としている。『辞典B』・『辞典C』とが、「こうばしい」から「香ばしい」に変えたのは、国語審議会が「当用漢字改定音訓表」を答申した後、あるいは、それが内閣告示となった後で、音訓表の改定がきっかけになっているようである。『辞典A』は、このころ既に絶版となっていた。しかし、新しい音訓表にも、「こうばしい」を掲げてないので、この移り変わりは、国語辞典が明治時代から「香」・「香し」（後に、「香しい」）と掲げ、昭和二十三年の当用漢字音訓表の実施後も、表外音訓の印なしに、「香ばしい」などと掲げていたことに引かれたのではないかと考えられる。そして国語辞典が表外音訓の印なしに掲げているのは、前記の『表記の基準』で触れていなかったことが大いに関係していると思われる。

表記法の上から言って、これに似通った性質の語に「ほうる」がある。「ほうる」は『表記の基準』では「ほうりだす」の項で、従来、国語辞典で認めていた「放り出す」を認めず「ほうり出す」とした。そして以後の国語辞典は、ごくまれな例外を除いては「ほうる」に「放」を用いるのは、表外音訓であるとの印を付けている。用字用語辞典の類もすべて仮名書きである。

以上のようなわけで、当て字的用法としてならともかく、現行の「常用漢字表」に従って書くとすれば、やはり、「こうばしい」と仮名書きにするのが穏当であろう。　（8—17）

問「一・二・三・十」を「壱・弐・参・拾」と書くのはどういうときか

答　「一・二・三・十」の代わりに用いた「壱・弐・参・拾」を大字《だいじ》と言う。「一・二・三・十」は、手書きの場合でも、印判・印刷等の場合でも、一つ、ないし、幾つかの画を加えて、他の数字に改ざんすることが極めて容易である。（かつては、「二十」の代わりに「廿」、「三十」の代わり「卅」が使われていた。）このような改ざんを防ぐために、戦前は、重要な番号・年月日・数値・金額等を書き表す場合に、大字が一般に広く用いられていた。

戦後もしばらくは、この傾向が続いていたが、昭和二十年代の半ばごろから、公用文で横書きを採用するようになるにつれて、番号・金額等の数字にアラビア数字を用いるようになって、現在では大字の使用は、現行の「壱万円札」（日本銀行券）と次の例に示すように、なお縦書きを採用しているものにほとんど限られるようになった。これらは法律等の条文に明記してあるものである。

○　不動産登記法（明治32・2・24、法律第24号）第七十七条の②

　金銭其他ノ物ノ数量、年月日及ヒ番号ヲ記載スルニハ壱弐参拾ノ字ヲ用キルコトヲ要ス

○　公証人法（明治41・4・14、法律第53号）第三十七条の③

小為替の受領証書(昭和16年)

東京市営乗合自動車乗車券（昭和5年）

郵便切手
(昭和2年)

郵便切手
(昭和4年)

（3）

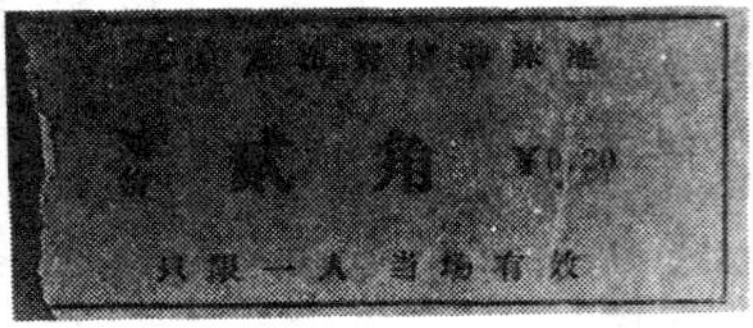

（4）

（1）

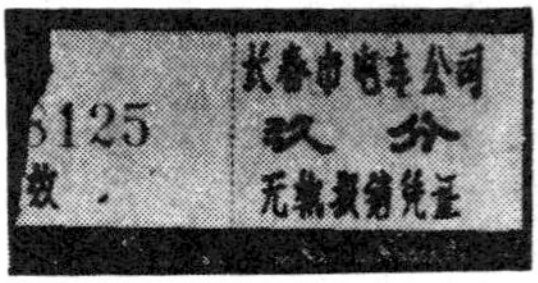

（2）

〔説明〕
(1) 長春市バス乗車券　8分
(2) 長春市無軌条電車乗車券　9分
(3) 北京市無軌条電車乗車券　5分
(4) 北京・友誼賓館プール入場券　2角
注：1角は邦貨の約14円に当たる。
1分は1角の1/10
いずれも，昭和54年当時のもの。
（※このページの写真の縮小率は一定ではない。）

数量、年月日及番号ヲ記載スルニハ壱弐参拾ノ字ヲ用フヘシ

○戸籍法施行規則（昭和22・12・29、司法省令第94号）第三十一条の②

年月日を記載するには、壱、弐、参、拾の文字を用いなければならない。

我が国では、大字としては、壱・弐・参・拾（もとの字体は、壹・貳・參・拾）の四字しかほとんど用いられることはないが、大字としては、このほかに、肆（四）、伍（五）、陸（六）、漆（七）、捌（八）、玖（九）、佰（百）、阡（千）などがあり、現在の中華人民共和国では、中国人民銀行発行の貨幣・紙幣に、「壹分・貳角・伍圓」などと表示してあり、また、前ページ下段の図に示すように、乗車券・入場券などの金額の表示にも使われている。

（8—20）

問「したがって」か「従って」か

答「シタガッテ」という接続詞を、「したがって」と仮名書きにするか、「従って」と漢字と仮名とを交ぜ用いて書くかという問題である。例えば、

・通則7を適用する語は、例として挙げたものだけで尽くしてはいない。したがって、慣用が固定していると認められる限り、……。〔「送り仮名の付け方」（昭和48、内閣告示第2号。通則7の（注意）の(2)。原文は横書き。傍線は引用者による。〕

・通則7を適用する語は、例として挙げたものだけで尽くしてはいない。従って、慣用が固定していると認められる限り、……。〔「改定送り仮名の付け方」（昭和47、国語審議会答申。通則7の（注意）の(2)。原文は横書き。傍線は引用者による。〕

のように、全く同じ文章が、一方は、「したがって」と仮名書きであり、他方は、「従って」と漢字・仮名の交じり書きとなっている。

「従」の字は、「常用漢字表」（昭和56、内閣告示第1号）に掲げてあり、その「音訓欄」には、「したがう」の字訓が、また、その「例」欄には、「従う」とともに、「従って〔接〕」と掲げてある。〈〔接〕は、「接続詞的用法」を示す。〉したがって、接続詞の「シタガッテ」を「従って」と書くことは、「常用漢字表」に従っていることになる。

一方、国語施策において、接続詞を、代名詞・副詞・感動詞・助詞・助動詞などとともに、なるべく仮名で書くことにしようという考えは、大正十二年に臨時国語調査会が作成、公表した「常用漢字表」以来のものであり、このたびの内閣告示の「常用漢字表」の実施前、三十五年余にわたって実施されていた「当用漢字表」（昭和21、内閣告示第32号、現在は廃止。）でも、その「使用上の注意事項」の「ロ」に、「代名詞・副詞・接続詞・感動詞・助動詞・助詞は、なるべくかな書きにする。」とあったことから、接続詞のシタガッテは、「したがって」と仮名書きにすることが、公用文、教科書で行われ始めた。後、昭和二十三年に内閣告示となった「当用漢字音訓表」によっても、「従って」と書くことができないわけではないけれども、接続詞としては、やはり「したがって」と書かれていた。その後、『文部省刊行物　表記の基準』（昭和25・9・20）、「法令用語改正要領」（昭和29・11・25）でも、接続詞のシタガッテは「したがって」と仮名書きにすべきことが定められ、公用文でも法令でも「したがって」が広く行われるようになった。

昭和四十八年六月十八日に内閣告示となった「当用漢字音訓表」では、このたびの「常用漢字表」と同じく、「従」の項に、「従って

〔接〕」と掲げてあったにもかかわらず、同日付けの内閣官房長官からの各省庁事務次官あての通知「公用文における当用漢字の音訓使用及び送り仮名の付け方について」において、「次のような接続詞は、原則として、仮名で書く。」の項に「したがって」が含まれていた。今回の「常用漢字表」の告示に伴って、同様の通知があり、公用文・法令では、やはり「したがって」と仮名書きにすることを原則として定めている。

「常用漢字表」は、一般の社会生活における漢字使用の目安であり、その「例」欄に掲げてある語は、音訓使用の目安としてのものであるから、「例」欄に「従って〔接〕」と掲げてあるからといって、必ず、「従って」と書かなければならないわけではない。一方、法令・公用文で、仮名書きにすることになっているからといって一般でも「したがって」と仮名書きにしなければならないというわけのものでもない。すなわち、一般では、接続詞の「したがって」は、漢字で書いても、仮名で書いてもよいが、同じ文章に両様の表記が交じらないようにすべきである。（8―25）

問「あおむく」か「仰向く」か

答　顔や体の表面が上に向くことを「おあむく」と言うが、これを仮名で「あおむく」と書くか、漢字で「仰向く」と書くかという問題である。

十七世紀初め（一六〇三）の『日葡《にっぽ》辞書』（昭和55邦訳）には、「Auonoqi, u, oita アヲノキ、ク、イタ」は見出し語にあるが、「アヲムク」はない。『和英語林集成』（第一版、一八六七）には、「Aomuki, -ku, -ita アヲムク、仰向」がある。

『日本国語大辞典』によれば、古くは「あふのく」で、「あふ」は「仰ぐ」の語根、「のく」も仰ぐの意であるが、その「あふのく」が「あふぬく」に転じ、さらに「向く」ことが意識されて、音変化を起こしたものかというように説き、一般化したのは近世中期以後かと疑問を残している。

昭和二十三年の「当用漢字音訓表」では、「仰」の訓に「あおぐ」を掲げているが、昭和二十五年の『文部省刊行物表記の基準』には、「当用漢字表・同音訓表にはあるが、この本ではかながきにするもの」として、「あおむく」と仮名書きが示され、漢字書きには「仰向」のように△印が付けられている。これを受けてか、現行の国語辞書は、普通、「あおむく」の見出し語に「仰むく」又は「仰向く」を掲げ、それに△又は≪の印を付けて、音訓表の適用外であることを示している。

昭和五十六年内閣告示の「常用漢字表」によれば、「仰」の訓にやはり「あおぐ」があり、これを昭和四十八年内閣告示「送り仮名の付け方」によって書けば、「仰ぐ」となる。「仰が、仰ぎ、仰ぐ、仰ぐ、……」と活用するので、「ぐ」が活用語尾、「あお」が語幹である。一見「仰《あお》向く」と書けそうであるが、「仰」の訓に「あお」がないので、「仰向く」は、音訓表の適用外であると考えることになるのである。

「現代雑誌九十種の用語用字」の調査（昭和31）によれば、「仰向いて、仰向けに」の例があり、文学作品にも、

・前髪を仰向けて、伸子を見た。（宮本百合子「伸子」（上）一九二六）

・開けた口をそのまま仰向けて、雨を受けようとした。（大岡昇平「野火」一九五一）

などとあるように、一般に「仰向く」と書く習慣があることも否定できない。

なお、『新聞用語集』（昭和56）にはこの語はなく、NHK編『新

用字用語辞典』（昭和56）『記事スタイルブック』（昭和56、時事通信社）では「あおむく」とある。また、『朝日新聞の用語の手びき』（昭和56）では、送り仮名の用例中に「仰向く」とある。（9―15）

問「**思わく**」か「**思惑**」か

答「思わく」という語は、上代、「願ふ」に「く」が付いて「願はく」、「恐る」に「く」が付いて「恐らく」ができたように、「思ふ」に「く」が付いてできたものである。「思わく」は「思うこと」の意味から、人々の意見、予想へと転じて用いられる。

「思わく」という語は、万葉集に「あしひきの山は百重《ももへ》に隠せども君を思苦（おもはく）止む時もなし」の例があり、これは「思うことは」の意で用いられているが、くだって十七世紀初め（一六〇三）の『日葡《にっぽ》辞書』には、明らかに名詞的用法として、「Vomouacu ヲモワク（思はく）人々の考えや意見」（昭和55、邦訳による）とある。

「思惑」は、この「おもわく」を漢字で書いたものに違いないが、その実例は、『日本国語大辞典』によれば、江戸時代末の歌舞伎《き》脚本に予想や見込みの意味で「思惑」とあるのが、早い。同じ意味で島崎藤村の「破戒」（明治39）に「思惑」の例があるが、明治の諸辞典には、「思惑」は見当たらない。

予想や見込みが、なかなか当たらないところから「わく」に「惑」の字を当てたものであろう。現行の国語辞典には、「思わく・思惑」と両方掲げているもの、「思惑とも書く。」と注記しているものとがあるが、「常用漢字表」の音訓使用の趣旨からすれば、「思惑」は用いられない書き方である。

公用文関係では、昭和二十五年『文部省刊行物表記の基準』で「おもわく」であったのが、昭和四十八年以後、「文部省公用文送り仮名用例集」及び「文部省用字用語例」では「思わく」と書くことになっている。

しかし、「思惑」には、一種の慣用が固定している場合がある。「相場の変動を予想すること」の意味で、はっきり登録されたのは、『取引所用語字彙』（大蔵省主税局編、大正6）であろう。島崎藤村の「家」（明治43）には、「相場の思惑に少し手違ひを生じたことから」とある。

辞典には、ほかに思惑買、思惑株、思惑師、思惑相場などが掲載されている。

なお、『新聞用語集』（昭和56）では「思惑」を使うことになっており、ＮＨＫ編『新用字用語辞典』（昭和56）には、「思わく＜思惑＞」とあり、＜　＞内は許容となっている。（9―17）

問「**生っ粋**」か「**生粋**」か

答　同類の中でまじりけのないものを「キッスイ」と言い、「キッスイの江戸っ子」などと用いる。その「キッスイ」を漢字で書き表すとき、「生っ粋」とするか「生粋」とするかということである。

「常用漢字表」によれば、「生」には「き」の字訓が掲げられ、「粋」には「スイ」の字音が掲げられている。これらを組み合わせて「キッスイ」という語を書き表すとなると「生っ粋」となるのは当然である。このことは「マッサキ」が「真っ先」、「コッパ」が「木っ端」、「エドッコ」が「江戸っ子」と書かれるのと同じである。それは、「常用漢字表」の音訓欄に掲げられた音訓に従って漢字を用いようとするとき、その音訓に含まれていない部分が仮名で補われたにすぎないからである。

ところで、この場合に考え合わされるのが、「キッテ」「キップ」を「切手」「切符」とする書き表し方との関連である。

「キップ」を「切手」「切符」としてよいならば、「キッスイ」も「生粋」としてよいのではないかということである。しかし、「切手」「切符」の場合に「っ」を付けないのは、この場合の「っ」が送り仮名の付け方という立場で問題になるからである。これに対し、「生っ粋」の場合の「っ」は、送り仮名と考えることができないのである。この間の事情を説明すると、次のようになる。

まず、「キッテ」の場合であるが、これを「切り手」の促音便と考えることができるのは、「オッテ」の場合に「追い手」の促音便と考えるのと同じである。「オッテ」の場合は、「送り仮名の付け方」の通則6（複合の語の送り仮名は、その複合の語を書き表す漢字のそれぞれの音訓を用いた単独の語の送り仮名の付け方による。）により、「追っ手」と書かれることになる。同じように通則6を適用すれば、「キッテ」も「切っ手」となるべきであるが、この方は「切手」と書く慣用が固定している。そのため、通則6の例外として通則7（複合の語のうち、次のような名詞は慣用に従って送り仮名を付けない。）を適用し、特に「切手」とするのである。この事情は、「切り符」の促音化した「切っ符」を「切符」と書く場合も同じである。それに対し、「キッスイ」の場合は、「キッ」の部分が「切る」「追う」と異なり、これを動詞の語尾の促音化したものと考えることができない。そのため「生っ粋」に通則7を適用し、これを「生粋」とすることもできないのである。

それにもかかわらず、「キッスイ」について、「生粋」という書き表し方が慣用されていたことも見逃してはならない。そうして、この問題を取り上げた日本新聞協会の新聞用語懇談会は、普通に「常用漢字表」の個々の音訓に従った書き表し方「生っ粋」と、旧来の慣用に従った書き表し方「生粋」の二つを検討し、「生粋」の方を好ましいとし、これを「常用漢字表」の付表の語に準じて用いることとした。このような追加も、「常用漢字表」の性格が制限的なものでなく、一般の社会生活における漢字使用の目安となっていることから考えて、特に不当な書き表し方とは言えないことになる。これが『新聞用語集』に掲げられた「生粋」という書き表し方である。

ただし、これは新聞用語懇談会が「常用漢字表」を基に、実情に応じて独自の漢字使用を取り決めたものである。「常用漢字表」の目安という考え方は、国語審議会答申の前文にもあるとおり、このような立場で「分野によってこの表の扱い方に差を生ずることを妨げない」という趣旨である。しかし、「キッスイ」を「生粋」という形で付表に追加するという取決めを行っていない公用文や教科書の場合は、当然「生っ粋」と書かれることになる。一般の人が書く場合に「生っ粋」と書く方が好ましいか、「生粋」と書く方が好ましいかについても、以上のような事情を考慮して、どちらかに統一して用いることになる。このような表記のゆれは、「常用漢字表」の性格が目安とされる点から考えて、やむを得ないわけである。

（9—18）

問　「子供」か「子ども」か

答　「こども」という語は、本来、「こ（子）」に、複数を表す接尾語「ども」が付いたものである。「宇利波米婆　胡藤母意母保由……（瓜《うり》食《は》めば、子《こ》ども思《おも》ほゆ……）」（万葉集巻五・八〇二）と、山上《やまのうえの》憶良《おくら》の歌にもあるほど、古い語であるが、後、「しにをくれじとたどれ共、子どものあしにあめのあし、おとなのあしにをひぬひて」（浄瑠璃、賀古信教）のように単数複数に関係なく用いられるようになった。

その表記としては、「子等、児等、子供、児供、小供、子ども、こども」などいろいろな形が見られたが、明治以後の国語辞典類では、ほとんど「子供」の形を採り、「小供」は誤りと注記しているものもある。その後、「子ども」の表記も生まれたが、これは、「供」に当て字の色彩が濃いからであろう。

昭和二十五年の『文部省刊行物表記の基準』では、「こども」と仮名書きを示し、「子供・子ども」を（ ）に入れて、漢字を使っても差し支えないが、仮名書きが望ましいものとしている。

しかし、現在では、昭和五十六年の内閣告示「常用漢字表」の「供」の「とも」の訓（この訓は、昭和二十三年の内閣告示「当用漢字音訓表」にもあった）の項の例欄に「供、子供」と掲げられており、公用文関係などでは、やはり、「子供」の表記を採っておいてよいと思われる。

なお、新聞・放送関係では、早くから、統一用語として「子供」を使うことになっている。ただし、実際の記事では、「子ども、こども」なども時に用いられることがあるようである。

また、国民の祝日に関する法律（昭和23・7・20、法律第178号）では、毎年五月五日を「こどもの日」と定め、「こどもの人格を重んじ、こどもの幸福をはかるとともに、母に感謝する」と、その趣旨が述べられている。（9—19）

問「月ぎめ」か「月極め」か「月決め」か

答 一か月に幾らときめて契約することを「つきぎめ」と言うが、この語を表記する場合に、「月ぎめ」「月極め」「月決め」のうちのどれを採ったらよいかという問題である。

『日葡《にっぽ》辞書』から明治四十一年の『ことばの泉補遺』までの諸辞典には「つきぎめ」という語は出てこない。大正四年の『大日本国語辞典』には「月極め」の形が載っている。

『日本国語大辞典』（昭和48）の用例によれば、

・大きな名刺を拵《こしら》へて月極めの車夫を置いて、（高浜虚子「俳諧師」）

・月極にして割引いて貰ふ事にした。（水上龍太郎「大阪の宿」）

とある。

現在、普通に見られるものに「月極駐車場、月極講読、月極読者」などがあり、「月極」の慣例は長い。

しかし、昭和五十六年内閣告示「常用漢字表」では、「きめる」には「決」の字だけあって、約束するの意味の慣用のある「極」の字には「きめる」の訓がない。なお、「決」は、規則を決める、態度を決めるなど、決定する意味に用いられるのが普通である。そこで、これに従うとすれば、「月ぎめ」と仮名書きにすることになる。

「文部省公用文送り仮名用例集」（昭和48・56）では、「月ぎめ」となっている。また、昭和四十八年第一刷の『NHK用字用語辞典第二版』では、「月決め（△極）」となっていたが、昭和五十六年のNHK編『新用字用語辞典』では、「月ぎめ（△極）」と仮名書きにすることにしている。

ただし、『国会会議録用字例』（昭和50）では、「月決め」、『朝日新聞の用語の手びき』（昭和56）では、「月決め（極）」（（ ）の中の漢字は用いない）としている。（9—20）

問「飛びのく」か「飛び退く」か

答「とびのく」を「飛び退く」と書くか「飛びのく」と書くかの問題である。

「のく」は「どく」と同じで、「その位置をゆずる」又は「別の位置に移動する」という意味である。単独に使うほか、「たちのく、とびのく」などとも使われる。

『日本国語大辞典』によれば、「太平記」に「打払ては退き、打流ては飛のき」とあり、「真景累《かさね》ケ淵《がふち》（三遊亭円朝）」に「思はず知らず飛退（トビノ）く機（はず）みで」（一八六九初演）とある。

「とびのく」の表記の仕方を見ると、『言海』『日本大辞書』『大言海』などには、語そのものが収められていないが、『和英語林集成』『ことばの泉』『大日本国語辞典』などでは、「飛び退く」としている。

一般に、「たちのく、とびのく」は、「立ち退く、飛び退く」と書くのが普通であったようであるが、昭和二十三年内閣告示「当用漢字音訓表」に、「退」の訓として「のく」がないので、「立ちのく、飛びのく」と書くのが一般的となった。

その後、昭和四十八年の「当用漢字音訓表」の改定の際でも、昭和五十六年内閣告示「常用漢字表」でも、「退」に「のく」の訓がない点は変わっていない。ただし「当用漢字音訓表」及び「常用漢字表」に新たに熟字訓などの例として掲げられた付表の中に、「立ち退く」が加えられている。しかし、もし、これをこの付表に掲げられた以外の語に適用することができないとするなら、「とびのく」の方は「飛び退く」とは書けないことになり、「飛びのく」と書くのが穏当であろう。

ちなみに、新聞関係の用語集には、「とびのく」の語は見られず、NHK編『新用字用語辞典』（昭和56）には、「飛びのく」とある。

なお「とびのく」の表記としては、ほかに「跳びのく」の形もあり得るであろう。（9—22）

問 **「友達」か「友だち」か**

答 「ともだち」という語は、本来、「友」に、複数を表す接尾語「だち」の付いてできた語であるが、現在では「ともだちたち」という表現も聞かれるように、単数、複数に関係なく用いられる。

この「ともだちたち」という言い方は、伊勢物語に、「むかし、をとこ、あづまへ行きけるに、友だちどもに、みちよりいひおこせける」とあり、かなり古くから使われていたことが分かる。

戦前の国語辞典では、すべて「友達」と表記されている。接尾語の「たち」に「達」を当てたものであり、「君達《きみたち》・公達《きんだち》」などの例がある。

昭和二十五年の『文部省刊行物表記の基準』では、当時の「当用漢字音訓表」に「たち」がないので、「友だち」と仮名書きしていた。そのほか、この場合の「たち」が本来当て字だということもあって、公用文や教科書などでは、「友だち」の表記がとられてきたのであるが、昭和四十八年内閣告示「当用漢字音訓表」の付表に「友達」が入り、つづいて昭和五十六年内閣告示「常用漢字表」の付表に「友達」があって、今後は漢字で書くことになる。

ただし、本来の意味の接尾語として「たち」を使うときは、「達」は使わず、「私たち、君たち、学生たち」などのように、仮名書きにする方が穏当であろう。（9—23）

問 **「身の代金」か「身代金」か**

答 人身の代償金を「ミノシロキン」と言うが、それを漢字で書き表すとき「身代金」とするか「身の代金」とするかということである。

この場合、旧来の書き方によれば「身代金」であったが、昭和二十三年に「当用漢字音訓表」を定めたとき、「代」に「しろ」という字訓を掲げなかったため、これが「身のしろ金」と書かれることになった。こうして、「身のしろ金」という形も広く行われたのである。

ところが、「当用漢字音訓表」の再検討に当たり、現代の国語で使用されている音訓の実態に基づいて字訓が増補されることになった。その場合、「代」については、次のように広く用いることが取り上げられた。

代物（シロモノ）　代かき（シロカキ）　苗代（ナワシロ）
縫い代（ヌイシロ）　とじ代（トジシロ）　のり代（ノリシロ）　飲み代（ノミシロ）
食い代（クイシロ）　月代（ツキシロ）　形代（カタシロ）
み霊代（ミタマシロ）　網代（アジロ）

そうして、「代」に「しろ」という字訓が加わり、昭和四十八年の「当用漢字音訓表」に掲げられることになった。この時点で、「ミノシロキン」にも「代」という漢字を用いることが復活したのである。

その場合、「ミノシロキン」という語を普通に書き表すと、「身の代金」となることは言うまでもない。そうして、この形が使われるようになったのである。しかし、実際問題として、「身の代金」という書き表し方をすると、「代金」の部分が「ダイキン」と読まれかねない。それは、「代金」という表記が、「米の代金」「本の代金」のように、普通は「ダイキン」と読まれるからである。そのため、これに引かれて「身の代金」が「ミノダイキン」と読まれても、仕方がないことになる。意味的にはそれでも通じるのであり、黙読している限り理解の妨げにならないとしても、正しい読み方とは言えない。「ミノシロキン」を「身の代金」と書くことは、好ましくないという論が持ち上がったのも、その点で無理のないことであった。

この問題を取り上げた日本新聞協会の新聞用語懇談会は、旧来の慣用に戻り、「ミノシロキン」を「身代金」と書く案を採用することとした。しかし、この書き表し方は、「常用漢字表」に掲げられた音訓を一字一字に当てた書き表し方とは言えないので、これを「常用漢字表」の付表の語に準じて用いることとしたのである。

この場合、「身代金」のように、表記の面で「の」を省く書き表し方そのものは、古くから使われてきた書き方の一つである。古くは「菜花」「五重塔」と書いて「ナノハナ」「ゴジュウノトウ」と読んでいた。「一関（イチノセキ）」「尾道（オノミチ）」などの地名、「木下（キノシタ）」「井上（イノウエ）」などの人名もこれである。「紀貫之」は「キノツラユキ」であり、「藤原鎌足」も「フジワラノカマタリ」である。このように見てくると、「ノ」の部分を読み入れる書き方は、日本語表記法の伝統として受け継がれている書き表し方の一つである。このような慣用が行われていることを考え合わせれば、「ミノシロキン」を旧来の書き方に従って「身代金」とすることも、無理な書き方ではないと言えるわけである。（9―25）

問「甘み」か「甘味」か

答　あまさの程度を表す「あまみ」という語の表記は、「甘味」がよいか、「甘み」がよいかという問題である。

「あまみ」の「み」は、程度・状態を表す和語の接尾語である。形容詞又は形容動詞の語幹などについて、

深み　厚み　苦み　辛み　青み　明るみ　温かみ　柔らかみ
嫌み　有り難み

などと名詞を作る働きを持っているものである。したがって、この「み」に「味」という漢字を書くのは、いわゆる「当て字」であるから、仮名書きにする方が望ましい。

しかし、一般には「甘味」と書く慣用もかなり定着していると思われる。例えば、次のような例である。

・……も可いが私どもにやア少し甘味が勝って居るやうで却て……の方が口に合ひます。（国木田独歩「巡査」）
・そこに甘味があるからな。（倉田百三「出家とその弟子」）
・何本目かで私は漸くその甘味を感じ、（大岡昇平「野火」）
・十数日ぶりで味ふ塩の味は、よく知つた鹹い味に、かすかな甘味を交へてゐた。（同右）
・やや甘味加減に味付けし、（婦人倶楽部・昭和31・11月号）

ところが、一方で、「甘味料」などと用いる「甘味」（カンミ）という漢語が存在する。

「甘味」（カンミ）の「味」は、漢語の造語要素であって、次のようにいろいろな語に用いられる。

○舌の感覚・うまみ・あじ
　甘味　佳味　無味　百味　苦味　酸味　滋味　珍味　美味　風味　醍醐《だいご》味
○物事の内容・あじわい・おもむき
　正味　趣味　興味　意味　気味　詩味　俳味　情味　妙味　地味　人間味
○物事の内容をよく調べる・あじわう
　吟味　含味　玩味　賞味

したがって、「甘味」と書くと、文脈によっては、それが和語の当て字としての「あまみ」なのか、本来の漢語としての「カンミ」なのか、読み手には区別がつかないという結果になる。

以上の事情から考えて、「あまみ」の場合は、「甘み」と書く方が望ましいわけである。（10—23）

問「御存じ」か「御存知」か

答「ごぞんじ」は、動詞「存ず（る）」の連用形が名詞になった「存じ」に、敬意を表す接頭語の「ご」が付いたものと考えられ、現在では、「御存じ、ご存じ」と書くのが普通である。

しかし、一般に「御存知」と書くことも多く行われている。「存知」という語は「吾妻鏡」をはじめ中世の文献に見られるが、それらが「ゾンチ」と読まれたか「ゾンヂ」と読まれたかは、必ずしも決しがたい。

ただ、『落葉集』（一五九八）には「存知《ぞんぢ》」とあり、『サントスの御作業』（一五九一）に「Zongi（ゾンヂ）」とあるからは、切支丹の時代以前から「存知《ぞんぢ》」があったことは認められる。佐藤喜代治氏は、『講座国語史』（大修館、第3巻229ページ）において、次のように述べている。

　これらの例とは別に「御存じ」という語もある。ロドリゲスの「日本大文典」に切紙の舞のことばを引用した中に「夢にも御存じない」とある。（幸若舞「一満箱王」にここに相当する部分はあるが、「御存じ」という語は見えない。）この「御存じ」はgozōji としるされている。「日葡辞書」には「存じ」という動詞をあげ、ほかに「存じごと」「存じより」という語をあげているが、「存知《ぞんぢ》」は見えない。天草版「伊曽保物語」には「まだ御存じないか」という例があり、「懺悔録」にも「御存じのごとく」という例がある。

以上の例を見ると、「存知」という語のほかに、動詞に基づいた「（御）存じ」という語があったのであるが、ヂ・ジの音韻上の区別が失われるとともに、語としての区別も後には失われたものであろう。

戦前までのほとんどの辞典には「ごぞんじ」の見出しはないが、『大言海』『改修言泉』『広辞林』『大日本国語辞典』『大辞典』などは「御存じ、御存知」の両方を掲げている。

国立国語研究所の昭和三十一年の「現代雑誌九十種の用語用字」調査の調査カードによれば、

御存知　13例　　御存じ　7例
ご存知　5例　　ご存じ　1例

の26例が見られるが、これによると、約半数が「御存知」と書いていることが分かる。

これは、「承知」とか、命令の意味である「下知《げじ》」という語などからの類推が働いているのかもしれないが、商業文や広告、手紙などには、多く用いられている書き方である。

現在、『新聞用語集』（昭和56）では、

（御存知）→ご存じ

『NHK編新用字用語辞典』（昭和56）では、

存じ　ご～の人。

とあり、その他国語辞典類ではほとんどが「ご存じ・御存じ」の書き方を採用している。

公用文関係では、「文部省用字用語例」（昭和56）で、

御存じ

としている。（10—24）

問「ほか」か「外」か

答「ほかの人」「何某ほか何名」「そのほか」などと使われる「ほか」という語の表記は「外」「ほか」のどちらがよいか、あるいは「外」と「ほか」とは、その意味・用法によって書き分けるべきなのかという問題である。

まず、この問題の生じた背景について述べよう。「ほか」を漢字で書き表す場合は、昔から「外」と「他」とが使われてきたが、昭和二十三年に告示された「当用漢字音訓表」には、「外」「他」ともに「ほか」という訓が掲げられなかった。そのため、法令・公用文・新聞・教科書等では、すべて「ほか」と仮名書きにしていたので、書き分けの問題は生じなかった。ところが、昭和四十八年に改定された「当用漢字音訓表」では、「外」に「ほか」という訓が新たに加わり、それが現行の「常用漢字表」にも引き続がれた。しかし、「ほか」という語の用法すべてに「外」を当てることには抵抗感もあるところから、「外」と「ほか」との書き分けの問題が生じたわけである。

「常用漢字表」における「外」の訓「ほか」の語例欄には、「外、その外」としか示されていないので、「外」を使う範囲がはっきりしない。しかし「文部省用字用語例」（昭和56・10『公用文の書き表し方の基準（資料集）』所収）における「ほか」の備考欄には、次のような使用例が示されている。

ほか　特別の場合を除くほか、殊の外、何某外○名
ほか　ほかの意見、ほかから探す、ほかから連れてくる

これは、「ほか」のうち、形式名詞的なもの、もともと「他」の字で書く習慣の強かったもの、また「外」と書くと「そと」と読み間違えられるおそれのあるものなどは仮名書きにするという方針に大体よったものである。

また、現行のある小学校用国語教科書では、実質名詞の場合は「外」、形式名詞の場合は「ほか」と書き分けている。例えば、次のとおりである。

・その人物を、外の人物とくらべ合わせてみるとよく分かる場合があります。
・このほかにも……を見つけてノートに書き写しましょう。（以上、三年生用）
・この言葉に外の選手たちも賛成し、
・持ち物といっては……だけで、そのほかには何一つない。（以上、六年生用）

このような書き分けの方法は、方針としては明らかであるが、これによっても、実質名詞の「外」が「そと」と誤読されるおそれは解消していないと言える。

ここで、「ほか」という語が文学作品でどのように表記されているかを、意味・用法別に見てみよう。（ただし、「他の女」「他ならず」「その他」のように「他」という漢字が使ってある場合は、「タ」と読む可能性も考えられるので、そういう用例は避けることにする。）

① それと異なるもの（こと・人）。
・高石照太郎他三名。（石川達三「人間の壁」）
・外に朝日（たばこ名）を五つ求める。（林芙美子「放浪記」）
・ほかの入院患者の神経にも影響する。（井伏鱒二「本日休診」）

② そこでないところ。よそ。外部。
・金はたんまり他で儲けさせて貰います。（井上靖「闘牛」）
・彼様《あん》な大きな鼻と細《こまか》い眼を持つた男《もの》が外に何処にあらうぞ。（徳富健次郎「思出の記」）
・一人だけほかから補充するというんです。（石川達三「人間の壁」）

③ その範囲からはずれたところ。
・光沢のよい豊かな黒髪が烈しく揺れた他に、慄へ出した腕を隠さうとしてゐた。（大仏次郎「帰郷」）
・勘次さん思ひの外だつけな。（長塚節「土」）
・そのほかに、ありますか。……はい、花房さん。（石川達三「人間の壁」）

④ （下に否定の語を伴って）それ以外には手段・方法がないことを表す。
・これは一筋に踏んで行くより他はない。（大仏次郎「帰郷」）
・あの弟の場合の事情は知らぬのだからわからぬという外はない。（中野重治「むらぎも」）
・さうさな、捧げ物をして祈るほかあるまい。（三島由紀夫「潮騒」）

右の用法のうち、①と②は実質名詞、③は形式名詞、④は形式名詞若しくは副助詞と言われているものである。①〜④のいずれにも「他」「外」「ほか」の三様の表記が行われているので、意味・用法の違いによって書き分けることは難しく、書き手の好みに任されているようである。なお、連語としての「ほかならない（ほかならぬ）」にも、やはり三様の表記が見られる。

・他《ほか》ならないあなた様のことですから……。（里見弴「多情仏心」）
・保全の保護のと騒いでも実は利益の問題に外ならず。（徳富健次郎「思出の記」）
・その伝統をもっとも明確に表現したものは、ほかならぬ教育勅語であると私は信じます。（石川達三「人間の壁」）

ところで、形式名詞は仮名書きにするという、現在の一般の方針に従えば、③と④の場合は「ほか」と書くことになろう。①②の実質名詞は、「外」を書いてもよいが、その際、「そと」と読み紛れるおそれのある場合は、仮名書きにした方が無難だということになる。「他」は、「常用漢字表」に「ほか」という訓が掲げられていないからである。

問「たばこ」か「タバコ」か　（10―26）

答　もとは当て字で「煙草」などと書き、「タバコ」と読んでいた語を、いわゆる現代表記では、平仮名で「たばこ」と書く方がよいか、それとも片仮名で「タバコ」と書く方がよいかという問題である。以下本問中に限って、この語の書き表し方を問題にしないで語を表す場合に、便宜上「Tabako」と書くこととする。

Tabako は言うまでもなく外来語である。現代表記では、外来語は片仮名で書くことが広く行われているから、当然「タバコ」と書くべきであり、何も問題はないとも考えられる。

しかし、Tabako という語は、四、五百年以前から用いられ始めたと言われており、明治以後に入ってきた数多くの外来語と違って、外来語の意識が薄くなっていると見てよい。Tabako がいつごろ輸入されたかは明確ではないが、『貞丈雑記』、『安斎随筆』、『古事類苑』等に説くところを総合すれば、大体、一五〇〇年代の末から一六〇〇年代の初めごろということになる。

なお、この語が何語に由来するかは、はっきりしない。諸辞典等によれば、スペイン語・ポルトガル語・オランダ語・ハイチ語などの説がある。そうして、その表記は、古くは、仮名ではなく、漢字を当てて書くのが普通であった。その当て字も、「煙草・烟草・莨」をはじめとして、「淡婆姑・淡芭菰・丹波粉・答跋菰・多葉粉・太破己・佗波古・相思草・天仙草・南霊草・金糸烟・担不帰・煙艸・烟艸・莨菪・煙酒・糸煙・芬・蔫……」など数多く拾うことができる。

このように Tabako は、起源が古く、かつ、漢字書きが普通であった。

『新聞広告一〇〇年　上』（朝日新聞社、昭和53・1）について、明治十二年から明治四十五年までの間の Tabako の広告を見ると、最初のものは、明治十八年九月三日のものであるが、そこには「たばこ・煙草・烟草」の三様の表記がある。しかし、仮名書きはこの日一回だけで、あとは「烟草・煙艸・烟艸・莨」もあるが、「煙草」が圧倒的に多い。

法律では、明治二十九年三月二十七日施行の「葉煙草専売法」（法律第35号）があるが、その名称にも、条文にも、例えば「第一条　政府ハ葉煙草ノ専売権ヲ有ス。」のように「煙草」を用いている。明治三十七年七月一日には「煙草専売法」（法律第14号）が施行となり、「煙草専売局」から、Tabako が売り出されることになった。その新聞広告には、「煙草専売局」とあるが、広告中の Tabako の図では、その包装の紙袋の下部に右横書きで「煙艸専売局」とある。

以上のように Tabako は、一般には漢字で「煙草」と書くことが、明治の半ばごろ以降、最も一般的になったが、戦後は、一連の国語施策によって、平仮名で「たばこ」と書くのが一般的になった。例えば、

・外国の地名・人名および外来語・外国語（当分の間中華民国の場合を除く。）は、かたかな書きにする。／……／ガス　ガラス　マッチ等／ただし、外来語でも「かるた」「さらさ」「たばこ」などのように、外来語の意識のうすくなっているものは、ひらがなで書いてもよい。〔中略〕

次のようなものは、かな書きにする。／たとえば／有難う→ありがとう　…して頂く→していただく　…／なお、次のようなものをかな書きにすることはいうまでもない。／たとえば／煙草→たばこ　一寸→ちょっと　…昨日→きのう／ただし、音

読する場合は漢字で書く。（『公用文の書き方』昭和24・4）

・外国の地名・人名（中国・朝鮮を除く。）および外国語・外来語はかたかなで書く。／ただし、外来語でもその意識の薄くなっているものはひらがなで書く。／たばこ　かるた　さらさ（『文部省刊行物　表記の基準』昭和25・9）

・その使われ始めた歴史が古く、国語に融合しきっていて、国民一般がこれを外来語とは感じないもの、たとえば、たばこ・かっぱ・きせるなど。（国語審議会報告「外来語の表記」の「まえがき」昭和29・3・15）

などである。

現在、新聞では、

・たばこ離れに伴って、国内消費は増えないのに、葉タバコの耕作面積は減らせないし、……（昭和58・4・19）

というように、Tabako そのものは「たばこ」とし、植物名としては、「タバコ」としている。日本専売公社は、

・5月1日から、たばこの定価が変わります。（日本専売公社の新聞広告、昭和58・4・30。原文は横組み。）

のように「たばこ」を用いている。

以上のことから、現在のところでは、平仮名で「たばこ」と書くのが最も一般的であると言えよう。（10―30）

問「ページ」か「頁」か

答 page を片仮名で「ページ」と書くか、漢字を当てて「頁」と書くかという問題である。page に対して、その表記は問題外として、外来語として広くページを用いるようになったのは、明治に入った後しばらくたってからのようである。すなわち、いわゆる『薩摩字書』（明治2）には、page に対して、「昼《ショ》籍《セキ》ノ帋《カミ》一枚《マイ》の半面《メン》。」とあり、『附音挿図英和字彙』（明治6）には、『半《ハン》葉《マイ》、交《カキ》書《モノ》、書《ショ》冊《モツ》」としてある。ヘボンの『和英語林集成』の初版、再版には、和英の部に「ページ」の見出しがなく、明治十九年刊の第三版に至って「PEIJI ペイジ（Eng.）」として掲げてある。『言海・日本大辞書・日本大辞林・帝国大辞典・日本新辞典・ことばの泉（本冊）』など、明治二十四年から明治三十一年にかけて出た国語辞典に、「ページ」の見出しはない。しかし、明治二十二年一月付けの『言海』の予約募集の内容見本には、「紙数、概算一千ページ」とあり、明治二十四年のものには、「洋装大本紙数一千二百五十頁」とあるところから言って、出版関係では、既に外来語として「ページ」を用いていたと見られる。そうして、その表記は、さきに述べた『言海』の内容見本にあるように、初めは「ページ」であったのが、後に「頁」に変わっている。このことは、朝日新聞社刊の『新聞広告一〇〇年　上』の明治十二年から明治四十五年までの書物の広告を見ても、明治二十一年のものは、「ページ」が使ってあり、明治二十三年以降は「頁」が圧倒的に多くなってくることからも分かる。もっとも、そのどちらを使うかは、出版社にもより、また同じ出版社の同じ広告中に、書物によって、「ページ」とあるものも、「頁」とあるものもあって、ゆれていたが、傾向としては、「ページ」から「頁」へと変わっていったと見ることができよう。

ついで、明治四十一年刊の『ことばの泉　補遺』には、見出しに「ぺえじ」とあり、漢字書きで「頁」とあり、以降、戦後の国語施策の実施までの辞典では、見出しの表記が「ページ」となったが、「頁」の字を当てていることには変わりはない。

ところで、「頁」は、昭和二十一年内閣告示の「当用漢字表」にも、昭和五十六年内閣告示の「常用漢字表」にも掲げられていない。したがって、国語施策に従ってpage という語を外来語とし

て書くときは、片仮名で「ページ」と書くことになるわけである。しかし、現在でも、書物の広告や内容見本には広く「頁」が使われている。

なお、pageを「頁」と書くことについて、(1)「頁」の字が、「員＝かず」の字に似ているからというのと、(2)中国音で「頁」と「葉」との音が共に「yè」であるところから、中国で用いていたのを借用したというのとの二説がある。中国では現在でもページの意を表すのに「頁」を用いている。（ただし字体は簡体字「页」）　（10—31）

問　「レポート」か「リポート」か

答　英語のreportという語に由来する外来語を「レポート」と書くか「リポート」と書くかという問題である。

これについて各種の国語辞典や外来語辞典の扱いを見ると、「レポート」を本見出しとしているのが普通である。そうして、「リポート」の方を参照見出しとし、「レポートを見よ」のような指示が行われている。その点でreportの片仮名表記については、「レポート」の方が一般的と考えてよいのである。日本新聞協会の『新聞用語集』のうち外来語の書き方を載せた昭和四十二年版又はそれ以前の版を見ると、reportが、「レポート」となっている。これも以上のような一般的な傾向を踏まえたものである。ところが、NHKの「外来語のカナ表記」を見ると、「リポート」となっている。しかも、そこに特に『新聞用語集』では「レポート」であるということが注記されている。したがって、NHKの場合は、新聞が「レポート」を採用しているにもかかわらず、特にこれを「リポート」にしたということである。

ところで、外来語の書き表し方については、国語審議会が「外来語の表記について」という報告をまとめている。これには書き表し方の迷いやすい語例が「外来語用例集」として五十音順に例示されているが、reportについてはその中に掲げられていない。また、外来語表記の原則としてまとめられた十九の原則の中に、“re”を「レ」と書くか「リ」と書くかについて取り上げた項はない。しかし、「レポート」、「リポート」に関連のある記述を探すと、「まえがき」の最初の方にある外来語の三つの段階のうちの一つが、これに答えている。その部分を引用すると、次のようになる。

(2)　外来語という感じをなお多分にとどめているもの、たとえば「オーソリティー」「フィアンセ」など。

参考になるのは、これに関連して書かれた次の部分である。

(2)の類は、なお原語のつづり、または発音に近い書き表わし方を採っている。

すなわち、新聞の方はreportという「原語のつづり」をもとにして「レポート」とし、NHKの方は〔ripɔ:t〕という「原語の発音」をもとにして「リポート」としたわけである。

それでは、何ゆえNHKが「原語の発音」をもとにして「リポート」としたかという理由が問題になる。そうして、その理由は、NHKが外国語カナ表記の基本方針としてまとめた四つの原則の第一が、次のようになっていることによるものである。

一、原音に近く

外国語、外来語、および外国の地名・人名などは、その原音を基本とし、なるべく原音に近く書きあらわす。

NHKが「原音に近く」を第一に掲げた理由については、新聞と全く異なる放送という特殊事情によるものと説明されている。それは、アナウンサーとしては、外国語意識で受け止められている語について、原語の発音に近く発音するのが自然であるということである。そのことを併せて考えると、表記の方もアナウンサーの発音に合わせた方が理解しやすいということである。

実は、NHKのこのような理由については、共感を持つ人が決して少なくない。それは、英語教育の普及した今日、英語では「リポート」、日本語では「レポート」と言い分けるよりも、両方とも本来の発音に近く「リポート」とした方が、頭の中で整理しやすいということである。その点は、既に原語の発音と離れた形で慣用の固定した「オーバー」や「ラジオ」の場合とは、事情が異なるわけである。（10—32）

問 「サボる」か「サボル」か

答 外来語を国語の動詞として活用させた場合、その活用語尾は平仮名で表記すべきか、片仮名で表記すべきか。すなわち、次の上段と下段の表記のうち、どちらの方が望ましいかという問題である。

サボらない　サボラない
サボります　サボリます
サボる　サボル
サボれば　サボレば
サボれ　サボレ
サボろう　サボロう

両者を比較した場合、やはり上段の表記の方が一般的でもあり、望ましいということになる。

サボる（←仏・sabotage）　ダブる（←英・double）
アジる（←英・agitation）　ネグる（←英・neglect）
レクる（←英・lecture）　ジャズる（←米・jazz）
ハモる（←英・harmony）　ダフる（←英・duff）
ドッペる（←独・doppel）　ツモる（←中・ツーモー〈自摸〉）

などのように国語動詞化した語は、どちらかと言えば例外的であって、たいていの外来語は、原語が動詞ならば、

ドライブする　スケートする　サインする　スクラップする

のように、「―する」という動詞化語尾を付け、原語が形容詞・副詞ならば、

スマートな　デリケートな　タイムリーに　スローに

のように、「―な（に）」という形容動詞化語尾を付けて使う。つまり、「散歩する」「立派な」「活発に」などと同じ働きになって国語化されるわけである。したがって、これらの例と見合わせて考えれば、日本語流の活用語尾を付加したものとして「サボル」よりも「サボる」の方が自然な表記ということになる。（もっとも「ダブる」の場合は、「料理→料る」のように、double の le の部分を活用させたように見える。）

ただし、右の動詞の連用形が名詞化して用いられた場合に限っては、事情が異なってくる。

サボりぐせがつく――サボリぐせがつく

つまり、動詞の意識が強く残っている場合は、上段のような表記をするだろうが、名詞化の意識が強ければ、下の表記を採ることになって、そこに表記の〝ゆれ〟が生じる。もっとも、上に挙げた語群について見ると、連用形がそのまま名詞化する例は、「サボリ」「ダブリ」「ダフリ」以外には見られない。

なお、以上のことは、外来語だけの問題ではなく、国語の中でも、俗語、隠語、流行語などを片仮名表記にする場合にも起こる。

カモる　テクる　ガメる　ダサい　ハクい　チンケな

のように、動詞・形容詞・形容動詞としての活用語尾の部分は、平仮名で書くのが一般的な習慣のようである。ただし、これらの語

は、いずれも俗語的なものであるから、取り立てて表記をとやかく言うこともないであろう。（10―33）

問「おそれ」か「虞」か「恐れ」か

答　例えば「豪雨のおそれがある」のように、望ましくないことが起こるのではないかという心配の意味を表す「おそれ」の表記は、「おそれ」「虞」「恐れ」のうちのどれがよいかという問題である。

まず、法律の用例から見てみよう。「民法」百九十九条には、

　占有者カ其占有ヲ妨害セラルル虞アルトキ

と書かれている。また、「日本国憲法」の第八十二条第二項には、

　裁判所が、裁判官の全員一致で、公の秩序又は善良の風俗を害する虞があると決した場合には、対審は公開しないでこれを行ふことができる。

とある。「当用漢字表」の選定に当たっては「日本国憲法」に用いられた漢字はすべて採ったため、「当用漢字表」にこの漢字が掲げられ、それが現在の「常用漢字表」にも引き継がれているのである。また、法律には

　……又ハ之ヲ為スニ著シキ困難ヲ生スル恐アルトキ之ヲ辞ス。（「民事訴訟法」第755条）

のように「恐」を使った用例もある。しかし、「法令用語改正要領」（昭和29・3・15、昭和56・10・1一部改正）の「第五　当用漢字表にあっても、かなで書くもの」の項に

　虞
　恐れ ｝ おそれ

と示されたので、それ以降の法律は、

　……著しい価額の減少を生ずるおそれがあるとき……（「民事執行法」第137条第1項）

のように仮名書きにすることになり、現在に至っている。

なお、「文部省用字用語例」（昭和28・11、昭和48・9及び昭和56・12一部改正）でも、この語は仮名書きにすることになっている。

新聞・放送界では、昭和二十九年四月以降、国語審議会の「当用漢字審議報告」（いわゆる補正資料、昭和29・3・15）に基づいて漢字を使用することになったが、同報告には、「当用漢字表から削る字」として二十八字掲げた中に「虞」の字が含まれていたので、新聞界でもこの字は使わないことにした。それが現在まで踏襲されているのであるが、「恐れ」と書くか、「おそれ」と書くかは『新聞用語集』では特に規定していない。試みに、国立国語研究所の「電子計算機による新聞の語彙調査」（昭和41）の結果から、「……のオソレがある」という文脈の場合に限って、その表記状況を調べてみると、「恐れ」が三十二例、「おそれ」が三十四例と、ほぼ相半ばしている。

なお、NHK編『新用字用語辞典』では、

　｛おそれ（風紀を乱す～）
　　恐れ（敵に対する～）

のように、意味によって書き分けることを指示している。

また、国立国語研究所の「現代雑誌九十種の用語用字」調査（昭和31）の調査カードによって「……のオソレがある」という文脈に限ってその表記を調べてみると、

　恐れ8　惧れ1　おそれ15　オソレ1

という結果になっている。

以上、法律、新聞、放送、雑誌等の結果から見ると、「虞」は、現在も「常用漢字表」に掲げられているが、一般には使われていないので避けた方が無難であろう。また、「恐れ」と書いても差し支えはないけれども、現代では「おそれ」と仮名書きにするのが、最

も一般的な書き方であろうと思われる。ただし、

　敵に対して恐れの気持ちをいだく。
　競争相手の進出ぶりに恐れをなす。

などの意味の場合、「恐れ」を使うのはもちろんである。（11―20）

問「ご…」か「御…」か

答　主として、尊敬・丁寧の意を表す接頭語の「ゴ」を、漢字で「御」と書くのがよいか、仮名で「ご」と書くのがよいかという問題である。

「常用漢字表」には、「御」の音訓として「ギョ・ゴ・おん」が掲げてあるから、「御視察・御感想」などと「御」が使えるわけであるが、今日の新聞では、「ご視察・ご感想」と「ゴ」を仮名書きにしてある場合が多い。

これについて、結論から先に言えば、現在、公用文では、語によって「御」又は「ご」を書くことになっている。すなわち、「常用漢字表」の実施に伴って、内閣官房長官から各省庁の事務次官あてに発した通知「公用文における漢字使用等について」に、次のとおり定めてある。

　次の接頭語は、その接頭語が付く語を漢字で書く場合は、原則として、漢字で書き、その接頭語が付く語を仮名で書く場合は、原則として、仮名で書く。

　例　御案内　御調査
　　　ごあいさつ　ごべんたつ（原文横組み）

〔引用者注〕「挨・拶、鞭・撻」ともに「常用漢字表」に掲げられていない字であるので、公用文では仮名書きとなる。

一方、新聞・放送界では、これと異なる取扱いをすることになっている。新聞界では、日本新聞協会の『新聞用語集』（昭和56）によれば、接頭語としては「ご」を用いることとし、その例として、

　ごあいさつ　ご縁がある　ご協力
　ご結婚　ご多分に漏れず　そういうご仁

の例を掲げ、「接頭語のうち漢字で書く習慣が強いものや、固有名詞的なものに」は「御」を用いることとし、例として、

　御所　御前試合　御殿　御用納め
　御用学者　御用始め　御陵　御料林
　東宮御所

を掲げてある。

『NHK編新用字用語辞典』（昭和56）では、「ことばの表記について」の「基本方針」として、「ひらがなで書くことば」の一つに「ご〈御〉」とある。これに対する「注」に、

　「御」は原則としてかな書きとするが、あとに漢字の語が続くときは漢字で書いてもよい。御所、御陵のように、それを除いては一語とならない語や「ギョ」と読む場合は漢字で書く。（原文横組み）

とある。

このように、公用文・新聞・放送と分野によって取扱いを異にしているのが現状である。

しかし、このようになってきたのは、戦後しばらくたってからのことであり、終戦直後は、公用文でも、新聞界でも、「御」が多く用いられていたようである。すなわち、公用文では、「官庁用語を平易にする標準に関する件」（次官会議申合せ、昭和21・6・17）として定めた「官庁用語を平易にする標準」の「次の語は、原則としてかなで書く。」として掲げたものの一つに「お…」がある。そして〈「官庁用語を平易にする標準」の説明〉に、〈接頭語及び接尾語を掲げた。／「お…」（「お願いいたします」）／「ご…」の場合には

「御」でよい。／〈「御調査を願いたい」〉としたが、後に「公用文作成の要領」(昭和27)では、この部分を〈「お」は、かなで書くが、「ご」は漢字でもかなでもよい。たとえば「お願い」「御調査」「ご調査」〉としている。これが昭和五十六年十月一日、「常用漢字表」の告示に伴って、前述のように改められ、今日に至っている。

新聞では、戦後しばらくは、「御」が主流であったようであるが、必ずしも統一はなかったようであり、例えば、「来月一杯ご辛抱」(東京、昭和22・4・14)、「ご覧・ご団らん・ご健康」(東京、昭和22・4・29)のように「ご」を用いているのもあり、また、同一記事中に「ご盛儀・ご文庫・御様子・御教育・ごらん」(朝日、昭和22・6・4)のように、「御・ご」の両方を用いている場合もあり、さらに、「お健康・お研究・お自身・お生活・お激励」(新聞名省略、昭和22・5・3)などのように、普通は、「ゴ」が付くべき語に、仮名の「お」を用いているものもあるというように、ある程度の乱れがあったようである。

その後、報道界では、昭和三十四年に、皇室関係用語の扱い方について各社の意見統一を行った。この結果、「御・ご」に関して、昭和三十五年版の『新聞用語集』によれば、

「御」は当用漢字音訓表で「ご」と読むことは認められているが、固有名詞化されたもの以外はなるべく「ご」とかな書きにする。

〔例〕御結婚→ご結婚
　　東宮仮御所

〔引用者注〕「当用漢字音訓表」は、昭和23・2・16、内閣告示第2号で制定されたもの。現在は廃止。

とあり、「ご…」の語例が多数掲げてある。

どういう理由で、「ご」と仮名書きにすることに決めたのかは明らかでないが、これより前、昭和二十七年に国語審議会が建議した「これからの敬語」の中の〈「お」「ご」の整理〉の項に掲げた語例の中に、「ご意見・ご出席・ごはん・ごらん・ごくろうさま・ご返事・ご遠慮・ご調査・ご卒業・(ご)芳名・(ご)令息・(ご)父兄」などがあり、また「皇室用語」の中にも「ご年齢」とあったことが影響しているのかもしれない。

なお、商用方面でも、「これからの敬語」の影響によるものかどうかは明らかでないが、新聞・広告について見ると、昭和二十九年前後に、「御」から「ご」への移り変わりが見られる。

以上のようであって、「御」と書くか、「ご」と書くかは、現在のところゆれているというのが実情である。

接頭語が「ギョ」である場合は、「御製・御物」などのように漢字書きするのが普通であり、「オ」又は「ミ」という場合は、「常用漢字表」に従う限り、「お・み」と仮名書きにすることになる。

(12—24)

問 「すてき」か「素敵」か「素的」か

答　すばらしいことの意を表す「すてき」という形容動詞の表記は、仮名書きがいいか、それとも「素敵」又は「素的」がいいかという問題である。

この語の語源については二説がある。有力なのは、『日本国語大辞典』をはじめ多くの辞書が載せている「〈すばらしい〉の〈す〉に〈てき(的)〉のついたもの」という説である。この説に従えば「素敵」よりも「素的」の方が適切のように思われるが、しかし、この語源説も定説となるほどの確証はまだ得られていないようである。

今一つは、『大言海』の「出来過《デキスギ》の倒語」という説であり、『江戸

語大辞典』もこの説を掲げているが、これには少々無理があるようである。

ところで、この「すてき」という語が使われ始めたのは、江戸後期になってからのことと思われる。式亭三馬の滑稽本「浮世風呂」（文化6～10）には、よいよい（中風）という病の人の言葉として、

・すてすて、すてきに可愛《かい》がるから能《いい》。

という一例しか見えないが、同じ作者の「浮世床」（文化10～11）になると、十四もの用例と、ほかに「すてき亀」というあだ名のある人物名が二例現れる。このあだ名は「何ごとにもすてきすてきといふ口ぐせあるゆゑなり」という注が付いており、この語が新しく流行し始めた言葉であることを感じさせる。この「浮世風呂」や「浮世床」に現れる「すてき」は、すべて仮名書きであるが、『日本国語大辞典』には歌舞伎脚本における次のような漢字表記の用例が示されている。

・「お二人で十八杯あがりました。丁度三百でござります」「そいつは素敵だの、てめえ、銭はあるか」（曽我梅菊念力弦―三立）
・水虫で素的に困るの（御国入曽我中村―三立）
・「親方衆に素敵を見せに、一緒に連れて来ようわいなァ」「娘っ子なら幾人でも遠慮なしに連れて来なさい」（綴合新著膝栗毛―二幕）

明治以降の文学作品には、「すてき」「素的」「素敵」三様の表記例が見られるが、その中では、「素敵」が最も多いようである。

〔すてき〕
・〔飴《あめ》〕は用ひやうにて孝行息子が親を養ふ良薬《くすり》にもなり、盗《おほどろ》跖《ぼう》が窃《やじり》盗《きり》のすてきな材料にもなりしと聞く。（坪内逍遥「当世書生気質」はしがき）
・いやすてきなもんですよ。（宮沢賢治「銀河鉄道の夜」）
・「さう。この服どう？」「すてきだね……」（山本有三「波」）
・冬のステキに冷たい海だ。（林芙美子「放浪記」）

〔素的〕
・これや素的だ！花を御馳走に饗宴を開くのだ。（佐藤春夫「田園の憂鬱」）
・愛子は、ふむ、これは又素的な美人ぢやないか。（有島武郎「或る女」）

〔素敵〕
・五十畳丈《だけ》に床《とこ》は素敵に大きい。（夏目漱石「坊っちゃん」）
・如何《どう》です。今日は素敵に好いお顧客を世話してもらひましたよ。（徳田秋声「あらくれ」）
・そして此彫り物も素敵だ。（長与善郎「青銅の基督」）
・あたしに素敵な名評があるんだが、（里見弴「多情仏心(前)」）
・お父さんどうして一しょに行かなかったんだい。素敵だったぜ、ハドソン。（山本有三「波」）
・七十円もはいれば素敵なことだ。（林芙美子「放浪記」）

次に、国立国語研究所の「現代雑誌九十種の用語用字」調査（昭和31）の結果を見ると、「素敵」が八例、「すてき」が三例あり、「素的」の実例は見られない。また、「電子計算機による新聞の語彙調査」（昭和41）の結果では、「すてき」が三十七例、「素敵」が三十五例使われている。ただし、「素敵」の例は、すべて広告に使われたもので、新聞の本文記事には一つも見られない。これは、日本新聞協会の『新聞用語集』（昭和56）では、

すてき（素敵）→すてき

と仮名書きにすることを定めているので、当然の結果と言える。（『NHK編新用字用語辞典』でも「すてき」を採用している。）一方、「すばらしい」の方は、『新聞用語集』では「素晴らしい」と書くこと

にしていることから見ると、「素的」や「素敵」は当て字であるとの判定によるものかもしれない。

なお、ほとんどの国語辞典では、漢字表記として「素敵・素的」を掲げている。（ただし、『新明解国語辞典』第三版〈昭和56〉は、見出しの下に漢字を掲げず、〔「素適・素敵」は、借字〕という注記がある。）

冒頭に述べたように、この語の語源が明らかでないことから考えると、「すてき」と仮名書きにするのが最も無難であろう。しかし、「素敵」「素的」は、当て字であるとしても、古くから一般に用いられてきた書き方であることは事実で、特に「素敵」の方は、現在でもかなり見掛ける表記であるように思われる。（12—26）

問　「つつく」か「突つく」か

答　軽く何度も繰り返して突くことを表す動詞「つつく」の表記は、「つつく」か「突つく」かという問題である。

「つつく」の語源は「突き突く」の変化したものとする辞典が多い。したがって、「突突く」「突つく」「つ突く」などの表記も考えられるが、実際にはこの語は、仮名書きにされることが多い。国立国語研究所で採集している用例カードを見ると、十二の文字作品に「つつく」が二十八例現れるが、漢字を使ったものは、次の三例だけで、他はすべて仮名書きである。

・白い羽の鶏が五六羽、がりがりと爪で土を掻っ掃《ば》いては嘴でそこを啄《つつ》いて（長塚節「土」。「啄く」は他に一例。）

・私は鉛筆のしんで頬っぺたを突つきながら（林芙美子「放浪記」）

前者の「土」には、「つつく」が七例現れるが、「啄く」は、鳥がくちばしでつつく場合に限って用いられ、他の五例はすべて仮名書きである。後者の「放浪記」の場合は、「つっつく」と読む可能性も残っている。ただし、『日本国語大辞典』には、

・所が毎日毎晩一つ鍋のものを突《つ》ついて進行してゐるうちに（夏目漱石「満韓ところどころ」）

という用例が引用されているので、「突つく」も皆無ではないことが知られる。しかし、「突つく」という表記は、「突く」の活用語尾が示されないことから「常用漢字表」の音訓欄の範囲に該当しないと思われ、かつ「つっつく」の表記と紛らわしいという欠点がある。そのためか、現代語を中心に採録した国語辞典・表記辞典の類では、すべて標準表記として「つつく」という仮名書きを掲げている。したがって、「つつく」の表記は、「突つく」よりも「つつく」の方が適切であると思われる。

一方、「つつく」の俗語的表現である「つっつく」には、「突っ突く」を標準表記とした辞典が多い。国立国語研究所の用例カードを見ても、「つっつく」の表記は、次のように様々な形式がある。

〔突っ突く〕

・まあ、そんなことをいはないで、僕が折角買って来たんだから、牛肉を突っ突いて行けよ。（山本有三「波」）

〔突っつく〕

・君と牛肉を突っつきながら話したことがあったね。（同右）

・身をすぼめ、溜息をつくやうに、然し言葉は刺すやうに広介を突っついてゐた。（佐多稲子「くれなゐ」）

・一生懸命しやべってゐる若い漁夫の肩を突ッついた。（小林多喜二「蟹工船」）

〔つッ突く〕

・三好は、自分の秘密をつッ突かれたやうにひやりとしたが、（里見弴「多情仏心」）

〔突々く〕

・其さへ傍《そば》から突々《つっつ》かれなければ容易に出て行かぬ人が（尾崎紅葉「多情多恨」）

〔突つく〕

・づぶづぶ突《つっ》ついて一角を殺すが好い、どうぢや。（三遊亭円朝「真景累ケ淵」）

・やあ、僕の神経は錐《きり》の様に尖《とん》がつて来たから、是で一つ神秘の門を突《つッ》ついて見る積《つもり》だのと（二葉亭四迷「平凡」）

〔つッつく〕

・こゝの会社が三菱などゝ一緒になつて、政府をウマクつッついてゐるらしい。（小林多喜二「蟹工船」）

現在、「常用漢字表」の音訓欄に従った書き方をするとすれば、「突っ突く」「突っつく」「つっ突く」と書けることになるが、「つっつく」が最も穏当な表記法だと思われる。（12―28）

問「一人一人」か「一人ひとり」か

答「ひとりひとり」を「一人一人」と書くか、「一人ひとり」と書くかの問題である。

昭和二十三年の内閣告示「当用漢字音訓表」では、「ひとり」を「一人」と漢字で書くことができなかった。そこで、昭和二十五年の『文部省刊行物表記の基準』及び昭和二十八年の「文部省用字用語例」では「ひとり」と仮名で書くことになっていた。ところが、昭和四十八年に改定された「当用漢字音訓表」の付表によって「一人」と書くことができるようになった。（ただし、新聞では、昭和三十五年から『新聞用語集』によって、既に「一人」と漢字で書くことも認めていた。）これは昭和五十六年の内閣告示「常用漢字表」にも受け継がれた。これによって、現行の「文部省用字用語例」では、「ひとりひとり」は「一人一人」と漢字で書くことになっている。

一方、『新聞用語集』（日本新聞協会、昭和56）には、「ひとり」の項に、「一人ひとり」の例が見え、実際の新聞でも、例えば次のように用いられている。

・市民一人ひとりとどう結びつくかが問われている。

・侵略からわが国を守るため、最善の努力を尽くすことは、国民一人ひとりの努力であり、……。

新聞関係のこのような「一人ひとり」の書き方は、昭和四十八年の音訓表改定以来のもので、それまで「ひとり」と書くことが、公用文・教科書では定着していたこと、「一人一人」とすると、前後に漢字がきた場合、漢字ばかりが続く感じになることなどが配慮されたものと思われる。

ただし、新聞関係でも、共同通信社の『新・記者ハンドブック』（昭和50）では、「ひとり」の項の語例に、「一人一人、一人びとり」を、後に改訂された『記者ハンドブック』（昭和56）では、「一人一人、一人ひとり」を載せ、両様の表記を採っている。また、『NHK編新用字用語辞典』（昭和56）では、「ひとりひとり〈一人一人〉」とし、「ひとりひとり」のほか、「一人一人」の書き方も認めている。

この言葉は、「いちにん、いちにん」と読まれることはないので、公用文の場合のように、「一人一人」と書くのがよいが、「一人ひとり」「ひとりひとり」の書き方もあってよいであろう。

なお、前述のNHKの辞典では、漢字一字の繰り返しの場合は、「国々、時々」のように、「々」を使うが、「人々」のところには、『人びと』とも」という注が付いている。「人々」については、452ページ参照。（12―30）

問「フィレンツェ」か「フローレンス」か

問　イタリアの中部に位置してルネサンス文化の中心となった都市の名は、「フィレンツェ」と書くのがよいか、「フローレンス」と書くのがよいか、という問題である。

答　この都市のイタリアでの呼び名は“Firenze”であるから、その発音を日本式に片仮名書きにすれば「フィレンツェ」となる。しかし、この都市は、ローマの植民都市として建設されて以来、政治・文化の中心地となり、やがて広く海外にも知れ渡るようになった。その場合、英語やフランス語では“Florence”として紹介されたため、その発音を日本式に片仮名書きにすると、英語読みで「フローレンス」、フランス語読みで「フローランス」となる。我が国で「フローレンス」として親しまれてきたのは、英語による紹介を通じて著名になったからである。

ところで、外国地名の書き表し方をまとめた文部省『地名の呼び方と書き方（社会科手びき書）』（昭和33）には、次のように示されている。

外国の地名は、なるべく、その国なりその地域なりの呼び方によって書く。

したがって、問題の都市については、イタリアでの呼び方、“Firenze”に基づく「フィレンツェ」がよいのである。しかし、そこには、続けて次のように書かれている。

ただし、現地の呼び方とかけ離れた呼び方が慣用として熟していて、それを今ただちに改めることにいろいろ混乱が予想されるものについては、従来の慣用に従う。

したがって、従来の慣用としての英語読み、“Florence”に基づく「フローレンス」でもよいことになる。また、付表「地名の書き方の例」にも「フィレンツェ（フローレンス）」のように掲げられている。

なお、この『地名の呼び方と書き方』は、その後の時代の推移とともに再考を要する部分が出てきたため、財団法人教科書研究センターによって審議し直され、『地名表記の手引』（昭和53）としてまとめられた。しかし、外国地名の書き方についての前記の方針はそのまま受け継がれ、付表「地名の書き方の例」にも「フィレンツェ（フローレンス）」のように掲げられている。社会科用の地図においても「フィレンツェ」と併記した形で「（フローレンス）」と書かれているのは、これらの方針に基づいたものである。したがって、「フィレンツェ」とするのが好ましいけれども、「フローレンス」としても誤りではないのである。

なお、前記「地名の書き方の例」では、「慣用による例外として特に著しいもの」に○印が付されているが、中には従来の慣用に従う方だけを用いるものもある。例えば、次のような国名の場合に下段の形を用いるのがこれである。

アルヘンチナ	アルゼンチン
シュバイツ	スイス
スオミ	フィンランド
ポルスカ	ポーランド
マジャール	ハンガリー
メヒコ	メキシコ

これらの場合、現地での呼び方を片仮名書きにすると上段のようになるが、我が国での慣用は下段のようになっている。これらは下段の形でよいのであり、社会科用の地図にも下段の形だけが用いられている。　（13―32）

問「遠ざかる」か「遠去かる」か

答「とおざかる」という動詞を「遠去かる」と書くのは正しいか誤りかという問題である。

結論から先に言えば、「遠去かる」は誤用と考えてよく、したがって「遠ざかる」と書くのが正しいということになる。

この語は、形容詞「とほし」(遠)の語幹に、ラ行四段活用動詞の「さかる」(離・放)が結合したものと考えられる。「さかる」は、「離れる。へだてる。間遠くなる」という意味を持った古語で、「さく(放・離)」の自動詞に当たるものであろう。万葉集には、「遠放」「遠離」という表記が計四例用いられていて、これを「とおさかる」と読んでいる。

・潮干《ふ》れば共に潟《かた》に出で鳴く鶴《たづ》の声遠放(とほさかる)磯廻《いそみ》すらしも(巻七・一一六四)
・秋風に倭《やまと》へ越ゆる雁がねはいや遠放(とほさかる)雲隠《くもがく》りつつ(巻十・二一二八)
・秋風に山飛び越ゆる雁がねの声遠離(とほさかる)雲隠《くもがく》るらし(巻十・二一三六)
・麗《くは》し妹《いも》に　鮎を取らむと　麗し妹に　鮎を取らむと　投《な》ぐる箭《さ》の　遠離(とほさかり)居て(巻十三・三三三〇の長歌の一節)

＜注＞　右の「放」「離」を「さかる」と読むのは、いわゆる義訓であるが、「万葉集」などの上代の文献には、次のように「さかる」の仮名書きの例も見える。

・大和をも遠く左可里《さかり》て(万葉、巻十五・三六八八)
・愛《かな》しけ児らにいや射可里《さかり》来も(同、巻十四・三四一二)
・奥疎＜著加留《ざかる》＞神(古事記・神代)
・総角《あげまき》やとうとう尋《ひろ》ばかりやとうとう左可利《さかり》て寝たれども転《まろ》びあひけりとうとうか寄りあひけりとうとう(催馬楽・総角)

なお、訓点本の類には、

・去レ岸漸遠《とほざかれバ》、風急波峻(唐大和上東征伝)
・持誦ノ処ヲ遠《とほざかり》、(光明院本蘇悉地羯羅経承保点)
・諸の破戒を遠《とほざか》らむ(地蔵十輪経元慶七年点)

など、「遠」の一字を「とほざかる」と読んだ例が見える。(以上『時代別国語大辞典、上代編』による。)

中古から中世にかけては、次のような文献に「とほざかる」が用いられている。

・あしべよりくもゐをさして行くかりの　いやとをざかる我身かなしも(古今和歌集・巻十五・恋歌五)
・さりとて都をとをざからむも、故郷《ふるさと》おぼつかなるべきを、人わろくぞおぼし乱るる(源氏物語・須磨)
・心のうちにこそいそぎ思へど、京の事は、いやとをざかるやうにへだたりゆく(同・玉鬘)
・馬あひのきにのきければ、(略)馬既にきれ遠ざかりける(保元物語・白河殿攻め落す事)
・日数《ひかず》つもるまゝに、都《みやこ》は弥《いよく》遠ざかり、遠国《をんごく》は、次第に近《ちか》づきぬ(同・新院、讃州に御遷幸の事)
・きりぎりす夜寒に秋のなるままによわるか声のとをざかり行く(西行・新古今和歌集・秋下)
・峰《みね》の鹿《かせぎ》の近《ちか》く馴《な》れたるにつけても、世《よ》に遠《とほ》ざかるほどを知《し》る。(方丈記・三)

これらの用例には「さかる」の部分に漢字を当てたものは見られない。思うに「さかる」が独立した動詞として使われなくなったためであろう。

以上、歴史的に見ても「遠去かる」と書いた例がないこと、また、常用漢字表の「去」の音訓欄に「さく・さかる」という訓は掲げていないことなどから考えて、「遠去かる」と書き表すことは適切でない。また、『大言海』『大日本国語辞典』『大辞典』など多くの辞典に、「とおざかる」は「遠離る」とあるが、常用漢字表の「離」の音訓欄に「さかる」という訓は掲げられていないので、現在では「遠ざかる」と書くのが一般的である。（14—3）

問　**「ファックス」か「ファクシミリ」か**

答　ファクシミリ（英語で、facsimile）とは、もと、文章や絵画などの正確な複製という意味であるが、現在、写真電送や模写電送を総称してファクシミリと呼び、通称ファックス（fax）とも言っている。

マイクロウエーブを利用した新聞紙面の遠隔電送装置で、本社で清刷りした紙面を電送すると、受信先では、直ちに平板にオフセット方式で刷り上げる。組版工程がなく、遠隔地でも、本社と同じ紙面の新聞の即日配達が可能となった。

ＮＴＴ（日本電信電話株式会社）では昭和四十七年に「公衆電機通信法」（現在廃止）の改正を機に、電話交換網においてファクシミリを使用できることとした。昭和四十八年六月に認可申請をし、四十八年中に商用化された。昭和四十七年以前は新聞社等で使っていただけである。

朝日新聞では、本社（東京）と北海道札幌支社間で、昭和三十一年六月一日、ファクシミリの使用が開始された。さらに、昭和三十四年五月から、ファクシミリによる朝夕刊が北海道で発行されるようになった。以後、全国紙が各地支社あて、全国的ニュースを含む紙面をファクシミリで送る形態が増えた。

国語辞書には、「ファクシミリ」の形で載せているものが多く、「ファックス」を見出しとしていても、「ファクシミリを見よ」の形をとっている。ファクシミリの略称としてファックス（facs, fax）が用いられるようになったものであろう。

『学術用語集　電気工学編』には、

fakusimiri ファクシミリ facsimile

とある。

また、『ＮＨＫ日本語発音アクセント辞典』には、

ファクシミリ，ファクシミリ　facsimile

ファックス　（facsimile）

とある。

なお、全国の郵便局で、ファクシミリを利用し、発信原稿をそのまま送達できる電子郵便のことを、レタックスと称している。（14—34）

問　**横書きの場合、「第１学期」か「第一学期」か**

答　学期の呼び方を横書きの中で書く場合に、算用数字（アラビア数字）で「第１学期」と書くのがよいか、漢数字で「第一学期」と書くのがよいか、という問題である。

一般に、数字の書き表し方としての算用数字と漢数字を比べてみると、漢数字よりも算用数字の方が理解しやすい。しかし、算用数字は横書きを基本とした数字であり、縦書きの中ではその本来の形で用いることができない。本文が縦書きの新聞において株式欄などで特に横書きを採用しているのも、算用数字のこのような利点が無視できないからである。したがって、横書きそのものにおいては、なおさらのこと、算用数字の利点を十分に活用すべきである。横書きにおいて「１年・１回・１㎝」など助数詞を伴う数字の場合に算用数字を用いるのはこのためである。この点は、次のような漢字二

字の助数詞の場合も同じである。

1家族　1機種　1区間　1系統　1工程　1周年
1種類　1段階　1地点　1品目

これらの場合にも、算用数字を用いてよいわけである。

しかし、漢数字そのものは、漢字熟語の構成要素としても用いることを見逃してはならない。横書きの場合も、漢字熟語の「一般・一定・一端」や「万一・均一・唯一」などは、算用数字でなく、漢数字のまま書く。この点では「一面識・一喜一憂・一挙手一投足」などの場合も、漢数字である。数字の意味合いの強い次のような場合も、普通は漢数字で書かれている。

一周忌　一神教　一本化　一戸建て　一番乗り
一日署長　一家心中　第一線　世界一周
一万円札　一酸化炭素

これらの場合に漢数字で書かれる理由は、数字の意味が、数量・順序を示す用い方から離れて、特定の意味を持っているということである。

ところで、「一学期」の場合であるが、問題は、これが「1家族」と同じ扱いの数字であるのか、「一周忌」と同じ扱いになるのか、という点である。この場合、「一学期」の性格から見て「一周忌」のような特定的要素は見られないから、「1家族」に近いと考えることができる。ただし、「一学期」の場合は、「一学期・二学期・三学期」と続くとしても、普通に用いるのは「三学期」までである。その点では、「三重の塔・五重の塔・七重の塔」が漢数字で書かれるのと似た性格を持つわけである。

しかし、塔の場合は、一定の形式の塔に名付けるに当たって数字的特徴を利用したにすぎないのである。これに対して「学期」の場合は、数字の順序そのものに特色があり、そこに数字としての連続性がある。それは、実際問題として一定範囲の数字に限られる形であっても、実質的には数字の順序を主とした名付け方である。そこに数字としての連続性が見られるのであり、その点が「三重の塔」の場合と異なっている。その点では、「第1学期・第2学期・第3学期」と書く方がよいと言えるのである。このことは、「第1学年・第2学年・第3学年」の場合も同じである。公式の指導要録がこの形を用いているのも、同じ理由によるわけである。

（14―41）

問　横書きの場合、「数百本」か「数100本」か

答　大体の数を表す場合に用いる「数百本」などの語を横書きの中で書くときに、漢数字で「数百本」と書くのがよいか、算用数字（アラビア数字）を入れて「数100本」と書くのがよいか、という問題である。

一般に横書きの利点というのは、前問で取り上げたように、算用数字が自由に使えることである。したがって、算用数字で書けるものは、積極的に算用数字で書く方がよいわけである。ただし、その場合の条件は、その数字が実質的に数量・順序を表していて、数字としての連続性があるということである。その点から「数百本」の場合を取り上げると、成り立つのは「数本・数十本・数百本・数千本・数万本……」という進み方である。この形は、実質的な数量を表していると見られないこともないが、数としての連続性という条件は満たしていない。その理由は、「数百本」のあと、「数百一本・数百二本」とは進まないということである。

ところで、横書きの場合も、大きな数を書き表すときには「万・億・兆」などの単位を漢字で書くことが行われている。例えば、次のような書き方がこれである。

5万　31万7,000　1,500万　100億　1兆5,000億

ただし、「十・百・千」の単位漢字は用いないのが普通の行き方である。この点について、「公用文作成の要領」には、次のように書かれている。

「100億，30万円」のような場合には，億・万を漢字で書くが，千・百は，たとえば「5千」「3百」としないで，「5,000」「300」と書く。

したがって、漢字で「数百本」と書くとすれば、前記のような数字の書き表し方と全く異なる行き方になるわけである。「数百本」の最後の「本」は助数詞だから、問題は「数百」をどのように扱うかということである。

この場合、「数」という漢字そのものは、「かず」の意味とともに「若干」の意味を持っている。この点について、中国の字書には、「計ノ多少有ルヲ数ト曰フ」と書かれている。そうして、この意味の「数」に「百」を組み合わせたのが、「数百」という漢字熟語である。漢和辞典には、中国の古典から次のような用例が示されている。

・卒二万人、騎数百　・侍妾数百人
・岸ヲ夾ンデ数百歩

このように見てくると、「数百」というのは、数字というよりも、漢字熟語の性格が強いということになる。大きな漢和辞典で「数百」が、「数次・数種・数歩」などと同列に扱われているのもこのためである。漢字熟語とすれば、「一段・万一」などと同じように、横書きでも「数百」「数百本」と書くべきである。

なお、この「数」と同じような扱いを受けるものに、字訓読みの「何（なに）」と「幾（いく）」があり、横書きでも「何百・幾万」のように書かれている。これらの点について「公用文作成の要領」には例示がないが、文部省「公文書の書式と文例」には、「概数を示す場合」として、

例　数十日，　四，五人，　五，六十万

の例示がある。横書きでの数字の書き表し方としては、「数十日」も「四，五人」と同じように、漢数字で書くわけである。（14―42）

問「坊ちゃん」か「坊っちゃん」か

答　男の子のことを「ボッチャン」と呼ぶことがある。この語を「坊」という漢字で書き表す場合、「坊ちゃん」か「坊っちゃん」か、という問題である。

まず、「坊」という字の意味であるが、本来は寺院の建物のうち、僧の居所となっている部分を言う語であった。それが転じてそこに住む僧、あるいは僧一般を言うようになった。「坊様・坊さん・お坊様・お坊さん」などと呼ぶのがこれである。

ところで、男の子の方であるが、髪形として長髪にせず、短く丸刈りにしていた時期があった。その時期に、その頭が僧に似ているところから、これを「坊様・坊さん・坊」と呼ぶようになった。初めは目上の人や主人の男の子を敬って言う語として用いられ、時には、「お坊様・お坊さん・お坊」とも呼んだ。そうして、これが広く男の子一般を呼ぶ場合にも用いられるようになった。また、愛称の形になって「さま」が「ちゃま」になり、「さん」が「ちゃん」になった。そのときに促音化し、「（お）ぼっちゃま・（お）ぼっちゃん」となった。したがって、「ぼっちゃん」に「坊」を用いるのは、いわゆる当て字ではなく、「坊」の字音そのものが促音化したものである。

それでは、字音が促音化したとき、他の場合にはどのように書かれているか、ということである。一般的に言うと、「き・ち・く・つ」で終わる字音には、促音化する傾向が見られる。これを現代仮名遣いで書き表すと小書きの「っ」を用いるから、次のようになる。

石器（せきき→せっき）　日光（にちこう→にっこう）

学校（がくこう→がっこう）　発射（はつしゃ→はっしゃ）

しかし、これらは他の字音と結び付いて発音上の変化を起こしただけであるから、漢字書きのときに特に二字の間に小書きの「っ」を書き入れたりはしない。

また、「常用漢字表」の音訓欄を見ると、特に小書きの「ッ」を持つ字音も掲げられている。それらの大部分は、字音仮名遣いではア列の仮名に「フ」のついた形（入声音の形）であり、次のようになる。

合・カフ→カッ（合戦）　合・ガフ→ガッ（合併）

雑・ザフ→ザッ（雑誌）　納・ナフ→ナッ（納得）

法・ハフ→ハッ（法度）

これらは、「き・ち・く・つ」の促音化とは異なり、現代仮名遣いではその前の仮名までも変わる（ガフの場合、長音化した方は「ゴウ」になり、促音化した方が「ガッ」になる）ために、特に掲げたものである。

そうして、大部分はこのようにア列の仮名に促音の付いた形であるが、同じように促音化した字音として、次の二つが掲げられている。

法・ホフ→ホッ（法主）　坊・バウ→ボッ（坊ちゃん）

この二つは、オ列仮名の促音化という点で、前記の場合とは条件が異なっている。しかも、「法」の方は呉音ホフ（漢音ハフ）のフの促音化であるのに対し、「坊」の方は、呉音バウ（漢音ハウ）が長音化してボウとなった後で促音化したのであり、成り立ちが異なっている。しかし、字音の一部が促音化という点では、同じに扱ってよいのである。

つまり、「坊」を「ボッ」として用いるときの促音は、字音の一部の促音化したものであり、漢字表記に当たって小書きの「っ」を添える必要がないのである。したがって、「ぼっちゃん」の場合も「坊ちゃん」でよいのであり、「常用漢字表」の「坊」の字音「ボッ」の例欄が「坊ちゃん」となっているのも、このような理由によるのである。

ところで、夏目漱石の作品に「ボッチャン」というのがあり、「坊っちやん」と書かれている。これは旧表記で書かれたために「つ・や」が小書きになっていないが、そのまま現代仮名遣いを適用すれば「坊っちゃん」である。実は、「ボッチャン」という語は、本来は丸刈りの男の子の称であったが、後には「ぼっちゃん刈り」というのが、良家の男の子から始まったやや長髪の髪形として用いられるようになった。また、「ぼっちゃん育ち」というのが、世間知らずの男を言う語としても用いられた。漱石の作品は、世間知らずのために「ぼっちゃん」というあだ名の付いた青年教師が主人公であるために表題として用いたのであり、「坊ちゃん」でよかったわけである。

もっとも、漱石自身、「坊っちやん」の他に「坊ちやん」も用いていることは、次の例に見るとおりである。

○坊っちやん

・「虞美人草」……「まるで坊っちやんの様ですよ」「可愛想に」

・「それから」……「要するに坊っちやんだから、品の好い様なことばっかり云っていて、」

・「吾輩は猫である」……「坊ちゃん、こちらへ御出で」と手を出す。

○坊ちゃん

・「行人」……坊ちゃんだけに意気地のない事ったら。しかし正直ものだから

その点で、ボッチャンの表記については、当時「坊っちゃん」「坊ちゃん」の両方が用いられていたとも言えるのである。

この場合、「坊っちゃん」の「っ」というのは、「ボウチャン」でなく「ボッチャン」と読むことを明らかにするために役立つわけである。しかし、漢字音の表記に当たってこのような形で「っ」を用いる行き方は、他に例がないことになる。強いて例を求めれば、「強情ッ張り（剛情ッ張り）」や「小僧ッ子・秘蔵ッ子」のように、促音化して読む場合の片仮名による小書きの「ッ」である。この種の促音表記に旧表記で片仮名の「ッ」が用いられたのは、特に発音を表す意図を持っていたからである。しかし、「ボッチャン」の場合は、「坊ッちゃん」の形ではなく、「坊っちゃん」となっているから、前記の「ッ」とは別のものである。

「坊っちゃん」という書き表し方が成り立つためには、「坊」の慣用音として「ボ」を認めることが必要になってくる。それは、「登（漢呉音トウ）」に慣用音「ト（登山）」を認めたのと同じように、「想（呉音サウ）」に慣用音「ソ（愛想）」を認め、「頭（漢音トウ）」に慣用音「ト（音頭）」を認めた（一般の漢和辞典にはなかったが、常用漢字表では掲げられている）のと同じ扱いになるが、この点で思い合わされるのが、次のような短音化である。それは、「赤ん坊・隠れん坊」などに見られる短音化であり、このような用例に基づけば、慣用音「ボ」が成り立つことになる。その場合は、当然のこととして、「ボッチャン」は「坊っちゃん」となるのであり、それは、「意地っ張り」や「江戸っ子」など、漢字書き以外に促音が加わる書き方と同じになってくる。「坊っちゃん」の表記が成り立つ背景としては以上のような事情を考えなければならないが、この形の方が「ボッチャン」という読みに適していることにもなる。そのように考えてくると、「坊っちゃん」の表記を全くの誤りとして退けることはできないわけである。表記について旧来の慣行をも考慮している『広辞苑』の場合に、その見出しが「ぼっちゃん〔坊っちゃん〕」となっているのも、それなりの事情があると考えるべきである。（15―24）

問　「注射を打つ」か「注射をうつ」か

答　注射器を用いて薬液を体内に注入することを「注射をウツ」と言うが、その表記は「打つ」「うつ」のどちらがよいかという問題である。

結論から先に言えば、「打つ」「うつ」のどちらを書いてもよいということになる。常用漢字表に掲げられた範囲では、「うつ」という動詞には、「打つ」「討つ」「撃つ」の三種の漢字表記があり、その使い分けは、「「異字同訓」の漢字の用法」（国語審議会漢字部会作成資料・昭和47・6）によれば、次のように示されている。

打つ――くぎを打つ。碁を打つ。電報を打つ。心を打つ話。打ち消す。

討つ――賊を討つ。義士の討ち入り。相手を討ち取る。

撃つ――鉄砲を撃つ。いのししを猟銃で撃つ。

「注射をうつ」の例は挙がっていないが、もし漢字を当てるとすれば「打つ」であろう。

「打」という漢字は、「手＋丁」の会意兼形声文字である。

「丁」は、もと釘《くぎ》の頭を示す印で、直角にうちつける意を含むので、「打」は、トントンとうちたたく動作を表す字である。つまり、ある物の頭をたたいて、ある平面にさしこむというのが原義で、「釘を打つ・杭《くい》を打つ・鍼《はり》を打つ」などと使われる。したがって、その延長で「注射針を打つ」ことから「注射を打つ・覚せい剤を打つ」と書いても何ら差し支えはないと思われる。しかし、「打」という漢字に〃強い衝撃〃という意識をいだく人にとっては「注射を打つ」と書くのに抵抗があるかもしれず、それで仮名書きにされるのであろう。実際の文学作品や新聞記事を見ても、以下に示すように、「打つ」と「うつ」の両方が広く使われている。

・覚醒剤の注射を打って、夜っぴて目を皿のやうにして（三島由紀夫「邯鄲」）
・千代美は、昨年十月から覚せい剤を打ち始め、親しくなった昇も、同十二月から注射を始めた。（読売、昭和60・9・26）
・調べによると、潮ら三人は昨年末から二月中旬にかけ、丸岡から四、五回にわたり覚せい剤をそれぞれ〇・五～〇・八グラムを約三万円で譲り受け、自宅などで打っていた。（毎日、昭和54・3・2）
・覚せい剤で懲役一年の刑を受けた元ファッションモデルが仮出所からわずか十一日後、再び男友達と覚せい剤をうち（読売、昭和60・9・28）
・大阪拘置所では昨年七月、……幹部ら九人が覚せい剤をシャツに縫い込んで差し入れさせ、ボールペンを改造した注射器を使って〃回しうち〃していた事件が発覚している。（毎日、昭和54・4・27）
・「疲れた時、覚せい剤をうつとスーッとし、体が軽くなるのでやめられなくなった」と自供した。（毎日、昭和54・8・31）
・監督が覚せい剤うつ（右の記事の見出し）

右の例は、ほとんど「覚せい剤をウツ」というものばかりであるが、「注射をウツ」は、一方で「注射する」という言い方の方が普通に行われているため、余り文章中に現れないものと思われる。

なお、前出の「「異字同訓」の漢字の用法」の前書きの3に次のような記述がある。

その意味を表すのに、適切な漢字のない場合、又は漢字で書くことが適切でない場合がある。このときは、当然仮名で書くことになる。

したがって、もし「注射を打つ」と書くのが適切でないと思えば「注射をうつ」と仮名書きにすればよいということになる。

（15—29）

問「お礼」か「御礼」か

答 恩恵または贈り物を受けたことに対して、感謝の意を表すこと、また、その言葉を「おれい」と言うが、この語を漢字を使って書き表すとすれば、「お礼」とするのがよいか、「御礼」とするのがよいかという問題である。

「当用漢字音訓表」（昭和23・2、内閣告示・訓令）が世に出るまでは、接頭語の「お」に漢字の「御」を当てて書き表すことは、普通に行われていた。今日でも、のし袋の表書きなどに「御礼」「御祝」と書く習慣が残っている。しかし、「当用漢字音訓表」には、

御　ギョ・ゴ・おん

の三つの音訓が示され、「お」という訓は掲げられていなかった。しかも、この内容は、後に改定された「当用漢字音訓表」（昭和48・6、内閣告示・訓令）や現在の「常用漢字表」（昭和56・10、内閣告示・訓令）の音訓欄にそのまま踏襲されている。したがって、常

用漢字表に従った表記をする場合には、「おれい」は「お礼」と書いて「御礼」とは書かないことになるのである。

もっとも、「おれい」よりも丁重で、やや改まった言い方として「おんれい」という語もある。この場合は、常用漢字表の範囲でも「御礼」と書くことができる。また、一般にも、例えば「当選御礼」などのように「御礼」と書き、「おん礼」などとは書かないのが普通である。この「おん」は、尊敬や丁寧の意味を表す敬語の接頭語で、

おほみあかし（大御燈明）　おほみかど（大御門）
おほみかみ（大御神）　おほみき（大御酒）
おほみこころ（大御心）

などと用いられた「おほみ（大御）」という上代語の接頭語がその語源とされている。この「おほみ」が後に、

おほんうた（御歌）　おほんかみ（大御神）
おほんとき（御時）　おほんまえ（御前）

のように「おほん〈おほむ〉（御・大御・大）」と変化し、さらに「おん」（御）と変わって、

おんうた（御歌）　おんうち（御内）　おんし（御師）
おんぞうし（御曹司）　おんだいじ（御大事）
おんち（御地）　おんて（御手）　おんちゅう（御中）
おんのじ（御字）　おんまえ（御前）　おんみ（御身）

などと使われるようになった。現在、最も一般的に使われる接頭語の「お」も、この「おん」がつづまったものと考えられる。

（16—10）

問　「**御覧になる**」か「**ごらんになる**」か

答　物を見る意味の尊敬語として「ゴランになる」という言い方があるが、この「ゴラン」は、漢字で「御覧」と書くのがよいか、仮名で「ごらん」と書くのがよいか、という問題である。

この場合、いわゆる旧表記において「御覧」という漢字書きが普通であったことは、次の例に見るとおりである。

・御釈迦様は、ふと下の容子を御覧になりました。（芥川龍之介「蜘蛛の糸」）

・青木さんは鏡の前の置時計の方を御覧になる（鈴木三重吉「桑の実」）

これが「してみる（試みる）」意味の補助動詞にもなり、また「ゴラン」で終わって命令の形にもなるが、旧表記では、やはり漢字書きである。

・御自分で直に調べて御覧になるが好いぢやありませんか。（夏目漱石「道草」）

・胸がどき〳〵してゐるぢやないか。そら触つて御覧。（永井荷風「腕くらべ」）

野口雨情の童謡「七つの子」も、『金の船』に初出のものは、次のように漢字書きである。

・山の古巣に、いつて見て御覧。

このように見てくると、「ゴラン」を「御覧」という漢字書きにするのが、旧表記では普通の書き方だったことが分かるのである。

しかし、以上はいわゆる旧表記の場合であって、この行き方がそのまま現代表記に受け継がれたわけではないのである。昭和二十一年に「当用漢字表」と「現代かなづかい」が内閣告示となった段階で、漢字書き・仮名書きに関する基準にも変更があり、その結果、「ごらんになる」という仮名書きの形も見られるようになったからである。その間の事情を取り上げると、次のようになる。

まず、「当用漢字表」の扱いであるが、そこに掲げられた一八五

○字以外の漢字を含む語の処理について、「使用上の注意事項」の最初に、次のように書かれていた。

イ　この表の漢字で書きあらわせないことばは、別のことばにかえるか、または、かな書きにする。

こうして、「捺印→押印」「挨拶→あいさつ」となった。しかし、「御」と「覧」はいずれも表内の漢字として掲げられていたから、その点ではこれを仮名書きとする必要はなかった。それにもかかわらず「ごらん」という仮名書きが見られるようになったのは、「使用上の注意事項」の二番目に、次のように指示されていたからである。

ロ　代名詞、副詞、接続詞、感動詞、助動詞、助詞は、なるべくかな書きにする。

このうちの「助動詞」というのが、「ていく」「ておく」などの補助動詞の仮名書きにも及んだために、「絵を御覧になる」のような漢字書きの形に対して、「書いてごらんになる」のような仮名書きが、併せ用いられるに至ったのである。

ところで、「御覧」などに見られる接頭語「御」の書き表し方であるが、昭和二十七年の内閣通知「公用文作成の要領」では、次のように指示されていた。

「お」はかなで書くが、「ご」は漢字でもかなでもよい。
たとえば、「お願い」「御調査」「ご調査」

これに対し、現行の内閣通知「公用文における漢字使用等について」では、次のように指示されている。

次の接頭語は、その接頭語が付く語を漢字で書く場合は、原則として、漢字で書き、その接頭語が付く語を仮名で書く場合は、原則として、仮名で書く。
例　御案内　御調査　ごあいさつ　ごべんたつ

これにより、公用文においては、「別紙を御覧ください」の形が用いられている（「てごらん」のような補助動詞の用い方は、公用文では行われない）。

しかし、「ご」の扱いについては仮名書きでもよいとされていたのであり、この形も引き継がれている。それは、例えば日本新聞協会の新聞用語懇談会がまとめた『新聞用語集』であるが、次のように指示されている。

接頭語、接尾語には平仮名で書くものがある。
例　ご案内　ずぶとい　危なげがない　甘み　熱狂ぶり　控えめ　久しぶり　太め

これによれば、「ご覧」の形が成り立つのである。

また、この種の漢字書き、仮名書きについては、漢字で書くと格式ばった印象を与え、仮名で書くと親しみやすい印象を与えることにもなる。そんな関係から、一般には、補助動詞でない用い方についても、「ごらんになる」という形が見られるのであり、この仮名書きが好ましくないとは言えないのである。

さらに、「覧」という漢字の意味であるが、中国の字書には「観也、視也、望也」などと注されている。「閲覧・巡覧・遊覧」などの「覧」がこれらの意味によるものであり、漢字熟語として当然漢字書きになる。また、尊貴のお方が見る意味の「上覧・台覧・天覧」なども漢字書きであり、この意味で用いる「御覧に供する」なども、漢字書きでよいことになる。しかし、普通に用いる「ゴランになる」は、このような「尊貴のお方が見る」意味の「御覧」から離れて、見ることの尊敬語として用いられている。その点では、本来の漢字の意味から離れた用い方であり、そのために仮名書きが行われるようになったとも言えるわけである。

なお、前記引用の旧表記の作品中、現代表記に改めて出版された

本では、いずれも「ごらん」という仮名書きになっていることを付記しておく。(16—11)

問「更に」と「さらに」

答　副詞や接続詞に用いる語に「サラニ」というのがあるが、これは、漢字で「更に」と書くのがよいか、仮名で「さらに」と書くのがよいか、という問題である。

この点について内閣告示「常用漢字表」を見ると、「更」の項の字訓や用例が次のように掲げられている。

更　さら　更に　今更
　　ふける　更ける　夜更け
　　ふかす　更かす　夜更かし

したがって、「常用漢字表」を目安として用いる場合には、「更に」と漢字で書いてよいことになる。しかし、この語例は、「前書き」によれば、「音訓使用の目安としてその使用例の一部を示したもの」であるから、「さらに」と仮名書きにすることを妨げないわけである。

以上は「常用漢字表」との関連であるが、これを具体的な書き表し方に適用してまとめたものに、「文部省用字用語例」というものがある。これは、文部省で公用文を作成する上で参考にするために、一般に留意を要する用字用語の標準を示したものである。それを見ると、五十音順に配列された見出しと、それに続く書き表し方・備考のところが、次のようになっている。

さらに(副詞)　　更に　更に検討することとする
さらに(接続詞)　さらに　さらに、……

これによれば、副詞として用いる方は「更に」と漢字書きにし、接続詞として用いる方は「さらに」と仮名書きにする、という書き分けである。

それならば、何故このような書き分けが行われているかということであるが、それは内閣官房長官通知「公用文における漢字使用等について」に基づいて整えられたからである。この方は、「常用漢字表」の内閣告示に伴って、各行政機関が作成する公用文の表記の統一を図るために行われた事務次官等会議の申合せによるものであり、各省庁事務次官あてに通知されている。それによれば、漢字の使用について「常用漢字表」によるものとなっているが、特に「次の事項に留意する」と書かれている。その留意すべき事項というのがアからキまでの七項目であるが、この中で、「更に・さらに」の書き分けに関連するのが、イとオである。

まず、漢字書きになる副詞の「更に」であるが、これを扱ったイの項は次のようになっている。

イ　次のような副詞及び連体詞は、原則として、漢字で書く。そこに例示された副詞としては、「必ず・少し」など漢字の字訓によるものが二十八語、「概して・実に」など漢字の字音によるものが七語であるが、前者の中に「更に」という形が示されている。これによって、副詞としては「更に」と書くことになるのである。

次に、仮名書きになる接続詞の「さらに」であるが、接続詞を扱ったキの項は次のようになっている。

キ　次のような接続詞は、原則として、仮名で書く。

しかし、そこに示されたのは「おって・かつ」などの九語であり、その中に「さらに」の形は見られない。ただし、この項には次のような「ただし書き」がある。

ただし、次の四語は、原則として、漢字で書く。
　及び　並びに　又は　若しくは

この「ただし書き」の方は「次の四語」となっていて、「次のような語」とはなっていないから、この四語だけが例外として漢字書きなのである。これに対して、本則の方は「次のような接続詞」となっていて「次の接続詞」となっていないから、ここに示された九語は例示であって、すべてではない。したがって、問題の語については、例外として「更に」と書くのではなく、本則の方で「さらに」という仮名書きになるのである。

それでは、このような書き分けの基本になる考え方であるが、それは、副詞は「常用漢字表」の音訓の範囲で漢字書きにし、接続詞は、それにかかわらず仮名書きにする、という行き方である。ただし、「及び・並びに・又は・若しくは」の四語については、慣用の久しい法令用語として、漢字書きの旧表記を受け継いだわけである。

なお、国語辞書によっては、「さらに（更に）」を副詞としてのみ掲げ、接続詞という品詞名を添えていないものも多いが、次のような「そのうえ」の意味で用いる場合は、接続詞の用法と考えた方がよいものである。

・庶務部長が説明した。さらに、会計課長が補足の説明をした。
・数学、英語、さらに国語でも、平均点を超える成績であった。

このように、文又は語句をつなぐ用い方のものを特に仮名書きにして、「更に・さらに」を書き分けるのが、公用文の場合の基準なのである。（16—12）

問「田んぼ」か「たんぼ」か

答「田」のことを一般に「タンボ」と言うが、これは「田んぼ」と書くのがよいか、「たんぼ」と書くのがよいか、という問題である。

この「タンボ」という語は、小学校の国定教科書・国語では「たんぼ」であった。一期のイエスシ読本に二例、二期のハタタコ読本に五例、三期のハナハト読本に十一例が見られるが、高学年でも「たんぼ」と書かれていた。しかし、一般社会では、「田圃」と書かれることが多かった。童話童謡雑誌『金の船』に載った童謡のようなものでも「田圃」と書かれていたことは、次の例に見るとおりである。

・野口雨情「山椒の木」
　田圃の田圃の山椒の木、
　上総は鰛の大漁だ。
・若山牧水「はだか」
　裏の田圃で水いたづらをしてゐたら、
　蛙が一疋草のかげからぴよんと出て、

原文は振り仮名付きであるが、この「田圃」というのは、「田」の意味を持つとされる漢字熟語「でんぽ」を熟字訓としたものである。

ただし、この場合の「圃」というのは、中国の字書に「菜蔬ヲ樹ウルハ圃ト曰フ」とあるように、「はたけ」の意味を持つ漢字である。したがって、「田圃」というのは「たはた」の意味であり、日本語の「たんぼ」とは意味がずれている。なお、漢文では他に「田甫・田畝」も同じ意味で用いられている。「甫」の方は「圃或イハ省キテ甫ニ作ル」とあるから、「圃」と同じ「はたけ」である。「畝」の方は「畝ハ壟也」とあるが、「壟」は「畝」と同じく「うね」の意味であって作物を植えつけるところであり、やはり「はたけ」のことである。したがって、「田圃・田甫・田畝」を「田」の意味の漢字熟語とするのは、日本での慣用である。

また、「たんぼ」について、江戸時代の俗語辞典、村田了阿『俚言集覧』を見ると、次のように書かれている。

畋畝　俗にタンボと訓り。畋は段別の段に田を合せたるなるべし。

ここでは「畋畝」と書かれているが、これも「たんぼ」の漢字表記の一つである。この場合の「畋」というのは「田也」と書かれているように「た」の意味の漢字であるが、字音は漢音ハン、呉音ホンである。その点では、注記のように、「田ヘンに段の略字の反を組み合わせた国字」と考えることもできるわけである。

ところで、「たんぼ」の漢字表記として行われてきた「田圃・田甫・田畝・畋畝」であるが、これらのうち「常用漢字表」を目安として用いる場合に漢字書きにできるのは、「田（た）」の部分だけである。したがって、それ以外の部分を仮名書きにするとすれば、「田んぼ」という表記が成り立つことになる。この形は、「葉っぱ・輪っぱ・尾っぽ・根っこ」などと同じく、その主たる意味の部分が漢字で書かれるために、それだけ理解しやすい表記になる。その点で、すべてを仮名書きにする「たんぼ」よりも、交ぜ書きの「田んぼ」の方が好ましいと言えるわけである。そのうえ、この「田んぼ」という形は、一説に、「たんぼ」という語が「田の面（たのおも→たのも→たんも→たんぼ）」に由来することから言っても、決して不自然な表記とは考えられないのである。

なお、旧表記で書かれた近代文学の作品が現代表記化されているが、その面でも普通は「田圃」が「田んぼ」に改められている。例えば岩波文庫の島崎藤村「千曲川のスケッチ」であるが、次のようになっている。

・私達は村はずれの田圃道を通って
　→わたしたちは村はずれの田んぼ道を通って
・田圃側の細い道なぞを択んで
　→田んぼわきの細い道なぞを選んで

ここで「田圃」を「たんぼ」とせず「田んぼ」としたのも、「田んぼ」の方が理解しやすいからであろう。（16—14）

問「**歌舞伎**」か「**かぶき**」か

答　古典芸能の名称としてのかぶきのことを書き表すには「かぶき」「歌舞伎」のどちらがよいかという問題である。

「伎」という漢字は常用漢字表には掲げられていないので、同表に従って表記する場合は「かぶき」と仮名書きにすることになる。昭和四十五年に国立劇場が高校生を対象に歌舞伎鑑賞教室を開くに当たり、河竹繁俊氏に依頼して作成した『かぶき読本』という冊子は、全編「かぶき」という表記で統一されている。

しかし、「歌舞伎」という漢字表記は社会的に定着しきっているので、演劇の分野ではもちろんのこと、新聞・放送の世界では、

歌舞伎△　浄瑠△璃△　常磐●△津　長唄△　端唄△　地唄△　小唄△
箏△曲　琵△琶△（『新聞用語集』昭和56・日本新聞協会刊）
（△印は表外字、●印は表外音訓。）

などを、「古典芸能関係の名称」として、例外的に表外字・表外音訓を使用することにしている。つまり、固有名詞などに準じて例外扱いをしているわけである。

さて、この「歌舞伎」という用字法は、本来は当て字である。「かぶき」の語源は、「かぶく（傾）」という動詞の連用形が名詞化したものから出たという説が有力である。「かぶく」とは、並はずれて華美な風態をしたり、異様な言動や色めいた振る舞いをすることを言う。『日本国語大辞典』の「かぶく（傾）」の項には、次のような用例が示されている。

・御伽草子・猫の草紙「あかはだか・つけ紐の時よりも申し聞かせ候へ共・かぶきたるなりばかりを好み」

・舞曲扇林―四「其後、かぶきといひし事は、だてなる姿をみては傾（カブキ）たる姿などといへり。是は傾城といふかくし詞也」

出雲《いずも》の阿国《おくに》が始めた近世初頭の新しい芸能やその追随者による女芸は、右に示したような意味で「かぶき踊り」と呼ばれ、やがて「歌舞妓踊り」という漢字表記が当てられるようになった。この踊りは、簡単な筋立てのもとに組み合わされた歌と踊りの芸能であったので、適切な当て字ということができる。一方、「歌舞伎」という表記は、「女かぶき」が禁止され、「若衆かぶき」に移ったころに生まれたものと思われ、仮名草子には、既にその表記が見える。

・をかし、男《おとこ》有けり、謡《うた》ひは謡《うた》はざりけれど、世中の小歌《うた》を知たりけり。歌舞伎《かぶき》する若《わか》衆の座にありて、世中を思《おも》ひうむじて京にもあらず。遙《はるか》なる夷《ゐ》中に住けり（「仁勢物語」下―一〇二）

・河原に出たれば、浄瑠璃の操《あやつり》、女形《かた》の歌舞伎、鼠《ねずみ》戸に呼《よ》ばゝる声《こゑ》、かしましく覚えて、名に高《たか》き女形《かた》の上手、……が芸尽《げいづく》し、若衆共の舞踊《をど》る有様《さま》に（「浮世物語」一―一〇）

〈右の引用は、日本古典文学大系『仮名草子集』による。〉

右の二例は、いずれも若衆かぶきを指すものである。しかし、「歌舞妓」という表記も消えたわけではなく、その後も長く行われていたようだ。『日本国語大辞典』の「かぶき〔歌舞伎・歌舞妓〕」の項には、次のような元禄期の用例が挙がっている。

・評判記・色道大鏡―一「出雲巫といふもの京に来り、僧衣を着て鉦をうち、念仏躍といふことをせしに、其後男の装束し、刀を横へ歌舞を尽せり。俗に是を、歌舞妓といひしなり」

・俳諧・続猿蓑―春「花さそふ桃や哥舞妓の脇躍〈其角〉」

また、その後も次のような用例が見える。（以下は、日本古典文学大系からの引用である。）

・役者論語・あやめぐさ（明和8年）「理窟ばかりにては歌舞妓にあらず」

・黄表紙・見徳一炊夢（天明元年）「下屋敷へ芝居のとをり舞台をこしらへ、しきりに歌舞妓をもよほしてたのしむ」

また、日本古典文学大系『歌舞伎十八番集』の解説（郡司正勝）によれば、天保十一年三月、七代目市川団十郎が「勧進帳」を初演する際に、その口上看板の中で「歌舞妓十八番の内」と銘記した由が記されている。これらのことから考えると、江戸時代を通じて、「歌舞伎」「歌舞妓」の両様の表記が並び行われており、現在のように「歌舞伎」に統一されたのは、幕末から明治にかけてのころと思われる。

〔付記〕「伎」（呉音「ギ」・漢音「キ」）は、「人＋支」の会意兼形声文字で、人間の細かいわざ、わざをあやつる人の意を表す字である。また、「妓」（呉音「ギ」・漢音「キ」）は、音曲・歌舞をもって客に応接する女性の意を表す字である。

（16―16）

問 「たまもの」か「賜」か「賜物」か

答 「たまもの」という語は、「おかげ」という意味で、「努力のたまもの」などと使うことがあるが、これを「たまもの」と平仮名書きにするか、「賜」「賜物」のように漢字書きにしてよいかという問題である。

「たまう」は、目上の人から目下の者に与える意で、「たまもの」は、「たまいもの」の転であると言われている。

漢字の「賜」は、

恩賜（おんし）　下賜（かし）　賞賜（しょうし）

賜物（しぶつ）　賜与（しよ）

などの語として用いられるが、

・天皇、功（いさをしさ）を定め、賞（タマモノ）を行ひたまふ（『日本書紀』北野本訓）

・賚　タマ物（観智院本『類聚名義抄』）

のように、古い文献では、「賞」や「賚」を「たまもの」と読む例もある。

「たまもの」を「賜」と書いた例は、

・浅之進にも様様の賜ありて、不二山張抜太夫といへる官を給はり（談義本「風流志道軒伝」）

・季節の一つも探り出したらんは後世によき賜と也（俳論「去来抄」）

などがある。

また、「賜物」と書いた例は、

・黒目がちな目はよく澄んでいたが、それは海を職場とする者の海からの賜物で、（三島由紀夫「潮騒」）

・僕に云わせると、これも余裕の賜物だ。（夏目漱石「明暗」）

などがあるが、漱石の小説では、「賜」（「虞美人草」）、「賜物」（「行人」「明暗」）、「賚」（「それから」）の三種が使われている。

「賜もの」は、芥川龍之介の作品に見える。

・わが私《わたくし》の餞《はなむけ》ならず、里見殿の賜ものなるに、辞《いろ》はで納め給《たま》へと言ふ。（芥川龍之介「海のほとり」）

従来、このように、いろいろな書き方が行われてきたが、常用漢字表によれば、「賜」には「シ・たまわる」の音訓が掲げてあるだけで、「たま」や「たまう」の訓は掲げていない。したがって、「たまもの」と仮名書きにするのが穏当で、新聞などでも「たまもの」と仮名書きにすることになっている。（18—12）

問「絵の具」か「絵具」か

答　絵に色を着けるために、水などで溶いて使う材料のことを「えのぐ」と言うが、その表記は、「絵の具」「絵具」のどちらがよいかという問題である。

「えのぐ」の「の」は、もともと名詞と名詞を結び付ける働きを持つ、連体格助詞の「の」であるから、常用漢字表の音訓欄に従って書き表そうとする場合は「絵の具」と書くことになる。その点では、次に掲げる一群の語と同じ扱いである。

合いの手　板の間　卯《う》の花　男の子　女の子　鹿《か》の子　上《かみ》の句　髪の毛　気の毒　木《き》の芽（～田楽）　木《こ》の葉　木《こ》の実　賽《さい》の目　大の字　竹の子（筍）　茶の間　茶の湯　手の内　手の甲　手のひら（掌）　床の間　菜の花　二の足　二の次　二の舞　日の出　日の丸　目《ま》のあたり　身の上　身の代《しろ》金（注＝新聞・放送界では「身代金」に統一している）　矢の根　山の手　世の中

現在刊行されている表記辞典や新聞社・通信社のスタイルブックの類もすべて「絵の具」と表記されているし、また、学校の教科書でも、次のようにすべて「絵の具」と書かれている。

・絵を見たら、どんな絵の具を使って、どのような表し方をしているか気をつけてみよう。（『図画工作　6』昭和62・12、開隆堂出版・小学六年用）

・ゴッホはあさの布（キャンバス）に油絵の具をもり上がるくらいに使い、（同右）

・父の肖像は他の一切のものより重くなければならなかったから、意識的に絵の具の層を厚くして彼に重みをつけた。（『美術・その精神と表現　3』昭和63・2、現代美術社・高等学校用）

なお、第二次世界大戦後に出版された百科事典にも、

　絵の具／油絵の具／水彩絵の具／岩絵の具／泥絵の具

　（『世界原色百科事典　1』昭和40・11・小学館）

と、すべて「の」が書かれている。

一方、国語辞典の見出し表記には「絵具」あるいは「絵（の）具」となっているものが多いことで知られるように、かつては、「絵具」と書かれることもあった。国定三期の『尋常小学国語読本』巻八（大正10から使用）の第十六課「看板」に、次のような例が見える。

・学校用具ヲ賣ル店ニ、手帳・筆・墨・絵具ナドト記シタル看板ヲ出シ、

ただし、これは看板表記の特殊例と見るべきかもしれない。

国定四期の『小学国語読本』では、次のように、いずれも「絵の具」と書かれている。

・海水は、絵《ゑ》の具をとかした水だ。（巻九）

・真青な絵の具の水に、クリームを流し込んだ美しさだ。（同右）

・源氏は筆の先に赤い絵《ゑ》の具をつけて、鏡を見ながら、自分の鼻をいたづらに赤くぬつて見せた。（巻十二）

・紫の君は、絵の具がほんたうにしみ込んだら、にいさんがお気の毒だと思つた。（同右）

文学作品の表記例はどうか、『作家用語索引』によって調べてみよう。

まず、夏目漱石は、「彼岸過迄」の中では、

・その軒から画の具で染めた提灯が幾何《いくつ》もぶら下がっていました。

・けれどもそれは彼女が十二三の時の事で、自分が田口に買って貰った絵具と紙を僕の前へ押し付けて無理矢理に描かせたものである。

のように両方の例が見えるが、「虞美人草」「三四郎」「門」「行人」「草枕」では、すべて「絵の具」（計8例）と書いており、また、

　絵の具皿　絵の具函　絵の具箱

の用例も計九例が見える。

芥川龍之介の「地獄変」の中には、

・昼も蔀《しとみ》を下《おろ》した部屋の中で、結《ゆひ》燈《とう》台《だい》の火の下に、秘密の絵の具を合せたり

のほかにも二例現れるが、すべて、「絵の具」と書かれている。

ただし、太宰治の「斜陽」には、次の二例とも、「絵具」である。

・遊ぶ金がほしさに、ただ出鱈目《でたらめ》にカンヴァスに絵具をぬたくって、流行の勢いに乗り、もったい振って高く売っているのです。

・ただ遊興のための金がほしさに、無我夢中で絵具をカンヴァスにぬたくっているだけなんです。

「絵具」のように、間に「の」を入れないで書かれるものには、次のようなものがある。

・紀貫之（きのつらゆき）　藤原鎌足（ふじわらのかまたり）　源義経（みなもとのよしつね）　＝昔の人名

・井上（いのうえ）　尾上（おのうえ・おのえ）　木下（きのした）　＝現代の姓

・武蔵国（むさしのくに）　下総国（しもうさのくに）　信濃国（しなののくに）　＝昔の国名

・日下開山（ひのしたかいさん）　簀子（すのこ）　山手線（やまのてせん）　＝その他

「彼女」と書いて「かのじょ」と読ませるのも同類であるが、ただ、この場合は、常用漢字表の「彼」の音訓欄に「かれ・かの」という字訓が掲げられている点が、「絵具」や「山手線」とは異なっている。

要するに、「絵具」と書いても誤りとは言えないが、常用漢字表の音訓欄に従って書くとすれば、「絵の具」となるはずである。〔付記〕「絵の具」「坊っちゃん」「江戸っ子」「赤ん坊」などにおける傍点部分の仮名は、上にくる漢字の読み方を確定するために使ったものではないから、これらは、「送り仮名」とは言わない。（18―19）

問　「すし」か「寿司」か「鮨」か

答　「握りずし」「散らしずし」などの「すし（ずし）」を、「すし」と仮名で書くのがよいのか、それとも「寿司」「鮨」などのように書いてもよいのかという問題である。

寿司の「寿」は、呉音―ジュ、漢音―シュウで、スは慣用音とされる。スは、「恵比寿」「寿美子」など、地名や人名に用いられるが、一般用語にはほとんど使われない。常用漢字表では、ジュだけが掲げられている。また、「鮨」は常用漢字表には掲げられていない字である。したがって、常用漢字表に基づいて書くならば「すし」が適当だということになる。しかし、店名などに見られる「〇〇寿司」「鮨〇」のような表記は、社会的な慣用によるものであり、別に考えるべきものである。

すしは、日本を代表する食品とされ、その起源は古い。すしには、魚や貝を米の飯と一緒に漬け込んで熟成・発酵させたものと、酢で味を付けた飯に、魚・貝・野菜を配したものとがある。前者は、「なれずし」と呼ばれる。「熟」「馴」などの文字が当てられる。なれずしは、東南アジアの山岳民族などにも見られる製法で、稲作文化と深いかかわりを持つとされる。後者は、「早ずし」と称され、江戸時代中期以降に普及したものである。早ずしの代表には、握りずしがある。

「すし」という語形は、平安時代初期の漢字字書である『新《しん》撰《せん》字《じ》鏡《きょう》』『倭《わ》名《みょう》類《るい》聚《じゅ》鈔《しょう》』などで確認できる。「酸し（「酸い」の文語形）」が語源とされる。奈良時代の文献や平城京跡出土の木簡には、既に「鮨（シ）」「鮓（サ）」の文字が用いられている。江戸時代までは、すしの表記には、この二字が用いられてきた。

「鮨」は、中国古代の字書『説文解字』（1世紀ごろ）によれば、「魚䏽《ほう》醤《しょう》」とあり、魚を塩漬けにして発酵させたものと見られる。「鮓」は「蔵魚」とあり、貯蔵法に関係するものとされる。やや後の字書である『釈名』（3世紀初めごろ）には、「鮓」に「葅《そ》」という説明があり、魚の酢漬けと解釈されている。しかし、四世紀以降になると、両者は混同され、『爾雅《じが》』の郭璞《かくはく》の注（4世紀初め）のように「鮨」は「鮓」の一種であるとするものなどが現れるようになった。日本で、この二字が長く併用されたのは、このような事情を受けて、類義の文字として解釈したことに由来する。

中世以降の文学作品には、「すし」について傍線部分の用字が見られる。（以下の引用では、近世以前の作品について、そのほかの表記を一部改めたものがある。）

- 酒、大きなる樽《たる》に入れて十樽ばかり、魚の鮨、五、六桶《おけ》ばかり、鯉《こい》、鳥、酢、塩に至るまで荷《にな》ひ続けて持ち来たれり。（「今昔物語集」巻二五・五）
- 大きなる鮎《あゆ》を三十ばかりとりて帰りて、少々は煮て食ひさうらふ。残りは鮨にしてをきさうらふ。（「沙石集」巻七・一一）
- 春は来ねども花咲かす娘が漬けた鮓ならば、馴《な》れがよかろうと

買ひに来る。（浄瑠璃「義経千本桜」三段目）

・なれ過ぎた鮓をあるじの遺恨かな（与謝蕪村「新花摘」）

これらは、なれずしの時代の用字であるが、早ずしが普及してからのものには、次の例がある。

・妖術《ようじゅつ》といふ身で握る鮓の飯（「誹風柳多留」一〇八編）

・にぎにぎを先へ覚える鮓屋の子（「同」一三九編）

・花合わせとかいふものを手中に弄《ろう》して、いかがなまねをした上げ句、寿司などを取り寄せて、奢《おご》り散らす。（二葉亭四迷「浮雲」一編・六）

・「寿司は持つて来んが、山の芋は上げたらう。」（夏目漱石「吾輩は猫である」五）

・瀬戸はいきなり鮪《まぐろ》の鮓を摘《つま》んで、一口食つて膳《ぜん》の上を見廻《みまわ》した。（森鷗外「青年」一七）

・鮨の趣味は握るそばから、手攫《てづか》みで食ふ屋台の鮨でなければ解《わか》らないと云ふやうな通を頻《しき》りに説かれた。（志賀直哉「小僧の神様」三）

「寿司」という表記は、早ずしが普通になった江戸時代末期からのものと見られるが、右の「浮雲」の例（明治中期）が古いものである。国語辞典の類も、「鮨」「鮓」を示すが、「寿司」が載るのはだいぶ後のようである。「寿司」は、縁起を担いだ当て字であるが、「菓子司」などの連想も働いたかもしれない。

現代のすし店の名称については、真田信治編『命名の諸相―社会命名論データ集（I）―』（昭和62）に、「すし屋の名前」（ギーブル・カーリン担当）という報告がある。それによれば、東京と大阪の職業別電話帳に掲載された、すし店名九、五三四件のうち、「魚〇」「〇家」のように語形「すし」を含まないものを除いた七、七二二件の表記は、次のようになっている。（数字は、パーセントを示す。）

	全体	東京	大阪
寿司	五三・〇	五七・八	四二・七
すし	一八・二	一〇・九	三三・九
鮨	一六・六	二二・一	四・五
寿し	一一・一	八・七	一六・一
鮓	〇・八	〇・一	二・四
その他	〇・三	〇・四	〇・四

その他に属するものは一七件で、「寿志・鮨司・スシ・鮨し・鮓司・す司・寿シ」の七種類の表記がある。

これで見ると、「寿司」が優勢であるが、そのほかの表記形では、東京と大阪で分布に違いがあることが分かる。また、語形「すし」が語頭に来る場合と語尾に来る場合の比率は二対八で後者が多い。さらに、仮名書きの「すし」は、「すし〇」のように語頭に現れやすい。（18―20）

問「かきいれ時」を「掻き入れ時」と書くとおかしいか

答　売行きや収穫・利益などが一番多くてもうかる時期のことを「かきいれ時」と言うが、その語を漢字で書き表す場合、「掻き入れ時」と書いてもよいかという問題である。

「かきいれ時」の「かきいれ」は「かきいれる」（古典語では「かきいる」）という動詞から出たものであるが、その「かきいれる」の漢字表記としては、「掻《か》き入れる」「舁《か》き入れる」「書き入れる」の三とおりが考えられる。

まず「掻き入れる」は、指とか爪《つめ》、または棒状の物などのとがった先で掻くようにして中へ入れるという意味である。また、この語は「掻き」を接頭語として、「入れる」「とりあえず入れる」「むぞうさに入れる」「力を加えて入れる」など、様々の意味に用いられることは、次の例文に見るとおりである。

・火取に火をかきいれて（「紫式部日記」―寛弘五年一一月一七日）

・ふところにかきいれて、わが身のならんやうもしらず、臥《ふ》さまほしきこと限りなし（「篁物語」）

・此の石を車に掻入て遣らせて（「今昔物語集」―一六・一三）

・死に入りたりければ、物にかきいれて、になひもて行きけり（「宇治拾遺物語」二・一三）

（以上、いずれも『日本国語大辞典』の用例から。）

問題の「かきいれ時」を「掻き入れ時」と書きたくなるのは、もうけを掻き集める時という解釈が働くためであろうが、それは、いわゆる語源俗解であって、正しい解釈とは言えない。

また、「舁き入れる」は、二人以上で物を担ぎ入れる意であって、

・程なくかごをかきいるればおさんはし迄出むかひ（近松門左衛門「大経師昔暦」）

・我〳〵に御まかせあれと申うちに、乗物長持かき入ける（井原西鶴「西鶴諸国はなし」巻五）

のように用いられるが、これは、問題の「かきいれ時」の意味とは全くつながりが考えられない。

次に「書き入れる」であるが、この語はもともと、既にある文章の行間や余白などに文字や言葉、文章などを書き加える意であって、また、単に「記入する」「書き込む」意にも用いられる。

・集（注＝「貫之集」のこと）にかきいれたる、ことはりなりかし（「大鏡」、巻三、右大臣師輔）

・人体の物まねによりて、いかにも幽玄《ゆうげん》なる余情《よせい》・便《たよ》りを求《もと》むる所に、荒《あら》き言《こと》葉を書《か》き入《い》れ、思ひの外にいりほがなるぼんご《梵言》・かん《漢》音などを載《の》せたらんは、作者《さくしゃ》の僻言《ひがこと》なり（世阿弥「風姿花伝」第六）

・ところ〴〵に書入れのしてある古く手擦れた革表紙の本だ。（島崎藤村「桜の実の熟する時」）＝この場合は名詞

右のように、古くから今日に至るまで使われている。

また、この「書き入れる」は、中世から近世にかけて次のような特殊な意味にも用いられた。

・質《しち》にかき入候所帯、余人に談合せしめ、永代うり、かの借銭をすまし候に付ては、是非にをよばず（「塵芥集」九五条）

・呉服《ごふく》屋の手代請込《うけこみ》、主人《しゅじん》の金《かね》を百両持て来て、衣　棚《ころものたな》の家書入たる証文《しょうもん》とって、小判わたして立帰れば（浮世草子「世間娘容気」巻四）

・葬札《とむらい》をかき入(れ)石塔を質に置いても、思ふ様にまはらざれば（風来山人「根奈志具佐」巻三）

・為になる人まれなれば物入多く、此程は家内の雑作道具まで、書入たりし利付の金（為永春水「春色辰巳園」巻十一）

・Iye wo kaki-irete kane wo karu（家を書き入れて金を借る）（ヘボン『和英語林集成』初版）

つまり、借金の抵当物件としての家屋、地所などを、証文に明記する意、抵当に入れる意に用いられたが、今日ではその用法は見られないし、今日の「かきいれ時」の意味とも結び付きにくい。

「かきいれ時」の「かきいれ」は、本来の、書き加える、記入する意と関連がありそうである。すなわち、商売などが忙しくて利益が多い時は、帳面に記入することも多いというところから出たものだとする解釈も見受けられる。現代の国語辞典の中にも、「書き入れ時」の語源解釈として「帳簿の記入に忙しい時の意から」（『岩波国語辞典』第四版）とか、「つぎつぎに帳簿に記入する時期の意か

ら」（『学研国語大辞典』第二版）と記載したものがある。
ところが、戦前に刊行された国語辞典の「書き入れ」の項を見ると、現在の一般の国語辞典とは少し意味合いの異なる記載がある。次に挙げた辞典は、いずれも、㈠に記入の意、㈡に抵当の意を掲げ、㈢として、それぞれ以下のように記述している。

〔大日本国語辞典〕
㈢是れと予期すること。「其の日を書入にして待つ」「かきいれで所望する」

〔大言海〕
㈢　売行《ウレユキ》、利益《マウケ》ノ期待《マチウケ》。（確定ノ事トシテ帳簿ニ書入レオク意）「めんねるハ、冬ヲ当業者ノかきいれ時トス」

〔大辞典〕
㈢未来の事をそれと目あてにして書くこと。柳樽「旅迎これ書入の一つなり」（東海道方面ならば品川で遊ぶ）

〔辞苑〕
―どき〔書入時〕（名）書入れとした時。目的の時期。
―び〔書入日〕（名）そのことがあるだろうと予期した日。

つまり、「忙しい時」とか「もうかる時」とかいうよりも、「期待する時」「目あての時」「予期する日」という意味の色合いが強い。確かに、そういう用例もある。

・あさくさのをくやまへやとはれて、よるのないしょくをかきいれに、やすだちまへで、十字ごろからをしろいこて〳〵、そろ〳〵見世をひらく茶や女と思はれたり（仮名垣魯文「安愚楽鍋」三下　茶店女の隠食）

・京さんは折角《せっかく》の書き入れ日《び》をふいにされた事に対して云はうやうもなく業《ごふ》を煮やしたのであるが（永井荷風「新橋夜話」―色男―）

前者は明治五年に刊行されたものだが、「夜の内職を目当てにする」意である。
後者は、唐物屋の若旦那《だんな》である京さんが、恋仲の芸者と、雪が降ったらその日にどこそこで会おうと、かねて約束を交わし、待ちこがれた末、雪の日に待合から一晩中連絡を取ったが、ついに出先がつかめず、悶々《もんもん》と一夜を明かすという場面である。したがって、この「書き入れ日」は「約束した日」「あてにした日」という意味に解すべきところである。なお、今日でも大相撲などで、「今日書き入れの大一番」などと言うことがあるが、この「書き入れ」も「お目当て」「期待」という意味で使われている。
つまり、この「書き入れ時」とか「書き入れ日」というのは、目当てにする時期（日）の意から、次のように、もうけの期待される時期（日）、もうかる時期（日）、忙しい時期（日）の意に移っていったのではないかと思われる。

・臨時《りんじ》の大市《おおいち》は一年《ねん》に三度《ど》、――一月《ぐわつ》と四月《ぐわつ》と九月《ぐわつ》とに立ちます。殊《こと》に一月《ぐわつ》は書入《かきい》れの市ですよ。（芥川龍之介「不思議な島」）

・……大みそか、お正月、お店のかきいれどきなので、椿屋《つばきや》の、さつちやん、といふのがお店での私の名前なのでございますが、そのさつちやんは毎日、眼のまはるくらいの大忙《おほいそが》しで。（太宰治「ヴィヨンの妻」）

・足摺岬の金剛福寺から、また逆に金剛福寺へと清水の町並は行きかうお四国たちににぎわうのだが、清水屋もその頃がかきいれ時になるわけだった。（田宮虎彦「足摺岬」）

以上、見てきたように「かきいれ時」は、書き加える（記入する）時期の意から、目当てとする時期、もうかる（忙しい）時期と意味が移ってきた語と思われるから、「書き入れ時」と書くのが本来の表記と考えてよい。

問「苦杯を喫する」か「苦敗を喫する」か　（19—17）

答　野球の試合などで、残念な負け方をしたときなどに「クハイを喫する（なめる）」という表現をすることがあるが、その「クハイ」の漢字表記は「苦杯」「苦敗」のどちらが正しいのかという問題である。

この場合、もちろん「苦杯」が正しく「苦敗」は誤りである。もともと「苦敗」という語は存在しない。恐らく「大敗（一敗・完敗・惨敗・惜敗・全敗・零敗・連敗）を喫する」という言い方が一方にあるため、その連想から「苦敗」と書いてしまうのだろう。表記辞典や新聞社・通信社のスタイルブックなどには、「苦杯」の項に、「苦敗」は誤りである旨注記されているものが多い。その関係もあって、新聞で「苦敗」を見ることはほとんどないと言ってよいが、その他の印刷物、例えば市町村の広報紙とか、テレビの字幕などでは時折、目にすることがある。

・我が柔道部は昨年の郡市大会で苦敗を喫しました。（広報紙）
・カープ苦敗（平成4・8・30、放送のテロップ）

ところで「苦杯」は、にがい飲み物を入れたさかずきの意であり、転じて、不快なつらい経験・にがい経験の意に使われる語である。また、「喫する」は、茶などを飲む、食物をたべる、たばこをすうなどの意で、そこからよくないことを受ける、こうむる意としても用いられる。したがって「苦杯を喫する」（「苦杯をなめる」とも言う）は、にがい経験をする意となる。決してスポーツの場合に限られたわけではないが、今日、実際には、スポーツの試合に負けた場合に多く使われているようである。

「苦杯をなめる」と似た表現に「苦汁をなめる」という言い方がある。「苦汁」は、にがい汁の意で、「苦汁をなめる」で苦い、苦しい、つらい経験をするということになる。ところが、「苦汁」には「苦渋」という同音類義語がある。「苦渋」は、にがく、しぶいこと、苦味、渋味の意から、物事がうまく進まず、悩み苦しむこと、非常につらい思いの意に使われる語である。この「苦汁」と「苦渋」は、よく混同されて用いられる。例えば、次の新聞記事など、同じ「クジュウに満ちて」という用法でありながら、両様の表記が見られる。

・表情こそ変わらないが、心の中は苦汁に満ちていたはずだ。（報知、平成4・7・31、1面）
・財政状態を説明するデイブ・アウスト広報担当役員はスラスラと数字を並べるが、その表情は苦渋に満ちていた。（読売、平成4・10・10、19面）

この場合は、もちろん後者の「苦渋」が正しい。すなわち、「クジュウをなめる」「クジュウを飲まされる」などの場合は「苦汁」を、また「クジュウに満ちた表情」「クジュウの色を浮かべる」「クジュウを身に負う」「クジュウする」などの場合は「苦渋」をと、両者を使い分けるのが本来の用法である。ところが、前後の文脈によっては、どちらを使う方が適切か、紛らわしい場合もないではない。

・この一年が、首相にとって、国民的支持の頂点から転落しつづける苦汁の日々であったことは、想像にかたくない。（朝日、昭和48・7・6、朝刊社説）
・にがい苦渋の味の底に言いしれぬいのちの源泉が波打っているように思われた（檀一雄「終りの火」）
・五十歳を過ぎた夫婦は結局都会生活の苦渋をしたゝか味ったばかりで帰って来た。（山中義秀「厚物咲」）

右の「クジュウの日々」は「苦渋」とすべきところだろう。また「クジュウの味」「クジュウを味わう」のような場合は、「味」とか「味わう」とかと共存するので、「苦汁」でもおかしくないとも見られるが、やはり「苦渋」とするのがよろしかろうと思われる。

（19—19）

三　敬語、その他の問題

第一　敬語

問「申す」は謙譲語と言われているが、よく「申される」という言い方を耳にする。これは正しいか。また、「申し出てください。」「お申し込みください。」は、尊敬語として一般に使われているが、これはどう考えればいいのか

答「会長が申された。」「先生が申された。」という言い方は、現代の標準語としては誤用と考えていい。「申す」はへりくだった言い方（謙譲語）であった。それが「れる」という尊敬の助動詞と結び付けて使うことに矛盾があるという考え方からである。

ところが、この「申される」は、国会では普通に使われているという報告がある。明治二十三年の第一回帝国議会衆議院の速記録に次のような例があるという。

……所ガ今議長ノ申サレルニハ、ドウ云フヤウナ質問ヲスルカ、此ノ質問ノ区域外ニ渉ッテハ許サナイト云フコトデ御座イマス。……

この例に限らず、江戸時代などには、「申す」が謙譲語以外にも広く使われている。例えば、単に「言う」の意味に使われたり、場合によっては尊敬として使われたり、更には「言う」を丁寧にいうために使われたりする例も見られる。最後のは、改まった場面では、「言う」の代わりに使われるもので、それが国会などの会議の習慣として用いられているものであろう。しかし、今日の多くの人々の規範的意識においては、「申す」はへりくだった言い方というのが事実だと思われるので、右の会議用語は特殊な例外と見ておいて、差し支えないだろう。

なお、念のために付け加えると、次のような「申される」という用法も存在し得る。

局長が大臣に申されたとおり

のような場合には、「申さ（申す）」は局長の大臣に対する謙譲語であり、「れ（れる）」は、話し手の局長に対する尊敬語であるから、矛盾しないで両立することができる。したがって、この場合は、もちろん正しい表現だと考えられる。

次に、「申す」と「申し出る」「申し込む」などの複合動詞との関係であるが、「申す」が謙譲語であっても、「申し出る」「申し込む」などには、今日、謙譲の意味は全くない。「申し出る」「申し出る」などは、もとはお上に対して申し出ることを意味したのだろうが、今ではそういう上下関係のかげが薄れてしまって、敬語性は全く消滅している。したがって、「申し出る」「申し込む」を尊敬表現にしたければ、「申し出られる」「申し出てください」「お申し込みください」「お申し込みになる」のように、ほかの動詞と同様に「……れる」「……してください」「お……ください」「お……になる」という形式を加えて表現すればいい。そのほか、「申し送る」「申し合わせる」「申し入れる」「申し送る」などの複合動詞についても全く同様である。やや特殊なものに「お申し越し」「お申し聞け」などがあるが、この場合の「申す」は全く「言う」だけの意味であって、常に「お」という接頭語を付けた形での尊敬表現に使われる。

したがって、「申し出てください」「お申し込みください」は、もちろん正しい表現と考えていいわけである。

（参考）
・鍬方建一郎「会議用語における『申す』の敬語意識について」（『国語』東京文理科大学終結記念号）

・大石初太郎「先生が申されました」（『口語文法講座3　ゆれている文法』明治書院）

（1―39）

問 **社員が社長を直接呼ぶ場合、「社長」と呼び捨てる方がいいのか、それとも「社長さん」と言う方がいいのか**

答 国語審議会の建議「これからの敬語」（昭和27・4）の中には、

職場用語として、たとえば「先生」「局長」「課長」「社長」「専務」などに「さん」をつけて呼ぶには及ばない（男女を通じて）。

と記されている。職名・役名は敬称として用いることのできるものであって、別に「さん」を付ける必要はないという考え方であろう。確かに理屈はそのとおりであるが、現実は必ずしもそう簡単にはいかない。

右の中で、「先生」という言葉は、それ自身として十分に敬愛の念が表せるせいか、「さん」を付けないのが一般化している。しかし、「局長」「課長」「社長」「専務」などになると、人により、職場によって違いがあるようである。右の「これからの敬語」の指示のように、職名には一切「さん」付けをしない習慣の会社も、確かに多いと思うが、中には、男子の社員は「社長」、女子の社員は「社長さん」と呼び分けているところもあるようだ。また、呼び捨てに抵抗を感じる人は、職名を使うのを避けて「中村さん」「山本さん」というふうに相手の姓に「さん」を付けて呼ぶ人もある。

このように、実際は職場により人によって上役の呼び方が様々であるのが現在の実情である。殊に、若い女性の場合、「社長」「課長」と呼ぶことにかなり抵抗を感じる人が多いことも事実のようだ。女性の場合は、「社長さん」「課長さん」と言っても、それは決して敬語の二重使用ではなく、むしろ、女性として表現に柔らかさを持たせるための言い方と解釈することもできる。つまり、一種の女性語として認めてもよさそうである。ともかく、男性の場合は、職名・役名の呼び捨て、女性の場合はそれに「さん」を付けるというのが、案外、現在における一般的な傾向のように思われる。

しかし、結局、上役への呼び方は、自分の職場での習慣を尊重し、それに従うのが最も無難だという結論になる。それは、相手の社長なり上役なりが、女性社員から「社長さん」「課長さん」と呼ばれて、物の言いようを知らぬ社員だと感じるかどうか、また「社長」と呼ばれて、敬語の使い方をわきまえた感心な娘だと思うか、あるいは逆に、若い娘らしいかわいらしさがないと感じるかどうか、つまり相手の言語意識の持ちように大きくかかわってくるからである。

（1―40）

問 **「御訪問される」という言い方は正しいか**

答 正しい尊敬の言い方としては「訪問される」「御訪問になる」「御訪問なさる」と言うべきである。つまり、現代敬語の尊敬表現としては「……サレル」「ゴ（オ）……ニナル」「（ゴ・オ）……ナサル」という言い方が、正しい型として、伝統的に使われているのであって、「ゴ（オ）……サレル」というパターンは、戦後になって現れてきた言い方と思われる。

しかし、現実には、この「ゴ（オ）……サレル」という言い方は、最近、新聞や放送でもしばしば使われている。例えば、次のような文である。

・このたび、天皇・皇后両陛下にはアメリカ合衆国を公式にご訪問されることになった。両陛下には、昭和四十六年秋欧州をご訪問され、各国との間で大きな親善の実をあげられた。（新聞）

このほか、新聞に皇室関係の記事が出るたびに「ご結婚される」「ご対面される」「ご入院される」「お手植えされる」という表現が、よく目につく。多分「ゴ（オ）……遊バサレル」という言い方を簡単にしたつもりであろう。

それでは、なぜ「ゴ……サレル」や「オ……サレル」という言い方が誤りになるのだろうか。「ゴ（オ）……サレル」の「レル」はもちろん尊敬の意を表す助動詞である。それを取り除くと「ゴ（オ）……スル」という形になる。ところが、この形は、元来

・両陛下をお迎えする。

・お荷物をお預かりしましょう。

のように、自分の動作を表す語に付けてその動作の及ぶ相手を間接的に尊敬する働き――つまり、謙譲語としての働きを持つ表現である。だから、「ゴ（オ）……スル」の「……」の部分に、尊敬すべき人の動作を示す動詞は、もともと入りにくいはずである。したがって、「ゴ（オ）……スル」という謙譲表現のパターンの下に尊敬の「レル」を付けること自体おかしいという解釈に基づくからである。

もっとも、右の解釈には、一部に異論がないわけではない。国語学者の中には、この「ゴ（オ）……サレル」を尊敬表現として是認してもいいのではないかという見解を示す者もいる。それは、次のような解釈である。このような表現をする人たちは、「ゴ（オ）……サレル」全体を一つの型として意識せず、「ゴ（オ）……」プラス「サレル」と分断して考え、それぞれに尊敬表現の役割を託したものであろうとする。「御訪問をされる」「御対面をされる」と言う場合は正しい表現なのだから、間の助詞「を」が省略されたものと考えればいいではないかという見方である。

しかし「御訪問（御研究）される」という言い方が落ち着かないのは、和語の「お歩き（お考え）」の場合と比較してみればよく分かる。

御訪問（御研究）― になる / なさる / ……される

お歩き（お考え）― になる / なさる / ×……される

この場合、「お歩きされる」「お考えされる」という言い方はできないから、それと対応する「御訪問される」「御研究される」も、表現としてどうも落ち着かないということになる。

以上のようなわけで、将来「御訪問される」という言い方が一般化する可能性はないとは言えないが、現在の段階では、「ゴ（オ）……サレル」を標準的な言い方とはしない方が、無難のように思われる。（2―57）

問　「参られる」を尊敬表現に使うのは正しいか

答　「参る」は「行く」「来る」に対する謙譲語であるから、自分の動作に使って、

・先生、あすは何時に病院の方に参ればよろしいでしょうか。

と言うのはいいが、相手に向かって、

・先生、あすはこちらの病院に何時ごろ参りますか。

などと言うのは相手に対してはなはだ失礼な言い方になる。たとえ、それに尊敬の助動詞である「れる」を添えて、「何時ごろ参られますか」と言ったところで、やはり礼を失することは同じである。こういう場合は、尊敬の意を含んだ「いらっしゃる」か、あるいは「来られる」を使うべきである。

ただし、次のような場合の「参られる」は、もちろん正しい表現である。

・先生が宮中へ参られたのは、どんな御用件でしたか。

・おねえさまは、いつおじいさまのところへ参られますか。

「参る」は、古くは謙譲語としての用法のほかに、「食う」「飲む」「着る」などを敬って言う尊敬語として使われた時代もあったが、現代語には、そういう用法はない。ただ、現代では、改まった場合に、

・だいぶお寒くなってまいりました。

・そううまくはまいりません。

という用法もある。これは、むしろ謙譲語というより丁寧語と見るべきであろうが、それにしても、話し相手に対してへりくだる気持ちをこめて丁重に言うことには変わりない。

要するに、現代では「参る」を尊敬表現に使うのは、正しくないと言ってよい。（2—58）

問　他人に対して　自分の子供のことを話題にするさい「……してあげる」というのは　適切な表現か

答　最近、特に女性の場合であるが、次のような言い方をする人が、目立って多くなった。

・〔母親→育児相談の先生〕　うちの子は、間もなく三歳になるんですが、どんなおもちゃを買ってあげたら、いいんでしょうか。

・〔母親→友人〕　うちの子は、ミルクをあげても、ちっとも飲んでくれないのよ。

のような言い方である。「あげる」は本来、下の者が上の者に渡す言い方であるから、他人に対して身内のことを話すとき「あげる」を使うのは、身内である自分の子供を高めて待遇する結果になって、具合が悪い。「買ってやったら」「やっても」と言うべきところである。

また、次のような言い方も、しばしば耳にする。

・〔母親→子供〕　ワンちゃんに、ごはんをあげてちょうだい。

・〔娘→母親〕　おとうさまは、さっき庭で鶏にえさをあげていらっしゃったわよ。

「ネコがいらっしゃる」「バスがおとまりになる」のように、人間以外の動物や物に敬語を使う人は、まずいないだろう。謙譲語の「あげる」を右のように使うと、母親（娘）が自分の子供（父親）を低めてワンちゃん（鶏）の方を高めた言い方になってしまう。それぞれ「ごはんをやって」「えさをやって」と言うべきところである。

このように、近ごろ「やる」を使うべきところで「あげる」を使う傾向が広がってきた現象に対し、それを認めてもいいではないかという意見も、一方にある。これらの「あげる」は、謙譲語としての意味が薄れ、言葉をやわらかくし、上品に物を言うための丁寧語（美化語）になってしまったという解釈である。つまり、「めしをくう」に対する「ごはんをたべる」と同様に考えるわけである。

特に直接相手に対して物を言う時は、

・さあ、ご飯をあげようね。

・じゃあ、先生が見てあげるよ。

のように、「やる」よりも「あげる」を使う傾向が強い。これは、「やる」が相手に対して非常に見下げた感じを持たせるようになって使いにくいという事情があるからであろう。

女性が「やる」を避けて「あげる」を選ぼうとする気持ちは自然であり、こうした傾向が東京を中心に次第に広がっていくことも予想されるが、現在の段階では、そういう現象に対して抵抗感を持つ層もかなりあるので、やはり、おかしい表現と考えておきたい。（2―59）

問　相手（一人または複数）に向かってたずねる場合「御質問がおありですか」と「御質問がございますか」とではどちらの言い方が正しいか

答　実際にはどちらも使われているようであるが、相手の動作や状態（この場合は、質問を持っていること。）に対して尊敬の気持ちを表そうとするならば、「おありですか」の方が、適切な言い方である。ただし、「ございますか」も、誤りとして退けるのは穏当でない。両者を比較すれば、「おありですか」の方がより望ましいというわけである。

「ございます」は、丁寧語であって、自分の言葉遣いを丁寧にすることによって、相当に直接敬意を表すのに使う敬語である。したがって、人の動作や状態を尊敬して言う尊敬語ではない。なぜなら、自分の動作・状態についても、「わたしは質問がございます」のように使えるからである。

「おありですか」の方は、「切符をお持ちですか」「薬をお飲みですか」などと同類に属する尊敬表現、いわゆる尊敬語である。したがって、自分について「わたしは質問がおありです」とは言えないはずである。

したがって、右の場合は、「おありですか」の方が適切な言い方と言えるが、実際には「ございますか」もよく使われている。これは、現代における敬語の使い方の上で、丁寧表現が尊敬表現に取って代わるような傾向があることと関係がある。右の「ございます」の使い方にもそういう傾向が見える。「お変わりもございませんか。」「お乗りの方はございませんか。」などと同様の例になる。つまり、「ございます」という丁寧表現によって、聞き手に対し直接敬意が表されているので、特にその上に尊敬表現を付け加えなくても気にならない、ということであろう。そういう点から見ると、「質問がございますか」も、あながち誤用とは言いきれないわけである。（2―60）

問「御用意してください」という言い方は、正しいか

答　尊敬の言い方としては「用意してください」「御用意ください」「（御）用意なさってください」あるいは「御用意（を）願います」と言った方がいい。

「御用意してください」の「ください」は尊敬語であるが、上にくる「御用意して」という形（「ゴ（オ）……スル」という形）は、元来、

先生に友人を御紹介する。
先生のお荷物をお預かりする。

のように、自分の動作を表す語に付けてその動作の及ぶ相手を間接的に尊敬する働き――つまり、謙譲語としての働きを持つ表現である。だから、「ゴ（オ）……スル」の「……」の部分に、尊敬すべき人の動作を示す動詞は、もともと入りにくいはずである。したがって、「ゴ（オ）……スル」という謙譲表現のパターンの下に尊敬

表現の「クダサル」を付けること自体おかしいという解釈によるのである。（508ページ「「御訪問される」という言い方は正しいか」を参照。）

しかし、現実には、この「ゴ（オ）……シテクダサル」という言い方は、最近あちこちでよく耳にする。

・先生が、これから珍しいものをいろいろと御紹介してくださるはずです。（司会者→聴衆）

・どうか、この中からご自由にお選びしてください。（店員→お客）

のような場合である。これも、「御紹介くださる」「お選びください」とするか、「紹介してくださる」「選んでください」とすべきである。

右の「ゴ（オ）……シテクダサル」がおかしいという同じ理由で、「ゴ（オ）……シテイタダク」という形も、敬語の標準的な使い方とは言えない。しかし、この形も、最近、新聞や放送、ことに広告などにしばしば使われている。例えば、次のような文である。

・陛下のご健康は特別のことはないとはいえ、公式な行事だけは早くすませ、あとはごゆっくりしていただく方針で（新聞）

・お年ですから健康に十分ご注意していただきたいと思います。（同右）

前者は、「ゆっくりしていただく」とするか「（ご）ゆっくりなさっていただく」とすべきだし、後者は「注意していただきたい」あるいは「（ご）注意なさっていただきたい」、「ご注意いただきたい」とすべきだろう。

・良い牛乳をより安く御愛飲していただけるようになりました。（新聞広告）

・ごく気軽に御利用していただくように努めております。（同右）

「御愛飲いただく」「御利用いただく」とするか、「愛飲していただく」「利用していただく」とするのが正しい言い方である。「御愛飲なさっていただく」「御利用なさっていただく」や「御愛飲になっていただく」「御利用になっていただく」という言い方も、もちろん正しいが、いささか冗長でわずらわしい感じもする。

なお、こういう場合、「御利用を願う」「御利用をいただく」「御利用を賜る」という言い方もあり得ることは、もちろんである。

（3―49）

問 「お求めできる」「御参加できる」という言い方は、尊敬表現として正しいか

答 最近、特に新聞広告やラジオ・テレビのコマーシャルなどで、この「オ（ゴ）……デキル」という型の尊敬表現が多く目につく。たとえば、次のような例である。

・ちょっと手が出なかった高級品がお手軽にお求めできます（放送）

・ご自由にお積み立てできる○○○積立（新聞広告）

・お一人で気軽に御参加できる新緑のバス旅行（同右）

・同大使館では、天皇陛下が十分休養をとりながら、なるべく多くの地方をご訪問できるような日程を組みたいとしており（新聞）

「オ（ゴ）……デキル」というのは、「オ（ゴ）……スル」の可能の表現と見ることができる。「オ（ゴ）……スル」は、元来、謙譲語であるから（前問を参照）、それを可能の形にしただけでは尊敬表現にはならないと思う。可能の形で正しい尊敬表現をするのなら、それぞれ、

・お求めになれる

・お積み立てになれる

・御参加になれる

・御訪問になれる

のように、「オ（ゴ）……ニナレル」という型の表現を使うのが、正しい言い方である。（3—50）

問「**田中様でいらっしゃいますか。」という表現は正しいか**

答 目の前に田中さんらしい人がいて、その人に直接尋ねるとき、「（あなた様は）田中様でいらっしゃいますか。」と言うことには何ら問題はない。尊敬表現を用いなければ、これは「田中であるか。」という問いであるが、田中という人に対する尊敬表現として「田中様」と言い、「いらっしゃる」と言うのである。これは、「あなた様」に「あなた様」自身のことを尋ねるばかりでなく、「あなた様」に、わきにいる人、離れたところにいる人のことを「このお方は」「あのお方は」「あちら様は」などと、尋ねる場合にも同様で、いずれの場合にしても、問題にする人を尊敬しているのである。これに対して、「ますか」というのは、質問の相手である「あなた様」に対して丁寧に尋ねているのである。ところで「である」を丁寧に言うと「です」「であります」「でございます」になるが、例えば「田中様でございますか。」と問うのは、あなた様に対する丁寧の度合は強まるけれども、田中様に対しては敬意が加わったとは言えないのである。これは、魚を指して「これは魚でございますか。」と問うのと同様のことである。

「あの方は、あなたのお父さまでいらっしゃいますか。」

「はい、私の父でございます。」

のような問答からも分かるように、「いらっしゃる」は「あなたのお父さま」に対する尊敬表現であるけれども、「ございます」は「私の父」を尊敬しているのではなく、質問者に対する丁寧表現なのである。

次に、よく問題となる「お降りの方はございませんか。」という言い方がある。「忘れ物はないか。」の丁寧表現として「忘れ物はありませんか。」「お忘れ物はございませんか。」と言うように、品物の場合には使えても、人間の場合に「ございませんか」を使うのは不適当だという意見がある。

しかし、人間の場合でも、「ある」「ない」を使うことができる。すなわち、「いる」「いない」と「ある」「ない」とで、

降りる人はいないか。　いませんか。

降りる人はないか。　ありませんか。

の両様の表現が成り立つ。これについて、降りる人に対する尊敬表現として、

お降りの方は　いらっしゃいませんか。

お降りの方は　ございませんか。

のように、両方とも表現し得る。

ただし、「ございませんか」は、丁寧語であり、聞いている乗客一同に対して「ありませんか」よりもいっそうの敬意を表現した言い方であって、論理的には直接話題の人「お降りの方」に対する敬意の表現とは言えない。その点から「お降りの方はいらっしゃいませんか」の方が適当な言い方だとする意見もある。（4—34）

問「**お求めやすい」という表現は正しいか**

答「求める」の尊敬表現に「お求めになる」という言い方がある。「お」と「になる」の間に、動詞の連用形を入れて、尊敬表現をつくるのである。

例えば、次のようになる。

買う→お買いになる　　読む→お読みになる

書く→お書きになる　　話す→お話しになる

入る→お入りになる　　受ける→お受けになる
でかける→おでかけになる

これらの尊敬表現に、「やすい」が付いて、

お買いになりやすい　　お読みになりやすい
お書きになりやすい　　お話しになりやすい
お入りになりやすい　　お受けになりやすい
おでかけになりやすい

となるのが普通である。この例で考えれば、「求める」の場合も、「お求めになりやすい」ということになる。

ただ、もう一つの考え方として、「求めやすい」という複合形容詞に、「お」が付いたと見られなくもない。形容詞に「お」が付く例は、ほかにも、「おうつくしい」「お聞き苦しい」「お心やすい」「お強い」などがある。

講演などのあとで、「お分かりにくい点がありましたら、あとで御質問をどうぞ。」などと言われて、別に違和感を感じない人も多いのではないかと思う。（ただ、「お求めやすい」は「お求めになりやすい」よりもやや敬意が薄いように受け取られるであろう。）

しかし、この方法で、他の動詞に当てはめてみると、

お買いやすい　　お読みやすい　　お書きやすい
お話しやすい　　お入りやすい　　お受けやすい
おでかけやすい

となるが、これらの語の中には、自分としては相手に対してこう言わないというものも出てくる。したがって今日では、まだ標準的・一般的な表現と言うことはできない。

また、「する」「来る」「見る」「着る」「食べる」などの尊敬表現は、それぞれ

なさる　　いらっしゃる　　御覧になる
お召しになる　　召し上がる

などとなり、これに「やすい」を付けると、

なさりやすい　　いらっしゃりやすい
御覧になりやすい　　お召しになりやすい
召し上がりやすい

となる。

ただし、「お召し上がりになりやすい」というのは、丁寧すぎるし、言葉が長くて口に出して言いにくい感があるであろう。（4―35）

問「お手紙を差し上げる」という表現は正しいか

答「お」という接頭語は、相手に属するものに対する尊敬を表すときに用いられるのが普通である。しかし、この問いのように、自分の書いた手紙に「お」を付けることがある。

これは、相手に差し出すものとして、手紙をとらえるとき、自分の書いたものであっても、「お」を付けることによって、間接的に相手を尊敬することになるからである。

同じような例としては、

御返事を差し上げる
御案内をいたします（御案内いたします）
御説明をいたします（御説明いたします）
お電話をいたします（お電話いたします）
お祝いを差し上げる
おせんべつを差し上げる
お見舞いを申し上げる（お見舞い申し上げる）
ごあいさつを申し上げる（ごあいさつ申し上げる）
お願いを申し上げる（お願い申し上げる）

お礼を申し上げる（お礼申し上げる）

などがある。

なお、昭和二十七年の「これからの敬語」(国語審議会建議）で、「お」「ご」を付けてよい場合の例として、次のように述べている。

自分の物事ではあるが、相手の人に対する物事である関係上、それをつけることに慣用が固定している場合。たとえば、

お手紙（お返事・ご返事）をさしあげましたが

お願い　お礼　ご遠慮　ご報告いたします。（4—36）

問「御芳名」という表現は正しいか

答「名前」という言葉を、尊敬の意を込めて表現する場合、「お名前、御姓名、貴名、御尊名、御高名、御芳名」などの語を用いることがある。

「お」や「御（ご）」は、尊敬の意を表す接頭語であるから、「名前」や「姓名」にそれぞれ「お」や「御」を付けることは普通であるが、「尊名、高名、芳名」はそれ自体尊敬の意のこもっている言葉であるから、更に「御」を付けることは、敬語の重複と言えよう。昭和二十七年の「これからの敬語」(国語審議会建議）で、「ご」を省く方がよい場合として次の例が掲げられている。

（ご）芳名　（ご）令息　（ご）父兄

しかし、御芳名という表現は実際にはよく行われている。例えば、返信用のはがきなどで、相手に住所・氏名を書き込ませるところに、

御住所

御芳名

と印刷してある。これは「芳名」は、「よい名」の意であるが、それだけでは敬意が十分でないと考えられて、「御」を加えるようになったのであろう。また、

御住所

芳　名

では、字数の上でつりあいがとれないという意識が働くのかもしれない。

ただし、事務的な場合には、

御住所

御氏名

か、いっそ

住　所

氏　名

としておいてもよいと思われる。（4—37）

問 目上の人への手紙の中で、相手の家族を何と呼んだらよいか

答 まず、相手の両親については普通ならば、

おとうさん・お父様・お父上様

おかあさん・お母様・お母上様

と呼んで差し支えないところである。この場合、「お」が相手への敬意を表すことになる。

しかし、これらは、自分の父母に対する敬語と同じ形になるので、少し改まった内容の手紙の場合には、次のような語が用いられる。目上に対しては、これらの方がよいであろう。

お（おん）父《ちち》君《ぎみ》様・御尊父様・御賢父様・御厳父様・御親父様

お（おん）母君様・御母堂様・御尊母様・御賢母様・御慈母様・御親母様

さらに、相手の妻の父のことを

御外父様　御岳父様　御令岳様

相手の妻の母のことを

御外母様　御外姑《こ》様

などと言うことがあるが、今はあまり用いられない。

なお、電電公社の電話利用案内には、電報のおくやみの例文として、次の二つが掲げられている。

御尊父《ゴソンプ》様ノ御逝去《ゴセイキョ》ヲ悼《イタ》ミ、謹《ツツシ》ンデオ悔《クヤ》ミ申シアゲマス

御母堂《ゴボドウ》様ノ御逝去《ゴセイキョ》ヲ悼《イタ》ミ、謹《ツツシ》ンデオ悔《クヤ》ミ申シアゲマス

ちなみに、相手方の呼び方、自分側の呼び方のうち、現在用いてもおかしくないものを、対照表にしてみた。

	相手方に対する尊敬語	自分側の謙譲語
父	お父《とう》様・お父上《ちちうえ》様・御尊父様 御亡父様〔故人〕	父・わたくし父・おやじ・老父 亡父〔故人〕
母	お母《かあ》様・お母上《ははうえ》様・御母堂様 御亡母様〔故人〕	母・わたくし母・おふくろ・老母 亡母〔故人〕
両親	御両親様・御両所様	父母・両親・老父母
夫	御主人様・○○様〔姓か名〕	夫・主人・宅・××〔姓か名〕
妻	奥様・御奥様・令夫人様・奥さん・(御)令室様・(御)内室様・(御)令閨《けい》様	妻・家内・××〔名〕・老妻
子	お子様・お子さん・お子様がた	子供・子供たち
男の子	(御)令息様・御子息様・坊ちゃん・○○〔名〕様	息子・子供・せがれ××〔名〕・長(次)男 亡児〔故人〕
女の子	(御)令嬢様・御息女様・お嬢さん・○○〔名〕様	娘・子供・××〔名〕・長(次)女 亡女〔故人〕
幼児	赤ちゃん・○○〔名〕ちゃん	赤ん坊・子供・××〔名〕

	相手方に対する尊敬語	自分側の謙譲語
祖父	御祖父様・御隠居様・祖父君・おじいさま	祖父・年寄り
祖母	御祖母様・御隠居様・祖母君・おばあさま	祖母・年寄り
孫	(御)令孫様・お孫様・御愛孫	孫・××〔名〕
兄	御兄上様・(御)令兄様・兄君・お兄さま・御長(次)兄・○○〔名〕様	兄・家兄・長(次)兄・××〔名〕兄
姉	御姉上様・(御)令姉様・姉君・お姉さま・御長(次)姉・○○〔名〕様	姉・長(次)姉・××〔名〕姉
弟	(御)令弟様・弟さん・○○〔名〕様	弟・舎弟・××〔名〕
妹	(御)令妹様・妹さん・○○〔名〕様	妹・小妹・××〔名〕
家族	御一同様・御家族の皆様・皆々様	一同・家族一同・私ども

(4—38)

問　「お話しになられる」という表現は正しいか

答　これは、「話す」という語の敬語に「お話しになる」という表現があるが、これを更に「お話しになられる」と表現することは正しいかという問題である。

「話す」という動詞を敬語化するには、普通、次の三つの型がある。

1　助動詞「れる」を付ける→話される

2　「お――になる」の――の部分に連用形を入れる→お話しになる

3　「お――なさる（あそばす）」の――の部分に連用形を入れる→お話しなさる（あそばす）

これについては、国語審議会の建議「これからの敬語」（昭和27）に、「これからの敬語は、その行きすぎをいましめ、誤用を正し、できるだけ平明・簡素にありたい」「これからの敬語は、各人の基本的人格を尊重する相互尊敬の上に立たなければならない」との基本方針を掲げたあと、「6　動作のことば」の項に次のように述べている。

動詞の敬語法には、およそ三つの型がある。すなわち、

型／語例	Ⅰ	Ⅱ	Ⅲ
書く	書かれる	お書きになる	（お書きあそばす）
受ける	受けられる	お受けになる	（お受けあそばす）

第一の「れる」「られる」の型は、受け身の言い方とまぎらわしい欠点はあるが、すべての動詞に規則的につき、かつ簡単でもあるので、むしろ将来性があると認められる。

第二の「お――になる」の型を「お――になられる」という必要はない。

第三の型は、いわゆるあそばせことばであって、これからの平明・簡素な敬語としては、おいおいにすたれる形であろう。

右の引用文からも分かるように、問題の「お話しになられる」は、「お話しになる」と「れる」に分解でき、敬語の重複になる。

なお、「おっしゃる」が「言う」の敬語であるのに、「おっしゃられる」という場合があるが、「れる」を付けないと、敬語ではないような心理状態があるのではないか。「お話しになられる」もこれと同じで、正誤の問題ではないが、「お話しになる」で十分に敬意が表れているので、「お話しになられる」という必要はない。

先の表に、「お書きなさる」「お受けなさる」がないが、命令形として「お書きなさい」「お受けなさい」があることも認めてよいであろう。

なお、表について説明すれば、尊敬の助動詞「れる」は、五段活用（ここでは「書く」）及びサ行変格活用の動詞に付き、それ以外（ここでは、「受ける」（下一段活用））には「られる」が付くので、表でも、左右二つに分けてある。

Ⅰの「れる」「られる」の型は、受け身や可能の言い方と紛らわしい欠点はあるが、すべての動詞に規則的に付き、かつ簡単であるという利点もある。受け身の言い方は、「雨に降られた」「人に足を踏まれた」「子供に泣かれた」のように、多くは他人や自然現象から、ある取扱い、それも主に迷惑をこうむったときの表現として用いられてきた。ところが、西欧からの翻訳文の影響で、「苦心が払われる」「会議が持たれる」「命令が発せられた」などというような言い方も行われるようになってきた。これら受け身の表現は敬語と混同することは余りないが、混同が生じるのは可能の場合である。五段活用の場合、例えば「書く」の場合は、「書ける」のように下一段化することによって可能動詞とすることができるが、五段活用以外の場合が問題となる。「なかなか本を捨てられなかった」「入社試験を受けられた」など、尊敬か可能か不明となり、前後の文脈に頼らなければならないことが多くなる。そこで、「れる」「られる」

は、専ら尊敬の言い方に用いることにし、可能表現には、例えば、「……することができる」を用いればよいという意見もある。

Ⅱの「お――になる」の型は、――の部分に動詞の連用形を入れればよいのであるが、動詞によっては必ずしも適切でないものがある。むしろ、それぞれの下に記した表現をとることになろう。

見る……×お見になる――→ごらんになる
言う……×お言いになる――→おっしゃる
食べる……△お食べになる――→召し上がる
来る……×お来になる――→いらっしゃる
する……×おしになる――→なさる

国語審議会の報告「標準語のために」（昭和29）にも、次のようにある。

たとえば、「おいでになりました」で敬語になっているのを、さらに「られ」をつけて、「おいでになられました」というのは行きすぎである。

（6―59）

問「案内所でうかがってください」という表現は正しいか

答「うかがう（伺う）」という語は、目上の人に対して尋ねる、又は目上の人を訪問するときの謙譲語である。すなわち、自分の動作をへりくだって表現することによって、間接的に相手を高めることになるのである。

・明日お宅にうかがいます。
・御都合をうかがってから参ります。
・この件について御意見をうかがいましょう。

など、いずれも、目上である相手に直接話している場面である。

ところが、「案内所でうかがってください。」は、会社や駅などで尋ねられたときの答えであろう。自分では分からないから、自分にではなく、受付や案内所で、相手自身が尋ねるように言うのである。尋ねるのは相手の動作であるから、それに謙譲語を使うことはふさわしくない。

「案内所でうかがってください。」という表現は、「うかがう」を「尋ねる」の丁寧な言い方と考え違いをしているため生じた表現と思われる。正しくは「案内所でお尋ねになってください。」などと言うべきであろう。

しかし、もし、尋ねる相手が案内所などでなくて、目上の人、例えば、先生であったとしたら、「先生にうかがってみてください。」のようになるであろう。

（6―60）

問「お持ちする」と「お持ちになる」

答「お持ちする」の方は謙譲表現に用いられる言い方である。「お荷物をお持ちしましょう。」というのは、「あなたの荷物をわたしが持ちましょう。」という意味である。

この場合に特に「お持ち」という敬意を含んだ言い方が用いられるのは、「持つ」というのが自分の動作であるとしても、それを尊敬すべき相手方に及ぶ動作、相手方のための動作と考えて言い表すからである。「お手紙を差し上げる」という言い方の場合も、「手紙」そのものは自分が書くわけであるが、それを「相手方に対しての手紙」と考えるからである。「お願い」「お礼」「御遠慮」「御通知」などと「お・御」の付く形が用いられるのも、「お手紙」の場合と同じ気持ちの表れである。

しかし、「お持ちする」の場合、「する」の方は普通の言い方であって、特に敬意を表す言い方ではない。したがって、「お持ちする」という言い方全体としては、尊敬表現として用いることのできない言い方である。その点でこの「お持ちする」をそのまま相手方の動作に用いることは、好ましくないのである。「お持ちする」というのは、謙譲表現として、自分側がへりくだるときに用いるのが正しい用い方である。

それにもかかわらず、実際には、次のように尊敬表現を用いるべきところでこの「お持ちする」を耳にすることがある。

・皆様、お荷物は御銘々でお持ちしてお入りください。

・御自身でお部屋までお持ちしますか。

これらは正しい言い方とは言えないわけである。

また、時には、この「する」の代わりに「いたす」を用い、次のように言うのを耳にすることもある。

・皆様、お荷物は御銘々でお持ちいたしてお入りください。

・御自身でお部屋までお持ちいたしますか。

しかし、このように「する」を「いたす」に変えても、「いたす」それ自体が謙譲の意味を持つ限り、尊敬表現として用いるわけにはいかないのである。

それならば、こういう場合に尊敬表現を用いるとしたらどのような言い方にすべきかということであるが、そういう場合に用いるのが「お持ちになる」という言い方である。

・皆様、お荷物は御銘々でお持ちになってお入りください。

・御自身でお部屋までお持ちになりますか。

こういう場合も、前半分は同じ「お持ち」であるが、「になる」を続けると、そこに尊敬の気持ちが表れるわけである。

なお、これに関連する問題としては、511ページに〈「御用意してください」という言い方は、正しいか〉がある。　（7―40）

問　**「会員各位殿」は正しいか**

答　手紙の後付けや文書の前付けに用いるあて名として、「会員各位」というのがある。団体の事務局などが会員に広く同文の手紙や文書を送るときに用いるあて名である。本来ならば一通ずつそれぞれのあて名を書くべきであるが、それを簡略にするときに用いるのが、この「会員各位」である。

この場合「各位」というのは、「会員」だけでなく、「父兄各位」「教職員各位」「社員各位」「顧客各位」「取引先各位」など、いろいろ用いられている。そうして、こういう場合に、「―各位」でなく「―各位殿」という形も見られるわけである。「各位殿」の方は、「各位」だけでは失礼に当たると考えて、その後に敬称の「殿」を添えたものである。「殿」というのはこの種の団体が個人にあてる手紙や文書のあて名に普通に添える敬称であり、その「殿」を添えたのが「―各位殿」である。

しかし、「―各位殿」と書くと、敬称の重複になるのである。他に例を求めると、「田中一郎先生様」と書くのと同じである。「先生」というのが既に「様」と同じく敬称として用いる語であるから、「田中一郎先生」だけで十分であり、それに更に「様」や「殿」を添えるには及ばない。それと同じことが、「各位」についても言えるわけである。

この場合、「各位」の「位」というのは、ニンベンに夕ツという字体が示すとおり、人が立つ場所のことである。そこから転じて、占める位置、職務上の地位を表すようになり、敬称としても用いられるに至ったものである。したがって、「各位」というのは、それ自身敬称を含む語であって、「皆様方それぞれ」という意味である。「各位」という語が大勢の同種類の人を前にした発言において用いられるのは、このためである。

例えば、次のように用いる「各位」というのはよく耳にする言い方であるが、決して失礼な言い方ではない。

・この点について各位の御賛同を得たいと存じます。

こういう場合にわざわざ「各位殿」という言い方をすることはない。その理由は、「各位」だけで「皆様方それぞれ」の意味を持っているからである。このことは、「各位」が他の語に添えられた場合も同じである。例えば、次のような言い方も、普通に行われている形である。

・その件については、会員各位においてお考えおきいただきたいと存じます。

・特にここにお集まりの御婦人各位にお願い申し上げたいことは……

そして、このように用いられる「各位」というのが、手紙や文書のあて名としても用いられるわけである。したがって、その場合にも「会員各位」「顧客各位」だけで十分であり、その下に敬称の「殿」を添えるには及ばないのである。（7―41）

問「係の者からいただいてください」は正しいか

答 例えば、何かの会場で受付を通るとき、会費を払う所と資料を受け取る所が別になっていたとする。そんなとき、会費を払った後で次のように言われることがある。

・資料の方は、入り口のところで、係の者からいただいてください。

受付にいるのが若い人で、その受付を通るのが年配の人である。その場合、受付の若い人が目上の来訪者に失礼があってはいけないと思うのは当然である。そういう気持ちが、「どなた様でいらっしゃいますか。」「かしこまりました。」などの言い方となって表れる。そして、そういう一連の言い方の中に、この「いただいてください」という形が出てくるわけである。

しかし、よく考えてみると、「いただく」というのは、「もらう」の尊敬表現ではなく、目上の人から受け取るときに用いる語である。それは、自分の動作をへりくだって言うことによって間接的に相手方に対して尊敬の気持ちを表す謙譲表現用の語である。つまり、この「いただく」というのは、本来ならば次のように用いるのが正しい用い方である。

・田中先生からお手紙をいただきました。

・これは山下先生からいただいた万年筆です。

これらはいずれも目上である田中先生・山下先生から受け取ったわけである。したがって、「いただいてください」というのは、そのような謙譲の動作を相手方に要求する言い方になるのである。

それならば、「係の者からいただいてください。」の代わりに何と言ったらよいかということであるが、これは、尊敬表現を用いて、次のように言うべきである。

・係の者からお受け取りになってください。

これをもう少し簡略にすると、次のようになる。

・係の者からお受け取りください。

その理由は、「受け取る」という動作を相手方のものとして言い表す尊敬表現が「お受け取りになる」だからである。

ただし、以上のような理由で「いただいてください」を誤りとするのは、最初に引いた例のように、「係の者からいただいてください。」と言われたときのことである。しかし、実際問題として、「いただく」という謙譲の動作そのものを相手方に要求する場面がないとは言えない。例えば、ＰＴＡの会合で担当者が受付係に次のように言った場合はどうかということである。

・会費は校長先生からもいただいてください。

こういう場合、校長先生が明らかにその相手方より目上だとすれば、「いただく」という謙譲の動作を相手方に要求しても、決して失礼には当たらないわけである。

なお、これに関連する問題としては、518ページに＜「案内所でうかがってください」という表現は正しいか＞がある。　（7—43）

問「殿」と「様」

答 手紙のあて名の敬称として、「殿」を使うか、「様」を使うかの問題である。

「殿」はもと、高貴な方の住む家屋の意味から、後にそこに住む人を指すようになる。「殿下《でんか》、大殿《おおとの》、殿《との》、とのばら、わどの、とのご」などがあるが、書簡の中で相手への敬称に用いられた「殿《どの》」は、平安時代摂政・関白の地位にある人に付けたのがはじめであると言われる。最古の模範書簡集である平安時代末の『明衡《めいごう》往来』（雲州消息とも）では、図書頭殿、頭中納言殿、伊勢守殿などのように官職名に付けて用いられている。

直接人名に付けた例は、鎌倉時代末に見られ、「源平盛衰記」には「熊谷次郎殿」とある。本文の中で熊谷は何の官職もなく、武蔵国住人とだけしかない。官職名に付けるのが普通であった「殿」を、官職名を持たない人に対して用いた例である。（菊田紀郎「との・どの（殿）」『講座日本語の語彙11』明治書院所収参照）

敬称の「殿」の書体は、かつては略し方によって七種類に分けられ、あて名の人の身分、又は差出人との関係によって使い分けられたという。楷《かい》書で書かれた極上の「殿」から、家来にあてた仮名書きの「との」までである。

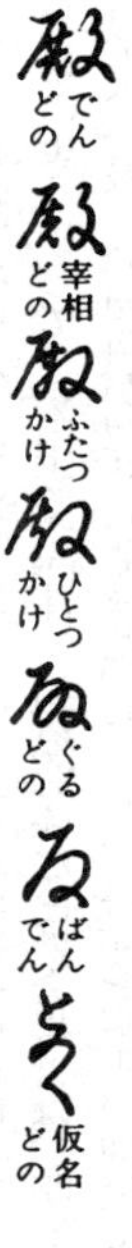

敬称の「様」は、「殿」よりあとの室町時代から見え、江戸時代になると多くなる。

『貞丈雑記』（一八四三）に、

是《こ》れは直《ただち》に公方《くぼう》とはかり云《い》ひては、さしつけて憚《はばかり》なる故公方様といふなり公方むきと云ふ心なり

とあるように、人を直接指して言うのをはばかって「方向」の意味を表す「様」を付けて敬意を表したものである。

この「様」にも、字体・書体の書き分けによって、かつては、敬意に上、中、下の区別があるとされていた。

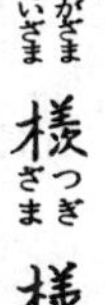

江戸時代初めのロドリゲス『日本大文典』（一六〇八）によれば、そのころ敬称として用いられた「殿・様・公・老」を敬意の高さの順に並べると、第一位にSama（様）、第二位にCō（公）、第三位にDono（殿）、第四位に軽い敬意を払う僧侶や剃《てい》髪者に対して使うRō（老）がくるという。

現在、「様」は、最も一般的な敬称として、地位の上下、男女の区別もなく、広く用いられている。一方、「殿」は、私的な手紙においては、「様」より敬度が低いものとされ、主として、男性が男性の同僚か目下の者にあてるときとか、改まったときなどに用いられている。

ところが、公的な性格の強い文書では事情が異なっている。横井時冬『消息文変遷』（明治26）には、「奥祐筆山下氏口演筆記」として、次のような記述がある。

一、すべて様字ばかりといふにあらず。役儀に関し、役人より役人へ打合などする文には、いかなる目上の人へ対しても、

殿の字を用ふ。殿の字書やう、大抵京都将軍の時に同じ。

このようにして、公用文や団体・組織関係などの文書では、明治以来、「殿」の使用が定着してきた。ただし、書体を相手の地位に応じて七種に使い分けることはそれほど長くは保たれなかったと思われる。

公的な文書で「殿」の使用が慣用化した理由としては、江戸時代の公家や武家の用語としての「殿」、手形や証文などの場合に用いられる、言わば書類語としての「殿」などの影響が考えられているが、まだ定説はない。

その後、昭和二十七年の国語審議会建議「これからの敬語」の2敬称の項で、

1）「さん」を標準の形とする。

2）「さま（様）」は、あらたまった場合の形また慣用語に見られるが、主として手紙のあて名に使う。

将来は、公用文の「殿」も「様」に統一されることが望ましい。（以下3）4）5）を略す。）

と述べられたということもあったが、現在でも公用文では一般に「殿」の方が使われている。「文部省公文書の書式と文例」（昭和34・49改定・55改定）でも、あて先の敬称には「殿」を使うことにしている。下は、その文例の一つである。

○○○第○○号
昭和○○年○月○○日

○○県教育委員会殿

文部省管理局長

○ ○ ○ ○

昭和○○年度公立文教施設整備費国庫補助金の額の確定について（通知）

このことについて，別添のとおり文部大臣から確定されましたので通知します。

なお，貴支出官にも別に通知済みですから，念のためお知らせします。

（別　添　　略）

このように、公用文などで「殿」が引き続き使用されていることには、相手の地位の上下にかかわりなく使える、公と私の区別が明確になる、官職名や役職名に付けてもおかしくない、などそれなりの理由があると思われる。

ただし、地方公共団体の中には、昭和四十年ごろから、静岡県・神奈川県・愛知県・千葉県などのように、文書の中の敬称をすべて又は一部、「殿」から「様」に切り替えているところもある。その他の団体や組織関係でも、外部の団体や一般個人にあてた文書の場合は、「殿」でなく「様」を用いるようにしているところがあるようである。（10―38）

問「**おられる**」と「**いらっしゃる**」

答「書いておられる」と「書いていらっしゃる」とでは、「書いている」という意味において敬意に差があるかどうかという問題である。

結論を先に言えば、「書いておられる」と「書いていらっしゃる」との間には、敬意の差はほとんどないと考えられる。ただ、「おられる」の方がやや文章語的で改まった言い方であるのに対し、「いらっしゃる」は、口頭語的で日常的な言い方と言うことができよう。

動詞の下に付いて、その動作・作用・状態が継続中であることを表す「……（て）いる」という表現を尊敬の言い方にする場合には、次のような言い回しが可能である。

（A）先生は手紙を書いておられる。
（B）先生は手紙を書いていられる。
（C）先生は手紙を書いていらっしゃる。
（D）先生は手紙を書いておいでになる。

このうち、（A）の「おられる」は、動詞「おる」に尊敬を表す助動詞「れる」が付いたものである。元来「おる」という動詞は、謙譲語として用いられたが、後に丁寧語に転じたものと考えられる。

（注）謙譲語に尊敬の「れる」を付けるのは、左記の問いで述べたごとく、理論上おかしいことになるが、「おる」を丁寧語と考えれば、尊敬表現として無理はなくなる。
・「申される」という言い方は正しいか（507ページ）
・「御訪問される」は正しいか（508ページ）
・「参られる」は正しいか（509ページ）

次に、（B）の「いられる」は、動詞「いる（居）」に尊敬の助動詞「られる」の付いたものである。「いられる」と「おられる」とでは、待遇上の差はほとんどないと思われるが、実際の文章の中では、「おられる」の方が尊敬表現としてより多く用いられている。これは、「いられる」が、

・妻に先立たれると、一日も生きてはいられないだろう。

のように、可能表現に多く使われるようになったことと無関係ではないと思われる。

（C）の「いらっしゃる」は、東京語の話し言葉としては、「おられる」「いられる」よりも多く用いられる。「おられる」「いられる」は、単に「いる」の尊敬表現であるが、「いらっしゃる」は、「いる」のほかに「行く」「来る」の尊敬表現としても広く使われる。

（D）の「書いておいでになる」は、今日ではやや古風な言い方とされるが、それだけに（A）（B）（C）よりも敬意が高いように思われる。

以上は、状態表現の「ている」を尊敬化する場合であるが、指定表現の「である」を尊敬化する場合には、

あなたが森さんでいらっしゃいますか。
お宅のおじいさまはご丈夫でいらっしゃいますね。

のように、「（で）いらっしゃる」という形が普通に使われている。

森さんであられますか。
御丈夫であられますね。

という言い方は、現在では余り行われてはいない。（もっとも、「東大教授であられました森先生」のような言い方は今でもよく耳にする。）江戸時代の末期には、

・これから先はおまはん、どうなさるつもりであらっしゃるのだへ（人情本・春色恵の花）
・藤さんはきれい好であらっしゃるから（同）
・ヲヤお前さんは花衣の宗喜さんであらっしゃるヨ（人情本・英対暖語）

のように、「あらっしゃる」（「あらせられる」の変化した語）が使われ

たが、現在は「いらっしゃる」がその機能を受け持つようになっている。同様に、形容詞に付いて性質・状態を尊敬化する場合も、現在は、「(お)若くてあられる」「(お)忙しくてあられる」とは言わないで、「(お)若くていらっしゃる」「(お)忙しくていらっしゃる」を使うようになっている。　(13—33)

問「御参集ください」という言い方はおかしくないか

答「御参集ください。」という言い方は、目上の人に使えるかどうかという問題である。

「参」という漢字の訓「まいる」は、「神社におまいりする」という意味のほかに、「行く」「来る」に対する謙譲語として用いられる。

「○時までにそちらへ参ります。」と言えば、「○時までにそちらへうかがいます。」というのと同様、上位の人に対して、下位の者が「行く」ということを謙譲の気持ちで言う言葉である。もっと文章語的に言うなら、「○時までにそちらへ参上します。」と言うであろう。

しかし、「参○」という語を、謙譲ではなく、ただ単に参加するという意味で使うことがある。

参加　参会　参観　参列

などである。

「参集」も謙譲の意味を含まないと思われるので、「御参加ください。」「おあつまりください。」と同じ意味で、「御参集ください。」を使ってもよいであろう。なお、公用文では、会議・式典等に出席を依頼するときは、普通に「御出席ください」を用いる。「御光臨」「御光来」「御来駕」「御臨席」などは用いない。なお、「参られる」という言い方については、509ページ参照。　(13—34)

問「とんでもございません」という言い方はおかしくないか

答「あるべきことではない」「決してそんなことはない」という意味で、「とんでもない」という言い方がある。これを丁寧に言おうとして「とんでもございません」と言う人がいるが、これは適切な言い方かどうか、という問題である。

一般に、「ない」ということを丁寧に言うと、「ありません」「ございません」になる。

・予算がない――予算がありません・予算がございません
・どこにもない――どこにもありません・どこにもございません

これらの場合の「ない」の意味は、「ある」という動詞を打ち消した形だから、「ありません」と同じであり、その丁寧な形が「ございません」である。その点で、「予算がございません」「どこにもございません」は、共に適切な言い方である。

こういう事情は、次のような言い方の場合も同じであって、「ない」という意味がはっきりしている。

・違いがない――違いがありません・違いがございません
・面白くもない――面白くもありません・面白くもございません
・見る影もない――見る影もありません・見る影もございません

全体の構成から見ても、これらは明らかに「違いが―ない」「面白くも―ない」「見る影も―ない」である。特に「違いがない」については「が」を省いた形も普通に用いられているが、やはり「違いありません」「違いございません」が成り立つわけである。

これに対して、語源的には同じ「ない」であっても、全体として既に一語になりきっている場合には、「ない」の部分を「ございません」と言い換えると不自然な言い方になる。例えば、次のような語において「ない」の部分を「ございません」に言い換える慣用は見られないのである。

あじけない　おとなげない　すげない　つつがない
なさけない　やるせない

これらの場合は、語の構成も「あじけ—ない」ではなく、「あじけな—い」である。したがって、「あじけない」を丁寧に言おうとしても、「あじけございません」にはならない。そのときは、「あじけないことでございます」である。

したがって、問題は、「とんでもない」が、「違い—ない」と同じ扱いになるのか、それとも「あじけな—い」と同じ扱いになるのか、ということである。「とんでもない」の語源については、「途方もない」だとされている。これは「途方も—ない」であり、「滅相も—ない」「面目次第も—ない」などと同じように、「途方もございません」と言い換えることが可能である。しかし、既に音韻変化を起こし、全体として「とんでもない」という一語になっている。その点で「とんでもない」は、「違い—ない」の方ではなく、「あじけな—い」の方になる。語源的には「とんでも—ない」であっても、既に一語として「とんでもな—い」になっている。そうなると、これは、「あじけないことでございます」に合わせて、「とんでもないことでございます」が正しいことになる。「とんでもない」を普通の形容詞として用いる場合には、確かにそのとおりである。

しかしながら、「とんでもない」には、普通の形容詞から転じて、「相手の言葉に対して強く否定する気持ちを込めて言うときのあいさつ語」としての用法がある。その場合にまで「とんでもないことでございます」と言うべきだと論じても、実際問題として行われるかどうかが疑問である。この方は普通の形容詞としての「とんでもない」とは用法が異なるのであり、「あじけない」と同列には扱えないのである。「とんでもございません」があいさつ語として現在のように一般化した段階では、これを不適切な言い方として退けることは好ましくないとも言えるわけである。（14—39）

問「タクシーがお待ちしています」という言い方はおかしくないか

答「タクシーがお待ちしています（おります）」という言い方は、敬語としておかしくはないか、また、タクシーを主語として使うことができるかという問題である。

謙譲の言葉を使うことによって、相手を尊敬するという本来の形としては、

・お待ちいたします
・この本をお譲りします
・かばんをお持ちします
・順を追ってお話しします

のように、「いたす」を使うであろう。しかし、「お……する」の形の……の中に動詞の連用形を入れて謙譲の意を表すことがある。「隣の部屋で、秘書がお待ちしております。」のように、客に対して、自分の秘書が待っていることを告げるようなときに言うことができるから、客に対して、これから乗るべきタクシーが、もちろん運転する人とともに、あなたを待っているという意味で、「タクシーがお待ちしております。」という言い方もできるのである。

この場合のタクシーは、言わば擬人法とも言えるもので、「乗るべきタクシー」及び「タクシーを運転する人」の両方の意味を兼ねていると言えよう。

これに対して、「タクシーがお待ちになっています。」という言い方がおかしいのは、タクシーという主語を尊敬することになってしまうからである。（15—25）

問　手紙のあて名に「○○会社殿」と書くことはおかしくないか

答　手紙のあて名を書く場合、個人にあてるときは、「○○様」又は「○○殿」とし、組織・機関・団体などにあてるときは「○○御中」とするのが普通であるが、「○○会社殿」と書いてもよいかという問題である。

一般に個人から個人へあてて手紙を出す場合は、男性・女性を問わず、目上・目下に関係なく、「様」を使うのが無難である。「殿」は、男性が、同僚又は目下にあてる場合や、公の機関、官庁などから一般の個人にあてる場合に使う。（もっとも、最近では、個人にあてる文書に、「様」を使うことを決めた自治体も増えている。）

『公文書の書式と文例』（文部省、昭和62）の書式文例を見ると、次のようなあて先の例が見える。（原文横書き）

内閣総理大臣　○○○○殿
文部省大臣官房総務審議官殿
○○大学長殿
各国公私立大学長殿
各国立青年の家所長殿
各都道府県知事殿
各都道府県教育委員会殿

この最後の例は、個人を単位とした役職名でなく、知事や学長というのと対等の、委員会という一つの独立した機関を相手にしているものである。したがって、これらの例に準じれば、「○○会社殿」と書いてもよい。

また、昔、高貴な人へ手紙を差し出す時に、手紙の脇付《わきづけ》として、「何々守殿人々御中」などとした。御中を用いるのは、それから出たものと思われる。これは、直接その個人を指さず、側近の人々のだれということなしに取次ぎを願う意である。現在では、一般の人の場合は、普通に会社・団体・官庁へ出す手紙のあて名の下に「御中」を使うことになっている。これは、その団体等の事務担当者のだれに処理してもらってもよいということを示しているのである。

なお、感謝状や表彰状の受賞者の氏名又は、会社名には敬称を付けないのが普通であるが、必要に応じて、「殿」を付けることがある。（15—26）

問　「いらっしゃる」と「行かれる」

答　「行く」の敬語として、「いらっしゃる」と「行かれる」とがあるが、どう違うかということである。

動詞を敬語にするには、「れる・られる」という尊敬の助動詞を付けるか、「お……になる」の……のところに動詞の連用形を入れるか、特定の語については、別語を用いるかの方法がある。

行く｛行かれる／いらっしゃる／おいでになる｝
いる｛いられる／いらっしゃる／おいでになる｝
食べる｛食べられる／お食べになる／上がる／お上がりになる／召し上がる｝
見る｛見られる／ごらんになる｝
着る｛着られる／お召しになる｝
来る｛来られる／いらっしゃる／おいでになる｝
寝る｛寝られる／おやすみになる｝
言う｛言われる／おっしゃる｝

以上のうち、実際にどの敬語を使うかは、相手の地位、年齢、性別、地域によって異なるようである。

「行くか」ということを相手に尋ねるとき、「行きますか」「行かれますか」「いらっしゃいますか」のうちのどれを使うか。企業の中で、部長が部長へ、課長が部長へ、主任が部長へ、事務員が部長へ、どの敬語を使うかの実態について興味のある調査がある。国立国語研究所報告73の『企業の中の敬語』によれば、東京では、

（相手）（自分）
部　長←部　長　イカレマスカ、イキマスカ
部　長←課　長　イキマスカ、イカレマスカ
部　長←主　任　イカレマスカ、イラッシャイマスカ
部　長←男性事務員　イカレマスカ
部　長←女性事務員　イラッシャイマスカ、イカレマスカ
（上の語の方が、出現度が高い）

「行きますか」「行かれますか」「いらっしゃいますか」のどの語も用いられているが、大体の傾向としては、「行かれますか」より「いらっしゃいますか」の方が敬意が高いと感じられていることが分かる。

〔付記〕　これに似た問題を扱ったものとして522ページに「おられる」と「いらっしゃる」がある。　（16—31）

問　**「どうかいたしましたか。」という言い方はおかしくないか**

答　その人の態度・素振り・言葉つきなどから察して、その人が困っている様子・思い悩んでいる様子・決断がつきかねている様子・ふだんと違っている様子などがうかがわれる場合、その人に対してその原因・事柄などを尋ねるとき、「何か心配事でもあるのか。」、「元気がないが、何かあったのか。」などと言うが、これを略して「どうかした（の）か。」などと言うことがある。

親しい同輩や目下の者に対しては、これでよいのであるが、待遇表現上、目上の者やそれほど親しい間柄でない者、全くの他人に対して尋ねる場合に、敬語表現として「どうかいたしましたか。」と言う人があるが、この言い方は、敬語の用い方として妥当かどうかという問題である。

このような場合、「何かがあったり」、「どうかしたり」したらしいのは、自分・話し手（の側）ではなく、待遇表現上、尊敬表現を用いるべき相手・聞き手（の側）である。

「どうかいたしましたか。」というのは、「どうかした（の）か。」、「どうかしましたか。」（丁寧体）の「し（する）」の代わりに「いたします」を用いた表現である。

ところで、「いたします」というのは、
・私の不注意のため大変御迷惑をお掛けいたしました。（自分の行為のへりくだった表現）
・昨日は失礼をいたしました。（特に、取り立てて相手に対して礼を失するような行為をしたわけではなく、慣用的なあいさつの表現）
・そういたしますと、御出発は一週後ということになりますか。（「そうすると」という接続詞と見れば、あえて「そうしますと」とか、「そういたしますと」とか言う必要はないが、慣用的に用いられる丁寧表現）

などのように用いられる。相手自身の行為・状態に対する尊敬表現として用いられることはない。

したがって、相手の行為への尊敬表現として「どうかいたしましたか。」と言うのはおかしいということになる。この場合には、「どうかなさいましたか。」、又は、「どうかされましたか。」と言うべきである。

ただし、自分の身内の者の、言動について言うようなとき、例え

ば、「うちの太郎が、何かわるさをいたしたのではございませんか。」などと、隣人や来客などに尋ねる場合がある。その「いたす」は、「する」に対するつつしんだ表現として用いられている。もとより相手の行為ではなく、また身内に対する尊敬の意を含むものでもない。このような場合にこのような表現を用いることは差し支えない。（17—28）

問「見えられる」という言い方はおかしくないか

答「お客様が見えられた。」とか、「社長はもうすぐ見えられます。」とかのように、待遇表現上、敬意を表すべき相手がある場所に来ること、到着することを表す場合に、「見えられる」という言い方は妥当かどうかという問題である。

「来る」に対する尊敬語としては、「いらっしゃる」という敬語動詞と、「おいでになる・お越しになる」という他の語を添加した尊敬表現と、種々の意味を有する一般的な動詞「見える」を限定して尊敬語として用いる場合がある。

「見える」は、「いらっしゃる・おいでになる・お越しになる」よりも幾分敬意が低い尊敬表現であるため、尊敬の意を高めて、「お見えになる」の形を用いることが多い。

ところで「見えられる」というのは、「見える」に、尊敬の助動詞「られる」を添加した形であって、形の上から見れば、「行く」や「来る」などに、「られる」を添加した「行かれる」や「来られる」と同様である。しかし、「行く・来る」には尊敬の意が含まれていないが、「来る」の意で用いる「見える」には、それ自体に既に尊敬の意が含まれているから、これに更に尊敬の助動詞を添加した「見えられる」は、いわゆる二重敬語となり、望ましい形ではない。ただし「お見えになる」というのも、この考え方から言えば、二重敬語とも考えられるが、これは慣用として一般に使われている。しかし、「お見えになる」に「られる」を添えた「お見えになられる」というのは、過剰敬語であって、現在のところでは、正しい敬語表現とは認められていない。

このほか、「いらっしゃる・おいでになる・お越しになる」などを用いてもよい。（17—29）

問 客に対する言い方として「お茶をいただきますか」はおかしくないか

答 来客に対して、飲み物などを勧めるときに、「お茶をいただきますか」と言うのは適当かどうかという問題である。

「いただく」の基本的な用法は、二つに分かれる。一つは、「もらう」の謙譲表現である。「この本は、先生からいただきました。」のように、目上の人物から何かをもらう場合のへりくだった言い方である。もう一つは、「食べる・飲む」の謙譲表現である。「もう十分にいただきました。」のような使い方がそれに当たる。後者は、前者から生まれたもので、前者と同じく、始めは神仏などの絶対者から食べ物を受ける意味だったものが飲食の動作そのものに使われるようになったものである。食事の前に言う「いただきます」には、その名残がある。ここで直接問題になるのは、後者の場合である。

「食べる・飲む」の謙譲表現としての「いただく」には、話し手と相手との関係によって、次のような例が考えられる。

①目上あるいは同等の相手に対して、話し手自身の動作として表現する場合

・さすがに御自慢なさるだけのことはありますね。もう十分いただきました。（客が主人側の人物に対して）

②目上あるいは同等の相手に対して、話し手側の人物の動作とし

て表現する場合

・おいしいお料理ですこと。子供も喜んでいただいていますわ。（客が主人側の人物に対して、自分の子供のことを）

③目下の相手に対して、話し手及び話し手側の人物の動作として表現する場合

・幸雄さん、少し待ってね。正夫は、今ご飯をいただいているところなの。（母親が自分の子供の友達に対して、自分の子供のことを）

④話し手側の人物に対して、その動作を表現する場合

・正夫、早くいただきなさい。せっかく作ってあげたお料理が冷めてしまいますよ。（母親が自分の子供に対して）

⑤相手の動作を表現する場合

・わたしはコーヒーにしますが、あなたは何をいただきますか。（女性が同性の知人に対して）

①と②は、普通の謙譲表現である。共に、相手に対する敬意が含まれている。③と④は、いわゆる美化語的表現と言われるものである。美化語とは、相手や第三者にかかわりなく、「もの言いを上品、きれいにすることば」（大石初太郎『敬語』）のことである。③には相手に対する意識が少しは残っているが、④はほとんど自分の品位を高めるためにしか機能していない。⑤は、ここで問題にしている表現である。③や④と同じく、相手に対する敬意を考慮せず、丁寧な表現をしようと思っているだけならば、美化語の拡張表現ということになる。相手への敬意の表現であるならば、「召し上がりますか」などの尊敬表現を用いるべきところの誤用ということになる。

一般に美化語と言われるものは、それ自体で独自の表現形式を持たず、他の表現が転用されたものが大部分を占める。

・お菓子を食べる。
・犬にえさをあげる。
・御褒美は何がいいかな。
・いいお天気ですね。

この内、「食べる」「あげる」は、元は謙譲語だったものである。「食べる」は、自分の行為についての謙譲語である。「あげる」は、自分の行為が及ぶ相手に対する謙譲語である。現在では、「食う」「やる」が普通よりもぞんざいな表現価値を伴うようになったため、美化語としての機能も薄れつつある。殊に、「食べる」にその傾向が顕著である。「いただく」も、これらと同じく、謙譲語が美化語に転用されているものである。ただし、まだ謙譲語としての機能が残っているため、使用法が問題になることが多い。

他者の飲食行為を「いただく」で表現することは、ラジオの料理番組などの「おいしくいただけます」などの言い方をめぐって、昭和戦前から問題になっていた。最近では、レストランの従業員などの言葉遣いの適否に関して話題になることが多い。謙譲表現の一般的な傾向として、このような言い方が将来更に定着することは予想されるが、現段階ではなお誤用とするのが大勢だろう。「お飲みになりますか」「召し上がりますか」などの尊敬表現を選ぶべきである。

（注）「いただく」の用法に関して、「……をいただいてください」という言い方については520ページで解説しているので、参照されたい。

（18－21）

問 **「厚くおわび申し上げます」という言い方はおかしくないか**

答 「おわび申し上げます」という言葉の上に、「厚く」を付け、「厚くおわび申し上げます」という言い方はおかしくないかという問題

である。

「厚く」という副詞は、相手の厚意・恩恵に対して、自分の気持ちが感謝で一杯であるという場合に用いるのが普通である。つまり、自分のおわびには使わないのである。

・厚くもてなす。
・厚くお礼申し上げます。
・厚く酬《むく》いる。

「厚」の付いた漢語に「厚礼・厚謝」がある。「厚礼」には、てあつく礼遇する、丁重にもてなすの意味があり、「厚謝」には、てあつく謝礼する、心をこめて礼を言うの意味がある。

国語辞典の用例には、「厚くお礼（御礼《おんれい》）申し上げます。」はあるが、「厚くおわび申し上げます。」の例は見当たらない。

おわびというのは、こちらに非（悪いところや欠点）があって、相手に謝ることであるから、「厚く」という副詞を上に付けるのは適当ではない。意味（文脈）の上からしっくりしないわけである。

これに対して、「深くおわび申し上げます。」という言い方があって、むしろこちらの方が適当である。この場合の「深く」も程度が甚だしい、度合いが強いという意味で、特に罪や過失、迷惑、感謝など、自分自身の気持ちの深さの度合いの大きいときに用いられる。

漢語の「深謝」の場合は、「深くあやまる」意味と、「深く感謝する」の意味があるので注意を要する。

おわびの言葉の例は、

・その後のごぶさた、心からおわび申し上げます。
・直ちに御連絡すべきところ遅くなりました。幾重にもおわび申し上げます。
・このたびは、再々お手数を煩わし、深くおわび申し上げます。

ちなみに、感謝の言葉の場合は、次のように「厚く」が用いられている。

・毎度格別の御厚情を被り、厚く御礼申し上げます。
・当方一同、毎々特段の御配慮にあずかり、厚く御礼申し上げます。

また、大正時代に出版された『作法文範書翰文大鑑』（大町桂月編、大正5）では、

御厚志有難く御礼申上候
一方ならぬ御厚遇に預り千万忝く謝し奉り候
深く感謝する
御芳志忝く存じ候

などの例、『作例規範文章宝鑑』（大町桂月編、大正14）には、

謹んで御礼申上候
ありがたく御礼申上げ候
例の御無沙汰申訳なく候

などの例が散見する。

現在刊行されている、手紙の書き方についての本には、大体次のような例が掲げられている。

（お礼のあいさつ）

・本日は御丁寧な御中元をお送りくださいまして、誠にありがたく厚く御礼申しあげます。
・御厚志ありがたくあつくお礼申しあげます。
・お礼の申しようもありません。
・厚くお礼申しあげます。
・誠に恐縮でございます。
・心から感謝いたしております。
・まことにありがとうございます。

（おわびのあいさつ）
・おわびの言葉もございません。
・失礼の段お許しください。
・幾重にもおわび申しあげます。
・なにとぞ御寛容のほどお願い申しあげます。
・申しわけございません。
・心からおわび申しあげます。

以上、見てきて分かるように、「厚くおわび申し上げます」という言い方はもともとなく、「深くおわび申し上げます」の方がよい。（20―24）

問「お誘い合わせて御参加の程…」という言い方はおかしくないか

答　同窓会の世話人から届いた案内状に、「お誘い合わせて御参加の程お待ち申し上げます。」と書いてある。ここの趣旨は、「誘い合わせて参加してくれ」ということであろう。それに、受取人、当の相手である会員に対する敬語を用いたものと理解できるが、その敬語の使い方から見て、不自然なところがないかという問題である。

問題になるのは、「お誘い合わせて」という言い方である。ここは「誘い合わせて」の敬語で、普通ならば、「お誘い合わせになって」というところである。「になる」という部分が足りない言い方である。

一般に、動詞を尊敬表現にするのには、「お…になる」「お…なさる」という言い方にするか、助動詞を付けて「…（ら）れる」という言い方にする。この場合、「られる」を付ければ、「誘い合わせられて」となるが、文法的には誤りはないけれども、「御参加」との釣合いから、余り落ち着きがよくない。「お…なさる」は現代ではやや古風な感じもするので、「お…になる」を用いて、「お誘い合わせになって」とすれば、一応は落ち着く。

しかし、それでも、自然な感じではない。参加を呼び掛ける主旨が「御参加の程」と名詞表現で簡潔に言い表されているのに、その修飾句が「お…になって」という整った形式をとるのは、本末転倒の感じがある。もし、これが「御参加下さいますよう」などとなっていれば、「お誘い合わせになって」も不自然ではなくなる。

それではどうするのがよいかと言えば、「御参加の程」に合わせて、「誘い合わせる」も名詞表現にするのが適切な方法である。それに「お」を付けて「お誘い合わせ」とすれば、尊敬表現としてふさわしくなる。そのままでは後に続かないので、「お誘い合わせの上」とすれば整う。

「…の上」という言い方は、「万障お繰り合わせの上」「御熟考の上」など、書簡文でよく用いられる表現である。動作を表す名詞に付いて、「…したのち」というような意味を表す。そうすれば、「お誘い合わせの上」は敬意を含んだ修飾句として、参加を呼び掛ける表現の一部として不自然ではなくなる。（20―25）

問「祝電が参っております」という言い方はおかしくないか

答　結婚式の披露宴などで、司会者が「祝電が参っておりますので御披露させていただきます。」などと言うのをよく耳にするが、この言い方は、敬語の使い方として適切であるかという問題である。

「参る」は、もともと「行く」「来る」に対する謙譲語であるから、自分または自分側の人物を主語として、
・先生、あすは何時に病院の方に参ればよろしいでしょうか。
・先生、あすは朝九時に娘がお迎えに参ります。
などと言うのは適切な使い方である。しかし、
・先生、あすはこちらの病院に何時ごろ参りますか。

・山本一郎さま、お嬢さまがお迎えに参っております。（ホテルの呼出しアナウンス）

のように、高めるべき相手や第三者を主語として、「参る」を使うのは不適当である。この場合は、それぞれ、

・何時ごろいらっしゃいますか。（おいでになりますか）
・お迎えに来ておられます。（いらっしゃっております）

のように言うのが、適切な使い方である。

「祝電が参っております」の「参る」の場合、祝電の発信者を低めることによって、新郎、新婦あるいは披露宴の出席者一同を高める気持ちから出た言い方であるかもしれないが、それでは発信者に対して極めて失礼な結果になるので、不適切である。

また、現代の「参る」には、次のような用法もある。

・そううまくはまいりません。
・だいぶお寒くなってまいりました。
・前方に琵琶湖が見えてまいりました。（バスガイド嬢のアナウンス）

これは、「行く（来る）」ことを、聞き手に対して改まって表現する言い方であって、謙譲語というよりはむしろ美化語（上品に美しく言う語。丁寧語の一種）に近い働きをしていると言える。

問題の「祝電が参っております」も、恐らく美化語のつもりで使っているのであろう。しかし、今日の規範意識として「参る」は謙譲語であるという考えが強く一般に浸透している事実を考え合わせるとき、祝電の発信者に対する敬意を欠いた表現と言うことができよう。したがって、

・祝電をいただいております。
・祝電をちょうだいしております。

というのが、主人側の司会者としてその場にふさわしい適切な言い方になるだろう。また、中立的に

・祝電が届いております。
・祝電が届けられております。

という言い方でもよいと思う。なお、この場合、「祝電」にも尊敬語を冠して「御祝電」と言うこともある。これは発信者に対する敬意を加えたものであるが、主人側、来会者側との関係で、その適否を考えることになるであろう。

〔付記〕相手に対して「何時ごろ参られますか」と言うのも、よく耳にする誤用であるが、これについては、509ページを参照されたい。
（20―26）

問　**アナウンスで「お連れ様が待っております」という言い方はおかしくないか**

答　デパートの場内アナウンスなどで、「お連れ様が待っております。正面受付までお越しくださいませ。」という言い方をよく耳にするが、これは敬語の使い方として適切であるかという問題である。

まず、簡単な文例で考えてみよう。

(1)　一郎が　　　待ってるよ。
(2)　一郎が　　　待ってますよ。
(3)　一郎さんが　お待ちですよ。

(1)は、話し手としての聞き手に対する敬意もなければ、話題の主（一郎）に対する敬意もない言い方である。(2)は、「ます」という丁寧の助動詞を使って聞き手に対する敬意は表されているが、話題の主の動作（状態）に対する敬意はない言い方である。これらに対し、(3)は、「です」を使って聞き手に対する敬意（丁寧）を表し、話題の主の動作にも「お待ち」という尊敬語を使った言い方である。

さて、問題の

・お連れさまが　待っております。

という言い方であるが、話題の主である「待っている人」に対しては「お連れさま」という尊敬語を使いながら、その動作である「待っており」には尊敬語が欠如しているので、明らかに釣合いのとれない言い回しと言える。「待っております」で聞き手に対する敬意は表れているが、これでは話題の主である「お連れさま」に対して失礼な言い方になるわけである。したがって、この場合は、

・お連れさまがお待ちですので、……

という言い方が適切であろう。ほかにも、

・お連れさまがお待ちでございます。

・〃　お待ちでいらっしゃいます。
・〃　待っていらっしゃいます。
・〃　待っておいでになります。
・〃　お待ちになっていらっしゃいます。

などの言い方も可能であろうが、最後の例などは、やや敬語が過剰ぎみかとも思われる。

なお、「待っております」の「おります」は、いわゆる謙譲語としての用法とする考え方もある。（ただし、「ます」は丁寧語。）

・私は、明日は家におります。
・娘は今、学校に行っております。

のように、自分又はその身内などの動作を、聞き手に対してへりくだっていう言い方であるから、その点でも「お連れさまが待っております。」のように話題の主を主語とした言い方は適切でないと言える。ただし、この「おります」は、「致します」「申します」「参ります」などに比べると、謙譲の程度はかなり軽く、もはや丁寧語と考える方がよいと思われる。

〔付記〕右にやや関連のある敬語の問題として、本書では次のものを取り上げている。参照されたい。

・「申される」という言い方は正しいか（507ページ）
・「御訪問される」は正しいか（508ページ）
・「参られる」は正しいか（509ページ）
・「おられる」と「いらっしゃる」（522ページ）

問「御紹介にあずかる」と「御紹介をいただく」とはどう違うのか（20―29）

答　人前で講演をしたりスピーチをしたりするときに、最初の自己紹介として「ただ今御紹介にあずかりました山本でございますが」とか、「ただ今御紹介をいただきました山本でございますが」とか言う。この二つの言い方には、意味上の違い、あるいは敬意の度合いの差があるのかという問題である。

結論を先に言えば、この両者の言い回しは、ほぼ同じ意味であるし、また敬意の程度にもほとんど差がないと考えられる。ただ、「お（ご）――にあずかる」の方が、「お（ご）――をいただく」よりもやや堅苦しい感じがするため、書簡などの文章や、かなり改まった話し言葉にしか使わないという傾向が認められる。また、「お――をいただく」の場合は、「――」のところにいろいろな語句がかなり自由に入り得るのに対し、「お――にあずかる」の方は、「――」の部分に入る語句が比較的限定されるという違いがある。

「あずかる（与る）」の原義は「かかわりを持つ」「関与する」「関係する」という意味で、

・私はその相談にはあずかっていない。

のように使われる。それが、

・軒からとび下りた狐は、直《ただち》に広庭で芋粥の馳走に、与《あづか》ったのである。（芥川龍之介「芋粥」）

・試みに、食堂のなかを覗くと、奉仕の品々の饗応にあづかってゐる大学生たちの黒い密林のなかを白いエプロンかけた給仕の少女たちが（太宰治「逆行」）

のように、「サービスの対象の範囲に入る」ということから「願わしいことにかかわる」「願わしいものを手に入れる」「ありつく」という文脈で、目上からの配慮や恩恵などを受けるという意味が生じたものと思われる。「あずかる」自体には特に敬意は認められないので、したがって、「お」や「ご」を伴い「お（ご）――にあずかる」という形になってはじめて、次のような敬語（恩恵を受ける意の謙譲語）的表現になる。

・飛んだ所でトチメンボーの御返礼に預かった。（夏目漱石「吾輩は猫である」）

・毎度御贔屓《ごひいき》にあづかりまして難有《ありがた》う御座います？（同右）

・謝罪は御容赦にあづかりたいですね。（同右）

・お前も御賞《おほめ》にあづかったって、あんまり嬉しくないだらう（同「明暗」）

・手前事は天理教祖様のお見出しにあづかりまして……そんな事を云ってゐる。（志賀直哉「暗夜行路」）

・これはお尋ねに預って恐縮至極でございます。（芥川龍之介「戯作三昧」）

・御指定にあづかった風流武者の面々は、もともと豪傑のお方ばかりでございますし（太宰治「右大臣実朝」）

最後の「右大臣実朝」には、「有免・赦免・聴許・下問」などの例も見られる。現在、手紙などの文章やかなり改まった場面でのことは別として、日常的に使われるのは「御紹介にあずかる」「おほめにあずかる」「ごひいきにあずかる」「お招きにあずかる」など比較的限られるようである。

一方、「いただく」の原義は「頭の上に載せる」という意味で、今日でも、

・雪をいただいた遠い山脈（井上靖「氷壁」）

・夏の夜の星をいただき（永井荷風「ふらんす物語」）

のように使われる。さらに「頭上にささげ持つ」意から尊敬の気持ちを表すようになり、「もらう」意の謙譲語としての用法が派生したものであろう。

「御紹介をいただく」は、「御紹介いただく」とも言い、両者に敬意の度合の差はない。また、やや敬意は薄くなるが、「紹介していただく」という言い方もある。

・僕の失礼を御怒りなく御返事が戴ければ幸ひです。（武者小路実篤「真理先生」）

・石かき先生の御都合、いそぎませんから、お知らせ戴けば、僕の方は、いつでも参上いたします。（同右）

・ですから友達が、先生に申し上げたことは全部とりけしていたゞきたく（同右）

右の「お（ご）――をいただく」「お（ご）――いただく」「――ていただく」の「――」の部分には、種々の語がかなり自由に入り得る点が、「お（ご）――にあずかる」と異なる点である。

〔付記〕なお「いただく」の敬語の用法については、本書で次のものが取り上げられているから参照せられたい。

・「係の者からいただいてください」は正しいか（520ページ）

（20―28）

第二　その他

問「私」は「わたし」か「わたくし」か

答　新音訓表では、「私」に「わたくし」という訓を掲げている。ところで、当用漢字表の「使用上の注意事項」では、代名詞はなるべく仮名で書くこととなっているから、この「わたくし」は「公」に対する「私」であり、代名詞ではないということになる。しかし、今回の新音訓表では必ずしも代名詞は仮名書きということを主張していない。そこで、公用文では、訓の認められている次のような代名詞は、原則として、漢字で書くことを「事務次官等会議申し合わせ」で決めた。

彼　私　我々

関連して、「わたし」を使うか、「わたくし」を使うかについては、昭和二十七年四月十四日、国語審議会が文部大臣に建議した「これからの敬語」を参照する必要がある。

この中で、「自分をさすことば」として、

1　「わたし」を標準の形とする。

2　「わたくし」は、あらたまった場合の用語とする。

付記　女性の発音では「あたくし」「あたし」という形も認められるが、原則としては、男女を通じて「わたし」「わたくし」を標準の形とする。

3　「ぼく」は男子学生の用語であるが、社会人となれば、あらためて「わたし」を使うように、教育上、注意すること。

4　「じぶん」を「わたし」の意味に使うことは避けたい。

とある。これを見ると分かるように、普通は「わたし」でよく、「わたくし」は改まった場合に用いることになる。（1―13）

問「菊」の「きく」は　音か訓か

答「キク」は音である。旁《つくり》の「匊《キク》」が音を表している。菊は、奈良時代の末ごろ、中国大陸から輸入されたと言われるが、万葉集には出てこない。

音か訓か分かりにくいものに、「絵」の「エ」がある。「絵」には、「カイ（歴史的仮名遣いクヮイ）」、「エ（歴史的仮名遣いヱ）」の二つの音があるうち、「エ」の方は、「絵をかく」「絵巻」「浮世絵」などと古くから日常語に用いられているので、訓と思われがちだが、本来は中国の発音から来たもので呉音である。

「菊《キク》」のように、音がそのまま普通の一般語として使われた例は、ほかにもある。例えば、「地《ジ》、図《ズ》、鉄《テツ》、象《ゾウ》」などである。（1―19）

問「いまだ曾て経験したことがない」という場合の「かつて」は、＜カッテ＞と＜カツテ＞と、どちらが正しいか

答　＜カッテ＞とつまる音（促音）に発音する人も多いが、標準的な言い方としては＜カツテ＞の方を採りたい。この語は古くから使われており、平安時代には、この語は漢文訓読系統の語であったらしく、和文系の文献に現れることはごくまれであった。訓点本では「曾」「嘗」などに「かつて」という訓が見られるが、これも、つまる音の表記とは考えにくい。室町時代末期に南欧から来朝したカソリック宣教師が日本語をローマ字で写して刊行した『天草版伊曾保《いそほ》物語』にもこの語が使われており、そこでは Catçute と表記されている。これらの点から「カツテ」の方が本来の形であったことが分かる。それが、＜カッテ＞とつまる音に読まれ出したのは、恐らく近世に入ってからだろう。

第二次世界大戦終了までは、つまる音を小さく表記する習慣が余りなかったところから＜カッテ＞と発音する言葉でも「勝って」「買って」などと表記するのが常であった。そういう言葉からの類推が強く働いて、「曾《か》つて」も＜カッテ＞と発音して疑わない人が増えてきたものと考えられる。しかし、現在でも、＜カッテ＞と発音する人も多くいる以上、現代語としての標準的な言い方としては、＜カッテ＞を採る方が穏当であると思われる。また、現代の国語辞書の取扱いを見ても、ほとんどのものが＜カッテ＞の方を採用しているという事実もある。

これと似たケースとして、「あまっさえ」か「あまつさえ」かという問題がある。この語は「あまりさえ」の促音便としてできた語であるから、本来は＜アマッサエ＞であったはずで、その意味では「かつて」と逆の変化をとげた語である。十七世紀初めにキリシタン宣教師たちが刊行した『日葡《にっぽ》辞書』にはAmassayeとあり、十九世紀の後半に刊行されたヘボンの『和英語林集成』にもAMASSAEとだけ記されている。ところが、これも「つ」を大きく書く仮名遣いに引かれたためか、いつの間にか＜アマツサエ＞と発音する人が増え、現代ではむしろその方が優勢になっているようである。（現在の国語辞典や和英辞典の類を見ると、古語も同時に扱ったものでは＜アマッサエ＞、現代語専門のものでは＜アマツサエ＞とする傾向がある。）

（1―31）

問「ちょうちょう」と「ちょうちょ」とは、どちらが正しいか

答　もとの形は「ちょう」（蝶）を二つ重ねた「ちょうちょう」であるが、それを言いやすいように短く発音したのが「ちょうちょ」であって、どちらも正しい現代の標準語として認められている。

現代の話し言葉としては、どちらかと言うと「ちょうちょ」の方が多く使われているように思われる。また、歌などを作る時には、音数を整える関係で、四音にしたり三音にしたりする必要から、都合のよい方が使われている。

（1―32）

問「日本」の発音は、＜ニホン＞がいいか＜ニッポン＞がいいか　また、国号としては、国がどちらかに決めた事実はあるか

答「日本」の発音が「ニホン」か「ニッポン」かは、戦前からしばしば論議されてきたことであるが、結論から先に言えば、どちらか一方に統一することは不可能で、今のところ、どちらに発音してもいいということになる。

また、国号としての「日本」の読み方を国家的に決めたことは、まだ一度もない。昭和九年（三月十九日）に臨時国語調査会で国号呼称統一案を審議し、「ニッポン」とすることを決議したが、これは政府で採択するまでには至らなかった。その後戦前の帝国議会、戦後の国会を通じて、何回か国号呼称の統一が問題になったが、そのたびに政府側の答弁は、にわかにどちらかに決めることは困難であるという点で一貫している。また、日本放送協会の放送用語調査委員会では、すでに昭和九年に国号としては「ニッポン」を第一の読み方とし、「ニホン」を第二の読み方とすることを暫定的に決め、昭和二十六年の同委員会で、正式の国号として使う場合は「ニッポン」、その他の場合には「ニホン」と言ってもよいという決定をしている。しかし、今日の実際の放送では、場合と人によって、国号を「ニホン」と言うアナウンサーもいないわけではない。また、教科書では、散文では原則的に「ニッポン」とし、韻文では音律の関係で「ニッポン」と「ニホン」とを自由に使い分けている。これらの実情から見て、現段階で、いずれか一方に統一することには無理があると考えられる。

それでは、なぜ「ニホン」「ニッポン」と二通りの発音が存在するのか。これについては幾つかの学説があるが、まだ定説と言うべきものはない。

国号としての「日本」の読み方のほかに、「日本」を含む複合語あるいは複合的固有名詞の読み方も問題になる。日本放送協会の放送用語委員会で決定している語例を参考のため掲げておこう。

〔「ニッポン」と読む例〕

日本放送協会　日本一　日本海溝　日本国　日本国民　日本社会党　日本橋〔大阪〕

〔「ニホン」と読む例〕

日本海　日本画　日本髪　日本共産党　日本三景　日本紙　日本酒　日本大学　日本刀　日本脳炎　日本橋〔東京〕　日本間　日本料理

〔「ニッポン」「ニホン」両方を認める例〕

日本人　日本語　日本銀行（ただし、日本銀行の行員が使う発音は、「ニホン」であるが、紙幣の裏に印刷してあるのは、Nippon Ginkoである。）

以上は、日本放送協会の決定事項であるが、社会的に通用しているのは、必ずしも右のとおりでないことはもちろんである。

（1―33）

問 **「十ぴき」とか「二十世紀」とかいう言葉の「十」は「ジッ」と「ジュッ」のどちらに発音するのが正しいか**

答 現在、一般に標準的だと考えられているのは「ジッ」の方である。それは、「当用漢字音訓表」にも「ジッ」の方を掲げており、また、現在刊行されている多くの辞書が、いずれも「ジッ」を採っていることによっても知ることができる。なお、国立国語研究所が昭和三十年度に各方面の専門家を対象に行ったアンケート調査で、「十銭」の発音を尋ねたことがある。その結果を見ると、「ジッセン」を採った回答者の方が多数であったこと、また、その採否の理由として次のような事柄が挙げられたことが報告されている。

▽「ジッセン」を採る理由

言いやすい43%　一般的25%　本来の形22%　語感がよい17%　共通語的12%　変化の傾向に沿う10%　簡潔10%

▽「ジュッセン」を採る理由（採らない理由）

本来の形26%　一般的10%（言いにくい24%　語感が悪い22%）

この結果から「ジッ」を支持する人の方が多いこと、また、支持する理由などが知られる。ただ、ここで注意されるのは「本来の形」という理由が両方に分かれているという点である。

しかし、漢字音の系統からすれば、「十」の字音は「ジフ」であるから、「ジッ」に変化するのが、本来の形だということになる。そのことは、

合　カフ→カッ（合戦・合羽）

入　ニフ→ニッ（入声・入唐）

ジフ→ジッ（入魂）

などの例によっても明らかである。この「フ」を末尾に持つ字音は、促音化する一方で、ゴー・コー、ノー、ニューのように長音化することになったわけであるが、一般に、ゴー、ノー、ニューという発音の字が、ゴッ、ノッ、ニュッになった例は、ほかにないと言ってよく、したがって「十」についても、ジュー→ジュッという変化は考えにくい。つまり「十ぴき」の本来の形は「ジッ」であっ

たと判断されるわけである。

なお、十七世紀初頭に刊行された、ロドリゲスの『日本大文典』や、同じく外人宣教師の編になる『日葡辞書』の記載を見ても、いずれも、「ジッ」に当たる発音が示されているだけで、「ジュッ」に当たるものはない。このことからも、当時は「ジッ」と発音されていたことが知られるのである。

さて、以上の根拠にもかかわらず、現在では、「ジュッ」と発音する人もかなりいる。年代層あるいは地域によっていろいろであり、同じ東京でも「ジッ」と発音する人も「ジュッ」と発音する人もいる。こういう発音が生じたのは、恐らく「十」の字音「ジュウ」を意識するところから、誤った類推をした結果によるものと思われる。（例えば、NHKでは「二十世紀」の発音として「ニジッセイキ・ニジュッセイキ」の両様を採ること、また「十」の発音の「ジッ」「ジュッ」については、他の用例についても、すべてこの決定を準用することを決めている。それは、実際に「ジュッ」と発音する人が非常に増えてきている事実を特に考慮したためと考えられる。）

現在の段階では、「ジッ」という発音を標準的なものと認めておくのがよかろう。（1―34）

問「得る」は「える」と読む場合もあれば「うる」と読む場合もある。なぜ、このような二通りの読み方が生じたのか

答「える」は、現代語として一般的な言い方であり、「うる」は、文語的な言い回しが、現代に化石的に残ったものと言える。

「職を得る」「賞を得る」「知識を得る」「病（やまい）を得る」などは、「える」と読んでもほとんど抵抗はないが、「得るところが大きい」「監督官庁の許可を得る必要がある」などの場合は、「うる」と読まなければ落ち着かない、という人も多い。特に、次のように動詞の連用形の下に付く接尾語的用法の場合は、むしろ「うる」と読むことの方が多い。「考え得るケース」「実行し得る計画」「人はいかにして人であり得るか」のように「……することができる」の意味を表す場合や、「中止もあり得る」のように「……するかもしれない」という意味を表す場合である。

「うる」は、もともと文語の下二段活用の動詞「う」の連体形である。下二段活用の動詞には院政時代から鎌倉・室町時代にかけて二つの変化が生じた。その一つは連体形が終止形の代わりに用いられるようになったことであり、もう一つは、二段活用が一段化したこと（例、「落つる」→「落ちる」、「受くる」→「受ける」）である。ほとんどの動詞はこの二つの変化の流れに沿って現代の口語動詞に定着した。しかし、「うる」は他の二段活用の動詞と違って、「える」に完全に変形しきれなかった。したがって、現在、この動詞の活用表をつくるとすれば、

未然形	連用形	終止形	連体形	仮定形	命令形
え	え	える うる	える うる	えれ	えよ

のように終止・連体の両形（さらに仮定形にも）に下二段活用の形を併存するという変則的なものになる。将来は「うる」が「える」に吸収されてしまうかもしれないが、少なくとも現在は、文脈によって両者を読み分け、使い分けていくしかない。無理に「える」に統一しようとするのは、かえって不自然であると思われる。（1―36）

問「感ずる」と「感じる」とは、現在両方とも使われているようだが、どちらが正しい言い方か。また、両者はどういう点に違いがあるのか

答　どちらが正しいかと言えば、両形とも正しいと言わざるを得ない。「感じる」という語は、「感じない・感じます・感じる・感じれば」のように変化する上一段活用の動詞であり、「感ずる」は「感じない・感ぜず・感じます・感ずる・感ずれば」のように変わるサ行変格活用の動詞であって、現在、両形とも一般に通用しているからである。

ただし、どちらの方が広く使われるかというと、現在の口頭語としては、「感じる」の方がより普通の言い方であろう。「感ずる」は、文語のサ変動詞「感ず」から変化したもので、「感じる」は、その「感ずる」から更に変化したものである。その意味では「感ずる」の方が伝統的な言い方に近いと言えるが、現在では、やや固苦しい語感を伴うところから、年配の人々の間で用いられたり、改まった文章の中に現れたりする程度になっている。つまり、「感じる」と「感ずる」との違いは、前者が口頭語的、後者が文章語的という文体上の差と考えていいだろう。

「感じる」「感ずる」のように、現代語として、上一段活用とサ行変格活用の両形が並び行われている動詞には、次のようなものがある。

(1)　漢字一字の漢語の末尾が、はねる音の「ン」で終わるもの

{案じる　案ずる}　{演じる　演ずる}　{禁じる　禁ずる}　{減じる　減ずる}
{準じる　準ずる}　{信じる　信ずる}　{煎《せん》じる　煎ずる}　{損じる　損ずる}
{談じる　談ずる}　{陳じる　陳ずる}　{弁じる　弁ずる}　{論じる　論ずる}

(2)　漢字一字の漢語の末尾が、つまる音の「ッ」で終わるもの

{察しる　察する}　{達しる　達する}　{接しる　接する}　{発しる　発する}

（注）　この場合は、(1)と違って、サ変の方が、より一般的であり、上一段の方は、標準的言い方とは、されていない。

(3)　漢字一字の漢語の末尾が、「イ」で終わるもの

{詠じる　詠ずる}　{映じる　映ずる}　{命じる　命ずる}

(4)　漢字一字の漢語の末尾が、「ウ」で終わるもの

{応じる　応ずる}　{高じる　高ずる}　{生じる　生ずる}　{乗じる　乗ずる}
{通じる　通ずる}

(5)　和語に「する」のついたもの

{甘んじる　甘んずる}　{重んじる　重んずる}　{先んじる　先んずる}　{そらんじる　そらんずる}

これらの動詞は、いずれも本来サ行変格活用であったものが、時代とともに上一段活用に変化したものであるが、その変化の遅速の程度は、語によってそれぞれ事情が異なっており、決して一様ではない。

以上のほか、例えば、

{訳す　訳する}　{略す　略する}　{愛す　愛する}　{処す　処する}

のように、四段（五段）活用と、サ行変格活用の両形の並び行われているケースもある。（1—37）

問　最近「見れる」という言い方をよく耳にするが、「見られる」の方が正しい言い方ではないのか

答　「見れる」のほかにも似た例として「着れる」「出れる」「寝れる」「来れる」などの言い方があり、さらには「起きれる」「投げれる」「食べれる」などの言い方も最近よく耳にするが、いずれも従来は誤った用法とされ、それぞれ「見られる」「着られる」「出られる」「来《こ》られる」「起きられる」「投げられる」「食べられる」が正しい言い方とされている。その理由は、

(1)　可能動詞は、四（五）段活用の動詞の仮定形から派生するものに限って認められ（読む→読める　書く→書ける等）、「見る」「出る」のような上一段・下一段活用の動詞には認められない。

(2)　可能の意味を表す助動詞「れる」は四段（五段）活用とサ行変格活用の動詞にだけ接続し、その他の活用をする動詞（上一段・下一段・カ行変格）には「られる」が接続する。

とされているからである。したがって、小・中学校の国語教科書などでは、本文中に「見れる」「来《こ》れる」などを使用した例はなく、またほとんどの国語辞書においても、「見れる」「出れる」などを公認したものはない。（ただ、わずかな例外として、比較的最近に出た一、二の辞書では、「来れる」を独立項目として掲げ、川端康成の「雪国」の用例「よそを受けちゃった後で、来《こ》れやしない。」を引用したものがある。これは「来れる」を「来る」に対する可能動詞として正式に認めたことを意味している。）

この「見れる」「来れる」などの言い方は、話し言葉の世界では、昭和初期から一部に使われており、第二次世界大戦後は更に一般化し、最近では、話し言葉だけでなく、書き言葉としてもぼつぼつ使われだしている。例えば、

・猛獣がゆっくり見れる　上野動物園　新居ができました（新聞見出し）
・一着で二通りに着れる　ウイークエンドのおしゃれ着（新聞広告）

のような例である。

なお、やや古い資料だが、国立国語研究所が昭和三十年度に国語研究者や有識者を対象にアンケート調査を行い、ゆれている語形について、そのどちらを採るか、また、その理由について具体的に答えてもらったものがある。その際の問題語の中に「見られなかった・見れなかった」が含まれているが、その結果は、前者を採る方が絶対多数であったことが報告されている。

以上、「見れる」「来れる」などの言い方がますます一般化している現象は否定できないとしても、学校の教科書や国語辞書の取扱い方、知識人の言語意識などからすると、まだまだ標準的な言い方として位置付けられる段階にまでは至っていないように思われる。

（参考）
・中村通夫「＜来れる＞＜見れる＞＜食べれる＞などという言い方についての覚え書」（『金田一博士古稀記念　言語民俗論叢』所収）
・『国立国語研究所年報７』所収、「語形確定のための基礎調査」

（1―38）

問　「さびしい」か「さみしい」か

答　現代語としては、両方とも使われているが、「さびしい」の方がより標準的な言い方だと考えていいだろう。

現代の国語辞書は、いずれも「さびしい」「さみしい」の両方の

語形を見出しとして掲げているが、そのほとんどは「さびしい」の方で意味・用法の記述をしており、「さみしい」の方は参照見出しにとどまっている。（ある辞書では、「さみしい」を「〈さびしい〉の俗語方言形」としたものもある。）

また、NHKの放送用語としても、「さびしい」の方を採っている。

この語の時代的変遷を大ざっぱにたどってみると、次のようになっている。

万葉集には、「さぶし」が最も多く使われ、「さぶしさ」、「さびしさ」が少しあり、もちろん「さみし」は現れない。平安時代から鎌倉時代にかけての文献では、「さびし」がほとんどで、「さみし」は見当たらない。（なお、十七世紀初めにキリシタン宣教師たちが刊行した『日葡《にっぽ》辞書』に、「Sabixij」のほかに「Samixi」と見えるのは、「侮る」の意味の「褊《さみ》す」の連用形で、全くの別語。）江戸時代には、両方の語形が現れるが、滑稽本や人情本などには「さみしい」の方が優勢のようである。明治以降の文学作品では、「さびしい」の用例の方が多いが、会話などには「さみしい」もかなり見え、ほかに「さむしい」「さぶしい」という形も現れる。しかし、最近では、「さびしい」の方が圧倒的に多い。

つまり、上代の「さぶし」が平安時代になって「さびし」となり、それが中世末期ごろから「さみし」と変化して「さびし」と並んで用いられ、後に「さむしい」「さぶしい」という形も現れた。現代でも、両方の形が用いられるが、古くから使われた「さびしい」を標準語形と見る考え方が多く、教科書や放送用語などでも「さびしい」が採用されている。また、「当用漢字音訓表」でも「寂」には「さび・さびしい・さびれる」の訓を掲げており、「さみしい」は挙げていない。

なお、国立国語研究所が昭和三十年度に各方面の専門家を対象に行った「語形確定のための基礎調査」の中に、「さみしい」「さびしい」のいずれを標準語形とするかという問いが入っている。その結果を見ると、「さびしい」を採った回答者の方が多数であったこと、また、その採否の理由として、次のような事柄が挙げられたことが報告されている。（『国立国語研究所年報7』参照。）

▽「さびしい」を採る理由

一般的46％　本来の形35％　共通語的32％　言いやすい16％
口頭語的・語感がよい・聞きわけやすい各15％

▽「さみしい」を採らない理由

特殊的40％　くずれた形・地方語的各20％

この結果から、現代では、「さびしい」を支持する人の多いこと、また、その支持する理由などが知られるだろう。

この「さびしい」「さみしい」のように、バ行音・マ行音にわたる音韻交替の現象は、日本語に例が多い。「けぶり」「けむり」（煙）は、現在では「けむり」の方に統一された例だし、「つぶる」「つむる」（瞑）などは、今なおゆれている例である。

〔付記〕以上は「さびしい」と「さみしい」が全く同じ意味だという前提に立っての考察であるが、現代人の語意識としては、両者の間に多少の意味・語感の違いを認めることもできるようだ。すなわち、現在、「さびしい」は、

(1) 本来あるはずのものが欠けていて、満たされない気持ちを表す。満足できない。（例、さびしい正月を迎える。ふところがさびしい。）

(2) 人声や物音がしないで、心細い。ひっそりしている。（例、さびしい山道）

という両方の場合、つまり主観性・客観性どちらの場合にも用い

られるが、「さみしい」の方は、主観性・情緒性が強く、(1)の場合に集中して用いられる傾向がある。『NHK放送用語ハンドブック』にも、「サミシイ（ふところが～）」「サビシイ（～道）」のような使い分けが示されている。現在、「さみしい」がどちらかと言えば詩的な表現に多く使われるのも、こうした語意識に基づくものであろう。　（2―46）

問　「ほほえむ」か「ほおえむ」か

答　どちらに発音しても誤りとは言えない。ただし、現在では「ホホエム」と発音する方が優勢である。

現在の国語辞書を見ても、その取扱い方は、ほぼ一致している。つまり、どの辞書も、「ほほえむ」「ほおえむ」の両形を見出しに立ててはいるが、意味・用法の説明は、「ほほえむ」の方でして、「ほおえむ」は参照見出しとして扱っている。また、『NHK放送用語ハンドブック』によると、「ホホエム」を標準形と定め、「ホーエム」は原則として、放送では使わないことにしている。

なお、国立国語研究所の「語形確定のための基礎調査」の中にも、この問題が含まれているが、その結果は、「ほほえむ」を採る専門家の方が多数であり、その理由は次のとおりである。

▽「ほほえむ」を採る理由
本来の形38％　語感がよい28％　一般的・言いやすい各22％

▽「ほおえむ」を採る理由
言いやすい23％　口頭語的・変化の傾向にそう各10％

▽「ほおえむ」を採らない理由
くずれた形27％　語感が悪い22％

右の結果は「ほほえむ」を本来の形、「ほおえむ」をくずれた形と意識する人が多いことを示している。回答の中には「＜ホホと笑む＞という語源から考える」という注記もあったが、そういう考え方の多いことを反映した結果とも見ることができる。（「ほほえむ」の語源説としては、「ホホミエム＜含笑＞の義」とする説と、「ホホは微笑する時の声」とする説とがあるが、はっきりしない。）

また、「ほほえむ」と「ほお（頬）」との関連がよく問題にされる。「ほほ（頬）」は、平安時代のころから語中・語尾のハ行音がワ行音に変化した一般的傾向に従って

ホホ→ホヲ→ホオ→ホー（現在は「ホホ」という発音も行われている。）

のような音変化をとげた語である。したがって各現代語辞書の取扱いを見ても、「ほお」「ほほ」の両形を挙げてはいるが、本見出しを「ほお」とする点ではいずれも一致している。また『NHK放送用語ハンドブック』によれば、「ホホ」「ホー」両様の形を認めているが、標準の形は「ホー」としている。国立国語研究所の「語形確定のための基礎調査」の結果でも、「ほほえむ」の場合と異なり、「ほお」を採る方が多数であることが報告されている。

したがって、もし「ほほえむ」が「頬＝笑む」であるとすれば、「ホオエム」と発音する方が〝本来の形〟ということになる。しかし、この「ほほえむ」と「ほお（頬）」との関連は、必ずしもはっきりしていない。というより、中世の辞書類などを見ると、次に示すように、語形が違っているので、両者の関連はむしろ付けがたい。

・頬　ホフ――忍笑ホホ・シノビワライ（文明本節用集）
・頬　ホウ――忍咲ホホエン（永祿五年本節用集）
・頬　ホフ――微笑ホホエム（易林本節用集）

要するに、「ホホエム―ホオエム（微笑）」と「ホオ―ホホ（頬）」とは、現在、両方の発音が並び行われており、どちらも正しいとさ

れるが、微笑の場合は「ホホエム」、頬の場合は「ホオ」と発音する方が優勢であることは間違いない事実だろう。（2―47）

問 **「足らない」か「足りない」か**

答 どちらも誤りではないが、現在、規範的には「足りない」の方が共通語としての扱いを受けている。

「足らない」は「足る」という五段活用の動詞、「足りない」は「足りる」という上一段活用の動詞で、それぞれの活用のしかたは、次表のとおりである。

語尾／動詞	未然	連用（音便）	終止	連体	仮定	命令	活用
足＝る	ら ろ	り（っ）	る	る	れ	れ	五段
足＝りる	り	り	りる	りる	りれ	りよ りろ	上一段

（注）未然形の「ろ」、命令形は、実際に使われることはほとんどない。

このような五段活用と上一段活用との間でゆれている言葉としては、ほかに「借る―借りる」「飽く―飽きる」などがあるが、現在、共通語として一般に行われているのは、いずれも後者（上一段活用）の方である。

これらの語は、昔は、それぞれ「足る」「借る」「飽く」という四段活用の動詞であった。「足る」は、上代から中古、中世を経て用い続けられた語であるが、一方の「足りる」は、江戸時代の後半に、江戸語として現れて以来の言い方である。したがって、その時期では上方語系統の「足る」と、江戸語の「足りる」とが対立していたわけであるが、この江戸語の方が東京語に引き継がれ、現代共通語では、特に話し言葉の場合「足りる」の方がはるかに優勢になっている。少し古い調査であるが、国立国語研究所が昭和二十四年に東京都内で、「足らない」「足りない」という言い方に関して調べたものがある。六百人の大人を対象に調べたものでは、「足りない」を選んだ人が八十八パーセント、「足らない」を選んだのが十二パーセントという結果が出ている。また、東京都内の小学校約三十校の東京生まれの児童について調べた結果では、山の手下町とも、九十パーセント前後が「足りない」の方を選んでいる。（『国立国語研究所年報1』所収「東京方言および各地方言の調査研究」を参照。）

「借る」「飽く」という五段活用の動詞は、現代共通語では、話し言葉でも書き言葉でもほとんど姿を消して、「借りる」「飽きる」という上一段活用の方に定着してしまい、「借らない（借らん）」「飽かない（飽かん）」という言い方は関西地方の方言として残っているにすぎない。ところが、「足らない」「足りない」の方は、まだ完全に交替しきっていないようである。「注意が足ら（足り）ない」という単独の用法はともかくとして、「飲み足ら（足り）ない」「物足ら（足り）ない」「しゃべり足ら（足り）ない」のような複合動詞の場合や、「取るに足ら（足り）ない」「四十に足ら（足り）ない」のような慣用句的な場合には、今もなお多くゆれが見られる。特に、打ち消しの助動詞が「ない」でなく「ぬ（ん）」の場合は、「足りぬ（ん）」よりも「足らぬ（ん）」の方が多く使われる。また「聞くに足るものがある」「一時間足らず」「舌足らず」のような場合には、「足りる」は使われない。また、話し言葉に比べて書き言葉の方では、現代の文学作品などに「足らない」を使った用例が多くあることも報告されている。

このような事情はあるが、要するに、話し言葉としては、現在ほとんど「足りない」に統一されようとしており、書き言葉の方で

も、次第に「足らない」「足らぬ」という言い方が衰退する傾向にあると思われる。（2—49）

問「報いられる」か「報われる」か

答「（努力が）報いられる」も「（努力が）報われる」も、ともに受身の表現の正しい言い方として認めてよい。

「報いられる」は上一段活用の動詞「報いる」に受身の助動詞「られる」の付いたものであり、「報われる」は五段活用動詞「報う」に受身の助動詞「れる」の付いたものであるから、まず、もとの動詞の「報いる」と「報う」との関係について考えてみよう。両者の活用は、次のとおりである。

動詞＼語尾	未然	連用（音便）	終止	連体	仮定	命令	備考
報＝いる	い	い	いる	いる	いれ	いよ	文語「報ゆ」の変化
報＝う	わ お	い（っ）	う	う	え	え	文語「報ふ」の変化

歴史的に見ると、平安時代までは「報ゆ」（ヤ行上二段活用）であったものが、鎌倉時代になって「報ふ」（ハ行四段活用）が現れ、「報ゆ」と併用されるようになった。江戸時代前期の上方語では、「報ふ」の方が普通になり、さらに江戸時代後期の江戸語では、「報ふ」の変化した「報う」（ワ・ア行五段活用）が、学者は別として、広く一般社会で用いられた。それが、明治以後、平安時代の雅語の文法を規範とする文語文法で「報ゆ」（ヤ行上二段）を正しい形としたところから、それとの対応で、その口語形「むくいる」（ヤ行上一段）を正しい形として学校文法で教えるようになり、今日に至っている。したがって、現代語を採録する国語辞書の類を見ても、「報いる」を見出し語に掲げており、「報う」を掲げたものは少ない。（ただし、「報われる」という連語の形で見出しに掲げたものはある。）こうした事情からも、現代語としては「報いる」の方が一般的であると断言してよかろう。

「報う」が現在必ずしも一般的でないことは、右の表の一々の活用形の用法を考えてみても知られるが、ただし、全く廃れたわけではなく、いくつかの活用形は、今もなお、まれに使われている。

- 〈未然形〉苦労がはじめて報われた思ひだった（新聞）
- 〈音便形〉余り酷《ひど》い目に遭《あわ》せると、僕の方へ報って来るから、もう舎《よ》してくれたまへな（金色夜叉）
- 〈終止形〉五旬の苦闘遂に酬ふ（新聞）
- 〈連体形〉因果の報ふ例は恐るべきものだから（金色夜叉）

（湯沢幸吉郎『現代語法の諸問題』（昭和19）所収「〈報いる〉と〈報ふ〉」から抜粋）

右の例は、いずれも終戦前のものであるが、このうち、特に「報われる」場合は、現在でもしばしば使われる。西田直敏氏は、現代の大学生が「報いられる」と「報われる」のどちらを正しいと考えているかという意識調査を実施し、受身表現としては「報われる」が優勢であり、可能・尊敬表現では「報いられる」が一般的であるという結果を報告している。（『講座正しい日本語5　文法編』所収「〈報いられる〉と〈報われる〉」を参照）

これは、「報いられる」よりも「報われる」の方が一音節短く、しかも発音しやすいことが、その原因の一つになっていると思われる。

要するに、動詞としては「報いる」の方が一般的であるが、受身表現に限って見れば、「報いられる」「報われる」の両形を、正しい形として認めておくのが穏当であろう。

なお、これと似たケースとしては「忘れられる」と「忘られる」などがある。（「忘れられない思い出」「忘られぬ思い出」のように使う。）（2—50）

問「話を終わります」か「話を終えます」か

答　どちらの言い方も正しいと考えたい。「終わる」はラ行五段（文語ではラ行四段）に活用し、本来、自動詞として用いられ、「終える」はア行下一段（文語では「終ふ」＝ハ行下二段）に活用し、他動詞として用いられる。だから、

｛食事が終わってから外出する。
　食事を終えてから外出する。

のように、「……が」に対しては「終わる」、「……を」に対しては「終える」を用いるのが、これまで正しい言い方とされてきた。ところが、近年になって、「終わる」を他動詞、「終える」を自動詞に用いる言い方が出てきた。

｛食事を終わってから外出する。
　食事が終えてから外出する。

のようにであるが、後者の場合は、俗用又は方言という感じを免れない。（『日本国語大辞典』によれば、「終える」を「終わる」の意味に使う地方として、上総、山梨県、長野県、静岡県などの地名を挙げている。）しかし、前者の言い方は、明治以降の文学作品や新聞記事などに、かなりの用例のあることが報告されている。（湯沢幸吉郎『現代語法の諸問題』参照）

現在では、「これでわたしの講演を終わります」とか「きょうの放送を終わります」などの言い方は、むしろ「終える」を使う言い方よりも優勢のように思われる。言語の時代による変化を認めなければならない以上、現代語では、「終わる」が自動詞にも他動詞にも用いられるようになったと考えざるを得ない。現代の国語辞書で、「終わる」に他動詞の用法を注記するものが多くなっていることも、その事実を裏付けるものと言えよう。（2—51）

問「きやしない」か「こやしない」か

答「きやしない——こやしない」のゆれは、東京方言の中で早くから意識されていた。永田吉太郎氏の「旧市域の音韻語法」（『東京方言集』〈昭和10〉所収）は、「こやしない」は「こない」の類推で生じたものであろうとし、この新しい言い方は大正以後に生まれた人が使い、「きやしない」は明治以前に生まれた人しか使わないと述べている。

昭和二十四年に行われた国立国語研究所の「東京方言の実態のための第二次準備調査」（『国立国語研究所年報1』所収）でも、この問題が取り上げられているが、その調査結果は次のようであった。

		きやしない	こやしない
四谷・牛込	児童	40.2%	59.8%
	成人	67.0%	33.0%
浅草	児童	50.2%	49.8%
	成人	60.0%	40.0%

（注）　成人は，当時41歳以上の人を指す

この結果については、さらに、両親の出身地別、疎開年数別、両親の学歴別に集計して、次のような内容が報告されている。

・成人では「きやしない」が優勢だが、児童は「こやしない」がやや優勢。

・児童の結果から、「こやしない」は下町より山の手で比較的優勢。
・その土地生えぬきの者ほど「こやしない」を使う。
・「こやしない」は教養層に支持されており、決してくずれた言い方ではない。

この結果に、先の永田氏の見解を合わせると、教養層に支持されていることになる。それならば、「こやしない」が徐々に「きやしない」を圧倒していきそうなものだが、実際はどうも逆のようである。

昭和四十五年にNHK総合放送文化研究所が行った「児童生徒言語調査」の結果を見ると、東京都内の小、中学生とも「きやしない」を選択した者の方がはるかに多い。つまり、二十年前の国語研究所の調査よりも、一層「きやしない」の方に傾いていることが立証されたわけである。(『文研月報』昭和46・9月号参照)

また、昭和三十年の国立国語研究所の「語形確定のための基礎調査」の結果は、「きやしません」を採る方が多数で、その理由は次のようになっている。

▽「きやしません」を採る理由

一般的48%　共通語的29%　言いやすい24%　望ましい体系を作る21%　規範に合う19%　伝統的10%

▽「こやしません」を採らない理由

地方語的31%　特殊的30%　望ましい体系を作らない25%　言いにくい20%

▽使う形──全般に「きやしません」がはるかに多いが、東京・東部には「こやしません」の率がやや高く、特に山の手周辺に高い。

注目すべきは、望ましい体系を作るかどうか、規範に合うかどうかという基準が問題にされていることである。「きやしない」は、「しやしない・見やしない・死にゃしない」が、「しはしない・見はしない・死にはしない」から変化したのと同様に、「きはしない」から変化したもので、その「き」をカ行変格活用の連用形と見れば、「死にはしない・書きはしない」の「死に・書き」と全く平行に説明できる。「こやしない」の「こ」は未然形で、接続の関係からすると例外になるわけである。わずか二十年ぐらいの間に「こやしない」が衰退したのも、その裏にこういう整理意識が強く働いていたためであろう。(2―52)

問 **「たとい……しても」か「たとえ……しても」か**

答 副詞としての「たとえ」は、おそらく「たとい」から変化したものと思われるが、現在では、両形ともに用いられており、完全にゆれている語形であると言ってよい。

歴史的に見ると、副詞としての「たとい」(歴史的仮名遣いでは「たとひ」)は、上代の文献に既に見えており、中古・中世・近世を通じて今日に至っている。一方の「たとえ」(歴史的仮名遣いでは「たとへ」)が文献に現れる時期ははっきりしないが、まとまって用例が現れるのは近世以降である。したがって、歴史的には「たとい(たとひ)」の方が優勢であったと見られる。

現代語を採録した辞書においても、その取扱い方は、やはりゆれている。各辞書とも、見出し語として両方の形を掲げてはいるが、どちらを本見出しにするかは、辞書によってまちまちである。

国立国語研究所の「語形確定のための基礎調査」の結果によれば、「たとえ」を採用すべしとする意見が多数を占め、その理由は次のとおりであった。

▽「たとえ」を採る理由

一般的25%　本来の形23%　言いやすい21%　語感がよい18%
　共通語的16%　口頭語的15%　規範に合う・聞きわけやすい
　各13%

▽「たとい」を採る理由
　一般的13%

　これは、国語・言語の専門家や各界の文化人を対象にした意識調査の結果であるにもかかわらず、その理由に「本来の形」「規範に合う」という理由を挙げているのはおかしいけれども、現在の教科書や、新聞・放送などの実情を見ると、一般には「たとえ」の方が多く使われているようである。（『NHK放送用語ハンドブック』には、「タトエ」「タトイ」両様の形を認めているが、標準の形としては「タトエ」の方を挙げている。また、国語審議会報告「標準語のために」（昭和29・3）の中でも、標準として「タトエ」の方を採っている。）「たとえ」は、「たとえる」「たとえば」に語形上引かれて出てきたものと思われるが、意味的には全く関連のない語である。したがって、「たとえ……しても」を表記するのに「例え」を当てるのは適当でない。

　以上のようなわけで、文語としては「たとい」であるが、現代語としては「たとい」「たとえ」は現在どちらも使われており、どちらがよいかは、にわかに断定することができない。（2—53）

問「全然すばらしい」という言い方は正しいか

答「全然」は「全然できない」「全然おもしろくない」のように、下の打ち消しの呼応を伴うのが本来の用法とされている。また「全然だめだ」「全然無意味だ」「全然むだだ」という場合も、「だめ」「無意味」「むだ」という言葉自体が否定的意味を持っているため、それほど抵抗感はない。しかし、そのわくからそれて「全然きれいだ」「全然すばらしい」となると、奇異に感じる人が多い。

　国立国語研究所の「語形確定のための基礎調査」の結果を見ても、「全然すばらしい」を採用する人はごく少数で、その理由は次のようになっている。

▽「全然すばらしい」を採用しない理由
　新奇すぎる60%　ある種の人だけが使う47%　特殊的38%　規範に合わない36%　語感が悪い26%

　この言い方は、近年若い人たちの間に行われているが、これに対する意見は、右のようにかなりはっきりと否定的に現れている。また『NHK放送用語ハンドブック』にも、この語は「肯定の場合には使わない」と明記している。

　この語と見合わせて考えられるのが「とても」である。「とても」は、東京語としては、明治のころには、「とてもできない」のように、打ち消しの照応をする用法だけであったが、大正・昭和に入ると「とてもきれいだ」などと盛んに使われ、今では話し言葉の世界では普通に使われており、だれも奇異には感じない。つまり、最初は打ち消しの照応のある用法（陳述副詞）だけであったのに、新しく程度を表す用法（程度副詞）が加わって、それが一般化したわけである。「全然すばらしい」がおかしいとされるのは、「全然」に現在は程度副詞としての用法が一般化していないからだと思われる。

〔付記〕『日本国語大辞典』の「全然」の項には、次のような意味記述がある。（用例はすべて省略する。）
　㊀《形動タリ》余すところのないさま。全くそうであるさま。
　㊁《副》①残るところなく。すべてにわたって。ことごとく。

すっかり。全部。②（下に打消を伴って）ちっとも。少しも。

③（口頭語で肯定表現を強める）非常に。

右のうち㈠は文語の用法であるが、㈡の①の用法は、明治以後の文学作品や新聞文章などにもかなり用例を拾うことができる。国立国語研究所で作成中の用語索引や採集中の用例カードにも、次のような例がある。

・彼の心を全然其方の方へ転換させることが出来はしまいかと念じた（夏目漱石「行人」四）

・相手が全然正気なのか、又は少し昂奮し過ぎた結果、精神に尋常でない一種の状態を引き起こしたのか（同、二十八）

・彼の室《へや》は明るい電燈と、暖かい火鉢で、初冬の寒さから全然隔離されてゐるやうに見えた（同、三十）

・独逸が最後の望を繋げる日米離間運動の全然失敗せるを喜び（東京日日新聞、大正6・11・10）

これらは「すっかり」「まるっきり」という意味であるが、これは「全然」という漢字の字義から見ても、自然な使い方だと言える。むしろ、こういう用法がもとになって、それから②の陳述副詞としての用法を派生し、さらに近年になって③の用法を生じさせたと見ることができる。その点が、前述の「とても」の変遷と、事情を異にするところである。（2―54）

問 **「水が飲みたい」か「水を飲みたい」か**

答 「水が飲みたい」の方が、現在では標準的な言い方だとされている。一方、「水を飲みたい」という言い方も、だんだん一般に広がってきているので、これを誤用として退けようとするのは穏当ではない。しかし、どちらか一方を採るとなれば、現段階では「水が飲みたい」という言い方を採っておくのが無難であろう。

「水を飲みたい」という言い方は、明治以後、西洋諸国との交流によって生じた用法、つまり翻訳調の影響を受けた表現だと説く人もいるが、それは事実と相違する。松村明氏の研究によれば、発生的にも「が……たい」という言い方が古くからあったとは言えず、室町時代には「を……たい」の方が優勢であり、江戸時代でも両形が併存していたのだから、「が」が標準的で正しく、「を」が正しくないとは言い切れないと言う。（『江戸語東京語の研究』所収「〈水が飲みたい〉という言い方について」参照）それは、ともかくとして、近年「を」を使う傾向が盛んになってきたのは、やはり、西洋文典の他動詞にならって、目的を示す場合には常に「を」を付けようとすることにも一つの原因があると思われる。

また、表現するときの心持ちとして「飲みたい」を一語の形容詞のように、ひとまとまりとして意識した場合は、「お茶が飲みたい」と言うが、特に「飲む」ことを強く意識に浮かべると、自然に「お茶を飲み、たい」と言うことになる、という事情もあるだろう。（もっとも近ごろは「お茶をほしい」のように、形容詞の「ほしい」に対しても「を」用いる傾向が生じている。）このことは、

・お茶を持ってきてもらいたい。

・それを君の口から聞きたかった。

・この金を全部さし上げたいと思います。

のように間に他の語句が介入した場合は、「を」の代わりに「が」を使うと、かえって不自然な感じになることと見合わせて考えることができよう。

ところで、国立国語研究所の「語形確定のための基礎調査」の結果では、やはり「水が飲みたい」を採用すべきだという意見が多数

であり、その理由として次のようなものが挙げられている。

▽「水が飲みたい」を採る理由

一般的45%　本来の日本語調35%　伝統的24%　増加の傾向・規範に合う各11%

▽「水を飲みたい」を採る理由

論理的23%　増加の傾向10%　（採らない理由、翻訳調26%）

なお、回答者の類別で見ると、年少者ほど「水を飲みたい」の方を「論理的」とするものが多いことが報告されている。

昭和四十五年にNHK総合放送文化研究所が行った「児童生徒言語調査」の結果を見ると、「水を飲みたい」を選んだ児童生徒の方が「水が」を選んだ者よりやや多くなっている。「水を」という言い方がだんだん勢力を得てきつつある事情を示していると言えよう。（『文研月報』昭和46・9参照）　（2―56）

問「和」は、なぜ「口」の部なのか

答　漢字は、「口」「女」「火」「心」などのように、全体としてかたく一つにまとまった形をしているものもあれば、「鳴」「妹」「委」「計」「燃」「思」などのように、一字のまとまりの中に、更に部分的なまとまり（しかも、その部分的なまとまりだけで、別の一字となっているものが多くある。）を有するものがある。すなわち、一字の漢字を幾つかの構成要素に分けることができる文字と、できない文字とがある。そして、前者の方がはるかに多いのである。

ある漢字が、左右の構成要素から成り立っている場合、通常、左部分を「へん」といい、右部分を「つくり」という。その漢字の所属部首を「へん」によって決めるか、「つくり」によって決めるかは、個々の漢字によって違っており一概には言えない。「へん」を目印にして分類する字もあれば、「つくり」の部分、あるいは、その他の要素を目印にして分類する字もあるからである。

ところで、「和」は、左、右の構成要素によって分けることができ、左側の「禾」、右側の「口」から成り立っている。「へん」の中に、「のぎへん」というのがあり、例えば、「私・秘・稚・積・程」など、いずれも左側に同じ「禾」を持っている。これらの字は、普通の漢和辞典では、「禾」の部に集めてある。そして、「禾」部には、「秀」のように、「禾」が、上部、すなわち「かんむり」の位置を占めるような字も含まれている。しかし、「和」の字は、『康《こう》熙《き》字典』の「禾」の部ではなく、「口」の部に所属しているのである。『康熙字典』にならった我が国の漢和辞典の類は、みな「和」を「口」の部の五画として掲げている。

『康熙字典』が採用している分類、配列の方法は、部首別、画数順と言われているが、『康熙字典』は、明《みん》の梅膺祚《ばいようそ》の『字彙《じい》』の分類配列法を踏襲したのである。その方法は、徹底してはいないけれども、『説文解字』が説いているような字源に従って、字の構成部分のうち、意味に関係する部分に、分類の目印を求めたものである。「和」の字について、『大漢和辞典』を見ると、『集韻』の「和、古作咊」、『説文』の「咊、相應也、从口禾聲」を引いている。古くは、現在の「へん」と「つくり」が逆になった「咊」であり、意味上は、「口」に関係するものとして、「口」の形を構成要素として有し、「禾」の部分は音を表す、というわけである。すなわち、「和」の意味の標識は「口」であって、意味の標識の「口」を手掛かりにするために、『字彙』も『康熙字典』も「和」を「口部」に収めているのである。

『康熙字典』にならった我が国の漢和辞典では、「和」の字は「口」部五画であるが、近ごろの辞典では、「禾（禾）」の部の三画にもこの字を掲げ、「口部五画を見よ。」という旨を記載しているも

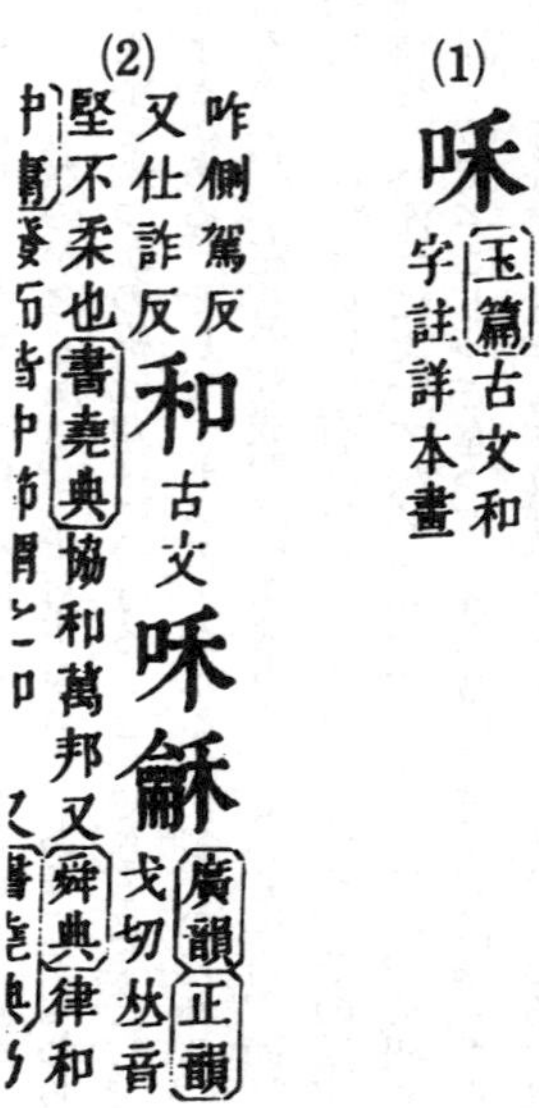

康熙字典（康熙殿版）(1)：丑集上32丁ォ
(2)：丑集上33丁ゥ

のが多い。

このようなことは、「和」の字だけのことではない。「禾」を構成要素として持つ字ばかりでなく、我々の日常使用しているごく平易な漢字においてもかなりあるのである。「禾」を構成要素として持つ漢字で、「禾」の部に属していない字には、「和」のほかに、次のようなものがある。（ただし、「当用漢字表」の範囲内に限る。）

（「→」の上が漢字、下がその漢字の所属部首。）

利→刀
委→女
季→子
香→香

「秀」が「禾」部ならば、「委・季・香」も「禾」部でもよさそうなものであるが、そうではなく、殊に「香」は上下に分けず、全体で独立した部首の一つとなっている。

以下、参考までに、日常よく使われる字で、所属部首の迷いやすいと思われる字の例を幾つか掲げておく。

化→匕　行→行　術→行
衛→行　相→目　視→見
禁→示　則→刀　敗→攵
想→心　問→口　田→田
巡→巛　今→人　令→人
合→口　命→口　金→金
食→食

問「声」は、何の部に属するか　（3—33）

答「声」は、もと「聲」である。昭和二十一年内閣告示の「当用漢字表」では、「耳部」に「声（聲）」として掲げてある。旧字体の「聲」には、構成要素として「耳」の字を含んでいるから、「耳部」に入っていることに特に無理なところはない。

ところで、昭和二十四年の「当用漢字字体表」で、その字体の標準が、はっきり「声」と決まった。「声」では、耳とのつながりがなくなってしまうので、「声」が属する部ということが話題になるわけである。

すなわち、「声」の字は、その上部に「士」の形があり、これは部首の一つ「さむらい」である。そこで、現行の標準的な字体である「声」という字形から、もし、新しく通俗的に部首を定めるとすれば、「士部」あたりが、まず無難なところであろう。

このようなことに対応するため、字体表制定後に新しく編集され

〔漢字〕	当	営	単	厳	巣	円	与	巨	写	内	両	予	県	余	体	並	舎	舗	冒
〔従来の部首〕	田	火	口	口	巛	囗	臼	工	宀	入	入	豕	糸	食	骨	立	舌	舌	冂
〔旧字体〕	當	營	單	嚴	巢	圓	與	巨	寫	內	兩	豫	縣	餘	體	竝	舍	舗	冒

〔漢字〕	台	処	弁	弁	寿	声	医	党	黙	点	変	欠	売	弐	塩	収	叙	双
〔従来の部首〕	至	虍	辛	瓜	士	耳	西	黑	黑	黑	言	缶	貝	貝	鹵	攴(攵)	攴(攵)	隹
〔旧字体〕	臺	處	辯 辨	瓣	壽	聲	醫	黨	默	點	變	缺	賣	貳	鹽	收	敍	雙

る漢和辞典の類では、いろいろの工夫をしているが、だいたいの傾向として、小学校児童を対象として編集された漢和辞典では、いわゆる旧字体を掲げる必要はないから、「声」を「耳部」から外し、「士部」に移しているものが多いようである。しかし、一般成人向けの漢和辞典では、「士部」に、「声」を掲げ、「耳部」を見るように指示してあるものもある。

以上のように、字体表の制定に伴って、新しい形となったために、従来、その字が属していた部首と形態の上から関連がなくなったものは、案外、数が多いのである。上段にそのようなものを表にして掲げておく。　（3―35）

問「糸」の画数は……

答　漢字の字形を構成している最小要素で、筆写の際一筆で書かれるものを点画《てんかく》と呼び、個々には点又は画と呼ぶ。英語ではストローク（stroke）と言う。

点と言っても、幾何学上の点とは違って、筆が入ってから出るまでの長さがあり、方向があり、かつ面積がある。また、画には、折れたり、曲がったりしているものもある。その主なものを基本点画と言い、これを大まかに分類すると、まず、一丨ノ㇏の五類になるであろう。

その点画の名称については、「筆順指導の手びき」（文部省、昭和33初版）（以下「手びき」という。）によれば、次のとおりである。（原文横書き）

点（てん）

横画（よこかく・おうかく→「横」（よこ）「よこぼう」）

縦画（たてかく・じゅうかく→「縦」（たて）「たてぼう」）

左払い（「人」の第一画に相当する画で、方向・長さには、いろいろある。）
右払い（「人」の第二画に相当する画で、方向・長さには、いろいろある。）

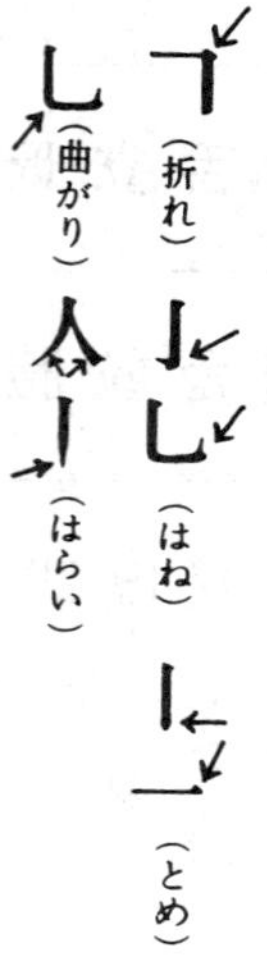

ある字を構成する一つ一つの点画が、離れ離れである場合には、その点画の数がその字の画数であることは明らかである。しかし、多くの字は、点画が互いに接触したり、交差したりして複雑な字形をなしており、これを一筆で書くことができないので、楷《かい》書では、一つ一つの点や画に分解して順序を立てて書き上げていく。十を一と｜の二画に書くことや、口は一筆でも書けるが、｜と┐と一との三画に分けて書くことなどは、習慣として決まっている。そこで、楷書で書く上での習慣として分割された点画の数が、それぞれの字の画数となるのである。

漢字の画数の数え方は、点画がどのような形をしていても、筆の始め（始筆・起筆）から終わり（終筆・収筆）まで離れないで書いた部分を一画と数えることを原則とする。例えば、

「、一フ┐㇏ノ㇋㇛㇄」

などは、すべて一画と数える。ただし、続いているように見えていても、筆順によって、二画と数える場合がある。

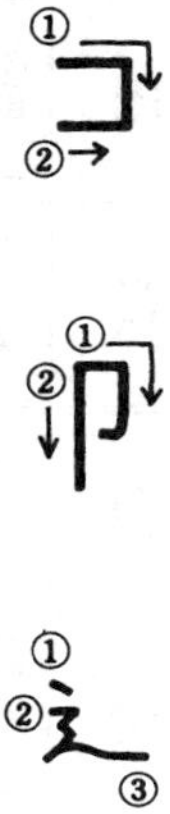

画数の数え方は、字を書く上での習慣として決まっているものである。したがって印刷された明《みん》朝体の活字のように特に形式的に整えられた字形が、そのままその字を書くための画数を反映していないような場合がある。

今問題の「糸」の画数については、特に印刷された字の形との関係を考慮に入れる必要がある。

字体表が示す形　糸
普通の明朝体の活字の形　糸
教科書体の活字の形　糸

いま仮に、明朝体を見て、できるだけ多く数えてみると、八画となる。

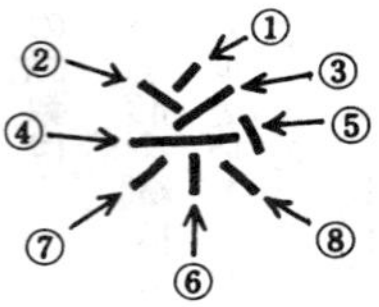

①と②、③と④の部分に注目すると、②や④の左端が①や③の末よりもずっと左の方へ出ていて、①から②へ、③から④へ移る場合に、いったん筆が離れるもののように見える。しかし、これは明朝体のデザインの関係であって、伝統的な画数（例えば、康熙《こうき》字典）では六画としている。これは、

のように、①—②、③—④をそれぞれ折れた一画として数えているのである。

このように、一筆に続けるかどうかについて、字形を見ただけではっきりしない点があるため、曲がったら一画と数えて索引のための便宜にしようとする説もある。すなわち、「口」は四画、「句」は七画、「両」は八画でも引けるようにしようというのである。
現在、漢字の画数に関しては、公式に標準を定めたものはない。なお、「糸」又は「糸」の字形の一部を含む字には、次のようなものがある。

係　孫　幻　幼　幽　幾　弦　慈　滋　玄　率　磁　系　（その他糸へんの字）

いずれも「幺」の部分は三画と数えるのが普通である。（3—36）

問「臣」の画数は……

答「臣」は、筆順によって画数の異なる字の例である。「手びき」によれば、その筆順は　｜　Ｆ　巨　臣　となっており、左の縦画を第一筆にしている。

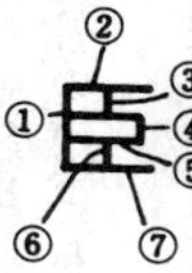

縦画から先に書くと、その画数は当然七画となる。
もし、上の横画から先に匚や区のような筆順で書くとすると六画となる。

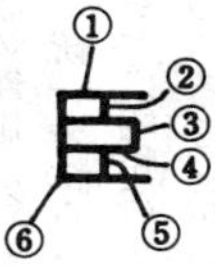

⑥が折れとなって、一画に数えるのである。従来の習慣では七画に書くのが普通であったかと思われるが、『康熙字典《こうき》』では、六画の部首としている。

したがって、『康熙字典』を踏襲する字書と、書写の習慣を考えた字書とで、配列の位置が違っていることになるのである。

堅　土部の八画―九画
監　皿部の九画―十画
姫　女部の六画―七画　　など　（3—38）

問「必」の筆順は……

答　筆順について解説したものとして、前述（551ページ）の「筆順指導の手びき」（文部省、昭和33初版）があり、「本書のねらい」というところで

学習指導上に混乱を来たさないようにとの配慮から定められたものであって、そのことは、ここに取り上げなかった筆順についても、これを誤りとするものでもなく、また否定しようとするものでもない。

と断ってある。以下、この「手びき」の趣旨に沿って解説することにする。

まず、「筆順とは文字の形を実際に紙の上に書き現わそうとするとき、一連の順序で点画が次第に現わされて一文字を形成していく順序である」と規定する。そして、筆順がなぜ必要であるかについては、次のように述べている。

筆順は、全体の字形が、じゅうぶんに整った形で実現でき、しかもそれぞれの文字の同一の構成部分は、一定の順序によって書かれるように整理されていることが、学習指導上効果的であり、能率的でもある。このことは、漢字ばかりでなく、かな、ローマ字等についても、同じことが言える。

この「手びき」は、書道や一般社会において、同一文字に二種あるいは三種の筆順が行われている場合も認めた上で、学習指導上の問題として統一を試みたものである。「小学校学習指導要領　国語科編（試案）」（昭和26年度改訂版）の中に、既に第一学年から、「文字に筆順のあることがわかる」という能力が求められており、「文字に筆順のあることがわかり、筆順によって書けるように導く」という、学年の指導の目当てが示されている。これらは「手びき」の中に引用されたものであるが、現行の「小学校学習指導要領」（昭和43・7・11、文部省告示第268号）の第一節国語〔第一学年〕C書くことの(3)書写の指導においては、次の事項について指導する、とある。

イ　文字の形に注意して、筆順に従ってていねいに書くこと。

ウ　点画に気をつけて文字を正しく書くこと。

低学年において、文字を組み立てる基本の形（へん・つくり・かんむり・あし）が分かり、標準的な筆順で書けるようになれば、未習の漢字であっても類推で書けるようになるものである。筆順はまず、漢字を手で覚えるために必要なものであり、いったん筆順を記憶すると、漢字を思い出すためにも役立ち、標準的な筆順によることによって、漢字の字形を整えることもできると考えられている。速書きの際にも、字体のくずれ方を一定の方向に保つことができるのも筆順の効用の一つと言えよう。この点から見ても、出来上がった文字さえ正しく書けていれば、筆順を守って書くことは不要であるとか、でたらめでもよいとかいう考え方については、にわかに賛成しがたいものがある。

一方、この「手びき」も最初に断っているように、実際には同一の字形について、従来幾とおりもの筆順が広く行われていたものがある。楷《かい》書・行書等の違いとして考えられるものもある。それらを

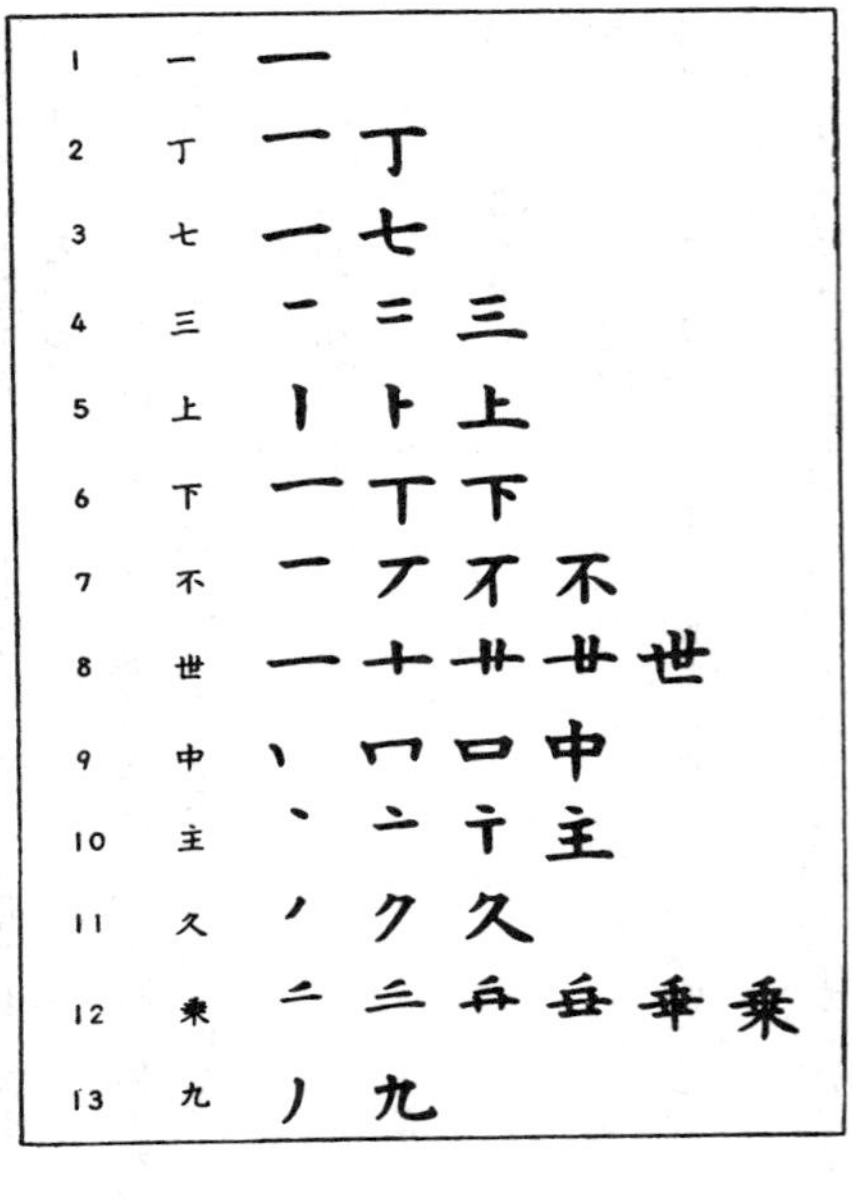

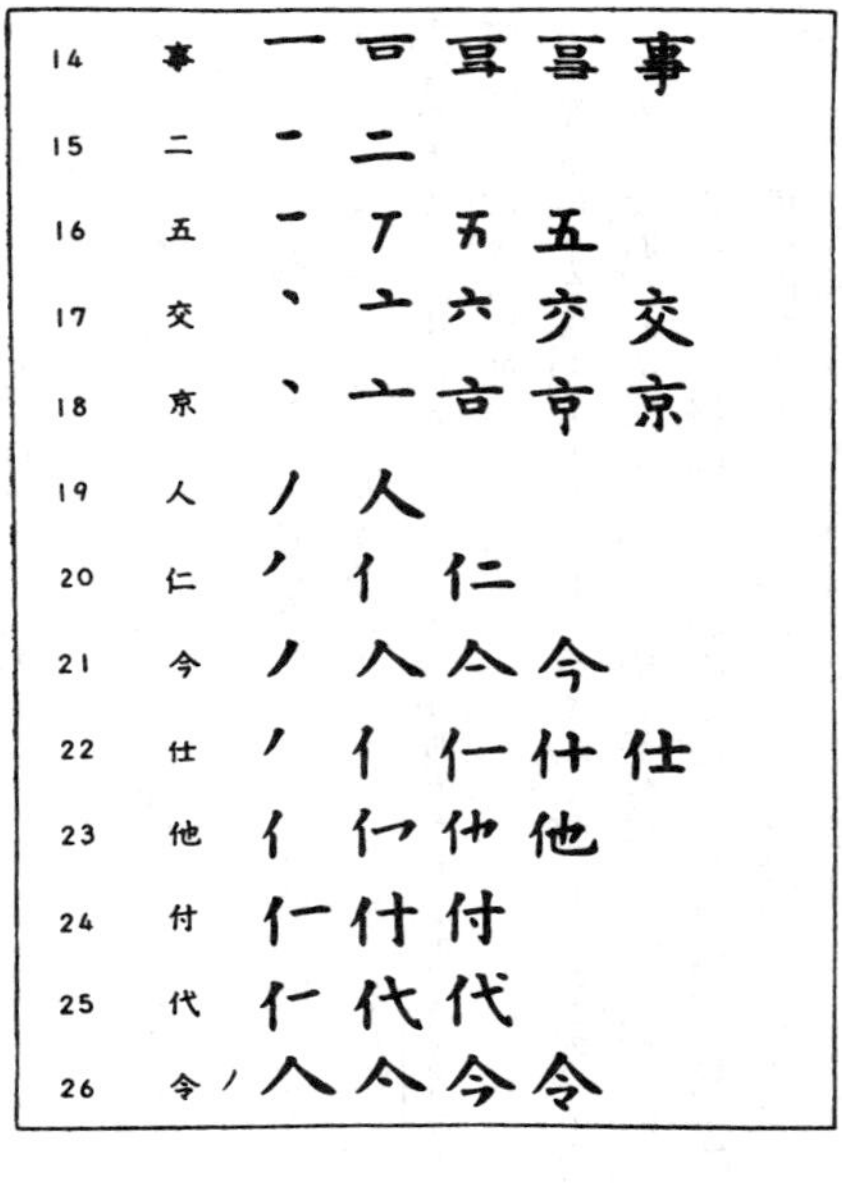

この「手びき」に従った筆順のみを正しいものとして、他の筆順をすべて誤りとするのは当を得ない。しかし、従来のいずれの習慣からも逸脱したような（例えば、女を一から書き、田を十から書くような）ものを防ぐ必要もある。教室で筆順を指導した結果、児童生徒がどのくらい記憶したかを見るためのテストにおいては、採点基準としての正誤はあり得るが、一般社会で行われている習慣としての筆順もあるので、むやみに児童生徒を混乱させないような配慮が必要である。教師の板書は、常に一定の筆順によって書くように心掛けるべきであることは言うまでもないであろう。

「手びき」では、当用漢字別表（いわゆる教育漢字八八一字）について、部首順に筆順を掲げている。（参考資料三「筆順指導の手びき」参照）

ところで、本問の「必」の筆順については、「筆順指導の手びき」「4本書の筆順の原則」の中の〈特に注意すべき筆順A、3〉に詳しく示されているので、参考資料の748ページを参照のこと。

（3―41）

問 **「少なそうだ」と「少なさそうだ」、あるいは「知らなそうだ」と「知らなさそうだ」という言い方は、それぞれ、どちらが正しいか**

答 この「そうだ」は、学校文法などで様態の助動詞と言われるものであるが、接尾語のような性質を持っており、かなり自由に動詞（助動詞）の連用形や形容詞・形容動詞の語幹に付いて、全体を形容動詞的にする。

〈動詞（助動詞）の連用形に付く場合〉

ありそうだ　できそうだ　出られそうだ

〈形容詞の語幹に付く場合〉

強そうだ　高そうだ　多そうだ　悲しそうだ　おいしそうだ

〈形容動詞の語幹に付く場合〉

残念そうだ　窮屈そうだ　豊かそうだ

ただし、ク活用の形容詞で、語幹が一音節である「よい」「ない」に付く場合に限っては、

よさそうだ　なさそうだ

のように、間に「さ」を入れるのが普通の言い方である。

（注）語幹が一音節の形容詞には、ほかに、「濃《こ》い」「酸《す》い」があるが、この場合には間に「さ」が入りにくい。「濃い」の場合は「濃そうだ」と言い、「酸い」の場合は、「酸い」よりも「酸っぱい」の方が普通に使われるので、「酸っぱそうだ」が使われて、「酸《す》そうだ」「酸《す》さそうだ」は、ほとんど聞かれない。

ところが、動詞に打ち消しの助動詞「ない」の付いたものに「そうだ」が接続する場合には、

知らなそうだ　打てなそうだ

のように、間に「さ」を入れないのが普通の言い方である。

様態の意を表す「そうだ」の接続は、右のように形容詞には語幹に付くのが常であるから、この法則に照らすと、「少ない」については「少なそうだ」が正しい言い方で、「少なさそうだ」は、誤りということになる。また、「知らなそうだ」と「知らなさそうだ」とでは、前者の方が普通の言い方であると言える。

ところが、実際の社会では、「少なさそうだ」「知らなさそうだ」のほかにも、

{情なそうだ／情なさそうだ}　{くだらなそうな本／くだらなさそうな本}

のような語形のゆれが見られる。「情ない」は、本来「情」が「無い」のだとすると、その「ない」は形容詞だから、この場合は「情なさそうだ」が正しいことになるが、また、「あぶない」「おっかな

い」などのように、「なさけない」が一つの形容詞に熟してしまっていると見ると、「なさけなそうだ」と言ってもよさそうである。一方、「くだらない」の「ない」は助動詞だから「くだらなそうだ」が正しい言い方と思われるが、多分、形容詞の「ない」に引かれて、実際には「くだらなさそうだ」という人もあるのである。その意識は、人により時によって、かなり差がありそうである。

国立国語研究所が昭和三十年度に各方面の専門家を対象に行った「語形確定のための基礎調査」というアンケート調査の中に、「知らなそう」「知らなさそう」のいずれを標準語形とするかという問いが入っている。その結果を見ると、意外にも「知らなさそう」を採った回答者の方が多数であったこと、また、その採否の理由として、次のような事柄が挙げられたことが報告されている。（『国立国語研究所年報7』参照）

▽「知らなさそう」を採る理由

一般的20%　本来の形17%　言いやすい13%　規範に合う10%

（言いにくい30%）

▽「知らなそう」を採る理由

言いやすい22%　一般的18%　本来の形17%　語感がよい13%

ここでは、両方の形にそれぞれ「本来の形」だから採り、「くずれた形」だから採らないという答えが多く出たことが注目される。そのほか「一般的」「言いやすい」も両形ともにそれぞれかなりの率で現れ、また「知らなさそう」の方には、「言いやすいから採る」に対して「言いにくいから採らない」という相反する回答がかなりの率で出ている。問題をはらんだ語であると言えよう。

なお、「気持ちよい」「住みよい」などという複合形容詞に「そうだ」が付く場合は、「気持ちよさそうだ」「住みよさそうだ」と、間に「さ」を入れて言うのが、本来の言い方だと思われるが、これについても、「気持ちよそうだ」「住みよそうだ」という言い方が一部で聞かれるようである。（3—47）

問「大きいです」「美しいです」のように、形容詞に直接「です」を付ける言い方は正しいか

答 形容詞に「です」を直結させる言い方は、今日では、もはや誤用とは言えない実情である。国語審議会の「これからの敬語」（昭和27・4月建議）の中には、「形容詞と〈です〉」という一項があって、

　これまで久しく問題となっていた形容詞の結び方――たとえば、「大きいです」「小さいです」などは、平明簡素な形として認めてよい。

と述べられている。ここで「久しく問題となっていた」というのは、次のような事情による。

それまでの文法書、例えば国定教科書の『中等文法』などでは、「です」は体言に接続し、動詞、形容詞には付かないと説明されていた。（ただし、「です」の未然形に推量の助動詞「う」の付いた「でしょう」の場合は例外とされ、「大きいでしょう」「美しいでしょう」は正しい言い方とされていた。）つまり、形容詞を丁寧形にするには、「大きゅうございます」「美しゅうございます」と、「ございます」を下に付ける言い方しか認められていなかったのである。ところが、この「大きゅうございます」「美しゅうございます」という言い方は、丁寧すぎるとか、形も冗長であるとか感じられてだんだん一般の人の意識にそぐわなくなり、「大きいです」「美しいです」のような言い方が、「花です」「親切です」などにつりあったものとして、実際の社会では次第に勢いを得てきた。

・寒いですよ。二階へお出《いで》なさい。（尾崎紅葉「多情多恨」）

・後に是非お出下さいよ。宜《よろ》しいですか。（尾崎紅葉「金色夜叉」）
・あすは波が高いですから、漁船は注意を要します。（ラジオの気象通報）

のような言い方は、戦前からかなり行われていたため、しばしば問題にされていたわけである。

「これからの敬語」が、従来の文法書の記述に反して、「大きいです」を〝平明簡素な形〟として認めたのは、次のような理由に基づくものと解せられる。従来の文法書の記述に従えば、丁寧語の体系は次のような三段階になる。以下に示す（A）は丁寧語形がゼロ、（B）はやや丁寧な「デス・マス」、（C）は非常に丁寧な「デゴザイマス」を使う段階である。

▽名詞の場合
（A）いい天気だ。
（B）いい天気です。
（C）いい天気でございます。

▽動詞の場合
（A）よく降るね。
（B）よく降りますね。
（C）×（「よく降ります　ですね」「よく降るですね」という言い方は正しくない。）

▽形容詞の場合
（A）おもしろいね。
（B）×（「おもしろいですね」は正しくないとされた）
（C）おもしろうございますね。

右の例に見るように、×印を付けた段階――動詞の場合は（C）の段階、形容詞の場合は（B）の段階――が、表現体系上欠如するわけである。ところが、「これからの敬語」では、できるだけ〝平明・簡素〟な敬語にしようという基本方針にのっとって、

これからの対話の基調は、「です・ます」体としたい。

と定めた。つまり、（B）段階を丁寧表現の基調としたため、形容詞の場合、（B）ランクが欠如していたのでは目的が達せられない。そこで、従来の文法書の説き方にもかかわらず、「大きいです・美しいです」という言い方を、今後は積極的に認めていこうという見解を示したわけである。

国語審議会の「これからの敬語」で、右のような見解が公にされてからは、学校文法でも、「形容詞＋です」を正しい形として認めるようになった。ただし、「書くです」「読むです」のように、「動詞＋です」の形は、今日でも、正しい言い方とはされていない。

また、形容詞を過去の言い方に使う場合は、「おもしろいでした」「大きいでした」「ないでした」と言うより、「おもしろかったです」「大きかったです」「なかったです」または「ありませんでした」と言う方が抵抗が少ないと思われる。（3―48）

問　**正午を十分過ぎた場合は、「午後十二時十分」か「午後零時十分」か**

答　実際には両方とも使われているので、どちらか一方だけが正しいと言うことはできない。ただし、「午後十二時十分」は、本来「午後である十二時十分」の意であるが、夜中の「午後十二時」の十分過ぎの意に誤解される可能性もある。そういう誤解を避けるためには、「午後零時十分」と言う方が適切であろう。

国内の某時計メーカーが、「正午」は「12時」か「0時」か、あなたはどちらを使うかというアンケート調査を行ったところ、約千五百票の答えが集まり、そのうちの八十・七パーセントまでが「12時」派であったという。国産のデジタル時計の表示は、ほとんどが

〈12：10〉のように示されている。このほか、国鉄の鉄道時刻表などは二十四時間制をとっているため、当然〈12：10〉という示し方を採用している。

一方、新聞やテレビ・ラジオでは、原則として「十二時」は「零時」で表している。例えば、夜中の零時を過ぎた場合は「午前零時十分」のような示し方をする。また昼間の零時（午前十二時）ちょうどの場合には「正午」を使うが、一分でも過ぎると「午後零時一分」のように表している。この点は、気象用語も同様である。十二時は、時計における時刻表示の頂点で、それ以上はないのだから、「十二時十分」というのはおかしいという考え方が基本にあるのだろう。「十二時」や「零時」そのものは、午前でも午後でもないからである。

ただし、「零時」を採用する新聞でも、期限などを表す場合は、例外として、「午後六時から午後十二時まで」のような書き方を許容している。これは、七、八、九、十、十一とくれば午前十二時や午後十二時もあり得るわけで、時計の習慣に従ったものである。

要するに、国鉄のような二十四時間制を採用したものや、デジタル時計の表示のような新しい慣習を別にすれば、「零時」を使う方が社会的に優勢のように思われる。会合などの案内状で時刻を示す場合にも、誤解を招かないような書き方が必要であろう。（3―51）

問 「口を濁す」という表現は正しいか

答 問いかけられたことに対して、語尾をあいまいに発音し、はっきり物を言わないことを、普通は「言葉を濁す」と言う。ところが、言葉は口から出るところから、「口を濁す」のような言い方が生じたのであろう。

口下手　口が悪い　口が多い　口が過ぎる
口を出す　口を合わせる

などのように使われる場合の「口」は、「言葉」という意味を表すところから、「口を濁す」という言い方が生じるのも当然のことと思われるが、源を論ずれば誤った言い方である。（4―29）

問 「よい」と「いい」

答 「よい」は、文語の「よし」からでた形容詞で、「物事の性質・状態が好ましく、満足すべきようす」の意である。

この「よい」が「よい・よく・よければ・よかった・よかろう」のように形容詞としての活用を全部備えているのに対して、話し言葉としてよく用いられる「いい」は、「いい」という終止形と連体形の用法しかない。（この「よい」と「いい」を二つの形容詞と見ずに、「よい」は活用のうち、終止・連体形に「よい」と「いい」の両形があるというふうに考えることもできる。）

この「よい」と「いい」の活用を示せば、次のようである。

	未然形	連用形	終止形	連体形	仮定形	命令形
よい	よかろ	よく よかっ	よい	よい	よけれ	○
いい	○	○	いい	いい	○	○

…するのがよい　…するのがいい
…した方がよい　…した方がいい
…すればよい　…すればいい
…してよい　…していい
…してもよい　…してもいい
今日は天気がよい　今日は天気がいい

など、終止形を並べてみると、ふだん両方使うけれども、下の方が話し言葉的であることが分かる。

　ところが、次のような、連体形の場合は、現在、余り「よい」は使われないようである。

　いい男　いい女　いい顔　いい感じ　いい加減　いい気なもの　いい仲　いい迷惑　いい気味だ　いい薬になる　いい子になる　いい面の皮　いい年をして　いいようにする

　絵本のタイトルでは、今でも「よい子」であり、戦前の教科書では「よい子」であったが、戦後の教科書で「お花をかざる　みんないい子」となってから、「いい子」が用いられるようになった。

　「いい」の形は、江戸時代になって、関東あるいは江戸で勢力を得たものと見られる。それは上代の「よし」「よき」の転じた口語形「よい」から変化したものであるが、その間に「えい」「ええ」の形もあったと考えられる。現在も方言では、「ええ」が広く行われている。なお、この「えい」は、上代にあった「えし」「えき」という形の系統をひくものと見る説もある。（4―32）

問 **「むずかしい」と「むつかしい」**

答　この二語は、現代語で発音のゆれているものの代表的な例と言える。この問題を取り扱った研究文献は、戦前・戦後を通じて数編あるが、それらに共通する点は、両者の対立が東西両方言の違いに基づいているという解釈である。「むずかしい」と「むつかしい」が全国的にどのように分布しているかは、細かい調査がないので何とも言えないが、おそらく、「せんたく（東）―せんだく（西）」「かつら（東）―かずら（西）」などと同じく、東西両方言の対立としてとらえておいても、そう大きな間違いはないと思う。ただし、書き言葉では、東京人でも「むつかしい」を使うことがあるようである。

　この語の古い形は、もちろん「むつかしい」の方である。室町時代に成立した古辞書の類には、いずれも「六借《ムツカシ》」又は「六箇敷《ムツカシ》」「難《ムツカシ》」とあり、また、十七世紀初めにポルトガルの宣教師たちが刊行したキリシタン資料には、〈Mutçucaxij〉しか見当たらないので、江戸時代初期のころまでは「むつかし」ではなかったかと思われる。

　式亭三馬の「浮世風呂」「浮世床」には、それぞれ「むづかしい」「六《むつ》かしい」という用例が見えるので、文化年間の江戸の町人の言葉には「むずかしい」が使われていたと考えられる。このように、古い時代からの発音を受け継いだ「むつかしい」と、江戸語で発生した「むずかしい」とが、明治以後並行して用いられ現在に至っているわけである。

　現在、全国の新聞社は、「統一用語」（新聞用語集）によって「むずかしい」に統一する方針が示されているので、「むつかしい」は使っていない。また、新聞以上に規範性が強いと思われる教科書や、放送用語でも、現在「むずかしい」の方に統一されている。

　ところで、国立国語研究所が昭和三十年度に実施した「語形確定のための基礎調査」の中に、「むずかしい」「むつかしい」のいずれを標準形とするかという問いが含まれている。この調査は、国語の研究者及び国語に特に関心を持っている各方面の専門家三百人を対象として、どのような条件を基準として標準的な語形を選ぶかをアンケートで尋ねたものである。その結果を見ると、「むずかしい」を採る回答者が多数であったこと、また、その採否の理由として、次のような事柄が挙げられたことが知られる。
　▽「むずかしい」を採る理由
　一般的35%　言いやすい34%　語感がよい21%　共通語的19%

口頭語的16％　関東的14％
▽「むつかしい」を採る理由
語感がよい14％　本来の形・言いやすい各12％（逆に「言いにくい」とするもの29％）
・回答者の類別によって見ると、東部・東京には「むずかしい」を「言いやすい」とするもの、「語感がよい」とするものが多く、西部には「むつかしい」を「言いやすい」とするもの、「語感がよい」とするものが多い。
・実際に使う形としては、全般に「むずかしい」が多いが西部・九州に「むつかしい」の率が比較的高い。

以上の結果には、「むずかしい」「むつかしい」のゆれが関東・関西の対立として論じられてきたことと符合する点や、教科書や放送に「むずかしい」が用いられている事実を反映していると見られる点が多い。なお、「語感がよい」「言いやすい」という理由が、「むずかしい」「むつかしい」の両形に等しく多く現れ、また「むつかしい」について「言いやすい」「言いにくい」という相反する理由が共に多く現れたのも、関東・関西の対立によるものとして理解できる。

したがって、現在、新聞・放送・教科書など全国共通語的な世界では、圧倒的に「むずかしい」が優勢であり、今後もその傾向は強まっていくものと思われる。なお、国語審議会報告「標準語のために」（昭和29・3）の中にも、これに関して、次のような記述がある。

文語系統の発音は「むつかしい」であるが、東京語では「むずかしい」である。近来、文章の上で、多く「むつかしい」が見えるが、一応「むずかしい」を標準の形と認めた。

なお、この語は、「むずかる」「むずむずする」などと関係があると思われる。ただし、これらの語も、今日の意味においては、「ず」の形で余り古くさかのぼれないこと、「むずかしい」と同様である。

ところで、この語は、戦前はむしろ「難しい」と漢字で書かれることが多かったため、発音のゆれが一般には余り意識されなかった。ところが、昭和二十三年二月に公にされた「当用漢字音訓表」では、「難」という漢字の音訓として「ナン」と「かたい」しか認められなかったので、法令・公用文・教科書・新聞などでは、仮名書きにせざるを得なくなった。そのため、「むずかしい」と「むつかしい」との発音のゆれが表面に浮かび上がってきたとも言える。（昭和四十八年六月に改定された「当用漢字音訓表」では、「難」に「むずかしい」という訓を追加したが、その備考欄には「〈むつかしい〉とも」という注記がある。）

最後に、念のため、この語の仮名遣いについて触れておく。現在でも、一般には「むづかしい」という表記が時折見られるが、これは旧仮名遣い（歴史的仮名遣い）である。「現代かなづかい」の規則に従う限りでは、「ムズカシイ」は「むずかしい」と書くのが正しく、「むづかしい」は誤りであるということになる。　（4―33）

問「**より**」と「**から**」

答　東京より大阪まで
駅より五分
母より春子へ
特価千円より
会議は十時より

などの「より」は、時間・空間の起点・出発点を表す「から」と全く同じ役割のところに用いられることがある。話し言葉としては、ほとんど「から」の方が用いられて、「より」は用いられないが、改まった意識の働く文章の上に見られるのは、古くからの文語調が残るためである。（平安時代では、「から」はほとんど用いられず、和歌では「より」が用いられていたが、室町時代以降「から」が多用され、「より」は文章上に残ることになった。）

ところが「より」には、比較を表すときに用いられる用法もあり、

春男は秋子より背が高い。
夏は春より暑い。

のような例があるので、「から」と「より」の受け持つ役割を、それぞれに分けて持たせようとする考えがある。それは公用文や新聞などの方面に見られる。参考までに、公用文の場合を、次に引用する。（昭和27の「公用文作成の要領」）

1　時および場所の起点を示すには、「から」を用いて、「より」は用いない。「より」は、比較を示す場合にだけ用いる。

例　東京から京都まで、
　午後一時から始める。
　恐怖から解放される。
　長官から説明があった。

このことについては、昭和二十一年六月十七日の次官会議申合せ「官庁用語を平易にする標準」の中で、「まぎらわしい助詞の用法」として既に同じような趣旨のことが述べられている。

時及び所について起点を示すには、「から」を用いて、「より」をなるべく用いない。

（4―39）

問　「……**すべき**」か「……**するべき**」か

答　「……すべし。」というような形で、言い切りになる「べし」は、文語体の文章に用いられる助動詞である。この「べし」に名詞が接続すると、例えば、「これはまず読むべき本である。」というように、口語体の文章中にも用いられることがある。

この場合、口語体の文章が口語文であるからとして、「べき」の前の動詞を口語にするか、また、「べき」は文語の助動詞だからとして、前の動詞を文語にするかで、意見が分かれる。

口語と文語で動詞の活用形が同じ場合はよいが、異なる場合は二つの言い方が生じる。活用を対照させると、

活用の種類	口語の形	文語の形
五段（四段）活用	読むべき本	読むべき本
五段（ラ行変格）活用	あるべき所	あるべき所
五段（ナ行変格）活用	死ぬべき時	死ぬべき時
下一段（下二段）活用	受けるべき物	受くべき物
上一段（上二段）活用	見るべき価値 報いるべき時	見るべき価値 報ゆべき時
カ行変格活用	来《く》るべき友	来《く》べき友
サ行変格活用	するべき仕事 信ずるべき友	すべき仕事 信ずべき友

以上で分かるように、下一段（下二段）活用、上一段（上二段）活用、カ行変格活用、サ行変格活用に当たるところが問題となるのである。

受けるべき物――受くべき物
報いるべき時――報ゆべき時
来るべき友――来べき友
するべき仕事――すべき仕事

信ずるべき友——信ずべき友

などのうち、上の列を使うか、下の列を使うかは、一つの約束であり、同じ文章の中に交じって使われることがない限り、どちらでもよいと思われる。

公用文では、サ行変格活用の場合に下の列を使うような取決めがある。「公用文作成の要領」(昭和27)に、次のように述べられている。

「べき」は、「用いるべき手段」「考えるべき問題」「論ずべきではない」「注目すべき現象」のような場合には用いてもよい。「べく」「べし」の形は、どんな場合にも用いない。「べき」がサ行変格活用の動詞に続くときには、「するべき」としないで「すべき」とする。

文語脈の表現はなるべくやめて、平明なものとする方針を採った公用文の場合には、「べき」のほかに次のような口語化の例もある。

これが処理→その処理　せられんことを→されるよう　ごとく・ごとき→のような・のように　進まんとする→進もうとする　貴管下にして→貴管下で(あって)

新聞でも、文語調の字句を避けることに努めており、助動詞では、次のような例がある。

助けらる→助けられる　しのばるる→しのばれる　思わしめる→思わせる　行かん→行くだろう　適用せん→適用するだろう　動かすべからざる→動かすことのできない　あるべし→あるだろう　一任すべく→一任するよう　山のごとき→山のような　されたし→されたい　(4—40)

問「憂い」と「憂え」

答「うれい」・「うれえ」には、特に、意味の違いとか、文語的・口語的とかの差もないようで、その意味は、「予想されるよくない状態」、「今後の成り行きの悪化に対する心の悩み」というようなことであり、他の語に言い換えれば、「心配」とか、「懸念」とかいうことになるであろう。各種の国語辞典等に当たってみても、『和英語林集成』の初版(慶応3)・再版(明治5)・三版(明治19)が、共に、「うれい」だけで、「うれえ」の形に触れていないのに対し、それ以降のものでは、ほとんど大部分の辞典が、一方は、参考見出しであるにしてもどちらの形も、見出しとして採録している。もっとも、中には、それほど刊行年の古くない辞典でも、「うれい」だけで、「うれえ」の形を参考見出しとして採っていない辞典もあるが、「うれい」の項には、「うれえ」の語形を掲げ、また、「うれえる」の項の名詞形として「うれえ」を掲げてある。もちろん、両方とも、本見出しとしている辞典もある。どちらを、見出しとしているかについては、どちらとも言えないほどまちまちである。ただ一種、『新訂大言海』だけは、「うれえ」だけで、「うれい」の形に触れていない。

なお、「うれい」・「うれえ」は、歴史的仮名遣いでは、それぞれ「うれひ」・「うれへ」であって、「現代かなづかい」の実施以前の刊行にかかわる辞典では、当然「うれひ・うれへ」と記している。

当てるべき漢字は、辞典では、「うれい・うれえ」ともに「憂」・「愁」・「患」があるが、現行の「当用漢字音訓表」では、「憂」には、訓として「うれえる・うれい・うい」を掲げ、「愁」には、「うれい」だけを、「患」には、どちらも掲げていない。「憂」は、「うれえる」とあるところから、当然、「うれえ」と使えるわけである。

「憂え」は、口語では、「憂える」(え・え・える・える・えれ・えよ」と活用する。)の連用形「憂え」であり、文語では、「憂ふ」

(「へ・へ・ふ・ふる・ふれ・へよ」と活用する。)の連用形「憂へ」である。しかし、この連用形、すなわち、名詞として使われる形には、元から、「憂ひ」の形もあった。つまり、文語の「憂へ」が、口語では「憂え」、「憂ひ」が「憂い」となっているわけである。そして、「憂い」(「憂ひ」も)は、現代語では、名詞としてだけ用いられ、動詞としては用いられない。

『岩波古語辞典』(昭和49・12刊)では、「うれひ」に対して、「憂ひ・愁ひ」と当て、「〔一〕(上二)《下二段活用のウレヘ(憂)から鎌倉時代以後に転じた語》」、「〔二〕(名)」としている。また、「うれへ」に対して、(愁訴へ・憂へ)と当て、「〔一〕(下二)《……。鎌倉時代頃からウレヒという形が漢字訓読の中に見え、それが次第に一般化した→うれひ》、〔二〕(名)」としている。(注　この辞典では、動詞の項目では、見出し語として、終止形でなく、連用形で掲げてある。)

(5—34)

問「幕開き」と「幕開け」

答「幕開き」は、演芸用語であって、「芝居小屋・劇場で、舞台と観客席との間におろしてある幕が上がって、演技などが始まること。」というほどの意味を表している語である。しかし、現在では、単に芝居等の場合だけに限らず、広く一般に物事の始まることと、注目すべき物事のはじまりの意味としてもしばしば使われている。ところが、近ごろ「幕開き」のほかに、「幕開け」という形も見られるようになった。「幕開き」か、「幕開け」か、また、両者によって意味が違うのかどうか。

計、三十九種の新旧国語辞典に当たってみると、

・「幕開き」だけを見出し語としているもの。(「幕開け」は、参考見出しとしても、語形としても掲げていない。)……二十種
・「幕開き」だけを見出しとして立て、「幕開け」を語形として掲げてあるもの　……　六種
・「幕開き」を本見出しとし、「幕開け」を参考見出しとしているもの　……　二種
・「幕開き」・「幕開け」を共に見出しとして立てているもの　……　一種
・どちらも見出し語に採っていないもの　……　十種

のようであって、「幕開け」だけを見出しとして立てているものは一種もない。どちらも見出し語として採録していないものは、刊行年次の古い辞典である。この三十九種の辞典の中で、「幕開き」を最も早く採録しているのは、『ことばの泉』の「補遺」(明治41刊)である。また、「幕開け」を、本見出し、及び参考見出しとして立てている三種の辞典は、いずれも、昭和四十九年以後の刊行にかかわるものである。

以上のことから考えて、伝統的には、「幕開き」であって、「幕開け」は、新しい形であると言えよう。これを漢語ふうに言えば、「開幕(かいまく)」であって、「き」か「け」かの問題はなくなってしまう。なお、「まくあき(け)」に対して、「幕明(き)」としている辞典もある。

NHKの『放送用語集』(昭和52・3刊)では、次のように述べ、芸能関係では、「幕開き」を採り、一般に開始の意味として使う場合は、「幕開け」も認めている。すなわち、

芸能関係では「幕開き」、芸能以外一般の「開始」の意味で使う場合は、「幕開け」も認める。「夜があける」「つゆ《梅雨》があける」などの自動詞の「あける」の連想、「開幕」「幕を開ける」の他動詞の「あける」などから「幕あけ」も使われるようになったのであろう。

(5—35)

問「**おいてきぼり**」と「**おいてけぼり**」

答「おいてきぼり」・「おいてけぼり」は、「置き去り（にする）」というほどの意味として、両方とも現在使われているようである。新聞での例を一例ずつ挙げてみると、

・同列車は現場に五分停車したあと、そのまま次の横浜駅へ向かって発車した。このため、ホームでこの列車に乗る予定だった乗客一人はおいてきぼりをくわされた。……

・どこへ消えた／差益600億円／LPガス／1800万世帯還元置いてけぼり／流通過程で〝燃焼〟（見出し、「／」は行かえを示す。「LPガス」までは、原文横組み。）

のようである。

　この意味は、「（何かを）その場に、又は、ある状態のまま放置する（こと）」というほどのことであり、簡単に言えば、「置き去り（にする）。」ということである。

　この語は、筆者の調べたところでは、明治の初期から半ばごろまでにかけて発行された国語辞典には、どちらの形も見出し語としてはなく、明治二十六年発行の『日本大辞書』に、「おいてきぼり」の形で現れ、山田美妙は、これに対して、「おいて（置）き（来）はふり（放）ノ略」とし、「オキザリニスルコト＝見捨テテソコヘ残シテシマフコト。」と説明し、「友達ヲおいてきぼりニスル。」という用例を掲げている。次いで、『ことばの泉』も同様であり、これには、「俚語《りご》」としてある。共に、「おいてけぼり」の形はない。

　これ以後、今日に至るまでの国語辞典には、少なくとも、どちらかの形を見出し語として立てているが、上記二辞書を含めて、計三十三種の国語辞典について、その取扱いを見ると、次のとおりである。

(1)「おいてきぼり」を見出しとして立て、「おいてけぼり」を立てていないもの……　二十一種

　うち、十種は、その項に「おいてけぼり」の語形も掲げている。

(2)「おいてけぼり」を見出しとして立て、「おいてきぼり」を立てていないもの……　四種

　四種とも、「おいてきぼり」の語形を掲げている。

(3)「おいてきぼり」を本見出しとし、「おいてけぼり」を参考見出しとしているもの……　なし

(4)「おいてけぼり」を本見出しとし、「おいてきぼり」を参考見出しとしているもの……　六種

(5)「おいてきぼり」・「おいてけぼり」を共に本見出しとしているもの……　二種

(6)どちらの形も見出しとして立てていないもの……六種

　意味・説明の取扱い方は、まちまちであって、詳しく述べる余裕はないが、ごく大ざっぱに言えば、「おいてきぼり」を本見出しとしているものには、「置き去り」、ないし、それを敷衍《ふえん》した説明をしているものが多く、「おいてけぼり」を本見出しとしているものには、江戸の地名から出たものであることを説明したものが多い傾向がある。

　江戸の地名から出た「おいてけぼり」とはどういうことかと言うと、例えば、『日本国語大辞典』に、〈江戸本所にあった池の名。この池で釣りをすると、水中から「置いてけ、置いてけ」と呼ぶ声がし、魚を全部返すまで、この声がやまないという。本所七不思議の一つ。〉とある。中には、「錦糸堀」だとしている辞書もある。この池は、現在のどこにあるかと言うと、『江戸文学地名辞典』（浜田義一郎編　東京堂出版　昭和40・9発行）に、

おいてけ堀　本所七不思議の一つに数えられる「おいてけ堀」もその位置ははっきりしない。「大正三年の陸地測量部地図を見ると亀戸町字横川、清水の間に長方形の池があり、明らかに『オイテケ堀』と記されていて、これは現在の江東区亀戸町一丁目の町内にあたる」（墨田区史）とある記事に従っておく。

とある。そして、このあと、喜三二の『亀山人家妖』の記事を引いてある。

これらのことから考えると、「おいてきぼり」と「おいてけぼり」とは、別語であり、「置き去り」にすることは、「おいてきぼり」であり、「おいてけぼり」は、やはり、地名と見るのが本来の姿と思われるが、発音がよく似ているところから、そして、「おいてけぼり」の地名が、現在は、もうなくなってしまっているところから、「おいてきぼり」・「おいてけぼり」を、区別しないで、置き去りの意に用いるようになっているのではあるまいか。なお、「おいてけぼり」にならって「おいてきぼり」という言葉ができたとも考えられる。

ＮＨＫの『放送用語集』（昭和52・3刊）には、

「置いてきぼりをくう」の場合、〔オイテケボリ〕は採らない。地名は「置いてけ堀」で江戸本所にあった池の名。

とある。　（5—36）

問「たあい」と「たわい」

答「たあい」・「たわい」ともに、これだけ単独で使われることはまずなく、「たあ（わ）いがない・たあ（わ）いもない」とかの形で、あるいは、「たあ（わ）いない」という形容詞の形で使われるのが普通である。「たあ（わ）いない」とは、「とりとめがない」・「張り合いがない」「とりたてていうほどの抵抗や反発を感じない」・「手ごたえがない」・「思慮分別が幼稚である」などというほどの意味を表している。

新聞から用例を引くと、次のように、「たあい」の形も、「たわい」の形も用いられている。（《　》内は要約である。）

・私も、皮肉のこもった口調で「教育ママね」と、時おり言われます。……ピアノのけいこに付き添って行き、図書館の児童室に足を運び、休みにはあちらこちら連れて歩く。合間に絵本の読み聞かせ、たあいもない話の相手をする。……

・《医者が、電話で薬局に対して、在庫を確認の上、錠剤Ａ三十錠を処方したのに、薬局では、錠剤Ｂ百錠入りのびんを渡したというように、》薬剤師側の不備は、こんなにたあいもなく出てくる。これでは、健保法と薬事法の違反にもなりかねないと思う。

・野球部の出場辞退の原因になった事件は、先月二十六日の昼休み、パンを買うために並んでいた生徒たちの中で起きたたわいないいさかい。……

・そのころでさえ、朝四時にたたき起こされ、正座させられて、なぐられたんですよ。なあに、理由はたわいない。心構えが悪いぐらいのこと。……

国語辞典での取扱いは、大正初期ごろまでの辞典では、「たわいなし」の形で見出し語を掲げているものが多く、以後、現在に至るものは、ほとんどのものが、「たわい」・「たあい」の形で採っている。「たわい」を本見出しとし、「たあい」を参考見出しとしているものが多い。語源としては、『言海』では、「〔利分（トワキ）無シ、ノ転カト云〕」とあり、『ことばの泉』では、「たは発語。わいは、わき（別）の音便」としている。

『NHK 用字用語辞典 第二版』(昭和50・4刊)では、「たわいない」と掲げ、〔〈注〉「タアイナイ」とも。〕としている。

なお、「たあ(わ)い」を「他愛」と漢字書きにするのは、当て字である。 (5―37)

問 「ら」「など」「等(とう)」の使い分け

答 複数を示す接尾語・助詞として用いられる「ら」・「など」・「等(とう)」の使い分けは、次のようである。

■ら

(1) Aさんら/B君ら/C氏ら/Eちゃんら/F嬢ら/Gら/大臣ら(の一行)/課長ら/委員ら/先生ら

などのように、人名や職名などの下に付けて、話題となっている事柄に関する人が、具体的に人名や職名を挙げた人だけではなく、他にも、何らかの意味で、同類とみなすことができる人が何人かいることを表す。この「ら」は、報道などで、事実を客観的に伝えるような場合には、その人の社会的地位・身分、また、目上・目下、親疎の関係等にこだわることなく使うことができる。これらの関係は、人名や職名に、敬意を表す接尾語を添えるか、呼び捨てにするかによって表される。しかし、個人的に口頭などで伝える場合などでは、話し手と聞き手との社会的地位・身分、年齢、親疎などの関係によって、「ら」は、軽侮・蔑視《べっし》の意を含むことになる場合もあるので注意を要する。例えば、一括してしまうと敬意の表し方が足りなくなると思われることがあり、このような場合には、「……をはじめ、多くの方々」とか、「その他の方々」という言い表し方の方が望ましい。なお、職名には、通常、敬意を表す接尾語を添えない。また、「様・殿」を使う場合には、「ら」は使わないのが普通である。

「ら」を用いる場合、人数が多いときは、一人の固有名詞・職名だけでなく、例えば、「伊藤さん・中村さん・山田さんら十人は、……」、「局長・課長らの一行は……」などのように、主立ったものを二人以上挙げ、他を省略することは差し支えないが、全員の名を挙げる場合には「ら」を添えない。例えば三人しかいないときに、「伊藤さん・中村さん・山田さんら三人」とはしない。

(2) わた(く)しら/ぼくら/小生ら/こいつら/きみら/おまえら/てめえら/彼ら/あいつら/そいつら

兄貴ら/弟ら/姉さんら/(お)父さんら/おばら/いとこら/娘ら/坊っちゃんら

学生ら/子供ら

などのように、人を表す代名詞、親族呼称、その他に付けて、ごく大ざっぱに同類の者をひっくるめて表す場合に用いる。多くは、謙譲・親愛の情をこめ、あるいは、目下の者に対して使う。

(3) これら/それら/あれら

などのように、一部の事物を表す代名詞に付けて、その表しているものごとが複数であることを表す。

(4) ここら(で休もう)/そこら(を探してごらん)/あそこら(にあるだろう)

などのように、一部の場所を表す代名詞に付けて、おおよその場所・時などを表す。複数の意は、ほとんどない。

■など

複数を表す助詞として、いろいろの語に付けることができ、広く一般に使われる。具体的に挙げたものごとを、代表、又は、一例、ないし、数例として、他にも同類の、ないし、一括して考えることのできる人物・事物・事柄・行為・動作・状況・状態などが、幾つか、ないし、多くあることを表す場合や、ものごとの一部、ないし、大部分である場合に用いる。この場合、「など」で表しているものごとは、必ずしも、具体的にははっきりしていなくてもよく、とにかく、具体的に挙げたものごと以外にも、何かありそうだと考えられる程度の場合にも使うことがある。

具体例は、各種類別に一例ずつ挙げるとしても、余りにも多くあるので、到底その全部を挙げることはできないが、

国王の弟妹など王族六十四人が……／住所や電話番号など／テヘランなど主要十二都市に……／カーキ色、ワイン、クリ色、グレーなど少し変わった色に／召集令状にはられた一銭五厘切手など／研究室・実験室などを完備した……／税調試案では食料品、医療サービスなどは非課税とされているが、……／……で防疫体制の洗い直しなど／①……②……、――などの方針をとりながらも／従業員の検便を実施するなど／隣家の子供を預かって家計を助けるなど／「……を願っている」などと語った。／（以上、いずれも、新聞記事から。）このほかに、山田や佐藤などの話しでは……／大きい小さいなどの違い／暑いか寒いかなどによって

などがある。

「など」は、このような使い方のほか、「お茶などいかがですか。」、「これなどお似合いだと思いますよ。」などのように、一例として挙げているが、その意味するところは断定を避け、やわらげた表現とする場合や、「ぼくなどにはできない。」、「うそなどつくものか。」などのように、形は一例を挙げているのであるが、実は、否定的な、思いもよらない意を表したり、強めたりする場合に使う使い方がある。

■ 等（とう）

「とう」は、「等」と漢字で書くのが普通である。法令・公用文にはしばしば使われているが、一般の文章に使われることは、「ら」や「など」に比べると少ないようである。

・……道路交通規則は、〈運転者以外の者を《自転車に》乗車させてはならない〉としていますが、六歳未満の幼児一人を幼児用乗車装置に乗せるか、またはひも等で背負う場合には、乗車させることができるからです。（新聞）
・沿岸漁業等振興法
・化学物質の審査及び製造等の規制に関する法律
・公共用飛行場周辺における航空機騒音による障害の防止等に関する法律
・鉄砲刀剣類所持等取締法
・郵便切手類模造等取締法

後の五例は、規則・法律の名称であるが、法令では、条文中にもよく用いられる。

・人の生命、身体又は財産に害を加えるおそれがある動物の飼養を制限する等……（動物の保護及び管理に関する法律　第6条）
・貧困者、放浪者、身体障害者等で生活上又は地方公共団体の負担となる虞のある者（出入国管理令　第5条第3号）
・この法律は、不動産の鑑定評価に関し、不動産鑑定士等の資格及び不動産鑑定業について……（不動産の鑑定評価に関する法律　第1条）

以上の「ら・など・等（とう）」は、相互に入替えができない場合もあるが、できる場合も多い。例えば「Aさんら↕Aさんなど↕Aさん等」、「きみら↕きみなど」、「これら↕これなど」、「住所や電話番号など↕住所や電話番号等」、「……制限する等↕制限するなど」などはそれぞれ入替えができる。しかし、「ここらで休もう。」などの「ら」、「うそなどつくものか。」などの「など」のよう

に複数の意を離れたものは入れ替えることができない。（5—42）

問 「及び」「並びに」「又は」「若しくは」の使い分け

答 「及び」・「並びに」は、ある物事とある物事とを結び付け、一まとめにして採り上げる場合に使われ、「又は」・「若しくは」は、ある物事とある物事とのうち、どちらか一方を採り上げることを表す場合に使われる。そして、「及び」と「並びに」との間、及び、「又は」と「若しくは」との間には、意味上、とりたてて言うほどの違いはない。使い方については、社会一般では、やはり、それほどはっきり使い分けをしていないが、法令・公用文では、それぞれについて、次のとおり、はっきりとした使い分けをしている。

(1) 及び・並びに

(ア) 一つの物事と別の一つの物事の二つを結び付けたり、同時に採り上げたりする場合。常に「及び」を用いる。

(例) 国語及び英語
委員及び臨時委員

(イ) それぞれ、ほぼ等格の三つ以上の物事を結び付けたり、同時に採り上げたりする場合。最後の連結にだけ「及び」を用い、他は、読点「、」を用いる。

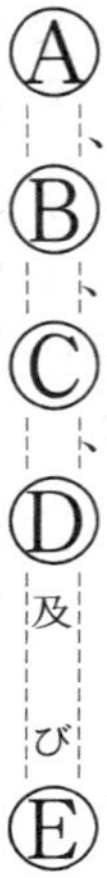

(例) 国語、英語、数学、社会及び理科の五教科。
公文書類を接受し、発送し、編集し、及び保存すること。

(ウ) 三つ以上の物事のうち、ある物事とある物事とが、他に比べて、何らかの意味で、類似・近似・親近関係があるなどで、結び付ける段階に大・小や強・弱などがある場合。小さい段階の連結には、「及び」を、大きい段階の連結には、「並びに」を用いる。

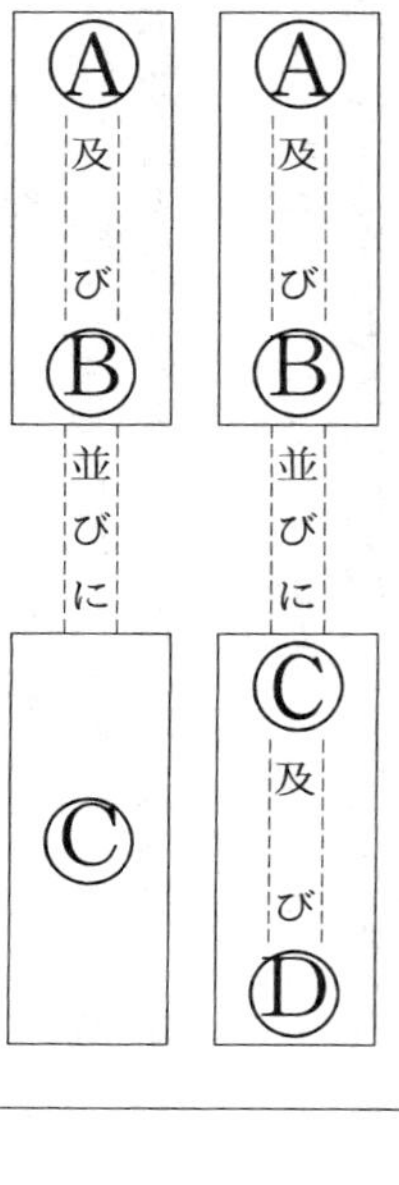

(例) この法律に規定するものを除く外、第六条第一項及び第二項並びに第七条第一項及び第三項の場合において必要な事項は、……
時計及び時計側並びにムーブメント
喫煙用具並びにかばん類、トランク類及び袋物類

(2) 又は・若しくは

(ア) 二つの物事のうち、どちらか一方であることを表す場合。常に「又は」を用いる。

(例) 新築又は改築
建設大臣又は総裁は

(イ) それぞれ等格の三つ以上の物事の中からその一つを選ぶ場合。最末尾に掲げる物事の前だけに「又は」を用い、他は、読点を用いる。

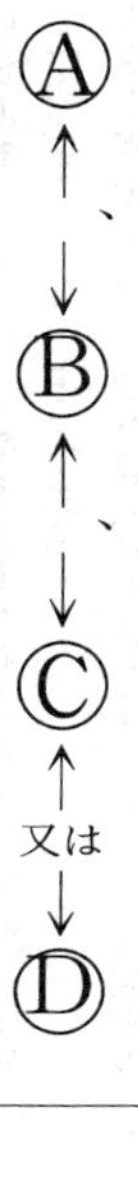

(例) 詐偽その他不正の行為により、分担金、使用料、加入金又は前条第一項の手数料の徴収を免れた者については条例で、……

(ウ) 三つ以上の物事から一つを選ぶ場合、ある物事とある物事との選択が、他のある物事との選択よりも小さい段階である場合。小さい選択段階には、「若しくは」を用い、大きい段階には、「又は」を用いる。

[Ⓐ←若しくは→Ⓑ]←又は→[Ⓒ←若しくは→Ⓓ]

(例) 車両は、法令の規定若しくは警察官の命令により、又は危険を防止するため、停止し、若しくは停止しようとして徐行している車両又はこれらに続いて停止し、若しくは徐行している車両に追いついたときは、その前方にある車両等の側方を通過して当該車両等の前方に割り込み、又はその前方を横切ってはならない。

……、古物を売買し、交換し、若しくは委託を受けて売買し、交換することを営業とし、又は市場を設けてはならない。

公用文では、大体以上のような使い分けをしている。連結が三段階以上、選択が三段階以上ある場合は、より複雑な使い方をしているが、ここでは省略する。　(5—43)

問「……に　さおさす」を逆行の意味に使うのは正しいか

答　数年前の某新聞の投稿欄に、「ささやかな抵抗」という題目の特集があった。その中に「流行にサオさし／／わが道を行く」という見出しでくくって、次の三編の投稿があった。（以下、「／／」の上は小見出し、下は本文であるが、本文は、筆者が論旨をとって、極端に要約したものである。）

(1)「お父さん」「お母さん」と呼ばす／／パパ、ママは何かしら都会的な響きがあるが、お父さん、お母さんは土のにおいがする。私は〝日本語党〟を貫いている。

(2) マキぶろもよし／／待望の都市ガスが引けた。マッチ一本でわく文明の利器には魅力はあるが、支出増にもなるし、手わかしのふろの良さも見直したい。十三年目のマキぶろにもう少しがんばってもらうことにした。

(3) 表面だけの大人はいや／／学校を卒業したが、髪をカールにしたことも、パーマネントウエーブをかけたこともない。口紅・おしろいをつけず、マニキュアをせず、かかとの高いくつもはかない。流行を追わないのである。これが、私の大人になり急ぎたくないがゆえのささやかな抵抗である。

この三編の投稿の内容に共通していることは、世間一般の流行に逆らって、自分・我が家ではそうはしないということであり、これは特集の題目「ささやかな抵抗」に合っている。すると、この三編を一括した恐らく新聞社で付けたと思われる見出し「流行にサオさし　わが道を行く」というのは、後半はよいが、前半の「流行にサオさし」というのを、「流行に逆らって」とか、「世間一般の動向に反して」という意味にとらなければおかしいことになる。

また、少し長文であるが、別の日の某新聞に、

値上げを認めれば、狂乱物価を勢いづかせ、認めなければ供給カットをちらつかされ……と、石油価格問題で政府・与党首脳は頭が痛いが、七日朝開かれた自民党国民生活安定緊急対策本部の会合では、いともあっさりと「ゴー」のサインを出した。春闘や参議院選へのはね返りを恐れて党内にも慎重論が強

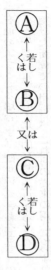

く、大方の予想では「両論併記」で政府にゲタを預けるとみられていただけに、日中航空協定の二の舞を恐れた首脳陣もホッとひと息。それでも内容は〝生活安定〟にサオさすものとあって、発表には積極論の黒金副本部長と消極論の浦野事務局長が顔をそろえ「慎重論も強かったんですが……」

という記事があった。ここに使われている「サオさす」も、「生活安定に逆行する。」という意味で使われている。

ところで、「さおさす」の「さお」は、和船を進めるための「竹の棒」などであり、「さおさす」とは、そのさおを操って舟を進行させることである。舟を進める場合、川の流れの方向に進めることもあれば、流れとは逆の方向に進めることもある。流れに従ってさおをさせば、舟を軽く、速く進めることができるが、逆行する場合は、水流に逆らうわけであるから、重く、遅くなり、抵抗を感じるわけである。しかし、「流れにさおさす」が派生的・比喩《ひゆ》的に使われる場合には、「周囲の成り行き・調子に合わせて、ある物事をうまく進行させる。」とか、「機に乗じて、何かを調子よくはかどらせる。」というほどの意に用いるのが伝統的な使い方である。流れに逆らって舟を進めようとする場合にも、確かに、「さおをさす」のであるが、この場合は、派生的・比喩的な意味には使わない。

例として掲げた新聞での用例は、これらの従来の用法からすれば、全く反対の意味に用いてあるということになる。「さおさす」の本来的な用例としては、「新しい潮流にさおさす」、「時流にさおさす」などがあり、また、夏目漱石の「草枕」の冒頭に、

山路《やまみち》を登《のぼ》りながら、かう考《かんが》へた。
智《ち》に働《はたら》けば角《かど》が立つ。情《じやう》に棹《さを》させば流《なが》される。……

とあることはよく知られている。

古いところでは、「太平記」の「巻第三十一」に、「……新田兵衛ノ佐・同少将ノ許《モト》ヨリ内状ヲ通《ツウ》ジテ、事ノ由《ヨシ》ヲ知《シラ》セタリケレバ、流レニ棹《サヲサス》ト悦《ヨロコビ》テ、聽《ヤガ》テ同心シテケリ。……」（岩波書店刊『日本古典文学大系本』による。ただし、漢字の字体は現行通用のものによった。）があり、また、「義経記」にも、関連した表現が見える。

（5—44）

問 「任す」と「任せる」

答 「任す」は、「さ／そ・し・す・す・せ・せ」と活用する五段活用の他動詞、「任せる」は、「せ・せ・せる・せる・せれ・せろ／せよ」と活用する下一段活用の他動詞である。現代語としては、意味の違いはなく、各種の国語辞典でも「任す」を参照項目とし、「任せる」を本項目としている。

また、「任せる」の連用形「任せ」を成分語とする複合語としては、現代語とは言い難い語をも含めて、「任せ綱・任せ切り・任せっ切り・任せ米《ごめ》・任せ注文・任せ米《まい》・任せ水」など、また、「足任せ・あなた任せ・運任せ・風任せ・気任せ・口任せ・心任せ・力任せ・手任せ・出任せ・天気任せ・成り行き任せ・人任せ」など数多くの語がある。殊に、「…任せ」という形では、「親・会社・課長・役所」などいろいろの語と結び付く。これに対し、「任す」の連用形「任し」と結び付いた複合語としては、『日本国語大辞典』の「まかしきり」（その項に、谷崎潤一郎の「卍」の用例「学科の方はたいがい専門の先生たちに任しきりにして」がある。）ぐらいのものである。そして、この「任しきり」にしても同意語として「任せきり」があり、こちらの方が普通の形である。

以上のことから考えると、伝統的な形・文章語的な形としては、「任せる」と言うべきであろう。しかし、口頭語としては、しばし

ば「任す」の形も用いられている。例えば、落語などでは、「任す」がしばしば用いられている。

昭和三十年度に国立国語研究所が行った「語形確定のための基礎調査」では、直接に「任す」・「任せる」の形ではないが、「任さない」と「任せない」に対して、回答者が採る形として挙げたのは、「任せない」が多数であり、これを採る理由としては、一般的（30％）、本来の形（23％）、規範に合う（20％）、言いやすい（20％）、共通語的（17％）、伝統的（15％）であった。そして、回答者の類別で見ると、「任せない」を「一般的」とする者が西部にだけあり、「任せない」を「伝統的」・「本来の形」とするものが東京・東部に多く、「任さない」を「伝統的」・「本来の形」とするものが西部に多かった。

国語審議会の報告「標準語のために」（昭和29・3）には、その「語法の部」に「一段・五段の併用」として、「任せる――任す」を掲げており、NHKの『放送用語集』には、「現代語では「任す」（五段活用）のほうが、勢力があると考えられる。特に受け身の形は、五段活用のほうが使いやすい。……」とある。（原文は横組み。）

（6―49）

問「**二年ぶり**」と「**二年ごし**」

答「二年ぶり」というのは、ある事柄が、ある時に発生したり、開始したりしてから、その後、一年の間には、同じ事柄が発生することがなく、（約）二年を経過した後、再び、同じ事柄が発生したことを表している。「三時間ぶりに（救出）」「四日ぶり・五週間ぶり・半年ぶり」など、いずれも同じである。「五年ぶりの再会」という場合には、最初に会ってから、その後、別れて、次に会うまでに、（約）五年経過したこと、（そして、その間には、会うということがなかったこと）を表している。「ぶり」は、「一分《ぷん》ぶり」、「半時間ぶり」などのように、経過時間がごく少ない場合に使うことは適当ではない。（もっとも事柄によって、同じ時間でも長いと見るか、短いと見るかは一概には言えない。）また、抽象的に長い期間・年月等を表す場合には、「久しぶり」と言う。

なお「……ぶり」を、近ごろでは、例えば「着工後、十年ぶりに完成した。」などのように使ってある場合もしばしば見掛けるが、このような使い方は、標準的とは認められないという説もある。

「二年ごし」というのは、「二年ごしの交渉がやっと妥結した」とか、「二年ごしの研究」などのように使い、解決を要する事柄、話題とする事柄、ある結果を生じるはずの事柄などが、その期間・年月じゅう、引き続いて行われていたこと、継続していたことを表している。ただし、丸二か年でなくてもよく、足かけの場合もある。

以上をまとめると、「……ぶり」は、その事柄が途中で切れており、話者・書き手が、ある程度主観的にその期間・年月を長いと感じていることを表し、「……ごし」は、その事柄が途切れずに継続しており、どちらかと言えば、話者としては、長いと感じているが、その期間は、いわゆる「足かけ」の数え方であり、実際よりも短い場合もある。

（6―51）

問「**見まい**」か「**見るまい**」か

答　ここで取り扱う「まい」は、否定・打ち消しの推量を表す場合に、また、否定・打ち消しの意志を表す場合に、用いられることのある助動詞である。例えば、

・現在の状況から見て、今年じゅうには解決を見（る）まいと思われる。

などと言えば、「多分、解決することはないであろう。」とか、「お

そらく解決に至ることはないと思われる。」とかいうほどの意味である。これに対して、

・あんなくだらないものは、二度と再び見（る）まいと決意した。

などの場合には、「一度は（くだらないことを知らなかったから）見たが、もう見（ることはし）ないでおこう。」とか、「二度と見ることはよそう（やめよう）。」というほどの意である。

新聞から、幾つか、「まい」の用例を拾ってみると、次のようである。

(1) カネをかけた者が当選する選挙は繰り返すまい、と提唱した。（社説）

(2) 担当機関もこの事実に十分な考慮を払った運営を行わねばなるまい。（社説）

(3) 石油需給の見通し／パニックあるまい（見出し）

(4) 忘れまい「甲子園」の本質（投稿　見出し）

(5) 一貫性のなさに対して抱いた不信感も無視できまい。（投稿）

この五例では、(1)、(4)が意志を表し、(2)、(3)、(5)が推量を表している。これらの例から、「まい」が接続している語を抜き出してみると、次のとおりである。

(1) 繰り返す
(2) なる
(3) ある
　　}　五段活用動詞　終止形
(4) 忘れ……下一段活用動詞　未然形
(5) でき……上一段活用動詞　未然形

この接続のしかたは、これまでの文法の規範に合った使い方である。すなわち、従来の文法によれば、助動詞「まい」は、五段（四段）動詞の終止形及びその他の動詞の未然形に接続する、ということになっている。したがって、「見まい」・「見るまい」について言えば、「見る」という動詞は、上一段活用であるから、当然「見まい」が伝統的・規範的用法であると言える。

では、「見るまい」というのは、誤りであり、排除すべきかというと、近ごろの文法書や解説書では、むしろ、この接続をも認める立場に立っていると思われる。すなわち、五段活用以外の動詞では、本来未然形に付くのであるが、一段活用の動詞では、終止形に付ける用法が次第に増える傾向にある、と認めている。

すなわち、「起きまい・感じまい・できまい・見まい」、「受けまい・出まい・負けまい・忘れまい」などの形とともに、「起きるまい・感じるまい・できるまい・見るまい」、「受けるまい・出るまい・負けるまい・忘れるまい」などの形も認めている。

また、規範的には、「来る」（カ行変格活用）の場合は、「こまい」であり、「する」（サ行変格活用）の場合は、「しまい」である。このことについて、『口語法別記』（大正6初版、文部省著作）には、

カ行変格活用の「こまい」を、「くまい」又わ「くるまい」「きまい」などゝも云い、サ行変格活用の「しまい」を「すまい」又わ「するまい」「せまい」「しょまい」などゝも云つて、全国各地の混用わ、実に甚しく、区別することが出来ぬ、すべて用いぬがよい。（漢字の字体以外は、原文の表記のまま。）

と述べてある。今日でも、一般的には、「くまい」も「くるまい」も、さらに、「きまい」も用いられ、「すまい」も「するまい」も、さらに「せまい」もあって、これらを一概に排除しきれないようである。

しかし、近ごろでは、「まい」を用いることは少なくなってきて

おり、推量を表す場合には、「ないだろう・ないであろう」などの言い回し、その他の言い回しを用いる場合が多いようである。先に引用した新聞の例でも、(3)では、見出しであるから、字詰めの関係で、「パニックあるまい」としているが、本文では、この部分が、「パニックが起きるとは考えられない。」となっている。

意志を表す場合には、「…(する)のはよそう」とか「…(し)ないでおこう」、「…(し)ないようにしよう」、「…(し)ないつもりだ」などの言い回しを用いるのが普通である。

このことについて、昭和二十一年六月十七日付けの次官会議申合せ「官庁用語を平易にする標準」では、

「まい」を用いる言い方は、打消の推量を表わすにも意志を表わすにも、なるべくこれを避ける。

と言っている。

また、『NHK放送用語集』では、「見まい」を標準的な形としているが、「見るまい」も許容している。　(6—52)

問「濃いめ」という表現は正しいか

答　ここで取り扱う「……め」の「め」は、接尾語であり、あるものごとが、「……」の表している傾向・性質などを、どちらかと言えば持っているとか、普通の程度よりもいくらか多く持っている、というほどの意味である。この「め」は、「控えめ」とか、「派手め」とかのように、動詞、形容動詞（語幹）に付く場合もあるけれども、主として、形容詞の語幹に付いて用いられる。すなわち、「浅め・熱め・厚め・薄め・大きめ・多め・遅め・固め・少なめ・高め・小さめ・長め・ぬるめ・早め・低め・深め・短め・柔らかめ・緩め……」などかなりの数に上る。以上は、いずれも、形容詞の語幹に「め」が付いたものである。しかるに、「濃い傾向・性質を持つ」意の場合には、「濃め」とは言わず、連体形の「濃い」に「め」を付けて「濃いめ」と言う。（「濃め」を見出し語として掲げている辞典は見当たらない。）

このことは、「浅い瀬」を「浅瀬」、「厚く切ったもの・こと」を「厚切り」、「固くゆでた」のを「固ゆで」、「長く生きる」のを「長生き」、「短い夜」を「短夜」などと、やはり、形容詞の語幹に名詞を付けて複合語（転成名詞）を形づくるのに、「濃い」の場合は、「濃い化粧・濃い口（しょうゆ）・濃い茶・濃い仲」などのように、多く、その連体形が用いられるのと似ている。「薄化粧」に対するものが「濃い化粧」、「淡口《うす》」に対するものが「濃い口」、「薄茶」に対するものが「濃い茶」である。この「濃い茶」は、「濃い（お）茶」ではない。

しかし、「濃い」は、色の名を表す場合には、「濃い柿《かき》・濃い紅《くれない》・濃い縹《はなだ》」などのように、「濃い……」を用いるものもあるが、「濃藍《あい》・濃緑・濃紫・濃鼠《ねずみ》」などのように、「濃《こ》……」を用いるものもある。先に例に挙げた「濃い茶」は、「濃い茶色」を表す場合でも「濃茶《こちゃ》」ではなく、「濃い茶」である。一方、先に掲げた「浅め〜緩め」などの場合も「浅いめ〜緩いめ」という人も、また、「濃い」を「濃いい」という人もある。　(6—54)

問「……しない前」という表現は正しいか

答　文部省編『入門期におけるローマ字文の学習指導』（国語シリーズ9、昭和27刊）の目次を見ると、その第四章に、「教科書にはいらない前の読むことの指導」とあり、次の第五章に、「教科書にはいってからの読むことの指導」とある。やがてある動作・事柄（ここでは教科書の使用）が実際に行われることになっているが、ま

だ、その運びになっていない時期・期間（つまり、実施前）を指して、「……（し）ない前」と言い、これに対して、実際に行われた時以後（つまり、実施後）を「……（し）てから」と言っている。このように、実施前と実施後とを対比して言う場合には、実施後を「……（し）てから」と言うならば、実施前は「……するまで」と言った方がよさそうで、これを「……しない前」と言うのは、何となくおかしく感じられる。「……（し）ない」を使いたければ、「……（し）ないうち」・「……（し）ない間」などと言った方がよいようである。「前」を使いたければ、「……する前」と言えばよい。これに対しては、実現後のことは「……した後」となる。すなわち、ここでは、「教科書にはいるまで」、「教科書にはいってから」とするか、「教科書にはいる前」、「教科書にはいった後」と言えば、ひょうそくが合うわけである。

要するに「……（し）ない前」という言い回しは、理屈から考えるとおかしいのであるが、慣用句として、「焼けない前の火の用心」とか、「生まれぬ前の襁褓《むつき》定め」など、しばしば用いられており、一概に排除するわけにいかない。「焼けない前の火の用心」などの場合、「焼ける前の……」のように言うと、「やがて焼けることになっている」とか、「焼けることが前提となっている」ような含みがあるように感じられることもある。

このようなことからか、一般には、かなり「……（し）ない前」という言い回しが使われているようであり、新聞等にも次のような例がある。

(1) レンズで矯正しない前の裸眼視力……（新聞）

(2) 今日はなあ、客に出さん前になあ、不足でもあろう、二本とっといた。これを飲んでなあ、きげんよく寝てくれ。（落語「素人鰻」、ラジオ放送から文字化。）

(3) 何だか知らねえんだ。家に古くから居るんだよ、あっしが生まれねえめえから居るんだよ。（落語「天災」、ラジオ放送から文字化。）

これらの「……（し）ない前」という箇所は、いずれも、「……（し）ない間」とか、「……（し）ないうち」などと置き換えても、意味が違ってしまったり、不自然さを感ずるようなことはないと思われる。また、「……する前」と置き換えても同様なことが言えるであろう。

一方、原文に、「……（し）ない間・うち」とか、「……する前」とかが使ってある場合もある。以下は新聞での用例である。

(4) よくかきまぜて、沸騰する前に火からおろす。

(5) 西部から東部に引っ越した家庭で、犬がたばこを買って来るように飼い主に命ぜられて、……何とその犬が買いに行った先は飼い主の移転する前の西部の街だった。

(6) 二人の子供がまだ幼稚園に入る前に三人で写した写真を、私はいつもハンドバッグに入れてある。

これらの例文の「……する前」、「……（し）ない間」の部分を、「……（し）ない前」に置き換えると、先に引用した例文の元の形と同じになるわけであるが、この場合は、素直に置き換えがきかず、何かひっかかるものもあるように感じられるようである。殊に、(5)については、「……飼い主の移転しない前の……」というのは、不自然に感じられる。

これについて、『ＮＨＫ放送用語集』に、次のとおりある。

古くから「……する前」「……しない前」の両様の言い方があり、「……しない前」という言い方が誤りとは言えない。それぞれの場合に応じて適宜使いわける。なお、「……しない前」は「しないうち」とも言いかえられる。（原文は横組み。）

なお、「（し）ない前」は、「（し）ないうち」と「する前」との混合した表現で、「（し）ない」ということを強調しようとする場合に現れる形であると考えられよう。　（6―55）

問「耳ざわりが良い」というのは一般的な表現か

答「…ざわり」という語には、「耳ざわり」の外に、「足ざわり・口ざわり・舌ざわり・手ざわり・歯ざわり・膚ざわり・人ざわり・目ざわり」などがある。

これらの「…ざわり」のうち、いろいろの国語辞典に採録されている数の多いもの（各種国語辞典等40種のうち、20種以上の辞典が採録しているもの。）は、「口ざわり・手ざわり・膚（肌）ざわり・耳ざわり・目ざわり」の五語である。

これらの語の各種辞典における用字法（ただし、「…ざわり」の部分についてだけを問題とし、また、送り仮名の有無は無視する。）は次のとおりである。（「手ざわり」は触・障の重複1を含む。）

語＼用字	触	障	触・障	触・障を別項	仮名書き	不採録
口ざわり	28					12
手ざわり	28	11			1	1
膚ざわり	30	2			2	6
耳ざわり		35		2	1	2
目ざわり		36			1	3

これで見ると、「口ざわり・手ざわり・膚ざわり」の三語は、「手ざわり」は、多少問題であるが、「触」を当てているものが圧倒的に多い。「手ざわり」は、「触」と「障」との間に、意義の違いはまずないと言ってよい。なお、「障」を当てている辞典は、ほとんどが刊行年次の古いものである。

ところで、「耳ざわり・目ざわり」については、「障」が圧倒的であり、殊に、「目ざわり」では、仮名書きと不採録の四種を除けば、全部が「障」である。そして、「耳ざわり」について、「触」と「障」とを別項として立てているものは、「触」の場合は、「聞いた時の感じ」などの意味、「障」の場合は、「聞いて気にさわる様子」などの意であるとしている。すなわち、「触」は、接触の意であり、「障」は、「支障・妨げ」の意である。

これが、更にはっきりと表れているのは、採録している辞書は少ないが、「足ざわり」であって、「足触り」の場合は、「足（の裏）に物がふれた時に感ずる感じ」というほどの意であり、「足障り」は「歩く時に邪魔・妨げになるもの」というほどの意である。

このように見てくると、「耳ざわり」は、もともと、「聞いて気にさわる様子」とか、「聞いていやな感じがする様子」という意味の語で、「目障り」と同じく、「耳障り」と書くのが伝統的な形であったが、この「さわり」を「接触」の意にとって、「耳触り」の意味にも用いられるようになってきたと見ることができるであろう。

「耳障り」は形容動詞であり、「耳障りな音」とか、「ラジオの音が耳障りだ。」などのように用い、これは、「良い」場合には使えない。ところが、「耳に聞こえてくる物音・音声」と解すれば、それは、名詞としての「耳触り」であり、この場合は、心地良い場合もあれば、うるさい・聞きたくないという場合もある。すなわち、「耳触りが良い」とも、「耳触りが良くない」とも使えるわけである。　（6―56）

問「負けずぎらい」という表現はおかしくないか

答「負けずぎらい」の「負けず」は、「負ける」の否定・打ち消しである。したがって「負けずぎらい」というのは、文字どおりに解釈すれば、「負けないことをきらうこと」、つまり「勝つことをきらうこと」になり、換言すれば、「負けることを好むこと」ということになってしまう。

ところで、この語の用例を新聞から挙げると、

・「ショックでした。女子のプロスポーツでは草分けだという意識があるし、人一倍、負けずぎらいな方ですから…」

・だれにも言わず、ただ日記にだけ訴えていた負けずぎらいの子供のころの姿が…

・運動には自信があり、負けずぎらいで無口な子だったので、苦しくなってもムリして走ったんでしょう。

というのであって、これらの使い方では、「負けずぎらい」は、どう考えても、「負けるのをきらうこと」ということを表している。

一方、「負けぎらい」という語もある。例えば、

・出発間際に急いで作らせた軍帽、出来てきたのをかぶった父は怒った。「こんなぶかぶかのが、かぶれるか!」。…。歩くたびにぶかぶかするのを頭にのせて、遼東半島の野戦病院で働き、負けぎらいの性格は、敵弾の中まで出て行き、……。(新聞、内藤寿七郎「誕生日」)

・私の中にある、生活の戦をやり抜こうとする負けぎらいな性格が、私にそれを言わせないでしまった。(伊藤整『感傷夫人』)

のようである。この「負けぎらい」は、先の「負けずぎらい」と、全く同義である。

国語辞典について見ると、『和英語林集成』、『言海』、『日本大辞書』、『日本大辞林』、『ことばの泉』、『辞林』などの、発行年の古い辞典には、「負けずぎらい」・「負けぎらい」を共に、見出し語として採録していない。(個々の辞典について見れば、昭和に入ってから、新たに編修、発行された辞典にも、採録していないものがある。)明治四十一年発行の『ことばの泉　補遺』には「負けぎらい」は採録しているが、「負けずぎらい」はない。これ以後の辞典には、「負けぎらい」だけを採録しているもの、両方採録しているものがあるが、両方とも採録しているものでは、「負けぎらい」を本項目とし、「負けずぎらい」を参照項目としているものの方が多い。そして、現在に近くなってからは、両方を本項目としているもの、「負けずぎらい」を本項目としているものも現れるようになってきた。

「負けずぎらい」と「負けぎらい」との関係については、「負けぎらい」・「負けじ魂」などの混態かとするもの、「負けぎらい」の誤用などとするもの、「負けぎらい」の変化とかこれに基づく慣用とするもの、などがある。

『NHK　用字用語辞典　第二版』では、「負けずぎらい」を採り、「負けぎらい」を採っていない。

以上のことから考えると、「負けずぎらい」というのは、理屈から言えばおかしいということになり、一方に、「負けぎらい」という言い方もあるので、なおさら理屈に合わないと言えようが、慣用として世間一般に広く行われているのであるから、一概に排除する必要はなさそうである。

なお、これと一見よく似た構成の語に、「食わずぎらい」というのがあるが、これは、「食ってもみないできらう」という意味である。

(6—57)

問「コップ」と「カップ」

答　コップというのは、オランダ語のKopから来た語で、江戸時代から用いられている。オランダ語としては脚付きの杯の意味で、江戸時代の訳語としては、「酒飲盃」「高脚酒盞」などと訳されている。しかし、現代語としてのコップは、実用的な飲料用の器のことである。

これに対し、カップの方は、英語のcupから来た語で、明治になってから用いられている。英語としては紅茶・コーヒー・ココアなどを飲むための片手付きの陶磁器である。紅茶茶わん・コーヒー茶わんなどと呼ばれているのがこれで、時にはコーヒーカップのようにカップのままでも用いられている。その他、調理用に用いる目盛り付き計量器が、カップ又は計量カップと呼ばれている。また、金属・ガラス・プラスチック・紙などでできているものや、アイスクリームを盛る器などもカップと呼ばれている。なお、優勝杯と訳される金属製で脚の付いたものもカップ又は優勝カップであるが、これも本来は酒などをついで祝った器であり、それの装飾化されたものである。

ところで、以上は常識的に見たコップとカップであり、国語辞書の解説も大体はこの線に沿っている。しかし、日常生活でコップとカップがはっきり呼び分けられているかというと、必ずしも明確でない部分がある。この点で参考になるのが、国立国語研究所の行った意識調査の結果である。それは類義語の意味の違いについての意識調査で、研究報告28『類義語の研究』（昭和40）の中にまとめられているが、その中に「コップ・カップ」という組みがある。それによれば、設問との関係で得られた回答が、次のようになっている。

（％は小数以下四捨五入で示す。）

(ア)　金属製のものは、どちらの語で呼びますか。

　コップ　九％　カップ　七五％

(イ)　陶器でできているものは、どちらの語で呼びますか。

　コップ　四九％　カップ　二八％

(ウ)　持つところ（取手）がついているものと、ついていないものとに分けると、取手のあるものは、どちらの語で呼びますか。

　コップ　七％　カップ　六九％

(エ)　どちらの方が日用品あるいは実用品という感じがしますか。

　コップ　八〇％　カップ　七％

これを見ると、それぞれについて反対の呼び方をする者もいる上、(イ)のように、はっきりした傾向が現れない場合もある。その点でコップとカップについては、ゆれている面も決して少なくないのである。

なお、コップ・カップに関連して、もう一つグラスというのがある。これは英語のglassから来た語で、本来はガラスのことであるが、ガラス製の飲料用の器の意味で用いられ、そのままグラスとなっている。特に中につぐ液体の種類によって形状が異なるため、それぞれ次のように呼び分けられている。

ウイスキーグラス　カクテルグラス　シェリーグラス
シャンペングラス　ブランデーグラス　リキュールグラス
ワイングラス

また、装飾加工をしたガラス製品に次のようなグラスがあり、いずれも高級品とのイメージを持っている。

カットグラス　エングレーブドグラス　エッチドグラス
エナメルグラス

そのため、コップとグラスを比べると、コップは日用品・実用品というイメージが強いのも当然である。喫茶店などでコップという呼び方よりグラスの方が用いられるのも、同じ理由である。

ところで、コップとグラスについても、国立国語研究所の前記調査項目に取り上げられていて、次のようになっている。

(ア) ガラス以外、例えば金属製や陶製のものは、どちらの語で呼びますか。

コップ　八一%　グラス　一一%

(イ) どちらの方が、形が大きいものを指しますか。

コップ　二三%　グラス　五二%

(ウ) どちらの方が、日用品として、実用的ですか。

コップ　九一%　グラス　二%

(エ) 洋酒を飲むときのうつわを呼ぶ場合には、どちらの語を使いますか。

コップ　〇%　グラス　九八%

これらのうちで明確なのは、(ウ)(エ)に見られるとおり、コップが実用品で、グラスが洋酒用だということである。

なお、大型のコップについてはタンブラーという名称も用いられている。この方は英語の tumbler から来た語で、脚や柄のない大型品のことである。　(7―33)

問「ゆだる」か「うだる」か

答「ゆだる」「うだる」という自動詞に対応する他動詞として、「ゆでる」「うでる」というのがある。そうして、この「ゆでる」と「うでる」の選択については、国立国語研究所で調査したことがある。それは、昭和三十年度に行った「語形確定のための基礎調査」という調査で、話し言葉の上で語形の不確かな語について、標準語形を確定することを意図したものである。

この調査の報告は『国立国語研究所年報　7』(昭和30年度)に発表されているが、それを見ると、「ゆでる」を採った回答者の方が多数であったことが分かる。また、その採用の理由として、次のような点が挙げられたことが報告されている。

(1)「ゆでる」を採る理由

本来の形四四%、一般的三九%、語感がよい二七%、共通語的二五%、言いやすい二〇%、使用地域が広い一二%、中流以上が使う一二%

(2)「うでる」を採らない理由

くずれた形三四%、語感が悪い二四%、特殊的二二%、地方語的二〇%

これによって、「ゆでる」と「うでる」については、「ゆでる」を標準と考える人が多いことが分かる。その点から類推すれば、自動詞としての「ゆだる」「うだる」についても、「ゆだる」を標準と考えてよいのである。

ところで、「ゆだる」「うだる」そのものについては、国語審議会でも取り上げたことがある。それは、第五期国語審議会(昭和34・3~36・3)の第二部会が「語形のゆれ」について審議した際の項目の中で取り上げたものであるが、その際の結論も、標準的なものとして「ゆだる」が採られている。その理由は、ユとイの相通現象について、次のように論じた部分と関係が深い。

「ユオー・イオー(硫黄)」「カワユイ・カワイイ(可愛い)」などは、「イオー」「カワイイ」だけでよいであろうし、(『学術用語集』<化学編>では「イオー」を採る。)「アユ・アイ(鮎)」「カユ・カイ(粥)」「カユイ・カイイ(痒い)」「マユゲ・マイゲ(眉毛)」などは、標準的な形としては「アユ」「カユ」「カユイ」「マユゲ」を採るべきであろう。

それに続けて書かれているのが、次のような記述である。

「ユダル・ウダル（茹る）」は〔j〕の脱落の現象であるが、これなども標準的なものとしては「ユダル」を採ることになるであろう。

これらを通じて見られることは、音の脱落した形・添加した形について、本来の形が標準的だという考え方である。

しかしながら、以上は「ゆだる」「うだる」が全く同じ意味に用いられるということを前提にした考察であるが、国語辞書の扱いは、必ずしもそのようになってはいない。それは、『広辞苑』（第二版）のように、「うだる」の項で次のように扱っている場合が見られるからである。

うだる〔茹る〕（自四）（ユダルの転）①ゆだる。②暑気のために体がだるくなる。「—・るような暑さ」

このような扱いが見られるのは、「うだる」が「ゆだる」と同じ意味を持つとともに、「うだる」だけの持つ特別の意味も認められるからである。

つまり、「卵がゆだる」「卵がうだる」については「卵がゆだる」を標準と考えてよいのであり、その理由は前述の国語審議会報告に書かれているとおりである。しかし、「うだる」の方には「ゆだる」と異なる意味があり、「うだるような暑さ」と用いる場合まで「ゆだる」と言い換えることはできないのである。（7—34）

問「ゆさぶる」と「ゆすぶる」

答「当用漢字音訓表」（昭和48、内閣告示）を見ると、「揺」の字訓としては、「ゆさぶる・ゆすぶる」を含め、次の七つが掲げられている。

ゆれる　ゆる　ゆらぐ　ゆるぐ　ゆする
ゆさぶる　ゆすぶる

当用漢字音訓表というのは、現代の国語を書き表す場合の音訓使用の目安を示したものである。その際、音訓の選定に当たって、標準的なものを採用し、古い読み方や地方的な読み方は採用しないという考え方が見られた。「揺」の場合に次のような字訓が採用されなかったのは、そのためである。

いさぶる　いすぶる　えさぶる　えしぶる
ゆすくる　ゆすぐる　よさぶる

したがって、「ゆさぶる」と「ゆすぶる」については、共に標準的なものと考えてよい。これを地方的な差異と考えることは、実情に合わないわけである。

それならば、「ゆさぶる」と「ゆすぶる」との間にどのような意味の違いがあるかということであるが、国語辞書の扱いは必ずしも明確ではない。それは、「ゆさぶる」を本見出しとしながらも、「ゆすぶる」の意味について「ゆさぶる」としたもの、又は「ゆさぶる」を参照させたものが多いからである。しかし、それぞれに掲げられた用例のうち文学作品からのものを取り出すと、『学研国語大辞典』に、近代文学からの例として、次のようなものがある。

(1)　ゆさぶる

・雨まじりの風が、今夜もせがむようにして、窓を枠《わく》ごとゆさぶりつづけている。（安倍公房「他人の顔」）
・長身なあなたが…ひき緊《しま》った肉体を、リズミカルにゆさぶっているのが…（田中英光「オリンポスの果実」）

(2)　ゆすぶる

・メロスは両手で老爺《ろうや》のからだをゆすぶって質問を重ねた。（太宰治「走れメロス」）

・みのるの心を初めて激しく世間的にゆすぶった効果のあったのはほんとうであった。（田村俊子「木乃伊の口紅」）

また、『日本国語大辞典』に、江戸俳諧の例として、それぞれ次のような句が引用されている。

(1) ゆさぶる

・汁鍋《しるなべ》にゆさぶり落すぬか子哉《かな》

(2) ゆすぶる

・物いへとゆすぶってみる桜哉

これらの場合に、「ゆさぶる」を「ゆすぶる」に替え、「ゆすぶる」を「ゆさぶる」に替えて対照すると、そこに感覚的な違いが感じられないわけではない。それは、「ゆさぶる」の方が大きくゆすることであり、そのゆすり方において「ゆすぶる」の方がそれほど大きくないということである。

それならば、このような感覚の違いはどこから来るかということであるが、一つには、「ゆさぶる」と「ゆすぶる」との音の並び方の違い、「さ」と「す」の違いによるものとも言える。それは、次のような擬態語において感じられるア列音の場合とウ列音の場合の違いと共通するものである。

さっと立った――すっと立った
はっと思った――ふっと思った
ぽかっと明いた――ぽくっと明いた
あわがぶかぶか浮いている――あわがぶくぶく浮いている
がばがば飲んだ――がぶがぶ飲んだ
ひづめがぽかぽか響く――ひづめがぽくぽく響く

これらの対応において感じられることは、ア列音を含む方がウ列音を含む方よりも動きが大きいということである。それと同じ感覚の違いが「ゆさぶる」と「ゆすぶる」との間に感じられても、不思議ではない。語源的には、「ゆさぶる」も「ゆすぶる」も擬態語「ゆさゆさ」「ゆすゆす」から来ているからである。

ただし、この二つの語形のうち、名詞形として特別の意味を併せ持つのは、「ゆさぶり」の方だけである。それは「何らかのショックを与えて相手の気持ちを動揺させる」場合にも用いられること、次の例に見るとおりである。

・気勢の上がらぬA大は、盗塁でB大にゆさぶりを掛けようとしたが……

このような場合には、大きな動作としての「ゆさぶり」の方が、感覚的に合うからである。（7―35）

問「――になる」と「――となる」

答「――になる」と「――となる」は、非常によく用いられる言い方である。したがって、新聞の記事などから用例を集めることも、極めて容易である。例えば、次のような用例が、すぐ見付かる。

(1) ――になる

・核軍拡競争は…（中略）…いつ本当の核戦争になるか分からない。

・事件と直接関連する部分について証言していることが明らかになった。

(2) ――となる

・給与総額に占める所得税額の割合は…（中略）…過去十年間では最高の税負担率となった。

・日本側が強く要望していた十月末合意が不可能となった。

中には、同じ記事の中に「証拠になる」と「証拠となる」の両方が出てくる場合も見られること、次の例に見るとおりである。

・これらのテープが医師団の犯罪を追及する際、有力な証拠になるものと見ている。

・これが医師の責任を追及する重要な証拠となる可能性が出てきた。

こうなると、「――になる」と「――となる」は、全く同じ意味を表すという点で、表現のゆれにすぎないと見ることもできる。

しかしながら、この「――になる」と「――となる」については、日本放送協会の『放送用語集』に次のような記述がある。

「朝から穏やかな天気になり…」という場合は、「穏やかな」に強調があり、「…穏やかな天気となり…」では、「なる」に強調がある。

「――になる」と「――となる」の間にこのような意味の違いがあるとすれば、その違いは、助詞の「に」と「と」の意味用法の違いによるものと考えなければならないのである。

それならば、このような用い方における助詞の「に」と「と」の違いであるが、これについては次のように考えることができる。まず「に」であるが、この方は「氷が水に変わる」のような状態の変化・自然の移行を表す「に」と同じものではないかということである。「氷が水に変わる」のは実際に氷が水という状態に変化することであり、その変化は先に挙げた用例の、核軍拡競争が実際に核戦争に変化するのと同じだからである。しかし、このような場合の「に」を「と」にして「氷が水と変わる」という言い方は無理である。したがって、「――になる」が変化の結果を表すとしても、それと同じ意味を「――となる」で表すことはできないのである。

次に「と」の方であるが、これについては、「日曜は休むと思う」のような判断を表す「と」と同じものではないかということである。「日曜は休むと思う」のは「日曜は休む」という判断であり、その判断は前に挙げた用例の、所得税額の割合は最高の税負担率だと判断するのと同じだからである。しかし、このような場合の「と」を「に」にして「日曜は休むに思う」という言い方はできない。したがって、「――となる」の方も、同じ意味を「――になる」で表すことができないはずである。つまり、「――になる」と「――となる」については、その表す意味が基本的には異なるのだと考えなければならないのである。

そのように考えると、同じ記事の中に「証拠になる」と「証拠となる」が出てきても、その意味は異なるのである。「証拠になる」の方は実際に証拠になるのであり、「証拠となる」の方は証拠と判断されることだからである。したがって、「証拠になる」の方は、形容詞の場合に「Aの方が大きくなる」、動詞の場合に「Aの方が伸びるようになる」と続くのと同じ用い方である。形容動詞の場合に、前記引用のように「明らかになった」という形をとるのも、この方の「なる」である。

これに対し、「証拠となる」の場合であるが、この方は「これが証拠だ」と判断するわけである。したがって、無理に形容詞に続ければ「Aの方が大きいとなる」、動詞に続ければ「Aの方が伸びるとなる」という形に当たるわけである。形容動詞の場合に、前記引用のように「不可能となった」という形をとるのも、「十月末合意が不可能だ」と判断されるに至ったわけである。

ところで、日本放送協会の『放送用語集』では、前記の引用に続き、次のような一般論が導き出されている。

一般的には結果を表す場合の「に」と「と」には次のような差がある。

「に」……静的、恒常的

「と」……動的、一時的

このように感じられるのは、「――になる」の方がその状態に無理なく自然に移行してしまう場合に用いられるからである。これに対し、「――となる」の方は突発的な変化の自覚であり、実際にその状態に変化しなくても、その状態に変化したと判断するところに重点が置かれるからなのである。

（7―39）

問「波紋を投ずる」「波紋を投げる」という表現は正しいか

答「波紋」というのは、水に石を投げたときなどにできる波の模様で、輪のように広がっていく形を言う。したがって、「波紋」というのは、次のように用いるのが本来の用い方である。

波紋が生じる　波紋を描く　波紋を作る
波紋を起こす　波紋が広がる　波紋が消える

そうして、この「波紋」が比喩《ひゆ》的に用いられる場合も少なくないのである。

例えば、新聞の見出しに見られる次のような用い方は、いずれも比喩的な用い方の方である。

国債の波紋　銅値上がりの波紋
波紋よぶガン新療法

これが、本文の中での次のような用い方にもなっていく。

・眠りをむさぼっていた業界に大きな波紋を描いた。
・既にさまざまの波紋を起こしているが、その原因は何か。
・これが我が国に引き起こす波紋と未来の安全自動車の姿を描いてみた。

これらはいずれも「波紋」を比喩的に用いた例であるが、その用い方は本来の「波紋」から連想されるとおりであり、そこに矛盾は見られない。

ところが、数多くの用例の中には、次のような用い方の「波紋」も見られるわけである。

・人事異動が投じた波紋、保身のため狂奔する秀才型。
・批判小説「英霊の声」の投げた波紋。
・町会の在り方をめぐって波紋を投げている。

これらの用例で奇異に感じられるのは、「波紋を投ずる」「波紋を投げる」という言い方である。理屈を言えば、「波紋」というのは水に石を投げたときにできる現象であり、投げるのは石の方である。その結果として生じる「波紋」そのものを投じたり投げたりすることはできない。そういう点で、この言い方は、表現の上で適切さを欠くと言われてもやむを得ないわけである。

それならば、どうしてこのような言い方が用いられるに至ったかということであるが、そこには二つの理由を考えることが可能である。一つは、自然現象としての「波紋」が日常生活から離れ、頭の中で抽象化したということである。その抽象化が「事を起こしたり問題を提起したりして与える衝撃」だとすると、何事もないところにそのような衝撃を与えるものを投じたり投げたりすることもできるわけである。

しかし、そのような抽象化だけで「投ずる（投げる）」という動詞と結び付くとは思えない。そこには、もう一つ何か理由があるに違いない。そういう理由として考えられるのが、「一石を投じる」との混同があったのではないかということである。「一石を投じる」については、『日本国語大辞典』の「一石」の項の小見出しとして、次のように解説されている。

いっせきを投（とう）じる　（石を水に投げ込むと波紋ができて次第に外へ広がっていくことから）反響を呼ぶような問題を投げかける。

こういう意味の「一石を投じる」が、抽象化された「波紋」と結び付き、そこに「波紋を投ずる」「波紋を投げる」という言い方が生まれたのではないかということである。

　ところで、この言い方は、既に一部の国語辞書にも掲げられているのである。例えば、『日本国語大辞典』の「波紋」の項には、次のような小見出しが添えられている。

　はもんを投ずる〔＝投げる〕　何事もない静かな所を波立たせる。特に事を起こしたり、問題を提起したりして、その影響を広げるのにいう。

すなわち、「波紋を投ずる（投げる）」というのは、「事を起こす」ときに用いる言い方だと説明されている。そうして、前記引用の新聞記事の場合も、そのような意味での用例である。こういう言い方が実際に用いられ、それが国語辞書にも取り上げられているとすれば、この言い方を認めないわけにはいかないとも言えるのである。

（7―42）

問「起きる」と「起こる」

答「起きる」（文語「起く」）は、「横になっていたものが立つ。眠っていたものが目覚める。寝床から出る」が原義で、「太郎が起きる」のように用いられる。これに対応する他動詞は「起こす」で、「太郎を起こす」のように用いる。

　これに対して、「起こる」は、「物事や状態が新しく生じる」というのが原義で、「事件が起こる」のように用いられる。これに対応する他動詞はやはり「起こす」で、「事件を起こす」のように用いる。

　そこで伝統的に言えば、

　変化が起こる　　変動が起こる
　異変が起こる　　事件が起こる
　火事が起こる　　騒動が起こる
　地震が起こる　　大風が起こる
　反対運動が起こる

などとなるはずであるが、近年この場合に、「起きる」が用いられることも多くなっているようである。

　例えば、獅子文六の「自由学校」（一九五〇）では、「みんな、秋乃母堂死後に起った不幸で、駒子が一身に引き受けたので、…」とあるのを除けば、「大変化が起きた」「好奇心が起きた」などのように、「起きる」の例が多い。

　これは、「起きる」「起こる」に対応する他動詞が共に「起こす」であるため、例えば、「事件を起こす」の「起こす」に対応する自動詞の形が「起こる」でなく「起きる」へ行ってしまって、「事件が起きる」のような言い方が生じたものと思われる。

　これを図示すると、次のようになる。

　起きる──起こす
　起こる╱─起こす

『日本国語大辞典』の「おきる」の項の意味解説の中にも「穏やかな状態のところにそれを騒がせるような物事が生じる」というのを加えて、

　風波がおきる　　腹痛がおきる
　事件がおきる

の例を掲げている。

　このような事情を考えれば、「事件が起こる」のように言うのが本来の使い方で、その後「事件が起きる」の使い方が生じたものと思われるが、今日では、その両方の形を認めてよいと思われる。

　なお、「起こる」の送り仮名は、内閣告示「送り仮名の付け方」の通則2「活用語尾以外の部分に他の語を含む語は、含まれている語の送り仮名の付け方によって送る。」によって、「起きる」との対応から「起こる」と送る。許容の形として「起る」もあるが、公用文、新聞、放送、教育の方面では、本則の「起こる」の形を採用している。（8―26）

問「立ちっぱなし」と「立ちどおし」

答「…っぱなし」と「…どおし」という言い方は、共にある事柄が継続していることを表すが、この二つの間に意味の違いがあるかどうかという問題である。

・電車が込んでいて、終点まで立ちっぱなしだった。
・電車が込んでいて、終点まで立ちどおしだった。

この二つは、両方とも言えるし、意味もさほど違わないように見える。ところが、

・本を読みっぱなしにする。
・手紙は書きっぱなしにしないで、必ず読み返すこと。

などの場合は、意味を変えずに「読みどおし」「書きどおし」と言い換えることはできない。「読みどおし」「書きどおし」は、読んだり書いたりする動作がいつまでも続いている状態であるが、「読みっぱなし」は、本を読んだあと、感想をまとめたりするようなことをしない意味、「書きっぱなし」は、手紙を書いたあと、誤字や表現におかしな点がないか読み直すことをせずに、書いたままでほうっておく意味である。「…っぱなし」の方は、ある事柄が始まったり完了したりしたまま、何も制御が加えられないでいるということに重点を置く言い方であると考えられる。

「食べっぱなし」「食べどおし」の場合でも、前者は後始末がないこと、後者は食べ続けていることに重点がある。「歩きっぱなし」「歩きどおし」の場合も、「立ちっぱなし」「立ちどおし」の場合と同様で、両方とも継続に違いないが、「歩きっぱなし」は、歩き始めてから止まる折がないことに重点があり、「歩きどおし」は一貫して歩いているということに重点があると言うことができよう。

なお、すべての動詞について、「…っぱなし」「…どおし」の言い方が共に用いられるというわけではない。「窓を開けっぱなしにする」とは言えるが、「窓を開けどおしにする」はちょっとおかしい。「抜けっぱなしの奥歯」「抜けどおしの奥歯」も同様である。これらの「開ける」「抜ける」等の動詞は、その動作・作用が一時に完了するので、あとを放任することはできるが、その継続は考えにくいのであろう。

また、「…っぱなし」については、「散らかりっぱなし」「脱げっぱなし」よりも「散らかしっぱなし」、「脱ぎっぱなし」の方が使われやすい。さらに、「そびえる」や「ある」のように、「ぱなし」「どおし」のどちらも意味上付けにくい動詞もある。（8―27）

問「終了しだい」か「終了ししだい」か

答「読み終わりしだい、次の方に回覧してください。」「原稿は、できしだいお送りします。」「見つけしだい、すぐ知らせます。」など、「しだい（次第）」は、動詞の連用形について、「……したら、すぐ」の意味に用いられる。

ところが、「終了する」のような漢語のサ変動詞の場合、その連用形は「終了し」であるから、これに「しだい」を付けると、「終了ししだい」となる。これだと、「し」が重なって発音しにくいせいか、語幹の「終了」に直接「しだい」を付けて「終了しだい」とすることも多い。今日では、この言い方を否定し去ることはできないであろう。

ただし、このような現象が見られるのは、すべての漢語のサ変動詞についてではなく、

・荷物が到着しだい、料金をお送りください。
・校正が完了しだい、印刷にかかります。
・帰宅しだい、連絡します。

など、その動作・作用が、ある時期に終わる意味を持つ漢語動詞の場合だけである。

なお、これと紛らわしい形で、「運動しだいでどうにでもなる」「努力しだいで出世する」などのように、「しだい」が直接名詞に付いて「その事の程度によって」というほどの意味を表すことがある。この場合は、「君の力しだいで運も開けるだろう。」「やり方しだいでうまくいくかもしれない。」のような名詞を受ける「しだい」と同じ語法であって、「運動ししだい」「努力ししだい」と言うことはないようである。（8—28）

問 **「いたたまらない」か「いたたまれない」か**

答 「いたたまらない」「いたたまれない」という言い方は、江戸時代からあって、当時から両様の形が用いられている。しかも、意味用法上の区別はないと言ってよい。

この言い方の構成は「いる（居）＋たまる（堪）＋ない」であるが、「た」が一つ加わっているのは、強調のためか、又は口調のためと思われ、「居ることがまんできない」の意味である。元来は、「たまる」が「こらえる」「がまんする」の意で、その打ち消しの「たまらない」は、「がまんできない」の意味になる。ところが、一方、「何々できない」ということについては、「止まる」に対して「止まれない」、「まわる」に対して「まわれない」のように、「……れない」の形をとって表すことが江戸時代からあるので、それにひかれて「いたたまれない」の言い方もできたものと考えられる。

『日本国語大辞典』では、「いたたまらない」「いたたまれない」の両形を見出し語とし、「いたたまらない」の方には尾崎紅葉、志賀直哉の例、「いたたまれない」の方には、夏目漱石、島崎藤村の例が挙げられている。

他の国語辞典の取扱いを見ると、A辞典では、両者を見出し語とし、「いたたまれない」の方は、「いたたまらない」を参照させている。B辞典では、「いたたまれない」だけを見出しとして、「いたたまらない」は意味解説のあとに添えている。C辞典では、逆に「いたたまらない」を見出しとして、「いたたまれない」は、意味解説のあとに添えている。このように、現在の国語辞典における取扱い方はまちまちである。

なお、国語研究所報告21「現代雑誌九十種の用語用字」（一九六二）について調査したときのカードには、「いたたまらない」の用例はなく、「いたたまれない」の例として次のものが挙がっている。

小笹夫人としてはいたたまれないわけで、怒りと恥しさと口惜しさで夢中になって駆け戻ってきた。（8—29）

問 **「意外に」か「意外と」か**

答 「意外にうまくいった」と言うか、「意外とうまくいった」と言うかの問題である。

「に」で終わる副詞の例として

かりに　ことに　さすがに　さらに　ただちに　ついに　とくに　ひとえに　ふいに　まことに

などがあるが、これらは、形容動詞として活用しないし、「に」を「と」に代えることもできない。

また、「と」で終わる副詞の例として、

いちだんと　いろいろと　きちんと　こっそりと　さっさと
さらさらと　さらりと　しっくりと　にっこりと　はっきりと
はやばやと　ひしと　むずと　わざと

などがあり、これらは「と」を「に」に代えることはできない。

　これに対して、「に」でも「と」でもよいものの例として、次のようなものがある。

（しきりに　（しぜんに　（むやみに
（しきりと　（しぜんと　（むやみと
（わりあいに　（わりに
（わりあいと　（わりと

この類の中に「意外に」「意外と」が含まれる。

「意外に」は、「意外だ」という形容動詞の連用形であると説明できるが、連用修飾語として、副詞と同じように使われる。副詞には、前述のように「と」を伴うものもあるので、「意外に」を「意外と」に代えて副詞として用いる語意識が生じるのも無理はない。

　この「意外と」について、推理小説家の佐野洋氏は、その著『同名異人の四人が死んだ』（講談社）の中で、次のように述べている。

　これは、文法的にも〝意外に〟が正しいと思う。〝意外〟というのは、形容動詞ナリ活用の語幹であり、ナリ活用の形容動詞を副詞的に使う場合には、助詞〝に〟をとるのが、本来の形であろう。〝静粛に〟〝冷静に〟などがそうである。これに対し、同じ形容動詞でも、タリ活用の語幹は、助詞の〝と〟をつけて副詞的に使われる。〝堂々と〟、〝整然と〟というように……。

　わたしが、この使い方を最初に耳にしたのは、一九五九年ごろであった。テレビの対談番組を見ていたところ、ゲストの女優が、しきりに〝意外と〟を連発している。耳ざわりだったが、恐らく、どこかの方言なのだろうと思っていた。ところが、その後も、テレビには、こういう使い方をする人が、何人も出演する。主として、芸能界の人たちであった。だから、恐らく、そのころの芸能界からはやり出した言葉なのであろう。

そして、それは、テレビの普及とともに、あっという間に、日本中に蔓延してしまったようだ。最近では、一流新聞の見出しにまで、〝意外と〟なる言葉がのさばっている。もっとも、この〝意外と〟は、言葉の本来の意味とは違った、〝かなり〟という意味の使われ方をしているらしいが……（13ページ）

「米内さんて、意外と、仕事熱心なのね」

津山治子の口調は、妙に、皮肉っぽかった。

「こんどの場合は、仕事というより、好奇心かもしれない……」

　そう答えながら、米内は、治子の言った『意外と』という言葉が、耳に残った。たしか、それは『何で』とともに、名原の嫌いな表現であった（239ページ）

この文章は、「意外と」という言い方が、一九五九年（昭和34）ごろから使われ、その後流行したものの、中にはこれに余り好感を持たない人もいたことを証するものであろう。

ちなみに、引用文中の米内は学芸部の新聞記者であり、名原は作家で、津山治子はその秘書。年齢は二十五、六歳である。

結局、「意外に」「意外と」では、前者の方が標準的な表現であり、後者は、あとから生じた表現、会話で用いられる俗な表現であると言うことができよう。（8―32）

問「やぶる」か「やぶく」か

答「破る」は、どの辞書にも必ずと言ってよいほど載っている語であるが、「破く」は載っていないものが多く、載っていても、「やぶるの訛《なま》り」としていたり、〔俗〕の表示をしているものもある。「やぶく」は、「やぶる」の語幹と「さく」の語尾とが合してできた語とされている。そして、その使用範囲が限られているようである。例えば、紙や布、ビニールなどの薄い、柔らかい物に限られ、ガラスのような硬いものには使わない。

・裾を破いた
・（手紙…）妹が破いて捨てておいたのを
・釘で袴を破いた時（以上3例　山本有三「波」一九二八）
・手紙だけずた〳〵に破いて屑籠に突っ込んだ。（有島武郎「或る女」（前）一九一九）
・（雑誌の挿絵…）わたしなら破いてしまひたくなるわ。（永井荷風「つゆのあとさき」一九三一）

「障子を破る」「原稿用紙を破る」などは「破く」と言うことができるが、次の例の場合には、「破く」とは言わない。

窓を破る　ガラスを破る
平和を破る　記録を破る
規則を破る　約束を破る

「常用漢字表」（昭和56・10、内閣告示）の「破」の訓に、「やぶる」「やぶれる」はあるが、「やぶく」「やぶける」の形は掲げられていない。しかし、「表の見方及び使い方」7に派生の関係にあって同じ漢字を使用する習慣のある類は、音訓欄に主なものを示したとあるので、これを適用すれば、「破く」「破ける」のように漢字を当てることに問題はないわけである。

なお、「やぶく」は、『新聞用語集』にも、『NHK用字用語辞典』にもなく、『日本語発音アクセント辞典』には「破く」「破ける」が載っている。（8―34）

問「役不足」か「力不足」か

答　分不相応に高い地位あるいは重い役目に就くことを依頼されて、それを断るときの言葉として、

・大変な役不足で、私にはとてもそんな大任は務まりません。

という言い方が、最近、一部で行われているそうであるが、この言い方が正しいかどうかという問題である。この現象については、見坊豪紀氏の「ことばのくずかご」（『言語生活』昭和55・8月号所収）の中に、既に次のように指摘されている。

力量不足の意味――ある誤用――
・〝PTAの会長になるなんて役不足ですわ〟と言って辞退した人がいる、という話をむすこの嫁から聞いた。（六月一日）
・〝役不足だから会長になれない〟式の誤用をした三十代の婦人を知っている、と関美島さんから聞いた。（六月六日）

言うまでもなく、これらの場合は「力不足」「力量不足」と言うべきところであって、「役不足」は明らかに誤用である。「役不足」という語は、『日本国語大辞典』の語釈によれば、

① 振り当てられた役に対して不満を抱くこと。与えられた役目に満足しないこと。
② その人の力量に対して、役目が不相応に軽いこと。軽い役目のため実力を十分に発揮できないこと。

とある。①の意味では、

・役不足を上司に訴える。
・役不足はお互いに言いっこなしだよ。

のように使われ、②の意味では、

・役不足を理由に出演を辞退する。
・若手の有望株なのに、今月の歌舞伎座では、二、三の端役に出

るだけ、これでは明らかに役不足だ。

のように使われる言葉である。したがって、「力不足で私には務まらない」と言えば、自分を卑下した謙遜《そん》の言い方になるが、それを「役不足で私には務まらない」と言うと、反対に、不満を述べた尊大な言い方になってしまうわけである。

本来、自分の側を卑下して使われるはずの「枯れ木も山のにぎわい」（つまらないものでもないよりはましであることのたとえ）ということわざを、目上の人に向かって

・先生、「枯れ木も山のにぎわい」と申しますから、ぜひ出席なさってください。

のように使う学生がいるそうであるが、これでは、結果的に相手である先生を侮辱したことになる。

冒頭に挙げた例も、恐らく誤った類推によって、「力不足」を「役不足」と言ったものと思われるが、相手に対して甚だ失礼に当たる結果になることは、右の「枯れ木も山のにぎわい」の誤用と、全く同様である。

〔付記〕「役不足」を力量不足の意味で使った例については、既に次の二つの雑誌に、以下のような内容の報告がある。（見坊豪紀氏の教示による。）

①『新聞研究』（昭和40・8月号）所収・コラム「ことば」

スポーツ紙のトップ見出しに「××の5番は役不足」というのがあり、荷が勝っている意に用いているが、これはおかしい。

②『放送文化』（昭和47・8月号）所収・藤井継男「〈誤用〉まかり通る」

やはり、夕刊紙のスポーツ欄に、某投手について述べたくだりに「リリーフ、先発の連投はまだ役不足」とあったが、これは誤用である。

右の二例とも、スポーツ新聞から拾われているものであるが、これらの資料から見ると、「役不足」の誤用例は、必ずしも最近一、二年の現象とは言えないようである。（9—36）

問　**「○○研究所長」か「○○研究所所長」か**

答　研究所の所長を指す言い方・書き方としては、「○○研究所長」と「○○研究所所長」のどちらがよいかという問題である。

結論を先に言えば、正式の職名の呼称としては「○○研究所長」のように、「所」を繰り返して使わない方が正しい。例えば、

国立国語研究所長　東京国立博物館長　日本学士院長　東京大学長　東京都立○○高等学校長　東京都○○労務管理事務所長　文部省初等中等教育局長　文化庁文化部長　文化庁文化部国語課長　東京駅長　品川署長

のように、辞令面では、いずれも機関名の末尾に「長」だけを付けて呼ぶのが正式の呼称とされている。ところが、社会一般では、

○○研究所所長　○○博物館館長　○○院院長　○○大学学長
○○高等学校校長　○○局局長　○○部部長　○○課課長
○○駅駅長　○○署署長　○○事務所所長　○○営業所所長
○○出張所所長

のように機関名の末尾の漢字を繰り返して用いる言い方も、実際には行われている。これらは○○所の所長という意味であって、正式の呼称ではないものの、社会的慣用として、誤用呼ばわりする必要もないと思う。

ただし、次のような場合は、事情が別である。

国語審議会会長　地方制度調査会会長　日本ユネスコ国内委員会会長　経済団体連合会会長　全国銀行協会連合会会長　日本

百貨店協会会長　中日友好協会会長　日本貿易会会長　全国中学校英語研究会会長　○○会社社長

右の場合は、末尾の「会」などを重ねて使う方が一般的である。つまり、右の両者の違いは、政令（設置法など）などで「〈長〉をおく」となっているか「〈会長〉をおく」となっているかの、規則の違いに基づいていると言える。また、

PTA総会会場　○○懇談会会場　○○演説会会場　○○投釣り大会会場

なども同様で、「会」を重ねて使う方が一般的な慣用と言えるだろう。

なお、右のように、同じ漢字を重ねて使う場合に、

・○○研究所々長　○○博物館々長　○○院々長　○○大学々長　○○高等学校々長　○○局々長
・○○審議会々長　○○調査会々長　○○連合会々長　○○協会々長
・○○総会々場　○○演説会々場

のように繰り返し符号を用いた例をよく見掛けるが、これは穏当ではない。その理由については、452ページに「「人々」か「人人」か」として解説があるので、それを参照されたい。（9―38）

問　「丁字路」か「T字路」か

答　二本の道路が漢字の「丁」の字のような形に接しているところを「丁字路（ていじろ）」と言うが、この「丁字路」のことを「T字路（ティーじろ）」と言う人もいる。どちらの言い方がよいのかという問題である。

『日本国語大辞典』には、「ていじ（丁字）」「ていじけい（丁字形）」「ていじろ（丁字路）」などの見出しが挙がっていて、それぞれ、次のような用例が引用されている。

・彼岸過迄〈夏目漱石〉停留所・二三「美土代町と小川町が丁字（テイジ）になって交叉してゐる三つ角」
・桐の花〈北原白秋〉植物園小品「丁字形の白ペンキの二尺ばかりの立標に」
・太陽のない街〈徳永直〉任務「構内道路が、約三丁余、それからこの辺で―丁字形になって」
・青年〈森鷗外〉一「此処は道が丁字路（テイジロ）になってゐる」
・道路交通法―第二条「十字路、丁字路その他二以上の道路が交わる場合に」

また、新聞なども、

・釣り方は、丁字水路、十字水路などフナの通路となりそうなところでは、ナラベ釣りもよく（読売、昭和41・10・14、夕刊(5)面）

のような例が見える。これら、文学作品・法令・新聞等の用例を見れば、「ていじろ」の方が本来の言い方であることが分かる。

「丁字」の付く言葉としては、右のほかに「丁字定規（丁形定規・丁定規とも）」（丁字形をした製図用の定規）や「丁字帯」（頭や陰部を包むための、丁字形の包帯）、「丁字欄干」（丁字形の手すり）などがある。

ところで、漢字の「丁（テイ）」とローマ字の「T（ティー）」とは、たまたま字形も音もよく似ているところから、両者が同じように使われることがある。特に、

丁字定規―T字定規　丁形定規―T形定規　丁定規―T定規

などは、それぞれ両方の形とも使われているが、最近では、むしろ「T（ティー）」の方が優勢のように思われる。これは、もともと外

来音である「ティー」という音が、日本語の中に広く定着してきたことと無関係ではないであろう。

また、英語にも、

T-square（T定規）　T-shirt（Tシャツ）

T-bandage（T字帯）　T-shaped（T字形の）

という語があるため、それの影響もあるに違いない。

比較的新しい言葉である「T型尾翼」（飛行機の垂直尾翼と水平尾翼の取り付け方の一つ）のごときは、決して「丁型尾翼」とは言わない。

したがって、「丁字路」「丁字形」「丁字帯」などの語が、今後「T字路」「T字形」「T字帯」に取って代わられる可能性は十分に考えられる。

なお、「T」のほかに、ローマ字の字形を利用した言葉としては、次のようなものがある。

・Vネック・Uネック（シャツの首から胸もとにかけての切りこみの型）
・S形カーブ・Uターン・U字形磁石・U字溝

また、建築関係の用語にも、この種のものが多く見られる。

・H形グルーブ（double-Ugroove）・I形グルーブ・K形グルーブ・U形グルーブ・V形グルーブ
・I形鋼（I-steel）・T形鋼
・T形陶管（T-type pipe）・Y形陶管・Sトラップ陶管（S-type trap-pipe）・Dトラップ陶管
・U字形ボルト（U-bolt）・U字形管（U-tube）・U字鉤（clevis）

（『学術用語集　建築学編』・『同　機械工学編』による）

なお、ローマ字以外の文字の字形を利用した言葉としては、「丁字」のほかに、次のようなものがある。

・卍《まんじ》巴《ともえ》・十字路・二の字くずし（しま模様の一種）・八の字ひげ・くの字形《なり》・のの字（を書く）・への字（に口を結ぶ）・コの字形（の建物）・エの字（釜《かま》をつり下げて上げ下ろしする木）

（9―39）

問「ひとごと」か「たにんごと」か

答「友達が交通事故にあったと聞いて、ひとごとではないと思った」という言い方がある。この「ひとごと」を「たにんごと」と言うこともできるかどうかという問題である。

『日本国語大辞典』の「ひとごと〔人事・他人事〕」の項を見ると、語釈には、

他人に関すること。自分に関係のないこと。たにんごと。

とあり、その後に、「紫式部日記」「浮世草子・懐硯」「蓼喰ふ虫」（谷崎潤一郎）の三用例を掲げている。さらに、「たにんごと〔他人事〕」の項には、語釈に、

他人に関する事柄。ひとごと。

とあり、用例として、次の二例を引用している。

＊或る女〈有島武郎〉前・一〇「滝川の中にもまれもまれて落ちていく自分といふものを他人の事のやうに眺めやってゐるやうなものだった」

＊途上〈嘉村礒多〉「他人ごとでも見聞きするやうにぽツんとしてゐた私の名が」

ただし、この二例は、「ひとごと」と読ませる可能性も考えられる。前者の作品については、近代文学館の名著複刻全集の中に、『有島武郎著作集　第八輯』として「或女」（大正8・3、叢文閣）が収められているので、それに当たってみると、右の用例の少し前に

も、

・どうしてあの男はそれ程の因縁もないのに執念く附きまつはるのだらうと葉子は他人事のやうに思った。

という例が見える。両例とも振り仮名が付いていないので、これを「たにんごと」と読んだという保証は見られない。しかも、この作品の「五」に、主人公の葉子が古藤に向かって話す場面で、

・父や母が死んでしまってから、頼みもしないのに親類達から余計な世話をやかれたり、他人《ひと》力《ちから》なんぞを的《あて》にせずに妹二人を育てゝ行かなければならないと思ったりすると、私のやうな他《ひ》人様《とさま》と違って風変りな、……そら、五本の骨でせう。

のように「他人」に「ひと」と振り仮名を付けた実例が出ている。したがって、右の「他人事」も、作者は「ひとごと」と読ませるつもりだったかもしれないのである。（現代日本文学全集21〈筑摩書房〉の『有島武郎集』に収められた「或る女」の中には、右の「他人事」に「ひとごと」という振り仮名を付けている。）

「ひとごと」が古くから使われている語であることは疑う余地がないが、「たにんごと」の方は比較的新しく生じた言い方ではないかと思われる。例えば、「人目（人眼）をしのぶ」のような場合は、ほかに読み違えるおそれはないが、「ひとごと」を「人事」と表記したのでは「ジンジ」と誤読される心配もあって、いつしか「他人事」と書く習慣が生じたものであろう。「ひとごと」の証例ではないが、文化十一年刊の「浮世床」には、

・いらざる隣《となり》の貨《たから》を算《かぞ》へて、他《ひと》の国《くに》の大《おほ》きい自慢《じまん》（自序）

・あゝなると他《ひと》の異見《いけん》も耳《みゝ》には這《へ》入《ゑ》らねへはな（初編巻之中）

・ハテこっちも他《ひと》の世話に為《なつ》て居るからなりたけ為《ため》になることをしてやるけれど（初編巻之下）

・他《ひと》の事ぢやアねへ。おれが壮年《わかい》時分……（二編巻之上）

・他《ひと》の名前にして内証はてんぐ〳〵が持居《もつて》るのス（二編巻之下）

のように「他」を「ひと」と読ませた例が見える。したがって、江戸時代には、「ひと」を「他人」と書く習慣も生まれていたと想像されるが、それが一般化するにつれて、こんどは、文字面にひかれて「たにんごと」と読む人が広がってきたのではないかと考えられる。

国立国語研究所が、昭和四十一年の朝日・毎日・読売三紙について行った語彙調査の結果を見ると、「ひとごと」という語が六例（うち一例は「ひと事」）現れるのに対し、「たにんごと」という語は、次の二例である。

・交通事故は他人ごとではない。（読売、昭和41・1・13、夕刊(5)面）

・〝文化村〟の集団赤痢——東村山市で起きたさわぎを「他人事ではない」と心配する都民は多い。（朝日、昭和41・4・8、朝刊(16)面）

新聞の場合は、原則として、「他人」を「ひと」と読ませることはないので、右の二例は、「たにんごと」と読むしかないわけである。なお、現在市販されている国語辞典の中にも、『三省堂国語辞典』（第三版）などは、「たにん〔他人〕」の項に、子項目として「―ごと〔他人事〕」を掲げている。

以上のことから判断すると、本来の言い方としては「ひとごと」であるが、最近では、「たにんごと」という言い方も行われており、これを無視するわけにはいかないと考えられる。

〔付記〕「たにんごと」は比較的新しい言い方だろうと推定したが、一つ気になる点がある。『日本国語大辞典』には、

たにんこ〔他人事〕（名）「たにんごと（他人事）」の略。

という項目があり、歌舞伎の「怪談月笠森」（笠森お仙）と「春雨文庫」〈松村春輔〉との用例が引かれていることである。この両作品は、共に明治時代のものであるが、当時「たにんこ」という

言い方がどの程度広がっていたものか、また、それ以前に「たにんごと」が一般化していたのかどうか、その辺に疑問が残るからである。

また、江戸時代の文献に、既に「他人気（たにんき）」「他人行儀」「他人ずく」「他人づきあい」など、「他人」を冠した複合語が現れることから見ると、「たにんごと」も、あるいは古くから使われていた可能性もあると考えられる。（9—40）

問「間違う」か「間違える」か

答「間違う」と「間違える」とは、意味・用法が全く同じなのか、それとも違いがあるのだろうか。例えば、

漢字の意味を考えないで使うと間違いますから、一字一字よく考えて使うようにしましょう。

という文の場合、「間違います」を「間違えます」としても、前後の意味が通るように思われる。この場合、どちらがいいのかという問題である。

「間違う」は、五段（文語では四段）に活用する動詞で、古くは、自動詞にも他動詞にも使われていた。これに対し、「間違える」は、他動詞「間違う」の口語形として下一段に活用する動詞である。したがって、現代では、

ぼくの答えは、間違っていました。
ぼくは、答えを間違えていました。

のように、自動詞の場合は「間違う」、他動詞の場合は「間違える」と、両者を使い分けるのが普通である。

間違うはずないのに、わざと間違えたのではないか。

という用例でも、その使い分けが知られるであろう。

ところが、近年、自動詞の「間違う」を他動詞としても用いることが多くなってきている。例えば、山登りをしていて、

道を間違えてしまった。

と言えば、一般的な表現であるが、これを

道を間違ってしまった。

のように言う言い方も、今日では、誤りとは言えないほど、一般に広まっている。最近の国語辞典でも、

まちがう（五段）①自動詞　②他動詞
まちがえる（下一段）他動詞

のように扱ったものがほとんどである。もっとも、国語における自動詞と他動詞とは、英語などのような著しい文法的差異は認められないので、本来自動詞であったものが他動詞としても用いられる場合は、ほかにも例がたくさんある。（545ページ「＜終わります＞か＜終えます＞か」もその例になる。）

ところで、それでは、同じく他動詞として用いられた「間違う」と「間違える」の間に、果たして意味上、用法上の差があるのかどうかということが問題になる。

(ア)この答案は、間違っている。
(イ)この答案は、間違えている。

右の例で考えてみると、「間違う」は「正しい基準にはずれる」という意味であるのに対し、「間違える」は、「AとBとを取り違える」という意味のように思われる。つまり、(ア)は、一定の基準にはずれている、正しくないと判断しているのであり、(イ)は、問題の意味を取り違えているとか、Aという答えを書くべきところなのに、取り違えてBという答えを書いてしまったとか、いずれにしても、何かと何かを取り違えるという意味合いが感じられる。

さて、冒頭に掲げた例文について見ると、ここは自動詞の用法と考えられるとともに、右の(ア)のような意味合いが強いので、「間違

います」が本来の用法だと思われる。この場合「間違えます」でも意味が通るように思えるのは、読み手が無意識のうちに、次の（　）のような語句を補って解釈し、他動詞の用法だと考えるからであろう。

漢字の意味を考えないで使うと（使い方を）間違えますから……

しかし、仮に右のような解釈をした場合でも、前述のように「間違う」は他動詞としても使われるので、「（使い方を）間違いますから」でも誤りとは言えないと思う。むしろ、この「間違いますから」のように、特に目的語を出さない場合は、自他を区別する必要のない状況であるとも言える。「誤る」「しくじる」など、自動詞と他動詞が同形のものにも、同じような用法があることと見合わせて考えられよう。

誤って指をけがする。（←→判断を誤る）
しくじってしかられた。（←→会社をしくじる）

なお、「間違いやすい」、「間違えやすい」という語形についても、現在では、どちらも一般的に使われており、どちらか一方を正しいとすることはできない。ただし、名詞形の場合は、「間違い」の方が「間違え」よりも、はるかに優勢のように思われる。

言葉は時代によって変化するものであり、その変化の過程では、従来の形と新しい形とが併用されて、いわゆる〝言葉のゆれ〟という現象が生じる。「間違う」と「間違える」も、今まさにゆれている言葉の一つであると言えるだろう。（9—41）

問　「二の舞を踏む」は正しい言い方か

答　「二の舞を踏む」という言い方をよく耳にするが、これは「二の舞を演じる」が正しい言い方ではないのかという問題である。

「二の舞」の語義については『日本国語大辞典』に次のような説明がある。

㈠　舞楽の曲名。沙陀調（現在は壱越調）の古楽。安摩（あま）の舞の次にそれを見ていた二人の舞人（笑い顔の面の老爺と腫れただれ顔の面の老婆）が滑稽な所作で安摩の舞をまねて舞う舞。安摩の舞に対する答舞。唐楽に属する。〔筆者注、用例および挿絵は省略〕

㈡　《名》①人のあとに出てそのまねをすること。＊万寿二年阿波守義忠歌合「左歌に、闇はあやなしと詠めるは、色こそ見えねといふ歌のにのまゐのをこがましきに」＊栄花―衣の珠「月日を過し侍る程に、先ぜられ奉り侍りぬれば、今は二のまひにて、人の御まねをするになりぬべきが、いと口惜しきなり」②前の人の失敗を繰り返すこと。＊源平盛衰記―四六・土佐房上洛事「和殿とても打解可きに非ず　九郎が様に二の舞（マイ）もやと存ずれば」

すなわち、歴史的には、右の㈠が原義であり、それから転じて㈡の意味に使われるようになった語である。さらに、現在では、㈡の①の意味にはほとんど用いられず、もっぱら㈡の②の意味だけに使われているようである。そのことは、次に掲げる、国立国語研究所が新聞や雑誌の語彙調査のために採集した用例によっても、知ることができる。

・しかしこうしていま一つの頂点にさしかかった仏ソ接近は、効果のなかった四四年のドゴール・スターリン会談（モスクワ）の二の舞いに終わらないであろうか。（毎日、昭和41・6・21、朝刊(1)面）
・三宅島空港周辺の気流が冬に向かって悪化し、着陸時の機体の横ぶれが激しいというのが理由だが、松山空港惨事の二の舞を

恐れ、大事をとったとみられる。（毎日、昭和41・12・10、朝刊⒁面）

・もっと首脳陣が協議して、練習に計画性を持たせていかなければ、投手陣は昨年の二の舞いを演じることになろう。（読売、昭和41・2・17、朝刊⑾面）

・その発展の経過を調査し、成功した原因を明かにし、また不成功に終った例を参考にして、その二の舞を演ずることのないように手を打つなど、多くの資料を基に計画する必要がある。（『農業世界』昭和31・12月号）

つまり、「二の舞に終わる」（「二の舞になりかねない」という使い方もある）、「二の舞を恐れる」「二の舞を演じる」というのが、この語の普通の使い方のようである。なお、『和英語林集成』（三版）には、「二の舞をする」という形が載せられている。

ところで、「二の舞を踏む」という言い方も、確かに一部では行われているようである。国立国語研究所の採集用例の中にも、

・わが国でも、さいきんは底革の需要が次第に不振になってきて、米国の二の舞をふむのではないかと業界をあわてさせている。（『エコノミスト』昭和31・9・1号）

というのが一例見える。また、壺井栄の「二十四の瞳」にも、主人公の女教師とその母親との会話の中に、次のように現れる。

・おまえだってすすんで（教師に）なったじゃないか。お母さんの二の舞いふみたくないって。（母→娘）

・せっかく子どもが生まれるのに、わたしはわたしの子にわたしの二の舞いふませたくないもん。（娘→母）

・お母さんこそ、文句いいたかったのに、あのとき。わたしの二の舞いふんだらどうしようと思って。（母→娘）

（「七　羽ばたき」『日本児童文学大系』第二三巻〈ほるぷ出版〉）

しかし、この「二の舞を踏む」という言い方は、おそらく「二の舞を演ずる」と「二の足を踏む」（先へ進まず、ためらう意）との混淆《こう》（コンタミネーション）による誤用であろうと考えられる。

『朝日新聞の用語の手びき』（昭和56）所収の「誤りやすい慣用句」の中にも、

二の舞いを繰り返す、二の舞いを踏む→二の舞いを演じる（する）

「繰り返す」は重言。もう一つは「二の足を踏む」との混用

という説明がある。ただし、時事通信社の『記事スタイルブック』（昭和56）の中には、

二の舞いを踏む

という言い方が挙がっている。なお、これは送り仮名に関することであるが、新聞では、

二の舞〈舞楽〉

二の舞い〈繰り返すこと〉

のように使い分けている。（日本新聞協会『新聞用語集』昭和56）ただし、「文部省公用文送り仮名用例集」では、「二の舞」として両者を使い分けることはしていない。

〔付記〕「二の舞を踏む」は誤用であろうと述べたが、これに対して、「踏む」という動詞の用法からすると正しいという考え方もできる。『日本国語大辞典』の「ふむ〔踏・履・践〕」の語釈のところを見ると、［一］の⑥として、

足拍子をとる。足踏みしながら舞う。舞踏する。＊御伽草子・唐糸草子「三番は熊野が娘の侍従、太平楽をふむ」＊日葡辞書「ヒャウシヲ fumu（フム）」

という記述のあることである。『邦訳日葡辞書』に当たってみると、

Fiŏxiuo fumu（拍子を踏む）舞などにおいて足で調子をつける

という訳が付いている。すなわち「太平楽をふむ」「拍子をふむ」という用法が古くあったことを考え合わせると、「二の舞をふむ」という言い方も、あながち誤用とは言えないことになるわけである。（9—42）

問「もろ刃の剣」か「りょう刃の剣」か

答　有効なものであるが、場合によっては非常に危険なものともなるものをたとえて、「もろはのつるぎ」と言うか「りょうばのつるぎ」と言うかという問題である。

『日本国語大辞典』は、「もろはの剣（つるぎ）」を「もろは」の項の小見出しとして掲げ、「(両方に刃のついた剣は、相手を切ろうとして振り上げると、まず自分を傷つけるところから)」と説明している。

「もろは（又はもろば）」の「もろ」は、「めいめいの、左右の、二つの」の意味の接頭語で、「もろ手」「もろ肌」「もろ矢」などの例がある。「もろは」は刀剣の形で、刀身の両辺ともに刃を付けたものを言う。もろはの刀がツルギで、これに対して片刃の刀をカタナと言う。

釼《つるぎ》刀《たち》諸《もろ》刃《は》の利《と》きに足踏みて死なば死ぬとも君に依《よ》りなむ（万葉集・巻十一・二四九八）

とあるように、「もろは」は古い言葉であるが、「りょうば」はそうでもないようである。『和英語林集成』に「MORO-HA モロハ 諸刃 n.Two edged:—no katana, a two-edged sword.」があるが、リョウバはない。『言海』（明治22）、『日本大辞書』（明治26）、『大言海』（昭和7）には、「もろば」はあるが、「りゃうば」はない。『ことばの泉』（明治31）、『言泉』（大正10）に「もろば」も「りゃうば」もあるので、明治の後半になって「りゃうば」の言い方が出てきたものと思われる。

なお、「両《リョウ》刃《ジン》」という漢語があり、表記上「もろは」にこれを当てて書くのはいわれがあるが、「りょうば」というのは、これを俗読みにしたもの、あるいは、近年になって、新しく作った語（例えば、安全かみそりの替え刃などについて）かと思われる。

また、漢語にも「両《りょう》刃《じん》矛《のほこ》」の熟語があるが、これには利害両面を表す意味はない。

以上から、「もろはのつるぎ」が本来の言い方であると言ってよいと思われるが、現在では、「りょうばのつるぎ」が用いられることも少なくない。辞典類を見ても、現行のものは何らかの形で両方の言い方を認めているものが多い。例えば、『学研国語大辞典』には、「もろはのつるぎ」の例として、

かつて原水爆が発明されたとき『科学は双刃の剣』といわれた。しかし、この双刃の剣は、簡単にいえば戦争にならなければ、悪用はされずにすむ（毎日夕　昭46・3・25）

また、「りょうばのつるぎ」の例では、

（宇宙開発ト原子力開発ハ）いずれも典型的な両刃の剣であり、その開発をおこなう人間の心ひとつで、平和にも軍事にも利用できる（朝日　昭和43・4・29）

とある。（傍線の部分は、この辞典では—となっているが、原文によって書き入れた。）

なお、「常用漢字表」には「両」の訓に「もろ」はないので、これによるときは、「両刃」と書いてあれば、「りょうば」と読むことになる。

『新聞用語集』（日本新聞協会　昭和56）には、

もろは　（双刃、諸刃、両刃）→もろ刃
りょうば　→両刃

『記事スタイルブック』（時事通信社　昭和56）には、

りょうば　→両刃（の剣）

とある。

ついでながら、包丁の場合、まな板に当たる部分を両面から研ぎ出したものを両《りょう》刃《ば》、そうでないものを片刃と呼びならわしている由であるが、本問とは関係がない。（10—36）

問「めどがつく」か「めどがたつ」か

答　見込みや見当がつくことを、「めどがつく」と言うか、「めどがたつ」と言うかの問題である。「めど」は古い言葉で、植物の名にも、易の道具の名にも言う。

「蓍《めど》」は、豆のなる多年生植物で、ハギに似ているところからメドハギとも言う。この茎五十本で占いに使う筮《めどき》をつくる。後には竹でつくり、筮《ぜい》竹《ちく》と言う。これは九世紀の『和名抄』に、「以二其茎一為レ筮者也」と出ている。『日本国語大辞典』が引用している室町時代の『尚書抄』には「亀のうら、易のめとなどにて疑はしき事をかんがふべき也。」とあり、『史記抄』には「推策とはめどを推《おし》てはかるぞ。」とある。また、『日葡辞書』（一六〇三）の「邦訳版」を見ると、「Medo メド（蓍）」の項に「めどをとる」があり、その説明に、「……占星家の勘考する占星上の或る点とか線とかを観察しながら、各人の寿命や成り行きを見る、あるいは推測する。」とある。『和英語林集成（第三版）』（一八八三）にも、「Sticks used in divination」（占いに使う棒）という意味が載っている。

ここで言う「めど」については、針の孔《あな》のめどをねらう意味からという説（『大言海』）もあるが、おそらく右の易の「めど」から出たものであろう。いずれにせよ、目を付けるところ、めざすところ、めあての意味である。

さて、『日本国語大辞典』の小見出しには、

めどが付く　めどが見えない
めどに取る　めどを取る〔付ける〕

があり、「めどがたつ」はない。

NHKの『新用字用語辞典』（昭和56）にも、

めど〔目処〕　～がつく。

とあり、「めどがたつ」はない。

しかし、「めど」が、めあて、目算、予定などの意味に使われるようになると、「目算がたつ、計算がたつ、予定がたつ」などの例からの類推で、「めどがたつ」という言い方が出てくるものと思われる。

ただし、江戸時代末の『俚《り》言集覧』に、「目ど　目当の事也ドは所なるべし目所とは眼目といふが如し　目トに取　目ドが立　など」とあり、少なくとも江戸時代には「めどがたつ」という言い方があったものと思われる。

最近の新聞を見ると、

・国会打開メドつかず　審議ストップ12日目に（朝日、昭和58・10・24）

のような例のほかに、次のような「めどがたつ」の言い方も目に付くようになった。

・米空母艦載機の訓練基地　早期決着へ政府苦慮　関東周辺めど立たぬ対策（朝日見出し、昭和58・8・29）
・青函トンネルは、当初は東北、北海道両新幹線とつなぐ予定だった。しかし、新幹線建設のメドが立たないことから、昨年七月、在来線で結ぶことにし、……（朝日、昭和58・9・20）

・都有地740ヘクタールが休眠　他県下や島部にも売却メド立たず
（朝日見出し、昭和58・9・22）　（10—42）

問「東南」か「南東」か

答「東」又は「西」と「南」又は「北」とを組み合わせて言う場合に、「東南アジア」「都の西北」のように、「東、西」を先にする言い方と、「南東の風」「北西の風」のように、「南、北」を先にする言い方とがあるのは、なぜかという問題である。
　東洋の古い文献を見ると、中国古代の『易（易経）』に、
　西南得レ朋。東北喪レ朋。（西南に朋《とも》を得、東北に朋を喪《うしな》ふ。）
とあり、『常陸国風土記』茨城郡に、
　従レ郡西南近有ニ河間一。謂ニ信筑川一。（郡《こほり》より西《ひつじさる》南のかた近く河《か》間《は》あり。信筑《しつく》の川と謂《い》ふ。）
『日本書紀』巻三に、
　観夫畝傍山……東南橿原地者、……（観《み》れば夫《か》の畝傍山《うねびやま》の……東《たつみのすみ》南の橿原《かしはら》の地《ところ》は、……）
とあって、いずれも、「東、西」が先に「南、北」が後になっている。なお、用例中「ひつじさる」「たつみ」などとあるのは、古来、方角を表すために、十二支を用い、図1のように、円を十二等分し、子《ね》から亥《い》までを配分して示した、その方式によるもので、右回りの順による組合せである。

図　1

　近代の陸地測量部地図では、明治十七年測図明治十八年発行の五千分の一東京（九面）に、東京南東部、東京北東部、東京北西部、東京南西部という図名が用いられ、明治四十二年測量では、京都東北部、京都西北部という図名が用いられており、一定していないようであるが、最近発行された国土地理院の一万分の一の地図（昭和59・3・30発行）には、東京西北部、東京東北部、東京西南部、東京東南部の書き方が採用されている。

　恐らく、土地の方角には、東西を先にするのが古来の習慣で、それを受け継いだものと思われる。ただし、例外としては、沖縄諸島を含めて、南西諸島と称しているところがある。『地名表記の手引』（教科書研究センター編著）の「日本の自然地域名称」の中の例にも、北西太平洋海膨、北西太平洋海山群が挙がっている。

　万延元年（一八六〇）一月十八日から始まる、玉虫左太夫の「航米日録」には、二月八日に「又東南ニ向フ。」とあるかと思うと、十一日に「又南東ニ向フ。」とあり、一定していない。また、風向も、「寅卯風《とらうのかぜ》、辰巳《たつみの》風、戌亥《いぬいの》風」のほか、「東北風、西北風、南東風」などもある。

　風向《ふうこう》の場合は、図2のように、南北方向を基準とした十六方位で示されることが多い。更に詳しく表示する場合には、北から時計回りに三百六十度までの角度が用いられる。

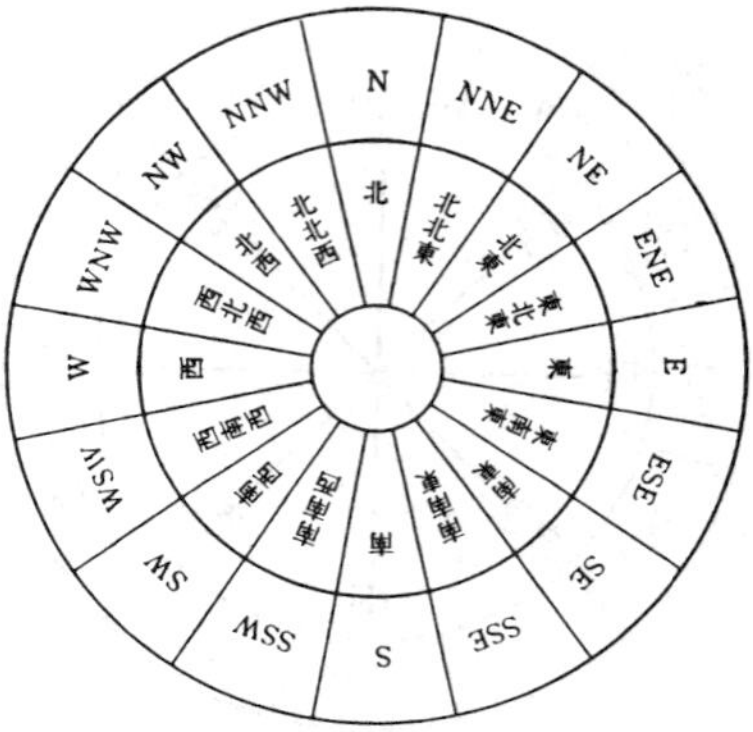

図 2

日本の気象台（東京赤坂）が創立されたのは、明治八年（一八七五）六月一日であり、観測機械を外国に注文し、イギリスの専門家ヘンリー＝ジョイネルを招聘《へい》しているから、恐らく風向の示し方も同時に輸入されたものと思われる。明治十六年（一八八三）三月、内務省地理局気象台が発行した「天気図」第二図がある。その中に、風向についてNEという記載がある。北東という意味である。

以上のように、土地・地域などでは「東、西」を先にする習慣が古くからあり、気象や航海に関しては、西洋流の「南、北」を先にする習慣が受け継がれて用いられているということになろう。（11—24）

問「ことづけ」と「ことづて」

答 人に託す意を含む「ことづけ」と「ことづて」は発音の上でも似ていて紛らわしいが、どのように違うのかという問題である。

「ことづけ」は、「ことづける」（古語では「ことづく」）の連用形で、それが名詞に転化した語である。「①かこつけ、口実 ②伝言」の二つの意味があり、いずれも「源氏物語」や「古今集」などに用例が見える。

現在、「ことづけ」（名詞）「ことづける」（動詞）のほか、「ことづかる」などの形でも用いられる。この場合、人に託すものは、大体、言葉又はそれを書きつづった手紙であるが、時に物である場合もある。『日本国語大辞典』を見ると「委託されたもの」の意味を持つ「ことづかりもの」という語が、既に江戸時代初期の狂言本で用いられていたことが知られる。

次の文学作品の「ことづけ」と「ことづかる」は、伝言の依頼である。

・「杉子さんからお大事にとことづけがあったよ」「さうか」野島は感謝したかつた。（武者小路実篤「友情」）

・それには、良人はたゞ苦笑ひで答へて置いたが、やがて思ひ出して、偶然にもおはまのゐる宿屋へ泊り合せた話をして聞かせ、ことづかつて来た、「くれ〴〵もよろしく」などを伝へたりした。（里見弴「多情仏心」）

次の「ことづかる」は、物を渡すことを頼まれる意味である。

・奥さまから荷物をことづかって参りましたが、フロントへおきましょうか。それともボーイに部屋に運ばせましょうか。（井上靖「憂愁平野」）

一方、「ことづて」は、「①たより、知らせ、伝言 ②伝聞」の意味があり、「源氏物語」や「平家物語」などに用例が見える。もと「ことつて」と濁らず言い、「ことばつたへ」又は「ことつたえ」の略された形とも、「言《こと》」という名詞と「つつ（伝つ）」という動詞の合わさったものの連用形からできた語とも言われる。一説に、名詞「ことつて」がまずあり、「ことつつ」という動詞はそれを動詞として活用させたところから生じたものとも言う。

『日葡辞書』(一六〇三—邦訳版による)は、「ことづて」の項で、「ことつて」の方がまさるとしたあと、意味を「伝言」とし、「ことづてを申す(人に託して伝言を送る、またはその伝言を述べる)」を文例として示している。また「ことつて」の項では、意味を「委託」とし、文例の一つとして、「ことつてに預かる(伝言を、または、委託のものを受け取る)」を掲げている。そして「ことつつ」又はの活用を、「Cototçute, curu, teta」と記し、「ことつつ」又は「ことつてる」とあるべき終止形のところを「くる」として、「ことづける」系の「ことつくる」を当てているようであるが、「邦訳版」の注には、「言伝て」が活用形をそろえていない欠如動詞であって、その現在形を欠くゆえであろうと説明している。このことは、「ことつてる」という動詞が早くから余り用いられる語でなかったことを示すものかもしれない。現行の国語辞典でも、「ことづて」(名詞)だけを掲げ、「ことづてる」(動詞)を見出しとして立てていないものが多い。ただし、国立国語研究所の採集カードに次のような例があった。

・やまは、娘が私の仕事時間を済ましてから来て欲しいと言伝てたが、いっそ直ぐ独断に娘を二階の部屋へ訪れてみよう——

(岡本かの子「河明り」)

以上のことから、「ことづて」は伝言の意に重点が置かれる語であるのに対して、「ことづけ」の方は伝言だけでなく、手紙や品物の場合にも用いられるということになろう。ただ、「ことづて」と「ことづけ」は発音が似ているので、人によっては品物の場合でも「ことづて」と用いることもあるであろう。また、「ことづてる」という動詞は、今日用いられることは比較的少ないと言えよう。

(11—27)

問「公算が大きい」か「公算が強い」か

答　例えば「公算」とか「確率」とか「加速度」とかのような、度合いや程度を表す言葉の次には、どういう形容詞を続けて言ったらよいかという問題である。

まず、「公算」について考えてみると、日本新聞協会の『新聞用語集』(昭和56)の「誤りやすい慣用語句」には、次のような解説がある。

こうさんがつよい　(公算が強い)→公算が大きい

「公算」は確率・確実さの度合いをいうもので、「公算が強い」という言い方は間違い。大小で表現すべきものである。

『朝日新聞の用語の手びき』(昭和56)の「誤りやすい慣用句」でも、同様の記述をしたあと、

また「流会の公算」のように、「大」を省いて使うのも誤り。

としている。

時事通信社の『記事スタイルブック』(昭和56)の「間違えやすい語字句」でも同様であるが、ここでは、「……の公算」のように「大」を省いた形を見出しに限って認めている。

実際の新聞には、次のような例が見られる。

・日本には沖縄・嘉手納基地に米戦略航空団のＲＣ１３５飛行隊が駐留しており、今回のＲＣ１３５も、この部隊の所属機であった公算が大きい。

・このあと次々に手形の支払期日が迫っており、それも不渡りになる公算が大きく、休業状態にある同社は倒産に追い込まれるのは必至。

・日本シリーズ　あすから決戦
投手戦の公算も大

以上のように、新聞では、「公算が大きい」の形で統一されているが、ＮＨＫでは「公算が強い」の形も認めている。『文研月報』（昭和51・5）に、「決定」として次のようにある。

「公算が大きい」が本来の言い方であるが、「公算が強い」も使ってよい。

従来は「公算が強い」という言い方は認められていなかった。

『放送用語ハンドブック』Ｐ・114の「公算」の項のうち、３行目までを改める。

〔決定の理由〕

「公算」には、「確率」の意味があり、数量的にとらえると、「公算が大きい」と表現するのが普通であろう。しかし、「公算」を「可能性」「見込み」の意味で使う場合には、「公算が強い」と表現しても、あまり違和感はない。

以上のような説明のあと、「公算が強い」の例を新聞記事から二つ引いて示しているが、共に昭和五十年の例である。ＮＨＫ編『新用字用語辞典』には、この『文研月報』の決定を受けてか、

こうさん　**公算**　～が大きい。～が強い。

とある。

一般に、程度を表す名詞にどういう形容詞が結び付くかは、大体決められるとしても、実際にはかなり幅をもって用いられている面もあるようである。次に示すのは、「公算」に関して、国広哲弥氏によって指摘された例である。（『意味論の方法』大修館）

・それから、被害者がさほど抵抗した形跡がない点から判断して、クロロホルムか眠り薬が使われた公算が高いということです。（高木彬光「炎の女」）

国広氏によれば、同様に、「可能性」には強弱、高低、大小、多少などが、「確率」には高低、大小、多少などが続く例が見られるという。

このほか、「加速度」のように「度」の付く名詞は、ある単位の目盛りで計ったもので、数値に関係しているので、普通は、大小で言う。

しかし、「危険度」については、最近の新聞記事に次のような例があった。

・歴博も民博も調査研究にもとづくレプリカ（複製品）や復元模型などが比較的多く、従来の博物館で、希少価値はあるが、破損の危険度が高く経費のかかる実物資料が中心に展示されているのとは違っていた。

一方、次に掲げる「〇〇率」のような語の場合は、数に関係するにもかかわらず、大小ではなく、高低が続くことが多い。数値の大小を上下関係としてとらえ、グラフの上の方を数値が大きいとすることとあいまって高低が自然に出てくるものであろう。

・普通科以外の生徒の退学率が高いことも変わらなかった。

・六十歳代前半者の失業率が際立って高まっているのである。

・死亡率　高まる。

このほかにも、「当選率、出生率、合格率、命中率、血糖値、安全性、信用度」などは、大体、高低が続く。これらは、数値の程度そのものの意味のほかに、数値に対する評価が加わったものと考えることもできる。

なお、文脈によっては、必ずしも大小、高低だけではなく、いろいろな語が続くことがある。

・汚職がらみなど、わけあり市ほど市税の収納率が悪いのだそうである。（新聞）

・四年制大学卒より短大卒の女子のほうが就職率が良い。（新聞）（11—29）

問「洗練さ」という表現は正しいか

答　接尾語「さ」を、例えば「洗練」のような語に付けて言うことができるかという問題である。

「さ」は、一般に、「美しさ」「新鮮さ」のように、形容詞や形容動詞の語幹などに付いて、「美しいようす、美しい程度」「新鮮なようす、新鮮な程度」というような意味の名詞を作る働きを持つものとされている。ところが、「洗練」は、「洗練する、洗練された」のように、「する」を伴ってサ変動詞となることはできるが、「洗練だ、洗練な」という言い方はなく、その意味で「洗練さ」に違和感が感じられることは否定できない。

『朝日新聞の用語の手びき』には、「誤りやすい慣用句」の項があり、「この例文中で×をつけてあるものは、誤用のほか、必ずしも誤りとは言えないが現在普通に使われない言い方、避けた方がよい使い方なども含んでいる。」という注のあと、五十音順に慣用句が並んでいる。その中に、

積極さが感じられる→積極的なようだ

があり、言い換えを勧めている。その理由として『積極な』『積極だ』という形容動詞はないから」を挙げている。

しかし、見坊豪紀氏の『＜'60年代＞ことばのくずかご』（昭和58、筑摩書房）によれば、「積極さ」は、

・岸子は、彼女の何でも充分汲みとらうとする積極さで力を入れて言ふのであつた。（佐多稲子「くれない」昭和11）

のように、比較的早くから用いた例が見られるようである。

一般に、ある語に「さ」が付くか付かないかという文法情報をどの程度国語辞典に盛るかということは、難しい問題である。用例がたくさん集まれば、派生語「—さ」の採録をすることは差し支えないであろうが、用例の少ない場合は、辞典に採録することの可否について編者も迷うであろう。

ほとんどの国語辞典は、採録に消極的であるが、現行の辞典の中には、かなり積極的に「さ」の付く派生語の指示をしているものもある。「積極さ」「消極さ」「我慢さ」「徹底さ」「透徹さ」「洗練さ（＝洗練されていること）」などは、人によって判断の分かれるところであろう。

漢語動詞の語幹に「さ」が付くのは、用例が余りないところから、これを一般化して積極的に使用するには抵抗を感じるであろうが、「洗練さ」のような、状態の意味を含む語に付くものは、今後広く用いられるようになるかもしれない。（11—30）

問「……べき」と言い切りに使うのは正しいか

答　最近の新聞の投書欄の題に「子供は立たせるべき」と言い切りになっているものがあったが、このような言い方は正しいかという問題である。

この投書の本文に、「バスですわりたいのはだれも同じこと。しかし混雑している時、子供を立たせるのは当然です。」とあるように、「べき」は、本来「当然」の意味を持つ文語の助動詞「べし」の連体形である。一般に、文語体の文においては、結びが連体形となっている場合は、例えば

・去れども死其物の壮烈をだに体し得ざるものが、如何にして藤村子の所作を嗤《わら》ひ得べき。（夏目漱石「草枕」）

のように、上に「如何《いか》にして」のような疑問の言葉があるか、係助詞「ぞ、なむ、や、か」などがあるのが普通である。その点から見

ると、上にそのような言葉もないのに「べき」と言い切りにすることは、文法にのっとった形ではないと一応は言えるであろう。

ところで、この「べき」は、打ち消しの文語の助動詞「ず」と同じように、口語文の中によく見られる文語的表現の一つである。

・起こりうべからざる異常事態。
・事故は起こるべくして起きた。
・辞任すべしの声は五割を超えた。
・必ず読むべきものとして推薦する。

しかし、「べし」は、口語体の文中では、終止形は余り用いられず、代わりに、次のように、連体形の「べき」に断定の助動詞がついて一つの助動詞のようになった「べきだ」「べきである」が使われることが多い。

・社長が退任すべきだと思うがどうか。
・朝の涼しいうちに勉強すべきである。

そこで、さきの「子供は立たせるべき」という言い方は、「子供は立たせるべきである」と言うところを、「である」を省略して言ったものと見ることもできる。しかし、こうした省略が考えられる例は、見出しやメモのような特殊な場合に限られるようであるから、普通の文章の中では省略せず、「べきである」とする方が望ましいであろう。

新聞の見出しなどで文を「べき」で言い切りにする形が時々現れるのはそれなりに理由のあることであろうが、『朝日新聞の用語の手びき』のように、「連体形の『べき』で文をとめるのは好ましくない。」として、この言い方を避けようとする姿勢を示しているものもある。

なお、公用文では、一般的に「べし」などの文語的な言葉の使用をできるだけ避けることとしている。（11—31）

問「まつわりつく」か「まとわりつく」か

答「からみつく。まきつく。からみついて離れないようになる。」という意味のとき、「まつわりつく」と言うか、「まとわりつく」と言うかの問題である。

そこで、「つく」を省いた形の「まとわる」と「まつわる」を含めて、主な国語辞書に当たってみると、左の表のようになる。戦後の辞書については、年代順に、仮に書名をA、B、Cなどとした。

これを見ると、「まつわる」については、すべての辞典に採録されているが、「まとわる」については、時代が新しくなるにつれて採録されることが少なくなる傾向にあることが分かる。

「まつわりつく」や「まとわりつく」は、複合語であるから、もともと採録されにくいものなのであるが、それでもそれぞれ幾つかの辞典に採録されている。

しかし、「まつわりつく」の用例は掲げられているが、「まとわりつく」についての用例は見られない。

「まつわりつく」の例

・走り出た、辻占売の子供が、爺さんに絡（マツ）はりついた。（徳田秋声「足袋の底」）（『日本国語大辞典』から）
・――・く蔓（つる）を切りはらいながら進んだ。（辻邦生「安土往還記」）
・――・くおはんの体かきのけて、納戸の奥の板敷の間へ駆け込うだのでござります。（宇野千代「おはん」）
・峠の下の部落からあやしい音色が耳に――・いてきて…（島尾敏雄「島の果て」）
・文学部には文学部らしい雰囲気があり、それは文学部にも――・くふうのものであろう…（中野重治「歌のわかれ」）

（以上4例、『学研国語大辞典』から）

こうして見てくると、「まつわる、まつわりつく」と「まとわる、まとわりつく」の両者とも古くから用いられてきたけれども、現在では、「まつわる、まつわりつく」の方が多く用いられる傾向にあると言えよう。

なお、新聞関係の用語集にも当たってみたが、どちらも採録されていなかった。

ちなみに、「まつわりつく」という語は、用法が限定されており、「すそが足にまつわる」「母のひざにまつわる子」の例で、「まつわる」を「まつわりつく」に入れ替えて、「すそが足にまつわりつく」「母のひざにまつわりつく子」と言うことができるが、「この地にまつわるうわさ」を「この地にまつわりつくうわさ」と言うことはできない。すなわち、「関連する」という意味のときは、「まつわりつく」は用いられない。

（12―35）

	まつわる（まつはる）	まつわりつく（まつはりつく）	まとわる（まとはる）	まとわりつく（まとはりつく）
日葡辞書（慶長6）	○	×	○	×
和英語林集成　3版（明治19）	○	×	○	×
日本大辞書（明治26）	○	×	○	×
ことばの泉（明治31）	○	×	○	×
言泉（昭和3）	○	×	○	○
大言海（昭和10）	○	×	○	×
大辞典（昭和11）	○	×	○	×
A（昭和31）	○	×	×	×
B（昭和33）	○	×	○	×
C（昭和44）	○	×	○	×
D（昭和44）	○	×	×	×
E（昭和45）	○	×	○	×
F（昭和50）	○	○	○	×
G（昭和53）	○	○	○	×
H（昭和54）	○	×	×	×
I（昭和54）	○	○	○	×
J（昭和56）	○	×	×	○
K（昭和57）	○	○「まつわる」の語釈の次に	×	○カラ見出し
L（昭和58）	○	○	○	×
M（昭和60）	○	×	×	×
N（昭和60）	○	×	×	×

問「**いちにんまえ**」と「**ひとりまえ**」

答「いちにんまえ」と「ひとりまえ」の使い分けがあるかという問題である。

「いちにんまえ」の意味としては、次のようなことが考えられる。

① ひとりに割り当てられた分量のこと。例えば、「すし一人前」などというのがこれに当たる。

② 成人であること、また、大人と同じ能力を持つこと。「自分が盗まれて置きながら、明瞭の答が出来んのは一人前ではない証拠だと」（夏目漱石「吾輩は猫である」）のような例がある。その他、「一人前に酒を飲む」など。

③ 技芸などがその道の人として通用するほどに達していること。「一人前の美容師」など。

このうち、①の意味としては、「ひとりまえ」という語は、「いちにんまえ」とほとんど同じように用いられ、

・お雑餅（ざうに）は大方ひとり前、三升宛に搗いたれば、（浄瑠璃「傾城酒呑童子」）（『日本国語大辞典』から）

などの例がある。

「いちにんまえ」や「ひとりまえ」と言うときの「まえ」というのは、人に割り当てた物の数をかぞえる語のことで、

・膳机九百十一前（東寺百合文書セ、久安9・6・16）

・五種御菜に三升盛りを百二三十前ばかり組み調へたり。（「盛衰記」四二）

（以上2例、『岩波古語辞典』から）

このような使い方から、名詞又は動詞の連用形について、それに相当する分量を表すことになり、「一人前、分け前」などの語が出てきたものであろう。

『NHK日本語発音アクセント辞典』（昭和60）にも

イチニンマエ　一人前　ヒトリマエ　一人前

の両方が掲げられており、次のように、同じ場面で、両方が出てくる例もある。

店女　……ハイ　マグロノオサシミ　イチニン前

（中略）

店主　エー　マグロオヒトリ前。

店女（客らに）ハイ　マグロノイイトコ　ハイ、上等オヒトリ前、ハイ　百二十円デスネ、ハイ　ドーモ　アリガトーゴザイマスネ。……

（「録音器」さかなやの店先より『言語生活』24号、昭和28・9）

このように、「いちにんまえ」も「ひとりまえ」も同じように用いられるのであるが、丁寧に言おうとするとき、「おいちにんまえ」とは言いにくく、また、「いちにんまえ」を「しちにんまえ」と聞き誤るのを防ぐための言い換えとして「ひとりまえ」を使うことがあってもよいであろう。

種々の国語辞典の扱いから見て、「ひとりまえ」は、②、③の意味でも、「いちにんまえ」と大体同様に用いられると言えるようである。次のような例がある。

・一人前（ヒトリマヘ）の立派な士に出で立て、（三遊亭円朝「怪談牡丹燈籠」）（『日本国語大辞典』から）

ただし、人によっては、②、③の意味のときはもちろん、①のときでも、「ににんまえ(二人前)」「さんにんまえ(三人前)」と言う関係から、「いちにんまえ」と言う方がよいという意見もある。

（12―40）

問「…ほか」と「…以下」

答 ある数や量を数えるときに、基準となるところから数えるかどうかによって、「……ほか」を使うか、「……以下」を使うかという問題である。

　人数をとなえるとき、「山田氏以下十人」「山田氏はじめ十人」「山田氏ら十人」などという表現がある。これらは、山田氏を含めて十人であることを表す。

　これらのうち、「山田氏以下」や「山田氏はじめ」の場合は、「山田氏ら」に比べて、山田氏がほかの人より上位にあるような感じを受けることがある。

　「ら」については、『NHK放送用語ハンドブック』（昭和44）に次のようにある。

　＜例＞「Aさんら」。場合により「たち」「など」でもよい。また職名が並んだ場合は「など」のほうがよい。「ら」は場合により、べっ視の意をもつことがあるので注意する。（中略）「ら」には「そのほか」の意味が含まれるので、A、B、C3人の人を示すのに「Aさん、Bさん、Cさんら」と言うのは誤り。

　「以下、はじめ、ら」に対して、山田氏を除いて、十人いる場合は、「山田氏ほか十人」と言い、計十一人いることを表す。

　なお、『新・記者ハンドブック』（共同通信社、昭和56）の「数字の書き方」の項の（注）に、「記事ではなるべく『ら』とし、『以下、はじめ、ほか』の表記は避ける。」とある。

・北大教授や北海道自然保護協会長ら九人から成る選定委員会……（朝日、昭和60・9・18）

のような例では、九人の中に教授や協会長が含まれているものと見るべきである。

　「以上、以下」の場合、基準点になる数や量を含むことについては、法令又は報道関係では、その使い方が決まっている。

　「一万円以上の金額」「一万円以下の金額」と言うときは、一万円を含めて、それより多い金額、又は少ない金額のことである。もし、一万円を含めないときは、それぞれ

　一万円を超える金額

　一万円未満の金額（一万円に満たない金額）

と言う。したがって、「一万円以上」と「一万円未満」、「一万円を超える」と「一万円以下」がそれぞれ組み合わされる。

　なお、「ほか」か「外」かについては、473ページ参照。（12―41）

問「手をこまぬく」か「手をこまねく」か

答 何もしないで、じっとただ傍観していることを「手をこまぬく」あるいは「手をこまねく」と言うが、この場合、動詞の部分は「こまぬく」「こまねく」のどちらの形が正しいかという問題である。

　結論から先に言えば、本来の形は「こまぬく」であるが、後にそれがなまって「こまねく」ともなり、現在では、両方の言い方が並び行われているのが実情である。

　まず、古辞書の記載を見よう。十二世紀前半に成立した漢和辞書『類聚名義抄』（観智院本）には、「拱」の訓として「コマヌク・ウダク・イダク・タムダク」が示されている。また、時代は下るが、十六世紀末に刊行されたキリシタン版の漢字字書『落葉集』には、「拱」の読み方として「こまぬく、たゆたふ、たんだくす・とる」が挙げられているので、「こまぬく」が本来の形であったことは明らかである。

「こまぬく」という動詞は、もと、両手を胸または腹の前で重ねて組み合わせる、中国の敬礼の動作を言ったもののようである。

『日本書紀』巻二十五の「天万豊日天皇《あめのよろづとよひのすめらみこと》」（孝徳天皇）の条に、「於ㇾ是、古人大兄、避ㇾ座逡巡、拱ㇾ手辞曰」という記述があるが、日本古典全書『日本書紀五』（朝日新聞社）では、次のように読み下している。

ここに古人の大兄、座《しきゐ》を避《さ》り逡巡《しりぞ》き、手を拱《こまぬ》きて辞《いな》みて曰《まを》さく

この「手を拱く」は、右の敬礼の動作を表したものであろう。（ただし、日本古典文学大系『日本書紀下』〈岩波書店〉においては、「拱手」を「手を拱《つく》りて」と読んでいる。）

しかし、「こまぬく」は、後には右の敬礼の動作の意味を失って、ただ「腕を組む。腕組みをする」という意に用いられた。それは、

・もしやとて心しづむる夕ぐれにこまぬく袖を秋風ぞ吹く（藤原光俊・新撰六帖）

・物もいはでゐられたれば、この人も、いかにと思ひてむかひゐたるほどに、こまぬきて、すこしうつぶしたるやうにてゐられたり（宇治拾遺物語・巻五の九「御室戸《みむろど》僧正事・一条寺の僧正の事」）

などの用例に見るとおりである。

『日葡辞書』には、「Comanuqi, u, uita」（コマヌキ・ウ・イタ）という見出しがあり、用例として、「Teuo comanuqu」（手を拱く）を掲げ「両手を交差する、または腕と腕とを互いに寄せ合わせる」という意味を記している。同書の「TE」（手）の項の用例にも「Teuo comanuqu」（手を拱く）があり、そこでは「両手を交差する、または、両手を互い違いにして袖の中へさし入れる」という意味の説明を付けている。つまり、語形は「こまぬく」で、意味は「腕組みをする」意であったことが知られる。このことは、ヘボンの『和英語林集成』においても同様の記述がある。

現代では、「こまぬく」を「腕組みをする」という意味で単独に使うことは、あまりない。

・（爺さんは）それから、褐色の斑点の出来ている太い腕を拱《こまぬ》いて横になったが、――そのまま、永い間眠れなかった。（武田麟太郎「日本三文オペラ」一九三二）

のように実際に腕を組んだ用例もないわけではないが、ほとんどは、常に「手をこまぬく」あるいは「腕をこまぬく」、特に「こまぬいて」という慣用句の形をとって、「何もせずに傍観する」という意味に用いられるのが普通である。そのことは、以下の用例に見るとおりである。

・私は左右《さう》かと云つて手を拱《こまぬ》いてゐる訳に行きません（夏目漱石「こころ」一九一四）

・我々は結局手を拱《こまぬ》いて、何もせずに、種々の問題が自分の眼前を通り過ぎて行くのを眺めてゐるより外に途がないであらう（阿部次郎「人格主義」一九一九―二二）

・別れるのに都合のいい時を、手をこまぬいて待つてゐたとてそんな時が来るものでないと云ふ高夏の言葉は、その通りに違ひあるまい（谷崎潤一郎「蓼喰ふ虫」一九二八―二九）

・「うむ。うむ」と老人は立つたまま腕を拱いて嘆声を発したが（永井荷風「つゆのあとさき」一九三一）

・手ごわい相手だが、手をこまぬいているわけにはいかない（藤田信勝「物質の根源と宇宙を結ぶ」一九六四）

・政治的野心もなく、地盤もない日本が、そんな競争に参加する必要もないし、だいいち勝負にならない――と手をこまぬいて傍観するのは容易だ（読売新聞・一九六六）

・だが、アメリカとしては手をこまぬいてベルリンを取られるわけにはいかない（読売新聞・一九六六）

現代では、「手をこまねく」というなまった形もかなり広く用いられることは、以下の用例に示すとおりである。

・彼は、武士の意地として、手を拱《こま》ねいて立ち去るべきではなかつた（菊池寛「恩讐の彼方に」一九一九）

・が、実之助は、了海の前に手を拱ねいて坐つたまま、涙に咽んで居るばかりであつた（同右）

・「必ずしも、全面的に、信じてはいないにしても、そういう噂が立つ以上、手をこまねいてるわけにいかんじゃないか」（獅子文六「自由学校」一九五〇）

・ただ単に手をこまねいているわけではなく、水面下において、○○汽船の上層部の方とも何回となく話し合っております（町広報紙・一九八六）

最後に、国語辞典などの取扱い方について見よう。第二次大戦以前に刊行された辞典類には「こまぬく」だけがあって「こまねく」は見られない。これは、戦前の辞典類が規範的なものだけを載せる態度をとっていたためであって、「こまねく」という語形が使われていなかったという証拠にはならない。戦後に編集された辞典類では、『明解国語辞典　改訂版』（昭和27）が「こまぬく」のほかに「こまねく」を参照見出しとして掲げたのをはじめ、ほとんどのものが「こまねく」という形を併記している。また『NHK放送用語ハンドブック』（昭和44・3）では「こまぬく(拱)」の項に「×コマネク」として、「こまねく」は使わないとしているが、『NHK発音アクセント辞典』（昭和60・6）では、「コマヌク（コマネク）」のように両形を併記している。

以上、要するに、本来は「こまぬく」が正しい形であるけれども、現在では「こまねく」も誤りとして退けるわけにはいかないと考えられる。（13―35）

問「スコップ」と「シャベル」

答　スコップ（オランダ語 schop　英語 scoop）は、物をすくいとるさじのことである。

これに対し、シャベル（英語 shovel）は、シャブル、ショブル、ショベルなどとも言い、鋤《すき》または円匙《えんぴ》、十能などと訳される。

国語辞書では、スコップを採録していないものもあるが、スコップを採録してあるとき、その説明には、柄の短いとか、さじ状の小型のシャベルと解説しているものが多い。子供の砂あそび用とも。

シャベルは、砂・砂利・粘土・雪・石炭などを掘りおこしたりすくったりする道具で、足をかけることができる。

スコップは、砂・粉・塊などをすくいあげたり、まぜたりする鉄製のさじである。

佐藤弘人『はだか随筆』（昭和29）には、

スコップとシャベルは、どこがどうちがうのか、スコップは形が小さく、すくう所の形に円味があって、足でふめないようになっているが、シャベルは形が大きく、形が直線的で、足でふめるようになっている。（あらかわそうべい『外来語辞典』から引用）

とあることによっても分かる。

ただし、『学術用語集』の機械工学・建築学・土木工学編では、「ショベル」と「スコップ」があり、「シャベル」はない。

JIS規格には、「ショベル及びスコップ」（A８９０２―１９７８）Shovels and Scoops に、次ページ図1、図2のように示さ

図1　ショベル丸形

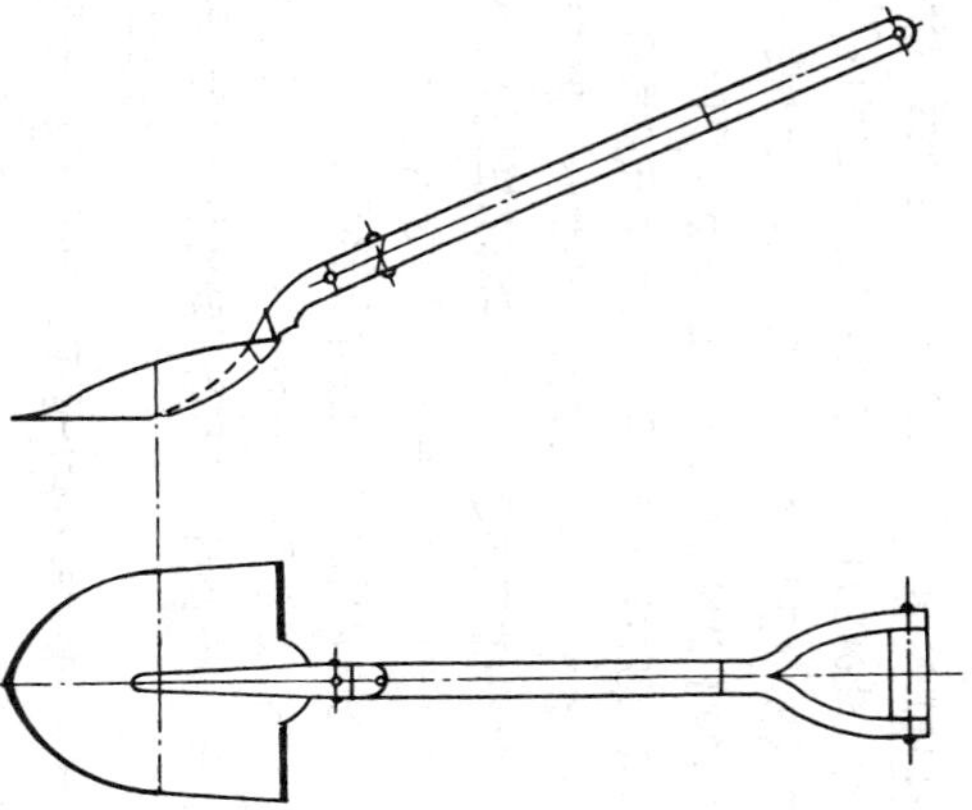

図2　スコップ機関車用乙

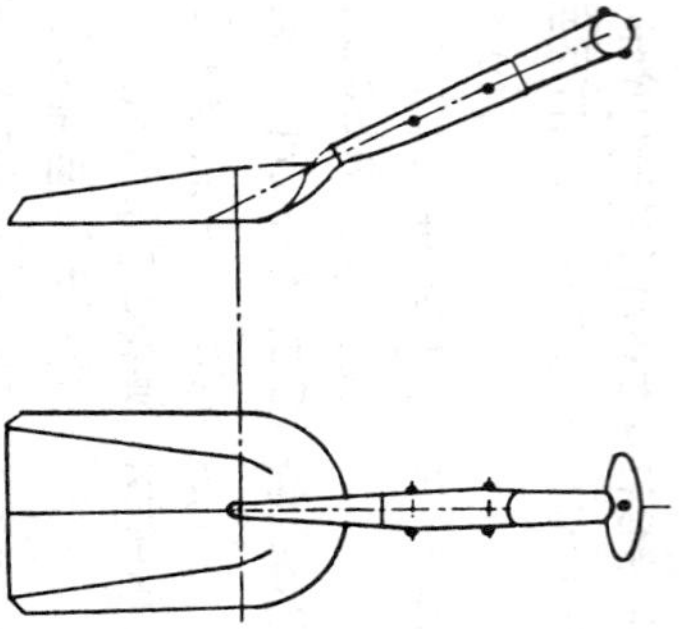

れている。

「シャベル」の方言分布を見ると、（『英米外来語の世界』）、「シャベル」は全国的に分布しているのに対し、これを「スコップ」というのは、北海道・山梨・静岡・奈良・高知・九州などに見られるようである。

（14—35）

問「**ファスナー**」**か**「**チャック**」**か**「**ジッパー**」**か**

答 洋服の前あき、スカート・ズボン・ポケットやバッグなどの開閉のために使用される留め具を、「ファスナー」と言うか、「チャック」と言うか、「ジッパー」と言うかの問題である。

互いにかみあう金属又は合成樹脂の小片を二本のテープに取り付け、動く部分（スライダー）によって、開閉するようになっているもので、アメリカ人ウイットコーム・ジャドソンが靴ひもを結ぶ不便さを解決しようと考案したのが明治二十四年。明治二十六年に、「ユニバーサル・ファスナー会社」を設立、ファスナーの生産が開始された。英語では、Slide Fastener と呼ばれ、「滑り式留め金具」の意味である。

大正十年、ビー・エフ・グッドリッチ社がオーバーシューズ（長ぐつ）に採用して、「ジッパー」と名付けてから、アメリカでは、「ジッパー」という呼び方が定着した。Zipper または Zip Fastener の「ジップ」はシューという非常に早い音を表し、それに er をつけて、Zipper（最もスピーディなもの）を表現したと言う。

昭和二年、広島県尾道の人がファスナーを作り始め、「チャック印」というトレードマークで売り出した。きんちゃく（巾着）をもじってできた日本の商標名であると言う。（以上ファスナーの歴史については、吉田工業株式会社（YKK）の説明による。）

類義語の研究（1965国研）

ジ　ッ　パ　ー	ファスナー	チ　ャ　ッ　ク
	新しい。	最も古くから使われていた。
ファスナーよりがん丈。	チャック・ジッパーより小さめ。	最もがん丈に出来ている。
金属製	金属のほかに，ナイロン製のものもある。	金属製
ジャンパー，アノラック，作業衣など，厚手の衣服に用いる。	日常着用する衣服に使う。	厚手の衣服に使われるほかボストンバック，その他工業用品にも使われる。
	上品な語感を与える。	女性にきらわれている語

ちなみに、NHKでは、「ファスナー」を用いることになっている。(『放送のことばハンドブック』)

なお、『類義語の研究』（国立国語研究所、昭和40）によれば、この調査の被験者は、上段の表のような語感を持っているようである。　（14―36）

問「ラベル」と「レッテル」

答 似たような意味を持つ「ラベル」と「レッテル」とは、意味や用法の上でどのように異なるか、という問題である。

まず、この二つの語が日本語に取り入れられた事情から言うと、古く江戸時代にオランダ語から入ったのが「レッテル」であり、明治になって英語から入ったのが「ラベル」である。オランダ語としての letter（英語の letter に当たる）の意味は「文字」のことであり、ラテン語の littera から来ている。その意味では、オランダ語の入門書の最初と言われる大槻玄沢《おおつきげんたく》（一七五七―一八二七）の著『蘭学階梯《らんがくかいてい》』（一七八八刊）の巻下「文字」の項に、次のように用いられている。

・彼文字ハ僅ニ二十六、「アベセレッテル」ト云フ。
・「レッテル」ハ文字ノ事ナリ。

この「レッテル」が、明治になってからは「特別の文字を書いたもの」という意味で、商品の名称や特色を書いた表示票の意味で用いられた。瓶・缶・箱などに張り付けたものがこれであり、特にマッチ箱に張ったものは、その図柄が多くなるに伴い、収集の対象にもなった。

ところが、これらを刷り上げる印刷業界では、これを「レッテル」と呼ばずに、「レーベル」と称していた。「レーベル」は英語の label（張り札）から来た語で、語源はラテン語の lambo（なめる）だとされている。その使用に当たって、裏にゴムのりを付け、なめて（水にぬらして）張り付けたことに由来するという説がある。昭和になってから普及した蓄音機用のレコードでも、中央に張る円形の表示票を「レーベル」と呼んでいた。ただし、図書館では、図書の背に張る番号札などを最初からラベルと呼んでいた。海外旅行でトランクに張ったホテルの名札などが、その使用状態から見て「ラベル」と呼ばれたのも、当然のことである。言うまでもないことであるが、外来語としては、「レーベル」が英語の発音に基づく形であり、「ラベル」が英語のつづり字読みに基づく形である。

　こうして、「レッテル」は通俗語、「ラベル」「レーベル」は限定用語として共存の時期が続いたが、終戦後の英語全盛期を迎えてからは、通俗語の方も「ラベル」になり、現在に及んでいる。そうして、「レッテル」の方は、主として「――のレッテルを張る・張られる」という慣用句が、比喩《ひゆ》的に「その人物の格付けをする・される」意味で用いられるのが現状である。

　ところで、薬事法や食品衛生法を見ると、製品に記載する表示事項について詳しく規定されている。しかし、それは表示そのものを義務付けているのであって、用いる媒体としての紙片の名称については明記されていない。これに対して、図書館関係で古くから用いている専門用語としての「ラベル」は、学術用語集の『図書館学編』でも label が「ラベル」となっている。裏にゴムのりが付けてあるから、これこそ本来の「ラベル」である。なお、商品に対する「ラベル」張りが手作業から機械作業に移っているが、その機械の名称 labeling machine は「ラベルはり機」と呼ばれている。

（14―37）

問「懸念が強くなる」という言い方はおかしくないか

答　心配事が起こってきたときに「懸念が強くなる」という言い方が行われているが、これは適切な言い方かどうか、という問題である。

　まず、「強い」とか「弱い」という語の意味であるが、これは、そのものの持っている力の度合いのことである。したがって、「腕力が強い」「圧力が強い」など、「―力」という語には、「強い」「弱い」と言うことができる。「力」が付かなくても、「気が強い」「意志が強い」「可能性が強い」など、「力」の感じられるものには言うことができる。こういう場合に、弱い方から強い方に向かえば、「強くなる」という言い方が成り立つわけである。

　したがって、問題は、「懸念」ということについて、そのような「力」の存在が考えられるかどうかということである。それには「懸念」の意味を知る必要があるが、本来は仏教用語である。

　ところで、仏教でいう「懸念」の「念」であるが、これについては「対象を明らかに記憶して忘れない心の働き」だとされている。それは「有念・執念・所念・常念・専念」などと用いる「念」と同じものである。この場合、「懸」の方は「かける・そこに作用を向ける」という意味を持っているから、前記のような「念」について、それだけを考え、そこに心を集中させるとともに、他のことを考えない、というのが「懸念」である。その点から、あることだけに心が集中して他のことが考えられない場合にも用いられている。一般語として「気にかかって他のことが考えられない」という意味で用いるのもこれである。

　この場合に注目すべきことは、「念」そのものの実体である。「念」というのは、それを持つか持たないかということだけが問題であって、そこに強弱の度合いが考えられないということである。したがって、「懸念」そのものについても、そこに強い弱いの段階を考えることができないのである。そうなると、「懸念」について、「強くなる」という言い方も成り立たないわけである。

なお、国立国語研究所の「電子計算機による新聞の語彙調査」では、懸念という語が二十八回出ているが、その用例を整理すると次のようになる。

懸念する　懸念している　懸念される　懸念されている　懸念も出始めている　懸念に終わる　懸念を持つ　懸念を表明する　懸念含み　懸念材料　インフレ懸念　規制強化懸念

その他では、「懸念が生じる・懸念を抱く」などが成り立つことになる。しかし、そこには「懸念が強くなる」という言い方は見られないのである。「高まる・大きくなる・濃くなる」などとの組合せも、懸念の実体から考えて成り立たないとすべきである。

それにもかかわらず「懸念が強くなる」という言い方が行われるとすれば、それは「懸念」を「悪いことが起こる可能性」と考え、「不安」や「心配」、あるいは「公算」などと同じに考えることによるものである。ただし、そのような考えが一般化してしまえば、「懸念が強くなる」という言い方も、不自然ではなくなるかもしれない。

(14—40)

問　「傘をすぼめる」と「つぼめる」

答　「傘をすぼめる」という言い方と「傘をつぼめる」という言い方が行われているが、この二つは、その意味や用法の上で違いがあるかどうか、という問題である。

結論を先に言うと、「すぼめる」と「つぼめる」は意味が異なるから、この二つの言い方は、言い表す内容が異なることになる。「すぼめる」は傘の広がりを小さくする動作であり、「つぼめる」は「傘を開く」の対で、開いていた傘を畳む動作である。

まず、「すぼめる」の方であるが、これは、自動詞「すぼむ」に対応する他動詞である。「すぼむ」は、「小瓶の口すぼきもの」などと用いる「すぼし」という形容詞の動詞形で、「小瓶の口すぼみて」などと用いた。これが、「先のすぼんだズボン」「勢いもすぼんだ」などの形で、現代語に受け継がれている。それは、「膨らんでいたものや広がっていたものが小さくなる」意味の自動詞であり、これに対応する他動詞が「すぼめる」である。したがって、「口をすぼめる」は水を吸うときの様子になるが、比喩《ひゆ》的な用例として、次のようなものもある。

・口をすぼめる……へりくだって言い訳やおせじを言うこと
・ひざをすぼめる……遠慮するときにひざを小さくして座ること
・肩をすぼめる……寒さを感じたり恐れ入ったりするときに肩を縮めること
・身をすぼめる……体を小さくした気持ちで、人目につかないようにすること

ことわざとして、「旅の犬が尾をすぼめる」「へをひって後のしりすぼめ」などと用いるのもこれである。したがって、「傘をすぼめる」というのは、人込みや風が強いときなどに、「傘の広がりを小さくし半開きにする」ことである。

次に、「つぼめる」の方であるが、これは自動詞「つぼむ」に対応する他動詞である。「つぼむ」は、容器としての「つぼ」に動詞語尾「む」を添えたもので、「つぼのように口を狭く小さくする」意味から、「開いていたものが閉じる」意味に用いる。「夜になるとつぼむ花」などと用いるのがこれで、「つぼんでいる」も「花のつぼみがふくらんでいる状態」になる。「花のつぼみ」そのものも、

「つぼむ」という動詞の名詞形である。複合語としては、「つぼみがさ(深くつぼんだ編みがさ)」や「つぼみだけ(かさの部分が開いていないきのこ)」のようにも用いる。このような「つぼむ」に対応する他動詞が「つぼめる」で、用例としては次のようになる。

・花をつぼめる……開いていた花をつぼみの状態に戻すこと
・口をつぼめる……口の開け方を小さく狭くして言わない構えをすること

したがって、「傘をつぼめる」は、雨がやんだり、干してある傘が乾いたりしたときに、「傘を畳む」ことである。

なお、国立国語研究所で行った電子計算機による文学作品の用語調査によると、「すぼめる」には、「傘をすぼめる」のほかに「肩をすぼめる」「身をすぼめる」がある。「つぼめる」には、「傘をつぼめる」「日傘をつぼめる」のほかに、「口をつぼめて笑う」「唇を小さくつぼめる」がある。それらの中で、石川達三「人間の壁(上)」では、二つの場面で、傘の扱いが次のように描写し分けられている。

・亜麻色のレーンコートを着た志野田ふみ子が傘をすぼめながら庭にはいってきた。
・志野田ふみ子は離れの軒下に立って傘をつぼめ、廊下に腰をかけて白いゴムの雨靴をぬいでいた。

庭に入るときは傘の広がりを小さくしていたのであり、軒下に立ったときは、開いていた傘を畳んでいたわけである。(14—44)

問 **「銀行に払い込む」と「銀行へ払い込む」**

答 お金の払込先について、「に」を用いて「銀行に払い込む」というのがよいか、「へ」を用いて「銀行へ払い込む」というのがよいか、という問題である。

このような「に・へ」の用い方については、室町時代末のロドリゲスの『日本大文典』に「京《きょう》へ筑紫《つくし》に坂東《ばんどう》さ」ということわざが引用されている。これを適用すると、京都では「銀行へ払い込む」、九州では「銀行に払い込む」、関東では「銀行さ払い込む」となる。このような方言の違いを超えて、共通語では一般にどのようになるかというと、「さ」を用いないことは明らかである。しかし、「に」と「へ」は、共に用いられている。ただし、その間に意味・用法の違いが全くないかというと、そうとは言い切れないようである。

まず、「に」の方であるが、これは一点を明確に指定する働きを持っているから、場所・時間を示す「教室にいる」「九時に来る」というのが、最も基本的な用い方である。それが帰着点を示す場合にも用いられ、「学校に行く」「父に話す」や「弟に教える」「犬にやる」などともなる。したがって、「銀行に払い込む」というのは、払い込む場所としての帰着点が銀行だということである。

これに対して、「へ」の方であるが、これは現在地から他に向かって移動する方向を指定するから、「大阪へ行く」というのが基本的な用い方である。それがその方向の帰着点を込みにして表すようになり、「学校へ行く」「父へ話す」のようになる。(ただし、「弟へ教える」「犬へやる」などとは言わない。)したがって、「銀行へ払い込む」というのは、払い込む方向と併せた帰着点が銀行だということである。

更に詳しく取り上げると、場所としての帰着点を明確に示す「に」の方は、払込先を指示するところに力点が置かれている。それは、郵便局でもなく、信用金庫でもなく、銀行だということである。これに対して、方向と併せて帰着点を示す「へ」の方は、払い込む方向に力点が置かれている。それは、自分のところにあるお金を移動させる先が銀行だということである。その点で「銀行に払い込む」と「銀行へ払い込む」は、基本的な意味（力点の置きどころ）が異なるわけである。

しかし、よく考えてみると、この二つの言い方は、実際の行為としては同じことである。そのため、日常会話で特に助詞を強調しないときに「に」でも「へ」でもないあいまいな発音でも、支障がないわけである。ただし、日常会話で動詞を省略して帰着点だけを示すときは、「どちらへ」「学校へ」というように、「へ」を用いる。したがって、「払い込む」という動詞を省略するときは、「どちらへ」「銀行へ」というのが、普通の言い方である。

次に、書き言葉として用いる場合であるが、「に」と「へ」を比べると、「に」の方が使用範囲が広く、いろいろに用いる。そのため、文中に他の意味での「に」があるときは、「に」の重出を避けて「へ」を用いる傾向がある。「三月末に銀行に払い込んだ」と書かずに、「三月末に銀行へ払い込んだ」と書くのがこれである。

最後に、連用修飾と連体修飾の違いを取り上げることにする。連用修飾というのは、「新幹線で大阪へ出張した」や「無事大阪に到着した」というように、「出張する」「到着する」などの動詞に続く場合で、「へ」も「に」も用いる。これに対して、連体修飾というのは、「大阪への出張」「大阪への到着」というように、「の」を介して名詞「出張」「到着」に続ける言い方で、この場合には、「にの」と言わずに、「への」だけを用いる。したがって、「払い込む」を名詞の形にした「払い込み」について考えると、「銀行への払い込み」だけが成り立つことになる。（「銀行にの払い込み」は成り立たない。）「に」と「へ」については、用法上の違いもあることを見逃してはならないのである。 （14—45）

問「あした」と「あす」

答 今日の次の日に対して、「あした」という言葉と「あす」という言葉が行われているが、この二つは、その意味や用法の上で違いがあるのかどうか、という問題である。

まず、古い時代の用法として「万葉集」を見ると、「けふ（今日）」の次の日としての「あす」について、次のような例がある。

・み空行く雲にもがもなけふ（家布）行きて、妹に言問ひあす（安須）帰り来む（三五一〇）

「万葉集」で漢字表記の「明日」を「あす」と訓読するのは、このような用例を踏まえたものである。

これに対して、「あした」の方は、今日の次の日の意味ではなく、「朝」の意味で用いている。これには、「夕（ゆふべ）」に対する語として、次のような例がある。

・あした（安志多）には門に出で立ち、ゆふべ（由布敝）には谷を見渡し（四二〇九）

漢文で「朝」を「あした」と訓読するのも、このような事情に基づくものである。

・子曰朝聞道、夕死可矣……子曰ハク、朝（アシタ）ニ道ヲ聞カバ、夕（ユフベ）ニ死ストモ可ナリ

院政期に成立した国語辞書『色葉字類抄』においても、「朝」の字訓が「アシタ」、「明日」の字訓が「アス」である。このように、「あした」は「朝」のことであり、「今日の次の日」は「あす」であり、「あした」と「あす」は、全く別の意味を持っていたわけである。

ところで、当時の一日に対する考え方であるが、日没をもって終わりとするのが一般の習わしであった。日が暗くなることを「暮れ

る」と言い、その時刻を「日暮れ」と称したが、それがそのまま「年の暮れ」などに転用されたのも、その時点を最後と見る考え方に基づいていた。しかし、実際には、その日暮れに始まって翌朝まで続く男女の楽しみがあり、文学の上でも大きな位置を占めていた。これが、「ゆふべ」に始まり「あした」に終わる夜の時間帯であった。この時間帯で「あした」と称したのが「朝」のことであるが、それは、後の言葉で言えば「翌朝」のことである。同じように、「ゆふべ」と称したのが「昨晩」のことである。こうして、「ゆふべ」が「昨晩」の意味を持つとともに、「あした」が「翌朝」の意味を持つようになった。その「翌朝」が更に「翌日の午前中」に広がり、「翌日の日中全体」に広がるようになった。

江戸時代の江戸の俗語を集めた辞書『俚言集覧』（太田全斎著・村田了阿増訂）には、「あした」の項に次のように書かれている。

・あした　朝也、又俗に明日をアシタと云。

当時の慣用表現としては、「あした」が次のように用いられていた。

・あしたはあしたの風が吹く。
・あしたは天気が変わらなけりゃいいが。

しかし、当時としても、文語調のことわざには「あす」が用いられていた。

・あすありと思ふ心のあだ桜。
・あすをも知れぬ老いの身。

その点では、「あした」が「明日」の意味で日常語化するとともに、「あす」の方が書き言葉として残ったことになる。そうして、その傾向が、現在の共通語にも見られるわけである。

なお、子供の言葉としては、一般に日常語の「あした」が用いられている。げたをほうり上げて天気を占うことも行われなくなったが、晴天を祈る言葉は「あした天気になあれ」である。遊んでいた子供が別れるときのあいさつ言葉も、「またあした」である。「あす」の方は書き言葉であるが、大人の話し言葉としては、共に用いられている。その場合には「あした」の方が砕けた言い方で、家庭内や親しい間柄では「あしたから学校が始まるよ」のようになる。「あす」の方が改まった言い方で、「あすまでに何とかいたしましょう」や「あすの献立」（テレビ番組）のようになる。（ただし、改まったときの言い方は「みょうにち」である。）「常用漢字表」の付表にある「明日」の熟字訓が「あす」だけになっているのは、書き言葉として用いることを想定したからである。（14―46）

問「鏡抜き」と「鏡開き」と「鏡割り」

答　祝い事のときに酒だるのふたを割ることが行われているが、これを「鏡抜き」と言うか、「鏡開き」と言うか、「鏡割り」と言うか、という問題である。

まず、用いる酒だるであるが、これは、縦長の木片を円く合わせて竹のたがをはめた円筒形の容器（ゆいだる）である。上と下には円形の板が用いられていて、下を底板または底ぶた、略して「底」、上を鏡板または鏡ぶた、略して「鏡」と言う。表面が平らで、全体の円い形が古代の鏡に似ているからだとされている。

ところで、このような酒だるから中の酒を取り出すときは、ふたの端に丸い穴をあけて、取り出し用の口を付けるのが日常の方法である。これに対し、祝い事の席などでは、お祝いを受ける人が、ふたを木づちでたたいて割るのが普通である。このような動作によってふたを取り除くことを、「ふたを抜く」と言う。「抜く」というのは、中にはまっているものを引いて取る意味の動詞だから、「刀を抜く・大根を抜く・瓶の栓を抜く」などと用いるのが本来の形である。しかし、この動詞は、はまっているものを取り除いてあとに穴をあけるときにも用いる。「底を抜く」というような言い方があるのも、この意味の「抜く」である。その場合、酒だるのふたそのものが「鏡」と略称されているところから言えば、前記の動作が「鏡抜き」と呼ばれるのも当然のことである。

しかし、その「鏡抜き」に当たって実際に行う動作は、木づちなどで板を割って壊すことである。その点でこの動作が「鏡割り」と俗称されても、間違った言い方とすることはできない。問題は、「割る」という動詞によって連想される意味が好ましくないことである。それは、例えば「まきを割る」のように、「分かれる（別れる）状態にする」意味を持つために、結婚などに関連しては絶対に用いてならない忌み言葉である。それればかりではなく、「ガラスを割る」のように、「こわす」意味も持つため、おめでたい席では一般に忌み言葉になっている。そこで「割る」の代わりに用いるのが、「開く」という語である。

この点で思い合わされるのが、正月関連行事の一つとしての「鏡開き」である。一月の十一日または二十日に行われるが、正月に供えた鏡もちを割って、雑煮などにして食べる行事である。したがって、実際には、硬くなった鏡もちを割ることになるから「鏡割り」であるが、「割る」を忌み嫌って「開く」と言い換えられている。それと同じように、鏡ぶたを割ることについて「鏡を開く」と言い換えるのも、ごく自然の成り行きである。

したがって、「鏡抜き」や「鏡割り」が、「抜く」や「割る」を避けて「鏡開き」と呼ばれるに至った事情も、納得できないことはないのである。最近の国語辞典の中に、「鏡開き」の項を二つに分け、①を正月行事の鏡開きとし、②を鏡抜きのこととするものが見られるのも、このような実情を踏まえての解説と考えてよいのである。（14—47）

問「ありがとうございます」と「ありがとうございました」

答　人と会ったときや手紙などで感謝の気持ちを表すために用いる言葉として、「ありがとうございます」というのがある。これを「ありがとうございました」とする人がいるが、この二つはどのように異なるのか、という問題である。

この二つの言い方の実例としては、電車の車内アナウンスが分かりやすい。電車に乗ると、始発駅では「毎度御乗車ありがとうございます。」という言い方で始まる。これに対して、終着駅が近くなると、「毎度御乗車ありがとうございました」で始まる。このような言い分けが行われるのは、「ありがとうございます」がこの場合は当面の事柄に対しての感謝の表現であるのに対し、「ありがとうございました」が過去または完了する事柄に対しての感謝の表現だからである。

ところで、このように「ございます」の付くあいさつ語には、「ありがとうございます」「おめでとうございます」「おはようございます」の三つがある。このうちの「おはようございます」は、普通は「おはようございました」とは言わない。それは、「おはようございます」が完全なあいさつ語になっていて、「早い」という意味とは直接の関係がないからである。「田中様のお着きはお早うございました」という言い方は成り立つとしても、これは、「おはようございます」というあいさつ語とは全く異なる、本来の意味での「早かった」ということである。あいさつ語というのは感動詞のようなものであって、それ全体で独立して用いられ、それだけでまとまっている。したがって、その一部が、文法上の時の変化を持つことは、本来はあり得ないのである。

それにもかかわらず、「ありがとうございます」とは別に、「ありがとうございました」という言い方が行われるのはなぜか。それは、「ありがたい」という形容詞の意味が残っているからである。このことは、「楽しい」という形容詞を例にして考えると分かりやすい。「楽しいですか」という意味の問いに対して、「まことに楽しゅうございます」と言う。それと同じ気持ちで、「昨日はまことに楽しゅうございました」という言い方が成り立つのである。同じように、「昨日はまことにありがとうございました」と言ってよいのであり、実際に行われている。しかし、この場合、「楽しゅうございました」があいさつ語ではないのと同じように、「ありがとうございました」もあいさつ語ではない。それは、「楽しゅうございました」と同じような叙述と考えるべきである。

それならば、「おめでとうございます」の場合はどうか、ということになる。新年のあいさつとして「あけましておめでとうございます」というのがあるが、「おめでとうございました」とは言わない。それは、「めでたい」というのが、話し手にも相手にも共通の当面の気持ちだからである。これに対して、「ありがとうございます」の方は、感謝する気持ちの成立が自分だけにあるところが異なっている。したがって、事柄を限定すれば、「ありがとうございます」という述語のほかに、「ありがとうございました」も成り立つのである。

もっとも、「おめでとうございます」の場合も、自分に関係なく、相手に祝福すべき事態が起こったときに、これを用いることがある。相手の入学や結婚について「御入学おめでとうございます」「御結婚おめでとうございます」と言うのがこれである。こういう場合にそれが過去の事実として取り上げられると、「それはおめでとうございました」という言い方が成り立つのであり、実際にも行われている。これも、叙述として考えれば、不自然な言い方ではないのである。

それならば、単独の「ありがとうございます」は別として、「ありがとうございました」というのはすべて叙述とすべきであるか、ということである。実際問題として、日本語では、事柄がはっきりしているときに、その事柄を言い表さない傾向がある。したがって、「このたびはいろいろありがとうございます」の意味で、ただ「ありがとうございます」と言うことがある。それと同じように、「昨日はいろいろありがとうございました」の意味で、「ありがとうございました」だけを言うことがある。特に相手がこちらのために いろいろ尽力した事情を話してくれたときに、「ありがとうございました」とだけ言うことがある。こういうのも、本来は叙述であって、あいさつ語ではないはずである。

しかし、普通に行われているあいさつ語としての「ありがとうございます」も、起源的にはこのような叙述部分が独立したものである。そのように考えると、「ありがとうございました」を単独で用いるときに、これをあいさつ語として扱うことも可能である。そうなると、感謝の気持ちを表すあいさつ語としては「ありがとうございます」と「ありがとうございました」の二つがあり、そのときの感謝の対象のとらえ方によって使い分けることになる。それを当面のこととしてとらえるときは「ありがとうございます」を用い、過去のこと、完了することとしてとらえるときは「ありがとうございました」を用いることになるのである。あいさつ語としては「ありがとうございます」だけであって、「ありがとうございました」は正しい言い方ではないとの論が行われたこともあるが、「ありがとうございました」の形を普通に用いるようになった現状から見て、これを正しくないとする論は当を得ていないと言うべきである。

(15—27)

問「息もつかせず」と「息もつがせず」

答　熱演で観客を緊張させるときに、「息もつかせず」という言い方と「息もつがせず」という言い方がある。この二つはどのように異なるか、という問題である。

まず、「息」そのものであるが、これは鼻や口から空気を吸ったり吐いたりすることである。それは人間が生き続けていくための基本的な生理現象であり、「息が絶える」というのは死ぬことである。したがって、問題は、その息について、「つく」という動詞を続けた場合と「つぐ」という動詞を続けた場合で、意味がどのように異なるか、ということである。

これについて、「つく」の方から取り上げると、「つく」というのは「細いものの先を強く当てる」というのが基本的な意味である。それがいろいろの意味に派生したが、その一つに、「細いところから急に強く出す」というのがあり、「へどをつく」などと用いる。したがって、「息をつく」というのは、「息を鼻や口から吐き出す」ことである。「ため息をつく」という用い方もあるが、これは気を落としたりしたときなどに、吸い込んだため息を「大きく吐き出すこと」である。そのことに基づいて考えると、息をする当人の立場で用いる「息もつかずに」は、「吸い込んだ息を吐き出さずに」ということになる。これを使役の形で用いたのが「息もつかせず」であるから、その意味は、そのときの観客に「息を吐き出させる機会も与えずに」ということである。

これに対して「つぐ」の方であるが、「物に物を続ける」というのが基本的な意味である。そうして、その派生の一つに「絶えないように足し加える」というのがあり「炭をつぐ」などと用いる。「息」の場合はどうかというと、「息つぎ」というのが、歌やせりふについて用いられている。これは、歌やせりふの途中で息を吸い込むことである。したがって、息をする当人の立場で用いる「息もつがずに」は、「息を吐き出した後で次の息を吸い込まずに」ということになる。これを使役の形で用いたのが「息もつがせず」であり、その意味は、そのときの観客に「息を吸い込ませる機会も与えずに」ということである。

ところで、実際問題として考えると、吸い込んだ息の後それを吐き出さずに持ちこたえるのと、吐き出した息の後次の吸い込みをせずに持ちこたえるのと、どちらが時間的に持続できるかというと、実際に可能なのは共に一分足らずであって、それ以上には及ばない。したがって、「息もつかせず」も「息もつがせず」も、共に比喩《ひゆ》としての用い方であり、実際の動作ではない。その点では、共に「息もさせずに」というのと同じだと考えてよいのである。したがって、「息もつかせず」と「息もつがせず」については、一方が他方の言い誤りというのではなく、両方とも成り立つ言い方だと考えてよい。見坊豪紀氏の『新ことばのくずかご』に、それぞれ昭和四十二年（67年）、昭和四十一年（66年）のものとして、次のような用例が採集されている。

・息：もつかせず　67年　江口博「映画『偉大なるバレエへの道』を見て」／息もつかせぬ名舞台の連続

・息：もつがせず　66年　佐藤忠雄（略）気のきいたストーリーが、うまい役者たちで、息もつがせず一気呵成《かせい》に物語られるさわやかさは、（略）

いずれも、要するに、そのときの観客に「呼吸する余裕も与えないくらいの熱演」という意味なのである。（15—28）

問「声をあらげる」か「声をあららげる」か

答 度を越して激しい声で言う意味で、「声をあららげる」と言うが、一方に「声をあらげる」とも言う。どちらが好ましい言い方か、という問題である。

まず、「あららげる」という動詞であるが、その元になる形は、「語気もあららく」と用いる「あらい」という形容詞である。そうして、これに由来するのが、「語気もあららかに」と用いる「あららか」という形容動詞語幹である。この「らか」というのは、状態を表す接尾語であり、「きよい（きよ）→きよらか」「たかい（たか）→たからか」「やわい（やわ）→やわらか」のような派生関係が見られる。古くは、「にくし（にく）→にくらか」「ぬるし（ぬる）→ぬるらか」なども用いられていた。その系列で生まれたのが「あらい（あら）→あららか」という語である。

そこで問題の「あららげる」であるが、この「あららか」という形容動詞語幹からの派生語と考えることができる。それは「やわらか（やわら）→やわらげる」「たいらか（たいら）→たいらげる」などと同じ行き方をしたものであり、「あららか（あらら）→あららげる」という形が成り立つからである。この「あららげる」は、一般の国語辞典にも掲げられている語であり、「声をあららげる」という言い方が行われるのも、普通の言い方と認めてよいわけである。

これに対して、もう一方の「あらげる」であるが、この方は一般の国語辞典には見られない語である。見坊豪紀編『'60年代・ことばのくずかご』によれば、採集した最初が昭和三十九年（64年）の『週刊朝日』であり、次の用例が引用されている。

・声を荒げて強調・力説した。（『週刊朝日』64年10月2日号39「ずばり東京」）

この一例に終わるならば、あるいは個人的な思い違いと考えることもできるが、昭和四十年から四十二年にかけて十例を採集したと言う。そのため、同氏の編集になる『三省堂国語辞典』の第三版に収録され、次のように掲げられている。

あら・げる〔荒げる〕（他下一）あららげる。

これらによれば、同じ意味の語であるとしても、「あららげる」の他に「あらげる」の存在が無視できないわけである。

それならば、何故「あらげる」という形が用いられるに至ったか、ということであるが、これについては、次のように考えることができる。この場合にも元になる形容詞として「あらい」があることに変わりはない。一方に「げる」という動詞接尾語があるが、この場合に思い合わされるのが、「ひろい（ひろ）→ひろげる」の方である。また、「しろい（しら）→しらげる」「まるい（まろ）→まろげる」などもある。したがって、「あらい（あら）→あらげる」という類推も成り立たないことはないのである。

こうして用いられるに至ったのが、「あらげる」という動詞である。「あららげる」とは別に「あらげる」という形で用いられることについては、単なる思い違いとは言えない根拠が見られるわけである。

ただし、「あらげる」という語を用いる人の中には、「あららげる」が「荒らげる」と書かれたのに基づいて思い違いをしている人がいないとは言えない。それは、内閣告示「送り仮名の付け方」によれば、通則2によって「あらす」の送り仮名が、「あれる（荒れる）」を含むために「荒らす」となるからである。したがって、もしも「あらい」についても同じように考えれば「荒らい」となり、「あららげる」の「荒らげる」を「あらげる」と思い込むこともあり得ないとは言えないのである。

しかし、「あらげる」を「荒らげる」と書くのは、告示に従った書き方ではない。その理由は、通則2の「注意」に次のように書かれているからである。

（注意）次の語は、それぞれ（　）の中に示す語を含むものとは考えず、通則1によるものとする。

明るい（明ける）　荒い（荒れる）

悔しい（悔いる）　恋しい（恋う）

すなわち、「あらい」の送り仮名については「あれる（荒れる）」とは別語として扱い、活用語尾だけを送って「荒い」とするのである。したがって、「あららげる」の送り仮名が「荒らげる」となるのであり、これを「あらげる」と読むのは誤りである。「あらげる」の方は「あらい（荒い）」を含むとし、「荒げる」と書くのが告示に従った送り仮名なのである。（15—33）

問「すみません」と「ありがとう」

答　感謝の気持ちを表すとき、「ありがとう」と言うのが普通であるが、この「ありがとう」に代えて、「すみません」と言ってお礼の言葉とすることがあるが、この用法は正しいのかどうかという問題である。

「ありがとう」は、形容詞の「ありがたい（有り難い）」の連用形「ありがたく」の音便である。めったにないという意味から、①貴重だ、②自分にとって利益であるの意味へ移っていったものである。もともとは、柳田国男が指摘しているように、神への感謝から始まったものである。（『毎日の言葉』）

・「つまらない物ですが、どうぞお受け取りください。」「どうもありがとうございます。」

・結構な御品御恵送賜り、まことにありがとうございました。

・「ありがとう、こんなにいただいてしまって。」

などのように、直接相手に感謝の意を表すときに用いる。

これに対して、「すみません」は、動詞「すむ（済）」の連用形に、「ません」（丁寧の助動詞「ます」の未然形と打ち消しの助動詞「ん」）の付いたもので、人にあやまるとき、依頼をするときに使うのが普通である。

・「すみません、おけがはなかったでしょうか。」（謝罪）

・「すみませんが、そこにあるのを取ってくださいませんか。」（依頼）

・「お手数をかけて、すみません。」（申しわけない）

この最後の例が、相手に申しわけないという気持ちを表すのであるが、感謝の気持ちが幾らかは含まれており、お店などで

・「お客さん、すみません、お釣りです。」

・「すみません、またどうぞ。」

・「〇〇円です。」

「はい、すみません。」（お金を受け取って）

など、多用されることがある。

「ありがとう」の方は、自分が直接利益を受けるという感じが強いのに対し、「すみません」は、相手にかけさせた手数に対し、申しわけなく思うことを述べているので、気軽に使えるのではなかろうか。

「すみません」の音便である「すいません」も、普通の会話の中で聞かれるようになり、特に若い人は、「ありがとう」の意味で、「すいません」と言うことが多いようである。

次ページの図は、一九六三年に国立国語研究所が松江市で行った調査の結果で、「道を歩いて、ハンカチを落としました、あとから

来た人にひろってもらったときには、まずなんと言ってお礼を言いますか」という問いに対する、男三〇七人、女四一九人の答えであ

〔「ありがとう」と「すみません」〕

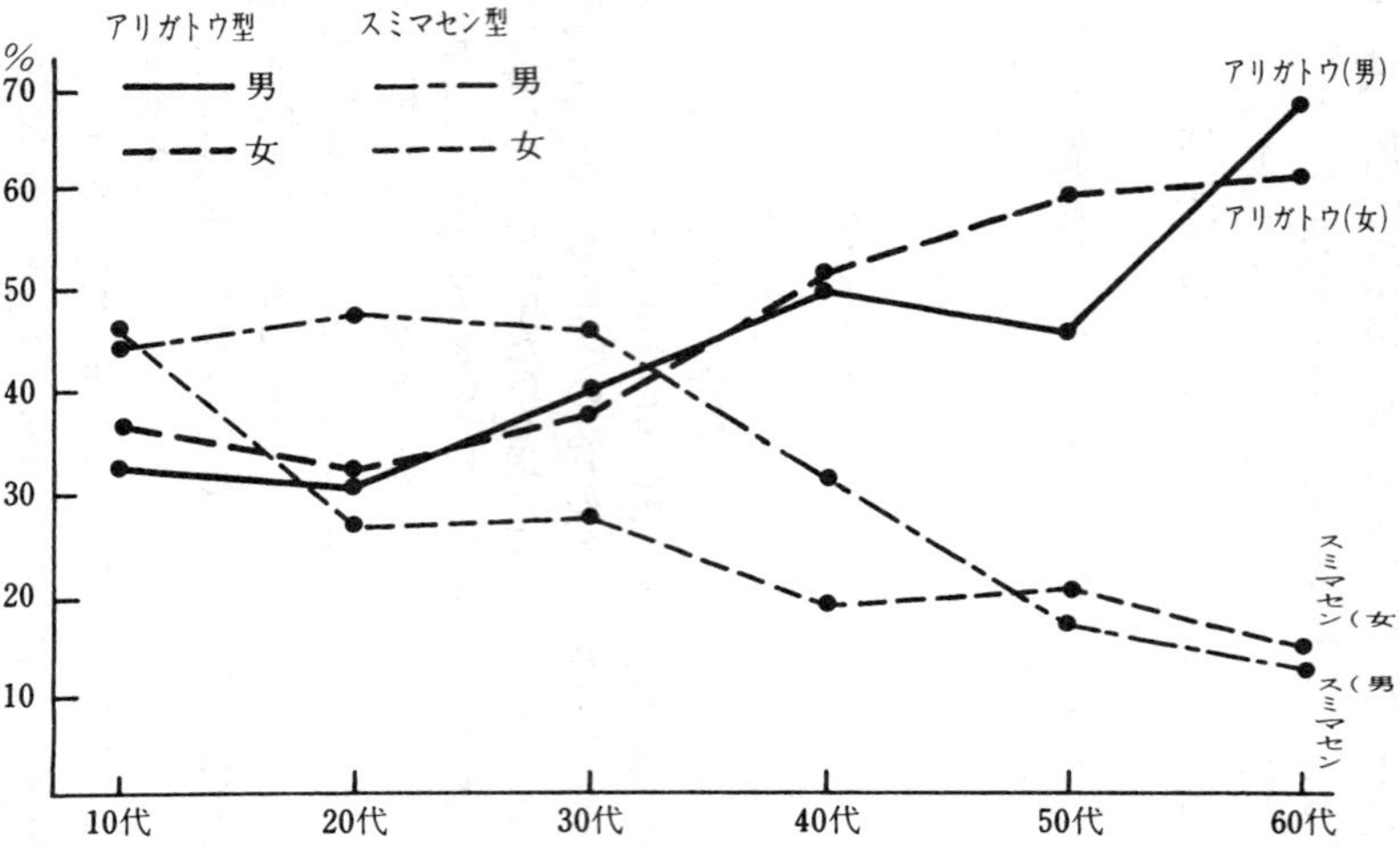

る。全体として、①アリガトウ型　四三％、②スミマセン型　三一％、①＋②型　一七％で、あとは、オソレイリマス型、ドーモ型ともに数の上では問題にならない程度である。（『図説日本語』角川書店による。）

作家の飯沢匡氏は、

　日本の〝相済みません〟という言葉、これは領収書からきている。相済む、相殺するという言葉である。これは町人の言葉で、昔の芝居を書く時、侍には絶対に使わない。侍は、すみません、なんていわない。商人が貸し借りの清算がすんでなくて、まだ借りが残っていて、相済みませんというわけだ。今はありがとうみたいに、どうもすみませんという人がいるけれど、金の貸し借りから出た言葉で失礼なものである。

と述べている。（『婦人公論』昭和51・5）

　買い物をしようとして、店先にだれもいないとき、「ごめんください」と言う代わりに、「スミマセーン」と言っている人たちを街でよく見掛ける。

　最近では、「もしもし」も「これください」も、「ありがとう」、「ごめんなさい」もみんな「すみません」で済ませてしまう傾向があるが、実意のある言葉遣いとしては、できるだけ使い分けることが望ましい。　（15―35）

問　**「せわしい」と「せわしない」**

答　忙しい意味で、「せわしい」という語と「せわしない」という語がある。この二つは、同じ意味の語か、異なる意味の語か、という問題である。

　国語辞典を見ると、「せわしい」と「せわしない」を同じ意味の語とし、他方を参照させるようになっているものが多い。しかし、

同じ作者の同じ作品で、次のように使い分けられていることも、見逃してはならない。

○せわしい

・忙《せは》しい姉の手伝でもしたら好からうと注意したかつたが、

・養蚕の忙《せは》しい四月の末か五月の初めまでに、それをすつかり金に換へて、

○せわしない

・その鋏の音が、如何にも忙《せは》しない響となつて彼の鼓膜を打つた。

・新らしい仕事を始める人に、あり勝ちな急忙《せは》しなさと、

これは、いずれも夏目漱石「門」に見られる用例である。これによれば、「せわしい」は本当に「せわしい」場合であるが、「せわしない」は「せわしい感じが甚だしい」場合である。その点で「せわしない」には、「きぜわしい」に近い意味が見られるわけである。

それならば、「せわしい」と「せわしない」の間に見られるこのような意味の違いは何によるのか、ということであるが、これが語尾の「ない」の有無によることは明らかである。この「ない」は、打ち消しの意味を加えるわけではないから、次のような助動詞または形容詞の「ない」とは別のものである。

見えない　鳴かない　流れない

金がない　問題がない　どこにもない

したがって、語の構成要素となっている次のような「ない」と同じに考えることはできない。

あじけない　さりげない　なさけない

これらの「ない」は、いずれも打ち消しの意味を持っているのであり、「せわしない」の「ない」は、これらとは別のものである。

それならば、「せわしない」の「ない」はどのような「ない」と同じかということである。これについて思い合わされるのが、「いとけない・はしたない」のような「甚だしい」意味を持つ「ない」である。

・いとけない……「いとけ」は「幼少」ということ。「いとけない」は、「幼少の度合いが甚だしい」ということ。

・はしたない……「はした」は「不足」ということ。「はしたない」は、「不足の度合いが甚だしい」ということ。

その点でこの「ない」は、次のように用いる「ない」と同じものである。

・大層もない……「大変な」という意味の「大層」を強めた言い方。「大変なという度合いが甚だしい」こと。

・滅相もない……「法外な」という意味の「滅相」を強めた言い方。「法外なという度合いが甚だしい」こと。

このような「ない」が「せわしい」の語幹「せわし」について成り立ったのが、「せわしない」の方である。したがって、「せわしい」が忙しいことであるとすれば、その忙しい度合いの甚だしいことについて、「せわしない」という語が成り立つわけである。

ただし、「せわしい」と「せわしない」を比べると、単に「甚だしい」意味が加わっただけではなく、そこに心理的な違いのあることが分かる。それは、前記漱石の用例でも明らかなように、「せわしい」は単に「忙しい」だけであるが、「せわしない」は、第三者から見て「忙しい感じが甚だしい」という意味である。更に言えば、「せわしい」は客観的な描写に用いるのに対し、「せわしない」は主観的な描写に用いるということもできるわけである。

すなわち、「せわしい人だ」と言えば、その人が実際に忙しいのである。したがって、その人に対して、「それでは、さぞかしおせわしくいらっしゃいましょう」と言うことができる。その人のこと

を「このごろせわしがっているようだ」と言うこともでき、年末のことを「せわしい季節になった」と言うことも成り立つわけである。

これに対して、「せわしない人だ」と言えば、こちらから見て落ち着かない気分が感じられる場合である。つまり、「あんなにしなくてもよいのに」「少しは落ち着いてくれればよいのに」「あれではとてもついていけない」というような気持ちの場合である。したがって、「さぞかしせわしなくいらっしゃいましょう」とか「せわしながっている」「せわしない季節」などという言い方は成り立たないことになる。その点で、「せわしない」は、「せわしい」と異なる意味を持っているのである。

このように見てくると、国語辞典の扱いとして、一方を空見出しにしてそのまま他方を参照させる行き方は、物足りないと言われても仕方がないのである。「せわしい」という語形と「せわしない」という語形とがあって、語の構成からもその意味の違いが認められるわけである。（15—37）

問「先生の御教訓を他山の石とします」という言い方はおかしくないか

答　結論から言えば、この言い方は適切ではない。

もと、中国最古の詩集である詩経・小雅の「他山之石可二以攻一玉一」（他山《たざん（たさん）》の石、もって玉をおさむ（みがく）べし）によるもので、よその山から出た粗悪な石でも自分の玉をみがくのに役立てることができるというのが原義で、転じて、他人の誤った言行でも自分の行いのよい参考になるという意味である。

したがって、「先生の御教訓を他山の石とします。」というのは、先生を粗悪な石にたとえることになって失礼にあたるのである。

同じような誤用の例で、「枯れ木も山のにぎわいと申しますから、先生のご出席をお願いします。」というのも、先生を枯れ木にたとえることになって、具合の悪いものとなる。（15—38）

問「ひもをつなぐ」と「ひもをつなげる」

答「ひもをつなぐ」という言い方と「ひもをつなげる」という言い方が行われているが、この二つは、その意味や用法の上で違いがあるかどうか、という問題である。

まず、「つなぐ」の方であるが、語源的には名詞の「つな（綱）」に動詞語尾「ぐ」の付いた語だとされている。その点では「またぐ（←また）・ふたぐ（←ふた）」などと同じ構成であり、「つなのように一続きにする」意味を持っている。したがって、「ひも」の場合で言えば、途中で切れているときにそれを連結するのが「ひもをつなぐ」である。

ところで、「つなぐ」というのは他動詞であるが、これに対応する自動詞が「つながる」である。「ひも」の場合で言えば、途中で切れているのが連結されたときに、「ひもがつながる」わけである。しかし、一方には、「ちぢむ（自動詞）・ちぢめる（他動詞）」のように対応しているだけでなく、もう一つ「ちぢまる」という自動詞を持つものがある。こういう場合の「ちぢむ」と「ちぢまる」の意味の違いは、「ちぢむ」が普通の自動詞の意味を持つのに対して、「ちぢまる」は「ちぢむようになる」という意味を持っている。この「ちぢむ・ちぢまる」は共に自動詞であるが、これを共に他動詞の形で用いるのが、「つなぐ・つなげる」の関係である。

したがって、「つなげる」というのは、単に「つなぐ」のではなく、「つなぐようにする」という意味を持つことになる。ことわざに「香の物をつなげて切る女はりんき深い」というのがある。これは、「つなぐようにして切る」ところに切り方の特徴があるから、単に「つないで切る」のとは異なっている。他に例を求めると、輪の手品の場合が理解しやすいかもしれない。本来ならばそれぞれが独立の輪であり、そのままでは「つなぐ」ことができない。それが、がちゃがちゃすり合わせているうちに、鎖のように、つながった形になる。こういうのが、単に「つなぐ」のではなく、「つながった状態にする」のであり、「つなげる」という動詞で言い表した方が適切なのである。

そこで、「ひもをつなげる」であるが、やはり手品の例が理解しやすいことになる。長いひもを二つに曲げて左手に持ち、輪の途中をはさみで切ってしまう、それを伸ばしてみると、切れたはずのひもがつながっている、というのがある。これも、単に「ひもをつないで見せた」のではなく、「つないだ形にして見せた」のであり、「つなげた」のである。「ひもをつなぐ」と「ひもをつなげる」は、同じ状態にすることには違いないが、ニュアンスを異にしていると言うべきである。「つなぐ」は単に連結するにすぎないのに対して、「つなげる」には「つながった状態にする」という積極性があり、普通ならできないところを「無理につなぐ」という意味なども加わるからである。

なお、「つなげる」については、国立国語研究所で行った電子計算機による用語調査のうち、文学作品と新聞に次のような用例がある。

・もし私の現在の偶然を必然に変へる術ありとすれば、それはあの権力のために偶然を強制された生活と、現在の生活とを繋《つな》げることであらう。（大岡昇平「野火」）

・机と椅子とを一つにつなげて、椅子の背を持って簡単にひっくり返せるようになった小学校なみの机が人数ほど並んでいて、（中野重治「むらぎも」）

・これを本格的な回復につなげうるかどうかは、つぎの点にかかっている。（読売新聞）

・つなげてみよう（NHK教育テレビ番組）

これらの用例もまた、普通ならできないところを「無理につなぐ」という意味が加わっていると解釈した方がよいわけである。

（15―40）

問「～を命じる」か「～を命ずる」か

答　職務などに関する辞令で「命～」という書き方をするとき、「庶務課長を命じる」か「庶務課長を命ずる」か、という問題である。

一般に「する」という動詞は、文語では次のように活用していた。

せ―ず　し―て　す　する―こと　すれ―ども　せよ

文語の辞令で「庶務課長ヲ命ス」と書かれていたのは、このような活用に基づくものである。しかし、この「す」という動詞が、口語では次のように活用している。

し―ない（さ―れる　さ―せる）　し―て　する
する―こと　すれ―ば　しろ　し―よう

そうして、「命令」のように漢字二字の熟語に付いたときは「命令する」という形になり、他の活用形も単独の場合と同じである。

これに対し、漢字一字の場合は、活用そのものが幾つかに分かれている。これについて、国語審議会報告「標準語のために」（昭和29・3・15）では、次の四活用に分けられている。

(1)　上二段活用

察し―ない　察し―て　察する　察する―こと

察すれ―ば　察しろ　察し―よう
(2)　上一段活用
感じ―ない　感じ―て　感じる　感じる―こと
感じれ―ば　感じろ　感じ―よう
(3)　五段活用
略さ―ない　略し―て　略す　略す―こと
略せ―ば　略せ　略そ―う
(4)　混合活用
愛さ―ない　愛し―て　愛する　愛する―こと
愛すれ―ば　愛せ　愛そ―う

最後の混合活用というのは、五段活用と下二段活用が組み合わさっているところから名付けられた名称である。

ところで、問題の「命～」の活用であるが、これについては、(2)上一段活用に属する動詞の例の中に「命じる」の形で掲げられている。したがって、「命～」の場合は、次のように活用することになる。

命じ―ない　命じ―て　命じる　命じる―こと
命じれ―ば　命じろ　命じ―よう

これに従えば、前記の辞令は「庶務課長を命じる」であり、「庶務課長を命ずる」ではないのである。

しかし、ここで問題がないわけではない。それは、戦後の公用文の口語化に当たってその規範を指示したものに、次官会議申合せ「官庁用語を平易にする標準に関する件」(昭和21・6・17)というのがあり、この中に示された標準に、次のような説明が見られるからである。

「〔論〕じる・〔論〕じれば」としないで、「〔論〕ずる・〔論〕ずれば」とし、「〔論〕じられる・〔論〕ぜさせる」としないで、「〔論〕ぜられる・〔論〕じさせる」とする。

この場合、〔論〕のように特にかっこでくくって示してあるのは、この項目が次のような語をまとめて取り上げているからである。

「甘んずる」(軽んずる・先んずる等)、「生ずる」(応ずる・講ずる等)、「論ずる」(演ずる・感ずる・信ずる等)

しかも、「～ずる」という形が他の項では例示されていないところから見て、「命～」の場合も「命ずる」となることが明らかである。すなわち、戦後の公用文の口語化の規範となった「官庁用語を平易にする標準に関する件」によれば「庶務課長を命ずる」となるのであり、これがその後、行政官庁で用いられている。行政官庁だけでなく、新憲法による国会も裁判所もこれに従っている。

それならば、「官庁用語を平易にする標準に関する件」が何ゆえ「命ずる」を採用し「命じる」を採用しなかったかであるが、その根拠となる部分を引用すると、次のようになる。

1　文体は「である」を基調とする口語文を用いる。
7　文法は、大体、国定教科書に用いられている標準語の文法による。

なお、関連して言えば、法令用語の規範となった「日本国憲法」にも、その前文で「各国の責務と信ずる」のように「信ずる」という形が用いられている。

これに対して、「標準語のために」の方は、全体が「語音の部」「語法の部」「用語の部」の三つに分かれているように、口頭表現の立場を主としてその規範をまとめたものである。

つまり、「官庁用語を平易にする標準に関する件」の方は、官庁用語の書き言葉として「命ずる」を採用したのであり、「標準語のために」は口頭表現の話し言葉として「命じる」を採用したと考えることができるわけである。その場合、辞令のようなものは当然官庁用語の書き言葉になるから、「命ずる」を用いることに矛盾はないのである。

　関連して言えば、「命～」の反対が「免～」であるが、これも「免ずる」の形になるわけである。　（15—42）

問「ぬれ手で粟《あわ》」か「ぬれ手に粟」か

答「骨を折らないで利益を得ること」のたとえとして、「ぬれ手で粟」と言うのか、「ぬれ手に粟」と言うのかという問題である。

　『日本国語大辞典』ほか諸辞典に当たってみると、すべて「ぬれ手で粟」となっており、「ぬれ手で粟のつかみどり」とか、「ぬれ手で粟をつかむ」「ぬれ手で粟のぶったくり」などの例が挙げられている。ただ、『学研国語大辞典』には、「ぬれ手で粟」の語釈のあと、「ぬれ手に粟」と付け加えられており、これが辞書に載っている唯一の「に」の例である。

　古く歌舞伎《かぶき》や浄瑠璃《じょうるり》に使われており、あの有名な「三人吉三《さんにんきちざ》廓初買《くるわのはつがい》」に、お嬢吉三のせりふとして、

　月も朧《おぼろ》に白魚の、篝《かがり》もかすむ春の空。冷たい風もほろ酔《ゑ》ひに、心持ちよくうかうかと、浮かれ烏《からす》のただ一羽。塒《ねぐら》へ帰る川端で、棹《さを》の滴《しづく》か濡《ぬ》れ手で泡《あわ》。思ひ掛けなく手に入《い》る百両。（厄《やく》払《ばらひ》……御厄《おんやく》払ひませう。厄落とし〳〵。）ほんに今夜は節分《としこし》か。西の海より川の中、落ちた夜鷹《よたか》は厄落とし。豆沢山に一文《いちもん》の、銭《ぜに》と違つた金包み。こいつァ春から、縁起がいいわへ。

と出ている。『新潮日本古典集成』の注によれば、

「泡《あわ》」と「粟」を掛ける。「濡れ手で粟」は、濡れ手で粟を摑《つか》むと摑んだ量以上に粟が手に付くところから、労せずして利を得ることの比喩。ただし、単なる諺としてだけではなく、申《さる》年は凶年だが、その正月に搗《つ》く粟餅の粟を濡れ手で摑むと福となるとの俗信が黙阿弥の頭には浮んだか。「泡」は「滴」の縁。労せずして得た金（泡銭《あぶくぜに》）の意。


とある。

　ところが、最近「に」の例も見られるとして、見坊豪紀氏は、八九年一月号の雑誌『ちくま』に報告しており、それによれば、「ぬれ手で」が東京、毎日、週刊朝日などに十例あり、「ぬれ手に」が産経、日経、読売、AERAなどに八例あったという。

　ことわざとして、どちらが正しいかという問題であるなら、「ぬれ手で粟」の方が正しいと言える。それは、その下に「つかむ」という言葉がくるのでも分かるように、他動詞として、積極的に粟をつかむ場合には、「で」という助詞が生きてくるのである。

　これに対して、「ぬれ手に」と言うと、粟が自然に手に付いてくるという感じ、特に何の苦労もしないで得をするという感じにぴったりであるため、「ぬれ手に粟」の方が適切なように感じられるのである。

　『月刊言語』の「世相語散歩・89」で、この問題を取り上げた榊原昭二氏は、自らは「ぬれ手に」を使ってきたが、「ぬれ手で粟をつかむ」ということわざの省略形としては「ぬれ手で」がいいと思うと認めながら、「ぬれ手に」の方が、「何ら労することなくトクをするという感じがする。」と述べている。

　なお、毎日新聞の夕刊「視点」（平成元・8・23）で、「粟」と題して、作家の高樹のぶ子氏が随想を書いている。

　最近の若者の中には「濡《ぬ》れ手で泡」つまり、つかもうとしてもつかめないこと、いくら努力しても無意味なことの意味に解釈している者がいると指摘し、ぬれた手でシャボンの泡をつかむという発想に対して感心するとともに、意味が反対になってしまうことに驚い

ている。

さらに、多分一生涯、粟の中にぬれた手をつっこむことはないであろうし、粟を見掛けることがなくなったら、このことわざは宙に浮いてしまうであろう。このことわざが成立した当時の粟は、多分食料として価値を持っていたのだと思う。いまの私たちが想像するより、はるかに価値あるものが、ぬれた手に付着してきたに違いない、というように述べている。（16—33）

問「前代未聞の成功」という言い方はおかしくないか

答「前代未聞《ぜんだいみもん》」というのは、「これまでに一度も耳にしたことがないような」という意味であり、これに続く語としては、「珍事」や「不祥事」のように、珍しいことや、マイナスの印象を受ける語の方が普通であると思われるのに、「前代未聞の成功」のような、プラスの印象を受ける語が続くことはおかしくはないかという問題である。

多くの国語辞書の語釈には、「今まで聞いたことがないような変わったこと」のようになっており、「平治物語」の「前代未聞の不思議かな」が引用されている。

また、「保元物語」〈前代未聞の儀にあらずや〉、「太平記」〈前代未聞の恥辱也〉の例が、『日本国語大辞典』に引用されている。

この語釈の「変わった」の次に、（珍しい）（あきれた）（大変な）の意味を加えている辞書もある。

（あきれた）の意味が加わっているところを見ると、よくないことが続くことを意識してのことであろうが、『日葡辞書』には、「前代未聞の悪行《あくぎょう》」に続いて「前代未聞の高名《こうみょう》」が載っており、「戦争で立てた極めて大きな功績、あるいはかつて聞いたこともない功績」という解説が付いている。また、浮世草子「武家義理物語」には「前代未聞の名女なり流石《さすが》俗性いやしからず」とあり、良いことにも使ったことがあることを示している。

もともとは「前代未聞」には、悪いとか良いとかの価値はなく、両方に使われることもあったが、次第に悪い方の例に多く使われるようになり、現在では、「前代未聞の成功」はおかしく感じられるようになったのであろう。（16—35）

問「満十周年」という言い方はおかしくないか

答 期間の経過を表すのに、「満十年」とか、「十周年」という言い方があるが、これを「満十周年」と言うのはおかしくないかという問題である。

「満」という接頭語は、年月が不足なくちょうどその数になっていることで、事件あるいは誕生から丸十年を経過したことを表す。

普通、満年齢を数えるときは、「年齢計算ニ関スル法律」（明治35・12・20、法律第50号）により、出生の日より起算して翌年の出生の日の前までをもって満一年とすることになっている。すなわち、四月一日生まれの者は翌年三月三十一日をもって満一歳となる。

（昭和26・2・5文部省地方連絡課長）

これは、実際に生まれた日の翌日から起算する一般の誕生日の慣習とは異なっている。（追記参照）

そこで、学校教育法第二十二条で、保護者は、子女の満六歳に達した日の翌日以後における最初の学年の初めから就学させる義務を負っているから、四月一日生まれは、いわゆる早生まれに入るのである。

ところが、会社創立の記念日の場合は、例えば、平成元年四月五日を創立の日とすると、翌六日から計算して、平成二年四月五日が、満一年になる。ただし、記念行事を行うなどの場合は、前後に多少の幅を持たせる場合がある。「周年」と言うときが、それに当たる。

「周年」は、数を表す語について、その数だけの年が経過したことを示す。創立十周年などと言うが、実際の時点はもっとゆるやかに考えてもよい。「十か年」というのも同様である。

したがって、「満十年」又は「十周年」で十分であり、「満十周年」という必要はない。

なお、足かけ十年、十年越し、十年がかりは、どれも暦の年度で十年にわたることを表す。また、十年ぶりというのは、十か年を経過したことを表し、事件が起こってから解決までに満十年を経過したことである。「十日ぶり」などの計算は、事件の起こった翌日から解決の日までを含める。この点、「以内、以上、以下」が、基準の数値を含めていうのと異なる。

605ページ「…ほか」と「…以下」参照。

〔追記〕慣習できまっているもの

a　第十回誕生日、第十回記念日

実際に生まれた日あるいはそのことのあった日は含まれない。したがって、誕生あるいは事のあった日から満十年を経過していることをあらわす。

b　周忌・回忌

「一周忌」は死亡後満一年の忌日。以下「三回忌、七回忌、十三回忌」などと呼ぶが、慣行によりそれぞれ「満二年、満六年、満十二年の忌日をさす。（『朝日新聞の用語の手びき』）　（16―37）

問　**「油断もすきもない」か「油断もすきもならない」か**

答　「油断もすきもない」という言い方と「油断もすきもならない」という言い方があるが、どちらが正しいかという問題である。

「油断」というのは、昔、油の鉢を持つ者がうっかりその鉢を落とすと、罰として殺され、命を断たれたという涅槃《ねはん》経からきたという説がある。また、「寛（ゆた）に」（ユックリ、ユッタリなどと同系の古語ユタニ）の音便という説もある。用法として、名詞のほか、「油断する」の動詞、「油断のならぬ」「油断なく」の慣用句がある。『日本国語大辞典』によれば、

・虎寛本狂言・磁石「扨々《さてさて》都は油断の成らぬ。知らぬ者が詞をかくる」
・日葡辞書「Yudan（ユダン）〈訳〉不注意」
・一休仮名法語「先づ御こころもちと申すは、朝夕仏法に御油断なきことにて候」

の用例が見える。そして、小見出しとして、「ゆだんも隙（すき）も＝ない（＝ならぬ）」を掲げ、次のような語釈と用例が挙げられている。

すこしも油断することができない。
・俚言集覧「油断もすきもならぬ」
・人情本・珍説豹の巻―後・下「夜盗、押込昼盗、板の間稼ぎ、一寸持油断（ユダン）も透（スキ）もなりませぬ」
・安愚楽鍋〈仮名垣魯文〉二・下「おくりおほかめのやうに転んだら食はふとばかりねらってゆだんもすきもなりやァしないヨ」
・妻〈田山花袋〉一二「机を並べた人々が、皆なかれの敵で〈略〉油断も隙も無いやうに思はれる」

これで分かるように、「油断もすきもならない」と「油断もすきもない」の両者が用いられている。

『ことばの泉』『大日本国語辞典』『大辞典』など、古い方の辞書には、「油断もすきもならぬ」の形で採録されており、『学研国語辞

典』『新明解国語辞典』『新潮国語辞典』『例解国語辞典』『言泉』『大辞林』では、「油断もすきもない」の形を採用している。

概略で言えることは、古くは、「油断もすきもならない」であったものが、「油断もすきもない」に変わってきたものと思われ、両方正しいと見て差し支えない。（16―38）

問「分かりにくい」か「分かりづらい」か

答　何かをしようとして困難を感じるとき「…にくい」を用いるか、「…づらい」を用いるかという問題である。各種国語辞典を見ると、接尾語としての「にくい」は早くから見えるけれども、「づらい」の方は、遅く採録されている。両者の間の意味の差をはっきり示しているものは少なく、「それをすることができない、むずかしい、困難を覚える」などの語釈を与えていて、用例として「読みにくい本」「読みづらい本」などと出ていたりする。中に「づらい」の語釈に、「その動作が苦痛を伴ったり困難である意を表す」となっているものがあって、「にくい」と「づらい」の意味の違いを示しているのではないかと思われる。

例えば、狭い歩道に電柱が立っていて、車イスが通れないというときの新聞の見出しに、

通りにくい車イス　電柱7本引っこむ
そこに民家の善意（毎日、平成元・10・2）

とあったが、これなどはまさしく「通りにくい」であって、「通りづらい」ではないであろう。これは、物理的に電柱がじゃまをしているだけであって、これを取り除きさえすればよいのであるから。もし、この通りの家に開放された窓があって、そこを通るとき、ともすれば中が見えてしまい、こちらが心理的に苦痛を伴う場合だったら、「通りづらい」に違いない。

「燃えにくい」とは言うが、「燃えづらい」とは言わないように、「づらい」の方は心理的な抵抗を感じるときに使われる傾きがある。

夏目漱石の「草枕」には、冒頭の有名な「とかく人の世は住みにくい」とあり、ほとんど「……にくい」の例が多いのであるが、一か所「づらい」を用いた例がある。

・もし橋畔《きようはん》に立って、行く人の心に蟠《わだか》まる葛藤《かつとう》を一々に聞き得たならば、浮世は目眩《めまぐる》しくて生きづらかろう。

「…づらい」の用例として、諸辞書の挙げるところでは、「話しづらい、見づらい、行きづらい、入りづらい、読みづらい」があるが、「わかりづらい」はないようである。

文学作品の用例を見ると、「分かる」に関して見た限りでは、すべて「わかりにくい」であった。

・あすは婆やさんを一人でおよこしになるやうに言つてお帰りになつたけれど、馴れない人には家が一寸分かりにくいだらうが大丈夫かしら。（鈴木三重吉「桑の実」一九一三）
・どうも君の話は解りにくくつて困るよ。（島崎藤村「破戒」一九〇六）
・話が本筋をはづれると、分り悪くなりますからまたあとへ引き返しませう。（夏目漱石「こころ」一九一四）
・…アドレスを教えたが、まさか、このわかり悪い番地を、つきとめて来ようとは思わなかつた。（獅子文六「自由学校」一九五〇）
・さういふ意味のことを婆さんは、わかりにくい田舎弁で云つていた。（井伏鱒二「本日休診」一九五〇）
・……うねり、くねつたわかりにくい小道がいくつもあつて、

（志賀直哉「暗夜行路」（前）一九二一）

・君のいる所は中々わかりにくい。それだけわかればもうしめたものなのだ。（武者小路実篤「友情」一九一九）

・…容易にわかることをもわかりにくくする癖がありはすまいか。（出隆「哲学以前」一九二九）　（16—39）

問「布団を敷く」か「布団を引く」か

答　押し入れなどから出した夜具としての布団を平らに延べる場合、「布団を敷く」が正しいか、「布団を引く」が正しいか、という問題である。結論を言えば、「敷く」が正しく、「引く」は誤りである。以下、その理由を取り上げると、次のようになる。

まず、「敷く（しく）」という動詞であるが、その意味は、「幅や長さのあるものを平らに広げておくこと」であり、次のように用いる。

部屋に畳を敷く　床にじゅうたんを敷く　馬小屋にわらを敷く

箱の底に紙を敷く　新聞紙を広げて敷く

この意味では、日本語として古くから用いられていた動詞であり、すでに「古事記」や「万葉集」にも次のような用例がある。

・葦原のしけしき小屋《おや》に菅畳、いやさや斯岐て我が二人寝し。（「古事記」神武紀）

・ぬばたまの黒髪之伎て長き日《け》を、待ちかも恋ひむ、はしき妻らは。（「万葉集」四三三一）

これらの万葉仮名の表記を見ると、前者が「斯岐」であり、後者が「之伎」であり、いずれも「しき（敷き）」である。これに対して「ひく（引く）」の方には、「平らに広げて置く」意味での用い方が見られないのである。

それにもかかわらず、「布団を引く（ひく）」という言い方が行われるのは何ゆえかということである。この点で考え合わされるのが意味の連想であり、関連して考えられるのが〔シ〕と〔ヒ〕との発音の類似性である。

この場合の意味の連想というのは、次のようなことである。まず、「布団を平らに延べる」動作であるが、三つに畳んだ布団の端を手で持つことにより、自分の方へ近寄せる形で行われる。この動作は、「引き寄せる」形で「引き延ばす」ことになるから、「布団を引く」という連想が働くことにもなる。そのために、日常会話の中で「布団をしく」という言い方を聞きながらも、これを「布団をひく」だと聞き誤り、そのように覚えてしまうことも起こる。そうして、そのことを更に決定的にするのが、〔シ〕と〔ヒ〕の発音の類似性である。特に、「人」や「火鉢」を〔シト〕〔シバチ〕と発音し、「敷く」も「引く」も〔シク〕となる方言の場合が問題である。耳で聞いた〔シク〕について、正しくは〔ヒク〕だと考えてしまうことも起こるからである。

しかし、文字で書き表せば「布団を敷く」であり、次のような用例が一般的な用い方である。

・頑固に一枚の蒲団を蚊帳一杯に敷いて出て行った。（夏目漱石「三四郎」）

・寝台の上に敷いた蒲団を見ると真白である（同右）

そうして、こういう場合の読み方は、言うまでもなく「しく」である。関連して、「掛け布団」に対するのは「しきぶとん（敷き布団）」であり、「シーツ」は「しきふ（敷布）」、「カーペット」は「しきもの（敷物）」である。

ただし、「夜具としての布団を平らに延べる場合」は「布団を敷く」だとしても、「布団を引く」という言い方が絶対に成り立たないかというと、そうではない。例えば、次のような場合について考えることにする。

・被せたガーゼを取ると、割りに手荒く蒲団を引き寄せ、直子の床《とこ》にそれを附けた。（志賀直哉「暗夜行路」）

これは、看護婦が赤ん坊の布団を母親の直子の布団に引き寄せたときの描写である。このときの看護婦の動作については、「布団を引く」という言い方が成り立つわけである。したがって、「布団を敷く」が正しいとするのは、最初に取り上げた「平らに延べる」場合に限るのである。その意味において「布団を敷く（しく）」が正しいというように、意味との関連で心得るべきである。　（17—24）

問「々」は、何と読むのか

答　例えば、「ねんねん」・「ひとびと」などのようないわゆる畳語を漢字で書くとき、「年年」・「人人」とも書くが、また「年々」・「人々」とも書くことがある。このように、同じ漢字を重ねて書く代わりに用いる「々」を何と読むかという問題である。

「何と読むか。」ということを、例えば「アは何と読むか。」、「いは何と読むか。」、「年は何と読むか。」などという場合の「何と読むか。」と同じ意味・内容のものとすれば、「々には、それ自体の読みはない。」ということになる。

なぜかと言えば、上記のような「……は何と読むか。」というのは、「……」が文字である場合について言えるのであって、「……」が文字でない場合は、厳密に言えば成立しないからである。

文字には、表音文字と表意文字（表語文字）とがあって、表音文字には形と音《おん》とがあり、表意文字には形と音と意味とがある。すなわち、いずれにしても文字には形と音とが備わっている。つまり、文字は、言語として使われる音声を表している。例えば、「ア」という文字は〈ア〉という形と〔ア〕という音を表しており、「い」という文字は〈い〉という形と〔イ〕という音を、「国」という文字は〈国〉という形と〔クニ〕及び〔コク〕という音と、さらに《くに》という意味を表している。また、これらの字は、単独語を表す場合にも複合語の一部としても使われる。

ところで、「々」は、単独では使われず、常に、ある文字の次に、それと同じ漢字を重ねて書く場合に、ある文字を繰り返して書く代わりに使われる符号である。

例えば、「国々」の場合の「々」は、音としては〔グニ〕に相当しており、「山々」という場合の「々」は〔ヤマ〕に相当している。「日々」を〔ニチニチ〕という場合の「々」は〔ニチ〕を、〔ヒビ〕という場合の「々」は〔ビ〕に相当している。このように「々」には固有の読み方がなく、常に、前接する文字の読み方に従って読まれるのである。

このようなわけで「々」は、一般的には、「踊り字」とか「重ね字」とかいうように「字」と言われているけれども、やかましく言えば読みがないのだから「字」ではなく、文字とともに記述の際に用いられることのある符号の一つである。

これは、仮名における長音符号「ー」の性質とよく似ている。「アーチ」という場合の「ー」は〔ア〕の長音を表し、「シート」の「ー」は〔イ〕の長音を表し、「ショー」の「ー」は〔オ〕の長音を表しているというように、「ー」は、これ自体の読みはなく、常に前接する仮名が表している音に含まれている母音を一字分（一拍分）のばす音であることを表している符号である。繰り返しになるが、「々」は、やはり、これ自体の読みはなく、常に前接する漢字と同じ漢字を表している符号である。

一般に「々」を前述のように「踊り字」・「重ね字」などと言っているのは、「々」の読みではなく、呼び名（名称）である。

以上のようなわけで、「々」は文字ではなく、これ自体は、何の音も表していない。したがって、問いに対する答えとしては、「々」には呼び名（名称）はあるが、これ自体固有の読みは持っていないということになる。

〔付記〕

一「情報交換用漢字符号系」（**JIS X 0208**—1983（1989　確認））では、「々」を記述記号とし、その名称を「繰返し記号」としている。

二「々」は、もともと「踊り字（躍り字）・重ね字・畳み字」などと言っており、また、「重字《じゅうじ》・重点《じゅうてん》・重文《じゅうもん》・畳字《じょうじ》」などとも呼んでいた。（「重文」は「ちょうぶん」とも言う。）なお、現在、印刷・出版関係の職場用語としては、「漢字返し・漢字送り・かんくり・マのおどり字」などがある。ワードプロセッサーの中には、仮名漢字変換の際「のま」と打って変換すると「々」が表示される機種もある。

三　昭和二十一年三月、文部省は部内資料として、『くりかへし符号の使ひ方（をどり字法）』という小冊子を作成した。そこでは「々」を、他の同類の符号「丶・〳〵・〻・〃」とともに採り上げ、これらをまとめて「くりかへし符号」と名付け、「々」を「同《どう》の字点」と名付け、その働きを、〈「々」は漢字一字を代表する。〉としている。このように当時の国語課が名付けたのは、〈「々」は「仝」の字から転化したものと考へられてゐる。〉ことに基づいたものであるが、この成立については、『国語学大辞典』によれば、日本において「〻」より生じたという説もある。「仝」は、「同」の古い異体字である。

なお、この小冊子の内容は、巻末に参考資料として、全文が収録してある。

四「々」は、昭和二十四年以来、公用文・教育の分野では、同じ漢字を二字続けて書き表す畳語の場合だけに用いることになっているが、他の分野では、中には、漢字二字以上の繰り返しにも用いられている場合がある。例えば、「一歩々々・毎日々々・大賛成々々」など、語が長い場合には、「南無阿弥陀仏《なむあみだぶつ》々々」などとすることもある。また、「記念会々長」「表彰式々場」などのように、二語にわたる場合にも使われている。

五「々」は文字（漢字）ではないが、漢和辞典の中には、便宜的に親字と同じ取扱いをして採録しているものもある。

管見に入った中で最も古いものは、大正六年に初版を出した『大字典』で、「丶部・二画（総画数は三画）」にあり、語釈としては「同一文字畳用の記号」とある。もちろん、音や訓は掲げていない。なお、『大字典』には、「々」の外、「〻」、「〻」も採録してある。また、昭和元年初版の『掌中新漢和辞典』では「国字」とし、「おなじくの意。仝の草体より来る。同一字を畳記するに用ふ。」と説明している。

戦後に編集・刊行された漢和辞典の中にも、数は少ないが「々」を採録しているものがある。（17—26）

問「**生けづくり**」か「**生きづくり**」か

答　生きている魚介類（主として、こい・たい・あじ・はまち・すずき・えび等）の内臓をえらとともに取り去り、頭・尾・腹部の皮・骨格等をそのまま残して、肉をそぎ取り、刺身に作ってから、元の姿になるように魚体に盛りつけた料理を「生けづくり」と言うか、「生きづくり」と言うかという問題である。

「生けづくり」（以下「いけ…」と略記する。）あるいは、「生きづくり」（以下、「いき…」と略記する。）という語は、江戸時代の各種節用集には採録されていない。また、『日葡《につぽ》辞書』にも、『和英語林集成』の各版にも採録されていない。明治三十三年刊の『増補俚言《りげん》集覧』に「いけづくり　鯉《(こい)》　鮒《(ふな)》等活動するものを細切し臠《ヒトキレ》にせず食用にする制作をいふ。」（注　括弧を付けた振り仮名は引用者による。）とあるが、これよりも早く発行された『言海——第一冊——』（明治22）には、「いけづくり　生作」として既に採録されている。

今、この『言海』以降、平成元年十一月までに初版を出した大小・新旧各種の国語辞典78種（改訂版・増補版・第二版・新版等も、それぞれ1種として数える。）について調べた結果は次のとおりである。

・「いけ…」・「いき…」を共に採録していないもの……………6種
・「いけ…」だけを採録しているもの……………………………48種
・「いけ…」を本見出し、「いき…」を参照見出しとして採録しているもの……………………………………………24種

なお、「いけ…」を採録しているもの72種のうち、その語釈・説明の後に「いき…」の形を掲げているものは43種である。

「いけ…」の形しか採録していない辞典は、『言海・日本大辞書・日本大辞林・帝国大辞典・日本新辞林・辞林』等、明治時代に発行されたもの、大正を経て、昭和三十年代あたりまでに発行されたものが多いが、また、昭和五十年代・六十年代に発行されたものでも、小型辞典には、「いき…」を掲げていないものが多い。ただし、明治三十四年発行の『ことばの泉』には、「いき…」を参照見出しとして掲げてある。

すなわち、各種国語辞典では、「いけ…」を望ましい形・本来の形としており、「いき」は、排除・否定はしていないが、いわゆる「とも言う。」の取扱いをしていると言えよう。

新聞・放送関係の資料では、最も古いものは、日本放送協会編『日本語アクセント辞典』（昭和18・1・20、日本放送出版協会発行）に、「いけ…」が掲げてあり、これを改訂した昭和二十六年版、『日本語　発音アクセント辞典』（昭和41・8・10）、『日本語　発音アクセント辞典——改訂新版——』（昭和60・6・10）も同じく「いけ…」だけを採録し、「いき…」は不採録である。

日本新聞協会編の『新聞用語集』では、昭和五十六年版で初めて採録し、「いけ…」を採っているが〈「いき…」とも〉としている。共同通信社・時事通信社の手引の類でも、昭和五十六年版以降の版では同じく「いけ…」を採り、〈「いき…」とも〉としている。すなわち、この分野でも、どちらかと言えば、「いけ…」を使うべき形としている。

次に、百科事典の類と料理関係の単行本（辞典・事典を含む。）について見ると、百科事典の類では、明治四十一年発行の『日本百科大辞典』から昭和五十六年に初版を発行した11種に当たってみたところ、

・「いけ…」を採り、「いき…」を採っていないもの　………8種
・「いけ…」を採り、「いき…」を参照見出しとしているもの………………………………………………………1種
・「いき…」を採り、「いけ…」を参照見出しとしているもの………………………………………………………1種
・「いき…」を採り、「いけ…」を採っていないもの　………1種

であった。すなわち、百科事典の分野では、「いけ…」が優勢であることは、国語辞典・報道関係と同じであるが、「いき…」を本体とするもの、「いき…」だけを採っているものがある点で傾向を異にしている。

料理関係の単行本・事典の類は、5種について見たが、すべて「いけ…」であった。

以上の事実から見て、「いけづくり」か、「いきづくり」かということについては、どちらか一つを選ぶとすれば、「いきづくり」よりも「いけづくり」の方が無難であろう。

「いけ…」は、「生け魚《うお》・生け垣・生け簀《す》・生け鯛《だい》・生け捕り・生け贄《にえ》・生け花・生け船・生けはまち」など、数多くの複合語を形づくる。

（付記）「いけ…」・「いき…」の書き表し方については、どの漢字を用いるか、送り仮名をどう送るかの問題がある。漢字を二字使う場合、機械的に組み合わせれば十六とおりの書き表し方が考えられるが、非現実的な組合せを省けば、次の十二とおりがある。（ここでは、「いけ…」の形だけを掲げる。「いき…」の場合は、「いけ…」の「け」が「き」に変わるだけで組合せの型は同じである。）

① 生　作　⑤ 生作り　⑨ 生け作り
② 活　作　⑥ 活作り　⑩ 活け作り
③ 生　造　⑦ 生造り　⑪ 生け造り
④ 活　造　⑧ 活造り　⑫ 活け造り

この十二とおりのうち、国語辞典、その他の資料に実際に使われていなかったのは、④の「活造」と⑦の「生造り」だけで、あとの十種は多い少ないは別としてすべて使われている。なお、⑨～⑫の場合、国語辞典ではここに掲げたのと同じ形のものと、例えば「生（け）作（り）」のように、送り仮名の「け」・「り」を省いた形を併せ示しているものがあり、また、戦後の辞典では、「活」の字に、表外の訓であることの印を付けてあるものが多い。以上のほかに、「生けづくり」・「いけ作り」・「活けづくり」など漢字を一字しか用いない書き表し方を示しているものが、百科事典・料理関係の本にある。

内閣告示の「常用漢字表」では、「生」には「いける」の訓を掲げてあるが、「活」には掲げていないから、漢字表を目安として書く場合には、「生」を用いることになる。また、「いけ…」・「いき…」の読みをはっきりさせるためには、「け」を省くことは具合が悪い。したがって、国語表記の基準に準拠すれば「生け作り」、又は、「生け造り」と書くことになる。なお、料理関係では、「造」を用いていることが多いようである。

（注）「作る」と「造る」との使い分けについては、77ページを参照されたい。

（17—30）

問 「行けない」か「行かれない」か

答 「行くことができる・行く能力がある・行くことが可能である・行き得る」の意を表す「行ける」の打ち消し表現は、「行けない」か「行かれない」かという問題である。

「行けない」は、五段活用の動詞「行く」から派生した可能の意味を表す下一段活用の動詞「行ける」の未然形「行け」に打ち消しの助動詞「ない」が接続したものである。

また、「行かれない」は、「行く」の未然形「行か」に、可能の助動詞「れる」が接続した可能表現の「行かれる」に、更に打ち消しの助動詞「ない」が接続したものである。

「行けない」・「行かれない」の表している意味は、ともに「行くことができない・行く能力がない・行くことが不可能である・行き得ない」などということであって、どちらも同じである。

一般的に言えば、例えば、「かなりの道のりがあるのでとても歩いて行くことはできない・病気上がりなので、今は富士山に行くだけの能力がない・差し支えがあって、行くことは不可能である・地理不案内なので一人では行き得ない」などの意を表す場合には、「行けない」を使うのが普通であろう。しかし、「行かれない」を使うのは、望ましくないとか、不自然であるとか、よくないというわけではなく、使いたければ使っても何ら差し支えはないし、地方によっては、例えば「行かれへん」の形で多く使われる傾向にあり、また、文脈からいって尊敬表現と取り違えられるおそれも一般的にはない。

ただし、例えば、社長秘書が、社員に対して、

・「社長は『社員旅行には行かれない。』とおっしゃっています。」

と告げた場合の「行かれない」は、二重かぎ『　』によって、社長の発言の引用であることがはっきりしているから、この場合は、「行くことができる」の打ち消し表現である「行くことができない」の意を表していると見てよい。しかし、これは、文字表現の場合に言えることで、音声表現の場合は、話し手が、はっきりと意識して、「参加なさらない」とか「おいでになれない」などの尊敬表現でなく、社長の打ち消しの言葉そのままの引用として使ったのかどうか判断しかねる場合がある。また、

・「社長は社員旅行には行かれないということです。」

と告げた場合の「行かれない」は、秘書の立場として、社長は行くことが不可能であるということを、自分の上司である社長を高く待遇して「御参加にならない・いらっしゃらない」という意の尊敬表現を用いたのか、それとも、同僚である社員に対して、社長は行くことが不可能であるということを「行く」の打ち消し表現としての「行かれない」を用いたのかはっきりせず、どちらとも取れる。

このような点から言うと、打ち消し表現の場合には、「行かれない」と言うよりも、「行けない」を用いた方が無難であるとも考えられるが、個人によっては、いわば言いぐせとして、「行かれない」（その他、「言われない・書かれない・読まれない」）などを用いる人もある。

また、「言うに言われぬ事情がある。」、「えも言われぬ美しさ」など慣用形による連語としての場合は、文章語としては、「言うに言えない……」とか「えも言えない……」よりも「言われぬ」の形を用いるのが一般的である。

可能動詞は、中世末期ごろから発達し、東京でこれが一般化したのは明治に入ってからと言われ、一般に五段活用の動詞を同じ行の下一段に活用させたもので、「できる・能力がある・可能である・（し）得る」の意味を加えた同じ意味の別の動詞である。もっとも、すべての五段活用の動詞が可能動詞になるとは限らない。例えば、「有る・要《い》る・建つ・降《ふ》る・減る・病む」などは可能動詞にならない。

この可能動詞について、『口語法』（文部省著作、大正5・12・10発行）に次のように述べている。

五段活用の動詞の第一活用形に「れる」が附いて出来た可能の「勝たれる」「取られる」などが「勝てる」「取れる」というようになることがある。その活用の形わ下一段活用の動詞と同じであるが、その活用形の用法わ下一段活用の動詞とすこしちがうところがある。

今度の競争にわきっと勝てる。
手をのばせば取れる。
なるほどそうもいえる。

〔注：引用に際して、漢字の字体は、印刷の便宜上、現行通用のものに改めた。仮名遣いは、明治38年3月に文部大臣が国語調査委員会に諮問した「仮名遣諮問案」に対して、明治38年10月、同委員会から提出した答申書によるもので、原文のままである。〕

また、『口語法別記』（文部省著作、大正6・4・28発行）には、

○可能の「書かれる」「勝たれる」などが、「書ける」「勝てる」となるわ、五段活用の動詞に限る。そうして、下一段活用となつて、可能の意味の一つの成語動詞のようになつて、他動詞も、自動詞のようになる。其活用わ、次の表のようである。五段活用の動詞でも、自動詞の「減る」「足る」などを、可能に「減られる」「足られる」とつかわれないから、「減れる」「足れる」も勿論《もちろん》ない。

	第一活用	第二活用	第三活用	第四活用	第五活用
言	いえ	いえ	いえる	いえれ	いえよう
書	かけ	かけ	かける	かけれ	かけよう

〔引用者注〕以下、七語の語例及びその活用を省略する。

第一活用に附く助動詞わ、打消の「ぬ」「ない」「まい」で、受身の助動詞の「られる、《ママ》」使役の助動詞の「させる」がつかず、第二活用に、希望の助動詞の「たい」がつかず、そうして命令に用いぬ。

〔注：漢字の字体、仮名遣いは、前項に同じ。〕

ところで、可能動詞というのは、前述のように五段活用を下一段に活用させたものを言うのであって、可能の意を表す動詞をすべて可能動詞と言うわけではない。

例えば、「(…することを) 得《う》る」・「…(し) 得る」・「(…することが) できる」などは、可能の意を表す動詞であるが、これらは可能動詞ではない。また、可能の助動詞「れる」(五段活用の動詞に接続する。)、「られる」(その他の活用の動詞に接続する。)を接続させた「行かれる・書かれる・読まれる」や「起きられる・感じられる・来られる・寝られる」なども可能動詞とは言わない。

なお、かなり以前から、例えば、

受けられる　を　受けれる
起きられる　を　起きれる
着られる　を　着れる
来られる　を　来れる
攻められる　を　攻めれる
食べられる　を　食べれる
出られる　を　出れる
寝られる　を　寝れる
見られる　を　見れる

などのように、五段活用でない動詞の未然形に可能の助動詞「れる」を接続させた形のものが、話し言葉としては盛んに行われており、書き言葉の場においても目につくようになり、この現象についての意見・解説も数多く発表されているが、これは本問題からやや外れているので省略する。詳しくは、540ページを参照されたい。　(17—31)

問「かすみ」と「きり」と「もや」

答　大気がぼんやりして遠くが見えにくい状態を言い表す言葉に、「かすみ (霞)」「きり (霧)」「もや (靄)」がある。これらは、意味・用法の上で、どのように使い分けられているかという問題である。

放送では、これらを以下のように区別している。まず、「かすみ」については、次の記述がある。

空気中に浮かんでいるさまざまな細かい粒子のため、遠くがはっきり見えない現象をいう。しかし、気象学的には1つの現象としてはっきり定義づけられないので、気象観測の対象にはなっていない。霧、もや、煙、都会のスモッグ、遠い山にかかった低い雲、花曇りなどを指して、かすみといっている。

（日本放送協会編『NHK最新気象用語ハンドブック』、日本放送出版協会、昭和61。原文は、横組み。）

さらに、「きり」については、次のように述べている。

地表面付近で、無数のごく小さな水滴が空気中に浮かび遠くがはっきり見えない現象。目の高さの視程（水平視程）が1km未満の場合が霧、1km以上の場合がもやである。

霧の中では、通常湿っぽく冷たい感じがして湿度は100%に近い。もやの中では、湿度が100%になることはない。また霧の中では白っぽく見えるが、煙やちり・ごみが混ざると灰色や黄色みを帯びる。霧に煙が混ざるとスモッグになる。（同前）

これらの記述からは、次のことが分る。

○「きり」「もや」は専門用語であるが、「かすみ」はそうではない。

○「きり」「もや」は水滴を主成分とするが、「かすみ」は様々なものを含む。

○「きり」と「もや」は、視程（見通しのきく距離）の遠近で区別される。

○「きり」と「もや」は、湿度の多少でも区別される。

文部省編『学術用語集　気象学編（増訂版）』（日本学術振興会、昭和62）では、これらの術語に関しては、次の語を収録している。「かすみ」は、収録されていない。

霧　fog
もや　mist
スモッグ　smog
煙霧、ヘイズ　haze
スメイズ　smaze

このうち煙霧は、『NHK最新気象用語ハンドブック』によれば、「肉眼で見えないごく小さな乾いた粒子が大気中に浮遊して、空気が乳白色に濁って見える現象。」のことである。視界は、「もや」よりも広い。スメイズは、煙霧とスモッグとの混ざった現象を指す造語である。

「かすみ」と「きり」は、上代以来、和歌などの文学作品にも使われ、日本人にとってなじみの深い語である。連歌や俳句では、「かすみ」は春の、「きり」は秋の季題（季語）となっている。また、春の夜のかすんだ様子を「おぼろ」という。

〔かすみ〕
・かすみ立つ春の山べは遠けれど吹き来る風は花の香ぞする（「古今集」、在原元方）
・春なれや名もなき山の薄霞《うすがすみ》（松尾芭蕉）
・時計塔霞《かす》みつつ針濃ゆく指す（山口青邨）

〔きり〕
・むらさめの露もまだひぬ槇《まき》の葉に霧立ちのぼる秋の夕暮れ（「新古今集」、寂蓮法師）

国立国語研究所のアンケート調査（昭和37年）

	かすみ	きり	もや
発生の季節	春。	春・夏・冬。	季節を問わない。
発生の場所	山野。	山,高原,海,川,町の中	川、海。
自分との位置	遠くに。	自分を包む。	遠くに。
形状	やや高くたなびき，うすい雲に似る。	自分では、全体の形はわからない。まわりに漂う。ぬか雨に似る。	低くたなびき、白い煙に似る。
密度	うすい。	もっとも濃い。	やや濃い。

・朝明けや浅間の霧が膳《ぜん》をはふ（小林一茶）
・白樺《しらかば》に月照りつつも馬柵《ませ》の霧（水原秋桜子）

ただし、平安時代の前半ごろまでは、「かすみ」と「きり」の春秋の区別は厳密なものではなかったらしい。春の風物と「きり」を併せ詠んだ歌もある。

・春山の霧にまどへる鶯《うぐひす》もわれにまさりて物思はめや（万葉集）

これに対して、「もや」は近世の初頭から用例が見え始めるが、俗語として意識されていたらしい。文学作品の用例が現れるのは、明治時代になってからである。

・もう池は闇《やみ》に鎖《とざ》されて、弁天の朱塗の祠《ほこら》が模糊《もこ》として靄《もや》の中に見える頃《ころ》であった。（森鷗外「雁」）
・梅の渓《たに》の靄《もや》くれなゐの朝すがた山うつくしき我うつくしき（与謝野晶子）

なお、国立国語研究所では、類義語の調査の一環として、昭和三十七年に、この三語を含む類義語のセットを作り、アンケート調査を行った。被調査者がこの三語の使い分けについて示した主な意識を整理した表を、参考までに右に掲げておく。引用は、国立国語研究所報告28「類義語の研究」（秀英出版、昭和40）による。（17―33）

問「気が置けない人」とはどういう意味か

答「気が置けない」という慣用句は、気が許せる、遠慮の必要がないという意味で昔から使われてきた。ところが、最近それとは反対の意味で使う人が増えているという。現在、この慣用句の意味はどう解釈すべきかという問題である。

「気が（の）置けない」という慣用句は、近世後期に江戸で成立したと見られている。この「気の置けない」の前に、まず、「1　格別の注意を払う、気づかいをする」「2　遠慮をする」「3　心が許せない」、という意味の「気を置く」という言い方があった。それから、「気を置く」→「気が置かれる」→「気が置ける」と変化し、平行して「気を置かない」「気が置かれない」「気が置けない」という言い方も使われた。この「れる」は自然にそうなるという「自発」の意味である。江戸時代には、「気置き（が）ない」という言い方もあったらしい。

第二次大戦前の文学作品の用例では、いずれも「気が置ける＝気ガ許セナイ」「気が置けない＝気ガ許セル」という意味で使われており、乱れはない。

・「でも皆さんがこゝろよくして下さいますから、一寸も気が置けませんで、延《の》んびりして用事でもして居りますのでございますよ。」（鈴木三重吉「桑の実」）
・岡などは本能的にその人達を忌み嫌ってゐた。葉子も何かしら気の置ける連中だと思った。（有島武郎「或る女」）
・「あの人はよく辛抱して呉《く》れるけれど、他人は他人だから、やはり気が置けていけない」（正宗白鳥「生まざりしならば」）

この状態に変化が起こったのは、第二次大戦後のことと見られる。見坊豪紀編『現代日本語用例大全集』（筑摩書房、昭和62）には、見坊氏の体験として、「気が置けない」「気が置ける」の意味の変化に気付いたのが昭和四十四年であることが記されている。そして次の例をはじめとする誤用例が掲げられている。

・地震国ニッポンだけに、気のおけない毎日だという（週刊読売、昭和50・9・6）

また、同書にも引用されているが、次のような経験談（『日本語教育』、昭和50・12）がある。

筆者が東京都立高校の先生より、「最近の高校生の中には、キノオケル人という言い方を、自分の気持をさらけ出しても大丈夫な安心できる人　の意に用いている者がある」ことを報告されたのは、昭和30年ごろのことである。（飯豊毅一「動く日本語」）

これらのことから、「気が置ける」「気が置けない」の使い方に変化が起こったのは、昭和三十年代から昭和四十年代であることが推測される。また、その変化が若年層に始まったこともうかがわれる。

若年層における変化については、NHK放送文化研究所が昭和五十六年に行った調査が参考になる。『NHK文研月報』（31巻5号、昭和56・5）によれば、同研究所が東京都内の中学二年生（三九四人）に対し、「『気のおけない人』はどんな人か」という設問で、選択肢法で答えを求めたところ、次の結果が得られたという。（数字は、パーセント。）

(1) ゆだんできない人　四八・二
(2) 気楽につきあえる人　四・一
(3) つきあいにくい人　一八・八
(4) いつもせかせかしている人　一九・〇
(5) わからない　九・六

正解として期待されたのは、もちろん(2)の「気楽につきあえる人」であるが、最も反応数が少ない。また、従来の「気が置ける人」の意味であった(1)「ゆだんできない人」に半数近くが反応している。対象がまだ言語形成期が完全に終わっていない中学生だということを割り引いても、この報告は問題の慣用句の意味に変化が起こったことを示すものとして注目される。

国語辞典で、誤用であることを注記しつつも、この変化を最も早く取り上げたのは、『学研国語大辞典』（初版、昭和53）である。『三省堂国語辞典』（第三版、昭和57）がそれに次ぐ。現在では、かなりの辞典がこのことに触れている。

このような変化が起こった原因の一つは、「気が置けない」という言い方が否定のニュアンスを伴うことにあると見られる。「気が許せない」との混同もあるだろう。また、「……置ける」という言い方も、「信用が置ける」「信頼が置ける」などプラスの評価を伴うことが多く、その面からの干渉もあったと推定される。あるいは、「その件はおいて」「しばらくおく」などの慣用句に見られる、除く、差し置くという意味に、「気が置けない」の「置く」を誤解したとも考えられる。　（17―34）

問　**「きずなが深まる」という言い方はおかしくないか**

答　二つのものの関係が強まることを、慣用的に「きずなが強まる」などと言うことがある。これを「きずなが深まる」というのは誤りではないかという問題である。

平安時代の辞書『和《わ》名《みょう》類《るい》聚《じゅ》抄《しょう》』では、「紲」「攣」などの漢字に「キツナ」（岐都奈）という読み方を与えている。中世以降「きずな」と読むことの多い「絆」は、「ホタシ」（保太之）と読まれている。また、同じく、『類《るい》聚《じゅ》名《みょう》義《ぎ》抄《しょう》』では、「縲紲」という熟字を「キツナ」と読んでいる。これらから、国語辞典では「きずな」の元の意味を「馬・犬・たか（鷹）などをつなぐ綱」と解釈している。語源については、「くびつな（首綱）」「ひきつな（引綱）」などの諸説があるが、定説はない。「現代仮名遣い」（昭和61、内閣告示）で「きずな」と書くのは、二語の連合の意識が薄れていると見るためであるが、「きづな」と書くことも許容されているように、「つな」の意識が全く薄れているわけではない。

近世以前の作品には、次のような例がある。（以下の引用では、表記は、一部改めてある。）

・妻子といふものが、無始曠劫《こうごう》よりこのかた生死に流転するきづなるゆゑに、（平家物語）
・さすが勇気の光秀も、親の慈悲心子故の闇《やみ》、輪廻《りんね》のきづなに締め付けられ、（浄瑠璃「絵本太功記」）

これらの例からも分かるように、「きずな」は中世には原義を離れて、人と人とを結び付けるものの意味に使われていた。そのことは、近世初期の『日葡辞書』の記述からもうかがわれる。

・係累、または、拘束。ただし、精神的な事柄にしか用いられない。（『邦訳日葡辞書』による。）

近代の文学作品でも、「きずな」は専ら人間関係の意味に用いられる。

・とにかく僕と千代子の間には両方とも物心の付かない当時から既にかういふ絆があつた。けれどもその絆は僕ら二人を結び付ける上において頗《すこぶ》る怪しい絆であつた。（夏目漱石「彼岸過迄」）
・どんなに救ひがたいものとなつてはゐても、伸子は、夫との絆にまだ愛があつた。（宮本百合子「伸子」）

現在、「きずな」という言葉が、どのような動詞や形容詞とともに用いられるかを整理した結果を、次に示す。資料は、323ページに引用した朝日新聞の八十四日分のデータによる。

—が強まる	1	—を強める	5
—がしっかりしている	1	—を強くする	1
—が切れる	2	—を固める	1
—が薄れる	1	—を固くする	1
—がゆるむ	1	—を強固にする	1
—が強い	2	—を確固たるものにする	1
—が太い	2	—を太くする	1
—が乏しい	1	—を深める	1
強い—	1	—を守る	1
深い—	1	—を切る	2
		—をゆるめる	1

この中には、「きずなを深める」「深いきずな」という言い方がある。その二例とその他の資料から採集した「きずなを深める」という一例とを、次に示す。

・戦争と平和、核兵器と軍縮問題などを自由に話してもらい市民の間のきずなを深めていく。（朝日新聞、昭和57・3・10、朝刊）
・実の父と娘のように深いきずなで結ばれていたというエピソードもある。（朝日新聞、昭和57・4・10、夕刊）
・すべての友好国、とくにラテン・アメリカとのキズナを深めたい。（産経新聞、平成2・6・11、夕刊）

これに対して、使用数の上から見れば、「強い」「太い」「固い」「切る」など「綱」に縁のある言い回しの方が圧倒的に多い。

・古いしきたりと義理人情のきずなの強い農村の改革は容易ではないが、（朝日新聞、昭和57・1・6、朝刊）
・これまでのところ、日伊関係のきずなは決して太かったとは言えない。（朝日新聞、昭和57・3・13、夕刊）
・大西洋同盟のきずなを固めたことを改めて強調した。（朝日新聞、昭和57・6・12、朝刊）
・両国の親善、友好のきずなを切りたくないしね（朝日新聞、昭和57・7・11、朝刊）

「きずなが深まる」のような言い方が、実際に使われていることは確かである。それは、「きずな」の語源意識が薄れたことを意味している。「きずなが薄れる」「きずなが乏しい」などの言い方が使われているのも、同じ理由によるものだろう。恐らく、「きずなが深まる」は、「関係が深まる」のような言い方からの類推で生まれたものと見られる。しかし、右に見たように、「きずなが強い」などの語源に近い表現も、依然として優勢である。現段階では、「きずなが深まる」は、まだ熟した言い方ではないと見るのが妥当であろう。　（17―35）

問「過半数を超える」という言い方はおかしくないか

答「過半数」とは、半分を超えた数のことである。そうだとすれば、「過半数を超える」は意味の重複した、誤った言い方ではないのかという問題である。

「こえる（超える・越える）」は、「峠をこえる」「壮年期をこえる」「立場の違いをこえる」など、基準とした物事に達し、その先に進み出る意味で広く用いられる。ここでは、「過半数」のように、基準となる点が数量的に表されるものについて検討する。

まず、文学作品の用例には、次のようなものがある。

・夜明から体温は次第に昇って摂氏四十度を越え、夕方になつても一向下りさうもない容態に（永井荷風「つゆのあとさき」）

・「雪は?」「さあ、普通七八尺ですけれど、多い時は一丈を二三尺超えてますでせうね」（川端康成「雪国」）

・一学級の児童六十人を越えれば、たとい国家財政がどうであろうとも、教師は反抗せざるを得ないのだ。（石川達三「人間の壁」）

「こす（超す・越す）」も、ほぼ「こえる」と同じ意味で使われる。

・金は思つたより少く、二十両を僅《わずか》に越して居るばかりであつた。（菊池寛「恩讐の彼方に」）

・二十歳を越したばかりの粗野ではあるが勇気のある真面目《まじめ》な青年である。（中島敦「李陵」）

・体重の少ない者にあっても、三十代を越して四十歳以上になるとすべて平均よりも死亡率が少なくなるのである。（河上肇「貧乏物語」）

これらの例に見られる、「こえる／こす」の対象となる基準点は、いずれも明確な数値である。最後の例の「三十代を越す」だけが幅を持った表現であるが、これとても三十歳から三十九歳までという範囲が明確である。それに対して、「過半数」は半分より多い数というだけで、上限がない。このような表現は、「こえる」の対象にはなりにくそうである。

それを確かめるためには、「過半数」だけでなく、「半数」についても調べる必要がある。そこで、この二語がどのような動詞や形容詞と結び付くかを、新聞記事から拾った用例について、比較してみる。資料としたのは、323ページに引用した昭和五十七年に発刊された朝日新聞の八十四日分のデータである。以下に、用法を対比して示す。

	過半数	半数
—に当たる	–	3
—に至る	1	–
—に達する	4	2
—に迫る	1	2
—に近い	–	1
—に満たない	–	1
—となる	1	–
—を上回る	1	1
—をこえる	1	13
—をこす	3	4

―を占める	12	4
―を取る	4	―
―を得る	4	―
―を獲得する	1	―
―を取得する	2	―
―を制する	2	―
―を失う	2	―
―を割る	2	1

この結果から注目されるのは、まず当面の関心事である「―をこえる」という言い方では、圧倒的に「半数」が使われていることである。次のような例である。

・幼稚園に通う子どもは、五歳児で約六五％、四歳児で約五〇％と半数を超え、三歳児でも約一〇％強に達している。(4・12、朝刊)

・夫の年賀状を代筆する主婦は、五五・一％で半数を超えた。(12・10、朝刊)

これに対して、「過半数をこえる」は、次の一例だけであった。

・キリスト教社会同盟が得票率五八・三％(前回五九・一％)で過半数を大きく越える安定ぶりを示した。(10・11、朝刊)

つまり、「―をこえる」という言い方では、基準となる点について、明確な数値が示されることが必要である。したがって、「過半数」のような範囲を限定していない表現は、「こえる」の対象としてはふさわしくないことを、このデータは示唆している。

一方、「過半数」を含む表現には、「占める」「取る」などの言い方が目立つ。このような動詞と「半数」が結び付きにくいのは、「半数をこえる数」つまり「過半数」の獲得が問題となるためである。

・一九一〇年の革命当時、～は人口の過半数を占め、このため二つの意見が対立した。(7・11、朝刊)

・社民、キ同盟がともに過半数を取れず、自民は議席を失った。(10・6、朝刊。「キ同盟」は旧西ドイツの政党「キリスト教社会同盟」のこと。)

ところで、「―をこす」では、「半数」と「過半数」のどちらもが同程度に使われている。

・半数を超す〇〇氏の大量得票、(11・24、朝刊)

・両党を合わせると議席は八十六と過半数を超す。(12・13、夕刊)

この理由は、次のように考えられる。例えば、「箱根山をこえる」は、「こえる」という動作の基準となる場所に主眼を置いた表現である。それに対して、「箱根山をこす」は通過したあとの移動の範囲にまで関心が及んでいる。同様に、定数が百の議席を争う選挙では、過半数は五十一である。獲得議席数がそれ以上になり、更に増加が見込まれる場合は、「過半数をこす」という言い方も可能と言える。また、そのような場合には、五十一という数値を意識して、「過半数をこえる」と言いたくなることも考えられる。

しかしながら、先に挙げた例からも、「過半数をこえる」は、まだ熟した表現とは言えないだろう。

＊「こえる」の表記については、9ページの〈「越える」と「超える」の使い分け〉に述べてある。

(17―37)

問 「考」と「孝」の部首はなぜ違うのか

答 普通の漢和辞典を見ると、「考」は「老(耂)の部の二画」に収められている。これに対して、「孝」の方は「子の部の四画」に収められている。両者の字体が共に「耂」を含むにもかかわらず、何ゆえそれぞれの属する部が異なるのか、という問題である。

日本で作られる普通の漢和辞典では、収録する漢字が二百十四の部に分かれている。また、それぞれの漢字の所属については、中国の『康熙字典』の部別が基本となっている。その部別は漢字の字形の成り立ちを参考にして分けたもので、次のようになる。例えば「言の部」であるが、「言・計・訓・許・詐・詩」などが、「言」を除く部分の画数に従って、少ないものから多いものへと並べられている。その画数の最も少ないのが、「言」以外に何も含まない「言」そのものである。そのような「言」は、「言の部」の最初に来ることになり、その部の首席の字として、その部に属するものを率いる字ということになる。その意味でこれを「部首の字」と名付け、略して「部首」と呼んでいる。例えば「計」であるが、これは、他の「訓・許」などと共通の「言」という部分を持つために「言の部」に属し、その「二画」となるのである。

ただし、このような部首の形については、部首として単独に用いる場合と、他の字の一部となる場合とでその形を異にするものが見られることは、次に示すとおりである。

○人――休・伴　○水――汗・泳
○玉――球・理　○肉――肌・胸
○艸――花・芳　○辵――返・道

これらと同じように、「老」の場合も、部首としては「老」であるが、「丂」を加えた「考」では「耂」となっている。すなわち、「考」は「老の部の二画」となるのである。ところが、「孝」の方は、同様に「耂」の形を持つにもかかわらず、「老の部の三画」ではなく、「子の部の四画」となっている。その理由は何か、ということである。

このことは、『康熙字典』が編修された際の部別の基本的な考え方によるのである。それは、その前に編修された明代の字書『字彙』を踏襲するとともに、更にさかのぼれば、漢字の成り立ちをまとめた後漢・許慎の『説文解字』の考え方を引くものである。それは、漢字の成り立ちとして、「考」が形声文字であるのに対して、「孝」が会意文字だということに由来するわけである。

まず、「考」の方であるが、これは「耂」を類別の意味を表す部分とし、「丂」(元来は「丂」)を発音を表す部分として組み合わせたものであり、こういうのが形声文字である。すなわち、「耂」の部分が「としより」という意味を表し、「丂」の部分が「コウ(字音仮名遣い・カウ)」という発音を表している。この「カウ」という音は、古い中国語では何か曲がりくねって上がったものを表したらしく、もとの「丂」の形も、突き抜けずに曲がりくねっている様である。それで「考」の字も、「背の曲がりくねった年寄り」の意味を持ち、「長寿の人」または「亡くなった父」というのが本来の意味で、「先考(死んだ父)」などの用い方がある。その「考」を「かんがえる」意味に用いるのは、古い中国語の「かんがえる」意味を表す発音「カウ」を表すのに、たまたま同音の「考」を借りたのだとされている。「考」と同様に「巧・号・朽」なども「丂」が発音を表すのであるが、『康熙字典』では、発音を表す部分の「丂」ではまとめず、それぞれの類別の意味を表す部に収めている。すなわち、「考」を「老の部」に収めるのと同じように、「巧」は「工の部」、「号」は「口の部」、「朽」は「木の部」である。

これに対して、「孝」の方は、「こども」が「としより」を背負った形を、「子」と「耂」で表した字である。こういうふうに二つの意味を組み合わせたのが会意文字であり、「孝」は、「子」と「耂」とによって、「よく親に仕える」意味を表している。こういう場合は、いずれの部分も直接には発音を表してはいない。また、いずれの部分もその意味に関係しているが、その中で重点となる意味を表す方を部のしるしとする。「字」や「季」が「宀の部」「禾の部」でなく「子の部」に入るのも、それらが、「子」に関することを重点とする文字だからである。

念のために説明を加えると、「字」というのは「家の中でこどもを殖やす」のが本来の意味であり、「宀（家）」と「子（こども）」とが組み合わされている。「文字」というときの「字」は、元になる単純な形式の「文」からいろいろ造られてきたのであり、それが家の中で子を殖やすのと同じに考えられたのである。それは要するに「子」に重点のある文字であって、「室・宮・宿」のように「家」の方に重点のある文字が「宀の部」に属するのとは、その扱いが異なるのである。

また、「季」というのは「禾（穂の先）」と「子（こども）」とで、「こどもが小さい」ことを表している。それは、生まれた子の順序を「伯・仲・叔・季」で表すように、「末の子」という意味である。その点で「季」は、「稲・穂・種」のように「禾」に重点のある文字ではなくて、「子」に重点のある文字として、「子の部」に属している。同じように「孝」も、「耂」に重点のある文字ではなく、「子」に重点のある文字として、「子の部」に属するのである。

ところで、以上が「考」を「老の部」に収め、「孝」を「子の部」に収めた理由であるが、問題がないわけではない。それは、このような文字の成り立ちを知らなければ漢和辞典が引けない、ということである。そこで、『康熙字典』では、これを補うために「検字」という画数表を添えている。これによれば、「考」は六画のところで「老の部」にあること、「孝」は七画のところで「子の部」にあることが示されている。なお、近代の漢和辞典では、「総画索引」や「音訓索引」などを添えて、画数や音訓からそれぞれの字の所在ページや所属の部が分かるようになっている。

しかし、一方では、『康熙字典』の部別そのものに対する反省も生まれている。それは、引く人の立場から引きやすくするために、すべての漢字を、成り立ちを離れて、字の形（見た形）だけに基づいて整え直すことであり、そのような辞典が、中国でも日本でも作られている。それによれば、「考」も「孝」も「耂」の部に属し、それぞれの二画と三画である。関連して言えば、「字」は「宀の三画」、「季」は「禾の三画」である。こういうまとめ方の方が、成り立ちにかかわらず形から引こうとする一般の人に親切な編修だ、とも言えるわけである。

（付記）関連した問いとしては、本書に、次の二つがある。

549ページ「和」は、なぜ「口」の部なのか。
550ページ「声」は、何の部に属するか
（18—24）

問「募金を募る」という言い方はおかしくないか

答「募金を募る」という言い方は、表現として適切であるかどうかという問題である。

「募金」は、「寄付金などをつのること」という意味であるから、「募金を募る」というのは、意味が重複している、いわゆる重ね言葉（重言）である。したがって、

馬から落馬する　毎日曜日ごとに　まだ未提出の方　最も最適である　古来から　今の現状

（注＝傍点の和語と傍線の漢語との意味が重なっている。）

などと同様に、不適切な表現と言ってよい。

新聞で実際に使用された例を見てみよう。資料としたのは、昭和五十七年に発刊された朝日新聞の八十四日分のデータである。ほぼ

等間隔で各月当たり一週間分ずつ抜き出したもので、総延べ語数は推定で一千万を超える。この資料から、「募金」がどういう動詞とともに用いられているかを調べると、次のような結果になる。

　募金をする（4例）　募金を呼び掛ける（2例）
　募金を行う（1例）　募金を集める（1例）

もちろん、「募金を募る」という使用例は見られない。このほかにも、

　募金を計画する　募金をお願いする

のような言い方も可能である。また、「募る」という動詞を使うとすれば、

　寄付金を募る　義援金を募る

のような言い方なら問題はないだろう。

ところで、重言には、表現上いくつかの段階があるようである。

　被害を被る　犯罪を犯す

などは、書き言葉では、同じ漢字が重出するために、やはり抵抗を感じる人が多いと思われるが、話し言葉になると、余り変に聞こえないという事情もある。これは、「被害」や「犯罪」が単なる「害」や「罪」と同じように受け取れるからである。

また、

　いちばん最初に

という重言も、一般にはよく使われている。「いちばん」が「最初」を強めた言い方として意識されているのかもしれない。

さらに、

　歌を歌う　舞を舞う　踊りを踊る

などになると、重言とは意識されずに一般に広く使われている。これらの表現に代わるものがないこともその一因であろう。

以上のように、一口に重言と言っても、表現上いくつかの段階が考えられるが、問題の「募金を募る」という表現は、やはり不適切と言うべきであろう。

なお、重言（重ね言葉）については、本問とは別に次の箇所で取り上げている。

・「㈣無意味な重ね言葉」（四―第二「用語の選び方」所収、683ページ）

ここでは、多くの使用例を挙げて詳しく解説してあるので、参照せられたい。（18―26）

問 **「汚名挽回」という言い方はおかしいか**

答 不名誉なうわさが広まったとき、それが事実でないことを明らかにすることを「汚名をすすぐ」とか「汚名を返上する」とか言う。それを「汚名を挽《ばん》回する」というのは、適当かどうかという問題である。

現在刊行されている十七種類の国語辞典で、「汚名」の項に掲げられている用例にどのようなものがあるかを見ると、次のようになっている。なお、この中には、用例を掲げないもの、複数の用例を掲げるものがある。

○汚名をすすぐ……………七種
○汚名をそそぐ……………七種
○汚名を返上する…………二種

このほかに、作例ではなく、引用した例には、次の「汚名をきよめる」がある。

・国の為《ため》に忠義を竭《つく》して、爹々《ててこ》の汚名を雪《きよ》め給へ（読本「椿説弓張月」続編・巻六・第四十二回）
・—wo kiyomeru（汚名を清める）（ヘボン『和英語林集成』第三版）

これらから見ると、「汚名をすすぐ（そそぐ・きよめる）」などの言い方は、身に付いたけがれ（よごれ）を洗い流すという意味から生まれた慣用的な表現である。なお、この場合の「そそぐ」は「すすぐ」が変化したもので、「雨がそそぐ」の「そそぐ」とは別の語である。「汚名を返上する」は、それらとはやや意味が異なるが、自分の体からそれを取り除くという点では、「汚名をそそぐ」などの系列にあると考えられる。右の十七種の辞典のうち、「返上」の項で、「汚名を返上する」あるいは「汚名返上」を例として掲げているものは、八種ある。

最近の新聞で、八十四日分の記事に使われた約千四百万語のうち、「汚名」は十四語あった。この場合のような「汚名を○○する」という言い方がどのように使われているかを調べてみると、次のようになっている。

〔汚名を返上する……二例〕

・そんな汚名を返上するような価値ある本塁打。（朝日、昭和57・4・10、朝刊）

〔汚名返上……四例〕

・〝万年二位〟の汚名返上を目指していた××が（朝日、昭和57・1・6、朝刊）

〔汚名をはらす……三例〕

・政治倫理の確立からも、汚名をはらすためにも、××と対決する必要がある。（朝日、昭和57・12・13、朝刊）

これから見ると、現代の言い方としては「汚名を返上する」が普通の言い方であることが分かる。「汚名をはらす」が三例あることが注目されるが、これについては『言葉に関する問答集4』の〔問30〕（本書には収録せず。）で取り上げている。そこでは、この言い方は「恨みをはらす」との「混淆《こう》」であり、誤りとしている。ただし、「疑いをはらす」などの言い方もあるせいか、誤りではあるが、よく使われる言い方である。

以上のように、辞典や新聞では、「汚名を挽回する」という言い方は見られない。それだけでなく、この言い方は誤りであるとしているものがある。新聞社や通信社から刊行されている五種のハンドブックの類では、すべてこの言い方を「誤り」「誤りやすい言い方」「間違えやすい言い方」などとして、退けている。また、先の十七種の国語辞典のうち二種が同様の注記をしている。

それらの記載では、「汚名挽回」は「汚名返上」と「名誉挽回」とが混合した言い方だとするものが多い。「挽回」は、失ったものを取り返すことが本義であり、十七種の国語辞典のうち十一種が「名誉（を）挽回（する）」を例として掲げている。このほかの例には、「勢力を～」「失地を～」などがある。それから考えれば、「汚名を挽回する」という言い方は、汚名を取り戻す意味になり、おかしな表現ということになる。なお、新聞では「挽回」の「挽」が「常用漢字表」に掲げられていない字であるため、言い換え語の「回復」を用いて、「名誉（を）回復（する）」とすることが多い。

つまり、「汚名を挽回する」は、「汚名をすすいで、失った名誉を挽回する」を無理に圧縮した言い方である。したがって、誤用と見るべきだろう。（19―25）

問 「ケンケンガクガク」という言い方はおかしいか

答　何かのことについて、少しも遠慮やしりごみをせずに、自分が正しいと思っていることを堂々と主張すること・さま、大いに議論を闘わすこと・さまを漢語で「かんかんがくがく（侃々諤々）」と言い、また多くの人々が無秩序に、銘々勝手に発言してやかましいこと・さまを「けんけんごうごう（喧々囂々）」と言う。この両者に似た表現として「けんけんがくがく（喧々諤々）」というのがあるが、この言い方はおかしくはないかという問題である。

「けんけんがくがく」という語は、「侃々諤々」と「喧々囂々」とが混線したような語であるが、話し言葉としては、ときに聞くことがあり、また、まれには、次のように、新聞紙上で目にすることもないではない。

・犬の血統書で〝ケンケンガクガク〟（日本経済新聞、昭和55・12・9、夕刊見出し）

（注）この見出しは、「犬」に関する報道記事なので、「カンカンガクガク」を、「犬」の字音の「ケン」にひっかけて意識的に混用語の「ケンケンガクガク」を用いたものか。

国語辞典について見ると「侃々諤々」も「喧々囂々」も見出し語として採録されたのは比較的遅かったようであり、手元の国語辞典七十五種について見た結果では、この両者を共に最も早く、採録した辞典は、昭和十八年刊の『明解国語辞典』である。

「喧々諤々」を見出し語として最も早く採録したのは、昭和四十九年刊の『日本国語大辞典』である。それ以来、平成四年までに発行された辞典約二十種中八種に見出し語として採録してあるが、いずれも「喧々囂々」と「侃々諤々」との混同（混交・混用・混線）による語としていて、「けんけんがくがく」の項でこれを誤りとしているものは見当たらない。もっとも、「喧々囂々」の項で、「喧々諤々」は誤りとしている辞典は、八種中三種ある。このほかに「喧々諤々」は見出し語としていないが、「喧々囂々」の項の参考で、〈「侃侃諤諤《かんかんがくがく》」と混同して「けんけんがくがく」と用いるのは誤り。〉としているのが一種ある。

漢和辞典では二十二種中、「侃々諤々」は約半数、「喧々囂々」は過半数の辞典で見出し語として立てているが、「喧々諤々」は、最近発行された一種だけに立項されており、その語釈に、「さまざまな意見が出て、口やかましいさま。」とあり、補注として〈「喧喧囂囂《ケンケンゴウゴウ》」と「侃侃諤諤《カンカンガクガク》」との混交語。〉としてある。

これに対して、報道関係の用語集・手引の類では、近ごろ発行されたものでは、「喧々諤々」を「誤りやすい慣用語句」とか「誤った表現」としているものが多く、混用として是認しているものはやはり少ない。例えば、NHKの『ことばのハンドブック』（平成4・3・25）には、両者の「…混交表現であり、正しい使い方とは言えない。（中略）…それぞれに意味が違うので、使うときには注意する。」とある。

以上のように、国語辞典・漢和辞典・用語集等では、「喧々諤々」を見出し語として採録していないものが多い。採録している辞典では、積極的にこの語を是認しているものはない。辞典としては、全く認められないとしているものばかりとは言えないようにも見受けられるが、公の場では「けんけんがくがく」は、現在の段階では、おかしい言い方として、その使用を避けておいた方がよいであろう。

（注）なお、四—第二「用語の選び方」、689ページ、下段を参照されたい。

（19—26）

問「あじわう」か「あじあう」か

答 物の味を十分にかみ分けたり、物の意味や趣をよく考えたりすることを表す動詞は、「あじわう」「あじあう」のどちらが正しい語形かという問題である。

この語は、以下に示すように、古くから「あぢはふ」と表記されてきているので、「あじわう」の方が本来の形であることは明らかである。

日本書記の巻二十二（推古天皇）の条に、
五《いつつ》に曰《い》はく、饕〈あぢはひのむさぼり〉を絶ち欲〈たからのほしみ〉することを棄てて明に訴訟〈うたへ〉を辨〈さだ〉めよ

とあり、古訓では「饕」を「あぢはひのむさぼり」としている。また、十二世紀初めに成ったとされる『類聚名義抄』（観智院本）には、

・嗜・嚔・噣《アチハフ》・味《アチハヒ、アチハフ》

などの訓が示されている。

・この歌はあるが中《なか》におもしろければ、心とどめてよまず、腹《はら》にあぢはひて。（伊勢物語―四十四）
・然レバ人ハ味《アヂハ》ヒニ依テ命ヲ被奪《バハ》レ、財《タカラ》ニ依テ身ヲ害スル也（今昔物語集、巻四の三十四）
・此珍しき作為に出《いづ》る師の心の出所を味《あぢは》ふべし（三冊子―赤雙紙）
・人〴〵仮初《かりそめ》の戯冊子《たはぶれさうし》も心をとゞめて味《あぢは》ひ給はゞ、大益《たいえき》必《かな》らず小益《せうえき》の中《うち》にあるべし。（浮世風呂、巻之上）
・恋の満足を味はつてゐる人はもつと暖かい声を出すものです。（夏目漱石「こゝろ」）
・食事をしまつて茶を飲みながら、隔ての無い青年同士が、友情の楽しさを緘黙《かんもく》の中《うち》に味はつてゐた。（森鷗外「青年」）
・彼はそれを凝つと一人我慢する苦みを味はひながら夜の明けるのを待つた。（志賀直哉「暗夜行路（前編）」）
・おうどんの湯気に顔をつつ込み、するするとおうどんを啜《すす》つて、私は、今こそ生きてゐる事の侘しさの、極限を味はつてゐるような気がした。（太宰治「斜陽」）

右のように歴史的仮名遣いでは「あぢはふ」と書かれてきた。この「はふ」は名詞または体言的な造語要素に付いて、その状態が進展する、または、その状態を進展させる意を表す接尾語であって、動詞「あぢはふ」「さきはふ」「にぎはふ」などの語を構成する。

「はふ（延）」から出た語と言われている。

右の「あぢはふ」という仮名遣いは、上代の発音の投影であるが、今日の「あじわう」という語形が、その上代の「あぢはふ」から変化してきた筋道は、歴史的に説明ができる。したがって、「あじわう」は、本来の筋道にそった語形であると言うことができる。

これに対して今日、「アジアウ」と発音したり、「味あう」「味合う」と書いたりする人が一部にいることも事実である。例えば、次のような例である。

▼食卓をかこんで、

母親「よく味わってたべるんですよ。」

息子「おかあさん、**アジアウ**じゃないの？」

母親「え？」

辞書をみると、「味わう」でしたが、息子（高校生）は、「友だちもみんな**アジアウ**というよ。」といいました。（東京都北区　泉静江さん）（月刊誌『言語生活』昭和49・8月号・「耳」欄の投書）

・私どもも、生理的な苦痛も味あわずに済み、ほんとうにありがたく思っています。（市町村の広報紙）
・生かされているときに何かを味合うものじゃろう／ああ生きてよかったとか　楽しいとか哀しいとか　充足感があるとか（『週間ポスト』平成4・10・9日号、小池一夫作「弐十《にじつ》手物語」〈連載劇画の吹き出し〉）
・名誉なし　誇りなし　金子《ぜに》なし　家なし　快楽《けらく》を味合《あじお》うたこともなければ　激怒したこともなし（同右）

右のような「アジアウ」は、意味の上ではもとの「あぢはふ」から出たものに違いないが、直接には古い歴史的経過があるとは認められず、「あじはふ」が「アジワウ」という音になってからの変化であり、それも、その書かれた実例はごく近年になって見られるようになったものである。

「アジワウ」の「ワ」が、「アジアウ」のように「ア」となるのは、類例のないことではない。

ニギワウ→ニギアウ　カワイイ→カアイイ　カワイソウ→カアイソウ　タワイナイ→タアイナイ　ヤネガワラ→ヤネガアラ

などがその例である。特に「アジワウ」「ニギワウ」「イワウ」等の「ワウ」は、「アウ（会）」「ユキアウ」「ミセアウ」等の「アウ」とともに、文語の読み、また地方に残るウ音便形などの「アジオー（テ）」「ニギオー（テ）」「イオー（テ）」「オー（テ）」「ユキオー（テ）」「ミセオー（テ）」からの誤った類推で、「アジアウ」「ニギアウ」に変化しやすいのかもしれない。それには「味＋合う」という語源俗解が伴っている可能性もある。

しかし、「アジアウ」と発音したり「味あう」「味合う」と書いたりする人は今日でも一部に限られており、それほど一般に広がっているとは考えられないので、「味わう」の方を採るべきである。

〔付記〕右の「ワウ」が「アウ」に変化するのとは反対に、「アイ」の頭に子音が加わって「ワイ」「ヤイ」に変化する場合もある。

バアイ（場合）→バワイ・バヤイ　ブアイ（歩合）→ブワイ
シアイ（試合）→シヤイ　ミアイ（見合）→ミヤイ

これらは、話し言葉ではしばしば聞かれる変化であるが、標準的なものと言えないことはもちろんである。　（20―29）

問「午前」・「午後」というときの「午」はどういう意味か

答「午」は「ひる」、二十四時間制での十二時、またはその前後のことで、正十二時を正午と言う。「午前・午後」は、一日のうちでの正午以前と正午以後とを指すわけである。「午餐《ごさん》」「午睡」というのは必ずしも正午ではないが、ひるである。明治の初めから昭和にかけての約六十年、東京では「午砲《ごほう》（ドン）」と言って、近衛《このえ》の砲兵が宮城の一角で空砲を撃って、東京市民に正午を知らせたものであった。

「午」の字は、字源では、糸をより合わせたものの象形とか、穀物をつくきねの象形とか言うが定かでない。

その「午」が「ひる」の意を表すようになったことについては、十二支から説明する必要がある。十二支というのは、十干（甲、乙、丙、丁、戊、己、庚、辛、壬、癸）と同様に、年月や物の順序付けに用いられる「子、丑、寅、卯、辰、巳、午、未、申、酉、戌、亥」という十二の名称の一組である。十干と十二支とは、中国で殷《いん》の時代（紀元前一〇〇〇年以上をさかのぼる）に成立しており、十干と十二支とを「甲子、癸亥、戊午、壬午」などのように組み合わせて日次を示したことも、殷時代の甲骨の遺文から知られる。

さて十二支は、日次や年次のほか、方角や時刻を示すのにも用いられるが、時刻すなわち一日の時間的区分を十二として、これに十二支を配したのは、前漢の太初暦制定（前一〇四年）のころからと言われる。どうして午前零時を「子」とし、十二時を「午」としたかと言うに、恐らくはその当時すでに一般化していた方角の十二分法、それに当てられた十二支を基にして、太陽が午の方角すなわち真南に来る、南中の時刻を、そのまま「午」と呼ぶことにして、それから順に十二支を一日の十二区分に当てはめたものではないかと思われる。

なお、日本でも十干十二支を古くから取り入れ、甲子を「きのえね」、丙午を「ひのえうま」というように読み、また、「ねどし」「うまどし」「はつね」「はつうま」「ねのこく」「ねのとき」「うまのこく」「うまのとき」のような語を用いたりする。このように十二支の「子・丑・寅・卯」等にそれぞれ「ね（ねずみ）・うし・とら・う（うさぎ）」等の動物名を当てたのは、中国の後漢のころに行われるようになっていた、十二支に対する動物名の当てはめをそのまま翻訳したものである。

参考までにその動物との結び付け方を対照させてみると、次のようになる。（中国の例は、後漢の王充（一世紀後半の人）の著『論衡』（物勢）に挙げられているものを示す。ただし、『論衡』では辰に対する動物名が欠けている。）

十二支	子	丑	寅	卯	辰	巳	午	未	申	酉	戌	亥
『論衡』の当て方	鼠	牛	虎	兎		蛇	馬	羊	猴	雞	犬	豕
日本での呼び方	ね	うし	とら	う	たつ	み	うま	ひつじ	さる	とり	いぬ	ゐ

なお、日本で「午前」「午後」の呼び方を用いることに決めたのは、太陰暦（旧暦）を廃し、太陽暦（新暦）を採用した、「太政官布告第三百三十七号、明治五年十一月九日（旧暦）」からだと言われている。

次に該当の条項を掲げておく。

・時刻ノ儀是迄昼夜長短ニ随ヒ十二時ニ相分チ候処今後改テ時辰儀時刻昼夜平分二十四時ニ定メ子刻ヨリ午刻迄ニ十二時ニ分チ午前幾時ト称シ午刻ヨリ子刻迄ヲ十二時ニ分チ午後幾時ト称候事

（20—30）

問「下取る」という言い方はおかしくないか

答　物品の購入に際し、購入者の持っている同種の古い物品を、適当な価格で販売店が引き取ることを「下取り」と言うが、これを動詞の形で「下取る」と使っても、おかしくはないかという問題である。

次に掲げた写真(1)、(2)、(3)は、いずれも写真機店の広告（三つとも昭和59・12・22、新聞の折り込み広告）の必要部分だけの複写である。三店のうち、二店は「下取り」という名詞形を用い、「する」の変化形を接続させて動作を表しているが、一店は、「下取る」という動詞形を用いている。

写真(1)　A店

どんなカメラでも
下取りします
カラーフィルム大特価！

写真(2)　B店

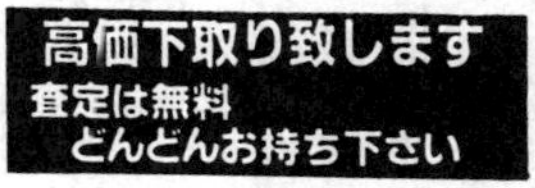
高価下取り致します
査定は無料
どんどんお持ち下さい

写真(3)　C店

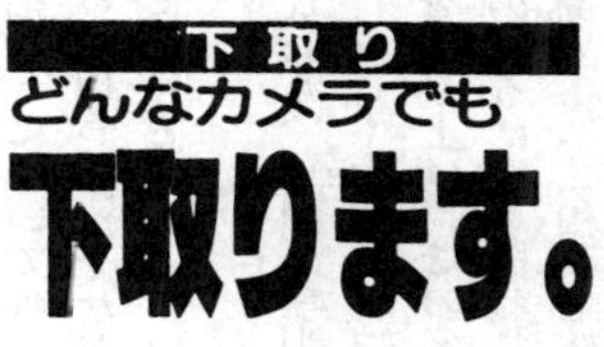
下取り
どんなカメラでも
下取ります。

また、次に掲げる写真(4)は、現在のＪＲ、当時の日本国有鉄道、東海道新幹線、京都駅の上りプラットホームの弁当販売店の陳列窓で偶然に見掛けたものであるが、売るべき品物が全部売れて、在庫がなくなってしまったことを「売り切れ（ここでは「売切」）」という語と、「品切れ」という語で表している。あるいは、「売り切れ」と「品切れ」とで意味が異なるのかもしれない。しかし、いずれにしても客としては、その品（弁当）がなくて買えないことが分かるわけであるが、「品切れて居《お》ります」という言い方がどうも落ち着かず、違和感を覚えるようである。この場合、この表示が、「只今《ただいま》売り切れて居ります」とか、「只今品切れ」とかとしてあったならば、特に違和感を感じることはなかったであろうと思われる。

写真(4)

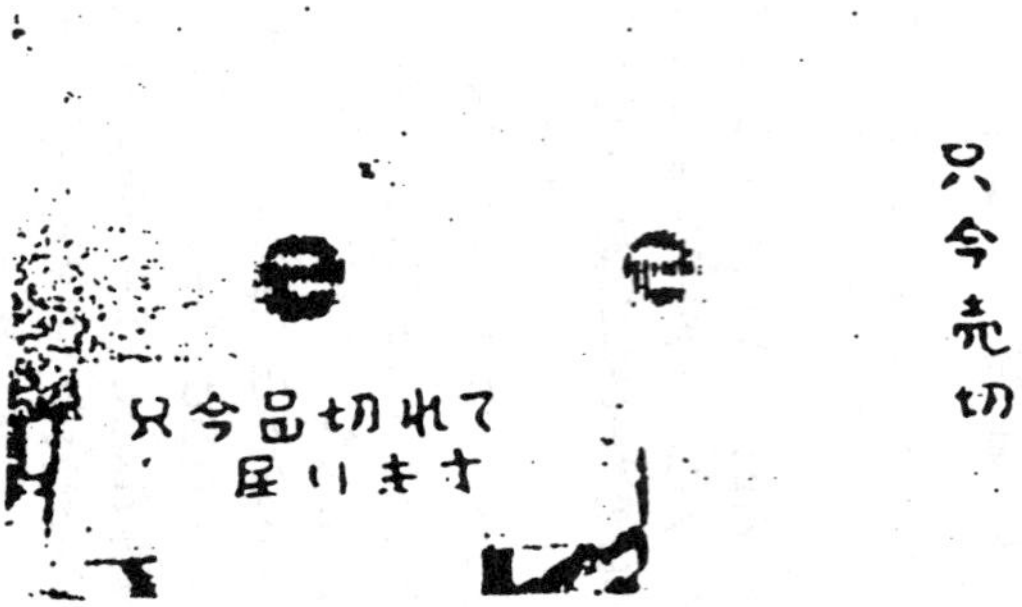

昭和51．10．4（新幹線京都駅上りプラットホーム売店の陳列棚）

手元の各種国語辞典について見ても、「売り切れ」、「売り切れる」は、「売り切れる」の項で名詞形「売り切れ」を掲げているものをも含めて、ほとんどすべての辞典で採録されている。

これに対して「品切れ」、及び、類義の「品枯れ」については、「品切れる」、「品枯れる」を採録している辞典は一種もない。（なお言えば、「品枯れ」については、「する」を接続させて「品枯れする」の形を認めている辞典が一種あった。）

次に「下取り」と語構成が同じような語、すなわち、語頭に字訓による漢字一字で書き表す語の後に、連濁を生じた「～取《ど》り」が結び付いた語のうち、「縁取り・横取り」の二語を採り上げ、この名詞形と、それぞれの動詞形とが、各種辞典でどのように取り扱われているかを調べてみた。対象とした辞典は、『日葡《にっぽ》辞書』、『和英語林集成（初版～第三版）』、『新式いろは引節用辞典』を含めて各種国語辞典計83種である。その結果は、次ページの表1、2のとおりである。

なお、各語の名詞形、動詞形をそれぞれ別項として立項していなくても、どちらかの見出しの下に語釈等を施した後などに、それぞれ対応する形を明示してある場合には、その形も採録してあるものとみなした。例えば、「縁取り」の項で、「動縁取る（他五）」などとしてある場合は、「縁取る」も採録してあるものとして取り扱ってある。

表1について

（解説）「縁取り・縁取る」は、共に辞典に収録されるのが遅かった語である。「縁取り」は、『広辞林』（大正14刊）に初めて採録されたようであるが、その読みは「ふちとり」であった。なお、「縁取り」は、辞典によって、その読みを「ふちとり」とするものと、「ふちどり」とするものがある。「ふちとり」としているものは7種あるが、これは上に掲げた集計には含めていない。その読みを「ふちどり」として最初に掲げた辞典は、「縁取る」の項の語釈の後に名詞形として示されたものであるが、昭和四十一年に改訂新版を出したいわゆる小型辞典である。「縁取る」を最も早く採録した辞典は、『新版広辞林』（昭和33刊）である。

表　1

◎　縁取り・縁取るについて

「縁取り・縁取る」を共に不採録のもの。	47種
「縁取り・縁取る」を共に採録しているもの。	19種
「縁取り」だけを採録しているもの。	3種
（「縁取り」を採録しているものの計	22種）
「縁取る」だけを採録しているもの。	17種
（「縁取る」を採録しているものの計	36種）

表2について

（解説）「横取り」を採録していないのは『日葡辞書』だけで、『和英語林集成』の初版から、ただ1種の言わば例外というべきものを除いて、ほとんどすべての辞典が採録しているのに対し、「横取る」を採録しているのは、戦前の辞典、及び、その系統を引き継いだ辞典が多く、戦後編集の辞典では、大型の辞典でも不採録のものをかなり見受ける。また、不思議なことに、その用例を掲げているものは、ただ1種を除いて、すべて「源氏物語」〈澪標《みおつくし》〉の〈「院より御気色《けしき》あらむを、ひきたがへ、よこどり給はんを、かたじけなきこと」と思《おぼ》すに、……（の一部）〉（岩波版『日本古典文学大系本』による。）を引用している。しかも、これを古語としているものは極めて少なく、また、「横取り」の語釈に「横どること。」などとしているものが何種かあることである。

表　2

◎　横取り・横取るについて

「横取り・横取る」を共に不採録のもの。	1種
「横取り・横取る」を共に採録しているもの。	29種
「横取り」だけを採録しているもの。	52種
（「横取り」を採録しているものの計	81種）
「横取る」だけを採録しているもの。	1種
（「横取る」を採録しているものの計	30種）

さて、ここで問題としている「下取り・下取る」であるが、この語も、さきの「縁取り」と同様に国語辞典への採録が比較的遅かった語である。前記83種の辞典に当たってみたところ、「下取り」を最も早く採録した辞典は、昭和四十二年一月刊の『三省堂新国語中辞典』である。それ以降、今日に至るまでの辞典は、ほとんど例外なく採録している。83種の辞典での取扱いは、表3のとおりである。

「下取り・下取る」を共に採録している辞典は、昭和三十五年に新しく発行された『三省堂国語辞典』で、その後、昭和四十九・五十七年、平成四年に、それぞれ・第二版・第三版・第四版を出している。最初の版には、「下取り」は採録されていなかったが、第二版以降は、「下取り（名・他サ）」

の語釈の後に「動下取る（他五）」と掲げてある。

表　3

◎　下取り・下取るについて

「下取り・下取る」を共に不採録のもの。……………………………46種

「下取り・下取る」を共に採録しているもの。…………………………3種

「下取り」だけを採録しているもの。……………………………………34種

（「下取り」を採録しているものの計…………………37種）

「下取る」だけを採録しているもの。……………………………………0種

（「下取る」を採録しているものの計…………………3種）

83種の中で、「下取り」を採録している37種のうち、「下取る」をも採録しているのは、この小型辞典の第二版から第四版に至る3種だけである。

この「下取り」、及び、さきに掲げた二語のうちの「横取り」のほかに名詞に「取《ど》り」が接続した語で、収得（する）意を表す語には次のようなものがある。

腕取《ど》り　＊木取り　＊先取り

作取り　＊地取り（囲碁）

杣《そま》取り　反取り　＊手取り

中取り

（注）＊印を付した語は、現在でも一般的に使われていると思われるもの

これらの語は、現代語としては、いずれも、動詞形の「〜取る」は使われていないようである。

すなわち、「〜取り」に対する「〜取る」（又は、この逆の場合）は、さきに多く辞典に当たって調べた結果で分かるように、もともとその形が使われていなかったものもあり、時代の推移に伴って変わってきたものもある。

「横取る」は、前述のとおり、歴史的事実として、実際の用例があり、現行の辞典にもある程度採録されてはいるが、現代語として実際にこの形が使われているとは考えにくい。現在では「横取り（を）する」というのが一般的であると思われる。

「下取り」に対する「下取る」は、「横取る」のように古い時代に使われていた例もないようであり、現行の辞典でも採録しているものは極めて少ないけれども、今や一般社会ではある程度使われていることを否定するわけにはいかないようである。

また、誤用として排除することはできないであろうが、「下取り（を）する」「下取り（を）いたします」の方が無難であると言えよう。

（20—32）

四　よい文章を書くために

第一　文章の整え方

目　次

一　いい文章とは――正しくて分かりやすい文章

現代においては、次のような条件をそなえたものが「いい文章」だと言われている。

(1)　主題や意図が明確である文章
(2)　内容が的確で充実している文章
(3)　叙述が論理的で、厳密である文章
(4)　用語・表記が平明である文章

この四か条のうち、初めの二つは内容に関する事柄、後の二つが言葉に関する事柄である。言葉の問題に限って言うと、正しい言葉で書くこと、分かりやすい言葉で書くことの二つが必要条件になる。

ところが、今日のようないわゆる情報化時代には、文章が大量に生産され、文章を書く層もずっと広がり、平素文章を書き慣れていない人々にも文章を書かなければならない機会が増えてきている。そのためか、我々が日常目に触れる文章の中には、

○一読したぐらいでは、内容がちっとも理解できないような文章
○意味が幾とおりにもとれて、読者の誤解を招くような文章
○表現がかたすぎて、一般読者にはなじめないような文章
○言葉遣いが不正確で論旨が通らないような文章

など、いわゆる「悪文」と呼ばれるものが、決して少なくはない。

悪文を避けて、正確で分かりやすい文章を書くためには、文章表現についての基本的な知識を身に付けておく必要がある。つまり、文章や文をどのように組み立てれば、的確で意味の通る表現になるか、また、どういう用語を選び、どういう表記をすれば、読みやすく分かりやすい文章になるか、という点についての知識である。もちろん、問題点はたくさんあるが、ここでは、主として文章や文の組立て方を中心に、悪文を防ぐ方法を考えてみることにする。

(注)　この稿では「文章」と「文」とを区別して使う。「文」とはセンテンスの意味である。

桜の花が咲いた。
まあ、かわいい赤ちゃんだこと。

このように、「。」で終結する一区切りを指して言い、「文章」は、その「文」の集合体を指して呼ぶことにする。

我々の思想や感情は、右のようにそれぞれ一つの文（センテンス）の形で表す場合もあるが、実際には、このような文を幾つか連ねたうえで、一つのまとまりとして表現することが多い。その具体的な言語表現の一まとまりを「文章」と呼ぶわけである。

二　文章の組立て方

1　主題・意図を明確に

次に引用する文章は、ある県の青少年問題を担当する課が発行している「校外補導」という広報紙に掲載されたもので、「校外補導対策事業」と題する記事の全文である。

〔例1〕　青少年が非行、虞《ぐ》犯不良行為で検挙補導される事例を見ると、近年とみに低年齢化し、その内容は粗暴化及び集団化して増加の傾向をたどっている。

そのためこれが対策としては、三市教育委員会の関係者、県教育事務所社会教育主事の方々により、各学校単位に教師、父兄各位で実施していただいている校外補導パトロールについての情報交換補導研究及び問題点の協議などを目的とした地区研究会を年間三回程度開催願い、その問題点を更に県の校外補導研究会にて十分協議し、これらの結果のうち、施策に反映すべ

き内容については実現するように努力する意向である。
また、学校の教師など教育関係者にも市町村の青少年担当課で計画する愛のパトロール運動に積極的に参加して、児童生徒に対する愛護指導と、校外生活の実態を把《は》握願うほか、この校外補導広報紙も、各学校の立地条件に応じた校外補導活動の苦心談などについて紹介していただき、皆様のお役に立つ資料を年六回程度発行する予定です。広く保護者など一般への広報としては、広報車により学校休業前の適切な時期に校外生活指導を呼びかけ、児童生徒には自覚を促すなどして、この対策の浸透をはかるべき事業を計画している。

この文章には、言葉遣いの誤りは見られない。それでいながら、一読したぐらいでは、筆者の言おうとしていることが、読み手の頭の中にすんなりと入ってこない。つまり、この文章は、内容は正確に伝えているかもしれないが、決して、読みやすく、分かりやすい文章とは言えないと思う。この文章を分かりにくくした原因を、文章の組立ての面から考えてみよう。

まず、三つの大きな欠点が目につく。

その第一は、この記事の書き手の立場が明確でないことである。この記事には署名がないが、当然、この広報紙の発行元である県の担当課で書かれたものと見当はつく。ところが、文章の中に、

この校外補導広報紙も、……の苦心談などについて紹介していただき、

のように、この広報紙自体に対する敬語的表現があったりするので、読者はまごついてしまう。

(注)　おそらく、筆者の真意は、「この校外補導広報紙にも……紹介していただき」と書くつもりだったのであろう。それなら、「学校の教師など教育関係者」に対する敬語表現となるから、前後の意味が通る。このように、「に」という助詞一つを落とすだけで、意味するところが変わってしまうことになるので、注意を要する。

このように、書き手の立場が不明確では、読み手に訴える力も弱くなってしまうので、冒頭の前書きのところで、「県では」とか「県の青少年問題担当課では」というふうに、書き手の立場をはっきり示しておきたい。

第二の欠点は、段落の構成の仕方である。この文章は、形式的に三つの段落から成っている。第一段落は、前書きに当たり、第二、第三の段落が肝心の校外補導対策事業の紹介であるが、内容の上から見ると、第二と第三とを分割する必然性がない。つまり、第二段落には、地区別あるいは県の校外補導研究会の開催という一つの事業について長々と述べているが、第三段落には、愛のパトロール運動、校外補導広報紙の発行、広報車による保護者・児童生徒への呼びかけという三つの事業をこみにして書き流しているので、全体のつり合いがとれないのである。この種の記事は、最初から第二、第三段落を合わせて、四つの事業を箇条書きの形式にし、それぞれに小見出しを付けて記述した方が、はるかに読みやすい文章になるはずである。

更に細かく見ると、前書きと本論との内容的なつながりが密接についていないようである。前書きに、近年における青少年非行の特徴として、低年齢化、粗暴化、集団化という三つの傾向を挙げているが、これらは、以下の本論の内容に直接ひびいていない。それなら、わざわざこの三つの特徴を書き出すまでの必要もないと思う。

第三の欠点は、文体の不統一である。全体から見れば「である」体(常体)を基調として書いているにもかかわらず、途中に一か所「です」体(敬体)が混じっている。こういう常体・敬体の不統一

は、読み手にある種の心理的抵抗を与えるものである。たとえ言おうとする内容は正しく伝わったとしても、読者に心理的抵抗を与えるような文章は、やはり一種の悪文と言ってよい。書き終えたあとで、読み手の立場から読み返してみる用意があれば、こうした文体の不統一は容易に避けられるはずである。

以上のような文章構成上の欠点は、筆を執る前の準備が不足していたことに原因がありそうである。記事全体として筆者の述べようとする要点を読者にはっきりと理解させるためには、筆を執る前にあらかじめ、どれだけの内容のものをどういう構成で書くかという、全体の見通しをしっかりと立てておくことが必要である。

なお、この文章は、文の組立てという面からも、問題がある。まず、総体に文が長すぎて、前の語句と後の語句とが照応しない箇所もあるので、もっと文を分析的に区切る必要がある。これらの問題点を考慮したうえで、次に、この文章の書き直しを試みる。

〔例1の書き直し案〕

青少年の犯罪や非行は、近年ますます増えていく一方であるが、県では、その防止対策の一環として次の事業を計画し、その趣旨の浸透をはかるつもりである。

① 校外補導研究会の開催——三市教育委員会の関係者と県教育事務所の社会教育主事が中心となって、地区別研究会を年間に三回ほど開く。ここでは、各学校単位に教師父兄の手で実施している校外補導パトロールについての情報交換、補導研究、問題点などを協議する。更に、そこで出た問題点を県の校外補導研究会にかけて十分に協議し、施策に反映すべき内容についてはすぐに実現する。

② 愛のパトロール運動——市町村の青少年担当課が計画する。学校の教師など教育関係者にも積極的に参加を求め、児童生徒の校外生活の実態をつかんで、その愛護・指導に当たっていただく。

③ 校外補導広報紙の発行——各学校の立地条件に応じた校外補導活動の苦心談を紹介するなど、関係者に役立つ資料を年六回発行する

④ 一般への広報——学校休業前の適切な時期に広報車を出して、保護者には校外生活指導を呼びかけ、児童生徒には自覚を促す。

原文と読み比べて、かなり読みやすく、また分かりやすい文章になったはずである。

2　段落の構成をしっかりと

文章を書くときには、まず、読み手に何を訴えようとするか、その要点をはっきりさせておくことが大切である。特に、長い文章を書く場合、全体を通じて筆者の言おうとする要点を読者にはっきりと理解してもらうためには、あらかじめ、どれだけの内容のものをどういう順序で書くかという、全体の見通しをしっかりと立てておくことが必要になる。つまり、筆を執る前に、次の四つの準備を必ずしておかなければならない。

① 読み手に訴えたい主題をはっきり決定する。

② その主題の展開に必要な段落（内容上のまとまり）を幾つか設定する。

③ その段落相互の関連と順序とを考える。

④ それぞれの段落内部の敷衍《ふえん》の仕方を考える。

これだけの準備をしないで書き出すと、行き当たりばったりの文章になってしまう。次に掲げる文章がその例である。これは、ある小学校のＰＴＡ広報紙に載ったものである。説明の便を考えて、文

の頭に必要に応じて通し番号を付けた。

〔例2〕　子供の成長

①「おう、さむい。」子供が学校から帰る。本当にこの冬はなんて寒いんだろうと思いながら、子供たちの寒さは何のその、風邪も引かず、毎日元気に登校している様をみて安心したり心配したりで親の気持は忙しいものだ。②この間も次男のために体育の時は寒かろうと思ってトレパンを買ってきて与えたところ、「おかあさん、先生は子供は風の子と言ったよ、短パンでいいんだよ。」と言われたが、次の体育の時は、前の短パンをはかせてやったが、帰って来るまで、風邪を引かないかと心配したが、その日は買ってきた手前無理にはかせてやったが、帰って来るまで、風邪を引かないかと心配したが、何の事はない。今もって元気なので、後で考えて、子供を強くも弱くもするのも親の心構え一つと恥じ入った次第。親切の過剰も子供の成長過程においてマイナスの面が大である事を痛感する。③また親の心子知らずで、長男に「お兄ちゃん、じきに中学なのよ。今までの心がけでは駄目よ。しっかりね。」と言えば「わかってる、わかってます。」なんて簡単に言ってのけるが、どの程度分かっているのやら……あれやこれや思っていると世間で現代っ子といわれるのもすべて割り切った考え、行動をするので、わたしたちからみればハラハラずくめである。④時の流れには勝てないと自問自答し、タイミングよく生活をエンジョイしようと思ってみたり、子供の寝顔を見ながら我が子の成長率倍増を願い、子供たちは親の丈夫で長持ちし、賢いやさしい母であってほしいと願っていることであろう。

かなり多くの文でできた文章であるが、間に一つの改行もないので、実に読みにくい。特に、②の文など、「が」というつなぎの言葉を一文中に四回も使っているので、だらだらとした長文になっている。また、全体の結びになるべき④の文中にも、傍線部のようなひとり合点の表現があったりして、「我が子の成長率倍増」といった不適切な言い回しがあったりして、よく分からない。

結局、この文章の一番の欠点は、全体として筆者の言おうとしている要点がよく分からないことである。これは、段落構成がしっかりとできていないからであろう。少なくとも、②の文で言おうとしたことと、③④で言おうとしたこととは、別の事柄のようであるが、両者をただ「また」という言葉で、事もなげにつないでいる。つなぐことばかり考えずに、適当に区切って改行し、段落としてのまとまりをつけることが必要である。このように、立てるべき段落を立てなかったということは、筆を執る前に、どれだけの内容をどういう順序で書くかという全体の見通しを立てなかったことである。こういう行き当たりばったりの作文を避けるためにも、前ページに述べたような準備をしてから筆を執る心構えが大事である。

3　文章の展開を自然な順序に

文が幾つか連なって一つの段落を構成し、更に幾つかの段落が集まって一編の文章が完成する。この際、文と文、あるいは段落と段落とのつながり方が、ある一定の方向をとって自然に展開していきさえすれば、読者の方でも、何の抵抗もなく、順次その内容を頭の中におさめていくことができる。〃一読しただけでさっと内容が分かる文章〃とは、こういうものを言うのである。ところが、我々が読む文章の中には、そうでないものもたくさんある。Aのことかと思って読んでいると、途中からBのことになる。あるいは終わりまで読まないと、AだかBだか分からない、といった文章をよく見掛ける。これは、文章の展開の仕方が自然な順序になっていないからである。

次の例文は、ある小学校のＰＴＡ広報紙に載った記事の全文である。説明の便を考えて、各文の頭に通し番号（①〜⑧）を付けた。

〔例３〕　ママさん床屋について

①　当保健部におきましては、良き部長さんであった大山良子様が過日急に転居なされましたので、副部長として未熟な私が、いつのまにか原稿を書く破目になり調査不十分ではございますが、お母さん床屋の歴史について簡単に申し述べてみたいと思います。

②　そもそもお母さん床屋の開店は、昭和二十七年ごろで、当時は坊主刈りとオカッパさんの児童だけが対象で始められました。

③　ところが最近はほとんどが調髪刈りで女刈りなどの児童が多くなり、素人の私たちの手に負えなくなりました。

④　したがって、希望する児童もなくなり、閑古鳥の鳴くような状態になりました。

⑤　その間部長さんも何代か変わられ、三十七年ごろより新聞、テレビなどにも活躍ぶりが紹介されまして、お母さん床屋は繁盛してまいりました。

⑥　せっかくの長い歴史を持った床屋さんもこれで閉店かと危ぶまれ、一時は木村先生も心を傷め、手洗い、爪きりなどに重点をおいたらと考えられた御様子でしたが、先生並びに大山様のお骨折りで、たまたま理髪業を営んでおられる小杉様に御無理を願い講習会を持つことができました。

⑦　お店もどうやら立ち直り、現在ではかわいいお客様でにぎわうようになりまして、部員一同うれしい悲鳴をあげるとともに、一日も早くこのようなお客様に喜んでいただけるような腕になりたいものと、全部員が一生懸命努力いたしております。

⑧　脱稿に当たり御父兄の皆様におかれましても、どうぞ今後ともお母さん床屋を暖かい目で見守って下さいますようお願い申しあげます。

この文章は、〔例２〕の文章とは対照的に、個々の文ごとに改行をしている。改行のしすぎは、ある意味では段落なしに等しい。段落には、形式上の段落と内容上（意味上）の段落とがある。形式上の段落とは、改行によって示されるひとかたまりを言う。右の例文の①から⑧までの一群一群がそれである。これに対し、内容上の段落とは、幾つかの形式上の段落を内容（意味）の上から群化したものを言う。例えば、右の例文は、形式上の段落は八つあるが、内容上からは、

一　前置き　①
二　お母さん床屋の歴史　②〜⑦
三　結び　⑧

のように、全体で大きく三つの段落になる。その第二段落の構成を、もう少し内容の上から群化する必要がありそうである。

もう一つ、大きな欠点は、第二段落の内部における文と文とのつながりが、筋の通った順序になっていないことである。そのために、読んでいく途中で「おやっ」と、何度も目が停留してしまう。それは、傍線を付けた⑤の文の位置が、③④の文の後に来るために、おかしな結果になったのである。これを筋の通る順序にするには、②の文の内容を二つに分け、その前半部の後に⑤を移し、その後に、②の後半部から③④を一続きにするという順序にすればよい。つまり、

〔例３の書き直し案〕

お母さん床屋の始まったのは昭和二十七年ごろで、その後部

長さんも何代か替わられました。三十七年ごろから……繁盛してまいりました。当時は、坊主刈りとオカッパの児童だけを対象にしていたのですが、最近は調髪刈りや女刈りなどの児童が多く、素人の私たちの手に負えなくなり、希望する児童もなくなって閑古鳥の鳴くような状態になりました。
　せっかくの長い歴史を持った床屋さんも……

のようにすれば、文脈が中断しないで、自然に展開していくことになるであろう。

なお、ついでながら、①の文の傍線部のような弁解めいた「前置き」は、やめた方がすっきりすると思う。また、②の文の「そもそも」や⑧の文の「脱稿に当たり」などの表現は大げさすぎるので使わない方がいい。更に、④の文の「閑古鳥の鳴く」とか、⑦の文の「うれしい悲鳴をあげる」といった紋切り型の表現に頼りすぎるのも、よくない。

4　常体・敬体の不統一を避ける

対話の文体には、次のように常体と敬体との区別がある。

常体（普通体）
- ダ体
- デアル体（論文体）

敬体（丁寧体）
- デス・マス体
- デゴザイマス体
- デアリマス体（講演体）

このように、常体と敬体との区別は、形の上ではっきりしていて、互いに混用されることはない。つまり、対話の場合には、親しい間柄や目下の相手には常体を、多少改まる必要のある人や目上の相手には敬体を使うのが普通である。話し手が話し相手をどのように見るかによって、どちらかの文体を選ぶわけであるから、同じ話し手が同じ相手に向かって、しかも同じ場面の中で、両方の文体を混用したら、当然、相手によっては面くらうか、あるいは「失礼なやつだ」と思うに違いない。

対話の場合だけでなく、文章についても同じことが言える。常体・敬体を混用した文章は、読み手に一種の心理的抵抗を与えることは間違いない。たとえ、文意は正しく伝わったとしても、読者に心理的抵抗を与えるような文章は、やはり一種の悪文と言って差し支えないであろう。

（注）　常体は、独り言の場合とか特定の相手を予想せずに書く場合とかに使う。常体の中でも「だ」はぞんざいで、「である」は、いくらか四角ばった感じを伴う。
　敬体は、だれか特定の相手を目の前に置いた気持ちで書くときに使う。敬体の中で「です」は相手へのやさしさを感じさせ、「であります」は改まった感じ、「でございます」は最も丁寧な感じを伴う。

次に引用する例文は、「虫害の科学」と題する、ある町の広報紙の記事の一節である。

〔例４〕　秋の虫は秋の風景をつくる、大きな自然の要素である。コオロギやスズムシの声は秋の夜にはなくてはならない要素でもあろう。ときには私たちの情感にうったえ、人それぞれの感慨や芸術的衝動をひきおこす。鳴く虫はだれにでも好感がもたれています。
　今年の立秋（八月八日）は少雨酷暑の中で迎えました。地表生活型の虫にとっては水不足や高温に特別影響を受けますので、実にきびしい夏から秋への移り変わりであったことと思います。このような変わった年には虫が大量に発生したり、暴れたりすることが過去にありました。

今年の九月十一日午後七時半ごろ、宇都宮市の国道一二三号線にかかっている橋の上に「ヒラタカゲロウ」が大発生。視界はとだえ、橋の上には虫が五ミリぐらいの厚さにつもったため、車が踏みつぶした虫の体液でスリップして、十九台玉突き追突事故があった。そのとき清掃して集められた虫は、小型ダンプに約一台分あったと言われ、驚きました。

昭和九年福岡県でコオロギが大発生、被害面積一万五千ヘクタール。昭和十九年大阪府でも百ヘクタールの被害を受ける。特に福岡県の場合は異常で八月中旬以降水不足で割れ目のできた水田のイネの茎や穂を食べたり、モモやナシ・ミカンの苗木も食べる。更に、家の中の衣類や蚊帳にまで入り込み、眠っている人の髪や足までかむといったことがありました。

コオロギの野趣を帯びた鳴き声や姿を見ても、コオロギが大量に出て来て暴れるなど、全くうそのように思われますが、虫害の記録には残されています。（以下、省略）

小学校低学年の児童の作文ならばともかくも、大人の書く文章に、この種の文体の混用が見られるというのは、考えてみれば不思議なことである。書き終えたあとで一度でも読み返す用意があれば、こうした不統一はすぐに発見できるはずだと思われるが、実際に活字になった文章、例えば、市町村の発行する広報紙や一般企業体の社内報などには、こうした例が幾つも見付けられる。

三　長すぎる文を書かない

1　長すぎる文は読みにくい

分かりやすい文章を書くためには、言葉遣いに関して注意しなければならない事柄が多い。その中で最も大切だと思われるのは、「長すぎる文を書かない」ということである。まず、実例について検討してみよう。

次に引用するのは、東京都の某小学校の広報紙に掲載された記事の一節で、書き手は学校長である。

〔例5〕「読む力」をのばすことの研究から、何としても、児童にたくさん本を読ませることが第一だということになり、それには学級文庫がほしい、気軽に読める環境をつくること、読みたいなあというような、本をそろえることなど、いろいろと先生がたと話し合った結果、まず、書架をそろえ、次に本をということになり、現在の物価高から、学期百円の図書費では、学校図書の購入も思うにまかせない状態で、学級文庫など、とてもということで、職員室で「学級文庫の費用を臨時学級費の形で、趣旨ご賛成の方々から集めたら」という意見が出ました。父母からなるべく金を集めないという私の方針から、ちゅうちょもしたのですが、「子どものためを考えてやるんだから、父母の方々も納得してくれるだろう、とにかくやってみましょう」という先生方の要望も入れ、通知を出したところ、予想外のお金が集まり、これに施設部の方の努力で集まった廃品回収のお金を学校図書に加えることとし、一日も早くというので、お茶の水にある「日販」に先生方全員でいって本を選び、現在の学級文庫が生まれたわけです。

ここに引用した部分は、二つの文でできているが、前者は二百五十字、後者は二百字を超す長文で、どこまで読んでいっても「。」が出てこないという、実にだらだらとした歯切れの悪い文になっている。一つの文がある限度を超えて長く続くと、読者にとっては、非常に読みづらい感じがするものである。それは、読み終えた部分の記憶をいつまでも持続させながら、次々に新しい記述に立ち向かわなければならないという、心理的な負担に耐えられなくなるからであろう。殊に、現代の読者には、長い文を嫌い、短い文形式を好む傾向が認められる。右の例文も、次のようにもっと文を短く区切れば、かなり読みやすくなるはずである。（以下の書き直し文では、文の順序や表現なども多少改めた。傍点は、表現を改めた部分、二重かぎは文の切れる所を示す。）

〔例5の書き直し案〕

　その研究の結果、「読む力を伸ばす」には、何といっても、児童にたくさん本を読ませることが第一で、それには、学級文庫を設けて、児童が気軽に読める環境をつくり、読みたいなあと思う本をそろえてやることが必要だという結論になりました。』ところが、全学級に書架や本を整備することは、現在の物価高では、容易なことではありません。』一学期百円の図書費では、学校図書の購入さえ思うにまかせず、とても学級文庫どころではないという状態です。』そこで、先生方の中から「学級文庫の費用を、趣旨に御賛成の父兄から臨時学級費の形で集めたら」という意見が出ました。』わたしは、父母からはなるべく金を集めない方針ですから、一度はためらったのですが、結局「子どものためなんだから、父母の方々も納得してくださるだろう、とにかくやってみましょう」という先生方の強い要望を入れることになりました。』そこで、皆さまにお願いの通知を出したところ、予想外のお金が集まり、これに、施設部の方の努力で集まった廃品回収のお金も加えて、ようやく実現への道が開けました。』この上は一日も早くということで、お茶の水の「日販」に先生方全員で行って本を選び、現在の学級文庫が生まれたわけです。

　このように、文を分析的に区切って、だれがどうしたか、何がどうなったかを、一つずつ明確に表現することが、分かりやすい文章、読みやすい文章を書く上の、第一のポイントだと言える。

　もう一つ、ある単行本からとった例を挙げてみよう。

〔例6〕　宮崎県の海岸線は総延長三百キロ以上に及ぶが漁業基地になるような漁港は少なく沿岸には岩礁も島嶼《しょ》も少ないので定着性の魚族が少なく沖合には暖流黒潮が南西から北東にながれ、それに回遊魚が多いが、これを追う漁船は総数約三千二百のうち無動力船が五六％、有動力船が四四％をしめ、動力船でも五トン未満のものは沖合に出漁できないから、これを無動力船に加えると総漁船数の八九％は沿岸漁業である。

　全体で百九十字にも及ぶ、実に、歯切れの悪い文である。どうやら〈宮崎県の沿岸には漁港も魚族も少ないこと〉〈沖合には魚族が多いが、それを捕らえる船が不足していること〉の二つのことが言いたいようであるが、文がだらだらと続いているため、その焦点がはっきり浮かび上がってこない。試みに、次のように書き直してみよう。（次の書き直し案では、原文を四つの文に区切り、言葉遣いのおかしな点を改めた。ことに接続詞〔○○印の語〕を二つ使ったが、これは、文と文、語句と語句とのつながりをなめらかにするためである。以下の文で、傍点は表現を改めた部分、二重かぎは文の切れる所を示す。）

〔例6の書き直し案〕

　宮崎県の海岸線は総延長三百キロ以上に及ぶが、漁業基地になるような漁港も少なく、また沿岸には岩礁や島嶼が少ないので定着性の魚族も少ない。』一方、沖合には暖流黒潮が南西から北東に流れていて、回遊魚が多いのに、漁業が発展しないのは残念である。』宮崎県の漁船は、総数約三千二百。』その内訳は、無動力船が五六%、有動力船が四四%であるが、その動力船でも五トン未満の小型のものは沖合に出漁できないから、これを無動力船に加えると、総漁船数の八九%は沿岸漁業に従事するものということになる。』

右に引用した〔例5〕〔例6〕の文は、ただ、だらだらと長く続きすぎるというだけで、文の構造は比較的単純であるから、内容がつかみにくくはない。しかし、一般的に見て、文の長さは、ある程度、文の構造を反映するものである。つまり、文が長くなると、いきおい前の語句と後の語句との照応関係が乱れて、複雑な文になりがちである。そういう文は、読者の頭を混乱させて、内容の理解を妨げたり、誤解を生じさせたりする。一般に長文が嫌われるのも実は、単に長い短いが問題になるのではなくて、長すぎることによって起こる文構造の複雑化と破綻《たん》、したがって内容の筋が乱れること、が非難されるのである。

2　文の長さはどのくらいが適当か

それでは、文の長さは一般にどの程度のものが適当か。文の長さは、文章の性質によってかなり左右されるので、もちろん、一概に決められることではない。従来の幾つかの調査によれば、総合雑誌などの論説的な文章や新聞記事では、文の長さの平均が八十字前後、小説の地の文では、平均六十字前後と報告されているので、それが大体の目安になる。

（注）文の長さの平均というのは、ある文章を一つ一つの文に分けて、それぞれが何字でできているかを数え、その文章における一文の平均字数を算出したものである。その値が文章の分かりやすさを測る一つの要素になると言われている。ただし、日本語の場合は、字数を物差しにすると漢字の交じり方が問題になるので、研究者は、文節を単位に文の長さを調査することが多い。しかし、新聞社のデータは、すべて字数を単位にしているので、ここでは便宜的にそれに従うことにする。

〔例5〕の二百五十一字と二百十二字という二つの文は、右の書き直し案では、それぞれ百十一字、四十四字、五十二字、五十七字、百十二字、七十八字、五十七字という七つの文になり、この七つの文の長さの平均値は、七十三字という結果に落ち着いた。また、〔例6〕の文は、百九十字に及ぶ長さであったが、右の書き直し案では、六十七字、五十字、十六字、百二字という四つの文に切ったので、平均五十九字という長さになった。こうした実例から、ごく大ざっぱな見当をつけると、現代の日本語の文章においては、一文の平均字数が六十字ないし七十字前後のものと言えそうである。もちろん、この数字は一文の平均字数を言っているのであるから、一つの文章の中には、それより短い文も、それより長い文も当然交じっていいわけである。しかし、どんな場合にしろ、一文の長さが百五十字から二百字を超えるような文は、まず「長すぎる文」だと断定していいだろう。

3　長すぎる文を避けるには

長すぎる文を避けるには、次の(1)(2)(3)の事柄に注意する必要がある。

(1)　一つの文の中に、二つ以上の違った事項を盛り込まないこと

〔例7〕　ある親子三人の家族が、一昨年の秋に東京から名古屋市の某区に転入して来たのですが、両親が日雇労働者をしていて、日々の生活に追われ、転入の届出をしに区役所へ行く機会がないままに放置しておいたところ、その子供が昨年四月に

なって学齢に達したのに、区役所からは何の連絡もなく、また親たちも区役所へ確かめに行かなかったため、とうとう子供の入学が一年遅れてしまいましたが、このことは子供の人生に大変マイナスになって気の毒な結果を招いたものであります。

（市広報）

この文の内容は、ある事例を紹介した部分とそれに対する筆者の批評との部分に分けられる。こういう内容的に異なる部分を、原文のように一つの文中に盛り込むことは、是非とも避けるべきである。また、事例を紹介した部分も文が長すぎるので、全文を書き直してみよう。（次の書き直し文で、傍点は表現を改めた部分、二重かぎは文の切れる所を示す。）

〔例7の書き直し案〕

これは、ある親子三人の家族の事柄です。一昨年の秋に東京から名古屋市の某区に転入して来ましたが、親たちは、日雇労働者なので、日々の生活に追われ、転入の届出をしないままでほうっておきました。』ところが昨年四月にはその子供は学齢に達していましたのに、区役所から何の連絡もあるはずはなく、また親たちも区役所へ前もって確かめに行かなかったため手続きがとれず、とうとう子供の入学が一年遅れてしまいました。』入学が遅れることは子供の人生にとって大変なマイナスであり、届出を怠ることが気の毒な結果を招いたのです。

もう一例引用しておこう。次の文は、ある新聞の投書欄に、「当局は受刑者たちを座食させているのではないか」という趣旨の投書が掲載されたことに対して、当局側が別の日の同じ欄で弁明の投書を出した、そのときの文章の一節である。

〔例8〕　第二に、決して無為の徒食はさせず、刑が確定すれば本人の経歴、性格、健康、経済その他将来への更生などを十分配慮の上、各種の作業に従事せしめ、』その職業教育の成果などについては、一度各施設での状況や資料などとくとご覧になれば、〝座食〟という極言は即座に撤回いただけると存じます。

この文の内容は、教育上の措置について述べた部分と、その成果を実地に見て批判するように求める部分との二つに分かれているので、』印のところで二つの文に切った方が、言いたいことがもっと明確に打ち出せるはずである。また、句読点、用語にも問題がある。

〔例8の書き直し案〕

第二に、決して無為の徒食はさせておりません。刑が確定すれば、本人の経歴、性格、健康、経済、更生などを十分配慮の上、各種の作業に従事させて、職業教育を行っております。その教育の成果については、各施設での状況や資料などを一度御覧いただきたく、そうすれば、〝座食〟という極言も即座に撤回していただけると存じます。

(2)「が」「ので」などの接続語を、同じ文中で何回も使わないこと

〈「が」の重出〉

〔例9〕　運動場には石ころや雑草がない方がよいが、そのためにはいつも手入れをしておかなければならないが、それを運動部員だけでやるとなると、肝心の練習をする時間さえなくなってしまうが、手入れのすんだ運動場を見るのは気持ちのよいものである。（高校新聞）

この文は、「が」という接続助詞が三回も使われている。そのため事柄が平板に並べられているだけで、前と後との因果関係・論理関係がはっきりしない。次のように幾つかの文に区切って、立体的に組み直す必要があろう。（以下の文で、傍点は表現を改めた部分

を示す。)

〔例9の書き直し案〕

運動場には石ころや雑草がない方がよい。そのためにはいつも手入れをしておく必要があるが、その手入れをするのは運動部員だけだとなると、運動部員は肝心の練習をする時間が足りなくなってしまう。しかし、手入れのすんだ運動場を見るのは気持ちのよいものである。

なお、「ので」「から」「のに」「けれども」といった接続語は、「が」に比べると、因果関係、論理関係をはっきり示すために使われるものである。しかし、次の例文のように、同じ文中に同じ接続語を二回以上使うと、やはりその関係があいまいになってしまうので、注意が必要である。

〈「ので」の重出〉

〔例10〕 最近の資料によると進達件数等業務処理態勢は愛媛県が全国一位にあり、厚生省においては、今のところ全国的に他県の進達がおそいため、いわば手すきの状況にあり早く提出したのは早く内容審査をすませ恩給局へ進達手続きをする模様でありますので他県へ出かせぎにいっている人も、本籍地からの請求となっていますので、左記のことに留意して早く提出してください。(町広報)

〈「ながら」の重出〉

〔例11〕 前方に、大型トラックが急に減速したのを、せっかく認めながら、なぜ速度を落としながら、右前方に注意しなかったのだろう。(運転者会の会報)
(3) 中止法を一つの文中に何回も使って安易に文を続けないこと
中止法というのは、文を、句点を用いて完全に文を切ることをせずに、いったん中止の形で更に後へ続けていくやり方である。

太郎は本を読み、次郎は絵をかく。

太郎は兄で、次郎は弟だ。

のような使い方を言う。

〔例12〕 この警察の自動車は最近激増している管内の交通事故の際出動する救急用と、平素の広報用を兼ねた「広報・救急車」で、』さきごろ交通安全協会○○支部と、○○署管内各町村で組織している防犯協会協力の下に、○○署で購入したもので、』今後けが人を一刻も早く手当てする場合や、深夜の事故等にも即刻出動でき、』警察としての活動力を大幅に増し、』住民の生命財産を守る上に大きな力となるものです。(市広報)

〔例12〕の文は、百八十字を超す長文であるが、』のところの四か所に中止法が使われている。この文を三つか四つの文に区切れば、もっとすっきりした表現になるはずである。

〔例13〕 この財政の窮状をそのまま放置すれば、本市水道の給水事情の好転は期待しえないだけでなく、さらに困窮の度を増すことは明らかで、』当面の対策としては、第一に企業努力により一層の収入増をはかり、経営の合理化と経費の節減を強く推進してゆく方針ですが、これにはおのずから限度があり、』本市市議会においても、現在の水道事情についてはふだんから大きな関心をもたれ、ことしの七月以来すでに五箇月にわたり、厚生水道委員協議会で、事業計画財政計画の両面から詳しく検討研究を重ねられつつあります。(市広報)

これも、五つの中止法(傍線部)で文が長くなった例である。右の引用文の中に、』を二か所付けておいた。そこで文を区切って、それぞれ三つの独立した文として書いた方が、言いたいことがもっと明確に打ち出せるであろう。

次の例などは、中止法で文を連ねた極端な場合だと言えよう。

〔例14〕ＰＴＡの御協力につきましては、まず実行委員会にて夜半までかかって根本原案を練り、九月二十六日、運動場整備に砂ぼこりをかぶってほうき、スコップ持参でお手伝いいただき、終了後フォークダンスの練習会をもち、十月三日の委員総会で前日、当日の準備係などの打合せ会をもち、前日十月六日は土曜日の午後にもかかわらず、会長さんはじめ多数の委員の方々の御協力で、町会のテントを五張りも運んでいただき、会場設定に夕方までかかり、翌朝も早くから観覧用いす、ゴザを設定したり、受付、接待に、用具準備等御協力いただき、終日児童とともに御活躍いただき、反省会も夕、夜と再度にわたって意見を交換しあって、最後まで実のある運動会であったと思います。

全文が三百十字にも及ぶ長文であるが、そのつなぎ目は、すべて中止法である。このように、中止法を使って文を続けることは、やはり、(2)の「が」による接続の場合と全く同じ欠点を持つことになる。つまり、中止法も、前後をただ平板的に結び付けるだけで、その前と後との論理関係を明らかにする機能を持っていないからである。

日記体や事項を羅《ら》列するような場合は、ある程度仕方がないが、そういう場合でも、箇条書きの形式をとるとかするなど、工夫が必要であろう。

四　文の正しい組立て

文は、それを構成する各要素（これを「文の成分」という。）が互いに関係し合って、組み立てられる。したがって、文の筋を通すということは、文の成分と成分との関係の仕方を正しく整えることが中心となる。

ところで、文の成分と成分との関係には、次の五つの場合がある。

①主語・述語の関係　②修飾・被修飾の関係　③並列の関係　④独立の関係　⑤補助の関係（このほかに「接続の関係」を立てる説もあるが、ここでは、それを②の中に含めて考えておく。）

このうち、④と⑤は、文表現を整えるという観点からはそれほど問題にならないので、ここでは、①②③の三つの関係に絞り、どういう場合に正しくない表現になるかを、検討していくことにする。

１　主語と述語の関係

文の組立て方には、普通、次の三つの型がある。

ア　何が　どうする。（花が　咲く。人が　歩く。葉が　落ちる。）

イ　何が　どんなだ。（夕日が　赤い。気だてが　やさしい。海が　静かだ。）

ウ　何が　なんだ。（彼が　弟です。あしたは　運動会だ。）

この〈何が〉に当たる部分が主語で、〈どうする〉〈どんなだ〉〈なんだ〉に当たる部分が述語である。

この主語と述語の関係が正しく整っていないと、どういう文ができるか、以下、実例について検討してみよう。

(1)　述語を落とす

次の文は、スランプに陥ったあるプロ野球選手に対して評論家がアドバイスした文章の一節である。

〔例15〕およそ記録などというものは、無心、無欲になってプレー一本に打ちこんで、ファンの騒ぎや雑音、また相手チーム投手のじらし戦法に耐えるだけの図太い神経を持ってもらいたい。（週刊誌）

傍線部の主語を受けとめるべき述語がどこにも見当たらない。恐らく、この文は、本来次のような発想であったに違いない。

〔例15の書き直し案〕

およそ記録などというものは、無心、無欲になってプレー一本に打ち込んではじめて、自然に作られる性質のものである。だから、ファンの騒ぎや雑音、また相手チーム投手のじらし戦法に耐えるだけの図太い神経を持ってもらいたい。

つまり、もともと二つの文に分けて書くべき内容のものを、一つの文に盛り込んでしまったために、一方の述語を書き忘れてしまったわけである。

〔例16〕　五月一日に地方税が改正されました。こんどの改正で一番大きな問題は、町民税の課税方式が大きく変わり、昭和三十七年度から実施されます。（市広報）

「一番大きな問題は」という主語に対する述語が、やはり見当たらない。述語らしいものとしては、「課税方式が大きく変わり」という部分と、「昭和三十七年度から実施されます」という部分との二つがあるが、後者は内容的に見て主語とは直接対応していない。したがって、この文は、次のように書き直すことができる。

〔例16の書き直し案〕

五月一日に地方税が改正されました。今度の改正で一番大きな問題は、町民税の課税方式が大きく変わったことです。そして、この改正は、昭和三十七年度から実施されます。

こうして、はじめて文の筋が通ることになる。

〔例17〕　我等学生はあらゆる部門における人類の発展において、社会がより一層完全な人格と教養を保有する若人を必要としている。（青年会会報）

傍線部「我等学生は」という主語に対する述語を落とした例であるが、こうなると、筆者が何を言おうとしているのか、はっきりしなくなる。この文には、ほかにも欠点が多い。「あらゆる部門における人類の発展」という表現も、意味があいまいである。また、「完全な人格と教養を保有する若人」というのも、表現が生硬だし、第一、そんな人間を期待すること自体、無理である。さらに「より一層」という修飾語も、このままでは「完全な」に係っていくように見えるが、恐らく筆者の真意は、あとの「必要としている」にかけたいのであろう。これらの欠点を修正して書き直してみる。

〔例17の書き直し案〕

社会の各部門における目ざましい発展に対応して、社会が、すぐれた人格と教養を持った若人を、これまで以上に必要としていることを、我ら学生は認識しなければならない。

こうすれば、文の筋はきちんと通るはずである。

(2)　必要な主語を落とす

日本語では、主語がなくても分かる場合が多いので、常に主語を書き出す必要は、必ずしもない。しかし、次のような場合は、やはり、主語を明示しなければならない。

〔例18〕　ヨーロッパにはじめて出かけ、いろんなことを見たり聞いたりしたが、その一つにどこに行っても花のあることで、たといそれが日本でいわれる猫のひたいのような狭いところでも必ずそこに花が植えられていることであった。（社内報）

二つの傍線部の語句が、この文の述語に当たるが、それに対する主語が明示されていないので、非常に不安定な文になってしまった。「その一つに」では、主語としての体をなさないのである。したがって、

……見たり聞いたりしたが、特に印象に残ったことの一つは、

どこに行っても花のあることだった。

とするか、あるいは、

……見たり聞いたりしたが、その一つに、どこに行っても花のあることが、印象に残った。

とでもしなくては、文が正しく整わない。このように、そこでいったん文を切れば、あとに続く文は、

たとい、それが日本でいわれる猫の額のような狭いところでも、必ずそこには花が植えられていた。

と結べばいい。

(3) 主語と述語が、形の上でも意味の上でもぴったり照応しない

〔例19〕 ○○○は、指先でポンポンとお顔につけ軽くノバすだけで、とても自然で上品な色白の美しさです。(新聞広告)〈○○○は商品を示す。〉

この主述関係もおかしい。述語の部分を書き改めて、

○○○は、……とても自然で上品な色白の美しさをたもちます。

とするか、又は、原文の主述関係をいったん解体して、

○○○を指先でポンポンとお顔につけ、軽くのばすと、それだけで、とても自然で上品な色白の美しさになります。

のように書き改めるかすればいいだろう。

〔例20〕 食糧は、凍ることを計算に入れて、お米よりもパンやもち、魔法びんやカロリー源にとんだ食べ物を心がけて下さい。(新聞)

「食糧は……を心がけて下さい」という主述関係であるが、なんとなくスッキリしない表現になっている。これは、「食糧は」という出だしなのに、その内容に「魔法びん」という食糧以外のものが入ってきたため、意味が混乱したのである。また、形の上でも、「食糧は、……を持って行くよう心がけてください」とするのが、正しい照応の仕方であろう。つまり、この文は、次のように書き直すことができる。

〔例20の書き直し案〕

食糧は、凍ることを計算に入れて、お米よりもパンやもち、また、カロリー源に富んだ食べ物を持って行くよう、心がけてください。魔法びんも、必要です。

2 修飾の関係

白い雪が　ちらちらと　降る。

右の文で、「白い」という語は、「雪」という語に係って、その雪がどんな雪であるかを、具体的に説明する役目をしている。また、「ちらちらと」という語は、「降る」に係って、どんなに降っているかを、具体的に説明している。このように、「どんな」とか、「どんなに」とかを表す部分、言い換えれば、下に来る語を具体的に説明する部分のことを、修飾語と言い、修飾される部分を被修飾語と言う。この修飾語と被修飾語がきちんと照応しないと、変な文ができてしまう。

ところで、修飾語には、二つの種類がある。

一つは、右の「白い」のように体言(名詞・代名詞)に係るものである。これを「連体修飾語」と言う。

ぼくの　本だな

ぼくの本だなの　上

ぼくの本だなの上にある　時計

ぼくの本だなの上にある　オルゴールのついた　新しい　時計

右の傍線の部分も、やはり、体言(傍点部)を修飾する修飾語である。

修飾語のもう一つは、「ちらちらと」のように用言（動詞、形容詞、形容動詞など）に係るものである。これを「連用修飾語」と言う。

いつも　朝から　道ばたで　弟と　遊んでいる。
紙の上に　おそるおそる　筆で　横に一本　すじを　引いた。
夜も　昼も　一刻も休む間がないくらいに　忙しい。

などの傍線部が、やはり、用言（傍点部）に係っていく修飾語である。

この二つの修飾語、つまり体言に係る修飾語と用言に係る修飾語とは、形の上ではっきりと区別することが必要である。

(1)　被修飾語を落とす

文を長く続けているうちに、上に書いてきた修飾語の存在を忘れてしまって、それを受け止めるべき語句を書き落とすことがよくある。

〔例21〕　小田原宿で外郎《ういろう》薬を菓子とまちがえたヤジキタのくだりからも、当時はもう庶民的な菓子になっていた。（新聞）

「……のくだりからも」という語句を受け止めるべき結びがどこにもない。つまり、被修飾語を落としてしまっているわけである。ここは、

……庶民的な菓子になっていたことが分かる。（……ことが知られる。……ことがうかがわれる。）

といった結びの文句が必要である。

右の文などは、比較的短い方なので、文意がとりにくいということはないが、もっと文が長くなってくると、文の構造が混乱してしまい、前後の意味が通らなくなることがある。

〔例22〕　水道を近代的なものに改良しようという問題は、明治維新後に起きたものではなく、江戸で有名な疫病流行の筆頭にあげられる安政のコロリ（コレラ）も、水道の樋（ひ）管、水管の腐朽や不備などが伝染を倍加したものとみられる。江戸市民の生活にとって重大問題であったことは否定できず、改良案はしばしば識者の建議するところであったという。（新聞）

傍線部の修飾語を受けるべき語句が「倍加したものと見られる」では結びにならない。そう思って読んでいくと、句点「。」を一つとびこえて、次の文の末尾の方に「しばしば識者の建議するところであった」という結びらしきものがあることが分かる。話し言葉には、こういうことがよくあるが、書き言葉としては、やはり、正しい文とは言えないであろう。この文などは、

……明治維新後に起きたものではない。

と、そこで、いったん文を切っておきさえすれば、何も問題はなかったわけである。

〔例23〕　しかし、もし私が、神が私に語りかけたもう御考えに忠実で、もし私が、そうせよと命じられる神の御働きに同化させられ、どこにあっても私のうちに神のみを見つけ、自分を忘れることができるであろう。（翻訳書）

「もし」とあれば、必ず「……ならば」と受け止めなければならないのに、それが落ちているために、どこまでが仮定条件を表す部分なのか、はっきりしない。

〔例23の書き直し案〕

しかし、もし、私が、私に語りかけたもう神のお考えに忠実であり、そして、もし、私が、そうせよと命じられる神のみ働きに同化させられるならば、私は、どこにあっても常に私のうちに神だけを見つけ、自分を忘れることができるであろう。

（注）　この「もし……ならば」のように、ある条件を示して、

下に係っていく語句は、下の全体に接続するので、こういうものを特に「接続語」として修飾語とは区別することがある。

(2)　形の上で照応しない修飾関係

〔例24〕このたび○○市内の工場、事務所、商店などで、次のような騒音、振動など公害防止条例に基づく施設は、必ず市役所経済課に届出をしてください。届出書類は経済課にあります。（市広報）

「このたび……届出をしてください」という照応関係は、少し変である。

このたび……届出をしていただくことになりました。

として、はじめて落ち着くことになる。

〔例25〕いっそう美しく明るい健康な町づくりに、この大会を通じて、「家庭でも職場でも、みな草花を育て、また、庭や道路、空地に花壇をつくりましょう」と呼びかけられました。（市広報）

この「……町づくりに……呼びかけられました」というつながりぐあいも、おかしい。

いっそう美しく明るい健康な町をつくるために、この大会を通じて「……」と呼びかけました。

として、はじめて意味が通るようになる。

3　並列の関係

文中における並列の関係には、(a)体言（名詞など）を中心とする並列と、(b)用言（動詞・形容詞・形容動詞）を中心とする並列との二つの型がある。

(a)　体言型の並列

ア　新しい机、いす、戸だなを準備した。

イ　みかんや　お菓子を　食べながら、ゲームを続けた。

ウ　五歳になる太郎と　三歳になる二郎（と）の　二人の子供がある。

(b)　用言型の並列

エ　雨も降り、風も吹く悪天候だ。

オ　からだがじょうぶで　気だてがやさしいから、みんなに好かれる。

カ　食事をつくったり、そうじをしたりせんたくをしたりするだけで、本を読む暇もない。

右のアからカまでの文中で、それぞれ傍線を付けた部分どうしが並列の関係にあるわけである。

並列の関係にあるものは、(a)のように、一方が体言を中心とするものであれば、他方も必ず体言を中心とするものであるし、(b)のように、一方が用言を中心とするものであれば、他方も必ず用言を中心とするものである。これが、並列の関係における第一の特質である。

第二の特質は、並列の関係にあるものどうしは、必ずひとまとまりになった上で、文の構成にあずかるということである。アの文を例にとれば、

新しい机、イス、戸だなを準備した。

の傍線部がひとまとまりになって、これが全体として一つの体言のように扱われている。だから、右の文で、「新しい」という修飾が上に付けば、新しいのは机だけでなく、いすや戸だなも新しいと解釈するのが、普通の考え方であろう。そして、このひとまとまりになった「机、イス、戸だな」が、必要に応じて下に種々の助詞を伴った上で、

机、イス、戸だなが○　ほしい。
机、イス、戸だなに○　番号を付ける。
机、イス、戸だなの○　順に運ぶ。
机、イス、戸だなから○　買い始める。

というように、いろいろな文を構成するというわけである。イからカまでの例文についても全く同じことで、それぞれの傍線部がひとまとまりとなり、下に続く○印の語に統括され、はじめて、文の直接の構成要素になり得るのである。

並列の関係には、右のような二つの特質があることを、まず注意しておかなければならない。そのどちらか一方でも失われると、正しい並列の関係は成立しなくなるからである。

(1)　形の整わない並列関係

並列関係の第一の特質から見て、体言を中心とする語句と、用言を中心とする語句とは並列しにくいものである。ところが、それを並列させた実例が、一般の文章にはよくある。たとえ内容的には並列していても、形式的にも完全に並列させておかないことには、読み手の心理に無用の抵抗感を与えることになる。

〔例26〕　ここで野球や遊ばないで下さい。（駐車場の掲示）

この掲示の文章は、野球と遊ぶことを禁じたものであるが、なんとなく不安定な表現である。それは、並列の一方が「野球」という体言型の語句であるのに、他方が「遊ばないで」という用言型の語句になっているからである。このように、体言型の語句と用言型の語句とは並列しにくいという性質がある。

ここで野球や遊戯をしないでください。

と、両者を体言型の語句にそろえるか、

ここで野球をしたり遊んだりしないでください。

と、両者を用言型の語句にそろえる必要がある。

〔例27〕　毎号高校英語の問題点をとらえた特集記事と、入試英語の傾向と的確なる対策とを懇切に指導するのがモットーである。（新聞広告）

ある受験雑誌の広告文であるが、うっかり読んでいくと、

……特集記事と
………の傾向と　｝を懇切に指導するのが、
…………対策と

のような並列関係に受け取れそうであるが、それでは全体の意味が通らない。意味の上では「特集記事」と「懇切に指導する」とが並列するはずであるが、両者の形式が対応していないために、右のような錯覚が生じるのである。

〔例27の書き直し案〕

毎号高校英語の問題点をとらえた特集記事を掲載し、更に入試英語の傾向と的確なる対策とを懇切に指導するのがモットーである。

のようにすれば、はっきりするだろう。

〔例28〕　ⓐ調査内容は新聞の政治記事に興味を持っているか、ⓑ選挙に投票した人を支持する理由、など簡単なものであり、公明選挙のことについては、ⓒ選挙のとき金銭・物品を贈るようなことがあるか、ⓓ公明選挙ということばを聞いたことがあるか・ⓔどうすれば公明選挙ができるか・ⓕ話し合い活動についてなどとなっています。（市広報）

右のように、文が長くなって、形の整わない並列関係があると、何と何とが並列するかがあいまいになり、文意が分かりにくくなる。

右の文中には、ⓐとⓑとの並列、それからⓒⓓⓔⓕの並列とい

う、二つの並列関係があるが、両者ともに形の上では整っていない。前者ではⓐが用言型の語句であるのに、ⓑが体言型である。だからⓑの方を、

選挙に投票した人を支持する理由は何か〈又は〈選挙に投票した人をなぜ支持するのか〉〉

のような用言型の表現に改めるか、それともⓐの方を改めて、

新聞の政治記事に対する興味の有無

といった体言型の表現にする必要がある。

後者の並列関係についても同様で、ⓒⓓⓔⓕを完全に並列させるには、ⓕの表現を、例えば、

話し合い活動をどう思うか

のように改めなければならない。

(2)　意味の続かない並列関係

形の上ではきちんと整っていても、意味上の続きぐあいがおかしいという並列関係もある。

〔例29〕親愛なる○○の皆様、私達××教会は昨年一月より教会堂建築に当たり、その際に皆様の御支援と、御迷惑がかかりました事を厚く感謝し、かつおわび申し上げます。（新聞折り込み広告）

「御支援」と「御迷惑」が並列しているが、このままの形だと、「御支援がかかりました」のような続きぐあいになるし、また「御迷惑」に対して「厚く感謝」する結果になって、非常におかしなことになる。この筆者は「御支援」に対して「厚く感謝」し、「御迷惑」に対して「おわび申し上げる」つもりで書いたのだろうが、言葉の並べ方を誤ったために変な文章になってしまった。ここは、面倒でも

……その際の皆様の御支援に厚く感謝し、また、御迷惑をおかけしましたことを深くおわび申し上げます。

のように書くべきところである。

〔例30〕予防は、食事を規則的にして、偏食、過食を避け、睡眠不足や過労をしないことがもっとも大切ですが、そのほかアルコール類、喫煙、香辛料の過度の摂取をつつしむこと、鼻汁や痰をのみこまないこと、肝臓病、膵臓病、虫垂炎、虫歯の治療を早期に行うことが必要です。（市広報）

いろいろな並列関係を含んだ文であるが、ここでは二つの傍線部の表現だけを問題にする。前者の表現は、「睡眠不足や過労にならないこと」の方が、自然な言い回しのはずである。また、後者の並立関係では、その中の「喫煙」を「たばこ」に改める必要があろう。そうでないと、「喫煙の過度の摂取をつつしみ」という続きぐあいになって、意味が重複することになるからである。

(3)　「たり」の片方を忘れた並列

形の整わない並列の一つに、「たり」の片方を忘れた文がある。並列関係を示す助詞「たり」は、「見たり聞いたりためしたり」のように並列する各項に付くのが原則である。だから、

テレビを見たり、ラジオを聞いた。

と言うよりも、

テレビを見たり、ラジオを聞いたりした。

と言う方が自然な言い方である。「テレビとラジオ（と）」「テレビやラジオ（や）」における並列助詞の「と」や「や」は、現在では、下の方を略してもいいことになっている。「たり」も、将来はそのような傾向になっていくかもしれないが、現在のところは、まだ両方に付けるのが正しい。したがって、次のような例からは、何か落ち着かない感じを受ける。

〔例31〕イライラしたり、不安感や不眠症は、高血圧の大敵で

す。(新聞広告)

この文は、次のように改めた方が正確な表現になる。

〔例31の書き直し案〕

イライラしたり、不安感を持ったり、不眠症になったりすることは、高血圧の大敵です。

〔例32〕　加入されてもⓐ保険料を滞納したり、ⓑ保険料免除申請書を出してなかったために、せっかくもらえるものをもらえない実例もあります。……ⓐ交通事故などで、両手両足を切断するような傷害を受けたり、ⓑ両眼を失明したような場合でも保険料を滞納しているともらえないことになります。(市広報)

この文には「たり」の並列が二か所あるが、両方とも下の「たり」を忘れている。それぞれ、

……滞納したり……出してなかったりしたために

……受けたり……失明したりしたような場合でも

とする方がいい。

以上の二例は、形式的には整っていなくても、内容的には、何と何とが並列しているかが、一応理解できる。しかし、「たり」の一方を忘れたために、並列関係が分かりにくくなってしまった例も、往々にして見受けられる。

〔例33〕　最近、どこの町内にもあることですが、自動車を購入されても車庫がないままに道路上に置いたり、あるいは店先におくと邪魔になるところから、無断で隣家の庭先に置き放しにする商店などがあるため、隣組同士のトラブルのもとになっているようですが、こうした〝青空車庫〟は交通道徳のうえからも許されないことで、他人に迷惑をかける恥ずかしい行為ですから、一日も早く適当な所に車庫をつくって交通事故防止に御協力ください。(市広報)

「ため」「が」「で」「から」と、接続語をやたらに使って、全文が二百字以上にも及ぶ長文になっている。明らかに悪文と言えるが、ここでは「たり」の並列だけを問題にしてみよう。この文で、「道路上に置いたり」と並列する相手は、後に続く表現のうちの一体どれであろうか。これには、一応三とおりの考え方ができる。第一は、

道路上に置いたり
……店先におく　＞と邪魔になるところから……

という並列関係、第二は、

道路上に置いたり
……置き放しにする　＞商店などがあるため……

という関係、そして、第三が、

道路上に置いたり
……商店などがある　＞ため、隣組同士の、……

という、三様の解釈である。このうち、第一の解釈はすぐにすてられるであろうが、第二と第三のいずれであるかは、容易に決めがたい。こんな紛らわしい文になったのも、もとはと言えば、上の「たり」を受けるべき下の「たり」が書かれていないからである。

五　文の分かりやすい組立て

これまで述べてきたのは、主として文法上から見て正しくない構文関係であった。しかし、文法的には一応正しく整った構文関係であっても、読み手にとって、内容が頭に入りにくい、分かりにくい文というものも、存在する。どういう条件のときに、分かりにくい文ができるか、ここでは、そういうものについて考えてみよう。

1　主語と述語の関係

(1)　主語と述語はなるべく近づける

主語と述語との間隔が余り離れすぎていると、読んでいくうちに、何が主語であったか分からなくなる。一度、目を通しただけですぐ分かる文章を書くためには、なるべく主語と述語との位置を近づけるよう、工夫することが必要である。

〔例34〕イギリス国会で外相のスチューワートが与党の労働党議員がベトナム問題について、アメリカが撤退すれば事件は収まるのではないかと質問したのに対して、じゅんじゅんと説いている。（警察広報）

この文は比較的短い方なので、主語と述語の距離がそんなに離れてはいない。しかし、間に別の主語がいくつか現れるので、ちょっと分かりにくい。「外相のスチューワートが」という主語の位置を「じゅんじゅんと説いている」の直前に移した方が、分かりいい文になるはずである。

〔例35〕英外務省スポークスマンは二十八日英・米・仏三国はサイゴン駐在の出先外交機関を通じ南ベトナムのゴ・ジンジェム政府に対し一九五六年七月全ベトナムの総選挙のため北ベトナム政権とできるだけ速やかに準備会談を開くよう改めて申し入れたと発表した。（新聞）

この文の主語と述語は、「英外務省スポークスマンは……発表した」であるが、両者の位置が離れすぎているために、分かりにくい文になってしまった。こういう場合は、

〔例35の書き直し案〕

英外務省スポークスマンは、二十八日次のように発表した。

英・米・仏三国は、サイゴン駐在の出先外交機関を通じ南ベトナムのゴ・ジンジェム政府に対し、一九五六年七月全ベトナムの総選挙のため北ベトナム政権とできるだけ速やかに準備会談を開くよう改めて申し入れた。

のように、少なくとも二つの文に区切って主語、述語を近づけるようにした方が、分かりやすいはずである。

〔例36〕西町町内会は、町制施行、上水道の完成など、町のまちづくりが進むとともに、地域の生活水準もようやく安定向上しようとする、昭和二十七、八年ごろから、これを更に一歩すすめるためには、どうしてもこの地域の人たちの融和と、協力して動きのできる、なんらかのまとまりが必要だとの話し合いがされはじめ、K氏らが世話人となってこれをまとめ上げて、昭和三十年に結成された。（町広報）

この文は、全体で百七十字を超えている。主語と述語の距離が文の頭と末尾に離れてしまっている。また、文の途中にも問題がある。「この地域の人たちの融和と」という表現が、一体どの表現と並列するものであるか、はっきりしていない。また、「昭和二十七、八年ごろ」にかかる修飾語（○○○印の部分）が長すぎることも気になる点である。そのほか、「……なんらかのまとまりが必要だとの話し合いがされはじめ」という「が」の重用なども、この文を一層読みにくく、分かりにくいものにしている。この文を書き直してみる。

〔例36の書き直し案〕

西町町内会は、昭和三十年に結成された。その話が起こったのは、昭和二十七、八年ごろのことで、ちょうど町制施行、上水道の完成など、町のまちづくりが進み、地域の生活水準もようやく安定向上しようとしていた。これを更に一歩進めて、この地域の人たちが融和し、協力するためには、なんらかのまと

まりが、どうしても必要だということになり、K氏らが世話人となってこれをまとめ上げたのである。

英語や中国語などでは、述語は主語のすぐ次に現れるが、日本語では、述語は文末部に来ることが多い。だから、主語と述語を近づけることが、分かりやすい文を書くための一つの条件になる。このことは、修飾語と被修飾語との関係についても、同様である。要するに、上から下に係る語句と、下から上を受ける語句とは、なるべくへだたりを置かぬことが、分かりやすい文章を書くための一つの要点になるわけである。

(2) 文の途中で主語を変えない

主語の異なる述語を一文の中に重ねると、だれがどうしたか、何がどうなったかが分かりにくくなる。一々主語を示せば、まだ話は分かるが、それではくどくどとした下手な文になってしまう。また、日本語の場合は、往々、主語を言わずにすまされることがあるので、やりとりが分かりにくくなってしまうわけである。

〔例37〕 ある日、政男は森之宮のお得意さんへ品物を届けに出て、糸宮商店のとうはん、すず子に呼び止められ、マンドリンを政男に渡した。(新聞)

傍線の部分は、「政男」が主語になっているのに、傍点の部分は「政男」が目的語になっている。(省略されているが、主語は「すず子」。)このように、一つの文の途中で主語を変えることは、読者の理解を妨げるので、なるべく避けたい。もしやむをえず主語を変えるような場合には、その主語を省略しないで、「……呼び止められ、すず子はマンドリンを政男に渡した。」のように、明記しておくことが必要である。

〔例38〕 この部族の成人式は、四年に一回行われる秘密の儀式で、特別に作られた合宿訓練所に少年を集め、戦争の特訓をし、火あぶりを受ける。(新聞)

この文も、

……少年を集め、戦争の特訓をし、火あぶりを受けさせる。

と書いておけば一度で分かるのに、文の途中で主語が転換したために分かりにくくなってしまった。主語を転換させるなら、

……戦争の特訓をし、少年たちは火あぶりを受ける。

のように書かなければならない。

〔例39〕 あぶら虫は、……伝染病菌をばらまくやっかいものです。このお台所の頭痛の種も「○○○」で解消! ○○○を塗っておくとそこを通ったあぶら虫は死滅し、またここに止まった蠅や蚊も殺します。(殺虫剤の広告)

傍線の部分は虫を主語にして書いてあるが、傍点の部分は虫が目的語になっている。後者の主語は、省略されてはいるが、「○○○」(薬品名)である。

次に引用するのは、二つの文の間で主語が転換した例である。

〔例40〕 天性のサギ師であった西口は、……新聞にあった交通事故者の家を訪れ、米穀通帳をだましとり、質店にひき返し、テレビを入質した。さらに、人をくったことには、数日後和光質店の北原達夫さんは、こんな葉書を受け取った。(週刊誌)

このままでは、「人をくった」のは、西口ではなくて、北原さんだったかのような印象を与えそうである。後の文を、

さらに、人をくったことには、西口は、数日後和光質店の北原達夫さんにあてて、こんな葉書を出している。

とすれば、分かりよくなる。二つ以上のセンテンスにまたがる場合でも、なるべく途中で主語を変えないようにした方が無難である。

2　修飾の関係

(1)　紛らわしい修飾関係に注意する

ある年の新聞週間に、「新聞で汚れた国の大掃除」という標語が一等に当選したことがある。ところが、この文句は、

「新聞で汚れた」国の大掃除
「新聞で」汚れた国の大掃除

という、二とおりの意味にとれる。つまり、「新聞で」という修飾語が「汚れた」に係るのか、「大掃除」に係るのかがあいまいなのである。このほかにも、書物などの題名や、新聞の見出しなどには、しばしば、

美しき水車小屋のおとめ
難しい子どもの教育
危ない会社調査
大きい外人投手で連勝

のような、それぞれ二とおりの意味にとれる、紛らわしい修飾の仕方が目につく。一般の文章にも、この種の例が時折見受けられる。

〔例41〕　本堂の段々には、日なたぼっこを兼ねて、朝早くから訪問のファンと、青の里が東北弁で世間話の花が咲く。（月刊誌）

右の「日なたぼっこを兼ねて」は、「朝早くから訪問」に係るように見えるが、実は、青の里の動作であるはずだから、「青の里」のそばに位置を移した方がいい。また、「青の里が……世間話の花が咲く」という、主語・述語の照応関係もおかしい。この文は、

本堂の段々では、青の里が日なたぼっこを兼ねて、朝早くから訪問のファンと、東北弁で世間話に花を咲かせている。

として、はじめて落ち着いた表現になる。

〔例42〕　平野氏は、(a)大正末期十八歳で新潮社からモーパッサン選集を訳し「地上」を書いた島田清次郎とともに、(b)ジャーナリズムにもてはやされた父がフランス系米人で母が日本人の混血の詩人であった。（週刊誌）

一つの文に言葉の係り方のあいまいな部分が二か所もあるという、まことに大変な悪文の例である。まず(a)であるが、この部分は、「平野氏は」を受ける述語とも解釈できるし、また、「島田清次郎」に係る修飾語とも考えられる。つまり、傍線部の事柄が、平野氏に属するのか島田清次郎に属するのか、あいまいなわけである。同様に、傍線部(b)も、「父」に係る修飾語なのか、「混血の詩人」に係る修飾語なのか、はっきりしない。前者だとすれば、「島田清次郎とともにジャーナリズムにもてはやされた」のは、平野氏の父であることになり、後者の解釈に立てば、それが平野氏自身であることになる。ここでは後者のはずであるから、やはり「……もてはやされた」の下に「、」が必要である。

〔例43〕　幸い寝袋、下着を入れたザックが落ちるとき、身体を離れずについていた。（新聞）

これは魔の谷に転落した女子学生が奇跡の生還をしたという記事の一節である。うっかり読むと「ザックが落ちる」かのようであるが、実は、「落ちる」のは女子学生である。したがって、「落ちるとき」の位置をこの文の最初に移すか、又は「ザックが」の下に「、」を打つ必要がある。

このように、「、」を一つ打つことを怠っただけで、文全体の意味が分かりにくくなったり、紛らわしくなったりすることが、よくある。逆を言えば、言葉の係り方の紛らわしい場合には、「、」の付け方を工夫することによって救われることも多い。「、」（読点）や「。」（句点）は、文中における語句と語句との意味的関係を明らかにするためにあることを、是非心得ておきたい。

〔例44〕　川島さんは半月間、国立相模原病院に入院した。この事故のショックで寝こんだ実父が退院して四日目に死亡。悪戦苦闘の連続だった。（新聞）

うっかり読んでいくと、「退院し」たのは「実父」かと思ってしまう。また「死亡」したのも、「実父」なのか「川島さん」なのか、あいまいだ。こういう紛らわしい文になったのも、「退院して」の主体が明示されていないためだ。ここは、「実父が」の下に「、」を一つ打つだけでも、かなりその難が救われるだろうが、

この事故のショックで寝こんだ実父が、川島さんの退院四日目に死亡。

とすれば、更にはっきりする。

(2)　長すぎる修飾語を避ける

修飾語に更に修飾語を重ねて長々と文を続けるのは、文の構造を複雑にして分かりにくくする。新聞の文章などに、そういう例をよく見掛ける。

〔例45〕　城北一帯に勢力をもち、地元民をおどして逮捕された幹部の減刑嘆願書の署名をとるなど、悪業を重ねていたバク徒、林一家を内偵していた警視庁組織暴力取締本部、板橋、練馬署は十日、……を逮捕した。（新聞）

これは、社会面の事件記事の書き出しによく見られる型の表現である。傍線部の語句がこの文の主語であるが、そこにいたるまでの六十数字の記述は、すべて主語に係る連体修飾語の形になっている。こういう、言わば〝頭でっかち〟の文構造は、読んでいて非常に読みにくく、また分かりにくいものである。こういう連体修飾語の形を解体して、

警視庁組織暴力取締本部、板橋、練馬署は、かねて城北一帯に勢力を持ち悪業を重ねていたバク徒林一家を内偵していたが、十日、……を逮捕した。

という、主語・述語の関係に組み直した方がよい。そして、「地元民をおどして逮捕された幹部の減刑嘆願書の署名をとるなど」という林一家の悪業の内容は、別の文で書くようにした方が、ずっと読みやすい、また分かりいい文になると思う。

なお、右の文中の「紛らわしい修飾関係」の例にもなる。つまり、「逮捕された」に係るのか、それとも「署名をとる」に係るのかで、解釈が違ってくる。恐らく後者と思われるが、それなら「地元民をおどして」の下に「、」を打つか、あるいは、この語句を「署名を」と「とる」との間に移すかした方がいい。

〔例46〕　高血圧とかぜで寝ている母親の病気に悪いからと、何回制止してもバイクの競争をやめてくれなかった中学生に〝通せんぼ〟のスコップを出したばかりに、バイクの中学生が電柱にあたって死に、傷害致死で送検されるのを待っている東京都武蔵野市吉祥寺、予備校生Ｓ（一九）のために、十一日朝、中学生が死んだ吾妻通りの住民有志六百人の署名嘆願書が武蔵野署と東京地検八王子支部に提出された。（新聞）

全文百八十字の長文のうち、三分の二の分量が、「予備校生Ｓ」に係る連体修飾語の形をとっている。こういう頭でっかちの修飾語は解体して、普通の主述関係に組み直した方が、はるかに読みやすく、分かりやすい文になるはずである。

3　並列の関係

(1)　並列するものが紛れないようにする

文の続きぐあいによっては、何と何とが並列するのか、極めてあいまいな表現になることがある。

〔例47〕ドイツは賠償及び通商による以外の戦後の一切の負債を免除されなければならない。

短い文であるが、ここでは、

{賠償
通商による以外の戦後の一切の負債

という並列関係なのか、それとも、

{賠償
通商} この二つ以外の戦後の一切の負債

という関係なのかが、はっきりしない。もし、前者なら、

ドイツは、賠償と、通商による以外の戦後の一切の負債とを免除されなければならない。

とすればいいし、後者なら、

ドイツは、賠償と通商とによる以外の戦後の一切の負債を……

とすればよい。このように、並列助詞の「と」を、並列すべき各項の下にきちんと付けるようにすれば、何と何とが並列するのかが明確になる。

〔例48〕挙式は社内の結婚式場「長盛殿」。費用は神官への謝礼の二千円だけ。みこは女子職員の奉仕。衣装は会社と専属の貸し衣装店、披露宴は社内の和洋室がいずれも無料。料理は社内食堂の業者が格安に引き受けるといういたれりつくせりだ。（新聞）

あいまいな点が二か所ある。最初の傍線部は、「会社及び会社に専属の貸し衣装店」ということなのか、それとも「会社に専属の貸し衣装店」だけのことなのか、はっきりしない。もし、後者なら「会社と」を「会社に」に改めた方がいい。このように、「と」という助詞は、文脈によっては紛れやすいことがある。例えば、

太郎と花子を訪問する。

という文では、「太郎と一緒に」という意味にもなれば「太郎と花子とを」という意味にもなる、といったぐあいである。右の例文もこれに似ている。

もう一つの疑問は、「いずれも」が「和室も洋室も」だけを受けるのか、あるいは、その前の方をも同時に受けるのかが、あいまいなことである。

(2)　箇条書きを活用する

〔例49〕(a)父母が婚姻を解消した後、(b)父と生計を異にした、(c)父が廃疾である、(d)父の生死が明らかでない児童で、(e)義務教育終了前のものを母が監護している場合と、(f)母がいないため、その他の者が養育している場合に支給します。（市広報）

これは、「児童扶養手当法」の解説記事の一節である。この文には、(a)(b)(c)(d)と、(e)(f)という二つの並列関係が含まれているが、後者の方には問題がない。前者の方も、四つの語句とも用言型の表現であるから、形式的にはこれでいいのだが、内容的には意味がとりにくい。こういう場合は、面倒なようでも、「父と生計を異にした児童、父が死亡している児童、父が廃疾（者）である児童……」のように、いちいち、下に「児童」を付けておいた方が分かりいい。

もっとも、この種の記事は、右のような追い込み形式の記述をとらずに、箇条書きの形式をとった方がはるかに読みやすく、分かりやすい。別の市の広報紙の解説記事には、次のような例が見られた。

▽支給の要件

①　父母が婚姻を解消した児童

②　父が死亡した児童

③　父が別に定める程度の廃疾の状態にある児童

④　父の生死が引き続き一年以上明らかでない児童
〔後　略〕
(注)　昭和五十七年の法改正により、「廃疾」は「障害」に置き換えられている。
なお、箇条書きの場合でも、それぞれの箇条の表記形式を整えておくことが必要である。次のような箇条書きは、ぐあいが悪い。
〔例50〕　お互いに次のことに注意しましょう。
(1)　車のすぐ前や後で道を横切ること。
(2)　小さい子を一人歩きや道で遊ばせないこと。
(3)　ななめに道を横切らないこと。
(4)　自転車は府中県道を避けて通行して下さい。
右の例では、(4)の箇条が前の三つの箇条と形式を異にしている。もっといけないことは、意味の上で、(1)と他の三か条が逆になっていることである。つまり、(1)には禁止すべき事柄が打ち出されているのに、(2)(3)(4)は、遵守すべき事柄が書き出されている。こんなことでは読む人が迷ってしまう。だから、箇条書きの場合は、各箇条を内容的にも形式的にも整合させておくことが大切である。

—終—

第二　用語の選び方

目　次

一　いい文章を書くための用語の選び方

前編では「文章の整え方」として、悪文を避けて、正確で分かりやすい文章を書くためには、文章や文をどのように組み立てれば的確で意味の通る表現になるかという点について、実例を中心に解説した。それを受けて、ここでは、正確で分かりやすい文章を書くために、用語に関してはどういう注意が必要であるかという点について述べる。

用語の選び方に関しても、「文章の整え方」と同様に、最も重要なのは次の二つの観点である。

1　意味・用法・語形が正確であるか。

2　読み手にとって、分かりやすい語であるか。

つまり、正しくて分かりやすい言葉を使うことが基本的な条件であるが、それ以外にもう一つ付け加えるならば、

3　その場にふさわしい語であるか。

という観点も必要であろう。文章には必ず読み手が存在する。筆を執るとき、読み手のことを十分に考えて、文章の主題や書き手の意図が的確に相手に伝わるように、正確で分かりやすい用語を選ぶとともに、相手の感情を不用意に刺激するような用語は避けるよう、心を配るべきである。

以下、右の三つの観点ごとに章を設けて述べ、最後に、敬語の使い方についても触れる。

二　正確な用語

三十数年前、福島県のある地方へ調査に出向いた時のことである。「お宅に自転車がありますか」というこちらの質問に対し、何人かの被調査者から「あるにはあるが、いまハソンに出している」という答えが返ってきて、とまどった経験がある。後で調べてみると、「修繕」のことを「ハソン」と言う地方が、この土地だけでなく、東北・関東・中部・近畿・中国の山間部などにかなり散らばって存在していることが分かった。

物が破損すれば必ず修繕が必要になる。そんなところから意味がいつの間にか転換して、「破損」に修繕の意味が付与されてしまったものらしい。最初は、恐らく一部の人の単なる意味の取り違えにすぎなかったものだろうが、こう広まってみると、もはや地域共通語として、その地方の人々の間では立派に生命を持ち続けることになる。しかし、そういう方言的事実を全く知らない他の地方の人たちが聞いたら、やはりまごついてしまうに違いない。

言葉には、一定の意味、一定の用法というものがある。一つ一つの言葉について〝正しい〟意味・用法、語形というものが、伝統的に、あるいは社会慣習的にはっきりと決まっている。だから、それに従って正確に言葉を使わないと、コミュニケーションが滑らかに行われないし、また時によっては相手の失笑を買うことにもなりかねない。

わたしたちが毎日読んでいる新聞や雑誌・広報紙などの文章には、話し言葉とは違って、右の「破損」のような極端な例はないけれども、意味・用法、語形を誤った、あるいは少しずれた使い方をしている例を、案外多く見掛ける。一対一のコミュニケーションならばともかくも、多数の読者を相手とするマス・コミュニケーションで、こうした言葉遣いの誤りを犯すことは問題である。正しい伝達が損なわれるばかりでなく、ひいては、日本語を乱す端緒にもなりかねないからである。以下、実例を中心に、意味・用法、語形の不正確な用語について検討してみよう。

1 意味・用法を正確に

㈠ 意味・用法のずれ

〔例1〕 今年は特に八月以降毎月交通事故の増発をみており（警察広報）

「増発」という語は、乗り物の発車・発船回数及び紙幣などの発行数を増やすことに使われるはずであるから、それを交通事故の件数が増えることに使うのはおかしい。書き手は、多分「増加」と「発生」という二つの語をただ機械的に結び付けて使ったものであろうが、漢字の意味だけに頼った自分勝手な使い方は、慎みたいものである。

〔例2〕 市民の祝電どっと／美濃の街ひっそり

これは、甲子園初出場の某高校の留守をあずかる女子職員の活躍ぶりを報じた新聞記事の見出しである。「祝電」と言えば、「祝いの電報」のはずである。ところが、本文記事には、「こんどは市民からの初勝利を祝う電話の対応に追われっぱなし……」とあるので、この「祝電」は「祝いの電話」のつもりで使ったものらしい。これも、漢字の意味によりかかった、〃ひとりよがり〃の使い方であると言えよう。

〔例3〕 「うまい文章だ」「だれが書いたのか」というささやきが議場内にもれる中で答弁に立った首相、二つ返事で「私が書いたものです。」（新聞）

「二つ返事」という語は、すぐに承諾するときに使う語であって、このような場合に使うのは、不適当である。「すぐさま」ぐらいが適当であろう。

〔例4〕 賊に二階総務課の机が軒並み荒らされ（新聞）

「軒並み」は、軒ごと家ごとの意味である。総務課も、経理課も、庶務課もすべて荒らされたのなら「軒並み」でもおかしくないが、右のような場合は適切とは言えない。

〔例5〕 若いころから肌《はだ》の手当てを十分にすることです。（化粧品の広告）

「手当て」という語は、普通は「傷病に対する処置」の意に使われるから、この場合は「手入れ」の方がよい。

〔例6〕 両手に花だらけ／いや、片手に花さえ、身だしなみが悪ければ望めません。特にお顔がカサカサ荒れたりしていては落第です。（化粧品の新聞広告）

この広告の文章は、「両手に花だらけ」という見出しが大きな活字で示され、その後に本文が続いているのだが、見出しの文句と後の本文との意味的関係がよく分からない。それはともかくとして、「だらけ」というのは、名詞に付いて、そのものが一杯であるさまを表す接尾語である。ただし、「泥だらけ」「ほこりだらけ」「穴だらけ」「借金だらけ」のように、多くは好ましくない感じのものに付いて用いられる語である。ところが、近年、右の例のように、好ましいもの、望ましいものに「だらけ」を付けて用いる例をよく見聞きする。最近では、ラジオの相撲《すもう》放送の中で、著名な某解説者が金星を挙げたある力士の取り口を分析して「まったくいいとこだらけですね」を連発するのを耳にしたが、やはり抵抗を感じる。右の新聞広告の場合は、「だらけ」を取って「両手に花」とすればよい。また、花が一杯だという気持ちを強く表したいなら、「両手に花・花・花……」とでもすべきところであろう。

〔例7〕 学問の世界、とくに言語学では、ことばと文字とは別のもので、文字はことばではないといいきる人がいまなお多い。そうした言語学の流れにさおさす人は、「文字も言語そのものである」という。（単行本）

この語は、もともと「機に乗じる・ある物事に調子を合わせてうまく立ちはたらく」意であるのに、右の例のように「流れに逆行する・ある物事に対して逆らう・抵抗する」という意味だと思い込んでいる人がかなりいるようである。（この語については、569ページに、〈「…にさおさす」を逆行の意味に使うのは正しいか〉として解説がある。）

〔例8〕 判決の最後に橋本裁判長は、被告たちの情状にふれ「……」ときびしく被告らのモラルのなさをいさめた。（新聞）

「いさめる」は、普通、臣下など目下の者が目上の者に対してする動作であるから、この場合は不適当であろう。「いましめた」と書くべきである。

〔例9〕 日本画・彫像の美にあ然とみとれる参会者（村広報）

「村民文化祭開かれる」という記事の中の写真説明の文句である。「あ然（唖然）」というのは、「あきれて物が言えない様子」を表す言葉であるから、この場合に使うのはおかしい。また、この絵画彫刻展の出品者に対しても大変失礼なことになってしまう。「陶然と」とか「うっとりと」とでも書くべきところであろう。

(二) 前後関係の不照応

〔例10〕 男性はズボンにもスキッとした折れ目、女性は美容院からとび出てきたようなミニあり、マキシあり……（新聞）

「美容院」は、文字どおり顔かたちを美しく整えるところで、ミニやマキシと直接の関係はない。「洋装店」とでも書くつもりで、思わず筆が滑ったものであろうか。

〔例11〕国保税平均二七％値上げ（新聞の見出し）

税金や報酬などの場合は、「値上げ」よりも「引き上げ」という方が、より正確な使い方であろう。

〔例12〕 国連死滅論さえ、総会の舞台で公然とほのめかされるこのごろである。（新聞）

「ほのめかす」という語は、「それとなく言う」意であるから、「公然と」では矛盾するはずである。恐らく、「公の席で」とでも書くつもりだったのであろう。

〔例13〕 代表団一行四十六人は、エールフランスの二つの便に分散してニューヨーク入りする。（新聞）

「分散する」は、たった二つに分かれることには使わない。この場合は「分乗して」と書くべきところであろう。

〔例14〕 白紙手形による被害額としては空前絶後、また二十九もの金融機関がそろってだまされたのも前例のないことである。（新聞）

「絶後」というのは、「これからもない」という意味である。こういう被害は「絶後」であってほしいけれども、残念ながら、その保証はできないはずである。いわゆる紋切り型の用語として「空前絶後」という形で覚えてしまったために起こったものである。

前後関係の不照応ということでは、次のような例もある。

〔例15〕 厳に秘密漏えいを守らなければならない。（新聞）

「秘密を守らなければならない」とするか、「秘密漏えいをしないようにしなければならない」としなくては、前後の意味が通らない。この場合も「秘密漏えい」を紋切り型の文句として覚え込み、「漏えい」の意味を考えなかったために起こった失敗であろう。

(三) 慣用句の意味の誤用

「情けは人のためならず」ということわざがある。これは「他人に情けをかけると、それが巡り巡って必ず自分によい報いが得られる。情けをかけるのは他人のためではなく、結局自分のためなのだ」という意味である。ところが、最近若い人たちの間では、「他人に情けをかけて甘やかすのは、結局その人のためにならないから、むやみに他人に情けをかけるものではない」という意味に受け取る人が多い。また、最近、ある大学教授から聞いた話であるが、「他山の石」の意味を大学生に尋ねたところ、「自分とは全く無関係なこと」と答えた者が多かったという。

もう一つ、現在意味を取り違えて使われる慣用句として「一姫二太郎」がある。この語は、「子供を産むには、一番上が女子、二番目が男子という順番が最もよい」という意味であるが、比較的若い年代層の中には、「子供を持つ数は、女子一人に男子二人、つまり二男一女の子持ちが最も理想的だ」という意味に受け取っている人がかなりいる。このように、ことわざや成句・慣用句の意味を間違えて使う場合が、印刷物の中にも、時折見受けられる。

〔例16〕日ごろ〝グラウンドの紳士〟としてその温厚な態度を賞されているH選手すら、思わず柳眉を逆立てて憤ったのだ。（週刊誌）

「柳眉《りゅうび》」はヤナギの葉のように細くて美しいまゆの意である。そして「柳眉を逆立てる」は、確かに、怒る形容として使われる慣用句であるが、それは、いつもは優しい面差しの若い婦人が怒る場合に限るのであって、いくら温厚で眉目秀麗なH選手であっても、男子の怒る形容として使うのは、おかしいのである。

〔例17〕悪評サクサクの地元商店街／閉店時間、接客態度に消費者不満（新聞の見出し）

「サクサク（嘖々）」は、口々にはやしたてるさま、ほめそやすさまの意で、「好評サクサク」のように使う語である。

(四)　無意味な重ね言葉

昔、こういう言葉遊びが全国各地で行われていた。

いにしえの昔の武士の侍《さむらい》が、山の中の山中で馬から落ちて落馬して、女の婦人に笑われて、顔を赤くして赤面し、うちへ帰って帰宅して、仏の前の仏前で、短い刀の短刀で、腹かき切って切腹した。

（注）この言葉遊びは、地方によって文句が少しずつ違っているところがある。

随所に、和語（やまとことば）と漢語が対応していて、なかなかよくできている。このように、意味の上で重複した言い回しを「重ね言葉」とか「重言」とか言う。こういう言葉遊びが、テレビなどの発達しない時代に全国に浸透していたのは、重ね言葉の面白さによるものであろう。つまり、「馬から落ちて落馬する」というのは、表現として全く重複しているのにかかわらず、それがもっともらしくつながっているところが滑稽《こっけい》なのである。言い換えれば、こうした重ね言葉は、遊びとしては面白がられても、普通の表現としては一般に認められない、ということになる。ところが、実際には、我々の周囲に、こうした無意味な重ね言葉が、案外、多く行われているものである。

〔例18〕お酒は弱いとおっしゃる殿方、少し飲んでみたいわとおっしゃる御婦人、そんな方にもっとも最適なお酒です。（新聞広告）

「もっとも最適」というのは、「馬から落ちて落馬して」式の表現である。「もっとも適した」と直すか、「そんな方に最適なお酒」とすればいい。

〔例19〕ところが最近、この幼虫を殺虫するのに非常に効果のある防除方法が見つかりました。（町広報）

ここは、「幼虫を殺すのに」と書けばよい。

〔例20〕費用は、およそ千数百円です。（PTA広報）

〔例21〕交通禍は最近日増しに多くなり、新聞紙上には毎日のごとく数件余も出ている。（町広報）

「数……」というときの「数」はもともと概数を示す語なので、

「およそ」と同時に使ったり、同じく概数を示す「余」と一緒に使ったりするのは、表現の重複である。

〔例22〕従来からの給油所の日曜、祝日休業の実施に、一層の徹底が図られることになりました。(町広報)

〔例23〕地鎮祭はわが国古来からの習俗的行事であり、宗教的儀式ではないとの見解で通してきた。(新聞)

「従来」や「古来」の「来」は、「……からこちら」「……このかた」という意であるから、助詞の「から」と意味が重複する。それぞれ、「従来の」「古来の」とするか、「今までの」「昔からの」とする必要がある。この種の例は、「昨年来から」「一九五〇年来から」のように、一般にかなり広範囲に誤用が見られるので、特に注意を要する。

〔例24〕一部地区民の反対で、約五十メートルが、いまだに未完成になっている。(新聞)

〔例25〕まだ未提出の方は、早く記入のうえ近くのポストに投函願います。(市広報)

この重ね言葉も、一般によく見掛ける例である。

〔例26〕この自転車には施錠がかけられてありませんので、盗難にかかるおそれがあります。(警察広報)

「施錠」は「錠をかけること」の意であるから、「施錠をかける」は、やはり重ね言葉である。「施錠していませんので」とか「錠がかかっていませんので」とすればいい。

以上の例は、どれも同じ意味の言葉がくっついて使われた場合であるが、次に掲げる例のように、両者の距離が離れてくると、前に述べた言葉の意味をつい忘れがちになるため、ますますこうした重ね言葉が生じやすくなる。

〔例27〕保温は囲いをすることによって、ある程度保てますが……(町広報)

〔例28〕岩瀬橋は、対岸の中学校に通学する生徒の便のため架橋されましたが……(町広報)

〔例29〕農林水産省も今のところ、これにストップをかける対策がない現状。(新聞)

これらの実例のほかに、普段よく目にし耳にする重ね言葉の例を幾つか挙げておこう。

被害をこうむる　犯罪をおかす　突然卒倒する
慎重に熟慮する　毎日曜日ごとに　各世帯ごとに
予期しない不測の事故

なお、643ページには、〈「募金を募る」という言い方はおかしくないか〉という解説がある。

2　語形を正確に

(一) 音の転訛《てんか》

一つの語を構成する音連続のうちのある音が他の音に交替したり、音の並ぶ順序が入れ替わったり、必要な音が脱落したりする場合がある。各種の印刷物に時折見られるものである。

(1) 音の取り違え

〔例30〕・かって、私たちは空気が汚染されるということを想像したことがあるでしょうか。(市広報)
・町の台所はかってなくきびしく……(町広報)

〔例31〕・かって、いまは亡き壺井栄さんは、城を仰いで「……」と評した。(市広報)
・かっては、静かな環境の中に息づいていた古墳も、周囲の開発に伴い、……(市広報)

この語は、〈カッテ〉とつまる音(促音)に発音する人と、〈カツテ∨とツをはっきり発音する人とがいる。終戦のころまでは、「曾て」あるいは「嘗て」と漢字で書かれることが多かったため、漢字表記のかげに隠れてしまって、発音の揺れが問題にされることが少なかった。ところが、「当用漢字表」（昭和二十一年、内閣告示）の中に「曾」も「嘗」の字も含まれなかったので、以後、この語はほとんど仮名書きにするようになり、右の例のように、発音上及び表記上の揺れが目につくようになったわけである。

しかし、標準的な言い方としては∧カツテ∨（表記としては「かつて」）の方を採るべきであろう。その理由については、535ページに解説がある。

なお、∧カッテ∨と∧カツテ∨のように、発音（表記）の揺れている語に関して、本書でも次のような語について解説をしている。

- 「ちょうちょう」と「ちょうちょ」は、どちらが正しいか（536ページ）
- 「ニホン」か「ニッポン」か（536ページ）
- 「十ぴき」の「十」は「ジッ」と「ジュッ」のどちらに発音するのか（537ページ）
- 「さびしい」か「さみしい」か（540ページ）
- 「ほほえむ」か「ほおえむ」か（542ページ）
- 「むずかしい」と「むつかしい」（559ページ）
- 「たあい」と「たわい」（565ページ）

〔例32〕まんまと逃げおわせた。（新聞）

これは、もちろん「逃げおおせた」が正しい。

〔例33〕武井さんの人と作品に酔いしたっていました。（市広報）

これは「酔い慕う」ではなく、「酔い浸る」（すっかり酔う意）のはずであるから、「酔いひたる」が正しい語形である。なお、この語は、十七世紀初めにキリシタン宣教師たちが刊行した『日葡《にっぽ》辞書』にも「Yoifitari, u, atta」（ヨイヒタリ、ル、ッタ）と出ている。このヒとシとは相互に混同されることが多い。「おひたし（お浸し）」のことを「おしたし」、ふとんを「しく（敷く）」ことを「ひく」と言ったりするのがその例である。最近、ある週刊誌で「したむきに努力する」というのを見たが、これも「ひたむきに」の誤りである。また、中部地方や関西地方では、質屋の看板に「ひちや」と書いてあるのをよく見掛ける。

次に掲げるのは、外来語によく見られる、清音と濁音との取り違えの例である。

〔例34〕全農家が期待と関心をもって見守る中を、ブルトーザーのエンジンがうなりをあげて……（町広報）

〔例35〕十月一日、〇〇中学校校庭で、ドッチボールを行い、総計二十九チームが参加（町広報）

〔例36〕皆さんの体力を診断するもので、一級から五級までの認定者にはバッチを交付します。（町広報）

〔例37〕ペタルも軽やか／早朝サイクリング（市広報）

これらは、それぞれ、「ブルドーザー」「ドッジボール」「バッジ」「ペダル」とするのが標準形である。なお、こうした現象については、次のような解説がある。

- 「ベッド」か「ベット」か（458ページ）

清音と濁音との取り違えでは、次のような実例もある。

〔例38〕自然と建物のすざましい闘いの跡。（町広報）

この語は、元来、文語四段活用の「すさぶ（荒ぶ）」という動詞が形容詞化したものであるから、「すさまじい」が正しい形である。これが「すざましい」となったのは、次項に述べる音位の転倒とも関連があるのかもしれない。

(2) 音位の転倒

音位の転倒とは、例えば、

チャガマ（茶釜）→チャマガ
カラダ（身体）→カダラ
ツゴモリ（晦日）→ツモゴリ

のような音変化の現象を言う。前の二例については説明の要はあるまい。「ツゴモリ」は「ツキゴモリ（月隠）」の変化したもので、月の光が全く隠れて見えなくなる意から、そのころ、つまり陰暦で月の終わりごろを指すようになった言葉である。したがって、「ツモゴリ」というのは、明らかに誤りである。近年、ちり紙交換の業者が住宅地などを回って、「毎度、おさがわせいたします」と放送しているのを、よく耳にする。これも「おさわがせいたします」の音位が転倒したものである。印刷物におけるこの種の実例としては、次のようなものがある。

〔例39〕早速、つきあがったおもちに舌づつみをうちながら、おいしく食べました。（町広報）

この語は、元来「うまいものを飲み食いした時に鳴らす舌の音」の意であり、かつては「舌打ち」と同じく、「不満や不快の気持ちを表す時に鳴らす舌の音」の意にも使われたことがある。語源は、「舌」と「つづみ（鼓）」の複合語であるから、歴史的には、もちろん「舌つづみ」の方が正しい。前述の『日葡辞書』にも「Xitatçuzzumi」（シタツヅミ）と明記されている。

ところが、「舌づつみ」という言い方もかなり以前から生じているらしく、『日本国語大辞典』によれば、

・母もはなしの舌づつみ宜彌（きね）がつづみの袖神楽（浄瑠璃「持統天皇歌軍法」）
・私は舌鼓（シタヅツミ）をうって引きかへして（宇野浩二「苦の世界」）

などの用例が掲げられている。現代の国語辞典は、もちろん「したつづみ」を見出し形に掲げているが、大半のものが「〈舌づつみ〉ともいう」という説明を付け加えている。これら国語辞典の取扱い方は、あながち「したづつみ」を誤りとはできないという態度を表しているが、これは「したづつみ」が現代の日本人の間に広く普及しているという事情を無視できなかったためであろう。ところで、「舌つづみ」はそんなに発音しにくい音連続とも思われないのに「舌づつみ」という言い方が一般化したのはなぜであろうか。恐らく「舌＋つづみ」という語源意識が一般に薄れたことと合わせて、一方で「小包・風呂敷包み」とか、「賀茂堤・隅田堤」とかいう「……ヅツミ」という言い方が多くあるのに引かれたこともあろうかと思われる。

（注）(1)「大鼓」「小鼓」は、それぞれ、「オオツヅミ」「コツヅミ」と発音し、「オオヅツミ」「コヅツミ」とは言わない。これは「大包み」や「小包」などと同音衝突を起こすからであろう。

(2)「舌つづみ—舌づつみ」と全く同じ現象として、「腹つづみ—腹づつみ」も、現在両様に発音されている。

音位の転倒は、外来語についても見られる。「エキジビション（エキシビションとも。展示、展覧会などの意）」を、「エキビジション」と発音する人が時々いる。また、次の例なども音位の転倒に準じて考えられる誤りである。

〔例40〕スポーツ、文化を高めることと住民のコミニュケー

ションの場としてどなたでも利用できる体育館の建設（町広報）

無論、「コミュニケーション」が正しい語形である。

(3) 音の脱落

市町村の広報紙には、次のような実例が時折目につく。

〔例41〕園児のスイカ割り大会などでにぎ合い、いよいよ……（町広報）

〔例42〕どこへ文句をつけたらよいのかといった苦情が、町教育委員会の電話機をにぎあわせた。（町広報）

「ニギアイ」「ニギアワセタ」というのはおかしい。前者は「ニギワウ」という動詞の連用形だから「にぎわい」が正しい形である。後者は、この「ニギワウ」を他動詞にした言い方であるから、もともと「ニギワワス」が正しい形のはずである。「驚く→驚かす」「照る→照らす」などと見合わせて考えられよう。ところが、「ニギワワス」の場合は、ワが重なって言いにくいということもあって、かなり古くから「ニギワス」という言い方が発生し、現在では「ニギワワス」「ニギワス」の両形が並び行われている。したがって、後者は、「にぎわわした」若しくは「にぎわした」と書くべきである。つまり、右の例文の「にぎあい」「にぎあわせた」というのは、＜nigiwai＞＜nigiwawaseta＞のW音を一つ落としたもので、これを〝音の脱落〟という。

〔例43〕私は子供なりにその姿が不思議で、また痛ましくかあいそうでならなかった。（町広報）

戦前の表記習慣として、「カワイイ」を「可愛いい」、「カワイソウ」を「可哀想」と書く当て字が一般化していたため、「愛」や「哀」の字音に引かれてか、実際に「カアイイ」「カアイソウ」と発音する人が少なくなかった。この場合も、「ニギワウ」「ニギワワス」と同じく、＜kawai＞＜kawaiso＞におけるW音を脱落させたケースになる。Wという子音を発音する場合には、くちびるにある種の緊張を必要とするので、言いやすくするためそれを落としてしまうという傾向がある。次の実例も、それに該当する。

〔例44〕私どもも、生理的な苦痛も味あわずに済み、ほんとうにありがたく思っています。（町広報）

「アジワウ」を「アジアウ」と発音したり書いたりする人は、かなり多くいると見られる。しかし、ここに挙げた「ニギアウ」「カアイソウ」「アジアウ」は、現在ではまだ標準的な発音とは認めがたい。やはり「にぎわう」「かわいそう」「あじわう」と書くべきところである。なお、このような音の脱落に関しては、565ページに＜「たあい」と「たわい」＞、578ページに＜「ゆだる」か「うだる」か＞の解説がある。

また、長音に発音すべき語であるのに、延ばす音を欠いた例も、目につく。

〔例45〕規則を守ってなぜ悪いといわれたら当局としてはグの音も出ないのだが、利用者にしてみればどうにも納得できないものを感ずるのだ。（新聞）

これは、「ぐうの音」というのが普通の言い方である。

〔例46〕一位より三位まで賞状トロフィを、また……完歩者全員に記念品を贈ります。（町広報）

〔例47〕自転車には小さなカギよりチェン錠が安全です。（町広報）

右の二例は、共に外来語であるが、「トロフィー」「チェーン」が、それぞれ、標準的な発音・表記である。

(4) 音の連濁

連濁というのは、「胃＋ふくろ→胃ぶくろ」「雨＋かさ→雨がさ」のように、語の複合が行われる場合に、後に続く語の頭音が清音から濁音に変わる現象を言う。ところで、現代の日本語の中には、連濁を引き起こした言い方と、もとのまま清音で発音する言い方とが並び行われていて、どちらが正しいか決定し難い場合が多い。例えば、

入口｛イリクチ／イリグチ　　繙く｛ヒモトク／ヒモドク
水茎｛ミズクキ／ミズグキ　　横倒し｛ヨコタオシ／ヨコダオシ

などは、手元の国語辞典に当たってみても、辞典によってどちらを見出し形に立てるかで扱いを異にしている。更に個人について見ると、

書留（カキトメ・カキドメ）／翌年（ヨクトシ・ヨクドシ）／平仮名（ヒラカナ・ヒラガナ）／三階（サンカイ・サンガイ）／洗濯（センタク・センダク）／居座る（イスワル・イズワル）／芸達者（ゲイタッシャ・ゲイダッシャ）／研究所（ケンキュウショ・ケンキュウジョ）…（345ページ参照。）

のように語形の揺れているものが、実際にはたくさんある。この種の語については、広く一般的に通用するような基準を定めて、どちらかに振り分けることの困難なものが多い。例えば、市町村等の発行する広報紙などを見ると、次に掲げるような語については、連濁しない形と、連濁した形の両方が現れる。

国つくり―国づくり　　町つくり―町づくり
村つくり―村づくり　　人つくり―人づくり
体力つくり―体力づくり

広報紙全体としては、下の連濁した言い方の方が多く取られているようであるが、中には、次のように同一記事中に、連濁形と非連濁形とが同居している例さえ見られる。

〔例48〕　戸外でのスポーツや体力づくりには、そう快な季節。
（中略）
本号四、五面は〝体力つくり〟を特集した。

また、新聞や放送などの報道機関の間でも扱いを異にすることがある。昭和四十九年、台風十六号の豪雨による増水で、多摩川の堤防が一部決壊したとき、家屋の流失を防ぐために農業用水路の取水セキ（東京都狛江市の宿河原セキ）を自衛隊の手で爆破して、流れをよくしようとした。

そのニュースを伝えた各紙、各局の報道ぶりを見ると、大半の報道機関は、「取水せき・宿河原せき」としていたが、一部の新聞では、連日、「取水ぜき・宿河原ぜき」と報道していた。「取水せき」という語は、国語辞典にも見出しとして採られていないので参考にすることができないし、平生余り使われない語であるために、熟合度が強いか弱いかで判断の差が出たものであろう。

連濁が起こる場合の法則については、国語学界でもいろいろな議論があり、

(1)熟合度の強いものに起こりやすい。
(2)前要素の末尾が撥音の場合は連濁しやすい。
(3)擬声語・擬態語では連濁しない。
(4)後要素の第二音節が濁音の場合は連濁しにくい。

などの点が指摘されている。しかし、連濁現象の時代的な変化、連濁するものとしないものとの対比、方言による違い、アクセントとの関連など、まだまだ明らかにされていない点が多い。したがって、個々の語については、連濁するかしないかで判断し難い場合もあるのである。

(二) 慣用句のくずれ

「十把《じっぱ》ひとからげ」のことを「一把ひとからげ」、「ひょうたんから出た駒《こま》」を「駒から出たひょうたん」、「水を得た魚」を「魚を得た水」などと言う人がいる。こういう、昔からの慣用句を誤って使う現象が、近年とみに目立つ。

〔例49〕これではぬかみそにクギという筋書きだ。(週刊誌)

手ごたえがないことのたとえには「ぬかにクギ」という慣用句が使われる。ぬかみそにクギを打ち込んでも手ごたえのないことには変わりがないが、かといって自分勝手に「ぬか」と「ぬかみそ」を取り換えてしまっては、表現として成り立たなくなる。この種の実例を拾ってみよう。

〔例50〕腹が煮えくり返るほどくやしい。(週刊誌)

〔例51〕おへそをかかえて笑う。(週刊誌)

〔例52〕ちょっと頭をかしげて、こう言った。(新聞)

〔例53〕ミカンが実もたわわに実っている。(市広報)

〔例54〕血を洗うような主導権争いをした。(新聞)

〔例55〕遺憾のない有終の美しさを飾るも飾らぬも、われわれの自覚次第である。(町広報)

〔例56〕この雑誌は、どんな緊急の問題を論ずるにも、いわば斜めにかまえた落ち着きと聡明さを失わないといわれてきた。(新聞)

〔例50〕は「はらわたが煮えくり返る」、〔例51〕は「腹（おなか）をかかえて」、〔例52〕は「首をかしげて」、〔例53〕は「枝もたわわに」、〔例54〕は「血で血を洗う」、〔例55〕は「有終の美を飾る」、〔例56〕は「斜にかまえる」が、それぞれ正しい形である。最後の二例のように、「美」と「美しさ」、「斜《しゃ》」と「斜《なな》め」は、実質的意義にほとんど差はないからといって、それを交換することはできないのである。それは、「食う」と「食べる」が同義だからといって、「道草を食う」「お目玉を食う」「人を食った話」の「食う」を「食べる」に置き換えられないのと、同じことである。

〔例57〕○○高校は、順風に帆をはらむ勢いで勝ち進んできたが、(新聞)

物事が調子よくうまく運ぶことは、「順風に帆をあげる」と言う。もし、「はらむ」を使うのなら、「順風を帆にはらむ」と書くべきであろう。

〔例58〕間髪を移さず、○○商高などのブラスバンド二百三十人が入場。(新聞)

これは「間髪を入れず」(注)と「時を移さず」という二つの慣用句の混淆《こんこう》（コンタミネーション）によって生じた、誤った表現である。このように、慣用句の誤用例には、混淆という現象が大きな要因になっていることが多い。

(注)「間髪を入れず」とは、間に髪の毛一本入れる余地がないことで、事が非常に急なことのたとえである。よく「カンパツを入れず」と言う人がいるが、正しくは「カン、ハツを入れず」と言うべきである。

〔例59〕左右に揺れる気球を見上げながら、美観論争にケンケンガクガク。(新聞)

「ケンケンガクガク」もよく見掛ける語句であるが、これは、もともと「喧々囂々」（ケンケンゴウゴウ＝やかましい様子）と、「侃々諤々」（カンカンガクガク＝遠慮なくどしどし言うこと）との混淆による誤りである。

〔例60〕「結局、大臣のキビに触れたのさ」という無責任な解説も流れているが、そういえば○○氏は農林官僚の中でも硬骨漢で通っていた。(新聞)

これは、「キキ（忌諱＝キイとも言う）に触れた」若しくは「ゲキリン（逆鱗）に触れた」の記憶違いによるものであろうが、あるいは、「キビ（機微）に触れる」も影響しているかとも思われる。

〔例61〕聴衆は涙をぬぐおうともせず、手もさけんばかりに拍手していた。（新聞）

昔から、次のような慣用句はよく使われるが、「手もさけんばかりに拍手する」とは、普通言わない。

手もちぎれんばかりに打ち振る／手もくだけんばかりに握りしめる／のどもさけよとばかりに歌う／われんばかりの拍手

恐らく、これらの表現が入り混じって生じた誤用と思われる。なお、次の実例も、混淆の結果と見られる。

〔例62〕一刻千秋の思いで帰国を待ちわびる。（新聞）

〔例63〕熱にうなされて不用意に口走った。（新聞）

〔例64〕町内小学校陸上記録会は、新記録のラッシュでわき上がりました。（町広報）

〔例65〕児童ら意気高々（市広報）

〔例66〕身命を投じて、やりぬく覚悟です。（町広報）

〔例62〕は、「一日千秋」が正しい。これは「一刻千金」との混淆によるものであろう。〔例63〕は、「熱に浮かされる」が正しいが、一方で「夢にうなされる」という言い方のあることに影響されたものであろう。〔例64〕は、「わきにわく」と「盛り上がる」との混淆、〔例65〕は「意気高らかに」と「鼻高々」との混淆、〔例66〕は「身命を賭《と》して」と「身を投じて」との混淆によるものと思われる。

なお、類例として、次の解説を参照されたい。

・「口を濁す」という表現は正しいか（558ページ）
・「波紋を投ずる」という表現は正しいか（582ページ）

(三) 語法上問題になるもの

(1) 動詞の用法

① 「見れる・来れる」などの言い方

〔例67〕高橋さんのお宅では、サツキの種類の関係で、七月中旬までは花が見れるとのこと。（町広報）

〔例68〕来れなかった子に花束を。（新聞の見出し）

〔例69〕一着で二通りに着れる　ウイークエンドのおしゃれ着。（新聞広告）

〔例70〕臨時生徒会を開いても出れないのじゃないかという見方もある。（高校新聞）

〔例71〕母と一緒に寝れることがうれしい。（週刊誌）

〔例67〕は、「見られる」、〔例68〕は「来られなかった」、〔例69〕は「着られる」、〔例70〕は「出られない」、〔例71〕は「寝られる」と書くのが正しい。この五語のほかに、さらに「起きれる」「食べれる」「投げれる」などの言い方も、近年よく耳にするし、また活字になったものも目につく。例えば、次の例などがそれである。

〔例72〕不幸にして不慮の事故にあわれたり、一家の柱である御主人が亡くなられた時は、障害年金や母子年金なども受けれます。（町広報）

もちろん、「起きられる」「食べられる」「投げられる」「受けられる」が、正しい言い方である。（その理由については540ページに解説がある。）

これらの言い方が話し言葉の世界でますます一般化していることは否定できないが、学校の教科書や国語辞典での取扱い方や、知識人の言語意識などから見て、まだまだ標準的な言い方として位置付けられる段階にまでは至っていない。少なくとも、文章中には使用しない方がよい。

② 無理な形の動詞

〔例73〕一九八〇年前半を動向するといわれる重大な意義をもつ今回の選挙です。（町広報）

〔例74〕田中さん夫妻が好調で、最初のガーデン・セット（三万三千円）、香水（五万円）、ソーメン（二万円）などをいずれも正解する。（新聞）

〔例75〕今回の○○県知事選挙は、十二月七日に任期満了するので、これに伴い行われるものです。（町広報）

右の三例は、いずれも「動向」「正解」「任期満了」という名詞に「する」を付けてサ変動詞としたものであるが、ちょっと無理な感じのする使い方である。〔例73〕は、「一九八〇年前半の動向を決めるといわれる」のように書くべきであろう。〔例74〕は、国語辞典によっては「正解する」というサ変動詞形を認めたものもあるが、それほど一般的な使い方とは思われない。「いずれも正しく解答する」と書きたいところである。〔例75〕も、「任期満了する」よりは「知事の任期が満了する」の方が普通の言い方である。

〔例76〕予算編成でゴリ押しした恩給団体の圧力（新聞）

〔例77〕時代の推移により衰退がちな神楽の保存会を結成し後継者の育成につとめている。（町広報）

〔例76〕の「ゴリ押した」という言い方はおかしい。「ゴリ押し」という名詞形はあっても、「ゴリ押す」という動詞形は存在しないからである。ここは「ゴリ押しする」と書くべきところであろう。〔例77〕の「衰退がち」も、「衰退しがち」と、サ変動詞として使うのが普通である。

また、動詞の活用を誤った例も、ごくまれに目につく。

〔例78〕十三年間、首脳陣にもおもねずバットとグラブ一筋で生き抜いてきた男。（新聞）

「おもねる」はラ行五段活用の動詞であるから、その打ち消し形は「おもねらず」であって、「おもねず」ではない。下一段活用と錯覚したものであろう。

〔例79〕国民年金のきょ出年金と福祉年金の支給額が、八月からそれぞれ大幅に引き上がりました。（町広報）

〔例80〕器物は大変貴重視されて日常使用する茶碗《わん》を取り落として壊した嫁に離縁話が持ち上がるといった農村哀話も生まれるという笑われない生活もありました。（町広報）

〔例79〕は、「引き上げる」という他動詞を自動詞として使った例であるが、この言い方も落ち着きが悪い。やはり「引き上げられました」とすべきであろう。〔例80〕は、「笑えない生活」と可能動詞の形を使うのが、普通の言い方だと思われる。

(2) 形容動詞の用法

日本語では、形容詞の語彙《ごい》が乏しいこともあって、その欠を補うものとして、形容動詞が盛んに使われるが、その中には、形の上で不安定な使い方をするものがある。

〔例81〕番狂わせにつぐ番狂わせだったが、その割には盛り上がりを欠く〝変型〟な大会だった。（新聞）

〔例82〕宮島は、……日本三景の一を誇る景勝と豪華絢爛な平安朝文化を伝承する数多くの国宝重要文化財とによって、国際観光地として栄えている。（市広報）

〔例83〕耳をすませば、ホラ、高らかのちょう笑が聞こえるじゃあないか。（新聞）

〔例81〕の「変型」を形容動詞として使うのはおかしい。「〝変型〟大会だった」の方がよい。〔例82〕の「豪華絢爛《けんらん》」という文語の形容動詞の語尾は「たり」であって「なり」ではないから、「豪華絢爛な」とは言わない。「豪華絢爛たる」とか「豪華絢爛として」とかのような使い方しかできないはずである。〔例83〕の「高らか」は純粋の形容動詞であるから、連体形は「高らかな」である。

〔例84〕 市内に二百世帯はある保護世帯にわずか十人で生活指導をする彼等にとって、毎日毎日が東奔西走だ。（市広報）

これは、形容動詞とは言えないが、それにしても変な使い方である。

毎日毎日が東奔西走の忙しさだ。

彼等は毎日毎日東奔西走している。

のように言うのが、普通の表現であろう。

(3) 副詞の用法

〔例85〕 すっきりのシルエットが注目の的。（新聞広告）

〔例86〕 全然新しいインキの注入（新聞広告）

前者の「すっきり」を連体修飾語にする場合は、「すっきりした」という言い方が普通であろう。後者は、「全然」を使うなら、下に打ち消しの言い方が来なければならない。「全く新しい」というなら、問題はない。なお、「全然」の使い方については、547ページに解説がある。

3 漢字表記を正しく

現在、新聞・雑誌をはじめ一般の印刷物に、以下に掲げるような漢字の誤記・誤用が目立つ。

① 同音又は同訓の別の漢字を誤って使ったもの

昨年以向（降）　子供と一諸に（緒）　内膜をさぐる（幕）
多勢の見物客（大）　客の応待（対）　穏好な人柄（温厚）
押し着せの練習（お仕着せ）　肩苦しい（堅）　十周年紀念（記）
逆点勝ち（転）　下熱剤（解）　規模の縮少（小）
除行運転（徐）　当局と接渉中（折衝）　専問家（門）
毎朝の朝令（礼）　校舎の徹去（撤）　経済の動行（向）
当時者の意見（事）　交渉が難行する（航）　音楽家の亡名（命）　涼しさ万点（満）　工場誘置（致）　余断を許さない（予）

② 同音異義語の使い誤り

危機一発（一髪）　以外に明るい表情（意外）　陰画紙に焼き付ける（印画）　回顧趣味にあふれた作品（懐古）　政治に感心を持つ（関心）　時世に押し流される（時勢）　混乱を収集する（収拾）　本籍地に紹介する（照会）　大学に席をおく（籍）　Mデパート調整の緞帳《どんちょう》（調製）　抱擁力のある人（包容）　肝に命ず（銘ず）　類が及ぶ（累）

③ 同訓異字の使い誤り

老い先の楽しみな子（生い先）　決勝戦で破れた（敗れ）　候補者として教え子を奨める（薦める）　手にクリームを刷り込む（擦り）

漢字の誤記には、いろいろな要因が考えられるが、右の例に見るように、同音又は同訓の漢字による誤りがその大半を占めるといってよい。本来、漢字というものは、表意文字と呼ばれているように、一字一字が決まった意味を持っている。ところが、近年はその意味を無視して、ただ同じ音（又は同じ訓）でありさえすればよかろうというわけで、平気で別の漢字を使うという現象――当て字、つまり表意文字としての漢字を単に表音文字として使う現象――が、現代の社会に広がっている。こういう現象に歯止めを掛けるためには、一人一人が文章を書くに当たって、用字に関心を持ち、少しでも怪しいと思ったら、国語辞典で確かめてみるといった習慣を付ける必要があるだろう。

三　分かりやすい用語

文章表現の場合、ただ正確な言葉を使うというだけでは不十分で、読み手にとって分かりやすい言葉を使うことが、特に必要である。谷崎潤一郎は、その著『文章読本』（昭和九年、中央公論社）の中で、用語の選び方について、次のような注意を挙げている。

一、分かりやすい語を選ぶこと。
二、なるべく昔から使い慣れた古語を選ぶこと。
三、適当な古語が見つからない時に、新語を使うようにすること。
四、古語も新語も見つからない時でも、造語――自分で勝手に新奇な言葉をこしらえることは慎むべきこと。
五、よりどころのある言葉でも、耳遠い、難しい成語よりは、耳慣れた外来語や俗語の方を選ぶべきこと。

この本の発表されたのは、今から五十年近くも昔のことで、当時はまだ難しい漢字・漢語を使った文章が社会的に幅をきかせていた時代だっただけに、「分かりやすい語を選べ」とか「自分勝手に造語をするな」と言い切った谷崎の見識には感心させられる。分かりやすい語というのは、自分にも他人にも見慣れた、親しみ深い語ということであろう。したがって、次のようなものは、概して分かりにくい語であるといっていい。

・一般の人の見慣れない**漢語**
・一時代前に使われた**文語**
・最近ちまたに氾濫《はんらん》している**外国語**
・特定の人だけに通じる**専門語・学術用語**
・耳慣れない**略語**
・無責任な**新造語**
・共通語と思い誤って使った**方言**

したがって、これらの語の使用に当たっては慎重にならなければならない。以下、実例に基づいて検討してみよう。

1　漢　語

(一)　漢語の功罪

漢語というのは、元来、中国語に起源を持つもので、その限りでは一種の外来語であるわけだが、その伝来が古く、また日本語に同化して広く使われてきたので、現在では、一般にほとんど外来語としては意識されない。また、このほかに、中国語の造語成分を使って日本で新しく造った語も、漢語に含めて考えるのが普通である。したがって、ここで漢語というのは、右の両者を含めたもの、つまり字音語（漢字の字音で組み立てられた語）とでも称すべきものであることを、あらかじめ断わっておく。

ところで現代の日本語の中で漢語の占める比重は極めて大きい。そのことは、国立国語研究所で実施した比較的大規模な語彙調査の結果を見ても明らかである。昭和三十一年の現代雑誌九十種について行った語彙調査の結果と、昭和四十一年の新聞三紙（朝日・毎日・読売）について調べた語彙調査の結果から、現代日本語における漢語の比重を見ると、次のことが知られる。

(1)　異なり語数を見ると、新聞でも雑誌でも和語、漢語、外来語の中で漢語が一番多い。つまり、日本語の単語全体の半分近くは漢語が占めているわけである。

(2)　延べ語数を見ると、雑誌では、さすがに和語の方が漢語よりも多いが、新聞では、漢語の方が多く使われ、全体の五〇パーセントを超えている。つまり、毎日の新聞紙上に現れる言葉の半分以上は漢語であるということになる。

漢語がこんなに数多く使われるのは、和語にない、次のような長所を持っているからである。

(1) 造語力に富んでいる

漢字は、一字一字が意味を表しているので、その組合せによって容易に新しい言葉をつくることができる。特に、漢字二字の組合せがそうである。「公害・団地・放映・汚職」など、次々に新しい漢語が生産されて日本語の語彙を豊かにしている。また、新たな事実が発生しても、すぐさまそれに対応して、「欠陥車・超高層（ビル）・総裁四選・映画倫理管理委員会・行政監理委員会」などと、既成の語の組合せによって、新たに命名することができる。さらに、これらの語形が長くなりすぎて不便だとなれば、「映倫・行監・配転・米審」などと省略して呼ぶことも容易にできる。このような、複合・省略等の活発な造語力は、和語にはとても望めないことである。

(2) 概念的な表現、簡潔な表現ができる

日常よく使われる漢語の中には、和語では到底言い換えられない言葉がある。例えば、「鉄道・水道・学校・大学・宗教・政治・経済・芸術・社会」などがそれである。これらを仮に「くろがねのみち」「まなびや」などの和語に言い換えたとしても、いかにも冗長で、また、意味もあいまいになる。その他の語にいたっては、二、三の和語を連ねるだけでは、到底、言い換えられそうもない。こうした例からも、漢語は、その概念性・簡潔性において、和語の比ではないことが分かる。

(3) 同音語も漢字で区別できる

漢語には、例えば、

奇行　奇功　奇効　気孔　寄港　寄稿　起稿　紀行　騎行
帰航　帰港　帰耕　気候　季候　起工　機構　機甲　機巧
貴公

のように同音語が多い。したがって、放送等で耳から聞くだけでは区別できない「南極観測船ふじのキコーシキ」なども、文字にすると「起工式」「帰港式」と、はっきり区別することができる。

しかし、漢語は、以上のような便利な性質を持っているにもかかわらず、国語国字問題が論議されるたびに、また、文章の平易化が問題にされるたびに、漢語整理の必要が叫ばれる。それは、右にあげた長所が、裏返せばそのまま次のような欠点につながっているからである。すなわち、造語力に富むということは、やたらに漢語を連ねた長い複合語をつくり出したり、新聞の見出しなどによく見掛ける、一般に分かりにくい略語を生んだりする。また、概念的な表現ができるということは、一面から見れば、和語に比べて一般に難しく分かりにくい言葉、堅苦しい言葉だということにもなる。さらに、同音語の多いことは、話し言葉の世界でコミュニケーションの上に大きな障害になることは説明を要しないであろう。

(二) 難しく分かりにくい漢語

前述のように、漢語の中には日常生活の中にすっかり溶け込んだ言葉もたくさんあるが、一般的に言って、漢語は、和語に比べると難しく分かりにくい要素を持っている。

(1) 古めかしく耳慣れない漢語

古いよりどころのある漢語でも、現在の社会で一般にほとんど使われていない語を、一般読者を対象とした文章中に使用するのは、問題であろう。

〔例87〕今後における営農志向、生産の組織化、土地利用の進め方、生産物の消流対策など、地域に密着した産業の振興を図ってまいります。（村広報）

「消流」は、『日本国語大辞典』によれば、「品物を消費するこ

と」として『日本風俗備考』や『西国立志伝』中の使用例を挙げているが、現在、一般には普通に使われる言葉とは思えない。あるいは、書き手が「消費流通」の略語のつもりで使ったのかもしれないが、いずれにせよ、読者にとっては分かりにくい語であると思う。

〔例88〕賞典は、一位より三位まで賞状トロフィーを、また標準記録を越えた人には敢闘賞を授与し、完歩者全員に記念品を贈ります。（町広報）

〔例89〕潜在的善行者の方々の勲功を失することのないよう調査して、感謝状を授与したい。（町広報）

「賞典」は、「褒賞・賞与」の意、「勲功」は「勤務上の功労」の意で、共に古くは使われたが、現在ではほとんど死語同様になっていると考えられる。それに、「失する」もおかしいが、これは「均衡を失する」という言い方にひかれたものであろう。したがって、前者は、「表彰は……を贈ることになっています」とし、後者は、「善行者の方々の功労を無にすることのないよう」とすればいい。

〔例90〕県及び市を通じて関係者の必死の防疫活動が功を奏し、どうやら防遏することができた。（市広報）

コレラの保菌者を出した市の市長の書いた文章の一節であるが、「防遏《ぼうあつ》」という漢語は、一般の市民には耳慣れない用語であろう。「どうやら防ぎ止めることができた」のように和語動詞を使って表現した方が、分かりやすい。

(2)　堅苦しい漢語

また、意味はそれほど難しくないとしても、漢語をやたらに使った文章は、全体的に非常に堅苦しい印象を与えるものである。専門家でない読み手に分かりやすい親しみやすい文章を書こうとするなら、易しい和語（又は易しい漢語）に言い換えられるような漢語は、なるべく使わずにすませることが必要であろう。

〔例91〕排水につとめ、土壌中の通気性をよくし、膨軟にするための土寄せをする。（町広報）

傍線部は、「水はけや土の中の空気の通りをよくし、土質を軟らかにするための」とした方が分かりやすい。

〔例92〕特に、ガスの漏洩は、目に見えない小さな火源でも爆発を起こし火災になっている例も、多くあります。（市広報）

傍線の語は、それぞれ「ガスもれは」とか「火の元」のような語を使う方がいい。

〔例93〕交通事故の犠牲者が逐年累増の一途をたどっている。（市広報）

〔例94〕幼児に対して母親が注意を怠ったとき、輪禍にあいます。（町広報）

前者は「年を追ってだんだん増えている」、後者は、「電車や自動車の事故」とくだいて表現する方がいい。

(3)　漢語の交ぜ書き

新聞や広報紙などでは、当用漢字表の範囲内で文章を書こうとするため、漢語の一部に当用漢字表外の漢字が含まれていると、その部分を平仮名にする、いわゆる〝交ぜ書き〟をすることがある。しかし、漢語の交ぜ書きは、表記上からも不安定な感じを伴うし、意味もかえって取りにくいので、なるべく別の語に言い換えた方がいい。

〔例95〕米国の孤立主義化は当面、がい然性の範囲にとどまるだろうか。（新聞）

〔例96〕温厚な新総長が人員整理にまで踏み切るかどうか危ぐする筋もあるが、（新聞）

前者は「蓋然性」、後者は「危惧」という漢語であるが、傍点の字が当用漢字表にないため、それぞれ交ぜ書きにしたものである。こういう無理な表記をしてまでこれらの語を使わなくても、前者は「可能性」、後者は「心配する」と言い換えれば、前後の意味も通るはずである。

〔例97〕 ゆう水があったり、豪雨の水が大量に集まるガケ。（町広報）

〔例98〕 洗車、さっ水等の節約をしましょう。（町広報）

前者は、「湧《ゆう》水」、後者は「撒《さつ》水」のことであろうが、それぞれ「わき水」「まき水」のように言い換えたい。

2 文　語

文語というのは、専ら文章を書く時に使うものとして、昔から伝えられた特別の言葉のことである。もちろん、現代の話し言葉（口語）には使われないのが普通であるから、一般の文章にもそんなにしばしば現れるものではない。ただ、文語は現代の口語よりも簡潔な表現ができるという利点があって、うまく使えば効果をあげることができる。

・○○事件の波紋を憂う（新聞の見出し）
・政府態度、再考迫らる（新聞の見出し）
・水道料金問題解決さる（町広報の見出し）
・風とともに去りぬ（小説・映画の題名）
・備えあれば憂えなし（ことわざ）

などと、今日でも使われているのは、そのためである。これらは、文全体が文語文と見られる場合であるが、普通の口語文の中に部分的に文語的表現の交じる場合が、一般の文章にはしばしば見受けられる。

〔例99〕 きびしい姿勢で臨まざるをえない。（新聞）→臨むほかはない・臨むしかない・臨まないわけにはいかない

〔例100〕 その傾向はますます強まりこそすれ、改善されそうな気配はない。（新聞）→強まることはあっても

〔例101〕 これら三点を重要事項としつつも、その具体化のためには、今後の検討が必要である。（市広報）→重要事項としながらも

〔例102〕 委員二十名よりなる分科会（町広報）→二十名からなる

これらの表現は、現在の話し言葉としても使われることがあるので、その限りでは文語とは呼び難い。しかし、傍線の語のような文語起源の助詞・助動詞を使った表現は、文全体を非常に堅苦しくし、難しくもする。いずれも、→の下に示したような口語的表現に改める方が、分かりやすく親しみやすい文章にするためには望ましい。

右のうち〔例102〕の「より」には特に注意したい。

〔例103〕 どうか先生より適切な方を御推薦下さるようお願いいたします。（通信文）

という依頼状を受け取って、失敬なやつだと憤慨した人がいたという話がある。「より」は文語的用法としては、現代語の「から」と同じく動作・作用の起点を示すのに使われるが、一方、現代語としては比較の基準を示す用法もある。書き手は、前者の意味で使ったのに、読み手は後者の意味に受け取ったために生じた誤解である。この「より」の使い方に関しては、公用文においても次のように規定している。（昭和二十七年「公用文作成の要領」から）

時および場所の起点を示すには、「から」を用いて、「より」は用いない。「より」は、比較を示す場合にだけ用いる。

例　東京から京都まで、

午後一時から始める。

恐怖から解放される。

長官から説明があった。

ところで、文語調の表現に関して、もう一つ付け加えておきたいことがある。それは、例えば次のような表現である。「〇〇を調査した」「〇〇を調べた」と言えば簡単なのに、わざわざ「〇〇の調査を行った」と書く習慣が、官庁や新聞などの文章などに根強く残っていることである。

〔例104〕今度も基本的にはこうした課題を中心に話し合いが行われるものとみられるが、（新聞）

これも「こうした課題を中心に話し合うものとみられるが」と書いた方が、直接的で分かりいいし、それに字数も節減できるはずである。

〔例105〕資料館完成の暁には、歴代城主と、その城主に仕えた武将たちの姿を、古文書、武器、武具、絵図などによって紹介することになっています。（市広報）

これも、「資料館が完成したら」と素直に表現した方がいい。これに類する、言わばカミシモを着た表現は、ほかにも指摘できる。

・合意への努力がなされつつある→努力が続けられている。
・意見の一致をみた→意見が一致した
・〇〇の決定をみた→〇〇が決定した・〇〇が決まった
・……を実施するにおよんで→……を実施してみて・実施するときになって
・予断を許さない情勢→予断できない情勢

右に示したような動詞の使い方は、文章全体を堅苦しくしてしまう。これらの表現も、一種の文語調と考えることができる。それぞれ、→の下に示したような直接的な表現の方が望ましい。

3　外国語

最近、特に、服飾品・化粧品・薬品・菓子類などの広告に外国語を生のままでやたらに使った文章が目につく。

〔例106〕いきいきとした暖かみのあるビビッドトーンの色調　上部にポイントをおいたボリュームタッチのデザイン　この秋の新装雑貨サロンでは二つのVのハーモニイの上にファンクショナルな美しさを求めて基調といたしました。（服飾品の新聞広告）

〔例107〕オプションのステレオTVチューナーを接続するとテレビの音声多重放送も楽しめるトータルサウンド設計の〇〇〇〇。精鋭の新設計コンポーネント。ツインラックがタテ、ヨコ、色調で選べる。エアチェック派、PLAY派のシステムアッププランにも対応。（ステレオの雑誌広告）

このように、外国語を多く交ぜて使うのは、一つは、それが日本語に訳しにくい語であるために、やむなく使うという場合もあるだろうが、もう一つは、文化的に優れていると思っている国の言葉を使うことによって、表現内容に文化的な感じを出そうとする心理も働いているものと思われる。「パン」「インキ」「フィルム」のような、既に日本語の中に同化しきった外来語を使うのは、至極当然であるが、一般の日本人になじみの少ない外国語をやたらに使うことは、文章を分かりにくくする原因になる。

〔例108〕こんどの犯行はファナティックな団体によるものである。（新聞）

〔例109〕この返事には一種のストイシズムが感じられる。（新聞）

右の傍線の二語は、まだ外来語として一般化しているとは思えない。それぞれ、最初から「狂信的」、「禁欲主義」のような語を使うか、あるいは（　）内に注を入れる必要があると思う。

4　専門用語

社会の各領域で使う専門的な言葉や、学術の世界における専門用語には、一般の人々には容易に理解できないものが多い。ところが、一般読者を対象とするはずの新聞や広報紙にも、時折、専門用語がそのまま現れることがある。

〔例110〕　スリップによる事故は、ほとんどが大きな人身事故や物件損害を出しております。（警察広報）

〔例111〕　詐欺事件の中では、寸借詐欺が一番多く、のれん師詐欺、がん物詐欺がそれに次ぐ。（警察広報）

〔例112〕　雑誌に虫眼鏡を当てて「見えた」「見えない」などというスラップステクに興じるような刑事の喜劇などは、いい加減に幕切れにしてもらいたい。（新聞）

〔例110〕と〔例111〕の場合、警察の関係者は、普通の言葉だと思い込んで使ったのであろうが、読み手である一般市民にとっては、耳慣れない語であろう。また、〔例112〕は、某演劇評論家の寄稿文の一節であるが、一般の読者の中で「slapstick」（ドタバタ喜劇）などという演劇用語を知っている人は、そんなに多くはないと思われる。こういう専門用語は、言わば〝仲間内の言葉〟であるから、それを一般読者の前、つまり広場に持ち出すことは問題であろう。普通の言葉に言い換えるか、あるいは注を付けるかする必要がある。

5　略　語

新聞でも、略語はよく使われる。例えば、「衆院・参院・通産省・農水省・経企庁・国体・民放・農協・公選法・日教組」などは、普通略語形で使われており、省略されない正式の名称で紙面に出ることが、ほとんどないくらいである。書記上の煩わしさを避ける目的から略語形が多用されるのであろうが、右の例のように一般化したものは、読む上にほとんど抵抗はない。しかし、次のような新聞の見出しに現れる略語になると、それほど一般化してはいないので、だれにでもすぐ理解できるというわけにはいかないであろう。

〔例113〕　来年度財投計画（「財政投融資」の略）

〔例114〕　ＩＬＯ、時短勧告採択（「労働時間短縮」の略）

〔例115〕　総評、政転闘争きめる（「政策転換を迫る闘争」の略）

〔例116〕　失対打切り反対（「失業対策事業」の略）

〔例117〕　重文のフスマ絵盗まる（「重要文化財」の略」）

新聞の見出しの場合は、字数の制限がきびしいこともあって、このような略語が多く用いられるのであろうが、省略しすぎたために読者に意味が正しく伝わらなかったのでは、何にもならない。右に掲げたのは、いずれも漢語の略語の例であるが、この場合は、まだ個々の漢字の意味が語を理解する上の手掛かりになるため、ある程度の見当をつけることができる。ところが、和語や外来語の略語は、仮名若しくはローマ字で書かれるために、ますます語の意味の識別が困難になることが多い。したがって、漢語の場合以上に、その使用を控え目にする必要がある。

〔例118〕　他人の家に勝手に侵入するこの種のドロは心臓が強そうなわりに気が小さく、それでいて殺人や強盗に早変わりする。（町広報）

〔例119〕　ずらりテレビカメラが取りまく日航オペセン内の記者会見。（新聞）

〔例120〕　改正はベアに重点。（新聞の見出し）

〔例118〕の「ドロ」は「泥棒」の略である。広報紙には、よく「空き巣ドロ」「忍込ドロ」のような使用例を見るが、俗語的な感じもあって、余り品がよくないと思う。〔例119〕の「オペセン」は、「オペレーション・センター」の略、〔例120〕の「ベア」は「ベースアップ」の略であるが、初めて見る読者は、恐らく意味が分からないであろう。

略語も、専門用語と同様に、言わば仲間内の言葉であるから、広場で用いる際には、次の注意が必要であろう。

(1) 一般化した略語のほかは、余り略語形を濫用しないこと。

(2) やむを得ず使う時でも、最初に出す時は、なるべく全形で出し、重ねて出す時から略語形を使うこと。

6　新造語

前に、漢語の長所の一つとして、造語力に富んでいることを挙げた。漢字は一字一字が意味を表しているので、その組合せによって容易に新しい語をつくることができる。前項の略語も、ある意味では新造語の一つと言える。このことは、漢語の大きな長所である反面、また一大欠点にもつながっている。つまり、単に意味さえ表せればいいという、はなはだ無責任な新造語が現れるからである。

〔例121〕スチール製のクサリでバックミラーの支柱にかけ、警官のカギでなければはずせない仕組みの、いわば〝捕錠型〟（新聞）

「捕縄《ほじょう》」からの類推による造語だろうが、警察用語としては、「手錠」が正しい。こういう正しい、そして一般にも分かりやすい用語をさしおいて、自分勝手な造語をするのは、是非とも避けたいものである。

〔例122〕U町合併以来初めての町長交替に明けた今年は、……新気みなぎった一年でありました。（町広報）

〔例123〕交通騒音・大気汚染等の公害を防去するために、国道一二二号線バイパスの早期実現を推進し、完成後の公害対策を講じます。（町広報）

〔例124〕全市民が一致協力して警火心の高揚をはからなければならない。（市広報）

〔例125〕全力投球からの失投を極力避けて、力の半減をみせた投法の熟得は一大進歩といえる。（週刊誌）

〔例126〕この薬を入念に擦り込んだら、かゆさ、痛さがきれいに消退しました。（新聞広告）

いずれも、漢字の意味だけに頼った、勝手な造語と言えるだろう。〔例123〕の「防去」は「防止除去」、〔例125〕の「熟得」は、「会得」を更に強調しようとしたものであろうか。〔例126〕の「消退」は「消滅退散」を略したものだろうか。このように、物事を誇大に表現しようとするときに、勝手な造語が生まれることが多い。歌謡界では、「デビュー曲を熱唱」というふうに、現在では、「熱唱」が一般化してしまったが、これも、二十年ほど前に、あるスポーツ紙の芸能欄に見出しとして使われたのが最初であったかと思われる。また、数年前、ある雑誌が某写真家の活動を表すのに「激写」という造語を使ってから、「激走・激打・激振・激白・激女・激妻・激婚・激雪・激演・激載・激語・激優・激着」などの新造語が、新聞や雑誌の世界に氾濫《はんらん》した。これらは、一時の流行としてはある程度表現効果があったとしても、読み手にとって意味が分かりにくいというだけにとどまらず、文章表現としての品位を落とすことにもなりかねないので、注意したいものである。

以上、要するに、自分勝手な造語はなるべく慎み、少しでも自分で怪しいと思えば、国語辞典に当たるなどして、確かめてみるだけの心掛けがほしいものである。

7 方言

方言は、ある特定の地域に限って使われる言葉であり、全国共通語（以下「共通語」と略称）は、日本全国に共通して使われる言葉である。また、方言は、日常語、しかも話し言葉に限って使われるという性格があるのに対し、共通語は公用語、つまり改まった場合の言葉遣いとしての性格を持っている。したがって、ある特定の地域に限ったとしても、公用語としては、方言は不適切ということになる。

新聞や雑誌のように不特定多数の読者を対象にするものでは、まず、方言を使って文章を書くことはない。ところが、全国の地方公共団体の発行する広報紙を見ていると、時々方言らしい表現にぶつかることがある。これは、書き手自身が方言であることを意識せずに、共通語のつもりで使ってしまうものらしい。例えば、次のような例である。

〔例127〕 十八歳未満のお子さんが三人以上みえます保護者の方。（市広報）

〔例128〕 このごろ運動不足から少し太り気味で、とおっしゃる奥さんはみえませんか。（市広報）

〔例129〕 安くてもうまいものを食べてもらおうと、皆さん張り切ってみえます。（町広報）

〔例130〕 内職やパートを行ってみえる方は…（町広報）

右の四列の「みえる」の使い方は、岐阜・愛知・三重の各県で広く行われている方言的用法である。共通語ならば「いらっしゃる」又は「おられる」を使うべきところである。共通語では、敬語表現としての「みえる」は、「先生は、明日何時にこちらにみえますか」「お客様がおみえになりました」のように、「来る」の尊敬表現として使われるだけであって、右の四例のような用法は持っていない。

これらの地方の人は、公の席でも右のような「みえる」を盛んに使うところから判断すると、方言だという意識が比較的薄いのかと思われる。話し言葉の場合には、ほほえましく思うことが多いのであるが、こうして文章の中に現れると、多少抵抗を感じる。

〔例131〕 精米などの仕事をしてある大町さんは……

〔例132〕 参加してあるのは役員さんばかりで、特に若い人の参加が少ないのには驚きました。

両例とも、福岡県の某町広報紙の文章であるが、共通語としては、「……しておられる」となるところである。

〔例133〕 単なる希望調査では○○・○○の両町会から八名の希望者があっている。

〔例134〕 現在のところ苦情もあっていない。

〔例135〕 他町に比べ、各種委員の報酬が少ないようであり陳情もあっているようだが

三例とも熊本県某町の広報紙の例である。この「あっている」という言い方は、他の地域の人には意味が分かりにくい。共通語の「ある」に該当するものであろうか。

以上の例は、語形としては共通語と同じ形をとっていながら、たまたまその用法が共通語と異なる場合であり、それだけに、土地の人にとっては方言的用法であることが自覚しにくいのであろう。以下は、語形としても共通語にはない方言形を使った例である。

〔例136〕 すぐカーテンをさかえて事務室があり、そのわきに宿直室がある。……公民館では館長が一人いて、渉外関係も、用務員も、一人でさくまってゆくというのが建前であろう。（町広報）

〔例137〕 アユにも男女がある。だから年ごろになると、人間でいう恋愛関係によって〝セライ〟あい、そのときあやまって針

にひっかかる。（町広報）

前者は、落成したばかりの公民館を視察した記事の一節で、「さかえる」は、「さかいにする」という意味、「さくまう」は、「とりしきる」という意味であるらしい。後者の「せらう」は、「ねたむ」「やく」というほどの意味で、これは関西地方一般に使われている方言である。

しかし、各地方で発行される広報紙は、その地方の人しか読まないものであるとは言え、他の地方から移住した住民もいることでもあり、特殊な場合を除いて、方言を多用することは注意したいものである。

特殊な場合というのは、次のような例である。

〔例138〕ケッパレ！元気でニシ／ホタルの光に送られ就職学生元気に出発（町広報）

〔例139〕はじめて親のもとを遠く離れ、懐かしい〝ふるさとの停車場〟をあとにしてから早くも二か月の時間が流れました。集団就職のオラ家《え》のワラシは？となりのミヨ子はどうしてるべ？――それぞれに思いを東京の、あるいは横浜の、名古屋の空へはせていると思います。（町広報）

〔例140〕山の事故防止

「子どもが山登りする時ァー大人のリーダーと一緒に行かにゃ、思わん事故のもとになるばい」

「そうくさ。万一災難におうてんない、子どもばかりか親まで（お山で）嘆かにゃならん」（市広報）

右の三例は、わざと方言を使うことによって、特別の効果を出そうとしたもので、その土地の話し言葉を写したものである。広報紙はその地方の住民を対象にしているのであるから、この範囲での方言使用は、読者に親近感をいだかせることにもなって、かえって効果的であろう。この三例は、前の例とは、本来、性質を異にするものである。

四　適切な用語

用語の選択に関しては、これまで述べてきた「正確な用語」「分かりやすい用語」を使うことが基本であるが、もう一つ、「その場にふさわしい適切な用語」を選ぶことも、必要である。いかに正確で分かりやすい言葉であっても、その語の持つ語感からして、どうしてもその場面（文脈）では適切さを欠くという場合があるからである。

〔例141〕井戸端会議等で、押売の場合にはどうするか、その時にあわてることなくあらかじめ決めておくことが、最もよいでしょう。（警察広報）

もはや井戸端はないけれども、井戸端会議と言われるような日常の生活場面で、防犯のための話し合いが行われることは、望ましいことには違いないであろうが、この広報紙を読む家庭の婦人たちは、どのような気持ちで受け取るだろうか。「井戸端会議」という言葉には「女性のむだなおしゃべり」という語感が付きまとっている。婦人の社会的意識が向上した現在では、婦人自身が「井戸端会議」と言われることに反発を感じるのではあるまいか。もし、そうだとすれば、一般市民に呼びかける広報文章の中に、こうした語を使うのは、差し控えるべきであろう。

文章には、必ず読み手が存在する。読み手の感情を不用意に刺激するような用語を避けることは、書き手として常に心掛けておく必要がある。その場にふさわしくない、適切でない表現としては、いろいろな場合があると思われるが、ここでは、次の二つを取り上げることにする。

1　紋切り型の表現

2　不快感、抵抗感を与える語

なお、敬語表現に関しても、不適切な場合がいくつか考えられるが、それは、次章で述べることにする。

1　紋切り型の表現

前章でも述べたように、自分勝手な造語や言い回しをむやみに使うのも問題であるが、その反対に、紋切り型の表現、つまり使い古されて陳腐になっている表現に頼った文章は、読者に真実味を伝えることができない。言葉は新鮮でなければならないのに、使い古されたイメージに安易に頼り切って文章を書いたのでは、到底、生き生きした面白い文章は生まれてこない。例えば、次のような文である。

〔例142〕・土、日曜日には子どもを中心とした家族ぐるみの利用も多く、約四千冊の蔵書の半数近くが借り出されて、図書の不足にうれしい悲鳴をあげているありさまである。（市広報）

・日本からの訪中申し込みはすでに数百件にのぼっていて、とてもさばききれないと中日友好協会の幹部がうれしい悲鳴をあげていた。（新聞）

以前は、クリスマスの直前になると、どの新聞も、ケーキ屋さんに「うれしい悲鳴をあげ」させたものである。この場合は、紋切り型の表現ながら、それなりに収入はあるわけで、ケーキ屋さんが「うれしい」ことには変わりがない。しかし、右の二例は、当事者にとって果たして「うれしい」ことなのだろうか。前者は、図書購入の予算について心配しているかもしれないし、後者は、ブームとなるとだれもかれもという日本人の付和雷同性を苦々しく思っているかもしれない。紋切り型の表現に毒されて真実味がおおい隠された例と言えよう。次の「喜びを隠し切れない」という紋切り型も、新聞などによく現れる。

〔例143〕　肩をたたき合い「よかった、よかった」とどの顔もニコニコ、喜びを隠し切れない。（新聞）

全国高校サッカー大会の優勝の瞬間を描写した記事であるが、この場合、選手たちが喜びを隠す必要は全くないはずである。ここは素直に喜ぶべきところであるのに、陳腐な紋切り型表現に頼って書き流されたのでは、読者に真実味は伝わってこない。このほか、新聞などによく使われる紋切り型の表現には、次のようなものがある。

・（……大会の）火ぶたを切る。
・（……大会の）幕を切って落とす。
・首を長くして待つ。
・手ぐすね引いて待つ。
・底抜けに明るい（表情）。
・がっくりと肩を落とす（被告たち）。
・（葬儀は）しめやかに行われた。
・一時はなかなかの騒ぎであった。

せっかく新鮮な着想・内容を持った文章でも、こういう紋切り型の表現に頼ってばかりいると、読み手にそっぽを向かれてしまう。もっと自分の感性を忠実に、具体的に伝える表現を、平生から努めて見付けておく必要があろう。

このことに関連の深いのが、「比喩《ひゆ》」という修辞のことである。適切な比喩は実に大きな表現効果をもたらすが、逆にそれが使い古されたものであったり、独りよがりのものであったりする場合は、せっかくの文章が台無しになってしまう。例えば、「イモを洗うような混雑ぶり」とか「猫のひたいのような狭い庭」といった比喩表現は、それが生まれた当初の新鮮味は既に失われてしまっている。したがって、比喩表現をとる場合にも、なるべくこうした紋切り型の比喩は使わずに、自分の目で見、心で感じた、新鮮で具体的な表現を心掛ける必要があると思う。

2　不快感・抵抗感を与える言葉

気象庁予報課では、気象放送の放送文の中で「裏日本」「表日本」という用語を使わないで、次のように言い換える方針を決めている。

裏日本→（本州・東北地方などの）日本海側
表日本→（本州・東北地方などの）太平洋側

これは、太平洋側の、いわゆる表日本に住む人々にとっては、「裏日本」という用語には何の抵抗感も伴わないのが普通だと思われるが、日本海側の地域の居住者や出身者にとっては、〝陽の当たらない裏側〟という語感がつきまとうため、抵抗感をいだく人が多いという事情を考慮したものである。多数の読者・受信者を対象とする新聞界や放送界では、たとえごく一部の人々であっても、報道された言葉に抵抗感や不快感を持たせることのないように配慮している。

また、広告界などでは、虚偽誇大にわたる表現についてもいましめている。新聞の映画広告などで、やたらに「名作・秀作・佳作・大作・超大作・決定作・超ド級作」などの漢語が使われる。また、その他の広告などでも、「医師が絶賛した世界唯一の食品」「空前の絶賛を浴びて満都の話題をさらう」「人類史上最大の超A級西部劇」などのオーバーな表現が、際限もなく使われているが、これらの表現を額面どおりに受けとる読者はほとんどいないであろう。こういう表現は余りに使い古されて新鮮味がないばかりか、かえって読者の反感を買うことにもなりかねない。もっと素直で分かりやすく、読者の情感に訴えるような表現が研究されてもよいと思われる。

五　敬語の使い方

1　敬語を正確に

敬語の使い方は、日本語の中でも特にやっかいな問題だとされている。確かに、終戦前の敬語は必要以上に煩雑な面が多かったが、これからの敬語は、できるだけ平明・簡素な方向にもっていきたいものである。（「これからの敬語」〈昭和二十七年四月、国語審議会建議〉参照）しかし、一口に〝平明・簡素〟と言えば簡単なようであるが、実際問題として、敬語を正しく適切に使うということは、話し言葉の場合でも書き言葉の場合でも、なかなか難しい。ここでは、手紙文・広告文・広報紙などの実例を中心に、敬語の誤りやすい使い方について検討してみよう。

㈠　謙譲語を尊敬語に誤る

敬語表現の中で、一般に一番誤りが多く、注意を要するのは、謙譲語の使い方である。

謙譲語というのは、自分若しくは自分の側に属する人物の動作について、へりくだって表現するものであって、その動作の及ぶ相手を間接的に尊敬することになる。例えば、自分の子供に向かって、

学校で先生にうかがいなさい。

と言うのなら、これは子供の〝先生に聞く〟という行動をへりくだることによって、間接的に先生を尊敬することになるのだから、正しい使い方である。ところが、自分の会社に訪ねてきた客に向かって、

あちらの受付でうかがってください。

と言うと、当人は丁寧なつもりであろうが、これは、来客を低めて

自社の受付係を高めることになり、相手に謙譲を求める結果になって、はなはだ失礼なことになる。「受付でお聞きになってください」とするか、あるいは「お聞きください」と言うべきところである。この「うかがう」のように、謙譲語を尊敬語のつもりで使うのが、現代における敬語の誤用の中では最も多い。これには、次に掲げるように、いろいろな場合がある。

(1)〈まいる・いたす・申す・いただく・拝見する・拝聴する〉など

これらは、「うかがう」と同じく、その語自体既に謙譲の意を含んだ動詞である。それを尊敬語のつもりで相手の動作に使ってしまったのが、以下の例文である。

〔例144〕当地へは何時の航空便で参られるか、御一報くださるようお願いいたします。(通信文)

〔例145〕高血圧症といわれた方は、専門機関で精密検査を受けられ、正しい治療をいたしましょう。(町広報)

〔例146〕御用の節は、御遠慮なく何なりと申してください。(通信文)

〔例147〕申告書は、③の窓口でいただいてください。(役所内の掲示)

〔例148〕当方の編み方見学、一度拝見ください。(編み物研究所の報告)

〔例149〕どうぞ今後ともよろしく御拝聴くださいますよう、お願い申し上げます。(放送局からの通信文)

〔例144〕の「参られる」の「れる」は尊敬の言い方であるが、上の「参る」が謙譲語なので、やはり正しい言い方ではない。「いらっしゃる」か「来られる」を使うべきである。同様に、〔例145〕は「なさってください」、〔例146〕は「お申し付けください」又は「おっしゃってください」、〔例147〕は「お受け取りください」、〔例148〕は「御覧ください」、〔例149〕は「御視聴(御聴取)ください」と書かなければ、正しい尊敬の言い方にはならない。なお、これに関するものとしては、本書に次の解説がある。

・「申される」という言い方は正しいか(507ページ)
・「案内所でうかがってください」という表現は正しいか(518ページ)

(2)〈お(ご)……する〉

「お持ちする」「お出しする」「御返事する」のように使う「お(ご)……する」という形も、本来は謙譲の言い方であるが、次のように尊敬語のつもりで使った例が多い。

〔例150〕スライドの映写機を一日だけお貸ししてほしいのですが、いかがでしょうか。(通信文)

〔例151〕水泳は、お二人の先生が手や足をとってていねいにご指導してくれました。(町広報)

〔例152〕ご希望しますと、いつからでも加入できます。(町広報)

〔例150〕は「貸していただきたい」「お貸しいただきたい」「お貸し願いたい」などとすべきところである。〔例151〕〔例152〕の場合は、「ご」を取って、「指導してくれました」「希望しますと」でもいいところだが、尊敬の意を表したいなら、「指導してくださいました」「(御)希望なさいますと」のように書けばよい。

なお、518ページにも、〈「お持ちする」と「お持ちになる」〉についての解説がある。

(3)〈お(ご)……される〉

前項の「お(ご)……する」に尊敬の助動詞「れる」を付けた「お(ご)……される」という形も、正しい尊敬の言い方とは言えない。

〔例153〕各スポーツ少年団とも、少人数の指導者でお世話されています。（市広報）

〔例154〕このたびは御令息がめでたく御卒業されたそうで、まことにおめでとう存じます。（通信文）

〔例153〕は「世話されて」が正しい言い方である。〔例154〕は、「（お）世話なさって」が正しい言い方である。〔例154〕は、「卒業された」「御卒業になった」「（御）卒業なさった」が正しい尊敬の言い方である。この「お（ご）……される」という言い方が適切でない理由については、508ページに〈「御訪問される」は正しいか〉として、詳しい解説がある。

(4)〈お（ご）……しておられる・お（ご）……していただく・お（ご）……してくださる〉

(3)の「お（ご）……される」を誤りとする同じ理由で、この「お（ご）……しておられる」「お（ご）……していただく」「お（ご）……してくださる」という三つの言い回しも、正しい尊敬表現とは言えない。

〔例155〕もとより貴社が故意に御使用しておられるものとは考えられませんが、至急お調べの上適当の御処理にあずかりたく存じます。（通信文）

〔例156〕ごく気軽にご利用していただけるように努めております。（広告文）

〔例157〕入札希望者は、入札しようとする区画ごとに百万円の入札保証金をご用意してください。（市広報）

〔例155〕は、「使用しておられる」又は「御使用になっている」が正しい尊敬の言い方である。〔例156〕は、最近、広告文などでよく見かける言い方であるが、やはり抵抗感がある。「利用していただける」「御利用いただける」「御利用になっていただける」などと書くべきところである。また、〔例157〕も、「用意してください」「御用意になってください」「（御）用意なさってください」「御用意ください」などが正しい尊敬の言い方である。

なお、511ページには、〈「御用意してください」という言い方は正しいか〉についての解説がある。

(5)〈お（ご）……できる〉・〈お……やすい・お……にくい〉

前者は、「お求めできる」「御参加できる」という言い方であり、後者は、「お求めやすい」「お受けにくい」という言い方で、共に最近よく見掛ける表現であるが、これらも尊敬の言い方としては正しいとは言えない。前者は「お求めになれる」「御参加になれる」、後者は「お求めになりやすい」「お受けになりにくい」というのが普通の言い方である。その理由については、次の解説を参照してほしい。

・「お求めできる」「御参加できる」という言い方は、尊敬表現として正しいか（512ページ）

・「お求めやすい」という表現は正しいか（513ページ）

(二)その他の型のくずれ

〔例158〕なぜってそれは一日百円程度の掛け金で百万円もの保障を申し上げるからです。（広告文）

「保障を申し上げる」のように、間に助詞「を」が入ると、「保障を言う」に対する謙譲の言い方になってしまって、意味をなさない。「保障する」に対する謙譲の言い方ならば、「保障をさせていただく」とすべきである。もっとも、この場合は、敬語形を使わずに、「百万円もの保障ができるからです」と書けばいいところである。

〔例159〕参加希望者は、五月三十日までに直接市教委保健体育課へ申し込みください。（市広報）

〔例160〕参加者は、当日午前八時に中央公民館前に集合ください。（市広報）

右二例とも、正しくは「お（ご）……ください」という形にしなければならない。

2　敬語を適切に

前節では、敬語表現の正誤について述べた。ここでは、正誤の問題ではないが、適切さを欠く敬語表現について考えてみよう。

㈠　敬語の付け過ぎ

一つの語形で十分に敬意が表せるのに、それを二つも三つも重ねて使うのは、やはり適切な言い方とは言えない。ある敬語形を長く使っていると、いつの間にかその敬意が忘れられてしまって、更に別の敬語形を無意識のうちに加えてしまうことになりがちである。

お御飯　御芳名（515ページ参照）　先生様　御令室様　各位殿（519ページ参照）

などという言い方が現れてくるのも、言葉の使い手の側にそうした心理が働くからであろう。

(1)〈お……になられる〉

〔例161〕　みなさんもお分かりになられたと思いますが、各課とも人手不足や予算のワク、その他いろいろな悩みがあります。（市広報）

〔例162〕　毎日お続けになられますと健康が増進され、お肌もたいそう美しくなります。（広告文）

この「お……になられる」という言い方は、戦後になって目に付き出したものであるが、それぞれ、「お分かりになった」「お続けになると」で十分な敬意が表せているのであるから、更にそれに「れる」を付け加える必要はない。この問題については、次の解説がある。

・「お話しになられる」という表現は正しいか（516ページ）

(2)〈おっしゃられる・召し上がられる〉など

「おっしゃる」は「言う」の尊敬語、「召し上がる」は「食べる」の尊敬語である。つまり、「おっしゃる」「召し上がる」は、その語自体に既に尊敬の意を含んでいるのであるから、それに更に敬語形を付け加える必要はない。

〔例163〕　先生が卒業式の日におっしゃられたことを思い出して、毎日励んでおります。（通信文）

〔例164〕　お召し上がり方　○○を六、七倍にうすめて召し上がられますと、……。（商品広告）

前者は「おっしゃったこと」、後者は、それぞれ「召し上がり方」「召し上がりますと」のように書いた方が、適切な表現というべきであろう。

(3)〈お（ご）〉の付け過ぎ

敬語の付け過ぎということで、いつも問題になるのが、接頭語の「お」あるいは「ご」の使い方である。特に、女性は一般に付け過ぎる傾向があって、

おたこ　おたい　おにんじん　おたまねぎ
おキャベツ　お大根

など、昔はあまり付けなかったと思われる魚や野菜の名前にまで「お」を付けて言う人が最近は少なくない。殊に、幼稚園や小学校の女の先生の言葉には「お」を濫用するきらいがあり、

お教室　お砂場　お机　おいす　おこしかけ
お絵かき　おピアノ

などという言い方までできてしまった。

書き言葉においても、「お」の濫用はなるべく慎むべきで、使わなければ相手に失礼にあたる場合に限って使うよう、心掛けたいものである。

〔例165〕お帰りの際の寝台券等お必要の場合は……（商社の通信文）

〔例166〕お中元は夏を涼しくするお肌着を（新聞広告）

〔例167〕ことしはお利殖にとっては最良の年です。（新聞広告）

右の三例において、「お帰り」は相手に対する尊敬の言い方、「お中元」は慣用が固定している言い方なので問題はない。しかし、「お必要」「お肌着」「お利殖」は、尊敬の言い方であるとしても、表現として落ち着かない感じを受ける。これらは、「お」を付けない方がいいと思われる。

㈡　敬語のつり合い

(1)〈お（ご）〉の使い過ぎ

いちいちの語の「お」「ご」の付け方に問題はないとしても、一つの文中に余り「お」「ご」を続けて使いすぎると、読み手が、かえっていやみを感じるものである。

〔例168〕皆様の御幸福な御生活をお守りいたすことをお誓いいたします。どうぞわたくしの微意をおん汲《く》み取り下さいまして、清き御一票をお投じ下さいますようおん願い申し上げます。（立候補者の通信文）

〔例169〕お忙しい、御出勤前のおひげのお手入れも、この電気カミソリをお使いいただきますと、お肌をいためずおそりいただけます。（雑誌広告）

〔例170〕何分にも御多端の折から全国各地より御参集願うため前もって御諒承御予定をおん願い申し上げる次第にて、何とぞ万障お繰り合わせの上当日は各地区代表全員様の御来駕《らいが》を得たく存じますので、よろしく御高含の程おん願い申し上げます。（商社通信文）

このように「お」「ご」が続いて出すぎると、読んでいて何となくわざとらしい感じを受けるものである。こういう場合は、相手に失礼にならない範囲で、全体のつり合いを考えて、「お」「ご」をもっと刈り込んだ方が、すっきりした表現になるだろう。なお、〔例170〕の「御高含」は、大和言葉の「お含みおきください」を漢語に直訳したものであろうが、こういう慣用にない語形を新しく造語するのは、感心できない。

(2)　同じ敬語形の重複

同じ敬語形を重ねて使うのも、すっきりした表現とは言い難い。

〔例171〕果物・野菜などのジュースをお作りになるとき適当にお加えになりますと、一層栄養分を増し、おいしく召し上がっていただけます。（新聞報告）

これは「お……になる」という尊敬の言い方を重ねて使った例であるが、この場合、「ジュースを作るとき適当にお加えになりますと」と書いても、消費者に対する敬意が軽減されるということは決してないのである。また、もしどうしても敬語形がほしいというなら、「ジュースをお作りになるとき適当に加えていただきますと、……おいしく召し上がれます」のように、それぞれ違った敬語形を使った方が、より適切な表現と言うことができよう。

(3)　敬語形の不統一

駅の構内放送などで、

お乗りの方は、降りる人がすむまでお待ちください。乗りましたら順に中ほどへおつめ願います。

という言い方をよく耳にする。傍線部の表現には敬語形が使ってあるのに、傍点部の表現には敬語形がない。これでは不統一という感が否めない。少なくとも、「お乗りの方は、降りる方がすむまで……。お乗りになりましたら……」のように言うべきであろう。

書き言葉の場合においても、同一文中で、敬語形を片方だけに使って他の片方に使わないというように、敬語の扱いに不統一があるのは、見苦しいものである。

〔例172〕　盆も正月もさみしく、一人きりで過ごされるおじいちゃん、おばあちゃんもおられます。神経痛で足が思うように動かず寝たきりの人、お風呂も一人で入れない人、また身寄りがなくて困っている人などがいます。このような人のために介添えや看護をするホームヘルパーが現在当町に三人おります。（町広報）

最初の文の傍線部には尊敬表現を使っているのに、次の文以下では、傍点部に尊敬表現が全く見られない。最初の文とつり合いを取るためには、後の文も、「……寝たきりの方、お風呂《ふろ》も一人で入れない方、また身寄りがなくてお困りの方などがおられます。（又は「いらっしゃいます。」）」のように尊敬表現を取るべきである。しかし、それでは余りに煩わしい感じもするので、こういう場合は、最初の文も、「……一人で過ごすおじいちゃん、おばあちゃんもおります」のように敬語形をはずして全体の統一を図った方が、すっきりした表現になると思う。

〔例173〕　男子は脂ペッタリの髪から解放されてナチュラルなヘアスタイルを楽しめ、御婦人は疲れたおぐしにシットリと潤いを回復して、波打つウェーブの魅力を楽しめる新形式の「若向き美髪養毛料」です。（新聞広告）

この例文も、「殿方は脂ペッタリのおぐしから」とするよりも、右と同様に、傍線部の敬語形を取り除く方向で統一を図った方が、全体として適切な表現になるであろう。

(4)　敬語形は前よりも後の方が大切

ところで、一続きの敬語表現の中で、前の方にだけ敬語形があり、後の方に敬語形がないのは、不安定な感じがするものである。例えば、次のような場合である。

〔例174〕　おかぜをひいた皇后陛下（新聞の見出し）

「おかぜをひいた」では、失礼な言い方であると思われる。新聞の見出しには厳しい字数制限があるため、やむを得ずそうしたのであろうが、この場合は、同じ字数でも、「かぜをひかれた皇后陛下」とすれば、それほど抵抗は感じない。更に「おかぜを召した皇后陛下」とすれば、全く問題はなくなる。もし、敬語形を省略する場合には、前の方を省いても後の方は省略しない方がいいのである。

次の三例も、後の方の敬語形を欠いたため、落ち着きの悪い表現になっている。

〔例175〕　あらかじめ電話をなさって行くほうが安全だと思います。（通信文）

〔例176〕　既に御覧になっているかもしれませんが、とりあえず招待券を同封いたします。（通信文）

〔例177〕　貴重品は、必ずフロントにお預けになっておくよう、お願いいたします。（旅館の掲示）

〔例175〕は、「電話をなさって行かれる方が」とすれば問題はないが、もし省略するなら「電話をして行かれる方が」と、前の敬語形を省略した方が、おさまりのいい表現になる。〔例176〕も、「御覧になっていらっしゃるかもしれませんが」とするか、あるいは「御覧のことかもしれませんが」と書きたいところである。〔例177〕は、「フロントにお預けおきくださいますよう」とするのが、最も適切な言い方であろう。

――終――

第三 適切な表記の仕方

目次

＊ この章に関連する表記の基準が、その後、「現代仮名遣い」（昭和61・7・1）、「外来語の表記」（平成3・6・28）、『新 地名表記の手引』（平成6・4・10）に、それぞれ改定されたので削除した。

一　適切な表記とは

国語を書き表す場合、普通に用いられるのが漢字仮名交じり文である。この書き表し方は「最も高い峰が雲間に現れた。」「特に貴重な資料が発見された。」のように、漢字に仮名を交えて用いるところに特色がある。このような形で書き表すと、語の区切りが明らかであって、その点での読みにくさが感じられない。そのため、学習段階での漢字の少ない場合を除き、分かち書きをする必要もないのである。

しかし、このような漢字仮名交じり文の書き方で進めていくと、「最・高・峰・雲間・現」のような部分（実質的な意味を表す部分）をすべて漢字で書くことになる。そうなると、漢字の字種が多くなるだけでなく、その用い方も複雑になり、覚えにくく使いにくいものになっていく。そこで、余り使わない漢字を用いない、特別の読み方をしない、などの方針が国語施策として取り上げられるに至った。その方向でまとめられたのが、漢字使用の目安としての「常用漢字表」（昭和五十六年・内閣告示）である。その他、「現代かなづかい」（昭和二十一年・内閣告示）、「送り仮名の付け方」（昭和四十八年・内閣告示）などもあり、これらが一般社会で漢字仮名交じり文を用いる際の指針となっている。

したがって、文章を書き表す場合に何らかの一般的なよりどころを求めようとするときには、このようにして定められた指針に従うのが好ましいわけである。以下、適切な表記の仕方として取り上げるのも、そのような立場で漢字仮名交じり文を書く場合に問題となる事柄を、重点的にまとめたものである。

二　漢語の書き表し方

漢字を用いて語を書き表す場合に、字音を用いる漢語と字訓を用いる和語とがある。そのうち、まず字音を用いる漢語の方から取り上げることにする。漢字の字音というのは、それぞれの漢字の中国語としての古い発音が日本に伝わって国語化した読み方である。「最」という漢字を「さい」、「高」という漢字を「こう」と読むのが字音である。したがって、字音を用いる漢語というのは、このような字音を組み合わせて、例えば「最高」と書き表すような場合のことである。

漢字の字音を用いて書き表す場合に問題となるのは、同じ字音の漢字が多いということである。そこで、同音の漢字の書き分けと、同音の漢語の書き分けを取り上げなければならない。しかし、漢語については、書き分けるだけでなく、揺れている表記の統一も行われている。また、同音の他の漢字に書き換えることも行われている。以下、それらについて取り上げるとともに、どのような誤りが見られるかについても扱うことにする。

1　同音の漢字の書き分け

漢字の字音について見ると、「最」という漢字を「さい」と読むほかに、「さい」と読む漢字がいろいろある。今、その幾つかを掲げると、次のようになる。

才　再　災　妻　砕　宰　栽　彩　採　済　祭　斎
細　菜　最　裁　債　催　歳　載　際

一般に異字同音漢字と呼ばれるのがこれである。こうなると、「さい」を含む漢語を書き表す場合、どの「さい」を用いたらよいか迷うことになり、よく考えて正しい「さい」を選ばなければならない。これが異字同音漢字の書き分けである。

それならば、どのように考えたら異字同音漢字が正しく書き分けられるかということであるが、この場合の指針となるのが、それぞれの漢字の持つ意味である。漢字というのはそれぞれ独自の意味を持っていて、その意味がその漢字を用いる漢語の意味と関連している。したがって、それぞれの語の意味からそれを構成する漢字の意味を考えて使い分けるのが、異字同音漢字を書き分ける基本的な考え方である。「さいこう」という語が「もっとも・たかい」という意味であれば、「もっとも」という意味の「最」を用いて「最高」と書き、「さいげん」というのが「ふたたび・あらわれる」という意味であれば、「ふたたび」という意味の「再」を用いて「再現」と書く。このようにして書き分けていくのが、異字同音漢字の書き分けである。

したがって、漢字としての意味がお互いに似ている場合も、その違いを考えて使い分けることになる。例えば、「おん」と読む「温」と「穏」であるが、「温」は「あたたか」、「穏」は「おだやか」の意味を持っている。そのため、「おんだん・おんこう」は「温暖・温厚」と書き、「おんけん・おんとう」は「穏健・穏当」と書く。このような書き分けは、意味の紛らわしい次のような異字同音漢字（同音類義漢字）の場合も同じである。

じゅ｛受……うける　拝受　受賞
　　　授……さずける　授与　授業

しょう｛小……ちいさい　小憩　大小
　　　　少……すくない　少時　多少

じょう｛状……ありさま（外形）　症状　状態
　　　　情……こころ（内容）　内情　情勢

いずれも、それぞれの漢語の意味とそれを構成する漢字の意味を併せ考えれば、そのように書き分ける基本が分かるはずである。

このような書き分けは、「感・観」「課する・科する」のように、漢字一字を用いて書き表す語の場合も同じである。まず「感・観」であるが、「感」は「接するときに受ける気持ち」、「観」は「見た目に映る様子」である。

かん｛感……隔世の感がある　感に堪えない　責任感
　　　観……別人の観がある　観を呈する　人生観

また、「課する・科する」であるが、「課」というのが「割り当てる」意味を持つのに対し、「科」の方は「とがめる」意味を持っている。

かする｛課する……租税を課する　義務を課する
　　　　科する……刑罰を科する　制裁を科する

一般に紛らわしいとされる「器・機」の場合も、「器」の方は「うつわ（いれものや道具）」の意味であるから、単純な原理で変化を起こす「電熱器・消火器」などに用いる。これに対し、「機」の方は「からくり（細かい細工を施して動くようにしたもの）」の意味であるから、何段階かの手順を組み合わせた「洗濯機・受信機」などに用いる。同じように見えても、「器」と「機」の意味の違いが名付けの基礎となっていることを考えて書き分ければ、誤らずに済むのである。

2　同音の漢語の書き分け

漢字を音読みにする場合、「最」は「さい」となり「高」は「こう」となるが、ほかにも「さい」や「こう」と読む漢字がいろいろある。そのため、「さいこう」という漢語を書き表す場合に、どの「さい」どの「こう」を用いてよいか迷うことになる。そういう場合も考え方の基本となるのは、その漢語の意味とそれを構成する漢字の意味との関係である。

例えば、「さいこう」であるが、これを「最高」と書くのは、「もっともたかい」という意味を持つために、「もっとも」という意味の「最」と「たかい」という意味の「高」を用いることになる。

同じ「さいこう」でも、「ふたたびかんがえる」意味の場合は「再考」、「ひかりをとりいれる」意味の場合は「採光」となる。これが、同音の漢語を書き分ける場合にも必要な基本的な考え方である。

したがって、意味が似ていて紛らわしい「実体」と「実態」の場合も、それぞれの漢語の意味とそれを構成する漢字の意味を併せ考えれば、そのような使い分けが行われる理由も分かるのである。この場合は、「体」というのが「からだ・かたち・すがた・ものごとの基本になるもの」を表している。それと「実（ほんとう）」を組み合わせた「実体」は「……とはどういうものであるか」という意味を持つことになる。それに対し、「態」の方は「さま・ありのまま・おこなわれかた」を表している。これと「実（ほんとう）」を組み合わせた「実態」は「……はどういうありさまであるか」という意味を持つことになる。「生命の実体・複写機の実体」「経営の実態・複写機使用の実態」などの使い分けが行われるのもこのためである。

同じことは、次のような同音類義漢語の書き分けにも見られるのである。

か　き
- 夏期（夏の期間）　夏期講習会　夏期実習　夏期休暇
- 夏季（夏の季節）　夏季水泳大会　夏季出張販売　夏季休業

いじょう
- 異状（異なるありさま）　異状を呈する　異状の有無　異状なし
- 異常（常と異なる）　異常な努力　異常渇水　精神異常者

ふよう
- 不要（いらない）　不要の買い物　保証人不要
- 不用（もちいない）　不用の施設　不用品回収

これらの場合も、それぞれの漢語の意味とそれを構成する漢字の意味を併せ考えれば、そのような使い分けの根拠が理解できるのである。

ところで、漢字がそれぞれ独自の意味を持っているために、普通に用いられる書き表し方が特別の場合に当てはまらないことも起こるのである。例えば、「じゅけん」であるが、普通は「試験を受ける」意味で用いるために「受験」と書く。しかし、「検査を受ける」ときは「受験」でなく、「受検」となる。「じゅしょう」というのが「賞状・賞品を受ける」ときに「受賞」と書かれても、「勲章・褒章を受ける」ときは「受章」となる。「じてん」というのが、「ことばを主とする辞典」、「文字を主とする字典」、「事柄を主とする事典」と書き分けられるのも、漢字の意味との関連で考えればやむを得ないことである。

また、それぞれの専門分野は、それぞれ専門の用語を用いている。したがって、それらの用語を正しく使い分けるとなると、その意味を正しく把握しなければならないわけである。例えば、

さいけつ
- 採決（決をとる）　議長の採決　討論採決
- 裁決（さばききめる）　行政庁の裁決　明渡し裁決

けっさい
- 決裁（権限を持っている者が部下の出した案の可否を「きめてさばく」）　書類を決裁する　部長の決裁
- 決済（金銭上の債権・債務関係を「きめてすます」）　取引を決済する　現金決済

このような場合は、それぞれの語の正しい意味が理解しにくいものである。しかし、それを構成する漢字の意味との関連で理解することによってその使い分けの根拠が分かることは、一般の語の場合と同じである。

3　同音の漢語の統一

同音の漢字が多いということは、同音の漢語が多いことになる。しかし、そのようにして造られた同音の漢語がすべて異なる意味を持つかと言えば、必ずしもそうではない。中には、その意味の違いがほとんど見られないために、同じ語の二つの表記と考えられるものもある。その点では、「表記のゆれ」という考え方も行われているくらいである。

表記の揺れと考えられる場合は、国語辞書で同じ見出しの下に併記されることが多い。例えば、「しょうしょく」という見出しに対して「小食・少食」のように掲げられるのがこれである。この場合、「小食」と「少食」が全く同じ意味かと言うと、そこに問題がないこともない。それは、漢字がそれぞれ独自の意味を持っているために、異なる漢字の組み合わせから成る漢語が多少とも異なる意味を持つからである。「しょうしょく」の場合も、「小食」は「ちいさい食」であり、「少食」は「すくない食」である。しかし、「食」そのものについて考えると、常識的に見て「ちいさい食」も「すくない食」も、それほど違いがあるとは思えない。したがって、同じ事態に対して、ある人は「小食」と書き、ある人は「少食」と書くことも起こり得るのである。そのような場合にこれを表記の不統一と考え、どちらかに統一して用いることも行われている。新聞社など大勢の人が分担して仕事をしているところでは、このような統一が是非とも必要になるからである。こうして、実際には、例えば「小食」の方に統一されているわけである。

次のような表記の揺れの場合も、新聞社などでは括弧の外の形に統一されている。

一応（一往）　因習（因襲）　加担（荷担）
機転（気転）　屈伏（屈服）　幸運（好運）
重体（重態）　十分（充分）　称賛（賞賛）
植民（殖民）　素性（素姓）　粗略（疎略）
探検（探険）　兆候（徴候）　独習（独修）
年配（年輩）　悲運（非運）　露見（露顕）

これらの場合も、要するに、どちらを書いても誤りではない。しかし、一つの文章の中で同じ意味で二種類の表記を用いることが好ましくないとすれば、この種の統一が一般の人にとっても参考になるのである。

ところで、新聞社などで行われている実情を見ると、この種の統一が、一般の国語辞書で別見出しになっている語にまで及んでいる。例えば、「趣旨」と「主旨」を「趣旨」の方に統一するなどがこれである。一般の国語辞書によれば、「趣旨」は「おもむき・むね」であるところから「全体の考え」というような意味解説となり、「主旨」は「おもな・むね」であるところから「おもな考え」というような意味解説となっている。しかし、このようなわずかな違いによって使い分けることを困難とし、これを「趣旨」に統一しているのが新聞社などの行き方である。

同じようにして、次のような語も一方に統一されているわけである。

基準（規準）　強豪（強剛）　建言（献言）
考究（攻究）　士気（志気）　冗員（剰員）
常連（定連）　卓見（達見）　的中（適中）
年期（年季）　悲境（悲況）

これらの場合も、細かい意味の違いを無視して統一する行き方が、新聞社などに見られるのである。

なお、このような統一には、ある程度の類推適用により、覚えやすくすることも行われている。「源・原」「激・劇」などの場合がこれである。まず、「源・原」であるが、本来はいずれも「もと」の意味を持っていたが、「源」は「みなもと」、「原」は「はら」と使い分けるようになった。そのため、比較的新しくできた「給源・財源・資源・電源・熱源」などはいずれも「源」を用いて「原」を用いない。それに合わせれば、「源・原」で揺れている語の場合も、「起源・語源・根源・源泉・源流」のように「源」で統一した方が使いやすいのである。

同じことは、「激・劇」についても言える。「はげしい」意味で「激」を用いる語としては、次のように数が多いのである。

激越　激化　激減　激賞　激情　激戦　激増　激怒
激動　激突　激流　激励　激浪
激臭　激職　激震　激痛　激変　激務　激烈　激論

したがって、「激・劇」で揺れている語、「劇」のみを用いる語の場合も、「激」に統一した方が用いやすいことになる。こうして、「劇毒・劇物・劇薬」以外で「はげしい」意味の語は、すべて「激」で書くというような統一も行われているのである。

4　同音の漢字による書き換え

同音の漢字の中には、その意味が全く同じために、一方だけを用いても差し支えないものがある。「嘆・歎」など、いわゆる異体字とされている場合がこれである。

この種の漢字には、本来は「注」を用いていた中から後に言葉関係で「註」が分化し、本来は「弦」を用いていた中から後に楽器関係で「絃」が分化したようなものもある。このような場合にも、「註」の代わりに「注」を用い、「絃」の代わりに「弦」を用いることが、誤りとは言えないことになる。次のような書き換えは、このような事情によるものである。

註文→注文　註釈→注釈　註解→注解
管絃→管弦　三絃→三弦　絃歌→弦歌

同音の漢字による書き換えというのは、このような書き換えを広く他にも及ぼしたものである。

例えば、「欲」と「慾」、「消」と「銷」の場合がこれである。「欲」は「ほっする」という動詞で「欲望・意欲」などと用い、「慾」は「ほっすること」という名詞で「食慾・無慾」などと用いる。「消」も「銷」も動詞であるが、「消」は「けす」という意味で「消費・消毒」などと用い、「銷」は「なくす」という意味で「銷沈・銷暑」などと用いる。このような場合、それぞれ「欲」「消」に統一して用いることも、それほど無理な用い方とならないのである。そこで、漢字の字種を減らしながらも漢字書きの語を減らさずにおくために、そのような書き換えが積極的に行われた。これが、同音の漢字による書き換えである。

この種の書き換えとしては、次のように、漢字の構成から見て付随的な部分を外したもの、別の付随的な部分と入れ替えたものを用いることが多い。

誡→戒　稀→希　倖→幸　智→知
礦→鉱　沮→阻　篇→編　輔→補

一般に漢字というのは、基本的な部分が主たる意味を持ち、付随的な部分が細かい意味分野を限定する。その点では、付随的な部分を外しても、他と入れ替えても、意味の上で大きな違いが見られないことになる。これが、同音の漢字による書き換えを可能にした根拠である。

ところで、漢字の中には、字体の上で関連がなくても、同じような関係のものがある。「炎」は「もえる」という動詞で「炎上・炎天」などと用い、「焔」は「ほのお」という名詞で「火焔・気焔」などと用いる。このような場合も、「焔」を「炎」に書き換えることが可能である。

馭→御　輯→集　蹟→跡　掠→略　聯→連　諒→了

これらの中には、「吃水→喫水」のように、語を限定して書き換えたものもある。また、「杜絶（ふさぎたえる）」を「途絶（みちがたえる）」とするように、語全体の意味を考えて書き換えたものもある。

以上が同音の漢字による書き換えであるが、この種の書き換えの中には本来は誤りと考えられていたものも少なくない。しかし、すでに慣用が熟している書き換えについては、これに従う方が好ましいわけである。

5 誤りやすい場合

漢字の中に同音のものが多いということは、同音の漢字の範囲で誤りが起こりやすいということにもなる。例えば、「専門」であるが、これを「専問」と書くのは誤りである。次のような語の場合も括弧の中は誤りであるが、これらも同音の漢字の誤りやすい例である。

往診（応診）　歓迎（観迎）　救援（急援）
偶然（遇然）　解熱（下熱）　堅実（健実）
栽培（裁培）　折衝（接渉）　朝礼（朝令）
動向（動行）　誘致（誘置）

それならば、この種の誤りを防ぐにはどのようにしたらよいかということであるが、この場合にも役に立つのが、その漢語の意味とそれを構成する漢字の意味を関連させることである。例えば、「専門」というのは、それぞれの入り口としての門があって部門が分かれているのに対し、そのうちの一つの部門だけを専らにするということである。次のような場合も、それぞれこのような考え方をすれば、誤りを防ぐことができる。

往診……往（いく）・診（みる）、行って診察する。診察に応じる（応診）ではない。
救援……救（すくう）・援（たすける）、すくいたすける。急いでたすける（急援）ではない。
解熱……解（とく・ゆるめる）・熱（ねつ）、ねつをゆるめる。熱を下げる（下熱）ではない。
誘致……誘（さそう）・致（いたす）、さそうようにする。誘い置く（誘置）ではない。

これらの中には自分なりの解釈を与えて誤る場合も少なくないから、特に注意が必要である。

ところで、このような立場で個々の語の正しい表記を覚えるためには、字形の似た漢字の意味を正しく理解しておくことも必要である。例えば「歓・観」「偶・遇」「栽・裁」であるが、「歓迎・偶然・栽培」などが正しく「観・遇・裁」を用いることが誤りとされるのも、次のような意味の違いによるのである。

かん｛歓……よろこぶ　歓迎……よろこんでむかえる
　　　観……みる　観測……みてはかる
ぐう｛偶……たまたま　偶然……たまたまのようす
　　　遇……あう　奇遇……くしくもあう
さい｛栽……うえる　栽培……うえてつちかう
　　　裁……たつ　裁縫……たってぬう

このように対照させて考えるのが、誤りを防ぐための基本である。

なお、誤りの中には、関連する語を連想するために、それに引かれて誤る場合もある。「折衝」を「接渉」と書くのは、一方に「接触」「交渉」などという語の連想が働くためである。次のような誤りも、この種の連想によるものである。（括弧の中は誤り）

応対（応待）……接待　堅実（健実）……健全
朝礼（朝令）……命令

これらの語についても、例えば、「朝礼」は「あさの礼」であって「あさの命令」ではないというように、それぞれの語の意味を漢字の意味と関連させることが必要である。

なお、三字の熟語・四字の熟語の場合にも一般の語と紛らわしいもののあることは、次の例に見るとおりである。（括弧の中は誤り）

有頂天（有頂点）……頂点　禁制品（禁製品）……製品
最高潮（最好調）……好調　週刊誌（週間誌）……週間
善後策（前後策）……前後
危機一髪（危機一発）……一発　決選投票（決戦投票）……決戦　五里霧中（五里夢中）……夢中　志操堅固（思想堅固）……思想　絶体絶命（絶対絶命）……絶対

これらの場合も、例えば「善後策」は「前後の策」ではなく「後（あとを）善（よくする）策」というように理解しておくべきである。「絶体絶命」も、「絶対に絶命する」ではなく「体を絶ち、命を絶つ」ような状態に置かれることなのである。

三　和語の書き表し方

次に、漢字の字訓を用いる和語の表記を取り上げることにする。漢字の字訓というのは、それぞれの漢字の中国語としての意味に当たる日本語がその漢字の読み方として固定した読み方である。「最」という漢字を「もっとも」、「高」という漢字を「たかい」と読むのが字訓である。したがって、字訓を用いる和語というのは、例えば「もっとも」を「最も」、「たかい」を「高い」と書くように、それぞれの漢字の字訓を用いて書き表す語のことである。

漢字の字訓を用いて書き表す語の場合も、同じ字訓の漢字がいろいろあり、その書き分けが問題になる。しかし、同訓の漢字についても、書き分けるだけでなく、統合や書き換えが行われている。また、どのような誤りが見られるかについても扱わなければならない。その他、字訓を用いる場合は漢字と仮名の書き分けや送り仮名も関係するので、これらについても取り上げることにする。

1　同訓の漢字の書き分け

漢字の字訓について見ると、「現」を「あらわれる」と読むほか、「表」も「あらわれる」と読む。一般に異字同訓と呼ばれるのがこれである。こうなると、「あらわれる」という和語を書き表す場合、同訓のどの漢字を用いるのがよいか、迷うことにもなる。しかし、こういう場合も、それぞれの漢字の意味によって書き分けていくわけである。

すなわち、「太陽が現れる」のように、「隠れていたものが出てくる」ときに「現れる」を用いる。また、「喜びが顔に表れる」のように、「別の形となって出てくる」ときに「表れる」を用いる。その基本は、国語として共に「あらわれる」であるとしても、それぞれの漢字の持つ意味としては、更に細かく分かれるからである。このように、それぞれの漢字の持つ細かい意味の違いによって書き分けるのが異字同訓漢字を書き分ける場合の考え方である。同じことは、次のような異字同訓漢字の書き分けにも当てはまる。

おさめる
- 納める（入れるべきところへ入れる）
  税金を納める　注文の品を納める
  書類を金庫に納める
- 収める（自分のものとして中に入れる）
  財布に収める　利益を収める
  目録に収める

ながい　｛長い（短いの反対語）
　　　　　長い髪の毛　長い道　長い年月
　　　　　長く伸びる
　　　　永い（いつまでも続く）
　　　　　永い眠りに就く　永くその名が残る

まち　　｛町（人の住む家が集まっているところ）
　　　　　町と村　町ぐるみの歓迎
　　　　街（店などが道に沿って並んでいるところ）
　　　　　街を吹く風　学生の街

これらの場合も、それぞれの漢字の持つ細かい意味の違いによって書き分けるのである。

ところで、漢字の意味というのは、漢字そのものに付いているものである。したがって、その漢字を音読みにしても訓読みにしても、その意味に変わりのないのが原則である。異字同訓漢字の書き分けに迷う場合に、それぞれの漢字を音読みで用いる語の意味を考えることが一つの指針となるのはこのためである。例えば、「あらわれる」の場合であるが、「現」に「出現」という熟語があり、「表」に「表明」という熟語があることを考え併せるのが好都合である。そうすれば、「出現」の「現」の意味の場合に「現れる」、「表明」の「表」の意味の場合に「表れる」となることが分かってくる。同じことは、次のような場合にも言えることになる。

納……納税・納入　　収……収益・収録
長……長期・長寿　　永……永遠・永続
町……町村・町会　　街……街路・歓楽街

異字同訓漢字の書き分けに迷う場合は、こういう考え方も役に立つのである。

この種の異字同訓は、以上のような単独の語の場合の書き分けが、原則として、そのまま複合の語にも持ち込まれている。次のような場合も、単独の語の場合を考えて、その要領で書き分けることになる。

ひきのばす　｛引き伸ばす（伸ばす……全体を長くする）
　　　　　　　左右に引き伸ばす　写真を引き伸ばす
　　　　　　引き延ばす（延ばす……付け加えて長くする）
　　　　　　　線を垂直に引き延ばす　会議を引き延ばす

～さがし　　｛～捜し（捜す……見えなくなったものを）
　　　　　　　家出人捜し
　　　　　　～探し（探す……欲しいものを）
　　　　　　　用例探し

しまかげ　　｛島影（影……物の形）島影が見える
　　　　　　島陰（陰……物の裏側）島陰に隠れる

複合語の場合も、このように考えて書き分ければよいのである。ただし、複合語としては、単独の語でその書き分けに迷わないものにも紛らわしい場合がある。例えば、「おい」の「老い」と「生い」であるが、一方は「年を取る」一方は「育つ」であるから、単独の語としての書き分けに迷うことはない。それに対して、「おいさき」という複合語になると、その書き分けが紛らわしくなる。しかし、この場合も、単独の語としての意味を考えれば、「老い先」が「年を取ってからの先の余生」であり、「生い先」が「育っていく先の将来」だということも分かる。このようにすれば、「老い先が短い」「生い先が楽しみ」などの書き分けも迷わずに済むのである。

2　同訓の漢字の統合

漢字はそれぞれ意味を持っていて、その漢字の字音を用いても字訓を用いても、その意味に変わりのないのが原則である。しかし、この考え方を進めていくと、異字同訓漢字の書き分けがいかにも煩わしくなることを免れない。

漢和辞典を見ると、例えば、「甚・太・酷・絶」などの漢字の意味が、「甚大・太古・酷似・絶好」などの用例から、いずれも「はなはだ」となる。したがって、「はなはだ」という語について、「甚だ大きい」「太だ古い」「酷だ似ている」「絶だ好い」などを書き分けるべきだという考え方も成り立つ。しかし、実際には、中でも使い道の広い「甚だ」だけが用いられてきた。このような場合は、「はなはだ」という語そのものを「甚だ」と書いてきたと考えた方がよいのである。これが異字同訓漢字の統合である。

このような統合は、次のような場合にも見られたわけである。

みち　国道（国の道）・通路（通る路）→通る道
ならぶ　並立（並び立つ）・整列（整い列ぶ）→整い並ぶ
きよい　清掃（清く掃く）・浄財（浄い財）→清い財

これらの漢字の場合も、それぞれの語を書き表す立場で中でも使い道の広い漢字を用いたのであり、それぞれの字音の用い方によって書き分けることは、一般には見られなかったと言ってよい。その点では、異字同訓漢字の統合が、広い範囲にわたっていたことになる。そうして、このような統合が、漢字使用の簡易化を図る立場で一段と進められたのである。すなわち、「常用漢字表」を目安として漢字の字訓を用いる場合、次のような統合も必要になるのである。

わざわい　天災（天の災い）・禍根（禍いの根）→災いの根
たくわえる　蓄財（財を蓄える）・貯水（水を貯える）→水を蓄える
おそい　巧遅（巧みで遅い）・晩春（晩い春）→遅い春

中には、「たすける（救助・後援・扶養・補佐）」を「助ける」に統合したような例も見られるが、「たすける」には、本来は次のような漢字も加わっていたことになる。

介　救　協　佐　済　賛　資　将　相　副　与　翼

その点で「助ける」という表記は、これらすべてを統合した結果と考えてもよいのである。

3　同訓の漢字による書き換え

漢字の中には「嘆・歎」のように、その意味が全く同じために、いずれを用いても差し支えないものがある。このような異体字の場合、「常用漢字表」にはその一つだけが取り上げられ、字音で「歎願」が「嘆願」と書かれることになる。これがすでに触れた「同音の漢字による書き換え」である。それと併せて用いると、字訓の方も「歎く」が「嘆く」と書かれることになる。これが「同訓の漢字による書き換え」である。

このような「同訓の漢字による書き換え」も、「同音の漢字による書き換え」と同じく、広く他に及んでいる。例えば、漢字としての「坐」「座」について考えると、「坐」は「すわる」という動詞の意味を持っていて「坐業・端坐」と用い、「座」は「すわるところ」という名詞で「座右・台座」と書き分けるのが本来の形である。このうち、「坐」を「座」に書き換えて「座業・端座」とするのが「同音の漢字による書き換え」であるが、これを訓読みの場合にも及ぼすと、「坐る」を「座る」と書き換えることもそれほど無理な書き換えとは考えられない。そこで、このような書き換えが、漢字の用い方を簡便にするために、ある程度は進められている。次のように、語幹を同じくする派生関係の語の間に見られるのもこれである。

漏れる（もれる）洩らす→漏らす
閉じる（とじる）鎖す→閉ざす

広い（ひろい）　拡める・拡まる→広める・広まる
緩い・緩やか（ゆるい・ゆるやか）
弛む・弛める→緩む・緩める

また、「間着→合い着」「竪坑→立て坑」なども、この種の書き換えと考えてよいのである。

ところで、「常用漢字表」の備考欄を見ると、異字同訓のものが適宜「↕」のしるしで示されている。その書き分けについてはすでに取り上げたとおりであるが、そこには取り上げられなかった訓読みについては、そこに取り上げられた範囲で書き分けることになる。そのため、例えば、次のような書き分けと書き換えが行われるわけである。

たっとぶ　貴ぶ・尊ぶ……尚ぶ→貴ぶ
みる　見る・診る……視る→見る
あう　会う・遭う……遇う・逢う→会う

前節で扱った統合も、一般に書き分けられていたものについては、例えば、「禍い」「貯える」「晩い」を「災い」「蓄える」「遅い」に書き換えたと考えてもよいのである。

4　誤りやすい場合

漢字の字訓を用いる和語の場合は、語根を同じくすると意識される語が同じ漢字で書かれることになる。その点では、次のような語が、同じ漢字で書かれるわけである。

縮む　縮める　縮まる　縮れる　縮らす
揺れる　揺る　揺らぐ　揺るぐ　揺する　揺さぶる　揺すぶる

しかし、このことを次のような語にまで及ぼすと、そこに誤りが生じることになる。（括弧の中は誤り）

寝る―眠る（寝むる）　急ぐ―忙しい（急がしい）
誤り―過ち（誤ち）　浮つく―上ずる（浮ずる）
多い―大いに（多いに）　雲―曇り（雲り）

どこまでを派生形として扱うかについては、おのずから限度が見られるのである。「陥る」「顧みる」「快い」を「落ち入る」「返り見る」「心良い」と書くのも誤りである。

ところで、字訓の中に同訓の漢字が多いということは、その点で紛らわしいことにもなる。「事務を執る」を「事務を取る」と書き、「病気と闘う」を「病気と戦う」と書くのも、使い分ける立場から見れば好ましくない。これらの中には、その用い方のために別の意味になる場合もある。例えば、「虫が跳ぶ」は虫が「足で跳んでいる」ことである。これを「虫が飛ぶ」と書くと、「羽で飛んでいる」ことになる。次のような異字同訓の場合も、その用い方によっては別の意味になる。

青と黄色を混ぜる……緑になる意味である。
「混ぜる」「交ぜる」を使い分ける立場で考えると、「交ぜる」の方はしま模様になる。

革の財布を探す……革の財布が欲しい意味である。
「探す」「捜す」を使い分ける立場で考えると、「捜す」の方はなくした財布を見付け出そうとして動き回ることになる。

異字同訓を使い分ける立場では、このような点にも注意することが必要である。

このことは、異字同訓を含む複合語においても同じである。複合語においてそれぞれの漢字を組み合わせる場合も、その複合語の意味とそれを構成する個々の漢字の意味との関係を考えて用いなければならない。「かげ弁慶」は「人のいないところで強がる」意味だから「陰弁慶」となる。これを「本物の弁慶でなく形だけの弁慶」の意味に解釈して「影弁慶」と書くのは好ましくない。次のような場合も、括弧の中の方は、勝手な解釈を加えたための好ましくない書き方である。

返り咲く（帰り咲く）　請け負う（受け負う）

鋳型（鋳形）　大勢（多勢）　間近（真近）

大立て者（大立て物）　立ちん坊（立ちん棒）

尾頭付き（お頭付き）

漢字を用いる場合に、語の意味とそれを構成する漢字の意味を併せ考えるという行き方は、字音を用いる漢語の場合だけでなく、字訓を用いる和語にも当てはまるのである。

しかし、数多くの複合語の中には、その意味から考えて二つの形がそのまま成り立つものもないわけではない。例えば、「みはなす」であるが、「あきらめてそれ以上は自由にする」ならば「見放す」となり、「あきらめてそれ以上は近くにいない」ならば「見離す」となり、どちらも用いられている。そうなるとこれも表記の揺れということになるが、新聞社などでは、やはり統一が必要になってくる。これを「見放す」に統一して用いるのはこのためであるが、同じことは、次のような語の場合にも言える。

見納め（見収め）　組み打ち（組み討ち）

出合い頭（出会い頭）　掘っ立て小屋（掘っ建て小屋）

これらの場合も、要するに、どちらを書いても誤りではないが、一つの文章の中で、同じ意味で二種類の表記を用いることがないようにすれば、表記の上でそれなりに整うこととなるのである。

5　漢字と仮名の書き分け

以上は漢字と漢字の書き分けという立場で見てきたのであるが、これに関連して、漢字と仮名の書き分けも必要である。それは、漢字がそれぞれ意味を持っているために、同訓の漢字の統合にも限度が見られるからである。

例えば、「あたる」と訓読みにする漢字に「当・該・方」などがあり、これが「当たる」に統合されている。しかし、「的中・中毒」の意味の「あたる」まで「当たる」に統合できるかというと、少し無理な感じがしないわけでもない。そこで、目安として定められた「常用漢字表」の漢字に適切な字訓のない場合は、仮名で書く方が好ましいことにもなる。「目的物に届く」場合や「体に害になる」場合に、「当たる」でなく、「的にあたる」「食べ物にあたる」のような仮名書きが行われるのはこのためである。

次のような語の場合も、この種の漢字と仮名の書き分けが行われる例である。

捕らえる……犯人を捕らえる　要点をとらえる

厚い…………生地が厚い　病があつい

油・脂………油で揚げる　脂が乗る　汗とあぶら

これらを異字同訓漢字の書き分けという立場から見ると、「あたる」の場合は本来「中」を用いていたものが仮名で書かれることになる。また、「とらえる・あつい・あぶら」については、「捉・篤・膏」で書かれていたものが仮名書きになる。その点では、漢字の使用を制限したための仮名書きが、漢字と仮名の書き分けを生むに至ったと考えてよいのである。

ところで、漢字と仮名の書き分けという立場で取り上げると、漢字仮名交じり文を整える立場での書き分けも見られるのである。一般に漢字仮名交じり文では「峰が表れた」のように、助詞や助動詞の部分が仮名書きになる。それに合わせると、助詞や助動詞に準ずる次のような語も、仮名書きにする方が整うのである。

助詞に準ずる語…………とともに　について　によって

助動詞に準ずる語………ておく　てくる　てみる　ていただく

また、名詞の中で特別の用い方になる次のような形式名詞も、同じような立場から仮名書きが好ましいことになる。

こと　とき　ところ　わけ　とおり

これらも、実質的な意味を表す語ではないという点で、前記と共通する性質を持つからである。

しかし、このようにして仮名書きになる語の場合も、本来の実質的な意味を表す用い方をすれば、漢字書きにするのは当然である。したがって、このような場合にも、漢字と仮名の書き分けが行われることは、次の例に見るとおりである。

共に・ともに……行動を共にする　春とともに訪れる
下さい・ください……本を一冊下さい　見てください
事・こと……事に当たる　考えたことを言う

漢字仮名交じり文として整えることを考えると、このような観点から漢字と仮名を書き分けるのが好ましいということにもなるのである。

6　送り仮名の付け方

送り仮名というのは、漢字の字訓を用いるときに添える仮名のことであるが、これに二つの役割がある。一つは活用する語の活用形を明らかにする役割であり、もう一つは読みにくさを助けて読みやすくする役割である。以下、「送り仮名の付け方」(昭和四十八年・内閣告示) に基づいて取り上げると、次のようになる。

まず、活用する語の活用形を明らかにする役割であるが、次のように送り仮名を付けるのがこれである。

読……読ま　読み　読む　読め　読も
考……考え　考える　考えれ　考えろ
高……高く　高い　高けれ
美……美しく　美しい　美しけれ

この場合、他の語を含む対応形や派生形も、元の語を基準として送り仮名を付けることになる。

対応形　動く・動かす　浮く・浮かぶ
　　　　生む・生まれる　積む・積もる
　　　　起きる・起こる
　　　　集める・集まる
派生形　勇む・勇ましい　晴れる・晴れやか
　　　　重い・重んずる　怪しい・怪しむ

これが、活用する語の送り仮名の基本である。

しかし、このようにして送り仮名を多くすると、煩わしい面もあるため、送り仮名を少なくしてもよいという許容が設けられている。次のように（　）の部分を省く送り仮名を用いてもよいとするのが、この種の許容である。

浮(か)ぶ　生(ま)れる　積(も)る
起(こ)る　晴(れ)やか

ただし、教科書や新聞は、この種の許容を用いていない。したがって、一般の人が書く場合も、普通は本則に従ってよいと言えるのである。

次に、読みにくさを助けて読みやすくする役割について取り上げることにする。例えば「幸」を「さいわい」と読むか「しあわせ」と読むかであるが、この場合に「幸い・幸せ」のように送り仮名を付けて読み分けるのがその例である。次のような名詞に付ける送り仮名も、この種の読みやすさとともに、必要に応じて読み違いを防ぐためのものである。

辺り　便り　半ば　斜め　互い　傍ら　勢い　哀れ

副詞・接続詞に「必ず」「但し」のような送り仮名を付けるのも、要するに読みやすくするためのものである。

このような読みやすくするための送り仮名が活用する語にも見ら

れることは、次の例のとおりである。

慈しむ　捕まる　和らぐ　危ない　冷たい

新た　惨め　細か　和やか　平らか

これらはいずれも例外として掲げられているが、そのような送り仮名を必要とする理由を考えれば、それほど覚えにくい存在ではないのである。

ところで、活用形を明らかにする立場で考えると、動詞は送る、名詞は送らない、というのが送り仮名の原則である。動詞から転じたことが明らかな名詞も、「動き」「恐れ」のように動詞の意識が残っているものは送り仮名を付ける。これに対し、「組」「話」のように、名詞になり切っているものについては送り仮名を付けない。しかし、こういう場合も、送り仮名を付けるか付けないかによって、動詞と名詞を書き分けることがある。「花の組」「赤の組」の場合に送り仮名を付けず、「活字の組みが緩む」の場合に送り仮名を付けるのがこれである。

以上は、漢字一字を用いて書き表す単独の語の場合であるが、複合の語の場合も、単独の語の送り仮名に準じて送るのが基本である。

申し込む　向かい合わせる　待ち遠しい　田植え

日当たり　入り江　預かり金　移り変わり　有り難み

しかし、このようにして送り仮名を多くすると、法則性によって使いやすくはなるが、煩わしい面も出てくる。そのため、送り仮名を少なくする許容が設けられている。

申（し）込む　向（か）い合（わ）せる　待（ち）遠しい　田植（え）　日当（た）り　入（り）江　預（か）り金　移り変（わ）り　有（り）難み

ただし、この場合も、教科書や新聞はこの種の許容を用いないのである。

ところで、複合語の場合は、わざわざ送り仮名を付けなくてもその読み方に迷わないものがある。次のような語に送り仮名を付けないのは、そのような慣用が固定しているからである。

頭取　春慶塗　書留　切符　請負　割引　貸付金　見積書

献立　場合　日付　夕立　植木　立場　受付　浮世絵

したがって、複合語の送り仮名については、特に送り仮名を付けないものを除き、単独の語と同じように送り仮名を付けると考えればよいのである。

四　漢字の用い方をめぐる問題

漢字の用い方について「常用漢字表」を目安とする場合、同表に掲げられている音訓に従うだけでは十分とは言えない。そこには、平仮名書きにする語、片仮名書きにする語などがあり、中には交ぜ書きにする語もある。したがって、どのような場合にそのような書き方をするかについても、語ごとに心得ておくことが必要である。

また、そのようにして書き表せない語の中には、別の語に言い換えることも行われている。ただし、専門用語や固有名詞については「常用漢字表」の対象外であり、旧来の書き表し方がそのまま用いられるものも多い。

以下、そのような点で、漢字の用い方をめぐる問題を取り上げることにする。

1　平仮名書きにする語

漢字で書かれてきた語を平仮名書きにする場合、漢字の字音を用いる漢語と字訓を用いる和語とでは、その行き方が異なっている。

まず、字音を用いる漢語の場合であるが、「食慾→食欲」「火焔→火炎」のように同音の別の漢字に書き換えるものを除き、平仮名書きにするものがある。例えば、次のような語は、平仮名書きにするのが普通である。これらの語は、いずれも日常会話に用いられる耳慣れた語で、他に同音の紛らわしい語もなく、特に漢字書きにしなくても十分に理解できるからである。

挨拶→あいさつ　曖昧→あいまい　贔屓→ひいき

斡旋→あっせん　贅沢→ぜいたく　賄賂→わいろ

これらの中には、「斡旋」の「旋」、「贅沢」の「沢」、「賄賂」の「賄」のように、そのうちの一字が「常用漢字表」に掲げられているものも見られるが、複合語でない場合は、全体を仮名書きにするのが普通の行き方である。

次に、字訓を用いる和語の場合であるが、この方は、「坐る→座る」「鎖す→閉ざす」のように同訓の漢字に書き換えるものを除き、原則として平仮名書きにするのが普通である。例えば、次のような語は平仮名書きになる。

杖→つえ　躾→しつけ　誰→だれ　頃→ころ

綴る→つづる　揃える→そろえる　凄い→すごい

嬉しい→うれしい　遙か→はるか　爽やか→さわやか

悉く→ことごとく　俄かに→にわかに

字訓を用いる和語の場合は、漢字に頼らなくてもその意味が理解しにくいことがないからである。

以上は漢字一字を単位とする場合の扱いであるが、漢字の用い方の中には、「紅葉・もみじ」のように、二字以上の漢字をひとまとめにして特別の読み方をするもの（熟字訓）や「数寄屋・すきや」のように、漢字の意味に関係なくその音訓だけを用いるもの（当て字）がある。これらについては、「常用漢字表」の「付表」に取り上げられているものもあり、それらは漢字書きとなる。

熟字訓……田舎（いなか）　風邪（かぜ）
　　　　時雨（しぐれ）　祝詞（のりと）

当て字……野良（のら）　波止場（はとば）
　　　　部屋（へや）　師走（しわす）

しかし、「匕首→あいくち」「面皰→にきび」「八釜しい→やかましい」など、「常用漢字表」に掲げられていない漢字を含むものは仮名書きとなる。また、「常用漢字表」に掲げられている漢字を用いるものでも、「長刀→なぎなた」「火傷→やけど」「就中→なかんずく」「可哀そう→かわいそう」など、「付表」に取り上げられていないものも仮名書きの方がよいのである。

ところで、漢字仮名交じり文という立場で助詞・助動詞が仮名書きになることは、「峰が現れた」の例に見るとおりである。また、助詞・助動詞に準ずる「とともに」「ておく」や形式名詞としての「こと」「わけ」などが仮名書きとなることも、すでに取り上げたとおりである。しかし、漢字仮名交じり文一般について考えると、これら以外にも仮名書きを用いるものが見られるのである。それは、漢字の多い書き表し方が難しい印象を与え、漢字の少ない方が易しい印象を与えるからである。それでは、そのような立場で仮名書きの語を多くする場合、実際にはどのような語が仮名書きになるかということであるが、これには、次のような語の仮名書きが目立つようである。

しるし（印）　こども（子供）　くふう（工夫）

みなさま（皆様）　われわれ（我々）　いう（言）

つくる（作・造）　よい（良・善）　ない（無）

きわめて（極）　あまり（余）　また（又）

実際に用いられる漢字仮名交じり文においては、読者対象との関連で、このような点での漢字使用の増減が見られるのである。

2　片仮名書きにする語

普通に行われている漢字仮名交じり文は、漢字に平仮名を交えて用いることが基本となっている。その場合に特に片仮名書きにする語にどのようなものがあるかと言えば、外来語、外国の地名・人名を取り上げなければならない。

まず、外来語であるが、外来語だからといってすべて片仮名書きにするわけではない。「たばこ・かっぱ・きせる」のように古くから用いられていて外来語と感じられなくなったものは平仮名書きである。しかし、それらを除くと、大部分の外来語が片仮名書きになることは、広く行われているとおりである。

ビール　コーヒー　ゴム　ガス　マイル　メートル

これらの中には「麦酒・珈琲」のようにかつて漢字書きの行われたものも多いが、会社名などの固有名詞を除き、用いないことになる。

外来語と同じく、外国の地名・人名も、中国等を除き、片仮名書きが普通である。

アメリカ　オランダ　ロンドン　パリ

ナポレオン　ビスマルク　ニュートン

これらの中にも「亜米利加・奈破崙」のように漢字書きの行われたものがあるが、一般には用いない。「英・米・独・仏」などは漢字熟語を造る要素であり、その点では地名・人名そのものの漢字書きと異なるのである。

ところで、片仮名は、発音を表すために用いられた歴史があるため、その点では平仮名よりも優れている。そのため、発音を書き表す意図が強い場合には、片仮名書きの方を用いることにもなる。動物の鳴き声や物音に見られる片仮名書きがこれである。

チュー、チュー　　コケコッコー

トン、トン、トン　　ゴーン、ゴーン

擬音語などに「ゴロゴロ、カタコト」などの書き方が見られるのも、これに準じた扱いである。外来語、外国の地名・人名を片仮名で書き表すのも、基本的には発音を表す用い方と考えてよいのである。

その点では、俗語・隠語・片言などの片仮名書きも、同じような用い方の例である。

俗語　ノッポ　デブ　収支トントン

隠語　ネタ　デカ　ロハ

片言　マンマ　アンヨ　オテテ

本来の語として漢字書きの行われている場合も、「アタマが悪い」のように片仮名書きにすると、特殊の意味を持つという効果がある。「カンカンガクガクの論」のような書き方になると、からかったり、ちゃかしたりする意味合いも加わり、それなりの表現効果が期待できるのである。

以上は発音を表す立場で片仮名を用いる場合であるが、片仮名には発音を表す役割のほかに、もう一つの役割がある。それは、片仮名というのが平仮名の続く中にあって目立つ存在となることに関連する役割である。動植物の名称などに片仮名書きが見られるのは、この種の読みやすさを生かしたものである。

トラ　ロバ　オシドリ　バッタ　カツオ

ヒノキ　ブドウ　ニンジン　ショウガ

その他、「サクで囲う」「クギを打つ」など「常用漢字表」に掲げられていない漢字を用いる語が時に片仮名で書かれるのも、やはり読みやすさを生かしたものである。

なお、ここで取り上げてきたのは、いずれも普通の漢字仮名交じり文における片仮名書きであるが、片仮名そのものは特別の用途にも用いられている。電報文やテレックス文、あるいは機械処理による事務文書で片仮名を専用するのがこれである。このような分野では、平仮名専用文よりも片仮名専用文の方が一般的である。

3　交ぜ書きにする語

一般に「常用漢字表」に掲げられていない漢字を含む語の場合は、平仮名書きにするときに語全体を仮名書きにする。「賄ろ」「ぜい沢」とは書かず、「わいろ」「ぜいたく」とするのがこれである。しかし、中には漢字と仮名を交ぜ書きにするものもある。ここではこういう書き方をする語について取り上げるが、この場合も、漢字の字音を用いる漢語と字訓を用いる和語とでは、多少ともその行き方が異なっている。

まず、漢字の字音を用いる漢語の場合であるが、中には一部に漢字書きを残す書き表し方もある。それは、漢字書きの部分によって意味の理解が容易になる場合である。例えば、次のような語の場合がこれである。

けい酸（珪酸）　あへん煙（阿片煙）
ほうろう鉄器（琺瑯鉄器）　啓もう（啓蒙）
教べん（教鞭）　祈とう（祈禱）　発しん（発疹）

ただし、「醬油」を「しょう油」と書くと、「油」の一種のような錯覚を与える。このような場合は、「しょうゆ」という仮名書きが好ましいのである。

次に、漢字の字訓を用いる和語の方であるが、これは、複合語の場合に、「常用漢字表」を目安に漢字と仮名の交ぜ書きとするのが普通の行き方である。

あて名（宛て名）　つくだ煮（佃煮）
つづり方（綴り方）　手ぬぐい（手拭い）
近ごろ（近頃）　言葉じり（言葉尻）

これらも複合語のそれぞれを単位とした方が分かりやすいからであるが、全体としてはやはり交ぜ書きである。

なお、意味の軽い接尾辞のような役割を持つ部分については、「常用漢字表」に掲げられている漢字でも仮名書きにすることが行われている。

大人ぶる　焼きたて　雨がち　弟ども

これらは、一般に漢字書きにする部分よりも、むしろ助詞・助動詞のように仮名で書く部分に近い役割を持っているからである。

4　言い換えをする語

適切な表記という立場では、書こうとする語をどのように書き表すかということが問題であるが、全体として分かりやすく通じやすい文章を書くことも必要である。そうなると、難しい漢語を用いず、日常一般に使われる語を用いて言い表すのが好ましいことにもなってくる。その点で問題になるのが、「常用漢字表」に掲げられていない漢字を含む難しい漢語の扱いである。

この場合、「挨拶」は「あいさつ」と仮名書きにし、「啓蒙」は「啓もう」と交ぜ書きにすることが行われている。しかし、「瑕疵」を「かし」、「羈束」を「き束」としたのでは、何のことか分からなくなる。このような場合に行われているのが、別の語を用いる言い換えである。例えば、次のような語が用いられるのも、このような言い換えである。

瀆職《とくしょく》→汚職　稟請《りんせい》→申請　牽連《けんれん》→関連　改悛《かいしゅん》→改心
全貌《ぜんぼう》→全容　救恤《きゅうじゅつ》→救援

元の語は漢字書きによってその意味の理解できる語である。これを仮名書き、交ぜ書きにすると分かりにくくなり、好ましくないからである。

ところで、難しい漢語を言い換える場合、二つの行き方が行われている。一つは前記のように同じような意味の別の漢語に言い換える場合である。このような言い換えによれば、文章の調子や構文を崩すことにならないという利点がある。しかし、もう一つ、和語や外来語に言い換える場合もある。次のような例がこれである。

誤謬《ごびゅう》→誤り　塵芥《じんかい》→ごみ　酩酊《めいてい》→酔う
歪曲《わいきょく》→ゆがめる　狭隘《きょうあい》→狭い
堰堤《えんてい》→ダム　船渠《せんきょ》→ドック　檣頭《しょうとう》→マストトップ

このように言い換えると、中には文章の調子や構文を崩すことも起こり、全体の表現そのものを改める必要も生じるのである。

なお、この種の言い換えが「常用漢字表」の漢字を用いる語についても行われていることは、次の例に見るとおりである。

違背→違反　開陳→述べる　酒精→アルコール

これらもまた、分かりやすく通じやすい文章を書くために必要な言い換えとして行われているものである。

5　専門用語等の漢字書き

漢字使用の目安として用いられるのが「常用漢字表」であるが、これは、一般の社会生活で用いるためのものである。したがって、法令、公用文書、新聞、雑誌、放送などで用いることになり、科学、技術、芸術その他の各種専門分野にまでは必ずしも及ばない。また、地名・人名などの固有名詞を対象とするものでもない。これらの範囲で、「常用漢字表」に掲げられていない漢字を含む語が用いられるのも、やむを得ないのである。

まず、専門分野の用語であるが、基本的には難しい漢字・漢語を使用しない方向で検討されている。例えば、『学術用語集・数学編』に次のような書き換え、仮名書き、交ぜ書き、言い換えが見られるのもこのためである。

函数→関数　螺旋→らせん
円錐→円すい　梯形→台形

しかし、専門分野によっては、専門用語として旧来の漢字書きを必要とする場合も多い、例えば、『学術用語集・歯学編』に見られる次のような用語がこれである。

臼歯《きゅうし》　唾液《だえき》　口蓋《こうがい》　歯隙《しげき》　歯槽膿漏《しそうのうろう》　不正咬合《ふせいこうごう》

この種の漢字の用い方が特殊な専門分野において特に目立つのも、やむを得ないことである。

次に、固有名詞であるが、人名については新たに生まれる子の名について、用いる文字の範囲が定められている。それは、戸籍法第五十条で「常用平易な文字を用いなければならない。」と規定され、その範囲が戸籍法施行規則第六十条で、次の三種類と定められているからである。

常用漢字表に掲げる漢字
人名用漢字別表に掲げる漢字
片仮名又は平仮名（変体仮名を除く。）

ただし、漢字の読み方については、制限が設けられているわけではない。その点で、「一」を「かず」、「光」を「みつ」と読むような読み方も差し支えないのである。

次に、地名であるが、この点については国語審議会が「町村合併促進法」に関連して取り上げたことがある。その審議の成果としてまとめたのが、国語審議会建議「町村の合併によって新しくつけられる地名の書き表わし方について」（昭和二十八年）であるが、必ずしもその要望どおり行われているわけではない。その他、古くから行われている地名の多くは漢字表記とともに存在するのであり、住民の愛着も強く、そのまま受け継がれている。

なお、「常用漢字表」は過去の著作や文書における漢字の使用を否定するものではない。したがって、引用文については原文どおり引用するのが普通である。その場合、印刷上の都合から字体だけは新字体に改めることも行われているが、漢字書きのものはそのまま漢字書きである。

最後に一般用語の場合について触れておくことにする。「常用漢字表」に掲げられていない漢字を含む一般用語の場合は、書き換え、仮名書き、交ぜ書き、言い換えをするのが基本的な考え方である。しかし、「常用漢字表」そのものは、そこに掲げられた漢字だけを用いて文章を書かなければならないというような制限的なものではない。実際には旧来の漢字表記を用いなければならない事情も見られるのであり、そのような場合に適切な考慮を加える余地を残している。旧来の漢字書きを用いて振り仮名をするなどの配慮を行うのも一つの方法なのである。

五　仮名に関連する問題

この章に関連する表記の基準が、その後、「現代仮名遣い」（昭和61・7・1）、「外来語の表記」（平成3・6・28）、『新　地名表記の手引』（平成6・4・10）に、それぞれ改定されたので削除した。

六　縦書きと横書き

国語の書き表し方としては、伝統的な形が右からの縦書きであり、法令関係・新聞・雑誌・一般図書等で広く用いられている。教科書も、社会科の一部と国語科などが伝統的な書き方に従った縦書きである。ところが、戦後急速に普及したのが左からの横書きで、法令関係を除く公用文に採用され、一般文書や数式、外国語等を含む図書に用いられている。教科書も、社会科の一部と国語科などを除き、左横書きである。したがって、国語の書き表し方としては、縦書きと横書きとが並び行われているわけである。

それならば、縦書きと横書きで漢字や仮名の用い方に異なるところがあるかということであるが、漢字の用い方としては特に違いが見られない。仮名の方では小文字の「や・ゆ・よ・つ」「ヤ・ユ・ヨ・ツ」を用いる場合の書く位置と、片仮名とともに用いる長音符号の向きが異なるが、それほど大きな違いとは考えられない。

それに対し、数を含む書き表し方の方は、算用数字を用いるかどうかに異同がある。また、くぎり符号やくりかえし符号にも若干の異同がある。そこで、以下、これらの点について、特に縦書き・横書きに関連して取り上げることにする。

1　左横書き

漢字仮名交じり文の伝統的な書き方は右からの縦書きであるが、戦後は公用文の改善の一つとしてなるべく広い範囲で左横書きが推進されている。ただし、公用文の場合も、法令関係は縦書きのままである。官報も縦書きを基本とし、特に横書きの用いられる訓令・告示等を横組みにしている。なお、縦書きの法令を横書きの文の中に引用する場合は横書きに直して用いてもよいが、数を含む語の文字遣い等はそのままとするのが普通である。

それでは、左横書きの利点は何かということであるが、これについては国語審議会建議「公用文の左横書きについて」（昭和二十六年）があり、九項目が掲げられている。それによれば、書きやすい、書いたあとをこすらない、書き終わった部分が見える、数式・ローマ字の書き方と一致する、理論的に見て読みやすい、などの点が左横書きの利点として掲げられている。しかし、そこに掲げられた、用紙の節約になる、つづり込みを統一することができる、書類を参照するときにめくりやすい、検出しやすい、などの点は、必ずしも左横書きの利点とは言えない。これらの点は、縦書きに際して用紙を横長に用いても解決できるからである。

ところで、新聞や週刊誌、雑誌は縦書きであるが、この方にもそれなりの理由が見られるのである。それは、読者の大部分が縦書きに慣れていて、その習慣を改めることに大きな抵抗を感じるからである。新聞がテレビ・ラジオ欄や相場欄に横書きを用いるのは、算用数字等を含む一覧表だからである。横書きの見出しを用いるのは、縦書きの中で横書きが目立つからである。一般の広告やポスターなどで横書きを用いるのも、横書きの目立ち方を利用したものである。このように見てくると、縦書きの伝統を維持しようとする力にも相当根強いものがあり、にわかに改めることは不可能である。

それならば、適切な表記という立場で縦書きと横書きとどちらがよいかということであるが、それぞれの場合によるわけである。漢字仮名交じり文としては、この二つの書き表し方ができるところもまた一つの特色なのである。

2 数を含む書き表し方

縦書きと横書きで著しく異なるものに数を含む書き表し方がある。その理由は、横書きの利点として算用数字を用いることができるのに対し、縦書きでは、原則として、算用数字を用いないからである。

まず、縦書きの場合であるが、数字としては漢数字を用いる。その場合、単位数字「十・百・千・万・億・兆」を併用するかしないかについては二つの行き方があるが、併用する方が基本である。

一億三千万円　昭和五十六年十一月二十三日

午後零時二十八分

小数点としては、「二十五・八」のように「なかてん」が用いられるが、分数の方は「十二分の五」のように書く。概数の場合は、「二、三十人」のように「てん」を入れて書くのが普通である。

これに対し、西暦のように単位数字を入れることが煩雑に感じられる場合、電話番号のように単に数字だけを並べる場合には、単位数字を省く形も用いられている。こういう場合には、算用数字をそのまま漢数字に置き換えた形となり、「0」に対しては記号としての「〇」を用いる。

一九八一年一一月二三日　午後〇時二八分

指数一〇・二　五三%　電話五八一―四二一一

大きな数は「二四、三七五」のように三けたごとに「てん」を入れる。ただし、簡略にするときは「一億三、〇〇〇万円」のように「万・億・兆」の単位を用いる。

次に、左横書きの場合であるが、基本的には算用数字を用いて、次のように書き表す。

昭和56年11月23日　午後0時28分　指数10.2　53%

電話581―4211

ただし、大きな数については「万・億・兆」の単位を用い、「1億3,000万円」と書くことがある。また、概数の場合は「二、三十人」のように、縦書きの書き方を準用する。

ところで、数の中には語の構成要素として用いるものも少なくない。このような場合は、横書きの中でも漢数字を用いることになる。

何百　幾千　二重橋　第二次世界大戦　一休み

二言め　日本一　再三再四　五重の塔

この点では「一つ・二つ」なども漢数字を用いるのが普通である。このことが、「1月（いちがつ）」と「一月（ひとつき）」のような書き分けともなるわけである。

3 くぎり符号の用い方

漢字仮名交じり文にくぎり符号を用いるのは、文の終わりや意味の切れ続きを明らかにするためである。したがって、くぎり符号は、口頭で話す場合の声の調子や息の切れ目と同じ役割を果たすと考えることができる。くぎり符号の用い方が適切な表記という立場で重視される理由も、その点に見られるのである。縦書きと横書きで用いる符号に異同が見られるとしても、その役割は同じである。以下、縦書きの場合について取り上げ、横書きの場合については、それとの異同について考えることにする。

縦書きに用いるくぎり符号については、内閣通達「公文用語の手びき」（昭和二十一年）に添えられた「くぎり符号の用い方」に、次の五種類が掲げられている。

。（まる）　、（てん）　・（なかてん）

（　）（かっこ）　「　」（かぎ）

これらのうち「。（まる）」を文の終わりに用いることは広く行われているとおりであり、余り問題がない。用い方に迷うのは「、（てん）」の方である。

文の終わりを「。」でくぎっただけでは、文の中の意味の切れ続きを明らかにすることができない。そこで、次のような場合に用いるのが「、」である。

(1)「この問題は、」のように、主題を示す「は・も」のあと。

(2)「広い、明るい部屋」のように、対等に並列する同種類の語句の間。

(3)「しかし、」「もし、」など、文の始めに置く接続詞・副詞のあと。

(4)「が、」「ば、」「ので、」などで限定を加えたり、条件を挙げたりした語句のあと。

(5)「他の、官庁の建物」のように、語句を隔てて限定修飾する語のあと。

(6)「原則として」のような挿入句が文の途中に入ったときの前後。

(7)「ふかや、さめのような魚」のように、仮名が続いて読みにくくなるときの文節のくぎり。

したがって、書いたあとで読み返してみて「、」を書き加えることも多い。意味の係り方が分かりにくいとき、意味の係り方に誤解が生じるおそれのあるときは、「、」を用いて意味の係り方を明らかにする工夫が必要となる。その場合、声を出して読んで、声の調子や息の切れ目に合わせるようにすると、「、」の用い方が整うものである。

次に、「・（なかてん）」であるが、これは「東京・大阪・名古屋」のように、体言を並列するときに用いる。こういう場合に「東京、大阪、名古屋」のように「、」を用いる行き方も行われている。ただし、外来語の場合は「ケース・バイ・ケース」のように語の切れ目に「・」を用いるため、並列に当たっては専ら「、」を用いることになる。なお、「・」は、「H・G・ウェルズ」「昭和五七・一二・六」「午後三・五〇」のような場合にも用いる。

最後に、（　）と「　」であるが、（　）の方は、文の中で注記を加えるとき、その部分を挟んで用いる。（　）の中でも文が言い切りになるときは「。」を用いるのが普通である。「　」は、引用語句や文または特に示す必要のある語句、特別の意味に用いる語句を挟んで用いる。会話のままを引用する場合にも用いる。「　」の中で更に必要のある場合は『　』を用いるとともに、引用の原文に「　」が用いてあるときも、「　」を『　』に改める。

なお、文章の一段落では行を改める。行を改めるときは、特に格式ばった場合を除き、最初の一字分を空白にするのが普通の書き方である。

以上は縦書きの場合であるが、横書きの場合のくぎり符号については、次の三つの方式が行われている。

(1)　。（まる）,（コンマ）・（なかてん）（　）（かっこ）「　」（かぎ）
(2)　。（まる）､（てん）・（なかてん）（　）（かっこ）「　」（かぎ）
(3)　．（ピリオド）,（コンマ）・（なかてん）（　）（かっこ）「　」（かぎ）

これらのうち、最も広く行われている方式が、内閣通知「公用文作成の要領」（昭和二十七年）に掲げられている(1)の方式である。(2)は縦書きをそのまま横書きにしたもので、自治省その他で用いられるとともに、一般の文書関係でも用いることがある。(3)は科学的な読み物や論文に用いられている。

なお、横書きの場合は、欧文に用いる「?」「!」などを用いることも行われている。それに合わせれば、縦書きの場合も、必要に応じてこれらを用いることができる。

4　くりかえし符号の用い方

同じ文字が続く場合に、次の文字の代わりに簡略な符号を用いることが行われている。これがくりかえし符号で、縦書きの場合には次のようなものが用いられてきた。

ゝ　ゞ（一つ点）　ちゝ　たゞ　じゞ

〱　〲　〱゚（くの字点）　いよ〱　それ〲　ひん〱゚

々　々々（同の字点）　世々　個々　一歩々々

〻（二の字点）　略〻　益〻

これらのうち、「公用文作成の要領」に掲げられているのは、横書きを基準としているため、同じ漢字を繰り返す場合の「々」だけとなっている。これに準じ、縦書きの場合も「々」だけを用いるのが普通の書き方である。

それでは、「々」の用い方は実際にどのようになるかということであるが、縦書き・横書きを通じて漢字一字の繰り返しに、「並々・国々・年々・方々」のように用いる。しかし、「民主主義・漢字字体・大会会場・小学校校長」などはそのまま書いた方がよい。また「々」に当たる部分が行頭に来る場合は本来の漢字に書き換える。新聞などでは行頭にも「々」が見られるが、一般には好ましくない。ただし、「佐々木・多々良・寿々子」などの固有名詞で「々」を用いるのが本来の形である場合は、行頭に「々」が来てもそのままを用いることになる。

なお、縦書きの場合に表や列記で「〃」が用いられてきたが、横書きでも用いて差し支えない。この符号は欧文に用いるのを取り入れたもので、本来が横書き用である。

七　まとめ

ここでは、適切な表記という立場で、漢字仮名交じり文を書く場合に問題となる事柄を重点的に取り上げてきた。しかし、このような取り上げ方でも分かるように、漢字仮名交じり文の表記というのは、いろいろと複雑な面を持っている。漢字使用の目安として「常用漢字表」が定められているとしても、実際への適用に当たっては、伝統的な書き方を有効に生かす工夫が必要である。

したがって、それらを生かしながらも、相互の伝達や理解を円滑にするためにはどのようにしたらよいかということである。その点で国語の書き表し方に一応のよりどころを求めようとする場合には、ここで取り上げた事柄が参考になると思われるわけである。

参考資料

> 編者注　参考資料一、二は、昭和二十一年三月、当時の文部省教科書局調査課国語調査室によって作成発表されたものである。発表以来五十年近くを経過しているが、現在でも、公用文、学校教育その他で参考にされる場合が多いので、参考資料として掲げることとした。
> なお、漢字の字体は、便宜上、現行のものに改めた。

〔参考資料　一〕

くぎり符号の使ひ方〔句読法〕（案）

本省で編修または作成する各種の教科書・文書などの国語の表記法を統一し、その基準を示すために、

一、送りがなのつけ方（案）
二、くぎり符号の使ひ方〔句読法〕（案）
三、くりかへし符号の使ひ方〔をどり字法〕（案）
四、外国の地名・人名の書き方（案）

の四編を印刷に付した。この案はその一つである。
諸官庁をはじめ一般社会の用字上の参考ともなれば幸である。

（文部省教科書局調査課国語調査室）

まへがき

一、この案は、明治三十九年二月文部省大臣官房調査課草案の句読法（案）を骨子とし、これを拡充してあらたに現代口語文に適する大体の基準を定めたものである。

二、くぎり符号は、文脈をあきらかにして文の読解を正しくかつ容易ならしめようとするものである。

三、くぎり符号は、左のごとき約二十種の中から、その文の内容と文体とに応じて適当に用ひる。

（一）主として縦書きに用ひるもの

(1) マル（句点）　。
(2) テン（読点）　、
(3) ナカテン　・
(4) ナカセン　──又は─
(5) テンテン　……又は…
　　テンセン　………
(6) カギ　「　」
　　フタヘカギ　『　』
(7) カッコ　（　）
　　ヨコガッコ　（　）
　　以下補助的なもの
(8) ツナギ　＝
　　ツナギテン　‐
(9) ワキテン　、、、
(10) ワキセン　──
(11) 疑問符　？
(12) 感嘆符　！

（二）もつぱら横書きに用ひるもの

(1) ピリオド（トメテン）　.
(2) コンマ　,
(3) コロン（カサネテン）　:
(4) セミコロン（テンコンマ）　;
(5) 引用符（カコミ）　《　》（　）“　”

以下補助的なもの
（6）ハイフン（ツナギ）　‐
（7）半ガッコ　　）
右、各種の符号の呼び名は、その一部は在来のもので一部は取扱上の便宜のためにあらたに定めたものである。

四、くぎり符号の適用は一種の修辞でもあるから、文の論理的なすぢみちを乱さない範囲内で自由に加減し、あるひはこの案を参考として更に他の符号を使ってもよい。
なほ、読者の年齢や知識の程度に応じて、その適用について手心を加へるべきである。

（一）主として縦書きに用ひるもの

呼び名	符号	準則	用例
(1) マル	。	一、マルは文の終止にうつ。 正序（例1）倒置（例2）述語省略（例3）など、その他、すべての文の終止にうつ。 二、「　」（カギ）の中でも文の終止にはうつ（例4）。 三、引用語にはうたない（例5）。 四、引用語の内容が文の形式をなしてゐても簡単なものにはうたない（例6）。 五、文の終止で、カッコをへだてゝうつことがある（例7）。 六、附記的な一節を全部カッコでかこむ場合には、もちろんその中にマルが入る（例8）。	（1）春が来た。 （2）出た、出た、月が。 （3）どうぞ、こちらへ。 （4）「どちらへ。」「上野まで。」 （5）これが有名な「月光の曲」です。 （6）「気をつけ」の姿勢でジーッと注目する。 （7）このことは、すでに第三章で説明した（五七頁《ママ》参照）。 （8）それには応永三年云々の識語がある。（この識語のことについては後に詳しく述べる。）
(2) テン	、	一、テンは、第一の原則として文の中止にうつ（例1）。 二、終止の形をとってゐても、その文意が続く場合に	（1）父も喜び、母も喜んだ。 （2）父も喜んだ、母も喜んだ。

はテンをうつ（例2 3）。

たゞし、他のテンとのつり合ひ上、この場合にマルをうつこともある（例4）。

〔附記〕この項のテンは、言はゞ、半終止符ともいふべきものであるから、将来、特別の符号（例へば「、《シロテン》」のごときもの）が広く行はれるやうになることは望ましい。

用例の〔参照一〕は本則によるもの。また〔参照二〕は「、《シロテン》」を使ってみたもの。

三、テンは、第二の原則として、副詞的語句の前後にうつ（例5 6 7）。

その上で、口調の上から不必要のものを消すのである（例5における（、）のごときもの）。

〔附記〕この項の趣旨は、テンではさんだ語句を飛ばして読んでみても、一応、文脈が通るやうにうつのである。これがテンの打ち方における最も重要な、一ばん多く使はれる原則であって、この原則の範囲内で、それ〴〵の文に従ひ適当に調節するのである（例8 9 10 11）。

なほ、接続詞、感嘆詞、また、呼びかけや返事の「はい」「いゝえ」など、すべて副詞的語句の中に入る（例12 13 14 15 16 17 18）。

（3）クリモキマシタ、ハチモキマシタ、ウスモキマシタ。

（4）この真心が天に通じ、人の心をも動かしたのであらう。彼の事業はやうやく村人の間に理解されはじめた。

〔参照一〕この真心が天に通じ、人の心をも動かしたのであらう。彼の事業は……

〔参照二〕この真心が天に通じ、人の心をも動かしたのであらう、彼の事業は……

（5）昨夜、帰宅以来、お尋ねの件について（、）当時の日誌を調べて見ましたところ、やはり（、）そのとき申し上げた通りでありました。

（6）お寺の小僧になつて間もない頃、ある日、をしやうさんから大そうしかられました。

（7）ワタクシハ、オニガシマヘ、オニタイヂニ、イキマスカラ、

（8）私は反対です。

（9）私は、反対です。

（10）しかし私は、

（11）しかし、私は……

（12）今、一例として、次の事実を報告する。

（13）また、私は……

（14）たゞ、例外として、

四、形容詞的語句が重なる場合にも、前項の原則に準じてテンをうつ（例19 20）。

五、右の場合、第一の形容詞的語句の下だけにうつてよいことがある（例21 22）。

六、語なり、意味なりが附著して、読み誤る恐れがある場合にうつ（例23 24 25 26）。

七、テンは読みの間《ま》をあらはす（例26参照27）。

八、提示した語の下にうつ（例28 29）。

九、ナカテンと同じ役目に用ひるが（例30）、特にテンでなくては、かへつて読み誤り易い場合がある（例31）。

(15) たゞし、汽車区間を除く。

(16) おや、いらつしやい。

(17) 坊や、お出で。

(18) はい、さうです。

(19) くじやくは、長い、美しい尾をあふぎのやうにひろげました。

(20) 静かな、明るい、高原の春です。

(21) まだ火のよく通らない、生のでんぷん粒《りふ》のあるくず湯を飲んで、

(22) 村はづれにある、うちの雑木山を開墾しはじめてから、

(23) 弾き終つて、ベートーベンは、つと立ちあがつた。

(24) よく晴れた夜、空を仰ぐと、

(25) 実はその、外でもありませんが、

(26) 「かん、かん、かん、かん。」

(27) 「かん〳〵〳〵。」

(28) 秋祭、それは村人にとつて最も楽しい日です。

(29) 香具《かぐ》山・畝火《うねび》山・耳梨《みゝなし》山、これを大和の三山といふ。

(30) まつ、すぎ、ひのき、けやきなど

(31) 天地の公道、人倫の常経

十、対話または引用文のカギの前にうつ（例32）。

十一、対話または引用文の後を「と」で受けて、その下にテンをうつのに二つの場合がある（例33 34 35）。

「といって、」「と思って、」などの「と」にはうたない。

「と、花子さんは」といふやうに、その「と」の下に主格や、または他の語が来る場合にはうつのである。

十二、並列の「と」「も」をともなって主語が重なる場合には原則としてうつが、必要でない限りは省略する（例36 37 38 39）。

十三、数字の位取りにうつ（例40 41 42）。

〔附記〕現行の簿記法では例40 41のごとくうつが、わが国の計数法によれば、例41は42のごとくうつのが自然である。

(32) さつきの槍《やり》ケ岳《たけ》が、「こゝまでおいで。」といふやうに、

(33) 「なんといふ貝だらう。」といって、みんなで、いろ〳〵貝の名前を思ひ出してみましたが、

(34) 「先生に聞きに行きませう。」と、花子さんは、その貝をもって、先生のところへ走って行きました。

(35) 「おめでたう。」「おめでたう。」と、互に言葉をかはしながら……

(36) 父と、母と、兄と、姉と、私との五人で、

(37) 父と母と兄と姉と私との五人で、

(38) 父も、母も、兄も、姉も、

(39) 父も母も兄も姉も、

(40) 一、二三五
円

(41) 一、二三四、五六七、八九〇
億　万

(42) 一二、三四五六、七八九〇

(3) ナカテン

・

一、ナカテンは、単語の並列の間にうつ（例1 2）。

たゞし、右のナカテンの代りにテンをうつこともある（例3）。

三、テンとナカテンとを併用して、その対照的効果を

(1) まつ・すぎ・ひのき・けやきなど、

(2) むら雲・おぼろ雲は、巻雲や薄雲・いわし雲などよりも低く、

(3) まつ、すぎ、ひのき、けやきなど、

(4) 明日、東京を立って、静岡、浜松、名古屋、大

ねらふことがある（例4）。
四、主格の助詞「が」を省略した場合には、ナカテンでなくテンをうつ（例5）。
五、熟語的語句を成す場合にはナカテンをうたないのが普通である（例6 7）。
六、小数点に用ひる（例8）。
七、年月日の言ひ表はしに用ひる（例9 10）。
八、外来語のくぎりに用ひる（例11）。
九、外国人名のくぎりに用ひる（例12）。
〔附記〕外国人名の並列にはテンを用ひる（例13）。

阪・京都・神戸、岡山、広島を六日の予定で見て来ます。
(5) 米、英・仏と協商【新聞の見出し例】
(6) 英仏両国
(7) 英独仏三国
(8) 一三・五
(9) 昭和二一・三・一八
(10) 二・二六事件
(11) テーブル・スピーチ
(12) アブラハム・リンカーン
(13) ジョージ・ワシントン、アブラハム・リンカーン

(4) ナカセン

——　—

一、ナカセンは話頭をかはすときに用ひる（例1）。
二、語句を言ひさして余韻《ゐん》をもたせる場合に用ひる（例2）。
三、カギでかこむほどでもない語句を地の文と分ける場合に用ひる（例3）。
四、時間的・空間的な経過をあらはす（例4 5）。
五、時間的・空間的に「乃至」または「より——まで」の意味をあらはす（例6 7）。

(1) 「それはね、——いや、もう止しませう。」
(2) 「まあ、ほんとうにおかはいさうに、——」
(3) これではならない——といって起ちあがつたのがかれであつた。
(4) 五分——十分——十五分
(5) 汽車は、静岡——浜松——名古屋——京都と、嵐の夜の闇《やみ》をついて走つてゆく。
(6) そのきゝめは、少くとも三—五週間の後でなくてはあらはれません。

		六、かるく「すなはち」の意味をあらはす（例8 9）。 七、補助的説明の語句を文中にはさんで、カッコでかこむよりも地の文に近く取扱ひたい場合に用ひる（例10 11）。 八、ニホンナカセン（＝）を短いくぎりに用ひることがある（例12）。	（7）上野—新橋、渋谷—築地、新宿—日比谷の電車、終夜運転 （8）この海の中を流れる大きな河——黒潮は、 （9）心持——心理学の用語によれば情緒とか気分とか状態意識とかいふのであるが、 （10）ふと、荒城の月の歌ごゑが——あの寄宿舎の窓からもれてくるのであらう——すゞしい夜風に乗つて聞えてくる。 （11）方法論——それは一種の比較的形態学である——は、 （12）（東京・富田幸平＝教員）
(5) テンテン テンセン	…… ‥ ………	一、テンテンは、ナカセンと同じく、話頭をかはすとき言ひさしてやめる場合などに用ひる（例1 2）。 二、テンテンは引用文の省略（上略・中略・下略）を示す（例3）。 三、テンセンは会話で無言を示す（例4）。 四、テンセンはつなぎに用ひる（例5）。	（1）「それからね、……いやいや、もうなんにも申し上げますまい。」 （2）「それもさうだけれど。……」 （3）そこで上述のごとき結果になるのである。…… （4）「ごめんネ、健ちやん。」「…………」 （5）第一章序説…………一頁
(6) カギ フタヘカギ	「」 『』	一、カギは、対話・引用語・題目、その他、特に他の文と分けたいと思ふ語句に用ひる（例1 2 3 4）。 これにフタヘカギを用ひることもある。	（1）「お早う。」 （2）俳句で「雲の峰」といふのも、この入道雲です。

		二、カギの中にさらにカギを用ひたい場合は、フタヘカギを用ひる（例5）。 三、カギの代りに〃　〃を用ひることがある（例6）。 〃　〃をノノカギと呼ぶ。	（3）国歌「君が代」 （4）この類の語には「牛耳る」「テクる」「サボる」などがある。 （5）「さつきお出かけの途中、『なにかめづらしい本はないか。』とお立寄りくださいました。」 （6）これが雑誌〃日本〃の生命である。
(7) カッコ ヨコガッコ	（　） (　)	一、カッコは註釈的語句をかこむ（例1）。 二、編輯上の注意書きや署名などをかこむ（例2）。 三、ヨコガッコは箇条書の場合、その番号をかこむ（例3）。 〔附記〕なほ各種のカッコを適当に用ひる。その呼び名を下に掲げる。	（1）広日本文典（明治三十年刊） （2）（その二）（第二回）（承前）（続き）（完）（終）（未完）（続く）（山田） （3）(一)　(イ)　(a) （（　））フタヘガッコ 〔　〕ソデガッコ ［　］カクガッコ 【　】カメノコガッコ
(8) ツナギ ツナギテン	＝ -	一、ツナギは、かな文の分ち書きで、一語が二行にまたがる場合に用ひる（例1）。 二、ツナギテンは、数字上「より――まで」の意味に用ひる（例2）。	（1）サルハ　トウトウ　ジブ＝ンガ　ワルカッタト　ア＝ヤマリマシタ。 （2）一三五-六頁 一五六-八頁 三五九-六〇頁

(9) ワキテン	、、、	一、ワキテンは、原則として、特に読者の注意を求める語句にうつ（例1）。 二、観念語をかなで書いた場合にうつ（例2 3）。 三、俗語や方言などを特に用ひる場合にうつ（例4）。	五九九－六〇〇頁 （1）こゝにも一人の路傍の石がある。 （2）着物もあげによつて兄にも弟にも使へる。 （3）ひるといふ言葉は、元来はよるに対して用ひたものであるが、おひるといつて昼飯のことを意味するやうになつたのは、 （4）ぴんからきりまである。
(10) ワキセン	──	一、ワキセンはほとんどワキテンと同じ目的で用ひる（例1）。 二、説明上、ある語句を一つにくるめて表示する場合に用ひる（例2）。	（1）次の傍線を引いた語について説明せよ。 さう考へられる。 （2）名辞は、単一の名詞から成ることもあり、あるひは長い名詞句から成ることもある。 人はパンのみにて生くるものにあらず。
(11) 疑問符	？	一、疑問符は、原則として普通の文には用ひない。たゞし必要に応じて疑問の口調を示す場合に用ひる（例1）。 二、質問や反問の言葉調子の時に用ひる（例2）。 三、漫画などで無言で疑問の意をあらはす時に用ひる（例略）。	（1）「えゝ？　なんですつて？」 （2）「さういたしますと、やがて龍《りう》宮へお著きになるでせう。」 「龍宮へ？」

(12) 感嘆符	！	一、感嘆符も普通の文には原則として用ひない。たゞし、必要に応じて感動の気持をあらはした場合に用ひる（例1）。 二、強め、驚き、皮肉などの口調をあらはした場合に用ひる（例2）。	（1）「ちがふ、ちがふ、ちがふぞ！」 （2）放送のとき、しきりに紹介の「さん」づけを止して「し」にしてくれといふので、よくきいてみると、なんと、それは「氏」でなくて「師」であつた！

（二）主として横書きに用ひるもの

呼び名	符号	準則	用例
(1) ピリオド（トメテン 終止符 大くぎり）	.	一、ピリオドは、ローマ字文では終止符として用ひるが、横書きの漢字交りかな文では、普通には、ピリオドの代りにマルをうつ（例1 2）。	1）春が来た。 2）出た, 出た, 月が。
(2) コンマ（小《こ》くぎり）	,	二、テン又はナカテンの代りに、コンマ又はセミコロンを適当に用ひる（例3 4 5 6）。	3）まつ・すぎ・ひのき・けやきなど, 4）まつ, すぎ, ひのき, けやきなど,
(3) コロン（カサネテン 中の大くぎり）	:	三、引用符・ハイフンの用例は略す。半ガッコの用例は下欄で実地に示した。	5）明日, 東京を立つて, 静岡, 浜松, 名古屋, 大阪・京都・神戸, 岡山, 広島を六日の予定で見て来ます。
(4) セミコロン（テンコンマ 中の小くぎり）	;		6）静岡；浜松；名古屋；大阪, 京都, 神戸；岡山；広島を

〔参考資料　二〕

くりかへし符号の使ひ方〔をどり字法〕（案）

本省で編修または作成する各種の教科書・文書などの国語の表記法を統一し、その基準を示すために、

一、送りがなのつけ方（案）
二、くぎり符号の使ひ方〔句読法〕（案）
三、くりかへし符号の使ひ方〔をどり字法〕（案）
四、外国の地名・人名の書き方（案）

の四編を印刷に付した。この案はその一つである。

諸官庁をはじめ一般社会の用字上の参考ともなれば幸である。

（文部省教科書局調査課国語調査室）

まへがき

一、この稿は、くりかへし符号を用ひる場合の基準を定めたものである。

二、くりかへし符号は同字反復の符号である。これまで、畳《でふ》字・重《ちよう》文《もん》・送り字・重ね字・をどり字・ゆすり字・ゆすりがな等と呼ばれて来たものであるが、この稿ではさらにあらたに一つの符号を取り上げるとともに、これらの性質を分りやすく言ひあらはし、かつ一般に通じやすいと思はれる呼び名として、かりに「くりかへし符号」といふ名を用ひた。

三、くりかへし符号は左の五種である。

一ツ点　ゝ　かなにつけて用ひるもの
くノ字点　〱　かなまたはかな交りの語句につけて用ひるもの
同《どう》ノ字点　々 ｝漢字につけて用ひるもの
二ノ字点　〻（〻）
ノノ点　〃　数字や語句を代表するもの

右、各種の符号の呼び名は、一部は在来のもので、一部は取扱ひ上の便を考へてあらたに定めたものである。

四、くりかへし符号の用法の中で、これまで最も統一を欠いてゐたのは、例へば「ぢぢ」「ばらばら」のごとく語頭に濁音をもつことばの書き方であつた。すなはち、「ぢぢ」「ばらばら」を書く場合に次のごとき三様の書き方が行はれてゐたのであるが、この案では、その中の（一）の書き方に従つた。

（一）　ぢゝ　ばら〱
（二）　ぢゞ　ばら〱
（三）　ぢゞ　ばら〲

五、くりかへし符号は、同一の語の中で用ひることを原則とし、次のごとき場合にはかなを重ねて書く。

㈠　話したために　読んだだけで
　それとともに　さうしたもののみ
　そののち　いままで
　行つただらう　すべてです
㈡　香川県《かがはけん》　馬場氏《ばばし》　平《たひら》の知盛《ともり》
㈢　パパ　ママ　チチハル

〔付記〕　右の原則によつて、例へば「立てて」を「立てゝ」と書くのはよくないといふ人もあるが、しかし、この「立てて」などは、一方から見れば「立つ」と「て」との二つの単位から成つてゐるものであるが、一方から見れば、「立てて」でもつて一つの単位を成すものであるから、やはり同一語中の用例であるといふことができ

る。ゆゑに、「立てゝ」の類の書き方も認められる。

つぎに、日常の文書において使用率の高い「ことゝ」「ものゝ」「〇〇町々会」などの書き方も、これを許容的に認めておくことが現代一般の慣用に照らしておだやかであらう。

六、くりかへし符号はテン（読点）をへだてゝは用ひない。例へば——

「こ、こ、こ、こ。」と、おやどりがよぶ。

「ちゝ、ちゝ。」と鳴く小鳥の声、
ド、ド、ドーッといふ波の音、
さらく〱、さらく〱と葉ずれの音がして、

「あっ、兎、兎。」

一歩、一歩、力強く大地をふみしめてゆく。


〔付記〕くりかへし符号の適用は、右のごとく一種の修辞的用字法、すなはち文のリズムを表現するものである。

呼び名	符号	準則	用例
(1) 一つ点	ゝ	一、一つ点は、その上のかな一字の全字形（濁点をふくむ）を代表する。ゆゑに、熟語になつてにごる場合には濁点をうつが（例2）、濁音のかなを代表する場合にはうたない（例3）。 二、「こゝろ」「つゝみ」などを熟語にしてにごる場合には、その「ゝ」をかなに書き改める（例4）。 〔備考〕「ゝ」は「〻」をさらに簡略にしたものである。	(1) ちゝ　はゝ (2) たゞ　ほゞ (3) ぢゝ　ばゝ (4) づつ　小包《こづつみ》　真心《まごころ》　案内がかり 気がかり　くまざさ
(2) くの字点	〱	一、「〱」は、二字以上のかな、またはかな交り語句を代表する（例12345）。	(1) いよ〱　ます〱 (2) しみ〲　それ〲

		〔備考〕「〱」は「ゝゝ」「ゝ〱」を経て「〱」となつたものである。	(3) しげ〱 しば〱 (4) ばら〱 ごろ〱 (5) 一つ〱 思ひ〱 散りぐ〲 代るぐ〲 知らずぐ〲 くり返し〱 ひらり〱 エッサッサ〱
(3) 同《どう》の字点	々	一、「々」は漢字一字を代表する（例12345）。 〔備考〕「々」は「仝」の字から転化したものと考へられてゐる。	(1) 世々《よゝ》 個々《こゝ》 日々《ひゞ》 (2) 我々《われ〱》 近々《きん〱》 近々《ちか〲》 (3) 正々 堂々 年々 歳々 (4) 一歩々々 賛成々々 (5) 双葉山々々
(4) 二の字点	ゝ 〻	一、「〻」は、手写では「々」と同価に用ひられるが（例1）、活字印刷では「々」の方が用ひられる（例2）。 二、活字印刷で用ひる「ゝ」は「〻」の別体であるが、その働きは、上の一字を重ねて訓《くん》よみにすべきことを示すものである（例34）。 三、「唯《たゞ》」は「唯ゝ」と書かない（例5）。	(1) 草〻 (2) 草々 (3) 稍ゝ（やゝ） 略ゝ（ほゞ） (4) 愈ゝ（いよ〱） 各ゝ（おの〱） 旁ゝ（かたぐ〲） 交ゝ（こもぐ〲） 屢ゝ（しば〱） 抑ゝ（そも〱） 偶ゝ（たま〱） 熟ゝ（つら〱） 熟ゝ（つくぐ〲） 益ゝ（ます〱） (5) 唯ゝ（たゞ）

〻 〻

四、「各の《おの〱》」「諸の《もろ〱》」は「〻」がなくても読みうるが（例6 7）、普通には「〻」をつける（例8）。

五、「〻」は「々」で代用される（例9 10）。殊に「多々益々」ではかならず「々」を書く。

〔備考〕「〻」は「二」の草書体から転化したものと考へられてゐる。それを小さくして右に片寄せたのが即ち「〻」である。

〔付記〕例3 4 5 6 7 8 9の類の語は、なるべくかなで書く方がよい。

(6) 各（おの〱）の意見

(7) 諸（もろ〱）の国

(8) 各〻（おの〱）意見を持ち寄つて

(9) 各々（おの〱）

益々（ます〱）

(10) 多々益々

(5) ノノ点

〃

一、「〃」は簿記にも文章にも用ひる（例1 2）。

〔備考〕「〃」は外国で用ひられる「〞」から転化したものであり、その意味はイタリア語の Ditto 即ち「同上」といふことである。なほ国によつて「〝」の形を用ひる。

(1)

月	日	円	備考
1	25	1000	
〃	〃	2500	
〃	〃	1235	
〃	26	1000	
2	1	1500	
〃	〃	1000	

(2)

甲案を可とするもの 一二八

乙案 〃 三一九

丙案 〃 二六五

横画〔よこかく・おうかく→「横」(よこ)「よこぼう」〕
縦画〔たてかく・じゅうかく→「縦」(たて)「たてぼう」〕
左払い(「人」の第1画に相当する画で,方向・長さには,いろいろある。)
右払い(「人」の第2画に相当する画で,方向・長さには,いろいろある。)

7. その他,次の名称も適当に取り入れて説明指導することがよい。

　　フ　(折れ)　　↓し　(はね)　　レ　(とめ)

　　　　　人　(曲がり)　　人丿　(はらい)

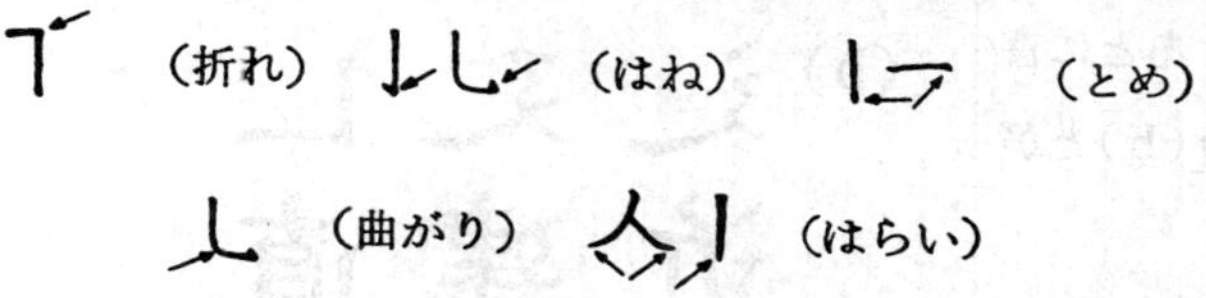

B．原則では説明できないもの

1. にょうには，さきに書くにょう（a）と，あとに書くにょう（b）とがある。	(a) 夂 走 免 是 処 起 勉 題 (b) 辶 廴 乚 近 建 直
2. さきに書く左払い（a）と，あとに書く左払い（b）とがある。	(a) 九 及 (b) 力 刀 万 方 別

5. 本書使用上の留意点

本書の使用に当って留意してほしいいくつかの事項を次に掲げる。

1. 本書に取りあげた筆順は，学習指導上の観点から，一つの文字については一つの形に統一されているが，このことは本書に掲げられた以外の筆順で，従来行われてきたものを誤りとするものではない。
2. 本書に示されたものは，楷書体の筆順であるが，行書体では一部筆順のかわるものもある。その場合でも，新字体から著しくかけ離れた形のものは望ましくない。
3. 原則では，当用漢字別表（いわゆる教育漢字）のすべてを例としてはあげてないが，他の文字の理論的な面については，原則および一覧表とを考えあわせて類推理解することができる。
4. 本書は字体の手びきではない。したがって本書においては字体の問題を解決しようとはしていない。
5. 当用漢字別表の漢字以外の当用漢字についても，原則や一覧表によって，適正な筆順を類推することができる。
6. 本書の原則において取りあげている点画の名称は，次に記すとおりである。
   点（てん）

注．当用漢字別表にはないが，「盛」も同じである。

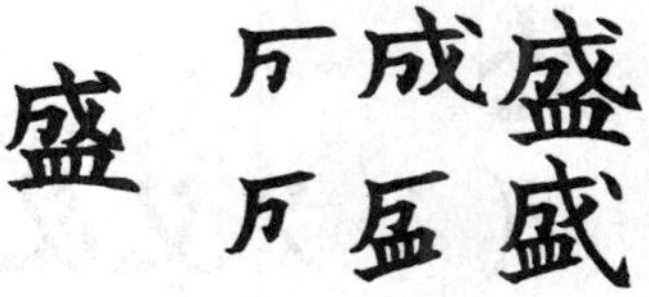

6.「馬」の筆順には，㋑や㋺などがあるが，本書では，大原則１にそう㋑をとる。

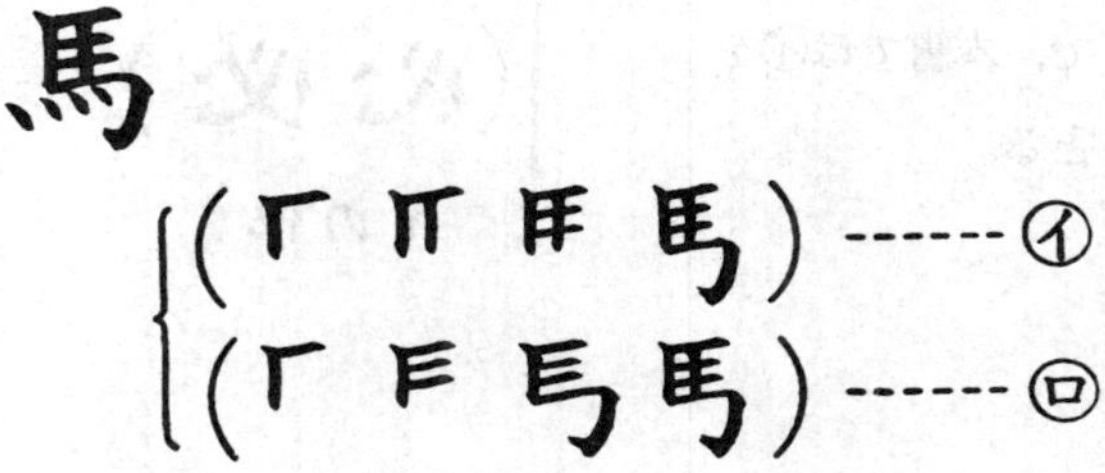

注．このようにすれば「隹」とも共通する。

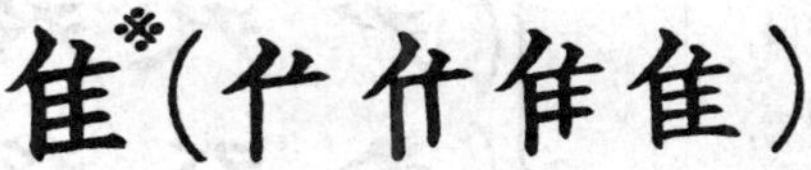

7.「無」の筆順には，㋑や㋺などがあるが，本書では大原則１にそう㋑をとる。

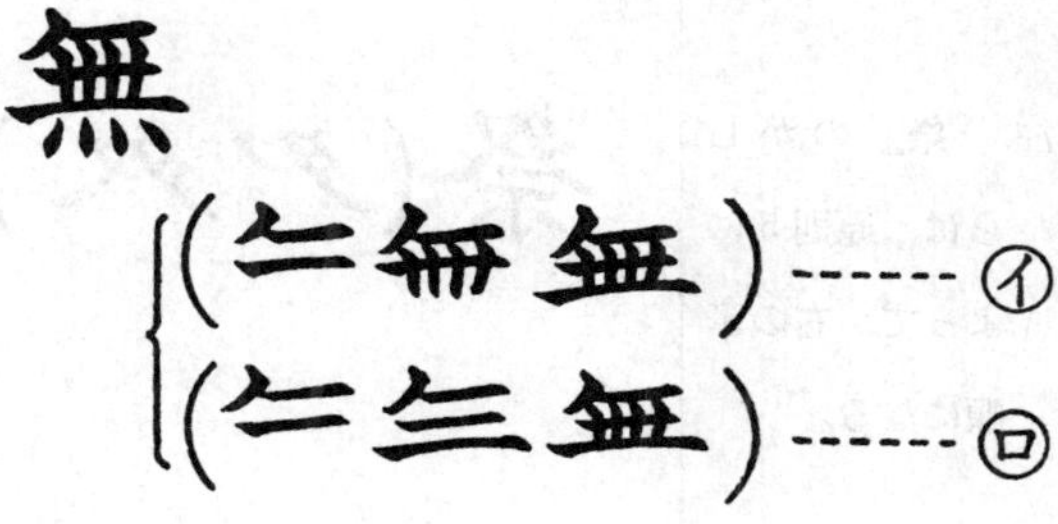

8.「興」の筆順としては，㋑と㋺が考えられるが，本書では大原則２にそう㋑をとる。

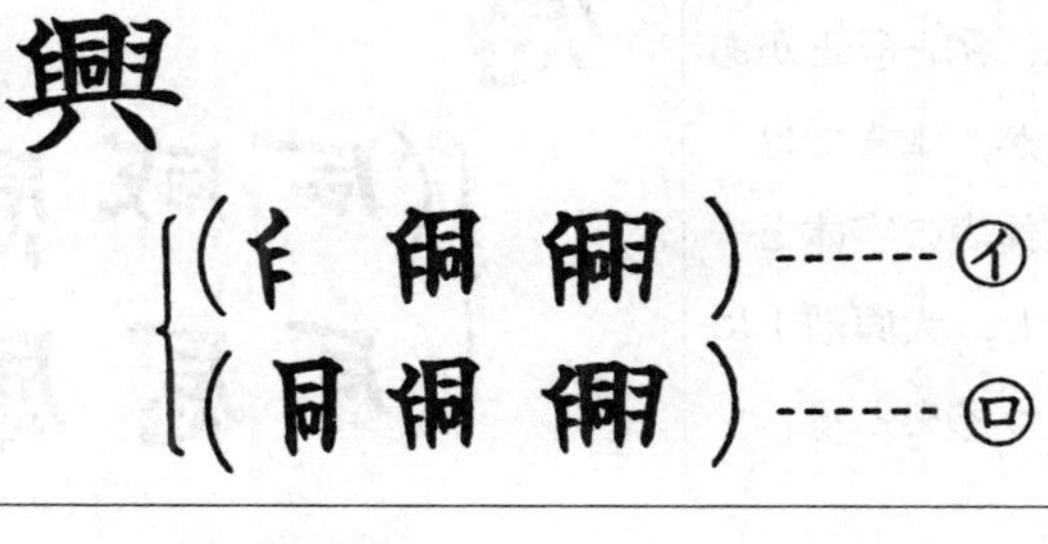

3. 「必」の筆順は，いろいろあるが，㋩は熟しておらず，㋺よりも㋑が形をとりやすいので，本書では㋑をとる。

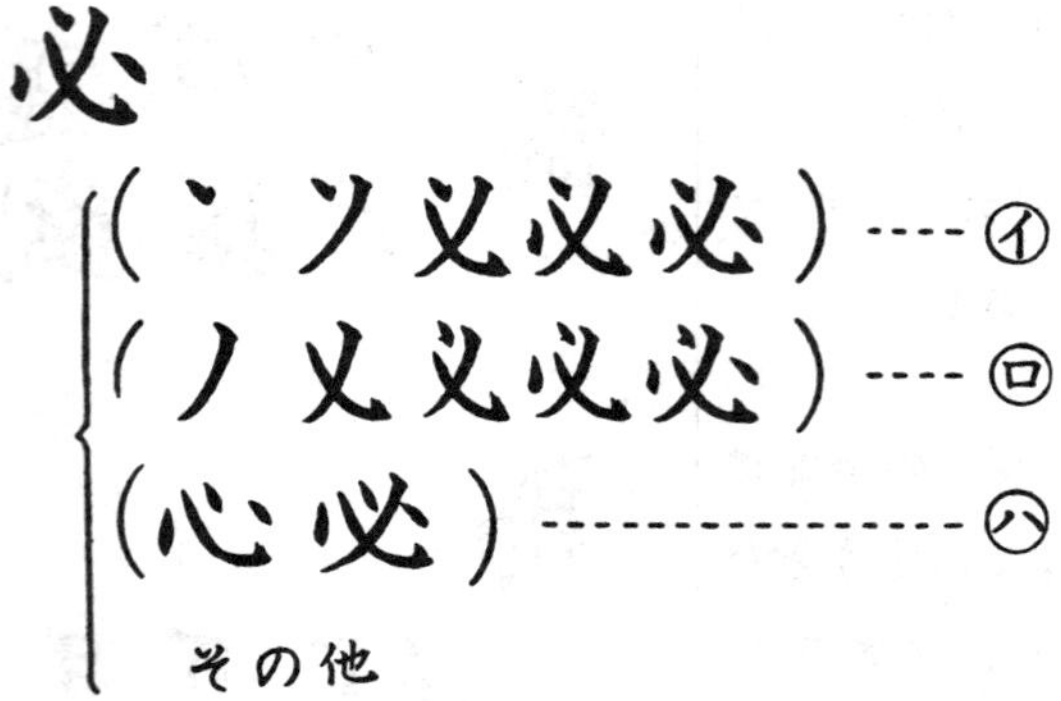

4. はつがしらの筆順は，いろいろあるが，本書では，左半と対称的で，かつ最も自然な㋑をとる。

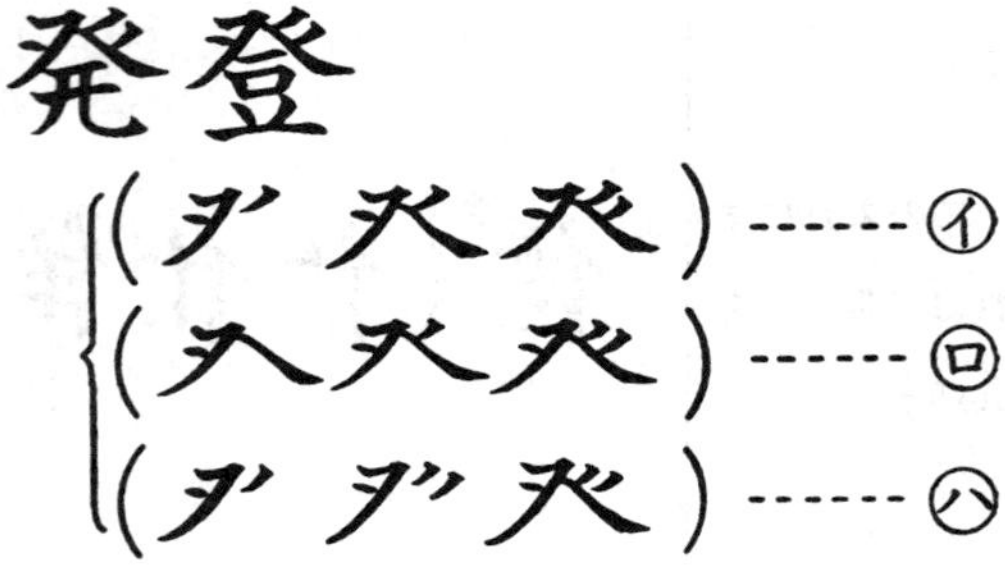

注.「祭」のかしらは，原則5によって，右の筆順になる。

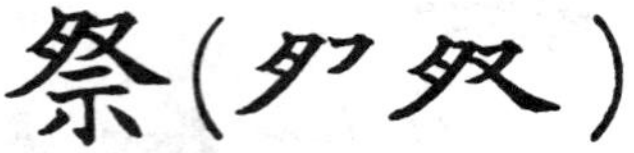

5. 「感」の筆順には，㋑と㋺とがあるが，本書では，字体表の字体と一致し，大原則1にそう㋑をとる。

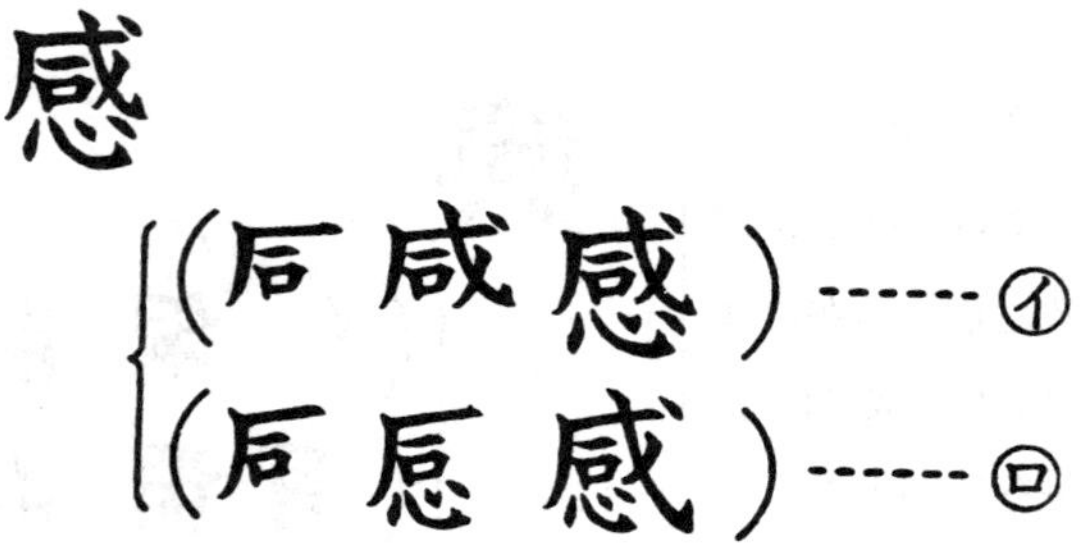

特に注意すべき筆順

A．広く用いられる筆順が，２つ以上あるものについて

1.（A）の字は，もともと㋑の筆順だけである。

(A) 止正足走武

（丨ト）-------- ㋑

（B）の字は㋑も㋺も行われるが，本書では（A）にあわせて，㋑をとる。

注．ただし，行書になると，㋺の方が多く用いられる。

(B) 上点店

（丨ト）-------- ㋑

（一ト）-------- ㋺

上点店

2.「耳」（a）は㋑の筆順が普通である。

みみへん（b）は㋑も㋺も行われるが，本書では（a）にあわせて，㋑をとる。

(a) 耳（𠂤耳）------ ㋑

(b) 取最職厳

（𠂤耳）------ ㋑

（𠃌耳）------ ㋺

注. 「堇」と「𦰩」との違い

漢（廿 𦰩 𦰩）難

原則　7

つらぬく横画は最後

『字の全体をつらぬく横画は，最後に書く。』

女（く 女）安 努

子（了 子）字 存

母 毎 海 慣

舟→舟 船 与

注. 世だけは違う。

世（一 廿 世）

原則　8

横画と左払い

『横画が長く，左払いが短かい字では，左払いをさきに書く。

右（ノ ナ 右）

有 布 希

横画が短かく，左払いが長い字では，横画をさきに書く。』

左（一 ナ 左）

友 在 存 抜

左払いと右払いとが接した場合も同じ。

人入欠金

原則　6

つらぬく縦画は最後

『字の全体をつらぬく縦画は，最後に書く。』

中（口中）申神

車半事建

下の方がとまっても

書（⺺聿）妻

上の方がとまっても

平（亚平）評

羊洋達拝

手（⺘手）　争

上にも，下にも，つきぬけない縦画は，上部・縦画・下部の順で書く。

里（日甲里）野黒

重（台亩重）動

謹（苎苹堇）勤

〔例外〕

原則３には，２つの例外がある。

忄（丶丷忄）性

火（丷火）火

秋炭 焼

原則　4

外側がさき

『くにがまえのように囲む形をとるものは，さきに書く。』

国（冂国国）因

同（冂同）　円

内（冂内）肉納

司（𠃌司）詞羽

「日」や「月」なども，これに含まれると考えてよい。

日月目田

注.「区」は右のように書く。「医」も同じ。

区（一㐅区）

原則　5

左払いがさき

『左払いと右払いとが交差する場合は，左払いをさきに書く。』

文（亠ナ文）父

故支収処

(ハ) 縦画が２つになっても

龷※(一 十 卄 廾 龷)
寒 構

原則 3

中がさき

『中と左右があって，左右が１，２画である場合は，中をさきに書く。』

小(亅 小 小)少 京
示 宗 糸 細
当(丨 丷 ⺌)光 常
水(亅 水 水)氷 永
氺※(亅 氺 氺)緑 暴
乑※(亻 亻 乑)衆

中が２本になっても

業(丷 丷 业 业)
赤(川 川 小)変

中が少し複雑になっても

楽(白 泊 泊)薬
承(手 手 承)率

b．田の発展したもの	由（冂 巾 由 由） 油黄横画 曲（冂 巾 冊 冊 曲） 豊農 角（冂 冂 円 用）解 再（丆 丙 丙 再）構
c．王	王（一 丅 干 王）玉 主美差義
d．王の発展したもの (イ) 中の横画が２つになっても	王※（一 丅 干 丰 王） 進（𠂉 仁 隹 隹） 雑集確観 馬（厂 币 馬 馬）駅
(ロ) 縦画が上につきぬけても	主※（一 十 丰 主）生 麦表清星

c．横・横・縦の順

さきに書く横画が２つになっただけ。

前後に他の点画が加わっても

横画が３つ以上になっても

縦画が交差した後まがっても

d．横･横･縦･縦の順

横・縦ともに２つになったもの。

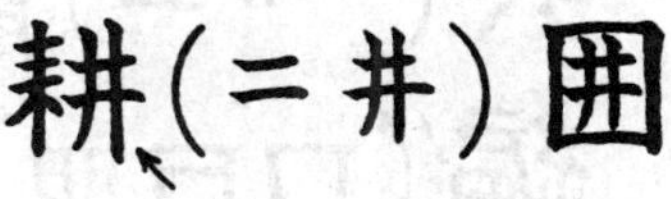

原則　2

横画があと

『横画と縦画とが交差したときは，次の場合に限って，横画をあとに書く。』

a．田

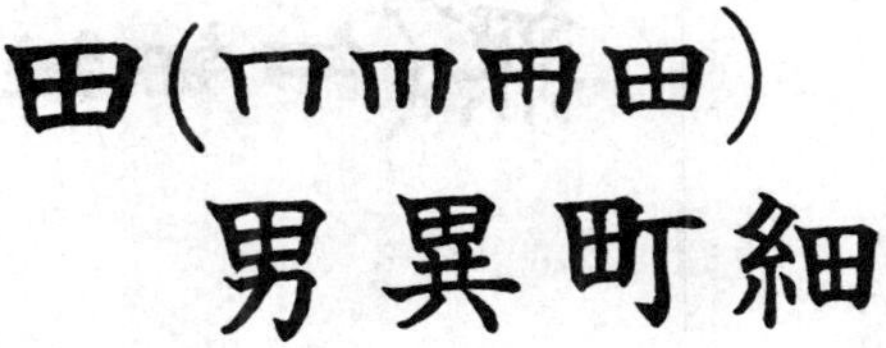

縦が交差した後にまがっても

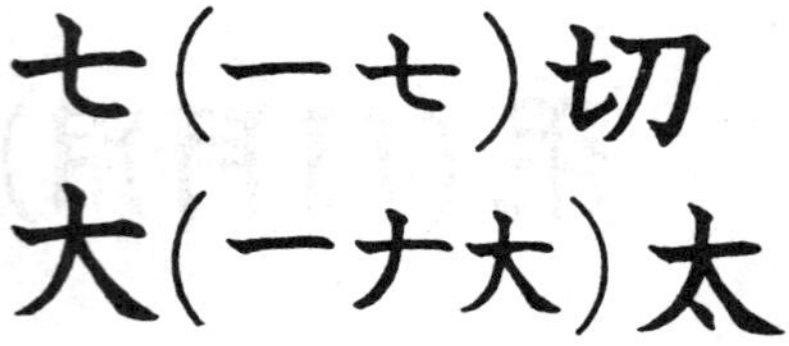

前後に他の点画が加わっても

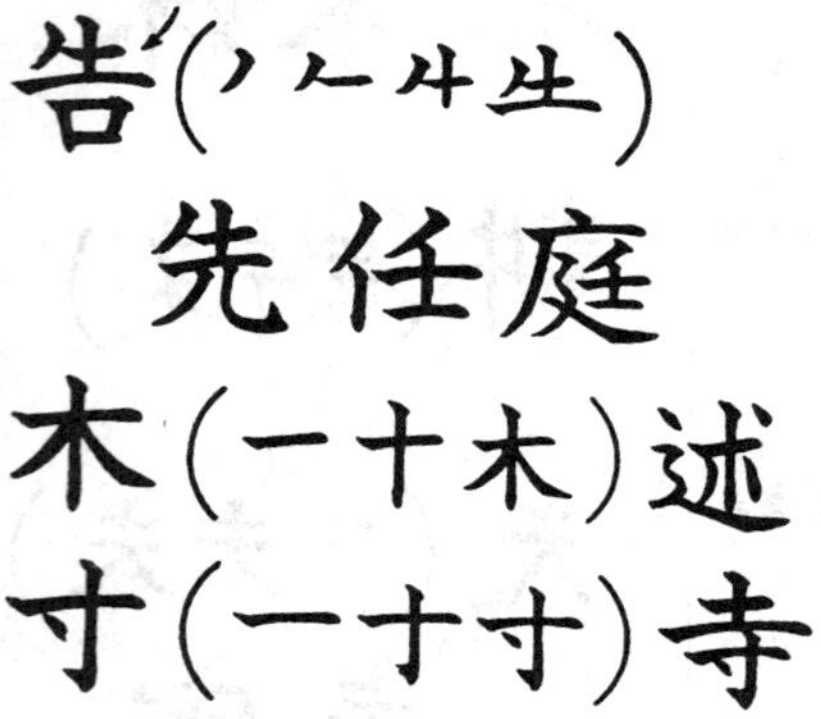

b．横・縦・縦の順
あとに書く縦画が２つになっただけ。

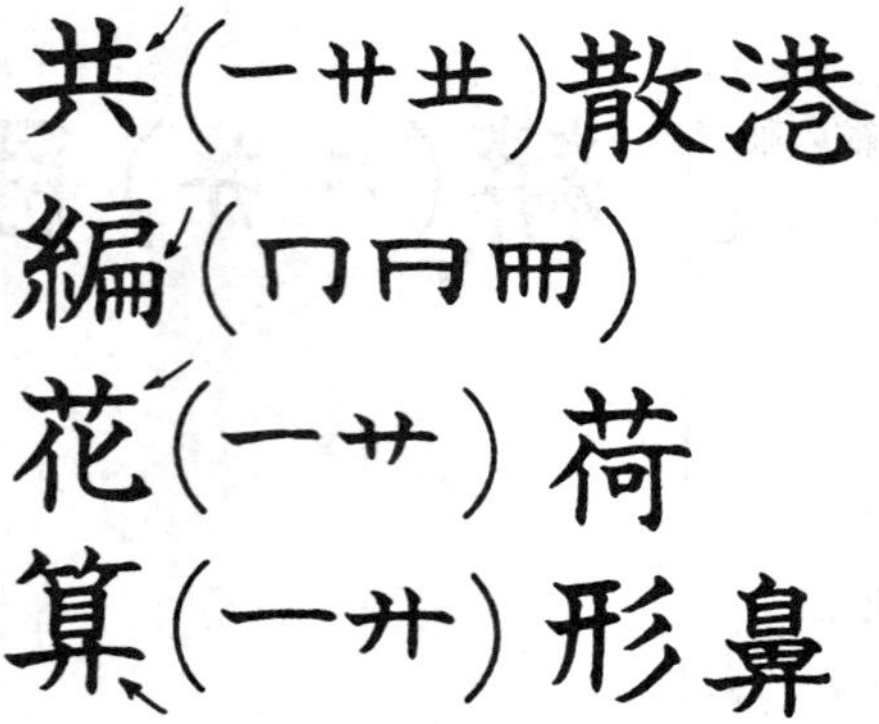

縦画が３つ以上になっても

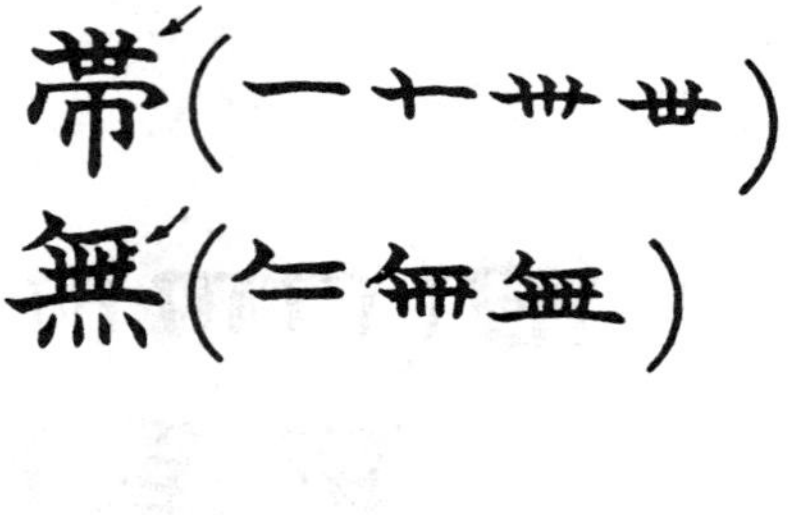

b．左の部分から書いていく。

へんがさきで，つくりがあと。（この部類の漢字が最も多い。）

竹（⺮ 竹）羽

休（亻 休）林語

3つの部分の左から。

例（亻 㑥 例）

側湖術

原則　1

横画がさき

『横画と縦画とが交差する場合は，ほとんどの場合，横画をさきに書く。』

（横画があとになるのは原則2の場合）

a．横・縦の順

十（一 十）

計古支草

土（一 十 土）

圧至舎周

士（一 十 士）

志吉喜

a．上の点画から書いていく。

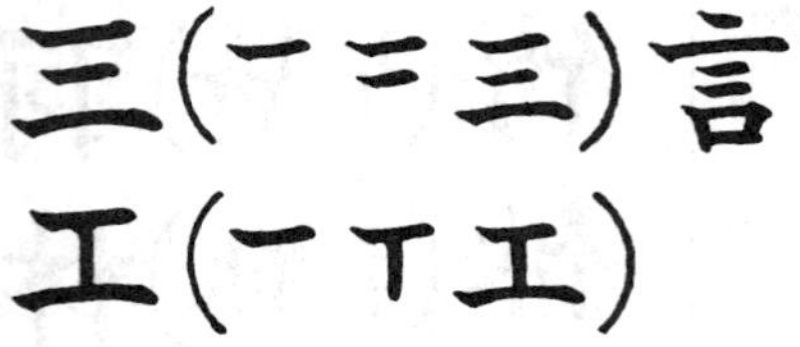

b．上の部分から書いていく。

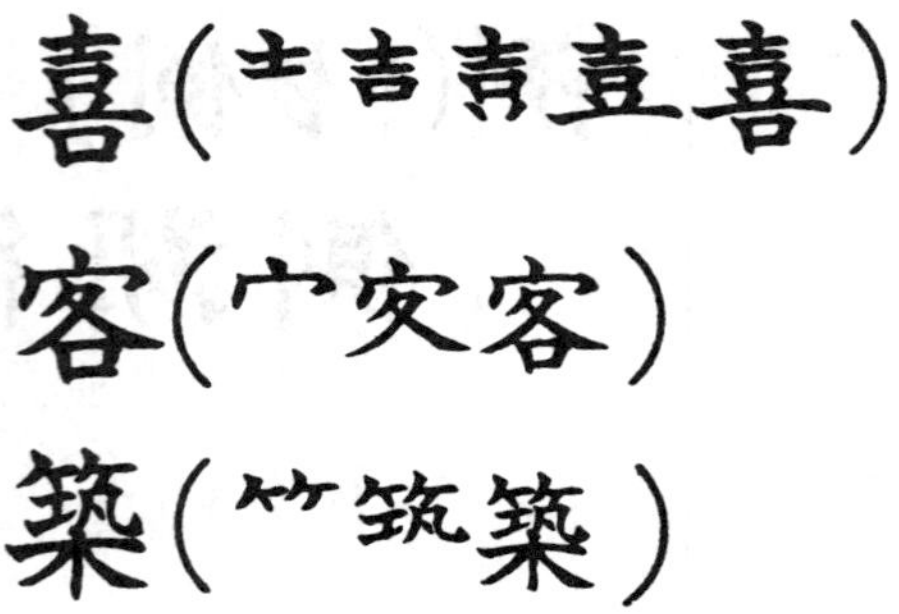

大原則　2

左から右へ

『左から右へ（左の部分から右の部分へ）書いていく。』

a．左の点画から書いていく。

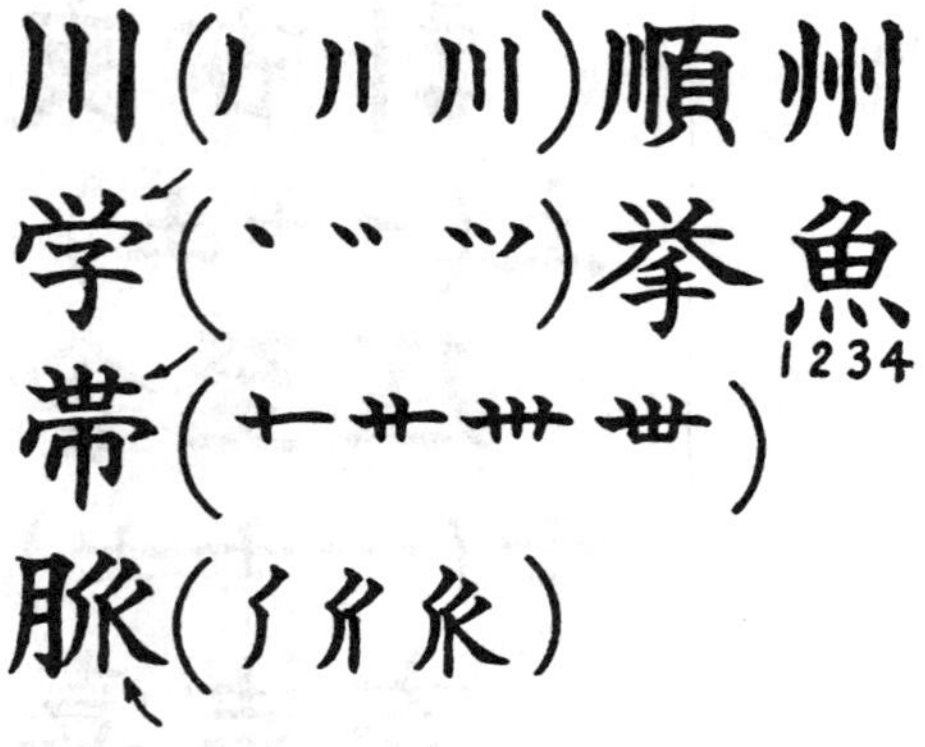

第6学年

○　文字の形・大きさ・配列などが整ってくる。（5—　）

○　行書が書ける。（5—　）

なお，同じ章の第5節に「書くこと（書き方）の学習指導はどうしたらよいか」の項を設け，学年の指導の目あてとして次のように示してある。

第1学年

○　文字に筆順のあることがわかり，筆順によって書けるように導く。

第2学年

○　ひらがなを正しく書けるとともに，かたかなもそのだいたいが書けるようにする。

第3学年

○　文字を組み立てる基本の形（へん・つくり・かんむり）がわかり，標準的な筆順で書けるようにする。

第4学年

○　文字の形・大きさ・配列などに気をつけて書くことができるようにする。

第5学年

○　文字のよしあしがわかり，進んで上達しようと努力するようにする。

第6学年

○　文字の形・大きさ・配列などが整ってくるようにする。

以上の各学年の能力および学習指導の目あては，いずれも「小学校学習指導要領国語科編」に掲げられているものの中から，特に筆順指導に直接関係の深いものを抜き出したものである。

筆順指導の計画を立てるに当っては，以上掲げた能力および学習指導の目あてを，じゅうぶんに考慮して計画的・系統的にこれを考えるようにしたい。

4.　本書の筆順の原則

本書の筆順は，以下述べる大原則1，2およびさらに細部にわたる原則1から8によって，整理した。なおそのほかに，広く用いられる筆順が2つ以上あるものに関しても，本書の態度を明らかにした。

大原則　1

上から下へ

『上から下へ（上の部分から下の部分へ）書いていく。』

(1) 筆順は，一応社会的な習慣として成立している面もあるが，これに書写指導の教育的な観点も考え合わせて，一定の筆順によって指導することが望ましい。

(2) 筆順は，点画が順次重ねられて一文字を形成していく順序であると考えられる。したがってその指導に当っては，どのような点画が，どのように順次重ねられていくかの過程を，理解させることがたいせつである。

(3) 筆順指導の基本となるものや，筆順が複雑なものについては，特に正確さをねらって理解させることが，その後の指導にとっても効果的である。

(4) 低学年や遅進児の指導に当っては，特に筆順指導の基本的なものについて，その理解と習熟とをはかることが望ましい。

(5) 筆順指導のために，特に多くの時間をさくことは必要としないが，既習の文字との連関をじゅうぶんに考慮して，計画的・系統的に行うことが望ましい。

(6) 筆順指導を読解指導と同時に行うことは，読解指導にも，筆順指導にも，かえってその徹底を欠くきらいがあるから，このことは避けるべきである。

(7) 教師の板書は，つねに定められた筆順によって書くようにしたい。

3. 筆順指導の計画について

このことに関して，現行の「小学校学習指導要領　国語科編」（昭和26年度改訂版）の第3章，国語科学習指導の計画の第3節国語能力表の中に，書くことの能力（書き方）として，次のように掲げられている。

第1学年

○　文字に筆順のあることがわかる。（継続学年1—2）

第2学年

○　文字の形が，だんだん整ってくる。（2）

第3学年

○　標準的な筆順で書くことができる。（3—6）

○　文字を組み立てる基本の形（へん・つくり・かんむり）のあることがわかる。（3—4）

○　文字の形を整えるための能力がだんだん発達してくる。（3—4）

第4学年

○　文字の形・大きさ・配列などに気をつけて，書くことができる。（4—6）

第5学年

○　書いた文字のよしあしがわかり，進んで上達しようと努力するようになる。（4—6）

〔参考資料　三〕

筆順指導の手びき（文部省編　昭和三十三年三月発行）

編者注　ここでは，紙数の都合上，1. 本書のねらい　2. 筆順指導の心がまえ　3. 筆順指導の計画について　4. 本書の筆順の原則　5. 本書使用上の留意点を登載した。

1. 本書のねらい

筆順とは文字の形を実際に紙の上に書き現わそうとするとき，一連の順序で点画が次第に現わされて一文字を形成していく順序であると言えよう。

筆順は，全体の字形が，じゅうぶんに整った形で実現でき，しかもそれぞれの文字の同一の構成部分は，一定の順序によって書かれるように整理されていることが，学習指導上効果的であり，能率的でもある。このことは，漢字ばかりでなく，かな，ローマ字等についても，同じことが言える。

漢字の筆順の現状についてみると，書家の間に行われているものについても，通俗的に一般社会に行われているものについても，同一文字に２種あるいは３種の筆順が行われている。特に楷書体の筆順について問題が多い。

このような現状から見て，学校教育における漢字指導の能率を高め，児童生徒が混乱なく漢字を習得するのに便ならしめるために，教育漢字についての筆順を，できるだけ統一する目的を以て本書を作成した。本書においてはとりあえず楷書体の筆順のみを掲げたが，楷書体の筆順がわかれば，行書体についても，おのずとそれが応用され得ると思われる。

もちろん，本書に示される筆順は，学習指導上に混乱を来たさないようにとの配慮から定められたものであって，そのことは，ここに取りあげなかった筆順についても，これを誤りとするものでもなく，また否定しようとするものでもない。

2. 筆順指導の心がまえ

筆順指導は，本書において述べる筆順の原則の上に立って行われるようにしたい。そのことのためには，まず筆順の原則をじゅうぶんに理解させながら，書写指導を行うことが望ましい。

筆順指導に当っては，次に記す事項に留意して，その指導の徹底を期するようにしたい。

⑸　はねるか，とめるかに関する例

切 ― 切 切 切　改 ― 改 改 改

酒 ― 酒 酒　陸 ― 陸 陸 陸

穴 ― 穴 穴 穴

木 ― 木 木　来 ― 来 来

糸 ― 糸 糸　牛 ― 牛 牛

環 ― 環 環

⑹　そ の 他

令 ― 令 令　外 ― 外 外

女 ― 女 女

2　筆写の楷書では，いろいろな書き方があるもの

(1)　長短に関する例

雨－雨 雨　戸－戸 戸 戸

無－無 無

(2)　方向に関する例

風－風 風　比－比 比

仰－仰 仰

糸－糸 糸　ネ－ネ ネ　衤－衤 衤

主－主 主　言－言 言 言

年－年 年 年

(3)　つけるか，はなすかに関する例

又－又 又　文－文 文

月－月 月

条－条 条　保－保 保

(4)　はらうか，とめるかに関する例

奥－奥 奥　公－公 公

角－角 角　骨－骨 骨

第 2　明朝体活字と筆写の楷書との関係について

常用漢字表では，個々の漢字の字体（文字の骨組み）を，明朝体活字のうちの一種を例に用いて示した。このことは，これによつて筆写の楷《かい》書における書き方の習慣を改めようとするものではない。字体としては同じであつても，明朝体活字（写真植字を含む。）の形と筆写の楷書の形との間には，いろいろな点で違いがある。それらは，印刷上と手書き上のそれぞれの習慣の相違に基づく表現の差と見るべきものである。以下，分類して例を示す。

1　明朝体活字に特徴的な表現の仕方があるもの

(1)　折り方に関する例

衣－衣　去－去　玄－玄

(2)　点画の組合せ方に関する例

人－人　家－家　北－北

(3)　「筆押さえ」等に関する例

芝－芝　史－史

入－入　八－八

(4)　曲直に関する例

子－子　手－手　了－了

(5)　そ の 他

辶－辶　⺮－⺮　心－心

⑵　傾斜，方向に関する例

考　考　　値　値　　望　望

⑶　曲げ方，折り方に関する例

勢　勢　　競　競　　頑　頑　頑

災　災

⑷　「筆押さえ」等の有無に関する例

芝　芝　　更　更

八　八　八　　公　公　公　　雲　雲

⑸　とめるか，はらうかに関する例

環　環　　泰　泰　　談　談

医　医　　継　継　　園　園

⑹　とめるか，ぬくかに関する例

耳　耳　　邦　邦　　街　街

⑺　はねるか，とめるかに関する例

四　四　　配　配　　換　換　　湾　湾

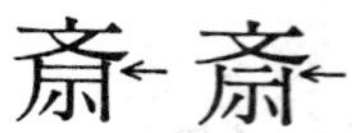

⑵　つけるか，はなすかに関する例

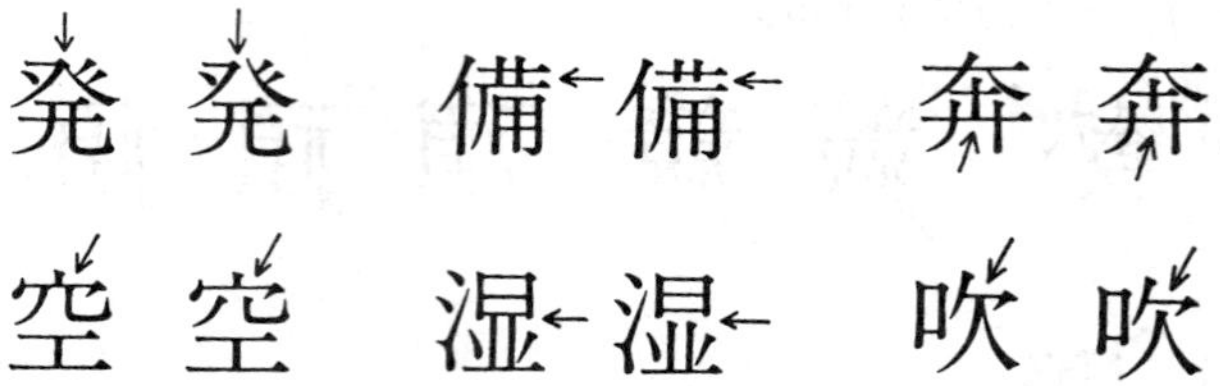

⑶　接触の位置に関する例

⑷　交わるか，交わらないかに関する例

⑸　そ　の　他

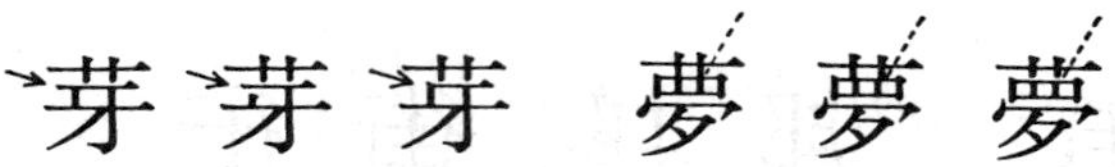

3　点画の性質について

⑴　点か，棒（画）かに関する例

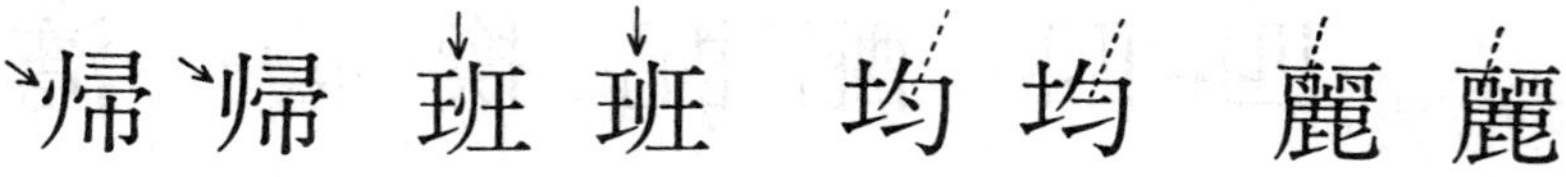

〔参考資料　四〕

字体についての解説（「常用漢字表」から抜粋）

> 編者注　これは，「常用漢字表」（昭和56. 10. 1，内閣告示・訓令）において，その「前書き」,「表の見方及び使い方」の次に「付」として掲げられているものである。
> 「常用漢字表」における字体の扱い（基本的な考え方）を具体的に解説したものとして，各方面で参考にされることが多いので，収録することにしたものである。

（付）　字体についての解説

第１　明朝体活字のデザインについて

常用漢字表では，個々の漢字の字体（文字の骨組み）を，明朝体活字のうちの一種を例に用いて示した。現在，一般に使用されている各種の明朝体活字（写真植字を含む。）には，同じ字でありながら，微細なところで形の相違の見られるものがある。しかし，それらの相違は，いずれも活字設計上の表現の差，すなわち，デザインの違いに属する事柄であつて，字体の違いではないと考えられるものである。つまり，それらの相違は，字体の上からは全く問題にする必要のないものである。以下，分類して例を示す。

１　へんとつくり等の組合せ方について

(1)　大小，高低などに関する例

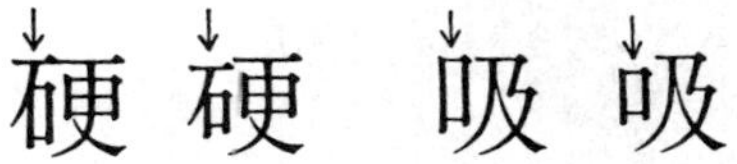

(2)　はなれているか，接触しているかに関する例

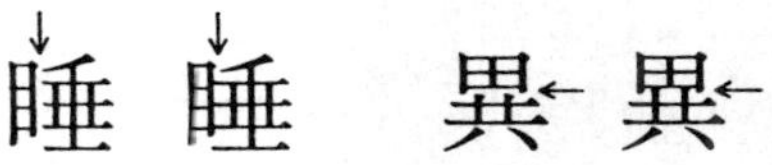

２　点画の組合せ方について

(1)　長短に関する例

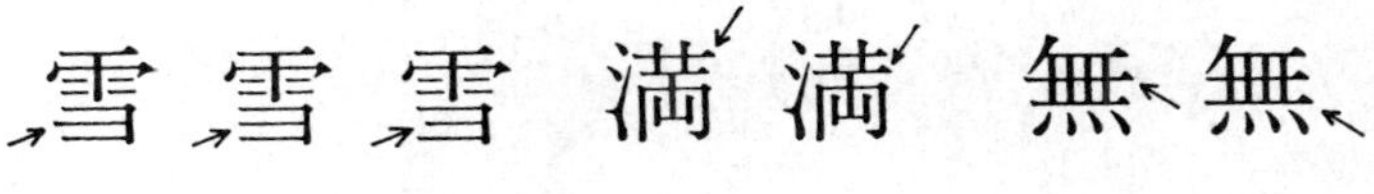

付

前書きの４で過去に行われた表記のことについて述べたが，例えば，明治以来の文芸作品等においては，下記のような仮名表記も行われている。

ヰ：スヰフトの「ガリヷー旅行記」　ヱ：ヱルテル　ヲ：ヲルポール　ヷ：ヷイオリン　ヸ：ヸオロン　ヹ：ヹルレエヌ　ヺ：ヺルガ　ヂ：ケンブリッヂ　ヅ：ワーヅワース

メロディー
メロン
メンデル（人）
メンデルスゾーン（人）
メンバー

【モ】

モーター
モーツァルト（人）
モスクワ（地）
モデル
モリエール（人）
モルヒネ
モンテーニュ（人）
モントリオール（地）

【ヤ】

ヤスパース（人）

【ユ】

ユーラシア（地）
ユニホーム
ユングフラウ（地）

【ヨ】

ヨーロッパ（地）
ヨット

【ラ】

ライバル
ライプチヒ（地）
ラジウム
ラジオ
ラファエロ（人）
ランニング
ランプ

【リ】

リオデジャネイロ（地）
リズム
リノリウム
リボン
リュックサック
リレー
リンカーン（人）

【ル】

ルーベンス（人）
ルーマニア（地）
ルクス lux
ルソー（人）

【レ】

レイアウト
レール
レギュラー
レコード
レスリング
レニングラード（地）
レビュー／レヴュー
レフェリー
レベル
レモンスカッシュ
レンズ
レンブラント（人）

【ロ】

ローマ（地）
ロケット
ロシア（地）
ロダン（人）
ロッテルダム（地）
ロマンス
ロマンチック
ロンドン（地）

【ワ】

ワイマール（地）
ワイヤ
ワシントン（地）
ワックス
ワット（人）

フィクション
フィラデルフィア（地）
フィリピン（地）
フィルム
フィレンツェ（地）
フィンランド（地）
プール
フェアバンクス（地）
フェアプレー
ブエノスアイレス（地）
フェルト
フェンシング
フォーク
フォークダンス
フォード（人）
フォーム
フォスター（人）
プディング
フュージョン
フュン島（地）
ブラームス（人）
ブラシ
プラスチック
プラットホーム
プラネタリウム
ブラマンク／ヴラマンク（人）
フランクリン（人）
ブレーキ
フロイト（人）
プログラム
プロデューサー

【ヘ】

ヘアピン
ペイント
ベーカリー
ヘーゲル（人）
ベーコン
ページ
ベール／ヴェール
ベストセラー
ペダル
ベニヤ　〔～板〕
ベランダ
ペリー（人）
ヘリウム
ヘリコプター
ベルサイユ／ヴェルサイユ（地）
ペルシャ／ペルシア（地）
ヘルシンキ（地）
ヘルメット
ベルリン（地）
ペンギン
ヘンデル（人）

【ホ】

ホイットマン（人）
ボウリング　〔球技〕
ホース
ボートレース
ポーランド（地）
ボーリング boring
ボクシング
ポケット
ポスター
ボストン（地）
ボタン
ボディー
ホテル
ホノルル（地）
ボランティア
ボルガ／ヴォルガ（地）
ボルテール／ヴォルテール（人）
ポルトガル（地）
ホルマリン

【マ】

マージャン
マイクロホン
マカオ（地）
マッターホーン（地）
マドリード（地）
マニラ（地）
マフラー
マラソン
マンション
マンスフィールド（人）
マンチェスター（地）
マンモス

【ミ】

ミイラ
ミキサー
ミケランジェロ（人）
ミシシッピ（地）
ミシン
ミッドウェー（地）
ミネアポリス（地）
ミュンヘン（地）
ミルウォーキー（地）
ミルクセーキ

【メ】

メーカー
メーキャップ
メーデー
メガホン
メッセージ

テープ
テーブル
デカルト（人）
テキサス（地）
テキスト
デザイン
テスト
テニス
テネシー（地）
デパート
デューイ（人）
デューラー（人）
デュエット
デュッセルドルフ（地）
テレビジョン
テント
テンポ

【ト】

ドア
ドーナツ
ドストエフスキー（人）
ドニゼッティ（人）
ドビュッシー（人）
トマト
ドライブ
ドライヤー
トラック
ドラマ
トランク
トルストイ（人）
ドレス
ドレフュス（人）
トロフィー
トンネル

【ナ】

ナイアガラ（地）
ナイフ
ナイル（地）
ナトリウム
ナポリ（地）

【ニ】

ニーチェ（人）
ニュース
ニュートン（人）
ニューヨーク（地）

【ネ】

ネーブル
ネオンサイン
ネクタイ

【ノ】

ノーベル（人）
ノルウェー（地）
ノルマンディー（地）

【ハ】

パーティー
バイオリン／ヴァイオリン
ハイキング
ハイドン（人）
ハイヤー
バケツ
バス
パスカル（人）
バター
ハチャトリヤン／ハチャトゥリヤン(人)
バッハ（人）
バッファロー（地）
バドミントン
バトン
バニラ
ハノイ（地）
パラグアイ／パラグァイ（地）
パラフィン
パリ（地）
パルプ
バレエ　〔舞踊〕
バレーボール
ハンドル

【ヒ】

ピアノ
ビーナス／ヴィーナス
ビール
ビクトリア／ヴィクトリア（地）
ビスケット
ビスマルク（人）
ビゼー（人）
ビタミン
ビニール
ビバルディ／ヴィヴァルディ（人）
ビュイヤール／ヴュイヤール（人）
ヒューズ
ビルディング
ヒンズー教／ヒンドゥー教
ピンセット

【フ】

ファーブル（人）
ファイル
ファッション
ファラデー（人）
ファン
フィート

シャッター
シャベル
シャンソン
シャンツェ
シュークリーム
ジュース juice, deuce
シューベルト（人）
ジュラルミン
ショー
ショパン（人）
シラー（人）
シンフォニー
シンポジウム

【ス】

スイートピー
スイッチ
スイング
スウェーデン（地）
スーツケース
スープ
スカート
スキー
スケート
スケール
スコール
スコップ
スター
スタジアム
スタジオ
スタンダール（人）
スチーム
スチュワーデス
ステージ
ステッキ
ステレオ
ステンドグラス
ステンレス
ストーブ
ストックホルム（地）
ストップウオッチ／ストップウォッチ
スプーン
スペイン（地）
スペース
スポーツ
ズボン
スリッパ

【セ】

セーター
セーラー〔～服〕
セメント
ゼラチン
ゼリー
セルバンテス（人）
セロハン
センター
セントローレンス（地）

【ソ】

ソウル（地）
ソーセージ
ソファー
ソルジェニーツィン（人）

【タ】

ダーウィン（人）
ターナー（人）
ダイジェスト
タイヤ
ダイヤモンド
ダイヤル
タオル
タキシード
タクシー
タヒチ（地）
ダンス

【チ】

チーズ
チーム
チェーホフ（人）
チェーン
チェス
チェック
チケット
チップ
チフス
チャイコフスキー（人）
チューバ／テューバ
チューブ
チューリップ
チュニジア／テュニジア（地）
チョコレート
チロル（地）

【ツ】

ツアー tour
ツーピース
ツールーズ／トゥールーズ（地）
ツェッペリン（人）
ツンドラ

【テ】

ティー
ディーゼルエンジン
ディズニー（人）
ティチアーノ／ティツィアーノ（人）
ディドロ（人）

オーストラリア（地）
オートバイ
オーバーコート
オックスフォード（地）
オフィス
オホーツク（地）
オリンピック
オルガン
オレンジ

【カ】

ガーゼ
カーテン
カード
カーブ
カクテル
ガス
ガソリン
カタログ
カット
カップ
カバー
カムチャツカ（地）
カメラ
ガラス
カリフォルニア（地）
カルシウム
カルテット
カレンダー
カロリー
ガンジー（人）
カンツォーネ

【キ】

ギター
キムチ
キャベツ
キャンデー
キャンプ
キュリー（人）
ギリシャ／ギリシア（地）
キリマンジャロ（地）
キルティング

【ク】

グアテマラ／グァテマラ（地）
クイーン
クイズ
クインテット
クーデター
クーポン
クエスチョンマーク
クオータリー／クォータリー
グラビア
クラブ
グランドキャニオン（地）
クリスマスツリー
グリニッジ（地）
グループ
グレゴリウス（人）
クレジット
クレヨン

【ケ】

ケインズ（人）
ゲーテ（人）
ケープタウン（地）
ケーブルカー
ゲーム
ケンタッキー（地）
ケンブリッジ（地）

【コ】

コーヒー
コールタール
コスチューム
コップ
コピー
コペルニクス（人）
コミュニケーション
コロンブス（人）
コンクール
コンクリート
コンツェルン
コンピュー／コンピューター
コンマ

【サ】

サーカス
サービス
サナトリウム
サハラ（地）
サファイア
サマータイム
サラダボウル
サラブレッド
サンドイッチ
サンパウロ（地）

【シ】

シーボルト（人）
シェーカー
シェークスピア（人）
シェード
ジェットエンジン
シェフィールド（地）
ジェンナー（人）
シドニー（地）
ジブラルタル（地）
ジャカルタ（地）
シャツ

付録

用　例　集

凡　例

1　ここには，日常よく用いられる外来語を主に，本文の留意事項その2（細則的な事項）の各項に例示した語や，その他の地名・人名の例などを五十音順に掲げた。地名・人名には，それぞれ（地），（人）の文字を添えた。

2　外来語や外国の地名・人名は，語形やその書き表し方の慣用が一つに定まらず，ゆれのあるものが多い。この用例集においても，ここに示した語形やその書き表し方は，一例であって，これ以外の書き方を否定するものではない。なお，本文の留意事項その2に両様の書き方が例示してある語のうち主なものについては，バイオリン／ヴァイオリンのような形で併せ掲げた。

【ア】

アーケード
アイスクリーム
アイロン
アインシュタイン（人）
アカデミー
アクセサリー
アジア（地）
アスファルト
アトランティックシティー（地）
アナウンサー
アパート
アフリカ（地）
アメリカ（地）
アラビア（地）
アルジェリア（地）
アルバム
アルファベット
アルミニウム
アンケート

【イ】

イエーツ／イェーツ（人）
イェスペルセン（人）
イエナ（地）
イエローストン（地）
イギリス（地）
イコール
イスタンブール（地）
イタリア（地）
イニング
インタビュー／インタヴュー
インド（地）
インドネシア（地）
インフレーション

【ウ】

ウイークデー
ウィーン（地）
ウイスキー／ウィスキー
ウイット
ウィルソン（人）
ウェールズ（地）
ウエスト　waist
ウエディングケーキ／ウェディングケーキ
ウエハース
ウェブスター（人）
ウォルポール（人）
ウラニウム

【エ】

エイト
エキス
エキストラ
エジソン（人）
エジプト（地）
エチケット
エッフェル（人）
エネルギー
エプロン
エルサレム／イェルサレム（地）
エレベーター／エレベータ

【オ】

オーエン（人）

4　イ列・エ列の音の次のアの音に当たるものは，原則として「ア」と書く。
〔例〕　グラビア　ピアノ　フェアプレー　アジア（地）　イタリア（地）
　ミネアポリス（地）
注１　「ヤ」と書く慣用のある場合は，それによる。
〔例〕　タイヤ　ダイヤモンド　ダイヤル　ベニヤ板
注２　「ギリシャ」「ペルシャ」について「ギリシア」「ペルシア」と書く慣用もある。

5　語末（特に元素名等）の －(i)um に当たるものは，原則として「－（イ）ウム」と書く。
〔例〕　アルミニウム　カルシウム　ナトリウム　ラジウム
　サナトリウム　シンポジウム　プラネタリウム
注　「アルミニウム」を「アルミニューム」と書くような慣用もある。

6　英語のつづりの x に当たるものを「クサ」「クシ」「クス」「クソ」と書くか，「キサ」「キシ」「キス」「キソ」と書くかは，慣用に従う。
〔例〕　タクシー　ボクシング　ワックス　オックスフォード（地）
　エキストラ　タキシード　ミキサー　テキサス（地）

7　拗《よう》音に用いる「ヤ」「ユ」「ヨ」は小書きにする。また，「ヴァ」「ヴィ」「ヴェ」「ヴォ」や「トゥ」のように組み合せて用いる場合の「ア」「イ」「ウ」「エ」「オ」も，小書きにする。

8　複合した語であることを示すための，つなぎの符号の用い方については，それぞれの分野の慣用に従うものとし，ここでは取決めを行わない。
〔例〕　ケース バイ ケース　　ケース・バイ・ケース　　ケース-バイ-ケース
　マルコ・ポーロ　　マルコ＝ポーロ

Ⅲ　撥《はつ》音，促音，長音その他に関するもの

1　撥音は，「ン」を用いて書く。

〔例〕　コンマ　シャンソン　トランク　メンバー　ランニング　ランプ
　　ロンドン（地）　レンブラント（人）

注1　撥音を入れない慣用のある場合は，それによる。

〔例〕　イニング（←インニング）
　　サマータイム（←サンマータイム）

注2　「シンポジウム」を「シムポジウム」と書くような慣用もある。

2　促音は，小書きの「ッ」を用いて書く。

〔例〕　カップ　シャッター　リュックサック　ロッテルダム（地）
　　バッハ（人）

注　促音を入れない慣用のある場合は，それによる。

〔例〕　アクセサリー（←アクセッサリー）
　　フィリピン（地）（←フィリッピン）

3　長音は，原則として長音符号「ー」を用いて書く。

〔例〕　エネルギー　オーバーコート　グループ　ゲーム　ショー　テーブル
　　パーティー　ウェールズ（地）　ポーランド（地）　ローマ（地）
　　ゲーテ（人）　ニュートン（人）

注1　長音符号の代わりに母音字を添えて書く慣用もある。

〔例〕　バレエ（舞踊）　ミイラ

注2　「エー」「オー」と書かず，「エイ」「オウ」と書くような慣用のある場合は，それによる。

〔例〕　エイト　ペイント　レイアウト　スペイン（地）　ケインズ（人）
　　サラダボウル　ボウリング（球技）

注3　英語の語末の -er，-or，-ar などに当たるものは，原則としてア列の長音とし長音符号「ー」を用いて書き表す。ただし，慣用に応じて「ー」を省くことができる。

〔例〕　エレベーター　ギター　コンピューター　マフラー
　　エレベータ　コンピュータ　スリッパ

5 「ツィ」は，外来音ツィに対応する仮名である。
〔例〕 ソルジェニーツィン（人） ティツィアーノ（人）
注 一般的には，「チ」と書くことができる。
〔例〕 ライプチヒ（地） ティチアーノ（人）

6 「トゥ」「ドゥ」は，外来音トゥ，ドゥに対応する仮名である。
〔例〕 トゥールーズ（地） ハチャトゥリヤン（人） ヒンドゥー教
注 一般的には，「ツ」「ズ」又は「ト」「ド」と書くことができる。
〔例〕 ツアー（tour） ツーピース ツールーズ（地） ヒンズー教
ハチャトリヤン（人） ドビュッシー（人）

7 「ヴァ」「ヴィ」「ヴ」「ヴェ」「ヴォ」は，外来音ヴァ，ヴィ，ヴ，ヴェ，ヴォに対応する仮名である。
〔例〕 ヴァイオリン ヴィーナス ヴェール
ヴィクトリア（地） ヴェルサイユ（地） ヴォルガ（地）
ヴィヴァルディ（人） ヴラマンク（人） ヴォルテール（人）
注 一般的には，「バ」「ビ」「ブ」「ベ」「ボ」と書くことができる。
〔例〕 バイオリン ビーナス ベール
ビクトリア（地） ベルサイユ（地） ボルガ（地）
ビバルディ（人） ブラマンク（人） ボルテール（人）

8 「テュ」は，外来音テュに対応する仮名である。
〔例〕 テューバ（楽器） テュニジア（地）
注 一般的には，「チュ」と書くことができる。
〔例〕 コスチューム スチュワーデス チューバ チューブ
チュニジア（地）

9 「フュ」は，外来音フュに対応する仮名である。
〔例〕 フュージョン フュン島（地・デンマーク） ドレフュス（人）
注 一般的には，「ヒュ」と書くことができる。
〔例〕 ヒューズ

10 「ヴュ」は，外来音ヴュに対応する仮名である。
〔例〕 インタヴュー レヴュー ヴュイヤール（人・画家）
注 一般的には，「ビュ」と書くことができる。
〔例〕 インタビュー レビュー ビュイヤール（人）

Ⅱ　第２表に示す仮名に関するもの

第２表に示す仮名は，原音や原つづりになるべく近く書き表そうとする場合に用いる仮名で，これらの仮名を用いる必要がない場合は，一般的に，第１表に示す仮名の範囲で書き表すことができる。

1 「イェ」は，外来音イェに対応する仮名である。

〔例〕 イェルサレム（地） イェーツ（人）

注　一般的には，「イエ」又は「エ」と書くことができる。

〔例〕 エルサレム（地） イエーツ（人）

2 「ウィ」「ウェ」「ウォ」は，外来音ウィ，ウェ，ウォに対応する仮名である。

〔例〕 ウィスキー　ウェディングケーキ　ストップウォッチ
ウィーン（地） スウェーデン（地） ミルウォーキー（地）
ウィルソン（人） ウェブスター（人） ウォルポール（人）

注１　一般的には，「ウイ」「ウエ」「ウオ」と書くことができる。

〔例〕 ウイスキー　ウイット　ウエディングケーキ　ウエハース
ストップウオッチ

注２　「ウ」を省いて書く慣用のある場合は，それによる。

〔例〕 サンドイッチ　スイッチ　スイートピー

注３　地名・人名の場合は，「ウィ」「ウェ」「ウォ」と書く慣用が強い。

3 「クァ」「クィ」「クェ」「クォ」は，外来音クァ，クィ，クェ，クォに対応する仮名である。

〔例〕 クァルテット　クィンテット　クェスチョンマーク　クォータリー

注１　一般的には，「クア」「クイ」「クエ」「クオ」又は「カ」「キ」「ケ」「コ」と書くことができる。

〔例〕 クアルテット　クインテット　クエスチョンマーク　クオータリー
カルテット　レモンスカッシュ　キルティング　イコール

注２　「クァ」は，「クヮ」と書く慣用もある。

4 「グァ」は，外来音グァに対応する仮名である。

〔例〕 グァテマラ（地） パラグァイ（地）

注１　一般的には，「グア」又は「ガ」と書くことができる。

〔例〕 グアテマラ（地） パラグアイ（地）
ガテマラ（地）

注２　「グァ」は，「グヮ」と書く慣用もある。

2 「チェ」は，外来音チェに対応する仮名である。
〔例〕 チェーン　チェス　チェック　マンチェスター（地） チェーホフ（人）

3 「ツァ」「ツェ」「ツォ」は，外来音ツァ，ツェ，ツォに対応する仮名である。
〔例〕 コンツェルン　シャンツェ　カンツォーネ
フィレンツェ（地） モーツァルト（人） ツェッペリン（人）

4 「ティ」「ディ」は，外来音ティ，ディに対応する仮名である。
〔例〕 ティーパーティー　ボランティア　ディーゼルエンジン　ビルディング
アトランティックシティー（地） ノルマンディー（地）
ドニゼッティ（人） ディズニー（人）

注１ 「チ」「ジ」と書く慣用のある場合は，それによる。
〔例〕 エチケット　スチーム　プラスチック　スタジアム　スタジオ
ラジオ　チロル（地） エジソン（人）

注２ 「テ」「デ」と書く慣用のある場合は，それによる。
〔例〕 ステッキ　キャンデー　デザイン

5 「ファ」「フィ」「フェ」「フォ」は，外来音ファ，フィ，フェ，フォに対応する仮名である。
〔例〕 ファイル　フィート　フェンシング　フォークダンス
バッファロー（地） フィリピン（地） フェアバンクス（地） カリフォルニア（地）
ファーブル（人） マンスフィールド（人） エッフェル（人） フォスター（人）

注１ 「ハ」「ヒ」「ヘ」「ホ」と書く慣用のある場合は，それによる。
〔例〕 セロハン　モルヒネ　プラットホーム　ホルマリン　メガホン

注２ 「ファン」「フィルム」「フェルト」等は，「フアン」「フイルム」「フエルト」と書く慣用もある。

6 「デュ」は，外来音デュに対応する仮名である。
〔例〕 デュエット　プロデューサー　デュッセルドルフ（地） デューイ（人）

注 「ジュ」と書く慣用のある場合は，それによる。
〔例〕 ジュース（deuce） ジュラルミン

留意事項その１（原則的な事項）

1　この『外来語の表記』では，外来語や外国の地名・人名を片仮名で書き表す場合のことを扱う。

2「ハンカチ」と「ハンケチ」，「グローブ」と「グラブ」のように，語形にゆれのあるものについて，その語形をどちらかに決めようとはしていない。

3　語形やその書き表し方については，慣用が定まっているものはそれによる。分野によって異なる慣用が定まっている場合には，それぞれの慣用によって差し支えない。

4　国語化の程度の高い語は，おおむね第１表に示す仮名で書き表すことができる。一方，国語化の程度がそれほど高くない語，ある程度外国語に近く書き表す必要のある語――特に地名・人名の場合――は，第２表に示す仮名を用いて書き表すことができる。

5　第２表に示す仮名を用いる必要がない場合は，第１表に示す仮名の範囲で書き表すことができる。

例　イェ→イエ　　ウォ→ウオ　　トゥ→ツ，ト　　ヴァ→バ

6　特別な音の書き表し方については，取決めを行わず，自由とすることとしたが，その中には，例えば，「スィ」「ズィ」「グィ」「グェ」「グォ」「キェ」「ニェ」「ヒェ」「フョ」「ヴョ」等の仮名が含まれる。

留意事項その２（細則的な事項）

以下の各項に示す語例は，それぞれの仮名の用法の一例として示すものであって，その語をいつもそう書かなければならないことを意味するものではない。語例のうち，地名・人名には，それぞれ（地），（人）の文字を添えた。

Ⅰ　第１表に示す「シェ」以下の仮名に関するもの

1「シェ」「ジェ」は，外来音シェ，ジェに対応する仮名である。

〔例〕 シェーカー　シェード　ジェットエンジン　ダイジェスト
シェフィールド（地）　アルジェリア（地）
シェークスピア（人）　ミケランジェロ（人）

注「セ」「ゼ」と書く慣用のある場合は，それによる。

〔例〕 ミルクセーキ　ゼラチン

本　　　文

「外来語の表記」に用いる仮名と符号の表

1　第１表に示す仮名は，外来語や外国の地名・人名を書き表すのに一般的に用いる仮名とする。

2　第２表に示す仮名は，外来語や外国の地名・人名を原音や原つづりになるべく近く書き表そうとする場合に用いる仮名とする。

3　第１表・第２表に示す仮名では書き表せないような，特別な音の書き表し方については，ここでは取決めを行わず，自由とする。

4　第１表・第２表によって語を書き表す場合には，おおむね留意事項を適用する。

第1表

ア	イ	ウ	エ	オ
カ	キ	ク	ケ	コ
サ	シ	ス	セ	ソ
タ	チ	ツ	テ	ト
ナ	ニ	ヌ	ネ	ノ
ハ	ヒ	フ	ヘ	ホ
マ	ミ	ム	メ	モ
ヤ		ユ		ヨ
ラ	リ	ル	レ	ロ
ワ				
ガ	ギ	グ	ゲ	ゴ
ザ	ジ	ズ	ゼ	ゾ
ダ			デ	ド
バ	ビ	ブ	ベ	ボ
パ	ピ	プ	ペ	ポ
キャ		キュ		キョ
シャ		シュ		ショ
チャ		チュ		チョ
ニャ		ニュ		ニョ
ヒャ		ヒュ		ヒョ
ミャ		ミュ		ミョ
リャ		リュ		リョ
ギャ		ギュ		ギョ
ジャ		ジュ		ジョ
ビャ		ビュ		ビョ
ピャ		ピュ		ピョ

ン（撥《はつ》音）
ッ（促音）
ー（長音符号）

			シェ	
			チェ	
ツァ			ツェ	ツォ
	ティ			
ファ	フィ		フェ	フォ
			ジェ	
	ディ			
		デュ		

第2表

			イェ	
	ウィ		ウェ	ウォ
クァ	クィ		クェ	クォ
	ツィ			
		トゥ		
グァ				
		ドゥ		
ヴァ	ヴィ	ヴ	ヴェ	ヴォ
		テュ		
		フュ		
		ヴュ		

外来語の表記（平成三年　内閣告示第二号）

前　書　き

1　この『外来語の表記』は，法令，公用文書，新聞，雑誌，放送など，一般の社会生活において，現代の国語を書き表すための「外来語の表記」のよりどころを示すものである。

2　この『外来語の表記』は，科学，技術，芸術その他の各種専門分野や個々人の表記にまで及ぼそうとするものではない。

3　この『外来語の表記』は，固有名詞など（例えば，人名，会社名，商品名等）でこれによりがたいものには及ばさない。

4　この『外来語の表記』は，過去に行われた様々な表記（「付」参照）を否定しようとするものではない。

5　この『外来語の表記』は，「本文」と「付録」から成る。「本文」には「外来語の表記」に用いる仮名と符号の表を掲げ，これに留意事項その1（原則的な事項）と留意事項その2（細則的な事項）を添えた。「付録」には，用例集として，日常よく用いられる外来語を主に，留意事項その2に例示した語や，その他の地名・人名の例などを五十音順に掲げた。

や

…ヤ（～家・～屋）…… 105
…ヤキ〔焼〕（送り仮名）…… 439
ヤクブソク・チカラブソク（役不足・力不足）…… 587
ヤセイ（野生・野性）…… 50
ヤブク・ヤブル…… 586
…（テ）ヤル（敬語）…… 510
ヤワラカイ（柔・軟）…… 91

ゆ

ユイゴン・イゴン〔遺言〕…… 405
ユウシュウナセイセキヲオサメル（優秀な成績を収・修）…… 198
ユキカエリ〔行―帰〕（送り仮名）…… 435
ユク・イク〔行〕…… 337
ユサブル・ユスブル…… 579
ユダル・ウダル…… 578
ユダンモスキモナイ・ユダンモスキモナラナイ（油断もすきも～）…… 627
※ユビサス（指さす・指差す）…… 130

よ

ヨイ（良・善）…… 53
ヨイ・イイ…… 558
ヨウコウ（要綱・要項）…… 39
※ヨウダイ（容体・容態）…… 4
※ヨコドル（横取る）…… 649
ヨリ：カラ…… 560
ヨロコブ（喜・慶）…… 218
ヨロン・セロン〔世論〕…… 343

ら

ラ（ら：など：等）…… 566
ラベル：レッテル…… 609
…ラレル（見られる・見れる）…… 540
ランヨウ（濫用・乱用）…… 109

り

…リ（～裏・裡）…… 145
リシュウ（履修・履習）…… 41
リポート・レポート（表記）…… 477
リュウホ（留保：保留）…… 313
リョウカイ（了解：了承）…… 322
リョウシュウショ（領収書：領収証）…… 308
リョウシュウショウ（領収証：領収書）…… 308
リョウショウ（了承：了解）…… 322
リョウバノツルギ・モロハノツルギ…… 595
リョカク・リョキャク〔旅客〕…… 411
リョカッキ・リョカクキ〔旅客機〕…… 346

れ

レイ（令・齢）（表記）…… 454
レイジ・ジュウニジ（午後零時十分・午後十二時十分）…… 557
レッテル：ラベル…… 609
レポート・リポート（表記）…… 477
…レル（見れる・見られる）…… 540
レンケイ（連係・連携）…… 87

ろ

ロジ（路地・露地）…… 222

わ

ワ（和はなぜ口の部なのか）…… 549
ワ・ハ（仮名遣い）
コンニチワ・コンニチハ…… 417
イマワ・イマハ…… 427
ワカリニクイ・ワカリヅライ（分かり～）…… 628
ワタシ・ワタクシ（私）…… 535
ワップ・カップ〔割賦〕…… 338

を

…ヲ～タイ（水を飲みたい・水が飲みたい）…… 548
…ヲハジメトシテ（始め・初め）…… 206

々（「々」は、何と読むのか）…… 630

ホカ（ほか・外）(表記) …………………… 473
…ホカ（〜ほか：〜以下）………………… 605
ボキンヲツノルという言い方はおかしくないか…………………………………… 643
ホショウ（保証・保障〈※補償〉）……… 119
ホッソク・ハッソク〔発足〕…………… 341
ボッチャン（坊ちゃん・坊っちゃん）（表記）………………………………… 489
※ホホ・ホオ………………………………… 542
ホホエム・ホオエム……………………… 542
ホリュウ（保留：留保）………………… 313
ホンブン・ホンモン〔本文〕…………… 384
ボンレイ・ハンレイ〔凡例〕…………… 354

ま

…マイ（見まい・見るまい）…………… 571
マイヅル・マイズル〔舞鶴(地名)〕(仮名遣い）……………………………… 419
マイラレル（参)(敬語）……………… 509
マカス・マカセル（任）……………… 570
マクアイ・マクマ〔幕間〕…………… 349
マクアキ・マクアケ（幕開）………… 563
マクマ・マクアイ〔幕間〕…………… 349
マケズギライという表現はおかしくないか…………………………………… 576
マザル／マジル／マゼル（交・混）…… 56
マジエル〔交〕(送り仮名）…………… 434
マジル／マジワル〔交〕(送り仮名）…… 449
マジル／マゼル／マザル（交・混）…… 56
マタハ（又は：若しくは）…………… 568
マチ（町・街）………………………… 184
マチガウ・マチガエル（間違）……… 592
マッキ・マツゴ〔末期〕……………… 351
マツワリツク・マトワリツク………… 602
マヌカレル・マヌガレル〔免〕……… 369
マメツ（摩滅・磨滅）………………… 183
マワリ（回・周）……………………… 89
マンジッシュウネン（満十周年）という言い方はおかしくないか………… 626
マンパン・マンポ〔満帆〕…………… 362

み

ミエラレル（敬語）…………………… 528
ミズガノミタイ・ミズヲノミタイ（水が〜・水を〜）…………………… 548
ミヂカダ〔身近〕(送り仮名）………… 448
ミトウ（未到・未踏）………………… 193
ミノガス〔見逃〕(送り仮名）………… 443
ミノシロキン(身の代金・身代金)(表記) …………………………………… 470
ミマイ・ミルマイ（見）……………… 571
※ミミザワリ（耳障り・耳触り）…… 575
ミミザワリガヨイというのは一般的な表現か…………………………………… 575
ミルマイ・ミマイ（見）……………… 571
ミレルという言い方は正しいか（見）…………………………………… 540

む

※ムイチブツ・ムイチモツ〔無一物〕…………………………………… 350
ムクイラレル・ムクワレル（報）…… 544
ムズカシイ・ムツカシイ……………… 559

め

…メ（濃いめという表現は正しいか）…………………………………… 573
メイジル・メイズル（命）…………… 623
※メイヨバンカイ・オメイヘンジョウ（名誉挽回・汚名返上）………… 644
メザス（目指す・目差す）…………… 130
メド・モクト〔目途〕………………… 395
メドガツク・メドガタツ……………… 596
メンボク・メンモク〔面目〕………… 352

も

モウス（申される・申し出てください・お申し込みください)(敬語）………… 507
モクト・メド〔目途〕………………… 395
モシクハ（若しくは：又は）………… 568
モト（元・本・基・下）……………… 37
モト・シタ〔〈青空の〉下〕………… 397
モノ（物・者・もの)(表記）………… 461
モヤ：カスミ：キリ…………………… 635
モロハノツルギ・リョウバノツルギ…… 595

ヒトビト（表記）……………………… 452
ヒトリ（独り・一人）………………… 104
ヒトリヒトリ（一人一人・一人ひとり）
（表記）……………………………… 484
ヒトリマエ・イチニンマエ（一人前）
……………………………………… 604
ヒモヲツナグ・ヒモヲツナゲル………… 622
ビャクイ・ハクイ〔白衣〕……………… 378
ビャクヤ・ハクヤ〔白夜〕……………… 378
ヒョウキ（表記・標記）……………… 99
ヒョウケツ（表決・評決）…………… 159
ヒョウコウ（標高：海抜）…………… 300
ヒョウジ（表示・標示）……………… 100
ヒョウジョウ・ヒョウテイ〔評定〕…… 351
ヒョウダイ（標題・表題）…………… 264
ヒョウテイ・ヒョウジョウ〔評定〕…… 351
ビンラン・ベンラン〔便覧〕………… 355

ふ

フ（附・付）………………………… 2
ブ…（不・無）……………………… 1
ファスナー：チャック：ジッパー……… 608
ファックス・ファクシミリ（表記）…… 487
フイウチ（不意討ち・不意打ち）……… 131
フィレンツェ・フローレンス（表記）
……………………………………… 485
フウキ・フッキ〔富貴〕……………… 361
フエル／フヤス（増・殖）…………… 142
フカマル（きずなが～）……………… 638
ブキミ（不気味・無気味）…………… 1
フクゲン（復元・復原）……………… 88
フクジ・フクヂ〔服地〕(仮名遣い)…… 421
フクトクホン・フクドクホン〔副読本〕
……………………………………… 407
フゴウリ（不合理：非合理）………… 289
フジ・フチ〔不治〕…………………… 368
フゾク（附属・付属）………………… 2
フタリグミ・ニニングミ〔二人組み〕
……………………………………… 398
フダン（不断・普段）………………… 80
フチ・フジ〔不治〕…………………… 368
※フチドル（縁取る）………………… 649
フッキ・フウキ〔富貴〕……………… 361
フトンヲシク・フトンヲヒク（布団を敷く・～引く）…………………… 629
フム（二の舞を～）………………… 593
フヤス／フエル（増・殖）…………… 142
フヨウ（不用・不要）………………… 73
…ブリ：ゴシ（二年～）……………… 571
フルウ（奮・振・震）………………… 165
フローレンス・フィレンツェ（表記）
……………………………………… 485
ブンベツゴミ・フンベツゴミ〔分別ゴミ〕
……………………………………… 394

へ

へ・ニ（銀行～払い込む）…………… 612
ヘイキ（併記・並記）………………… 108
ヘイコウ（平行・並行〈※併行・平衡〉）
……………………………………… 48
ページ（表記）……………………… 476
…ベキ（～すべき・するべき）……… 561
…ベキと言い切りに使うのは正しいか
……………………………………… 601
ベツジョウ（別条・別状）…………… 81
ベッド・ベット（表記）……………… 458
ヘンシュウ（編集・編修）…………… 74
ヘンズツウ（片頭痛・偏頭痛）……… 278
ヘンセイ（編成・編制〈※編製〉）……… 49
ベンラン・ビンラン〔便覧〕………… 355

ほ

ボイン・ボオン〔母音〕……………… 342
ホウガンビイキ・ハンガンビイキ〔判官びいき〕…………………………… 375
ホウキュウ（俸給：給料：給与）……… 293
ホウショウ（報償・報奨〈※報賞・褒章・褒賞〉）………………………… 136
ボウチョウ（膨脹・膨張）…………… 129
ホウモツデン・ホウブツデン〔宝物殿〕
……………………………………… 350
※ボウリング・ボーリング（表記）
……………………………………… 458
※ホウル（ほうる・放る）(表記)…… 462
ホウル・ホオル（仮名遣い）………… 427
※ホオ・ホホ………………………… 542
ホオエム・ホホエム………………… 542
ホオル・ホウル（仮名遣い）………… 427
ボオン・ボイン〔母音〕……………… 342

ニュウヨウ・イリヨウ〔入用〕………… 377
ニンカ（認可：許可）………………… 294
ニンゲンイタルトコロセイザンアリ・ジンカンイタルトコロセイザンアリ〔人間、到ル処、青山在リ〕………… 399

ぬ

ヌマヅ・ヌマズ〔沼津（地名）〕（仮名遣い）……………………………… 419
ヌレテデアワ・ヌレテニアワ……………… 625

ね

ネマキ（寝巻・寝間着）（表記）………… 455
ネンパイ（年配・年輩）………………… 127
ネンレイ（年齢・年令）………………… 4

の

ノウサクブツ・ノウサクモツ〔農作物〕……………………………… 393
ノウリ（脳裏・脳裡）………………… 145
ノガス〔逃〕（送り仮名）……………… 443
ノセル／ノル（乗・載）………………… 164
ノゾム（望・臨）……………………… 22
ノバス／ノビル（延・伸）……………… 56
ノボル（〈坂道を〉上・登）…………… 194
ノル／ノセル（乗・載）………………… 164

は

ハ・ワ（仮名遣い）
コンニチハ・コンニチワ……………… 417
イマハ・イマワ……………………… 427
パーセント（表記）…………………… 460
バイシャク（媒酌・媒妁）……………… 236
ハイスイ（排水・廃水）………………… 174
ハイフ（配布・配付）………………… 47
ハカセ・ハクシ〔博士〕………………… 353
ハカル（測・量〈※計・図・謀・諮〉）……………………………… 19
ハクイ・ビャクイ〔白衣〕……………… 378
ハクシ・ハカセ〔博士〕………………… 353
ハクヤ・ビャクヤ〔白夜〕……………… 378
ハジメ（始・初）……………………… 2
ハジメ（を始め・を初め）……………… 206
ハツ・ショ〔初～〕…………………… 380
ハッシャジカン（発車時間：発車時刻）……………………………… 314
ハッシャジコク（発車時刻：発車時間）……………………………… 314
ハッソク・ホッソク〔発足〕…………… 341
ハツタイケン・ショタイケン〔初体験〕……………………………… 380
ハツタイメン・ショタイメン〔初対面〕……………………………… 380
ハップン（発奮・発憤）………………… 272
ハツマゴ・ウイマゴ〔初孫〕…………… 354
ハナジ・ハナヂ〔鼻血〕（仮名遣い）…… 415
…パナシ：ドオシ（立ち～）…………… 584
ハナシヲオエマス・ハナシヲオワリマス……………………………… 545
ハナス／ハナレル（離・放）…………… 122
ハナヂ・ハナジ〔鼻血〕（仮名遣い）…… 415
ハナレル／ハナス（離・放）…………… 122
ハニウ・ハニュウ（仮名遣い）………… 429
ハバ（巾・幅）（表記）………………… 454
ハモンヲトウズルという表現は正しいか……………………………… 582
ハヤイ（速・早）……………………… 33
ハル（〈切手を～〉貼・張）…………… 216
バレー・バレエ（表記）………………… 458
ハンガンビイキ・ホウガンビイキ〔判官びいき〕……………………………… 375
ハンザツ（煩雑・繁雑）………………… 86
ハンメン（半面・反面）………………… 73
ハンレイ・ボンレイ〔凡例〕…………… 354

ひ

ヒク・シク（〈布団を〉引く・敷く）……………………………… 629
ヒゴウリ（非合理：不合理）…………… 289
ヒツ（必の筆順）……………………… 553
ヒトゴト・タニンゴト………………… 590
ヒトダンラク・イチダンラク〔一段落〕……………………………… 402
ヒトツ（一つ・1つ〈横書きの場合〉）（表記）……………………………… 459
ヒトツズツ・ヒトツヅツ（仮名遣い）……………………………… 416

テオル・タオル〔手折る〕…… 356
テカズ・テスウ〔手数〕…… 362
テキカク（的確・適確）…… 15
テキチュウ（的中・適中）…… 229
…デス（大きいですという言い方は正しいか）…… 556
テスウ・テカズ〔手数〕…… 362
デズッパリ・デヅッパリ（仮名遣い）…… 431
テヅナ・タヅナ〔手綱〕…… 356
※テバナス（手放・手離）…… 122
テビキ〔手引〕(送り仮名）…… 441
テヲコマヌク・テヲコマネク…… 605
テンカ（転嫁・転化）…… 246
テンキョ（転居：移転：移住）…… 285

と

トウ（斗・闘）(表記）…… 454
トウ（等：ら：など）…… 566
トウ・トオ〔十〕(仮名遣い）…… 418
ドウカイタシマシタカ（敬語）…… 527
トウカシタシム（灯火親しむ・灯下〜）…… 170
トウカツ（統括・統轄）…… 119
ドウコウ（同行：随行）…… 333
ドウシ（同志・同士）…… 25
トウズル（波紋を〜）…… 582
ドウゾ・ドオゾ（仮名遣い）…… 429
トウトイ（尊・貴）…… 211
トウナン・ナントウ（東南・南東）…… 597
トウハン・トハン〔登坂〕…… 390
トオ・トウ〔十〕(仮名遣い）…… 418
トオザカル（遠ざかる・遠去かる）(表記）…… 486
…ドオシ：パナシ…… 584
ドオゾ・ドウゾ（仮名遣い）…… 429
トク／トケル（解・溶）…… 141
トクショク（瀆職：汚職）…… 284
トクショク（特色：特長：特徴）…… 321
ドクセンジョウ・ドクダンジョウ〔独擅場〕…… 346
トクチョウ（特長：特徴：特色）…… 321
ドクトク（独特・独得）…… 235
トケル／トク（解・溶）…… 141
トチュウ（途中：中途）…… 307
トトノウ（調・整）…… 104
…トナル・ニナル…… 580
ドノ（殿：様）(敬語）…… 521
ドノ（〜会社殿）(敬語）…… 526
ドノ（会員各位殿）(敬語）…… 519
トハン・トウハン〔登坂〕…… 390
トビノク（飛びのく・飛び退く）(表記）…… 469
トブ（飛・跳）…… 20
トモダチ（友達・友だち）(表記）…… 470
トリアツカイ〔取―扱―〕(送り仮名）…… 438
トル（取・執・採〈※撮・捕〉）…… 59
ドロジアイ（泥仕合・泥試合）…… 111
トンデモゴザイマセン（敬語）…… 524

な

ナイコウ（内攻・内向）…… 158
ナガイ（永・長）…… 52
ナカミ（中身・中味）…… 79
ナカンズク・ナカンヅク（仮名遣い）…… 420
ナド（など：等：ら）…… 566
ナラビニ（並びに：及び）…… 568
ナラワシ（習わし・慣わし）…… 256
ナル（と〜・に〜）…… 580
ナントウ・トウナン（南東・東南）…… 597

に

ニ（二・弐）(表記）…… 463
ニ・ヘ（銀行〜払い込む）…… 612
ニアゲ（荷上げ・荷揚げ）…… 205
…ニクイ・ヅライ…… 628
ニクハク（肉薄・肉迫）…… 67
ニゴス（口を〜）…… 558
ニジッセイキ・ニジュッセイキ（二十世紀）…… 537
ニッポン・ニホン（日本）…… 536
…ニナル・トナル…… 580
ニニングミ・フタリグミ〔二人組み〕…… 398
ニノマイヲフムは正しい言い方か…… 593
ニホン・ニッポン（日本）…… 536
ニュウセン（入選：佳作）…… 312

タバコ（表記）…………………………… 475
タマゴ（卵・玉子）……………………… 78
タマゴヲウム（卵を産・生）………… 221
タマモノ（たまもの・賜・賜物）（表記）
…………………………………………… 498
タラナイ・タリナイ（足）………… 543
タワイ・タアイ………………………… 565
タンケン（探検・探険）……………… 32
タンショ・タンチョ〔端緒〕……… 410
タンノウ・カンノウ〔堪能〕……… 341
タンパク（淡泊・淡白）…………… 66
タンボ（田んぼ・たんぼ）（表記）…… 496
タンレン（鍛錬・鍛練）…………… 107

ち

ヂ・ジ（仮名遣い）
ハナヂ・ハナジ〔鼻血〕……………… 415
フクヂ・フクジ〔服地〕……………… 421
イチヂルシイ・イチジルシイ………… 421
世界ヂュウ・ジュウ…………………… 423
コヂンマリ・コジンマリ……………… 425
ヂメン・ジメン〔地面〕……………… 430
チカラズク・チカラヅク（仮名遣い）
…………………………………………… 418
チカラブソク・ヤクブソク（力不足・役不足）……………………………… 587
チメイ〔地名のじ・ぢ・ず・づ〕（仮名遣い）………………………………… 419
ヂメン・ジメン〔地面〕（仮名遣い）…… 430
チャック：ファスナー：ジッパー……… 608
チャドウ・サドウ〔茶道〕…………… 376
…ヂュウ・ジュウ〔（世界）中〕（仮名遣い）…………………………………… 423
チュウシ（中止：中断）……………… 297
チュウシャヲウツ（注射を打つ・うつ）
（表記）………………………………… 491
チュウシュウメイゲツ（中秋名月・仲秋明月）…………………………………… 178
※チュウゼツ（中絶〈：中止：中断〉）
…………………………………………… 297
チュウダン（中断：中止）…………… 297
チュウト（中途：途中）……………… 307
チョウコウ（兆候・徴候）…………… 147
チョウチョ・チョウチョウ…………… 536
チョウフク・ジュウフク〔重複〕……… 369
チンセイ（沈静・鎮静）……………… 136

つ

ヅ・ズ（仮名遣い）
ヒトツヅツ・ヒトツズツ……………… 416
カタヅク・カダズク…………………… 417
チカラヅク・チカラズク……………… 418
地名のヅ・ズ…………………………… 419
ナカンヅク・ナカンズク……………… 420
カキヅライ・カキズライ……………… 424
ツクヅク・ツクズク…………………… 426
ツレヅレ・ツレズレ…………………… 426
イナヅマ・イナズマ…………………… 427
デヅッパリ・デズッパリ……………… 431
ツイキュウ（追求・追究・追及）……… 31
ツイジュウ・ツイショウ〔追従〕……… 412
ツカウ（使・遣）……………………… 121
ツキギメ（月ぎめ・月極め・月決め）
（表記）………………………………… 469
ツク／ツケル（付・着・就）………… 163
ツクヅク・ツクズク（仮名遣い）…… 426
ツクル（作・造）……………………… 77
ツケル／ツク（付・着・就）………… 163
…ヅツ・ズツ（仮名遣い）…………… 416
ツヅキガラ・ゾクガラ〔続柄〕……… 366
ツツク（つつく・突つく）（表記）…… 483
ツツシンデ（謹んで・慎んで）……… 185
ツトメル（努・勤・務）……………… 274
ツナグ・ツナゲル（ひもを～）……… 622
ツボメル・スボメル（傘を～）……… 611
※…ヅヨイ・ズヨイ（仮名遣い）…… 424
…ヅライ・ズライ（仮名遣い）……… 424
…ヅライ・ニクイ……………………… 628
ツレヅレ・ツレズレ（仮名遣い）…… 426

て

デアイ（出会い・出合い）…………… 172
テアテ〔手当〕（送り仮名）………… 436
テイジ（提示・呈示）………………… 98
テイジロ・ティージロ（丁字路・T字路）
…………………………………………… 589
テイセイ（訂正：修正）……………… 330
テイネン（定年・停年）……………… 78
テオクレ（手後れ・手遅れ）………… 110

セイサク（製作・制作）…………………… 13
セイサン（精算・清算）…………………… 8
セイチョウ（成長・生長）………………… 11
セカイジュウ・セカイヂュウ〔世界中〕（仮名遣い）………………………… 423
セキニンテンカ（責任転嫁・責任転化）……………………………………… 246
セコウ・シコウ〔施行〕…………………… 336
セジョウ（世情：世相）…………………… 320
セソウ（世相：世情）…………………… 320
セタイ（世帯：所帯）…………………… 288
セック（節句・節供）…………………… 177
セッショウ（折衝・接渉）(表記)……… 454
セッショウ（折衝：交渉）……………… 295
ゼッタイゼツメイ（絶体絶命・絶対〜）……………………………………… 204
セロン・ヨロン〔世論〕………………… 343
セワシイ・セワシナイ…………………… 620
センゴ（戦後・戦后）(表記)…………… 455
ゼンジンミトウ（前人未到・前人未踏）……………………………………… 193
センセイノゴキョウクンヲタザンノイシトシマスという言い方はおかしくないか………………………………………… 622
ゼンゼンスバラシイという言い方は正しいか……………………………………… 547
ゼンダイミモンノセイコウという言い方はおかしくないか…………………… 626
ゼンパン・ゼンハン〔前半〕…………… 371
センモン（専門・専問）(表記)………… 452
センレンサ（洗練さ）という表現は正しいか……………………………………… 601
センヲコス・サキヲコス〔先を越す〕……………………………………… 392

そ

ソウ（沿・添）…………………………… 35
ソウイ（相違・相異）…………………… 267
ゾウカ（増加：増大）…………………… 331
ソウキュウ・サッキュウ〔早急〕……… 336
ソウコウ（奏功・奏効）………………… 156
ソウサイ・ソウサツ〔相殺〕…………… 340
ソウセツ（創設：創立）………………… 311
…ソウダ（〈少なさ〉そうだ・〈少な〉そうだ）…………………………… 555
ゾウダイ（増大：増加）…………………… 331
※ゾウヨ（贈与〈：譲与：譲渡〉）…… 297
ソウリツ（創立：創設）………………… 311
ゾクガラ・ツヅキガラ〔続柄〕………… 366
ソチ（措置：処置）……………………… 295
ソッチョク（率直・卒直）……………… 3
ソブリ・スブリ〔素振り〕……………… 370
ソリャク（粗略・疎略）………………… 240

た

タアイ・タワイ…………………………… 565
タイ…（大〜・太〜）…………………… 157
…タイ（水が飲みたい・水を飲みたい）……………………………………… 548
…ダイ（〜代・〜台）…………………… 26
タイアンキチニチ・ダイアンキチニチ・タイアンキチジツ〔大安吉日〕……… 357
ダイイチガッキ（第一学期・第１学期〈横書きの場合〉）(表記)…………… 487
ダイガエ・ダイタイ〔代替〕…………… 372
ダイジシン・オオジシン〔大地震〕…… 337
タイショウ（対照・対象・対称）……… 29
タイセイ（体制・態勢・体勢）………… 30
ダイタイ・ダイガエ〔代替〕…………… 372
タイヒ（退避・待避）…………………… 228
タイボウ・タイモウ〔大望〕…………… 384
タエル（堪・耐）………………………… 103
タオル・テオル〔手折る〕……………… 356
タクシーガオマチシテイマス（敬語）……………………………………… 525
タザンノイシ（他山の石）……………… 622
タシサイサイ・タシセイセイ〔多士済々〕……………………………………… 384
タタカウ（戦・闘）……………………… 253
タチッパナシ：タチドオシ……………… 584
タツ（断・絶）…………………………… 19
タツ／タテル（立・建）………………… 162
タッケン（卓見・達見）………………… 241
タットイ（尊・貴）……………………… 211
タヅナ・テヅナ〔手綱〕………………… 356
タテル／タツ（立・建）………………… 162
タトイ・タトエ（〜…しても）………… 546
タナカサマデイラッシャイマスカ(敬語)……………………………………… 513
タニンゴト・ヒトゴト…………………… 590

ジョウショ・ジョウチョ〔情緒〕……… 336
ジョウゼツ（饒舌・冗舌）……………… 258
ジョウチョ・ジョウショ〔情緒〕……… 336
ジョウト（譲渡：譲与）………………… 297
ショウニンズ・コニンズ〈※コニンズウ〉〔小人数〕……………………………… 367
ショウブスウ（小部数・少部数）……… 215
ジョウヨ（譲与：譲渡）………………… 297
ジョウレン（常連・定連）……………… 235
ショクゴ（食後・食后）(表記) ………… 455
ショクドウ・ジキドウ〔食堂〕………… 351
ショクリョウ（食料・食糧）…………… 72
ショザイチ（所在地：住所：居所）…… 290
ジョジョウ（叙情・抒情）……………… 255
ショシンニカエル（初心に帰・返）…… 203
ショセン（緒戦・初戦）………………… 155
ショタイ（所帯：世帯）………………… 288
ショタイケン・ハツタイケン〔初体験〕……………………………………………… 380
ショタイメン・ハツタイメン〔初対面〕……………………………………………… 380
ショチ（処置：措置）…………………… 295
…ショチョウ（〈研究〉所長・〈研究所〉所長）……………………………… 588
ショメイ（署名：記名）………………… 291
ショヨウ（所用・所要）………………… 38
※ショリ（処理〈：処置：措置〉）…… 295
ショルイノサイダン（書類の裁断・細断）…………………………………… 196
シラナサソウダ・シラナソウダ（知）……………………………………………… 555
シン（臣の画数）………………………… 553
ジンカンイタルトコロセイザンアリ・ニンゲンイタルトコロセイザンアリ〔人間、到ル処、青山在リ〕……………… 399
シンギ（審議：審理：審査）…………… 325
シンサ（審査：審議：審理）…………… 325
シンシン（心身・身心）………………… 93
シンドウ（振動・震動）………………… 24
シンニュウ（侵入・浸入・進入）……… 28
シンリ（審理：審議：審査）…………… 325
シンロ（進路・針路）…………………… 46

す

ズ・ヅ（仮名遣い）
ヒトツズツ・ヒトツヅツ……………… 416
カタズク・カタヅク…………………… 417
チカラズク・チカラヅク……………… 418
地名のズ・ヅ…………………………… 419
ナカンズク・ナカンヅク……………… 420
カキズライ・カキヅライ……………… 424
ツクズク・ツクヅク…………………… 426
ツレズレ・ツレヅレ…………………… 426
イナズマ・イナヅマ…………………… 427
デズッパリ・デヅッパリ……………… 431
ズイコウ（随行：同行）………………… 333
ズイショ（随所・随処）………………… 251
スイセン（推薦・推選）………………… 190
スウヒャッポン（数百本・数100本〈横書きの場合〉）（表記）……………… 488
スウメイ（数名：若干名）……………… 319
スキヤ（数寄屋・数奇屋）……………… 191
スクナクナイ〔少〕(送り仮名) ………… 433
スクナサソウダ・スクナソウダ（少）……………………………………………… 555
スコップ：シャベル……………………… 607
スシ（すし・寿司・鮨）(表記) ………… 501
スジョウ（素性・素姓）………………… 5
ススメル（進・勧・薦）………………… 60
…ズツ・ヅツ（仮名遣い）……………… 416
ステキ（すてき・素敵・素的）（表記）……………………………………………… 481
スブリ・ソブリ〔素振り〕……………… 370
…スベキ・スルベキ……………………… 561
スボメル・ツボメル（傘を～）………… 611
スミマセン・アリガトウ………………… 619
※…ズヨイ・ヅヨイ（仮名遣い）……… 424
…ズライ・ヅライ（仮名遣い）………… 424
…スルベキ・スベキ……………………… 561

せ

セイ（声は何の部に属するのか）……… 550
セイアツ（制圧・征圧）………………… 249
セイイク（生育・成育）………………… 238
セイカヲアゲル（成果を上・挙）……… 197
セイサイ（精彩・生彩）………………… 134

※シザ（視座〈：観点：視点〉）……… 317
シジョ（子女：子弟）……………………… 305
ジジョウ（自乗・二乗）…………………… 126
ジセイ（時世・時勢）……………………… 116
シタ・モト〔〈青空の〉下〕……………… 397
…シダイ(終了しだい・終了ししだい)
……………………………………………… 584
シタガッテ(従って・したがって)(表記)
……………………………………………… 465
シタク（支度・仕度）……………………… 247
シタドル（下取るという言い方はおかしくないか）……………………………… 649
ジッ…・ジュッ…（十〈匹〉）……………… 537
シッキ・シッケ〔湿気〕………………… 383
ジツジョウ（実情・実状）………………… 85
ジッセンテキ（実践的・実戦的）……… 152
ジッタイ（実体・実態）…………………… 46
※ジツドウ（実働・実動）……………… 144
ジッパー：ファスナー：チャック……… 608
…シテアゲル（敬語）……………………… 510
シテイ（子弟：子女）……………………… 305
シテン（視点：観点）……………………… 317
ジテン（辞典・字典・事典）……………… 26
…シナイマエという表現は正しいか…… 573
ジナン（二男・次男）……………………… 68
ジニン（自認・自任）……………………… 117
シハライ（支払・仕払）…………………… 171
シメイカン（使命感・使命観）…………… 95
シメダス（閉め出す・締め出す）……… 279
シメル（絞・締）…………………………… 102
ジメン・ヂメン〔地面〕(仮名遣い）…… 430
ジャクハイ（若輩・弱輩）………………… 248
シャチョウ・シャチョウサン（敬語）
……………………………………………… 508
ジャッカン（弱冠・若冠）………………… 263
ジャッカンメイ（若干名：数名）……… 319
シャベル：スコップ……………………… 607
シャリョウ（車両・車輛）………………… 31
※ジュ（受・授）…………………………… 16
ジュウ（十・拾)(表記）…………………… 463
…ジュウ・ヂュウ〔(世界）中〕（仮名遣い）…………………………………… 423
シュウキョク（終局・終極）…………… 153
シュウシュウ（収拾・収集）…………… 69
ジュウジュン（従順・柔順）…………… 146
ジュウショ（住所：居所：所在地）…… 290
シュウセイ（修正・修整）……………… 173
シュウセイ（修正：訂正）……………… 330
ジュウタイ（重体・重態）………………… 4
シュウチ（周知・衆知）…………………… 38
シュウトク（習得・修得）……………… 154
ジュウニジ・レイジ（午後十二時十分・午後零時十分）……………………… 557
ジュウフク・チョウフク〔重複〕……… 369
シュウリョウ（終了・修了）…………… 70
シュウリョウシダイ・シュウリョウシシダイ（終了～）…………………………… 584
シュウリョウショ（修了書：修了証）
……………………………………………… 327
シュウリョウショウ（修了証：修了書）
……………………………………………… 327
シュウロク（収録・集録）……………… 199
シュギョウ（修行・修業）……………… 40
※シュクショウ（縮小・縮少）………… 1
シュクデンガマイッテオリマス（敬語）
……………………………………………… 531
ジュケン（受検・受験）…………………… 39
シュシ（趣旨・主旨）……………………… 71
ジュショウ（受賞・受章）………………… 16
ジュセイ（受精・授精）…………………… 271
ジュッ…・ジッ…（十〈匹〉）…………… 537
シュッショウ・シュッセイ〔出生〕…… 366
ジュヨウ（需要・需用）…………………… 117
ジュン（準～・准～）……………………… 138
シュンコウ（竣工・竣功）……………… 175
ジュンプウマンパン・ジュンプウマンポ〔順風満帆〕……………………………… 362
ジュンポウ（順法・遵法）……………… 182
ショ（～所・～署）………………………… 139
…ショ・…ジョ〔(研究)所〕……………… 345
ショ・ハツ〔初～〕………………………… 380
ショウ（小・少）
サイショウゲン…………………………… 1
※シュクショウ…………………………… 1
ショウブスウ……………………………… 215
※ショウニンズ…………………………… 367
ジョウイカタツ・ジョウイゲタツ（ゲダツ）〔上意下達〕…………………………… 389
ジョウエン（上演：公演）……………… 284
ジョウキョウ（状況・情況）…………… 201
ショウサン（称賛・賞賛）……………… 84
ショウシュウ（招集・召集）…………… 210

コショウ（相手の家族の呼称）（敬語）
……………………………………………… 515
ゴショウカイニアズカル・～ヲイタダク
（敬語）…………………………………… 533
コジンマリ・コヂンマリ（仮名遣い）
……………………………………………… 425
コス／コエル（越・超）………………… 9
ゴゼン・ゴゴ（午前・午後の午の意味）
……………………………………………… 648
ゴゾンジ（御存じ・御存知）（表記）
……………………………………………… 472
ゴタボウチュウ（御多忙中：御多用中）
……………………………………………… 326
ゴタヨウチュウ（御多用中：御多忙中）
……………………………………………… 326
コヂンマリ・コジンマリ（仮名遣い）
……………………………………………… 425
コップ：カップ…………………………… 577
コトヅケ・コトヅテ……………………… 598
※コトバヲニゴス（言葉を濁す）…… 558
コドモ（子供・子ども）（表記）……… 468
コニンズ・ショウニンズ〈※コニンズウ〉〔小人数〕………………………… 367
コノミ・キノミ〔木の実〕……………… 367
ゴブンショ・コモンジョ〔古文書〕…… 357
ゴヘンジ・オヘンジ〔御返事〕………… 385
ゴホウメイ（御芳名）(敬語）………… 515
ゴホウモンサレル（敬語）…………… 508
コマヌク・コマネク（手を～）……… 605
コモンジョ・コブンショ〔古文書〕…… 357
コヤシナイ・キヤシナイ（来）……… 545
ゴヨウイシテクダサイ（敬語）……… 511
ゴヨウタシ・ゴヨウタツ〔御用達〕…… 357
ゴランニナル（御覧になる・ごらんになる）(表記）…………………………… 493
コンニチハ・コンニチワ（仮名遣い）
……………………………………………… 417

さ

…サ（洗練さ）…………………………… 601
サイ（才・歳）(表記）………………… 454
サイ（歳・才）…………………………… 3
サイ（差異・差違）…………………… 267
サイケツ（採決・裁決）………………… 45
サイショウゲン（最小限・最少限）…… 1
サイダン（裁断・細断）……………… 196
※ザイブツ・ザイモツ〔財物〕……… 350
サオサスの意味（流行に～）………… 569
サガス（捜・探）……………………… 21
サカテ・ギャクテ〔逆手〕…………… 374
サカミチヲノボル（坂道を上・登）…… 194
サギ（詐欺・詐偽）…………………… 151
サキヲコス・センヲコス〔先を越す〕
……………………………………………… 392
サクセイ（作成・作製）……………… 227
※サクブツ・サクモツ〔作物〕……… 350
サス（刺・挿・指・差）……………… 140
サッキュウ・ソウキュウ〔早急〕…… 336
サドウ・チャドウ〔茶道〕…………… 376
サビシイ・サミシイ…………………… 540
サボル（表記）………………………… 478
サマ（様：殿）(敬語）………………… 521
サミシイ・サビシイ…………………… 540
サラニ（更に・さらに）（表記）……… 495
サン（三・参）(表記）………………… 463
…サン（社長・社長さん）(敬語）…… 508

し

シ（糸の画数）………………………… 551
シ（紙・誌）…………………………… 186
…シ（士・師・司）…………………… 137
ジ・ヂ（仮名遣い）
ハナジ・ハナヂ〔鼻血〕…………… 415
フクジ・フクヂ〔服地〕…………… 421
イチジルシイ・イチヂルシイ……… 421
世界ジュウ・ヂュウ………………… 423
コジンマリ・コヂンマリ…………… 425
ジメン・ヂメン〔地面〕…………… 430
シイカ・シカ〔詩歌〕………………… 360
※シイン・シオン〔子音〕…………… 342
シカ・シイカ〔詩歌〕………………… 360
シガイ（市外：郊外）………………… 304
ジカン(〈発車〉時間：時刻）………… 314
ジキ(時機・時期〈※時季〉)………… 132
ジキドウ・ショクドウ〔食堂〕……… 351
シク・ヒク（〈布団を〉敷く・引く）
……………………………………………… 629
シコウ（指向・志向）………………… 97
シコウ・セコウ〔施行〕……………… 336
ジコク(〈発車〉時刻：時間）………… 314

キンセイ（均整・均斉）……………………125

く

※クジュウ（苦汁・苦渋）……………505
クダサイ（ください・下さい）（表記）
……………………………………………461
クチヲニゴスという表現は正しいか……558
クップク（屈服・屈伏）…………………225
クハイヲキッスル(苦杯・苦敗を喫する)
（表記）…………………………………505
クミ〔組〕(送り仮名）…………………435
※グラス：（カップ：コップ）………577
クリカエシフゴウ（々は何と読むのか）
……………………………………………630
クンジ（訓示・訓辞）……………………226
グンシュウ（群衆・群集）………………96

け

ケイソツ（軽率・軽卒）（表記）………452
ケイリ（経理・計理）……………………150
ケツギ（決議：議決）……………………329
ケッサイ（決裁・決済）…………………39
ケッチャク（決着・結着）………………65
ケネンガツヨクナルという言い方はおかしくないか…………………………………610
ゲン（源・原）…………………………13
ケンキュウショ・ケンキュウジョ〔研究所〕……………………………………345
ケンキュウショチョウ・ケンキュウショショチョウ（研究所長・研究所所長）
……………………………………………588
ケンケンガクガクという言い方はおかしいか……………………………………645
※ゲンサイ・ゲンサツ〔減殺〕………340
ゲンチ・ゲンシツ〔言質〕………………364

こ

ゴ…（ご～・御～）（表記）……………480
ゴ（午前・午後の午の意味）……………648
ゴ（後・后）（表記）……………………455
ゴ（オ）…（敬語）………………………514
ゴ（オ）…サレル（敬語）………………508
ゴ（オ）…シテクダサイ（敬語）……511
ゴ（オ）…デキル（敬語）………………512
ゴ（オ）…ニアズカル：ゴ（オ）…ヲイタダク……………………………………533
ゴ（オ）…ニナラレル（敬語）………516
ゴ（オ）…ニナル・ゴ（オ）…スル（敬語）…………………………………518
コイメ（濃いめという表現は正しいか）
……………………………………………573
コウ（考と孝の部首はなぜ違うのか）
……………………………………………641
コウイ（好意・厚意）……………………82
コウウン（幸運・好運）…………………83
コウエン（公演：上演）…………………284
コウガイ（郊外：市外）…………………304
※コウサ・カクサ〔較差〕……………114
コウサン（公算が強い・～が大きい）
……………………………………………599
コウショウ（交渉：折衝）………………295
コウタイ（交代・交替）…………………70
コウバシイ（こうばしい・香ばしい）
（表記）…………………………………462
コウハン（広範・広汎）…………………260
コウフク（降伏・降服）…………………252
コウホウ（広報・公報）…………………200
コウホウシ（広報紙・広報誌）………186
コエ（声は何の部に属するのか）………550
コエル／コス（越・超）…………………9
コエヲアララゲル・～アラゲル………618
コオル（凍・氷）…………………………130
ゴカン（五感・五官）……………………208
コキ（古希・古稀）………………………41
ゴクサイシキ・ゴクサイショク〔極彩色〕
……………………………………………401
ゴゴ（午後・午后）（表記）……………455
ゴゴジュウニジ・ゴゴレイジ（午後十二時・午後零時）……………………………557
※…（デ）ゴザイマスカ（敬語）……513
ゴザイマスカ・オアリデスカ（敬語）
……………………………………………511
ゴサンカデキル（敬語）…………………512
ゴサンシュウクダサイ（敬語）………524
…ゴシ：ブリ（二年～）…………………571
コシツ・コシュウ〔固執〕………………365
ゴシツモンガオアリデスカ・～ガゴザイマスカ（敬語）……………………………511
コシュウ・コシツ〔固執〕………………365

ガシコウカンカイ（賀詞交換会・賀詞交歓会）…… 132
…カショ（表記）…… 456
カジョウガキ（箇条書・個条書）（表記）…… 456
カスミ：キリ：モヤ…… 635
カスル（科・課）…… 51
カゼムキ・カザムキ〔風向き〕…… 355
カタ（形・型）…… 18
カタイ（硬・堅・固）…… 124
カタヅク・カタズク（仮名遣い）…… 417
カタン（加担・荷担）…… 125
カツテ・カッテ〔曾〕…… 535
ガッテン・ガテン〔合点〕…… 359
カップ：コップ…… 577
カップ・ワップ〔割賦〕…… 338
ガテン・ガッテン〔合点〕…… 359
カドウ（稼働・稼動）…… 144
カナラズ〔必〕（送り仮名）…… 440
カニュウ（加入：加盟）…… 334
カハンスウヲコエルという言い方はおかしくないか…… 640
カブキ（歌舞伎・かぶき）（表記）…… 497
カメイ（加盟：加入）…… 334
カラ：ヨリ…… 560
カワ（川・河）…… 219
カワル／カエル（変・代・替・換）…… 36
…カン（～観・～感）…… 95
カンオウ・カンノウ〔感応〕…… 339
※カンカンガクガク・ケンケンゴウゴウ…… 645
カンゲンガク（管弦楽・管絃楽）…… 6
カンショウ（観賞・鑑賞）…… 8
カンジル・カンズル（感）はどちらが正しい言い方か…… 539
カンテン（観点：視点）…… 317
カンニン（堪忍・勘忍）…… 169
カンノウ・カンオウ〔感応〕…… 339
カンノウ・タンノウ〔堪能〕…… 341

き

…キ（～機・～器）…… 9
キ（期・季）…… 17
キ（希・稀）…… 41
キイン（起因・基因）…… 148
キウン（気運・機運）…… 65
キカイ（機械・器械）…… 42
キガオケナイヒトとはどういう意味か…… 637
キキイッパツ（危機一髪・～一発）（表記）…… 457
キク（利・効）…… 90
キク（聞・聴）…… 3
キク（菊は音か訓か）…… 535
ギケツ（議決：決議）…… 329
キゲン（起源・起原）…… 13
キゲン（機嫌・気嫌）…… 232
キジュン（基準・規準）…… 14
キズナガフカマルという言い方はおかしくないか…… 638
キセイ（既成・既製）…… 43
キソ（基礎：基本）…… 292
キソウ・キゾウ〔寄贈〕…… 373
キタレ〔来〕（送り仮名）…… 445
キッスイ（生っ粋・生粋）（表記）…… 467
※キッテ〔切手〕（送り仮名）…… 467
キッテヲハル（切手を貼る・張る）…… 216
キテイ（規定・規程）…… 22
キテン（機転・気転）…… 234
キノミ・コノミ〔木の実〕…… 367
キホン（基本：基礎）…… 292
キメイ（記名：署名）…… 291
キモニメイズル（肝に銘ずる・命ずる）…… 242
ギャクテ・サカテ〔逆手〕…… 374
キヤシナイ・コヤシナイ（来）…… 545
キュウヨ（給与：給料：俸給）…… 293
キュウリョウ（給料：給与：俸給）…… 293
キョウゴウ（強豪・強剛）…… 223
キョウソン・キョウゾン〔共存〕…… 403
キョウドウ（共同・協同）…… 44
キョウハク（脅迫・強迫）…… 115
キョカ（許可：認可）…… 294
ギョカイルイ（魚介類・魚貝類）…… 245
キョシュツ（醵出・拠出）…… 94
キョショ（居所：住所：所在地）…… 290
※ギョブツ・ギョモツ〔御物〕…… 350
キリ：カスミ：モヤ…… 635
キワメル（極・究・窮）…… 230
ギンコウニハライコム・ギンコウヘハライコム…… 612

オキル・オコル（起）…………………… 583
オクギ・オウギ〔奥義〕………………… 359
オクレル（遅・後）……………………… 34
オコナウ〔行〕（送り仮名）…………… 433
オコル・オキル（起）…………………… 583
オサエル〔押〕（送り仮名）…………… 433
オサエル（押・抑）……………………… 75
オサソイアワセテ〜（敬語）…………… 531
オサマル／オサメル（収・納）………… 54
オサメル（〈優秀な成績を〉収・修）
……………………………………………… 198
オシキセ（お仕着せ・押し着せ）（表記）
……………………………………………… 453
オショク（汚職：瀆職）………………… 284
オソレ（おそれ・虞・恐れ）（表記）
……………………………………………… 479
オチャヲイタダキマスカ（敬語）……… 528
オツレサマガマッテオリマス（敬語）
……………………………………………… 532
オテカズ・オテスウ〔お手数〕………… 362
オテガミヲサシアゲル（敬語）………… 514
オテスウ・オテカズ〔お手数〕………… 362
オトセ〔落〕（送り仮名）……………… 444
オドル（踊・躍）………………………… 76
オノオノ（各・各々）…………………… 110
オハナシシマス〔話〕（送り仮名）…… 435
オハナシニナラレル（敬語）…………… 516
オヘンジ・ゴヘンジ〔御返事〕………… 385
オメイバンカイという言い方はおかしいか……………………………………… 644
※オメデトウゴザイマス・オメデトウゴザイマシタ…………………………… 615
オモイデ（思い出・想い出）…………… 187
オモチスル・オモチニナル（敬語）…… 518
オモトメデキル（敬語）………………… 512
オモトメヤスイ（敬語）………………… 513
オモワク（思わく・思惑）（表記）…… 467
オヨビ（及び：並びに）………………… 568
オヨロコビモウシアゲマス（喜・慶）
……………………………………………… 218
オラレル・イラッシャル（敬語）……… 522
オリマス（お連れ様が待って〜）（敬語）……………………………………… 532
オレイ（お礼・御礼）（表記）………… 492
オワル・オエル（話を終わります・〜終えます）…………………………… 545
オンナガタ（女形・女方）……………… 189
オンワ（温和・穏和）…………………… 112

か

…カ…（箇・個・か・カ）（表記）
……………………………………………… 456
…ガ〜タイ（水が飲みたい・水を〜）
……………………………………………… 548
カイインカクイドノ（会員各位殿）（敬語）………………………………… 519
カイキエン（怪気炎・快気炎）………… 203
…カイシャドノ（〜会社殿）（敬語）
……………………………………………… 526
カイテイ（改定・改訂〈※改締〉）…… 7
カイトウ（回答・解答）………………… 113
カイバツ（海抜：標高）………………… 300
カイフク（回復・快復）………………… 4
カイホウ（開放・解放）………………… 40
カエス／カエル（返・帰）……………… 120
カエリミル（顧・省）…………………… 76
カエル／カエス（返・帰）……………… 120
カエル（〈初心に〉帰・返）…………… 203
カエル／カワル（変・代・替・換）…… 36
カカク（価格：価額）…………………… 290
カガク（価額：価格）…………………… 290
カガミヌキ：カガミビラキ：カガミワリ
……………………………………………… 614
カカリ（〜係・〜掛）…………………… 243
カカリノモノカライタダイテクダサイ（敬語）………………………………… 520
カキ（夏期・夏季）……………………… 17
カキイレドキ（書き入れ時・掻き入れ時）（表記）…………………………… 502
カキヅライ・カキズライ（仮名遣い）
……………………………………………… 424
カク（〈絵を〉書・描）………………… 180
…カクイ（〜各位・各位殿）（敬語）
……………………………………………… 519
カクサ（格差・較差）…………………… 114
※カクサ・コウサ〔較差〕……………… 114
カクセイキ（拡声機・拡声器）………… 9
カケル（懸・架・掛）…………………… 277
カサク（佳作：入選）…………………… 312
カザムキ・カゼムキ〔風向き〕………… 355
カサヲスボメル・カサヲツボメル……… 611

イッシンドウタイ（一心同体・一身〜）……… 262
※イッセキヲトウズル（一石を投ずる）……… 582
イテン（移転：転居：移住）……… 285
イト（糸の画数）……… 551
イドウ（異動・移動・異同）……… 40
イナズマ・イナヅマ（仮名遣い）……… 427
イマワ・イマハ（仮名遣い）……… 427
…（デ）イラッシャイマス（田中様で〜か）（敬語）……… 513
イラッシャル・イカレル（敬語）……… 526
イラッシャル・オラレル（敬語）……… 522
イリクチ・イリグチ〔入り口〕……… 386
イリヨウ・ニュウヨウ〔入用〕……… 377
イワカン（違和感・異和〜）……… 165
イン（印：印鑑）……… 286
インカン（印鑑：印）……… 286

う

ウイマゴ・ハツマゴ〔初孫〕……… 354
ウカガウ（案内所でうかがってください）（敬語）……… 518
※ウキ（雨期・雨季）……… 17
ウケイレル〔受―入―〕（送り仮名）… 435
ウケツケ〔受―付―〕（送り仮名）…… 437
ウシロスガタ〔後―姿〕（送り仮名）… 442
ウダル・ユダル……… 578
ウチ・イエ〔家〕……… 381
ウチアワセカイ〔打―合―会〕（送り仮名）……… 435
ウツ（打・討・撃）
フイウチ（不意〜）……… 131
オイウチ（追い〜）……… 282
ウツ（〈注射を〉打つ・うつ）（表記）……… 491
ウツクシイデスという言い方は正しいか……… 556
ウム（〈卵を〉産む・生む）……… 221
ウル・エル（得）……… 538
ウレイ（憂・愁）……… 162
ウレイ・ウレエ（憂）……… 562
ウワツク〔浮〕（送り仮名）……… 444

え

エイキ（鋭気・英気）……… 269
エノグ（絵の具・絵具）（表記）……… 499
エル・ウル（得）……… 538
エヲカク（絵を書・描）……… 180

お

オ（ゴ）…（敬語）……… 514
オ（ゴ）…サレル（敬語）……… 508
オ（ゴ）…シテクダサイ（敬語）…… 511
オ（ゴ）…デキル（敬語）……… 512
オ（ゴ）…ニアズカル：オ（ゴ）…ヲイタダク（敬語）……… 533
オ（ゴ）…ニナラレル（敬語）……… 516
オ（ゴ）…ニナル・オ（ゴ）…スル（敬語）……… 518
オ…ヤスイ（敬語）……… 513
オアリデスカ・ゴザイマスカ（敬語）……… 511
オイウチ（追い討・撃・打）……… 282
オイテキボリ・オイテケボリ……… 564
オウ・オオ（仮名遣い）
オウキイ・オオキイ〔大〕……… 416
トウ・トオ〔十〕……… 418
ホウル・ホオル……… 427
ドウゾ・ドオゾ……… 429
オウイ・オーイ（仮名遣い）……… 426
オウギ・オクギ〔奥義〕……… 359
オウキイ・オオキイ〔大〕（仮名遣い）……… 416
オウセツ（応接：応対）……… 309
オウタイ（応対・応待）（表記）……… 454
オウタイ（応対：応接）……… 309
オエル・オワル（話を終えます・〜終わります）……… 545
オーイ・オウイ（仮名遣い）……… 426
オオキイ・オウキイ〔大〕（仮名遣い）……… 416
オオキイデスという言い方は正しいか……… 556
オオジシン・ダイジシン（大地震）…… 337
オオゼイ（大勢・多勢）（表記）……… 453
オカス（犯・侵・冒）……… 58

あ

アイソ・アイソウ〔愛想〕……………… 358
アイテノカゾク(呼び方)(敬語)………… 515
アウ（会・遭・合）……………………… 57
アオゾラノモト・アオゾラノシタ〔青空の下〕……………………………… 397
アオムク（あおむく・仰向く）（表記）……………………………………… 466
アガル／アゲル（上・挙・揚）………… 62
アカルイ〔明〕（送り仮名）…………… 434
アク／アケル（開・空・明）…………… 61
アゲル／アガル（上・挙・揚）………… 62
アゲル（〈成果を〉上・挙）………… 197
…（テ）アゲル（敬語）……………… 510
アシ（足・脚）………………………… 161
アジアウ・アジワウ…………………… 646
アシタ・アス…………………………… 613
アジワウ・アジアウ…………………… 646
アス・アシタ…………………………… 613
アズカリキン〔預―金〕（送り仮名）…… 441
アズカル（御紹介に～：御紹介をいただく）（敬語）……………………… 533
アタイスル（値・価）………………… 237
アタタカイ（温・暖）………………… 123
アタル〔当〕（送り仮名）…………… 440
アツクオワビモウシアゲマス（敬語）……………………………………… 529
アテル（当・充）……………………… 101
アトカタヅケ（後片付け・跡～）……… 95
アトヲタタナイ（跡をたたない・後～）……………………………………… 212
※アマツサエ・アマッサエ…………… 535
アマノガワ（天の川・天の河）………… 219
アマミ（甘み・甘味）（表記）………… 471
アライ（荒・粗）……………………… 77
アララゲル・アラゲル（声を～）…… 618
アラワス（表・現）…………………… 53
アリガトウ・スミマセン……………… 619
アリガトウゴザイマス・アリガトウゴザイマシタ……………………………… 615
アワセル（合・併）…………………… 74
アンショウ（暗唱・暗誦）…………… 261
アンナイジョデウカガッテクダサイ（敬語）……………………………… 518

い

イイ・ヨイ……………………………… 558
イエ・ウチ〔家〕……………………… 381
…イカ（～以下：～ほか）…………… 605
イガイト・イガイニ（意外）………… 585
イカレナイ・イケナイ（行）………… 633
イカレル・イラッシャル（敬語）……… 526
イキカエリ〔行―帰〕（送り仮名）…… 435
イキヅクリ・イケヅクリ……………… 631
イキモツカセズ・イキモツガセズ……… 617
イク・ユク〔行〕……………………… 337
イケヅクリ・イキヅクリ……………… 631
イケナイ・イカレナイ（行）………… 633
イゴ（以後：以降）…………………… 316
イコウ（以降：以後）………………… 316
イゴン・ユイゴン〔遺言〕…………… 405
イシ（意志・意思）…………………… 10
イジュウ（移住：移転：転居）……… 285
イジョウ（異常・異状）……………… 12
イソン・イゾン〔依存〕……………… 338
イタク（委託・依託）………………… 143
イタダク（係の者からいただいてください）（敬語）……………………… 520
イタダク（御紹介を～：御紹介にあずかる）（敬語）……………………… 533
イタタマラナイ・イタタマレナイ……… 585
イチ（一・壱）（表記）……………… 463
イチオウ（一応・一往）……………… 63
イチガッキ（一学期・1学期〈横書きの場合〉）（表記）…………………… 487
イチジツセンシュウ・イチニチセンシュウ〔一日千秋〕…………………… 391
イチジルシイ・イチヂルシイ〔著〕（仮名遣い）…………………………… 421
イチダンラク・ヒトダンラク〔一段落〕……………………………………… 402
イチヂルシイ・イチジルシイ〔著〕（仮名遣い）…………………………… 421
イチニチセンシュウ・イチジツセンシュウ〔一日千秋〕…………………… 391
イチニンマエ・ヒトリマエ（一人前）……………………………………… 604
イッショケンメイ・イッショウケンメイ（一所懸命・一生～）……………… 33

◇ 総　索　引 ◇

◇この総索引は、本書の問に立項されたすべての語句について、片仮名表記で50音順に配列した。配列は、清音、濁音、半濁音の順とし、促音（ッ）、拗音（ャ、ュ、ョ等）は直音の後に、長音（カー等）は母音に置き換えて（カア等として）並べた。

◇問で二とおり（以上）の読み、仮名遣い、言い回し等が示されているときは、その適否に関係なくどちらからでも検索できるようにした。ただし、同じ問が前後して並ぶ場合は一方のみを掲げた。（下表参照）

◇問で示された文言での検索のほかに、解説の中で問題となるべき語・字からの検索も可能にし、一字下げて掲げた。

＊「成果を上げる」か「挙げる」か
「セイカヲアゲル」のほか「アゲル」でも検索できる。

＊「服地」は「フクジ」か「フクヂ」か
「フクジ・フクヂ」のほか「ジ・ヂ（仮名遣い）」「ヂ・ジ（仮名遣い）」でも検索できる。

◇問で示された語句以外に、その解説の中で類例等として扱われている語句もここに掲げ、※印を付して示した。

＊「稼働」か「稼動」か
　カドウ（稼働・稼動）
　⇒ ※ジツドウ（実働・実動）

＊「測る」と「量る」の使い分け
　⇒ ハカル（測・量〈※計・図・謀・諮〉）

索引表記について

索　引　表　記	表　記　の　説　明
イシ(意志・意思) ギョカイルイ(魚介類・魚貝類) カエル／カワル(変・代・替・換)	(　・　)で漢字表記を掲げたものは漢語、漢字の使い分け、書き表し方に関する問題を示す。 二とおりに読めるものは両方から検索可。
イゴ(以後：以降) イコウ(以降：以後)	(　：　)で漢字表記を掲げたものは漢語の類義語に関する問題を示す。各語は別項目扱い。
モクト・メド〔目途〕	〔　〕で漢字表記を掲げたものは漢語、漢字の読みに関する問題を示す。両方の読みから検索可。
ホウル・ホオル(仮名遣い) ジメン・ヂメン〔地面〕(仮名遣い)	(仮名遣い)は現代仮名遣いに関する問題を示す。適宜〔　〕で漢字表記を掲げる。 両方の表記から検索可。
オコナウ〔行〕(送り仮名) ウケツケ〔受—付—〕(送り仮名)	(送り仮名)は送り仮名に関する問題を示す。 〔　〕で漢字表記を掲げる。複合語の場合は適宜〔—〕で送り仮名の位置を示す。
アマミ(甘み・甘味)(表記) レポート・リポート(表記)	(表記)はその他の表記に関する問題を示す。 適宜(　)で表記の仕方を掲げる。 両方の表記から検索可。
ミエラレル(敬語)	(敬語)は敬語に関する問題を示す。 適宜、補足説明等を付ける。
クチヲニゴスという表現は正しいか ウレイ・ウレエ(憂) カスミ：キリ：モヤ	その他に関する問題は、適宜、補足説明あるいは(　)で漢字表記を付ける。 どの語でも検索可。「：」は類義語を示す。

後　記

文化庁「ことば」シリーズの『言葉に関する問答集』は、第1集（昭和50年3月刊）から第20集（平成6年3月刊）まで、二十年間にわたって毎年一集ずつ発行してきた。この間、本集は、官庁・学校・報道・出版等の各界で広く読まれ、平成六年十二月現在、その印刷部数は二百三十万部（無償配布分百三十万部、市販用百万部）にも及んでいる。今回、総集編として本書をまとめるに当たり、従来の編集経過を簡単に振り返っておく。

編集委員の顔ぶれは、本扉裏面の記載どおりであるが、編集委員会としては、毎年、次のような手順で作業を進めてきた。

〔**収録項目の選定と解説内容についての検討**〕主として文化庁国語課や国立国語研究所に寄せられた一般からの質問項目について、編集委員及び担当の国語調査官で逐一検討して収録すべき項目を決定した。さらに各項目について、各種辞典類の記述などを参照しながら解説の内容や基本的姿勢について討議した。

〔**第一次原稿の分担執筆**〕右で決定した項目を、天沼・加藤・斎賀・武部・野村（第15集から参加）の各委員が分担の上、第一次原稿を執筆した。

〔**完成原稿のための討議**〕第一次原稿の内容や記述について編集委員及び担当の国語調査官で検討し、できるだけ的確で偏らない解説になるように討議を重ねた。その結果を織り込んで完成原稿を作成した。

〔**原稿整理と校正**〕完成原稿の整理等は、文化庁国語課の歴代の国語調査官が担当した。なお、校正作業には各編集委員と担当の国語調査官が当たった。

右の各段階を通じて、林委員が主査として全体を統轄し、的確な助言・指導・補筆などを行った。また第1集・第2集については、岩淵悦太郎氏の助言・指導があったことを付言しておく。二十集を通じて各問いに執筆者名を掲げなかったのは、この「問答集」が文字どおり、共同執筆の所産であったからである。

なお、全二十集の総集編としての本書の編集から刊行までの種々の作業（収録項目の選定及び分類、記述の若干の手直し、誤植の修正、表記の統一、総索引の作成等）は、主に文化庁国語課の氏原基余司国語調査官が担当した。

最後に、この二十年間「問答集」の編集に全力を傾注してきた天沼　寧・武部良明の両氏が、この総集編の完成を見ることなく逝去されたことが惜しまれてならない。謹んで両氏の御霊前に本書を捧げるとともに、御冥福を心から祈るものである。

編集委員を代表して
斎賀秀夫

言葉に関する問答集　総集編

平成7年3月31日　初版
平成29年3月7日　7刷

（定価はケースに表示してあります。）

編　集　文　化　庁
〒100－8959
東京都千代田区霞が関3－2－2
電話　03－5253－4111（代）

発　行　㈱全国官報販売協同組合
〒100－0013
東京都千代田区霞が関1－4－1
日土地ビル1F
電話　03－6737－1500（販売部）

落丁、乱丁本はおとりかえします。

ISBN978-4-86458-117-2

収録資料一覧（太字は本書掲載資料）

第1集（昭和50・5・1初版）
＊（第二部）「当用漢字音訓表」「送り仮名の付け方」について
＊「当用漢字音訓表」内閣告示（前書き）・「送り仮名の付け方」内閣告示（前書き）（昭和48・6・18）
＊公用文における送り仮名の付け方に関する資料

第2集（昭和51・6・15初版）
＊国語施策の改善について
＊「同音の漢字による書きかえ」について（昭和31・7・5国語審議会報告）
＊漢字表記の「ゆれ」について（昭和36・3・17国語審議会部会報告）
＊**くりかえし符号の使い方**〔**おどり字法**〕（**案**）（昭和21・3）

第3集（昭和52・9・30初版）
＊「当用漢字字体表」内閣告示（前書き）（昭和24・4・28）
＊**筆順指導の手びき**（昭和33・3）

第10集（昭和59・3・31初版）
＊公用文における漢字使用等について（昭和56・10・1通知）
＊「公用文における漢字使用等について」の具体的な取扱い方針について（昭和56・10・1通知）
＊公用文作成の要領（公用文改善の趣旨徹底について）（昭和27・4・4依命通知）
＊法令における漢字使用等について（昭和56・10・1通知）
＊法令用語改正要領の一部改正について（昭和56・10・1通知）
＊常用漢字表の実施について（昭和56・10・1通知）

第11集（昭和60・3・30初版）
＊（第二部）原稿用紙の使い方

第12集（昭和61・3・31初版）
＊**くぎり符号の使ひ方**〔**句読法**〕（**案**）（昭和21・3）

戦後国語施策

- 昭和34年・内閣告示
  送りがなのつけ方（当用漢字音訓表の音訓による取扱い）
  ↓
  昭和48年・内閣告示
  送り仮名の付け方（当用漢字改定音訓表の音訓による改定）

- 平成3年・内閣告示
  外来語の表記（外国の地名・人名を書き表す場合のことも含む）

●公用文に関する諸通知

- 昭和27・4・4依命通知
  公用文作成の要領（「公用文改善の趣旨徹底について」の別冊（一部改正））

- 昭和48・6・18通知
  公用文における当用漢字の音訓使用及び送り仮名の付け方について
  ↓
  昭和56・10・1通知
  公用文における漢字使用等について

●法令に関する諸通知

- 昭和29・11・25
  法令用語改善の実施要領（昭和56、一部改正）

- 昭和34・12・4通知
  法令用語の送りがなのつけ方
  ↓
  昭和48・10・3通知
  法令における当用漢字の音訓使用及び送り仮名の付け方について
  ↓
  昭和56・10・1通知
  法令における漢字使用等について